Monika Glettler
DIE WIENER TSCHECHEN UM 1900

VERÖFFENTLICHUNGEN DES COLLEGIUM CAROLINUM

Band 28

Herausgegeben vom Vorstand des
COLLEGIUM CAROLINUM
Forschungsstelle für die böhmischen Länder

R. OLDENBOURG VERLAG MÜNCHEN WIEN 1972

DIE WIENER TSCHECHEN UM 1900

Strukturanalyse einer nationalen Minderheit
in der Großstadt

von

MONIKA GLETTLER

R. OLDENBOURG VERLAG MÜNCHEN WIEN 1972

© 1972 Collegium Carolinum, München

Das Werk ist urheberrechtlich geschützt. Die dadurch begründeten Rechte, insbesondere die der Übersetzung, des Nachdrucks, des Vortrages, der Entnahme von Abbildungen, der Funksendung, der Wiedergabe auf photomechanischem oder ähnlichem Wege und der Speicherung, Verwendung und Auswertung in Datenverarbeitungsanlagen, bleiben, auch bei nur auszugsweiser Verwertung, vorbehalten. Werden einzelne Vervielfältigungsstücke für gewerbliche Zwecke hergestellt, ist an das Collegium Carolinum die nach § 54 Abs. 2 UG zu zahlende Vergütung zu entrichten, über deren Höhe das Collegium Carolinum Auskunft gibt.

Für Form und Inhalt trägt der Verfasser die Verantwortung.

Druck: Gugath & Sohn, 8 München 21, Kleinhaderner Straße 60

ISBN 3 - 486 - 43821 - 2

FÜR MEINE ELTERN

INHALT

Vorwort 11
Einführung 15
Kapitel I: Die Sozialstruktur der Wiener Tschechen in der Hauptphase der Zuwanderung nach Wien 21
Leitgedanken der Betrachtung 23

1. Die soziale Grundgliederung der tschechischen Bevölkerung Wiens . 25
    a) Zuwanderung und Zahl — die „Schlüssel zum Problem"? . . 25
    b) Geographische Herkunft 32
    c) Sozialbiologische Bevölkerungsstruktur 44
    d) Das Siedlungsbild 51
    e) Wirtschaftliche Gliederung und Berufsstruktur 60

2. Die tschechischen Selbstverwaltungskörper als nationalpolitische Aktionszentren 73
    a) Zur Typisierung: Funktion und Organisationsziel als Bezugspunkte 73
    b) Freizeitbereich 80
    c) Erziehungs- und Bildungseinrichtungen 90
    d) Der religiös-weltanschauliche Bereich 111
    e) Politische Organisationen 121
    f) Wirtschaft — Arbeits- und Berufswelt 182

3. Das soziale Spannungsfeld 225
    Vorbemerkung 225
    a) Wohn- und Arbeitsverhältnisse als Merkmale der Soziallage des Wiener Tschechentums 227
    b) Personelle Einflüsse böhmischer Politiker im politischen Kraftfeld des Wiener Tschechentums 240
    c) Zwei Leitfiguren der tschechischen Minderheit in Wien: Jan Janča — Josef Václav Drozda 249

4. Zusammenfassung: Grundlegende Merkmale der Sozialstruktur der Wiener Tschechen 268

Kapitel II: Konzeption und Hemmnisse der Nationalpolitik der Wiener Tschechen 273
Vorbemerkung 275

1. Zur Entstehung und Bedeutung der dem Reichsgerichtserkenntnis vom 19. Oktober 1904 (Hye 437) zugrundeliegenden programmatischen Beschwerdeschriften der Wiener Tschechen gegen das Ministerium für Kultus und Unterricht 277

2. Die Entwicklung der tschechischen Frage im Wiener Gemeinderat bis 1897 284
3. Die Ära Lueger (1897—1909) 293
   a) Das Gemeindestatut 293
   b) Die Lex Kolisko-Axmann, das Pfingstprogramm, der Komenský-Erlaß 299
   c) Lueger und die Wiener Tschechen 310
4. Der Ausbruch des offenen tschechisch-deutschen Konfliktes (1909 bis 1914) 338
   a) Die Komenský-Schule im III. Bezirk 338
   b) Die Ausbreitung und Radikalisierung der nationalen Frage auf den übrigen Gebieten 365
5. Zur Wiener tschechischen Sozialdemokratie: Das allgemeine Wahlrecht und seine Rückwirkung auf die deutsch-tschechische Solidarität in der Gesamtpartei 377
6. Ergebnisse und Ausblicke 416

Anhang 441

Vorwort 443

I. Materialien 443

   1. Das tschechische Pressewesen in Wien von 1848 bis 1914 . . . 443
      a) Tschechische Zeitungen und Zeitschriften in Wien und Niederösterreich (ausgenommen Gewerkschafts- und Wirtschaftsblätter) 447
      b) Tschechische Gewerkschafts- und Wirtschaftsblätter in Wien und Niederösterreich 448
      c) Bibliographischer Abriß der tschechischen Zeitungen und Zeitschriften mit Ausnahme der reinen Wirtschaftsblätter . . 451
      d) Tschechische Kalender 459
   2. Tschechische Druckereien, Verlagsunternehmen, Buchhandlungen und Büchereien 461
   3. Bibliographische Hinweise zu tschechischen Viennensien und zu namhaften tschechischen Persönlichkeiten in Wien 465
   4. Literarische Nachlässe und Korrespondenzen einzelner Persönlichkeiten, die zur Wiener tschechischen Bevölkerung vor 1914 in irgendeiner Weise in Beziehung standen 466
   5. Tschechische Vereine und Organisationen in Wien von 1862 bis 1914 467
   6. Genossenschaften und wirtschaftliche Vereinigungen der Wiener Tschechen von 1862 bis 1914 479

7. Diagramm der im Niederösterreichischen Amtskalender 1910 verzeichneten Gründungen slawischer Vereine 483

8. Tschechische Banken und Versicherungen in Wien vor 1914 . . 484

9. Tschechische Vorschußkassen in Wien vor 1914 485

10. Gewerbe, Geschäfte, Industriezweige und freie Berufe der Wiener Tschechen im Jahre 1892 und 1910 486

11. Wahlsprüche tschechischer Vereine in Wien 488

12. Gegenüberstellung der Organisationsordnung von DONRČ — NRČ 489

13. Die Tschechenfrage im Wiener Gemeinderat 494

14. Die Wiener Tschechenfrage im Reichsrat 509

II. Dokumente 515

1. Zur Komenský-Schulfrage im Reichsrat (7. März 1883) . . . 515

2. Zur Komenský-Schulfrage im Gemeinderat (22. Oktober 1897) . 520

3. Beschwerde des Ferdinand Menčík an das Reichsgericht gegen den Erlaß des Unterrichtsministeriums (29. September 1903) . . . 526

4. Beschwerde des Dr. Franz Němeček an das Reichsgericht gegen den Erlaß des Unterrichtsministeriums vom 29. September 1903 (9. November 1903) 529

5. Denkschrift des Grafen Harrach an den Apostolischen Nuntius über die religiösen Bedürfnisse der tschechischen Katholiken Wiens (20. April 1904) 538

6. Denkschrift des Wiener tschechischen Nationalrates an Ministerpräsident Gautsch zum allgemeinen Wahlrecht (26. Nov. 1905) . 544

7. „Der Gedanke des böhmischen Staatsrechts" im tschechischen nationalsozialen Wochenblatt „Česká Vídeň" (7. und 15. Sept. 1906) 546

8. Die wirtschaftliche Aufgabe des „Český dům I." in der Wiener Innenstadt (26. Februar 1907) 550

9. „Offener Brief an Herrn Dr. Lueger, den derzeitigen Bürgermeister der Reichshaupt- und Residenzstadt Wien" (20. Juni 1907) 552

10. Brief des DONRČ-Vorsitzenden J. V. Drozda an den Prager NRČ vom 16. Juni 1914 (Auszug) 554

11. Josef Penížek über Jan Vanča 557

Abkürzungsverzeichnis 560

Literaturverzeichnis 561

  I. Akten, Dokumente, Protokolle 561

  II. Private Sammlungen und sonstige Materialien 562

  III. Periodica, Zeitschriften, Zeitungen 562

  IV. Allgemeine Literatur 566

Geographisches Register 595

Personenregister 599

Sachregister 619

VORWORT

Der erste Anstoß zu dieser Untersuchung geht auf ein Seminar über das Nationalitätenproblem in der Habsburgermonarchie an der Universität München zurück, dem ich die Einführung in die Arbeitsweise moderner Geschichtswissenschaft und die Liebe zur Geschichte wesentlich verdanke. Dank der fördernden Hilfe meines hochverehrten Lehrers, Herrn Univ.-Prof. Dr. Friedrich *Prinz*, konnte ich den Untersuchungsgang auf die besonderen Erfordernisse dieser Arbeit abstimmen, ohne daß Zeit oder finanzielle Mittel eine Grenze gesetzt haben.
Durch Vermittlung von Herrn Professor Prinz bin ich dem Collegium Carolinum und dessen Erstem Vorsitzenden, Herrn Prof. Dr. Karl *Bosl* nicht nur für die Drucklegung zu großem Dank verpflichtet, sondern auch für drei Stipendien, die mir für Quellenstudien in Wien gewährt worden sind und die es mir ermöglicht haben, mich eingehend mit der Problematik zu beschäftigen.
Auch die Förderung, die meine Arbeit durch ein viermonatiges Auslands-Stipendium des Deutschen Akademischen Austauschdienstes gefunden hat, geht auf die Initiative von Herrn Professor Prinz zurück. Erst aufgrund meines Prager Aufenthaltes konnte ich unter vielfach erweitertem Aspekt die Sichtung und Würdigung des hier erstmals erschlossenen Materials aus österreichischen und tschechoslowakischen Archiven fortsetzen. Schließlich danke ich auch Herrn Prof. Dr. Alfred *Domes* von der Studiengesellschaft für europäische Friedensfragen für einen finanziellen Zuschuß zum Abschluß meiner Arbeit.
Wie jede Dissertation so ist auch diese in der Auseinandersetzung mit vielen Ansichten und mannigfaltigen Quellen der Anregung entstanden. Aus der Reihe derer, die am Werdegang der Arbeit ganz besonderen Anteil haben, ist zuerst Herr Professor *Prinz* zu nennen, der mir dieses Thema vorgeschlagen und die einzelnen Entwicklungsstadien der Arbeit mit unermüdlichem Interesse verfolgt hat. Sein umfangreiches Wissen und sein Verständnis für alle meine Fragen waren für mich Hilfe und Ansporn zugleich. An dieser Stelle möchte ich ihm als meinem Doktorvater meinen herzlichsten Dank aussprechen.
Die Herrn Professoren Hugo *Hantsch* und Erich *Zöllner*, Herr Professor Dr. Alfred *Hoffmann* vom Institut für Sozial- und Wirtschaftsgeschichte Wien, Herr Professor Dr. Stanislaus *Hafner* von der Universität Graz, Herr Univ.-Dozent Dr. Gustav *Otruba* vom Technologischen Gewerbe-Museum Wien, Herr Dr. Adolf *Mais*, Kustos am Wiener Museum für Volkskunde und Herr Dr. Theodor *Veiter*, Professor an der philos.-theol. Hochschule in Königstein/Taunus, trugen durch sachkundigen Rat und wertvolle Anregungen wesentlich zum Fortgang der Arbeit bei. Dankbar vermerke ich die Hilfe und das Interesse des österreichischen Ost- und Südosteuropa-Institutes, insbesondere von Herrn Dr. Karlheinz *Mack*, Herrn Professor Dr. Josef *Breu* und Herrn Dr. *Schwanke*. Anregungen, Hinweise, Auskünfte und Ratschläge

erhielt ich in dankenswerter Weise im Gespräch und in der Korrespondenz mit Herrn Oberbibliotheksrat Dr. Otto *Endlicher,* mit Karl Fürst *Schwarzenberg,* Herrn *Tureček* (†), Herrn Karl *Matal* und dem Generalsekretär der österreichischen Liga für Menschenrechte, Herrn Dr. Erich *Körner.*

Für überaus freundliches Entgegenkommen und für praktische Hilfe in den Wiener Archiven danke ich Frau Dr. Henriette *Peters* im Erzbischöflichen Ordinariat, Herrn Professor *Goldinger* vom Allgemeinen Verwaltungsarchiv, Herrn Dr. *Feigl* und Herrn Dr. *Stundner* vom Niederösterreichischen Landesarchiv, den Herren Doktoren *Jäger, Czeike, Csendes* und *Grössing* vom Archiv der Stadt Wien, Herrn Oberpolizeirat Dr. *Wagner,* Frau Dr. *Hillbrand* vom Österreichischen Biographischen Lexikon und Frau Professor *Irtzing,* die mir Einblick in den alten Zeitschriftenzettelkatalog der Nationalbibliothek gewährte.

Ein Dankeswort schulde ich auch Graf *Nostitz* vom Gräfl. Harrachschen Familienarchiv sowie Herrn Direktor Dr. Michael *Stickler* von der Bibliothek des Nationalrates, des weiteren der Wiener Stadtbibliothek, der Nationalbibliothek, dem Österreichischen Statistischen Zentralamt und in besonderem Maße dem Personal der Universitätsbibliothek für die rasche, unbürokratische Hilfe bei der Beschaffung von Büchern.

Nicht vergessen sei der tatkräftige Einsatz und die bereitwillige Materialvermittlung einiger Repräsentanten der heutigen tschechischen Minderheit in Wien: Ich danke Herrn Josef *Jonáš,* dem Chefredakteur der „Vídeňské Svobodné Listy", Herrn Ing. Hans *Předcechtěl,* dem Präsidenten des „Národní dům XV.", dem Schulinspektor der Komenský-Schule, Herrn Oskar *Blažek,* sowie Pater Dominik *Matiašovský* vom Wiener St. Method-Verein. Zu tiefem Dank verbunden fühle ich mich auch dem verstorbenen Direktor der Komenský-Schulen, Herrn František *Strnad.* Durch seine liebenswürdige Vermittlung konnte die große Linie der inneren Geschichte des Wiener Tschechentums nicht nur aus dem zusammengetragenen schriftlichen Material wissenschaftlich rekonstruiert werden, vielmehr hatte ich mich in gleicher Weise mit zahlreichen, in einzelnen Familien aufgespeicherten Kenntnissen und Erinnerungen auseinanderzusetzen. In persönlicher Verbundenheit danke ich hierfür dem heute in der Tschechoslowakei lebenden Herrn Alois *Vachata,* der kurz vor dem Jahre 1914 die ersten Versuche zur Gründung eines Wiener tschechischen Minderheitenarchivs unternahm; ebenso herzlich danke ich dem verstorbenen Herrn František *Melichar,* Schriftsteller in der literarischen Minderheitenrevue „Dunaj" und ehemaliger Direktor der Komenský-Schulen und seiner verehrten Frau Gemahlin für alles, was sie mir anvertraut haben.

Ein ganz besonderes Wort des Dankes richte ich an die Professoren und Dozenten der Prager Karls-Universität: an die Herren Dozenten Dr. František *Hrbata,* Dr. Vladimír *Kašík,* Dr. Zdeněk *Kárník* und Dr. Jan *Měchýř* vom Lehrstuhl für Geschichte der Arbeiterbewegung, Herrn Dr. Antonín *Robek* vom Lehrstuhl für Ethnographie und Folkloristik, Frau Doz. Dr. Věra *Olivová* und Herrn Doz. Dr. Jan *Havránek* vom Lehrstuhl für tschechoslowakische Geschichte, vor allem aber an Herrn Professor Dr. Koloman *Gajan* und Herrn Professor Dr. Josef *Polišenský* vom Lehrstuhl für Allgemeine Geschichte und Altertumskunde. Beide boten mir an

der Fakultät die Möglichkeit, anhand zweier Vorträge aus dem Themenbereich meiner Dissertation einige Thesen der Arbeit vor einem größeren Kreis Fachkundiger zu diskutieren.
Herzlichsten Dank abstatten möchte ich auch Herrn Doz. Dr. Zdeněk *Šolle* vom Historischen Institut der Tschechoslowakischen Akademie der Wissenschaften (ČSAV), der mir immer wieder wertvolle Hinweise auf Probleme zur Arbeiterbewegung gab und der mir für meine Studien manchen weiterführenden Gedanken mitteilte, sobald sie dem Gang seiner eigenen Forschung begegneten. Herrn Dr. Jiří *Kořalka* danke ich schließlich für die Mitarbeit am „Bulletin" der Kommission für die Geschichte der Tschechen und Slowaken im Ausland.
Freundlich gewährte, bereichernde Auskünfte erhielt ich von Herrn Dr. Josef *Kočí* (ČSAV), Herrn Dr. Karel *Pichlík* vom Institut für Heeresgeschichte und Herrn Dr. Josef *Hůrský* von der geographischen Abteilung der Tschechoslowakischen Akademie der Wissenschaften.
Diese Vorbemerkungen sollen nicht abgeschlossen werden, ohne der Verfasserin Gelegenheit zu geben, allen Archivaren und Hilfskräften in den Prager Archiven freundschaftlichen Dank auszusprechen für ihre zuvorkommende, aufopfernde Hilfe und für ihr ständiges aktives Anteilnehmen an meinen Interessen. Ich danke Herrn Direktor Dr. Vladimír *Zahradníček*, Frau *Havelková* und Frau *Linková* vom Náprstek-Museum, Herrn Archivdirektor *Šamberger*, Frau Dr. *Kodedová*, Frau Helena *Chudobová* und Frl. *Hrdá* vom Staatlichen Zentralarchiv, Herrn Dr. *Černý* vom Technischen Nationalmuseum, Frau *Martinková* vom Museum für Leibeserziehung und Sport, Herrn *Linek* und Frau *Barešová* vom Zentralarchiv der Tschechoslowakischen sozialistischen Partei, Herrn Direktor Dr. *Pavlásek* vom Pädagogischen Museum J. A. Komenský, Herrn Dr. *Loužil* vom Museum des nationalen Schrifttums in Strahov und nicht zuletzt Frau *Bílková* vom tschechoslowakischen Auslandsinstitut.
Im Institut für Geschichte der KPČ, im Druckschriftenarchiv ebenso wie in der ethnographischen Abteilung des Nationalmuseums und in der Prager Universitätsbibliothek habe ich jederzeit Unterstützung beim Beschaffen von Quellenmaterial und Sekundärliteratur gefunden.
Es versteht sich von selbst, daß niemand von den Genannten für irgendwelche Fehler hinsichtlich der Fakten oder ihrer Deutung zur Rechenschaft gezogen werden kann. Hierfür bin allein ich selbst verantwortlich.
Schließlich möchte ich meinen lieben Eltern danken für die mühevolle Reinschrift, für Lese- und Korrekturhilfe und damit vor allem für ihre Geduld und aufopfernde Unterstützung in mehr als einem Sinn.
Die Arbeit wurde im Februar 1971 von der Philosophischen Fakultät der Universität des Saarlandes als Dissertation angenommen.

Monika Glettler

EINFÜHRUNG

Ein halbes Jahrhundert nach ihrem Untergang rückt die Donaumonarchie als supranationale Staatsform wieder mehr als bisher in das historische und politische Interesse, sind doch ihre Probleme in mancher Hinsicht denen vergleichbar, die sich heute dem zu erhoffenden Zusammenschluß Europas in den Weg stellen. Laufbahn und Persönlichkeit ihrer Staatsmänner sind ausführlich untersucht worden. Ihre Außenpolitik, ihr Heerwesen, ihre Institutionen, Presse, Wirtschaft und Kunst, Kirchenpolitik, Schulen und Universitäten, ihre Verfassung und die Handhabung des Rechts, alles hat die Phantasie der Historiker angeregt, alles hat man analysiert und in allen Einzelheiten darüber berichtet. Der Reihe nach hat man diese Aspekte unter dem Begriff der „inneren Probleme des Habsburgerreiches" subsumiert. Durch Standardwerke wie die von Hugo *Hantsch,* Robert A. *Kann,* Eugen *Lemberg,* Edward *Crankshaw,* Péter *Hanák,* Hans *Mommsen* und Johann Christoph *Allmayer-Beck*[1] sind die entscheidenden Phasen herausgearbeitet und von den verschiedensten Seiten her beurteilt worden. Mit dem 50. Jahrestag seines Unterganges ist der habsburgische Vielvölkerstaat wieder ins allgemeine und historische Bewußtsein getreten. Es ist wenig wahrscheinlich, daß ein dokumentarischer Rosette-Stein entdeckt werden könnte, der allein imstande wäre, neues Licht in heute noch unergründete Dunkelheit zu bringen.

Trotz allem, was man über die Zeit der nationalen Bewegungen und Konflikte zwischen 1848 und 1914 weiß, bleibt noch manches unverständlich; weder Deutsche noch Nichtdeutsche, weder der Osten noch der Westen würden es bestreiten. Wie es geschah, warum es geschah, was es für die Menschen im einzelnen bedeutete, ist immer wieder Gegenstand der Kontroversen. Zwar hat sich die Historie noch nicht allzu lange von moralistischen Fragestellungen und apologetischen Bemühungen wirklich freigemacht; doch lange genug, um in einer beträchtlichen Zahl von Untersuchungen[2] dem Fachmann zu demonstrieren, wieviel noch zu tun ist, wenn ein zu-

---

[1] H a n t s c h, Hugo: Die Nationalitätenfrage im alten Österreich. Wien 1953. — K a n n, Robert: Das Nationalitätproblem der Habsburgermonarchie. I u. II. 2. erw. Aufl. Graz/Köln 1964. — L e m b e r g, Eugen: Nationalismus. I. u. II. Psychologie und Geschichte. Soziologie und politische Pädagogik. Reinbek b. Hamburg 1964 (rde 197/198 u. 199). — C r a n k s h a w, Edward: The Fail of the House of Habsburg. London 1963. — H a n á k, Péter: Die nationale Frage in der Österr.-ungar. Monarchie. Budapest 1966. — M o m m s e n, Hans: Die Sozialdemokratie und die Nationalitätenfrage im habsburg. Vielvölkerstaat. Wien 1963. — A l l m a y e r - B e c k, Johann Christoph: Ministerpräsident Baron Beck. München 1956. — Ferner auch das Sammelwerk E n g e l - J a n o s i, Friedrich (Hrsg.) u. R u m p l e r, Helmut: Probleme der franzisko-josephinischen Zeit 1848—1916. Wien 1967. — Z w i t t e r, Fran: Nacionalni problemi v habsburski monarhiji. Laibach 1962.

[2] Über den neuesten internationalen Forschungsstand orientiert am besten das Austrian History Yearbook, Houston, Texas (Rice University) bes. Bd. III. (1967); III/1: The Nationality Problem in the Habsburg Monarchy in the Nineteenth Century: a critical Appraisal. III/2: The National Minorities. — Siehe auch: American Historical Review; Journal of Modern History.

reichendes Verständnis vom Gang der österreichischen Geschichte in der franziskojosephinischen Epoche Allgemeingut werden soll. Um so dringender die Forderung, die peinlich genaue und daher stets lange dauernde Mosaikarbeit der Wissenschaft al fresco zu überholen und, wo immer sich neue, verläßliche Perspektiven auftun, aufs Ganze zu gehen.

Es ist verständlich, daß die marxistische und die westliche Historiographie zu verschiedenen Antworten kommen[3]. Beide entstanden schon vor dem Kalten Krieg und beide zeigen in ihren historischen Ableitungen die offensichtlichen Grenzen, ja sogar die Gefahren historischer Interpretation. Den einen waren die Nationalitätenkonflikte eine Folge der Klassenstruktur, ein Sieg des Kapitals über die Arbeiter, mit seinen unvermeidlich kapitalistischen Folgen; die andere Seite deutete die Ansprüche auf autonome Kulturverwaltung und die Forderungen nach Eigenstaatlichkeit vielfach biologisch-rassistisch als Folge des Nationalcharakters. Teils richtete man das Hauptaugenmerk auf die Ideologie des Nationalismus, teils brachte man ihn mit dem Phänomen der wachsenden Industrialisierung im Zeitalter der Massen in Zusammenhang. Keine dieser Theorien ist leicht zu widerlegen; es bleiben jedoch genügend Fragen offen, die sich nicht aus der Projizierung mutmaßlicher Klasseninteressen beantworten lassen. Andererseits ist es keine Lösung, die tschechischen nationalpolitischen Ambitionen allein auf Palacký als den Prototyp des „Tschechen" und auf die Generation der „Erwecker" zu schieben, deren nationalgeprägtes Geschichtsbild bis in die Gegenwart hinein wirken soll. Weiter erhebt sich die Frage: Gibt denn die Definition des Nationalismus wirklich hinreichende Auskunft darüber, wie dieses letzte Stadium, das zum Zusammenbruch der Monarchie führte, erreicht wurde? Läßt sich zwischen einer „Verschwörer"-Gruppe aus radikalen intellektuellen Berufspolitikern, wie etwa Klofáč, Stříbrný u. a., und einer bunten Sammlung geltungssüchtiger Provinzexistenzen eine sinnvolle Kooperation voraussetzen oder kann man den Nationalismus in seiner österreichischen Form als Produkt unterentwickelter — nicht unentwickelter —, vorwiegend von Landbevölkerung besiedelter Gebiete betrachten, in denen es den demokratisch-parlamentarischen Kräften nicht gelang, die letalen Widersprüche der österreichisch-ungarischen Monarchie auszugleichen?

Daß der Habsburger Staat nicht auf allen Gebieten der Stagnation ausgesetzt war, ist von kaum einem seiner Geschichtsschreiber bestritten worden. Aber es ist unwahrscheinlich, daß neue Antworten gefunden werden können, ehe nicht die Bedeutung der einzelnen Kräfte für die verschiedenen Gruppen der Gesellschaft näher untersucht worden ist.

---

[3] Einschlägige Arbeiten zum Thema in: 25 ans de l'historiographie Tchécoslovaque (1935—1960). Prag (ČSAV) 1960, S. 264—305: Le capitalism (1849—1918); ab 1960 die Arbeiten in ČsČH (1953 ff.); Sborník Historický (ČSAV) 1953 ff.; Historica (ČSAV) 1959 ff., ferner die Periodica: Právně-historické studie ČSAV (1955 ff.); Historie a vojenství 1952 ff.; Příspěvky k dějinám KSČ Fas. 1, 1957 ff.; Historický časopis SAV; Bulletin ČSAV 1957 ff.; Ročenka universitní knihovny 1956 ff.; Sborník archivní práce ústřed. archivu ministerstva vnitra 1951 ff. — Deutscherseits die reichhaltigste Bibliographie bei Prinz, Friedrich: Die böhmischen Länder von 1848 bis 1914. In: Handbuch der Geschichte der böhmischen Länder Bd. III, S. 3—12 und: Das kulturelle Leben (1867—1939), in Bd. IV, S. 154, 188 f., 237 u. 264 f. Stuttgart 1968 u. 1969.

Diese Arbeit versucht auf einem kleinen Teilsektor in der wissenschaftlichen Literatur über den Nationalismus eine neue Antwort zu geben, mehr noch, sie hofft zeigen zu können, wo weitere Antworten zu finden wären. Sie befaßt sich mit dem seit etwa 1880 rapide gesteigerten tschechischen Bevölkerungszustrom, der sich aus den Kronländern in die lohnintensiveren Industriegebiete Wiens und Niederösterreichs ergoß, ein Thema, das bisher sowohl von der deutschen als auch von der tschechischen Forschung recht stiefmütterlich behandelt wurde[4]. Die eigentliche Aufgabe dieser Untersuchung lautet, am Beispiel der Wiener Tschechen die Auswirkungen des Nationalismus auf die Gesellschaft aufzuzeigen. Die Arbeit geht analytisch vor, indem sie die tschechische Gesellschaft Wiens in ihre konstituierenden Gruppen unterteilt und deren Entwicklung im wesentlichen in den Jahren zwischen 1880 und 1914 untersucht[5]. Aber ihr Zweck ist synthetisch: Sie soll die gesellschaftlichen Prozesse auf eine Weise erklären, die dem Leser die grundlegenden Fragen beantworten hilft.

Freilich blieb es der großen Mehrheit der Wiener Tschechen wie allen anderen Österreichern verborgen, daß sie im Juli 1914 die große Schwelle überschritten. Sie sahen in ihrer nationalen Politik nicht das Verderben, sondern vor allem das Spiegelbild eines allseitigen Verlangens nach einer Änderung der bestehenden Verhältnisse. Das Spannungsfeld zwischen Ideologie und gesellschaftlicher Praxis ist der rote Faden für diese Darstellung. Zwischen den objektiv meßbaren Verhältnissen

---

[4] Meist kleinere Studien oder Artikel in Zeitschriften. Seit 1957 erschienen: M a i s, Adolf: Die Tschechen in Wien. Wiener Geschichtsblätter 12 (1957) H. 1, S. 56—66. — D e r s.: Das mährische Nationsfest in Wien. Jb. d. Ver. f. Gesch. d. Stadt Wien. 13 (1957/58) 93—122. — D e r s.: Das tschechische Erbe Wiens. Die österr. Nation 13 (1961) H. 4. — O t r u b a, Gustav u. R u t s c h k a, L. S.: Die Herkunft der Wiener Bevölkerung in den letzten 150 Jahren. Jb. d. Ver. f. Gesch. d. Stadt Wien 13 (1957/58) 227—274. — O t r u b a, Gustav: Wiens Bevölkerung. Nationale Herkunft und soziale Entwicklung. Der Donauraum 13 (1968) 12—42, hier S. 24—28. — P f e i f e r, Helfried: Das Recht der nationalen Minderheiten in Österreich. Ostdeutsche Wissenschaft. Jb. d. Ostdeutschen Kulturrates 8 (1961) 265—318 (Festgabe f. Max Hildebert Boehm). — M a t a l, Karl: Streifzüge durch die Geschichte der Wiener Tschechen. Die österr. Nation 14 (1962) H. 7—10. — H ů r s k ý, Josef: Vystěhovalectví a asimilace [Auswanderung und Assimilation]. Demografie 5 (1963) 227—234. — V e i t e r, Theodor: Völker im Volke Österreichs. Die Tschechen in Wien. Die Furche 21 (3. 7. 1965) Nr. 27 und Die Tschechen außerhalb Wiens in Nr. 28 (10. 7. 1965). — D e r s.: Die ethnische Minderheit der Tschechen in Wien. Die Tschechen außerhalb Wiens. Die Slowaken. In: Das Recht der Volksgruppen und Sprachminderheiten in Österreich. 2. Teil. Wien/Stuttgart 1968, S. 165—189. — K a i s e r, Franz: Siedlungs-, Bevölkerungs- und Industrieentwicklung in der Brigittenau seit der Donauregulierung in historisch-topographischer Sicht. Wien, phil. Diss. (Masch.) 1966. — G l e t t l e r, Monika: K vývoji českého socialistického dělnického hnutí ve Vídni před první světovou válkou [Zur Entwicklung der tschechischen sozialistischen Arbeiterbewegung in Wien vor dem Ersten Weltkrieg]. Bulletin komise pro dějiny krajanů Čechů a Slováků v zahraničí ČSAV, H. 5 (1967) 11—19. — D i e s.: Sokol und Arbeiterturnvereine (D.T.J.) der Wiener Tschechen bis 1914. Zur Entwicklungsgeschichte der nationalen Bewegung in beiden Organisationen. München 1970 (Veröffentlichungen des Collegium Carolinum Bd. 23).

[5] Wer sich jedoch mit der Geschichte dieser letzten Jahrzehnte vor dem Weltkrieg befaßt, wird, was immer er herausgreift, wenn er bis an die Wurzeln seines Themas vorstoßen möchte, bis zur Jahrhundertmitte zurückschauen müssen.

und den Aktionen vermittelt der psychische Faktor: subjektive Einschätzung der Lage, gefühlsbestimmte Wertung der Tatsachen, — von dieser eingebildeten Welt wird der Horizont maßgeblich mitbestimmt. Es geht darum, das Bild von der sozialen Wirklichkeit, wie es sich in den Köpfen der Menschen malte, mit dieser selbst zu kontrastieren, und zwar von Fall zu Fall. Fragt man aber, ob es sich hier um ein labiles Gleichgewicht gehandelt habe oder um einen Prozeß mit unverkennbarer Richtung, so kann die Arbeit darauf keine schlüssige Antwort geben und keinen unausweichlichen Trend herauspräparieren. Dennoch findet eine Entwicklung statt.

Damit nun die Linien dieser Entwicklung umso deutlicher zum Ausdruck kommen können, mußte vieles vom gesammelten Material ausgeschieden werden, da dessen Mitverarbeitung die streckenweise ermüdende Aneinanderreihung von Daten und Fakten über Gebühr verlängert hätte. Ausgehend von bestimmten Fragestellungen sollen sich einige Probleme herauskristallisieren, die gleichsam als deren Fazit hervortreten; die jeweilige Quellenlage erfordert es, ein paar besonders symptomatische Ereigniszusammenhänge ausführlicher zu behandeln, andere dagegen zusammenfassend zu vereinfachen. Da jedoch eine zu starke Hervorhebung der Fakten dazu verleiten könnte, die historische Analyse zu vernachlässigen, schien es geboten, wichtige Beschlüsse, Gesetze oder Aktionen nicht nur bilanzartig festzuhalten, sondern — sofern die Quellen dies erlauben — ihrer Entstehungsgeschichte und den dabei wirkenden Machtverhältnissen, Widerständen und Einflüssen nachzugehen. Von diesem inneren Aspekt aus wird nicht nur sichtbar, welche Figuren, Kräfte und Kompetenzverhältnisse unter den Wiener Tschechen herrschten und die politische Konzeption bestimmten, sondern auch, daß aus den grellen Tönen nationaler Stimmungen mitunter bis in jüngste Zeit hinein von der einschlägigen Literatur eine Melodie zusammengestellt wurde, die mit dem eigentlichen Stück nichts mehr zu tun hat.

Es ist keine vorzeitige Einengung des Problems, wenn einzelne Fragen in Zusammenhänge zurückgestellt werden, die erst in der weiteren Geschichte der Wiener Tschechen zu behandeln wären: Eine Bezugnahme auf die Verhältnisse in den böhmischen Ländern hinsichtlich ihrer Rückwirkung auf die Wiener Situation muß auf weite Strecken außer Betracht bleiben[6]. Ebenso können Maßnahmen und Reaktionen der Wiener deutschen Bevölkerung und ihrer politischen Führer nicht in vollem Umfang einbezogen werden. Ausgeklammert ist auch die Position der Slowaken — zahlenmäßig eine bedeutend schwächere, wenn auch ältere Zuwanderung — und der Fragenkreis der slawischen Landbevölkerung in den niederösterreichischen Orten um Wien und in den Grenzgebieten[7], von denen einige

---

[6] Dies gilt vor allem für politische Ereignisse, z. B. für die Sprachenverordnungen, den Verfassungszusammenbruch im Jahre 1913 u. ä.

[7] H ů r s k ý, Josef: Slovanská stěhování na Moravské pole v 16. a 19. století [Slawische Übersiedlungen auf das Marchfeld im 16. und 19. Jahrhundert]. Prag 1954. — D e r s.: Slovanský živel v Gradišti-Burgenlandu a jeho dolnorakouském pomezí (Kartografické znázornění současného i původního rozložení sídel) [Das slawische Element im Burgenland und seinem niederösterr. Grenzgebiet (Kartographische Darstellung der gegenwärtigen und der ursprünglichen Verteilung der Siedlungen)]. Prag 1950, S. 182—196. —

Gemeinden nach dem Umsturz zur Ersten Tschechoslowakischen Republik kamen. Dieser methodische Kompromiß, bei dem selbst einige m. E. wesentliche Einzelaspekte nur angedeutet werden können, bot sich an, um den Versuch zu wagen, die Gesamtentwicklung und -struktur der zugewanderten tschechischen Bevölkerung, ihre nationale Politik und ihre gesellschaftlich-organisatorischen Voraussetzungen durchsichtig zu machen.

Auch wenn der Nationalismus in seiner habsburgischen Form der Vergangenheit angehört, so bleibt doch das Modell, und wir brauchen nicht einmal über Mitteleuropa hinauszublicken, um von übertriebenem Optimismus geheilt zu werden. Wir brauchen nicht anzunehmen, daß die Geschichte sich wiederholt. Aber wenn wir nur die Welt um uns her betrachten, eine Welt zerfallender patriarchalischer Gesellschaften, revolutionärer Ideen, nicht-ethnischer Landesgrenzen, handeltreibender Minderheiten, umgeben von teils bäuerlichen, teils proletarischen andersnationalen Mehrheiten, scheint es unklug, die Geschichte ganz zu vergessen.

B r e u, Josef: Die Kroatensiedlung im südostdeutschen Grenzraum. Wien (phil. Diss.) 1937. — Zu den Slowaken: zuletzt Th. V e i t e r: Das Recht der Volksgruppen und Sprachminderheiten in Österreich, 2. Teil, S. 184—189.

KAPITEL I
DIE SOZIALSTRUKTUR DER WIENER TSCHECHEN IN DER HAUPTPHASE DER ZUWANDERUNG NACH WIEN

LEITGEDANKEN DER BETRACHTUNG

Jedes Kapitel dieses Buches geht von einem bestimmten, in sich geschlossenen Problem aus und versucht von da her, allmählich zu der zentralen Frage des Wiener Tschechentums vorzudringen. Durch die Bausteine seiner gesellschaftlichen Struktur, seiner nationalpolitischen Konzeption und seines geistig-politischen Milieus wird eine mehrdimensionale Sicht der historischen Sachverhalte angestrebt, in der zwar noch nicht das Gesamtgebäude erfaßt ist, die aber doch einen ersten Schritt auf diesem Weg bedeutet[1].

Im ersten Teil wird vor allem der Einfluß der durch die Gesellschaftsform vorgegebenen Bedingtheiten untersucht, den man gemeinhin übersieht, wenn man das nationale Alltagsleben der Wiener Tschechen ins Auge faßt. Anders ausgedrückt: Inwiefern konnten grundsätzliche Tatsachen des sozialen Gefüges das Geschehen auf nationaler Ebene modifizieren und durch welche soziologisch erfaßbaren Faktoren vollzog sich das Miteinander und Gegeneinander im Kräftespiel der nationalen Meinungsverschiedenheiten[2].

Begrifflich argumentiert die Analyse auf drei verschiedenen, jedoch aufeinander bezogenen Ebenen; der der Gesamtgesellschaft, der der großen tschechischen Organisationen und der des Individuums.

Die Untersuchung über die Sozialstruktur[3] der Wiener Tschechen wurde von einer Reihe von Fragen geleitet, die gleich zu Anfang kurz aufgeführt seien, um zu zeigen, auf welche strukturellen Merkmale und Prozesse das Hauptaugenmerk gerichtet wurde. Eine Vorbemerkung sei erlaubt: Ausgangspunkt jeder Analyse sind klare Begriffsbestimmungen und die Zuordnung der Begriffe in einen theoretischen Bezugsrahmen. Wenn man jedoch rein formal ein begriffliches Gesellschaftsmodell aufbaut und die Begriffe nur gedanklich kombiniert, zeigt man bestenfalls Denkmöglichkeiten auf, nicht jedoch Tatsachenzusammenhänge. Man tut also gut daran, sich an Max Webers Forderung zu erinnern, Strukturkategorien nicht als seinsimmanent, sondern als sekundäre Erkenntnismittel anzusehen, um der Gefahr der Dogmatisierung und einseitigen Überschätzung der Beeinflussungs-

---

[1] Eine eingehendere Durchleuchtung der Thematik, Methodik und Problematik wird jeweils zu Beginn der entsprechenden Kapitel vorgenommen.
[2] Analyse und Theorie verarbeiten Erkenntnisse verschiedener sozialwissenschaftlicher Disziplinen. Vor allem die Studien von Karl Mannheim, Renate Mayntz, Robert Presthus, Friedrich Fürstenberg, E. K. Scheuch, R. Aron, H. Schelsky, R. Dahrendorf und G. Eisermann haben meine Arbeit über die gesellschaftliche Struktur des Wiener Tschechentums und über die Methoden, mit denen man es am besten untersuchen könnte, beeinflußt.
[3] Der Begriff Sozialstruktur wird in den heutigen Sozialwissenschaften keineswegs einheitlich verstanden, ja nicht einmal immer mit eindeutig definiertem Begriffsinhalt gebraucht. Abzulehnen ist eine Gleichsetzung von Sozialstruktur mit Sozialschichtung oder Klassenstruktur. Positive Ansätze zu einer begrifflichen Klärung bei: Georges Gurvitch: Déterminismes Sociaux et Liberté Humaine. Paris 1945; Marion J. Levy: The Structure of Society. Princeton 1952, S. 57/58; Talcott Parsons: The Social-System. Glencoe 1951, S. 5 ff. — Hier sei lediglich betont, daß die Sozialstruktur niemals mit dem sozialen Gebilde — hier also den Wiener Tschechen als sozialem System — identisch ist, sondern immer nur einen Aspekt desselben darstellt.

faktoren zu entgehen. Indessen wird man ohne Aussage über bestimmte Wirkungsweisen dieser Faktoren oder ohne Berücksichtigung ihrer historischen Dimension, die die Tatbestände in ihrer Wandelbarkeit mit einbezieht, überhaupt keine theoretisch relevanten Ergebnisse erzielen.

Bei der Erfassung der Gesellschaftsstruktur der Wiener Tschechen wurde folgender Rahmen zugrundegelegt: Der erste Schritt der Analyse will die soziale Grundgliederung ermitteln. Unter den Aspekten der geographischen Herkunft, des Aufbaus nach Alter und Geschlecht, der Siedlungsweise und der Erwerbstätigkeit in den verschiedenen Wirtschaftszweigen bildet sie ein unerläßliches Fundament für den Einblick in das soziale Beziehungsgeflecht der Wiener Tschechen und in den Wirkungszusammenhang seiner Beeinflussungsfaktoren. Der zweite Schritt, der in diese Richtung zielt, geht von einer Aufgliederung in verschiedene Verhaltensfelder aus, an denen der Einzelne mit unterschiedlicher Intensität teilhatte. Mit Verhaltensfeldern sind die normativ fetsgesetzten Ordnungsgefüge gemeint, wie z. B. Schulen, Parteien, Vereine, u. ä. Im Vordergrund des Interesses steht hier, daß die tschechischen Selbstverwaltungskörper an ihre Mitglieder bestimmte Anforderungen richteten. Diesen Erwartungen und Ansprüchen werden tatsächliches Verhalten und Einstellungsweisen sowohl der Mitglieder als auch der tschechischen Gesamtbevölkerung gegenübergehalten. Aufgrund dieser Konfrontation läßt sich dann unschwer ein Urteil über bestimmte Entwicklungstendenzen fällen. Schließlich wurde die Frage nach der sozialen Rangstellung des Individuums und ihrer Stabilität erhoben. Es kam also darauf an, die verschiedenen Lebensräume der Tschechen auch unter dem Gesichtspunkt der sozialen Schichten und Mobilität[4] zu analysieren. Weiterhin war es unerläßlich, die tschechisch-nationalen Führungsgruppen zu betrachten, die die politische Macht im Kreise ihrer Landsleute ausübten und kontrollierten. In diesem Zusammenhang werden gesamtgesellschaftlich wirksame Gegensätze sichtbar, die als „soziales Spannungsfeld der Wiener Tschechen" definiert sind. Aus den Merkmalen der Sozialstruktur der Wiener Tschechen in der Hauptphase der Zuwanderung werden wie von selbst die Auswirkungen gesellschaftlicher Vorgänge und Veränderungen auf die nationale Frage erkennbar, so daß jede genauere Analyse dieser Strukturdaten zum Grundproblem dieser Arbeit hinführen muß.

---

[4] Der Ausdruck „Mobilität" ist in Deutschland bisher vor allem zur Bezeichnung von Wanderungsbewegungen, z. B. der Häufigkeit des Ortswechsels der Einwohner eines bestimmten Gebietes gebraucht worden. Dem angelsächsischen Sprachgebrauch folgend hat sich der Ausdruck „soziale Mobilität" und auch „berufliche Mobilität" oder „sozialer Wechsel" in der letzten Zeit auch bei uns als soziologischer Fachausdruck eingebürgert. Siehe M a y n t z, Renate: Soziale Schichtung und sozialer Wandel in einer Industriegemeinde. Stuttgart 1958, S. 202. — M a n n h e i m, Karl: Mensch und Gesellschaft im Zeitalter des Umbaus. Darmstadt 1958, bes. S. 295 ff. — B o s l, Karl: Über soziale Mobilität in der mittelalterlichen „Gesellschaft". Dienst, Freiheit, Freizügigkeit als Motive sozialen Aufstiegs. In: B o s l, Frühformen der Gesellschaft im mittelalterlichen Europa. Ausgewählte Beiträge zu einer Strukturanalyse der mittelalterlichen Welt. München/Wien 1964, S. 156—179. — D e r s.: Soziale Mobilität in der mittelalterlichen Gesellschaft. Soziale Aufstiegsbewegungen im europäischen Mittelalter. In: D e r s.: Die Gesellschaft in der Geschichte des Mittelalters. Göttingen 1966, S. 44—60 (Kleine Vandenhoeck-Reihe 231).

1. DIE SOZIALE GRUNDGLIEDERUNG DER TSCHECHISCHEN BEVÖLKERUNG WIENS

a) Zuwanderung und Zahl — die „Schlüssel zum Problem"?

Auf der Vielvölkerkarte Österreichs zeichneten sich seit den sechziger Jahren des vorigen Jahrhunderts deutliche Verschiebungen ab. Vor allem aus den tschechischen Siedlungsgebieten Böhmens und Mährens[1] machte sich ein gesteigerter Zuzug nach Wien und Niederösterreich bemerkbar, dort lockten wirtschaftlicher Erfolg und höherer Verdienst, namentlich in manuellen Berufen. Im Jahre 1890 befand sich gut die Hälfte der Bewohner Böhmens nicht mehr in ihrem Heimatort, ähnlich verhielt es sich in Mähren[2], d. h. die horizontale Mobilität hatte bereits vor der Jahrhundertwende die Sozialstruktur der böhmischen Länder grundlegend verändert. Der Reiz der großen Hauptstadt war stark genug, daß die Abwanderung aus dem natürlichen Hinterland auch dort einsetzte, wo die Bevölkerung in guten Verhältnissen lebte[3].

---

[1] Bei jeder Analyse der nationalen Auswirkung der Bevölkerungsverschiebungen in den böhmischen Ländern sind die Verhältnisse im tschechischen Siedlungsgebiet von denen in den ursprünglichen, rein deutschen Sudetenländern scharf auseinanderzuhalten. Zu unterscheiden ist auch zwischen deutschen Siedlungsinseln im tschechischen Sprachgebiet und den tschechischen Minoritäten im deutschen oder gemischtsprachigen Gebiet. Angesichts des Zustroms nach Wien ist ferner zu differenzieren zwischen der Entwicklung im Zeitraum einer vorwiegenden Industrialisierung des deutschen Gebietes und der Zeit gleicher und teilweise stärkerer Industrialisierung des tschechischen Siedlungsraumes. Der Zustrom der Deutschen und Tschechen nach Wien weist territorial und zeitlich unterschiedliche Tendenzen auf. Siehe unten S. 32—44.

[2] Vgl. die umfassende statistische Untersuchung von R a u c h b e r g, Heinrich: Der nationale Besitzstand in Böhmen. 3 Bde., Leipzig 1905 und die Ergänzung von F i s c h e r, Erika: Soziologie Mährens in der zweiten Hälfte des 19. Jahrhunderts als Hintergrund der Werke Marie v. Ebner-Eschenbachs. Leipzig (Phil. Diss.) 1939. — Hier: R a u c h b e r g I, S. 229 f., der ferner nachweist, daß die Mobilisierung der Bevölkerung in Böhmen erheblich über dem österreichischen Durchschnitt lag und 1890 eine steigende Tendenz aufwies; vgl. graph. Darstellung III, Tafel X; für Mähren: F i s c h e r, Soziologie Mährens 62 f.

[3] Aus dem Bevölkerungsstand und dem Saldo der natürlichen Bevölkerungszunahme läßt sich der Saldo der Wanderbewegung errechnen, die Wien zur Großstadt machte. Der Vergleich dieser Zahlen mit denen des Geburtendefizits, bzw. geringfügigen Geburtenüberschusses zeigt, daß das Wachstum Wiens einzig auf die starke Zuwanderung zurückzuführen ist. Saldo der Wanderbewegung für die Jahre:
1853—1855: + 20 381
1871—1875: + 22 021
1891—1895: + 79 214
1911—1915: +184 817
Aus: O t r u b a, Die Herkunft der Wiener Bevölkerung 230.

Der ungewöhnlichen Zunahme der Einwohner Wiens[4] entsprach die rasche Abnahme der dort Heimatberechtigten, die von 70 % der Gesamtbevölkerung im Jahre 1830 auf 35,2 % im Jahre 1880 herabgesunken war[5] — eine Erscheinung, die man als Folge der Mobilität seit der Grundentlastung von 1848[6] erklären muß. Der Zuzug in die Reichshauptstadt und ihre Umgebung ging kontinuierlich weiter, eine Zeitlang sah es sogar so aus, als würde sich die Einwanderung unaufhaltsam steigern. Wien war kein Sonderfall, die Massenbewegungen, die damals begannen und die zur Herausbildung der modernen Großstädte wesentlich beigetragen haben, bieten den Eindruck einer riesenhaften Weitung des Lebens, begleitet von einem Wachstumsprozeß, den es bisher noch nicht gegeben hatte. Zwischen 1840 und 1914 stiegen die Völker Europas von 180 Millionen auf 460 Millionen an[7].

Die Ansammlung tschechischer Arbeiter, Handwerker und Gewerbetreibender in Wien wurde damals von der Öffentlichkeit ihrem Umfang nach beträchtlich überschätzt[8], zumal statistische Untersuchungen einen tschechischen Geburtenüberschuß festgestellt hatten[9]. Von einer durch den Zustrom heraufbeschworenen Übersättigung des Arbeitsmarktes konnte jedoch keine Rede sein — maßgebend war die Überzeugung, daß die nationale Zusammensetzung zwischen Deutschen und Tschechen das Stadtbild erheblich verändern könnte. Hieraus erwächst die Frage, wie sich die wechselseitigen Beziehungen zwischen den beiden Völkern bis zu der Wiener Einwanderungswelle entwickelt hatten. Für die Integration der tschechi-

---

[4] Von 1820—1840 wuchs Wien um 37,3 %
Von 1840—1860 wuchs Wien um 30,4 %
Von 1860—1880 wuchs Wien um 35,5 %
Von 1880—1900 wuchs Wien um 130,8 %
P e t e r m a n n, Reinhard: Wien im Zeitalter Franz Josefs I. Wien 1908, S. 142. — 1911 wurde die Zweimillionengrenze erstmals überschritten, ab 1918 wieder Rückgang.

[5] T i l l , R.: Zur Herkunft der Wiener Bevölkerung. VJSW 34 (1941) 15—37, hier S. 21. Der Verfasser arbeitete in 10-Jahresphasen mit Totenprotokollen, in der Absicht, „die blutsmäßige Verbundenheit mit dem Reich" zu untersuchen.

[6] Wenn die Industrie keine Beschäftigung bot, wanderten viele der freiwerdenden ländlichen Arbeitskräfte aus. K u t n a r , F.: Počátky hromadného vystěhovalectví z Čech v obdobi Bachova absolutismu [Die Anfänge der Massenwanderung aus Böhmen während der Ära des Bachschen Absolutismus]. Prag 1964. — S t ö l z l , Christoph: Die Ära Bach in Böhmen. (Phil Diss.) Saarbrücken 1970, für Wien bes. S. 270—275, allg. S. 18—24. — Wiener tschechische Belletristik zu 1848: K u b k a , Frant.: Dědeček. Deutsch als: Glück im Sturm. Übs. v. Franz Peter K ü n z e l. Berlin 1957 (1. Aufl.) 370 S.

[7] S o m b a r t , W.: Der moderne Kapitalismus. 4. Aufl., München 1921. Bd. III, 1., S. 384 ff.

[8] Ed. v. H a r t m a n n prophezeite ein slawisches Wien im 20. Jahrhundert. Zit. nach W i t t e l s h ö f e r , O.: Politische und wirtschaftliche Gesichtspunkte in der österreichischen Nationalitätenfrage. Preuß. Jahrbücher 76 (1894) 455—601, hier S. 491. — H a i n i s c h und M a y e r sprachen beide von Wien als von „einer Art Konstantinopel", „wertlos für die geistige Kultur, ohne jedes öffentliche, soziale, wissenschaftliche und künstlerische Leben". H a i n i s c h , M.: Einige neue Zahlen zur Statistik der Deutschösterreicher. Leipzig u. Wien 1909, S. 44. — M a y e r , F. A.: Über eine historische Ethnographie Wiens. In: Wiener Communalkalender 1889, S. 295—301, hier S. 301.

[9] R a u c h b e r g , Der nationale Besitzstand I, S. 193 f., III, Tafeln V, VII, VIII; der tschechische Geburtenüberschuß übertraf damals den deutschen absolut und relativ; R a u c h b e r g macht außerwirtschaftliche Faktoren hierfür verantwortlich, vgl. S. 208.

schen Bürger in das Gemeinwesen und das gegenseitige Verhältnis zwischen ihnen und den Einheimischen ist dies ein ebenso grundlegender Faktor wie etwa Stärke und Anlaß des Zustroms.

Durch den sozialen Aufstieg des Bürgertums gewann der Gedanke von der Identität der Kulturnation mit der politisch zu organisierenden Staatsnation auch in Österreich eine breite gesellschaftliche Basis[10]. Damit war Palackýs Geschichtsbild[11] vom ständigen Kampf zwischen den friedlichen slawischen Urbewohnern Böhmens und den gewaltsam eindringenden feudalistischen Deutschen für die Tschechen zur Grundlage ihres historisch-politischen Bewußtseins geworden. Das war kein Zufall. Ihr nationales Selbstwertgefühl hatte durch die enge Berührung und Amalgamierung mit dem deutschen Nachbarvolk in den böhmischen Ländern günstigere Entwicklungsbedingungen als bei den übrigen Slawen. Deutscherseits war es der Germanenmythos[12], der ideengeschichtlich abgesichert durch Leibniz, Gottsched, Klopstock und Herder in Österreich „die Fackel für den Völkerstreit"[13] entfachen sollte, wie das in einem klassischen Paradebeispiel für die Radikalität und den Kulturdünkel des deutschbewußten Germanismus in Österreich zu lesen ist: Es handelt sich um das von Waldemar Sträubel 1872 unter dem Pseudonym Arkolay verfaßte Buch „Das Germanentum in Österreich"[14].

Entsprechend der allgemeinen Verbindlichkeit der nationalen Gesinnungspolitik ist das verfügbare Material zur historischen Betrachtung der tschechischen Zuwanderungszahlen trotz seiner Unzulänglichkeiten sehr umfangreich. Etwa seit 1851[15] fuhr man fort, über die Zahl der Wiener Tschechen Statistiken zu veröffentlichen und es gibt keinen Grund, an ihrer relativen Richtigkeit zu zweifeln — es sei denn unter Berücksichtigung der Ansprüche, denen sie Genüge leisten sollten. Das Wesentliche darüber findet man derzeit in den Studien von Mais und Otruba[16],

---

[10] Prinz, Handbuch III, S. 16—20.

[11] Lit. zu Palacký: Prinz, Handbuch III, S. 22, Anm. 9.

[12] Bosl, Karl: Deutsche romantisch-liberale Geschichtsauffassung und „slawische Legende". Germanismus und Slawismus. Bemerkungen zur Geschichte zweier Ideologien. Boh Jb 5 (1964) 12—52, hier S. 26—35.

[13] Arkolay (Pseud. f. Sträubel, Waldemar): Das Germanentum und Österreich. Darmstadt 1870, S. 66. Vgl. auch S. 4 ff., 67 f.

[14] Siehe Anm. 13. Hier ist zu lesen: „Dem Slawentum fehlt gänzlich jede höhere, innere oder eigentliche Kulturkraft, mit der allein ein Volk oder Stamm auf die Dauer Großes vollbringt... Das Slawentum kann sich nie individualisieren, es braucht immer, um ein wenig zu wirken, den Autoritätsglauben und das herdenweise Zusammenstehen." Zit. nach Bosl, Slawische Legende 32.

[15] Die ältesten statistischen Erhebungen über die österreichischen Nationalitäten: Czoernig (ehem. Chef d. amtl. Statistik): Ethnographie der österr. Monarchie. Wien 1857 (umfaßt die Zeit von 1841—1848). — Ders.: Statistik der Stadt Wien aus der k. k. Hof- und Staatsdruckerei. Wien 1857. Fortges. v. seinem Nachfolger A. Ficker: Die Volksstämme der österr.-ungar. Monarchie. Wien 1869. Die ältesten tschechischen Arbeiten: Šembera, A. V.: ČČM (1845) II, S. 163 ff.: „O Slovanech v Dol. Rak." [Über die Slawen in NÖ]; (private Zählung, 1844). — Ders. in: Dějiny řeči a literatury české [Gesch. d. tschech. Sprache u. Lit.], (Daten f. 1851). — Ders. in: ČČM (1876) 393 ff. (f. 1869). — Rieger, Slovník. XIX, 1061 (f. 1869).

[16] Mais, Die Tschechen in Wien 60—66. — Otruba/Rutschka: Die Herkunft der Wiener Bevölkerung 227—240. — Beide mit Literaturverweisen. Am wichtigsten:

tschechischerseits bei Soukup[17]; sie alle setzten sich mit dem statistischen Material, den Methoden und Ergebnissen der Zählungen kritisch auseinander.

Seit dem 31. Dezember 1880 ließ sich die Zuwanderung alle zehn Jahre mit amtlichen Daten verfolgen. Erfaßt wurde die „Umgangssprache" (böhmisch/mährisch/slowakisch — deutsch), die von den Haushaltsvorständen zu melden und von den Zählungskommissären in die Volkszählungsbogen einzutragen war. Die erste Zählung verzeichnete 68 158 Tschechen in Wien und Niederösterreich[18]. Im Jahre 1890 waren es schon um 44 % mehr als 1880, 1900 dagegen 46 % mehr als 1890; für den gesamten Zeitraum von 20 Jahren errechnete man einen absoluten Anstieg der tschechischen Zuwanderer von 109,5 %[19]. Mit 102 974 offiziell bestätigten Einwohnern hatten die niederösterreichischen Tschechen[20] zur Jahrhundertwende ihren Höchststand erreicht. Indessen: Die Zählung nach der Umgangssprache — als Sprache der Umgebung, dem Wohnort oder dem Ort der zufälligen Anwesenheit verstanden — erlaubte zwar einen Schluß auf die nationalen Siedlungsverhältnisse, sie bildete jedoch nicht unbedingt einen Beweis für die Nationalität, obwohl es dem Gesetz nach theoretisch jedermann freigestellt war, die Sprache derjenigen Nation zu wählen, zu der er sich zugehörig fühlte.

Vieles hat dazu beigetragen, daß dieses Problem in einem Nebel ideologischer Phrasen ausgedroschen wurde. Am Gesamtbestand der Einheimischen gemessen schrumpfte das absolute Ansteigen der Tschechen um 109,5 % in zwei Dezennien zu einem relativen 1,58 % (!) zusammen, bei parallelem Sinken der Deutschen um die gleichen Sätze[21]. Dem Schlagwort vom „nationalen Besitzstand" verhaftet, fühlte man jedoch, daß eine Lawine ins Rollen geraten war, deren Umfang mit rationalen Maßstäben nicht zu messen war: Während Karl Czoernig, seinerzeit Chef der städtischen Statistik, und sein Nachfolger Adolf Ficker, für 1856 (bzw.

Die Publikationen der Österr. Statist. Zentralamtes, z. B. „Die Ergebnisse der Volkszählung vom 31.12.1910 in den im Reichsrat vertretenen Königreichen und Ländern". H. 1. Wien, 1912. — Ferner die Arbeiten von H e c k e, R a u c h b e r g, W i n k l e r, B e r k a, T i l l, S c h u b e r t; Wiener Slawen; die Jgg. der „Deutschen Erde", z. B. Jg. 10 (1911) 101 f.: Rich. v. P f a u n d l e r : Die Zahl der Tschechen in Wien. — Jg. 9 (1910) 196—199: Leop. v. R i c e k : Der niederösterreichische Tschecheneinschlag.

[17] S o u k u p, František A.: Česká menšina v Rakousku [Die tschech. Minderheit in Österr.]. Prag 1928, S. 125—145, mit zahlr. tschech. Lit. zur Volkszählung. Das sorgfältigste und systematisch umfassendste Werk über die Wiener Tschechen. 586 S. Verf. war vor u. nach 1914 Funktionär in Wiener Organisationen. Nicht zu verwechseln mit dem tschech. Sozialdemokraten F. Soukup!

[18] S c h i m m e r, G. A.: Die einheimische Bevölkerung Österreichs nach der Umgangssprache. Statist. Monatsschrift, 1882, S. 105.

[19] S c h u b e r t, A.: Ziffern zur Frage des niederösterreichischen Tschecheneinschlages. Wien 1909, S. 3.

[20] Nicht uninteressant ist der amtl. bestätigte Prozentsatz der Tschechen in einzelnen niederösterr. Dörfern i. J. 1900: Bischofswart (Bez. Feldsberg) 99,5 % Tschechen, Beinhöfen (Schrems) 85,3 %, Schwarzbach (Schrems) 70,1 %, Unterthemenau (Bez. Feldsberg) 93,3 %, Oberthemenau (Bez. Feldsberg) 92,8 % Tschechen (meist seßhaftes Slawentum, Hauptreste der ehem. Theresianischen bzw. Josephinischen Slowaken- u. Kroatensiedlungen). Von 4720 nö. Ortschaften waren 646 von Tschechen besiedelt. — S c h u b e r t, Ziffern zur Frage des nö. Tschecheneinschlages 51—62.

[21] S c h u b e r t, Ziffern zur Frage des nö. Tschecheneinschlages 3.

1869) aufgrund ihrer Untersuchungen auf ethnographischer Basis einen prozentualen Anteil von 17,6 %/o (bzw. 16 %/o) Tschechen in der Reichshauptstadt errechnet hatten[22], betrug der Anteil der Tschechen bei der Zählung nach der Umgangssprache selbst am Gipfelpunkt des Jahres 1900 maximal 6,1 %/o. Diese Diskrepanz — unter Berücksichtigung des oben erwähnten absoluten Anstiegs der Wanderbewegung seit 1880 — ergab das Fundament der nationalen Meinungsverschiedenheiten. Beide Lager waren sich dessen bewußt, daß die amtliche Statistik nur das Minimum[23] der Wiener Tschechen aufzeigte. Beim deutschen Bürgertum resultierte daraus die Panik, das „Hausrecht" der Wiener sei gefährdet, nach dem Naturgesetz, „daß zwei verschiedene Körper nicht zu gleicher Zeit denselben Raum einnehmen können"[24]; tschechischerseits erklärte man Niederösterreich als zu einem Viertel bis einem Drittel von Slawen besiedelt und nannte Wien, das im Jahre 1900 1 674 957 Einwohner besaß, mit 400 000—600 000 Tschechen die größte tschechische Stadt[25]. Auch als mit der wachsenden Eigenständigkeit der tschechischen Wirtschaft in den Kronländern seit Anfang des neuen Jahrhunderts das Zuwandern nach Wien de facto unterblieb[26], marschierten die Tschechen ungeachtet der sozialen Wirklichkeit in ideologischen Kampfvorstellungen weiter[27].

---

[22] (Bei dieser Methode wurden Kinder von tschechischen Eltern miterfaßt.) C z o e r n i g schätzte die anwesenden Nordslawen 1856 auf 83 000, F i c k e r 1869 auf über 100 000 bei einer Gesamtbevölkerung Wiens von 469 000 resp. 620 000, das entspricht einem Anteil von 17,6 %/o und 16 %/o. — Aus: W i t t e l s h ö f e r, Politische und wirtschaftliche Gesichtspunkte in der österr. Nationalitätenfrage 472, 465. — Dasselbe bestätigt H e c k e, Wilhelm: Die Bevölkerungszuwanderung in die Großstädte Wien und Berlin. Arch. f. Landes- u. Volksforschung 5 (1941) 80—87, hier S. 86. Hecke nennt 17,7 %/o Tschechen i. J. 1856. Ob die Zählung nach Geburtsort oder nach Muttersprache erfolgte, ist bei Hecke unklar (S. 83).

[23] S c h u b e r t, Ziffern zur Frage des nö. Tschecheneinschlages 6.

[24] S c h u b e r t, Ziffern zur Frage des nö. Tschecheneinschlages 4. — Diese vom Bund der Deutschen in Niederösterreich herausgegebene Schrift fordert die „planmäßige Unterbindung der Zufuhrkanäle" und nennt es (S. 4 f.) „dringlichste Volkspflicht", „im Wege der Gewalt der Abwehr gegen die Gewalt des Einbruchs" Kampf zu führen, „um die Umfälschung des Rechtes der Freizügigkeit in das Unrecht der Verdrängung" zu unterbinden. „Hier muß man die Tschechen nach den Aussprüchen ihres Nationalheiligen K. Havlíček behandeln, der sagte: Ich glaube..., daß jemand nur dahin ziehen darf, wo man ihn aufnehmen will...".

[25] H u b k a, Antonín: Čechové v Dolních Rakousích [Die Tschechen in Niederösterreich]. Prag 1901, S. 24, 76. — K u č e r a, Václav: Český průvodce po Vídni [Tschechischer Führer durch Wien]. Wien 1888, S. 3. — P a z o u r e k, Fr. J.: Čechové ve Vídni [Die Tschechen in Wien]. Časopis Turistů 20 (1908), H. 3—5, hier S. 107. — L e d e r e r, Ed.: Česká Vídeň [Das tschechische Wien]. Separatdruck aus „Osvěta lidu", Pardubitz 1905, S. 9, 22.

[26] Siehe Tabelle S. 54.

[27] Norb. G ü r k e schreibt noch i. J. 1934 in H u g e l m a n n s Sammelwerk über das Nationalitätenrecht: „Die Volkszählung vom 31. 12. 1900 zeigt deutlich den scharfen Angriff der Tschechen auf Wien." G ü r k e, Norbert: Die deutschen Erbländer. In: H u g e l m a n n, Karl Gottfried (Hrsg.): Das Nationalitätenrecht des alten Österreich. Wien/Leipzig 1934, S. 429—458, hier S. 440. — H a i n i s c h (1909), Einige neue Zahlen, S. 2: „Strategie und Taktik versagen, sobald die numerische Übermacht des Gegners allzu groß wird." — D e r s.: Die Zukunft der Deutschösterreicher. Wien 1892, S. 6; S. 107: „Der Verlust an deutschem Sprachgebiet in Österreich... die Entdeutschung des

Allen Reformvorschlägen und Versuchen, genaue Zählungsergebnisse zu erzielen[28], war eines gemeinsam: Stets bildete die Zahl den Schlüssel zum Problem[29], das jedoch nicht einmal dann zu lösen gewesen wäre, wenn das altösterreichische Nationalitätenrecht den Begriff der „Volkszugehörigkeit" gekannt hätte, der in unseren Tagen als subjektives Bekenntnis in staatsrechtlicher Hinsicht gewertet wird. Wenn Nationalitätenkämpfe einen bestimmten Erhitzungsgrad erreicht haben, sind sie auch durch terminologisch objektiv erscheinende Regulierungen nicht mehr zu beeinflussen. Man hatte sich bewußt gerade in den Dienst der Zahl gestellt, nur um sich der nationalen Existenz des tschechischen Schusters an der Ecke zu vergewissern, der sich vielleicht ohnehin zum Deutschtum bekannte und trotzdem „böhmisch" ausfüllte und umgekehrt.

Die genaue Zahl der tschechischen Bevölkerung in Wien aber ließ sich nicht feststellen, und das nicht nur, weil bei der Umgangssprachenzählung gleichzeitig die Slowaken erfaßt wurden oder weil man mitunter die Eintragungen willkürlich verändert oder agitatorisch beeinflußt hat[30]. Sie konnte auch bei einer Befragung

---

österreichischen Mittelstandes in Wien... ist dem wachsenden numerischen Übergewichte der nichtdeutschen Volksstämme zuzuschreiben." — GR-Prot. 1892 (4.4.), AB Nr. 18, S. 422, PG, 1423: Ergreifung von Maßnahmen zur Hintanhaltung von Massenzuzügen nach Wien. — GR-Prot. 1897 (15.10.), AB Nr. 84, S. 2084: Maßnahmen betr. die Vertschechisierung Wiens. — 1898 (18.1.), AB Nr. 6, S. 254: Gefahr der drohenden Vertschechisierung Wiens. — 1898 (3.11.), AB Nr. 89, S. 2855: Vorschläge gegen das Anwachsen des slawischen Elementes in Wien. — Auch auf tschechischer Seite hing der Erfolg der „Vormarsch"-Theoretiker von der praktischen Verleugnung der Realität ab. In den Publikationen des Journalisten Lederer galt als „Keimzelle der kommenden Stärkung" die 1905 eröffnete tschechische Bankfiliale in Triest. Bindeglied zum Meer und gleichzeitig zur Slowakei sollte das „tschechisch-deutsche" Niederösterreich des Jahres 1905 sein. L e d e r e r , Česká Vídeň, S. 8—11, 9, 22.

[28] Im wesentlichen folgende Methoden: Zählung nach Muttersprache, Familiennamen (Quellen: Häuserkataster, Handels- und Kommerzialschemen), Totenprotokollen, Geburtsort, Heimatzuständigkeit und Auswertung der Ergebnisse der ersten Zählung in der ČSR, und zwar in jenen Gemeinden, die nach 1918 nicht mehr zu Niederösterreich gehörten. Zur Information der deutschen Öffentlichkeit brachten die Jgg. der „Čechischen Revue" deutschsprachige Artikel: z. B. Jg. 4 (1910/11): K r e j č í , D.: Über die Unbrauchbarkeit der österreichischen Umgangssprachenstatistik, S. 193—203. — H u b k a , A.: Unsere Arbeit, S. 204—208. — K á l a l , J.: Wie gezählt wurde, S. 209—216. — B o h á č , A.: Die Volkszählung und die Minderheitenfrage, S. 217—223. — W e y r , F.: Positive Reformvorschläge. — B r á f , A.: Noch ein Wort zur Erhebung der Umgangssprache, S. 295 f., S. 299. — B o h á č , A.: Nochmals die Volkszählung von 1910, S. 304 bis 307.

[29] So lautet eine einschlägige Studie von V á h a l a , Frant.: „Číslo klíčem problému" [Die Zahl als Schlüssel zum Problem], zit. nach S t r n a d , Frant.: Československá Vídeň po válce [Das tschechoslowakische Wien nach dem Kriege]. Wien 1926, S. 11 und M a t a l , K.: Streifzüge durch die Geschichte der Wiener Tschechen. Die österr. Nation, H. 9 (1962).

[30] RR-Prot. H. d. Abg., XX/82, Anh. III, 2319/I: Interp. Mašťalka an den Innenminister um Einschreitung der Statthalterei gegen das gesetzwidrige Vorgehen bei der Volkszählung in Wien und Niederösterreich (17.1.1911). — XX/87, S. 5047—5053 Kramář: Kritik der Vorgängen bei den Volkszählungen in Böhmen, Mähren/Schlesien und Niederösterreich (26.1.1911); hierzu: XX/88 S. 5140 (7.2.1911) und GR-Prot. 1911 (13.1.) AB Nr. 5, S. 146: Interp. D o m e s / R e u m a n n betr. die Beschwerden wegen

nach Herkunftsgemeinde, Geburtsort, Heimatszuständigkeit und dem Prozentsatz der dort ansässigen tschechischen Bevölkerung nicht exakt errechnet werden: das hätte vorausgesetzt, daß aus den Landgebieten mit tschechischer Mehrheit tatsächlich mehr Tschechen als Deutsche nach Wien gekommen waren. Das Grundproblem lautete anders: *Assimilation* und *Fluktuation*[31]. Das waren die beiden Unbekannten und beide waren in nationaler Hinsicht von den lokalen Wiener Zählungsmethoden völlig unabhängige Faktoren. Sie trugen jedoch entscheidend zur Spannung zwischen Regierung, deutscher Bevölkerung, Wiener Tschechen und Tschechen in den Kronländern bei, und das wohl nicht zuletzt deshalb, weil sie sich jeder exakten Beurteilung entzogen. Ein gutes Beispiel jedenfalls, um darzulegen, wie stark mitunter das Bewußtsein auf das Sein einzuwirken vermag.

Eng verquickt mit der Zuwanderungs-Frage ist der heutige juristische Begriff der „Volksgruppe"[32], in der damaligen Terminologie „Volksstamm" genannt. Laut Reichsgerichts-Erkenntnis vom 19. Oktober 1904 (Hye Nr. 437) als „eine Bevölkerungsgruppe" definiert, „welche infolge der Gemeinsamkeit der äußeren Lebensbedingungen ihr eigenartiges, auf gemeinsamer Kultur und gemeinsamen geschichtlichen Schicksalen beruhendes Wesen besitzt". Insofern sich die tschechischen Zuwanderer in ihrer „neuen Heimat"[33] Wien als Gemeinschaft der in dieser Stadt Lebenden und Arbeitenden *tatsächlich* solidarisch *empfanden,* drückt es am klarsten die Problematik aus. Die Kluft zwischen den vielfach verschlungenen Wegen der Wirklichkeit — die hier als Willensentscheidung für ein gemeinsames historisches

der Korrekturen der Eintragungen in Spalte 13 (Umgangssprache) der Volkszählungsbogen. — GR-Prot. 1911 (31. 1.) AB Nr. 11, S. 317: Interp. P h i l p : Umtriebe der Tschechen anläßlich der Volkszählung. — GR-Prot. 1911 (31. 1.) AB Nr. 11, S. 318: Interp. H o h e n s i n n e r betr. die Ausfälle des Abgeordneten Dr. Kramář gegen die bei der Volkszählungsrevision beteiligten Lehrer Wiens. — Nö. Präs. XI/152—161 (1909) 84/8 betr. Aktion des tschech. Nationalrates in NÖ in Angelegenheit der Volkszählung im Jahre 1910. — Ferner: „Deutsches Volksblatt", 15. 1. 1911 (Nr. 7916), S. 18: Volkszählung. Erlebnisse und Gedanken. — 29. 1. 1911, S. 18: Die „Arbeiter-Zeitung" und die Volkszählung. — 8. 1. 1911 (Nr. 7909): „Zur Volkszählung". An die Herren Revisoren! — Ebda., S. 18: Aufruf vom Bund der Deutschen in Niederösterreich an die Lehrerschaft Wiens.

[31] Ein diesbezüglicher Antrag eines GR-Mitgliedes wurde abgelehnt: GR-Prot. 1899 (1. 9.) M i t t l e r , AB Nr. 71, S. 2095: Antrag zur Aufnahme einer Rubrik in den Volkszählungsbogen, die die Aufenthaltsdauer in Wien ersichtlich macht. — 1899 (15. 12.), M a y r e d e r , AB Nr. 1 (1900), S. 14: Ablehnung des Antrages M i t t l e r .

[32] Er ist weiterhin Gegenstand der Diskussion. — Vgl. Kontroverse Veiter—Matal (bzw. Matras, Stuparich. Auch Mais spricht von „Volksgruppe"). V e i t e r , Das Recht der Volksgruppen, II, S. 165 f. Veiter gibt die juristische Definition der Begriffe Volksgruppe und schweb. Volkstum etc. und negiert ihre Anwendung auf die Wiener Tschechen, die er als „ethnische Minderheit" definiert. — Über „Minderheit" vgl. auch das Werk des tschech. Wissenschaftlers A u e r h a n , Jan: Die sprachlichen Minderheiten in Europa. Berlin 1926, S. 137 u. 157, m. Lit. (Tschech. Ausg. u. d. T. Jazykové menšiny v Evropě. Prag 1924). — P f e i f e r , Helfried: Das Recht der nationalen Minderheiten in Österreich. Ostdeutsche Wissenschaft 8 (1961) 265—318. — R o b i n s o n , Jacob: Das Minoritätenproblem und seine Literatur. Berlin/Leipzig 1928 (polyglotte Bibliographie raisonnée bis 1927). — K a n n , Nationalitätenproblem I, 40—44.

[33] Diesen Titel („Nová vlast") trug z. B. ein tschechischer Sparverein in Wien. Siehe Anhang S. 480.

Schicksal zu verstehen ist — und den formal geordneten Gesetzestatsachen machte die Verordnungen erst gefährlich. Die Nahtstellen erkennbar zu machen, an denen gesellschaftliche mit den wirtschaftlichen und diese mit den politischen Veränderungen zusammenhängen, gehört wesentlich zur Aufgabe der folgenden Seiten.

b) Geographische Herkunft

Von allen Ländern der Donaumonarchie hat Niederösterreich[1] durch die Binnenwanderungsvorgänge die meisten Zuwanderer empfangen[2]. Unter den passiven Ländern hielt Böhmen die Spitze, gleich darauf folgte Mähren[3]. In manchen Jahren erreichten die Auswanderungsziffern zugunsten Wiens und Niederösterreichs bis zur Hälfte des natürlichen Bevölkerungszuwachses der Kronländer[4]. Zwischen 1880 und 1890 strömten ⁹/₁₀ von allen, die die böhmischen Länder verließen, in die Donaumetropole[5]. Auch zwei Jahrzehnte später hatte sich kaum etwas geändert: Von den 43 657 Auswanderern Mährens wählten 35 701 Personen Wien als neuen Aufenthaltsort[6]. Stärke und Kontinuität des Zustroms hielten — auch wenn sie gebietsweise unterschiedlich waren — über Jahrzehnte hinweg unverändert an. Für die Herkunft der Wiener Bevölkerung ergab sich dadurch folgendes Bild:

Die Wiener Bevölkerung nach ihrer Herkunft[7]

Geburtsort oder -land	1856	%	1890	%	1910	%
Wien	207 817	44	610 062	45	991 157	49
Böhmen, Mähren, Schlesien	105 353	22	378 074	28	499 273	25
Niederösterreich	69 353	15	155 379	11	225 456	11
Sonstiges Österreich	18 647	4	51 395	4	66 754	3
Ausland	68 051	15	169 638	12	248 782	12
Gesamtzahl	469 221	100	1 364 548	100	2 031 422	100
davon Tschechen	83 000	17,7	63 834	4,7	98 461	4,9

Zwischen 1856 und 1910 stammte rund ein Viertel aller Wiener Einwohner unmittelbar aus den Ländern der Wenzelskrone, ein weiteres Viertel mittelbar durch

---

[1] Wien gehörte bis zum Jahre 1920 zu Niederösterreich.
[2] Niederösterreich nahm 635 643 Personen mehr auf als es an andere Länder abgab. H e c k e, Wilhelm: Wachstum und Berufsgliederung der Bevölkerung. Wirtschaftsgeographische Karten und Abhandlungen zur Wirtschaftskunde der Länder der ehemaligen Österr.-ungar. Monarchie. H. 2/3. Wien 1919, S. 22; hierzu e b e n d a Tab. 5 u. Tab. 6; ferner: Österr. Statistik, Bd. 1, N. F., H. 2. S. 25 ff.; Mitteilungen des Statistischen Landesamtes Böhmen, Bd. 24, H. 1, Prag 1916.
[3] Böhmen: 345 267 reine Mehrabgabe; Mähren: 217 562; Schlesien: 13 440. H e c k e, Wachstum und Berufsgliederung 21.
[4] H ů r s k ý, Josef: Vystěhovalectví a asimilace [Auswanderungswesen und Assimilation]. Demografie 5 (1963) 227—234, hier S. 228.
[5] K á r n í k o v á, Ludmila: Vývoj obyvatelstva v českých zemích 1754—1914 [Die Entwicklung der Bewohnerschaft in den böhmischen Ländern 1754—1914]. Prag 1965, S. 212. Das bisher umfassendste Werk zu dieser Frage, sehr detailliert, unter Berücksichtigung der wirtschaftlichen Situation. (Von 260 105 Personen gingen 237 303 nach Niederösterreich.)
[6] H e c k e, Wilhelm: Volksvermehrung, Binnenwanderung und Umgangssprache in Österreich. Brünn 1914, S. 656. Vgl. auch die für 1910 amtlich gefertigte Übersicht auf

seine Eltern, ein noch größerer Prozentsatz durch seine Vorfahren[8]. Die Feststellung der gesamten popularischen Verluste Böhmens, Mährens und Schlesiens zugunsten Wiens war jedoch wesentlich leichter zu treffen als die Bedeutung der Immigration für das Wiener Tschechentum darzustellen, die aus dem Anteil der Tschechen an der gesamten Wanderbewegung sichtbar geworden wäre. Bei allen sprachgeographischen Gebietseinteilungen ließ sich generell nur feststellen, daß die deutschen Bezirke am wenigsten, die gemischtsprachigen mehr und die rein tschechischen Gebiete die höchsten Einbußen zu vermelden hatten. Im Verlauf dreier Jahrzehnte verloren die überwiegend tschechischen Gemeinden etwa zehnmal mehr Einwohner als die deutschen Gebiete. Besonders betroffen waren das tschechische Südmähren und Südböhmen, das heißt Gebiete, die an Niederösterreich angrenzten. Zuwanderer aus dem deutschen Böhmerwald, aus Nordmähren und Nordschlesien waren seltener, auch wenn die seit der Jahrhundertmitte ausgebaute Nordbahn[9] die Verbindung zur Reichshauptstadt in höherem Maße erschloß als bisher.

Wanderungsgewinn (+) bzw. -verlust (—) aus den Gebieten der böhmischen Länder von 1881—1910[10]

Bezirksgruppen nach d. Umgangssprache der österr. Staatsbürger	Wanderungsgewinn + überhaupt			bzw. -verlust — auf 100 Pers. der Bev.		
	1881—90	1891—00	1901—10	81—90	91—00	01—10
über 4/5 dt.	— 8 387	+ 9 153	— 26 418	—0,54	+0,54	—1,48
1/2—4/5 dt.	+ 10 119	+ 12 670	— 24 318	+3,04	+3,36	—5,97
1/2—4/5 tsch.	— 46 956	— 44 839	— 37 973	—6,99	—6,58	—5,52
über 4/5 tsch.	—150 574	— 98 228	— 82 804	—4,80	—2,95	—2,40
insgesamt	—195 798	—121 244	—171 513	—3,44	—1,99	—2,71

Unter der Voraussetzung, daß Wien für Deutsche und Tschechen die gleiche Anziehungskraft ausüben würde, schied man die beiden Nationalitäten in der Weise, daß jeder in einem einsprachigen Bezirk Geborene der Nationalität des betreffenden Bezirkes zugerechnet wurde, während die in gemischtsprachigen Gebieten Geborenen bezirksweise im gleichen Verhältnis, in dem sich die im Bezirk vorhandene Bevölkerung zwischen Deutschen und Tschechen verteilte, auf die beiden Nationalitäten repartiert wurden.

Von den in Wien im Jahre 1890 vorhandenen Einwohnern waren geboren:[11]

---

einer Karte mit drei Farbstufen. — H e c k e , Bevölkerungszuwanderung in die Großstädte Wien und Berlin 84: Nur ein Fünftel der Wiener Einwohner stammte aus Bezirken südlich der Donau, mehr als vier Fünftel aus dem Norden, d. h. aus den Kronländern und dem nördlichen Niederösterreich.

[7] Zusammengestellt aus: H e c k e , Bevölkerungszuwanderung in die Großstädte Wien und Berlin 84 ff. und O t r u b a , Die Herkunft der Wiener Bevölkerung 237.
[8] H e c k e , Die Bevölkerungszuwanderung 85.
[9] Wien—Brünn—Oderberg, gebaut 1836—1847.
[10] H e c k e , Wachstum und Berufsgliederung 15.
[11] W i t t e l s h ö f e r , Politische und wirtschaftliche Gesichtspunkte in der österreichischen Nationalitätenfrage 471.

	Deutsche	Tschechen
Aus rein deutschen Bezirken Böhmens	29 147	
Aus rein tschechischen Bezirken Böhmens		101 594
Aus gemischtsprachigen Bezirken Böhmens	35 614	48 459
Aus rein deutschen Bezirken Mährens	2 054	
Aus rein tschechischen Bezirken Mährens		28 239
Aus gemischtsprachigen Bezirken Mährens	47 104	62 234
Aus rein deutschen Bezirken Schlesiens	13 401	
Aus gemischtsprachigen Bezirken Schlesiens	6 170	4 060
Zusammen	133 490	244 586

Wenn man diesen Angaben das nationale Bekenntnis der Umgangssprachenzählung gegenüberstellt, dann bekannte sich also nur ein Viertel (61 257) der nach dieser Methode als gebürtige Tschechen errechneten Personen zur tschechischen Nationalität. Diese Ziffer entsprach dabei etwa der Zuwanderung der vergangenen sechs bis acht Jahre, woraus sich die Folgerung ergab, die übrigen drei Viertel seien inzwischen vom Deutschtum absorbiert worden.

Unter Zugrundelegung desselben Schemas kam Wilhelm Hecke[12] für 1910 zu einer Ziffer von 341 734 gebürtigen Tschechen, die derzeit in Wien lebten. Auf tschechischer Seite wurden höhere Ziffern errechnet, da man auch die zweite und dritte Generation mit einbezog[13]. Nach dem Weltkrieg wurden diese Zahlen jedoch auch von tschechischen Autoren als unwahrscheinlich bezeichnet: Josef Hůrský meint, „wenn man auch in einigen relativ übervölkerten Bezirken eine größere tschechische als deutsche Emigration nicht ausschließen kann, so muß man doch in der Gesamtheit voraussetzen, daß Wien eine größere Anziehungskraft für die deutsche Bevölkerung besaß. Der Anteil der deutschen Zunamen und andere Umstände bezeugen im übrigen, daß das tschechische Bevölkerungselement in einigen gemischten landwirtschaftlichen Gemeinden durch die Auswanderung nach Wien seine Position sogar stärken konnte"[14].

Mit wachsendem Einfluß Prags verlief die Emigrationswasserscheide zwischen den beiden Hauptstädten tangential, nicht aber gleichmäßig nach allen Richtungen[15]. Die Verspätung Brünns hinter Prag in der Emanzipation von der Reichsmetropole äußerte sich auch im gesamten Trend der mährischen Auswanderung nach Wien, sowie im schnelleren Anwachsen der Anzahl der mährischen Zuwanderer aus tschechischen Gebieten im Vergleich zu den böhmischen[16].

---

[12] Bei M o m m s e n, Die Sozialdemokratie und die Nationalitätenfrage, mehrmals fälschlich als „Heck" zitiert, S. 39, S. 456!

[13] z. B. Jan Srb (472 000), Ed. Lederer (400 000), Fr. Váhala (584 728). Näheres bei S o u k u p, Česká menšina 125—145.

[14] H ů r s k ý, Vystěhovalectví a asimilace 228 (auch der folgende Satz). — S o u k u p, Česká menšina 126, 142. — Vom größeren deutschen Zuzug spricht auch H e c k e, Die Bevölkerungszuwanderung 86.

[15] H ů r s k ý, K otázce vývoje imigračních předělů [Zur Frage der Entwicklung der Immigrations-Wasserscheide]. Sborník Čsl. spol. zeměpisné 61 (1956) 111—117.

[16] Von 1900 bis 1910 erfolgte ein Anwachsen der in den tschechischen Gebieten Mährens geborenen Zuwanderer um 7,61 %, Böhmens um 7,05 % und Schlesiens um 11,71 % —

Der Anteil der Bewohner, die als Umgangssprache tschechisch angaben, war jedoch bei den Einwohnern tschechischen Ursprungs aus böhmischen Bezirken größer (23 %) als aus den tschechischen Bezirken Mährens (19 %) und Schlesiens (16 %)[17]. Dies erlaubt zwei Schlußfolgerungen: Entweder übte Wien auf die mährischen Deutschen stärkere Anziehungskraft aus als auf die Deutschböhmen, oder das tschechische Element Mährens war assimilierungsbereiter als das böhmische. Daß hier die letztere Schlußfolgerung zutrifft, zeigt die Tabelle auf S. 34, aus der hervorgeht, daß sich im Jahre 1890 64 761 gebürtige Deutschböhmen und nur 49 158 Deutschmährer in Wien aufhielten.

Auf das Bestreben nach einer dauernden Verankerung und Angleichung an die neue, andersnationale Umgebung verweist — mit Vorbehalten — auch die Bereitschaft der Tschechen zur Annahme des Wiener Heimatrechtes[18] bzw. das Zahlenverhältnis von 10 000 in einem böhmischen Bezirk Geborenen zu 10 000 in den betreffenden Bezirk Zuständigen. An der Spitze der rein tschechischen Bezirke steht Tábor (99 : 83), mit gleichem oder größerem Unterschied folgen Datschitz (99 : 77), Iglau-Land (143 : 115) und Kaplitz (99 : 77), wenn man die damaligen Stadtbezirke, z. B. Brünn (123 : 78), Iglau (166 : 107) oder Znaim (241 : 149) außer acht läßt[19]. Demnach hat es den Anschein, als ob die Nationalität bei der Annahme des Wiener Heimatrechtes keine entscheidende Rolle spielte, da sich die erwähnten Unterschiede auch bei den Bezirken mit überwiegend tschechischer Einwohnerschaft in hohen Werten ausdrücken. Größeren Konservativismus wiesen hier nur die Zuzügler aus den Bezirken Moldauthein und Gaya (= Kyjov in Mähren) auf, bei denen man sogar das umgekehrte Verhältnis feststellen kann, d. h. eine größere Zahl der in die Bezirke Zuständigen als in den Bezirken Geborenen. Die Gesamtangaben zeigen auch hier, daß das Wiener Heimatrecht in höherem Maße von den mährischen Zuwanderern angenommen wurde (75 : 65) als von den böhmischen (36 : 32).

Die geographische Herkunft der assimilierten Donautschechen aus südböhmischen und südmährischen Gebieten, die sich zugunsten Wiens um mehr als 5 % entvölkerten, wird aus der folgenden Karte[20] ersichtlich:

---

zumeist Jägerndorfer Kreis, dann Freiwaldau und Freudenthal. — In der Periode von 1880—90—1900 wuchs die Zahl der in Böhmen geborenen Wiener Einwohner um 4,3, dann 3,3 %, die der Mährer um 24,1, dann 14,5 %. Die Gesamtzahl der in Wien anwesenden in Mähren und Schlesien Geborenen betrug 1910 nur um 5,5 % weniger als die Zahl der in Böhmen Geborenen. H ů r s k ý, Vystěhovalectví a asimilace 228.

[17] E b e n d a 228.
[18] Der Inhalt des Heimatrechtes umfaßte 1. das Aufenthaltsrecht, 2. den Versorgungsanspruch, 3. das Verhältnis zur Aufenthaltsgemeinde. — Def. laut M i s c h l e r, E. / U l b r i c h, Jos.: Österr. Staatswörterbuch, 2., wesentl. umgearb. Aufl., Wien 1906, 2. Bd., S. 809—843, hier S. 810: „Unter H. versteht man heute jenes persönliche Verhältnis zur Gemeinde, aus dem der Anspruch auf ungestörten Aufenthalt im Gemeindegebiete und die von der Gemeinde im Verarmungsfalle zu gewährende Versorgung fließt." — V á h a l a, Fr.: Domovské právo dle práva rakouského [Das Heimatrecht nach dem österreichischen Recht]. Víd. Nár. Kal. 5 (1910) 124—127.
[19] Ausführliche Aufstellung bei H ů r s k ý, Vystěhovalectví a asimilace 229 f.
[20] E b e n d a 227, mit freundlicher Genehmigung des Verfassers.

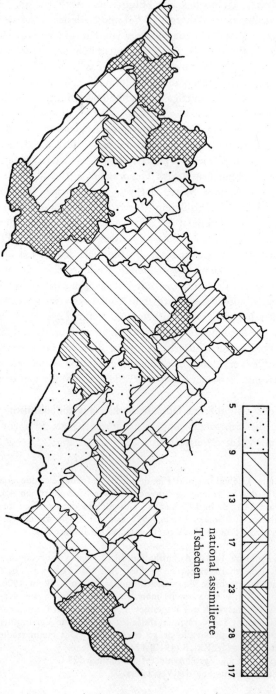

Karte 1:

Herkunft der assimilierten Bevölkerung tschechischer Abstammung aus südböhmischen und südmährischen Bezirken, die sich zugunsten Wiens um mehr als 5 % entvölkerten (unter Benutzung der Angaben über die Geburtsorte von 1005 festgestellten Fällen)

Bis zum Jahre 1910 entfielen auf 10 000 nach Wien ausgewanderte Tschechen

national assimilierte Tschechen

5 9 13 17 23 28 117

Es läßt sich m. E. rechtfertigen, als Ausgangspunkt der Betrachtung eine größere Assimilierungsbereitschaft der mährischen Tschechen bei gleichzeitig stärkerer tschechischer als deutscher Immigration aus den südmährischen Gebieten anzunehmen. Eine Stütze für diese These bietet sich in den tschechischen Vereinsberichten, soweit sie die Herkunft ihrer Mitglieder erwähnen: Der Hauptbestand dieser ihr Nationalbewußtsein durch den Vereinsbeitritt dokumentierenden Tschechen stammt aus den entfernteren böhmischen Gebieten, nicht jedoch, wie man vorauszusetzen geneigt ist, aus Südmähren, dem natürlichen Hinterland Wiens.

Im Jahre 1893/94 waren von den aktiven Mitgliedern im Wiener „Akademický spolek" (Akademischer Verein, gegr. 1868) geboren:
In Böhmen 64, in Mähren 34, in Niederösterreich 5, in Galizien 1[21]. Im tschechischen Dienstvermittlungsverein (Český spolek pro opatřování služeb, gegr. 1896) stammten die von 1896 bis 1898 bei Wiener tschechischen Meistern untergebrachten 407 Lehrlinge zur Hälfte aus Böhmen (205 Böhmen, 142 Mähren, 11 Niederösterreich, 34 Wien, 15 ungar. Slowakei)[22]. Das war kein Zufall. Von den vom gleichen Verein im Jahre 1905 verzeichneten Lehrlingen waren geboren: in Böhmen 211, Mähren 176, Schlesien 7, Niederösterreich 10, Wien 15, ung. Slowakei 6, Kroatien/Slawonien 5, Galizien 4, Tirol 2[23]. Die Mitglieder des Vereines, meist Schneider, Tischler, Schuster und Friseure kamen: aus Wien 1444, Niederösterreich 26, Böhmen 42, Mähren 20, Ungarn 12, Kroatien/Serbien 3, Rußland 1[24]. Für die späteren Ausführungen ist das Beispiel der Herkunft der Kinder interessant, die die heißumstrittene tschechische Privatschule des „Komenský"-Vereins besuchten, da die Herkunftsfrage in der Auseinandersetzung um die Verleihung des Öffentlichkeitsrechtes einen Hauptbestandteil bildete. Hier dient das Beispiel jedoch nur dazu, den schwachen Anteil Mährens hervorzuheben. Von den Schülern und Schülerinnen, die in den Schuljahren der nachfolgenden Aufstellung die tschechische Schule besuchten, waren geboren:[25]

Geboren in	*Schuljahre*					
	Knab. 1894/5	Mädch. 1894/5	Knab. 1902/3	Mädch. 1902/3	Knab. 1907/8	Mädch. 1907/8
Wien	236	225	284	321	318	345
Niederösterreich	12	11	10	4	3	7
Oberösterreich	1	—	2	—	1	—
Steiermark	1	—	—	—	—	—
Tirol	1	—	—	2	1	—
Böhmen	100	97	76	78	72	60
Mähren	30	24	26	27	24	22
Galizien	1	2	—	—	—	—
Ungarn	2	1	1	1	1	—
anderswo	—	1	—	—	—	—
Zusammen	384	361	399	433	420	434

[21] Výroční zpráva Akad. spolku ve Vídni [Jber. d. Akad. Vereins in Wien] 1893/94, S. 32.
[22] Vídeňský Kalendář 8 (1899) 65 f.
[23] SÚA Prag. NRČ 120, Krajané v Doln. Rak. [Landsleute in NÖ.]. Jahresbericht des tschech. Dienstvermittlungsvereins (1906) 12 f.
[24] Siehe Anm. 23.
[25] Aus: K a r á s e k, Josef: Sborník Čechů dolnorakouských [Almanach der niederösterr.

Nicht anders verhält es sich, wenn man statt des Geburtsortes die Heimatzuständigkeit der Komenský-Schüler betrachtet: Im Jahr 1912 hatten von insgesamt 1169 Schülern das Heimatrecht: in Böhmen 206 Knaben und 246 Mädchen; in Mähren 90 Knaben und 77 Mädchen; in Wien 267 Knaben und 264 Mädchen; anderswo 10 Knaben und 9 Mädchen[26].

Als Ergebnis der bisherigen Ausführungen wird man festhalten dürfen, daß man den mährischen Anteil an der tschechischen Zuwanderung nicht überschätzen sollte, wenn es darum geht, das politisch bewußte Wiener Tschechentum zu beurteilen. Während die Entvölkerung Mährens ungleich stärker war als die der böhmischen Bezirke (vgl. die folgende Karte), bestand der „nationale" Kern der Wiener Tschechen überwiegend aus böhmischen Mitgliedern. In Böhmen waren es aber nur die beiden Bezirke Neuhaus und Kamenitz a. Linde, die mehr als zehn Prozent ihrer Bevölkerung an Wien verloren, in Mähren jedoch wanderten aus sieben Bezirken (Datschitz, Iglau, Nikolsburg, Mähr.-Budwitz, Mähr.-Kromau, Neustadtl, Znaim) mehr als 10 % nach Wien aus. Den Zuzug aus den böhmischen Ländern nach Wien nach der amtlichen Statistik vom Jahre 1910[27] erhellt die folgende Karte: ▶

Es ist vielleicht ein Gemeinplatz, daß Lebensstandard nicht nur ein Ausdruck dafür ist, auf welchem sozialen Niveau Menschen leben, sondern auch, auf welchem sie zu leben glauben. Dieser Unterschied ist jedoch wichtig, wenn man die Spuren der Wanderbewegung aus den böhmischen Provinzen nach Wien bis in ihr Profil hinein deutlich machen will. Die Entvölkerung der rein landwirtschaftlichen Gebiete nahm ständig zu, bedingt durch den niedrigen Lohn des landwirtschaftlichen Arbeiters, durch Wohnungsnot auch am flachen Land, durch Mangel an Verkehrsmitteln zur Erreichung des Arbeitsmarktes und das Durchdringen des maschinellen Betriebes in der Landwirtschaft[28]. Neben den grundbesitzlosen Arbeitern gingen auch die kleinen Grundbesitzer oder ihre Familienangehörigen um die Jahrhundertwende häufiger als je zuvor in die Reichshauptstadt. Die wesentlichste Rolle spielte die langwierige Agrarkrise in den achtziger und neunziger Jahren[29]. Der

---

Tschechen]. Wien 1895, S. 213. — SÚA-Prag. ÚMŠ „Komenský Vídeň" 1902—1910, Jbb. für 1902/03 und 1907/08, S. 15 bzw. S. 11. — Vgl. auch Kal. Čechů Víd. 6 (1897) 76 f. (Ziffern für 1895/96).

[26] S u l í k , Proč máme vychovávati své děti v českých školách?, S. 2. — Dasselbe in: S u l a , Pavel: Radovánky. Domov-škola [Festlichkeiten. Zu Hause — in der Schule]. Prag 1917, S. 1; für 1907: 40 % Schüler nach Wien, 45 % nach Böhmen, 15 % nach Mähren zuständig. — ÚMŠ, Komenský-Vídeň 1902—1910, Jahresbericht des „Komenský"-Vereins für 1907.

[27] H e c k e , Wachstum und Berufsgliederung 16.

[28] H e c k e , Volksvermehrung 21 ff., dem auch die folgenden Fakten entnommen sind. — Vgl. auch V i l í k o v s k ý , V.: Dějiny zemědělského průmyslu v Československu od nejstarších dob až do vypuknutí světové krise hospodářské [Die Geschichte der landw. Industrie in der ČSR von ältester Zeit an bis zum Ausbruch der Weltwirtschaftskrise]. Prag 1936.

[29] K á r n í k o v á , Vývoj obyvatelstva 379, 188 ff. Das beginnende Absinken der landwirtschaftl. Bevölkerung war vor allem durch wirtschaftliche Wandlungen im Ackerbau und durch Schaffung eines einheitlichen Arbeitsmarktes bedingt und wurde deshalb auch

Karte 2:
*Ausschnittvergrößerung aus
Hecke: Wachstum und Berufsgliederung S. 17*

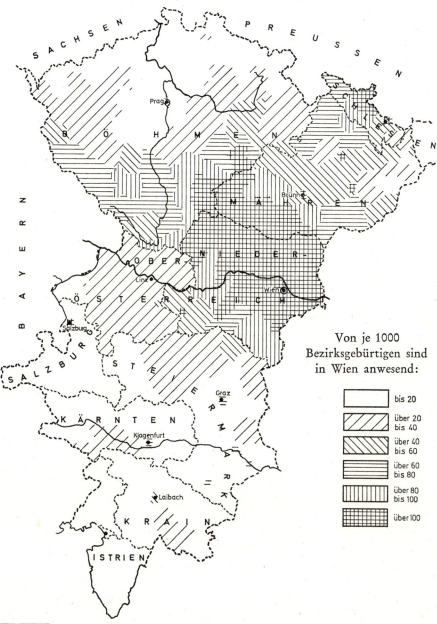

nicht durch eine spätere Linderung der Krise oder durch die neue Agrarkonjunktur zu Beginn des 20. Jahrhunderts unterbrochen.

kleine Bodenertrag, die fortschreitende Abrundung und Erweiterung von Großgrundbesitzen auf Kosten des kleinbürgerlichen Grundbesitzes und das Festhalten an der Unteilbarkeit der Bauerngüter trieben die Auswanderung in den landwirtschaftlich stagnierenden Kreisen im Südwesten der böhmischen Länder weiter voran, so daß man seit den achtziger Jahren geradezu von einer Depopulation[30] sprechen konnte.

Demgegenüber lockten das kräftig aufstrebende Gewerbeleben der Großstadt, die höheren Löhne[31] in der Industrie, die kürzere Arbeitszeit, die größere Bewegungsfreiheit, Kranken- und Unfallversicherung —, kurz die Möglichkeiten, die steigenden Lebensbedürfnisse leichter zu befriedigen. Man kann voraussetzen, daß bei vielen Zuwanderern bereits erste Eindrücke von der Hauptstadt vorhanden waren, die ihnen von Ausflügen und Wanderungen, von Ferienaufenthalten bei Wiener Verwandten oder vom Militärdienst her noch gut im Gedächtnis hafteten.

Mit zunehmender Vervollkommnung der Transportmittel[32] wurde Wien nun auch für diejenigen erreichbar, die die Reichshauptstadt nur vom Hörensagen kannten: als Sitz des Kaisers und präsumptiven böhmischen Königs, wo alles das eine besondere Rolle spielte, was in den vielen Liedern über den „Weaner", die „Madln", den Wein, den Prater, die Donau und den Wienerwald ausgesagt worden ist[33]. Mit solchen romantischen Vorstellungen und gleichzeitig mit dem Vorsatz, möglichst rasch viel Geld zu verdienen und etwas zu „erleben", kamen die Tschechen über die Taborbrücke in die Hauptstadt. Sie alle erwarteten etwas Bestimmtes, das häufig nicht der Wirklichkeit entsprach. Vielseitig und gründlich müssen die Eindrücke gewesen sein, die sie empfingen: Da waren die prunkvollen Paläste, Kirchen, Museen und Amtsgebäude, die großräumig angelegten Plätze und Straßen; da war der wachsende Lebensstandard der Bürgerfamilien, die zur Zeit eines Makart die Nüchternheit des modernen Lebens, aber auch die untergründigen sozialen Spannungen durch Entfaltung eines unvorstellbaren Luxus und einer künstlerisch drapierten Scheinwelt zu kompensieren suchten — ein Wohnstil, der sowohl für den reich gewordenen Kommerzienrat, wie, in abgeänderter Form, auch für den in

---

[30] K á r n í k o v á, Vývoj obyvatelstva 273 ff., 270, 212, 174.
[31] Der Schmied Tomáš Zeman, der in Wien zuerst anderthalb Jahre als Gärtner beim Baron Rothschild arbeitete, kehrte nach einigen Jahren wieder für acht Jahre nach Wien zurück und machte in der Fabrik Urban Eisenbahnschrauben. Dabei verdiente er maximal bis zu 27 Gulden wöchentlich, durchschnittlich 12—14 Gulden wöchentlich. B r a n a l d, Adolf: Hrdinové všedních dnů [Helden des Alltags]. 2 Bde., Prag 1953, hier Bd. 2, S. 39. — Ein Dienstmädchen bekam etwa 10 bis 20 K monatlich. H a g e n - h o f e r, Johann: Die soziale Lage der Wiener Arbeiter um die Jahrhundertwende (1889—1907). Wien, Phil. Diss. (Masch.) 1966, hier S. 242.
[32] Die ersten Züge von Budweis nach Wien hatten noch keine Bänke, man brachte sich kleine Schemelchen zum Sitzen mit. B r a n a l d, Hrdinové všedních dnů 131.
[33] K o v á ř, Několik vzpomínek [Einige Erinnerungen]. In: Památník českoslov. strany socialistické v republice rakouské k jubileu 25 letého trvání [Denkschrift der čsl. sozialistischen Partei in der österr. Republik zum Jubiläum ihres 25jährigen Bestandes]. Wien 1923, S. 17—33, hier S. 28: „In Böhmen betrachtete man Wien als Eldorado und schickte die Kinder dorthin, damit sie dort ihr Glück machen. Allerdings kam dann auch dieser oder jener aus Wien auf Besuch wie ein Kavalier. Er hatte in Wien sein Glück gemacht."

seinen finanziellen Mitteln beschränkten Kleinbürger verbindlich war; und da waren nicht zuletzt die Wirkungen, die von der Industrie, von der Arbeit selbst, ausgingen: Von 1880 bis 1910 stieg die Fabrikenzahl in den Außenbezirken um 133 %[34].

Um die Bedeutung Wiens für die böhmischen Länder erfassen zu können, muß man auch die Gegenbewegung betrachten. Nicht alle, die hoffnungsvoll angekommen waren, konnten oder wollten sich auf die Dauer halten. Ein großer Teil der Zuwanderer war keinesfalls ganz seßhaft. Die Frage soll daher auch einmal anders formuliert werden: Wie attraktiv war Wien für die Tschechen, wer von ihnen blieb, die Tüchtigen oder die weniger Leistungsfähigen? Allerdings geben hierüber weder amtliche Erhebungen noch Wirtschaftsakten hinreichend Auskunft, man kann sich jedoch auf Aufzeichnungen direkt aus dem Volk selbst stützen[35].

Der vorübergehende oder saisonbedingte Aufenthalt der Ziegelei- und Bauarbeiter, das Gesinde beim meist adeligen Großgrundbesitz[36], die Lehrlinge, Studenten, Beamten, Künstler und Militärpersonen sind zuerst zu erwähnen. Insgesamt bietet sich keine systematische Möglichkeit, diese Gruppen von den ständig in Wien ansässigen Tschechen zu trennen. Tatsache ist, daß das fluktuierende Element das Rückgrat der tschechischen und der deutschen Nationalbewegung entscheidend gestärkt hat, auch wenn die Volkszählungen stets Ende Dezember waren, zu einer Zeit also, in der die tschechischen Saisonarbeiter Wien bereits verlassen hatten. Da durch das ständige Nachströmen auch das ständige „Abwandern" — sei es in die neue deutsche oder in die alte tschechische Heimat — ausgeglichen wurde, wandelte sich der wachsende Grundbestand der Wiener Tschechen nach außen hin wenig; es kam jedoch vor, daß sich die Mitgliederschaft einzelner tschechischer Vereine innerhalb von zwölf Monaten ganz und gar „bis auf den letzten Mann" änderte[37].

Man kann das Wiener Tschechentum während der drei Jahrzehnte seiner Blütezeit mit einem Hotel vergleichen, das zwar stets besetzt war, aber immer wieder von anderen Leuten. Einige waren gerade erst neu hinzugekommen, einige waren schon länger da und nur eine gemeinsame Geschäftsleitung vereinte sie. Bis zum Jahre

---

[34] Otruba, Die Herkunft der Wiener Bevölkerung 236.
[35] Die umfangreichste Dokumentensammlung, die Kleplova sbírka [Klepl-Sammlung], befindet sich im Archiv des Technischen Nationalmuseums in Prag. Ein Chronisten-Team von Archivaren, Professoren u. a. sammelte in der ganzen Tschechoslowakei etwa 10 000 Erinnerungsstücke ehemaliger Arbeiter (Chroniken, Lebensläufe etc.). Teilauszug in Buchform: Branald, Hrdinové všedních dnů (siehe Anm. 31). Ferner: Ethnogr. Abtlg. des Nationalmuseums in Prag: Korrespondenz tschechischer Arbeiter, Maurer und Ammen von 1898—1910 (169 Briefe).
[36] In Niederösterreich waren ca. 7500 Tschechen als Gutsbedienstete, Taglohn- oder Saisongesinde beschäftigt. Namentlich aufgeführt (etwa 60 Personen, u. a. bei Auersperg, Baudissin, Colloredo, Coudenhove etc.) bei Schubert, Ziffern zur Frage des niederösterreichischen Tschecheneinschlages 96 f. — Über die starken lokalen Einflüsse des Adels auf die Tschechen vgl. Wittelshöfer, Politische und wirtschaftliche Gesichtspunkte in der österr. Nationalitätenfrage 489 f.
[37] Als Beispiel der Erste Wiener Sokol-Verein (Sokol Vídeňský): 1908: 59 Austritte, 58 Eintritte. Arbeiterturnvereine (D.T.J.) 1910: 564 Austritte, 645 Zugänge. Lehrlinge: 122 Austritte, 119 Zugänge. Jahresbericht „Sokol Vídeňský" 1909; Tělocvičný Ruch 7 (1911) 72.

1900 hielt das Wachstum an, dann aber machte sich ein von keiner Seite erwarteter Rückgang bemerkbar[38], der nicht allein mit der Assimilation zusammenhing: Sobald in Wien das von den Zuwanderern erstrebte Ziel erreicht war, kehrte ein Großteil wieder in die böhmischen Länder zurück; sei es, daß man durch die Arbeit genügend Geld erspart hatte, um den heimatlichen Hof zu entschulden, sei es, um ein eigenes Gewerbe aufzumachen[39]. Wien hatte für diesen Rückstrom die Funktion eines Filters. Aus der Schar der Zuwanderer trennten sich diejenigen, die einen Platz in der Heimat frei wußten, von jenen, denen dort keine Möglichkeit offen stand[40]. Durch Jahrzehnte spielte sich somit ein Auslesevorgang ab, der für die böhmischen Länder meist unterbewertet wird, da man geneigt ist, den Assimilationsvorgängen das Hauptaugenmerk zuzuwenden. Es läßt sich unschwer nachweisen, daß ein großer Teil der Tüchtigen in die Kronländer zurückkehrte, bestimmt sind aber neben den tüchtigen „Seßhaften" auch die Ärmsten und Unfähigsten in Wien zurückgeblieben[41], da sie hier immerhin eine, wenn auch nicht immer befriedigende Beschäftigungsmöglichkeit fanden. Auf diese Weise erklärt sich die Tatsache, daß Böhmen in Wien die Masse der Hilfsschulkinder und Analphabeten stellte und zwar in einem Ausmaß, das weit über dem der Kronländer lag[42]. Stellt man sich vor, daß die gehobenen „Intelligenzlerfamilien" gar

---

[38] In Prag findet man schon von 1880 bis 1890 eine starke absolute und relative Abnahme der Deutschen, die weniger auf den Wegzug als auf den Übertritt zur tschechischen Nation zurückgeführt wurde. 1880: 20,59 %/o Deutsche, 79,27 %/o Tschechen; 1890: 16,44 %/o Deutsche, 83,55 %/o Tschechen. W i t t e l s h ö f e r , Politische und wirtschaftliche Gesichtspunkte in der österr. Nationalitätenfrage 473.

[39] Reiches Material in der Klepl-Sammlung, z. B. Alois u. Josef Menčík (Farben u. Stoffdrucker). Niederlassungen in Prag, Reichenberg, Petersburg, Saloniki, in Schwarzenthal bei Hohenelbe, Hohenelbe, Heřmanitz a. E., am Fuchsberg, in Nieder-Branná und Lišná bei Kleinskal. (Nach üblicher Wanderzeit in Österreich-Ungarn, Deutschland, Italien, Frankreich und Holland, Arbeit in der Wiener Firma A. Kalmus. Darauf Rückkehr nach Böhmen.) Sohn (geb. 1882): ebenfalls Lehrjahre in Wien. — B r a n a l d , Hrdinové všedních dnů II, S. 246—255. — Besonders lebendige Schilderung bei der Pragerin Františka Pelzlová (Modistin): E b e n d a II, S. 327 ff.: 30 Typoskript-Seiten eigener Lebenslauf.

[40] z. B. der Bürstenbinder Jan Valdauf, geb. 1866. Nach seiner Lehrzeit in Budweis erhielt er in Wien keine Arbeit und zog nach Böhmen zurück. B r a n a l d , Hrdinové všedních dnů 20 f.

[41] Am bezeichnendsten sind zwei orthographisch haarsträubende Bittbriefe eines in Schlesien und Böhmen mehreremale gescheiterten tschechischen Gastwirtes an den Prager Nationalrat um eine Geldanleihe zum Kauf eines Caféhauses in Wien. NRČ 120, Krajané v Doln. Rakousku, 1906—1910 (4. 10. 1910 und 13. 10. 1910).

[42] Besonders betroffen waren die gewerblichen Vorbereitungsschulen, Pflichtschulen für Lehrlinge, die das Lehrziel der Volksschule nicht erreicht hatten. „Ganze Klassen von Vorbereitungskursen werden von Schülern tschechoslawischer Abstammung besucht." W i e n e r S l a w e n , S. 14. — Vgl. auch S o u k u p , Česká menšina 491 ff. Von den 252 248 Analphabeten (1900) waren 14,4 %/o deutsch, 19,5 %/o tschechisch. S c h u b e r t , Ziffern zur Frage des nö. Tschecheneinschlages, S. 18. — Analphabeten in der Gesamtmonarchie i. J. 1910: dt.: 3,1 %, polnische: 27,4 %/o, böhm./mähr./schles.: 2,4 %/o. Österr. Statist. Handbuch 33 (1914) 11. — K á d n e r , O.: Školství v republice Československé [Das Schulwesen in der ČSR]. In: Čsl. vlastivěda, Bd. X, S. 7—222, hier S. 62: Böhmen 5,3—6 %/o, Mähren 7,1—7,8 %/o, Steiermark 18 %/o, Schlesien 11 %/o, Dalmatien 38 %/o Analphabeten. (Die Angaben beziehen sich auf die Zeit vor 1914.)

nicht gekommen oder nur zum Teil geblieben sind, dagegen aber die Mittellosen dauernd mit einströmten und nicht mehr zurückzogen, dann zeigt sich, daß die übergroße Quote der tschechischen Kinder, die das Lehrziel der Volksschule nicht erreichten[43], nicht allein mit den Schwierigkeiten, sich einzuleben, erklärt werden sollte, zumal sich Kinder eine fremde Sprache rasch anzueignen wissen. Sie ist sicher auch dadurch zustande gekommen, daß die geistig und leistungsmäßig schwächer ausgestatteten Ortsfremden meist ohne Rückkehrmöglichkeit blieben. Wien hat den böhmischen Ländern nicht nur viele Menschen entzogen, es entließ auch viele mit den Mitteln für eine wirtschaftliche Weiterentwicklung. Kein Zweifel, daß solche Rückwanderer verändert heimkamen, aufgeschlossener und betriebsamer waren und so unmittelbar, mehr noch mittelbar, das soziale und geistige Klima der böhmischen Länder veränderten. Manche wurden in ihrem Heimatort eine Autorität in arbeits-, sozial- oder bildungspolitischen Fragen[44]. Die Stabilisierung der wirtschaftlichen und sozialen Verhältnisse im eigenen Land aber bewirkte umgekehrt eine Abschwächung bzw. Stagnation der Abwanderungswelle nach Wien, denn „das Gute" lag auf einmal nahe.

Die Bildung neuer Industrieunternehmungen, der Aufschwung im Bankkapital seit 1900, beruhte zu einem nicht geringen Teil auf Fachkräften, die in Wien ihre praktische Erfahrung gewonnen hatten[45]. Es ist hier nicht der Ort, rückblickend zwischen Ursache und Wirkung zu unterscheiden, aber alles dies war symptomatisch für die Schwierigkeiten, mit denen sich das Wiener Tschechentum in jenen Jahren auseinanderzusetzen hatte. In welchem Maß der wirtschaftliche und kulturelle Aufstieg der Kronländer seit der Jahrhundertwende unmittelbar auf Wiener Einflüsse zurückgeführt werden kann, ist schwer feststellbar. In welchem Maß das Wiener Tschechentum seinerseits auf einem äquivalenten Verlust der Kronländer basierte, ist ebensoschwer zu ermessen.

In Wien selbst zeigte sich seit etwa 1906 eine wirtschaftliche Krise, durch die der Zustrom möglicherweise nicht unbeeinflußt blieb. Die Handelsverträge waren abgelaufen, die Handelsbilanz sank von 312 Millionen aktiv im Jahre 1900 auf 743 Millionen passiv im Jahre 1912[46]. Die Bedingung der zehnjährigen Ansässig-

---

[43] Im Jahre 1906/07 waren das 34,5 % Deutsche und 65,5 % Tschechen (3509—5877). Wiener Slawen. Statistik und Organisation der Tschechoslawen in Wien und Niederösterreich. Wien 1910, S. 15. (Das Lehrziel in den Vorbereitungskursen wurde von 76,9 % der Schüler erreicht).

[44] z. B. Jakob Husník (Tábor, geb. 1837), Fachmann im Weißdruck, Photographie, Photozinkographie an der Wiener Staatsdruckerei. — Ed. Karel, Nestor der tschechischen Graphik, geb. 1850, lernte in Wien den Erfinder der Heliogravur, Karel Klíč, kennen. „Meine Frau aber hatte Angst, daß unsere Kinder ihr in Wien entnationalisieren, deshalb suchte ich eine Stelle in Böhmen." (Ab 1899 an der Prager Universität). B r a n a l d, Hrdinové všedních dnů II, 150 ff.

[45] Auf dem Gebiete der Volkswirtschaft und des Geldwesens: S o u k u p, Česká menšina 538 f. — Für einzelne Gewerbe: B r a n a l d, Hrdinové všedních dnů II, 25 (Feilenhauer), S. 78 (Perlenfärber), S. 100 (Spielzeugherstellung: Hořické hračky).

[46] F r e i l e r, Johann: Die soziale Lage der Wiener Arbeiter in den Jahren 1907—1918. Wien, Phil. Diss. (Masch.) 1966, S. 9. — Die Meinungen über die österr. Wirtschaftsentwicklung gehen jedoch sehr auseinander. P r i n z, Handbuch III, 229 Anm. 27 (Lit.). — Negative Beurteilung: J a s z i, O.: The Dissolution of the Habsburg Monarchy. Chi-

keit in Wien als Grundvoraussetzung zum Erwerb des Bürgerrechtes hatte sich für die Mehrzahl der tschechischen Einwanderer in diesem ersten Jahrzehnt nach der Jahrhundertwende von selbst erfüllt. Alles in allem waren, sozial gesehen, die Ursachen für den zahlenmäßigen Rückgang des Tschechentums — trotz des Einwohnerzuwachses von 400 000 — zu vielschichtig, als daß man sie aus einer einzigen Quelle herleiten oder auf einen einzigen gemeinsamen Nenner reduzieren könnte. Besonders betroffen waren die Wiener Arbeiterviertel Favoriten und Ottakring. 1900 gab es im X. Bezirk noch 23 437 Tschechen, 1910 dagegen nur noch 18 489, im XVI. Bezirk entsprach dem eine Zahl von 11 039 bzw. 10 057 tschechischen Einwohnern. Wenn man jedoch die Arbeiter für die assimilierungsfeindlichsten Gruppen hält, kann man die Assimilation allein für diesen Schwund nicht verantwortlich machen[47]. Sicher ist, daß in dieser Differenz der Volkszählungsergebnisse von 1900 und 1910 gerade jene Teile enthalten sind, denen es so gut ergangen war, wie sie es erwartet hatten: Tschechen, bei denen die Voraussetzungen für ihren Aufstieg erfüllt waren, und das nicht zuletzt deshalb, weil sie beide Sprachen beherrschten und von dem Lebensstil in der Metropole des Habsburgerreiches geprägt worden waren. Der demographische Verlust der böhmischen Länder wäre allerdings unzureichend beurteilt, würde man die Herkunftsgemeinden nur nach ihrem Wiener Auswandererprozentsatz untersuchen. Es ist nicht weniger bedeutsam, daß es sich durchwegs um die produktivsten und auch abenteuerlustigsten Altersklassen handelte. Daher ist im folgenden der Altersaufbau des Wiener Tschechentums zu betrachten.

c) Sozialbiologische Bevölkerungsstruktur

Bei der Betrachtung des Bevölkerungsaufbaues, wie er sich in der Alters- und Geschlechterverteilung zu deutschen und tschechischen Geburtsjahrgängen darstellt, fällt die unregelmäßige Stärke der verschiedenen Gruppen auf. Erneut zeigt sich, daß die rapide Bevölkerungszunahme nur zum geringen Teil mit der räumlichen Erweiterung Wiens oder dem natürlichen Bevölkerungszuwachs zu erklären ist. Auf den Zusammenhang zwischen der phasenhaft gegliederten Dynamik der großen Wanderungsbewegung und der wirtschaftlichen Prosperität der Stadt verweisen auch die zeitgenössischen demographischen Darstellungen und ihre Interpreten[1].

---

cago 1929, S. 210. — K a n n , Robert A.: The Habsburg Empire. A Study in Integration and Disintegration. New York 1957, S. 102 ff. — K ř í ž e k , J.: Die wirtschaftlichen Grundlagen des österreichisch-ungarischen Imperialismus in der Vorkriegszeit (1900—1914). Prag 1963. — D e r s .: Beitrag zur Geschichte der Entstehung und des Einflusses des Finanzkapitals in der Österreichisch-Ungarischen Monarchie 1900—1918. Bukarest 1965, S. 5 ff.

[47] Z. B. M o m m s e n , Die Sozialdemokratie 39: „Der rasche Assimilationsprozeß machte sich freilich bei der Arbeiterschaft am wenigsten bemerkbar... zugleich war gerade in dieser Schicht der Zuzug aus dem böhmischen und mährischen Heimatland am stärksten und er nahm auch nach der Jahrhundertwende nicht ab." — P o l a n , P. (Pseudonym für M a t a l): Die Wiener Hausherren aus dem Jahre 1862 im Lichte einer nationalen Statistik. Bohemica Viennensia 2 (1948) 7—14, hier S. 11: „Nur die tschechischen Arbeiter waren nationalbewußter und immer gegen die Assimilierung."

[1] „Die Slawisierung ist das Produkt der wirtschaftlichen Verhältnisse", schrieb W i t t e l s h ö f e r , Politische und wirtschaftliche Gesichtspunkte 470. Gerade die sozial-biologischen Komponenten wurden als maßgebende Beeinflussungsfaktoren des scheinbar unauf-

Hauptaltersstufen der tschechischen und deutschen Bevölkerung Wiens in den Jahren 1900 und 1910[2]

	Tschechen		Deutsche	
	1900	1910	1900	1910
1—10 J.	18,2 %	18,2 %	18,5 %	18,2 %
11—20 J.	20,7 %	20,4 %	17,5 %	18,6 %
21—30 J.	28,1 %	28,4 %	19,5 %	19,3 %
31—40 J.	15,1 %	17,6 %	18,5 %	16,5 %
41—50 J.	8,5 %	7,5 %	11,3 %	11,9 %
51—60 J.	4,7 %	4,3 %	7,8 %	8,5 %
61—70 J.	2,5 %	2,5 %	4,1 %	4,9 %
über 70 J.	1,3 %	1,1 %	1,8 %	2,1 %

Die Daten zeigen, daß die arbeitskräftigsten Jahrgänge von 21 bis 30 bzw. schon von 11 bis 20 Jahren bei den Tschechen bedeutend stärker besetzt sind als bei den Deutschen. Hingegen steht der tschechische Relativanteil in den Altersstufen über 30 Jahre hinter dem gleichen deutschen zurück. In dem geringeren Prozentsatz der älteren tschechischen Bevölkerung drücken sich die Assimilierungs- und Rückwanderungstendenzen ebenso aus wie die Tatsache der stärkeren Zuwanderung erst in jüngerer Zeit, da den wenigen Tausend älteren Tschechen ein viel schwächerer Unterbau als der vorliegende entsprechen würde[3]. Die graphische Darstellung der deutschen Altersstruktur ergibt demnach das übliche Bild einer Pyramide, die der tschechischen ist einem zwiebelartigen Gebilde vergleichbar.

Auf der folgenden Tabelle, die die Wiener Tschechen nach Geschlecht, Familienstand und Geburtsjahrgängen einteilt, erkennt man bei genauerem Hinsehen, daß im Jahr 1900 die Hälfte der in Wien lebenden Tschechen zwischen zehn und dreißig Jahren alt war (50 797 von 102 974), — der entsprechende Anteil dieser Altersklassen bei der Wiener Volkszählung von 1961 beträgt etwa 23 %[4]. Das Bild, das auf den verstärkten Zuzug der Jugend hinweist, wird bei Betrachtung der Geschlechtergliederung bestätigt: Die 30—40jährigen Tschechinnen stehen den 10—20jährigen in einem Verhältnis von 7 414 : 8 872 gegenüber, bei den Männern da-

---

haltsamen, bevölkerungspolitischen Vormarsches erachtet. — S c h u b e r t, Ziffern zur Frage des nö. Tschecheneinschlages 15—20. — R i c e k, Leopold: Der niederösterreichische Tschecheneinschlag. Deutsche Erde 9 (1910) 196—199. — Víd. Nár. Kal. 3 (1908) 112. — Winkler, Wilhelm: Die Tschechen in Wien (Flugbll. f. Deutschösterreichs Recht 39). Wien 1913, S. 18—21. — H e c k e, Wachstum und Berufsgliederung 44—52.

[2] Zusammengestellt aus: S c h u b e r t, Ziffern zur Frage des nö. Tschecheneinschlages 15. — W i n k l e r, Die Tschechen in Wien 19.

[3] Vielleicht macht sich hier auch der erhöhte Sterblichkeitsgrad der unteren Schichten (industr. Arbeiterschaft) bemerkbar, zumal in Niederösterreich-Land die jeweiligen Altersklassen der Tschechen mit denen der Deutschen nahezu Schritt hielten. Die dortige Bevölkerung gehörte weit mehr den gleichen Berufs- und sozialen Schichtungsgruppen an als dies in Wien bei Deutschen und Tschechen der Fall war.

[4] Ergebnisse der Volkszählung vom 21. März 1961 (Volkszählungsergebnisse 1961. H. 10. Wien 1964).

gegen lautet die Entsprechung sogar 8 199 : 12 673. Die relative Ausgewogenheit der Geschlechterverteilung, wie sie die ein- bis zehnjährigen Kinder zeigen, findet sich erst wieder bei der Generation der 40—50jährigen Tschechen. Hieraus darf man schließen, daß diese Altersstufen die eigentlich „seßhaften" in der Donaumetropole bildeten.

Abb. 3:

Graphische Darstellung der Altersstruktur der Wiener Bevölkerung im Jahre 1900

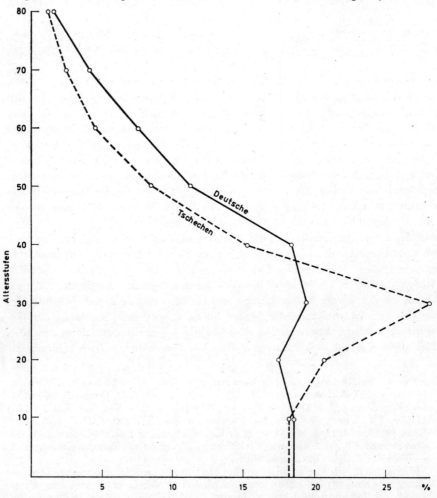

Von den 102 974 im Jahre 1900 amtlich erfaßten Wiener Tschechen waren geboren in den Jahren[5]:

		ledig	verh.	verwitw. od. gesch.	zusamm	insges. M. u. Fr.
vor 1830	männl.	28	104	128	260	1 157
	weibl.	88	85	724	879	
1830—1839	männl.	62	566	191	819	2 645
	weibl.	210	427	1 189	1 826	
1840—1849	männl.	235	1 616	225	2 076	4 908
	weibl.	350	1 345	1 137	2 832	
1850—1859	männl.	623	3 560	227	4 410	8 926
	weibl.	759	3 000	757	4 516	
1860—1869	männl.	1 842	6 144	213	8 199	15 613
	weibl.	1 781	5 248	385	7 414	
1870—1879	männl.	11 450	4 620	66	16 136	29 252
	weibl.	7 383	5 599	134	13 116	
1880—1889	männl.	12 673	—	—	12 673	21 545
	weibl.	8 683	181	8	8 872	
1890—1900	männl.	9 468	—	—	9 468	18 928
	weibl.	9 460	—	—	9 460	

102 974

Ein Vergleich der Geschlechtergliederung zwischen deutschen und tschechischen Einwohnern mußte tschechischerseits zwangsläufig einen Männerüberschuß ergeben. Im Jahre 1910 standen je 100 Männern deutscher Nationalität 112 Frauen gegenüber, bei den Tschechen waren es nur 82 Frauen[6]. In den heiratsfähigen Altersklassen von 21 bis 50 Jahren betrug der tschechische Männerüberschuß nahezu ein Viertel der tschechischen Männer dieses Alters. Aus obenstehender Tabelle für 1900 läßt sich entnehmen, daß von der Generation der vierzigjährigen Tschechen aufwärts mit wachsendem Anteil die Frauen überwiegen. Bei den Fünfzig- bis Sechzigjährigen übertreffen die tschechischen Frauen der Zahl nach die Männer um 800, bei den Sechzig- bis Siebzigjährigen ist der tschechische Frauenüberschuß mehr als doppelt so groß wie die Zahl der gleichaltrigen Männer, bei den Siebzigjährigen beträgt er das Dreifache. Das läßt sich nicht ausschließlich mit dem vorübergehenden Aufenthalt der tschechischen Lehrlinge, Handwerker und Arbeiter erklären. Es könnte schon gar nicht die Schlußfolgerung erlauben, daß sich die Frauen bei der Umgangssprachenzählung in weitaus stärkerem Maß als die Männer zum Tschechentum bekannten; viel eher handelt es sich hier wohl um einen der deutlichsten An-

---

[5] Aus: Víd. Nár. Kal. 3 (1908) 112.
[6] Deutsche: 815 967 Männer, 911 085 Frauen; Tschechen: 53 947 Männer, 44 483 Frauen. W i n k l e r, Die Tschechen in Wien 20.

haltspunkte für das Einheiraten der tschechischen Männer in deutsche Familien. Die wachsende Zahl der ledigen vierzig- bis siebzigjährigen Tschechinnen, die in der Altersklasse über 70 sogar dreimal höher ist als diejenige der Männer, deutet in dieselbe Richtung[7].

Die Häufigkeit oder Seltenheit sozialer Beziehungen zwischen zwei Gruppen wird oft als Gradmesser ihrer gegenseitigen sozialen Distanz angesehen. Diese wird dann als Zeichen eines zwischen den beiden Gruppen bestehenden Rangunterschiedes verstanden, der in der vertikalen und in der horizontalen Dimension wirksam ist[8]. Für eine solche Analyse der Eheschließung zwischen Deutschen und Tschechen steht zu wenig verläßliches Material zur Verfügung. Dasselbe gilt auch für die bereits als Ehepaare zugezogenen Tschechen und für das Intra- oder Internubium[9] und deren Implikationen hinsichtlich der nationalen Frage. Natürlich darf man annehmen, daß nach der Heirat der tschechische Mann seine Wienerin auch gelegentlich nach Böhmen mitnahm, um dort eine eigene Existenz aufzubauen. Nichts weist auch darauf hin, daß nationale Ressentiments die Ehen zwischen Tschechen und Deutschen ernstlich verhindert hätten. Wenn man jedoch letzteres mit dem „innerlichen Hang des Slawen zum Renegaten"[10] erklärt, geht man am wesentlichen Punkt vorbei: Hier ist zu fragen, ob es nicht soziale Gesetzmäßigkeiten gab, denen die Eheschließungen der Wiener Tschechen folgten.

Tiefgehende Wandlungen gelten für das Familienleben: In Wien fehlte dem ledigen tschechischen Arbeitssuchenden jegliche traditionsgebundene Autorität. Sein Berufsleben vollzog sich fern vom Privatleben, ja das Privatleben selbst war erst eine Schöpfung der modernen, von der neuen Wirtschaft bedingten Daseinsform. Besitz von Grund und Boden, durch den sonst der Mann vom Land seine autoritäre Stellung zugewiesen erhielt, waren nicht vorhanden. Der Tscheche in Wien hatte seine Arbeitskraft gegen einen festgesetzten Lohn und für eine festgesetzte Zeit verkauft. Wenn er heiratete, mußte er das, was im Haushalt und mit den Kindern zu geschehen hatte, zum größten Teil seiner Frau überlassen, die damit an Autorität und Verantwortung gewann. Dies ist eine Tatsache, die nicht nur zu den Merkmalen des Industrielebens, sondern zur modernen, großstädtischen Lebensform überhaupt gehört. Der Mann heiratete in die Familie seiner Frau hinein, sein

---

[7] Auffallend hoch ist die Differenz in der Sparte der Verwitweten und Geschiedenen, die schon bei den zwanzig- bis dreißigjährigen tschechischen Frauen das Doppelte im Vergleich zu den Männer beträgt. Die Tatsache hat ihre Parallele in der heutigen Bundesrepublik. F ü r s t e n b e r g , Friedrich: Die Sozialstruktur in der Bundesrepublik Deutschland. Ein soziologischer Überblick. Köln/Opladen 1967, S. 24; in Wien vermutlich als größere Skepsis der tschechischen Frauen bei einer abermaligen Ehe in ungewohnter sozialer Umgebung zu interpretieren.

[8] M a y n t z , Renate: Soziale Schichtung und sozialer Wandel in einer Industriegemeinde. Stuttgart 1958, S. 205 f.

[9] Heiraten zwischen bzw. innerhalb von Berufsgruppen. Soziologischen Analysen zufolge tendieren Arbeiter und mittlere Angestellte zum Internubium, da für sie eine Heirat mit einer anderen Berufsgruppe ein Hinaufheiraten bedeutet. Intranubium ist bei Selbständigen und Gewerbetreibenden besonders stark anzutreffen. M a y n t z , Soziale Schichtung 209—211.

[10] So O t r u b a , Die Herkunft der Wiener Bevölkerung 241.

weiteres Leben wurde von diesem Kreis beeinflußt und bestimmt[11]. So war es die Frau, die das Familienleben vom Alltag bis zu den Festen gestaltete und auch der Bildung im Bereich der Familie die Wege ebnete. Sie war aufgeschlossen für alles, was ihr die Umwelt in der Reichshauptstadt bot und sorgte dafür, daß ihre Kinder sich der „feineren" Lebensart anpaßten. Sie bemühte sich auch darum, eine gute Lehrstelle für sie zu finden und ihnen Schwierigkeiten aus dem Weg zu räumen, wie sie sich durch den Besuch der tschechischen Privatschulen ergaben[12]. Das Überwiegen der Verheirateten auf deutscher, der Ledigen auf tschechischer Seite[13] bestätigt die unterschiedlichen sozialen und wirtschaftlichen Verhältnisse bei beiden Nationalitäten. Die hohe Zahl der verheirateten tschechischen Frauen zwischen zwanzig und dreißig Jahren zeigt, daß sicherlich auch viele Hausgehilfinnen in der Großstadt durch eine Eheschließung rasch Fuß fassen konnten und wollten, wobei die zivilisatorischen Annehmlichkeiten und die städtische Art der Haushaltsführung eine nicht geringe Attraktionskraft besessen haben dürften. Im Augenblick der Heirat mit einem Deutschen wurde jedoch der soziale Status des vormaligen tschechischen Dienst- oder Lehrmädchens und damit auch die Zugehörigkeit zur Umwelt wesentlich vom Beruf ihres Mannes mitbestimmt. In den Geburtsjahrgängen etwa vom 30. Lebensjahr an überwiegen dann wieder — dem tschechischen Männerüberschuß entsprechend — die männlichen Verheirateten.

Maßgebend für den natürlichen Zuwachs einer Bevölkerung ist in erster Linie die Kinderzahl.

Die Haushaltungen Wiens mit Rücksicht auf die Kinderzahl (1900)[14]

Kinderzahl pro Haushalt	Deutsche	Tschechen
0 Kinder	30,91 %	27,21 %
1 Kind	24,23 %	25,83 %
2 Kinder	18,75 %	20,32 %
3 Kinder	12,04 %	13,31 %
4 Kinder	7,15 %	7,33 %
5 Kinder	3,8 %	3,55 %
6—10 Kinder	3,1 %	2,44 %
über 10 Kinder	0,02 %	0,01 %

[11] Hinzu kommt in Wien die Berührungsfläche der katholischen Konfession. Heute würde in mittleren und unteren Gesellschaftsklassen ein slawischer Familienname kein Hindernis für eine Eheschließung sein. Der fremde Name war es aber in der Anfangszeit. Das Bestreben, ihn aufzugeben, bzw. einzudeutschen setzte sich mit Virulenz durch. — Hierzu interessante Ausführungen über das Ruhrgebiet, B r e p o h l, Wilhelm: Der Aufbau des Ruhrvolkes im Zuge der Ost-West-Wanderung. Beiträge zur deutschen Sozialgeschichte des 19. und 20. Jahrhunderts. Recklinghausen 1948, S. 219 ff.
[12] Ohne schon hier auf die Problematik einzugehen: Auch der weite Schulweg dorthin konnte ein Hinderungsgrund sein.
[13] Deutsche: ledig 60,5 %, verh. 34,7 %, verwitwet 4,8 %. Tschechen: ledig 64,1 %, verh. 31,2 %, verwitwet 4,7 %. S c h u b e r t, Ziffern zur Frage des nö. Tschecheneinschlages 16 (für 1900).
[14] E b e n d a 16.

Bei einem geringen Haushaltsprozentsatz[15] wiesen die Wiener Tschechen gegenüber den Deutschen eine größere Kinderzahl pro Haushalt auf. Man hat die Beziehung zu Fruchtbarkeit und Nationalität bisher zu wenig mit dem ökonomischen Faktor in Beziehung gebracht[16]. Die größere Kinderzahl der Tschechen darf hier nicht auf programmatische „Tschechisierungsversuche" oder — um ein damaliges Schlagwort anzuwenden — auf verantwortungslose Kinderzeugung des Proletariats zur „Wahrung des nationalen Besitzstandes" zurückgeführt werden, sie war in Wien vielmehr bedingt durch den allgemeinen Strukturwandel der Familie im Zeitalter der Industrialisierung. Der Geburtenanstieg ist hier gleichsam der Gradmesser der Desintegration, der Auflösung der herkömmlichen Lebensformen und Sozialgebilde, der herkunftsgebundenen Ansichten und Gewohnheiten. Die Familie, die in der Heimat der Kronländer durch die Sippe erweitert war, bestand in Wien nicht mehr, die neue wurde von den Zuwanderern auf einem Boden gegründet, der eigentlich erst noch geschaffen werden mußte. In wirtschaftlichen und gesellschaftlichen Umbruchszeiten ist die Steigerung der Geburtenziffer eine allgemeine Erscheinung. Das war schon in den achtziger Jahren in den deutschen Industrielandschaften Böhmens offenkundig geworden, wo sich durch die einsetzende Technisierung der Industrie die Geburtenzahl zuungunsten der agrarischen Gebiete auswirkte[17]. Sie ließ sich z. B. aber auch in Polen mit der Niederlage von 1939 und in Frankreichs Krisenjahr 1941 beobachten[18]. In jedem Falle aber scheinen irrationale oder doch emotionale Faktoren am Verlauf der Kurve mitzuwirken, so daß am Beispiel der Wiener Tschechen die größere Kinderzahl[19] eher als das unbewußte Streben anzusehen ist, aus der Isolierung, verursacht durch eine mangelnde Sozialgrundlage, herauszukommen. Sobald sich der Mensch in eine Gesellschaftsform eingeordnet fühlt, bei Freunden, Nachbarn und Arbeitskollegen sein ihm zukommendes Ansehen hat, geht die Kinderzahl auf ein normales Maß zurück. Sie kann somit als Zeichen für die innere Konsolidierung der Lebensverhältnisse angesehen werden.

---

[15] Ebenda 16.
[16] Dies tat J. Havránek in seiner demographisch-soziologischen Untersuchung über die Prager Stadtviertel Vinohrady und Žižkov. Havránek, Jan: Social Classes, Nationality Ratios and Demographic Trends in Prague 1880—1900. (Historica XIII). Prag 1966, S. 171—207.
[17] Prinz, Handbuch III, 212.
[18] Brepohl, Wilhelm: Industrievolk im Wandel von der agraren zur industriellen Daseinsform, dargestellt am Ruhrgebiet. Tübingen 1957, S. 109.
[19] Aufschlußreicher wäre m. E. die Frage, um wieviel die Gesamtzahl der Kinder mit tschechischen Vorfahren größer war als nach der reinen Zuwanderungszahl zu erwarten war. Die Methode des Vergleiches der Zuwanderer zur Gesamtbevölkerung und der Kinder mit tschechischen Vorfahren zur Gesamtzahl der Vorfahren hätte im eigentlichen Sinne die „größere" Kinderzahl der Tschechen erweisen können. Hierzu Brepohl, Der Aufbau des Ruhrvolkes 165.

d) Das Siedlungsbild

Für das Interdependenzverhältnis von nationaler und sozialer Ebene und dem territorialen, geographischen Aspekt[1] ergeben sich zwei verschiedene Fragestellungen, die sich ohne Bruch an die bisherige Betrachtung anfügen:

1. Inwieweit haben die konkreten, räumlichen Gegebenheiten der Stadt Wien das bestehende gesellschaftliche Gebilde des Wiener Tschechentums bedingt.
2. Inwieweit kamen soziale Gestalt und Gruppierung der tschechischen Einwohnerschaft in ihrer Siedlungsweise zum Ausdruck.

Die beiden Fragen unterscheiden sich durch ihren Ausgangspunkt, meinen aber letztlich das gleiche gegenseitige Verhältnis.

Die räumliche Ordnung einer Stadt, die sich im Bestehen von verschiedenen Vierteln oder auch Gebieten mit verschiedenen Funktionen ausdrückt, ergibt sich aus dem Zusammenwirken bestimmter Prozesse[2]. Diese erlauben einige Schlußfolgerungen, sei es, auf eine entsprechende Einbürgerungspolitik oder darüber, ob der massenhafte Zuzug neuer Erwerbstätiger das bestehende Gefüge von Grund auf verändert, bzw. ob sich die Mehrzahl der neuen Bewohner von ihm bewußt oder gezwungenermaßen absondert — kurz, ob infolge mangelhafter Koordinierung der einzelnen Funktionsgebiete das Gleichgewicht der räumlichen Verteilung gestört und damit auch das wirtschaftliche und soziale Leben einer Stadt beeinträchtigt wird.

Die folgende Darstellung soll ein anschauliches Bild von der räumlichen Gestalt Wiens und den Siedlungseigentümlichkeiten des Wiener Tschechentums geben. Hieraus werden die Werte ersichtlich, die bei der Raumbenutzung für den tschechischen Bevölkerungsteil bestimmend gewesen sind. Die in Großstädten besonders ausgeprägte räumliche Funktionsgliederung gilt auch für Wien. Noch heute empfindet die Wiener Bevölkerung eine Zähleinteilung nach Stadtbezirken als das vorherrschende räumliche Ordnungsprinzip. Bei der gesamten Bewohnerschaft besteht überdies ein allgemeiner Konsensus über die besonderen Charakteristika der einzelnen Bezirke. In der folgenden Übersicht tritt die funktionelle und gleichzeitig soziale Differenzierung der Stadtteile deutlich hervor. Die Angaben sind zeitgenössischen Quellen entnommen und können somit als „objektiver" Hinweis für die spezifischen Merkmale der 21 Wiener Bezirke von einst zugrundegelegt werden.

---

[1] Der führende Sozialdemokrat Otto Bauer verwies 1912 auf diesen Zusammenhang: „Neben dem Größenverhältnis bildet die Siedlungsweise den stärksten Einfluß auf die Assimilation." B a u e r, Otto: Die Bedingungen der nationalen Assimilation. Der Kampf V (1912) H. 6, S. 246—263, hier S. 248.

[2] Hierzu gehören u. a.: Die *Konzentration* der Bevölkerung an bestimmten Stellen aus gewissen praktischen Notwendigkeiten. Handelt es sich um die Konzentration von bestimmten Einrichtungen, so spricht man von einem Prozeß der Zentralisation (Banken, Läden in der Innenstadt, Industrie in Nähe von Transportanlagen). *Segregation:* eine Neigung bestimmter Bevölkerungsgruppen, zusammenzuwohnen und andere nicht in dieses Gebiet kommen zu lassen (Arbeiter-, Villenviertel, ghettoähnliche Bezirke). *Invasion:* wenn z. B. Arbeiter in bisher anderen Bevölkerungsgruppen vorbehaltene Viertel dringen. *Sukzession:* ein und dasselbe Gebiet wird nacheinander von verschiedenen Bevölkerungsteilen bewohnt, oder dient verschiedenen Zwecken. Zur Terminologie: M a y n t z, Soziale Schichtung 48 f.

*Bezeichnung und funktionelle Differenzierung der Wiener Stadtbezirke
unter Berücksichtigung der männlichen und weiblichen tschechischen Einwohner
des Jahres 1900*[3]

Bezirk und seine Charakteristik	Tschechen 1900 Männer	Frauen	Auf 1 Pers. m. tsch. Umgangsspr. entfielen Deutsche 1900	1910
I. Innere Stadt: City, Geschäfts- u. vornehm. Wohnviertel[4]	222	708	48	40
II. Leopoldstadt: alte Judenstadt m. stark jüd.-prol. Bevölk.	2 525	3 007	13	20
III. Landstraße: vorwiegend bürgerl. Wohnbezirk	4 420	4 824	11	19
IV. Wieden: rein bürgerl. Wohnbezirk	689	906	27	39
V. Margarethen: bürgerl.-prolet. Bezirk	3 203	2 464	15	19
VI. Mariahilf: bürgerl. Geschäftsviertel	1 009	1 008	23	33
VII. Neubau: bürgerl. Geschäftsviertel	1 101	1 297	21	30
VIII. Josefstadt: bürgerl. Wohnbez. „Quartier Latin"	829	893	21	28
IX. Alsergrund: bürgerl. Bez. mit jüd. Bevölkerungsanteilen	1 206	1 762	23	28
X. Favoriten: reiner Prol.-Bez., Industrieviertel mit halb tschech. Ziegeleiarbeiterschaft	12 062	11 375	4	7

---

[3] Zusammengestellt aus: S c h u b e r t, Ziffern zur Frage des nö. Tschecheneinschlages 20—22 (Ziffern abgerundet). — W i n k l e r, Die Tschechen in Wien 17. — P f a u n d - l e r, Richard von: Die Zahl der Tschechen in Wien. Deutsche Erde 10 (1911) 101 f. — Víd. Nár. Kal. 3 (1908) 113.

[4] Die eigentliche mauerumwehrte Stadt des 15./16. Jahrhunderts. Äußerste Beherbergungskapazität: 50 000; eine Zahl, die auch später kaum überschritten wurde. Die Innenbezirke waren vor allem Sitz des machtvollen Wiener Kleingewerbes. — Z a p f , Johann: Die Wirtschaftsgeschichte Wiens unter der Regierung Seiner kaiserl. u. kgl. apostol. Majestät des Kaisers Franz Joseph I. 1848—1888. Wien 1888, S. 326 f.

XI. Simmering: prolet.-ländlicher Bezirk	1 045	1 043	14	15
XII. Meidling: bürgerl.-prolet. Bezirk	2 276	1 576	11	22
XIII. Hietzing: vorn. Villenbez. (Schönbrunn) u. Prolet.-Viertel	984	976	27	37
XIV. Rudolfsheim: kleinbürgerl.-prolet. Bezirk	3 347	1 561	11	17
XV. Fünfhaus: kleinbürgerl.-prolet. Bezirk	1 224	1 070	17	23
XVI. Ottakring: reiner Proletarierbezirk	*6 231*	*4 808*	*11*	*14*
XVII. Hernals: teils prolet., teils vorn. Villenbezirk	3 609	2 959	11	14
XVIII. Währing: bürgerl. Bez. mit vorn. Villenviertel	1 719	1 624	21	36
XIX. Döbling: bürgerl.-ländl. Bez. mit vorn. Villenvierteln	*603*	*681*	*39*	*73*
XX. Brigittenau: rein prolet. Bez. mit jüd. Bevölk.-anteilen	3 475	3 399	7	9
XXI. Floridsdorf: teils Arbeiter, teils ländl. Bezirk (i. J. 1900 noch dem II. Bez. integriert)				

Ein Gesamtüberblick über zahlen- und siedlungsmäßige Verteilung der Tschechen über die einzelnen Bezirke ist für die folgenden Ausführungen unerläßlich.

Die Wiener Tschechen in ihrer Aufteilung über die einzelnen Bezirke nach der amtlichen Statistik von 1880—1910[5]

Bezirk	1880	Anteil an der Gesamtbevölk. %	1890	Anteil an der Gesamtbevölk. %	1900	Anteil an der Gesamtbevölk. %	1910	Anteil an der Gesamtbevölk. %
I	1 012	1,4	1 261	2,2	930	2,1	1 097	2,5
II	9 080	7,6	11 353	8,9	5 532	7,6	6 329	4,8
III	3 110	3,3	4 807	4,9	9 244	8,5	7 165	5,7
IV	1 013	1,7	1 393	2,6	1 595	3,0	1 386	2,5
V	2 996	4,5	3 964	5,3	5 667	5,9	4 760	5,3
VI	1 193	1,9	1 735	2,9	2 018	3,8	1 641	2,8
VII	994	1,4	1 430	2,3	2 398	4,1	2 118	3,5
VIII	1 498	3,0	1 906	4,3	1 772	4,0	1 669	3,5
IX	1 993	2,9	2 286	3,3	2 968	3,8	3 135	3,4
X	7 998	17,6	12 356	15,8	23 437	20,0	18 489	15,1
XI	716	3,0	415	1,7	2 079	6,1	2 606	6,4
XII	1 074	2,4	3 488	6,3	3 852	5,3	4 148	4,4
XIII	509	1,7	640	1,6	1 960	3,0	2 877	2,6
XIV	497	1,4	2 164	4,3	5 908	7,1	4 953	5,8
XV	1 261	3,4	1 402	3,5	2 294	5,2	1 721	4,4
XVI	1 472	2,6	5 345	5,5	11 039	8,0	10 957	7,0
XVII	1 292	2,3	4 247	6,2	6 568	8,0	6 268	6,9
XVIII	1 034	2,6	3 573	5,7	3 343	4,2	2 216	2,9
XIX	537	2,5	1 243	4,3	1 284	2,3	632	1,3
XX	dem II. Bez. angeschlossen				6 874	11,8	9 269	11,5
XXI	823	3,6	948	3,6	583	1,1	2 707	3,9
Militär[6]					2 262		2 318	
Gesamt	40 082	3,72	68 678	5,53	102 974	7,2	98 461	5,7

Während die Gesamtbevölkerung zwischen 1900 und 1910 von rund 1 700 000 auf über 2 Millionen angestiegen war, verdeutlichen die Kursivziffern in der Tabelle S. 52 f. den Rückgang bei den Männern bzw. Frauen auf tschechischer Seite. Die Abnahme ist umso auffallender, als das Jahrzehnt von 1890 bis 1900 eine tschechische Zunahme von über 34 000 gebracht hatte.

Die kartographische Darstellung der tschechischen Bevölkerungsdichte in den einzelnen Bezirken verdeutlicht den Endstand vor dem Ersten Weltkrieg:

---

[5] S o u k u p , Česká menšina 131. Der Anteil von mehr als 5 % an der Gesamtbevölkerung wurde zur deutlicheren Hervorhebung *kursiv gedruckt*.
[6] Bei den Zählungen von 1880 und 1890 wurde das Militär der Zivilbevölkerung hinzugezählt.

Abb. 4:

Prozentualer Anteil der Tschechen an der Gesamtbevölkerung in den einzelnen Bezirken im Jahr 1910

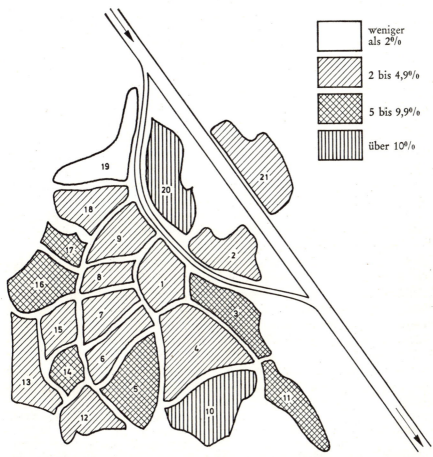

Wie es bei einem ausgedehnten und in Anbetracht der sozialen Schichtungsverhältnisse ungleichmäßig besiedelten Großstadtwohngebiet nicht anders möglich ist, weisen die einzelnen Bezirke Wiens — auch was die Tschechen anbetrifft — ein typisches Bild siedlungsmäßiger Streulage von unterschiedlicher Stärke auf. Da schon allein in den zentralen Bezirken ein beträchtlicher Prozentsatz Tschechen wohnte, kann eine Detailuntersuchung, die die mehrmals durchgeführten Stadterweiterungen[7] berücksichtigt, außer Betracht bleiben, zumal durch diese Eingemeindungen der Tschechenanteil in den übrigen Bezirken kaum verändert wurde.

---

[7] Entscheidende Phasen der Erweiterung Wiens waren 1858, 1871, 1891, 1905, 1910. B o h d a l , Anton: Die Stadterweiterung Wiens 1857 und die im Wiener Stadtbauamte befindlichen Wettbewerbspläne für die Erweiterung. Wien, Diss. der TH (Masch.) 1931,

Daß sich die tschechischen Zuwanderer von Anfang an der funktionellen Differenzierung der Stadtteile angepaßt haben, wird in den Arbeiter- und Industriebezirken X., XVI., XX. besonders deutlich. Es zeigt sich aber auch an den hohen Ziffern der weiblichen Bevölkerung in den kapitalkräftigen ersten vier Bezirken der inneren Stadt, dem Arbeitsort der Dienstmädchen und tschechischen Ammen[8]. Es ist auffallend, daß die sozialen und wirtschaftlichen Merkmale der Bezirke auf die tschechischen Gesellschaftsschichten geradezu kumulative Wirkung ausgeübt haben, die zu einer schärfer werdenden Ausprägung der Eigenart der Stadtteile beitrug. So hat sich z. B. die kleine Gruppe Tschechen, die im peripheren, exklusiven Döbling (XIX.) wohnte, nie nennenswert verkleinert oder vergrößert.

Auch das räumliche Verteilungsmuster einzelner Berufssparten bestätigt den Eindruck einer über Jahre hin unveränderten, an wirtschaftlichen Aspekten orientierten, keinesfalls aber national geschlossenen Siedlungsweise[9]. In den als „gut bürgerlich" gekennzeichneten Wohngegenden siedelten vorwiegend die höheren Berufsgruppen der Wiener Tschechen: Von 15 Advokaten waren elf im I. Bezirk ansässig, von 28 Ärzten, die in 14 verschiedenen Bezirken ordinierten, fand man 22 in den „besseren" Vierteln (I., XVIII., XIX., VII., VI., III!), jedoch nur einen einzigen in der Arbeitervorstadt Ottakring (XVI.) und nur drei im tschechenreichsten Favoriten (X.); für die fast ebenso stark besiedelte Brigittenau (XX.) wird überhaupt kein tschechischer Arzt verzeichnet[10].

Für Gewerbewesen und Handel gilt Ähnliches. Einschränkend muß hervorgehoben werden, daß die folgenden Angaben nur als Stichprobe für die drei von den Tschechen bevorzugten Berufe der Schneider, Schuster und Tischler und nur für ein einziges, beliebig gewähltes Jahr (1892) herausgegriffen wurden: Von 133 Schneidern arbeiteten 64 in den Geschäftsvierteln des I. bis VII. Bezirkes, 24 bzw. 14 im „bürgerlichen" IX. und XV. Bezirk. Von 61 Schustern hatte nur 1/5 die Werkstatt in Favoriten, 28 dagegen im I. bis VI. bzw. im XV. Bezirk. Etwa die Hälfte aller Tischler traf man in den Bezirken I. bis VII (Möbelzentrum) und im XIV. Bezirk an. Nichts läßt auf ein Bestreben der Tschechen schließen, mit ihren Landsleuten

---

S. 37. — J ä g e r - S u n s t e n a u, Hans / L e d l, Edmund: Änderungen des Wiener Stadtgebietes während der letzten hundert Jahre. Handbuch der Stadt Wien 70 (1955) 263—279, hier S. 264 ff. — K a i s e r, Franz: Siedlungs-, Bevölkerungs- u. Industrieentwicklung der Brigittenau seit der Donauregulierung in historisch-topographischer Sicht. Wien, Phil. Diss. (Masch.) 1966, S. 217. — O l e g n i k, Felix: Historisch-statistische Übersichten von Wien. In: Mitteilungen aus Statistik und Verwaltung der Stadt Wien. Sonderh. 1. Wien 1956, S. 21—58.

[8] Im I. Bezirk hatten i. J. 1890 65,32 % der Wohnparteien Dienstmädchen. Der X. Bezirk lag mit 10,37 % an letzter Stelle. Nur 7,3 % unter den Dienstboten Wiens waren Wienerinnen (i. J. 1880). S e d l a c z e k, Stephan: Die Wohnverhältnisse in Wien. Wien 1893, S. 25. — T i l l, Zur Herkunft der Wiener Bevölkerung 25. Die Zahl der weiblichen tschechischen Bevölkerung im I. Bezirk war i. J. 1900 dreimal höher als die der männlichen (insgesamt aber Männerüberschuß).

[9] Das Gegenbeispiel veranschaulicht Franke über die Zusammensetzung der Zechenbelegschaften im Ruhrgebiet: „Bestimmte Zechen, bestimmte Provinzen." F r a n k e, Eberhard: Das Ruhrgebiet und Ostpreußen. Geschichte, Umfang und Bedeutung der Ostpreußeneinwanderung. Essen 1936, S. 55.

[10] Adressenverzeichnis im Víd. Kal. 1 (1892) Anhang. — Auch das Folgende.

zusammenzuwohnen und zu arbeiten. Die soziale Distanz zwischen den beiden Nationalitäten war offenbar auf keinen Fall groß genug, um eine national geschlossene tschechische Ansiedlung begünstigen zu können. Aus diesem Faktum leiten sich Assimilation und — um hier vorauszugreifen — mangelnde nationale Aktivierung der Wiener Minderheit teilweise her.

Ein treffendes Beispiel bietet sich auch in der räumlichen Lage der tschechischen Privatschulen und der sozialen Herkunft der Eltern, deren Kinder diese Schule besuchten. Im Arbeiterbezirk Favoriten (X. Bezirk) ergab sich über Jahre hinweg folgendes Bild:

Soziale Herkunft der Eltern, deren Kinder die tschechische Volksschule im X. Bezirk besuchten[11]

	1894/95		1902/03		1907/08	
	K	M	K	M	K	M
Beamte, Professoren, Lehrer, Ärzte, Pensionisten, Fabrikanten, selbständige Gewerbetreibende	8	10	6	6	15	17
Händler, Hausbesitzer	60	55	48	44	70	57
Niedrigere Dienstboten, Handlungsgehilfen	24	30	41	50	33	27
Industrie- und Fabrikarbeiter	292	266	226	284	229	260
Taglöhner	—	—	78	49	73	73
Zusammen	384	361	399	433	420	434

Etwa zwei Drittel aller Schüler und Schülerinnen stammten aus Industrie- und Fabrikarbeiterkreisen[12].

Betrachtet man dagegen die tschechischen Sprachschulen[13] in den „bürgerlichen" Bezirken III., V., IX., so zeigt sich das Spiegelbild: der größte Teil der Eltern bestand aus Geschäftsleuten, Gewerbetreibenden, Handwerkern und Dienstpersonal; Arbeiterkreise sind schwach vertreten. Besonders deutlich wird dies im IX. Bezirk, einem Wohnviertel der „besseren Leute", hier fehlen die Arbeiterkinder überhaupt. Insgesamt ergibt sich auch hier das Zweidrittel-Verhältnis (155 Gewerbe, Handel, Dienstpersonal; 50 Arbeiter).

Soziale Herkunft — Sprachschulen[14]

Kinder von	1895/96 III. Bez.	1903/04 V. Bez.	1903/04 IX. Bez.
höheren Beamten	7	8	1
niedrigeren Beamten, Hilfskräften, Dienstpersonal	17	—	21
Taglöhnern	—	—	3
Handwerkern, Gewerbetreibenden, Geschäftsleuten	48	37	29
Witwen	—	9	—
Industrie- und Fabrikarbeitern	37	13	—
Insgesamt	109	67	54

[11] Aus: Karásek, Sborník 213. — Komenský-Jbb. für 1902 und 1907.
[12] Aufschlußreich ist auch die Wohnlage: Von 384 Knaben (1894/95) wohnten 371, von 361 Mädchen 357 im selben, X. Bezirk. Nur 13 bzw. 4 kamen aus Nachbarbezirken.
[13] Hier erhielten 6—14jährige Kinder zweimal wöchentlich nachmittags Unterricht in der Muttersprache.
[14] Kal. Čechů Víd. 6 (1897) 76 f. — Komenský-Jahresbericht 1904, S. 11.

An die bisherigen Feststellungen schließt sich die Frage an, ob das Wiener Tschechentum für sich selbst, für die eigenen nationalen Institutionen und Selbstverwaltungskörper innerhalb der Wiener Bezirke eine räumliche Funktionsgliederung aufgebaut hatte und ob es hierbei nach einem bestimmten System vorging.

Abb. 5:

Wirtschaftliche und kulturelle Einrichtungen im nationalen Interesse (1910)

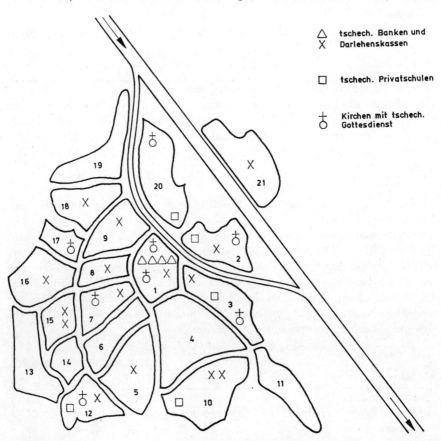

Die tschechischen Privatschulen befanden sich alle außerhalb des Stadtzentrums, die größte von ihnen lag im tschechischen „Zentrum", im X. Bezirk, wo auch die meisten tschechischen Gaststätten waren. Die Banken dagegen konzentrierten sich ausnahmslos in der Wiener Innenstadt, die sie für die Bevölkerung gut erreichbar machte. In den übrigen Wohn- und Arbeitsvierteln[15] versuchte man, durch entsprechende Einrichtungen die nationalen Belange auf kulturellem, sozialem und

---

[15] In Wien besteht — im Gegensatz zu anderen Städten — keine schroffe Trennung zwischen Wohn- und Arbeitsgegenden.

wirtschaftlichem Gebiet möglichst im jeweiligen Bezirk selbst zu erledigen. So entsprachen die Spar- und Vorschußkassen, die Kirchen mit tschechischem Gottesdienst und die zahlreichen Vereine meist dem Einwohnerverhältnis in den Bezirken. Hier war sicher auch die Stadtgröße Wiens von besonderer Bedeutung. Die Notwendigkeit, die im täglichen Leben immer wieder aufgesuchten Einrichtungen in erreichbarer Nähe zu haben, verhinderte das Entstehen eines intensiven, das ganze Tschechentum verbindenden nationalen Eigenlebens insgesamt, förderte es dagegen eher im kleinen Kreis der Stadtviertel.

Diese in Adressenverzeichnissen, tschechischen Kalendern und deutschen Schutzvereinsschriften unschwer nachprüfbare zentralisierungsfeindliche Streulage widerlegt einseitig-verzerrende historische Darstellungen, die von einem Zusammenschluß der Tschechen in besonderen Vierteln berichten[16]. Ein dichteres Zusammenwohnen gilt nur für die an der Peripherie gelegenen Arbeiterbezirke (X. und XX.), für die man pro Haus durchschnittlich acht Personen tschechischer Umgangssprache errechnet hat[17]. Gerade eine solche Aufteilung der Tschechen auf die gesamten Häuser der Reichshauptstadt unterstreicht jedoch die Feststellung, daß in Wien niemals auch nur der geringste Ansatz zur Herausbildung eines eigenen tschechischen Viertels vorhanden war. Ein Vorschlag zu einer Gliederung in Nationalitätenviertel, der im Jahre 1858 in der liberalpatriotischen „Ostdeutschen Post" gemacht wurde, fand auch seitens der Behörden gar keine Beachtung, seitens der Wiener Öffentlichkeit bot er hinreichend Stoff zur allgemeinen Heiterkeit[18]. Natürlich konnte niemand bestreiten, daß mit der Industrieproduktion auch die Zahl der Tschechen je Haus angestiegen war. Wenn man jedoch aus nationalpolitischen „Sicherheitsgründen" für jeden einzelnen der Wiener Stadtbezirke den „Grad der unmittelbaren Gefährdung"[19] errechnete, übersah man, daß das chronische Problem kein Problem der Proportionen war. Nicht kurzfristige ideologische Ziele genossen

---

[16] W a c h e, Walter: Das Auslandstschechentum. In: Nation und Staat. Deutsche Zeitschrift f. d. europ. Minoritätenproblem 8 (1935) 490—512, hier S. 504: „Die Tschechen schlossen sich in Wien in besonderen Vierteln zusammen. Es ist die interessante Tatsache, daß auch hier lange Zeit das Gefühl der allslawischen Gemeinsamkeit das Gefühl eines besonderen tschechischen Nationalgefühls überwog."

[17] W i n k l e r, Die Tschechen in Wien 17: Im Jahr 1910 wohnten in einem Haus im

I. Bez. . . . 0,8	VIII. Bez. . . . 2	XV. Bez. . . . 3
II. Bez. . . . 2	IX. Bez. . . . 2	XVI. Bez. . . . 4
III. Bez. . . . 3	X. Bez. . . . 8	XVII. Bez. . . . 3
IV. Bez. . . . 1	XI. Bez. . . . 2	XVIII. Bez. . . . 0,8
V. Bez. . . . 3	XII. Bez. . . . 2	XIX. Bez. . . . 0,3
VI. Bez. . . . 1	XIII. Bez. . . . 0,8	XX. Bez. . . . 8
VII. Bez. . . . 2	XIV. Bez. . . . 4	XXI. Bez. . . . 0,9

Personen tschechischer Umgangssprache.

[18] Auszüge aus dem detaillierten Plan, der für das Griechenviertel einen Deltaplatz, im italienischen Viertel Brücken im venezianischen Stil vorsah, bringt T i l l, Rudolf: Ein Plan der Gliederung Wiens in Nationalitätenviertel. Wiener Gesch.bll. 10 (70. Jg.) (1955) 73—76.

[19] Zitat bei S c h u b e r t, Ziffern zur Frage des nö. Tschecheneinschlages 25; am „gefährdetsten" war der XIV. Bez. mit 465 % relativer nichtdeutscher Zunahme (von 1880 bis 1900), ein Bezirk in dem sich jedoch keine nennenswerten tschechischen Institutionen befanden.

Vorrang, sondern wirtschaftliche Zweckmäßigkeit, das sine qua non aller Bestrebungen der Wiener Tschechen. Man kommt auch hier nicht an der Tatsache vorbei, daß die Art und Weise, in der man seinen Lebensunterhalt erwirbt, für das Sozialverhalten von grundlegender Bedeutung ist.

e) Wirtschaftliche Gliederung und Berufsstruktur

Charakteristisch für die gesamte tschechische Bevölkerung Wiens war ihre hohe Beteiligung am Erwerbsleben[1]; der erste Schwerpunkt lag in der Industrie[2]. Es blieb für die Stärke des tschechischen Zustroms nicht ohne Bedeutung, daß Wien keinen für die Stadt typischen, führenden Industriezweig besaß und daher auf alle Berufszweige die gleiche Anziehungskraft ausübte. In den wachsenden Großfabriken im Wiener Becken entwickelte sich eine umfangreiche Textil-, Metall- und chemische Industrie. Im X. Bezirk und im südlich gelegenen Inzersdorf bildeten die Ziegeleien den Sammelpunkt der tschechischen Arbeiter. Der Ausbau der Verkehrsmittel (Kaiser-Franz-Josef-Bahn: von Wien über Prag nach Eger, 1874; Wiener Stadtbahn), die Neuorganisation des Elektrizitätswesens, vor allem aber das großangelegte kommunalpolitische Programm des Bürgermeisters Karl Lueger (1897—1910), brachten der Reichsmetropole einen beispiellosen Aufschwung in der Entwicklung zur europäischen Großstadt. Wohl die monumentalste Leistung auf dem Gebiete der Bautätigkeit war die Zweite Wiener Hochquellenleitung. Bei Luegers Tod hatte Wien das ausgedehnteste Straßenbahnnetz der Welt und war — der Ausdehnung nach — zur zweitgrößten Stadt Europas herangewachsen[3].

Ein weiterer Schwerpunkt lag im traditionsreichen Handel und Gewerbe der Stadt. Wiens Banken, Bekleidungs- und Einrichtungsgeschäfte, Großhandels- und Baufirmen versorgten einen Kundenkreis, der von der ländlichen Umgebung bis in entlegendste Gegenden reichte.

In der Residenzstadt des Reichs boten sich schließlich auch im Bereich des öffentlichen und privaten Dienstes Erwerbsmöglichkeiten mannigfacher Art, zumal der bürokratische Apparat der Zentralverwaltung ständig vergrößert wurde.

Die folgenden statistischen Zusammenfassungen[4] lassen keinen Zweifel am Verlauf der sozialen Entwicklung.

---

[1] Ohne Berufsangabe, Berufslose: nur 2,9 %/o Tschechen (1910). W i n k l e r , Die Tschechen in Wien 23.
[2] B e n e d i k t , Heinrich: Die wirtschaftliche Entwicklung in der Franz-Joseph-Zeit. Wien/München 1958, S. 46—50, 145, 162. — Z ö l l n e r , Erich: Geschichte Österreichs von den Anfängen bis zur Gegenwart. Wien 1961, S. 364—441, 455—542. — O t r u b a , Die Herkunft der Wiener Bevölkerung 236 f. — G u t k a s , Karl: Die nichtdeutsche Bevölkerung Niederösterreichs in der Neuzeit. Kulturberichte aus NÖ. Jg. 1957, Folge 2, S. 11—13, hier S. 12. — K a i s e r , Siedlungsgeschichte der Brigittenau 410, 412, 415, 417 und die chronologische Darstellung der Industriebetriebe von 1870—1900, S. 420 bis 433.
[3] S c h n e e , Heinrich: Karl Lueger. Leben und Wirken eines großen Sozial- und Kommunalpolitikers. Berlin 1960, S. 67 u. 90. Wien wuchs um 93,14 km² auf 273 km².
[4] Zusammengestellt aus: W i e n e r S l a w e n 6. — W i n k l e r , Die Tschechen in Wien 14.

Verteilung der Wiener Tschechen auf die verschiedenen Wirtschaftsbereiche (1900—1910) unter Berücksichtigung des prozentualen Anteils von Deutschen und Tschechen (1910)

Wirtschaftsbereiche	1900	1910	Deutsche	Tschechen
Land- und Forstwirtschaft	657	466	1 %	0,5 %
Industrie und Gewerbe	74 216	72 340	45,9 %	73,5 %
Handel und Verkehr	18 181	13 606	29,8 %	13,8 %
Öffentl. Dienst	2 485			
Freie Berufe	942	12 018	23,3 %	12,2 %
Rentner, Pfründer etc.	1 496			

Die Werbekraft, die von der industriellen Expansion und Hochkonjunktur auf die Wiener Tschechen ausging, äußerte sich darin, daß nahezu drei Viertel der tschechischen Erwerbstätigen im gewerblichen und industriellen Sektor beschäftigt waren, gegenüber 46 % auf deutscher Seite. Dagegen betrug der tschechische Relativanteil beim Handel, Verkehr, öffentlichen Dienst und bei den übrigen Sparten jeweils nur etwa die Hälfte des deutschen Prozentsatzes.

Ebenso auffallend war die Verteilung des Eigentums und des wirtschaftlichen Status im prozentualen Verhältnis zur Zahl der Erwerbstätigen:

Soziale Stellung der tschechischen und deutschen Berufstätigen innerhalb der einzelnen Berufsklassen im Jahr 1910[5]

Von je 100 Tschechen oder Deutschen waren in:

		Land- u. Forstw.	Industrie und Gewerbe	Handel u. Verkehr	Öff. Dienst Freie Ber. Berufslos	insg.
Selbständ.	Tsch.	9,6	9,5	27,1	41,9	17,0
Selbständ.	Dt.	25,4	14,7	28,4	57,0	30
Angest.	Tsch.	2,6	0,9	11,6	9,0	3,6
Angest.	Dt.	3,1	6,3	17,6	16,5	12
Arbeiter, Lehrlinge, Taglöhner	Tsch.	50,0	85,7	36,8	26,1	69,4
Arbeiter, Lehrlinge, Taglöhner	Dt.	47,8	73,9	42,8	12,8	48,5
Hausdienersch., Dienstboten	Tsch.	37,2	3,7	23,6	22,9	9,7
Hausdienersch., Dienstboten	Dt.	12,0	4,4	8,9	13,5	8,2
Mithelf. Familienmitglieder	Tsch.	0,6	0,2	0,9	0,1	0,3
Mithelf. Familienmitglieder	Dt.	11,7	0,7	2,3	0,2	1,1

Da die einzelnen Berufsgruppen sehr unterschiedliche Schwerpunkte in den verschiedenen Wirtschaftsabteilungen hatten (z. B. wenig Angestellte in Industrie und Gewerbe, viel in Handel und Verkehr), ergibt sich ein innerer Zusammenhang zwischen der Gliederung nach Wirtschaftszweigen und derjenigen nach Berufsgruppen, wodurch sich die Skala der nationalen Unterschiede noch verfeinert.

---

[5] Nach Winkler, Die Tschechen in Wien 21; das Anordnungsschema wurde von der Verfasserin verändert.

Während die obige Tabelle das Verhältnis von Deutschen und Tschechen innerhalb eines bestimmten Wirtschaftsbereiches für die Gesamtheit der auf diesem Sektor beschäftigten Berufsgruppen darstellt, zeigt die folgende Tabelle das Verhältnis der beiden Nationen innerhalb einer bestimmten Berufsklasse dieses Wirtschaftszweiges auf[6].

Die berufliche und soziale Schichtung der Wiener Bevölkerung am 31. 12. 1900

Selbständige und Pächter	Land- und Forstw.	Industrie	Handel und Verkehr	Öffentl. Dienste	freie Berufe	Rentner und Pfründ.	in Anstalten befindl.
Tschechen	1,7 %	5,5 %	9,5 %	1,3 %	1,9 %	1,3 %	2,9 %
Deutsche	88,4 %	85 %	82,3 %	76,3 %	74,9 %	95 %	78,8 %
Andere Slawen	0,4 %	0,4 %	0,4 %	0,8 %	0,5 %	0,2 %	0,9 %
Staatsfremde	9,9 %	9,1 %	13,83 %	21,6 %	19,6 %	3,5 %	17,5 %
Angestellte (Beamte)							
Tschechen	0,3 %	1,7 %	1,8 %	1,2 %	0,1 %	—	—
Deutsche	81,7 %	83,2 %	83,4 %	90,2 %	82,6 %	—	—
Andere Slawen	0,3 %	0,3 %	0,4 %	1,0 %	0,3 %	—	—
Staatsfremde	14,4 %	14,4 %	12,2 %	7,6 %	15,0 %	—	—
Arbeiter u. Taglöhner							
Tschechen	6,3 %	10,6 %	5,8 %	1,0 %	4,8 %	—	—
Deutsche	79,3 %	80,1 %	81,9 %	93,8 %	78,4 %	—	—
Andere Slawen	0,2 %	0,4 %	0,8 %	0,3 %	0,2 %	—	—
Staatsfremde	7,9 %	9,0 %	11,5 %	4,8 %	16,6 %	—	—
Hausdienerschaft							
Tschechen	10,1 %	10,9 %	10,4 %	7,9 %	8,3 %	3,9 %	2,6 %
Deutsche	74,0 %	76,3 %	75,6 %	79,2 %	77,4 %	84,7 %	40,4 %
Andere Slawen	0,1 %	0,5 %	1,3 %	1,3 %	0,6 %	0,4 %	1,0 %
Staatsfremde	15,8 %	12,3 %	14,0 %	11,6 %	13,7 %	6,0 %	56,2 %
Mithelf. Fam.-Mitgl.							
Tschechen	2,9 %	7,6 %	3,2 %	1,4 %	2,3 %	0,8 %	3,2 %
Deutsche	91,3 %	83,8 %	84,3 %	92,9 %	84,1 %	94,1 %	65,9 %
Andere Slawen	0,1 %	0,2 %	0,3 %	0,7 %	0,1 %	0,2 %	0,4 %
Staatsfremde	5,9 %	8,4 %	12,9 %	5,1 %	13,5 %	4,9 %	30,5 %

Die stärkste Gruppe der Wiener Tschechen bildete die Arbeiterschaft in Industrie und Gewerbe mit 85,7 % aller Erwerbstätigen in diesem Wirtschaftszweig (Tabelle S. 61). Danach folgten die Selbständigen mit 9,5 % (Deutsche 14,7 %), schwach vertreten waren dagegen die tschechischen Angestellten und Beamten mit 0,9 % (Deutsche 6,3 %) (Tabelle S. 61). In der Relation zu der in Industrie und Gewerbe beschäftigten gesamten Arbeiterschaft Wiens bildeten die Tschechen mit dem Anteil von 10,6 % den größten Prozentsatz nach der deutschen Bevölkerung (80,1 %)

---

[6] Aus: S c h u b e r t, Ziffern zur Frage des nö. Tschecheneinschlages 13 f.

(siehe Tabelle S. 62). Mit Ausnahme von Handel und Verkehr übertraf die Quote der tschechischen Arbeiter in allen Wirtschaftsbereichen die der deutschen, z. B. entsprachen 26 tschechischen Arbeitern im öffentlichen Dienst nur 13 Deutsche (Tabelle S. 61).

Die meisten tschechischen Angestellten (11,6 %) fand man im Handels- und Verkehrswesen, hier wiederum war die Arbeiterklasse (36,8 %), vor allem in Anbetracht der 27,1 % Selbständigen, relativ schwach besetzt (Tabelle S. 61). Der tschechische Anteil im Handel und Verkehr schrumpfte jedoch innerhalb der gesamten Angestelltenschaft Wiens auf 1,8 % zusammen (Staatsfremde 12,2 %, Deutsche 83,4 %) (Tabelle S. 62).

Auf alle Wirtschaftsbereiche und auf den maximalen tschechischen Anteil innerhalb der Berufsgruppe selbst bezogen, bildeten die Hausdiener und Dienstboten im Jahre 1900 das stärkste Element unter den tschechischen Neuwienern (Tabelle S. 62). Der deutsche Anteil lag hier nur auf dem industriellen und gewerblichen Sektor knapp über dem tschechischen, während z. B. in der Land- und Forstwirtschaft 37 tschechischen Bediensteten 12 deutsche entsprachen (Tabelle S. 61). Mit dem Prozentsatz der anderen slawischen und staatsfremden Arbeiter und Hausdienerschaft verglichen war der tschechische Bestand in diesen beiden Wirtschaftszweigen geringer als man gemeinhin vorgab, wenn man von der „Arbeiter- und Dienstbotennation"[7] sprach (Tabelle S. 62).

Auffallend hoch ist die Zahl der selbständigen Tschechen im öffentlichen Dienst unter Hinzunahme der freien Berufe und Berufslosen (Tabelle S. 61). Dies dürfte einerseits mit der Zahl der Arbeitslosen zusammenhängen, die bei der tschechischen Bevölkerung etwa dreieinhalbmal größer war als bei den Deutschen[8], war doch mit dem Zug nach der Stadt ein gewisser Unsicherheitsfaktor verbunden. Da sich, seit etwa 1906 in Wien die wirtschaftliche Hochkonjunktur abzuschwächen begann, kann man annehmen, daß der noch nicht festgewurzelte Zugewanderte dies am meisten zu spüren bekam. Man wird das insofern als Zeichen einer Fehlentwicklung werten dürfen, als bei Absatzschwierigkeiten vermutlich zuerst die Neulinge entlassen wurden, während die Alteingesessenen blieben, obwohl es bekannt war, daß jene ohne die Arbeitsstellen nicht leben konnten. Entweder waren sie gezwungen, unter schlechten Bedingungen die Arbeit zu behalten oder aber sie wurden arbeitslos. Im letzteren Fall erklärten sich dann viele als „Selbständige" und versuchten sich in Lohndiensten wechselnder Art, bevor sie auf jede Erwerbstätigkeit verzichteten, auch wenn sie dadurch keine dauernde Einnahmequelle erschlossen. Insgesamt

---

[7] Z. B. Friedrich Hebbel an König Wilhelm I. von Preußen (1861): „Auch die Bedientenvölker rütteln / Am Bau, den jeder tot geglaubt, / Die Tschechen und Polaken schütteln / Ihr strupp'ges Karyatidenhaupt." O t r u b a, Die Herkunft der Wiener Bevölkerung 245. — Dagegen Hermann B a h r: „Průměrný typ Vídeňana je česky přizpůsobený živnostník" [Der Durchschnittstyp des Wieners ist der tschechisch angepaßte Gewerbetreibende]. Ohne genaue Quellenangabe bei S u l í k, Josef: Proč máme vychovávati své děti v českých školách [Warum sollen wir unsere Kinder in tschechischen Schulen erziehen]. Wien 1914, S. 4.

[8] Im Jahre 1900: 1,8 % Deutsche, 6,5 % Tschechen. S c h u b e r t, Ziffern zur Frage des nö. Tschecheneinschlages 17 f. Über zwei Fünftel waren dabei schon 1—3 Monate arbeitslos.

bildeten im Jahre 1910 die „Selbständigen", gleich nach den Arbeitern, mit 17 % die zweitgrößte Berufsgruppe im Wiener Tschechentum (Tabelle S. 61), obwohl sie in den Rahmen der Gesamtbevölkerung Wiens gestellt (Tabelle S. 62) im Jahre 1900 weder an den Anteil der tschechischen Arbeiter noch an den der Dienstbotenschaft heranreichten. Betrachtet man in allen erwähnten Wirtschaftszweigen das Verhältnis der beiden Nationen, so ergibt sich klar die Dominanz der Tschechen bei den Arbeitern (Tschechen 69,4 %, Deutsche 48,5 %) und bei der gehaltsmäßig niedrigsten Gruppe der Dienstboten (Tschechen 9,7 %, Deutsche 8,2 %), wogegen in den übrigen Berufsgruppen der deutsche Anteil zwei- bis dreimal höher lag als der tschechische (Tabelle S. 61).

Es ist hier wohl nicht erforderlich, die einzelnen Berufsgruppen in ihrer Zusammensetzung aus männlichen und weiblichen Erwerbstätigen einander gegenüberzustellen, da man sicher annehmen darf, daß die Berufsstruktur der Frauen noch stärkere Schwerpunkte in den unteren Berufsgruppen (Hausdienerschaft, Mithelfende Familienmitglieder) aufgewiesen hat. Nach der vertikalen Teilung der großen Berufskategorien sind nun die von den Tschechen hauptsächlich besetzten Berufszweige zu untersuchen. Hieraus geht der tschechische Anteil an dem gewerblichen und industriellen Sektor noch detaillierter hervor. Als wirtschaftliche Indizien waren diese Angaben neutral, da sie lediglich eine zunehmende Industrialisierung aufzeigten. Dagegen gaben sie als Spiegelung sozialer und nationalpolitischer Tendenzen mancherlei Hinweise.

Die hauptsächlich von den Tschechen besetzten Berufszweige (1910)[9]

	Prozent der Berufstätigen
Bekleidungsgewerbe (Schneider, Schuster)	27,6
Holz-, Schnitzstoffe-, Kautschukverarbeitung	9,8
Hausdienerschaft, Dienstboten	9,6
Baugewerbe	7,9
Metallverarbeitung	6,6
Nahrungsmittelindustrie	3,3
Industrie Steine und Erden	3,3
Lohndienst wechselnder Art (Dienstmänner etc.)	3,1
Maschinenindustrie	3,1
Ohne Berufsangabe und Berufslose	2,9
Aktives Militär	3,7

Von den für 1910 verzeichneten 17 194 Schneidern und Schustern tschechischer Umgangssprache waren etwa ein Fünftel selbständige „Meister"[10]. In dem Wirtschaftszweig der Holzverarbeitung handelte es sich — ebenso wie im Baugewerbe, in der Metallverarbeitung, der Nahrungsmittelindustrie, der Steinverarbeitung (Ziegeleien!) und der Maschinenindustrie — nahezu ausschließlich um Arbeiter. Prinzipiell wäre eine Trennung zwischen Facharbeitern in industriellen Betrieben

---
[9] Aus: Winkler, Die Tschechen in Wien 23.
[10] (3221). Ebenda 23.

und in kleinen Handwerksbetrieben zu berücksichtigen, mit dem vorhandenen Material sind diese wie andere vielleicht noch wünschenswerte Unterteilungen jedoch nicht durchzuführen. Auch die Unterscheidung zwischen ungelernten Arbeitern und Facharbeitern[11] geht aus dem statistischen Material nicht unmittelbar hervor, da die verschiedenen Ausbildungsstufen in der Praxis durch die berufliche Selbstbezeichnung ineinanderflossen. In einem Teil der Quellen (Adreßbücher, Mitgliederverzeichnisse u. ä.) findet man die Bezeichnung „Fabrikant" (továrník)[12]. Hier handelt es sich jedoch nicht um Unternehmer im heutigen Sinn, vielmehr sind diese Tschechen in der Mehrzahl unter die kleinen oder mittleren Gewerbetreibenden einzureihen, da sie sich durch die Betriebsgröße von ihren Kollegen im Handwerk oder Gewerbe kaum unterschieden. Aufgrund der Statistiken der gewerblichen Fortbildungsschulen sind ziemlich genaue Daten über die Lehrlinge vorhanden, die zur Berufsverteilung des tschechischen Gewerbes in Wien in keinem Widerspruch stehen. Schneider-, Schuhmacher-, Tischler- und Baugewerbe waren bevorzugt[13].

Tschechische und deutsche Lehrlinge in den gewerblichen bzw. fachlichen Fortbildungsschulen[14] 1908/09 und 1911[15]

Fortbildungs- schule für	Schuljahr 1908/09 absolut		1911 prozentual	
	Tschechen	Deutsche	Tschechen	Deutsche
Schneider	1879	657	68 %	24 %
Schuhmacher	1147	748	50 %	42 %
Tischler	1130	943	50 %	41 %
Baufach	292	579	35 %	64 %
Metallgewerbe	519	4972	?	?
Weber	6	307	?	?
Elektrotechnik	4	458	?	?
Pelzgewerbe	?	?	40 %	48 %
Faßbinder	?	?	39 %	60 %

Die allgemeinen gewerblichen Fortbildungskurse wurden 1908/09 von 4216 männlichen deutschen und 852 tschechischen Lehrlingen besucht, dazu kamen 3182 deut-

---

[11] Als „Facharbeiter" galten nicht nur jene, die eine Lehre mit dem Gesellen- oder Meistertitel abgeschlossen hatten, sondern auch solche, die sich selbst Schlosser, Maurer etc. nannten, auch wenn sie keine entsprechende Lehre hinter sich hatten und nur Angelernte waren.
[12] Kučera, Český průvodce po Vídni 17. — Výroční zpráva Zpěv. spolku Lumír [Jahresbericht des Gesangsvereins Lumír] (1893): häufigste Angabe im Mitgliederverzeichnis: obchodník [Handeltreibender]: 9 mal; am zweithäufigsten „Fabrikant" (8 mal).
[13] Masaryk kam als Schlosser-, Klement Gottwald als Tischlerlehrling nach Wien. M a i s : Die Tschechen in Wien 62.
[14] Die allgemeinen gewerblichen Fachschulen hatten die Aufgabe, Lehrlingen unentgeltlich in den zur Ausübung ihres Berufes notwendigen Kenntnissen und Kunstfertigkeiten theoretischen und praktischen Unterricht zu erteilen. Aufgenommen wurden nur Lehrlinge, die nach Überschreitung des volksschulpflichtigen Alters die erforderlichen Kenntnisse im Lesen, Schreiben und Rechnen durch entsprechende Zeugnisse einer Bürger- oder allg. Volksschule nachgewiesen hatten. Ohne diese Kenntnis waren sie verpflichtet, die

sche bzw. 311 tschechische Lehrmädchen aus den Fortbildungsschulen[16]. In den genossenschaftlichen Fachschulen waren 497 tschechische und 6560 deutsche männliche sowie 74 bzw. 1142 weibliche Lehrlinge. Am schwächsten besucht wurden von den Tschechen die Fachschulen der Buchdrucker, Buchbinder und Schriftgießer, Glasschleifer, Gürtler, Bronzearbeiter, Ziseleure, Lithographen, Photographen, Optiker, Stukkateure, Elektrotechniker und Installateure. Es fügt sich lückenlos in die bisherigen Feststellungen ein, daß die tschechischen Lehrlinge — im Gegensatz zu den tschechischen Volks- und Mittelschülern — den höchsten nationalen Anteil an der Gesamtschülerschaft hatten[17].

Nach der beschreibenden Analyse des Bestandes im tschechischen Handwerks- und Gewerbewesen Wiens ist nun noch dessen Zuwachsrate zu betrachten.

Berufe von 100 aus den Kronländern Zugewanderten[18]

Männer	1850	1880	Frauen	1850	1880
Drechsler, Tischler,			Dienstmädchen	16	18
Zimmerleute	7	10	Taglöhnerinnen	17	6
Schlosser, Spengler	2	7	Sonstige	25	27
Schneider	8	10	Berufslose und		
Schuhmacher	3	11	unbekannt	42	49
Taglöhner	14	14			
Sonstige und unbekannt	50	46			
Soldaten	16	2			

gewerbliche Vorbereitungsschule zu besuchen. Jede Schule hatte in der Regel 2 Jahrgänge. Im 1. Jahrgang wurden jene Gegenstände gelehrt, deren Kenntnisse für jeden Gewerbetreibenden mehr oder weniger wünschenswert waren; im zweiten vorwiegend Fachgegenstände. Mit Beginn des Schuljahres 1911/12 wurde das Fachschulwesen reformiert, an die Stelle der gewerblichen Fachschulen traten die fachlichen Fachschulen mit eingehender fachlicher Ausbildung. Zu den Lehrverhältnissen und der Verteilung der Lehrlinge auf einzelne Berufssparten (ohne Gliederung in Nationalitäten): F r e i l e r , Die soziale Lage der Wiener Arbeiter in den Jahren 1907—1918, S. 178—188.

[15] R i c e k , Leopold: Der gewerbliche Nachwuchs Wiens in nationaler Sicht. Deutsche Erde 10 (1911) 187. — S u l í k , Proč máme vychovávati své děti v českých školách 3 (nach Statist. Jahrb. d. Stadt Wien, 1911). — Weitere Tabellen: W i e n e r S l a w e n , S. 14—16; S o u k u p , Česká menšina 490 (Übersicht von 1903—1907).

[16] R i c e k , Der gewerbliche Nachwuchs Wiens in nationaler Sicht 187; auch die folgenden Daten.

[17] H a i n i s c h , Die Zukunft der Deutschösterreicher 6 f. — Verf. verweist auf die Rede des RR.-Abg. v. Dumreicher (1888) über die Entdeutschung des österreichischen Mittelstandes, daß die Lehrlinge des Wiener Gewerbestandes in der Mehrzahl Tschechen seien und gibt als Ursache „nicht die tschechenfreundliche Regierung Taaffe" (1879—1893), „wie man oft meint", sondern Auersperg-Lasser (1871—1879) an. Dies wohl deshalb, weil die Liberalen — im Gegensatz zu den nachfolgenden Christlichsozialen — insgesamt keine betont nationale und daher tschechenfeindliche Politik trieben. Die Ära Auersperg-Lasser ausführlich bei S r b , Adolf: Politické dějiny národa českého od roku 1861 až do nastoupení ministerstva Badeniova r. 1895 [Politische Geschichte der tschechischen Nation vom Jahre 1861 bis zum Antritt des Ministeriums Badeni i. J. 1895]. Bd. 1, Prag 1899, hier S. 387—542. — Vgl. auch L u s t i g , K.: Die Tschechisierung Wiens und das deutsche Handwerk. Deutsches Volksblatt, 29. 1. 1911, S. 17. — E b e n -

Innerhalb von drei Jahrzehnten konnte man in Einzelfällen wie bei den Schlossern und Spenglern einen dreieinhalbfachen Anstieg registrieren.

In seinen Vorarbeiten zu einem Corpus nominum Vinobonense bemühte sich F. Arnold Mayer im Jahre 1889, unabhängig von der Umgangssprachzählung, den Aufstieg der von den Tschechen bevorzugten Berufszweige seit 1780 aufzuzeigen[19]. Unter Benutzung der Handels- und Kommerzialschemen, in denen die Wiener Bewohner seit 1780 nach ihren Gewerben und Berufen erfaßt sind, kam Mayer auf ethnographischer Basis zu einem Wachsen des tschechischen Handwerks um 32 % bei gleichzeitigem Rückgang des deutschen Anteils im Gewerbestand insgesamt innerhalb der letzten 100 Jahre von 87 % auf 57 %[20]. Besonders erwähnenswert erschien Mayer ein zwanzigprozentiger Anstieg im Ledergewerbe: 1780 lag der Anteil am Ledergewerbe deutscherseits bei 89 %, die restlichen 11 % verteilten sich auf verschiedene Nationen, slawische oder tschechische Anteile waren überhaupt nicht vorhanden. 1887 hatte sich das Bild völlig verändert[21].

	Deutsche	Slawen	Andere
Sattler	67 %	26 %	7 %
Taschner	70 %	23 %	7 %
Riemer	62 %	35 %	3 %
Lederfabrikanten (Gerber)	83 %	10 %	7 %
Zusammen	73 %	20 %	7 %

Hier hatten die quantitativen Verschiebungen offensichtlich qualitative Auswirkungen. Die Strukturveränderung des wirtschaftlichen und sozialen Lebens mußte auch die Probleme auf nationaler Ebene beeinflussen. Der Verlust wirtschaftlicher Unabhängigkeit, sichtbar geworden an den herbeigeströmten Arbeitermassen, die Beschäftigung von Familienmitgliedern vor allem in der Industrie (7,6 % Tschechen), die hohe Zuwachsrate der Handwerker und Gewerbetreibenden und die erweiterte Zahl der Angestellten, die sowohl für die Großstadt als auch für die Bürokratie in Staat und Wirtschaft charakteristisch ist — alle diese Faktoren bereiteten den Weg,

---

da 18: H a c k l , St.: Der Rückgang des Wienertums: „Manche Handwerkszweige in Wien sind so beschaffen, daß ein Wiener Bursche selbst nach langem Herumsuchen keinen Lehrplatz mehr findet. Die Meister sind Tschechen, die Gesellen sind Tschechen und diesen ist ein tschechischer Lehrjunge viel sympathischer als ein deutscher."

[18] M a i s , Die Tschechen in Wien 65. — O t r u b a , Die Herkunft der Wiener Bevölkerung 239; ebenda auch Ausführungen über die Hafner 235.
[19] M a y e r , Über eine historische Ethnographie Wiens 295—301.
[20] M a y e r , Über eine historische Ethnographie Wiens 299.
[21] Deutscher und slawischer Anteil in den von Mayer untersuchten Berufssparten des Wiener Handwerks und Gewerbes für 1887: Schneider 54 % deutsch — 41 % slawisch; Schuster: 52 % deutsch — 44 % slawisch; Kürschner: 55 % deutsch — 39 % slawisch; Hutmacher: 68 % deutsch — 25 % slawisch; Handschuhmacher: 80 % deutsch — 13 % slawisch; Fächermacher: 67 % deutsch — 21 % slawisch; Friseure: 68 % deutsch — 24 % slawisch; Parfumerie: 72 % deutsch — 17 % slawisch; Stärke- u. Puderverfertiger: 78 % deutsch — 12 % slawisch; Papiermachéverfertiger: 100 % deutsch. — Summe: 57 % deutsch — 38 % slawisch, 5 % sonstige. E b e n d a 297.

die Selbstachtung zumindest potentiell zu beeinträchtigen, soweit sie nämlich mit einer Minderung des Lebensstandards einherzugehen schienen. Dies traf — wie noch zu zeigen sein wird — psychologisch gesehen die Tschechen härter. Wenn diese Prozesse kennzeichnend für den Kapitalismus waren, konnten sich die von ihnen Betroffenen folgerichtig als Antikapitalisten betrachten, ohne jedoch die theoretische marxistische Deutung ihrer Misere zu akzeptieren und sich dem Proletariat zuzurechnen.

Für den Zusammenhang zwischen dem wirtschaftlichen Entwicklungs- und dem nationalen Zersetzungsprozeß ist es wesentlich, daß die Struktur der Universitätsbevölkerung fast die gleiche blieb, abgesehen davon, daß sie insgesamt an Zahl zunahm. Seit jeher studierten Slawen an den Wiener Hochschulen. Die von den Rektoren der Wiener Technik, der Akademie der bildenden Künste und der Kunstgewerbeschule des k. k. Museums angefertigten Aufstellungen über die tschechischen Studenten zeigen in den Hauptwanderungsjahren von 1868 bis 1895 kein nennenswertes Mehr an Inskribierten böhmischer Nationalität[22]. Tatsache ist, daß in allgemein stark frequentierten Jahren auch mehr Tschechen immatrikuliert waren, keinesfalls aber änderte sich durch ihre Zuwachsrate die nationale Gesamtzusammensetzung des akademischen Nachwuchses an der Wiener Universität, so wie dies etwa angesichts des tschechischen Arbeiterzustroms in den Fabriken der Fall war.

Die folgenden Vergleichsziffern der Wiener Hochschulen für 1902/03 und 1906/07 sollen dies verdeutlichen[23]. Mit Ausnahme der Hochschule für Bodenkultur machte sich seit Anfang des neuen Jahrhunderts auch in der tschechischen Studentenschaft eine schwache Rückgangstendenz bemerkbar, die auf den zunehmenden Einfluß Prags und Brünns verweist[24]. Gleichzeitig geht hervor, daß die Tschechen den Polen oder Südslawen gegenüber keine Vorrangstellung einnahmen, wie dies im Schneider- oder Schustergewerbe und bei den Arbeitern der Fall war. Man muß die Akademiker insgesamt als Schlüsselgruppe betrachten, die abseits der Wanderwelle stand, da sich z. B. auch der Grundstock der tschechischen Advokaten seit 1780 nicht geändert hatte[25].

---

[22] Karásek, Sborník Čechů dolnorakouských 103 f.: Liste der Studierenden böhmischer Nationalität an der Technik in Wien von 1870/71 bis 1893/94 im Vergleich zur gesamten Zahl der Immatrikulierten. Von Rektor Czuber im März 1895 zusammengestellt. — Liste mit Studenten böhmischer Nationalität an der Akademie der bildenden Künste 1876—1894. Von Rektor Loth. — Liste der tschechischen Hörer an der Kunstgewerbeschule des k. k. Museums von 1868—1895. — Ferner: Víd. Denník, Nr. 104 (25. 6. 1907), S. 4: Tagesnachrichten. Die Tschechen in Wien. Zahl der Studenten.
[23] Aus: Wiener Slawen 20. (nach Stat. Jb. d. Stadt Wien). Hier nur Teilauszug.
[24] Prinz, Handbuch III, 159.
[25] Nach Mayer, Über eine historische Ethnographie Wiens 299: Im Lauf eines Jahrhunderts wuchsen die Slawen hier nur um 5 %, die Deutschen um 11 %.

Besuchsziffern der Wiener Hochschulen 1902/03 und 1906/07 (Wintersemester)

Laut Statistischem Jahrbuch der Stadt Wien verteilte sich, nach Nationen gesondert, die Besuchsziffer der Wiener Hochschulen folgendermaßen* (Prozentzahlen):

	Deutsche		Tschechen		Polen		Ruthenen		Südslawen		Italiener		Madjaren	
	1902/03	1906/07	1902/03	1906/07	1902/03	1906/07	1902/03	1906/07	1902/03	1906/07	1902/03	1906/07	1902/03	1906/07
Universität	67	68	3,9	3,4	3	3,7	0,8	0,6	8,7	8,3	2	2,6	1,3	1
Technische Hochschule	79	79	2,6	1,9	5	4,5	0,2	0,4	4	5,1	4,3	4,2	1,8	1,2
Tierärztliche Hochschule	o. A.	65	o. A.	16	o. A.	0,5	o. A.	0,1	o. A.	14	o. A.	2,4	o. A.	0,3
Hochschule für Bodenkultur	55	48	11	17	11	14	1,8	2,7	7,7	8,2	2,9	3,2	0,8	1,9
Akademie der bild. Künste	85	88	3	3,3	1,8	1,1	o. A.	o. A.	3,7	1,5	2,6	3,7	2,2	1,5
Ev. theol. Fakultät	52	56	31	28	7,9	16	2,6	o. A.	o. A.	o. A.	—	o. A.	2,6	o. A.

* Die Rubrik „Sonstige" und die absoluten Zahlen wurden in obiger Aufstellung weggelassen. Aus: Wiener Slawen, S. 20. — Die Gesamtzahl der slawischen Hochschüler Wiens, einschließlich der Balkanslawen, betrug damals 18 % der Gesamthörerzahl. Ebenda, S. 21.

Aus allem Angeführten geht hervor, daß das Gros des Wiener Tschechentums aus „kleinen Leuten" bestand, die fast ausschließlich vom Land oder aus der Kleinstadt stammten und die sich wohl gerade deshalb nicht gerne der Achtung des tschechisch-nationalen Bürgertums der Kronländer unterlegen fühlen wollten. Als gesellschaftliche „Elite" kamen in Wien nur die tschechischen Beamten in den Zentralämtern in Frage, die, gemessen an ihrem 3,6 prozentigen Anteil an der gesamten Wiener Minderheit eine sehr untergeordnete Rolle, als Bestandteil politischer Zielsetzungen jedoch eine um so größere spielten.

Es war in der Tat charakteristisch für das soziale Klima in der Donaustadt, daß die tschechischen Beamten zu den am meisten beobachteten Gesellschaftsgruppen gehörten. Ihre Zahl, ihr Rang und ihre Einstellung zur nationalen Frage waren Gegenstand regen öffentlichen Interesses. Die Möglichkeit, die staatliche Laufbahn zu ergreifen, stand jedem Tschechen offen, wenn er die deutsche Sprache beherrschte und fachlich befähigt war. Damit hatte die deutsche Sprache ein festes Bollwerk in der alten zentralistischen Bürokratie. Soziale Aufstiegsmöglichkeit und gleichzeitig Kampf um den Anteil am Staat rückten durch die Beamten ins allgemeine Blickfeld.

Die Ziffern und Zahlenverhältnisse, die von deutscher und tschechischer Seite über die Berufungen und das Kontingent der Tschechen in Wiener Ministerien veröffentlicht wurden, lassen vermuten, daß es sich hier um ein ideologisches Lieblingsthema der nationalen Kreise gehandelt haben muß. So problematisch es im einzelnen auch gewesen sein mag, in den verschiedenen Industriebranchen ethnische Anteile festzustellen, so vermochte man doch in groben Zügen eine Verteilung von Tschechen und Deutschen in den einzelnen Wirtschaftszweigen vorzunehmen, die ein einheitliches Gesamtbild ergab. Nicht so bei den Beamten. Während sich die Tschechen gerade auf diesem Sektor grob hintangesetzt fühlten, errechneten deutschnationale Schutzorganisationen einen Zustrom von 500 bis 800 tschechischen Beamten und -anwärtern pro Jahr[26]. Für 1900 sprach man von 18 780 „Amtstschechen", denen noch 2248 durch die Verstaatlichung der Bahn[27] hinzuzurechnen waren. Unter Einbeziehung der Familienangehörigen kam man zu einer Zahl von 45 500 der Beamtenklasse angehörigen Wiener Tschechen[28]; mit anderen Worten: im Jahr 1900 hätte fast jeder zweite Wiener Tscheche Beamter oder Angehöriger einer Beamtenfamilie sein müssen, wenn man die amtlichen Volkszählungsergebnisse (102 974) zugrunde legt. Als brauchbares Fazit aus vielen deutschen und tschechischen Aufstellungen ergibt sich höchstens, daß man bei der Beurteilung ein und desselben Tatbestandes unter Anwendung verschiedener Maßstäbe zu ziemlich unterschiedlichen Ergebnissen kommt[29]. Wie weit dies gehen

---

[26] Schubert, Ziffern zur Frage des nö. Tschecheneinschlages 11.
[27] Schamanek, Susanne: Die Auswirkungen des Nationalitätenproblems im Eisenbahnwesen Österreichs (bis 1905). Wien, Phil. Diss. (Masch.) 1949. (Tendenziös und dürftig).
[28] Schubert, Ziffern zur Frage des nö. Tschecheneinschlages 94.
[29] Vgl. z. B. Víd. Denník, Nr. 39 (5. 4. 1907): Von insgesamt 29 Beamtenstellen in den Präsidien der 7 Ministerien waren zwei Tschechen, von 547 Konzipientenstellen 45 Tschechen. „Gerechter" kann die Regierung in Österreich die Beamtenstellen nicht be-

konnte, sei im folgenden für die Wiener Ministerien im Jahre 1914 dargelegt. Der deutschen Quelle wurden die absoluten Zahlen, der tschechischen der prozentuale Anteil entnommen[30].

Die deutschen und tschechischen Beamten in den Wiener Ministerien am 1. 1. 1914

	deutsche Quelle		tschech. Quelle
	Deutsche	Tschechen	Tschechen (%)
Min. Präsidium	31	4	5
Inneres	187	31	5,2
Kultus u. Unterricht	109	17	8,7
Justiz	77	31	12
Verwaltungsgericht	53	10	13,6
Finanzen	224	24	8
Handel	1915	128	7,5
Öffentl. Arbeiten	613	99	12
Eisenbahnen	406	67	?
Ackerbau	117	16	?
Landesverteidigung	225	80	2,9
Kriegsministerium	419	91	?
Äußeres	396	55	?
Insgesamt	4772	653	—
Oberster Rechnungshof	o. A.	o. A.	7
Oberstes Gericht mit eigener böhm. Abteilung	o. A.	o. A.	38

Aus dieser Aufstellung geht hervor, daß sich die Tschechen in der Justiz, im Verwaltungsgericht und im Ministerium für öffentliche Arbeiten am stärksten vertreten glaubten; die deutsche Quelle zeigt jedoch, daß Landesverteidigung, Kultus- und Unterrichts- und Innenministerium ebenfalls relativ starke tschechische Belegschaft besaßen, zumal der Anteil der Polen, Südslawen, Rumänen, Italiener und Ruthenen wesentlich niedriger lag. Hinter diesen Zahlendifferenzen steht die Krise des ehemaligen gesamtstaatlich eingestellten „altösterreichischen" Beamtentums.

---

setzen. Dazu... sind jene zwei Tschechen im Präsidium nur Konzeptsbeamte und von den genannten 45 ist die Hälfte in den niedrigsten Diensträngen (Ministerialkonzipienten und Vizesekretäre). — Dagegen S c h u b e r t, Ziffern zur Frage des nö. Tschecheneinschlages: Eine ausführliche Tabelle (S. 98) untergliedert für 1900 die Beamten und Angestellten beim Staat für Wien und Niederösterreich (7942 und 582), Land (42), Gemeinde (1050 und 91), Kirchen (431 und 145), Privatbahn (2248 und 75), Banken (406), Großgrundbesitz (108 und 5629). Vgl. auch e b e n d a 4, 11, 18, 93—99 und: R i c e k, Der niederösterr. Tschecheneinschlag 197 ff.

[30] S c h n e e f u ß, Walter: Demokratie im alten Österreich. Klagenfurt 1949, S. 144. — Dolnorakouský Obzor, Nr. 8 (1914), nach der Statistik des Klubs der tschechischen Staatsbeamten (Spolek českých úředníků státních). Auch in S o u k u p, Česká menšina 508.

Als supranationale Exekutive eines supranationalen Staates[31] hatte es im Vertrauen auf seine Unersetzlichkeit eine Rolltreppe betreten, die von ihm nur den ersten Schritt verlangte, um es dorthin zu tragen, wo es den Staat, dem es dienen sollte, dem nationalen Proporz preisgab.

---

[31] B e n e d i k t, Heinrich: Monarchie der Gegensätze. Wien 1947, S. 188.

2. DIE TSCHECHISCHEN SELBSTVERWALTUNGSKÖRPER ALS NATIONALPOLITISCHE AKTIONSZENTREN

a) Zur Typisierung: Funktion und Organisationsziel als Bezugspunkte

Die Analyse sozialstatistischer Grunddaten über die Gliederung der Wiener Tschechen nach Alter und Geschlecht sowie über ihre räumliche und wirtschaftliche Verteilung gewährt nur am Rande Einblick in die gesellschaftlichen Zustände. Sie gibt weder Aufschluß über das Verhalten des Einzelnen in, bzw. zu den nationalen Aktionszentren, noch darüber, welche Beweggründe sich hinter seinen Entscheidungen und Handlungen verbargen. Während die bisherigen Ausführungen die von der Wanderwelle in die Reichsmetropole getragene tschechische Gesamtbewohnerschaft zum Gegenstand hatten, steht im folgenden das Ordnungsgefüge der tschechischeen Organisationen[1] im Mittelpunkt. Ihr gemeinsamer Nenner besteht in einem eindeutig umrissenen Mitgliederkreis, einer inneren rational gestalteten Ordnung und einem, den Mitgliedern wie auch den Außenstehenden bewußten Zweck. Im Sinne dieser Minimaldefinition[2] war die tschechische kirchlich zusammengeschlossene Gemeinde ebenso wie die gewerkschaftliche Vereinigung, der Schachklub oder die politische Partei eine Organisation.

Das Netzwerk selbstgeschaffener Einrichtungen, das die Wiener Tschechen in immer wieder anders abgegrenzte Gruppen gliederte, ist das eigentliche Kernstück für die Untersuchung der Sozialstruktur, denn diese entsteht erst unter der Voraussetzung, daß bestimmte Verhaltensnormen im Rahmen sozialer Ordnungsgefüge als verbindlich anerkannt werden[3]. Die nationale Existenz des tschechischen Einwohners an der Donau verwirklichte sich durch die Teilnahme an einer Mehrzahl solcher gesellschaftlichen Koordinatensysteme und erhielt dementsprechend von verschiedenen Seiten her unterschiedliche Akzente.

Die größte Rolle für die nationale Selbstkonstituierung der Wiener Tschechen spielten die Vereine. Ihre Vorzugsstellung gegenüber anderen Organisationsformen ist sehr prägnant in dem Sammelband formuliert, den Josef Karásek[4], der erste

---

[1] Zur Organisationsanalyse mit Lit.: M a y n t z, Renate: Soziologie der Organisation. Reinbek bei Hamburg 1967 (rde 166). — K l e i n, Franz: Das Organisationswesen der Gegenwart. Berlin 1913 (Die erste systematische Darstellung des Organisationswesens, entstanden aus Vorlesungen an der Universität Wien im WS 1912/13).
[2] M a y n t z, Soziologie der Organisation 36.
[3] F ü r s t e n b e r g, Die Sozialstruktur der BRD 39.
[4] (1868—1916), Slavist und Publizist, 1894 bei der „Wiener Zeitung", 1895 in der Bibliothek des Innenministeriums, ab 1896 Feuilleton-Redakteur der „Pražské Noviny" [Prager Zeitung]. Freund des berühmten Slavisten Jagić. Übersetzer von Ebner-Eschenbach, Otto Ludwig u. a., Hrsg. der Schriften Chelčickýs, Verfasser einer slawischen Literaturgeschichte (1891/92), Mitarbeiter an wissenschaftlichen Zeitschriften. Hauslehrer bei den Harrachs, bei Windischgrätz, Hohenlohe-Schillingsfürst, Thun-Hohenstein, Metternich. — Ottův Slovník Naučný 13 (1898) 1014. — Österr. Biographisches Lexikon 232. — D o l e ž a l, Jaromír K.: Dr. Josef Karásek. Kus života z české Vídně [Dr. Josef Karásek. Ein Stück Leben aus dem tschechischen Wien]. Wien 1926.

Historiker des damaligen Wiener Tschechentums, im Jahre 1895 herausgab: „Was sind für die niederösterreichischen Tschechen die Vereine? Die große Bedeutung dieser Einrichtungen erfasse ich am besten, wenn ich sage, daß die Vereine für uns fast das sind, was anderen Leuten und Völkern *Gemeinde und Staat*. Alles, was wir bisher hauptsächlich in nationaler Hinsicht ausführen konnten, hatte seinen Ursprung in den Vereinen"[5]. Anknüpfend an diese Feststellung ist der symptomatische Wert des Organisationswesens für das Wiener Tschechentum hier von seiner desintegrierenden und gleichzeitig auch integrierenden Funktion her zu beleuchten: Die vollintegrierte Gesellschaft, z. B. die des Mittelalters, kennt keine Vereine. Während jede in sich stetige Gesellschaft, die noch vorwiegend Gemeinschaft ist, alle Lebensformen aus sich heraus entwickelt und sie nicht verselbständigt, bilden sich in der differenzierten Form des Zeitalters der Arbeitsteilung Zusammenschlüsse heraus, die nur jeweils einem bestimmten Zweck dienen. Offensichtlich sollten die vielfältigen tschechischen Gruppenbildungen Aufgaben erfüllen, die im Sozialganzen selbst keinen Ort hatten. Die Wiener tschechischen Organisationen erweisen sich somit als typische Erscheinungen der beweglichen, dynamischen Gesellschaftsform, aber im besonderen sind sie Merkmale der sozialen Desintegration[6]. Der nur partiell funktionierende tschechische Sozialkörper war nicht in der Lage, allen Bestrebungen des Einzelindividuums ein rechtes Betätigungsfeld zu geben — also bildeten sich besondere Gruppen, ausschließlich für diese begrenzten Zwecke. Es ist wohl ein allgemein gültiges Prinzip, daß mit fortschreitender Integration auch die Wirksamkeit derjenigen Interessenzusammenschlüsse zurückgeht, deren Funktionen auf andere Weise von der Gesamtheit und in ihr erledigt werden. Letzteres ist bei einer mittelalterlich-geschlossenen Gesellschaft normalerweise der Fall. Umso deutlicher geht daraus hervor, daß in der wachsenden Zahl und Konsolidierung der tschechischen Vereine das neue, in sich noch nicht gefestigte tschechische Sozialgebilde seine Ausdrucksform fand. Die tschechischen Organisationen spiegelten die Umwertung der gewohnten Ordnung der Herkunftsländer, sie waren selbstgeschaffener[7] Ersatz für alles Vertraute, das in der Großstadt fehlte, in der von vornherein keine wechselseitige Bekanntschaft aller Einwohner zu erwarten war. Daraus wird von selbst die Gegenseite zum Phänomen der Desintegration sichtbar: die positive Funktion der Organisationsstruktur. Die oben zitierten Worte aus dem Buch Karáseks bestätigen es, daß der vereinsmäßige Zusammenschluß einer der wesentlichsten integrativen Elemente im Wiener Tschechentum darstellte und für das politische Leben von eminenter Bedeutung war. Es ist eine unbestrittene Tatsache, daß es in Wien seit dem Ende der neunziger Jahre Hunderte von tschechischen Vereinen und anderen Organisationsformen gab, deren Vielzahl weder von den

---

[5] K a r á s e k, Sborník Čechů dolnorakouských 149. Hervorhebung im Original. — Die zentrale Bedeutung des tschechischen Vereinswesens für die Nationswerdung unterstreicht P r i n z, Handbuch III, 38 ff.

[6] B r e p o h l, Industrievolk 153.

[7] Daß es sich um „Selbsthilfe"-Organisationen handelt, wird in allen Wiener tschechischen Quellen besonders betont.

zuständigen Behörden⁸, noch von den deutschnationalen Schutzvereinen⁹, ja nicht einmal von den Tschechen selbst¹⁰ je ganz erfaßt wurde. Das Problem liegt jedoch nicht in der Unzulänglichkeit der Datenermittlung, sondern darin, die konkrete politische Bedeutung der Vereine zu verstehen, eine Schwierigkeit, der die meisten Zeitgenossen der Monarchie nicht gewachsen waren. Was fehlte, waren nicht Informationen, sondern vielmehr das Vermögen, soziale Alternativen zu finden, die das als krisenhaft empfundene Überwuchern der Vereine korrigiert hätten¹¹. Für die Wiener Tschechen bedeutete das Organisationsgefüge ein unter keinen Umständen ignorierbares äußeres Zeichen ihres Bekenntnisses zur tschechischen Nationalität. In ihren Augen manifestierte sich hierin für die Außenwelt „das Bewußtsein der Zusammengehörigkeit der niederösterreichischen Böhmen"¹², in ihm vollzog sich die Wahrung und Pflege der Muttersprache und damit die Existenz „des böhmischen Volksstammes in Niederösterreich". Die Organisationen, deren Faktizität schon rein durch ihr Vorhandensein und mehr noch durch ihre Dauer-

---

⁸ Wiener Slawen 17: „Auffallend ist, daß der niederösterreichische Amtskalender eine Reihe der slawischen Vereine nicht kennt, während diese im „Vídeňský národní kalendář aller Jahrgänge, dem vom tschechischen Nationalrat für Niederösterreich herausgegebenen Kalender, sämtlich angeführt sind." — Die Durchsicht des „Vereinskatasters der niederösterr. Statthalterei 1852—1918" und des Katasters im Vereinsbüro der Bundespolizei-Direktion führt zu dem gleichen Resultat. — Ein anschauliches Bild der Diskrepanz vermittelt die graphische Darstellung im Anhang S. 483: Die vom niederösterr. Amtskalender (1910) erfaßten tschechischen Vereine zwischen 1862 und 1910 sind dem Vereinsregister gegenüberzuhalten, das von der Verfasserin zusammengestellt wurde (im Anhang S. 467—482, mit alphabet. Gliederung, Ordnung nach Kategorien und Angabe der Dauer des Bestehens).

⁹ Vgl. die Aufstellungen in: Wiener Slawen (Hrsg. Deutscher Volksrat für Wien und Niederösterreich), S. 18—30. — Schubert (f. d. Bund der Deutschen in Niederösterreich) in: Ziffern zur Frage des nö. Tschecheneinschlages 90—93.

¹⁰ Die letzte vollständige zeitgenössische Darstellung bringt Karásek, Sborník 214 f. für 1895. Die in den beiden Wiener tschechischen Kalendern (Kalendář Čechů vídeňských 1892—1914 und Vídeňský Národní Kalendář 1906—1914) enthaltenen Aufstellungen sind keinesfalls vollständig und verläßlich. Erst nach 1914, bei Soukup, Česká menšina 545—552 und Váhala, Fr.: Čsl. problém v zemích německorakouských [Das tschechoslowakische Problem in den deutschösterreichischen Ländern], Wien 1919, wurden Versuche einer umfangreichen Vereinsstatistik unternommen.

¹¹ Der sozial aufgeschlossene Liberale Otto Wittelshöfer bemerkte 1894 treffend, die von Karl Hugelmann (Vater des bekannten Nationalitätenrechtlers) versuchte Auslegung der Gleichberechtigung bei nationalen Minderheiten trage „den Stempel künstlicher Interpretation" an sich. Wittelshöfer, Polit. u. wirtsch. Gesichtspunkte in der österr. Nationalitätenfrage 478. Hugelmann, Karl: Das Recht der Nationalitäten in Österreich. Graz 1880.

¹² Dieses und das folgende Zitat aus der im Anhang S. 527 beigefügten tschechischen Beschwerdeschrift an das Unterrichtsministerium, die zum wichtigen Reichsgerichts-Erkenntnis vom 19. Oktober 1904 (Slg. Hye, Nr. 473) führte, das den Wiener Tschechen „den das wesentliche Merkmal eines Volksstammes des Landes bildenden Charakter einer nationalen Individualität" aberkannte. Wegen der grundsätzlichen Bedeutung des Erkenntnisses wurde es auszugsweise abgedruckt bei: Hugelmann, Das Nationalitätenrecht 448 ff., hier S. 448.

haftigkeit bestätigt wurde[13], waren empirische Beweisstücke, ohne deren Anerkennung alle politischen Forderungen hypothetisch bleiben mußten, bestenfalls konnten sie potentiell ein logisches Paradox oder eine programmatisch kluge Eingebung genannt werden. Auch wenn die normativ geregelten tschechischen Zusammenschlüsse in ihrer Gesamtheit — wie zu zeigen sein wird — wenig mit einem einheitlichen politischen Willen zu tun hatten, wie ihn die Öffentlichkeit z. B. in dem ekstatischen Applaus bei tschechischnationalen Festversammlungen zu sehen meinte[14], so waren sie doch homogen genug, um die klaffenden Risse im eigenen nationalpolitischen Programm zu verdecken. Was sie homogen machte, war eine gemeinsame chronische Unzufriedenheit. Sie war weder neu noch auf Österreich beschränkt, sondern strukturbedingt, d. h. in allen europäischen Industriegesellschaften heimisch. In Wien wurde sie immer erst dann akut, wenn sie durch besondere aktuelle Herausforderungen intensiviert wurde. In den ersten drei Jahrzehnten seit ihren Anfängen Mitte der sechziger Jahre waren die tschechischen Organisationen keinesfalls nur „Festung" gegenüber den deutschsprachigen Eingesessenen. Die maßgebenden Beeinflussungsfaktoren leiten sich aus den Zeitumständen ab, die zunächst eine Umstellung der gesamten Lebensweise am vordringlichsten erscheinen ließen: Zu keiner Zeit bedeutete die Zusammenarbeit so viel wie im Zeitalter der Industrie. Immer kamen Arbeitsgang und Anstoß zur Arbeit von anderen und führten zu anderen weiter. So waren die Wiener Arbeiter — auch bei national-propagandistisch vergrößertem Abstand — stärker aufeinander angewiesen und abgestimmt als die Landbevölkerung in den böhmischen und mährischen Provinzen, wo das Beziehungsgeflecht gegenseitiger Solidarität nicht so dicht sein konnte wie in den Wiener Großfabriken. Diesem arbeitstechnisch bedingten Gefüge der Industriebevölkerung[15] ist es zuzuschreiben, daß auch die Wiener Tschechen in das Miteinander einer Großstadtbevölkerung hineingestellt waren und daß diese Gemeinschaft nicht in erster Linie deshalb bestand, weil für den einen der Nationalitäten- und für den anderen der Klassenkampf richtungweisend war, sondern einfach aus dem Wesen der Arbeit heraus eigene Strukturen entwickelte. Dies modifizierte auch das nationale Problem.

Diese Vorbemerkungen wollen lediglich andeuten, daß die tschechischen Organisationen im ständig sich differenzierenden und weitenden Alltagsleben primär ein Strukturprinzip des sozialen, nicht des nationalen Lebens waren, erst als Indices sozialer Bruchstellen gerieten sie unversehens in das nationale Spannungsfeld. Unter diesem Aspekt, d. h. als Indikatoren der allgemeinen Lebensverhältnisse, hat kein Verein den anderen überflüssig gemacht[16]. Die einen gingen in

---

[13] Siehe Vereinskataster im Anhang S. 467—485.
[14] Z. B. anläßlich des Vortrages von Pfarrer Andreas H l i n k a „Über die Kulturverhältnisse in der Slowakei". Nö. Präs. XIV/220; 3080 (1907). — Zu Hlinka (Gründer u. Vors. der SVP bis 1938): H o e n s c h , Jörg K.: Die Slowakei und Hitlers Ostpolitik. Hlinkas slowakische Volkspartei zwischen Autonomie und Separation 1938/1939. Köln/Graz 1965. (Beiträge zur Gesch. Osteuropas Bd. 4).
[15] B r e p o h l , Industrievolk 118.
[16] Norbert G ü r k e in Hugelmanns Sammelwerk ist anderer Meinung, wenn er schreibt: „Es ist nicht erforderlich, ... die Entwicklung im Vereins- und Privatschulwesen ... darzustellen. Die Hypertrophie (= der Vereinsentwicklung, Anm. d. Verf.) dauert an"

ihrem Einfluß auf das nationale Leben weiter, die anderen tiefer; alle griffen sie in die verblassenden Bindungen an die böhmischen Länder ein, alle entstanden, stabilisierten sich oder zerfielen je nach dem Grad ihrer punktuellen Verbindlichkeit für den Einzelnen und nach dem Ausmaß eines übergreifenden gesamtnational-repräsentativen Radius' der Zielsetzung.

Bei dem Versuch, eine Typisierung der tschechischen Organisationen vorzunehmen, hat man sich bisher mit empirisch ordnenden Klassifikationen begnügt. Dabei wurden zumeist die Institutionen auf den wichtigsten Lebensgebieten (Parteipolitik, Wirtschaft, Religion, Erziehung, Kultur) voneinander geschieden und den bloßen Geselligkeitsklubs, Unterhaltungsvereinen und Tischgesellschaften[17] gegenübergestellt. Eine solche Klassifikation ist für den vorliegenden Zusammenhang nicht allzu zweckmäßig, weil ihr kein einheitliches analytisches Merkmal zugrunde liegt. Mit ihr läßt sich weder eine Aussage über die kennzeichnenden Unterschiede zwischen den einzelnen Kategorien, noch eine über ihre inneren Gemeinsamkeiten treffen.

Im folgenden soll keine allgemeine Organisationstheorie für das Wiener Tschechentum formuliert werden. Anstelle einer reinen Systematik verschiedener Organisationstypen sind vielmehr nur einige Fragen aufgegriffen, die die latenten und manifesten Organisationsprobleme im Wiener Tschechentum aufdecken helfen. Die ausgewählten Beispiele illustrieren, welche Einsichten in den Aufbau und das Funktionieren der tschechischen Selbstverwaltungskörper zu gewinnen sind. Als geeigneter Ausgangspunkt der Untersuchung bietet sich das Organisationsziel[18] an, weil es für das Geschehen in der Organisation richtungweisend ist. Als „Ziel" soll das gelten, was den Wiener Tschechen tatsächlich als Leitbild für jene Entscheidungen diente, die die Tätigkeiten in der Organisation auf einen spezifischen Zweck hin orientierten. Damit ist schon gesagt, daß das Organisationsziel nicht immer mit dem identisch sein mußte, was in den Statuten als solches definiert war. Vom „Ziel" spricht man als von etwas Erstrebenswertem, das vielleicht eines Tages zu erreichen ist, wogegen ein „Zweck" fortlaufend erfüllt wird, also eine kontinuierliche Leistung bedeutet. Wichtig ist es auch, die Ziele von den bereits im generellen Rahmen erwähnten Funktionen zu unterscheiden. „Ein Organisationsziel ist nur dann eine Funktion, wenn beabsichtigte und tatsächliche Wirkung gleich sind"[19]. Eine Nichtübereinstimmung mußte jedoch nicht unbe-

---

(S. 454); für Gürke Beweis genug, „daß die Tschechen ihr politisches und geselliges Leben in vollster Freiheit entfalten konnten." (S. 447). G ü r k e , Norb.: Die deutschen Erbländer. In: H u g e l m a n n , Das Nationalitätenrecht 429—458. — Dagegen: D v o ř á k , Frant.: Proč byla založena Jednota Máj [Warum die Jednota Máj gegründet wurde]. In: Ve službách české kultury [In Diensten der tschechischen Kultur]. Wien 1916, hier S. 68: „Wenn irgendwann einmal jemand die Geschichte der tschechischen Minderheit in Wien schreiben sollte, dann sollte er gründlich die zahlreichen Notizen der Vereine und Vereinchen studieren, die über alle Bezirke Wiens verstreut lagen. Ich sage auch «Vereinchen», denn allen diesen gebührt ein großer Anteil an der Entwicklung des tschechischen kulturellen Lebens."

[17] Sehr beliebt bei den Wiener Tschechen. Man traf sich ungezwungen in Gasthäusern.
[18] M a y n t z , Soziologie der Organisation 58 ff.
[19] Ebenda 58.

dingt mit mangelnden Wirkungskräften der Organisationen zu tun haben. Es gab darüberhinaus auch Funktionen, die nicht ausdrücklich als Ziele angestrebt wurden: z. B. kennzeichnete es den führenden Bildungs- und Unterhaltungsverein, die „Slovanská Beseda" (Slawische Beseda)[20], daß sie neben der beabsichtigten Vermittlung von Kultur und geselligem Beisammensein auch der Statusnachfolge für höhere soziale Schichten unter den Wiener Tschechen diente. Die scherzhafte Bezeichnung „hofrátská"[21] zeugt für diesen repräsentativen Charakter.

Entwickelt man die Analyse von der tschechischen Gesellschaft her, könnte es fruchtbar sein, die einzelnen Organisationen auf ihre funktionellen Leistungen hin zu betrachten, wählt man dagegen, wie hier, als Ausgangspunkt die Organisation selbst, so stehen besser ihre Ziele im Mittelpunkt des Interesses. Die auf den folgenden Seiten vorgeschlagene Klassifikation eignet sich m. E. besonders dazu, die Unterschiede herauszuheben, die für Struktur und Funktionsweise der tschechischen Selbstverwaltungskörper entscheidend waren. Im wesentlichen sind für Wien drei Kategorien von Organisationszielen zu unterscheiden, die nacheinander, in den sechziger, siebziger und achtziger Jahren des vorigen Jahrhunderts entstanden sind.

1. Bei der ersten Kategorie erschöpfte sich das Organisationsziel im Zusammensein der Mitglieder, in ihrer gemeinsamen Betätigung und dem dadurch geförderten gegenseitigen Kontakt. Hierzu zählen Unterhaltungs- und Geselligkeitsvereine zur Pflege der tschechischen Sprache, der heimatlichen Bräuche und Kultur, sowie alle Organisationen des Freizeitbereiches. Sie dienten meist zur Festigung und Erhaltung der nationalgeprägten „Innenwelt" und ruhten wesentlich auf romantischem Fundament. Sie waren die Wegbereiter aller tschechischen Zusammenschlüsse in der Kaiserstadt der sechziger Jahre. Noch ließ nichts auf das Bedürfnis schließen, mittels dieser Gründungen das Gefühl der eigenen „nationalen Minderheit" in der Reichshauptstadt zu kompensieren[22]. Maßgebend war die Verpflichtung gegenüber Werten, die sich für die Wiener Tschechen in dem Begriff der Länder der Wenzelskrone ausdrückten. Die geselligen Ziele konnten natürlich mit Nebenzielen anderer Art kombiniert sein, wie bei manchen Frauenvereinen, die zugleich wohltätigen Zwecken dienten[23]. Umgekehrt konnten Organisationen der übrigen Typen gesellige Nebenziele haben. Es wird im folgenden so weit wie möglich versucht, vom primären Ziel auszugehen. Die Zugehörigkeit zu allen Vereinen war freiwillig, ohne notwendigerweise jedem offenzustehen[24]. Ihre wenig

---

[20] Beseda: „Ausdruck für jede improvisierte Unterhaltung »ad hoc«, als es noch keine Vereine gab." K a r á s e k , Jos.: Z Vídně o Vídni [Aus Wien über Wien]. Wien 1894, S. 24.

[21] R a u š a r , Jos. Zd.: Vzpomínky na českou Vídeň a okolí (1897—1919) [Erinnerungen an das tschechische Wien und Umgebung]. Wien 1932, S. 6.

[22] Z. B. ist in den Jahresberichten des „Sokol Vídeňský", gegründet 1867, erst i. J. 1876 vom „Aufenthalt im fremden Element" die Rede. Devátá roční zpráva slov. těl. spolku „Sokol Vídeňský" [9. Jber. d. slaw. Turnvereins S. V.] (1876), S. 2.

[23] Z. B. „Ludmila", „Spolek Sv. Zity", vgl. Vereinsliste im Anhang, S. 472 u. 476.

[24] Dies galt vor allem Ende der 70er und Anfang der 80er Jahre, als die Arbeitervereine entstanden, bzw. als sich die ehemaligen bürgerlichen Geselligkeitsvereine zu sozialdemokratischen umbildeten. Die „nationaldenkenden Bürger" wollten mit ihnen nichts zu tun

differenzierte Struktur zeigte keine übermäßig starke Bürokratisierung oder rationale Ordnung, die Mitgliederrollen waren nur umrißhaft definiert. Das demokratische Modell bot das Leitbild, die Vereinsangehörigen entschieden mit, die Funktionäre wurden gewählt. Hier herrschten noch gewisse patriarchalische Formen nach dem Muster der alten liberalen Seniorenvereine vor: Die Präsidenten wurden aufgrund ihrer Persönlichkeit oder gesellschaftlichen Stellung berufen oder um wohlwollende Patronanz ersucht.

2. Die zweite Kategorie umfaßt diejenigen Organisationen, deren Ziel es war, in bestimmter Weise auf eine Personengruppe einzuwirken, die zu diesem Zweck — zumindest vorübergehend — in die Organisation aufgenommen wurde. Beispiele hierfür sind die Anfang der siebziger Jahre ins öffentliche Leben eingreifenden Organisationen, die dem tschechischen Bildungs- und Unterrichtswesen, z. B. den Schulen, Kindergärten oder der kirchlich organisierten Seelsorge galten. Sie bestanden aus zwei größeren Mitgliedergruppen, zwischen denen eine Trennungslinie verlief. Die untere Gruppe, auf die eingewirkt wurde, war naturgemäß weniger in sich gegliedert, als die einwirkende Gruppe. Bürokratisierung und rationelle Ordnung herrschten besonders in der oberen Gruppe vor. Die Mitglieder rekrutierten sich in der Regel freiwillig[25] und waren hauptberuflich in der Organisation tätig.

3. Bei der dritten Kategorie von Organisationszielen handelte es sich um Leistungen oder Außenwirkungen, die erzielt werden sollten. Hierher gehören die Zusammenschlüsse, die der Hilfe im Erwerbsleben dienten, die verschiedenen wirtschaftlichen Institutionen und Interessenverbände, die Wohlfahrtseinrichtungen und Wohltätigkeitsvereine sowie die politischen Parteien und Klubs, die seit den achtziger Jahren zunehmend Verbreitung fanden. Bei dieser Kategorie kann man zwei Untergruppen bilden, je nach der Einstellung der Mitglieder zum Organisationsziel: Erstens konnten die Mitglieder in dem Ziel einen Wert sehen, zu dem sie beitragen wollten, ohne davon nennenswerte persönliche Vorteile zu haben. Hier sind vor allem die politischen Parteien anzuführen, denen man angehörte, um die Staatsbürgerrechte zu wahren oder um der Nation in politischer Hinsicht dienlich zu sein. Das besondere Augenmerk der Untersuchung wird auf die aktive Teilnahme der Bevölkerung zu richten sein, damit die Kontaktflächen zwischen Außenstehenden, Mitgliedern und politischer Führungsspitze klar heraustreten.

---

haben. K a r á s e k , Sborník 211 f. — S o u k u p , Česká menšina 48, 60, 56. — Mitglieder anderer slawischer Nationen wären in allen tschechischen Vereinen, die das Beiwort „slawisch" trugen, erwünscht gewesen, aber: „Die einzelnen Nationalitäten bildeten eigene Vereine und dachten nicht an die «Slovanská Beseda»." K a l a n d r a , Jan: Dějiny Slov. Besedy 1865—1894 [Geschichte der Sl. B.]. Wien 1895, S. 124. — Ähnlich M u r k o , Matyáš: Paměti [Erinnerungen]. Prag 1949, S. 122: „Bei meiner Rückkehr (1898) trat ich in die Slov. Beseda ein, die immer mehr in tschechische Hände geriet."

[25] Es gab hier jedoch Fälle von institutionellen Versetzungen von Böhmen nach Wien, die nicht immer freudig begrüßt wurden. Vgl. den Brief des stellvertr. Vorsitzenden der Minderheitensektion in der ČOS (Tschech. Sokol-Gemeinde) vom 9. 4. 1912 an die Prager ČOS. — MTVS, Fond ČOS-Da 2/1. Dasselbe gilt für die gegenüber den Kronländern sozial benachteiligte Lehrerschaft der Privatschule des Komenský-Vereines. L e d e r e r , Česká Vídeň 34—38.

Im gleichen Zusammenhang steht die Frage nach der Verknüpfung dieser Organisationen mit anderen Sozialbereichen des Wiener Tschechentums. Zweitens konnte das Organisationsziel mit den persönlichen Interessen der Mitglieder identisch sein, z. B. bei Genossenschaften, Gewerkschaften und allen wirtschaftlichen Institutionen, die den Mitgliedern Vorteile einbrachten, wenn sie sich an ihnen beteiligten.

Es versteht sich von selbst, daß sehr viele tschechische Organisationen mehrere Ziele verfolgten und somit nicht nur einer einzigen Kategorie angehörten, sondern Mischtypen bildeten. Die tschechischen Berufsverbände konnten z. B. Ziele aus allen drei Kategorien verfolgen: Solidarität und Zusammenhalt unter den Beteiligten, Interessenvertretung durch Wirkung nach außen und dazu eine national-pädagogische Einwirkung auf die eigenen Mitglieder.

In der Vielzahl der Organisationsformen, die — es sei vorweg nur angedeutet — auch ideologisch nicht einspurig waren, verkörperte das Wiener Tschechentum zugleich ein revolutionäres und ein konservatives Prinzip. Darin lagen seine möglichen Schwächen ebenso wie seine möglichen Stärken.

b) Freizeitbereich

Die Fundamente des nationalen Kulturlebens der Wiener Tschechen waren die Bildungs- und Unterhaltungs-, die Gesangs- und Laienspielvereine. Die Vorliebe für das gesellige Beisammensein in der Freizeit ist keine spezifische, auf Wien beschränkte Eigenart, wie sie sich etwa durch die Situation einer nationalen Diaspora ergeben konnte. Sie entsprach vielmehr den Verhältnissen in Böhmen und Mähren: Im Vergleich zu den übrigen Ländern der Donaumonarchie lagen die Kronländer mit ihren Vereinsziffern weit an der Spitze[1]. Die Bevorzugung gerade der außerberuflichen Zusammenschlüsse wird unter verschiedenen Aspekten verständlich. Zum einen war die Freizeit für den Wiener tschechischen Handwerker, Gewerbetreibenden oder Arbeiter der Raum, in dem er sich — neben der rein passiven Erholung und Unterhaltung — als private Person definieren konnte[2]. In umfassenderem Maße lag die Bedeutung der Freizeitorganisationen darin, daß allein mit ihrer Hilfe der Wiener Tscheche einen Zugang zu Bereichen fand, die seine engeren Sozialbindungen überschritten. Nur so konnte er das, was sich ihm in der Donaustadt als connationale Gesamtgesellschaft darstellte, erleben, bzw. daran Anteil nehmen.

Im eigentlichen Sinn waren die kulturellen Geselligkeitsvereine der Wiener Tschechen in dem halben Jahrhundert vor dem Ersten Weltkreg das sichtbare äußere Zeichen für jenen Teilvorgang der Nationswerdung, der mit dem Begriff der

---

[1] Im Jahre 1910 gab es in Niederösterreich insgesamt 18 781, in Böhmen/Mähren insges. 39 550 Vereine. Dagegen waren für das Land Salzburg 844, für Tirol u. Vorarlberg 3635, für Dalmatien 813 und für Schlesien 2505 Vereine verzeichnet. S c h n e e f u ß, Demokratie im alten Österreich 168 f. — P r e s t h u s, Robert: Individuum und Organisation. Typologie der Anpassung. Hamburg 1966. Die Originalausgabe erschien u. d. T. The Organizational Society. New York 1962.

[2] Z. B. als Torwart im Fußballklub „Slovan". — S c h e u c h, E. K.: Die Problematik der Freizeit in der Massengesellschaft. In: Universitätstage 1965. Berlin 1965, S. 127.

Neuentfaltung der tschechischen Geisteskultur im 19. Jahrhundert präzisiert ist[3]. Damit zeichneten sich diese ausdrücklich als unpolitisch charakterisierten Vereine durch eine besonders enge Verknüpfung mit der Politik und mit den elementaren Existenzfragen der tschechischen Nation aus. Aufgrund der ökonomisch bedingten Abwanderung in die Reichshauptstadt vollzog sich allerdings das tatsächliche nationaltschechische Erwachen in Wien noch weniger als in den böhmischen Ländern nach den Maximen der tschechischen Selbstinterpretation, derzufolge es eine Wiedergeburt von ethnisch geschlossenen, klar abgegrenzten Sozialkörpern zu sein hatte, die von begeisterten Patrioten einer neuen Blütezeit entgegengeführt wurden. Es handelte sich bei diesem geistigen und politischen Bewußtwerden des Wiener Tschechentums vielmehr um die gesellschaftliche Umgliederung von einer ehemals ständisch-agrarischen Landbevölkerung zu einer horizontal wie vertikal mobilen, im Prinzip egalitären industriellen Massengesellschaft[4]. Die ihr integrierten, durch ökonomische Merkmale unterschiedenen Gesellschaftsgruppen suchten politisch wie geistig, teils gemeinsam mit, teils im Gegensatz zu den Resten der einstmals tonangebenden ständischen Schichten zunächst eine ideelle Rechtfertigung ihrer Existenz. Diese Rechtfertigung bot ihnen das Geschichtsbewußtsein, mit dem sich das sozial arrivierende Bürgertum „ein Erbrecht, eine Ahnen- und Heroengalerie, Geschichtsreife, Gesicht und Sendungsbewußtsein"[5] verschaffte. Durch die Verschmelzung des alten, genealogisch-personellen Geschichtsbewußtseins mit dem Merkmal der Sprachnation entstand der historisierende Nationalismus als adäquate Form geschichtsloser, jedoch durch wirtschaftlichen Aufstieg zur politischen Macht drängender bürgerlicher Klassen. Dieser geistig-gesellschaftliche Prozeß läßt sich im organisatorischen Bereich des Wiener Tschechentums gleichsam in epigrammatischer Kurzfassung an den Namen und den Mottos[6] der Vereine ablesen. Man benannte sie entweder nach böhmischen Adelsgeschlechtern der Renaissancezeit (Pernštejn, Žerotín[7]) oder man griff zu tschechischen Sagenstoffen (Ludmila, Říp, Blaník[8]), man wählte die Namen der nationalen Erwecker (Jungmann[9], Palacký) oder ehrte auf diese Weise die Dichter, Schriftsteller oder Nationalpädagogen der Epoche (Kollár, Tyl, Karel Havlíček). Auch Žižka und Jan Hus durften nicht fehlen. Die leitmotivischen Wahlsprüche wie z. B. der des älte-

---

[3] Zum „nationalen Erwachen": K o č í, Jos.: Naše národní obrození [Unsere nationale Wiedergeburt]. Prag 1960. — L e m b e r g , E.: Grundlagen des nationalen Erwachens in Böhmen. Reichenberg 1932. — R a u p a c h , H.: Der tschechische Frühnationalismus. Essen 1939.

[4] L e m b e r g , E.: Die Rolle des Geschichtsbewußtseins in Ostmitteleuropa. In: B i r k e , E. / L e m b e r g , E.: Geschichtsbewußtsein in Ostmitteleuropa. Marburg/Lahn 1961, S. 30—45, hier S. 31 f.

[5] E b e n d a 32.

[6] Siehe Zusammenstellung einiger Mottos im Anhang S. 488.

[7] W i r t h , Zdeněk: Die böhmische Renaissance. Historica III (1961) 87—107.

[8] Říp: Georgsberg bei Raudnitz, „heiliger Berg"; Blaník: Sagenberg bei Vlašim, vergleichbar mit dem deutschen Kyffhäuser.

[9] Durch Jungmanns Slovník českoněmecký [Tschech.-deutsches Wörterbuch] (1835/39) wurde die tschechische Literatursprache gleichsam durch einen wissenschaftlichen Schöpfungsakt konstituiert. P r i n z , Handbuch III, S. 97. — Lit. zu Palacký: E b e n d a 22, Anm. 9.

sten und prominentesten Bildungs-, Lese- und Unterhaltungsvereins, der „Slovanská Beseda" zeigen, daß Palackýs Interpretation der böhmischen Historie auch in den aufsteigenden tschechischen Bürgerschichten Wiens Wurzeln gefaßt hatte: „Osvětou k svobodě" — durch Kultur zur Freiheit — der produktive Blick in die Vergangenheit hat hier, ganz wie Palackýs Geschichtsbild es implizierte, „futurische" Wirkung[10].

Wegen ihrer hervorragenden Stellung in der Gesellschaft sind die „Slovanská Beseda", der „Slovanský zpěvácký spolek" [Slaw. Gesangsverein], der Theaterverein „Pokrok" [Fortschritt], der Gesangsverein „Lumír" und der „Akademický spolek" aus der langen Reihe der Vereine hier besonders hervorzuheben. Sie waren nicht nur die ältesten und mitgliederreichsten[11] Freizeittreffpunkte, sondern behaupteten ihre Position auch noch über den Ersten Weltkrieg hinaus. Als „Aushängeschild" der Elite waren sie jedoch für die Gesamtheit der Wiener Tschechen nicht repräsentativ. Meist setzte die Höhe der Mitgliedsbeiträge der Aufnahme der breiten Schichten eine Grenze[12].

Der Gedanke, einen *slawischen* Sammelpunkt zu schaffen, war — wie es das Epitheton „slovanský" belegt — zu Beginn der sechziger Jahre bei den Wiener Tschechen vorherrschendes Ziel. Später verlagerte sich der Nachdruck immer mehr auf die Betonung der tschechoslawischen bzw. tschechischen Nationalität. Erst wieder um die Jahrhundertwende tauchte die Bezeichnung „slovanský" auf, blieb aber dann rein auf den volkswirtschaftlichen Sektor beschränkt[13]. Es ist heute nicht mehr festzustellen, wer die Gründung einer slawischen Zentrale erstmalig vorschlug. Anregung und Ausgangspunkt gaben wohl die in den vierziger und fünfziger Jahren veranstalteten prunkvollen slawischen Bälle, die vom Hochadel, insbesondere von den serbischen Fürsten Miloš und Michal Obrenović subventioniert wurden[14]. Sie fanden seit 1843 im Palais des Grafen Harrach auf der Freyung (I. Bez.) statt. Bei Harrach führte der Adel in eigener Regie auch tschechische Bühnenstücke auf[15]. In den fünfziger Jahren förderten dann einige nicht

---

[10] P r i n z , Handbuch III, 96.
[11] Slov. Beseda: 378 (1905); 311 (1882). — Akad. spolek: 229 (1893/94). — Pokrok: 114 (1891). — Slov. zpěv. spol.: 241 (1891). — Lumír: 124 (1893).
[12] Bei der Slov. Beseda im Jahr 1870: 18 Gulden jährl., im Jahre 1900: 30 K. Das entsprach etwa einem Vierteljahreslohn eines Dienstboten. H u b k a , Čechové v Doln. Rak. 34: „In den breiteren Kreisen der Unseren erfreut sich die Beseda keiner großen Sympathien. Sie erhielt einen spießbürgerlichen, bürokratischen Anstrich... und wird eine Heimstatt derer, die es zwar für ihre Pflicht halten, in einem tschechischen Verein zu sein, aber sich nicht engagieren wollen." — Jubilejní zpráva Slov. Besedy ve Vídni 1865—1925 [Jubiläumsbericht der Sl. B. in Wien 1865—1925]. Wien 1925, S. 41.
[13] Slovanská záložna 1897, Slovanský obchodnický spolek 1898, Slovanská národohospodářská společnost 1908. [Slaw. Vorschußkasse, Slaw. Handelsverein, Slaw. volkswirtschaftl. Gesellschaft]. Siehe auch oben S. 78 Anm. 24.
[14] K a l a n d r a , Dějiny Slov. Besedy ve Vídni 1865—1894 [Geschichte der Sl. B. in Wien 1865—1894], S. 7 f.
[15] In den Hauptrollen: Harrach, Lobkowitz, Schwarzenberg, Kinský, Schönburg. E n d l i c h e r , Otto: Der tschechische Dramatiker V. Kl. Klicpera und das Wiener Theater. In: Festschrift zum 100jährigen Bestehen der Wiener Stadtbibliothek (Wiener Schriften 4). Wien 1956, S. 82—97. — Parallel hierzu vgl. die aristokratische Initiative beim

auf Vereinsbasis organisierte Besedas das nationale Eigenbewußtsein[16]. Aus dem ersten Versuch einer großen Konzertbeseda unter Mitwirkung von Sängern aller slawischen Nationen erwuchs 1856 der Vorschlag zur Gründung des „*Slovanský zpěvácký spolek*". Nach der amtlichen Genehmigung im April 1862 begann er noch im selben Jahr als erster tschechischer Verein auch in der Öffentlichkeit aufzutreten[17]. Beachtenswert ist der ausdrückliche Hinweis, daß er sich ein Jahr nach dem Prager Gesangsverein „Hlahol" [Klang] gebildet hatte, zeigt sich doch hier die frühe Bedeutung der böhmischen Hauptstadt als Orientierungszentrum für das kulturelle Niveau der Nation, an das die Wiener Tschechen durchaus anzuknüpfen trachteten, wie es etwa beim gemeinsamen Gesangswettbewerb in Brünn 1863 geschah, wo Wien vor Prag den ersten Preis errang[18].

Gelegentlich wirkte der Verein auch bei deutschen Festveranstaltungen mit[19]. Obwohl sein Name in sieben slawischen Sprachen abgefaßt war (tschechisch, russisch, slowakisch, bulgarisch, serbokroatisch, slowenisch, polnisch), kamen die Mitglieder zum überwiegenden Teil aus tschechischen Kreisen[20]. Zu den Prominenten der ersten 25 Jahre seines Bestehens zählten die Grafen Eugen Černín und Jan Harrach, Zdenko Krakovský Graf von Kolowrat, der spätere Landsmannminister Alois Pražák, der nachmalige Vorsitzende des niederösterreichischen tschechischen Nationalrates, Primarius Josef Drozda, der Chormeister Prof. Arnošt Förchtgott Tovačovský und der Universitätsprofessor für Chirurgie Eduard Albert, der sich nebenher durch seine deutschen Übersetzungen der Poesie Jaroslav Vrchlickýs einen Namen machte.

Ein Jahr später, 1863, wurde unter dem Protektorat Harrachs der erste Theaterverein der Wiener Tschechen, der „*Pokrok*" geschaffen, der mit der pädagogisch anmutenden Sentenz „Theater ist die beste Lebensschule" den Umkreis seiner Ziele

---

Bau des Prager Nationalmuseums und Nationaltheaters! Dějiny Národního divadla [Geschichte des Nationaltheaters]. 6 Bde. Prag 1933—1936. — N e j e d l ý, Zd.: Dějiny opery Národního divadla [Geschichte der Oper des Nationaltheaters]. Prag 1950. — N o v o t n ý, V.: Generace Národního divadla [Die Generation des Nationaltheaters]. Prag 1954. — H a n u š, J.: Národní Museum a naše obrození [Das Nationalmuseum und unsere Wiedergeburt]. 2 Bde. Prag 1921/23.

[16] Hierzu die Serie „Slované ve Vídni", verf. von Fr. S l a n o v o d s k ý im Opavský besedník, Nr. 20, 23, 27 (12. 7., 2. 8. und 30. 8. 1861). Auch in K a r á s e k, Z Vídně o Vídni 6 ff.

[17] Zur Vereinsgeschichte: K a r á s e k, Sborník 151—158, hier S. 151. — S o u k u p, Česká menšina 38 f., 390—395 (mit Lit.). — D r o z d a, J. V.: Zpěvácký spolek slovanský. Zpráva o činnosti spolku v prvém pětadvacetiletí 1862—1887 [Der slawische Gesangsverein. Tätigkeitsbereich des Vereins in den ersten 25 Jahren 1862—1887]. Wien 1887, bes. S. 39: interessante Daten aus den ersten 15 Jahren.

[18] K a r á s e k, Sborník 152.

[19] Z. B. 1865 über Aufforderung des Stadtrates Umlauft; 1880 mit dem Wiener „Schubertbund" und anderen Vereinen. Im gleichen Jahr mit den Deutschen beim Kaiser zu Gast geladen. K a r á s e k, Sborník 154, 157.

[20] Im 30. Jahr seines Bestehens waren von den insges. 297 Mitgliedern 54 % Tschechen, 16 % Ruthenen, 12 % Slowenen, 7,5 % Serben, 4,5 % Kroaten und etwa 3 % Polen und Slowaken. S o u k u p, Česká menšina 394. — Die Gründungsmitglieder dagegen waren fast alle Tschechen.

absteckte[21]. Das gesellschaftliche Kulturzentrum schlechthin war die „*Slovanská Beseda*"[22]. Seit 1848 bemühte man sich um ihre Gründung, 1864 wurden die Statuten genehmigt, im Februar 1865, im selben Jahr, in dem der zweite große Gesangsverein, der „*Lumír*"[23] entstand, begann sie ihre Tätigkeit. Gleich zu Anfang wurden Tausende von Flugschriften in tschechischer, slowakischer, polnischer, russischer, serbokroatischer, bulgarischer, slowenischer und deutscher Sprache versandt, die die Slawen Wiens von der Notwendigkeit einer gemeinsamen Mitte in der Reichshauptstadt überzeugen sollten[24]. Zum ersten Vorsitzenden wurde Graf Eugen Černín gewählt. Zu den Gründern der Slovanská Beseda gehörten bedeutende Vertreter der österreichischen Aristokratie, Mitglieder des Herrenhauses, des Reichsrates, der Böhmischen Akademie der Wissenschaften und des hohen Klerus. Ohne ihnen einen Vorrang gegenüber anderen, die unerwähnt bleiben müssen, zusprechen zu wollen, sind außer den bereits beim Slovanský zpěvácký spolek Angeführten zu nennen: die Grafen Egbert Belcredi, Sigmund Berchtold, Jaromír Černín von Chudenic, Heinrich Clam-Martinic, Franz, Jan und Otto Harrach; die Fürsten Heinrich Lobkowitz, Adolf Schwarzenberg von Krumau, Constantin und Heinrich Czartoryski[25]; Oberbaurat und Architekt Josef Hlávka, durch dessen Stiftung die „Böhmische Akademie der Wissenschaften und Künste" gegründet wurde; ferner

---

[21] Lit.: K a r á s e k , Sborník 177 f. — S o u k u p , Česká menšina 424—426. — Památník o jubilejní slavnosti ochotnického spolku „Pokroku" ve Vídni [Denkschrift über die Feier des Jubiläums des Laienspielervereins „Pokrok" in Wien]. Wien 1888. — Památník k oslavě 40letého jubilea prvního divadelního ochotnického spolku „Pokrok" ve Vídni [Denkschrift zur 40jähr. Jubiläumsfeier des ersten Theaterlaienspielervereins „Pokrok" in Wien]. Wien 1903. — Pamětní list „Pokrok" 1863—1913 [Gedenkblatt „Pokrok" 1863—1913]. Wien 1913. — Upomínka na druhý divadelní vlak z Vídně do Prahy [Erinnerung an den zweiten Theaterzug aus Wien nach Prag]. Wien 1884. — Zur Bedeutung der tschechischen Theaterbewegung für die Entwicklung des Nationalgefühls: K i m b a l l , St. B.: Czech Nationalism. A study of the national Theatre movement 1845—1883. Urbana 1964. — Tschechische Theatervorstellungen erfolgten derzeit öfters im Theater an der Josefstadt und auf der Wieden.

[22] Lit.: K a r á s e k , Sborník 159—163. — S o u k u p , Česká menšina 39—44. — K a l a n d r a , Jan A.: Dějiny Slovanské Besedy ve Vídni 1865—1894 [Geschichte der Sl. B. in Wien]. Wien 1895. — Jubilejní zpráva Slovanské Besedy ve Vídni 1865—1925 [Jubiläumsbericht der Sl. B. in Wien 1865—1925). Wien 1925. — Seznam členů Slovanské Besedy ve Vídni počátkem roku 1914 [Mitgliederverzeichnis der Sl. B. in Wien zu Beginn d. J. 1914]. Wien 1914. — Stanovy [Statuten] Slovanské Besedy 1882. — Die ersten Statuten waren von zwei Südslawen und sieben Tschechen unterschrieben. Im Gründungsausschuß waren fünf Tschechen, zwei Mährer, 2 Polen, 1 Ruthene, 1 Slowake, 1 Slowene, 2 Kroaten und 2 Serben.

[23] Lit.: K a r á s e k , Sborník 178 f. — S o u k u p , Česká menšina 395—399. — Výroční zpráva zpěváckého spolku „Lumír" za správní rok 1893 [Jahresbericht des Gesangsvereins „Lumír" für das Verwaltungsjahr 1893] (28. Jg.). Wien 1894. — Jan Stiebler 1857—1930. Wien 1933. — 70 let Lumíru ve Vídni [70 Jahre Lumír in Wien]. Wien 1935. — Stanovy a řády Lumíru [Statuten und Geschäftsordnung des Lumír] 1903. Wien 1903.

[24] K a l a n d r a , Dějiny Slov. Besedy 11 f. Abdruck des Aufrufes.

[25] Es handelt sich nicht um die bei Birke erwähnten Fürsten Adam und Ladislaus Cz. — B i r k e , Ernst: Frankreich und Ostmitteleuropa im 19. Jahrhundert. Köln/Graz 1960, passim.

Hofrat Anton Ritter v. Beck, Joseph Alexander Baron Helfert, der slowakische Bischof Moyses Štěpán aus Ungarn und Bischof Josip Strossmayer aus Djakovo/Slawonien[26]. Gründungsmitglieder waren auch Palacký und dessen Schwiegersohn F. L. Rieger sowie die Politiker Karel Sladkovský und die Brüder Edvard und Julius Grégr. Schließlich gehörten der Beseda der Schriftsteller Karel Klostermann und der spätere slowenische Professor für slawische Sprachen und Literaturen Matyáš Murko an, des weiteren seit 1882 der Wiener Redakteur der „Národní listy", Josef Penížek, der damals noch Student war, die Verlegerbrüder Vilímek aus Prag, die beiden Redakteure der „Národní listy" und der „Politik" und nicht zuletzt der junge Masaryk, der sich unter dem vaterländischen Pseudonym „Vlastimil" [der Heimatliebende] verbarg, das er sich eigentlich für den „Akademický spolek" [Akademischer Verein] zugelegt hatte, in dem er einige Jahre lang Obmann war.

Der *Akademický spolek*[27], diese Zentrale der tschechischen akademischen Jugend, entstand 1868 als Gegenreaktion der slawischen Studentenschaft, die aus der „Akademischen Lesehalle" auf der Universität verwiesen worden war[28]. Zu den Ehren- und Gründungsmitgliedern zählte wieder ein Großteil der bereits Genannten, z. B. auch Palacký, der 200 Gulden gespendet hatte und quasi selbstverständlich auch Graf Jan Harrach, der Protektor und Mäzen des Wiener Tschechentums. Vereinsangehörige waren auch die bereits in anderem Zusammenhang erwähnten Slawisten Alois Šembera[29] und Josef Karásek[30], der Afrikaforscher Dr. Emil Holub, der Hofrat am Kassationsgericht Antonín Rybička, der Custos der Wiener Hofbibliothek Ferdinand Menčík, der bekannte Prager Verleger J. Otto sowie der radikale Journalist Jan S. Skrejšovský und der Dichter Josef Sv. Machar. Auch Svatopluk Čech war aufgenommen, der besonders in den späteren Jahrzehnten mit anderen jungen Dichtern seiner Generation im Almanach „Ruch" [Bewegung] die Einheit des Kampfes um nationale und soziale Befreiung forderte und damit in den breiten Volksschichten starken Widerhall fand.

Daß nicht nur in der Literatur das nationale Motiv in Verquickung mit dem sozialen und demokratischen in Erscheinung trat, zeigt sich daran, daß gleichzeitig mit den genannten kulturellen Vereinen auch der Turn- und Leibeserziehungsverband „Sokol" [Falke] in Wien Fuß faßte. Er spielte für die Entfaltung des nationalen Massenbewußtseins eine wichtige Rolle. Als psychologischer Hintergrund für das fortgesetzte Scheitern der deutsch-tschechischen Verständigungsbemühungen auf par-

---

[26] Soukup, Česká menšina 39 u. 341. — Česká Vídeň Nr. 16 (15. 4. 1905): zum 90. Geburtstag Str.'s. — Allg.: Kann, Das Nationalitätenproblem I, 254—257 u. II, 211.

[27] Karásek, Sborník 163—167. — Soukup, Česká menšina 263—268. — Výroční zpráva Akademického spolku ve Vídni za rok 1893/94 [Jahresbericht des Akademischen Vereins in Wien 1893/94]. Wien 1894. — Almanach Akademického spolku ve Vídni 1868—1908. Wien 1909. — Masarykův Almanach (hrsg. Akad. spolek). Wien 1925. — Stanovy Akademického spolku [Statuten des Akademischen Vereins]. Wien 1890.

[28] Karásek, Sborník 163. Almanach Akad. spolku 12. Dies führte auch zur Gründung anderer slawischer Studentenvereine.

[29] Škorpil, E. M.: Alois Vojtěch Šembera. Prag 1946.

[30] Siehe oben S. 73 Anm. 4.

lamentarischer Ebene sind die durch ihn allgemein verbreiteten doktrinären Anschauungen gar nicht hoch genug einzuschätzen[31].

Die Organisation entstand 1862 in Prag aus ursprünglich deutschen und tschechischen gemeinsamen Bestrebungen. Aufgebaut auf der Basis kleiner Turnvereine sollte der gesamte Sozialkörper der Nation durch Leibesertüchtigung, d. h. physisch und durch Nationalpädagogik, d. h. geistig und moralisch „zu Kraft, Tapferkeit, Edelmut und erhöhter Wehrkraft"[32] erzogen werden. Der paramilitärische Charakter der Organisation trat schon 1866 durch die Forderung nach Bewaffnung zum Kampf gegen Preußen deutlich hervor[33]. Die nationalpolitische Aufgabe des Sokol lag darin, „im gesamten nationalen Leben eine dauerhafte, nie ermattende Bewegung aufrechtzuerhalten, zur Emporführung der tschechischen Nation zur völligen Selbständigkeit und Unabhängigkeit"[34]. Seine beiden Gründer waren der deutschböhmische Kaufmann und Direktor der Prager Hypothekenbank, Heinrich Fügner (1822—1865) und der Ästhetiker und Kunstkritiker Dr. Miroslav Tyrš (1832—1884)[35]. Weder der Praktiker Fügner noch der ideologische Initiator der Bewegung, Tyrš, waren in einem solchen Sinne prädestinierte Revolutionäre, um die „böhmische Nation gegen ihren jahrhundertealten Feind, die Germanen, vorzubereiten", wie man dies später dargestellt hat[36]. Sie waren nicht mehr und nicht weniger als zwei politisch Interessierte aus der jungen Generation, die genau zu dem Zeitpunkt das Problem der nationalen Befreiung aufgegriffen haben, als es am reifsten war: als sich im tschechischen Volk eine breite, kleinbürgerlich-selbstbewußte Schicht herausgebildet hatte, die nach Expansion drängte. Schon 1882, am Ersten Allslawischen Sokol-Kongreß, zeigte sich, daß die Bewegung über die Grenzen Österreich-Ungarns hinausgriff: Unter den 1600 Teilnehmern befanden sich Wiener Tschechen, Amerikaner, Slowenen und Kroaten.

Das erste „Nest" des Sokol außerhalb der Grenzen der böhmischen Länder entstand Anfang Dezember 1966 im *„Sokol Vídeňský"* [Wiener Sokol], dessen Statuten am 12. Januar 1867 von der Statthalterei genehmigt wurden[37]. Im Jahre 1883 errichtete der Ursprungsverein eine Zweigstelle im X. Bezirk (Favoriten). Er selbst wuchs kontinuierlich bis zu seinem absoluten Höchststand im Jahre 1900, wo

---

[31] Eine monographische Studie über Organisation, personelle Zusammensetzung, Grundzüge des Arbeitsprogrammes und Erfolg der nationalpolitischen Tätigkeit (m. Lit.): G l e t t l e r, Monika: Sokol und Arbeiterturnvereine (D.T.J.) der Wiener Tschechen bis 1914. Zur Entwicklungsgeschichte der nationalen Bewegungen in beiden Organisationen. München 1970 (Veröffentlichungen des Collegium Carolinum, Bd. 23).

[32] Tyrš im „Sokol" 1 (1871) Nr. 1.

[33] Přípis k výboru Sokola pražského ke zřízení dobrovolného sboru válečného r. 1866 [Zuschr. an den Ausschuß des Prager Sokol zur Aufstellung eines Kriegsfreiwilligenkorps i. J. 1866]. In: S c h e i n e r, Jos. (Hrsg.): Úvahy a řeči Dr. Miroslava Tyrše [Erwägungen und Reden des Dr. M. T.]. 2 Bde. Prag 1894, S. 72 f.

[34] Základy Sokolského vzdělání [Grundlinien der Sokol-Bildung]. Neustadtl 1914.

[35] Lit. zu Tyrš u. Fügner: G l e t t l e r, Sokol 31 f., Anm. 7—9.

[36] T o u f a r, F. A.: Sokol. The Czechoslowak National Gymnastic Organisation. London 1941, S. 19.

[37] Zur Vereinsgeschichte: První roční zpráva za rok 1867, bis: 47. roční zpráva za rok 1913. [1. Jahresbericht (1867) — 47 (1913)], es fehlen nur die Verwaltungsjahre 1878, 1892—1894 und 1898.

er 302 Mitglieder zählte. 1910 gab es in Wien und Niederösterreich 15 Sokolvereine mit insgesamt etwa 2800 Mitgliedern[38]. Seit der Entwicklung der sozialdemokratischen Arbeiterturnvereine (D.T.J. = *Dělnická Tělocvičná Jednota*) um die Jahrhundertwende hatte Wien, das vorher — relativ gesehen — den Kronländern in seiner ideologischen und turnerisch-organisatorischen Leistung zum Vorbild dienen konnte, nur noch ein Drittel des Zuwachses der böhmischen und mährischen Vereine zu verzeichnen. Das galt nicht nur für die Mitgliederquote, sondern auch für die Vereinsgründungen[39]. Eine Konkurrenz bildeten bald auch die sog. „*Orel*"- [= Adler-]Vereine, die gleichfalls auf der Basis des Sokolgedankens aufgebaut waren. Diese Organisation war 1895 von den tschechischen Katholiken in Amerika gegründet worden und breitete sich kurz nach der Jahrhundertwende über Mähren und Böhmen aus[40]. Wien besaß seit 1909 eine tschechisch-katholische Orelanhängerschaft.

Sokol, D.T.J.'s und Orel waren damals noch die einzigen Institutionen, die auch Frauen[41] und Jugendliche systematisch für die nationale Arbeit anwarben. Die Hauptaufgabe des Sokol bestand in Wien — im Gegensatz zu den Kronländern — darin, den heranwachsenden Jugendlichen, vor allem den Handwerkerlehrlingen, die tschechische Schule zu ersetzen[42]. Wie wenig jedoch Tyršs Schlagwort „Co Čech to Sokol" [Jeder Tscheche ein Sokol] auf die Wiener Jugend anwendbar war, geht daraus hervor, daß, ungeachtet aller Bemühungen, von den z. B. im Jahre 1906 amtlich anerkannten 11 168 rein tschechischen Kindern in öffentlichen Wiener Volks- und Bürgerschulen und den 843 Schülern der Privatschulen des Komenský-Vereines, also von insgesamt über 12 000 Schulkindern nur 166 dem Sokol angehörten[43]. Es ist zu betonen, daß die Charakterbildung von den Mitgliedern der Bewegung höher eingeschätzt wurde als die Körpererziehung[44]. Damit läßt sich die natürliche Verbindung zu den Bestrebungen der bereits vorher genannten nationalen Institutionen ziehen. Die gegenseitige, aus den Vereinsberichten rekonstruierbare enge Zusammenarbeit jener fünf, sechs Vereine, die unter mehreren Hundert der gleichen Kategorie den Führungsanspruch erhoben, ergab sich nicht nur aus dem gleichen Grundbestand von Funktionären und Hintermännern[45]. Sie resultierte auf anderer Ebene auch aus den gemeinsamen Problemen. Die Schaffung eines Slawenzentrums, die dem Slovanský zpěvácký spolek

---

[38] Soukup, Česká menšina 458.
[39] Glettler, Sokol 39.
[40] Základy sokolského vzdělání 25.
[41] Anteil der Frauen im Jahre 1910 in Mähren 19 %, in Böhmen 14 %, in Schlesien 11,6 %, in Wien 15,82 %. Glettler, Sokol 50.
[42] Soukup, Česká menšina 460.
[43] Nach dem statistischen Jahrbuch der Stadt Wien, zitiert bei Martin, Otto: Das tschechische Schulwesen in Wien (Veröffentl. d. Instit. f. Statistik der Minderheitenvölker an der Univ. Wien 5). Sonderabdruck aus der „Österr. Rundschau", 20. Jg., Feb. 1924. Mit den übrigen Schulzweigen waren z. B. 1908/09 insg. 28 876 tschechische Schüler gemeldet.
[44] „Der alleinige Maßstab im Sokol ist Charakter. Er ist unabhängig von Stand und Reichtum." Základy sokolského vzdělání 6.
[45] Ihre Namen beim „Sokol Vídeňský" erneut zu nennen, wäre überflüssig.

ebenso wie der Slovanská Beseda, dem Sokol Vídeňský ebenso wie dem Akademický spolek nur der Intention nach gelang, sowie das oft beklagte Desinteresse der Mitglieder und der großen Zahl der außenstehenden Landsleute[46], waren nicht die einzigen Hindernisse beim Hürdenlauf der Wiener Organisationen zum Ziel der machtvollen nationalen Gemeinschaft.

Mit dem wachsenden Zustrom der Tschechen seit den achtziger Jahren wurden bei der niederösterreichischen Statthalterei jährlich etwa zehn neue tschechische Vereine bewilligt, in der Mehrzahl für Bildung und Unterhaltung. Dies führte angesichts der vorgeschriebenen Vollversammlungen, in die ein behördlicher Aufsichtsbeamter entsendet werden konnte[47], dazu, daß einzelne Bezirkshauptmannschaften keine ausreichende Anzahl tschechisch verstehender Vertreter zur Verfügung hatten, zumal die Polizeiorgane zur Überwachung der Vereinsversammlungen nicht verwendet werden durften. Die vereinzelt erfolgten Gründungsverbote[48] — etwa dann, wenn in den vorgelegten Statuten vom fakultativen Gebrauch des Tschechischen in den Versammlungen die Rede war — standen nicht nur im Widerspruch zu der in Niederösterreich festgehaltenen Praxis[49], sondern kollidierten in gewisser Weise auch mit den Bestimmungen des Vereinsgesetzes vom 15. November 1867, RGBl. Nr. 134, da die polizeiliche Landesstelle die Gründung eines Vereines nur „bei Gesetz- oder Rechtswidrigkeit und bei Staatsgefährlichkeit" untersagen konnte, und da sich die Pflichten des Vereines gegenüber dem staatlichen Aufsichtsrecht nur auf folgende Punkte erstreckten: 1. Vorlage der gedruckten Jahresberichte, 2. Anmeldung von Vereinsversammlungen (nicht aber von Funktionärssitzungen) wenigstens 24 Stunden vor Beginn, 3. Duldung eines behördlichen Organs bei Vereinsversammlungen und über dessen Verlangen Aufnahme eines Protokolls über den Ablauf der Versammlung und Folgeleistung, wenn das staatliche Aufsichtsorgan die Versamm-

---

[46] Z. B. waren im „Akademický spolek" im Jahre 1875 von 500 tschechischen Studenten nur 75 im Verein. S o u k u p , Česká menšina 265. — Verhandlungen mit anderen Vereinen, wie d. russ. „Osnova", kroat. „Velebit", serb. „Zora", poln. „Ognisko", scheiterten. Almanach Akademického spolku 12, 20. — K a r á s e k , Sborník 167. — Für den Sokol: G l e t t l e r , Sokol 90 f. — Für die Slov. Beseda: K a l a n d r a , Dějiny Slovanské Besedy 122 f., 124. „... alle können sagen, daß die Beseda diesen Forderungen (Annäherung der Slawen, Anm. d. Verf.) nicht gerecht geworden ist..." „Nur die Slowenen hielten durch 30 Jahre aus. Sie und die 80 % Tschechen hielten die Beseda."

[47] § 18 des Vereinsgesetzes vom 15. 11. 1867, RGBl. Nr. 134. T e z n e r , Friedrich: Das österreichische Vereins- und Versammlungsrecht. 2 Bde. Wien 1913. — F r e u n d , Samuel: Das in Niederösterreich geltende Vereins- und Versammlungsgesetz. 3. Aufl. Wien (Selbstverlag d. Vereinsbüros d. Polizei-Dir.) 1900.

[48] RR-Prot., Haus d. Abg. XI/135 (25. 5. 1892) 6234: Interp. K a i z l und 19 Abg. an Ministerpräsident Taaffe gegen die Verfügungen der nö. Statthalterei, die mit Erlaß v. 13. 5. 1892, Z. 25107, die Bildung des tschech. Arbeiterbildungsvereins „Selbständigkeit" untersagt hatte, wegen Gefährdung des behördlichen Aufsichtsrechtes durch den Gebrauch der tschechischen Sprache in Vereinsversammlungen. Dazu XI/196 (7. 2. 1893) 9071 f., Antwort T a a f f e .

[49] Daß tschechisch gesprochen wurde, beweisen die behördlichen Referate der nö. Präs.-Akten, z. B. J 12 ad 100, Z. 522 (f. d. Jahr 1898): hier wurde vom Beamten lediglich der Gebrauch des Polnischen und Slowenischen untersagt. Daraufhin wollte sich der slowenische Redner des Deutschen bedienen, was tschechischerseits zu großem Protest führte. Schließlich sprach er „ein Gemisch von böhmisch und slowenisch".

lung wegen Rechts- oder Statutenwidrigkeit oder Gefährdung der öffentlichen Ordnung schloß.

Nach Art. XIX Abs. 1 des Staatsgrundgesetzes vom 21. Dezember 1867 hatte jeder „Volksstamm" sprachliche Gleichberechtigung. Solange jedoch die Verwaltungspraxis und die Reichsjudikatur die niederösterreichischen Tschechen nicht als „Volksstamm" und das Tschechische nicht als „landesübliche" Sprache in Wien und Niederösterreich anerkannten (z. B. RG-Erkenntnis vom 19. Oktober 1904, Hye 437), bestand auch keine rechtliche Verpflichtung, in tschechische Vereinsversammlungen tschechisch verstehende Beamte als Aufsichtsorgane zu entsenden. In Niederösterreich und Wien sollten daher auch tschechische Vereine ihre Versammlungen, die in Anwesenheit eines behördlichen Abgeordneten stattfanden, in deutscher Sprache abhalten, da sonst das behördliche Aufsichtsrecht als gefährdet erklärt werden konnte. Vereine, die an der tschechischen Versammlungssprache festhielten, wurden vom Reichsgericht am 11. Januar 1894 (Hye 651) als unzulässig erklärt[50]. Der Kurs des Wiener Innenministeriums zeigte, daß dieses weit mehr zu Konzessionen bereit war, als die Statthalterei. Sein Erlaß vom 8. Mai 1909, mit dem die tschechische Sprache für Vereinsversammlungen ausdrücklich gestattet wurde, stieß bei den unteren Verwaltungsinstanzen auf grundsätzliche Opposition[51], so daß diese Frage hinsichtlich der Modalitäten ihrer Verwirklichung via facti wohl den Tiefpunkt erreicht hatte.

Die Vielzahl der über alle Stadtbezirke verteilten unpolitischen Freizeitvereine machte die Zusammenfassung in Dachorganisationen wünschenswert. Der erste Versuch war die 1890 im X. Bezirk gegründete *„Ústřední jednota nepolitických spolků slovanských v Dolních Rakousích"*[52] [Zentralvereinigung der unpolitischen slawischen Vereine in Niederösterreich]. Sie sollte gemäß den Statuten „alle slawischen unpolitischen Vereine in Niederösterreich vereinigen, damit sie ihren im Rahmen ihrer Statuten vorgesehenen Zweck erfüllen können, die Errichtung und Gründung neuer unpolitischer Vereine veranlassen und zur Pflege der wechselseitigen Beziehungen der slawischen Vereine in Niederösterreich beitragen"[53]. Zu den Ehren- und Gründungsmitgliedern, z. T. mit Funktionärsposten, zählten zwar die Reichsratsabgeordneten Josef Dürich, Emanuel Engel, Gustav Eim und Wenzel Graf Kaunitz, man bereitete auch Empfangsveranstaltungen für böhmische Politi-

---

[50] Ein umgekehrter Fall aus dem Jahre 1901: Nö. Präs. J 12; 2344 (1901): Berichte der Bezirkshauptmannschaft von Niederösterreich-Land: Seit 1900 wurde in einigen tschechischen Vereinen plötzlich tschechisch verhandelt, in denen vorher, bei Anwesenheit eines Beamten der Behörde, stets deutsch gesprochen worden war.
[51] RR-Prot. XIX/34 (22. 6. 1909) 5486: Interp. Weidenhoffer an den Minister des Inneren, betreffend die Aufhebung des Statthalterei-Entscheides durch das Innenministerium. Die Statthalterei hatte die Gründung eines Sokolvereins verboten, in dessen Statuten tschechisch als Vereinssprache festgesetzt worden war. Interessant sind die Bestimmungen für den Verein der böhm. Staatsbeamten in NÖ (Spolek státních úředníků): Nö. Präs. XI/152—161 (1909) 84; 830/6 (26. 4. 1908).
[52] Lit.: K a r á s e k , Sborník 188—191. — S o u k u p , Česká menšina 58 f. — H u b k a , Čechové v Doln. Rak. 33 f. — Am ausführlichsten U r b a n (stellvertr. Vorsitzender der Jednota!), Čechové v Doln. Rak. 11—16.
[53] U r b a n , Čechové v Doln. Rak. 11.

ker vor[54]. Auf ihrem eigentlichen Sektor gelang es der Jednota jedoch nicht, die tschechischen Vereine Wiens in angemessener Zahl zu integrieren: Das Maximum der ihr angeschlossenen Vereine betrug 22. Weitere Zentralorganisationen bildeten sich 1894 für die Sokolvereine durch die Gründung des niederösterreichischen Sokolgaues *(Sokolská župa dolnorakouská)* und für die Gesangsvereine 1908, durch den niederösterreichischen Gauverband *(Dolnorakouská župa pěvecká)*.

Ein für Wien neuartiger Versuch waren die etwa seit 1907 auftretenden sogenannten Landsmannschaftszirkel *(Krajanské kroužky)*[55]. Im Jahre 1908 gab es fünf dieser Zusammenschlüsse nach Heimatbezirken (Klobouky, Nepomuk, Tábor, Žďár, slowakische aus Mähren). Wegen der vereinsinternen Differenzen, die oftmals auf die unterschiedlichen Herkunftsgebiete der Mitglieder zurückzuführen waren[56], glaubte man nunmehr, große Hoffnungen auf die nationale Einigkeit setzen zu dürfen[57]; doch als die Gründungsbegeisterung vorüber war, verschwanden die Landsmannschaftszirkel ebenso unvermutet, wie sie gekommen waren.

Untersucht man den Stellenwert der Freizeitorganisationen innerhalb des Gesamtkomplexes der tschechisch-nationalen Körperschaften Wiens, so sollte man m. E. diese Frage weder einseitig mit Ideologien verknüpfen, noch sie nur unter politischen Gesichtspunkten betrachten. Dies soll methodisch am eigentlichen nationalpolitischen Mittelpunkt des Wiener Tschechentums, am Komenský-Schulverein erläutert werden. Seine Unterstützung war ungeschriebenes Gesetz aller tschechischen Organisationen, ihre gesellschaftlich-politisch-wirtschaftlichen Bestrebungen liefen gleichsam zentripetal auf ihn zu. Durch dieses gemeinsame Ziel waren sie untereinander gleichrangig, unabhängig davon, wie tief sie sich im Labyrinth des nationalen Kleinkriegs verliefen, von dem oft nicht viel mehr als das Etikett übrigblieb, da sich über das ursprüngliche Motiv längst ganz andere, politische, soziale und ökonomische Zusammenhänge vorgeschoben hatten.

c) Erziehungs- und Bildungseinrichtungen

Gliederung, Intensität und Problematik der Erziehungs- und Ausbildungseinrichtungen der Wiener Tschechen wurden von der deutschen und tschechischen Geschichtsschreibung bisher vornehmlich unter nationalem Aspekt betrachtet, mit

---

[54] Z. B. für Kramář, Sláma, Hájek, Kaizl, Dvořák, Herold, Pacák, Masaryk u. a.

[55] NRČ 120: Krajané v Dolních Rakousích 1906—1910 u. Doln. odbor NRČ ve Vídni 1905—1910: „Auch die vor kurzem von uns proklamierte Aktion der «landsmannschaftlichen Vereinigung» verbreitete sich nicht." (Tätigkeitsbericht des DONRČ vom 28. 3. 1909).

[56] Man beachte die Differenzierung von Böhmen und Mährern in den Vereinsberichten! Ein Beispiel aus dem „Akademický spolek": Charakteristisch für jene Zeit war, daß die Mährer damals auf die Böhmen wie auf Usurpatoren herabsahen, auf Eindringlinge, die der Geltendmachung der Mährer im Wege standen. Ein spontanes dictum eines damaligen mährischen Reichsratsabgeordneten auf die Frage nach dem Unterschied zwischen Böhmen und Mährern lautete: „Die Böhmen sind Leute wie wir, nur etwas dümmer!" D r o z d a - H ů r e c k ý , J. V.: Vzpomínky na prvé doby „Akademického spolku" [Erinnerungen an die ersten Zeiten des A. Sp.]. In: Almanach Akademického spolku 26.

[57] P a z o u r e k, Čechové ve Vídni 263.

anderen Worten, man hat sie als Ergebnis des Kampfes der tschechischen Minderheit gegen die straff zentralistischen Germanisierungstendenzen der Reichsmetropole dargestellt. Dadurch ist der Zusammenhang zwischen Industrialisierung und Aufbau des Schulwesens etwas ins Hintertreffen geraten[1]. Während sich in den vorindustriellen Gesellschaftsformen die pädagogischen Hilfestellungen gleichsam zwangsläufig aus den das häusliche Leben und die Erwerbstätigkeit verbindenden Lebensformen ergaben, ist für die industrielle Gesellschaft dieser Reifungsprozeß des Individuums in mehrfach gestaffelte Phasen gegliedert. Der Mensch durchläuft verschiedene Erziehungs- und Bildungsinstitutionen von ausgeprägter Eigenständigkeit. Ein sehr wesentlicher Teil der sozialen Wirklichkeit, mit der sich der heranwachsende Wiener Tscheche auseinandersetzen mußte, wurde durch solche Institutionen repräsentiert. Die zentrale Bedeutung des Nationalismus für die Schulentwicklung[2] ist daher insofern zu relativieren, als die nationale Ideologie zwar ein überaus starkes Stimulans für den Aufbau der Wiener tschechischen Bildungsorganisationen war, die das Interesse der breitesten Volksschichten an den Schulen als den sozialen Siebungsinstanzen aktivierte, daß aber institutionelle Struktur, Umfang und Qualität des Erziehungs- und Bildungswesens durchaus nicht als das ausschließliche Ergebnis des nationalen Kampfes zwischen Deutschen und Tschechen angesehen werden können.

Für das soziale Schicksal des Tschechen in der Gesamtgesellschaft Wiens gewann der Funktionskreis des Bildungsbereiches wachsende Bedeutung. Helmut Schelsky hat darauf hingewiesen, daß insbesondere die Schule in unserer Gesellschaft die „Rolle einer bürokratischen Zuteilungsapparatur von Lebenschancen" übernimmt[3]. Sie wird „sehr leicht zur ersten und damit entscheidenden zentralen Dirigierungsstelle für die künftige soziale Sicherheit, für den künftigen sozialen Rang und für das Ausmaß künftiger Konsummöglichkeiten, weil sowohl die Wünsche des sozialen Aufstiegs wie der Bewahrung eines sozialen Ranges primär über die durch die Schulausbildung übermittelte Chance jeweils höherer Berufsausbildungen und Berufseintritte gehen"[4]. Je weniger die Wiener Schulen — gleichgültig ob deutsche oder tschechische — durch fortschreitende bildungspolitisch-einseitige Abschirmung den tschechischen Kindern jene Grundfertigkeiten vermittelten, die für sie im Alltag der Reichshauptstadt unerläßlich waren, d. h. je mehr die Schule zum Köder für das eigene Volk und zum Ort des Mißtrauens gegenüber dem nationalen Partner wurde, umso mehr waren Herausbildung und Festigung der gesellschaftlich-kulturellen Persönlichkeit bedroht und umso fragwürdiger mußten für

---

[1] „Schulkarte und Industrialisierungskarte stehen hier in einem engen ursächlichen Zusammenhang." Prinz, Handbuch IV, 154. — Karásek, Sborník 167: Nur um das Schulwesen war nicht gesorgt. Und das empfand am meisten die Arbeiterschaft (Zitat gekürzt).
[2] Janča, J.: Školská otázka v Dolních Rakousích [Die Schulfrage in NÖ.]. Wien 1898, S. 3: „Die Schule ist die Festung der Nationalität." — Víd. Nár. Kal. 3 (1908) 81: „Die Hauptrolle beim Germanisierungsgedanken und bei der Erhaltung der tschechischen Nationalität spielt die Schule."
[3] Schelsky, H.: Schule und Erziehung in der industriellen Gesellschaft. Würzburg 1957, S. 17.
[4] Ebenda 17.

das tschechische Kind die sozialökonomischen Chancen des späteren Lebensweges sein, der ja in einer deutschen Umgebung verlaufen sollte. Wenn sich letztlich das Experiment einer „Bildungsideologie" zum Zweck der Festigung von Prestige-Positionen im Wiener tschechischen Schulwesen ebensowenig wie in den Organisationen der Erwachsenenbildung[5] mit dem gewünschten Ergebnis verwirklichen ließ, so hing das nur nach außen hin mit bürgerlich-bornierten Prohibitionsmaßnahmen zusammen. Es lag vielmehr daran, daß die Bildungsinhalte des Wiener Tschechentums keine direkte Beziehung mehr zur sozialen Realität aufwiesen. Aufs Ganze gesehen waren die Wortführer der Wiener Tschechen in ihren Forderungen wesentlich ideologiefreier und sachbezogener, als ihnen die nationale Propaganda vorwarf. Zu keiner Zeit, weder um die Jahrhundertmitte, noch knapp vor Kriegsausbruch, verfielen die Verfechter tschechischer Schulen etwa dadurch in einen prätentiösen Bildungsprovinzialismus, daß sie die einsprachigtschechische Erziehung zur stolzen Tugend und den Deutschunterricht zum nationalen Laster erklärt hätten[6]. Im Gegenteil: Die Kinder sollten, da sie zum großen Teil aus rein tschechischen Sprachgebieten kamen und kein Wort deutsch konnten, in ihrer Muttersprache zu lernen beginnen und sich vom zweiten Schuljahr an systematisch die Kenntnis der Ortssprache aneignen[7]. Dies bedeutete nichts anderes als ein schrittweises „Utraquisieren" und Akklimatisieren an die Wiener Verhältnisse. Die schulpflichtigen Lehrlinge oder — um ein anderes Beispiel zu nennen — die bei Wiener Familien in Pflege gegebenen „Kostkinder"[8] kamen ja

---

[5] Die wichtigsten Volksbildungsorganisationen für Erwachsene: Český spolek pro šíření lidové osvěty [Tschech. Verein zur Verbreitung der Volksbildung], ab 1906 als „Osvětový svaz dolnorakouský" [Nö. Kulturverband] und damit als nö. Sektion des Prager O. S. weitergeführt. 1898: Svatopluk Čech (Leseverein). Siehe Anhang, S. 463 f. — Anfang 1914 Vorschläge zur Gründung einer tschechischen Volkshochschule in Wien: „Wenn das Volk in Prag ein Nationaltheater errichten kann, warum sollte es in Wien nicht eine Volkshochschule errichten!" S u l í k, Proč máme vychovávati své děti v českých školách?, S. 44. — Zu den slowakischen Bildungszentren „Tatran" (1890) und „Národ" (1892): Pamätnica liter. spolku „Národa" [Denkschrift des liter. Vereins „Národ"]. Wien 1904. (Enthält Tätigkeitsberichte beider Vereine). C h a b r é - K o k e š o v á, Paula: Rozpomienky na slovenský spolok „Národ" vo Viedni [Erinnerungen an den slowakischen Verein „Národ" in Wien]. Preßburg 1926. — Zum Tatran, der 1894 einen Slawenkongreß einberufen wollte: PM 1891—1900. 8/1/15/1—49 (1895) Zweck: Protest gegen die Unterdrückung der Slowaken in Ungarn.

[6] Die mit dem 1. Preis ausgezeichnete Schrift eines von den Wiener Tschechen veranstalteten Wettbewerbes mit dem Thema „Tschechische Schule" betont immer wieder die Notwendigkeit zweisprachiger Erziehung und kosmopolitischer Bildung: „Das tschechische Kind hat Gutenberg, Beethoven, Mozart und Wagner ebenso zu kennen, wie das deutsche Hus, Smetana und Aleš, Ressel und Veverka." S u l í k, Proč máme vychovávati své děti v českých školách 18.

[7] „In der tschechischen Wiener Schule lernt das Kind zwei Sprachen... Die tschechische Wiener Schule will beidsprachig erziehen, auf Grundlage der Muttersprache." E b e n d a 12, 29.

[8] Soweit die Zuweisung von Pflegeeltern der Gemeinde Wien oblag, kam diese in eine zwiespältige Lage: Gemeinderatsmitglieder forderten, die Kinder dürften nur bei Pflegeeltern deutscher Nationalität untergebracht werden. Einerseits erschien es dem Bürgermeister „ein Gebot der notwendigen humanitären Rücksichten, ... Kinder, die oft keiner anderen Sprache mächtig sind als der böhmischen", nicht an rein deutsche Parteien abzugeben, andererseits gab er der städtischen Übernahmestelle die Anweisung, „der

zumeist gerade deshalb in die Hauptstadt, um fließend deutsch sprechen, lesen und schreiben zu lernen.

Daß das brisante Problem der Minoritätenschulen den Kronländern, die das Unterrichtswesen m. E. nur als *Teilaspekt* des nationalen Existenzkampfes betrachteten, in anderem Licht erschien, wird noch zu zeigen sein. In Wien jedoch kam es allein darauf an, eine effektive, dem Haupterfordernis der tschechischen Zuwanderung angepaßte Lehrmethode zu organisieren[9], eine Notwendigkeit, der vorerst oft nur durch einen tschechischsprachigen Unterricht[10] Genüge getan werden konnte. Eine vorsätzlich auf Herausforderung angelegte einsprachige Kampfschule wurde seitens der Wiener Tschechen nie ernsthaft erwogen[11], auch damals nicht, als Graf Harrach das tschechische Anliegen als erster vor den Reichsrat brachte. Seine im Jahre 1880 von 31 Abgeordneten unterzeichnete Interpellation an den Unterrichtsminister war ausdrücklich dahin formuliert, den tschechischen Kindern in Wien und seinen Vororten *„insbesondere durch Vorkehrungen zur Erlernung der deutschen Sprache auf Grund ihrer Muttersprache ... die Teilnahme an dem Unterrichte ... zu ermöglichen"*[12]. Zugrunde lag die Tatsache, daß viele, die im schulpflichtigen Alter waren und nicht deutsch konnten, dem Unterricht überhaupt fernblieben. Hierin wurden sie von ihren Lehrherrn und Arbeitgebern, die dies für ihren Betrieb auszunützen wußten, noch unterstützt. Den Verstoß gegen die gesetzliche Norm führte Harrach vor allem darauf zurück, „daß der Besuch rein deutscher Schulen für diese Kinder wegen mangelnder Kenntnis der Unterrichtssprache geradezu nutzlos, wenn nicht unmöglich ist"[13].

Umgangssprache der Parteien ein besonderes Augenmerk zuzuwenden und evtl. solchen Parteien, bei denen der Verdacht der böhmischen Umgangssprache vorliegt, die Kostkinder sofort abzunehmen." GRS v. 31. 1. 1911, AB Nr. 11 (7. 2. 1911) 321. Hier löste sich das Problem meist in der Praxis: Familien, die keine fremde Sprache beherrschten, lehnten „allerdings erfahrungsgemäß die Übernahme von Kindern, mit welchen sie sich in keiner Weise verständigen können, aus selbstverständlichen Gründen ab." GRS v. 17. 2. 1911, AB Nr. 15 (21. 2. 1911) 543.

[9] In einer öffentlichen Versammlung zur Erörterung der Schulfrage argumentierte ein tschechischer Schleifer damit, „daß die Kinder der nach Wien eingewanderten Eltern regelmäßig einige Jahre verlieren und so in der Bildung zurückbleiben müssen." Nö. Präs. J 12, 5613 (1898).

[10] In den 50er und 60er Jahren unterrichtete man in Wien an einigen Mittelschulen tschechisch, bei den Piaristen (VIII.) sogar als Pflichtfach. H e y e r, Jan: Školská otázka českovídeňská před rokem 1870 [Die Schulfrage der Wiener Tschechen vor dem Jahre 1870]. In: 60 let Komenského ve Vídni [60 Jahre Komenský in Wien]. Wien 1932, S. 21—30, hier S. 26.

[11] Es existiert nur ein einziger Vorschlag, vom Juli 1912, für eine Volks- und Bürgerschule mit nicht obligatorischem Deutsch, der aber nicht in die Öffentlichkeit drang, da man erst die Billigung der ÚMŠ [Böhmischer Zentralschulverein] abwarten wollte, die den Plan heftig abwies. ÚMŠ — Komenský Vídeň 1911/12, č. 3611/1 (5. 7. 1912), č. 21232/12 (22. 10. 1912).

[12] Unterzeichnet u. a. von Kaizl, Krofta, Grégr und dem seit 1850 von Thun an das Unterrichtsministerium gerufenen Jos. Jireček, der damals Präsident der Böhm. Gesellschaft der Wissenschaften war. RR-Prot. IX/62 (18. 3. 1880) 1930. Dazu Harrachs Brief an den Wiener Bürgermeister: GR-Prot. v. 22. 3. 1881 und GRS v. 18. 3. 1881 und v. 20. 4. 1880, PG S. 134 und 170.

[13] E b e n d a RR-Prot. (18. 3. 1880).

Gemäß der sozialen Struktur der tschechischen Zuwanderung und ihrer Relation zum Entwicklungsstand einer ökonomisch orientierten bürgerlichen Gesellschaft waren es zuerst die Lehrlinge und jungen Arbeiter, denen man durch entsprechende Einrichtungen im Fach- und Gewerbeschulwesen die Anfangsschwierigkeiten der Eingewöhnung erleichtern wollte. Graf Leo Thun, der später als Unterrichtsminister Hervorragendes geleistet hat, spendete schon 1846 aus eigener Tasche Geld zum Kauf von einigen zweisprachig gedruckten Katechismen und Lehrbüchern für den Wiener tschechischen Handwerkernachwuchs[14]. Ein Jahr später stellte die tschechische Presse der Kronländer das Problem erstmals zur Diskussion: Bei Aufführung des Lustspiels „Der böhmische Schusterbub" im Josefstädter Theater hatte eine Demonstration der Wiener tschechischen Studentenschaft stattgefunden, die in dem Stück eine Verspottung des tschechischen Lehrlings erblickte[15]. Nachdem sogar in Leipzig Ignaz Kurandas „Grenzboten", eine kulturelle und politische Zeitschrift von Rang, in einem Artikel über „Die Böhmen in Wien" das Stück als „Posse vom gemeinster Art" bezeichnet hatten[16], mehrte sich die Entrüstung in der tschechischen Publizistik, die den Wiener Landsleuten vorwarf, sie kümmerten sich zu wenig um den Bildungsstand ihrer Lehrlinge und duldeten obendrein deren Beleidigung. Während verschiedene andere Blätter[17] in den Jahren zwischen 1849 und 1860 gelegentlich das Thema aufgriffen, hatten die Tschechen in der Reichshauptstadt schon in mehrfacher Richtung Versuche unternommen, das Interesse an Planungsmaßnahmen und Organisationen anzuspornen, um den jungen Handwerkern sachgemäß geregelte Lernchancen zu gewährleisten. Doch die Bestrebungen brachten noch keinen Fortschritt im später so bedenklichen politischen Sinn: Der Budweiser Bischof Jan Valerian Jirsík, bekannt durch seine nationale Gesinnung, empfahl den Wienern lediglich die Gründung eines Fonds für die religiösen und schulischen Bedürfnisse, als sich 1861 der Offizial im Unterrichtsministerium, Josef Burgerstein, an ihn wandte[18]. An der 1858 gegründeten ersten Wiener Gewerbeschule machte ein böhmischer Lehrer den Vorschlag, eine tschechische Abteilung einzurichten; seine Eingabe an die Handelskammer hatte ebensowenig Erfolg wie der eine Zeitlang durch Sammlungen und Unterhaltungs-

---

[14] R y b i č k a , A. Fr.: První a poslední moje sejítí se s hrabětem Lvem z Thunů a Hohensteinu [Meine erste und letzte Begegnung mit dem Grafen von Thun u. Hohenstein]. In: K a r á s e k , Sborník 27—30. Der Vorwurf bewußter Germanisierungspolitik ist, wie der 1895 verfaßte Artikel beweist, im Gegensatz zu den Kronländern, von Seite der Wiener Tschechen dem Unterrichtsminister nicht gemacht worden. P r i n z , Handbuch IV, 157 f.

[15] H e y e r , 60 let 22. D e r s. in: Dunaj 13 (1936) 150. — K a r á s e k , Sborník 30 ff.: Vzpomínky notáře pana Tieftrunka [Erinnerungen des Notars Tieftrunk]. Bei Heyer auch Angaben zu deutschen und tschech. belletristischen Verarbeitungen, z. B. J u s t a , L.: Jan Slavík oder Jugendleben eines Handwerkers. Wien 1856.

[16] „Die Grenzboten", Nr. 13 (1847).

[17] Z. B. K. Havlíček in den „Nár. Noviny" 1849, Nr. 232; Krása's „Čas" 1860 Nr. 17; ferner: „Wčela" (1847), „Pražské noviny" (1847), „Víd. posel", „Lumír", „Květy", „Posel z Prahy". Genaue Angaben fehlen. H e y e r , 60 let 23.

[18] Laut Národní Listy 1861, Nr. 15. Zu Jirsík siehe S. 116.

veranstaltungen finanzierte improvisierte Unterricht in Privatwohnungen[19]. Energischere, agitationskräftigere Worte fand erst der Redakteur Karl J. Müller, der Wegbereiter der Wiener tschechischen sozialdemokratischen Arbeiterorganisationen. In einem programmatischen Aufruf an die tschechischen Eltern im „gemeinsamen Organ zur Solidarität der in Wien lebenden Tschechoslawen", dem „Vídeňský Věstník" [Wiener Anzeiger], nannte er es einen „Skandal, daß 150 000 Tschechoslawen in Wien keine einzige Schule haben"[20]. Eine eigene Volksschule zu fordern, empfand man in den Kreisen der tschechischen Intelligenz derzeit jedoch noch als unliebsamen Radikalismus Havlíčekscher Prägung[21]. In einer Resolution faßten dann 2000 tschechische Arbeiter am 16. August 1868 den Vorsatz, sich „mit allen gesetzlichen Mitteln" für die Errichtung tschechischer Gewerbeschulen einzusetzen. Der gleichzeitig entstandene „Českoslovanský dělnický spolek" [Tschechoslawischer Arbeiterverein] nahm sich daher besonders der Lehrlinge und jungen Arbeiter aus den böhmischen Ländern an. Ein Ausschuß des Vereins sorgte dafür, daß abends und sonntags Lehrkurse veranstaltet und Sammlungen für die Errichtung einer tschechischen Gewerbeschule ausgeschrieben wurden[22]. Da die Ämter darauf drängten, daß sich das Gremium in einen selbständigen Verein umbilde, erfolgte schließlich zu Ostern 1872 die Gründungsversammlung vom „*Komenský-Verein zur Errichtung und Erhaltung böhmischer Schulen in Wien*[23]". Comenius, der letzte Bischof der Böhmischen Brüdergemeinde, der durch seine didaktischen Arbeiten als Begründer des Schulwesens der Neuzeit gilt, war damit zur Symbolfigur des Wiener Tschechentums erklärt worden. Die deutsch verfaßten Satzungen[24], ausgearbei-

---

[19] Zu den Anfangsversuchen und ihren Initiatoren Hora, Bílka, Hošek, Ševčík, Šebek: H e y e r, 60 let 23—26. K a r á s e k, Sborník 43—47, 115 f. — GR-Prot. 1866 (8. März), PG S. 671. Errichtung von böhm. Schulen in Wien.

[20] Víd. Věstník, Nr. 1 (22. 7. 1868). Aufruf, wörtlich zitiert bei H e y e r, 60 let 28. — Vgl. auch „Český dělník", Nr. 4 (26. 6. 1869) und „Český dělník" (15. 5. 1869). — Siehe auch Anhang, S. 452 f.

[21] H e y e r, 60 let 27.

[22] Die Kurse wurden von Hochschul-Studenten gehalten. Das Innenministerium genehmigte die Sammlungen für Zisleithanien am 8. 1. 1869 Nr. 16/MI; für Ungarn: Erlaß der Regierung vom 12. 8. 1869 Nr. 5104. Das Unterrichtsministerium stiftete Bücher aus dem Schulbuchverlag und Kaiser Franz Josef spendete dem Verein 500 fl, eine Tatsache, die in kaum einer tschechischen Quelle zur Geschichte des Schulwesens unerwähnt bleibt. S o u k u p, Česká menšina 199. — K a r á s e k, Sborník 168. — Sulík, Proč máme vychovávati sve děti v českých školách 1, 25.

[23] Zur Vereinsgeschichte vor allem: Šedesát let Komenského ve Vídni [60 Jahre Komenský in Wien]. Wien 1932 (486 S.) mit viel Lit.: S. 470—474. — S o u k u p, Česká menšina 178—247, 251—262 (m. Lit. S. 250), 490—502. — Neben den Jahres- und Jubiläumsberichten zur 10-, 20-, 25-, 30-Jahrfeier und den Jubiläumsschriften der Zweigstellen auch die seit 1906 hrsg. Vereinszeitschrift „Komenský", ab 1910 u. d. T. „Dolnorakouský Obzor". (Anhang S. 457). Ferner: Kronika Komenského 1872—1932. Wien 1932. — 80 let Komenského ve Vídni. Wien 1952.

[24] Zweck des Vereins: 1. Errichtung und Erhaltung von nationalen und gewerblichen Schulen, in denen die Wiener tschechischen Kinder, Lehrlinge und Arbeiter die gesetzlich vorgeschriebene fachliche Ausbildung, besonders aber die deutsche Sprache erlernen sollen. 2. Geistige Bildung durch wissenschaftliche und handelstechnische Vorträge, ausgenommen alle politischen Gegenstände. — Seit 1909 tschechisch und deutsch: 1. Errichtung, Erhaltung und Unterstützung von Kindergärten, Kinderbewahranstalten, Volks-, Bür-

tet von Jan Harrach, Alois Šembera, Petr Bílka und Albert Jan Kalandra wurden bereits am 6. Februar 1872 amtlich bestätigt. Ursprünglich meldeten sich 301 Mitglieder, den ersten Beitrag leistete der „Pokrok". Da die Bemühungen scheiterten, Lokalitäten in Wiener Schulgebäuden zu mieten, fanden Vorträge und Unterricht in der Slovanská Beseda, beim Lumír und in anderen Privaträumen statt[25]. In den ersten sechs Jahren sank die Mitgliederzahl von 301 auf 114 zurück. Dennoch entschloß sich der Verein im August 1877 zum Ausbau einer privaten Gewerbeschule. Sein erstes wie auch die folgenden, fast jährlich eingereichten Gesuche wurden vom Landesschulrat meist mit der Begründung abgelehnt, daß der Besuch der öffentlichen deutschen gewerblichen Fortbildungsschulen für die Lehrlinge obligatorisch sei und nicht durch ein tschechisches Privatinstitut ersetzt werden könne[26]. Während die Lehrlingskurse bis 1883 inoffiziell weiterliefen, plante der Komenský 1881 die Errichtung einer Volksschule mit angeschlossener Kinderbetreuungsstelle. Durch eine Umfrage ergab sich, daß im V. und X. Bezirk das größte Interesse dafür vorhanden war und da der Verein im X. Bezirk ein Grundstück erwerben konnte, begann man sofort mit den Bauarbeiten. Gleichzeitig reichte man ein Gesuch um Genehmigung einer vierklassigen Volksschule ein, das vom Landesschulrat abgewiesen wurde. Der Rekurs beim Unterrichtsministerium verlief dagegen positiv. Am 16. September 1883 eröffnete der „Komenský" drei erste Parallelklassen und einen Kindergarten. 1887 wurden sieben Klassen bewilligt und mit Beginn des Schuljahres 1889/90 war die Schule mit sieben Mädchen- und sieben Knabenklassen vorerst vollständig. Eine speziell auf die Wiener Verhältnisse abgestimmte Unterrichtsform sollten die sogenannten *„Sprachschulen"* (Jazykové školy) bieten. Hier hatten Kinder zwischen sechs und vierzehn Jahren an den freien Nachmittagen die Möglichkeit, an tschechischem Unterricht im Lesen, Schreiben, Singen und in der Geschichte teilzunehmen. Im Rahmen der Sprachschulen sorgte der Verein auch für Schülerbüchereien, Besedas, Kinder- und Kasperltheater.

Mit Ausnahme der Volksschule im X. Bezirk, der sich hiermit als „Wenzelsfeste"[27] auch der Schulkinder erwies, war keine einzige der vom „Komenský" geschaffenen Lehrstätten rechtsgültig erlaubt worden, so daß gegen die behördliche Schließung

---

ger-, gewerblichen Fortbildungs-, Mittel-, Fach- und Sprachenschulen mit böhmischer Unterrichtssprache in Niederösterreich. 2. Errichtung, Erhaltung, Unterstützung von Ferialkolonien für böhmische Kinder in Niederösterreich. 3. Veranstaltung und Unterstützung von wissenschaftlichen und Fachvorträgen, ausgenommen solche über Politik und Ausrichtung auf moralische und materielle Hebung des böhmischen Volkes in Niederösterreich überhaupt. — K a r á s e k , Sborník 168. — ÚMŠ-Komenský-Vídeň (1902—1910), Kart. 377. — Zu Bílka und Kalandra: K a r á s e k , Sborník 115 f., 105. Ottův Slovník, Bd. 28 (1909) 731; Bd. 4 (1891) 61. — Kal. Čechů Víd. 3 (1894) 84 f.

[25] Durchschnittlich 70 Hörer. Unterricht in Rechnen, Zeichnen, Deutsch, Tschechisch. K a r á s e k , Sborník 168 f.

[26] Zu den Gesuchen, mit Angabe der Ministerialerlässe und deren amtl. Registratur: S o u k u p , Česká menšina 200 ff. — M e l i c h a r , F.: Šedesát let „Komenského" ve Vídni [Sechzig Jahre Komenský in Wien]. In: 60 let 31—117, hier S. 33—36.

[27] „Favoriten soll angeblich keine «Wenzelsfeste» sein, dennoch gehen die Deutschen hin und demolieren die tschechische Schule." Kal. Slov. Víd. 20 (1912) 65.

Die Schulen des Komenský-Vereins in Wien[28]

Schulzweige	Eröffnungsjahr	Bezirk	Zahl der Schüler im Gründ.-jahr	Zahl der Schüler i. J. 1913/14	Endstand der erricht. Klassen	amtliche Schließung
Volksschulen	1883/84	X.	174	878	2×8 Kl.	—
	1907/08	III.	32	211	6 Kl.	1909
	1909/10	XII.	52	34	2 Kl.	1909
	1909/10	XX.	25	73	2 Kl.	1909
Kindergärten	1883/84	X.	167	75	—	—
	1895/96	III.	45	40	—	—
Sprachschulen	1894/95	III.	110	nur bis 1910/11 67	—	1909
	1898/99	V.	52	nur bis 1911/12 65	—	1905—1906 1911
	1898/99	IX.	59	41	—	—
	1899/1900	X.	220	nur bis 1907/08 60	—	—
	1904/05	XV.	60	160	—	1905
	1907/08	XI.	57	nur bis 1912/13 48	—	—
Gewerbl. Fortbildgs.-schule	1908/09	X.	122	66	2 Kl. (3 Abt.)	1909

[28] Auszug aus 60 let, Beilage: Pohyb žactva na školách „Komenského" od roku 1883/84 do roku 1931/32 [Bewegung der Schülerzahl an den „Komenský"-Schulen vom Jahr 1883/84 bis 1931/32].

als solche vom juristischen Standpunkt aus grundsätzlich nichts einzuwenden war[29]. Überblickt man den Aufbau des Wiener tschechischen Privatschulwesens, so vermißt man vor allem die im österreichischen Sprachgebrauch als *„Mittelschule"* bezeichneten Gymnasien und Realschulen. Erneut zeigt sich hier die Abhängigkeit der Schulstruktur von der Sozialform: die eingliedrige Abzweigung in die Gewerbefachschule, als weiterführende Lehranstalt erschien dem Wiener Tschechentum am vordringlichsten. Seit 1909, dem Jahr der behördlichen Schließung von fünf Komenskýschulen, wurde zwar das Ziel einer tschechischen Mittelschule in die veränderten Statuten des Vereins aufgenommen, der Plan stieß jedoch bei der Mehrzahl der Wiener und vor allem der Prager Tschechen auf Ablehnung[30]. Die geringe Zahl tschechischer Schüler in den höheren Schulen Wiens zeigt, daß die wenigen Beamtenkinder[31] keine gesellschaftliche Grundlage für die Errichtung eines tschechischen Gymnasiums abgeben konnten. Die tschechische Intelligenz der Reichsmetropole zog es stets vor, ihre Kinder in den Kronländern weiterzubilden[32]. Dort hatten sich die höheren Lehranstalten seit 1848 kontinuierlicher entwickelt als die Volksschulen[33]. Daraus ergab sich wiederum, daß der tschechische Akademiker-

---

[29] Dies wurde auch vom Böhmischen Zentralschulverein (ÚMŠ) zugegeben. Bericht des Direktors der Kanzlei der ÚMŠ über die Wiener Schulen vom 9. 10. 1911. ÚMŠ-Komenský-Vídeň 1911/12. — Siehe auch unten S. 338—364.

[30] H u g e l m a n n irrt, wenn er behauptet, die Wiener Tschechen hätten vor 1914 „private Mittelschulen mit Öffentlichkeitsrecht" gehabt. H u g e l m a n n, K. G.: Das Nationalitätenrecht nach der Verfassung von 1867; der Kampf um ihre Geltung, Auslegung und Fortbildung. In: H u g e l m a n n, Das Nationalitätenrecht 79—283, hier 276. — Akten zur Mittelschulfrage: ÚMŠ-Komenský-Vídeň (1911/12): č. 14910 (10. 7. 1912): Mitteilung der ÚMŠ, dem Komenský gern bei Volks- und Mittelschulen zu helfen, wenn kein finanzieller Schaden für die ÚMŠ entstehe und wenn der Komenský die Schulen erst dann eröffne, wenn sie amtlich genehmigt seien. — č. 21232/12 (22. 10. 1912): Einwand der ÚMŠ, eine Bewilligung für eine Mittelschule sei noch schwieriger zu erhalten als die für eine Volks- und Bürgerschule. Der Komenský solle erst einmal für diese die Genehmigung erwerben! Ferner: Brief der ÚMŠ vom 14. 5. 1912. — NRČ 120 (Různé záležitosti krajanů v Rak. 1906—1910): Brief Drozdas vom 7. 1. 1908 an NRČ. — NRČ 125 České střední školství ve Vídni: Korespondenz vom 11. 3. 1910; 19. 3. 1910; 16. 4. 1910 (man hielt in Prag die ministerielle Genehmigung für ausgeschlossen). — NRČ 127: Umfangreiche Korrespondenz vom Jahr 1909, u. a. ein Brief des Zentralverbandes tschech. Professoren in Prag an den NRČ vom 20. 11. 1909: Ablehnung, in dieser Sache finanzielle Verpflichtungen zu übernehmen. Wenn man in Wien schon eine Schule gründen wolle, solle man eine allg. Handwerkerschule (všeobecná škola řemeslnická) gründen! — Nö. Präs. J 12, 51 (1898) (früheste Erwähnung des Gedankens). XI/152—161 (1909) 84/7: Tschech. Verband der Beamtenvereine als Urheber und Hauptpropagator. Dazu: „Český úředník", Nr. 10 (1909). — Daß die Errichtung von je zwei tschechischen Staatsrealschulen und Staatsgymnasien durch die Regierung aufgrund von Pressemeldungen als Gerücht umlief, davon zeugt die Interp. des deutschen RR-Abg. M i k l a s: RR-Prot. XXI/181, Anhang II/4388/I (28. 11. 1913).

[31] 1908/09: an öffentlichen Volks- und Bürgerschulen: 12 665 tschechische Schüler, an Mittelschulen: 325. Nach der amtl. Statistik des Wiener Magistrats: J a n č a, Jan: Rok 1909 a dnešní stav české otázky dolnorakouské [Das Jahr 1909 und der heutige Stand der tschechischen Frage in NÖ]. Moravsko-Slezská Revue, Jg. 7 (1911) 81—86, 152—156, 229—232, 276—280, 342—348, hier S. 344.

[32] Bevorzugt waren die Orte Kyjov, Strážnice, Göding, Kremsier, Neu-Paka. S o u k u p, Česká menšina 233.

nachwuchs großen Einfluß in der Staatsbürokratie errang. Auch dies bedeutete nicht nur eine ideologische Frage, sondern hing mit den wirtschaftlichen Interessen der tschechischen Bildungsschicht zusammen, der die ökonomische Unabhängigkeit des deutschen liberalen Bürgertums vielfach versagt blieb und die demzufolge die bürokratische Aufstiegsleiter dringender benötigte als die Deutschen[34].

Für die breite Schicht der an technischen und gewerblichen Berufen interessierten tschechischen Jugend Wiens war einzig ein auf ihre Bedürfnisse ausgerichtetes *Gewerbeschulsystem* unentbehrlich. Am Zahlenverhältnis der deutschen und tschechischen Lehrlinge in den gewerblichen Fortbildungsschulen wird dies offenkundig.

Deutsche und tschechische Lehrlinge in den Wiener gewerblichen Fortbildungsschulen im Jahre 1907, das ist ein Jahr vor der Gründung der privaten gewerblichen Fortbildungsschule des Komenský-Vereines[35]

Bezirk	Tschechen	Deutsche
I.	31	49
II.	459	192
III.	304	198
IV.	173	99
V.	272	123
VI.	294	233
VII.	248	277
VIII.	201	98
IX.	286	89
X.	419	130
XI.	47	129
XII.	364	266
XIII.	145	149
XIV.	503	252
XV.	192	138
XVI.	711	340
XVII.	497	211
XVIII.	239	148
XIX.	69	38
XX.	172	67
insg.	5 626	3 223

Die bisherigen Ausführungen ließen die Frage offen, bis zu welchem Grad der „Komenský" an die am Schulwesen interessierten Wiener Tschechen herankam.

---

[33] P r i n z, Handbuch IV, 160 f.: Während 1866/67 in Böhmen/Mähren zwölf tschechische Mittelschulen bewilligt wurden, gab es 1914 schon 94 (das waren 55 %) tschechische staatliche Schulen, dazu kamen 33 (54,4 %) tschechische Privatschulen.
[34] P r i n z, Friedrich: Probleme der böhmischen Geschichte zwischen 1848 und 1914. Boh Jb 6 (1965) 332—357, hier S. 347.
[35] Auszug aus S o u k u p, Česká menšina 490, nach dem Statist. Jb. d. Stadt Wien.

Hier jedoch kann man die amtlich nie sanktionierte gewerbliche Fortbildungsschule nicht zum Vergleichsmaßstab nehmen, schon deshalb nicht, weil ihre Zeugnisse formell keine Gültigkeit besaßen und damit für den Lehrling die Arbeitssuche erschwerten. Man kommt jedoch m. E. zu einem adäquaten Urteil, wenn man die tschechischen Schüler der öffentlichen Volksschulen des X. Bezirks mit der dort genehmigten Privatschule konfrontiert.

Tschechische Schüler im X. Bezirk[36]

Schuljahr	in deutschen Schulen	in der tschech. Komenský-Schule
1903/04	2 525	816
1904/05	2 668	828
1905/06	2 768	818
1906/07	2 706	843
1907/08	2 985	854
1908/09	3 105	844

Während die deutschen öffentlichen Volksschulen innerhalb von fünf Jahren ein Anwachsen der tschechischen Schülerschaft um 23 % zu verzeichnen hatten, betrug der Zuwachs in der Komenský-Schule nur 3,5 %. Dies läßt sich nur zum Teil mit der beschränkten Kapazität des Schulgebäudes begründen[37]. Vergleicht man nämlich die Vereins-Schulstatistik jener zwei Jahrzehnte, so ist nachzuweisen, daß sich die Schülerzahlen weit mehr von der Gründungsbegeisterung oder dem Reiz des Neuen beeinflußt zeigten, als von dem Auf und Ab des bildungspolitischen Existenzkampfes, — obwohl man deutscherseits betonte, daß Zwangsmaßnahmen schulischer „Germanisierung" die nationale Abkapselung der Wiener Tschechen fördern würden[38]. Die Komenský-Sprachschule im X. Bezirk — um ein Beispiel zu nennen — hatte mit 220 Schülern begonnen, innerhalb von drei Jahren verminderte sich die Schülerzahl jedoch auf 40[39]. Selbst der Höchstziffer von 13 048 tschechischen Volksschülern, die 1910/11 in der Donaustadt erreicht wurde, entsprach im X. Bezirk nur das bisherige Maximum von 940 Komenský-Schulkindern, die übrigen Vereinsschulen waren gegenüber anderen Jahren sogar schwächer besetzt. Statt eines knappen Resümees der Analyse soll an dieser Stelle das Urteil des Kanzleidirektors der Ústřední Matice Školská [Böhm. Zentralschulverein] stehen, zeigt es doch gleich-

---

[36] Auszug aus Soukup, Česká menšina 229 (Statist. Jb. d. Stadt Wien 1903/04 bis 1908/09) und 60 let, Beilage (Schülerzahlen der Komenský-Schulen).

[37] Nö. Präs. XIV/220; 3196 (1909): Demonstrationszug der Angehörigen jener Kinder, deren Aufnahme in die Komenský-Schule im X. Bezirk wegen Platzmangel nicht mehr erfolgen konnte (12. 9. 1909).

[38] Z. B. Renner, Karl: Der deutsche Arbeiter und der Nationalismus. Wien 1910, S. 44: „Die Kinder mögen in ihrer Muttersprache zu lernen beginnen, aber in der Oberstufe die Kenntnis der zweiten Ortssprache erlangen. Erst dadurch wird ihnen, wenn sie nicht in ihre Heimat zurückwandern, das Aufgehen in der Mehrheit erleichtert. Verwirft man dieses Mittel, verschlimmert man die Dinge. Das tut man heute in Wien."

[39] 60 let, Beilage (Schülerzahlen der Komenský-Schulen).

zeitig, daß das Minderheitenschulwesen in seinen Nuancen so aspektreich war, daß sich selbst tschechische Nationalisten schnell vom Gegenstand entfernten, wenn sie für Wien dieselben Maßstäbe wie für die Minderheiten der Kronländer anlegten. Die Informationsreise des Prager Funktionärs im Oktober 1910 galt der Verhandlung und Vorbereitung konkreter Vorschläge über die Regelung des Verhältnisses der Ústřední Matice Školská zum Komenský-Verein. František Bělehrádek berichtete: „Der Besuch bestärkt mich in der Meinung, daß die Arbeit sich nur durch sehr geringe Erfolge ausweisen kann. Die Kinder gehen in die tschechischen Schulen nur deshalb, weil die Eltern der Meinung sind, daß sie dort leichter *deutsch* lernen. Meiner Ansicht nach ist es notwendig, zuerst einmal die Frage zu entscheiden, ob man überhaupt für die Erhaltung der tschechischen Nationalität in Wien arbeiten soll oder nicht"[40].

Was immer den Entschlüssen der Wiener Tschechen, oder zumindest wichtiger Elemente von ihnen, zum Komenský-Schulwesen zugrunde lag —: daß die Jugend eine *tschechische* Schule besuchen sollte, war kein Mißverständnis oder Propagandatrick. Es gehörte zu den wenigen konsequent durchgehaltenen Grundsätzen des Wiener tschechischen Lebens. Strategisch konnte diese Schule als eine Waffe gegen deutschnationale Übergriffe, soziologisch als Vorfeld der gesellschaftlichen Ansprüche der Erwachsenenwelt und als eine Art sozialen Gleichgewichtes angesehen werden. Aber für ihre Verteidiger waren solche Deutungen nicht notwendig. Für sie bedeutete „die Kultur das Leben der Nation"[41] an sich. Die tschechische Schulbildung in der Muttersprache regte wie nichts anderes die nationale Phantasie an. Die nachhaltige Diskrepanz zwischen Ideologie und wirklichem Leben war in diesem Fall kein Zynismus, sondern beruhte auf einem echten Dilemma. Der oben zitierte Urteilsspruch des Böhmischen Zentralschulvereins berührte genau den neuralgischen Punkt des „Komenský", an dem er im Vertrauen auf die Berechtigung seiner Forderungen vom ersten bis zum letzten Tag festhielt: den Anspruch auf das Öffentlichkeitsrecht, durch dessen Erlangung er nicht mehr auf die Hilfe der ÚMŠ angewiesen gewesen wäre.

Nach § 59 des Reichsvolksschulgesetzes von 1869 war eine öffentliche Schule dann zu errichten, wenn im fünfjährigen Durchschnitt im Umkreis von einer halben Meile 40 Kinder gezählt wurden. Die Unterrichtssprache (§ 6) hatte sich ausschließlich nach dem Schulerhalter zu richten, bei den öffentlichen Schulen entschied nach Anhören des Schulerhalters die Landesschulbehörde. In Ländern, in denen mehrere Volksstämme wohnten, sollten die öffentlichen Lehranstalten derart eingerichtet sein, daß ohne Anwendung eines Zwanges zur Erlernung einer zweiten Landessprache jedem dieser Volksstämme die erforderlichen Mittel zur Ausbildung in seiner Sprache zugesichert waren (Staatsgrundgesetz, Artikel XIX/3).

---

[40] ÚMŠ-Komenský-Vídeň (1902—1910) č. 20393 (19. 10. 1910). — W e n z e l, Alois: České menšiny a menšinové školství [Tschechische Minderheiten und Minderheitsschulwesen]. (Hrsg. v. d. Sektion d. Wiener Komenský für Vršovice und Umgebung). Prag 1911. Der RR-Abg. Jos. Dürich schreibt (S. 38): „... damals wurde wohl das Wort ausgesprochen, daß die tschechische Minderheit in Niederösterreich einen Ballast für die tschechische Politik darstellt." — Zu Bělehrádek: Masarykův Slovník Bd. 1 (1925) 441.
[41] S u l í k, Proč máme vychovávati své děti v českých školách 5.

Am 28. Dezember 1885, als die Volksschule im X. Bezirk um zwei Stockwerke erweitert worden war und von insgesamt 585 Kindern in dreimal drei Klassen besucht wurde, reichte der „Komenský" das erste Gesuch um Öffentlichkeitsrecht ein, das er bis zum Jahre 1891 weitere dreimal erneuerte[42]. Man wird nun erwarten, daß diese Anträge mit dem üblichen Hinweis, die niederösterreichischen Tschechen seien kein Volksstamm und ihre Sprache sei in Wien nicht landesüblich, abgewiesen worden sind. In den ersten zehn Jahren begründete man die Ablehnung jedoch stets mit dem Hinweis auf die mangelhafte Beherrschung der deutschen Sprache bei den Schülern, das heißt, man berief sich auf das Inspektionsergebnis des Bezirksschulrates. Erst als sich die Elternschaft der Komenský-Kinder im X. Bezirk zusammengeschlossen und beim Landesschulrat mit 519 Unterschriften vergebens um das Öffentlichkeitsrecht eingereicht hatte, erfolgte in zweiter Instanz vom Unterrichtsministerium, in dem der Rekurs vier Jahre lang liegen geblieben war, am 1. Februar 1895 der abschlägige Bescheid im bekannten Wortlaut[43], der durch das Reichsgerichtserkenntnis vom 19. Oktober 1904 die Hoffnung auf tschechische öffentliche Schulen in Wien auf lange Sicht zunichte machte[44]. Man kann hier nur vermuten, warum das Ministerium relativ lange mit dem Verweis auf die „Volksstamm"-Theorie zurückhielt: Die Forderungen des „Komenský" konnten sich auf das Reichsgerichtserkenntnis vom 12. Juli 1880 (Hye

---

[42] Sept. 1887, Jan. 1891, Dez. 1891. K a r á s e k , Sborník 171.

[43] Das 1889 von 519 Eltern unterzeichnete Gesuch wurde vom Landesschulrat am 16. 12. 1890 (Z. 9934) abgewiesen. Die Anfang 1891 beim Unterrichtsministerium dagegen eingereichte Beschwerde wurde trotz zahlreicher Urgenzen und Interpellationen erst am 1. Februar 1895 (Z. 15044 ex 1891) beantwortet: „Die im Artikel XIX Abs. 3 des Staatsgrundgesetzes vom 21. Dezember 1867 RGBl. Nr. 142 über die allgemeinen Rechte der Staatsbürger normierte besondere Einrichtung der öffentlichen Unterrichtsanstalten kann nur in jenen Ländern ohne weitere Voraussetzung zur Anwendung gelangen, wo das Wohnen mehrerer Volksstämme als unanfechtbare Tatsache feststeht, — wo dies aber nicht der Fall ist, ist die Anwendung der vorbezogenen gesetzlichen Bestimmung davon abhängig, daß die tatsächlichen Verhältnisse das Wohnen mehrerer Volksstämme zweifellos erscheinen lassen. Dies trifft nun bezüglich der Angehörigen des tschechischen Volksstammes in Wien nicht zu. Denn weder die Gesamtzahl der in Wien lebenden Angehörigen dieses Volksstammes im Entgegenhalte zur Gesamtziffer der Bevölkerung, noch die Verhältnisse, unter denen sich dieselben in Wien aufhalten, weisen jene Merkmale nach, an welchen sich erkennen ließe, daß der tschechische Volksstamm in Wien speziell im X. Gemeindebezirke wohne, beziehungsweise daß seine Sprache eine in Wien landesübliche sei." Der hiergegen eingebrachte Rekurs beim Verwaltungsgerichtshof wurde am 13. Mai 1895 (Z. 2026) mit einer Inkompetenzerklärung beantwortet.

[44] Zu vermerken ist, daß alle im Staatsgrundgesetz genannten Rechte der Staatsbürger in die Kompetenz des Reichsgerichtes fielen, dessen Erkenntnisse allerdings bloß feststellende, nicht kassatorische (aufhebende) Wirkung hatten. Das fünfte Gesuch des Vereins, am 24. 10. 1896, wurde im Abgeordnetenhaus mit 122 gegen 111 Stimmen gutgeheißen: Pálffy äußerte „in ruhiger Erwägung der vorgebrachten Gründe und in Würdigung der Verhältnisse..., daß dieses Begehren allerdings ein statthaftes und berücksichtigenswertes sei." RR-Prot/H. d. Abg. XI/411 (11. 7. 1895) 20423 und XI/556 (7. 1. 1897) 28606. Seit 1896 wurde jedoch im nö. Landtag die deutsche Sprache als alleinige Unterrichtssprache gefordert (Lex Kolisko). Hinzu kam im Januar 1909 der Antrag Axmann, der das gleiche bezweckte. Auch ohne kaiserliche Sanktionierung beeinflußten diese Gesetzesvorschläge die Frage des Öffentlichkeitsrechtes.

219) stützen, daß eine Sprache nach dem Reichsvolksschulgesetz stets dann zu berücksichtigen sei, sofern sie „im Lande überhaupt, also wenn auch nur in einzelnen Bezirken desselben üblich ist". Vorausgegangen war ein ähnliches Erkenntnis vom April 1877, das 1882 nochmals bekräftigt wurde, in dem das österreichische Höchstgericht in den drei niederösterreichischen Gemeinden Unterthemenau, Oberthemenau und Bischofswarth[45] den Volksschulunterricht in tschechischer Sprache ausdrücklich öffentlich zugelassen und das Tschechische als „doch mindestens vorherrschende volks- und landesübliche Sprache" und damit als gleichberechtigt mit dem Deutschen bezeichnet hatte[46].

Diese Entscheidung ist für den Historiker zweifellos von ebensogroßem Interesse wie für den Staatsrechtler. Auch wenn namhafte Rechtsgelehrte den Einwand vorgebracht haben, daß das Reichsgericht den Artikel XIX des Staatsgrundgesetzes in unmitelbare Anwendung brachte, wenn es über diese Beschwerde von Staatsbürgern über Verletzung von aus diesem Artikel unmittelbar abgeleiteten Rechten entschied[47] — so ist neuerdings mit Recht auch die Großzügigkeit betont worden, mit der das Reichsgericht diese drei Gemeinden als Träger von Rechten nach Artikel XIX anerkannte. Erst dieser verfassungsrechtliche Schutz verlieh dem vielberufenen Artikel wahre Effektivität, die mit der bloßen Phrase von der Gleichberechtigung der Nationen nichts gemeinsam hatte[48].

Für den „Komenský", der im Bewußtsein seiner langjährigen Vereinstradition für seine Favoritener Volksschule mit positivistischer Legalität auf dem Argument be-

---

[45] Poštorná, Nová Ves, Hlohovec. Fast ausschließlich von slowakisierten Kroaten bewohnt, auch Podluzaken genannt. Lit. siehe S. 18 Anm. 7. — 1890 stellten die Volkszählungsergebnisse in Unterthemenau 128 Deutsche und 2430 Tschechen, in Oberthemenau 49 Deutsche und 1108 Tschechen und in Bischofswart 28 Deutsche und 947 Tschechen fest. K a r á s e k, Sborník 6. Im Jahre 1900 entsprach das einem Anteil von 93,3 %, 92,8 % und 99,5 %. S c h u b e r t, Ziffern zur Frage des nö. Tschecheneinschlages 63.

[46] RG.-Erk. v. 1877 u. 1882: Hye 129 und Hye 269. — Mit der Begründung, daß zweifellos „die weithin ausschlaggebende Mehrzahl der Bewohner und Familien der drei beschwerdeführenden Gemeinden teils dem slowakischen, teils dem kroatischen, also slawischen Volksstämmen des österr. Kaiserstaates angehört; daß ferner in diesen drei Gemeinden die slawische Sprache als die wenn nicht exklusive, so doch mindestens vorherrschende volks- und landesübliche Sprache angesehen werden muß, und daß demnach den Einwohnern dieser drei Gemeinden verfassungsmäßig das unverletzliche Recht zusteht, daß daselbst die slawische Sprache gleichberechtigt wie jede andere von den im Kaisertume Österreich landesüblichen Sprachen gewahrt und gepflegt und daß dafür Sorge getragen werde, daß in den dortigen Volksschulen die Kinder die erforderlichen Mittel zur Ausbildung auch in ihrer Muttersprache, das ist in der slawischen Sprache, erhalten." Erk. Nr. 129 v. 25. 4. 1877. Originale mit Konzepten und Vorakten im Allg. Verwaltungsarchiv Wien.

[47] Z. B. Georg J e l l i n e k, der ein Durchführungsgesetz verlangte, das die Rechtssubjekte bezeichnen sollte, die als Träger der Rechte nach Art. XIX in Frage kämen. Adolf E x n e r wandte ein, die bezügliche Judikatur des Reichsgerichtes sei eine vom Standpunkt der juristischen Theorie unzulässige, nicht mehr innerhalb des Rahmens der richterlichen Funktion fallende Ergänzung und Ausführung des Gesetzes. H e r m a n n von H e r r n r i t t, Rudolf: Nationalität und Recht. Wien 1899, S. 55.

[48] S t o u r z h, Gerald: Die Gleichberechtigung der Nationalitäten und die österreichische Dezember-Verfassung von 1867. In: Der österreichisch-ungarische Ausgleich von 1867. Vorgeschichte und Wirkungen. Wien/München 1967, S. 186—218, bes. S. 210, 212.

harrte, es ließe sich erkennen, „daß in Wien speziell im X. Gemeindebezirke der tschechische Volksstamm wohne"[49], entsprach die Verbindung von Öffentlichkeitsrecht und „Volksstamm"-Prinzip in ihren praktischen Folgen dem Versuch, die Quadratur des Kreises zu finden. Wie zu erwarten, neigten die tschechischnationalen Theoretiker dazu, die Existenz dieses Problems zu leugnen, statt es zu lösen. So verfaßte denn vor dem Oktober-Erkenntnis ebenfalls im Jahre 1904 der spätere erste Vorsitzende des niederösterreichischen tschechischen Nationalrates, Josef Drozda, eine Denkschrift, die in zwanzigfacher Auflage erschien, in der er unter Benutzung der bisherigen Reichsgerichtserlässe und Gesetzesparagraphen sowie der amtlichen Schulstatistik für jeden Wiener Bezirk errechnete, wieviele öffentliche Volksschulklassen bzw. Volksschulen für die Wiener Tschechen „rechtmäßig" errichtet werden müßten[50]. Zusammengefaßt ergaben sich ca. 35 Volksschulen oder 180 Klassen. Drozda bezog sich in seiner Studie ausschließlich auf die Volksschulziffern, ohne Bürger- und gewerbliche Fortbildungsschulen, und verwendete statt der in § 6 des Reichsvolksschulgesetzes angegebenen Mindestschülerzahl von 40 Kindern pro Klasse großzügig das zulässige Maximum von 60 Schülern. Im einzelnen sah das für die Wiener Stadtbezirke folgendermaßen aus:

Bezirk		tschech. Schüler in Wiener Volksschulen	zu errricht. Klassen	tschech. Schulen
X	Favoriten	3 237	54	6—7
XX	Brigittenau	1 051	18	3
XVI	Ottakring	932	16	2—3
III	Landstraße	799	14	2—3
II	Leopoldstadt	637	10	2
XIV	Rudolfsheim	497	8	2
V	Margareten	493	8	2
XVII	Hernals	492	8	2
XII	Meidling	479	8	2
XI	Simmering	398	6	1
XVIII	Währing	292	5	1
IX	Alserstadt	266	5	1
XIII	Hietzing	239	4	1
XIX	Döbling	175	3	1
IV	Wieden	174	3	1
VII	Neubau	168	3	1
VI	Mariahilf	136	2—3	1
VII	Josefstadt	131	2—3	1
XV	Fünfhaus	130	2—3	1
I	Innenstadt	80	2	1

---
[49] Siehe Anm. 43.
[50] Hůrecký, J. D.: (Pseud. f. Drozda): Čeho je nám třeba? Časová úvaha vídeňská [Was wir notwendig brauchen. Wiener aktuelle Erwägung]. Wien 1904, hier S. 18 f.

Drozda änderte allerdings mit dieser Aufstellung, die in jedem Wiener Stadtbezirk mindestens eine tschechische öffentliche Schule forderte, die Wirklichkeit nicht, er versuchte sie lediglich ideologisch wegzuinterpretieren.

In diesem so fruchtlosen Tauziehen um das Öffentlichkeitsrecht liegt ein wesentlicher Punkt für die weitere tragische Entwicklung der Komenský-Organisation verborgen. Auf die stufenweisen Bemühungen um Gewerbeschule[51], Volksschule und Öffentlichkeitsrecht für den X. Bezirk folgte etwa ab 1905 die vierte und letzte Phase in der Geschichte des Wiener tschechischen Schulwesens vor dem Weltkrieg: die langjährigen Gerichtsverfahren und Kompetenzstreitigkeiten wegen der Verbarrikadierungen der Schulgebäude durch den Magistrat und die schweren Zusammenstöße mit einem Teil der bis dahin national indifferenten deutschen Bevölkerung der Hauptstadt.

Die Unzufriedenheit mit der staatlichen Fürsorge für das Schulwesen führte seit den achtziger Jahren auch beim deutschen Volk, das bekanntlich die meisten Minoritäten in der Donaumonarchie und zwar in den böhmischen Ländern hatte, zur Gründung von Schulvereinen, denen der Gedanke nationaler Schutzarbeit langsam organisch angegliedert wurde. Die bedeutendste nationale Kampforganisation war der im Mai 1880 vor der Volkszählung in Wien gegründete „Deutsche Schulverein", an dessen Wiege die führenden Männer des Linzer Programms der deutschnationalen Bewegung (1882), Engelbert Pernerstorfer, Victor Adler und Heinrich Friedjung, standen[52]. Er wollte eine „Wacht an der Donau" sein und die deutschen Interessen vor allem in den „niederösterreichischen Ortschaften mit überwiegend tschechischer Bevölkerung" fördern[53]. Die Tschechen antworteten prompt noch im Dezember gleichen Jahres mit der Gründung der *Ústřední Matice Školská*[54], dem ersten Vor-

---

[51] Am 2. Oktober 1904 beschloß der niederösterreichische Landtag ein Gesetz über den Ausbau des gewerblichen Fortbildungsschulunterrichtes, das in § 2 Deutsch als alleinige Unterrichtssprache erklärte. Zu den Einwänden des Landesschulrates und des Ministeriums für öffentliche Arbeiten gegen eine tschechische Gewerbeschule: S o u k u p , Česká menšina 498—500.

[52] W o t a w a , August: Der deutsche Schulverein 1880—1905. Wien 1905. — D e r s . : Der Deutsche Schutzvereinstag vom 4. bis 6. Januar 1908. Deutsche Erde 7 (1908) 10—13. — R e i n h o l d , Karl: Was leisteten die Deutschen in Österreich für ihr Volkstum i. J. 1908, was ihre Gegner? Deutsche Erde 9 (1910) 98—104. — R i c e k , Leopold: Benachteiligung der Deutschen Niederösterreichs auf dem Gebiete des staatlichen Mittelschulwesens und Lehrerbildungswesens gegenüber Polnisch-Galizien und Tschechisch-Böhmen. Deutsche Erde 9 (1910) 241 f. — B a r t a , E. / B e l l , K.: Geschichte der Schutzarbeit am deutschen Volkstum. Dresden 1930. — Für Mähren: S p u n d a , J.: Die verlorenen Inseln, Boh Jb 2, 3 (1961, 1962), hier Bd. 2 (1961) 395 ff., 390 f., 378—389.

[53] W o t a w a , Der Deutsche Schulverein 12 bzw. 57.

[54] Eine gute Kritik dieser kleinbürgerlich-nationalistischen Organisationen bei R a d l , E.: Der Kampf zwischen Tschechen und Deutschen. Reichenberg 1928, S. 138 f. — K o ř a l k a , Jiří: Všeněmecký svaz a česká otázka koncem 19. století [Der Alldeutsche Verband und die tschechische Frage am Ende des 19. Jahrhunderts]. Rozpravy Čsl. Ak. Věd 73 (1963) H. 12, S. 3—28, bes. 16—20. — Die Arbeit der Schutzvereine wurde vor allem dadurch gehemmt, daß sie den politischen Tageskampf ihrer Parteien höher stellten als die gemeinsamen Ziele. Trotzdem schrieb Paul S a m a s s a , der Hauptredakteur der „Alldeutschen Blätter" und ein Kenner der österr. Verhältnisse: „Die Schutzvereine

läufer des tschechischen Nationalrates. Von den im Laufe der nächsten 20 Jahre gegründeten weiteren 17 deutschnationalen Schutzvereinen sind hier nur jene von Interesse, deren Wirkungskreis sich auf Niederösterreich erstreckte, da sie vermutlich den „Komenský" indirekt arbeitsorganisatorisch beeinflußt haben: der Deutsche Schulverein, Südmark und der Bund der Deutschen in Niederösterreich. Was allgemeinhin wie ein im positiven Sinne anspornender gegenseitiger deutsch-tschechischer Bildungswettbewerb aussehen konnte[55], war für den Wiener „Komenský" nur übersteigerte Isolation, durch die er vielen das politische Geschäft erleichterte. An eine ernsthafte Konkurrenz gegen die drei deutschen in Niederösterreich tätigen Vereine war nicht zu denken, auch wenn die Gesamteinnahmen des „Komenský" im Vergleich zum nationalen Anteil der niederösterreichischen Tschechen recht beträchtlich waren.

Die deutschen und tschechischen Schutzvereine mit Tätigkeitsgebiet Wien und Niederösterreich im Jahre 1908[56]

Name und Gründungsjahr	Wirkungsgebiet	Zahl der Ortsgrupp.	Gesamteinnahmen	Zahl der Mitglieder
Deutscher Schulverein, 1880	Cisleithanien	1 344	806 894 K	130 000
Südmark, 1890	Alpenländer, OÖ, NÖ	593	433 408 K	55 701
Bund der Deutschen in NÖ, 1905	NÖ	119	13 459 K	119
Komenský, 1872	NÖ	17	269 296 K	3 793
Ústřední Matice Školská, 1880	Böhm. Länder, NÖ	553	778 342 K	?

Der Vergleich allein mit dem Deutschen Schulverein, der sich im Jahre 1905 bereits auf 40 Volksschulgründungen in öffentlicher, eigener und anderer Verwaltung berufen konnte, ist in wenigen Details vielleicht noch aufschlußreicher als der große Gesamtüberblick[57]. Im ersten Jahr seines Bestehens meldeten sich bei ihm 22 000 Mitglieder, beim „Komenský" waren es 301. 1903 verfügte der Deutsche Schulverein über 157, der Wiener tschechische über neun Zweigstellen. Bei erste-

---

stehen dem politischen Leben fern wie die wissenschaftliche Arbeit." S a m a s s a , P.: Der Völkerstreit im Habsburgerstaat. Leipzig 1910, S. 43.
[55] S c h n e e f u ß ist der Ansicht, der kulturelle Wettkampf sei allen Beteiligten zugute gekommen. Die dabei erzielten „wertvollen Ergebnisse" waren besser „als der im großen und ganzen doch recht vereinzelte Verlust durch Entnationalisierung von Schulkindern." S c h n e e f u ß , Demokratie im alten Österreich 128. (Falsch ist, daß der Deutsche Schulverein *vor dem* „Komenský" entstanden sein soll!).
[56] Auszug aus: R e i n h o l d , Was leisteten die Deutschen 99.
[57] Zum Folgenden: W o t a w a , Der Deutsche Schulverein 68, 12, Tafel 1. — D e r s .: Der deutsche Schutzvereinstag 11. — M e l i c h a r , Šedesát let 31—79.

rem stiegen die Mitgliederzahlen zwischen 1903 und 1906 um 90 000, der „Komenský" brauchte 20 Jahre, um seinen Stand nur um 1000 zu erweitern. Die Differenz der Jahreseinnahmen zwischen 1903 und 1906 betrug beim Deutschen Schulverein 400 000 Kronen, ein Betrag, den der tschechische nie zu sehen bekam. Die Ústřední Matice Školská überwies zwar dem Verein seit 1902 eine jährliche Subvention von 10 000 Kronen[58], sie gab jedoch unmißverständlich zu erkennen, daß sie nur dort Schulen errichten werde, wo — zum Unterschied von Wien — eine gewisse Hoffnung bestünde, daß diese nach einigen Jahren das Öffentlichkeitsrecht erhalten würden[59]. So ist es auch erklärlich, daß sie die ihr vom „Komenský" jahrelang vorgeschlagenen Pläne und ausgearbeiteten Entwürfe zu einer Fusion stets durch andere Einwendungen hinauszuzögern wußte, bis 1914 der Weltkrieg die Szene völlig veränderte[60].

Die Kehrseite der geschilderten Verhältnisse mußte sich vor allem in der Effektivität des Bildungs- und Unterrichtswesens für die Wiener tschechischen Kinder widerspiegeln, wobei in diesem Zusammenhang die öffentlichen Schulen außer acht bleiben können[61]. Sicherlich war es eine Belastung für die Komenský-Beleg-

---

[58] ÚMŠ-Komenský-Vídeň 1902—1911. Hinzu kamen 4000 K vom Fonds Jos. Kandert, einem Prager Baumeister, der bei seinem Tod (1902) die Hälfte der Jahreszinsen seines Vermögens (200 000 K) dem Wiener Komenský vermachte. — 1881 ist die erste Unterstützung der ÚMŠ (mit 2000 fl) verzeichnet. Melichar, Šedesát let 34. Für die Subvention von 14 000 K behielt sich die ÚMŠ das Recht der Inspektion vor. ÚMŠ an Komenský am 28. 2. 1913 (č. 1507/13).

[59] Briefe der ÚMŠ an die Čsl. Jednota vom 25. 11. 1903 (č. 14492) und 15. 4. 1904. — Ähnliche Tendenz im Brief der ÚMŠ an den Komenský vom 10. 5. 1911: Mitteilung der ÚMŠ, in Niederösterreich keine Sektionen zu errichten und Sammelorganisationen zu unterlassen. — Defizit der ÚMŠ i. J. 1913: 200 000 K. NRČ 127 (1913) Lex Kolisko.

[60] Vgl. das Zehn-Punkteprogramm „Punktace o smlouvě se spolkem Komenském ve Vídni [Punktationen über einen Vertrag mit dem Verein Komenský in Wien] von 1911: u. a. war vorgesehen: ÚMŠ übernimmt ab 1. 1. 1911 sämtliche Verpflichtungen des Vereines gegenüber den Lehrpersonen. Versicherung der Lehrer der Privatschule. Namensänderung des Komenský in „Spolek Dolnorakouských Čechů Komenský". Keine Errichtung von neuen Sektionen in Wien und Niederösterreich. Hierzu: Aufruf des Komenský an die Redaktionen der tschechischen Zeitungen, keine Berichte über ihn zu bringen. Vermutungen einer Fusion mit der ÚMŠ seien falsch und schädigten den Verein finanziell (2. 6. 1911). NRČ an ÚMŠ 29. 5. 1905 und ÚMŠ an Stadtrat in Kolín (28. 8. 1907): Betonung der „freundschaftlichen Beziehungen" zu Wien, aber Defizit von 450 000 K in der ÚMŠ, daher Ablehnung der Fusion. — Brief der Jednota čsl. učitelstva [Verein der tschechischen Lehrer] in Niederösterreich an die ÚMŠ (12. 5. 1911): Standpunkt und Forderungen der Lehrer anläßlich der geplanten Fusion. Kanzleidirektor der ÚMŠ am 25. 9. 1911: „Möglich, wenn die Übernahme der Schulen durch die Matice im Vorjahr erfolgt wäre, daß die Schulen dann alle dieses Los (= Verbarrikadierung, Anm. d. Verf.) getroffen hätte." — Ferner: PM 1911—1920. 8/5/25/8. Wien-Komenský-Verein. Geldsammlungen zugunsten des Vereins, Verschmelzung mit der ÚMŠ. — PM 1911—1920. 8/5/25/8 (19. 5. 1911) Komenský und ÚMŠ: An Auflösung des K. wird nicht gedacht. (Pol.-Dir. Prag an Statthalterei Prag).

[61] Katastrophal müssen die Verhältnisse an den gewerblichen Vorbereitungsschulen gewesen sein (1906/07): 34,5 % Deutsche, 57,8 % Tschechen. „Ganze Klassen von Vorbereitungskursen werden von Schülern tschecho-slawischer Abstammung besucht, welche beim Eintritt in diese Kurse der deutschen Sprache gar nicht oder nur in geringem Maße mächtig sind und sich im gegenseitigen Verkehr und im Verkehr mit den Lehrherrn und

schaft, wenn die Vierzehnjährigen zu den Abschlußprüfungen in die nächste öffentliche tschechische Volksschule nach Lundenburg (Břeclav) in Mähren reisen mußten. Vorübergehend fanden die Prüfungen auch an der deutschen Volksschule im peripheren Inzersdorf statt[62]. Seit 1908, durch eine Verfügung des Unterrichtsministers Marchet (24. 6. 1908, Nr. 3891) war es den Lundenburger Lehrern gestattet, die Prüfungen in Wien selbst vorzunehmen[63]. Auf das Unterrichtsniveau konnten diese Examensbestimmungen jedoch keinen Einfluß haben. Umso auffallender sind die scharfen Worte in den Inspektionsberichten der ÚMŠ, mit denen Lehrmethode, Lehrkörper und Schulverwaltung des Wiener „Komenský" kritisiert werden[64]. Die verborgene Wurzel dieser Unzulänglichkeiten war die soziale und wirtschaftliche Benachteiligung des Komenský-Personals. Die aufgezeichneten Erinnerungen des ersten Lehrers der Schule im X. Bezirk[65] finden ihre Bestätigung im Aktenmaterial der ÚMŠ: Die Lehrer fühlten sich in Wien stets als Fremde mit ungesicherter Zukunft. Die Dienstjahre an der Komenský-Schule waren verloren und wurden für die Pension nicht anerkannt. Die Gehälter ihrer Oberlehrer waren wesentlich niedriger als die der Hilfslehrer an öffentlichen Wiener Schulen. Durch das seit 1912 rapid steigende Defizit sah sich der Verein genötigt, im August 1914 31 von 46 Lehrern zu entlassen und das Gehalt der restlichen 15 vom 1. August

Gehilfen der tschechischen Sprache bedienen." ... „Die angeführten Zahlen sind amtlichen Quellen entnommen. Die wirkliche Anzahl der slawischen Schüler dürfte heute doppelt so groß sein." Wiener Slawen S. 14 u. 13. — Kein Wunder, daß die Tschechen daraufhin 40 000—50 000 schätzten. Kal. Slov. Víd. 20 (1912) 65.

[62] Zwischen 1888 und 1894. 1899 hätte eine deutsche Volksschule im X. Bezirk die Prüfung vorgenommen, sie bot aber nur Noten in vier Fächern an, daher Ablehnung. Melichar, Šedesát let 54.

[63] Das erregte vor allem den Widerspruch der Wiener Gemeinde, die darin praktisch eine Verleihung des Öffentlichkeitsrechtes erblickte. Nö. Präs. I/3d, 2245 (1909): Korrespondenz des Unterrichtsministers Stürgkh an den Statthalter Kielmannsegg (6. 6. 1909); Antwort 25. 6.: Oberlehrer Assmann (vom Komenský) will alles versuchen, um zu verhindern, daß die Schulentlassungsprüfung irgendwelchen öffentlichen Charakter erhält. — Pol.-Präs. am 25. 6.: „Die Schlußprüfung in der Komenský-Schule wird heuer ruhig und ohne Beiziehung von Gästen stattfinden. Man will offenbar jede Publikation in den deutschen Journalen hierüber vermeiden, um die vom Wiener Landesschulrat zugestandene Begünstigung ... nicht zu verlieren, weil tatsächlich von christlich-sozialer Seite gegen diese Begünstigung demonstriert wurde." — Siehe unten S. 304—307.

[64] ÚMŠ-Komenský 1911/12 (č. 18172) 10. 7. 1913: Die tschechische Sprache an den Komenský-Schulen wird nicht nach der modernen Art gelehrt, die jetzt an den tschechischen Schulen eingeführt und praktiziert wird, obwohl man sie so lehren sollte, besonders in Wien, wo dem Kind die natürliche Quelle der Muttersprache versiegt. Deshalb ist auch die Rechtschrift schlechter als sie wäre, wenn die Kinder die tschechische Sprache nach klassischem Muster lernen würden, dann erst Grammatik und Syntax. Der Stil wurde freier gelehrt, freilich mit ungleichem Erfolg. — 14. 11. 1911: Ein Mitarbeiter der parlamentarischen und Schul-Sektion des Komenský an die ÚMŠ: „Am meisten ärgert mich der Übelstand der absoluten Undisziplin zwischen dem Direktor und dem Lehrkörper ... Ein großer Fehler ist, daß die Schule nur ein bis zweimal kurz inspiziert wird. Wenn die Öffentlichkeit dieses «freundschaftliche» Verhältnis zwischen dem Leiter Assmann und manchen Lehrern sehen würde, würde sie sich entsetzen." Gleichen Inhaltes: Brief vom 10. 7. 1913. Von insgesamt 46 Lehrern hatten 38 „befriedigend oder genügend".

[65] Libíček, J.: Mé vzpomínky na Vídeň [Meine Erinnerungen an Wien]. In: 60 let 399—402, für das Folgende bes. 402. — Soukup, Česká menšina 204.

1914 an um die Hälfte zu reduzieren[66]. Mit diesen fünfzehn Lehrern an acht Wiener Schulen und einer in Unterthemenau war der „Komenský" auf den Stand von 1893/94 zurückgefallen, seinerzeit hatten aber mittellose Studenten und Beamte der unteren Ränge für geringes Honorar zusätzlich den Unterricht geleitet[67]. Seit 1909 waren die Ausgaben des Vereines größer als die Einnahmen. 1910 zeigte die Übersicht über die Eingänge und Ausgänge einen Schuldenbetrag von 200 000 Kronen[68]. Wenn man daher beschloß, keine neuen Lehrkräfte mehr anzustellen und die Verträge auch mit denjenigen nicht mehr zu erneuern, deren Interims-Vertrag am 31. August 1914 endete, so geschah dies, weil man keinen anderen Ausweg mehr sah: Schon „seit längerer Zeit" hatten die Gehälter nur dadurch ausgezahlt werden können, daß die Vídeňská záložna [Wiener Vorschußkassa] dem „Komenský" jeweils bis zum Ersten des nächsten Monates 12 000 K borgte. Seit Juli 1914 konnten diese Beträge nicht mehr zurückgezahlt werden[69]. Die monatlichen Ausgaben betrugen stets ca. 20 000 K, doch das Geld war seit Neujahr 1914 nicht mehr zur Verfügung. Noch einmal bestätigte die bedeutendste tschechische Vorschußkasse Wiens eine Anleihe bis 20 000 K, die sie simultan auf die bereits hypothekarisch belasteten Gebäude des „Komenský" in Unterthemenau aufteilte. Wenn die Auszahlung der *halben* Gehälter bis Schuljahresende 1914/15 gesichert werden sollte, galt es jedoch darüber hinaus noch 40 000 K zu beschaffen. Angesichts dieser Umstände muß man sich fragen, wie es dem Verein möglich war, nicht nur „Schulen zu errichten und zu erhalten", sondern auch eine ausgedehnte Sozialfürsorge für das tschechische Kind[70] in Gang zu setzen oder z. B. die Strafgebühren zu bezahlen, die den Wiener Meistern auferlegt wurden (bis zu 100 K), wenn sie ihre Lehrlinge nicht in die Pflichtschulen, sondern in die private Gewerbeschule des „Komenský" schickten[71]. Die freiwillige nationale Kronensteuer seit 1904[72] und die zum Teil sehr

---

[66] ÚMŠ-Komenský-Vídeň 1913—1920. Brief des Komenský an ÚMŠ vom 27. 8. 1914 (č. 5588), 23. 9. 1914 (č. 6010). Durchschnittsgehalt 100 K monatlich (schon i. J. 1865 kostete die monatliche Miete des Vereinslokals der Sl. Beseda 192 Gulden. Jub. zpráva Slov. Besedy 7). — L e d e r e r , Česká Vídeň 36—38.

[67] Kal. Čechů Víd. 3 (1894) 50.

[68] ÚMŠ-Komenský-Vídeň 1911/12: Přehled účtu příjmů a vydání 1907—1910 [Übersicht über das Konto der Einnahmen und Ausgaben 1907—1910].

[69] Zum Finanzstand vgl. ÚMŠ-Komenský-Vídeň 1911/12. Stand 1910 und 1911 (Schulden auf den Realitäten) Bericht vom 19. 10. 1910 (č. 20393). Grundbuchauszüge. Bericht vom 5. 5. 1913 (č. 2962: außerordentliche Protestgeldsammlung geplant wegen der kritischen finanziellen Lage des Komenský). — Berichte vom 4. 8. 1914 (č. 5310); 27. 8. 1914 (č. 5588); 1. 10. 1914 (č. 23648): Stav Komenského v posledních měsících [Stand des Komenský in den letzten Monaten]; 3. 10. 1914 (č. 23921): Bittbrief Drozdas; 5. 11. 1914 (č. 6543/2): Der Kandert-Fonds ließ laut Testament keine Lombardierung zu, daher plant man, die Prager Städtische Sparkasse um eine Hypothek anzugehen, für die die Zinsen aus dem Kandert-Fonds zur Bezahlung der Annuitäten abgetreten werden könnten, ähnlich wie die Annuitäten der hypothekarischen Schulden an der Schule im X. Bezirk aus der Subvention der Stadt Prag bezahlt werden.

[70] Komenský sorgte für die Ferienunterbringung in den Kronländern, für Schulspeisung, Kleidung, Weihnachtsbescherungen und kostenlose ärztliche Betreuung. S o u k u p , Česká menšina 251—262.

[71] Diese Kosten trug der Verein. S o u k u p , Česká menšina 499 f.

[72] Auf Anregung des Lehrers Ludvíček eingeführt. Melichar, Šedesát let 59. —

großzügigen Spenden[73] konnten die finanzielle Anämie jedenfalls nur verlangsamen, nicht aber aufhalten. Das seit 1909 „mit erneuter Energie und reichen Mitteln"[74] ausgebaute Privatschulwesen der Wiener Tschechen hielt sich dessenungeachtet im Wunschdenken deutschnationaler Darstellungen bis in die jüngste Vergangenheit.

Aber hier konnte auch keine „parlamentarische Kommission"[75] und keine enkomiastische Vereinsliteratur ausgleichend intervenieren. Hinzu kam ein psychologisches Moment, das besonders dazu geeignet war, auch die politisch weniger bewußten Wiener Tschechen anzusprechen: Es waren dies z. B. die Vergleichsmöglichkeiten zur Gründersucht anderer Schutzvereine und Minoritäten, die in ihrer Tätigkeit offenbar erfolgreicher waren[76]. Schwerwiegender in seiner Wirkung auf die Wiener Tschechen mußte jedoch das Wissen gewesen sein, daß die böhmischen Länder vor dem Ersten Weltkrieg das entwickeltste Schulsystem der Gesamtmonarchie besaßen; das betraf sowohl die Zahl als auch die innere Organisation der Erziehungsanstalten[77]. Zuletzt aber ist hervorzuheben — auch wenn

---

Česká Vídeň Nr. 47 (1905) S. 3: Jan Ludvíček: České školství a naše svépomoc [Das tschechische Schulwesen und unsere Selbsthilfe]. Finanzreferat. — Ein bloßes Projekt blieb die „Zwei-Millionen-Sammlung" für den „Komenský", NRČ 82 (1913) und Jihočeské Ohlasy Nr. 32 (5. 4. 1913) als Protest gegen die Lex Kolisko.

[73] Das weitaus größte Mitgliederkontingent bestand aus kleinen, sonst nirgendwo erwähnten Tischgesellschaften in Wiener Gasthäusern. Im Durchschnitt stammen von ihnen die höchsten Spenden: Komenský-Jahresbericht 1902: S. 23—24: Vlastenecká společnost v Budějovické pivovárně: 445 K [Heimatgesellschaft in der Budweiser Bräustube] (Jahresbericht 1906: Slovanská Beseda 20 K!). Spenden oder Kredite der Prager und Wiener Prominenz sind selten: Harrach leiht 1885 5000 fl. und versorgt über die Prager Städt. Sparkasse 28 000 fl. — 1887: Landesparlamente in Böhmen/Mähren werden vergeblich um Unterstützung gebeten. — 1898: Baurat Hlávka deckt das Defizit. K a r á s e k, Sborník 170. — M e l i c h a r, Šedesát let 33—78; S. 60: Hilfskomitee gegründet.

[74] G ü r k e, Norb.: Die deutschen Erbländer, In: H u g e l m a n n, Das Nationalitätenrecht 454.

[75] Auch sie hatte sich die bereits beim Deutschen Schulverein erwähnte Bezeichnung „Stráž na Dunaji" [„Wacht an der Donau"] zugelegt. 1909 gegründet, bestehend aus parlamentarischen Vertretern aller tschechischen Parteien (einschl. Sozialdemokraten), insgesamt aus sieben Abgeordneten, die abwechselnd ständig in Wien zum Schutz des tschechischen Schulwesens anwesend sein mußten. Nö.-Präs. XI/152—161, 2965 (1909). S o u k u p, Česká menšina 219.

[76] Besonders zitiert wurden die deutschen Minoritäten in Trient, Triest, Pola, Brody (Galizien), vor allem aber in Prag und Böhmen: Kal. Slov. Víd. 20 (1912) 65: In Chlumec bei Wittingau wurde vom Böhmerwaldbund eine deutsche Schule für fünf Kinder errichtet und öffentlich zugelassen. Für Prag i. J. 1910: S o u k u p, Česká menšina 230.

[77] P r i n z, Handbuch IV, 155. — S c h n e e f u ß, Demokratie im alten Österreich 121 f.: In dem Zeitraum des Reichsvolksschulgesetzes war die Zahl der deutschen Volksschulen in Böhmen um 43 %, die der tschechischen um 60 % gestiegen. Die deutschen Bürgerschulen waren in diesem Zeitraum auf das Vierfache, die tschechischen auf das Sechsfache gestiegen. In Mähren wuchs die Zahl der deutschen Volksschulen um 37 %, die der tschechischen um 50 %. R e n n e r, Der deutsche Arbeiter 38: „Schmach und Schande den deutschnationalen Führern, die von deutscher Kultur faseln und ihrem Volk verschweigen, daß heute die Deutschen in Österreich mehr Analphabeten haben als die Tschechen." (Tschechen 4,26 %, Deutsche 6,83 %).

es selbstverständlich ist —, daß Wien als Verwaltungszentrum und Industriestadt im Schulwesen eine Spitzenstellung einnahm. Gerade dies bedarf im Falle der Wiener Tschechen eines vorausgreifenden Aperçus. Ein Markstein war die Ära Lueger 1897—1910, in der bis Ende 1908 in Wien über 100 Schulen neu eröffnet wurden, 71 davon waren vollkommene Neubauten. Wien gab im Jahre 1901 für Lehr- und Unterrichtsmittel mehr aus als sieben der größten Städte des Deutschen Reiches, einschließlich Berlin, zusammengenommen[78]. Und Lueger, der beliebte Bürgermeister, hatte den Wiener Lehrern eingeschärft: Ich bitte Sie, meine Herren, pflegen Sie am meisten die Muttersprache, das ist die Grundlage aller Erziehung![79]

Die planvolle Beobachtung der gesellschaftlichen Einflüsse auf das Wiener tschechische Schulwesen war zum Leitfaden dieses Abschnitts erklärt worden. Zur Abrundung ist noch ein Blick auf die Ersten Vorsitzenden des „Komenský" zu werfen[80]: Ihre gesellschaftliche Rangstellung ist ein Gradmesser der schulpolitischen Auseinandersetzungen. Nach dem Gewerbetreibenden Václav Novák und dem Beamten Josef Krček folgte 1885, im Jahr der ersten Forderung nach dem Öffentlichkeitsrecht für die Favoritener Schule, die zweijährige Amtsperiode des Reichsratsabgeordneten und Forstrats Karel Šindler. Bis zum Jahre 1907, dem Beginn der Schulschließungsprozesse und -ausschreitungen amtierten der Großhändler Josef Maruška und der Baumeister Alois Petrák. Ab 1908 folgten dann nur noch Reichsratsabgeordnete auf dem Vorstandsposten (Alois Velich 1908—1910, Josef Dürich 1911—1915).

Die aus vergangenen Zeiten bisweilen noch in die Gegenwart hineinwirkende Vorstellung von einer Autonomie des Erziehungs- und Bildungssektors, von einer abgeschirmten „pädagogischen Provinz" fernab aller politischen Strömungen, erweist sich auch auf dem Gebiet der religiösen Erziehung als falsch. Dazu die folgenden Ausführungen.

d) Der religiös-weltanschauliche Bereich

Bei der Umgangssprachenzählung von 1900 hatten sich von den insgesamt 102 974 Tschechen 100 424 zum katholischen Glauben bekannt[1]. Die kirchlichen Interessen und religiös-weltanschaulichen Ansprüche in der Sozialstruktur des Wiener Tschechentums boten sich damit hauptsächlich in dem von Thron und Adel getragenen Bereich des Katholizismus dar. Wenn die Kirche, zwischen Staat,

---

[78] S c h n e e, Karl Lueger 84 f. — 1907 gab es in Wien nur vier Schulen ohne Öffentlichkeitsrecht bei einer Schülerzahl zwischen 57 und 76 (Komenský: 837). MZV/R (Ministerstvo zahr. věcí) Spolek „Komenský ve Vídni". — Laut nö. Amtskalender gab es in Wien jüdische, türkische, griechische Privatvolksschulen mit Öffentlichkeitsrecht. RR-Prot. XVIII/110 (12. 7. 1908) Interp. Ve l i c h. Siehe unten Seite 259 Anm. 54.
[79] S u l í k, Proč máme vychovávati své děti v českých školách 8. — Víd. Denník Nr. 70 (14. 5. 1907): „Nur ein Schuft ehrt seine Muttersprache nicht!" *Deutsche* Leitartikelüberschrift. Siehe unten S. 329.
[80] 60 let 475: Starostové „Komenského" [Die Obmänner des Komenský].
[1] Víd. Nár. Kal. 3 (1908) 112. (Davon 54 041 männliche, 48 933 weibliche).

Nationen und Parteien[2], sich nicht der Gefahr der Isolierung aussetzen, sondern der spontanen Volksfrömmigkeit der tschechischen Zuwanderer aus den ländlichen Gegenden Rechnung tragen wollte, mußte sie sich zwangsläufig nationale Impulse aufprägen lassen; nur so war es für sie möglich, als übernationale Gemeinschaft der Gläubigen weiterzubestehen. Die nationalen Spannungen setzten in dem Augenblick ein, als der Ruf nach der institutionalisierten Form tschechischer Gottesdienste laut wurde, die in Wiener Kirchen abgehalten werden sollten[3]. Die Kirche geriet nun zunehmend in eine zwiespältige Haltung, vor allem als sich der Gemeinderat gegen die Bewilligung tschechischer Predigten beim fürsterzbischöflichen Konsistorium und beim Ministerium für Kultus und Unterricht beschwert hatte[4]. Auch die geistliche Hierarchie, die in den höheren Rängen zumeist vom supranationalen, gesamtösterreichischen Adel gebildet wurde, konnte gegenüber der Nationalidee keine Enthaltsamkeit üben. Dies umso weniger, als sich sogar Graf Harrach persönlich beim päpstlichen Nuntius für eine planmäßige tschechische Seelsorge einsetzte[5].

Die Forderungen nach Gottesdiensten in tschechischer Sprache waren jedoch allein schon vom Tschechischen her gesehen nicht leicht zu erfüllen. An tschechischen Priestern fehlte es nicht[6], aber die rasante Bevölkerungszunahme Wiens hatte zu

---

[2] Prinz, Handbuch III, 103—123. — Silberbauer, Gerhard: Österreichs Katholiken und die Arbeiterfrage. Graz/Wien/Köln 1966. — Allgem.: Wodka, Josef: Kirche in Österreich. Wien 1959, S. 317—363. — Tomek, E.: Kirchengeschichte Österreichs. 3 Bde. Innsbruck/Wien/München 1937/59. — Církev v našich dějinách [Die Kirche in unserer Geschichte]. Prag 1960.

[3] Man motivierte dies in erster Linie mit aneinandergereihten Modellfällen aus der Vergangenheit: z. B.: Franz Graf Czernin v. Chudenic baute in Wien eine Kapelle für seine Landsleute zu Ehren des Hl. Wenzel und Joh. v. Nepomuk (Urk. vom 9. 12. 1722). Soukup, Česká menšina 337. Kal. Čechů Víd. 3 (1894). — Kaiser Franz I. gab den Wiener Slawen die Kirche „Maria am Gestade", noch heute im Volksmund als böhmisches Gotteshaus bekannt. Sulík, Proč máme vychovávati své děti v českých školách 1. — Man brachte Lebensbeschreibungen der geistlichen tschechischen Würdenträger, die in Wien gepredigt und gewirkt hatten. Kal. Čechů Víd. 3 (1894) 17 und 5 (1896) 82 und erwähnte die böhmischen Gottesdienste zu Ehren des Hl. Wenzel und Nepomuk in der Augustinerkirche und die mährischen für Kyrill und Method in der Michaelerkirche. Noch heute sind 672 Nepomuk-Darstellungen in Wien erhalten. Mais, Die Tschechen in Wien 58.

[4] Prot. d. öffentl. Sitzungen des Gemeinderates der k. k. Reichshaupt- und Residenzstadt vom Jahre 1888, PG Nr. 56, 15 (17. 7.) und 1889, PG Nr. 26, 3 (12. 3.) und Nr. 84 (18. 10.). Man forderte ein Einschreiten gegen den tschechischen Pfarrer Ignaz Fürst, laut Ministerialerlaß vom 7. 2. 1889 (Z. 1724/C.- u. U.- M.) abgelehnt, da „jede gesetzliche Grundlage fehlt" und „weder das Verhalten des Pfarrers Fürst im allgemeinen, noch das den Gegenstand der Beschwerde bildende Vorkommnis im besonderen" die öffentliche Ordnung in Gefahr bringen könne. Zu dem populären Pfarrer Fürst, einem Freund Havlíčeks: Kal. Čechů Víd. 4 (1895) 51. — Soukup, Česká menšina 340.

[5] Gräfl. Harrachsches Familienarchiv, Fasc. 662: Die böhmische Kirche in Wien. Fasc. 667: Mémoire concernant les efforts de la Société de St. Méthode à Vienne; siehe Anhang S. 538—543. — Víd. Kal. 1 (1892) 43 bemerkt, daß sich Harrach i. J. 1880 im Reichsrat persönlich für die tschechische Kirche eingesetzt hat.

[6] Soukup, Česká menšina 340: Die Messen hielten Militärpriester, tschech. klerikale Abgeordnete oder Studenten des Frintaneums (Priesterbildungsinstitut des Augustiner-

einer Kirchennot bisher unbekannten Ausmaßes geführt. Im Jahre 1893 mußte eine Reihe von Pfarreien „mit 50 000, 60 000, ja bis 90 000 Seelen mit einer einzigen Kirche, welche nur einen verschwindend kleinen Teil der Pfarrkinder zu fassen vermag", ihr Auskommen finden[7]. 1901 gab es in Wien immer noch vier Pfarreien mit über 70 000 Katholiken[8]. Angesichts dieser Tatsache zeigt sich am Beispiel der Wiener Tschechen umso deutlicher, wie wenig sich der innerkirchliche Bereich vom nationalen Kräftefeld distanzieren wollte und konnte, sobald von ihm konkrete Entscheidungen verlangt wurden. Trotz Raummangel, der in erster Linie die deutschen Gläubigen betraf, fanden zwischen 1875 und 1914 in vierzehn Wiener Kirchen (bzw. in 11 Stadtbezirken) katholische Meßfeiern mit Predigten in tschechischer Sprache statt. Anfang der neunziger Jahre konnte man in vier[9], seit 1905 schon in zehn[10] Gotteshäusern, von denen die Hälfte zu den stark überlasteten Pfarren gehörten, an tschechischen Messen teilnehmen. Die Ursachen für dieses Entgegenkommen sind einerseits bei den Orden und Kongregationen zu suchen, die gute Beziehungen zu den böhmischen Ländern und ihrer tschechischen Bevölkerung pflegten, andererseits lagen sie in der Zusammensetzung des Personals begründet[11]. Aus den tschechischen Familiennamen, Vornamen und Geburtsorten des Klerus der Wiener Erzdiözese zwischen 1890 und 1914 kann man schließen, daß die Zahl der tschechischen Priester in Wien höher gewesen sein muß, als dies allgemein bekannt war oder bekannt werden sollte[12]. Die Orden, die den tschechischen Gläubigen ihre Kirchen zur Verfügung stellten — es handelt sich um die Salesianer, Redemptoristen (Ligurianer), Salvatorianer, Piaristen, Lazaristen, Calasantiner[13], — waren z. T. erst neu gegründet und noch nicht päpstlich approbiert. Mit Ausnahme der Salesianer sind Bindungen nach Böhmen und Mähren in allen Fällen nachweisbar.

---

ordens, benannt nach dem Gründer Frint). Zu berücksichtigen ist hier vor allem, daß der Priesterberuf für das immer noch vorwiegend agrarische Tschechentum eine wichtige soziale Aufstiegsmöglichkeit bot.
[7] Wiener Diözesanblatt, Jg. 1893, S. 86.
[8] Wiener Diözesanblatt, Jg. 1901, Nr. 5.
[9] Víd. Kal. 1 (1892) 103 f.
[10] Kal. Čechů Víd. 15 (1906) 136.
[11] Erzbischöfliches Diözesanarchiv: Personalstand der Säcular- und Regular-Geistlichkeit der Wiener Erzdiözese, die Jgg. 1 (1890) bis 25 (1914).
[12] Der „Bund der Deutschen in Niederösterreich" nannte für NÖ-Land i. J. 1900 insges. 84 nichtdeutsche Priester, ohne Angabe des tschechischen Anteils. S c h u b e r t, Ziffern zur Frage des nö. Tschecheneinschlages 97.
[13] Letztere laut Personalstandsangaben fast ausnahmslos in Böhmen und Mähren geboren. Vgl. z. B. Personalstand 6 (1895) 206—210. — Beziehungen der Wiener Tschechen auch zum armenischen Orden der Mechitaristen (Druckerei!), von Kaiser Franz I. i. J. 1810 in Österreich aufgenommen; siehe Anhang S. 451 Anm. 3 u. S. 461.

Tschechische Gottesdienste in Wien zwischen 1875 und 1914*

Stadt-bezirk	Name der Kirche	Art der Kirche Direktion	Bemerkungen zu den Orden bzw. Seelenzahl der Pfarreien	Zur Herkunft des Personals
I.	Hl. Anna Annagasse 5	frz. Kirche: Unter Dir. u. Benefiziat d. Kongregation d. Oblaten d. Hl. Franz v. Sales (Salesianer) Patronat: Landesfürst	1874 in Troyes gegr., in Österreich am 5. 12. 1879 eingeführt	Keine Tschechen. Personal überwiegend aus Frankreich, später Preußen, Polen
	Maria am Gestade Salvatorg. 12	Redemptoristen (Ligurianer)	Entstanden 1735, nach d. Stifter Alfons v. Liguori auch Ligurianer genannt, in Wien seit 1820. 1. dtr. Redemptorist: Clemens Maria Hofbauer	Etwa die Hälfte aus Böhmen und Mähren
II.	Hl. Herz Josef Taborstr.	Pfarrkirche	1898: 11 680 Kath.	Fast keine Tschechen
	Hl. Herz Jesu Kaisermühle, heute XXII. Bezirk	seit 1895 Salvatorianer (= Gesellsch. d. göttl. Heilandes), ab 1909: Pfarrkirche	gegr. in Rom 1881, für Österr. 1894 genehmigt. Päpstl. approbiert 1911. In Böhmen erst ab 1909. 1912: 6 111 Kath.	überwiegend Deutsche (Rheinl., Hessen, Baden, Bayern, Preuß.-Schles.) jedoch mit böhm. Abtlg. des III. Ordens
III.	Kirche z. Allerh. Erlöser Rennweg 63	vor 1908: Redemptoristinnen, ab 1908: Eigentum der „Jednota Sv. Methoděje"	s. o. Maria am Gestade	
IV.	St. Thekla Wiedener Hauptstraße 82	Piaristen-Collegium (seit 1754)	gegr. 1597 in Rom; 1631 vom Bischof v. Olmütz nach Nikolsburg berufen, von da an Ausbreitung nach Böhmen u. Ungarn; in Wien seit 1697	Keine Tschechen
VII.	Lazaristenkirche Kaiserstr. 5	Lazaristen, Missionsbrüder d. Hl. Vinzenz v. Paul	1625 in Paris gegr., in Wien seit 1854	etwa 1/11 tschechisch
X.	Hl. Anton v. Padua Antonsplatz 21	Pfarrkirche	1901: 58 330 Kath. 1912: 75 788 Kath.	anfangs zur Hälfte, später fast ausschließl. aus Böhmen u. Mähren
	St. Joh. Evangelist, Keplerplatz	Pfarrkirche	1899: 100 000 Kath. 1912: 62 053 Kath.	Hier wirkte der einflußreiche tsch. Pfarrer Ignaz Fürst. Personal fast ausschließl. aus Böhmen u. Mähren
	Turnhalle der Komenský-Schule Quellengasse			

Stadt-bezirk	Name der Kirche	Art der Kirche Direktion	Bemerkungen zu den Orden bzw. Seelenzahl der Pfarreien	Zur Herkunft des Personals
XII	Joh. Nepomuk Migazziplatz	Pfarrkirche, dem lateran. Augustinerchorherrnstift in Klosterneuburg inkorporiert	1899: 90 000 Kath.	fast ausschließlich aus Böhmen u. Mähren
XIII.	Calasantinerkirche, Reinlg. 55	Coll. z. Hl. Joseph zu Penzing, gegr. v. d. Kongregation d. Calasantiner i. J. 1897	in Österr. am 24. 11. 1889 kanonisch errichtet, päpstl. approb. 1926	fast ausnahmslos aus Böhmen u. Mähren
XV.	Maria, Hilfe d. Christen Fünfhausg.	Calasantiner, Kongr. f. d. christl. Arbeiter vom hl. Josef v. Calasanza		
XVII.	Hl. Maria Klem. Hofbauerpl. jetzt Wichtelg.	Coll. d. Redemptoristen seit 1892, vorher dem Dekanat Klosterneuburg inkorporiert		etwa 1/5 aus Böhmen u. Mähren
XX.	St. Brigitta Brigittapl. 14	Pfarrkirche	1900: 35 000 Kath. 1913: 56 409 Kath.	überwiegend aus Böhmen u. Mähren

*) Zusammengestellt aus: Víd. Kalendář 1 (1892) — 22 (1913). — S o u k u p, Česká menšina 339. — H e i m b u c h e r, Max: Die Orden und Kongregationen der katholischen Kirche. 3., neubearb. Aufl., 2 Bde. Paderborn 1934, hier Bd. 2, S. 124, 241, 349, 412, 426, 431, 574. — Personalstand der Säcular- und Regular-Geistlichkeit der Wiener Erzdiözese Jg. 1 (1890) — 25 (1914)

Da es in der katholischen Kirche feste Normen für die Glaubensausübung gibt, z. B. die Verpflichtung zum Besuch der Sonntagsmesse, konnte man tschechischerseits den Grad der Verbundenheit mit der Kirche nicht deutlicher ausdrücken, als daß man Predigten, Buß- und Sterbesakrament und Religionsunterricht für die Jugend in der Muttersprache forderte und dieses Anliegen zum alleinigen Maßstab für einen sittlichen Lebenswandel machte[14].

Von besonderer Bedeutung war hier der Umstand, daß offenbar viele Kirchenmitglieder die Kirche eher als eine moralische Institution denn als eine Gemeinschaft von Gläubigen empfanden[15].

[14] Kal. Čechů Víd. 9 (1900) 64: „Damit der deutsche Charakter der Stadt gewahrt bleibt, sterben Tausende ohne religiösen Trost." — Nár. Kal. 1 (1906) 79: „Kein Wunder, daß Schnaps, Vorstadttanzdielen und «Wuřtl» unser Volk ausfüllen." — Kal. Čechů Víd. 14 (1905) 124—128: Těžký boj proti alkoholismu [Der schwere Kampf gegen den Alkoholismus]. — Kal. Čechů Víd. 17 (1908) 92: Boj proti pijáctví [Der Kampf gegen die Trunksucht].

[15] Nár. Kal. 3 (1908) 81: „Für die breiten Schichten des Volkes ist neben der Schule auch die Kirche mit Gottesdiensten und Predigten in der Muttersprache wichtig; wenn auch wegen des besonders starken katholischen Kultes, an den sich die Mehrheit der Tschechen hält, einzig die lateinische Sprache der Heiligkeit der katholischen Gottesdienste entspricht, wenn also die Tschechen in Wien und auch anderswo der Möglichkeit beraubt sind, die Gottesdienste in der Muttersprache oder einer ähnlichen Sprache zu hören, so verbietet doch die katholische Kirche zumindest nicht Predigten in dieser oder jener Sprache. Und da können auch tschechische Predigten eine große erzieherische Rolle spielen."

Während in der vornationalen Gesellschaftsstruktur noch ein Nebeneinander verschiedener Sprachen in verschiedenen Funktionen möglich gewesen war und das Lateinische als Sprache der Wissenschaft und Liturgie volle Gültigkeit besessen hatte, forcierte man jetzt gerade in den höheren geistigen Bereichen religiöser Bildung und Erziehung die bewußte Pflege des Tschechischen, dessen konstitutive Bedeutung für die tschechische Nation sich in Wien nicht zum erstenmal erwies[16].

Seit 1861 befaßte sich der Propst des Wiener Stephanskapitels, Prälat und Hofpfarrer Dr. Jan *Schwetz*, mit den religiösen Problemen der Wiener Tschechen[17]. Seinem Beispiel folgte der Dekan des Kapitels, der Kanonikus, Theologieprofessor und Spiritual am Wiener Priesterseminar, Antonín *Horný*, ein Schüler des ersten deutschen Redemptoristen Clemens Maria Hofbauer[18]. Auch der k. k. Ministerialoffizial beim Unterrichtsministerium, Josef *Burgerstein,* und der Hofdirektor des k. k. Oberlandesgerichtes, Hofrat Anton Ritter *v. Beck,* der Univ.-Professor Alois *Šembera* und der Oberlandesgerichtsrat Antonín *Rybička*, sowie die Brüder Josef und Hermenegild *Jireček* setzten sich mit der Frage auseinander. Aus Prag zeigte der Erzbischof Kardinal Friedrich *Schwarzenberg* und aus Böhmisch-Budweis der Bolzanoschüler Dr. Jan Valerian *Jirsík* Interesse, der seit 1848 die uneingeschränkt nationale tschechische Zeitschrift für die katholische Geistlichkeit leitete[19].

---

[16] Ed. W i n t e r ist im Gegensatz zu E. L e m b e r g der Auffassung, die tschechische und slowakische Emigration des 18. Jahrhunderts in die deutschen Gebiete habe die klassische tschechische Literatursprache ins 19. Jahrhundert hinüberretten können (Lemberg vertritt die These von „Verlust" und „Neuschaffung". In: Geschichte des Nationalismus). W i n t e r verweist darauf, daß Wien i. J. 1714 ein bedeutender Umschlagplatz für die in Deutschland gedruckten tschechischen Bücher war, die über die böhmischen Gesandtschaften der protestantischen Mächte in Wien und über deren Prediger nach Böhmen und Mähren und vor allem nach Nordungarn, dem damaligen Hauptsitz des Luthertums geschmuggelt wurden. Graf Sporck bemühte sich damals sehr um die Edition tschechischer Drucke und hörte in Wien die Predigten von Christian Voigt und August Hermann Francke, aus deren Korrespondenz hervorgeht, daß Leute aus Böhmen und Mähren nach Wien kamen, um dort das Abendmahl sub utraque zu empfangen (Brief Franckes vom 10. 1. 1725). W i n t e r , Eduard: Die tschechische und slowakische Emigration in Deutschland im 17. u. 18. Jahrhundert. Beiträge zur Geschichte der hussitischen Tradition. Berlin 1955, hier S. 252 f., 295, 81. Ferner: Gute Quellenlage zu den böhmischen und mährischen Nationsfesten in Wien im 18. Jahrhundert, die dem Boden der Gegenreformation entwuchsen und nach der Jahrhundertwende in vollster Blüte standen. A. M a i s : Das mährische Nationsfest in Wien. Jb. d. Ver. f. Gesch. d. Stadt Wien, Bd. 13 (1957/58) 93—122.

[17] Zum folgenden Abschnitt: 100 let Jednoty Sv. Metoděje ve Vídni [100 Jahre Hl. Method-Verein in Wien]. Vídeňské Svobodné Listy 22 (1967) Nr. 8 (24. 2. 1967), S. 3. — K a r á s e k , Sborník 173—176. — S o u k u p , Česká menšina 338—341.

[18] Er gilt als der „Apostel und Heilige Wiens". 1751 in Taßwitz bei Znaim als Sohn einfacher slawischer Bauersleute (Dvořák = Hofbauer) geboren, kam er zuerst als Bäckergeselle nach Wien. Nach seinem Theologiestudium sammelten sich Adlige, Gelehrte, Politiker, Dichter (u. a. Friedr. v. Schlegel, damals Hofsekretär der Staatskanzlei) um ihn. 1820 gründete er das Wiener Collegium und Niederlassungen in der Schweiz und in Polen. H e i m b u c h e r , Max: Die Orden und Kongregationen der katholischen Kirche. 3., neubearb. Aufl., 2 Bde. Paderborn 1934, hier Bd. 2, S. 349. — S i l b e r b a u e r , Österreichs Katholiken und die Arbeiterfrage 318, 455—458. — Zu H o r n ý : Prelát Horný. Kal. Čechů Víd. 17 (1908) 58.

[19] P r i n z , Handbuch III, 105.

Das Ergebnis der Beratungen war die Gründung der Wiener „*Jednota svatého Metboděje*" [St. Method-Verein]. Die Statuten des Vereins, der noch im selben Jahr eine erste Zweigstelle mit 300 Mitgliedern errichtete, wurden am 14. Dezember 1865 von der niederösterreichischen Statthalterei genehmigt[20]. Zur „Pflege des religiösen Empfindens" wollte man tschechische Sonn- und Feiertagsgottesdienste ermöglichen, Predigten, Wallfahrten, Exerzitien und Vereinsvorträge veranstalten, für Religionsunterricht in den tschechischen Schulen sorgen, ein Lehrlingsheim errichten und den jungen Handwerkern kostenlos Arbeitsplätze vermitteln[21]. Durch Hilfsaktionen, z. B. Theateraufführungen, Ausflüge, Konzerte und Unterhaltungen beschaffte man sich das nötige Kapital[22]. Die Hauptbestände der öffentlichen Bibliothek lieferten die Brünner Benediktiner[23]. Der erste Erfolg der Jednota waren die seit 1875 in der Kirche der Hl. Anna im I. Bezirk stattfindenden Sonn- und Feiertagsmessen mit tschechischer Predigt. Auf ihre Initiative sind auch die meisten übrigen tschechischen Gottesdienste in Wiener Kirchen zurückzuführen[24]. Am 22. Juni 1908 kaufte die Jednota für eine halbe Million Kronen von den Redemptoristinnen Kirche und Klostergebäude am Rennweg im III. Bezirk, die noch heute in ihrem Besitz sind[25]. Im Jahre 1914 umfaßte der Verein in den Wiener Bezirken 10 Zweigstellen mit insgesamt 2000 Mitgliedern und 18 990 Gläubigen und war im Besitz von fünf Vereinshäusern (eines im IX., zwei im X., zwei im XV. Bezirk). 1912 war das tschechische katholische Lehrlingsheim der Hl. Elisabeth *(Útulna sv. Alžběty)* gegründet worden. Auch zahlreiche christliche Wohltätigkeits- und Sparvereine gingen aus der Jednota hervor; 1893 konstituierte sich der Wohltätigkeitsverein des Hl. Wenzel *(Svato-Václavský Spolek)*, 1896 die tschechische Abteilung des *III. Ordens des hl. Franziskus*, des weiteren der Wohltätigkeitsverein der Hl. Zita *(Spolek sv. Zity)*, die Marianische Kongregation der Frauen und Mädchen *(Marianská družina paní a dívek)*, die Turnorganisation *Orel* [Adler], der katholische Gesellenverein *(Jednota katolických tovaryšů)*, die katholisch-politische Vereinigung *(Katolicko-politická jednota)* und die Gesamtgewerkschaftliche Vereinigung der christlich-sozialen Arbeiterschaft *(Všeodborové sdružení křesť.-soc. dělnictva)*. Der enge Zusammenhang mit der katholischen Volkspartei (Katolicko-národní strana)[26] erklärt sich aus dem Vorsitzenden der Jednota, dem Propst von Kremsier, Bischof von Olmütz, Reichsrats- und Landtagsabgeordneten Dr. Cyrill *Stojan,* der im Jahre 1908 nach dem plötzlichen Tod des päpstlichen Prälaten und

---

[20] NÖ. Ver. kat., Z. 46528, 14. 12. 1865. Method-Ver. zur Förderung der Religiosität und Bildung der in Wien und dessen nächster Umgebung wohnenden Tschechoslawen.
[21] 100 let Jednoty Sv. Metoděje 3.
[22] Von den Protektoren, Ehren- und Gründungsmitgliedern aus den böhmischen Ländern ragte besonders die Königgrätzer Diözese durch Spenden hervor. K a r á s e k , Sborník 174.
[23] Výroční zpráva Jednoty Sv. Metoděje ve Vídni za rok 1912 [Jahresbericht d. Vereins Hl. Method in Wien f. d. J. 1912].
[24] Výroční zpráva Jednoty Sv. Metoděje za rok 1914.
[25] Zusammen mit dem slowakischen Generalat und Mutterhaus der Tröster d. Göttl. Herzens von Gethsemani. Mit Priestermesinar. 100 let Jednoty Sv. Metoděje 5.
[26] Siehe unten S. 140 ff.

Dekans des Stefanskapitels, Dr. Antonín *Horný* zum Nachfolger ernannt wurde. Als Protektoren, Ehren- und Gründungsmitglieder des St. Method-Vereins sind zu nennen: Unterrichtsminister Dr. Jan Žaček, Graf Jan Harrach, Graf Eugen Černín v. Chudenic, der Vorsitzende des niederösterreichisch-tschechischen Nationalrates, Dr. Josef Václav Drozda, der Kustos der Wiener Hofbibliothek, Ferdinand Menčík und der berühmte Rechtsgelehrte und Politiker Hermenegild Jireček[27].
Es sei betont, daß die kirchlich-seelsorgerischen Aufgaben und die darauf abzielenden Bedürfnisse das soziale Leben der Wiener Tschechen stärker gekennzeichnet haben, als man es auf den ersten Blick vermutet. Der Ansatz zum sozialen Fortschritt lag keinesfalls nur auf seiten der gewerkschaftlichen Organisationen. Die Zielsetzungen der Jednota sv. Methoděje auf diesem Gebiet sind umso beachtenswerter, wenn man sie mit den damaligen Stellungnahmen des österreichischen Episkopates konfrontiert, der sich trotz der am 15. Mai 1891 verkündeten päpstlichen Arbeiterenzyklika „Rerum novarum" in sozialer Hinsicht viel vorsichtiger verhielt als das Oberhaupt der Kirche in Rom[28]. Auch nach dem Erscheinen des Rundschreibens blieben noch viele hohe geistliche Würdenträger der Ansicht treu, der Klerus sei in sozialpolitischen Belangen zum Schweigen verpflichtet. Die tschechischen geistlichen Kreise Wiens dagegen vertraten die gegenteilige Auffassung. Dies jedoch nicht aus der Befürchtung, daß das soziale Elend der Wiener tschechischen Bevölkerung Ausmaße annehmen könnte, die sie für den Seelsorger nicht mehr voll ansprechbar machen würde. Viel eher gaben politische Motive den Ausschlag. Die tschechischen Kleriker wollten der glaubensfeindlichen Bewegung der tschechischen Sozialdemokratie, die ein sozial attraktives Programm besaß, entgegenwirken, indem sie ihrerseits auf demselben Sektor tätig wurden[29].
Für eine Untersuchung über die Haltung, die die deutsche Geistlichkeit gegenüber dem tschechischen arbeitenden Volk einnahm, dürfte die Durchsicht der Korrespondenz des späteren Wiener Erzbischofs Friedrich Gustav *Piffl* (1911—1932) von Nutzen sein[30]. Piffl wurde im Jahre 1864 in Landskron geboren und hatte schon als junger Chorherr in Klosterneuburg und als Kooperator im tschechisch besiedelten Wiener Arbeiterbezirk Floridsdorf die sozialen Probleme aus nächster Nähe kennengelernt. Während dieser Zeit schrieb er unter dem Pseudonym „Loch im Ärmel" Aufsätze für das von Prof. Gratl herausgegebene Arbeiterjournal „Gerechtigkeit".

---

[27] Obige Angaben zusammengestellt aus S o u k u p , Česká menšina 338 ff. — 100 let Jednoty Sv. Methoděje 3. — Výroční zpráva za rok 1909, 1912, 1914. — W i n k l e r , Die Tschechen in Wien 26.
[28] S i l b e r b a u e r , Österreichs Katholiken und die Arbeiterfrage 123.
[29] Vgl. die scharfen Polemiken in der Arbeiterzeitung „Dělnické Listy": „Die Bildung der Menschen liegt zusammengestaucht unter dem Fuß der Klerikalen, wie ein schädliches Wesen, das sich nicht entwickeln soll, weil es dann all dem Krämertum der Religion ein Ende bereiten könnte, das aus dem Hause Gottes ein Lotterhaus gemacht hat." D. L. 18. Jg., Nr. 107 (11. 5. 1907). Ferner: D. L. Nr. 72 (28. 3. 1907), Nr. 82 (10. 4. 1907), Nr. 101 (3. 5. 1907), Nr. 105 (8. 5. 1907), Nr. 112 (17. 5. 1907), Nr. 121 (29. 5. 1907), Nr. 130 (10. 6. 1907).
[30] S i l b e r b a u e r , Österreichs Katholiken und die Arbeiterfrage 209. (Auch das Folgende). — An einschlägigen Akten sind im Erzbischöflichen Archiv bis 1911 vorhanden: Präsidialakten (Bischöfl. Kanzlei), Pfarrakten, Konsistorialakten.

Vom Wegbereiter der christlichen Gewerkschaften, dem Iglauer Sattlergehilfen Leopold Kunschak, mit dem er seit 1892 in Verbindung stand, wurde Piffl begeistert als „Arbeiterbischof" gerühmt.

Den *evangelischen Konfessionen*[31], die von Anfang an eine verschwindende Minderheit im Wiener Tschechentum darstellten, war es weniger darum zu tun, nationalen Zielen innerhalb der Gesamtentwicklung näherzukommen, sie mußten vielmehr alle Mühe aufwenden, ihre Organisationen auf die Dauer existenzfähig zu erhalten. Freilich blieben auch hier die Gegensätze zwischen Deutschen und Tschechen im innerkirchlichen Bereich lebendig. Sie nährten sich sowohl am lutherisch-calvinischen Gegensatz, wie an der Hereinnahme des hussitischen Traditionsbewußtseins in den tschechischen Protestantismus und führten schließlich im Jahre 1900 zur Teilung der bisher für beide Völker gemeinsamen Superintendenz[32]. Aufs Ganze gesehen schlug sich jedoch in den böhmischen Ländern die nationale Gliederung viel stärker in der kirchlichen Zugehörigkeit nieder als in Wien: Unter den 1880 gezählten 260 000 Evangelischen Augsburger Bekenntnisses in Österreich waren nur 32 000 Tschechen, wogegen von den 120 000 österreichischen Reformierten (Helvetisches Bekenntnis) 109 000 Tschechen die weitaus größte Mehrheit bildeten[33]. In Wien war die evangelisch-reformierte Gemeinde zwar die älteste aller tschechischen evangelischen Organisationen, die Evangelischen Augsburger Bekenntnisses waren jedoch mit ihren Organisationen mindestens ebenso stark vertreten[34]. Von 1868 bis 1893 fanden evangelische tschechische Gottesdienste in der reformierten deutschen Kirche in der Dorotheergasse (I. Bezirk) statt. 1891 trat der Verein zur Errichtung einer tschechischen evangelisch-reformierten Gemeinde in Wien *(Spolek pro zřízení českého evang. ref. sboru ve Vídni)* ins Leben, mit dem Ziel, Vorträge, Predigten und Sammlungen zur Gründung einer tschechischen Glaubensgemeinschaft in der Reichshauptstadt zu veranstalten. 1895 folgte die *„Evangelická Matice"*, ein Zweigverband für die Bedürfnisse und Aufgaben der tschechischen Evangelischen A. B. in Österreich. 1897 entstand der Verein christlicher Jünglinge und Männer *(Spolek křesťanských mladíků a mužů)*, der 1908 im XX. Bezirk eine Zweigstelle eröffnete und dem die Vereinigung der christlichen Mädchen *(Sdružení křesťanských dívek)* der Evangelischen A. B. angeschlossen war. 1907 konstituierte sich eine Baugenossenschaft zur Errichtung eines Hus-Hauses in Wien *(Stavební družstvo „Husův dům")*. Die böhmische Brüdergemeinde *(Českobratrská Jednota)*, die sich ebenfalls schon vor der Jahrhundertwende in Wien niedergelassen hatte, gründete 1901 den Enthaltsamkeitsverein „Blaues Kreuz" *(Spolek zdrženlivosti Modrého kříže)*, dessen Mitglieder sich nach dem Ersten Weltkrieg an die amerikanischen Baptisten anschlossen[35].

---

[31] L o e s c h e , G.: Geschichte des Protestantismus im vormaligen und im neuen Österreich. Wien/Leipzig 1930. — H r o m á d k a , J. L.: Cesty českých evangelíků [Wege der tschechischen Evangelischen]. Prag 1934. — S o u k u p , Česká menšina 343—346. — K a r á s e k , Sborník 185 f.
[32] P r i n z , Handbuch III, 115.
[33] E b e n d a 113.
[34] S o u k u p , Česká menšina 344.
[35] S o u k u p , Česká menšina 343—350. — Nár. Kal. 3 (1908) 112: 1758 evang., 625 jüdische u. a. Konfessionen. Für Wien sind die „Böhmische Brüdergemeinde" [Českobratrská

Es wäre falsch, wollte man bei den Wiener Tschechen aus unbefriedigtem Nationalgefühl heraus auf religiöse Gleichgültigkeit oder Abspaltungsversuche schließen, wie sie in der Los-von-Rom-Bewegung der „Sudetendeutschen" um die Jahrhundertwende eine Parallele hatte[36]. Dies zeigt sich an den erfolglosen Versuchen, die Wiener Tschechen von der Notwendigkeit des Übertrittes zur allslawischen Orthodoxie zu überzeugen. Dieses nationale Pendant zur Los-von-Rom-Bewegung wurde von Karel Živný, dem russophilen Obmann der „První česká politická jednota" [Erster böhmisch-politischer Verein] propagiert. Er warb intensiv für eine Annäherung der Wiener Tschechen an die griechisch-orthodoxe Kirche mit der Begründung, sie würden durch den Übertritt zum Pravoslawentum nicht so leicht der Germanisierung ausgeliefert sein, da in der Kirche der Slawenapostel Kyrill und Method sämtliche Riten und Bücher altslawisch sind. Darüberhinaus versuchte Živný im Jahre 1897, die etwa 150 Angehörigen dieser Glaubensrichtung in einem griechisch-orthodoxen geselligen Fortbildungsverein „Pravoslavný vzájemně vzdělávací spolek"[37] zusammenzufassen, der aber einschließlich seiner Frauensektion nur 37 Mitglieder aufweisen konnte. Aus diesem Verein ging der Sparverein „Gorazd" zur Errichtung eines griechisch-orthodoxen Vereinshauses (Pravoslavný dům) hervor. Eine unliebsam auffallende politische Propaganda, die nach 1918 in die Gründung einer tschechischen Nationalkirche mündete, wurde von der Wiener Polizeidirektion nicht wahrgenommen[38].

Im kleinen Rahmen hielten sich auch die übrigen religiösen Zusammenschlüsse der Wiener Tschechen: Für 1912 ist „*Rozvoj*", ein Verein der jüdisch-tschechischen Akademikerjugend verifizierbar und schließlich besaßen noch die tschechischen Freidenker im „*Spolek volných myslitelů*" vor 1914 eine Niederlassung in Wien[39]. Durch die Einführung der fünften oder allgemeinen Wählerklasse und mehr noch durch das Erste allgemeine Wahlrecht 1907 erhielt die christliche tschechische Arbeiterbewegung starken Auftrieb. Mit dem Eintritt immer breiterer Volksschichten in die politische Willensbildung war auch für den religiösen Bereich der Wiener Tschechen die Notwendigkeit gegeben, neue Fundamente seiner Wirksamkeit zu schaffen und dem Alleinvertretungsanspruch der tschechisch-nationalen Parteien erfolgreich entgegenzuwirken. Dies geschah durch die Kandidatur des Vorsitzenden der Jednota sv. Methoděje, den Erzbischof von Olmütz Dr. Cyrill Stojan, zu den Reichsratswahlen 1907 für die tschechische katholische Volkspartei[40] und durch die Aufnahme nationaler Ziele in die christlich-katholischen Parteiprogramme.

---

jednota] und die „Evangelische Kirche" [Evangelická církev] durchaus verschieden. In den Statistiken wurde das nicht berücksichtigt.

[36] Sie hatte zum Übertritt von 40 000 Katholiken zum Protestantismus und von 15 000 zur altkatholischen Kirche geführt. P r i n z , Handbuch III, 114.

[37] Genehmigung des Vereins mit Erlaß des niederösterr. Statthalters vom 5. 7. 1897, Z. 54286.

[38] Nö. Präs. J 12; 5787 (1897) Slaw. Agitationen in Wien.

[39] S o u k u p , Česká menšina 347 f.

[40] Vídeňský Denník 1. Jg. (1907) Nr. 36 (31. 3. 1907), Nr. 40 (6. 4. 1907), Nr. 51 (19. 4. 1907), Nr. 58 (26. 4. 1907). Die Wiener Wahlen (gegen Stojans Kandidatur). Ebenso: Dělnické Listy 18. Jg. Nr. 82 (10. 4. 1907): Klerikale tschech. Kandidatur in Wien.

Aufgrund der gesellschaftlichen Wirkung, die die Kirche im Raum der tschechischen Öffentlichkeit besaß, wurde sie ein Bestandteil des tschechischen Nationalismus in der Reichshauptstadt, der auch mit anderen gesellschaftlichen Interessengruppen konkurrierte. In ihrem Bemühen um gesamtgesellschaftliche Wirkung bestärkten sie führende säkulare Interessengruppen, z. B. der Wiener tschechische Nationalrat[41] (Národní rada dolnorakouská), denn durch die Förderung spezifisch-slawischer Konfessionalisierungstendenzen versprach man sich eine Hilfe im nationalen Machtkampf — ein Faktum, das auch der Polizei und Statthalterei nicht verborgen blieb[42].

e) Politische Organisationen

Vom Machtzuwachs durch Organisation wußten seit der Französischen Revolution alle Theoretiker und Praktiker sozialer Bewegungen. Die gesellschaftliche Entfaltung des Wiener Tschechentums, dessen Organisationswesen sich seit den achtziger Jahren auf den politischen Bereich auszudehnen begann, beruhte jedoch keinesfalls nur auf einer Vormarsch-Strategie, wie das von deutscher Seite oft betont wurde. Damit hat z. B. Hugelmanns Sammelwerk der gesellschaftlichen Wirklichkeit eine vereinfachte Struktur zugewiesen, die sie nicht hat[1]. Diese Ent-

---

[41] Z. B. durch die Abfassung und Veröffentlichung einer Denkschrift an den Ministerpräsidenten Baron Beck in Angelegenheit des Wahlrechtes und aufgrund des RG-Erk. vom 24. 10. 1904 (Hye 437). Veröffentlichung am 2. 12. 1905 in der tschech. Wochenzeitung „Věstník" [Anzeiger], 23. Jg. (1905) Nr. 49 u. später im Kalender des Wiener tschech. Nationalrates Víd. Nár. Kal. 2 (1907) 22—25. — Siehe Anhang S. 544 f. u. unten S. 211. — Von einer Eingabe des Wiener tschechischen Nationalrates an den Papst nach Rom wegen der religiösen Bedürfnisse der Wiener Tschechen berichtet S o u k u p , Česká menšina 80, in den Archivalien hierzu kein Anhaltspunkt. — NRČ 120: enthält: „Čech" Nr. 222 u. 223 (1905) mit Artikel: České služby Boží v protestantském Sasku — a v katolické Vídni [Tschechische Gottesdienste im protestantischen Sachsen — und im katholischen Wien]. — Der politische „Klub rakouských národností" [Klub der österreichischen Nationalitäten] forderte die Errichtung eines tschechischen Priesterseminars in Wien. Kal. Čechů vídeňských 9 (1900) 65.

[42] Nö. Präs. J 12; 5787 (1897): „Die eigentliche Ursache des Übertrittes der Tschechen zum russischen Glauben ist weniger in etwaigen politischen oder religiösen als vielmehr in nationalen Motiven zu suchen."

[1] G ü r k e , Die deutschen Erbländer, in H u g e l m a n n , Das Nationalitätenrecht 429: „Wie planmäßig dabei der Vorstoß der Tschechen war, wissen wir heute... besser als es damals den Deutschen bewußt war." S. 439: „Der Angriff der Tschechen auf Niederösterreich und insbesondere auf Wien, erfolgte immer nachdrücklicher." — S a m a s s a , Der Völkerstreit im Habsburgerstaat 74: Die Tschechen „planen einen Eroberungsfeldzug größten Stils." In dem Maße, in dem solche Theorien vorgeben, das authentische, universal gültige Spiegelbild der gesellschaftlichen Wirklichkeit zu sein, verlieren sie ihren wissenschaftlichen Charakter. So gefährlich es ist, einer bestimmten Lesart gesellschaftlicher Phänomene einen allgemeingültigen Wert zu verleihen, so gefährlich ist es andererseits, den Relativismus der Deutungen zu betonen. Doch ist dies nicht so sehr eine Gretchenfrage des Historikers wie den Anschein hat: Die gesellschaftliche Wirklichkeit ist weder total noch zusammenhanglos und daher kann man dogmatisch weder die Allgemeingültigkeit einer Theorie noch ihrer aller Relativismus behaupten. A r o n , Raymond: Die industrielle Gesellschaft. Frankfurt/Hamburg 1964 (Fischer 636), S. 19.

wicklung des politischen Kräftefeldes war ganz allgemein die natürliche Folge des gesellschaftlichen Aufbaues des tschechischen Volkskörpers in Wien. Mit der wachsenden tschechischen Initiative seit dem Beginn der Ära Taaffe[2] und der darauffolgenden Rückkehr der tschechischen Abgeordneten in das Wiener Parlament[3] rückten entsprechend auch die politischen Tagesfragen der Wiener Tschechen ins Scheinwerferlicht. Der plötzliche Stilwandel, der sich zwischen 1860 und 1880 abzeichnete und der 1881 zu einem Stilwandel ins Politische umschlagen sollte, wurde von den demographisch erfaßbaren Vorgängen wesentlich mitbestimmt, die sich für die Wiener Tschechen an der ersten vollständigen offiziellen Volkszählung von 1880 manifestierten. Anders ausgedrückt: eine bisher politisch inaktive Mindestzahl von 40 000 Angehörigen des Arbeiter-, Handwerker- und Kleingewerbemilieus sollte unversehens politische Mündigkeit besitzen.

Trotz der Entschiedenheit des nationalen Standpunktes, den die Wiener tschechischen Vereine zwischen 1862 und 1881 zweifellos vertraten, fehlte ihnen noch der Sinn für einen kämpferischen Nationalismus nach Art der paramilitärischen Massenorganisation des Sokol[4]. Es zeigte sich sehr deutlich, daß der erste politische Verein des Wiener Tschechentums, der „*Österreichische Nationalitätenklub*" (Klub rakouských národností)[5] nichts anderes war, als die konsequente Fortsetzung der Aktivierung breiter Volksschichten: Im Frühjahr 1881 hatten sich die Vertrauensmänner nahezu aller tschechischen Vereine zur Durchführung großer Unterhaltungsveranstaltungen zugunsten des „Komenský" zusammengeschlossen. Kurz darauf wiederholte man dieses Unternehmen, jetzt allerdings für das Prager Nationaltheater, das in jenem Sommer bis auf seine Grundmauern niedergebrannt war. Bekanntlich bekundete sich damals in den freiwilligen Spenden ein mächtiges gesamtnationales Zusammenwirken, eine Bewegung, die das ganze tschechische Volk vereinte. Aus diesen beiden Sammelaktionen heraus entstand in den Wiener tschechischen Führungskreisen der Vorsatz, einen politischen Verein zur Wahrung der Rechte und Bedürfnisse des ganzen Wiener Tschechentums ins Leben zu rufen, der die Massen aus ihrer politischen Trägheit aufrütteln sollte[6]. So kam es auch nicht von ungefähr, daß sich diese erste politische Institution bald dieselben Worte zur Parole machte, die auf dem Vorhang des schon 1883 wieder neu errichteten tschechischen Nationaltheaters zu lesen waren: Národ sobě — die Nation sich selbst!

---

[2] Die Zeit von 1880 bis 1897 zeigte in mancherlei Weise einen lebhaften Aufstieg des tschechischen Nationalismus, der dazu beitrug, die tschechische Stellung im Gesamtreich zu stärken. Zur Ära Taaffe: K a n n , Nationalitätenproblem I, 193—197. — P r i n z , Handbuch III, 154—169 (mit Lit.). Ihr wesentlichstes Kennzeichen: die Ausgleichsversuche in den böhmischen Ländern.

[3] Aus diesem Anlaß stellte die Slovanská Beseda den tschechischen Reichsratsabgeordneten ihre Räumlichkeiten zu Beratungen zur Verfügung. K a r á s e k , Sborník 160.

[4] Bezeichnenderweise erfolgte auch erst 1883 seine zweite Wiener Niederlassung, 1892 waren es schon 6 Sokol-Vereine.

[5] S o u k u p , Česká menšina 51 ff. — K a r á s e k, Sborník 204—207. — H u b k a , Čechové v Doln. Rak. 32 f. — U r b a n , Čechové v Doln. Rak. 35 ff. — Víd. Kal. 1 (1892) 88 f. — Nö. Ver. kat. XIX/179.

[6] K a r á s e k, Sborník 204.

Das in Wien seit längerer Zeit seßhafte nationalliberale tschechische Bürgertum alter Prägung wollte jedoch von einem politischen Konzept nichts wissen, deshalb wandte man sich an die jüngere Generation[7]. Für die allgemeine Verbreitung des Gedankens sorgte der Journalist Jan S. *Skrejšovský*[8], Redakteur der „Tribüne" und des „Parlamentär", zweier neuer deutschsprachiger Zeitungen demokratischer Tendenz, die die Bewohner der Residenzstadt über die Interessen des Slawentums informieren sollten. Damit hatte sich die nationale Idee sowohl mit dem bürgerlich-liberalen als auch mit den kleinbürgerlich-demokratischen Kräften liiert, wie sie zehn Jahre später von derselben Stelle aus, nur unter jungtschechischem Vorzeichen, weiterpropagiert wurden. Skrejšovský, ein Bauernsohn, war im Prag der sechziger und siebziger Jahre als Redakteur mehrerer deutsch- und tschechischsprachiger Blätter hervorgetreten, in denen er das Fernbleiben der tschechischen Abgeordneten im Reichsrat unterstützte und einer slawischen Politik das Wort redete. Daher bestand er wohl auch in Wien darauf, daß sich der künftige politische Verein nicht als „tschechischer", sondern als „österreichischer" auf übernationaler, überparteilicher Grundlage konstituiere, mit der Begründung, es sei für die Metropole des Habsburgerreiches angebracht, mit Hilfe „aller gerecht denkenden Bewohner" für nationale Gleichberechtigung zu arbeiten. Dieser Vorschlag stieß bei seinen Landsleuten auf großen Widerstand, da sie eine rein tschechische Organisation gefordert hatten[9]. Schließlich glückte es Skrejšovský doch, etwa ein Viertel aller ursprünglichen Interessenten aktiv für die Idee zu gewinnen[10]. Im September 1881 verfaßte ein zehngliedriges tschechisches Komitee im berühmten Musikvereinssaal die Statuten, die im November 1881 genehmigt wurden. Zur Gründungsversammlung erschienen von 341 angekündigten Teilnehmern jedoch nur 90, darunter auch mehrere Deutsche, von denen dann drei dem Klub beitraten[11]. Zum Vorsitzenden wählte man

---

[7] Vorläufer des ÖNK: Die „Demokratische Union", gegr. 1867 unter Führung von J. J. Procházka, wurde zu einem ausschließlich deutschen Verein. Ein zweiter Versuch war der „Český spolek politický ve Vídni" [Tschech. polit. Verein in Wien], der am 30. 11. 1877 amtlich genehmigt wurde, jedoch nie ins Leben trat. Nö. Ver. kat. XIX/161. — Soukup, Česká menšina 51. Über das Desinteresse der älteren Generation: Karásek, Sborník 204.

[8] S. war schon 1858 als Konzipient im Wiener Finanzministerium und 1872 in der Wiener Filiale der Prager Živnostenská banka [Gewerbebank] in der Vorstandschaft. Im März 1880 kehrte er nach Wien zurück. Seine Prager Zeitungen: „Politik", „Correspondenz", „Národní pokrok" [Nationaler Fortschritt], „Slovanské Listy" [Slawische Blätter], „Epoche" (deutsch). Zu seinen Wiener Blättern: Anhang S. 454 f. — Lit.: Ottův Slovník Naučný 23 (1905) 310 ff. — Víd. Kal. 2 (1893) 81 und 11 (1902) 64. — Wurzbach, Biograph. Lexikon des Kaisertums Österreich 35 (1877) 85. Unter Hohenwarth kam S. in den böhmischen Landtag und arbeitete mit Palacký und Rieger zusammen. Er gewann den späteren jungtschechischen Politiker Gustav Eim als 22jährigen zur Mitarbeit an seinen Blättern. Masarykův Bd. 2 (1926).

[9] Urban, Čechové v Doln. Rak. 35. — Víd. Kal. 1 (1892) 88. — Hubka, Čechové v Doln. Rak. 32. — Das Gremium bestand aus insges. 17 Vertretern der führenden Wiener tschechischen Vereine. Karásek, Sborník 204.

[10] Von 250 Geladenen 67 Personen Karásek, Sborník 204.

[11] Ebenda 205.

den Reichsratsabgeordneten Karel *Šindler*[12], der vier Jahre später Obmann des Komenský-Vereins wurde. Noch im selben Jahr legte er seine Funktion nieder und Skrejšovský, sein Stellvertreter, übernahm den Vorsitz. Von Anfang an erfreute sich der Österreichische Nationalitätenklub nicht der gewünschten allseitigen Beliebtheit, man hatte mit viel mehr Mitgliedern gerechnet[13]. Das änderte sich auch nicht, als nach Skrejšovskýs frühem Tod 1883 die Leitung in die Hände seines Schwiegersohnes, des Advokaturskonzipienten Karel *Živný*, überging[14] und der Klub entgegen der ursprünglichen Absicht immer stärker zu einer ausschließlich tschechischen Organisation wurde[15].

Diese erste gemeinsame überparteiliche Zentrale des Wiener Tschechentums hatte das besondere Vorrecht erhalten, Zweigstellen[16] errichten zu dürfen, obwohl dies, juristisch betrachtet, allen politischen Vereinen verboten war. Die Genehmigung der Statuten[17] wurde daher als ungewöhnliche Errungenschaft empfunden, die man in tschechischen Kreisen zum Teil darauf zurückführte, daß Ministerpräsident Taaffe verschiedene Hoffnungen in den Klub gesetzt haben soll[18]. Vom ersten Tag an galt die Organisation als Sammelpunkt, Bindeglied und Interessenvertretung der tschechischen Kleingewerbetreibenden, Kleinhändler und Handwerker[19]. Sie trug dazu

---

[12] Šindler reichte 1885 für den ÖNK zwei Petitionen im Reichsrat ein; die eine um „Erwirkung und Errichtung einer Obersten Gewerbebehörde und Trennung der Handels- und Gewerbekammer", die andere „um Einflußnahme bei den Verhandlungen mit der Österr.-ungar. Bank". RR-Prot. IX/369 (13. 2. 1885) 13738 f. u. IX/430 (27. 3. 1885) 15132.

[13] U r b a n , Čechové v Doln. Rak. 35. — K a r á s e k , Sborník 205. — H u b k a , Čechové v Doln. Rak. 35.

[14] Zwischen 1880 und 1890 mit Skrejšovský der führende politische Organisator in Wien. War als Konzipient bei dem ihn bald ablösenden Vorsitzenden Dr. Moser beschäftigt. Er gründete mehrere tschechische Vereine, arbeitete als Redakteur der Zeitschrift „Slavia" (1906/07) und des „Parlamentär". Er schrieb 1911 das deutschsprachige Buch „Das Stammland der Monarchie" (stark nativistisch) und war wegen seiner öffentlichen Vorträge mehreremale inhaftiert. S o u k u p , Česká menšina 50, 52, 54 ff., 57, 306, 427, 473.

[15] „Obwohl der Klub für alle österreichischen Nationen errichtet wurde, sind in ihm 99 % Tschechen." U r b a n , Čechové v Doln. Rak. 36. Von anderen slawischen Nationen werden nur der ruthenische Schriftsteller Dr. K o z a r i s z c z u k und der slowenische Redakteur Fran P o d g o r n i k erwähnt.

[16] 1895: in sieben Wiener Bezirken. Dabei blieb es. H u b k a , Čechové v Doln. Rak. 26: „Dieses Recht zu gebrauchen, verstehen die Wiener Tschechen nicht."

[17] Zweck: die nationalen und politischen Rechte der Staatsbürger zu schützen, die Volksbildung zu pflegen und die wirtschaftliche Tätigkeit zu fördern. H u b k a , Čechové v Doln. Rak. 32.

[18] E b e n d a 33. Verfasser war führender Funktionär der nat.-soz. Partei und widmete sich vor allem Minderheitsfragen. Archiv ČSSoc. Kart. Přední političtí pracovníci strany [Hervorragende polit. Arbeiter der Partei]. Jos. H u b k a , Životopis a korespondence [Lebensbeschreibung und Korrespondenz] II/33-S (Bruder des obigen!).

[19] „Der Klub konzentriert um sich hauptsächlich die Gewerbetreibenden, die Intelligenz hält sich fern. Gerade unsere besten Leute sollten hier Mitglieder sein." H u b k a , Čechové v Doln. Rak. 33. — Ebenso U r b a n , Čechové v Doln. Rak. 36: „Doktoren sind im ÖNK eine ungeheuere Seltenheit. Und doch haben wir Hunderte in Wien."

bei, Sparvereine, Darlehenskassen[20], Lesesäle und Büchereien zu errichten, gab Broschüren, Zeitschriften und seit 1892 alljährlich einen Kalender[21] heraus und setzte sich für Sprachschulen, Kindergärten und für die Errichtung einer Stellenvermittlung für Lehrlinge und Dienstmädchen ein. Statutengemäß war sie auch die einzige Einrichtung im Wiener Tschechentum, die öffentliche Versammlungen und Vorträge politischer und volkswirtschaftlicher Art[22] veranstalten und Wahlkandidaten aller politischen Richtungen unterstützen konnte.

Seit 1890/91, kurz bevor der Klub in das radikale jungtschechische Lager überging[23], stellte er bei Gemeinde-, Landtags- und Reichsratswahlen erstmals selbständige tschechische Kandidaten auf. Vorher hatte man sich stets für die deutschen Volksvertreter, vor allem für Kronawetter, Lueger, Pattai und Kreuzig engagiert, von denen man sich jetzt enttäuscht immer mehr abwandte.[24] Die Bedeutung des Klubs, dem es während seiner ganzen Tätigkeit bis zum Weltkrieg nie gelang, eine genügende Anzahl politisch interessierter Mitarbeiter zu finden[25], verminderte sich umso mehr, als neue politische Korporationen entstanden und die führenden beiden Parteien des Wiener Tschechentums, die Nationalsozialen und Sozialdemokraten, ihren Einfluß geltend machten.

Eine zweite Plattform für öffentliche Propaganda und politisches Auftreten entstand im Juli 1885 in der *První česká politická jednota ve Vídni* [Erster böhmisch-politischer Verein in Wien][26], ebenfalls auf überparteilicher Grundlage gebildet. Um diese Gründung hatte sich die tschechische Beseda im II. Bezirk bemüht, deren Protektoren der nun verstorbene Skrejšovský und Karel Živný waren. Die Devise der Jednota „Lassen wir uns nicht unterkriegen!" („Nedejme se!") zielte zwar stärker auf eine Festigung der politischen Position ab als das vom Österreichischen Nationalitätenklub immer wieder propagierte Schlagwort „Söhnen wir uns aus!" („Smiřujme se!"). Im Prinzip unterschied sich die Arbeit der beiden Organisationen

---

[20] 1886 fand in den Klubräumen die Gründung der ersten tschechischen Darlehenskasse statt, bis 1900 wurden drei weitere gegründet. K a r á s e k, Sborník 205 f. — S o u k u p, Česká menšina 52.
[21] Víd. Kalendář (später als Kal. Čechů Víd. / Kal. Slovanů Víd.). Anfangsauflage 2000. Buchreihe „Politická knihovna" [Politische Bücherei], Broschüren, Flugblätter, die Zeitschriften „Slaw. Echo", Organ für Politik, Volkswirtschaft und Kunst (s. Anhang). Deutschsprachige Broschüren vom Vorsitzenden Viktor M o s e r: „Das Wahlrecht" (1885). „Über die Wichtigkeit politischer Vereine im Staatsleben" (1887). Tschechische Broschüren: K l e c k a, Karel: Život a působení J. Kollára [Leben und Wirken J. Kollárs] 1883. — K o u t e c k ý, J. O.: O Státním právu [Vom Staatsrecht] 1883.
[22] Zur Versammlungs- und Vortragstätigkeit: Víd. Kal. Jgg. 1892—1914. — Nö. Präs. J 12 3140 (1892), J 12 2124 (1894), J 12 7406 (1896), J 12 51 (1898), J 12 100 (1898), J 12 195 (1899), XIV/220; 3080 (1907).
[23] Nö. Präs. J 12 3140 (1892).
[24] K a r á s e k, Sborník 206.
[25] 1900 waren es 400 Mitglieder. H u b k a, Čechové v Doln. Rak. 33; 1906 nur 253. — Kal. Čechů Víd. 16 (1907) 141 f. Sehr schlechter Finanzstand.
[26] S o u k u p, Česká menšina 53—55. — K a r á s e k, Sborník 207 f. — H u b k a, Čechové v Doln. Rak. 38. — U r b a n, Čechové v Doln. Rak. 37 (Verf. ist identisch mit dem im folgenden erwähnten Urban). — Nö. Ver. kat. XIX/213.

jedoch nicht voneinander[27], zumal sie teilweise auch personell miteinander verbunden waren. Die erste Hauptversammlung übertrug dem Reichsratsabgeordneten Dr. Karel *Špaček*[28] die Präsidentschaft, als Stellvertreter wurde der Redakteur F. J. *Stejskal-Lažanský*[29] ernannt. Beide lehnten ab. An ihre Stelle trat nun Živný, nachdem er bereits sein kurzfristiges Debut im Österreichischen Nationalitätenklub gegeben hatte. Als persönliche Intrigen den Fortbestand der Jednota bedrohten, legte Živný, der gleichzeitig auch der Initiator des Cyrillo-methodeischen Vereins[30] war, 1894 sein Amt nieder, das nun vom Sekretär des „Komenský", dem Parfümeriewarenhändler Josef *Urban* weitergeführt wurde, der seinerseits 1902 im Österreichischen Nationalitätenklub den Vorstandsposten einnahm. Im Gründungsjahr 1885, in der ersten Begeisterung und größten Blütezeit, zählte die „politická jednota" 1500 Mitglieder in allen Wiener Bezirken. 1891, im Jahr der Reichsratswahlen, hatte man 40 Versammlungen abgehalten, 1895 waren es noch drei, 1898 und 1899, zur Zeit der tschechischen Proteste gegen die Festsetzung des Deutschen als alleiniger Unterrichtssprache in Niederösterreich (Lex Kolisko), fand nur noch eine öffentliche Versammlung statt[31]. Im Oktober 1900 wurde der Verein behördlich aufgelöst[32]. Der letzte Vorsitzende, Václav *Frühbauer*, gehörte zu den ersten Organisatoren der tschechischen nationalsozialen Partei in Wien.

Die Rahmenordnung, innerhalb derer alle politischen Gruppen und Organisationen der Kultur und Wirtschaft gemeinsam wirken sollten, war im Niederösterreichischen Nationalrat — *Národní rada dolnorakouská*[33] — konzipiert. Zweierlei hatte die Wiener Tschechen zu seiner Gründung bewogen: Einerseits bildete er das Gegenstück zu den etwa gleichzeitig geschaffenen „Deutschen Volksräten", zum anderen war er die Reaktion der Wiener Minorität auf das wichtigste Dokument über die deutschnationale Politik der Vorkriegsgeneration, das sogenannte Pfingstprogramm[34] vom Mai 1899. Mit Ausnahme der Alldeutschen und der deutschen Sozia-

---

[27] Zweck nach den Statuten: Arbeiten für die Anerkennung der tschechischen Sprache als zweite Landessprache, Streben nach Errichten öffentlicher tschechischer Schulen und Einführung tschechischer Gottesdienste, Errichtung von Büchereien, Verbreiten von nützlichen Zeitschriften, Hebung der Volksbildung, Steigerung des politischen und wirtschaftlichen Bewußtseins.

[28] Špaček war der Rechtsberater des Grafen Harrach und 1881 Vorsitzender der Slovanská Beseda. Ottův Slovník 24 (1906) 701. Víd. Kal. 2 (1893) 17.

[29] Seine Wiener Zeitungen: Anhang S 453 f.

[30] H u b k a , Čechové v Doln. Rak. 38. — Siehe oben S. 120. Man erstrebte vor allem tschechisch-orthodoxe Religionsschulen mit Öffentlichkeitsrecht, wie sie die Serben hatten. E b e n d a 38.

[31] Zu den Versammlungen der Jednota: Nö. Präs., für 1897: J 12 ad 349; J 12, 4802; J 12, 5758; für 1898: J 12, 100; 5613. Inhalt: z. T. Anträge zur Auflösung wegen Staatsgefährlichkeit und auch wegen Verstoßes gegen § 33 des Vereinsgesetzes vom 15. 11. 1897 (RGBl. 134).

[32] Nach § 26 d. Ges. v. 15. 11. 1867. S o u k u p , Česká menšina 55.

[33] Im Tschechischen feminini generis. S o u k u p , Česká menšina 62—83: bisher umfassendster Gesamtüberblick.

[34] K a n n , Das Nationalitätenproblem I, 380 f., Anm. 105; 458, Anm. 26; 418 Anm. 99. — Prinz, Handbuch III, 178 u. 196 Anm. 12. — H u g e l m a n n , Das Nationalitätenrecht 444 f.: Teilabdruck im Wortlaut. Für den Gesamttext: F i s c h e l , A.: Materialen zur Sprachenfrage in Österreich. Brünn 1902, Nr. 11, S. 33 ff. — Tschechische Per-

listen stammte der Entwurf von der gesamten deutschen Opposition im Wiener Parlament: von der Deutschen Volkspartei, den Deutsch-Fortschrittlichen, der Vereinigung der verfassungstreuen Großgrundbesitzer und von der Christlichsozialen und Freideutschen Vereinigung. In diesen ziemlich langen Bestimmungen zur Regelung der Sprachenfrage war auch die Forderung enthalten, es sei für die deutschen Erbländer — und damit also für Niederösterreich — „gesetzlich festzustellen, daß die deutsche Sprache als die alleinige Unterrichtssprache für alle öffentlichen oder mit dem Öffentlichkeitsrecht ausgestatteten Schulen jeder Art zu gelten hat"[35]. So ist es wohl kein Zufall, daß gerade der Komenský-Sekretär Josef Urban, der bereits durch Vereins-, Verlags- und Publikationstätigkeit bekannt war[36], den Vorschlag zu einer höheren Organisationseinheit machte, die die gesamten nationalen Belange des Wiener Tschechentums vertreten sollte. Für eine derartige Einrichtung gab es tschechischerseits noch kein Modell, denn der Prager Nationalrat (Národní rada česká — NRČ) wurde erst später gebildet, und zwar vornehmlich aus politischen Parteien[37]. Dieser Modus eignete sich für Wien nicht: Beamtenschaft und Gewerbe waren kaum politisch organisiert und die bürgerlichen Vereine betonten entschieden ihre politische Neutralität. Da Urban

---

spektive: P e n í ž e k , Josef: Aus bewegten Zeiten 1895—1905. Wien 1906, S. 119—130. — S. unten S. 303 f.

[35] Zit. nach H u g e l m a n n , Das Nationalitätenrecht 445. Für die vorherrschend slowenische Südsteiermark wurde die Forderung gestellt, daß die Unterrichtssprache an allen Mittelschulen in slowenischen Gebieten Deutsch sein sollte, ähnliches betraf die slowenischen Grenzbezirke Kärntens und Schlesien mit seiner tschechischen und polnischen Bevölkerung.

[36] Akademický spolek, 1. politická jednota, ÚNK, Ústřední jednota nepolitických spolků, Český klub cyklistů. Publizierte im „Věstník" u. im Víd. Kal., schrieb in K a r á s e k s Sborník das Kapitel über die nö. Vereine (S. 149—216); selbständige Publikationen: Čechové v Doln. Rak. Wien 1892. Kandidierte 1901 und 1907 erfolglos bei beiden Wahlen in den RR und war von 1893—1903 Sekretär im Klub der tschech. Abgeordneten. — S o u k u p , Česká menšina 13, 53 f., 63 f., 73, 77, 121, 206, 266 f., 304. — Nö. Präs. J 12 ad 349 (1897); J 12 100 (1898); J 12 5613 (1898); J 12 195 (1899); J 12 3226 (1900); J 12 3633 (1902); XIV/220; 3080 (1907). Eine Selbstdarstellung seiner Tätigkeit enthält sein Bittbrief an den NRČ um ein Darlehen von 200 K vom 30. 10. 1907: NRČ 120 „Doln. odbor ve Vídni 1905—1910": „Weil die Mittel unserer nö. Sektion nicht für die allernötigsten Ausgaben ausreichen und weil ich angesichts meiner Funktion hier nicht um Hilfe rufen kann, bitte ich, wenn möglich, mir m e h r , wenigstens aber 200 K zu leihen." (Ablehnung des NRČ vom 3. 1. 1908).

[37] Vorwort zu den Akten des NRČ im SÚA Prag. — D r o z d a , J.: Paměti z mého života [Erinnerungen aus meinem Leben]. Prag 1919, S. 5. — Gründungsversammlung am 17. Juni 1900. Die Führung wollte sich die jungtschechische Partei sichern, deshalb wurde zum Vorsitzenden der damalige Vorsitzende des tschechischen Abgeordnetenklubs, Dr. Emanuel E n g e l , gewählt. Engel hatte am 29. 10. 1887 bei den Wiener Tschechen eine erste Anregung zur Gründung gegeben, die jedoch im Sande verlief, bis Urban den Plan wieder aufgriff. Wegen Unstimmigkeiten in den politischen Ansichten entwickelte der Prager NRČ anfangs keine Tätigkeit. Erst 1903, als die neue Organisationsordnung ausgearbeitet worden war und Dr. Jos. H e r o l d den Vorsitz führte, wandte sich der NRČ seinen Aufgaben zu. Zur vollen Entwicklung kam es erst 1906, als auf der Jahreshauptversammlung die überarbeitete „Grundordnung" ratifiziert wurde. Vgl. die stark komprimierte Gegenüberstellung der Prager und Wiener Verfassung im Anhang S. 489—493. — Zu Engel: Kal. Čechů Víd. 3 (1894) 22.

von vornherein Bedenken anmeldete, ob die Behörden der neuen Organisation die Genehmigung erteilen würden, blieb sie zunächst illegal. Dies hatte zur Folge, daß die großen, in der tschechischen Bevölkerung tonangebenden Korporationen wie die Slovanská Beseda, der Slovanský zpěvácký spolek, Sokolschaft und „Komenský", keine offiziellen Vertreter entsandten, um ihre Auflösung nicht aufs Spiel zu setzen. Die öffentlichen Versammlungen fanden unter dem Namen des Österreichischen Nationalitäten-Klubs statt, Protokolle und Zuschriften wurden erst dann nicht mehr verbrannt, als auch die Deutschen Volksräte stärker in der Öffentlichkeit zu agitieren begannen[38]. Daß der Nationalrat in den ersten fünf Jahren so gut wie keine Tätigkeit entfaltete, lag nicht nur an seinem experimentellen Charakter, an den Finanzierungsfragen oder an der Art der Zusammensetzung, die eine proportionale Beteiligung der wichtigsten tschechischen Vereine vorsah: Durch seine Gründung waren Emotionen geweckt worden, deren die Vorstandschaft, mit Urban an der Spitze, nicht mehr Herr wurde — Emotionen, die nicht mehr jenen zugute kamen, die sie wachgerufen hatten, sondern radikalen Ehrgeizlingen vom Typ eines Jan Janča — Redakteur des zweimal wöchentlich erscheinenden „Slovan" [Slawe] —, von dem sich die tschechischen Bürger einschließlich ihrer Vertreter distanzierten[39]. Freilich kam der Tadel für den Nationalrat nicht nur von den Extremen, den Prager bzw. Wiener Nationalsozialen[40] oder Sozialdemokraten her. In den eigenen Reihen fand die Unzufriedenheit nicht weniger Ausdruck. Den ersten Reorganisationsversuch unternahm der Primarius des Kaiser-Franz-Josef-Spitals, Dr. Josef *Drozda*, einer der ältesten Mitarbeiter im Wiener tschechischen Vereinsleben. Sein im Frühjahr 1904 verfaßtes Organisations- und Arbeitsprogramm „Čeho je nám třeba" [Was wir nötig haben] erschien unter einem Pseudonym[41]. Dementsprechend wählte man statt Urban auch nicht Drozda zum Vorsitzenden, sondern den Architekten František Krásný[42], Obmann im Sokol, Vorstandsmitglied der Wiener Filiale der Živ-

---

[38] S o u k u p , Česká menšina 64. Erhalten ist nur das Material, das an die Prager Zentrale ging. Erste Erwähnung des NRČ für die Wiener tschechische Bevölkerung: Kal. Čechů Víd. 10 (1901) 93: Národní rada Čechů dolnorakouských [Der Nationalrat der nö. Tschechen].

[39] D r o z d a , Paměti 5. — Zu Janča: Siehe S. 251—256 u. Anh. S. 456, 458, 557 ff.

[40] H u b k a , Čechové v Doln. Rak. 26. (Statt den ÖNK auszubauen) „... gründen sie den Nationalrat, der geradeso den Schlaf der Gerechten schläft wie der Prager." Erste Erwähnung des NR in den Nö. Präs.-Akten: J 12, 3633 (25. 5. 1902): tschechischerseits ... „wurde mit Bedauern konstatiert, daß die Partei der tschechisch-nationalen Sozialisten in Wien aus kleinlichen Motiven den diesfälligen Beratungen des Nationalrates ferngeblieben sei." — Sozialdemokraten: Děln. Listy 11. Jg. Nr. 191 (29. 11. 1900): „Význam a činnost Nár. rady" [Bedeutung und Tätigkeit des Nationalrates]. „Wir schwiegen und erwähnten mit keinem Wort seine Tätigkeit, weil man nichts von ihr sah. Anscheinend aus guten Gründen scheute der Nationalrat die Öffentlichkeit, das war das erste üble Zeichen."

[41] H ů r e c k ý , J. D.: Čeho je nám třeba [Was wir nötig haben]. Wien 1904. Aufl.: 20 000.: hs. Ausarbeitung der Organisationsordnung auch in NRČ 566. — Zu Drozda: Siehe unten S. 256—267.

[42] Zu seiner Tätigkeit als Architekt und Minderheitenarbeiter: Ottův Slovník Nové Doby III, 2 (1932) 829. — Ö. Biogr. Lex. derzeit noch z. T. Zettelkatalog. — Masarykův Slovník Bd. 4 (1929).

nostenská banka [Gewerbe-Bank] und Beisitzer der Genossenschaft zum Bau eines Vereinshauses in der Innenstadt, „Český dům I.". Drozda blieb als Stellvertreter bis zum Jahre 1907 im Hintergrund, obwohl die eigentliche Leitung schon damals in seinen Händen lag. Er war es auch, der als der Delegierte Niederösterreichs mit der Prager Zentrale verhandelte, als im Mai 1906 die Národní rada dolnorakouská zum *Dolnorakouský odbor Národní rady české* (DONRČ, niederösterreichische Sektion des NRČ) erklärt wurde[43]. Drozdas Entwurf der Organisationsordnung, nach welchem im Juni 1904 die neue Generalversammlung abgehalten wurde, änderte sich auch nach dem Anschluß an Prag nicht in seinem Prinzip, er war jedoch in eine seltsame politische Landschaft geraten: Die zahlenmäßig weitaus stärkste Bevölkerungsschicht der Wiener Tschechen, die Arbeiterschaft, stand sich in den zwei Lagern der Sozialdemokraten und Nationalsozialen gegenüber, die sich gegenseitig befehdeten und umso weniger eine Veranlassung sahen, an Beratungen einer Korporation teilzunehmen, die für sie eine überflüssige, weil unmaßgebliche Komponente des Wiener Tschechentums war[44]. Hier konnte selbst das Zentralthema, die Schulfrage, keine Brücken schlagen. Die tschechische Intelligenz hielt sich vom Nationalrat überhaupt fern oder lehnte die Übernahme von Funktionen ab. Konstantin Jireček[45], Universitäts-Professor für Geschichte und slawische Philologie, Enkel des berühmten Slawisten Šafařík, Neffe des Rechtshistorikers und Sohn des Kultus- und Unterrichtsministers in der Ära Hohenwart-Schäffle, erklärte deutlich, den ihm angebotenen Vorsitz in der niederösterreichischen Sektion des Kulturverbandes „Osvětový Svaz" nicht annehmen zu wollen. 1911 hatten die Spannungen in der Führung der Wiener Sektion so zugenommen, daß Drozda abdanken sollte, wollte und dennoch nicht konnte, weil sich kein anderer für dieses Amt zur Verfügung stellte[46].
Finanziell erhielt der DONRČ keinerlei Subvention, obwohl er sich darum seit

---

[43] Nö. Präs. XI/152—161; 84 (1909). Von den 47 Prager Kartons beziehen sich unmittelbar auf das gegenseitige Verhältnis der beiden Organisationen: NRČ 3, 10, 15, 16, 93, 114, 116, 120, 227, 566.
[44] In Prag dagegen hatte die tschechische Sozialdemokratie seit 1905 engere Verbindung mit dem NRČ aufgenommen. P r i n z, Handbuch III, 188. — Hier ist zu bemerken, daß die Höhe der Mitgliederzahl nicht immer ein zuverlässiges Kriterium für die politische Relevanz einer Interessengruppe ist. Oft steht die Zahl der auf der politischen Bühne Agitierenden im umgekehrten Verhältnis zu ihrem politischen Einfluß. Für Wien trifft das nicht zu. NRČ 566 (1906—1908). NRČ 116 (1911): Korrespondenz Nat. soz. Partei-DONRČ. Eine Gegenschrift zu Drozda „Čeho je nám třeba ist die Studie des Wiener Parlamentssekretärs der „Národní Politika" und Parteifunktionärs bei den Wiener Nationalsozialen: Hanuš S ý k o r a : Čeho je nám ve Vídni třeba [Was wir in Wien nötig haben]. Wien 1911. E b e n d a 6.: „Der niederösterreichische Nationalrat existiert nur — sit venia verbis — auf dem Papier"... „Die Bildung einer Vorstandschaft des niederösterreichischen Nationalrates bedeutet noch lange nicht eine Organisation der Wiener Tschechen." E b e n d a 7—14: Programm für eine Reorganisation des DONRČ, zumal Sýkora eine Neubelebung des ÖNK für ausgeschlossen hielt.
[45] Ö. Biogr. Lex. Bd. 3, S. 115. — Ottův Slovník, Nové Doby III, 1 S. 217 f. — D r o z d a , Paměti 16.
[46] NRČ 116. Doln. odbory ve Vídni [Niederösterr. Sektionen in Wien] (1907—1911).

Jahren bei den Wiener tschechischen Banken und Geldinstituten bemühte[47]. Die beiden einzigen ständigen Einnahmen waren der Erlös aus dem seit 1906 im Prager Otto-Verlag gedruckten „Vídeňský Národní Kalendář[48] [Wiener National-Kalender] und aus den nationalen Zwei-Heller-Kronsteuermarken. In diese Gelder teilten sich jedoch die Wiener tschechischen Christlichsozialen, die Nationalsozialen und der Komenský-Verein, die jeder ihre eigenen Marken verkauften, so daß für den DONRČ selbst wenig übrigblieb[49]. Die mit dem Prager NRČ vereinbarte jährliche Unterstützung von 5 Kronen pro Verein kam sehr unregelmäßig und nur nach zahlreichen Urgenzen, häufig blieb sie ganz aus. Bei seinen Zuwendungen zog das „gesamtnationale Mekka"[50] allerdings stets seine mährischen und schlesischen Sektionen vor, daher machte es auch kein Hehl aus seinem Desinteresse an der Errichtung eines ständigen Minderheitensekretariates für Niederösterreich[51].

Im Juni 1914 hatte der Wiener Nationalrat die Suche nach stabilisierenden Faktoren aufgegeben. Drozda schlug vor, „künftighin die weitere Tätigkeit der Sektion

[47] 1914 gab die Wiener Živno-Bank 50 K, die Víd. záložna [Wiener Vorschußkassa] 20 K, die Dolnorak. záložna [Nö. Vorschußkassa] 10 K. Die Česká průmyslová banka [Böhm. Industrialbank] reagierte überhaupt nicht. NRČ 16 (Brief Drozdas an NRČ vom 30. 1. 1914).

[48] Die Herausgabe geschah mit der Begründung, der „Kal. Čechů Víd." des ÖNK werde allgemein als nicht entsprechend und ungenügend empfunden. D r o z d a , Paměti 16. Tendenz und Ausstattung beider Kalender sind gleich, der des ÖNK ließ erst seit etwa 1909 im Niveau nach.

[49] NRČ 16 (Brief Drozdas vom 30. 1. 1914). NRČ 566: Aufrufe des Finanzausschusses an die Bevölkerung, die einzige Einnahmequelle zu unterstützen. Verkauf der Marken in Cafés und Gasthäusern. Der Rechnungsführer des DONRČ schrieb dazu an den NRČ (Aug. 1907): Der Gedanke habe sich in den Ländern der Wenzelskrone schnell durchgesetzt, werde jedoch von den Wiener Gastwirten und Kaffeehausbesitzern absolut ignoriert.

[50] Bezeichnung für den NRČ aus einem Bittbrief Drozdas vom 30. 4. 1914. NRČ 15.

[51] Etwa seit Juni 1913 im Gespräch. Eine Anregung kam im Januar 1914 aus der sonst politisch passiven Öffentlichkeit: Ein tschechischer Jurist aus Wien wandte sich direkt an den Prager NRČ und schlug in Zusammenarbeit mit der Slovanská národohospodářská společnost [Slaw. volkswirtschaftl. Gesellschaft] und der Řemeslnická a živnostenská jednota [Handwerker- u. Gewerbe-Vereinigung] die Errichtung eines ständigen Minderheitensekretariates in Wien vor. Prag und Wien machten Einwände, einerseits, weil sie Streitigkeiten befürchteten, andererseits, weil sie die Einnahmen nicht teilen wollten. NRČ 16 (7 Briefe, bes. 29. 1. und 12. 2. 1914). Auf eigene Initiative wollte jedoch der NRČ keine ständige Kanzlei für Niederösterreich errichten: NRČ 15 (1. 7. 1914) Drozda an NRČ: „Der schlesischen Sektion wurden bereitwillig die präliminierten Mittel in vollem Umfang gewährt und die Stellenausschreibung erfolgte sofort. Uns hingegen wurde nur die *Hälfte* des von uns mit größter Einschränkung präliminierten Betrages zuerkannt, wodurch allerdings die Anstellung einer eigenen Sekretariatskraft absolut unmöglich gemacht wurde und dabei wurde auch noch daran gemahnt, daß der ... Betrag in keiner Weise für die Zukunft für den NRČ irgendwie bindend sein soll, sondern daß er lediglich für das laufende Jahr gewährt worden ist." Weiteres Material: E b e n d a : Briefe Drozdas vom 2. 3., 27. 3., 21. 4., 23. 4., 30. 4. (aus dem Inhalt geht hervor, daß sie meist unbeantwortet blieben). — NRČ 10 (23. 4. 1914); „Česká Vídeň", Nr. 25, 21. 6. 1913. — Víd. Denník 6. Jg., 21. 7. 1913. — L e d e r e r , Česká Vídeň 16: „Seien wir aufrichtig! Weder die «Osvěta Lidu», noch irgend jemand sonst hat erwartet, daß sich der Nationalrat wirklich der Wiener Tschechen annehmen werde."

einzustellen und die gesamte Verantwortung vor der breiteren Öffentlichkeit dem NRČ selbst zuzuschieben"[52].

Erstrebtes Ziel und erreichte Leistung — in welchem Verhältnis standen sie zueinander und inwieweit war der Wiener Nationalrat gleichsam ihrer beider Katalysator: Nach den Worten Drozdas über die Bedeutung und die Aufgaben der Dachorganisation der Wiener tschechischen Bürgerschaft erhob der Nationalrat zwar den Anspruch, „die *einzige* nationale Selbsthilfeorganisation zu sein, die sich, erhaben über jeden engstirnigen Standpunkt der Parteien von höherer Warte aus um die *verschiedenartigen* eigentlichen Lebensinteressen des *ganzen* nationalen Stammes an der Donau kümmert"[53]. Sein Arbeitsprogramm, das u. a. die Errichtung von Bezirkskomitees, ein Kataster der Wiener Tschechen, Aktionen bei der Schulfrage, der Volkszählung und den Wahlen sowie Verhandlungen mit den Slowaken[54] vorsah, stand jedoch in krassem Widerspruch zu den praktischen Ergebnissen. Im März 1914 teilte Drozda dem Prager NRČ mit, daß bei den letzten Wahlen in die dritte Kurie im X. Bezirk, in dem laut Volkszählung 18 489 Tschechen wohnten, nur 160 Stimmen für tschechische Kandidaten abgegeben wurden, wogegen es bei den Reichsratswahlen 1911 noch 1300 gewesen waren[55]. Dem ist vorausgreifend hinzuzufügen, daß sich damals aufgrund der Spaltung der sozialdemokratischen Partei der autonomistische Zweig dem tschechischen bürgerlichen Wahlmanöver angeschlossen hatte. Ein Vergleich mit den Reichsratswahlen von 1907 — ohne Sozialisten — zeigt jedoch, daß damals in Favoriten immerhin wenigstens 274 Stimmzettel für die Tschechen abgegeben wurden, denen der Nationalrat allerdings weitere 2272 hinzufügte, weil er kurzerhand alle ungültigen Stimmen auf das tschechische Konto setzte[56]. „Für alle Fälle" — im wörtlichen Sinn — baute die Wiener Sektion zunächst immer Maximalpositionen auf, von denen sie sich später auf verwaschene Kompromißlinien zurückziehen mußte.

Auf die Dauer steuert eine so fragile Konstruktion — ein politisches Mobile, von tausend Emotionen bewegt — dem Zusammenbruch entgegen, es sei denn, die Tschechen hätten eine klare Konzeption entwickelt, die es vermocht hätte, die Wiener politische Führung fest zusammenzuschmieden. Pauschale Betrachtung neigt

---

[52] NRČ 15 (Brief Drozdas vom 16. 6. 1914). — Siehe Anhang S. 554 ff.
[53] H ů r e c k ý (= J. Drozda): O významu a úkolech Nár. rady [Über die Bedeutung und die Aufgaben des NR]. Víd. Nár. Kal. 1 (1906) 43 f. Hervorgehobenes im Original.
[54] Nur bei S o u k u p, Česká menšina 65. Für 1905. Hauptgegenstand der Gespräche, die gemeinsam mit der 1896 gegründeten Čsl. jednota stattfanden, war die wirtschaftliche Unterstützung der Slowaken. E b e n d a 66: Der Vorschlag, für Hlinka ein Gnadengesuch abzugeben, wurde abgelehnt. Begründung: Eingriff in die ungarischen Verhältnisse würde Persekutionen der Wiener Tschechen zur Folge haben.
[55] NRČ 15 (2. 3. 1914).
[56] Víd. Denník (auf Initiative des DONRČ gegründetes Tagblatt), Jg. 1 (1907) Nr. 72 (16. 5. 1907): Vídeňské volby v zrcadle pravdy neboli 19 294 české hlasy [Die Wiener Wahlen im Spiegel der Wahrheit oder 19 294 tschechische Stimmen]. In der „Národní Politika" vom 26. 5. 1907 rundete der Wiener Korrespondent Sýkora sogar auf 20 000 auf. Auch in S ý k o r a, Hanuš: Dobyvatelé. Po stopách předválečného usilování Čechů podunajských [Eroberer. Auf den Spuren der Vorkriegsbemühungen der Donau-Tschechen]. Prag 1927, S. 250—253: Čechové vídeňští a říšské volby 1907 [Die Wiener Tschechen und die RR-Wahlen 1907].

dazu, von einer Solidarität des gesamten Tschechentums⁵⁷ zu sprechen und gerät dabei leicht auf das niedrige Niveau der Polemik. Es gab jedoch, wie man sieht, geographische und politische Unterschiede. Urteile, die den DONRČ als „wichtigsten Tschechisierungsstützpunkt", als „Lenker der gesamten Tschechenbewegung in Niederösterreich mit engsten Verbindungen zu nationalsozialen und sozialdemokratischen Abgeordneten" oder, wie Hugelmanns Sammelwerk, als den Wiener Tschechen „von Prag vorgesetzt" oder „hereingetragen" sehen wollen⁵⁸, lassen angesichts der doppelten Belichtung aus beiden Hauptstädten immerhin Zweifel aufkommen, auch wenn es sich im vorliegenden Zusammenhang nur um Momentaufnahmen der Verhältnisse handeln konnte.

Der gesellschaftlichen Breiten- und Tiefenwirkung der politischen Organisationen liegen die konkreten Gegebenheiten der Lebensführung der tschechischen Zuwanderungsminderheit in der deutschen Arbeitswelt der Reichsmetropole zugrunde. Nicht nur das geschriebene Recht, sondern auch die Rechtslehre von Staat und Gesellschaft haben noch keine Kategorien entwickelt, die jenen sozialen und politischen Machtträgern vollständig gerecht würden und ihre Position in der Staats- und Gesellschaftsordnung des Habsburgerreiches deutlich erkennen ließen. Der hier zur Diskussion gestellte und an dem ausgebreiteten Material entwickelte Begriff der Repräsentation organisierter Interessen⁵⁹ steht im Widerspruch mit der überlieferten und fast ausnahmslos herrschenden Auffassung der deutschen Staats- und Verfassungslehre, die daran festhält, daß Interessen nicht repräsentiert werden können⁶⁰. Es unterstreicht die lokale Besonderheit der politischen Praxis des Wiener Tschechentums, daß das übliche Kriterium zur Unterscheidung der organisierten Interessengruppen von den Parteien als den wesentlichsten Bestandteilen der politischen Ordnung hier keine Gültigkeit hat, nämlich die Bereitschaft zur *eigenverantwortlichen* Ausübung der politischen Macht, wie sie sich konkret in der Kandidatenaufstellung äußert. Wie bereits erwähnt, schalteten sich der Österreichische Nationalitäten-Klub ebenso wie der Wiener tschechische Nationalrat aktiv in den Wahlkampf ein, und zwar als bürgerliche Institutionen, die sich in bewußter Programmatik gegen jede parteilich-partikuläre Interessenvertretung aussprachen. Damit war jedoch gleichzeitig das natürliche Verhältnis zwischen Partei und gesellschaftlich-politischer Organisation, die in der Regel beide aufeinander angewiesen sind, in weiten Teilen gestört. Je mehr sich eine Partei organisatorisch und funktionell in die Staatsapparatur eingliedert, desto größer ist ihr Bedürfnis, sich an eine soziale Körperschaft anzulehnen, die der Partei Wählerstimmen zuführt oder Geldquellen erschließt beziehungsweise

---

[57] S a m a s s a , Der Völkerstreit 27: „Den ganzen tschechischen Mittelstand umschlingt ein Band wirtschaftlicher Solidarität." — W a c h e , Walter: Das Auslandstschechentum. Nation und Staat 8 (1935) H. 8, S. 490—512, hier S. 506.
[58] Zitate aus: S c h u b e r t , Ziffern zur Frage des nö. Tschecheneinschlages 90. — W i e n e r S l a w e n 6. — H u g e l m a n n , Das Nationalitätenrecht 447, 438; vgl. auch S. 430.
[59] Hierzu die interessante Studie von Joseph H. K a i s e r : Die Repräsentation organisierter Interessen. Berlin 1956.
[60] E b e n d a 309.

selbst Subsidien zahlt. Für die Interessengebilde hinwiederum ist das Bedürfnis zum Anschluß an eine Partei noch dringender als umgekehrt. In Wien war aber nur die tschechische Arbeiterschaft parteipolitisch zusammengeschlosssen, wogegen die allnationale, überparteiliche Organisierung der bürgerlichen Elemente lediglich dazu beitrug, die Intensität der internen Gegensätze zu steigern. Hier kann man sich m. E. nicht mit der tschechischen Argumentation begnügen, es habe an dem Einfluß der Jungtschechen gelegen[61], die Anfang der neunziger Jahre den Grundsatz proklamierten, daß bei der Wiener Minorität keine in Parteien zersplitterte, sondern nur eine gesamttschechische Organisation bestehen solle[62]. Das kümmerliche Dahinvegetieren der übrigen bürgerparteilichen Gruppen, auch dann, als die Jungtschechen längst ihren Alleinvertretungsanspruch aufgegeben hatten, widerlegt diese Theorie via facti. Es läßt sich allerdings ebensowenig mit der staatsrechtlich-ideologischen Grundlage erklären — und diese Schlußfolgerung wäre einleuchtender: Das böhmische Staatsrecht[63], das neben einer möglichst losen Bindung der böhmischen Länder an Wien, nach ungarischem Muster das tschechische Volk aufgrund seines „Erstgeburtsrechtes" zur Staatsnation machen sollte, bedeutete nach dem Verständnis der Sozialdemokratie die Preisgabe der tschechisch-slowakischen Minderheiten in Niederösterreich und Ungarn[64]. Wäh-

---

[61] Zur Entwicklung der Jungtschechen: S r b , A.: Politické dějiny národa českého od r. 1861 až do nastoupení ministerstva Badeniova r. 1895 [Die polit. Geschichte des tschech. Volkes vom Jahre 1861 bis zum Antritt des Ministeriums Badeni i. J. 1895]. Prag 1899 und: Od nastoupení Badeniova do odstoupení Thunova [Vom Antritt Badenis bis zum Abtreten Thuns]. Prag 1901. — D e r s . : Politické dějiny národa českého od počátku doby konstituční [Polit. Geschichte des tschechischen Volkes seit Beginn der konstitutionellen Ära]. 2 Bde. Prag 1926. — Č a p e k , K.: Masaryk erzählt sein Leben. Berlin 1936, S. 99 ff. — T o b o l k a , Zd.: Politické dějiny čsl. národa od roku 1848 až do dnešní doby [Polit. Geschichte des tschech. Volkes vom Jahre 1848 bis zur heutigen Zeit]. 5 Bde. Prag 1932/37, hier Bd. II: Kap. 48, 50. III, 1: Kap. 24 und III, 2: Kap. 1, 2, 6. — M ü n c h , H.: Böhmische Tragödie. Braunschweig/Berlin/Hamburg 1949, S. 427 ff.

[62] S o u k u p , Česká menšina 156. — K r a m á ř , Karel: Anmerkungen zur böhm. Politik. Wien 1906, S. 2 u. 4. — Kal. Čechů Víd. 9 (1900) 64: „Die Verhältnisse in NÖ erlauben es nicht, daß sie in Parteien klassifiziert werden. Hier gilt der Grundsatz: Zu allererst leben, dann kommt erst die Frage, *wie* das Dasein einzurichten ist." — Ähnlich, wenn auch unter anderem Aspekt, äußerte sich der Sozialdemokrat J. K r a p k a auf einer Versammlung im August 1897: „In Wien wurde die Gründung tschechischer Vereine nicht erlaubt, darum haben sich die Jungtschechen als Regierungspartei nicht gekümmert. Wissen sie doch, daß das nur gegen die Arbeiter gerichtet ist." Archiv KSČ, Fond 79 č. 1026. Manifestace k nár. otázce [Kundgebung zur nationalen Frage].

[63] Text bei B e r n a t z i k , Die österreichischen Verfassungsgesetze mit Erläuterungen, 2. Aufl., Wien 1911, S. 1087—1091. — K r a m á ř , K.: Das böhmische Staatsrecht. Wien 1896. — Zur Problematik in ihrer Fortentwicklung und praktischen Auswirkung bis zur 1. Republik: Československá vlastivěda V. Stát. Prag 1931. — Přehled II 2, S. 1292 f. (mit Lit.). — B i r k e , E. / O b e r d o r f e r , K.: Das böhmische Staatsrecht in den deutsch-tschechischen Auseinandersetzungen des 19. u. 20. Jahrhunderts. Marburg/Lahn 1960 (Beiträge von R. Plaschka, H. Aubin, H. Slapnicka). — U r f u s , V.: Český státoprávní program na rozhraní let 1860—1861 a jeho ideové složky [Das böhmische staatsrechtliche Programm an der Jahreswende 1860—1861 und seine Ideenkomponenten]. PHS 8 (1962) 127 ff.

[64] M o m m s e n , Die Sozialdemokratie 270.

rend sich der schlesische Landtag gegen jede staatsrechtliche Verbindung mit Böhmen aussprach und selbst der mährische Landtag, der seit 1871 eine tschechische adelig-konservative Mehrheit hatte, dem staatsrechtlichen Dogma Prags nur bedingt zustimmte[65], gehörte der Nationalrat der niederösterreichischen Tschechen zu seinem beharrlichsten Verfechtern[66]. Überboten wurde er hierin nur noch von der zahlenmäßig unvergleichlich stärkeren nationalsozialen Wiener tschechischen Arbeiterpartei[67]. Im Gegensatz dazu fand Masaryks Programm des „fortschrittlichen Realismus", das sich vom Prager Staatsrechtsgedanken losgesagt hatte[68] und daher für Wien theoretisch attraktiver hätte sein müssen, nahezu überhaupt keine Anhänger. Und das vor allem deshalb, weil diese Partei „bürgerlich", d. h. für die Arbeiter irrelevant war, die ihrerseits bei der Sozialdemokratie gegen die Staatsrechtsdoktrin opponierten. Man kommt hier nicht an der Tatsache vorbei, daß

---

[65] Prinz, Handbuch III, 147.
[66] Z. B. Víd. Denník Jg. 5 (1911) 12. 9. 1911 (NÖ und die böhm. staatsrechtl. Politik). Auch in: Sýkora, Hanuš: Dobyvatelé [Eroberer]. Prag 1927, S. 385: „Gegenstand unserer heutigen Erwägung... ein Gespräch darüber, ob für uns niederösterreichische Tschechen die staatsrechtliche Bewegung heilsam ist oder ob die tschechische Politik in ihren staatsrechtlichen Bestrebungen nicht ein wenig nachlassen sollte — zu unserem Nutzen. Vor allem muß soviel gesagt werden: ob in unserer Heimat die politische Richtung des staatsrechtlichen oder nichtstaatsrechtlichen Gedankens als richtig und vorteilhaft anerkannt wird, darüber werden — nach unserer bescheidenen Ansicht — nicht wir entscheiden, sondern unsere tschechischen politischen Parteien selbst... Wir aber bestehen nicht darauf, daß allein und ausschließlich die Rücksichten auf uns die Richtung der tschechischen Politik bestimmen sollen... Kurz kann man sagen: Eine konsequente staatsrechtliche Politik will vor allem eine Stärkung der Länder der böhmischen Krone ohne Rücksicht auf die übrigen Länder... und sie haben recht!... Sie sagen damit nicht, daß sie unsere Sache völlig vernachlässigen würden, im Gegenteil: Sie als die Mächtigen wollen uns, den Schwachen, helfen... Aber mit Verlaub — denjenigen Politiker, der uns zeigt, daß er die niederösterreichische Frage im Programm hat und daß er unser Helfer und Erlöser sein will, denjenigen Politiker lachen wir hier in Wien ganz einfach aus, denn, wenn er sich schon zu Hause nicht helfen konnte, wenn er nicht imstande war, Prachatitz, Znaim und dies alles zu verhindern,... wie will er denn dann uns helfen? Und wenn wir offen reden sollen, ... dann müssen wir sagen, daß bisher noch immer das größte Interesse für die Wiener Tschechen und ihre Nöte eben gerade jene Politiker aus dem staatsrechtlichen Lager gezeigt haben." — Sýkora war damals stellvertretender Vorsitzender im DONRČ. Ferner: Drozda, Paměti 22 (Rede Drozdas zur Prager Jubiläumsausstellung 1908, in der er den staatsrechtlichen Standpunkt verteidigt.
[67] Prinz, Handbuch III, 179 u. 174 Anm. 46.
[68] Dagegen Prinz, Handbuch III, 174 Anm. 4: „Bemerkenswert ist, daß außer den Nationalisten auch die tschechischen Sozialisten und die Realistenpartei gegen das Staatsrecht opponierten." Für Wien ist diese Auffassung zu differenzieren: Vgl. die Artikel in der Parteizeitung „Česká Vídeň [Tschechisches Wien], die von der Verfasserin für 1905—1907 durchgesehen wurden. — Polemik gegen die Realisten enthält: Česká Vídeň V (VIII.) (1906) Nr. 37 (7. 9. 1906), Nr. 38 (15. 9. 1906), beides in Auszügen im Anhang S. 546—549. Ferner Česká Vídeň Nr. 13 (25. 3. 1905) Státoprávně [Staatsrechtlich]: „Bei allem Verständnis für die Freiheit der Überzeugung dürfen wir nicht den kardinalen Grundsatz der Partei vergessen. Und gerade einer der schwerwiegendsten Grundsätze der Partei war und wird die staatsrechtliche Frage sein." — Nr. 34 (19. 8. 1905) Pohroma [Das Verhängnis]. Für 1906 mehrmals als regelmäßige Spalte: „Z české státoprávní korespondence [Aus der tschechischen staatsrechtlichen Korrespondenz]."

sich Parteien außer in ihren politischen Programmen und weltanschaulichen Konzeptionen auch in dem sozialen Status ihrer Mitglieder unterscheiden. Damit zeigt sich, daß z. B. für Masaryks „Fortschrittler" sogar umfassende Sachkenntnis und Einblick in mögliche Konsequenzen nicht genügen konnten, um in Wien Anhänger zu finden und Entscheidungen zu treffen. Die Wahl zwischen politischen Alternativen wurde nicht nur nach sachlichen — hier antistaatsrechtlichen —, sondern auch nach Gesichtspunkten getroffen, die sich aus einer bestimmten gesellschaftlichen Konstellation — hier des starken Arbeiterkontingents — ableiteten. Die ursprünglich alttschechisch-feudale Staatsrechtsideologie, die als „Leitfossil"[69] das jeweilige Zentrum der nationalen Bewegung anzeige, mußte in Wien — gewissermaßen selbstverständlich — auf die Arbeiterschaft übergreifen, weil das bürgerliche Element in der sozialen Struktur des Wiener Tschechentums nur eine Nebenrolle spielte. So kam die Aktivierung breitester politisch unmündiger Volksschichten bei der radikalen Durchsetzung nationaler Ansprüche in Wien bei den nationalsozialen Arbeitern zum Durchbruch. Daß ihre Partei die konsequente Fortsetzung der — in den böhmischen Ländern — jungtschechischen Linie eines kleinbürgerlich-chauvinistischen Nationalismus darstellte, kann kaum deutlicher als dadurch zum Ausdruck kommen, daß man die Wiener nationalsozialen Arbeiter als „jungtschechische Lümmel" (mladočeské pacholky)[70] bezeichnete, obwohl sie auf unversöhnlich scharfe Weise gegen die Jungtschechen und ihre Taktik polemisierten[71]. Freilich: der politische Zusammenschluß der Wiener tschechischen Arbeiter vollzog sich in der Tat weniger auf der Ebene des proletarischen als auf der Ebene des kleinbürgerlich-handwerklichen Menschen, ein Wesensmerkmal in der Geschichte der tschechischen sozialistischen Bewegung, das vielfach nicht gebührend beachtet worden ist[72]. Mit dem Anwachsen der Massenver-

---

[69] Prinz, Handbuch III, 169.
[70] Archiv ČSSoc. Kovář, Jan: Několik vzpomínek [Einige Erinnerungen]. In: Památník čsl. strany socialistické v republice rakouské k jubileu 25letého trvání [Almanach d. čsl. sozialistischen Partei in der Rep. Österreich zum 25jähr. Bestehen]. Wien, o. J. (1923), S. 17—23, hier S. 24 unter Betonung des blendenden Verhältnisses der Partei zum Sokol!
[71] Z. B. Česká Vídeň, Nr. 10 (4. 3. 1905) Rieger-Kramář. — Nr. 11 (11. 3. 1905) Co dostaneme [Was wir bekommen werden]. — Vom Jahre 1906: Nr. 24 (9. 6.) Dr. Pacák — ministrem [Dr. P. — Minister]. — Č.V. Nr. 26 (23. 6.) O osudu Čechů víd. a doln. bylo tedy rozhodnuto [Über das Los der Wiener und nö. Tschechen ist also entschieden worden]. Č.V. Nr. 35 (25. 8.) Pane dre Pacáku! [Herr Dr. P.!]. Č.V. Nr. 39 (22. 9.) Jaký to „státník", ten náš dr Kramář! [Welch ein Staatsmann, dieser unser Dr. Kr.!]. Č.V. Nr. 44 (27. 10.) Už toho máme věru dost! [An Kramář: Wir haben nun wahrlich schon genug!]. Č.V. Nr. 45 (3. 11.) Milostpán Kramář, krajánek Pacák a žid Penížek [Der gnäd. Herr Kr., Landsmännlein Pacák und der Jude Penížek]. — 1907: Č.V. Nr. 40 (5. 10.) Je třeba silnější politiky! [Wir brauchen eine stärkere Politik!]. — Kramářs Politik wird als verkracht, sittenlos, feig, ziel- und richtungslos bezeichnet (Č.V. Nr. 26), da sie die nö. Tschechen gänzlich ignoriert. K. wird ungeschickt, lächerlich, niederträchtig genannt, mit ihm will man in Wien unter keinen Umständen eine Koalition eingehen (Č.V. Nr. 39); man warf ihm gerade jene „schrittweise, auf friedliche Übereinkunft" angelegte „Brosamenpolitik" vor, die er seinerzeit bei den Alttschechen angeprangert hatte (Č.V. Nr. 44). Prinz, Handbuch III, 166 (mit Lit.).
[72] Für die Nationalsozialen: Český Dělník [Der tschech. Arbeiter] Jg. 3, Nr. 1, 6. Jan.

bände von Arbeiterparteien und Gewerkschaften in die Breite, mit dem zunehmenden Kampf um die Rechte gegen die Unternehmer, verloren diese Zusammenschlüsse auf der Wiener sozialdemokratisch-tschechischen Seite eine Zeitlang ihren ausgeprägt nationalen Charakter und wurden solidarische Interessengemeinschaften[73]. Im Grunde konnte es ja auch den tschechischen Lohnarbeitern nicht schwer werden, die deutsche Sprache anzunehmen, mußten sie doch, was ungleich stärker ins Gewicht fiel, ihre Lebensweise völlig umstellen und ihre Gewohnheiten ändern, wenn sie — im Gegensatz zum fluktuierenden Element der tschechischen Saisonarbeiter — in Wien seßhaft werden wollten. Die nationale Assimilation war hier bloße Begleiterscheinung ihrer Urbanisierung. Unter diesen Bedingungen mußte jedes Programm, das den sozialen und wirtschaftlichen Interessen der Arbeiter und Gewerbetreibenden verschiedener Zweige Rechnung trug, um vieles zugkräftiger sein als eines, das im Rahmen tschechisch-nationaler Organisationen primär die Teilnahme breiter Volksschichten am politischen Leben durchsetzen wollte, wie dies beim tschechischen Nationalrat Niederösterreichs festgestellt werden konnte[74]. Soviel als Einleitung zu den folgenden Ausführungen über die mangelnde Durchschlagskraft der politischen Organisationen des Wiener tschechischen Bürgertums.
Bei den böhmischen Landtagswahlen im Jahre 1889 waren die Jungtschechen zum erstenmal zahlenmäßig stärker als die alttschechische konservative Koalition. Bei den Parlamentswahlen von 1891 errangen sie bereits dreimal soviel Sitze wie die Alttschechen[75], deren politisches Ende damit besiegelt war — eine bedeutungsvolle Entsprechung zu dem gleichzeitigen Ersatz der alten Deutschliberalen durch die radikaleren Gruppen. Erst seit 1907, nach der Einführung des allgemeinen Wahl-

---

1899: Zajimavá schůze dělnictva krejčovského ve Vídni [Eine interessante Schneiderei-Arbeiter-Versammlung in Wien]. Eine Versammlung, in der die nationale Arbeiterschaft die Mehrheit hatte; kaum anzunehmen, daß diese Vertreter des Schneidergewerbes Fabriksarbeiter waren. Daß die Übergänge fließend waren, empfand man auch tschechischerseits: „Die tschechische Minderheit gliederte sich von Anfang an in zwei Elemente: Arbeiter und Gewerbetreibende. Obwohl diese beiden Komponenten auf den ersten Blick hin klar voneinander unterschieden sind, ist es nicht möglich, in jedem Falle eine genaue Trennungslinie zu ziehen, denn manchmal wurde der tschechische Gewerbetreibende, wenn es ihm im selbständigen Gewerbe schlecht erging, Arbeiter in einem größeren Betrieb o. ä." — J a h n, Jiljí: Svaz čsl. řemeslníků a obchodníků a české školy ve Vídni [Der Verband der tschechoslawischen Handwerker und Geschäftsleute und die tschechischen Schulen in Wien]. In: Jubileum desetiletého trvání svazu čsl. řemeslníků a obchodníků ve Vídni 1919—1929 [Jubiläum d. zehnjähr. Bestehens des Verbandes d. tschechosl. Handwerker u. Geschäftsleute in Wien 1919—1929]. Wien 1929. — Für die Sozdem.: Archiv KSČ, Fond 79, č. 1295: O českém dělnickém hnutí ve Vídni [Zur tschech. Arbeiterbewegung in Wien 1891]. Zur Zeit der Gründung (1878) des sozdem. polit. Arbeiter-Vereines Rovnost, als dessen eigentlicher Gründer H y b e š galt, bestand die Vorstandschaft aus: 1 Sattler, 2 Schlossern, 1 Maschinenschlosser, 1 Tischler, 1 Steinmetz, 1 Modelltischler, 1 Bäcker, 1 Webergehilfen u. a.

[73] Zur Ideologie siehe unten S. 377—415.

[74] Daß auch in den Arbeiterkreisen seit dem 66er Jahr beide Richtungen vorhanden waren, zeigt K o ř a l k a, Jiří: Über die Anfänge der sozialistischen Arbeiterbewegung in der Tschechoslowakei. ZfG 9 (1961) S. 111—143, bes. S. 130 (zeigt die Zusammenhänge zwischen nationalökonomischer u. politischer Entwicklung der Arbeiterbewegung auf).

[75] K a n n, Nationalitätenproblem I, 194.

rechtes blieben die Jungtschechen der Zahl nach hinter den anderen Parteien im Parlament zurück, mithin zu einer Zeit, als die tschechische Zuwanderung nach Wien ihren Höhepunkt längst überschritten hatte. So verlief zwar die Aufstiegskurve der Partei zu dem Anwachsen des tschechischen Elementes in der Reichshauptstadt parallel, ihr *Politický spolek svobodomyslných voličů* [Politischer Verein der freisinnigen Wähler][76] war und blieb jedoch die einzige jungtschechische Niederlassung in Wien. Er wurde 1899, das heißt erst zehn Jahre nach ihrem erfolgreichen politischen Start in Böhmen gegründet und ist 1910 in den tschechischen Vereinsübersichten letztmalig vermerkt. Über seinen Aktionsradius dürften vermutlich nur noch Zeitungsnotizen Auskunft geben[77]. In Wirtschaftsfragen vertraten die Jungtschechen die Interessen der bürgerlichen Klassen des Handels und der Industrie in stärkerem Maße als die Alttschechen, die unter feudal-agrarischer Führung standen, in ihren nationalen Zielen unterschied sich jedoch ihre Politik der Theorie nach nicht voneinander, ein Faktum, das man auch in Wien registrierte[78].

Etwa zur selben Zeit, Ende der neunziger Jahre, versuchte der radikale Staatsrechtler Jan Janča eine *Českoslovanská strana pokroková v Dolních Rakousích"* [Tschechoslawische fortschrittliche Volkspartei in Niederösterreich] zu bilden, die mit der weiter oben erwähnten „První česká politická jednota" [Erster böhmischpolitischer Verein] zusammengehen sollte. Zur Durchsetzung seiner aggressiv-nationalistischen „Donnerstimme" fehlte ihm jedoch — wie er selbst zugab — der Rückhalt bei seinen Landsleuten[79]. Hinsichtlich der Unteilbarkeit der böhmischen Länder

---

[76] Soukup, Česká menšina 155 f. Auch u. d. T. „Klub českých svobodomyslných voličů" und „Klub voličů nár. strany svobodomyslných". Vorstand: Dr. Viktor Moser, trat zurück und an seine Stelle wurde der Jungtscheche Tomáš Dofek gewählt, der aus der Nähe von Kremsier stammte und erst kurz in Wien wohnte. Auf die Initiative des jungtschechischen Politikers und späteren NRČ-Vorsitzenden Dr. Jos. Herold plante man die Herausgabe eines politischen Blattes, das anstelle des seit 1868 erschienenen „Věstník" herausgegeben werden sollte. Dazu kam es nicht, Nö. Präs. (1892) J 12, 3140. Ein gleicher vergeblicher Versuch einer Zeitungsgründung erfolgte auf Initiative Pacáks im September 1893. SÚA Prag PM (1891—1900) 8/1/15/1-10269. Mit politischer Propaganda in NÖ-Land begann 1892 der Abgeordnete Ignaz Lang aus Tábor, wenngleich erfolglos, da die dortige Bevölkerung für eine „eigentliche nationale Strömung" nicht empfänglich war. Nö. Präs (1892) J 12, 4472. — Zur RR-Wahl 1907 gründete die Partei in Wien den deutschsprachige „Montagspost". Anhang S. 458.

[77] Auch Soukup, Česká menšina 155, fand kein Archivmaterial, auch nichts über die Mitgliederzahl oder über öffentliches Auftreten bei Wahlen.

[78] Janča, Rok 1909, S. 81: „Die Führer der Alttschechen sagten den Wiener Tschechen: «Euch ist nicht zu helfen, ihr seid zum Aussterben verurteilt.» Die Jungtschechen wiesen in der Zeit des größten nationalen Aufblühens ihrer Partei auf tschechischen öffentlichen Versammlungen die Wiener Wünsche ab: «Es ist schwer, ihr fallt nicht in den Rahmen unseres staatsrechtlichen Programmes.» Beide (= Alttschechen und Jungtschechen) gingen zwar von Zeit zu Zeit unter das Wiener tschechische Volk, nahmen an kulturellen Veranstaltungen teil, hielten auf Versammlungen vaterländische Reden, ... aber daß sie in ihrer Politik dieses Element auf die gleiche Stufe mit dem übrigen tschechischen Volk emporgehoben hätten, das war weder durch Bitten, noch durch Drohungen bei ihnen zu erreichen."

[79] Zitat aus einer Rede J.s vom 24. 1. 1897. Nö. Präs. (1897) J 12 ad 349. Ebenda 349: „Janča zeichnet die Einladung als Vorsitzender des Exekutiv-Komitees der tschechoslawischen Volkspartei in NÖ.; da der Genannte jedoch nur auf einen beschränkten

in der aus dem böhmischen Staatsrecht abgeleiteten Form waren die Verschiedenheiten zwischen Alttschechen, Jungtschechen und radikal-fortschrittlichen Staatsrechtlern keineswegs fundamental, sie lagen vor allem in der verschiedenartigen Einstellung zu dem sozialen Inhalt der Verfassungsordnung der Kronländer: der Ständeordnung auf der einen und der Demokratie auf der anderen Seite. Dies gilt bis zu einem gewissen Grad auch für Masaryks, seit 1900 in den böhmischen Ländern bestehende linksgerichtete *Realistenpartei*[80], die sich vom böhmischen Staatsrecht abwandte und für eine Föderation der österreichischen Nationalitäten eintrat. Nicht zu vergleichen mit ihrem geringen parlamentarischen Einfluß als eine der kleinsten Parteien im Reichsrat war die Wirkung, die von der geistigen Führerschaft Masaryks als Philosophen, akademischem Lehrer und Wissenschaftler ausging. An den Bestrebungen, die 1905 in Wien zur Bildung des *„Pokrokový Klub"*[81] [Fortschrittler-Klub] führten, erwiesen sich die begrenzten Möglichkeiten der Partei für die Gesamtheit der politisch bewußten niederösterreichischen Minorität: Der Klub, der als reine Bildungsvereinigung für die tschechische Intelligenz gegründet worden war, umfaßte damals etwa 10 Personen. Obwohl sich der Vorsitzende Innocent Hošťálek[82], der bekannte Wiener tschechische Dichter Josef Svatopluk Machar[83] und vom Reichsrat Professor František Drtina[84] für vierzehntägige Zusammenkünfte mit Vorträgen einsetzten, stand der Klub schon nach einem Jahr wegen personeller Spannungen vor der Auflösung. Durch Masaryk und die beiden Politiker aus der fortschrittlichen Staatsrechtspartei, Antonín Hajn und Antonín Kalina[85] brachte die Generalversammlung von 1907 nochmals eine kurzfristige Neubelebung. Die Partei Masaryks integrierte in Wien vor allem die tschechischen Akademikerkreise, die stets unter sich blieben. Daher stand sie sowohl zahlenmäßig als auch in ihrer politischen Einflußnahme auf die Wiener Kommunalpolitik außerhalb des spannungsgeladenen nationalen Induktionsapparates.

Kreis der in Wien lebenden Tschechen Einfluß hat, so ist kaum zu erwarten, daß die von ihm geleitete Aktion eine besondere Bedeutung oder Umfang erlangen wird." Er selbst spricht von seinem Mißerfolg in: J a n č a , Rok 1909, S. 347.

[80] Lit. bei: P r i n z , Handbuch III, 173 Anm. 43. — K a n n , Nationalitätenproblem I, 421 Anm. 118.

[81] S o u k u p , Česká menšina 157 f. Die ersten Zusammenkünfte schon 1904 im Leseverein „Svatopluk Čech".

[82] Postbeamter und Wiener Literat (z. B. H. I.: Obrázky a vzpomínky z Vídně [Bilder und Erinnerungen aus Wien]. Wien 1936. Von 1904 bis 1914 Vorstand im Leseverein „Svatopluk Čech". Literat für den „Pokrok". Direktor der „První záložna slovanských úředníků [Erste Vorschußkassa der slaw. Beamten]. — S o u k u p , Česká menšina 5, 157, 288, 426, 446, 531.

[83] S o u k u p , Česká menšina 284, vergleicht Machars Dichtung „Tristium Vindobona" mit P. Bezručs Ostrauer „Slezské písně [Schlesische Lieder]. Zu Machar siehe Anhang S. 466. P r i n z , Handbuch IV, 199.

[84] Ottův Slovník 8 (1894) 47. Nové doby II, 1 (1932) 257: „Begeisterter Vertreter des Minderheiten-Schulwesens." — Zum Verhältnis tschechische Abgeordnete — Wiener Tschechen im einzelnen siehe unten S. 240—248.

[85] Ottův slovník naučný, Nové doby III, 1 (1932) 323. — 1908 schloß sich die Kalina-Partei mit der staatsrechtlichen Partei zur Staatsrechtlich-fortschrittlichen Partei zusammen. 1911 bildete sie mit Masaryk und der mährischen fortschrittlichen Volkspartei Stránskýs den „Unabhängigen Klub" (Neodvislý klub).

Die katastrophale jungtschechische Wahlniederlage von 1907 wurde durch die *Agrarpartei,* die sich im Juni 1899 verselbständigt hatte, wesentlich mitverursacht, weil sie den Jungtschechen den breiten Unterbau des kleinen und mittleren Bauerntums entzog[86]. Die Agrarier hingegen wuchsen nun zur kleinbürgerlich-nationalen Massenpartei heran, die in ihrem sozialökonomischen Bereich genauso sicher auf Erfolg rechnen konnten wie die Sozialdemokraten in den Industriebezirken. Daß die Kronländer die Agrarier als die neuen Träger der nationalen Ideologie akzeptierten, macht die Stärke des bäuerlichen Einschlags sichtbar, den die Sozialstruktur des tschechischen Volkes immer noch besaß. In Wien dagegen organisierte sich die Partei erst Anfang 1920 unter der Führung František Váhalas in der *Agrární organisace česká*[87] [Tschechische agrarische Organisation].

In scharfer Konkurrenz zu der zum Teil auf dasselbe Wählerreservoir zurückgreifenden Agrarpartei stand die christlichsoziale Bewegung, deren betont katholische Haltung an sich ein gewichtiger Grund war, die Idee des katholischen Kaiserstaates zu fördern. Die Anfänge des tschechischen *christlichsozialen Parteiwesens*[88], bei dem religiössoziale und nationale Motive miteinander verquickt waren, reichen in das Jahr 1894 zurück; als politische Organisation wurde die Partei erst zehn Jahre später ins Leben gerufen. In Schlesien waren die tschechischen Christlichsozialen eine selbständige Partei, während sie in Mähren, der tschechischen Hochburg der christlichsozialen Kräfte, den linken Flügel der Katolicko-národní strana [Katholische Volkspartei] bildeten. Ganz im Gegensatz zu den Kronländern, in denen die tschechischen Christlichsozialen ohne wirksame organisatorische Verbindung zu den deutschen Parteiangehörigen Österreichs standen, lehnten sich die *tschechischen Christlichsozialen Niederösterreichs* eng an die deutsche Luegerpartei an und wählten auch stets die deutschen Parteiführer Wiens[89]. Dies wurde ihnen vom nationalen Tschechentum stark verübelt, indem man vor allem die tschechi-

---

[86] H a v r á n e k, J.: K otázkám třídní diferenciace na českém venkově na přelomu 19. a 20. století [Zu den Fragen der Klassendifferenzierung auf dem böhmischen Lande an der Wende des 19. u. 20. Jahrhunderts]. Zápisky katedry čsl. dějin 2 (1956) 50 ff. — Weitere Lit. bei P r i n z, Handbuch III, 200 Anm. 52 u. 199, Anm. 40.

[87] S o u k u p, Česká menšina 160 f. Allerdings besuchten die Agrarier (Dürich, Kubr, Zázvorka) die nationalsoziale Partei im Národní dům XV. [Nationalhaus XV. Bez.]. Archiv ČSSoc. Památník čsl. strany soc. 22. — Von der Beziehung des DONRČ zur Partei zeugt vor allem das Wahlfiasko zu den RR-Wahlen 1907, bei denen Drozda/ Klika/Weider im Industriebezirk Schlan-Kladno für die Agrarier kandidierten. NRČ 120. Doln. odbor NRČ 1905—1910. Reiches Material in der Wiener tschechischen Tagespresse. — Zu Váhala, der seit ca. 1909 in Wien war: Masarykův slovník, Bd. 7, S. 523 mit Angabe seiner Schriften, ferner Nö. Präs. XIV/233—235; 2024 (8. 7. 1909).

[88] P r i n z, Handbuch III, 118. Lit. ebenda 123 Anm. 44 u. 45.

[89] S o u k u p, Česká menšina 158. — H u b k a, Čechové v Doln. Rak. 37: „Aber die tschechischen Christlichsozialen, die mit Lueger gehen, sind für die Wiener Tschechen kein bedeutendes Element, sie dringen nur in jene Kreise ein, in die weder Nationalsoziale noch Sozialdemokraten kommen." — S ý k o r a, Čeho je nám ve Vídni třeba 6: „Ein Bruchteil des tschechischen Elements." E b e n d a : „Aber wie die tschechischen Christlichsozialen, so stimmten auch die tschechischen Sozialdemokraten stets für die deutschen Kandidaten."

schen Abgeordneten Dyk, Horák, Březnovský und Süss dafür verantwortlich machte[90].

Für die Parteigeschichte ist daher zu betonen, daß die Wiener tschechischen Christlichsozialen nicht mit der *Katolicko-národní strana*[91] [Katholische Volkspartei] verwechselt werden dürfen, die — von den beiden Arbeiterparteien abgesehen — als einzige Partei der böhmischen Länder in Wien zu bemerkenswerten Ergebnissen kam. Die ersten Anfänge der politischen Gruppenbildung vollzogen sich auch hier auf Vereinsebene. Schon 1889, also zehn Jahre bevor die Jungtschechen ihren freisinnigen Wählerklub gründeten, entstand in der *Katolicko-politická jednota*[92] [Katholisch-politische Vereinigung] der Kristallisationskern, der das Aktionszentrum für die späteren Organisationen der Partei wurde. 1907 bei den Reichsratswahlen nominierte die katholische Volkspartei außerhalb des DONRČ den Reichsratsabgeordneten Dr. Cyrill Stojan[93] als ihren eigenen selbständigen Kandidaten. Seit 1908 erschien die im X. Bezirk gedruckte „Pravda"[94] [Wahrheit] als ihr wöchentliches Organ. Im selben Jahr hatte der führende Kopf der mährischen Partei, Jan Šrámek, für die niederösterreichischen Tschechen eine Ortsgruppe der in Brünn zentralisierten katholischen Gewerkschaftsorganisation *„Všeodborové sdružení křesťanského dělnictva v Rakousku* [Gesamtgewerkschaftliche Vereinigung der christlichen Arbeiterschaft in Österreich] ins Leben gerufen, die neben ihrem Hauptsitz im XV. Bezirk im Jahre 1914 über 11 weitere Zweigstellen in verschiedenen Wiener Stadtteilen verfügte[95]. Die Partei bemühte sich ferner um die Förderung von *Sparzirkeln* (in sieben Wiener Bezirken)[96] und errichtete ein Unterkunftsheim für die aus Böhmen und Mähren kommenden tschechischen Dienstmädchen und Lehrlinge, genannt *Útulna sv. Alžběty*[97] [Schutzheim der Hl. Elisabeth]. Darüberhinaus bestanden zwei, vom Jesuitenpater Al. Jemelka gegründete Jugend-Fürsorgevereine, der *Spolek sv. Zity* [Verein der Hl. Zita] (1911) und der

---

[90] Lederer, Česká Vídeň 13: „Wir erwarten uns nichts von Herrn Dr. Dyk, dem Schweifträger Luegers, der sich bisher noch nicht von der Anschuldigung befreien konnte, die Stimmen der Wiener Tschechen für Lueger gekauft zu haben, wir nehmen Herrn Březnovský nicht ernst, der die Häuptlinge des Wiener Klerikalismus umarmte...". — Zur Teilnahme der tschechischen Christlichsozialen Süss und Horák an einer tschechischen Volksversammlung zum Thema Schule: Archiv KSČ, Fond 79, č. 1344: Češi ve Vídni žádají školy [Die Tschechen in Wien verlangen Schulen] (1901). — Korrespondenz DONRČ — tschech. Christlichsoziale: NRČ 566, Agenda DONRČ (1910—1912).

[91] Siehe Anm. 88 (P r i n z) u. T o b o l k a, Dějiny III/2 Kap. 11.

[92] S o u k u p, Česká menšina 158 ff. — Siehe oben S. 117.

[93] Ein besonderer Freund Friedrich F u n d e r s, des Publizisten und Herausgebers der „Reichspost". F u n d e r, Friedrich: Vom Gestern ins Heute. Wien 1952, S. 181 f. — Masarykův slovník Bd. 6 (1932) 976. — Öst. Biogr. Lex. (Zettelkatalog). Reichspost v. 19. 7. 1916. — Siehe oben S. 117 f.

[94] Siehe Anhang S. 458.

[95] Víd. Nár. Kal. 9 (1914) 150, Vereinstabelle (im II., III., V., IX., X., XII., XIV., XV., XVII., XIX., XX. Bezirk). — S o u k u p, Česká menšina 159. — Nö. Präs. XIV/220; 1546 (1913) Verbot einer Protest-Versammlung des Všeodb. sdružení křesť. dělnictva, da die „Ortsgruppe Wien" selbst im Mai 1913 noch nicht „zurecht" bestand und der Brünner Hauptverein als *„nicht politische Organisation"* galt.

[96] E b e n d a: II., IV., X., XII., XIV., XV., XVII. Bez. mit Namensangabe.

[97] S o u k u p, Česká menšina 159, auch das Folgende.

Spolek katolických tovaryšů [Katholischer Gesellenverein] (1912). An der Spitze stand der Reichsrats-Abgeordnete Cyrill Stojan, der seit 1908 überdies zum Ersten Vorsitzenden der Wiener „Jednota sv. Methoděje" gewählt worden war.
In den Intentionen der Partei lag vor allem auch die Errichtung der nach dem Sokol-Modell gebildeten katholischen *„Orel"-[Adler]-Turnvereine*[98], die seit 1909 in Wien Fuß fassen konnten. Die Zentrale des Orel lag in Brünn, die Wiener Leitung war im Klostergebäude der Jednota sv. Methoděje untergebracht. Außer an kirchlichen Feiertagen traten die Orel-Verbände nie in der Öffentlichkeit auf. Die Mehrzahl der sechs Wiener Ortsgruppen besaß eigene Theater-, Gesangs- und Musikzirkel. 1912 beteiligten sich die tschechischen katholischen Turner der Donaumetropole am 3. Orel-Kongreß in Kremsier, im gleichen Jahr auch am Eucharistischen Kongreß in Wien. 1913 hielt der Wiener Orel sein erstes öffentliches Schauturnen ab. 1914 soll die Organisation 1200 Mitglieder umfaßt haben[99], ein Beweis, daß es der katholischen Bewegung gelungen war, mit dem zahlenmäßig etwa doppelt so starken Sokol und den halb so starken sozialdemokratischen Arbeiterturnvereinen (D.T.J.) der Wiener Tschechen in eine ernsthafte Konkurrenz zu treten[100]. Hier stellt sich die Frage, welche Motive bei den neugeworbenen Wiener Tschechen wohl für den Eintritt in die katholische Volkspartei gesprochen haben mögen, eine Frage, die quantitativ nicht zu beantworten ist. Selbst wenn man alle Parteimitglieder nach ihren Gründen befragt haben würde, dürfte der Wahrheitsgehalt der Ergebnisse mehr als zweifelhaft sein. Alle würden ihren Eintritt wohl damit begründet haben, daß sie sich politisch mitverantwortlich fühlten, oder daß sie an der christlichen, sozialen, nationalen oder demokratischen Konzeption mitarbeiten wollten. Mit solcher Ausschließlichkeit haben diese Motive jedoch kaum gewirkt. Aufschlußreich und weiterführender ist es, die Art der Mitgliederwerbung zu untersuchen, die von der Partei betrieben wurde. Insgesamt kamen drei verschiedene Methoden zur Anwendung: Die persönliche Werbung, bei der nicht nur mit politischen Argumenten gearbeitet wurde — wie auch der Geworbene nicht immer aus politischer Überzeugung in die Partei eintrat. So wurde versucht, die Wiener Tschechen zunächst für die geselligen und unterhaltenden Veranstaltungen der Ortsgruppen zu interessieren, in der Hoffnung, einige von ihnen später zum Eintritt zu veranlassen. In diesem Sinne zog man vor allem die Jugendlichen heran, indem man sie für Veranstaltungen interessierte, die ihren privaten Neigungen entsprachen (Sport, Theater, Deutschkurse, Nähen, Handarbeiten[101]). Der Erfolg dieser indirekten Werbung ist insofern zweifelhaft, als mancher, der nur der Geselligkeit wegen zur tschechisch-katholischen Ortsgruppe kam, sicher auch als Parteimitglied politisch uninteressiert blieb. Im Gegensatz zu dieser indirekten Methode gab es eine Werbung, von der die neuen Mitglieder weniger überzeugt als zum

---

[98] Glettler, Sokol 53 u. 70 (mit Lit.).
[99] Stoletá bilance veliké práce JSM [Hundertjährige Bilanz der großen Arbeit der Jednota Sv. Methoděje]. Víd. Svobodné Listy 22. Jg. (24. 2. 1967), S. 5. Aktenmaterial im Besitz der JSM am Rennweg (III. Bez.).
[100] Zahlen bei Glettler, Sokol 54 u. 105 ff. (Tabellen). Daß man diese Konkurrenz auch empfand, darüber: Janča, Rok 1909, S. 348.
[101] Soukup, Česká menšina 159.

Eintritt gedrängt, man könnte fast sagen, „überfahren" wurden. Dies war der Fall, wenn sich Pater Stojan vor der Kirchentür aufstellte und Flugblätter verteilte oder von der Kanzel aus Wahlpropaganda machte[102]. Eine andere, für die eigentlichen Zwecke der Mitgliederwerbung fragwürdige Methode war die, den erhofften neuen Mitgliedern mehr oder weniger offen irgendwelche Vorteile in Aussicht zu stellen. Diese Vorteile bestanden nicht in politischen Ehren und Ämtern, sondern in der beruflichen Förderung, Stellenvermittlung, Hilfe durch Wohlfahrtsaktionen und Unterkunftsbesorgung. Der unleugbare Einfluß der tschechischen katholischen Volkspartei schon vor 1914[103] macht klar, daß gerade in Wien überaus starke Kräfte vorhanden waren, um einem nationalen Radikalismus das Wasser abzugraben. Allein schon aufgrund seiner geistigen Voraussetzungen konnte das tschechisch-katholische Parteiwesen die nationale Ideologie nicht in jener draufgängerischen Form propagieren, wie dies die Wiener nationalsoziale Klofáč-Partei tat. Wie im folgenden zu zeigen sein wird, war aber nicht sie, sondern die Sozialdemokratie die Hauptschlagader des Wiener tschechischen Bevölkerungskörpers. Beide politischen Gruppen wiesen von ihren geistigen Grundpositionen aus über die nationalen Ideologien hinaus[104], auch wenn sie in der politischen Praxis die Vorteile nationaler Propaganda für die eigene Partei zweifellos auszunutzen wußten. Wenn jedoch bislang einige Abhandlungen im Parteiwesen des Wiener Tschechentums — ungeachtet seines objektiven Gehalts — das getreue Spiegelbild der Kronländer sehen wollten[105], so gilt es demgegenüber eine konkrete wissenschaftliche Sprache anzuwenden und solche Theorien zu widerlegen.

Die Spaltung der Wiener tschechischen Arbeiterbewegung in sozialistisch-nationale und sozialdemokratische Organisationen erfolgte fast gleichzeitig mit der Gründung der *Národně sociální strana* [Nationalsoziale Partei] im Sommer 1897[106], durch den 29jährigen Redakteur der jungtschechischen „Národní listy", Václav Klofáč[107], in Prag. Noch Ende desselben Jahres schuf Václav Frühbauer,

---

[102] Děln. Listy, 18. Jg., Nr. 82 (10. 4. 1907): Klerikale tschechische Kandidaten in Wien. Nr. 103 (6. 5. 1907): Verschiedenes.

[103] Erst 1919 verbanden sich die beiden Fraktionen zur „Česká strana lidová" [Tschechische Volkspartei], offenbar eine Fortsetzung des böhmischen konservativen Flügels, der sich 1911 von der Gesamtbewegung abgesetzt hatte. P r i n z , Handbuch III, 118. — S o u k u p , Česká menšina 158.

[104] Auf diese Parallelität verweist P r i n z , Handbuch III, 159.

[105] W a c h e , Das Auslandstschechentum 492: „Das Wiener Tschechentum bot ein getreues Spiegelbild der tschechischen Parteien in Böhmen." Ebenso G ü r k e , in: H u g e l m a n n , Das Nationalitätenrecht 438.

[106] Nicht 1908! P r i n z , Handbuch III, 188. — Lit.: Š a f a ř í k , J. J.: Vznik národně sociální strany v Rakousku-Uhersku a její vývoj do konce první světové války [Die Entstehung der tschech. nationalsozialen Partei in Österr.-Ungarn und ihre Entwicklung bis zum Ende des Ersten Weltkrieges]. In: O úloze bývalé nár. soc. strany [Über die Aufgabe der ehem. nationalsozialen Partei]. Prag 1959, S. 29—43.

[107] Klofáč war nie Sozialdemokrat! M o m m s e n , Die Sozialdemokratie 272. — Vgl. S o u k u p , F.: Die tschechische Sozialdemokratie. In: Die Zeit, Bd. 24, Nr. 302 (14. 7. 1900), S. 19, der eine knappe Übersicht der nat.soz. Partei gibt und betont, daß Klofáč Jungtscheche war. — Ferner: Archiv ČSSoc. II/147—150: Klofáč: Výpisky o jeho činnosti z let 1897—1914 [Ausschnitte aus seiner Tätigkeit in den Jahren 1897—1914]. — Š a n t r ů č e k , B.: Václav Klofáč (1868—1928). Pohledy do života a díla

ein Schlosser in den Eisenbahnwerkstätten, die erste Wiener Vereinigung im X. Bezirk. Das ausschlaggebende Ereignis für die Entstehung der Partei war der Tag nach der Eröffnung des Reichsrates am 30. Mai 1897. Dort hatten die „sozialdemokratischen Abgeordneten tschechischer Nation"[108] gegen die „Ausgrabung vergilbter historischer Privilegien" protestiert und sich dagegen gewehrt, „daß man die Aufmerksamkeit der weitaus größten Masse des politisch, ökonomisch, national und kulturell gedrückten tschechischen Volkes von seiner materiellen und geistigen Notlage ablenken und auf phantastische staatsrechtliche Irrwege locken will"[109]. Mit dieser Erklärung bekannten sich die tschechischen sozialdemokratischen Abgeordneten zur Zusammenarbeit mit der deutschen Sozialdemokratie in Österreich, auch wenn sie den Boden des Internationalismus nur soweit betraten, als es den realen nationalen Interessen der tschechischen Arbeiterschaft zuträglich war. Bei aller Taktik nach innen und außen hatten sie jedoch die zündende Kraft der Staatsrechts-Ideologie ebenso unterschätzt, wie sie die Kraft ihrer eigenen Machtposition und die ideologische Immunität der tschechischen Arbeiter überbewertet hatten. Das Anliegen der adligen und großbürgerlichen Kreise war inzwischen zu einer „Nun-erst-recht-Pose" geworden, zu einem wichtigen nationalen Kompensationsobjekt, das gerade von denjenigen Parteiführern hochgespielt wurde, die an einem vorzeitigen Ausgleich nicht interessiert waren. Das Staatsrecht gehörte zu den tschechischen Spielregeln — sei es unter Beschwörung der Aufschrift auf der Wiener Hofburg (Justitia regnorum fundamentum), sei es unter mahnendem Fingerzeig auf das madjarische Vorbild[110]. Begreiflicherweise zeigten vor allem die Jungtschechen starkes Interesse an der nationalen Arbeiterbewegung und unterstützten sie sowohl finanziell als auch agitatorisch[111]. Rudolf Sieghart, der Vorsitzende des Ministerrat-Präsidiums und Dozent für politische Ökonomie hat von der Klofáč-Partei gesagt, „sie überbot in staatsrechtlichen Fragen die Jungtschechen, in sozialen die Sozialdemokratie, an Obstruktionsbereitschaft im Reichsrat alles Dagewesene"[112]. Diese Charakteristik legt die Frage nahe,

---

[Einblicke in Leben und Werk]. Prag 1928. D e r s . : Klofáč a Masaryk. Prag 1938. — Zu Klofáč in Wien: Nö. Präs. XIV/219; 968 (1904); XIV/220, 1584 (1913)؛ beides betrifft Versammlungen. — RR-Prot. XVII/263 (17. 3. 1904) Interp. wegen antitschechischer Demonstrationen am Stephansplatz. — GR-Prot., AB S. 2869 (4. 12. 1908) Mag.-Ber. über die Klofáč-Affäre im Rathauskeller. — Vgl. auch die in der Wiener Partei-Zeitung „Česká Vídeň" kommentierten Reden K.s zum Vorgehen der Partei, z. B. Č.V. 4. Jg. Nr. 20 (13. 5. 1905): Poslanec V. Jar. Klofáč o postupu nár. soc. poslanců [Der Abg. V. J. Klofáč über das Vorgehen der nat.soz. Abgeordneten]. — Č.V. Nr. 39 (23. 9. 1905) K.s Rede im Nár. dům XV. gegen Gautschs Vorgehen bei der Wahlreform. — Č.V. 5. Jg., Nr. 28 (7. 7. 1906): Řeč posl. br. Klofáče v delegacích proti vojenskému rozpočtu [Rede d. Abg. V. Kl. in den Delegationen gegen das Militärbudget], usw.

[108] Repräsentiert durch Steiner (Kladno), Vrátný (Pilsen), Hybeš (Brünn), Berner (Mähr. Ostrau), Cingr (Teschen). S o u k u p , Die tschechische Sozialdemokratie 19.

[109] Erklärung in: K o l m e r , Parlament und Verfassung in Österreich, Bd. VI, 197 und B r ü g e l , Ludwig: Geschichte der österr. Sozialdemokratie. 5 Bde., Wien 1922—1925, hier Bd. 4, S. 311.

[110] Česká Vídeň, 5. Jg., Nr. 25 (26. 5. 1906) u. Č.V., 6. Jg., Nr. 43 (26. 10. 1907).

[111] M o m m s e n , Die Sozialdemokratie 271 Anm. 6.

[112] S i e g h a r t , Rudolf: Die letzten Jahrzehnte einer Großmacht. Berlin 1932, S. 329.

welche Rolle die lokale Wiener Organisation der Nationalsozialen innerhalb des gesamtparteilichen Entwicklungsprozesses spielte. Selbstverständlich waren die Motive der tschechischen Sozialdemokratie für ihre Erklärung gegen das Staatsrecht vielfältig[113], doch hatte sie sich unter anderem auch deshalb für die nationale Autonomie und den vollständigen Verzicht auf das Staatsrecht entschieden, weil dieses, wie ihr Parteiführer František Soukup es ausdrückte, „eine totale Auslieferung der tschechischen Minorität in Niederösterreich..., also eine Art nationaler Selbstverstümmelung bedeutet" hätte[114]. Das Sammelbecken der Wiener tschechischen Nationalsozialen bildete die „humanitäre" Bildungs- und Unterhaltungsvereinigung „*Jednota Barák*"[115], benannt nach dem Prager patriotischen Führer der tschechischen Arbeiter- und Studentenschaft, dem Redakteur Josef Barák[116], der sich 1872 von den damals noch in Prag gedruckten „Dělnické Listy" [Arbeiter-Blätter] losgesagt hatte, die sich kurz darauf für sozialdemokratisch erklärten. Die konstituierende Hauptversammlung der Jednota fand am 9. Januar 1898 unter Teilnahme eines Vertreters der Prager Arbeiterschaft in einem Favoritener Gasthof[117] statt. Es deutete schon auf das künftige Organisationsprogramm der niederösterreichischen Parteigruppe hin, daß auch zahlreiche Frauen und Mädchen anwesend waren. Ein Delegierter des Akademický spolek sicherte dem Verein die Unterstützung durch die Wiener tschechischen Studenten zu und versprach, eine „größere Anzahl" von Büchern zu stiften. Der Anfangsbestand von 200 Mitglieder, z. T. aus Sokol- und anderen nationalen Vereinen[118], wuchs innerhalb des ersten Jahres auf 900 an und erreichte im Jahre 1901 mit etwa 2000 seine absolute Spitze[119]. 1912 sind nur noch 535 Mitglieder vermerkt[120]. Als Symbol brüderlicher Verbundenheit wurde die Anrede „bratr" [Bruder] angenommen, die noch bei der heutigen Čsl. strana socialistická üblich ist. Innerhalb von zwei Jahren hatte die Jednota Barák in fünf Wiener Bezirken Zweigvereine errichtet, 1904 gab es, mit ihr zusammen neun, seit 1906 insgesamt zwölf Niederlassungen. Dazu kamen vor 1914 noch je eine Barák-Ortsgruppe in Klosterneuburg, Mödling, Unterthemenau (Poštorná) und Linz. Seit 1901 existierte eine selb-

---

[113] Dargestellt bei Mommsen, Die Sozialdemokratie 268 ff.
[114] Soukup, Die tschechische Sozialdemokratie 20; auch Renner, Der deutsche Arbeiter und der Nationalismus 59, spricht von „Selbstverstümmelung".
[115] Soukup, Česká menšina 150—154. — Hansmann, Karel: Šedesát let Baráku [60 Jahre Barák]. Wien 1957. — Hubka, Čechové v Doln. Rak. 38. — Pazourek, Čechové ve Vídni 209. — Der am 1. 12. 1895 gegründete Schulkinderunterstützungsverein „Obec Baráčníci Vídeňští (nö. Ver. kat. XV/2170), von den Behörden mit „Wiener Dorfhüttler-Verein" übersetzt, scheint mit den parteilich engagierten Barák-Anhängern keinen direkten Zusammenhang zu haben.
[116] Soukup, Die tschech. Sozialdemokratie 18. — Ottův Slovník Bd. 3 (1890) 275. Arbeitete von 1874 bis zu seinem Tod i. J. 1883 bei den Nár. Listy. Freund Fügners.
[117] České Dělnické Listy, 1. Jg. (21. 5. 1897): Bericht über die Gründungsversammlung. Als Prager Vertreter: J. V. Klečák.
[118] Zu den Mitgliedern gehörten u. a. der Sokol Favoritský, Sokol Leopoldovský, die Vereine Šumavan und Neruda. Tätigkeitsbericht als Beilage zu „Čsl. Hlasy na Dunaji" Jg. 2, Nr. 2 (1899). Reingewinn vom 9. 1.—31. 12. 1898: 703 fl, 76 kr.
[119] Hubka, Čechové v Doln. Rak. 38.
[120] Soukup, Česká menšina 152.

ständige Gesangsorganisation und seit 1908 ein Orchesterverein *(Pěvecký odbor Baráku XV., bzw. Barák hudba)*[121].

Außer der Bezirksorganisation *(Okresní organisace)* des Landesaktionsausschusses der nationalsozialen Partei in Wien *(Zemský výkonný výbor stany národně-sociální ve Vídni)*, die sich im Jahre 1910 in dreizehn Wiener Stadtteilen niedergelassen hatte, wurde 1909 noch der „*Český politický spolek lidový*" [Tschechischer politischer Volks-Verein] ins Leben gerufen. Die *Všeodborová komise* [Gesamtgewerkschaftskommission] baute das Gewerkschaftswesen aus[122]. Die erste und stärkste nationalsoziale Gewerkschaftsorganisation war die 1901 gegründete Gruppe der Schneider *Odborové sdružení čsl. krejčí*, für die Meister unter der Bezeichnung *Odborové sdružení čsl. mistrů krejčovských*, die vor dem Krieg 12 Ortsgruppen umfaßte. Die etwa gleichzeitig gegründete Schuhmachergewerkschaft *(Sdružení národně-sociálních obuvníků)* war mit sechs Ortsgruppen vergleichsweise schwach besetzt. Als zweitstärkste Gruppe werden die Kürschner angeführt: *Odborný spolek mistrů kožešnických und Svaz slovanských kožešníků*. Zahlenmäßig bedeutsam waren ferner die Organisationen der Selcher: *Sdružení čsl. uzenářů*, der Kellner: *Odborné sdružení čsl. číšníků*, 1906 noch unter dem Titel *Odborný spolek pomocnictva hostinského* und Metallarbeiter aus den Werkstätten der Staatsbahnen: *Sdružení čsl. kovopracovníků*, die über drei Zweigstellen verfügten. Die Holzarbeiter: *Sdružení čsl. dřevopracovníků*, die 1907 noch zwei Ortsgruppen hatten, sind 1914 nur noch mit einer vermerkt. Zahlenmäßig schwächer als die oben erwähnten waren die Gruppen der Bäcker und Konditoren: *Odborné sdružení dělníků pekařských* und *Národní odborové sdružení dělnictva cukrářského*, der Typographen: *Národní sdružení českých typografů*, der Maler und Anstreicher: *Odborové sdružení malířů a natěračů*, sowie die Gewerkschaft der Friseure und Perückenmacher: *Odborové sdružení čsl. holičů a vlásenkářů*. Bei den Ziegeleiarbeitern vom Wienerberg — und damit besonders im Favoritener Stadtbezirk — war alle Werbung[123] vergebens, hier lag die Domäne der Sozialdemokraten.

---

[121] Alljährliche Übersichten der Organisationen im Víd. Nár. Kal. von 1906—1914.
[122] K u d r n a, Josef: K odborovému hnutí československých socialistů v Rakousku před válkou [Zur Gewerkschaftsbewegung der čsl. Sozialisten in Österreich vor dem Krieg]. In: Památník čsl. strany socialistické 52—55. — Eine Studie zur Entwicklung des Wiener Partei- und Gewerkschaftswesens fehlt. Zusammenstellung für Letzteres im Anhang S. 448 ff u. 479—482 ohne parteiliche Differenzierung. Die folgenden Angaben aus Víd. Nár. Kal. 6 (1910) u. 10 (1914) sowie S o u k u p, Česká menšina 153. — Zur Geschichte der Partei: Archiv ČSSoc., Fond Nár. socialistní ve Vídni a v Rakousku v letech 1898—1938 [Die Nationalsozialen in Wien und Österr. i. d. Jahren 1898—1938], ferner: Pamětní list 1897—1912. K 15tiletému jubileu trvání strany nár.-soc. Uspořádali Václav Klofáč, Jiří Pichl a Josef Sajdl v Praze v srpnu 1912 [Gedenkblatt 1897—1912. Zum 15jähr. Jubiläum des Bestandes der nat.soz. Partei. Verfaßt von V. Klofáč, Jiří Pichl und J. Sajdl in Prag im August 1912]. — S ý k o r a, Dobyvatelé 293.
[123] Vor allem der Gründer und 1. Vorsitzende des nö. Aktionsausschusses der Partei, Frühbauer, besuchte die Ziegeleiarbeiter sonn- und feiertags in ihren Wohnungen und warb für das nationale Programm. Die Versammlungen im X. Bez. fanden meist in Privatwohnungen statt, weil die Gaststätten „von den Sozialdemokraten besetzt waren", die seine Agitation verhindert hätten. Vgl. den Bericht seiner Frau: E g g o v á, Luisa:

Für die wirtschaftliche Unterstützung im Rahmen der Partei sorgten die *Dělnická a živnostenská záložna* [Arbeiter- und Gewerbe-Vorschußkassa], der *Český lidový spolek pro vybudování nár.-soc. domu ve Vídni XV.* [Tschechischer Volks-Verein für die Errichtung eines Nationalsozialen-Hauses in Wien XV.] und die *První česká nemocenská a pohřební pokladna* [Erste tschechische Kranken- und Begräbniskassa][124]. Der einzige Sportverein der Partei war der Radfahrverein *Vpřed* [Vorwärts].

Vor der Jahrhundertwende waren der überparteiliche Sokol und ein paar Wohltätigkeitsvereine[125] die einzigen Organisationen mit weiblichen Mitgliedern. Während die Sozialdemokratie die Frauen hauptsächlich innerhalb ihrer Turnvereine zusammenrief, wurden sie von der nationalsozialen Partei in der *Zemská jednota pracujících žen a dívek* [Landesvereinigung der arbeitenden Frauen und Mädchen], die 1910 in sechs Wiener Bezirken arbeitete, nationalpädagogisch[126] politisiert. Der Auftrieb des breiteren politischen Aktivismus im Volk zeigte sich besonders in den letzten beiden Jahren vor der Wahlreform von 1907. Im Parteiorgan „Česká Vídeň"[127] [Tschechisches Wien] betont fast jeder Artikel zum Thema Wahl gleichzeitig auch die Wichtigkeit des Frauenwahlrechtes[128], ein Faktor, der den sozialdemokratischen „Dělnické Listy" ziemlich nebensächlich erschien. Angesichts der oberflächlichen Behandlung im Quellenmaterial dürfte die Zugkraft der Frauen- und Mädchenbewegung in Wien äußerst gering gewesen sein[129] — das Aushängeschild der niederösterreichischen Klofáč-Gruppe bildete vielmehr die Organisation der Jugendlichen. Zu den ersten Unternehmungen der Parteizentrale gehörte die Errichtung einer eigenen Abteilung zur Unterbringung der jungen Zuwanderer. Sie

---

Václav Frühbauer. In: Památník čsl. strany soc. 56—58. Frühbauer war auch an der Gründung des Wiener NRČ beteiligt. Für die Beziehungen zum ÖNK und zur 1. pol. jednota siehe S. 122—126.

[124] Hierzu der aufschlußreiche Akt NRČ, N-42: Akce pro zřízení české nemoc. pokladny ve Vídni [Aktion zur Errichtung einer tschech. Krankenkassa in Wien]. Diese existierte nur auf dem Papier: Drozda an den Prager NRČ (16. 1. 1912): Die Mehrzahl unserer Leute ist gesetzlich verpflichtet, in die Wiener Bezirks-Krankenkasse einzutreten, da eine tschechische Krankenkasse den Anforderungen „*niemals*" „*voll*" (beides von Dr. unterstrichen) entsprechen kann: Zu wenig Interessenten, zu wenig Kapital. Sie kam praktisch nur für Privatleute infrage, da die Arbeiter obligatorisch bei der Wiener Bez.K.K. versichert sein mußten. (Sinngemäße Zusammenfassung.)

[125] Z. B. Ludmila, spolek Sv. Alžběty, Spol. Sv. Zity, vgl. Vereinsregister im Anhang S. 472 u. 476.

[126] Víd. Nár. Kal. 5 (1910) 151. — Víd. Denník, 1. Jg. (15. 10. 1907): Organisace česk. přistěhovalectví do Vídně [Organisation des tschech. Zuzugs nach Wien]. Auch in Sýkora, Dobyvatelé 297—300, hier S. 298: „Die Frauenorganisation der Nationalsozialen ist nur erzieherisch und bildend." Archiv ČSSoc., Nár. soc. ve Vídni, Děln. beseda Barák: Einladungen zur Maifeier des Damen-Theater-Zirkels im XVIII. Bez. — G r e g o r o v á, Anastazie: Ženy a Barák [Die Frauen u. der Barák]. In: H a n s m a n n, 60 let Baráku 15—19. Ohne Vorkriegsangaben. — Gründerin der Bewegung: Fráňa Zeminová.

[127] Anhang S. 456 f.

[128] Z. B. Česká Vídeň Nr. 12 (17. 3. 1906), Nr. 13/14 (31. 3. 1906), Nr. 30 (21. 7. 1906). Auch auf der Landeskonferenz der nö. nat.-soz. Jugend am 28. 10. 1906 gefordert. Česká demokracie VIII/61 (31. 10. 1906).

[129] Auch im Archiv ČSSoc. enthält das Material zur Frauenorganisation nichts über Wien.

wurde im Oktober 1899 errichtet und soll laut Jahresbericht von 1913 durchschnittlich 50 Lehrplätze wöchentlich vermittelt haben[130]. Im Jahre 1906 arbeitete das Jugendsekretariat des *Zemský vykonný výbor omladiny národně sociální* [Landesaktionsausschuß der nationalsozialen Jugend] in 14 Bezirken[131]. Zu den weiteren Einrichtungen gehörte die *Zemská všeodborná jednota pracující omladiny* [Landes-Fachvereinigung der arbeitenden Jugend] mit 11 Filialen (i. J. 1910), eine *Spořitelna českých účňů* [Sparkasse der tschechischen Lehrlinge], seit 1908 das Lehrlingsunterkunftsheim *Česká učednická útulna*, sowie mehrere Jugendklubs, die unter dem Titel *Mladá generace* [Junge Generation] zusammengefaßt wurden und 1906 in neun Wiener Bezirken ihre Niederlassungen hatten[132]. Diese Klubs, die zahlreiche Versammlungen, Ausflüge und Deutschkurse veranstalteten[133] und die Jugendlichen am Sonntag in die Gasthäuser zu nationalpolitischem Unterricht beorderten, waren dem Wiener Sokol, der schon seit 1885 sonntägliche Turnstunden für die tschechischen Lehrlinge veranstaltet hatte, ein Dorn im Auge, weil ihm die Partei dadurch den Nachwuchs abspenstig machte[134]. In gleicher Weise beklagten die Sozialdemokraten in ihren Jugend- und Schülerorganisationen die spürbare Konkurrenz der Wiener deutschen Christlichsozialen, die ihre „Knabenhorte" dadurch für die tschechische Arbeiterjugend attraktiv machten, daß sie ihnen kostenlos Kleidung zur Verfügung stellten[135] —: ein typisches Beispiel für die Attraktionskraft sozialer Fürsorgemaßnahmen und ihre Einwirkung auf die nationalen Verhältnisse. Der Kontakt zu den Kronländern war vor allem bei der nationalsozialen Jugend besonders stark[136], wohl deshalb, weil die meisten nach ihren Wiener Lehrjahren heimkehrten und in den dortigen Organisationen bereits Freunde hatten oder finden wollten. Aus den Reihen der Wiener Klofáč-Jugend kam 1906 auch der Anstoß zum nationalsozialen Jugendkongreß in Kolín, auf dem Wien mit 17 Fachorganisationen, Mähren mit 14 und Böhmen mit 12 vertreten war[137]. Die Gesamtzahl der jungen Parteifreunde dürfte annähernd eintausend betragen haben. Diesen Schluß

---

[130] Soukup, Česká menšina 151.
[131] Česká demokracie VIII/61 (31. 10. 1906).
[132] Víd. Nár. Kal. 5 (1910) 151. — Nár. Politika v. 17. 3. 1906: Český dorost [Tschechischer Nachwuchs]. — Auch in Sýkora, Dobyvatelé 313—316.
[133] Im Jahre 1906 berichtete man auf der Landeskonferenz der nat.soz. Jugend in NÖ, die Jugend habe insgesamt fünf Manifestationsversammlungen, 18 öffentliche Versammlungen, 39 Schulversammlungen, sieben Konferenzen der Vertrauensleute, 158 vertrauliche Versammlungen abgehalten. Česká demokracie VIII/61 (31. 10. 1906). — Lokvenc, Franta: Jak jsme pracovali [Wie wir gearbeitet haben]. In: Památník čsl. strany soc. 151—154.
[134] Sokol 28 (1902) 85 f.
[135] Protokol IV. sjezdu Svazu tělocv. jednot čsl. a I. sjezdu náčelníků okresů v Praze ve dnech 29., 30. a 31. května 1909 [Protokoll d. IV. Kongresses d. Verb. d. tschechoslaw. Turnvereine u. d. I. Kongresses d. Bezirksführer in Prag am 29., 30. u. 31. Mai 1909]. Prag 1909, S. 16 f. Der Referent betont, daß den tschechischen Wiener Klerikalen hierzu noch die nötigen Mittel fehlen. — Aber: GRS v. 28. 11. 1913, AB Nr. 96 (2. 12. 1913) 3204: Interp. Goltz: für Schuhe u. Kleider an bedürftige Wiener Schulkinder wurde den Bezirksvorstehern ein Kredit von 99 200 K für die Weihnachtszuteilung gegeben.
[136] Špatný, E.: Našim krajanům ve Vídni [Unseren Landsleuten in Wien]. In: Památník čsl. strany soc. 5. — Soukup, Česká menšina 150.
[137] Nö. Präs. XIV/220; 1240 (1906). — Špatný, E.: Našim krajanům ve Vídni 5.

erlaubt die Auflagenziffer der monatlich erschienenen Parteijugendzeitschrift „Mladé proudy"[138] [Junge Strömungen] und die oben erwähnte Reaktion des niederösterreichischen Sokolgaues, dem im Jahre 1913 897 Jugendliche angeschlossen waren[139]. Die in den zwanziger Jahren erschienenen Erinnerungen eines Wiener Parteimitgliedes nennen die Zahl 3000[140], die sicherlich zu hoch gegriffen ist, wenn man bedenkt, daß die sozialdemokratische Arbeiterjugendorganisation der D.T.J.'s in den gesamten böhmischen Ländern im Jahre 1907 nur 3344 Jugendliche umfaßte[141].

Die von der Wiener nationalsozialen Jugend veranstalteten öffentlichen Kundgebungen und Flugblattaktionen, zum Beispiel für die Errichtung von gewerblichen Fortbildungsschulen[142] sind ein Beispiel für das unmittelbare Eingreifen der Wiener Parteizentrale, das immer dann erfolgte, wenn sie breitere Kreise der Öffentlichkeit ansprechen wollte. Die Reichweite der Mundpropaganda, die manche Mitglieder von sich aus veranstalteten, war geringer, obwohl ihre Wirkung im Einzelfall nachhaltiger gewesen sein mag[143]. Wieweit man das System von Haus- und Straßenvertrauensleuten tatsächlich ausgebaut hatte, die versuchen sollten, Einfluß auf die Bevölkerung zu gewinnen[144], ist schwer zu sagen, weil es keine Belege dafür gibt, wieviele Mitglieder sich zur Erfüllung einer solchen Aufgabe bereit erklärt haben. „Als unleugbare Tatsache" verwies man jedenfalls immer nur auf den gewaltigen Organisationskomplex der Partei, der mit dem der Sozialdemokraten etwa auf einer Stufe stand[145]. Es ist jedoch eine Illusion, anzunehmen, daß sich der Vorsprung, den die Sozialdemokratie im Bewußtsein der arbeitenden Massen des Wiener Tschechentums hatte, durch die nationalsozialen Organisationen bedeutend verringern konnte. Durch den programmatischen Konkurrenzkampf wurde die Klofáč-Partei erst eigentlich zusammengehalten, man lebte von diesem Nachholbedarf, er war das Wesen der Wiener nationalsozialen Kampagnen. Prager und Wiener Parteigänger gaben denn auch ungern, aber ungeschminkt die Überlegenheit des Gegners zu, gegen die kein propagandistisches Kraut gewachsen war[146]. Die schüttere

---

[138] Nár. Politika v. 17. 3. 1906: „Český dorost" [Der tschechische Nachwuchs]: Aufl. 1000 Ex. monatl.

[139] Archiv MTVS, ČOS-Da 1: Zápisy schůzí z I. sjezdu menšinových pracovníků [Sitzungsprotokoll vom I. Kongreß der Minderheitenarbeiter] (29. 3. 1914). Siehe auch G l e t t l e r, Sokol 54.

[140] K l i m e š, J. A.: Z minulosti i přítomnosti [Aus Vergangenheit und Gegenwart]. In: Památník čsl. strany soc. 7—33, hier S. 8 (Verf. kam 1900 nach Wien).

[141] Tělocvičný Ruch [Turn-Bewegung] 4 (1908) 357—364 (Tab.).

[142] Česká demokracie VIII/61 (31. 10. 1906).

[143] Siehe Anm. 123.

[144] S o u k u p, Česká menšina 69. — S ý k o r a, Čeho je nám ve Vídni třeba 7 f.

[145] S ý k o r a, Dobyvatelé 293. — P a z o u r e k, Čechové ve Vídni 20 f., nennt für 1908 bei den Wiener Nationalsozialen 72 Organisationen, bei den Sozialdemokraten 66. — RR-Abg. Choc in seiner Rede vor dem Reichsrat am 21. 11. 1906 sprach von über 80 Vereinen und Organisationen der Nationalsozialen gegenüber 70 der Sozialdemokraten. Abgedruckt in: Česká Vídeň, Nr. 49 (1. Dez. 1906): Za právo Čechů dolnorakouských [Für das Recht der niederösterreichischen Tschechen]. Vgl. unten S. 164.

[146] H u b k a, Čechové v Doln. Rak. 37: „Die beste Organisation haben die Sozialdemokraten ... Ihre Führer sind sehr beliebt unter der tschech. Arbeiterschaft, nicht nur in Wien, sondern auch auf dem Land." — Česká Vídeň, Nr. 5 (2. Feb. 1907): Příští volby

Basis der Nationalsozialen in der Reichsmetropole spiegelte sich im innerparteilichen Leben ebenso wider wie im öffentlichen Bereich. Dies soll an den folgenden Beispielen erklärt werden. Sie sind m. E. für den Stand der deutsch-tschechischen Beziehungen der Wiener Arbeiterschaft fast ebenso bedeutsam und aufschlußreich wie für den Grad der nationalsozialen „Bedrohung". Aus dem Aktenmaterial über den Besuch der Parteiversammlungen von 1910, in einem Jahr, als sich, wie noch zu zeigen sein wird, die Wiener Frage bereits auf dem Siedepunkt befand, ergibt sich folgendes Bild[147]:

Tag der Parteiversammlung	Zahl der Teilnehmer
13. 3. 1910	34
18. 3. 1910	17
27. 10. 1910	13
3. 11. 1910	12
10. 11. 1910	8
14. 11. 1910	32
28. 11. 1910	34
15. 12. 1910	10
22. 12. 1910	8

Hinzu kommt, daß in diesen Aufstellungen nicht nur die nationalsozialen Parteiangehörigen erfaßt sind, vielmehr sind auch die Vertreter aus Wiener tschechischen Vereinen, wie Komenský, Sokol, Řemeslnická a živnostenská jednota [Handwerker- und Gewerbevereinigung], Čsl. obchodnická Beseda [Čsl. Handelsverein] und andere mit angeführt, von denen nicht ohne weiteres anzunehmen ist, daß sie zum Parteibestand zählten.

Die relativ begrenzte Wirkung der Klofáč-Anhängerschaft nach außen zeigt sich auch am Beispiel der Reichsratswahlen zwischen 1897 und 1911, als die Aufstellung von selbständigen tschechischen Kandidaten zur Sache des gesamten nationalen Tschechentums in Wien und Niederösterreich erhoben wurde. Selbst wenn man annehmen würde, daß die gesamte Wählerschaft ausschließlich aus Nationalsozialen bestand, hätten die Zahlen derer, die für einen Wiener tschechischen Minderheitenkandidaten zur Urne gingen, noch lange nicht ausgereicht, um an die polemisch

[Die kommenden Wahlen]: „In den RR-Wahlen müssen wir hier in Wien die Aktionen der Sozialdemokratie niederschreien. An irgendeinen Sieg über die Sozialdemokratie ist allerdings nicht zu denken." — Nár. Politika v. 23. 2. 1906: „České uvědomění ve Vídni (Kapitola smutná) [Das tschech. Nationalbewußtsein in Wien (ein trauriges Kapitel)], auch in S ý k o r a , Dobyvatelé 305—308 (sinngemäß verkürzt): Worin liegt der Grund für unser mangelndes Nationalbewußtsein?: Die Intelligenz hat kein Interesse, das Gewerbe meldet sich zur Lueger-Partei, die Arbeiter sind sozialdemokratisch und damit deutsch. Die Česká živnostenská jednota [Tschechische Gewerbe-Vereinigung] hat nur 50 Mitglieder; wo sind die 100 000? — Víd. Denník v. 23. 8. 1907: O české práci ve Vídni [Über die tschechische Arbeit in Wien]: „Unter der Wiener Arbeiterschaft bildet der tschechische Arbeiter 73 %, aber der größte Teil ist in deutschen Organisationen."
[147] Zusammengestellt aus: Archiv ČSSoc., Nár. soc. ve Vídni, Sčítání Čechů ve Vídni 1910 [Die Nationalsozialen in Wien, Zählung der Tschechen in Wien 1910].

zitierten Vergleichsfälle in anderen Orten der Monarchie heranzureichen[148], wo 12 000 bzw. 14 000 Wählern ein Kandidat zuerkannt worden war. Noch weniger hätte man das Wahlergebnis am Umgangssprachenbekenntnis der 100 000 Wiener Tschechen messen dürfen: Bei den Reichsratswahlen von 1897, 1901, 1907 und 1911 wurden für tschechische Kandidaten nur 682, 1209, 4341 und 6770 Stimmen abgegeben. Im Jahre 1907 — noch ohne die „abgefallenen Sozialdemokraten" — entsprach das einem tschechischen Anteil von 0,72 % aller Wahlberechtigten[149].
Die Position, die die Wiener Sektion im Rahmen der Gesamtpartei einnahm, stellt sich geradezu als das Muster eines Kreisverbandes auf der untersten Parteiebene dar[150]: Für eine direkte Mitwirkung bei der Ausarbeitung der politischen Linie auf höchster Ebene fehlten den Mitgliedern, aber auch den Inhabern der Parteiämter entweder die sachlichen Voraussetzungen oder der Einblick in die politischen Zusammenhänge von der höheren Warte der Kronländer aus. So kam es in Wien zu jenen unklar formulierten Wünschen, die mit einem „wir sollten", „es müßte", „schön wäre es, wenn" abgetan wurden[151] oder zu Beschwörungsformeln und Drohungen, die in die Zukunft gerichtet waren[152]; dahinter verbarg sich die Ratlosigkeit[153]. Dem Leser des Parteiblattes „Česká Vídeň" drängt sich der Eindruck auf,

---

[148] Česká Vídeň, Nr. 27 (30. 6. 1906): Co udělal pro zastoupení Čechů dolnorakouských dr. Adler? A jak mu odpovíme? [Was hat Dr. Adler für die Vertretung der Wiener Tschechen getan? Und wie antworten wir ihm?]: „Wenn in der Wahlvorlage für 12 000 Einwohner (Wiener Innenstadt) oder für 14 000 Einwohner (Graz) Wahlbezirke gebildet werden, dann ist es ein schreiendes Unrecht, dermaßen rücksichtslos über Hunderttausende der tschechischen Minderheit in Wien ... zur Tagesordnung überzugehen."

[149] Österr. Statist. Handbuch 26 (1907) 467 und 30 (1911) 409. — Víd. Denník vom 23. 11. 1913; auch in S ý k o r a, Dobyvatelé 261—270.

[150] M a y n t z, Renate: Parteigruppen in der Großstadt 102.

[151] Z. B. Česká Vídeň, Nr. 11 (10. 3. 1906): „Aber wir sollten doch endlich einmal anders werden und nicht wie die Hunde auf dem Boden kriechen." — Č.V. Nr. 13/14 (31. 3. 1906): „Wenn die tschech. Minderheit an der Donau diesmal nicht alle ihre Kräfte für die Erfüllung ihrer Forderungen einsetzen kann, dann ist sie für immer verloren, weil sie innerlich verfault und blutleer ist." — Č.V. Nr. 25 (16. 6. 1906): „Aber wie wir schon sagten: Dieses unglückselige Wörtchen «wenn», wenn uns das nicht auf den Lippen haften würde!"

[152] Č.V. Nr. 5 (27. 1. 1906): „Wir werden reden, alles werden wir sagen, wenn die Zeit kommt, in der viele sich um die Gunst des Volkes bemühen werden." — Č.V. Nr. 8 (17. 2. 1906): „Das Volk wird nicht mehr lange warten!" — Č.V. Nr. 9 (24. 2. 1906): „Wir werden abrechnen!" — Č.V. Nr. 42 (13. 10. 1906): „Unsere letzte Warnung!" — Č.V. Nr. 44 (27. 10. 1906): „Wir haben's wahrhaftig satt!" — Č.V. Nr. 18 (28. 4. 1906): „Wir dulden nicht mehr länger einen roten Terror!" (Zum Teil Überschriften, zum Teil besonders hervorgehobene Sätze aus den Leitartikeln). — Aus einem Artikel der Jubiläumsschrift zum 15jährigen Jubiläum der Partei 1912: „Bis zu der Zeit ist alles zerspalten ... das nationalsoziale Wien aber wird noch zur Basis des gesamten heutigen organisierten tschechischen Wien überhaupt werden." Zit. aus S ý k o r a, Dobyvatelé 293.

[153] Č.V., Nr. 3 (19. 1. 1907): Příští říšské volby [Die nächsten Reichswahlen]: „Es bleibt uns heute nichts anderes übrig als die Zähne zusammenzubeißen, unseren Zorn über das Unrecht, das vor allem uns niederösterreichische Tschechen betroffen hat, zu unterdrücken und uns zu geloben, daß wir den Rest dieser Dämme in den nächsten Jahren einreißen werden."

daß niemand in der Wiener Führung wußte, was Prag mit den Wiener Tschechen vorhatte[154]. Ausdruck dieser Überdosis apodiktischer Feststellungen und nationaler Phrasen, die schließlich nur noch gefühlsmäßige Bedeutung hatten und an der örtlichen Gegenwartsproblematik vorbeischossen[155], war die Konzeptionslosigkeit der Wiener Wortführer. So fällt es selbst mit dem Abstand von zwei Generationen schwer, zwischen Ursache und Wirkung zu unterscheiden, wenn man das Desinteresse der niederösterreichischen Parteimitglieder hinzunimmt.

Die Praxis der Wiener tschechischen Nationalsozialen war dem Ideal allzu fern, als daß ihre papierenen Ziele Begeisterung im tschechischen Volk hervorgerufen oder dem Klofáč-Regime in den Kronländern Schützenhilfe geleistet hätten. Die Entwicklungsgeschichte des Parteiorganes „Česká Vídeň", dem es trotz mehrerer Anläufe nicht gelang, zu einem dritten tschechischen Tagblatt zu werden, bestätigt diese Kluft zur Wiener Minorität[156]. Von den belanglosen Versicherungen

---

[154] Vgl. hierzu die in „Česká Vídeň" veröffentlichten Äußerungen der Parteiführer Choc, Fresl, Klofáč und Černý, sowie die Berichte der Prager Kongresse und niederösterreichischen Landeskonferenzen. Z. B. Č.V. Nr. 7 (10. 2. 1906), Nr. 21 (19. 5. 1906), Nr. 28 (7. 7. 1906), Nr. 43 (20. 10. 1906), Nr. 45 (3. 11. 1906), Nr. 49 (21. 11. 1906), Nr. 20 (13. 5. 1905), Nr. 39 (23. 9. 1905), Nr. 45 (4. 11. 1905), Nr. 21 (25. 5. 1907). Der Lieblingsabgeordnete der Wiener Tschechen scheint Václav Choc gewesen zu sein: Č.V. Nr. 24 (15. 6. 1907) u. Nr. 39 (28. 10. 1907), er galt als „Kämpfer für das Recht der niederösterr. Tschechen" und als „einziger Abgeordneter, der sich für die Wiener Minderheit einsetzt". Die Nachlässe zu Fresl, Klofáč und Choc im Archiv ČSSoc. enthalten nichts über das Verhältnis dieser Abgeordneten zu den Wiener Tschechen. Choc: II/155; II/33-S. Klofáč: II/147—150. Fresl: II/32-S. — Nö. Präs. XIV/220; 308 (1907). — VI/54—81; 3335 (1911).

[155] Č.V. Nr. 45 (4. 11. 1905): Buďme na stráži! [Seien wir auf der Hut!]: „Damit, daß die Sozialdemokratie durch ihren österreichtreuen Patriotismus zur Erhaltung Österreichs beiträgt, dessen Existenz für uns von allem Anbeginn an nur Unglück und Knechtschaft bedeutete, unterstützt und fördert sie auch die Interessen der Habsburgerdynastie, obwohl sich ihre Führer vor dem Volk als die größten Revoluzzer und Republikaner ausgeben." Für das Wiener Tschechentum insofern verfehlt, als es die Hauptgründe der tschechischen Zuwanderung nach Wien, wirtschaftliche Verbesserung, sozialer Aufstieg, völlig vertuscht. — Č.V. Nr. 8 (23. 2. 1907) u. Nr. 26 (23. 6. 1906): „Heraus aus den internationalen Organisationen, der tschechische Arbeiter gehört in die nationale Organisation!" Verfehlt insofern, weil die Artikel an ein imaginäres Leserpublikum gerichtet sind: Die Sozialdemokraten lasen die Dělnické Listy, und ihre Redakteure, die „Česká Vídeň" aus beruflichen Gründen lesen mußten, reizten solche Zurufe bestenfalls zu Polemiken.

[156] Nö. Präs. G 2 71 (1902) bis Ende 1901 u. d. T. „Čsl. Hlasy na Dunaji (s. Anhang S. 456), Druck zuerst in der Prager nationalsozialen Druckerei Pitter, anfangs täglich, ab 16. 2. 1902 wöchentlich, im März eingestellt und als Beilage zum „České Slovo" gedruckt, seit Mai 1902 wieder als Wochenblatt mit Druckort Wien. Die Partei hatte keine eigene Druckerei wie der DONRČ und die Wiener tschech. Sozialdemokraten. Seit 1906 mehrmals als Tagblatt angekündigt: Č.V. Nr. 1 (1. 1. 1906), Nr. 51 (15. 12. 1906). 1903 wurde von der Partei die Herausgabe eines Adreßbuches tschechischer Firmen und Einwohner in Wien geplant. Minister Rezek bot dazu 1500 K an, „um einem eventuellen Boykott der tschechischen Geschäftsleute in Wien von Seite der deutschen Einwohnerschaft vorzubeugen". PM 1901—1910. 8/5/23/83.

und politischen Seiltänzen der Redakteure Stříbrný und Sýkora[157] ging für die nächste Zukunft nur wenig politische Bewegungskraft aus, die zu Fortschrittshoffnungen berechtigt hätte; damit aber war die Glaubwürdigkeit auch der ausgeklügeltsten Belebungsversuche schon im vorhinein verwirkt. Betrachtet man die Wiener nationalsoziale Parteiorganisation für sich allein, so kann man zur Diskussion stellen, ob der Aktionsradius der Partei von den in Wien lebenden Sozialdemokraten Victor und Friedrich Adler nicht beträchtlich überschätzt wurde, vorausgesetzt, daß sich ihr Urteil nur auf Wien bezog: Während Victor Adler vom „schweren Stand" der tschechischen Genossen gegenüber den Klofáč-Brüdern und vom möglichen Überlaufen „ins andere Lager" sprach, warf sein Sohn[158] den Tschechen vor, daß sie nicht mehr Gefangene der Nationalisten, sondern Besiegte und Unterworfene der nationalsozialen Partei seien[159]. Hier nun soll die Darstellung der Wiener tschechisch-sozialdemokratischen Organisationen weiter differenzieren helfen.

Um die Probleme zu beurteilen, die der Aufstieg der tschechischen Arbeiterorganisationen in Wien mit sich brachte, ist kurz auf die Rolle einzugehen, die die tschechische Sozialdemokratie der Kronländer in der Entwicklung der sozialistischen Bewegung ganz Österreichs spielte[160]. Die Frage, inwieweit die Entwicklung

---

[157] Zu S t ř í b r n ý, Jiří: Arch. ČSSoc., II-158: Materiály před rokem 1926. — Von 1899 bis 1905 in Wien. Wegen seiner Radikalität vier Monate inhaftiert, dann Rückkehr nach Böhmen. Nö. Präs. G 2 71 (1901). J 12, 3633 (1902). XIV/219; 786 (1904). — Siehe auch 1. česká pol. jednota. — Zu S ý k o r a, Hanuš: Arch. ČSSoc., Kart. Čsl. strana soc. 1939—1945, odbojová činnost členů strany III/9. Gastwirtssohn aus Hrotovice. Übernahm die Redaktion nach Stříbrný, gleichfalls Parlamentsberichterstatter für „České Slovo" u. „Nár. Politika". Nach 1918 Sekretär des Abg.-Klubs der Nationalsozialen. Gründer der Revue „Parlament". 1945 in Dachau umgebracht. — Masarykův Slovník Bd. 6 (1932) 1113 f. — NRČ 83 (1914) Žádost za podporu na vydání knihy „Čechové vídeňští" [Forderung nach Unterstützung zur Herausgabe des Buches „Die Wiener Tschechen"]: Es handelt sich vermutlich um die hier mehrfach zitierten „Dobyvatelé", damals u. d. T. „Čechové vídeňští, jejich počet, život a budoucnost" [Die Wiener Tschechen, ihre Zahl, ihr Leben und ihre Zukunft], als demologische Studie geplant, zu deren Subvention sich S. an den NRČ wandte. S. plante ferner die Herausgabe einer „Geschichte der Slawen in Nieder- und Oberösterreich", an der er schon 7 Jahre gearbeitet hatte. Da sich zu beiden Werken kein Verleger fand, der „Komenský" zur Förderung des Druckes selbst kein Geld hatte und der NRČ kein Interesse zeigte und die Beihilfe von 1000 K verweigerte, scheiterte die Herausgabe. — Zu dem Wiener Literatenkreis um Sýkora siehe S ý k o r a, Dobyvatelé 293.

[158] Brief Adlers an Hueber vom 10. 8. 1909 (Nachlaß Victor Adler). Zit. nach M o m m - s e n, Die Sozialdemokratie 437, Anm. 3.

[159] Kongreßprotokoll Kopenhagen, S. 194 f. Zit. nach M o m m s e n, Die Sozialdemokratie 442 Anm. 4.

[160] Neben dem grundlegenden Werk von Hans M o m m s e n : Die Sozialdemokratie und die Nationalitätenfrage im habsburg. Vielvölkerstaat. Wien 1963, siehe die Lit. bei P r i n z, Handbuch III, 230 ff. Anm. 28—47. — Š o l l e, Zdeněk: České dělnické hnutí mezi nacionalismem a internacionalismem [Die tschech. Arbeiterbewegung zwischen Nationalismus und Internationalismus], derzeit vermutlich im Druck. Die Studie ist eine wesentliche Erweiterung des deutschsprach. Aufsatzes von Š o l l e, Zd.: Die Sozialdemokratie in der Habsburger Monarchie und die tschechische Frage. Arch. f. Soz. Gesch. VI/VII (1966/67) 315—390 u. verweist auf weitere 8 einschl. Arbeiten d. Verfassers zum Thema.

der industriellen Großstadt-Gesellschaft die wirtschaftlichen und sozialen Ungleichheiten gefördert und dazu geführt hat, die nationalen Unterschiede abzuschwächen oder im Gegenteil zu verschärfen, wird für einen Abschnitt des folgenden Kapitels zurückgestellt. Schon damals um 1900 zeichnet sich ein höchst aktuelles Problem ab: Das Dilemma, die widerstreitenden Interessen — nationale und internationale — mit der marxistischen Theorie unter einen Hut zu bringen, begann. Kaum mehr entwirrbare Widersprüche brachen auf: Unvereinbares wurde gleichzeitig betrieben, Koexistenz und Konfrontation, Bewahrung des Status quo und revolutionäre Dynamik, ein einziger Sozialismus und mehrere sozialistische Wege, Demokratie und Parteidiktatur. Im Hinblick auf den Untergang des Habsburgerreiches wäre es jedoch zu schablonenhaft, Verdienst und Verschulden auf die Apothekerwaage zu legen, nationale und ideologische Positionen mit historischen Exempla zu untermauern. Es kommt darauf an, das wirkliche Leben der Menschen in der Arbeitswelt und in der kollektiven Organisation mit seinen zahlreichen schicksalhaften Verflechtungen, seinen Widersprüchen und Anfechtungen, aber auch mit seinen Bewährungen zu schildern und verstehen zu lernen.

Die Geschichte des ungemein regen Interesses der Sozialisten an der österreichischen Nationalitätenfrage fing nicht erst mit der konstitutionellen Ära nach 1867 an. Schon Marx und Engels interpretierten die Ereignisse der österreichischen nationalen Revolution von 1848, wenngleich zwischen ihren Ansichten über die spezifischen Probleme der Donaumonarchie und der Frühgeschichte des österreichischen Sozialismus als aktiver politischer Kraft wenig Zusammenhang besteht[161]. Bezüglich der Stellung der österreichischen Arbeiterbewegung zur nationalen Frage war vor allem die politische Situation der sechziger Jahre maßgebend[162]. Für die Masse der Bevölkerung wirkten die gesamtdeutschen Erinnerungen an 1848 und mit ihnen das alte großdeutsche Programm noch bis in die siebziger Jahre hinein fort; kurz gesagt, die österreichische Arbeiterbewegung entfaltete sich im engsten Anschluß an die deutsche und faßte die Trennung Österreichs von den übrigen Teilen des Deutschen Bundes als vorübergehend auf. So verzögerte sich in den Kronländern — durch den Widerstand der österreichischen Behörden[163] — nur die politische Organisation, während der Streit zwischen dem auf Lassalle zurückgehenden etatistischen Standpunkt und der von Schulze-Delitzsch stark beeinflußten Gewerkschaftsbewegung den Konstellationen in Deutschland

---

[161] Die inhaltsvollste Analyse der Ansichten von Marx und Engels über die Nationalitätenfrage 1848 bietet: R o s d o l s k y , Roman: Friedrich Engels und das Problem der „Geschichtslosen Völker". (Die Nationalitätenfrage in der Revolution 1848/49 im Lichte der „Neuen Rheinischen Zeitung".) Arch. f. Soz. Gesch. IV (1964) 87—282. — Palackýs Werk wurde von Karl Marx kraß unterschätzt: P r i n z , Probleme der böhmischen Geschichte, Boh Jb 6 (1965) 335. — Zum 48er Jahr: P r i n z , Friedrich: Prag und Wien 1848. München 1968 (Veröff. d. CC, Bd. 21).

[162] M o m m s e n , Die Sozialdemokratie 46 ff.

[163] Erst nach Annahme des neuen Vereinsgesetzes in Österreich im November 1867 wurde in den Jahren 1868/69 die Gründung von Arbeitervereinen erlaubt.

entsprach[164]. Die Keimzelle der späteren sozialdemokratischen Partei bildete der 1867 gegründete Wiener Arbeiterbildungsverein[165].

Gemäß der starken Industrialisierung war die nordböhmische Arbeiterbewegung am weitesten fortgeschritten, ihre Anfänge (Asch, 1863) lagen teilweise noch vor denen in Wien, Niederösterreich und der Steiermark. Ihr Sozialismus entwickelte sich zunächst unabhängig von Wien, maßgebend waren die Anregungen und Einflüsse aus dem sächsischen Industrierevier[166]. Neben diesen vorwiegend deutschen Gebieten mit dem Mittelpunkt Reichenberg galt das mährisch-schlesische Gebiet mit Brünn als zweites Zentrum, schließlich folgten Prag und die Industriestädte des böhmischen Kessels. Die böhmische Hauptstadt war anfänglich das einzige rein tschechische Zentrum der Arbeiterbewegung. Diese entwickelte sich nach 1867 unter dem dominierenden Einfluß des liberalen Selbsthilfegedankens, den der altschechische Jurist Dr. Chleborád in dem von ihm seit 1867 herausgegebenen „Dělník" [Der Arbeiter] verfocht. Die erste bedeutende Organisation der Prager Arbeiterschaft war der am 1. März 1868 gegründete Konsumverein „Oul" [Bienenstock], der mehr als 2000 Mitglieder zählte[167]. Chleborád vertrat zwar eine ausgeprägt nationale Tendenz, er wollte jedoch die Arbeiter ganz im konservativen Geiste Schulze-Delitzschs von der politischen Tätigkeit fernhalten. Seinem Einfluß setzte nun der Typograph Jan Bavorský die demokratisch-gewerkschaftliche Richtung erfolgreich entgegen. Bavorský, der einerseits als Leiter der geplanten slawischen Sektion der Internationalen Arbeiterassoziation nominiert wurde, trat gleichzeitig auch als Vertrauensmann des Jungtschechen Edvard Grégr

---

[164] Šolle, Die Sozialdemokratie in der Habsburger Monarchie und die tschechische Frage. Arch. f. Soz. Gesch. VI/VII (1966/67) 315—390, hier S. 317. — Die Richtung Schulze-Delitzsch-Chleborád war auf die wirtschaftlichen Interessen der Arbeiter der einzelnen Produktionszweige gerichtet, die Bewegung Lassalle-Bavorský war die der Arbeiterschaft verschiedener Zweige, die im Rahmen der tschechisch-nationalen Bewegung die Teilnahme breiter Schichten am politischen Leben durchsetzten. Kořalka, Jiří: Über die Anfänge der sozialistischen Arbeiterbewegung in der Tschechoslowakei. ZfG IX (1960) 111—143.

[165] Brügel, Gesch. d. österr. Sozialdemokratie, Bd. 1, S. 76 ff., 86 ff. — Horáček, Cyrill: Počátky českého hnutí dělnického [Die Anfänge der tschech. Arbeiterbewegung]. Prag 1896, S. 11: Die erste Wiener Arbeiterversammlung fand am 1. 12. 1867 statt, am selben Tag, als in Prag die erste Nummer von Chleboráds „Dělník" erschien. Zweck der Versammlung: Gründung des Wiener tschechischen Arbeiterbildungsvereins, der bald über 6000 Mitglieder zählte.

[166] Erst seit 1870 orientierte sich die Reichenberger Arbeiterbewegung nach Wien. Lit. bei Mommsen, Die Sozialdemokratie 76 Anm. 2, 3, 5, 6. — Auch in Mähren war der Einfluß der sächsischen Organisationen nachhaltig. — Kořalka, Jiří: Über die Anfänge der Zusammenarbeit zwischen der Arbeiterbewegung in Deutschland und den böhmischen Ländern. In: Aus 500 Jahren deutsch-tschechoslowakischer Geschichte, hrsg. v. K. Obermann u. J. Polišenský, Berlin 1958, S. 312. — Siehe auch Kořalka, Jiří: Tschechische Briefe aus Dresden und Braunschweig 1870—71. Archiv f. Soz. Gesch. 5 (1965) S. 319—362.

[167] Für die ganze Bewegung ist charakteristisch, daß sich am selben Tag eine Deputation zum Fürsterzbischof Schwarzenberg begab mit der Bitte, die Tätigkeit des Vereins mit einem Hochamt zu eröffnen. Soukup, Die tschechische Sozialdemokratie 18. — Über den „Oul" auch: Horáček, Počátky českého hnutí dělnického 14, 30 ff., 36 ff. — Mommsen, Die Sozialdemokratie 79 Anm. 1.

auf, der die Unterstützung der Arbeiterschaft für das böhmische Staatsrecht zu gewinnen trachtete und durch sein geschicktes Taktieren[168] zweifellos die sozialdemokratische Bewegung beider Nationen in den gemischtsprachigen Gebieten förderte. In Prag jedoch verhinderte die fragwürdige Identifizierung von böhmischem Staatsrecht und proletarischer Internationalität eine Klärung des Verhältnisses zwischen der Arbeiterbewegung und den jungtschechischen Gruppen. Diese widersetzten sich vor allem der Zusammenarbeit der Prager Arbeitervereine mit Wien, so daß es in Böhmens Metropole über Ansätze zu einer internationalen Arbeiterorganisation nicht hinauskam.

Ausschlaggebend für diese Vorgänge war vor allem das unterschiedliche nationale Milieu in den beiden politisch-ideologischen Hauptzentren Prag und Wien. Die deutsche Bourgeoisie der Kaiserstadt war seit 1848 nicht nur auf politischem Gebiet zu großem Einfluß gelangt, auch die Großbetriebe befanden sich fast ausnahmslos im Besitz deutscher oder jüdischer Unternehmer. In ihnen verkörperte sich für die Arbeiterschaft der kapitalistische Gegner, dessen Herrschaft niederzuringen war. Für die tschechischen Bevölkerungsteile der Wiener Industriebezirke war dieses Ziel nur auf dem Weg der Solidarität und Anerkennung der Gleichberechtigung mit den deutschen Genossen aussichtsreich. Solche Bedingungen mußten die Wiener Tschechen frühzeitiger für den Sozialismus empfänglich machen als ihre Landsleute in den Kronländern. Dort konnte der Klassengegensatz kein geläufiger Begriff sein, einfach deshalb, weil das tschechische Volk zu der Zeit noch größtenteils aus Bauern, Kleinbürgern und Arbeitern bestand. Der tschechische Fabriksarbeiter sah sich dem deutschen Großunternehmer gegenüber, dessen fremde Sprache für ihn, der erst allmählich politisch erwachte, ein ebenso auffälliges Merkmal war wie der Klassenunterschied. Er sah daher in dem Fabrikanten weniger den Antagonisten einer sozialen Oberschicht als den einer anderen Nation. Die Parallelität von nationaler und sozialer Emanzipation des tschechischen Volkes bewirkte demzufolge zwischen den tschechischen bürgerlichen und sozialistischen Parteien ein höheres Maß an Interessengleichheit als auf deutscher Seite, wo der Sozialist, infolge des langanhaltenden Einflusses des liberalen Großbürgertums viel länger ein politischer „outcast" geblieben ist[169]. Jedenfalls war der Nationalismus nicht, wie Marx geglaubt hatte, ein überwundenes Überbleibsel der bürgerlichen Epoche. Er wurzelte vielmehr tief im gesellschaftlichen Kräftefeld, als eine Art überindividuelles Selbstbewußtsein der proletarischen, bürgerlichen und ländlichen Bevölkerung. Wien war dagegen unbestritten fortschrittlicher und hielt sich von Anfang an für einen führenden Bestandteil der internationalen Arbeiterbewegung[170]. Während nach 1867 in den böhmischen

---

[168] Zum Verbrüderungsfest auf dem Jeschken: M o m m s e n, Die Sozialdemokratie 79 f. — Bei dem großen tschechischen Arbeitermeeting am 16. 5. 1867 hatte der Sokolführer Tyrš den Vorsitz; als Redner: E. Grégr und K. Sabina. S o u k u p, Die tschechische Sozialdemokratie 18. — Š o l l e, Die Sozialdemokratie in der Habsburger Monarchie 326 Anm. 23.
[169] P r i n z, Handbuch III, 188.
[170] K o ř a l k a, Jiří: Die deutsch-österreichische nationale Frage in den Anfängen der sozialdemokratischen Partei. Historica III, Prag 1961, S. 109—158, hier S. 131.

Ländern die breite nationale Spannungswelle auf ihrem Höhepunkt stand, hatte sich die tschechische Arbeiterschaft der Residenzstadt sehr schnell mit ihren deutschen Genossen verbrüdert. Dies erregte Mißfallen und scharfe Kritik in der böhmisch-tschechischen Sozialistenpresse, die von ihren Landsleuten abschätzig als von den „Wiener Herrn Arbeitern" sprach und es ihnen verübelte, daß sie die nationale Frage „verderbenbringend" nannten und daß sie gerufen hatten „Wir wollen keine Nationalität, wir sind nur Menschen!" (Nechceme žádnou národnost, my jsme jen lidé!")[171]

Diese Einzelheiten sind m. E. deshalb erwähnenswert, weil sie den Wert der analytischen Methode bestätigen — die Suche auch nach den kleinsten Mosaiksteinchen, Indizien, die oft unter einem Berg von Propagandaphrasen oder zwischen den Zeilen theoretischer Auslassungen verborgen sind, die aber helfen, ein zusammenhängendes Bild der Entwicklung der politisch organisierten Wiener Arbeitergruppen zu entwerfen. Es ist zu betonen, daß die Fronten zwischen den einzelnen Richtungen keineswegs klar gezogen waren. Die Forschungen Šolles und Kořalkas haben die nationalistische Konzeption der überwiegenden Mehrheit der alten sozialdemokratischen Literatur widerlegt und die Verbindungen und Sympathien der bahnbrechenden Sozialisten tschechischer und deutscher Nationalität mit der Internationale für die böhmischen Länder überzeugend nachgewiesen. Auch die Wiener Verhältnisse zeigen, wie falsch es wäre, bei der Darstellung der Lage isolierte Beispiele über nationale, politische und andere Einflüsse anzuführen, die ohne Zusammenhang mit dem stehen, was unmittelbare Bedeutung für die Arbeiterbewegung hatte. Auch in Wien sahen sich die fortschrittlichen Vertreter der tschechischen Arbeiterschaft den konservativen Elementen gegenüber, die vom Alttschechen Chleborád und von der klerikalen Ideologie beeinflußt waren. Bald nach der oben erwähnten ersten Arbeiterversammlung im Dezember 1867 entstand in der Reichshauptstadt die erste tschechische Organisation, der *Českoslovanský dělnický spolek* [Tschechoslawischer Arbeiter-Verein][172], aus dessen Unterrichtssektion der spätere Komenský-Schulverein hervorging. Als Bildungs- und Unterhaltungsverein wurden seine Statuten am 24. April 1868 von der niederösterreichischen Statthalterei genehmigt. Gleich zu Beginn umfaßte er 320 Mitglieder. Zu seinen Gründern zählten der Schneider František Ryška, der Fotograf S. Štoda und der Hutmacher Václav Petr[173]. Wie stark der bürgerlich-nationale Demokratismus die Vorstellung vom proletarischen Internationalismus modifizieren konnte, zeigt der Inhalt der Resolution, die auf der ersten Wiener tschechischen Arbeiterversammlung am 16. August 1868 unter Beteiligung von 2000 Personen gefaßt wurde. Die Arbeiterbewegung, so hieß es, verfolge das Ziel, dem Arbeiter eine Verbesserung seiner materiellen, sittlichen und bürgerlichen Stellung zu gewähren. „Dieses Ziel will die versammelte tsche-

---

[171] H o r á č e k, Počátky českého dělnického hnutí 81. — Die Zitate aus: „Dělník", 1. Jg. (1867), Nr. 10 u. „Český Dělník", Nr. 1 (1. 12. 1867).

[172] K a r á s e k, Sborník 211. — S o u k u p, Česká menšina 45 f., 146 (m. Lit.). — Nö. Ver. kat. VIII/56 (24. 4. 1868).

[173] Ferner: der Redakteur Karel Müller, Jan Baudyš, Vojmír Měřínský, Jan Bělohlávek u. a.

choslawische Arbeiterschaft mit eigener Kraft erreichen und zwar, indem sie dabei ihre Nationalität wahrt, die sie bei all ihren Bestrebungen niemals aufgeben will und darf. Zum geistigen Wohlbefinden der tschechoslawischen Arbeiterschaft in Wien gehören vor allem tschechische Schulen, für deren Errichtung wir uns einsetzen wollen; wir werden mit allen gesetzlichen Mitteln dieses Ziel zu erreichen suchen und nicht ruhen, solange wir sie nicht haben"[174].
Obwohl die Wiener tschechischen Arbeiter zu den deutschen gute Beziehungen unterhielten und sich stets an gemeinsamen Unternehmungen beteiligten[175], waren noch zahlreiche Erfahrungen zu sammeln, Enttäuschungen und Irrtümer zu überwinden, bis sich der Sozialismus und proletarische Internationalismus im Bewußtsein der Arbeitermassen konkretisierte. Zum Unterschied von Nordböhmen, wo die Textilindustrie die Basis für eine sozial gleichartige Schicht lieferte, war dies im sozial gespaltenen Wien ein komplizierterer Prozeß. Noch im selben Jahr, am 26. Dezember 1868, beschloß der Vereinsvorstand die Statutenänderung nach den Ideen des Selbsthilfeprogramms von Schulze-Delitzsch. Hierdurch bestätigte sich die große Bedeutung der sozialökonomischen Faktoren gerade in den Anfängen der Arbeiterorganisation[176]. Nach dem Vorbild des Prager „Oul" verwandelte sich der „Dělnický spolek" mit amtlicher Eintragung vom 26. Juni 1869 in einen tschechischen Lebensmittelkonsumverein, der drei Verkaufsstellen eröffnete. Aber ähnlich wie in Böhmen und Mähren schlug diese Aktion auch in Wien fehl[177]. Die im Verlauf des ersten Jahres beigetretenen 1200 Vereinsmitglieder sahen sich um ihre Aktien betrogen, deren Erwerb man ihnen zur Pflicht gemacht hatte (Mindestbeitrag 25 fl.). So kündigten sie größtenteils die Mitgliedschaft und gingen in einen der beiden 1874 gegründeten Vereine: entweder in die *Dělnická jednota*[178] (X. Bezirk) oder in den *Tyl*[179] (XI. Bezirk). Damit hatten die Selbsthilfebestrebungen — wenn auch etwas später als in Prag — bei den Wiener Tschechen ihr Ende gefunden. Im Československý dělnický spolek gewann seit 1873, als er sich zu den Dělnické Listy bekannte, die internationale Strömung die Oberhand, die schließlich

---

[174] H e y e r , Jan: Školská otázka českovídeňská před rokem 1870 [Die Wiener tschechische Schulfrage vor 1870]. In: 60 let Komenského 21—30, hier S. 29.
[175] S o u k u p , Česká menšina 45, 146.
[176] K o ř a l k a , Über die Anfänge der sozialist. Arbeiterbewegung 119—126.
[177] „Oul" selbst wurde 1875 mit 60 000 fl Schulden liquidiert. S o u k u p , Die tschech. Sozialdemokratie 18.
[178] Nö. Ver. kat. XV/598 (4. 2. 1877). Nach tschechischen Quellen seit 1873/74. Der Widerspruch erklärt sich daraus, daß damals sehr viele Arbeitervereine geheim bestanden. S o u k u p , Česká menšina 46 f., 146. — K a r á s e k , Sborník 211. Sie errichtete Lesestuben in vier Wiener Bezirken.
[179] Nö. Ver. kat. XV/509 (28. 12. 1874). — K a r á s e k , Sborník 212. — S o u k u p , Česká menšina 146 ff. — L e s á k , Frant.: Padesát let práce dělnického vzdělávacího a zábavního spolku „Tyl" v Simmeringu [Fünfzig Jahre Arbeit des Arbeiterbildungs- u. Unterhaltungsvereins „Tyl" in Simmering]. Wien 1925. Es ist bezeichnend für die verschiedenen Schattierungen des Begriffes „sozialdemokratisch", daß S o u k u p , Česká menšina 46, den „Tyl" als ältesten Wiener sozialdemokratischen Verein bezeichnet, während H y b e š die Dělnická jednota als „Ersten tschech. Arbeiterverein" nennt. — Š o l l e , Zd. (Hrsg.): Průkopníci socialismu u nás [Die Bahnbrecher des Sozialismus bei uns]. Prag 1954, S. 188.

am 16. Oktober 1877 den Anlaß zur behördlichen Auflösung des Vereines gab[180]. Das gleiche Los ereilte vier Jahre später auch die aus seinen Reihen hervorgegangene Dělnická jednota, in der nur anfänglich die nationale Tendenz vorgeherrscht hatte. Der nächste Arbeiterverein der Wiener Tschechen, der am 4. April 1872 gegründete *Slovan*[181] (XII. Bezirk), fand besonders in den westlichen Stadtteilen Wiens viele Anhänger. Er kam dem behördlichen Verbot zuvor, indem er 1884 aus eigener Initiative die gesamte Tätigkeit einstellte. In dieser Zeit verblieb nur der Tyl, der Ende der siebziger Jahre zum Mittelpunkt derjenigen tschechischen Arbeiter wurde, die nicht den deutschen Organisationen angeschlossen waren. Er war durch die Statuten gedeckt, die ihn ausdrücklich als Bildungs- und Unterhaltungsverein kennzeichneten.

In einer gewissen Phasenverschiebung zur Trennung der deutschen Sozialdemokratie von kleinbürgerlich-demokratischen Gruppierungen löste sich die tschechische Arbeiterbewegung erst seit 1872 vom dominierenden jungtschechischen Einfluß[182]. In diesem Jahr setzte sich der Lassalleaner Josef Boleslav Pecka gegen den Jungtschechen Josef Barák in der Redaktion der Dělnické Listy[183] durch. Seit September bekannte sich das Blatt zum sozialdemokratischen Programm, wandte sich gegen das böhmische Staatsrecht und damit gegen die jungtschechische Politik. In der nationalen Frage bezog es eine mittlere Position: Es betonte die Unantastbarkeit der tschechischen Nationalität, ohne darin einen Gegensatz zur sozialdemokratischen Auffassung zu erblicken. Man betonte, daß gerade der Sozialismus wie kein anderes System die Rechte der Nation zu wahren wisse. Internationalität in der Politik, Selbständigkeit in der Organisation, das war der Standpunkt, den die tschechische Sozialdemokratie bis Ende der siebziger Jahre einnahm. Internationale Solidarität bedeutete für sie nicht Leugnung, sondern Anerkennung der nationalen Besonderheiten[184]. Unter dem Einfluß Peckas und Ladislav Zápotockýs[185] kam es

---

[180] Bericht der Wiener Polizei-Direktion. Informationsbüro ad 1612/1878, zit. nach M o m m s e n , Die Sozialdemokratie 86 Anm. 3: „Während der ganzen Dauer der sozial-demokratischen Bewegung hier haben sich die čecho-slawischen Arbeiter so ziemlich ausnahmslos von dieser Bewegung ferngehalten und sich in ihren, nie zu besonderer Bedeutung gelangten Vereinen mehr oder weniger ausschließlich auf den nationalen Standpunkt gestellt. In jüngster Zeit wird in čecho-slawischen Arbeiter-Vereinen mit Ostentation der nationale Standpunkt perhorresziert, wird die Interessengemeinschaft der Arbeiter aller Nationen eindringlichst betont und wird der internationale Standpunkt als der für die Bestrebungen der Mitglieder des IV. Standes allein maßgebende bezeichnet." — Für die Art, in der die österreichischen Regierungskreise das Nationalitätenproblem behandelten, ist es kennzeichnend, daß man der internationalen Arbeiterschaft alle Schwierigkeiten in den Weg legte, die nationalen Gruppen hingegen im Interesse einer Zersplitterung der Arbeiterbewegung insgeheim begünstigte. E b e n d a 87.
[181] Nö. Ver. kat. XV/397 (4. 4. 1872). — K a r á s e k , Sborník 212. — S o u k u p , Česká menšina 146 f. — Mit Lesestuben in fünf Wiener Bezirken.
[182] M o m m s e n , Die Sozialdemokratie 81.
[183] Siehe oben S. 144 und unten S. 161 f. sowie Anhang S. 454 f. u. 462.
[184] S t r a u ß , Emil: Die Entstehung der deutsch-böhmischen Arbeiterbewegung. Prag 1925, S. 122 f., 146 f. — Vgl. auch Budoucnost Nr. 24 (1874).
[185] Š o l l e , Zdeněk (Hrsg): Průkopníci socialismu u nás, über Pecka und Zápotocký S. 31—134. — Z á p o t o c k ý , L.: Ze starých vzpomínek [Aus alten Erinnerungen]. Prag 1949.

zunächst zu einer raschen Organisationsentwicklung, die sich bald auch auf Wien erstreckte (Dělnická jednota, Slovan, Tyl, Neubelebung des Čsl. dělnický spolek)[186]. Die Überwindung des staatsrechtlichen Standpunktes, die stärkere Betonung des ethnischen Prinzips und die Wiener Weltausstellung weckten das Interesse der Prager Arbeiterführer an ihren Wiener Landsleuten. Pecka selbst nahm 1873 mit der Wiener tschechischen Arbeiterschaft Verbindung auf. Im Mai fand in der Residenzstadt die erste tschechische Arbeiterversammlung statt, die sich mit Fragen des Parteiprogrammes und mit dem nationalen Problem befaßte[187]. Auf der zahlreich besuchten tschechischen Versammlung am 17. August 1873, an der Pecka und Zápotocký teilnahmen, erklärten die Wiener, daß sie „als selbständige Partei der tschechoslawischen Arbeiterschaft bestehen wollen" und verlangten, „daß ein Kongreß der Arbeiterschaft aller in Österreich bestehenden Nationen einberufen werde, der sich über ein gemeinsames Programm einigen und insbesondere in der in Österreich so wichtigen nationalen Frage sprechen soll"[188]. Diese beiden tschechischen Führer des proletarischen Internationalismus, die sich zunächst in der Minderheit befanden, waren überzeugt, daß ihre berechtigten sprachlichen und national-kulturellen Interessen nur gemeinsam mit der deutschen Arbeiterschaft durch die Verwirklichung des Sozialismus befriedigt werden konnten[189], eine Haltung, die den Wiener Verhältnissen und ihrer bewußten Verknüpfung internationaler und nationaler Gesichtspunkte ganz besonders entsprach. Auf dem Kongreß von Neudörfl 1874, der die Grundlage zu einer geschlossenen Organisation der österreichischen Arbeiterschaft schuf, wurde die tschechische Partei als selbständiges Glied der internationalen sozialdemokratischen Partei in Österreich von den Deutschen akzeptiert[190]. Es folgte Břevnov 1878, wo sich die — nach dem damaligen Wortgebrauch — tschechoslawische Sozialdemokratie als autonomer Bestandteil der gesamtösterreichischen Partei konstituierte[191]. Jene Jahre sind in der Forschungsliteratur als Glanzzeit der deutsch-tschechischen Beziehungen charakterisiert worden[192]. Auch

---

[186] Nur in Nordböhmen und Mähren, d. h. dort, wo die tschech. Minderheiten im deutschen Gebiet fast ausschließlich aus Arbeitern bestanden, gehörte die Arbeiterschaft beider Nationalitäten denselben politischen Organisationen an. Dagegen setzte sich das Prinzip national getrennter politischer Organisationen — im Unterschied zu den Gewerkschaften — in Wien und Prag von Anfang an durch. Mommsen, Die Sozialdemokratie 83.

[187] Mommsen, Die Sozialdemokratie 82.

[188] Dokumenty k počátkům dělnického hnutí v Čechách [Dokumente zu den Anfängen der Arbeiterbewegung in Böhmen] 1864—1874. Prag 1961, S. 283. — Auch bei Dichter, Lisbeth: Die Strömungen in der tschechischen Sozialdemokratie bis zum Hainfelder Parteitag. Phil. Diss. (Masch.) Wien 1950, S. 102.

[189] Deshalb traten sie für die Zusammenarbeit mit dem internationalen Flügel der deutschösterreichischen Arbeiterbewegung ein und unterstützten den Kongreß von Neudörfl. Mommsen, Die Sozialdemokratie 84.

[190] Zu Neudörfl: Solle, Die Sozialdemokratie in der Habsburger Monarchie 323 f. (m. Lit.). — Mommsen, Die Sozialdemokratie 84 f. (m. Lit.).

[191] Zu Břevnov: Solle, Die Sozialdemokratie in der Habsburger Monarchie 326 f. (m. Lit.). — Mommsen, Die Sozialdemokratie 92 ff.

[192] Vor allem zwei Faktoren waren maßgebend: Der rasche wirtschaftliche Aufstieg und die Krisis von 1873: Sie drängten die ökonomischen Fragen in den Vordergrund und vermehrten die sozialen Spannungen. Dies und die verschärfte Verfolgung der Sozial-

die Wiener tschechischen Arbeiter betrachteten sich als Glieder der österreichischen Sozialdemokratie und stimmten der Führung bis zu einem gewissen Grad zu. Dies geht allein schon daraus hervor, daß kein Bedarf an tschechischen Neugründungen bestand.

Zu einer Änderung in diesem Verhältnis kam es erst, als Anfang der achtziger Jahre die Leitung der tschechoslawischen Sozialdemokratie einschließlich des Parteiorgans Dělnické Listy von Prag nach Wien übertragen wurde[193]. Die Herauslösung der tschechischen Partei aus der Gesamtbewegung wurde durch das Vordringen des anarchistischen Radikalismus stark gefördert, so daß „das frühere intime Einvernehmen zwischen beiden Parteileitungen nur noch im formellen Verkehr" bestand[194]. Gleichzeitig setzte auch wieder die polizeiliche Verfolgung ein, von der die Wiener Arbeiter ganz besonders betroffen wurden[195]. 1882 war der Punkt erreicht, wo der seit einigen Jahren heranreifende Spaltungsprozeß zum Durchbruch kam, der nunmehr die Sozialdemokraten Österreichs in Radikale und Gemäßigte schied. Diesmal war die Nationalitätenfrage nebensächlich, die Spaltung erfaßte tschechische und deutsche Sozialdemokraten gleichermaßen. Die tschechischen Extremisten standen den deutschen näher als den tschechischen Verfechtern der gemäßigten Richtung und umgekehrt. Nach der Verhaftung der gemäßigten Führer Pecka und Zápotocký im Jahre 1882 machten die radikalen Methoden rasche Fortschritte. Schon 1881 war mit der Ablösung Peckas, des Redakteurs des Zentralorganes Dělnické Listy durch Josef Hybeš[196] der Radikalismus in Wien eingezogen. Dadurch sank Prag zur Bedeutungslosigkeit herab. Während jedoch in den böhmischen Ländern die Radikalen in der Mehrzahl waren[197], machten in Wien nur die beiden Vereine *Rovnost* und *Volnost* von sich reden[198], die durch relativ geringe Mitglie-

---

demokratie begünstigten den Gedanken internationaler Solidarität. M o m m s e n , Die Sozialdemokratie 87, 94. — Š o l l e , Die Sozialdemokratie in der Habsburger Monarchie 327 (m. Lit.).

[193] Š o l l e , Die Sozialdemokratie in der Habsburger Monarchie 328 Anm. 28, 332 f. — M o m m s e n , Die Sozialdemokratie 94 f.

[194] Skizzierte Darstellung der sozialdemokr. Bewegung in Österreich-Ungarn. Sept. 1880 bis Okt. 1882. Aus der k. k. Hof- und Staatsdruckerei Wien, im Oktober 1882, S. 4.

[195] Š o l l e , Die Sozialdemokratie in der Habsburger Monarchie 332.

[196] H y b e š , Josef: Zajimavé vzpomínky na činnost soudruhů a organisací z dob dávno minulých [Interessante Erinnerungen an die Tätigkeit von Genossen und Organisationen aus längst vergangenen Zeiten]. Brünn 1900. — Š o l l e , Průkopníci socialismu u nás 135—272 (Kommentierte Ausgabe ausgewählter Stellen aus den Memoiren); für Wien bes. S. 194 f. — H. war 1867 als Arbeiter nach Wien gekommen, trat dort in den gerade gegründeten Arbeiterbildungsverein im VI. Bezirk ein und blieb bis 1884 in Wien.

[197] D i c h t e r , Die Strömungen in der österreichischen Sozialdemokratie 105. — Š o l l e , Zd.: Dělnické stávky v Čechách v druhé polovině XIX. století [Arbeiterstreiks in Böhmen in der 2. Hälfte des 19. Jhs.]. Prag 1960, bes. S. 103 ff.

[198] R o v n o s t [Gleichheit] 1878, 1880, 1881—1884, dann wieder 1892; i. J. 1893 60 Mitgl. Arch. KSČ, Fond 79, č. 1295 (1891). — Nur wenige Mitglieder waren polizeilich gemeldet oder ausfindig zu machen. Ein Vereinsmitglied aus Reichenberg war der Tischler Franz Pfleger, der im Anarchistenprozeß in der Affäre Merstallin am 21. 3. 1883 verurteilt wurde und 1884 im Zuchthaus starb. — V o l n o s t [Freiheit], 1882—1886, dann wieder 1892—1899, i. J. 1894 129 Mitgl. Nö. Präs. G$_2$ ad 6149 (1897) u. ebenda 9416.

derzahl und starke Fluktuation ein gewisses Handikap besaßen. Nach Mitteilung der Wiener Polizei-Direktion an das Kreisgericht in Reichenberg im November 1891 war am 31. März 1878 bei der Statthalterei von Niederösterreich um die Gründung der „Rovnost" [Gleichheit] angesucht worden[199]. Die Proponenten waren vorgeschobene Strohmänner, als eigentlicher Gründer galt der Webergehilfe Josef Hybeš, der damals Ausschußmitglied des Gewerkschaftsvereins der Stuhlarbeiter und aktives Parteimitglied war. Schon am 19. April 1875 wurde der Verein wieder verboten. 1880 erfolgte ein neuerliches Gesuch, im November gleichen Jahres das zweite Verbot. Erst am 8. März 1881 schien das Bestehen der Rovnost als Bildungsverein zunächst wieder gesichert. Die Mehrzahl der damals insgesamt 131 Mitglieder gehörte der radikalen Richtung an, deren Gefahr vor allem darin lag, daß die Vorbereitung der sozialistischen Revolution zur unmittelbaren und einzigen Aufgabe der Sozialdemokratie erklärt wurde — eine Ansicht, die bei den damaligen österreichischen Verhältnissen notwendigerweise zum politischen Verfall der Partei führen mußte[200]. Die nach außen bekundete Tätigkeit war jedoch so vorsichtig, daß es für die Behörden keinen Anlaß zu einer Beanstandung ergab. Nachdem am 31. Januar 1884 der Ausnahmezustand über Wien, Korneuburg und Wiener Neustadt verhängt worden war, sistierte der Verein aufs neue seine Tätigkeit. Die Mitglieder hielten sich verborgen, flüchteten oder wurden wie Hybeš des Landes verwiesen. Sie zerstreuten sich nach Amerika, Ungarn und München oder gingen in die Kronländer zurück. Die Klärung der Fronten vollzog sich auf tschechischer Seite jedoch schneller als auf deutscher, da sich der tschechische radikale Flügel aufs neue spaltete[201]. Die rechte Gruppe sammelte z. B. Pecka um sich, der 1884 in Proßnitz das Organ „Duch času" [Geist der Zeit] gründete und bald darauf einer der Pioniere der tschechischen internationalen Sektion in New York wurde[202]. Die linke Gruppe der Radikalen, im Besitz der damals wieder in Prag herausgegebenen „Dělnické Listy" endete bald völlig im Lager eines zügellosen Anarchismus, feierte die Attentate auf Monarchen und konstruierte Höllenmaschinen.

Obwohl die österreichischen Sozialisten mit unter den ersten waren, die dem Beispiel Deutschlands folgten und bereits auf dem Parteitag von Neudörfl eine selbständige politische Partei gegründet hatten, konnte von einer Partei im modernen Sinn, mit einheitlicher Organisation und zentraler Führung bis in die neunziger Jahre hinein keine Rede sein[203]. Zwar stieg die Zahl der tschechischen Arbeiterver-

---

9236, 6271; ferner J[12], 588 (1900). Arch. KSČ, Fond 79, č. 1726 (1893): Verbindung zu London. — Zu beiden: K a r á s e k, Sborník 212. — S o u k u p, Česká menšina 147. — Für anarchistische Tendenzen 1908: Arch. KSČ, Fond 79, č. 1168 u. 1170 (Auflösung d. Vereins „Jos. Bol. Pecka").

[199] Archiv KSČ, Fond 79 č. 1295: O českém dělnickém hnutí ve Vídni [Von der tschech. Arbeiterbewegung in Wien] 1891. Auch das Folgende.

[200] J o r d á n, František: Problémy rozkolu dělnického hnutí v českých zemích na umírněné a radikály (1879—1889) [Die Probleme der Spaltung in der Arbeiterbewegung der böhmischen Länder zwischen Gemäßigten und Radikalen]. Prag 1965.

[201] S t r a u ß, Die Entstehung der deutsch-böhmischen Arbeiterbewegung 199.

[202] Š o l l e, České dělnické hnutí mezi nacionalismem a internacionalismem [Die tschech. Arbeiterbewegung zwischen Nationalismus und Internationalismus] (derzeit noch Ms).

[203] M o m m s e n, Die Sozialdemokratie 86.

eine seit 1874 auch in Wien ziemlich rasch, der eigentliche große Aufschwung setzte jedoch erst in den drei Jahren nach dem Hainfelder Programm 1889 ein[204]. Die Vereinsgründungen häuften sich, die Mitgliederziffern stiegen. Das Wiedererscheinen der Dělnické Listy 1890 in Wien gab der lokalen tschechischen Organisation neues Leben. Die Ignorierung der tschechoslawischen Partei auf dem Wiener Parteitag von 1892[205] mußte ihre Selbständigkeitsbestrebungen verstärken. In der Tat setzte jetzt die Loslösung der Tschechen von den deutschen Genossen in verstärktem Maße ein. Gewiß gab es zuweilen auch rückläufige Tendenzen, im ganzen vollzog sich dieser Prozeß jedoch kontinuierlich im Zusammenhang mit dem Wachstum der tschechischen Organisationen. Die Verselbständigung der tschechischen Sozialdemokratie erfolgte von nun an nicht mehr aus dem Grunde, „besser die Aufgaben der gesamten Partei in den Reihen der tschechischen Arbeiterschaft durchzuführen"[206], wie in der Zeit vor 1887. Der Budweiser Parteitag von 1893 bedeutete die erste große Etappe der Loslösung der tschechischen Partei von der deutschen[207]. Der Beschluß, eine eigene zentralistische Organisation durchzuführen, die auch die Vereine in Wien und Niederösterreich mit umfassen sollte, war von äußerster Tragweite, da die nationalen Parallelorganisationen in den gemischtsprachigen Gebieten die internationale Zusammenarbeit auf lokaler Ebene beträchtlich erschweren. Der wachsende Wille zur Eigenständigkeit läßt sich deutlich an den Wiener Vereinsgründungen ablesen: Seit 1868 waren folgende tschechischen Vereine gegründet worden[208]:

1868—1877	Českoslovanský dělnický spolek
1872—1884	Slovan
1874—1881	Dělnická jednota
1874 ff.	Tyl
1877—1878	Český politický spolek
1880 ff.	Občanská Beseda (X. Bezirk)
1881—1884	Rovnost
1882—1886	Volnost
1886 ff.	Bílka (II. Bezirk)
1891 ff.	Svornost
1892 ff.	Volnost
1892 ff.	Rovnost
1892 ff.	Jasoň
1892 ff.	Omladina
1893 ff.	Karel Marx

---

[204] Ebenda 163.
[205] Ebenda 195.
[206] Solle, Ke vzniku první dělnické strany v naší zemi [Zur Entstehung der ersten Arbeiterpartei in unserem Lande]. Prag 1953, Kap. VII.
[207] Mommsen, Die Sozialdemokratie 196 f.
[208] Glettler, Monika: K vývoji českého socialistického dělnického hnutí ve Vídni před první světovou válkou [Zur Entwicklung der tschechischen sozialistischen Arbeiterbewegung in Wien vor dem Ersten Weltkrieg]. In: Bulletin Komise pro dějiny krajanů Čechů a Slováků v zahraničí ČSAV, č. 5, Prag 1967, S. 11—19, hier S. 13.

Daß die sozialdemokratischen Organisationen innerhalb kurzer Zeit auch gegenüber den Kronländern beachtliche Erfolge aufzuweisen hatten, geht aus der Übersicht für das Jahr 1895 hervor, die in dem von Josef Krapka (Prag), Josef Steiner (Pilsen), Alois Krejčí (Wien) und František Komprda herausgegebenen „Kalendář čsl. dělnictva v Rakousku" [Kalender der tschechoslawischen Arbeiterschaft in Österreich] enthalten ist[209]. Aus den höchst unterschiedlichen Angaben für die niederösterreichischen Vereine im einzelnen wird vor allem wieder die Sonderstellung des X. Bezirks Favoriten deutlich, sowie die dominierende Stellung der Textilarbeiterschaft:

Name	Sitz	Zweck	Gründungsjahr	Mitgl.	Bücher i. d. Bücherei	abonn. Zss.
Dělnický vzdělávací spolek	Stockerau	Bildung	1892	140	64	7
Českoslov. spol. „Omladina"	Wien II	Bildung	1892	250	124	19
Českosl. děl. vzděl. spolek	Wien II	Bildung	1883	130	300	22
Děl. vzděl. spol. „Karel Marx"	Wien VIII	Bildung	1893	95	?	9
Občanská Beseda	Wien X	Bildung	1880	558	471	60
Vzdělávací a zábavní spolek „Tyl"	Wien XI	Bildung	1875	200	500	22
Děl. vzděl. spol. „Rovnost"	Wien XIX	Bildung	1892	140	40	12
Odb. spol. děln. textilních	Wien XIX	Bildung	1892	1200	1000	39

Insgesamt gab es demnach in den tschechischen sozialdemokratischen Vereinen Wiens und Niederösterreichs 2 813 Mitglieder, 2 499 Bücher und 190 Zeitschriften[210].

---

[209] Kalendář českoslovanského dělnictva v Rakousku 1891—1895; hier Jg. 1895 (Brünn), u. d. T.: Dělnický Kalendář čsl. strany soc.-dem. v Rakousku, S. 82—86: K r a p k a, Jos.: Statistika spolků hlásících se ku čsl. organisaci mezinárodní soc. demokracie v Rakousku [Statistik der Vereine, die sich zur tschechoslawischen Organisation der internationalen Sozialdemokratie in Österreich melden], hier S. 86: Pro Verein finden sich folgende Daten:

	Durchschnittl. Mitgliederzahl:	Bücher:	Zeitschriften:
Niederösterreich	351	312	23
Mähren	319	156	11
Böhmen	140	130	9,8

[210] E b e n d a 86.

Für die Weiterentwicklung des sozialdemokratischen Organisationswesens bildete die aussichtsreiche Beteiligung an den Wahlen einen wichtigen Markierungspunkt Die Partei erhob mit Recht den Anspruch, die Wahlreform[211] durch ihre großangelegten und glänzend organisierten Demonstrationen erzwungen zu haben. Die Beschlüsse des Prager Parteitags 1896 legten jedoch außerordentlichen Wert darauf, die Kräfte nicht mehr auf die Wahlrechtsdemonstrationen, sondern auf den Wahlkampf selbst zu konzentrieren und überall Kandidaturen durch die Kreisorganisationen im Einvernehmen mit der Parteivertretung aufzustellen[212]. Die Sozialdemokratie trat damit, wie ihr Führer und eigentlicher Gründer Victor Adler erklärte, in eine neue Epoche, „zum erstenmal in einen modernen politischen Kampf mit modernen politischen Mitteln"[213]. Die internationale Gemeinsamkeit bekundete sich damals nicht nur dadurch, daß die Kandidaturen auf die nationale Zusammensetzung der Wahlkreise Rücksicht nahmen und daß man den Wahlaufruf vom 9. Januar 1897 in fünf Sprachen abgefaßt hatte: Für die Wiener Tschechen bestand sie vor allem darin, daß ihr Parteiführer Antonín Němec als Gegenkandidat des christlichsozialen Bürgermeisters Karl Lueger im V., VI., XII. und XIII. Stadtbezirk aufgestellt wurde[214]; daß er ihm mit 18 000 gegen 22 000 Stimmen unterlag, war in Anbetracht einer tschechischen Kandidatur in der Reichshauptstadt wohl von zweitrangiger Bedeutung. Der großartige Aufschwung der Sozialdemokratie im allgemeinen und der Wiener tschechischen Organisation im besonderen hielt in diesen Jahren der Hauptzuwanderung tschechischer Arbeiter weiter an. Im Jahr nach dem Brünner Nationalitätenprogramm 1899, das eine wichtige Phase in der Parteigeschichte darstellt[215], gab es in Wien und Niederösterreich schon 37 tschechische sozialdemokratische Vereine mit 3 044 Mitgliedern, 1907 waren es über 81 politische Organisationen mit 4 800 tschechischen Parteiangehörigen[216]. Der Jahresbericht der tschechischen niederösterreichischen Sektion nennt für 1908/09 bereits 123 örtliche Niederlassungen[217]. Die Auflagenziffer der Dělnické Listy hatte

---

[211] Zur Wahlreform von 1907 allgemein: Lit. bei K a n n, Das Nationalitätenproblem II, 365 f. — Hervorzuheben ist besonders die Arbeit von W. A. J e n k s, The Austrian Elektoral Reform, New York 1950 und Joh. Chr. A l l m a y e r - B e c k: Ministerpräsident Baron Beck. Ein Staatsmann des alten Österreich. München 1956. — Für die Sozialdemokratie: A d l e r, Victor: Das allgemeine, gleiche und direkte Wahlrecht und das Wahlunrecht in Österreich. Wien 1893. — P o l l a t s c h e k, G. (Hrsg.): Victor Adler als Parteimann. Wien 1922—1929. Bd. X: Der Kampf um das Wahlrecht. — W e b e r, Karl: Die österreichische Sozialdemokratie und das allgemeine Wahlrecht. Phil. Diss. (Masch.) Wien 1956, allerdings ohne Erwähnung der Tschechen

[212] M o m m s e n, Die Sozialdemokratie 178.

[213] Parteitagsprotokoll Prag 1896, S. 90.

[214] S o u k u p, Česká menšina 149. Dort fälschlich Singer statt Lueger. Vgl. jedoch die Corrigenda in Dunaj 5 (1928) 173—183 u. 6 (1929) 237—242. — S o u k u p, Die tschechische Sozialdemokratie 20. — M o m m s e n, Die Sozialdemokratie 403.

[215] M o m m s e n, Die Sozialdemokratie 314—338 (m. Lit.). — K a n n, Das Nationalitätenproblem II, 160 ff. (m. Lit.). — Parteitagsprotokoll Brünn 1899.

[216] S o u k u p, Česká menšina 148 f. — Děln. Listy Nr. 29 (5. 2. 1907).

[217] Arch. KSČ, Fond 70 č. 81: Výroční zpráva o činnosti místních organisací čsl. soc. dem. strany dělnické v Doln. Rak. ku 16. řádné konferenci za období od 30. října 1908 do 30. září 1909 [Jahresbericht üb. d. Tätigkeit der lokalen Organisationen der tschechosl.

sich von 2 800 im Jahre 1900, als das Blatt erstmals täglich erschien, auf 9 800 Exemplare erhöht. Im Laufe dieses einen Jahres fanden 369 politische Versammlungen (darunter fünf für Slowaken[218]) und 306 Gewerkschaftszusammenkünfte statt. Zu den besonders beliebten Einrichtungen in der Wiener tschechischen Parteileitung gehörten die tschechischen Rechtsberatungen in einzelnen Wiener Bezirken, von denen man im Jahre 1908/09 insgesamt 609 mal Gebrauch machte[219]. Bildungszentrale war seit 1904 die *Jednota Máj*[220]. In Händen der Partei befand sich ferner ein sogenanntes *Dělnický dům* [Arbeiter-Haus] (V. Bezirk), eine Genossenschaft zur Erbauung weiterer Arbeitervereinshäuser *(Dělnický dům v XVI. okrese)* und die Volksdruckerei *Lidová tiskárna*[221]. Auch aus der Entwicklung des Wiener tschechischen sozialdemokratischen Parteipressewesens[222] läßt sich schließen, daß sich die tschechischen Arbeiter zum nationalen Gedanken bekannten, sie lehnten jedoch die Herrschaft der nationalen Ideologie ab und standen geschlossen gegen die bürgerlichen Parteien. Wegen ihrer Zusammenarbeit mit den Deutschen und ihrer national versöhnlichen Haltung waren die Wiener tschechischen Sozialdemokraten der schärfsten Kritik der bürgerlichen nationalen Presse ausgesetzt. Vídeňský Denník, Česká Vídeň und der Jahreskalender des DONRČ widmeten ihnen mehr Aufmerksamkeit als dies die deutsch-liberalen Blätter in Hinsicht auf die österreichische Sozialdemokratie taten. Auch der Organisationsstand wurde von den tschechischen Bürgerlichen sorgfältig registriert. Der Vídeňský Národní Kalendář nennt für 1914 folgende tschechisch-sozialdemokratischen Einrichtungen: Sechs politische, fünfzehn Bildungs- und Unterhaltungs-, acht Radfahr-, sieben Arbeiterjugend-, elf Arbeiterturnvereine (zusammengeschlossen im 1905 gegründeten niederösterreichischen Landesverband der D.T.J.) und sieben Gesangsvereine (zusammen-

---

sozialdemokr. Arbeiterpartei in NÖ zur 16. ordentlichen Konferenz für die Periode vom 30. Okt. 1908 bis 30. Sept. 1909], bes. S. 3—8.

[218] Vgl. auch die im Víd. Nár. Kal. 9 (1914) Vereinsverzeichnis bei den Sozialdemokraten vermerkte Slovanská vzdělávací Beseda, VI. Bez.

[219] Výroční zpráva o činnosti soc. dem strany dělnické v Doln. Rak. 1908/09, S. 6.

[220] Mit Theater-, Gesangs- und Musiksektion. S o u k u p , Česká menšina 426 ff. — Ve službach české kultury. Přehled činnosti jednoty „Máj" v letech 1904—1914 [In Diensten der tschech. Kultur. Übersicht über die Tätigkeit der Jednota Máj in den Jahren 1904—1914]. Wien 1916 (193 S.). Gegründet von Jos. Krapka u. Jos. Steiner, letzterer Gründer der Prager Arbeiterakademie. Zur Zeit der Gründung (21. 1. 1904) 135 Mitglieder. Erste Theatervorstellung am 13. 5. 1904 mit Hauptmanns „Die Weber" in tschech. Sprache. Das Stück wurde zum erstenmal in Wien aufgeführt, da nicht eher von der Polizei freigegeben. E b e n d a 110.

[221] Anhang S. 462 u. 480.

[222] Im wesentlichen sind zu nennen: Budoucnost [Zukunft] 1874—1876, 1893, Nová doba [Neue Zeit] 1881—1882, Proletář [Proletarier] 1880—1883, Volné listy [Freie Blätter] 1893—1895, Rakouská svoboda tisku [Österreichische Pressefreiheit] 1895, Matice dělnická [Arbeiter-Fonds] 1896—1899, Dělnické plameny [Arbeiter-Flammen] um 1907, Dělnická tribuna [Arbeiter-Tribüne] 1912—Kriegsjahre, Svítání [Morgendämmerung] 1912—Kriegsjahre, Dělnická škola [Arbeiter-Schule] 1913/14. Dazu die beiden Tageszeitungen Dělnické Listy (seit 1890 ohne Unterbrechung in Wien) und Dělnický Deník (seit 1911 von den Zentralisten). — Zur Tendenz und zum wechselweisen Erscheinen von Budoucnost und Dělnické Listy in Wien vor 1890: M o m m s e n , Die Sozialdemokratie 81, 85 f., 89 ff., 94.

geschlossen im Verband tschechoslawischer Arbeitergesangsvereine). Einbegriffen war hierin auch die Organisation für Touristen und weibliche Mitglieder[223].
Es ist in diesem Zusammenhang darauf hinzuweisen, daß es dem sozialdemokratischen Arbeiterverband gelang, bis 1908 nach außenhin in nationalen Fragen entweder einheitlich aufzutreten oder offene Gegensätze zwischen den Fraktionsmitgliedern zu unterbinden[224]. Dies war nur durch langwierige Verhandlungen möglich, obwohl auch die tschechoslawische Exekutive ein einheitliches Auftreten der Partei wünschte. Das Dilemma ging jedoch vor allem vom Problem der Minoritätenschulen aus. Die Kontroversen in dieser Frage führten 1909 zu offenen Auseinandersetzungen zwischen tschechischen und deutschen Sozialdemokraten im Abgeordnetenhaus. Die deutsche Sozialdemokratie hatte zwar häufig gegen das Verbot tschechischsprachiger Versammlungen in Wien und Niederösterreich protestiert[225], den tschechischen Schulforderungen des Komenský-Vereins aber stand sie mit einiger Skepsis gegenüber[226]. Die Konflikte verschärften sich, als die Prager Parteiführung und die niederösterreichische Landeskonferenz der tschechischen Sozialdemokraten zu den Reichsratswahlen 1907 verlangten, daß eine von den beiden Kandidaturen des X. Bezirkes Favoriten mit einem Tschechen besetzt werde. Auch diese Forderung stieß auf den energischen Widerstand Adlers[227]. Die deutsche Parteivertretung nahm auf die tschechischen Wünsche keine Rücksicht und legte in den Sitzungen vom 22. und 29. Oktober 1906 die Wiener Kandidaturen einstimmig fest. Sie gab zu verstehen, daß die Kandidatur von Němec 1897 schließlich nicht als Präzedenzfall betrachtet werden könne und daß im übrigen die Zahl der deutschen Arbeiter in Favoriten mindestens dreimal so groß sei wie die der tschechischen. Daraufhin deutete die Redaktion der Brünner „Rovnost" am 8. Februar 1907 die Möglichkeit des Ausscheidens der Tschechen aus der Gesamtpartei an, eine Erklärung, die von den Dělnické Listy zunächst kommentarlos abgedruckt wurde[228]. Für den Aspekt der politischen Organisation steht es nicht zur Debatte, ob das Verlangen nach einem Minderheitenvertreter für den tschechenreichsten Bezirk formell berechtigt oder unberechtigt war. Tatsache ist, daß das Interesse der

---

[223] Víd. Nár. Kal. 9 (1914) Vereinsverzeichnis. Die Frauenorganisation der Partei im II. u. VI. Bez. und in Unterwielands (Dolní Velenice, vor 1914 Dolní Bělenice) umfaßte insgesamt 194 Mitglieder. Výroční zpráva o činnosti soc. dem. strany v Doln. Rak. 1908/09, S. 8. Die Jednota českých turistů [Verein tschech. Touristen] mit fünf Zweigstellen und eigener Zeitschrift „Turistický Obzor".

[224] Mommsen, Die Sozialdemokratie 392.

[225] Ebenda 394.

[226] Vgl. z. B. die Kandidatenrede Adlers für den nö. Landtag vom 1. 10. 1902. Adler, Victor: Aufsätze, Reden, Briefe. Hrsg. v. F. Adler bzw. G. Pollatschek. Heft 1—11. Wien 1922—1929, hier S. 11, 174 f.

[227] Sitzungsprotokoll vom 22. u. 29. 10. 1906. Zit. nach Mommsen, Die Sozialdemokratie 403 ff.

[228] Rovnost v. 8. Febr. 1907. — Děln. Listy Jg. 18, Nr. 33 (9. 2. 1907): „Offener Brief an den Genossen Dr. Adler". Abdruck der Antwort Adlers auf diesen Brief u. Stellungnahme der Wiener Děln. Listy in den Nummern 34 (11. 2. 1907) bis 38 (15. 2. 1907) u. d. T.: „Zu den Wiener Kandidaturen" (I—V). Der Abdruck der Stellungnahmen von „Právo Lidu", „Rovnost", „Vorwärts" u. „Arbeiter-Zeitung" auf Adlers Antwort in Děln. Listy Nr. 39 (16. 2. 1907). — Siehe unten S. 404.

tschechoslawischen Partei an der Wiener Minorität diese zur Ablehnung des böhmischen Staatsrechts veranlaßt hatte. Gerade in Wien, wo die tschechische Partei allein nichts ausrichten konnte, wollte sie sich auf die Unterstützung durch die Deutschen bis zu einem gewissen Grad verlassen. Nun war die Enttäuschung bei den tschechischen Arbeitern sicherlich ebenso groß wie das vorherige Vertrauen. Die Konflikte über die Schulfrage und die Kandidatur haben die Entfremdung zwischen deutscher und tschechischer Sozialdemokratie auf der Ebene der Gesamtpartei maßgebend gefördert. Dennoch wäre — dies wird später zu zeigen sein — erstaunlicherweise besonders von der Wiener tschechischen Seite aus ein Waffenstillstand möglich gewesen, umso mehr, als diese Auseinandersetzungen die zentralen Interessen der Gesamtpartei unberührt ließen. Bei den gleichzeitig in verschärfter Form auftretenden Streitigkeiten in der Gewerkschaftsbewegung war dies allerdings nicht der Fall. Die Spaltung der Gewerkschaften in zentralistische und autonome Organisationen führte von der De-facto- zur De-jure-Anerkennung der Eigenständigkeit der tschechischen sozialdemokratischen Partei im Jahre 1911[229].

Angesichts der im Vergleich zu Deutschland engen Verflechtung von Partei und Gewerkschaft[230] ist es gerechtfertigt, ihren Entwicklungsgang im Wiener Tschechentum nicht dem folgenden Abschnitt über die Organisationen der Arbeitswelt und des Wirtschaftslebens beizuordnen, sondern gleich an dieser Stelle zu behandeln. In der kleinen lokalen wirtschaftlichen Fachorganisation stellten sich die Probleme der Solidarität, des Klassenkampfes und Klassenbewußtseins in ganz konkreter Form, hier waren die Begriffe mit praktischem politischen Inhalt gefüllt, hier fielen wichtige Entscheidungen in der innerparteilichen Nationalitätenfrage und wirkten auf

---

[229] Mommsen, Die Sozialdemokratie 210—234, 407—449. — Kolejka, J.: Rozkol sociální demokracie na autonomisty a centralisty v roce 1910 a činnost centralistické sociální demokracie v letech 1911—1919 [Die Spaltung der Sozialdemokratie in Autonomisten und Zentralisten i. J. 1910 u. d. Tätigkeit der zentralistischen Sozialdemokratie i. d. J. 1911—1919]. SlSb 65 (1956) 1—28. — Lit. auch bei Kann, Das Nationalitätenproblem I, 107 Anm. 119; II, 171 Anm. 42.

[230] Die Verbindung von Partei und Gewerkschaft wurde durch die österr. Vereinsgesetzgebung gefördert, außerdem bestand nach 1889 eine weitgehende personelle Übereinstimmung. Anders als im Deutschen Reich blieben die Gewerkschaften auch später spezifische Träger der sozialdemokratischen Politik und nicht nur Organsationen zur Verbesserung der sozialen Lage. Victor Adler hat diesen Sachverhalt grundsätzlich anerkannt: „Partei und Gewerkschaft sind bei uns siamesische Zwillinge..., sie zu trennen, wäre eine lebensgefährliche Operation für beide." Adler, Aufsätze VII, S. 163. Zit. nach Mommsen, Die Sozialdemokratie 211 f. — So ging das Hauptbestreben in den Wiener tschech. Arbeiterturnvereinen (D.T.J.s) von Anfang an dahin, daß jedes Mitglied nach Möglichkeit gewerkschaftlich *und* parteilich organisiert sein sollte. Ein Wiener Funktionär regte im Prager Verband an, in die Jahresstatistik eine Rubrik aufzunehmen, wieviele Personen durch Werbung einer D.T.J. der Gewerkschaft beigetreten waren. Vergleicht man die Ziffern mit Prag, Brünn und Pilsen, so zeigt sich, daß Wien in den Kronländern gegenüber überragende Erfolge aufzuweisen hatte. Glettler, Sokol 106 f. Zur österr. Gewerkschaftsbewegung vor 1914: Deutsch, Julius: Gesch. d. österr. Gewerkschaftsbewegung I, Wien 1908. — Klenner, Fritz: Die österr. Gewerkschaftsbewegung. IBFG-Monographien Nr. 3, Wien 1955. — Ders.: Die österr. Gewerkschaften. Vergangenheit u. Gegenwartsprobleme. 2 Bde. Wien 1951 bis 1953. — Doležal, Josef: Odborové hnutí českých dělníků ve Vídni [Die Gewerkschaftsbewegung der tschech. Arbeiter in Wien]. Wien 1928.

die politische Partei zurück. Die innnige Verbindung von Partei und Gewerkschaft entsprang nicht zuletzt den politischen Bedingungen, unter denen die Sozialdemokratie in dem Jahrzehnt nach Hainfeld ihren politischen Aufstieg antrat. Sie hatte an der Gewerkschaftsbewegung schon deshalb Interesse, weil ihr bis 1897 die parlamentarische Einflußmöglichkeit fehlte und später die Arbeitsunfähigkeit des Reichsrats das Mittel außerparlamentarischer Aktionen nahelegte. Mit dem Brünner Nationalitätenprogramm von 1899 war die tschechische Sozialdemokratie einerseits teilweise in den Rahmen bürgerlich-nationaler Zielsetzungen eingeordnet[231], behielt jedoch in allen sozialen Belangen engste Verbindung mit den österreichischen Sozialisten, ein Umstand, der ihre Manövrierfähigkeit verstärkte. Die deutsche Parteiführung hatte deshalb gegen die vornehmlich aus nationalem Prestige betriebene tschechische Organisationstätigkeit keine rechte Handhabe, wie dies aus einem Brief Adlers an Kautsky vom 1. Juni 1901 deutlich hervorgeht: „In Wien und ganz Österreich verstehen sie (= die Tschechen, Anm. d. Verf.) die „nationale Autonomie" so, daß sie tschechische Ortsgruppen aller Gewerkschaften gründen, natürlich auch eigene politische Organisationen, und daß sie geradezu jeden Betrieb national teilen. Da sie die Schwächeren sind, kann man ihnen schwer an den Leib, und sie machen aus ihrer Minderwertigkeit gerade ihre Stärke. Wir sind die Gescheiteren und geben immer nach!"[232]

Noch 1873 hatten sich die Tschechen in Wien gegen die ökonomisch unzweckmäßige Aufsplitterung in nationale Gewerkschaften gewandt und lediglich tschechische Zeitschriften und Diskussionen in tschechischer Sprache gefordert[233]. Mit dem Zerfall der einheitlichen Parteiorganisation nach 1880 trat das Problem der supranationalen Integration in der sozialdemokratischen Bewegung der böhmischen Länder naturgemäß zurück. Bei den Gewerkschaftsorganisationen der gemischtsprachigen Gebiete Nordböhmens, in Mähren und Wien hatte sich jedoch das Prinzip der übernationalen Organisation durchgesetzt, denn in Österreich waren übernationale gewerkschaftliche Zusammenschlüsse zunächst eine Selbstverständlichkeit: In fast allen Zentren der Industrie war die Arbeiterschaft national gemischt und nur durch internationale Organisation war es möglich, dem Lohndruck wirksam zu begegnen, der von den Unternehmern durch die Heranziehung von Fremdarbeitern ausgeübt wurde[234]. Der Gegensatz zwischen den Anhängern einer internationalen zentralistischen Organisation und den Befürwortern einer nationalen

---

[231] Statt des Selbstbestimmungsrechtes der Völker beschränkte sich das Programm auf die Forderung nach national-kultureller Autonomie, wobei die Existenz des Vielvölkerstaates als unantastbar, die Einheit der Partei als Arbeiterklasse dagegen zugunsten nationaler Organisationen verletzt wurde. W o l f g r a m m , Eberhard: Zur Erforschung der tschechoslowakischen Arbeiterbewegung bis 1918 in der tschechoslowakischen Geschichtswissenschaft. ZfG 8 (1960) H. 5., S. 1223—1237, hier S. 1231. Vgl. Anm. 215.

[232] A d l e r , Victor: Briefwechsel mit August Bebel und Karl Kautsky etc. Ges. u. erl. von Friedr. Adler. Hrsg. vom Parteivorstand der SPÖ, Wien 1954, S. 352.

[233] M o m m s e n , Die Sozialdemokratie 82 (siehe oben S. 159). Selbst nach der Gründung der Prager tschech. Kommission 1897 blieb eine große Zahl tschech. Gewerkschaftsmitglieder in der Wiener Reichsgewerkschaftskommission, weil ihre finanzielle Leistungsfähigkeit erheblich größer war. E b e n d a 229 mit Anm. 4.

[234] M o m m s e n , Die Sozialdemokratie 96, 210.

Autonomie, die 1897 in der Kompromißform der national-föderativen Gesamtpartei überbrückt werden konnte, machte sich zur gleichen Zeit auch in der Gewerkschaftsbewegung geltend. Dabei ist zu betonen, daß die Konkurrenz der tschechischen katholisch- nationalen und nationalsozialen Gewerkschaftsverbände die nationalen Konflikte der sozialdemokratischen Gewerkschaftsbewegung kaum beeinflußt haben, ja daß vielmehr ihr Auftreten die internationale Zusammenarbeit eher gefördert hat[235]. Bei den Wiener Tschechen fielen diese Organisationen überdies zahlenmäßig kaum ins Gewicht. Was sich an ihnen zeigen läßt, ist nur, daß insbesondere die Wirtschaftsinteressen von grundlegender Bedeutung für die politische Einflußnahme waren und sich unschwer organisieren ließen.
Die Gewerkschaftsbewegung, die sich ebenso wie die Partei Anfang der achtziger Jahre wegen der Gegensätze zwischen Gemäßigten und Radikalen im Niedergang befunden hatte, nahm nach dem Hainfelder Parteitag 1889 besonders im industriellen Böhmen und in Niederösterreich einen raschen Aufschwung. Die Maifeiern von 1890/91 belebten die Organisationstätigkeit und kräftigten den Willen zum gewerkschaftlichen Zusammenschluß. Nur vereinzelt kam es zu nationalen Differenzen, wie z. B. auf dem Fachtag der Tischler Österreich-Ungarns im September 1890, auf dem sich die tschechischen Delegierten gegen eine allzu straffe Organisation wandten[236]. Als einer der ersten Reichsverbände konstituierte sich Ende Oktober 1892 der Österreichische Metallarbeiterverband in Wien, der bereits verschiedene Berufszweige umfaßte und neben der Zentralisierung auch die Entwicklung zur Industriegruppenorganisation in die Wege leitete[237]. Am ersten österreichischen Gewerkschaftskongreß 1893 in der Reichshauptstadt war jedoch schon von tschechischer Seite in tschechischer Sprache gegen die Zentralisation Einspruch erhoben worden[238]. Die Deutschen betrachteten diesen Widerstand noch nicht als Produkt nationaler Gesinnung und glaubten, daß die wirtschaftlichen Gegebenheiten auch die Tschechen zur Anerkennung der internationalen Organisation auf Reichsebene veranlassen würden. Die Wahlen zur Generalkommission ließen daher auch die nationale Zusammensetzung vorerst außer acht. Die Tschechen waren dort seit 1895 nur durch Karel Kořínek vertreten, den man im Kommissionsbüro angestellt hatte[239]. Kořínek war 1858 in Čáslau geboren, hatte in Wien das Schlosserhandwerk erlernt und war als Metallarbeiter im X. Bezirk beschäftigt. Schon seit 1881 gehörte er dem Fachverein der Metallarbeiter in Favoriten an und wirkte später lange Jahre als Vorsitzender dieser Branche in Ottakring (XVI.). Die enge Verflechtung mit der Partei zeigt sich daran, daß er von 1895 bis zu seinem Tod 1908 Herausgeber der Dělnické Listy und Vertrauensmann des V. Wahlkreises war. Als einer der Wegbereiter der tschechischen Gewerkschaftsbewegung in der Donaumetropole beteiligte er sich

---

[235] Doležal, Odborové hnutí 87 ff.
[236] Mommsen, Die Sozialdemokratie 214. — Deutsch, Gesch. d. österr. Gewerkschaftsbewegung I, 170 ff.
[237] Mommsen, Die Sozialdemokratie 214.
[238] Protokoll über die Verhandlungen des I. Gewerkschaftskongresses, abgehalten vom 24. bis 27. Dez. 1893 in Wien. Wien 1901, S. 35. Zit. nach Mommsen, Die Sozialdemokratie 215 Anm. 3.
[239] Doležal, Odborové hnutí 21.

maßgeblich an der Gründung von Gewerkschaftsvereinen auch anderer Fachzweige: Am bedeutendsten — in Anbetracht der zahlreichen Saisonarbeiter — war seine Tätigkeit für die Ziegeleiarbeiterschaft. Ende 1894 fand in Inzersdorf die erste Großversammlung der Ziegeleiarbeiter statt, auf der sich der tschechische Schlosser Josef Racek und der deutsche Zeidler zu den Forderungen der Arbeiterschaft äußerten[240]. Die Ziegeleiarbeiter hatten damals noch keine Fachorganisationen, es bestand nur der „Arbeiter-Bildungsverein für Inzersdorf und Umgebung" mit etwa 300 Mitgliedern[241]. Die Mehrzahl der Arbeiter waren Tschechen, die in diesem Verein deutsch lesen und schreiben lernten. Nach dem großen Streik der Wiener Ziegeleiarbeiter im April 1895 wurde der Verein polizeilich aufgelöst. Racek war damals Vertrauensmann der politischen Organisation in Inzersdorf und hielt den Kontakt zu den Arbeitern weiter aufrecht. Der übergeordnete Verband der Keramikindustrie gab schon damals neben dem deutschen Fachblatt „Solidarität" für die Tschechen die vierzehntägig erscheinende „Solidarita" heraus. Nach Beendigung des Streiks gründeten die Ziegeleiarbeiter am 23. Mai 1896 den *Odborný spolek cihlářských dělníků v Rakousku* [Fachverein der Ziegeleiarbeiter in Österreich]. Proponent und erster Vorsitzender war Josef Racek. Schon 1897 folgten Zweigstellen in Vösendorf, Wiener Neudorf, Guntramsdorf, Breitensee (XIII.), Hernals (XVII.), Nußdorf (XIX.), Favoriten (X.), Oberlaa, Leopoldsdorf, Rothneusiedl und Siebenhirten. Die Bezirkshauptmannschaften verboten die tschechische Versammlungssprache, da aber 90 % der Ziegler Tschechen waren, wurde nach wie vor tschechisch verhandelt. 1899 hatte der Fachverein 1360 Mitglieder und Racek wurde zum ersten bezahlten Sekretär ernannt. Gemeinsam mit Kořínek gründete er 1905 die Union der Ziegeleiarbeiter, die Ende des Jahres 20 Gruppen mit insgesamt 1625 Mitgliedern umfaßte[242]. Die Führung der Organisation, mit Kořínek als Erstem Vorsitzenden war durch und durch tschechisch. Auch auf Versammlungen und Konferenzen wurde tschechisch verhandelt, eine Ausnahme bildeten nur die Zweigstellen mit überwiegend deutscher Mitgliedschaft. Auch in anderen Fachschaften waren tschechische Gruppen eine Selbstverständlichkeit. So rief Kořínek die Organisation der Kanalreiniger ins Leben, die nahezu ausschließlich tschechischer Nationalität waren[243]. Das Problem der „nationalen" Berufsgliederung Wiens trat hiermit bei den tschechischen Arbeitern noch deutlicher zutage als bei den Gewerbetreibenden (Schneider, Schuster). Zu den ältesten tschechischen Gruppen in Wien gehörten die Bauarbeiter. Die erste Nummer der neugegründeten „Österreichischen Bauarbeiter-Zeitung" berichtet am 8. März 1890 von einer Versammlung der Arbeiter in Hernals unter dem Vorsitz von Kříž, an der 1200 Personen teilnahmen[244]. Derzeit bestand in dieser Branche noch keine tschechische Abteilung, man einigte sich, indem die Funktionärsposten zwischen Deutschen und Tschechen

---

[240] Doležal, Odborové hnutí 22 ff.
[241] Die große Zahl und Stärke der Arbeiterbildungsvereine innerhalb der sozialdemokratischen Bewegung waren ein Charakteristikum der österreichischen Entwicklung.
[242] Doležal, Odborové hnutí 25.
[243] Doležal, Odborové hnutí 21. — Ein besonders gutes Beispiel, an dem sich das Problem der „nationalen" Berufsgliederung Wiens aufzeigen läßt!
[244] Doležal, Odborové hnutí 26—31.

aufgeteilt wurden. Unter den Arbeitern der Metall- und Holzindustrie wurde seit 1895 die Notwendigkeit tschechischer Gruppen auch von deutscher Seite her anerkannt, nicht, um nationale Großzügigkeit an den Tag zu legen, sondern weil man hierdurch die Gesamtbewegung fördern wollte, blieben doch die Tschechen, wenn sie nicht deutsch verstanden, den Arbeiterversammlungen meistens fern[245]. Bei den in Wiener Fabriken beschäftigten Schuhmachern und Schneidern löste sich das Problem von selbst, weil hier die Tschechen in der Mehrzahl waren. Ähnliches galt für die Textilindustrie in Wien, Marienthal, Ebergassing, Weigelsdorf und anderen Orten der Wiener Umgebung. Bei den Kohlenarbeitern waren vor allem die Slowaken stark in der Überzahl. Sie arbeiteten am Wiener Nordbahnhof, wo sie in eigenen Bahnhofskasematten untergebracht wurden. Ihr Fachblatt „Naše zájmy" [Unsere Interessen] erschien zweimal wöchentlich. Zu den übrigen Gewerkschaftsgruppen, die vor dem Ersten Weltkrieg tschechische Abteilungen hatten, gehörten die Gießer, Kürschner, Kaminkehrer, Eisenbahnangestellten, Perlenmacher, Töpfer, Pflasterer, Steinfliesenleger und andere, die in der nachstehenden Tabelle zusammengestellt wurden.

Ein Vergleich der Entwicklung der nationalen Frage in den Gewerkschaften und derjenigen in der Partei zeigt, daß gerade in den Gewerkschaftsverbänden eine erstaunliche Bewährung des internationalen Gedankens beobachtet werden kann, die ein Muster supranationaler Verständigung darstellt. Die politische Leistung erhellt am besten daraus, daß eine Aufstellung der tschechischen Gruppen selbst von Wiener tschechischen Funktionären wie Josef Doležal mit Vorbehalten unternommen wurde, da der „tschechische Charakter" der einzelnen Branchen graduell nicht immer festzustellen war[246]. Viele tschechische Arbeiter benutzten deutsche Zahlstellen und ebensoviele deutsche machten von den tschechischen Gebrauch. Zweifellos haben Racek und Kořínek an der einheitlichen Wiener Gewerkschaftsbewegung großes Verdienst, waren doch die meisten Industriezweige der Reichshauptstadt ausgesprochen national gemischt. Neben ihnen trugen jedoch noch eine ganze Reihe weiterer tschechischer Funktionäre zum Aufbau einer reibungslosen Organisation bei. Die bedeutendsten unter ihnen waren Antonín Němec, Josef Krapka, Josef Steiner, Viktor Stein, Josef Roušar, Alois Krejčí, Josef Tobola und J. Celler[247].

---

[245] Doležal, Odborové hnutí 28.
[246] Doležal, Odborové hnutí 33: Als einschränkende Bemerkung des Verfassers zu seiner ebenda 33—44 versuchten Aufstellung der Wiener tschechischen Gruppen in einzelnen Branchen (mit Gründungsjahr und jeweiligem 1. Vorsitzenden).
[247] Zu ihrer Tätigkeit im einzelnen vgl. die Kapitel bei Mommsen und Doležal.

*Die Fachorganisationen der Wiener tschechischen Arbeiterschaft
vor dem Ersten Weltkrieg*[248]
(ohne autonome Gewerkschaftsgruppen)

Wirtschaftszweig	Niederlassungen in Wr. Bez.	Gründungsjahre
Bäcker	1	1909
Baufach (einschl. Ziegeleiarbeiter)		
Bauarbeiter	6	1895—1903
Bauhilfsarbeiter	6	1904
Anstreicher	5	1904
Fassadenarbeiter	4	1904/05
Betonarbeiter	1	1905
Maurer	10	ca. 1907
Pflasterer und Bodenleger	1	1904
Ton- und Ofensetzer	1	o. A.
Fliesenleger	1	o. A.
Zimmerleute	5	o. A.
Eisenbahner	1	nach 1907
Glaser	1	ca. 1907
Handelsangestellte	1	nach 1907
Holzarbeiter	12	1898—1911
Metallarbeiter	8	1897—1907
Müller	1	nach 1907
Sattler	1	ca. 1907
Schneider	12	90er bis 1912
Schuhmacher	8	1896—1904
Taschner	1	ca. 1907
Textilarbeiter	1	nach 1907

Manche Gewerkschaftsverbände, in denen eine große Anzahl Tschechen waren, hatten keine oder nur vorübergehend eigene tschechische Gruppen. Dies gilt z. B. für die Gießer, Gerber, Kürschner, Chemiker, Fleischer und Selcher. Ähnliches gilt für gewisse Untergruppen einzelner Fachverbände, z. B. für die Modellierer, Kupferschmiede, Klempner, Bauschlosser, Klavierbauer und Korbmacher. In diesen Berufszweigen waren oft bis zu 50 % Tschechen, die in den tschechischen Mitgliederzahlen nicht enthalten sind. Demnach befand sich schon vor 1914 die Mehrheit der tschechischen Arbeiter außerhalb der tschechischen Gruppen[249].

Die Wiener Gewerkschaftsbewegung ist ein eindringliches Beispiel, daß deutschtschechische Zusammenarbeit unter der sozialdemokratischen Arbeiterschaft überall dort erfolgreich war, wo es sich um konkrete gewerkschaftliche Interessen handelte.

---

[248] Zusammengestellt aus D o l e ž a l, Odborové hnutí 33—44. Víd. Nár. Kal. 1 (1906), 2 (1907), 9 (1914).
[249] D o l e ž a l, Odborové hnutí 85.

Die Reibungen fanden weniger in den Werkstätten oder Lokalorganisationen statt, sondern in den Führungsgremien der bürokratischen Apparate, die sich um der Machtbildung und des politischen Prestiges willen mit nationalem Inhalt fülllten, wie es sich deutlich an der Frage des Sekretärspostens für Kořínek zeigen läßt[250]. Unter der Führung von Krapka und Němec forderte eine Delegation auf dem Brünner Parteitag zu Pfingsten 1896 die Bildung selbständiger Gewerkschaftsorganisationen und die Errichtung einer eigenen Gewerkschaftskommission[251]. Der Antrag wurde abgelehnt, doch blieb die Frage weiterhin akut. Zum Zweiten Gewerkschaftskongreß zu Weihnachten 1896 in Wien hatten die Tschechen dann eine Liste von „Minimalforderungen"[252] ausgearbeitet, die u. a. den Vorschlag enthielt, daß die tschechische Gewerkschaftssektion ihren Sitz wenn schon nicht in Prag, so doch in Wien haben sollte. Die Vermittlungsbereitschaft der Tschechen sollte vor allem dadurch zum Ausdruck kommen, daß sie Kořínek, der bei der Kommission angestellt war, als tschechischen Sekretär vorschlugen. Auch Adler fand, daß das Verlangen der Tschechen durchaus berechtigt sei[253]. Der Führer der österreichischen Gewerkschaftsbewegung, Anton Hueber, zeigte sich jedoch nicht bereit, von seiner Linie abzugehen. Daraufhin lehnte der Kongreß die tschechischen Anträge mit Mehrheit ab. Die Folge war, daß sich am 26. März die „Odborové sdružení českoslovanské" [Tschechoslawische Gewerkschaftsvereinigung] unter dem Vorsitz von Němec in Prag konstituierte. Somit war es zwar zur Spaltung der Gewerkschaftszentrale, noch nicht aber der einzelnen Gewerkschaftsverbände gekommen. Die Tätigkeit der Prager Kommission erstreckte sich im übrigen nur auf Böhmen[254]. Die beständig vorhandene Gefahr der Auseinandersetzungen in den internationalen Berufsverbänden bewirkte immerhin, daß diese sich zu weitgehenden Konzessionen an die sprachlichen Wünsche ihrer nichtdeutschen Mitglieder bereit fanden. Fast alle Verbände kamen dem Verlangen nach tschechischsprachigen Gewerkschaftsblättern unverzüglich nach, bis 1904 waren bei den Wiener Tschechen über 20 Fachblätter in ihrer Muttersprache im Umlauf[255]. In Wien verästelte sich vor allem das Baufach für die Tschechen in die zahlreichsten Untergruppen, von denen jede einzelne ihre Filialen in mehreren Bezirken hatte[256]. Darüberhinaus wurde auf „Landesebene" die Frage der Verschmelzung beider Kommissionen bereits wieder ernsthaft erwogen. Namentlich Roušar setzte sich energisch für den engen Zusammen-

---

[250] Mommsen, Die Sozialdemokratie 225—228. — Doležal, Odborové hnutí 31.
[251] Arbeiter-Zeitung vom 26.—29. 5. 1896. Bericht der Brünner Polizei-Direktion vom 25. 5. 1896 (Präs. Reg. ad 3413 u. ad 6014/22 gen/96). — Deutsch, Gesch. d. österr. Gewerkschaftsbewegung I, 224.
[252] Deutsch, Gesch. d. österr. Gewerkschaftsbewegung I, 225 f.
[253] „Wenn eine mächtige tschechische Gewerkschaftsbewegung da ist, so muß die Gewerkschaftskommission einen Beamten haben, welcher der tschechischen Sprache mächtig, aber auch Vertrauensmann der tschechischen Gewerkschaft ist. Heute ist ein Kanzleibeamter angestellt, das bedeutet für die Tschechen so viel wir gar nichts." Adler, Aufsätze, Reden, Briefe VIII, 9 f.
[254] Mommsen, Die Sozialdemokratie 229 u. Anm. 4: 1897 in der Prager Kommission 12 834 Mitglieder, in der Reichskommission 98 193 Mitglieder.
[255] Siehe die Zusammenstellung der tschechischen Gewerkschafts- und Wirtschaftsblätter in Wien und Niederösterreich, Anhang S. 448 ff.
[256] Vgl. die Aufstellung der Wiener tschechischen Gewerkschaftsgruppen oben S. 172.

schluß ein, obwohl er noch 1896 an der Gründung der Prager Kommission führend beteiligt gewesen war. Jetzt als Sekretär der tschechischen Kommission erklärte er auf dem Vierten österreichischen Gewerkschaftskongreß 1903 in der Reichshauptstadt: „Die tschechische Kommission steht ja in innigen Beziehungen zu der Wiener Kommission, und ich hoffe, daß die Beziehungen noch enger werden. Wir wissen ja, daß nur eine einige, einheitliche Gewerkschaftsorganisation mit Erfolg arbeiten kann"[257]. Der Tag der Übereinkunft zwischen den beiden Kommissionen wurde auf den 19. September 1904 festgesetzt. Da erkrankte Roušar und schied aus dem tschechischen Sekretariat aus. Schon im Spätherbst trat der Kurswechsel ein. Die hoffnungsvolle Entwicklung, die die Entscheidung von 1896 aufzuheben schien, brach jäh ab und machte einer neuen Periode schwerster Auseinandersetzungen Platz, über denen schließlich die österreichische internationale Sozialdemokratie auseinanderbrach.

Unter Huebers doktrinärer Kompromißlosigkeit[258] sprach die Wiener Kommission den Pragern das Recht ab, ihre Tätigkeit über den tschechischen Teil Böhmens hinaus auszudehnen[259] und ließ es auf die Machtprobe ankommen. Nach dem Gewerkschaftskongreß vom Dezember 1905 ging die Prager Gewerkschaftsführung systematisch dazu über, die bestehenden Zentralverbände national zu spalten und die Einheitlichkeit der Gewerkschaftsbewegung durch die Gründung eigener Ortsgruppen zu zersetzen. Als erster Verband wurde im Juli 1906 der Reichsverein der Schuhmacher gesprengt[260]. Andere Verbände folgten rasch nach. Nach einer kurzen Verständigungsbereitschaft im Jahre 1907 kam es seit 1908 zu den allerschwersten Kämpfen innerhalb der Gewerkschaftsorganisationen, in denen sich jetzt „zentralistische" und „autonomistische" tschechische Gewerkschafter gegenüberstanden, die zwei Jahre später die Spaltung der tschechischen Partei auslösten[261].

Vor diesem Hintergrund erscheint die Wiener tschechische Gewerkschaftsbewegung zwischen 1905 und 1910 wie eine diplomatische Ouvertüre für die gegenseitigen Kraftproben zwischen den beiden Hauptstädten. Wollte das tschechisch-sozialdemokratische Wien mehr tun als lavieren? Es wäre falsch, das auszuschließen. Aber es wäre voreilig, den Wiener tschechischen Arbeitern schon deswegen „internationales" Format zu bescheinigen, weil sie sich während dieser Jahre klug beobachtend verhielten. Die Taten und Entscheidungen selbst, das Durchstehen der Krisen und auch

---

[257] Protokoll über die Verhandlungen des vierten österr. Gewerkschaftskongresses vom 8. bis 12. 6. 1903 in Wien. Wien 1903, S. 89. — Mommsen, Die Sozialdemokratie 232 f.

[258] Im Gegensatz zu Adler, der Huebers Haltung in der Arbeiter-Zeitung scharf kritisierte und dessen Zentralisierungsanträge auf dem Kongreß von 1897 „mit dem ganzen Gewicht seiner Persönlichkeit" bekämpfte. Mommsen, Die Sozialdemokratie 228 f.

[259] Ebenda 414. Die Frage erübrigt sich, ob stärkere Konzessionen der Deutschen die internationale Gewerkschaftsorganisation aufrechterhalten hätten, weil die Konflikte von der tschech. Partei ausgingen, die auf dem Pilsner Parteitag 1907 durch die Koppelung von Partei- und Gewerkschaftsmitgliedschaft die nationale Trennung erzwang. Ebenda 417.

[260] Ebenda 416.

die täglichen harten Kämpfe in den Fabriken und Betrieben[262], das alles lag zunächst noch vor ihnen. Hier in der Metropole des politischen und wirtschaftlichen Lebens der Monarchie umfaßte die sozialdemokratische Arbeiterorganisation im Jahre 1907 bereits 54 tschechische Gewerkschaftsgruppen[263]. Der Gedanke, eine tschechische Zentrale zu gründen, lag auf der Hand. Der damalige Sekretär der niederösterreichischen tschechischen Sozialdemokratie, Ladislav Kudla, und mit ihm Josef Prášek und Josef Cholek propagierten diesen Plan und setzten ihn in die Tat um. Der erste Schritt dazu war die Gründung des Zentralausschusses der tschechischen Gewerkschaftsorganisationen in Wien *(Ústřední výbor českých odborových organisací ve Vídni)*, dessen erste protokollarisch aufgezeichnete Versammlung unter dem Vorsitz Prášeks am 9. Juli 1908 stattfand[264]. In dieser „freien Vereinigung tschechischer Gewerkschaftsgruppen zum Zweck der einheitlichen Durchführung von Agitation und Organisationsarbeit unter der tschechischen Arbeiterschaft Wiens"[265] erhielten je 1000 Gewerkschaftsmitglieder einen Vertreter, Fachgruppen mit mehr als 1000 Mitgliedern wurden durch zwei Delegierte repräsentiert. Zu dieser Zeit gab es in Wien schon zwei autonomistische Verbände, und zwar für die tschechischen Schuhmacher und Bauhilfsarbeiter, die bemerkenswerterweise beide ihre Vertreter in den Zentralausschuß entsandten. Gleich auf der ersten Versammlung vom 9. Juli, zu der man den Sekretär der Wiener Reichsgewerkschaftskommission Anton Hueber hinzugezogen hatte, wurde über das Tätigkeitsfeld der tschechischen Organisation beraten. Drei Wochen später, am 31. Juli 1908, lag ein Sechs-Punkte-Programm vor, das zum Kampf gegen die Wiener tschechischen Nationalsozialen aufrief, die Wichtigkeit der Arbeiterbildung auf Grundlage der Muttersprache betonte und den Streit um die Organisationsform in der Gewerkschaft scharf verurteilte[266]. Schon in der darauffolgenden Versammlung des Zentralausschusses am 18. September 1908 schlug Prášek die Gründung des tschechischen Landesverbandes der Gewerkschaftsorganisationen *(Zemský svaz odborových organisací)* nach dem

---

[261] Ein Abriß der Entwicklung bis 1911 bei B r ü g e l , Gesch. d. österr. Sozialdemokratie V, 81 ff. — Parteitagsprotokoll Innsbruck 1911. Viel Material in der sozialdemokr. Monatsschrift „Der Kampf" 5 (1911/12) und in: Dokumente des Separatismus. Wien 1911 (Hrsg.: Österr. Metallarbeiterverband).

[262] Protokol X. sjezdu soc.dem. 23.—27. 12. 1911 v Nár. domě na Smíchově [Protokoll d. X. soz.dem. Kongresses 23.—27. 12. 1911 im Nationalhaus in Smichov] 133 ff.: Ref. T o m á š e k : „Die Wiener Ereignisse stellen direkt eine Besudelung des sozialdemokr. Namens dar... Bei den Schustern, wo Ruhe war, begannen die Kämpfe. Bei Gáborec, bei Goldschmied kam es zur Bespuckung der tschechoslawischen sozialdemokratischen Arbeiter, es kam zu Überfällen auf den Gassen, zu Messerstechereien. Es begann die Ära, in der Knüppel, Messer und Glas Argumente wurden." — S. 151 ff. Ref. M a l ý : Die Zentralisten verbündeten sich in den Fabriken mit den deutschnationalen Arbeitern, drohten den Autonomisten mit Entlassungen und sagten, sie würden dafür sorgen, daß sie in keinem Wiener Betrieb wieder beschäftigt werden. Ferner: Děln. Listy 18. 7. 1911, 19. 8. 1911, 21. 12. 1911 u. a. Leitartikel jener Monate.

[263] Děln. Listy 18. Jg. Nr. 29 (5. 2. 1907).

[264] D o l e ž a l , Odborové hnutí 50.

[265] E b e n d a 50, auch das Folgende.

[266] E b e n d a 51 ff. Wortlaut d. Grundsätze in allen 6 Punkten.

Muster der mährischen Genossen[267] vor, um der Wiener Bewegung einen offiziellen Charakter zu geben und die Finanzierungsfrage zu klären. Hueber unterstützte diesen Vorschlag und erklärte sich bereit, selbst die Vorlage der Statuten zu besorgen[268]. Die Versammelten erklärten einstimmig, nicht in die Lohnkämpfe eingreifen zu wollen und sich rein auf die Bildungsarbeit für die tschechischen Mitglieder und Lehrlinge zu konzentrieren. Am 3. November 1908 wurden die Satzungen genehmigt, in denen der tschechische Landesverband die Grundsätze der Reichskommission als für ihn verbindlich erklärte[269], am 15. November erfolgte die Gründungsversammlung. Unter Anwesenheit von Hueber für die Reichskommission, Lustig für die Prager Kommission, Cholek für den niederösterreichischen Landesausschuß der tschechoslawischen Sozialdemokratie, Silaba für die niederösterreichischen D.T.J.'s sowie im Beisein der Reichsratsabgeordneten Modráček, Tomášek und Johanis wurden Prášek, Bejšovec und Pouch in die Vorstandschaft[270] gewählt. Nachdrücklich verwies Prášek in seinem Referat, das er vor 76 Delegierten autonomistischer und zentralistischer Gruppen, d. h. für insgesamt 6985 Mitglieder hielt, auf die Notwendigkeit einer einheitlichen zentralen Organisation für das ganze Reich[271]. Über den Wortlaut der auf dieses Referat hin verfaßten Resolution wurde allerdings lange und heftig debattiert, da Hueber es für notwendig hielt, daß die gesamte Konferenz sich zu den im Oktober 1907 gefaßten Beschlüssen des Gewerkschaftskongresses bekenne. Anderenfalls, so argumentierte Hueber, könnten die deutschen Genossen in der Gründung des tschechischen Landesverbandes einen Abfall von der Wiener Reichsgewerkschaftszentrale erblicken. Tomášek kam schließlich mit Hueber und Prášek dahingehend überein, die Beschlußfassungen des 5. Gewerkschaftskongresses nur als für die zentralistischen Organisationen der Wiener Tschechen verbindlich zu erklären[272]. In den ersten Jahren seiner Tätigkeit bemühte

---

[267] Über die anfangs vergeblichen Versuche der Prager Exekutive, die mährischen Gewerkschaften zu spalten: M o m m s e n, Die Sozialdemokratie 400, 407.
[268] D o l e ž a l, Odborové hnutí 53. Auch d. Folg.
[269] E b e n d a, 53 f. Dem bisherigen Programm wurde folgende Ergänzung beigefügt: „Der Zentralausschuß der tschechischen Gewerkschaftsorganisation in NÖ steht auf dem Boden der Beschlüsse der österreichischen Gesamtgewerkschaftskongresse und erklärt jegliche Beschlüsse des 5. ordentlichen Gewerkschaftskongresses wie auch die aller vorangegangenen als für ihn verbindlich." Diese Ergänzung war ursprünglich umfangreicher und es war darin ausgesprochen worden, daß die Organisationen, die diesen Beschluß nicht anerkennen, gleichzeitig des Rechtes der Vertretung im Zentralausschuß entsagen. Obwohl im weiteren Wortlaut Ausnahmen zugelassen werden sollten, über die von Fall zu Fall entschieden werden sollte, bedeutete dieser Beschluß den Ausschluß der autonomen Organisationen aus der Mitarbeit. Nach umfangreicher Debatte wurden dann diese weiteren Bestimmungen gestrichen und nur die o. a. Erklärung akzeptiert.
[270] E b e n d a 54 f.
[271] E b e n d a 55.
[272] E b e n d a 55 ff. Als Grundbeitrag wurde dem Landesverband ein Betrag von 200 K genehmigt. Zum 2. Konferenztermin der damals wegen der späten Stunde unterbrochenen Generalversammlung, am 3. Januar 1909, kamen schon 80 Delegierte, die 8218 tschechische Mitglieder vertraten. Die nun endgültig gebilligte Resolution (ebenda 59 f.) betonte erneut den Bildungszweck und die Einigkeit des Verbandes mit der Reichskommission. Zur Finanzierung wurde pro Mitglied ein wöchentlicher Beitrag von 1/4 Heller festgesetzt.

sich der tschechische Landesverband vor allem darum, die Gründung weiterer tschechischer Gruppen in den verschiedenen Branchen anzuregen, die Streitigkeiten zwischen autonomen und zentralistischen Vertretern zu schlichten und die Bildungsarbeit zu fördern. Zu diesem Zweck wurde am 20. August 1909 die *Dělnická škola* [Arbeiter-Schule] ins Leben gerufen, deren Unterrichtskurse sich großer Beliebtheit erfreuten.

Aus den Beitragszahlungen errechnete man für 1909 einen Gesamtmitgliederstand von 75 Gruppen[273], einschließlich der autonomistischen Gewerkschaftler, die bis zur Spaltung im Landesverband blieben. Zweifellos war es kluge Regie, das politische Krankenhaus, mit dem die österreichische Gewerkschaftsbewegung inzwischen vergleichbar war[274], nicht auch noch durch Wiener tschechische Rezepte zu beunruhigen. Die Wiener tschechische sozialdemokratische Führung hatte sich offenbar vorgenommen, zunächst ausgleichend zu wirken, ein Kapital von Vertrauen anzusammeln, zu Hause in Prag ebenso wie in der Reichshauptstadt[275]. Außerdem: Gab sie denn Rechte auf, wenn sie einen Kompromiß einging? Das Angebot Huebers, die Statuten des tschechischen Landesverbandes auszuarbeiten, zeigte doch, daß er das Recht zur Gründung des Wiener tschechischen Landesverbandes anerkannte. Das Wichtigste war, bei den Wiener tschechischen Arbeitern die Krise abzuwenden und die Kontakte, die sich zwischen autonomen und zentralistischen Vertretern im Landesverband anbahnten, nicht wieder abreißen zu lassen. Man könnte sich vorstellen, daß danach in einer entspannteren Atmosphäre Verhandlungspunkte hätten zusammengestellt werden können, die für beide Teile akzeptabel gewesen wären. Seit 1910 verschärften sich die Gegensätze jedoch zusehends[276]. So sehr auch der Sprecher der Autonomisten, Tomášek, die Wiener tschechische Arbeiterschaft ständig zur Ruhe und Zurückhaltung im Gewerkschaftskampf aufrief[277], mit der Zusammenarbeit

---

[273] Holzbearbeiter 8, Metallarbeiter 9, Maurer 9, Schuhmacher (zentralistisch) 1, Schuhmacher (autonomistisch) 6, Maler 4, Bauhilfsarbeiter (zentr.) 7, Bauhilfsarbeiter (autonomistisch) 3, Bäcker 1, Kürschner 1, Chemiker 1, Gießer 1, Perlenmacher 1, Schneider 15 (davon 8 Gruppen tschechisch, die übrigen gemischt, letztere zahlten jedoch dem tschech. Landesverband für die tschech. Mitglieder). E b e n d a 61.

[274] D o l e ž a l schätzt den Anteil der tschechischen Arbeiter in den Gewerkschaftsorganisationen Österreichs auf ein Drittel der Gesamtzahl. Für 1913: Reichsgewerkschaftskommission: 528 544 Mitglieder, davon 65 000 Tschechen. Autonome Tschechen 104 574. E b e n d a 82.

[275] Ein bezeichnendes Beispiel ist die Brünner Konferenz 1910, die von den Wiener Zentralisten beschickt werden sollte. Für die Entsendung von Delegierten stimmten Doležal, Vaněk, Pouch, Lesák u. a., dagegen Tomášek und Prášek. Man einigte sich so, daß die Wiener zwar hinfuhren, sich aber der Stimme enthielten. Vgl. auch Protokol X. sjezdu soc.dem. 23.—27. 12. 1911, S. 119.

[276] M o m m s e n , Die Sozialdemokratie 436—449. — D o l e ž a l, Odborové hnutí 62 f. Neue Differenzen auf dem Kopenhagener Kongreß. Der Vertreter des Wiener tschech. Landesverbandes, Viktor Stein, nahm wegen Krankheit nicht teil.

[277] Landeskonferenz der tschechoslawischen sozialdem. Partei in NÖ am 3. 12. 1911 in Wien, hier zit. nach Děln. Listy, 4. 12. 1911. Ref.: T o m á š e k : „Die wichtigste Frage ist also die nach unserem Standpunkt in Niederösterreich... Unsere Taktik stieß in Böhmen und Mähren auf Widerstand, ja auch bei den Wiener Genossen. Sie war ihnen zu gemäßigt. Wir sind aber richtig vorgegangen, wie wir heute sehen. Wir müssen uns bewußt bleiben, daß wir eine Minorität sind und mit anderen Mitteln kämpfen müssen,

war es am 12. Februar 1911 anläßlich der niederösterreichischen Landeskonferenz der tschechoslawischen Partei, endgültig vorbei[278]. Die Spaltung zwischen Autonomisten und Zentralisten vollzog sich damit auch in Wien. Auf der folgenden Konferenz der Wiener tschechischen Zentralisten am 21. Februar verurteilten 40 Delegierte im Namen von 6000 tschechischen Mitgliedern die autarken „nationalen" Organisationen der sozialdemokratischen Arbeiterschaft mit 35 zu 5 Stimmen und erklärten, mit der Prager Führung nichts gemein haben zu wollen[279]. Im April erschien bereits das neue Arbeitertagblatt der Wiener Zentralisten, der „Dělnický deník" unter der Redaktion Viktor Steins[280], ein Jahr später wurde das gemeinsame Sekretariat des gewerkschaftlichen Landesverbandes in der niederösterreichischen sozialdemokratischen Partei errichtet und Josef Vaněk zum Sekretär ernannt[281]. Die Führung hatte nicht gewechselt: Prášek, Pouch, Bejšovec und Josef Doležal setzten ihre Tätigkeit bis zum Kriegsausbruch fort.

Da der Wiener tschechische Landesverband entsprechend der großen Mehrheit seiner Arbeiterschaft nach der Spaltung die zentralistische Richtung vertrat, eröffneten die Wiener Autonomisten ihre eigene Fachschaftszentrale. Auf der hierzu am 21. Dezember 1911 von Rudolf Tayerle[282] einberufenen Konferenz erschienen Fachschaftsdelegierte der Maurer, Schuhmacher, Bauhilfsarbeiter, Metallarbeiter, Maler und Anstreicher, Holzarbeiter, Bäcker, sowie der Atzgersdorfer Kürschnereiarbeiter, die insgesamt 1631 Mitglieder repräsentierten[283]. Mit Unterstützung Tomášeks und Malýs von der niederösterreichischen tschechischen Parteiführung wurde eine Gewerkschaftskommission und ein gemeinsames Sekretariat[284] errichtet, zumal die Organisation rasch anwuchs[285]. Im Jahre 1912, auf der zweiten Konferenz der

---

wir sind angewiesen auf die Mitwirkung der Nation, die hier die Majorität bildet. Wir haben den Standpunkt einer gew. Neutralität, Reserve usw. in den Kämpfen vertreten, stießen aber auf Widerstand bevor noch die abtrünnige Partei (Zentralisten — Anm. d. Verf.) gegründet wurde." — Vgl. auch Děln. Listy, Nr. 188 (19. 8. 1911). — Protokol X. sjezdu 23.—27. 12. 1911, S. 134 (Tomášek): „Ihr seid doch selbst Zeugen gewesen, daß wir in Wien bis zur Selbstverleugnung Ruhe und Reserve bewahrt haben. Wir haben bewußt eine solche Taktik gewählt, denn wir sind voll überzeugt, daß, falls es zu Zusammenstößen in Wien kommt, dies schreckliche Kämpfe werden, weil in Wien eine Minderheit gegen eine Mehrheit steht und die Kämpfe in der Partei durch den nationalen Kampf noch verschärft werden. Wir dachten, es würde zum Ausgleich kommen ... Ein Arbeiter, der aus Wien hinausgehetzt, bespuckt und aufgestachelt nach Hause kommt, wird davon berichten und das wird die gute Laune zum Abkommen und zur Verständigung nicht verbessern. Deshalb bedaure ich die Vorfälle in Wien so sehr."

[278] Doležal, Odborové hnutí 63.
[279] Ebenda 64 f. Mit Abdruck der Resolution.
[280] Anhang S. 459. Mit finanzieller Unterstützung der deutschen Parteigenossen gegründet.
[281] Doležal, Odborové hnutí 65 ff.
[282] Vertreter der tschechoslaw. Gewerkschaftskommission. Vgl. sein Referat über das weitere Vorgehen in Wien in: Děln. Listy, 30. 9. 1911. Ferner seinen Artikel in der „Akademie", 15. Jg. Nr. 12, Sept. 1911: „Ist eine Einigung möglich?".
[283] Doležal, Odborové hnutí 74.
[284] Hauptfunktionäre: Josef Kovář, Fr. Blažík, Bohumil Sirotek, Skvrně, Valenta, Zdražil, Šiška u. a. Ebenda 74—79. — Über die Tätigkeit der Kommission: Ebenda 75 f.
[285] Vielfach durch politische Druckausübung der Zentralisten. Protokol X. sjezdu 121, 151.

niederösterreichischen autonomen Verbände, hatte sich die Bewegung auf 15 Branchen mit 61 Gewerkschaftsgruppen und 3872 Arbeitern ausgedehnt[286]. Die stärkste Vereinigung war die der Holzarbeiter, die ein eigenes Sekretariat erhielten[287]. Ende 1912 erreichten die Wiener autonomistischen Gewerkschaftler mit 4159 Mitgliedern in 66 Gruppen ihren absoluten Höchststand, denn seit Anfang 1913 wirkten sich Wirtschaftskrise und Arbeitslosigkeit auf die Organisation sehr nachteilig aus[288].

Betrachtet man die von der tschechoslawischen Gewerkschaftskommission in ihren Berichten sorgfältig aufgezeichneten Daten genauer, so tritt die geringfügige Zugkraft der Prager Direktiven für die Wiener Landsleute klar zutage: Die im Jahre 1913 der Prager Gewerkschaftskommission angeschlossenen 3934 Mitglieder der 66 niederösterreichischen Gruppen verteilten sich wie folgt über insgesamt 23 Branchen[289]:

Fachschaftsgruppen	Mitgliederzahl
Ziegler	13
Holzbearbeiter	1055
Hilfsarbeiter des Gastgewerbes	8
Buchbinder	5
Metallarbeiter	503
Lederarbeiter	8
Schneider	324
Lackierer	108
Lithographen	1
Müller	8
Industrie- und Handelsangestellte	58
Geschäftsreisende	52
Schuhmacher	316
Bäcker	11
Hilfsarbeiter	340
Sattler und Taschner	8
Glaser	55
Maschinisten und Heizer	1
Zimmerleute	30
Textilarbeiter	170
Mustermacher	17
Maurer	508
Eisenbahnangestellte	334

---

[286] Holzbearbeiter 9, Metallarbeiter 7, Kürschner 1, Schneider 9, Maler u. Anstreicher 2, Schuster 7, Bäcker 1, Hilfsarbeiter 6, Maurer 10, Müller 1, Handelsangestellte 1, Textil 1, Eisenbahnangestellte 4, Dienstmädchen 1, Ziegler 1. E b e n d a 76.
[287] Zum Übertritt der Prager Holzarbeiter zum tschech. Verband: Dělnické Listy, 19. 8. 1911 (Nr. 188).
[288] D o l e ž a l, Odborové hnutí 77.
[289] Ebenda 85 f.

In zehn, das heißt in nahezu der Hälfte aller Berufszweige mit tschechischen autonomen Gewerkschaftsvereinen waren nur zwischen einem und siebzehn Arbeitern zu einer „selbständigen" Organisation zusammengeschlossen. Von den 18 000 tschechischen Genossen, für die die Dělnické Listy mit ihrem Redakteur Tomášek im Jahre 1907 eine tschechische Kandidatur in Favoriten gefordert hatten[290], war demnach nur noch ein Fünftel der Partei treu geblieben. Für Vergleichszwecke mag es aufschlußreich sein, auch einmal den „großen Rahmen" zu wählen und sich die Stellung der Wiener tschechischen Gewerkschaftsmitglieder innerhalb des Gesamtmitgliederstandes der österreichischen Gewerkschaftsorganisationen[291] im letzten Vorkriegsjahr zu vergegenwärtigen:

Tschechoslawische Gewerkschaftsvereinigung (Autonome)		Reichsgewerkschaftskommission (Zentralisten)
Niederösterreich (in 66 Gruppen)	3 934 Mitgl.	192 596 Mitgl., davon 7819 Tschechen (in 53 tschech. Gruppen)
Böhmen	85 930 Mitgl.	89 085 Mitgl.
Mähren	13 230 Mitgl.	75 995 Mitgl.
Schlesien	618 Mitgl.	57 519 Mitgl.
Sonstige Länder	197 Mitgl.	

Aus der Aufstellung geht klar hervor, daß die Zentralisten bei den niederösterreichischen Tschechen doppelt so stark waren wie die Autonomisten. Beide Gruppen zusammengenommen erreichten jedoch noch nicht die Zahl der mährischen Abgespaltenen, die allerdings mit 13 230 Mitgliedern nur kaum ein Fünftel der dortigen zentralistischen Gruppen bildeten, wogegen in Böhmen die Zahl der autonomen Tschechen größer war als die der linientreuen Reichsgewerkschaftler.

Aus den Auflageziffern der deutschen und tschechischen Gewerkschaftszeitschriften schätzte der Wiener Funktionär Doležal die Zahl der tschechischen Mitglieder in den zentralen Verbänden insgesamt auf 65 000 bis 70 000[292], den Hauptanteil mit 30 000 wies er den niederösterreichischen Tschechen zu[293]: Von 32 tschechischen Fachzeitschriften, die 1913 von österreichischen Gewerkschaftsorganisationen herausgegeben wurden, erschienen immerhin 17 in Wien und Niederösterreich[294].

Das große Prager Objekt für eine autonome gewerkschaftliche Organisation gab es — aufgrund des geringen politischen Eigenwillens der Mährer und Niederösterreicher — mehr oder weniger nur für Böhmen. Es scheint, daß die tschechischen Pläne einer selbständigen Zentrale unter dem trotz aller Lippenbekenntnisse stark abgenutzten Elan zur nationalen Eigenständigkeit zu leiden hatten. Die Wiener Gewerkschaftsgruppen sind ein Beispiel dafür.

---

[290] Děln. Listy, 18. Jg., Nr. 29 (5. 2. 1907).
[291] Ohne die 8775 Mitglieder der Tabakindustrie, die damals von der Gewerkschaft ausgeschlossen waren. Zusammengestellt aus Doležal, Odborové hnutí 77, 80 ff., 85.
[292] Ebenda 81.
[293] Ebenda 86. Das wäre etwa 1/6 aller nö., in der Reichsgewerkschaftskommission organisierten Mitglieder.
[294] Ebenda 81 und 85. In ganz Österreich damals: 52 deutsche, 32 tschechische, 14 polnische, 1 ruthenisches, 1 jüdisches, 9 italienische, 6 slowenische Gewerkschaftsblätter.

Auf den vorangegangenen Seiten wurden Einzelheiten des organisatorischen und politischen Geschehens dargestellt. Nun soll versucht werden, die eingangs gestellten Leitfragen zusammenfassend zu beantworten. Da die Fragestellung vor allem auf das Organisationsziel und die Erfüllung bestimmter Funktionen durch die politische Organisationstätigkeit gerichtet war[295], wird man erwarten, als Ergebnis dieser Ausführungen vor allem die Feststellung zu finden, welche der erwähnten Funktionen ausreichend und welche mangelhaft oder nicht erfüllt wurden. Solche Urteile setzen einen Bewertungsmaßstab voraus. Tatsächlich gibt es jedoch für die Beurteilung der Funktionserfüllung keinen einzelnen, klar formulierten und allgemein anerkannten Maßstab, sondern mehrere, die teilweise recht unbestimmt sind. Dieser Sachverhalt erschwert die Schlußfolgerungen beträchtlich. Er muß deshalb kurz erläutert werden.

Im wesentlichen lassen sich zwei verschiedene, wenn auch miteinander in Beziehung stehende Modellvorstellungen zugrundelegen, aus denen die Kriterien für die Beurteilung des Wiener tschechischen Organisationswesens abgeleitet werden könnten[296]. Die erste ist die im engeren Sinn organisatorisch-soziologische: Man betrachtet die politischen Gruppenbildungen der Wiener Tschechen als Organisationen, deren Ziele als gegeben vorausgesetzt sind und beurteilt alle Vorgänge in der Partei bzw. der politischen Institution[297] danach, ob sie der möglichst rationellen Verwirklichung dieser Ziele dienlich waren. In der Anwendung dieses Maßstabes können diese Ziele natürlich nicht undefiniert bleiben. Sie müßten aus der manifestierten Zwecksetzung der Organisation abgeleitet werden. Die dazu notwendige eingehende Untersuchung der Konzeption der tschechischen Nationalpolitik in Wien ist jedoch erst Gegenstand des zweiten Kapitels. Hier sei nur generell die Schwierigkeit dieser Aufgabe angedeutet, die darin besteht, daß die von den Mitgliedern angestrebten Parteiziele nicht ausschließlich organisationsbezogen, sondern von einer Vorstellung der Rolle der jeweiligen tschechischen Partei in der kommunalpolitischen Ordnung Wiens beeinflußt waren[298].

Noch komplizierter wird die Beurteilung durch den zweiten Maßstab, der auf der Vorstellung der Partei als einer demokratischen Organisation beruht. Diese normative Vorstellung der Partei bezieht sich vor allem auf innerparteiliche Prozesse, besonders der Führungsauslese und der Meinungs- und Willensbildung. Auch hierfür muß auf einen folgenden Abschnitt verwiesen werden, der die personelle Struktur in ihren Grundlinien nachzuzeichnen versucht. Ordnet man die Tätigkeit der Wiener tschechischen politischen Organisationen in das dreifache Bezugssystem Kron-

---

[295] Siehe oben S. 73—78.
[296] Die methodische Anregung gab Renate M a y n t z, Parteigruppen in der Großstadt 141.
[297] Der Einfachheit halber wird für die folgenden Bemerkungen der Begriff „Partei" ausnahmsweise auch für die überparteilichen politischen Klubs, einschließlich DONRČ verwendet.
[298] Zu den teils alternativen, teils einander ergänzenden Vorstellungen von der Rolle der Parteien vor allem M i c h e l s, Robert: Zur Soziologie des Parteiwesens in der modernen Demokratie. Untersuchungen über die oligarchischen Tendenzen des Gruppenlebens. Neudruck der 2. Aufl. Stuttgart 1925 (Kröner 250), mit ausführl. Bibliographie (bis 1957) zur Problematik (ebenda 532—539).

länder — Wiener Kommune — Wiener Tschechentum ein, so ist zu betonen, daß zwischen diesem Schema und den genannten Maßstäben keine Parallelität vorausgesetzt werden darf. So lassen sich z. B. die Aktionen des Wiener tschechischen Nationalrates hinsichtlich seiner Bedeutung für das Wiener Tschechentum nach allen beiden Maßstäben beurteilen, das heißt danach, ob sie in Anbetracht seiner manifesten Zielsetzung zweckmäßig und rationell, ob sie demokratisch und ob sie der Erfüllung der Aufgaben des Nationalrates in der politischen Ordnung als solcher dienlich waren. Die Unterschiedlichkeiten der Urteile, die sich aus den jeweiligen Maßstäben ergeben können, deuten auf Konfliktsituationen hin, deren Ursachen in der Gegensätzlichkeit einzelner Erfordernisse zu suchen sind, die sowohl in der Art der lokalen politischen Ordnung als auch in strukturellen Eigenschaften der tschechischen Parteien als Organisationen angelegt waren[299].

Im folgenden sind nun noch die wirtschaftlichen Aktionszentren der Wiener Tschechen zu betrachten, mit denen die Untersuchung der tschechischen Selbstverwaltungskörper abgeschlossen wird.

f) Wirtschaft — Arbeits- und Berufswelt

Der Vorrang des Wirtschaftlichen und das Zurücktreten der traditionellen Aristokratie in der gesellschaftlichen Ordnung sind Tatsachen, die das Zeitalter der modernen Industriegesellschaft kennzeichnen[1]. Von einer integrierenden, die nationalen Gegensätze ausgleichenden Wirkung der wirtschaftlichen Faktoren in der Donaumonarchie kann jedoch keine Rede sein, im Gegenteil: Der tschechische Nationalismus war durch die ökonomischen Selbständigkeitsbestrebungen, die sich gegen das wirtschaftliche Übergewicht des Deutschtums richteten, beträchtlich gefördert worden. Das Schlagwort von der Unterdrückung der nichtdeutschen Volksgruppen, das mit dem Hinweis auf die deutsche Staatssprache wirkungsvoll unterstützt wurde[2], entfaltete gerade zu dem Zeitpunkt seine Sprengkraft, als sich der Einfluß des tschechischen Kapitals zunehmend bemerkbar machte[3]. Aber die nationale Strömung

---

[299] M a y n t z , Parteigruppen in der Großstadt 142.

[1] „Hieß es für die herrschende soziale Gruppe des absolutistisch-feudalen Zeitraumes «noblesse oblige», so muß sich die entsprechende soziale Gruppe unserer Zeit die Devise gesagt sein lassen: «richesse oblige!»". E i s e r m a n n , Gottfried: Wandlungstendenzen der modernen Gesellschaft. In: Wirtschaft und Kultursystem (Hrsg. Eisermann). Erlenbach/Zürich/Stuttgart 1955, S. 100—130, hier S. 115. Ähnlich A r o n , Die industrielle Gesellschaft 36, der durch die Fragestellung, ob diese Entwicklung die Macht der Mittelschichten stärkte (Tocqueville), oder aber die Klassenkämpfe verschärfte (Marx), den Gegensatz Sozialismus—Kapitalismus vermeidet, indem er beide als Abwandlungen derselben Gattung, nämlich der industriellen Gesellschaft, sieht.

[2] Kal. Čechů Víd. 5 (1896) 78—81: S c h w a r z , Frant.: Zde se mluví česky! [Hier wird tschechisch gesprochen!], hier S. 81: „Heute ist es die sprachliche und die wirtschaftliche Position, um die sich unsere Landsleute in Wien bemühen."

[3] Eindrucksvolle Ziffern zur Entwicklung der böhm. Industrie u. des Bankkapitals bringt: M r á z e k , Otakar: Vývoj průmyslu v českých zemích a na Slovensku od manufactury do roku 1918 [Die Entwicklung der Industrie in den böhm. Ländern u. i. d. Slowakei seit der Manufaktur bis z. J. 1918]. Prag 1964, S. 286—439. Z. B. S. 357: NÖ hatte i. J. 1876 52,6 % Anteil an der Herstellung von Webstühlen in Zisleithanien, die böhm. Länder hatten 24,6 %. 1902 war NÖ auf 33,3 % herabgesunken, während

selbst folgte nicht der wirtschaftlichen ratio. An ihre Stelle trat eine allgemeine Emotionalisierung, die den Wiener Tschechen helfen sollte, die fehlende „Massenbasis" zu schaffen. Der Kampf für die wirtschaftliche Verselbständigung der böhmischen Länder schien dem nationalsozialen Parteiorgan „Česká Vídeň" hierfür das geeignete Thema: Die Wiener Tschechen fungierten da potentiell in der Schlüsselstellung von Wirtschaftsspionen, die als „ständige lebendige Informationsquelle"[4] eine genaue Statistik der volkswirtschaftlichen Verbindungen mit der Reichszentrale zusammenstellen und weiterleiten sollten. Allerdings blieb einer solchen psychologisch motivierten und daher größtenteils wirtschaftsfremden Argumentation, die die ökonomischen Interessen mit Gesichtspunkten des nationalen Prestiges verdunkelte, der Durchbruch zur Wiener tschechischen arbeitenden Bevölkerung versperrt. Denn diese stand in ihrer Gesamtheit allen Experimenten äußerst skeptisch gegenüber, weil sie zu viel zu verlieren hatte. Der Weg der hochgesteckten Ambitionen — erwähnt sei die geplante Expansion tschechischen Kapitals bis Triest[5] — endete vielmehr im blinden Aktionismus — und damit in einer Sackgasse.

Böhmen ein Anteil von 45,4 % zufiel. — S. 413: Die Eisenerz- und Gußeisenproduktion stieg in Böhmen zwischen 1900 und 1913 um 346,1 %, Zementerzeugung um 128,9 %, Steinkohleförderung um 81,6 % pro Unternehmen. Ferner bes. S. 410, 422, 428 f., 435, sowie die Daten bei P r i n z, Handbuch III, 210. Es ist unhaltbar, den Zusammenbruch der Monarchie aus der Wirtschaftsentwicklung abzuleiten.

[4] Č.V., Nr. 45, 4. 11. 1905, S. 3: Co žádáme od vídeňských Čechů [Was wir von den Wiener Tschechen verlangen]: „... für eminent wichtig erachten, wenn uns die Wiener Tschechen eine Art evidentielle Funktion erfüllen wollten als volkswirtschaftliche und staatswirtschaftliche Informatoren in der Reichszentrale hinsichtlich unseres geschäftlichen und wirtschaftlichen Verhältnisses zu dieser Zentrale ... z. B.: wo und in welchem Maß die tschechische industrielle, handels-, kreditmäßige etc. Wirtschaft Anteil nimmt an der industriellen handels-, kreditmäßigen etc. Wirtschaft Wiens, wo, in welchem Maß und welchen Verhältnissen gegenüber den übrigen Ländern auf der einen und den eigenen heimischen Ländern auf der anderen Seite unsere Volkswirtschaft freiwillig und unfreiwillig Wien und seinem Wachstum Opfer und Gaben bringt ... In der Tat wäre es nur notwendig, daß einige unserer Funktionäre sich in Wien mit diesem Bestreben nach Gewinnung statistischen Materials ständig beschäftigen müßten (wie Einfuhr aus den böhmischen Ländern nach Wien, Export aus Wien in diese Länder, Umsiedlungswesen des tschechischen Volkes nach Wien, seine Verdienste in Wien, genaue Angaben über die nach Wien fließenden tschechischen Steuergelder, Kontrolle der Benützung der tschechischen Sprache in den geschäftlichen Verbindungen, Umfang der tschechischen Agenda bei den zentralen Ämtern gegenüber der Agenda anderer Nationalitäten und Länder etc.)." Besonders typisch ist auch: Nár. Politika, 19. 7. 1908: Organisace českého kapitálu ve Vídni [Die Organisation des tschechischen Kapitales in Wien]. Auch in: S ý k o r a, Dobyvatelé 277 ff.

[5] L e d e r e r, Česká Vídeň 9: „Niederösterreich ist heute (1905, Anm. d. Verf.) durch die volkswirtschaftliche Entwicklung ein überwiegend tschechisch-deutsches Gebiet ... Allein von Wien aus ist es möglich, ständige Beziehungen zur nahen Slowakei zu unterhalten, ... nur von Wien aus haben wir nicht weit nach Triest und Zugang zum Meer." Der Verfasser — kein Wiener Tscheche — schrieb zuvor einen Artikel im „Přehled", mit der Forderung, in Triest als Keimzelle der künftigen tschechischen Position die Filiale eines tschechischen Geldinstitutes zu eröffnen, in der „für den Anfang die Organisation der tschechischen Aus- und Einfuhr konzentriert werden muß."

Etwa seit Beginn der neunziger Jahre propagierte man auch bei den Wiener Tschechen eine Wirtschaftspolitik, deren Ziele unter nationalen Vorzeichen stehen sollten. Daß dies mehr Absicht als Tatsache war, zeigte sich z. B. beim tschechischen Bankwesen, das von Anfang an von derartigen Tendenzen bestimmt wurde[6]. Die deutsche Seite trug das Ihre dazu bei, in dieser Hinsicht eher starres Ordnungsdenken als Fingerspitzengefühl an den Tag zu legen: Aus den Akten der Finanz-Landesdirektion geht z. B. hervor, daß die Wiener Filiale der Zentralbank der böhmischen Sparkassen (Ústřední banka českých spořitelen) die Effektenumsatzsteuerregister in tschechischer Sprache führte. Dem Vorschlag des Revisionskommissärs, einen tschechischkundigen Beamten mit der Revision zu betrauen, „konnte nicht beigepflichtet werden, da die Beherrschung dieser Sprache seitens eines Revisions-Funktionärs des Zentraltax- und Gebührenvermessungsamtes Wien vom Zufall abhänge und aus der Zulassung einer hierorts nicht landesüblichen Sprache in den Kontrollbehelfen sich sehr unliebsame Konsequenzen ergeben könnten"[7]. Andererseits bestand der Wiener Magistrat darauf, daß eben jene Bankfiliale die Firmentafel mit der deutschen Bezeichnung „Zentralbank der böhmischen Sparkassen" abzunehmen und durch eine tschechische Aufschrift zu ersetzen habe, weil sonst die deutsche Einwohnerschaft glauben könnte, dies sei ein deutsches Geldinstitut. Die Statthalterei erkannte der daraufhin eingereichten tschechischen Beschwerde bis zur Erledigung aufschiebende Wirkung zu, das heißt das Firmenschild blieb zunächst hängen. Da die Bank jedoch auch den Namen ihrer Firma deutsch protokollieren lassen wollte, machte der Reichsratsabgeordnete Dürich im Prager Nationalrat den Vorschlag, „zumal der Wortlaut der Firma... bei Bankgeschäften keine entscheidende Rolle spielt", der böhmischen Zentralbank die Rücknahme des Rekurses zu empfehlen und dadurch den Magistrat zu zwingen, in Wien selbst die deutsche Firmenbezeichnung herunterzureißen und *nicht* deutsch protokollieren zu lassen. Die Statthalterei erlaubte jedoch die deutsche Aufschrift und entschied, daß der Magistrat seine Kompetenz überschritten habe.[8]

---

[6] Mommsen, Die Sozialdemokratie 29. — ÚMŠ-Komenský 1913—1920, č. 16196 (2. 11. 1913): Aufruf der tschechischen Sonderschulkommission im Wiener Parlament, unterzeichnet von der Vorstandschaft des böhmischen Abgeordnetenklubs und den Sozialdemokraten (Hruban, Klofáč, Kramář, Masaryk, Němec, Staněk): Aufruf, sich an die Direktoren böhmischer Banken und Großindustrieunternehmungen zu wenden, damit sie den böhmischen Schutzvereinen ca. 1 % ihres Reingewinnes abtreten. Begründung: die Analogie auf deutscher Seite.

[7] Ein Rekurs bzw. eine Beschwerde mit aufschiebender Wirkung wurde von vornherein als unzulässig erklärt. Als sie dennoch — zuerst deutsch, dann tschechisch — einging, wurden die Beschwerdeführer zu Geldstrafen verurteilt. NÖ. Präs. XI/152—161; 3668 (1909). — Auch im Wiener Gemeinderat gab das tschechische Bankwesen mehrfach Anlaß zu Debatten und Anträgen: GR-Prot., AB Nr. 19 (7. 3. 1911) 606: Interp. Gussenbauer betr. die ausschließliche Berücksichtigung deutscher Banken und Sparkassen beim Erlag von Kautionen. — AB Nr. 96 (2. 12. 1910) 2900: Interp. Völkl, den tschechischen Banken in Wien keine kostenlose Sicherheitswache zu ihrem Schutz zu gewährleisten und die von den betreffenden Banken zu bezahlenden Wachleute nur aus der sich freiwillig meldenden Belegschaft zu stellen!

[8] NRČ 127: Koliskův zákon [Lex Kolisko]. Protokoll über die Beratung des Osvětový odbor NRČ über die Gefahr der sog. Lex Kolisko, abgehalten am 15. 4. 1912, S. 21. —

Je mehr sich das Wirtschaftsleben der Wiener Tschechen als Teil ihres politischen Lebens erwies, je mehr sich die wirtschaftspolitischen Ziele aus der Wahl der gesellschaftspolitischen Ziele ergaben, desto schwieriger ist es, die Zusammenhänge zwischen Wirtschafts- und Nationalpolitik abzuwägen. Einerseits deswegen, weil, wie gesagt, die wirtschaftspolitischen Entscheidungen in immer stärkerem Maß mit allgemeinpolitischen Entscheidungen verklammert waren[9], so daß der ökonomische Wettbewerb zwischen den Kronländern und dem Wiener Großkapital allmählich eine dauerhafte Form der politischen Auseinandersetzung darstellte. Andererseits, weil die Erörterung der bestehenden Möglichkeiten in erster Linie durch Ideologien bestimmt wurde, die zugleich ausdrücklich als Mittel im politischen Machtkampf Verwendung fanden[10]. Es gibt jedoch nicht auf der einen Seite eine materielle und auf der anderen Seite eine ideologische Wirklichkeit. Die wirtschaftliche Organisation, die sozusagen die Basis des Wiener Tschechentums bilden sollte, barg ebenso bereits bestimmte theoretische Kenntnisse wie eine bestimmte Weltanschauung in sich. Diese wurde als These von der „Ausbeutung durch Wien" und den Wiener Zentralismus propagiert[11]. Bei der Beurteilung der wirtschaftlichen Rivalitäten als den Quellen der nationalen Konflikte[12] dürfte man es also m. E. nicht damit be-

---

NRČ 126: České školství v Doln. Rak. [Das tschechische Schulwesen in NÖ]. Sitzung vom 15. 4. 1912.

[9] Auf dieser Voraussetzung fußt die Studie von L i e f m a n n - K e i l, Elisabeth: Einführung in die politische Ökonomie. Private Planung — öffentliche Lenkung. Freiburg i. B. 1964 (Herder 173), bes. S. 11 ff., 28 f., 34 f.

[10] Über die Bedeutung der tschechischen genossenschaftlichen und wirtschaftlichen Verbände, die als „nationale und demokratische Schule" bis zu Masaryk und Beneš hin wirkten: P r i n z, Handbuch III, 86 f.

[11] Im Gegensatz dazu wurde es auch von tschechischnationalen Politikern seit der Jahrhundertwende erkannt, daß das tschechische Volk auf Kosten der nichtdeutschen Nationalitäten ganz erheblich vom allgemeinen wirtschaftlichen Aufstieg der Gesamtmonarchie profitierte. Deshalb kam man auch rasch von Kramář's Steuerträgertheorie ab, nach der das Steueraufkommen deutscher Unternehmer und Aktionäre von Betrieben mit tschechischer Arbeiterschaft nach einem bestimmten Schlüssel zwischen Tschechen und Deutschen aufgeteilt werden sollte. Wäre jedoch eine wirtschaftlich-kulturelle Autonomie und ein sozial gerechtes Steuerprinzip durchgeführt worden, so wäre den Tschechen die größere deutsche Steuerkraft verlorengegangen, die dem Aufbau der tschechischen Gesellschaft sehr förderlich war. M o m m s e n, Die Sozialdemokratie 28 f. — Zur nationalen Aufteilung der Erwerbssteuerleistung: P r i n z, Handbuch III, 199, Anm. 45. — Nichtsdestoweniger wurde es den Wiener Tschechen so dargestellt, als ob ihre Landsleute die meisten Steuern zahlen würden: Kal. Čechů víd. 9 (1900) 134: Kdo vydržuje Rakousko [Wer erhält Österreich]: „die Länder der Hl. Wenzelskrone. Sie zahlen jährlich dem Staat 217 Millionen Gulden Steuern, das sind 44,44 %, also fast die Hälfte aller Steuern Österreichs. Auf jeden einzelnen Einwohner der böhmischen Länder fallen 24 fl 10 kr, in den übrigen Ländern nur 18 fl (Ungarn nur 3 fl 40 kr). Dazu kommen noch pro Bewohner 4 fl 71 kr Zuschlag!"

[12] Zur Wirtschaftsentwicklung in ihrer Gesamtlage und Problematik: P r i n z, Handbuch III, 209 ff., Lit.: E b e n d a 229 Anm. 27. Ferner: B e n e d i k t, Heinrich: Die wirtschaftliche Entwicklung in der Franz-Joseph-Zeit. Wien/München 1958. — M r á z e k, Otakar: Vývoj průmyslu v českých zemích a na Slovensku od manufaktury do roku 1918 [Die Entwicklung der Industrie in den böhmischen Ländern und in der Slowakei von der Manufaktur bis z. J. 1918]. Prag 1964.

wenden lassen, ein materielles Fundament einem ideologischen Überbau gegenüberzustellen.

Eine Untersuchung dieser Fragen ist schon deshalb notwendig, weil die Wirtschaftsgestaltung nicht Selbstzweck ist[13]. Alles Wirtschaften — so sehr es dabei stets auch um verbesserte Versorgung gehen mag — stellte bei den Wiener Tschechen immer gleichzeitig ein Mittel dar, um das bestehende gesellschaftlich-nationale Leben zu verändern. An den realen Nöten und durch sie tat sich die nationale Auffassung kund. Man stand nicht deutschfeindlich im luftleeren Raum einer Doktrin, sondern innerhalb der oftmals harten Gegebenheiten, die Leben und Existenz in der Reichshauptstadt um die Jahrhundertwende ausmachten. Ein weiteres Argument, warum es des Versuches bedarf, eine solche Erörterung zu fördern, ist darin zu sehen, daß die wirtschaftlichen Implikationen der habsburgischen Nationalitätenfrage in der bisherigen Forschung vielfach im Hintergrund gestanden haben[14]. Das Wirtschaftsgefüge der Wiener Tschechen war jedoch nicht nur Mittel zur Beherrschung des milieu technique, sondern es hat am Verlauf des ideologischen Prozesses der Nationswerdung entscheidend mitgewirkt. So übte man z. B. 1897 im Kalender des Österreichischen Nationalitätenklubs scharfe Kritik an dem alttschechischen Reichsratsabgeordneten F. L. Rieger, daß er sein politisches Programm nicht auf die volkswirtschaftliche Organisation des tschechischen Volkes gestützt habe: „Die politische Macht einer Nation steht und fällt heute mit der volkswirtschaftlichen Entwicklung... Der Hauptanteil der nationalen und politischen Mißerfolge hat seine Wurzel in unserer volkswirtschaftlichen Unregsamkeit, Unzulänglichkeit und Unreife"[15]. So viel als Plattform für die folgenden Ausführungen, in denen der Organisationskomplex der Arbeits- und Berufswelt als das für die Sozialstruktur der Wiener Tschechen typischste Merkmal angesehen wird[16]. Doch ist hier nicht die Rede von einem Primat im kausalen Sinne, sondern von einem Vorrang des Interesses, man könnte auch sagen: von einer existentiellen Priorität. Methodisch schien es am zweckmäßigsten, mit der Analyse der allgemeinsten Wirtschaftsorganisationen, den Geldinstituten, zu beginnen.

In den böhmischen Kronländern gingen Industrialisierungsprozeß und gleichzeitiges Bestreben, sich vom Großkapital der Reichsmetropole möglichst unabhängig zu machen, Hand in Hand mit der kulturellen und politischen Entfaltung des tschechischen Volkes; dies hatte zur Ausbildung eines selbständigen tschechischen Bankwesens geführt[17]. Die Krise der siebziger Jahre brachte schwere Erschütterungen:

---

[13] Liefmann-Keil, Einführung in die politische Ökonomie 13.
[14] Näheres bei Mommsen, Die Sozialdemokratie 18 ff.
[15] Kusák, Al.: Česká společnost národohospodářská a Vídeň [Die tschech. volkswirtschaftliche Gesellschaft und Wien]. Kal. Čechů víd. 6 (1897) 88—96.
[16] Insoweit sich das Wesen des Menschen in der Arbeit erfüllt, wird die Organisationsform der Arbeit das kennzeichnende Merkmal jeder Gesellschaft.
[17] Aktenmaterial zur Zusammenarbeit der tschechischen Banken in: NRČ-N 41 (1911): Bankovní komise NRČ. Organisace [Die Bankkommission NRČ. Organisation]. NRČ-N 148 (1911): Součinnost českých bank [Die Zusammenarbeit der tschech. Banken]. — Lit.: Jindra, Z.: K rozvoji českého bankovního kapitálu před první světovou válkou [Zur Entwicklung des tschechischen Bankkapitals vor dem Ersten Weltkrieg]. ČsČH 5 (1957) 506—526. — Horák, J.: Přehled vývoje českých obchodních bank

Zahlreiche Bankunternehmen der liberalen Ära brachen zusammen, die 1869 in Prag gegründete Živnostenská banka [Gewerbebank] mußte ihr Aktienkapital von 10 auf 6 Millionen herabsetzen[18]. Auch ihre 1872 errichtete erste Wiener Zweigstelle, in deren Vorstandschaft sich damals der bereits mehrfach erwähnte Journalist J. S. Skrejšovský befand, war nach dem Schwarzen Freitag an der Wiener Börse 1873 wieder aufgelöst worden[19]. Erst in den achtziger Jahren setzte eine zielbewußte Konzentration und Konzernbildung ein, deren Erfolg sich an der Zahl der gegründeten Bankinstitute ebenso wie an der Steigerung des Aktienkapitals ablesen läßt. Während die Wiener Banken zwischen 1892 und 1911 einen Zuwachs von 58 % zu verzeichnen hatten, betrug der Anstieg der böhmisch-mährischen Banken in diesem Zeitraum 610 %[20]. Der eigentliche Aufschwung zu einer selbständigen tschechischen Wirtschaft machte sich vor allem seit der Jahrhundertwende bemerkbar: In der Zeit von 1871 bis 1900 entstanden in Prag zwei, in Wien zehn neue Banken; doch schon das folgende Jahrzehnt brachte zehn tschechische Neugründungen allein in Prag[21]. Dementsprechend blieben auch die seit 1898 wieder in der Reichshauptstadt vertretene *Živnostenská banka* und die wechselseitige Versicherungsbank „*Slavia*" mit Jan Harrach als erstem Präsidenten die einzigen tschechischen Bankinstitute, die vor 1900 ihre Niederlassungen in Wien aufschlugen, wogegen in den nun folgenden 13 Jahren acht weitere tschechische Banken und Versicherungen aus den Kronländern nachkamen: die *Moravská zemská pojišťovna* [Mährische Landesversicherungsanstalt], die *Moravsko-slezská vzájemná pojišťovna* [Mährisch-schlesische wechselseitige Versicherungsanstalt], die *Ústřední banka českých spořitelen* [Zentralbank der böhmischen Sparkassen], die *Česká průmyslová banka* [Böhmische Industrialbank], die *Patria*-Lebensversicherungs-AG, die Versicherungsgesellschaft *Praha*, die Bankvereinigung „*Hermes*" und als Ableger der *Živnostenská banka* die *Nová vídeňská diskontní společnost* [Neue Wiener Diskont-Gesellschaft][22]. Die „Živno" als größtes Unternehmen war seit 1909 in zwei eigenen Gebäuden der Innenstadt untergebracht und hatte 1914 in insgesamt vierzehn Wiener Bezirken Wechselstuben errichtet. Ihr folgte die nur anfangs in Untermiete amtierende Böhmische Industrialbank mit vier Wechselstuben. Seit 1910 verfügte auch

---

[Übersicht über die Entwicklung der tschech. Handelsbanken]. Prag 1913. — D e r s .: Das böhmische Geldwesen. In: T o b o l k a , Zd.: Das böhmische Volk. Prag 1916, S. 213—226. Atlas čsl. dějin [Atlas der tschechoslowakischen Geschichte]. Hrsg. v. J. P u r š , Prag 1965, Karte 22.

[18] P r i n z , Handbuch III, 209. — R e i c h , J.: Die Wiener Presse und der Wiener Börsenkrach. Wien (phil. Diss.) 1947. — Živnostenská banka v Praze [Die Živnostenská Banka in Prag] 1869—1918. Prag 1919.

[19] S o u k u p , Česká menšina 531. Zu Skrejšovský vgl. S. 123 f.

[20] M r á z e k , Otakar: Vývoj průmyslu v českých zemích a na Slovensku 435.

[21] S o u k u p , Česká menšina 524 f.

[22] Vgl. die Aufstellung der tschech. Bankniederlassungen im Anhang S. 484. Zur „Živnostenská Banka" und zur „Slavia" informieren alljährlich Artikel im Kal. Čechů víd. des Österr. Nationalitätenklubs (Jgg. 1890—1914), bes. 3 (1894) 66 f.: 20jähr. Jubiläum der „Slavia"; zur Živno: Jgg. 1901, 1903, 1904. Weitere Angaben zu den Wiener tschech. Bankfilialen: S o u k u p , Česká menšina 531—534. — W i e n e r S l a w e n 6 f. — J a n č a , Rok 1909, S. 276—280. — Živnostenská banka, filiálka ve Vídni I., Herrengasse 12. Wien 1914. 96 S. (Taschenkalender).

die Zentralbank der böhmischen Sparkassen über ein eigenes Palais an der Ringstraße. Ohne Zweifel war das Wachstum des tschechischen Bankkapitals zwischen 1905 und 1910 beträchtlich, in einzelnen Geldinstituten machte sich sogar ein sechsfacher Anstieg bemerkbar[23]. Extrem nationalistische Kreise wie der Redakteur des Vídeňský Denník, Jan Janča, schrieben es unverhohlen auf das Konto der Wiener tschechischen Filialen, die im Börsenrat durch den Wiener Direktor der Živno vertreten waren, daß im Jahre 1909 „bei der letzten Emission der österreichischen Kronenrente das bisher unbeschränkte Finanzmonopol der Rothschild-Gruppe gebrochen wurde" und bezeichneten dies gleich als „Sieg der ganzen tschechischen Nation, ja auch anderer slawischer Nationen, die durch tschechoslawische Bemühungen aufgerüttelt und dazu geführt wurden, an den staatlichen Finanzgeschäften Österreichs zu partizipieren"[24]. Während sich Janča nun einesteils dessen rühmte, daß das tschechische Kapital von den Wiener Filialen aus in die südslawischen Länder, nach Galizien und in die ungarische Slowakei verbreitet wurde, stieß er unweigerlich auch auf den wunden Punkt: auf das mangelnde Verständnis für die nationale tschechische Wirtschaftspolitik in der Wiener Minderheit selbst. Und dies, obwohl es nicht an Versuchen fehlte, den wirtschaftlichen Bedürfnissen der Wiener Tschechen durch eine Vielfalt von Organisationen entgegenzukommen. Für besonders geeignet hielt man die Organisationsform der sogenannten Vorschußkassen (záložny), die vornehmlich kleine und mittlere Kredite gaben und von den zugewanderten tschechischen Gewerbetreibenden selbst ins Leben gerufen werden konnten. In den böhmischen Ländern entstanden die ersten dieser Darlehensinstitute noch auf Vereinsebene in den fünfziger Jahren, seit 1873 schlossen sie sich dann als Gesellschaften mit beschränkter Haftung zusammen und bildeten mehr und mehr die wirtschaftlich-politischen Sammelpunkte für das gewerbetreibende nationale Kleinbürger- und Bauerntum[25]. Fünf Jahre nach der Gründung der ersten tschechischen Vorschußkassa 1858 in Vlašim[26] schufen sich auch die Wiener Tschechen in der *Slovanská průmyslová záložna „Včela"*[27] [Slawische

---

[23] Steigerung bei der Živno: von 25 Millionen Kronen auf 60 Millionen, bei der Zentralbank der böhm. Sparkassen: von 4 Millionen Kronen auf 25 Millionen, bei der Böhmischen Industrialbank: von 8 Millionen Kronen auf 30 Millionen Kronen: J a n č a , Rok 1909, S. 278.

[24] E b e n d a 279. Auch das Folgende. — Zum Einströmen tschechischen Kapitals in Ungarn: B e r e n d, J. T. / R á n k i, G.: Das Niveau der Industrie Ungarns zu Beginn des 20. Jahrhunderts im Vergleich zu dem Europas. In: B a x a , J.: Studien zur Geschichte der Zuckerindustrie in den Ländern des ehemaligen Österreich. Wien 1950, S. 267—286.

[25] Dvacetpět let Vídeňské záložny 1903—1928 [Fünfundzwanzig Jahre Wiener Vorschußkassa 1903—1928]. Wien o. J. (1928), S. 10: Erster Kongreß der böhm./mähr. Vorschußkassen 1865 in Prag. Organ: „Posel z Prahy" [Bote aus Prag].

[26] Die erste mährische entstand 1861 in Prerau. E b e n d a 10. Zu den mähr. auch: W e n z l, F.: Dějiny záložen a ostatního družstevního podníkání na Moravě do r. 1885 [Geschichte der Vorschußkassen und des übrigen genossenschaftlichen Unternehmertums in Mähren bis z. J. 1885]. Prag 1937. S p u n d a , Johanna: Die verlorenen Inseln. Boh Jb 2 (1961) 371 ff.

[27] K a r á s e k , Sborník 209. — S o u k u p , Česká menšina 527 f. — Dvacetpět let Vídeňské záložny 11. — NÖ. Ver. kat. VIII/20 (29. 10. 1863). — Ende des 1. Jahres:

Industrie-Vorschußkassa „Biene"] eine eigene Kreditstelle, die zwar seit etwa 1866 mangels Interesses praktisch stillgelegt war, offiziell jedoch erst mit der Gründung der „Česká záložna" [Böhmische Vorschußkassa] 1887 liquidiert wurde. Zu ihren Urhebern und Revisoren gehörten u. a. Josef Burgerstein, Petr Bílka, Albert Jan Kalandra, Viktor Moser, Josef Hora — alles bekannte Persönlichkeiten, die im damaligen tschechischen Vereinsleben Wiens eine führende Rolle spielten[28].

Der Aufschwung der tschechischen Vorschußkassen, die im Jahre 1880 schon 64,7 % aller Einlagen der Vorschußkassen Zisleithaniens besaßen[29], zeugt davon, daß das fortgesetzte wirtschaftliche Unabhängigkeitsstreben in den Kronländern bei den breitesten Bevölkerungsschichten auf Widerhall stieß. Während in den übrigen Ländern der Monarchie im Jahre 1888 insgesamt „nur" 217 Darlehensvereinigungen bestanden, waren — wie die Statistik der Wiener Zentralkommission zeigt — im selben Jahr von den 1001 Vorschußkassen der Kronländer schon 523 in tschechischen Händen[30]. Ende 1909 nennt die von der Prager Kanzlei der tschechischen Vorschußkassen herausgegebene Aufstellung fast die doppelte Zahl, nämlich 907 tschechische Institute, von denen inzwischen elf in Wien und Niederösterreich amtierten[31].

Mit der Gründung der ersten politischen Organisation, dem Österreichischen Nationalitätenklub (1881) erhielten die wirtschaftlichen Schritte der Wiener Tschechen zwangsläufig ein verstärktes nationalpolitisches Profil. Dies zeigt sich deutlich bei der auf Initiative des damaligen Klubvorsitzenden Dr. Viktor Moser im Februar 1887 gegründeten *Česká záložna*[32] [Böhmische Vorschußkassa], die größtenteils von demselben Personal der ehemaligen „Včela" sowie von bewährten Mitarbeitern des „Klubs" geleitet wurde[33] und „mit der Zeit die volkswirtschaft-

---

283 Mitgl., 8114 fl Einlagen, 418 fl Reservefonds. Der offenbar letzte Vereinsbericht d. J. 1866 ist zweisprachig abgefaßt. Mitglieder fast ausschließlich Gewerbetreibende.

[28] Siehe oben S. 116 u. 96 (Komenský, Slov. Beseda, Slov. zpěvácký spolek).

[29] Havránek Jan: Die ökonomische und politische Lage der Bauernschaft in den böhmischen Ländern in den letzten Jahrzehnten des 19. Jahrhunderts. Jb. f. Wirtschaftsgesch. 1966, Teil II S. 96—134, hier S. 103.

[30] Dvacetpět let Vídeňské záložny 10: in Böhmen insges. 450, davon 273 tschechische, in Mähren insg. 307, davon 240 tschechische, in Schlesien insg. 27, davon 10 tschechische. — Eine erste Statistik aus d. J. 1871 nennt für die Monarchie insges. 782, davon 514 tschechische. An ihrer Zuverlässigkeit zweifelt auch Soukup, Česká menšina 525.

[31] NRČ 548: Statistika záložen českých v Čechách, na Moravě, ve Slezsku a v Doln. Rakousku za rok 1909 a seznam jich v roce 1910 [Statistik der Vorschußkassen in Böhmen, in Mähren, in Schlesien und in NÖ f. d. Jahr 1909 und ihr Verzeichnis im Jahre 1910]. 26. Jg., Prag 1912. Ca. 120 Seiten mit instruktiven Daten zu Mitgliederstand, Einlagen, Anleihen, Erträgen, Steuern, Verwaltungsauslagen etc. Vgl. z. B. Mitgliederanteile: Böhmen: 355 Vorschußkassen mit Anteilen zu 15 806 045 K, Mähren: 288 mit Anteilen zu 6 722 801 K, Schlesien: 15 mit Anteilen zu 431 330 K, Niederösterreich: 7 mit Anteilen zu 489 560 K.

[32] Karásek, Sborník 208—211 (m. Tab.). — Soukup, Česká menšina 528 f. — Dvacetpět let Vídeňské záložny 12. — Hubka, Čechové v Dolních Rakousích 36. — Pazourek, Čechové ve Vídni 206 f. — Víd. Kal. 1 (1892) 52 ff.

[33] A. J. Kalandra (Slov. Bes., Slov. zpěv. spol.), J. Maruška (Komenský), V. Moser (ÖNK), RR-Abg. Špaček, Dr. Kozariszczuk (ÖNK). Siehe oben S. 84 f. 111, 124 ff. — Zu Moser auch: Kal. Čechů víd. 18 (1909) 48 u. 11 (1902) 63 sowie Karásek, Sborník 107.

liche Grundlage für die Selbständigkeit des Wiener tschechischen Gewerbewesens"[34] werden sollte. Die Errichtung von Schulen und die soziale Fürsorge bildeten die Hauptargumente, mit denen man die Bedeutung der neuen tschechischen Institution rechtfertigte und für die Allgemeinheit attraktiv zu machen versuchte[35]. Dadurch tritt ein noch in größerem Zusammenhange zu erläuternder Tatbestand im Wiener tschechischen Nationalismus zutage: Man versuchte immer wieder — hier z. B. mit Hilfe wirtschaftlicher Errungenschaften — in erster Linie die Sozialentwicklung in die Hand zu bekommen und zu lenken, in der Hoffnung, durch die Mobilisierung einer sozialen Bewegung im Wiener Tschechentum die Frontstellung gegen die deutsche Vorrangposition am wirksamsten verstärken zu können. Allerdings blieb die Reaktion der — laut Volkszählung von 1890 — 68 158 Wiener Tschechen „enttäuschend gering"[36]. Der Anreiz der neuen Vorschußkassa, ideologisch geschützt durch Tyršs Sokol-Parole „Svůj k svému!" [Jeder zum Seinigen!] reichte nicht aus, um die tschechische Bevölkerung in gewünschter Zahl aus den deutschen Geldinstituten herauszulocken. In den ersten sieben Jahren stieg die Mitgliederbeteiligung dieses einzigen Wiener tschechischen Finanz-„Selbsthilfe"-Unternehmens von anfangs 99 auf 209 Personen. Die eingezahlten Anteile wuchsen von 3420 auf 19 150 Gulden, die ausgegebenen Darlehen des Jahres 1887 betrugen 774 Gulden[37], also insgesamt ein recht spärlicher Erfolg.

Erst nach 1895 folgten außerhalb des I. Bezirks, in dem sich die Česká záložna niedergelassen hatte, weitere zahlreiche Neugründungen[38]. Sie sind jedoch ange-

---

[34] Víd. Kal. 1 (1892) 90.
[35] Víd. Kal. 2 (1893) 82 f. O české záložně ve Vídni [Über die tschech. Vorschußkassa in Wien]. — 1 (1892) 41 f.
[36] K a r á s e k, Sborník 210. Víd. Kal. 2 (1893) 83: „Als die Č. zál. gegründet wurde, waren wir Sanguiniker und glaubten, daß Hunderte und Tausende unserer Handwerker sich in ihr zusammenscharen und sie als eigenen nationalen Nutzen erkennen würden. Inzwischen haben jedoch die Handwerker und andere Schichten die deutschen Institute noch nicht verlassen. Doch muß jeder bedenken, daß die tschechische Vorschußkassa erst dann Wunder tun kann, wenn sie wächst... sie ist nicht gegründet, weil sie Geld *verdienen* will, sondern hauptsächlich um dem Handwerkerstand zu helfen bei seinem schweren Konkurrenzkampf gegen das Großkapital."
[37] K a r á s e k, Sborník 210 (Auszug). H u b k a, Čechové v Dolních Rakousích 36.
[38] Vgl. die Aufstellung im Anhang S. 485 (Insges. 20 Institute bis 1914). — Lit.: S o u k u p, Česká menšina 528—536. — Víd. záložny v letech 1902, 1903, 1904 [Wiener Vorschußkassen in d. J. 1902, 1903, 1904]. Víd. Nár. Kal. 1 (1906) 95 ff. — Čtvrtstoletí českých záložen ve Vídni [Ein Vierteljahrhundert tschechischer Vorschußkassen in Wien]. In: S ý k o r a, Dobyvatelé 278 f. Ferner die zusammenfassenden Jahresberichte über die Wiener záložny von Miloš P e l d a im Víd. Denník. Mitteilungen auch im „Věstník". Ferner: Kal. Čechů Víd. 15 (1906) 126: Naše živnostnictvo a záložna Pětidomy [Unser Gewerbewesen und die Vorschußkassa Fünfhaus]. 9 (1900) 112: První česká záložna ve Vídni [Die erste tschechische Vorschußkassa in Wien]. Víd. Nár. Kal. 2 (1907) 106: České záložny ve Vídni roku 1905 [Die tschechischen Vorschußkassen in Wien im Jahre 1905]. 5 (1910) 116: České peněžnictví dolnorakouské [Das niederösterr. tschechische Geldwesen]. — Víd. záložna. Zprávy o činnosti 1908, 1911, 1912 [Die Víd. záložna. Jber. 1908, 1911, 1912]. — Dolnorakouská záložna ve Vídni [Die nö. Vorschußkassa in Wien] (Jahresber. z. 15. Jahr ihres Bestehens). Wien 1911. — Kalendářík Víd. záložny na rok 1910 [Taschenkalender der Vídeňská záložna für 1910]. Wien 1910. — Ročenka dělnické a živnostenské záložny [Jahrbuch der Arbeiter- und Gewerbe-

sichts der vom Österreichischen Nationalitätenklub angestrebten Zusammenlegung des gesamten Wiener tschechischen Kapitals eher als Handikap für die nationaltschechische wirtschaftliche Weiterentwicklung zu bewerten, weil sich in ihnen die bereits im Vereinsleben viel beklagte Eigenbrötelei einzelner Gruppen[39] nicht minder deutlich niederschlug. So erklärt sich wohl auch die außerordentlich hohe Zahl der im privaten Rahmen gegründeten kleinen Sparzirkel, Losvereine und „Kreuzergesellschaften", die ohne Zweifel bei dem Gros der Wiener Tschechen die beliebteste Organisationform der Geldanlage darstellten[40]. Die Tendenz zur Absonderung, die man auf mangelndes Vertrauen der Wiener Tschechen in die eigenen Landsleute zurückführte[41], machte sich in abgewandelter Form auch bei den Vorschußkassen bemerkbar: Bei einigen von ihnen führte die spezifisch homogene Interessengemeinschaft, die sicherlich auch mit ständischem Traditionsbewußtsein in Beziehung gebracht werden darf, sogar so weit, daß sich die Vorstandschaft der betreffenden Kreditanstalten entweder ausnahmslos aus Postbeamten oder nahezu ausschließlich aus Tischlern zusammensetzte, wie das in den beiden záložny des XII. Bezirkes der Fall war[42]. Daneben verfügten auch die beiden Arbeiterparteien über eigene Darlehensinstitute: Die Wiener tschechischen Nationalsozialen benutzten seit 1910 die *Dělnická a živnostenská záložna* [Arbeiter- und Gewerbe-Vorschußkassa] im VI. Bezirk, für die Sozialdemokraten war schon 1896 die *Slovanská záložna* [Slawische Vorschußkassa] geschaffen worden. Die Slowaken besaßen erst im letzten Vorkriegsjahr in der *Slovenská ľudová záložna* [Slowakische Volks-Vorschußkassa] ein selbständiges nationales Unternehmen.
Als erfolgreichste der zwischen 1863 und 1914 in Wien gegründeten zwanzig tschechischen Vorschußkassen erwies sich die „*Vídeňská záložna*"[43] [Wiener Vorschußkassa]. Sie wurde auf Initiative des 1898 an die Wiener Živno-Filiale gekommenen Bankdirektors Josef Špitalský[44] als *Záložna Pětidomy* [Fünfhaus] im XV. Bezirk im Jahre 1903 eröffnet. Während — mit Ausnahme der Česká záložna, die die Lokalitäten der Slovanská Beseda zur Verfügung gestellt bekam[45], — alle übrigen tschechischen Vorschußkassen ihre Amtsstunden ein bis zweimal wöchentlich

vorschußkassa G.m.b.H.]. Wien 1913. — P e l d a , Miloš: Vídeňské záložny [Die Wiener Vorschußkassen]. Wien 1903, 31 S.
[39] Z. B. Víd. Kal. 1 (1892) 40. — H u b k a , Čechové v Dolních Rakousích 30.
[40] Vgl. Anhang S. 479—482. Ihre genaue Zahl ist nicht mehr zu erfassen. Nach dem Urteil des Polen G. S m ó l s k i (1904) vereinigten sie ein bedeutendes Sparkapital. S m ó l s k i , G.: Czesi w Wiedniu i Dolnych Rakuszach. Šwiat Słowiański 1, 2; Jg. 1905, S. 120—125, hier S. 124.
[41] Z. B. Dvacetpět let Víd. zál. 13.
[42] W i e n e r S l a w e n 9 f., bei letzterer 5 Tischler, 2 Beamte. Von insges. 76 Vorstandsmitgliedern in 11 Wiener Vorschußkassen bildeten Handwerker bzw. Post-, Bank- oder Rechnungsbeamte etwa je ein Drittel, der Rest verteilte sich auf Geschäftsleute, freie Berufe oder Akademiker.
[43] Am ausführlichsten: Dvacetpět let Víd. zál. (mit zahlr. Tab.). — S o u k u p , Česká menšina 534 ff. — Zu Einzelleistungen und Kapitalsanlage: J a n č a , Rok. 1909, S. 278.
[44] Masarykův Slovník 7 (1933). — NRČ 566: Brief Drozdas vom 3. 2. 1907 an den NRČ: Špitalský wurde von der Prager Bankdirektion die Kandidatur für die Wiener Tschechen bei den Reichsratswahlen 1907 verboten. — S o u k u p , Česká menšina 157, 481, 485, 529.
[45] K a r á s e k , Sborník 210.

abends in Gasthäusern abhielten, amtierte Špitalský mit einem Teil seines Bankpersonals täglich im Národní dům XV. [Tschechisches Nationalhaus][46], da er zuvor einige Mitglieder dieser tschechischen Hausbaugenossenschaft für seine Idee gewonnen hatte. Zu den ersten, die der neuen záložna durch ihre Einlagen eine Start- und zugleich auch Propagandahilfe gaben, gehörten die Grafen Jan Harrach und Friedrich Deym[47]. Der eigentliche Aufstieg begann mit Vít Hrdina[48], der seit Januar 1904 zum neuen Direktor der Wiener Živno berufen wurde. 1905 war die Záložna Pětidomy die erste tschechische Vorschußkassa Wiens mit ganztägigen Amtsstunden und bezahlten Beamten. 1906 eröffnete sie zu ihrem Vorteil zusätzlich einen Kreditverein *(Vídeňský úvěrní spolek),* der auch Nichtmitgliedern Kredite gewährte[49]. Im gleichen Jahr errichtete sie ihre erste Wiener Zweigstelle und beteiligte sich maßgeblich an der Gründung der ersten tschechischen Vorschußkasse in Niederösterreich-Land (Untersiebenbrunn)[50]. 1908 zog sie — sozusagen auch unter erweitertem Namen — als „Vídeňská záložna" in eine der Hauptgeschäftsstraßen (Mariahilferstraße) und bereitete symstematisch die Fusion der Darlehenskassen im II., XII. und I. Bezirk vor.1913 hatte sie sich vom Bankkapital so weit unabhängig gemacht, daß sie sich auf eigene Mittel stützen konnte. Ihr Ziel, die Hauptgeschäftsstelle in den I. Bezirk zu verlegen, war ebenfalls verwirklicht, darüberhinaus verteilten sich ihre Filialen in acht Wiener Bezirken. Als Höhepunkt in der Anerkennung ihrer Leistung empfand man ihre Verbindung mit dem österreichischen Finanzzentrum, der Österreichisch-Ungarischen Bank, da diese ihre Geschäftsfreundschaft nur den florierenden Unternehmungen zuwandte[51]. Der Weltkrieg kam für die Vídeňská záložna „wie ein Blitz aus heiterem Himmel"[52]: schon in den ersten Tagen wurden bei ihr über 1 100 000 Kronen abgehoben.

---

[46] Siehe unten S. 198—204.
[47] Dvacetpět let Víd. zál. 14. Nach persönl. Intervention Špitalskýs. H a r r a c h 1000 K, Deym 500 K.
[48] Ottův Slovník Nové doby II, 2 (1933) 1252. — S o u k u p , Česká menšina 531 ff. — Weitere Funktionen: Řemeslnická a živnostenská jednota [Handwerker- und Gewerbe-Verein], Slovanská národohospodářská společnost [Slawische volkswirtschaftl. Gesellschaft], Neue Wiener Diskonto-Gesellschaft, Sparverein Fünfhaus, stellvertr. Obmann des „Melantrich", im Ausschuß von „Austria Nova". Eifrige Nachkriegstätigkeit. — Zu Hrdina und Špitalský auch D o l e ž a l , J. K.: Dr. Jos. Karásek. Wien 1926. — H r d i n a , Vít.: Všem příslušníkům a opravdovým přátelům celé menšiny dolnorakouské [Allen Angehörigen und aufrichtigen Freunden der ganzen tschech. Minderheit in NÖ]. Wien (Melantrich) o. J.
[49] Dvacetpět let Víd. zál. 15 f.
[50] Zwei weitere entstanden 1909 in Unterthemenau (Poštorná) u. Ober-/Unter-Wielands (Velenice). NRČ 114 Vyplněné dotazníky [Ausgefüllte Fragebogen] (1913).
[51] Dvacetpět let Víd. zál. 19: Die Verbindung wird als „besonders wertvoll" erklärt, „nicht nur dadurch, daß sie Zinsen- und andere Ersparnis brachte, sondern auch in moralischer Hinsicht... Die Erfolge und die ordentliche Wirtschaftsführung der Vídeňská záložna wurden von der Österr.-Ungarischen Bank auch anerkannt, die ihr sehr entgegenkam". — Im Widerspruch hierzu stehen die Aktionen in den Kronländern gegen die Österr.-Ungar. Bank: NRČ 196 (1904—1914): Proteste und Polemiken tschechischer Spar- und Darlehenskassen gegen sie und gegen die Errichtung der Zentrale der Reichsgenossenschaftsbank in Wien.
[52] Dvacetpět let Víd. zál. 19. — Gesamtstatistik von 1903—1916: E b e n d a 36.

Beurteilt man allerdings die Entwicklung der Wiener tschechischen Vorschußkassen in ihrer Gesamtheit, so stößt man immer wieder auf den kritischen Punkt bei der Organisation des tschechischen Geldwesens, der in der Bereitschaft zur Mitarbeit lag und zwar zu einer Mitarbeit unter nationalen Vorzeichen. Obwohl sich die tschechischen Wirtschaftsfachkräfte selbst zu jeder Zeit über die wirtschaftspolitische und grundsätzlich organisatorische Linie im klaren waren, gab es in Wien doch zumindest auch eine negative Gewißheit über ihre Grundlagen. Es glückte dem tschechischen Finanzwesen der Reichshauptstadt ebensowenig, den breiten Mittelstand zu „engagieren", wie es gelang, die Gelder in einem gemeinsamen Sammelplatz zu konzentrieren, wenn man die Česká záložna und ihre Nachfolgerin, die Vídeňská záložna, als solche Sammelzentren betrachten kann. Hinter der eisernen Einstimmigkeit der tschechischen Erklärungen zu dieser Frage herrschte ein — wenn auch gedämpfter — Kampf, nicht wegen ideologischer Grundsätze, sondern um die Beherrschung und Führung der Wirtschaft. Dieser war wiederum verbunden mit einem Machtkampf innerhalb der Parteien und Berufsstände. Es mag in diesem Zusammenhang aufschlußreich sein, die wachsende Verknüpfung des wirtschaftlichen Bereiches mit dem kulturellen und politischen Sektor[53] einmal nicht an umfangreichem Material auszubreiten, sondern sie kurz von der personellen Seite her zu skizzieren: Bei nahezu allen Wortführern des Wiener tschechischen Wirtschaftslebens, aus deren Reihen an dieser Stelle vier herausgegriffen werden, läßt sich zeigen, daß die nationalen Interessen niemals auf den kulturellen oder sprachlichen Bereich allein gerichtet waren, wie dies die zeitgenössischen austromarxistischen Theoretiker Karl Renner und Otto Bauer in ihren Analysen voraussetzten[54]. Kein einziger dieser vier Finanzmänner war so ausschließlich Wirtschaftsspezialist, daß er in der kulturellen und politischen Arena nicht ebenso durch aktive Mitarbeit hervorgetreten wäre: Miloš *Pelda*[55], seit Anfang 1899 Vorstand der zweiten Wiener Filiale der Živno-Bank, setzte sich für alle kulturellen Fragen der Wiener Tschechen ein und galt mit als der agilste Propagator eines ständigen tschechischen Theaters in der Reichshauptstadt. Er sorgte dafür, daß unter den Journalisten des Vídeňský Denník die einheitliche politische Richtung gewahrt wurde und verfaßte selbst regelmäßig Wirtschaftsberichte. In besonderem Maß galt er als Förderer und Organisator der Gesellschaft der Freunde des tschechischen Buchdrucks in Wien, der „Vídeňská Matice". Bohuš *Novák*[56], ebenfalls Vorstandsmitglied der Živno, wirkte lange Jahre als Vorsitzender des Vereins zur Abhaltung evangelischer Gottesdienste (Spolek pro vydržování evangelických bohoslužeb) und ebenso als Vorsitzender

---

[53] J a n č a, Rok 1909, S. 232: „Wenn in den früheren Jahren der tschechischen Bewegung in Niederösterreich mehr kulturelle Unterstützung gegeben worden war, so wurde in den letzten Jahren unser ganzes Leben auf wirtschaftlicher Grundlage errichtet und hier vor allem auf finanzieller Selbständigkeit. Das Wissen, daß Finanzkräfte auch national, politisch und kulturell stark und unabhängig machen, vertiefte sich in den führenden Kreisen der Wiener Tschechen, und auf dieser Grundlage steht heute unser ganzes nationales Gebäude."
[54] M o m m s e n, Die Sozialdemokratie 10.
[55] S o u k u p, Česká menšina 531 f., 536. Zur Vídeňská Matice siehe Anhang S. 461 f., 478.
[56] E b e n d a 532. Zum Osvětový Svaz siehe S. 129 u. Anh. S. 463.

des Kulturverbandes im Nationalrat, des Osvětový Svaz. Auf Innocent Hošťáleks[57] literarische und parteipolitische Tätigkeit wurde bereits anderenorts eingegangen. Erwähnt sei hier nochmals seine langjährige Tätigkeit als Vorsitzender des Lesevereins „Svatopluk Čech" und sein Direktorposten bei der První záložna slovanských úredníků [Erste Vorschußkassa der slawischen Beamten]. Auch von Hanuš Sýkora[58], dem nationalsozialen Redakteur und Parteifunktionär war bereits die Rede. Er gehörte zu den Vorstandsmitgliedern der Občanská záložna (XVIII. Bezirk) [Bürgerliche Vorschußkassa]. Wie sich immer wieder feststellen läßt, beruhte der Einfluß der tschechischen Wirtschaftsführer auf den Wiener gewerbetreibenden tschechischen Mittelstand im wesentlichen eher auf politischen als auf wirtschaftlichen Entscheidungen. Man hat ihn daher an politischen Kategorien zu messen, zu denen man die Vorschußkassen ebenso wie jeden anderen Bereich der Wiener tschechischen Wirtschaft in Beziehung setzen muß.

Im ganzen gesehen kann man bei der Entwicklung des Wiener tschechischen Geldwesens drei Perioden unterscheiden: Auf die ersten Versuche folgte die plötzliche Gründerbewegung Mitte der neunziger Jahre, die seit etwa 1908 von den gezielten Zentralisierungstendenzen durch die Živnobank abgelöst wurde. Die Auswirkungen des Zusammenschlusses der drei tschechischen Vorschußkassen durch die Vídeňská záložna waren beachtlich, vor allem, was die Höhe der Einlagen betraf. Im ersten Halbjahr 1910 wurden allein in der Vídeňská záložna fast ebensoviele Einlagen gemacht, wie im ganzen Jahr 1909 in allen tschechischen Darlehenskassen Niederösterreichs zusammen[59].

Alle Wiener záložny zusammen (in Kronen):

Jahr	Zahl d. Mitgl.	Eingezahlte Anteile	Darlehen am Jahresende
1903	1 473	94 757	436 215
1909	3 987	698 622	6 536 594

	Einlagen am Jahresende	Gesamtumsatz	Reservefonds	Reingewinn
1903	319 914	2 804 380	19 778	10 507
1909	3 021 132	87 654 270	116 781	66 622

Nur die Vídeňská záložna im 1. Halbjahr 1910:

Mitgl.	Eingez. Anteile	Darlehen	Einlagen	Gesamt-Umsatz	Res.fonds	Reingewinn
1042	427 800	4 997 356	3 013 351	55 159 653	118 795	29 550

Die Vorstellung, daß die wirtschaftlichen Interessen der österreichischen Völker auf die Erhaltung des geschlossenen Wirtschaftsgebietes Österreich-Ungarn gerichtet

---

[57] Ebenda 531. Siehe oben S. 138.
[58] Siehe oben S. 152. Wiener Slawen 9. — Auch Machar lebte in Wien als Bankbeamter. Herbatschek, Das Erwachen 3.
[59] Jančа, Rok 1909, S. 276 f.

waren, kann jedoch nicht darüber hinwegtäuschen, daß der wirtschaftliche Konkurrenzkampf der tschechischen Bevölkerungsteile Wiens ein kräftiges Stimulans für die nationalen Konflikte lieferte. Dies zeigt sich an der wachsenden Aufmerksamkeit, mit der die Entwicklung des tschechischen Geldwesens von deutschnationaler Seite aus verfolgt wurde. Schließlich war es kein Geheimnis, daß das Wiener tschechische Kapital zwischen 1898 und 1908 von 60 000 K auf 500 000 K, die Reservefonds von 7 000 K auf 80 000 K, die Einlagen von 150 000 K auf 1 600 000 K und der Umsatz von einer Million auf 48 Millionen gestiegen waren[60]. Unter Benützung dieser Zahlenreihen stellte der Deutsche Volksrat für Wien und Niederösterreich in seinen Berechnungen fest, daß nahezu alle tschechischen Darlehenskassen, selbst mit Heranziehung ihrer Reservefonds, vollständig passiv arbeiteten[61]. Die Schuldsumme pro Mitglied schwankte in einzelnen Wiener Bezirken zwischen dem Minimum von 141 und dem Maximum von 2 409 K, in Niederösterreich-Land, z. B. in Untersiebenbrunn, betrug sie pro Kopf sogar 5 940 K[62]. Hierzu wird man insgesamt folgendes sagen dürfen: Eine Bilanz, die deutscherseits nicht ausschließlich verdammt oder tschechischerseits nicht nur bewundert hätte, konnte damals gewiß nicht auf allgemeine Zustimmung rechnen, aber im Gegensatz zur Vorstellung sehr vieler damaliger Wiener Tschechen und Deutschen kamen Schwarz und Weiß in der Realität nun einmal verhältnismäßig selten vor: Der Zweck der Vorschußkassen, der in der Kreditgebung an tschechische Handwerker und Kleingewerbetreibende, Hilfs- und Fabriksarbeiter[63] bestand, wurde jedenfalls von den Wiener záložny im Prinzip erfüllt, ungeachtet dessen, wie hoch die Pro-Kopf-Verschuldung der Mitglieder war, die mit der Aktivität oder Passivität des Unternehmens gar keinen direkten Zusammenhang hat, denn es kann auch ein sehr stark verschuldetes Unternehmen durchaus aktiv arbeiten. Im Falle einer Krise wären diese Vorschußkassen von den finanzkräftigen Banken ohnehin gedeckt worden.

Das Kriterium, das die nationale Atmosphäre vergiftete und sich auf die tschechischen Vorschußkassen der Reichshauptstadt nachteilig auswirkte, ist vielmehr in der Stärke des deutschen großbürgerlichen Kapitals der Liberalen und Christlichsozialen zu suchen[64], mit anderen Worten: die überwiegende Mehrzahl der Wiener

---

[60] Víd. Denník 25. 4. 1909: Jahresbericht: „Die tschechischen Vorschußkassen Niederösterreichs im Jahre 1908." — Wiener Slawen 7.
[61] Wiener Slawen: 9 Die tschechische Vorschußkassa im XV. Bezirk mit 216 680 K, die im I. Bezirk mit 161 124 K, die im X. Bezirk mit 37 706 K.
[62] Ebenda 9. Die Mitgliederzahlen bewegen sich zwischen 32 und 664, der Jahresumsatz zwischen 39 837 und 34 337 022 K.
[63] An diese Schichten wendet sich ausdrücklich der Artikel: „O české záložně ve Vídni [Über die tschech. Vorschußkasse in Wien]. Víd. Kal. 2 (1893) 82 f. Mitgliederanteile zu 100 fl, in Vorstadtkassen 50—25 fl, zahlbar in wöchentlichen Raten zu 50 kr, das war der Preis eines Loses.
[64] Man versuchte alles, mit wirtschaftlichen Maßnahmen aus dem Kampf zwischen den Wiener Deutsch-Liberalen, „dem größten Gegner der Tschechen überhaupt", Antisemiten und Sozialdemokraten das beste für die Wiener Minderheit herauszuschlagen und „in jedem Fall die größere Lebenskraft" zu besitzen. „Im politischen Kampf in den böhmischen Ländern mitzumischen, ist nicht unsere Sache in Wien, ... die Verbesserung des materiellen Standards ist ein Stimulans, das die Mittelklassen in die Reihen der Anti-

Tschechen bevorzugte die deutschen Geldinstitute, da sie wesentlich billigere Kredite zu geben imstande waren als die tschechischen, ein Vorteil, von dem besonders die kleinen tschechischen Landwirte in den niederösterreichischen Gemeinden Gebrauch machten. Die Frage eines billigen tschechischen Kredites wurde schlechthin zur „Lebensfrage ganzer tschechischer Gemeinden und ganzer Gegenden"[65]. Da die tschechischen Vorschußkassen Böhmens und Mährens der Wiener Aufforderung nicht nachkamen, einen Teil ihres brachliegenden, ungebundenen Vermögens der Vídeňská záložna mit 4 %iger Verzinsung zur Verfügung zu stellen, war es so gut wie aussichtslos, mit den Raiffeisenkassen und anderen deutschen Unternehmen in Konkurrenz zu treten[66]. Diese arbeiteten ihrerseits — den tschechischen Nachforschungen zufolge — mit Hilfe von Einlagegeldern, die sie z. T. angeblich sogar zinslos von einigen „germanisierenden" Organisationen erhalten hatten. Es mußte daher die nationaltschechischen Wirtschaftspolitiker der Donaumetropole in doppelter Hinsicht treffen, daß sie im Kampf gegen die Abhängigkeit von der dominierenden Position des deutschen Kapitals so gut wie ganz auf sich selbst gestellt waren. Blieben doch die tschechischen Vorschußkassen der Kronländer nicht die einzigen Institutionen, die der Wiener Minorität ihre Unterstützung versagten: Hinzu kam die volkswirtschaftliche Kommission des Prager Nationalrats, in deren Vorstand sich Jan Otto, Präsident der Prager Živno und prominente Reichsratsabgeordnete[67] befanden, die jedoch andererseits in den böhmischen Ländern einen Feldzug gegen die „germanisierenden" Zentralisierungstendenzen führte, wie es z. B. in der Angelegenheit des „Landes-Jubiläumskreditfonds Kaiser Franz-Josefs I. zur Förderung des kleingewerblichen Kreditwesens"[68] geschah.

Die Entwicklung innerhalb der Vielfalt von quasiautonomen tschechischen Selbstverwaltungsorganisationen auf dem Gebiet der Wirtschaft ist — soviel läßt sich auch schon an dieser Stelle sagen — ein klassisches Beispiel für den inneren Widerspruch, der das Organisationswesen des Wiener Tschechentums kennzeichnete, die Diskrepanz zwischen seinen Ansprüchen und deren Verwirklichung. Die nationalen Kreise erhoben Anspruch auf vollkommene Beherrschung der Wiener tschechischen

---

semiten führt und die Arbeiter ins Lager der Sozialdemokraten. Wenn die tschechische Partei zeigt, daß sie sich um die finanziellen Bedürfnisse des Volkes kümmern will und vorankommt, wenigstens so offenkundig, wie Liechtenstein, Schneider, Lueger, Adler und andere sozialdemokratische Führer, dann wird sie sicher an Boden gewinnen... die tschechischen Arbeiter werden nicht mehr ihr Heil in Dr. Adler sehen, die tschechischen Gewerbetreibenden nicht mehr beim Fürst Liechtenstein, es wird zugleich ein großer Erfolg für die nationale Sache in Wien sein, denn gerade bei den Arbeitern und Gewerbetreibenden sind die Wiener Tschechen am zahlreichsten vertreten". Zit. aus: Víd. Kal. 1 (1892) 39—42: Politická činnost Čechů vídeňských [Die politische Tätigkeit der Wiener Tschechen] und 88—90: Klub rakouských národností.

[65] J a n č a , Rok 1909, S. 280, in Sperrdruck! Die tschechischen Vorschußkassen zahlten für Einlagen 4½ %, dadurch waren sie gezwungen, die Kredite zu relativ teueren Bedingungen zu geben. Bei der Česká záložna mußten die Darlehen i. J. 1901 mit 6 % verzinst werden. H u b k a , Čechové v Doln. Rak. 36.

[66] J a n č a , Rok 1909. S. 280. Auch das Folgende.

[67] K. Mattuš, E. Grégr, K. Víškovský. NRČ 148; NRČ-N 41.

[68] NRČ-N 42 (1911/12) C. k. úřad pro záležitosti živnostenského úvěru ve Vídni [K. k. Amt für Angelegenheiten des gewerblichen Kredites in Wien].

Wirtschaft, auf Verfügung über die Wirtschaftsquellen, Kontrolle über Kredite, Arbeitskräfte und Planung, aber sie blieben weit hinter ihren Forderungen zurück. Die Wirtschaftskontakte mit den Kronländern blieben nach wie vor ebenso vernachlässigt wie die innerhalb des Wiener Tschechentums selbst[69]. Die Praxis führte weniger zu einer umfassenden Mobilisierung der Massen als zu weitreichender Unübersichtlichkeit und Zersplitterung, und zwar unter anderem auch aus Gründen, interner parteilicher Interessengegensätze. Hinzu kam, wie oben erwähnt, daß beim tschechischen Volksteil Niederösterreichs die Übermacht der Raiffeisenkassen den Wiener záložny ständig das Wasser abgrub, wogegen das tschechische Wirtschaftsbürgertum der Kronländer gerade dieses System wesentlich stärker und besser entwickelt hatte als es in den deutschen Gebieten der Fall war[70]. Anders ausgedrückt: während die wirtschaftliche Aufbauarbeit der tschechischen Nation in Böhmen und Mähren ihre deutschen Vorbilder bereits in vielem überrundet hatte[71], steckten die Wiener Tschechen wirtschaftsorganisatorisch in statu nascendi.

Die eigentliche Bedeutung der tschechischen nationalökonomischen Organisationen liegt darin, daß aus der reichen Gliederung der genossenschaftlichen Verbände vor allem das Fundament für politische Aktivität erwachsen sollte; unter diesem Aspekt sind Tempo, Ausmaß, Intensität und Niveau auch bei den übrigen wirtschaftlichen Vereinigungen des Wiener Tschechentums zu betrachten. Bedingt durch die Großstadtverhältnisse bildeten *Hausbau-* und *Verbrauchergenossenschaften*[72] die bevorzugten Typen genossenschaftlicher Zusammenschlüsse. Bei letzteren gingen die Anfänge auf den *Českoslovanský dělnický spolek* [Tschechoslawischer Arbeiterverein] zurück, der 1869 zwei Arbeiterverkaufsstellen eröffnet hatte, die er allerdings bald wieder schloß, da die tschechischen Sozialdemokraten bis zur Spaltung der Partei 1911 bei den deutschen Konsumvereinen einkauften[73]. Von bürgerlicher

---

[69] K u č e r a , Václav: Český průvodce po Vídni [Tschechischer Führer durch Wien]. Wien 1888, S. 3: „Es bedarf besserer Kontakte zwischen den Kronländern und den Wiener Tschechen selbst, und zwar nationaler und wirtschaftlicher Kontakte." — S. 16: „Die Handelsbeziehungen sind total vernachlässigt... Kontakte mit den böhmischen Ländern wie auch innerhalb der Wiener Tschechen fehlen, weil die tschechischen Gewerbetreibenden ihren Landsleuten stets Böses nachsagen."

[70] Lit. bei P r i n z , Handbuch III, 90 Anm. 17.

[71] 1911 bestanden 445 tschechische und 166 deutsche landwirtschaftliche Genossenschaften, 59 tschechische und 40 deutsche Genossenschaften der Kleingewerbetreibenden und 102 tschechische gegenüber 158 deutschen Konsumgenossenschaften. P r i n z , Handbuch III, 208 f. — Spätestens seit der Jahrhundertwende kann man von einer selbständigen tschechischen Wirtschaft sprechen. M o m m s e n , Die Sozialdemokratie 26. — K ř í ž e k , J.: Die wirtschaftlichen Grundzüge des österreichisch-ungarischen Imperialismus in der Vorkriegszeit (1900—1914). Prag 1963 (RČSAV Řada společenských věd 73). — P e t e r m a n n , Reinhard E.: Wien im Zeitalter Franz Josephs. Wien 1908, S. 186, nennt für die Reichshauptstadt insgesamt nur 79 Konsum- oder Wirtschaftsorganisationen (von 4250 i. J. 1905 im nö. Amtskalender aufgeführten Vereinen).

[72] S o u k u p , Česká menšina 515 ff.

[73] Anzeigen des Konsumvereins „Vorwärts" und des „1. niederösterr. Arbeiterkonsumvereins" in: Výroční zpráva o činnosti místních organisací čsl. soc.dem. strany dělnické v Doln. Rak. ku 16. řádné konferenci za období od 30. října 1908 do 30. září 1909 [Jber. üb. d. Tätigkeit der lokalen Organisationen der tschechosl. sozdem. Arbeiterpartei in NÖ zur 16. ordentlichen Konferenz für den Zeitraum vom 30. Oktober 1908 bis 30. Sept. 1909]. Wien 1909. Archiv KSČ, Fond 70/č. 81.

Seite aus versuchte man Ende 1893 mit ebenso geringem Erfolg ein ähnliches Unternehmen aufrechtzuerhalten: den I. *český konsumní spolek* [1. tschechischer Konsumverein] im XV. Bezirk[74]. Auf Anregung der tschechischen Beseda in Hernals (XVII. Bezirk) folgte im Jahre 1902 der *Potravní spolek v Hernalsu* [Lebensmittelverein in Hernals]. Auf breiterer Basis entstand erst 1911 der *První český konsumní spolek* [Erster tschechischer Konsumverein] im III. Bezirk. Ursprünglich war er nur für die tschechische Beamtenschaft vorgesehen, hinzu kamen jedoch noch die aus dem deutschen Konsumverein „Vorwärts" ausgetretenen tschechischen Sozialdemokraten, die erst ein Jahr später als *Ústřední české potravní a úsporné družstvo ve Vídni* [Tschechische Zentral-Lebensmittel- und Spargenossenschaft] ihre eigenen Wege gingen. Verstreute Wohnweise und mangelnde Transportmittel trugen dazu bei, daß die Wiener tschechischen Konsumvereine insgesamt keine nennenswerte Bedeutung erlangten, obgleich die beiden letztgenannten die Kriegsjahre überdauern konnten.

Anders hingegen stand es mit den Genossenschaften zur Errichtung von Vereinshäusern. Diese „Národní domy" [National-Häuser] spielten im nationalen Bewußtsein der Wiener Tschechen immerhin eine so wichtige Rolle, daß sie in einem Atemzug mit dem Komenský-Schulverein zum wichtigsten Stützpunkt in der Reichshauptstadt erklärt wurden[75]. Der Gedanke, sie zu wirtschaftlichen, kulturellen und nationalen Zentren des gesellschaftlichen Lebens[76] auszubauen, entstand um das Jahr 1890 in den Sokol-Vereinen. In den letzten 20 Jahren vor dem Weltkrieg bildeten sich dann in den verschiedenen Wiener Bezirken in rascher Aufeinanderfolge fast ein Dutzend solcher Verbände[77] mit dem Ziel, den tschechischen Organisationen durch „nationseigene" Unterkunft eine dauerhafte Bleibe zu sichern. Zum Verständnis, warum gerade im Sokol die Keimzelle für diesen Gedanken liegen konnte, ist der Entwicklungsverlauf der deutsch-tschechischen Beziehungen bis zu diesem Zeitpunkt vorauszuschicken, wie er sich aus den Jahresberichten des ältesten Wiener Sokol-Vereins, des „Sokol Vídeňský"[78], rekonstruieren läßt: Ende der sechziger Jahre, in der ersten Zeit seines Bestehens, turnte der Wiener Sokol regelmäßig dreimal wöchentlich in Untermiete bei einem Deutschen, ohne daß es zu nationalen Komplikationen gekommen wäre. Im Jahre 1877 abonnierte der Verein noch die deutschsprachigen Fachblätter „Österreichische Turnzeitung" und „Deutsche Turn-

---

[74] Víd. Kal. 3 (1894) 70 f.: Český život ve Vídni [Das tschechische Leben in Wien].
[75] Kal. Čechů víd. 10 (1901) 82 f.: Čeho nám nutně ve Vídni zapotřebí [Was wir in Wien notwendig brauchen]: „Wir haben zwei Basteien: Die Komenský-Schule und das 1. Nár. dům im XV. Bezirk." Auch deutscherseits: Die „Zeit" (25. 4. 1903): Die Czechen in Wien: „Der bedeutendste Mittelpunkt im czechischen Vereinsleben Wiens liegt im XV. Bezirk, in Fünfhaus. Hier ... hat vor sieben Jahren das Consortium des «Národní dům» (Nationalhaus) einen ganzen Häuserkomplex angekauft ... Ich bekam erhöhten Respekt vor Frau Czechia, die an dem Riesenbilde im Nationalhaus so strotzend abgebildet ist."
[76] Unter diesen drei Gesichtspunkten sieht Janča die Bedeutung der Wiener Národní domy. J a n č a, Rok 1909, S. 342 f.
[77] Zusammenstellung im Anhang, S. 479—482.
[78] Für das Folgende: Archiv MTVS — Prag. Výroční zpráva slovanského tělocvičného spolku „Sokola vídeňského" [Jahresbericht des slaw. Turnvereins „Sokol vídeňský] 3 (1870), 10 (1877), 13 (1880), 14 (1881), 17 (1884), 21 (1888), 23 (1890), 30 (1897), 33 (1899) und ff.

zeitung". 1879 legte der Schriftführer Wert darauf, den besonders engen Kontakt zum „Akademischen Turnverein der Wiener Hochschulen" zu betonen, der auch in der folgenden Zeit keinesfalls der einzige deutsche Turnverein war, zu dem man in guter Beziehung stand. 1883 sammelte der „Sokol Vídeňský" bei seinen Mitgliedern Spenden für die deutsche „Freiwillige Rettungsgesellschaft". Da die Statthalterei mit Erlaß vom 11. August 1888 (Nr. 43 490) das öffentliche Tragen der Vereinsfahne bei feierlichen Gelegenheiten ausdrücklich gestattet hatte, läßt sich selbst in diesem Jahresrückblick noch keine Verschärfung der nationalen Gegensätze erkennen. Zwei Jahre später trat der Wendepunkt ein und von da an mehrten sich die Klagen über das „ungastliche Land an der Donau" und steigerten sich kontinuierlich bis zum Kriegsausbruch. Anlaß zu den „traurigen Ausblicken auf die Zukunft" gab eine Verfügung des Stadtrates, daß die Turnhalle aufgegeben werden müsse. Jetzt begannen Sorgen und Ärger mit den Räumlichkeiten, die auf Jahre hinaus das Vereinsleben beeinträchtigten. Nicht besser sahen die Bedingungen bei den übrigen Wiener Sokol-Vereinen um die Jahrhundertwende aus[79]. Viele fanden lange Zeit überhaupt kein Lokal oder turnten in flächenmäßig und hygienisch unzureichenden Kellerräumen von Miethäusern. Der Sokol im XX. Bezirk war noch im Jahre 1913 in einem Heuboden über einem Pferdestall untergebracht. Obendrein rechneten die tschechischen Vereine aller Kategorien ständig mit der Kündigung. Sogar die finanzkräftige „Slovanská Beseda" zog 1898 bereits zum siebenten Mal um[80]. Die Aussicht auf organisatorisch gesicherte Vereinszusammenkünfte und das Bestreben, die „Ansässigkeit" durch erworbenen Grundbesitz zu dokumentieren, zudem noch die Mietpreise, die vor allem dann eine eindrucksvolle Summe ergaben, wenn man die Jahresbeträge der zahlreichen tschechischen Vereine addierte[81], — dies alles ließ die Beteiligung an einer Vereinshaus-Baugenossenschaft wohl für alle tschechischen Vereinsleitungen verheißungsvoll erscheinen.

So entstand aus der ursprünglich nur von Sokol-Mitgliedern am 16. Oktober 1894 zur Errichtung einer Turnhalle gebildeten Genossenschaft *Družstvo pro vystavění tělocvičny sokolské jednoty „Tyrš"* durch Statutenänderung am 25. Oktober 1896 die Genossenschaft für das zukünftige Nationalhaus *Družstvo k vystavění Národního domu XV.*[82]. Im Dezember 1896 kaufte sie für 50 000 Gulden ein Gasthaus

---

[79] „Sokol" 37 (1911) 24 f., 26 (1900) 182 f., 25 (1899) 205 ff., 40 (1914) 264, 270 f., 450, 458. Ferner: MTVS-I ČOS Cc5, Da 1, Da 5 (alles über Räumlichkeiten beim nö. Sokol).

[80] Jubilejní zpráva Slov. Besedy (1865—1925), S. 10. E b e n d a 41: „Die Hauptsorge galt immer den Aufenthaltsräumlichkeiten ... Immer die Wohnfrage!"

[81] Janča errechnete nur für die Vereinslokale, Theater, Konzerte, Vorträge und Unterhaltungsveranstaltungen einen Jahresbetrag von 20 000 K.: J a n č a, Rok 1909, S. 342; 1908 kostete die Jahresmiete in den zwölf Wiener Sokolvereinen 5200 K.: P a z o u r e k, Čechové ve Vídni 157. Ferner: U r b a n, Čechové v Doln. Rak. 38.

[82] MTVS — Sbírky tisků sokolských jednot v Rakousku (1894—1947): Stanovy Družstva pro vystavění tělocvičny Sok. jedn. „Tyrš" ve Vídni XV., Turnerg. 9 [Sammlungen der Druckveröffentlichungen der Sokolvereine in Österreich (1894—1947): Statuten der Genossenschaft zum Bau der Turnhalle des Sokolvereins „Tyrš" in Wien XV., Turnerg. 9]. Wien 1898. Enthält *beide* Statuten. Das Original der Gedenkurkunde anläßlich der Fertigstellung des Baues am 16.10.1898 ist im Besitz des heute noch bestehenden „Družstvo Národní dům". Wien XV., Turnerg. 9. — Vereinsstatuten und Jahresbericht der Genossenschaft von 1903 in der Wiener Komenský-Schule (III.). — Lit.: (am auf-

im XV. Bezirk und ließ es für Vereinszwecke ausbauen. Das Kapital war durch eine Anleihe beschafft worden und die Genossenschaft mußte die Schulden tilgen. Nach einem Jahr umfaßte die Organisation schon 475 Mitglieder, so viel hatten derzeit in Wien nicht einmal die größten tschechischen Geselligkeitsvereine. Als Ehrenmitglieder gewann man die Reichsratsabgeordneten Vilém Kurz und Jan Dvořák. Am 28. April 1897 fanden unter Anwesenheit von 91 slawischen Abgeordneten[83] die Eröffnungsfeierlichkeiten statt. Beachtlich ist vor allem, daß der konservative Adel an dem tschechischen Vereinshaus großes Interesse zeigte und bei der Festveranstaltung durch zehn Repräsentanten vertreten war. Als Protektor des Unternehmens zeichnete, wie üblich, Jan Harrach, als weitere Befürworter und Förderer sind vor allem Friedrich Prinz Schwarzenberg, die Grafen Pálffy, Deym und Kaunitz sowie Michael Graf von Bubna aus Daudleb in Böhmen zu nennen[84]. Da das „I. český Národní dům" über fünf Klubräume und einen großen Saal verfügte und insgesamt 1 300 Personen fassen konnte, fanden von nun an meist alle öffentlichen politischen Versammlungen und Parteiberatungen hier statt[85]. Von Anfang an entwickelte es sich vorwiegend zum Sitz des Wiener tschechischen Kleingewerbes[86]; im Jahre 1900 beherbergte es insgesamt 16 Vereine. 1902 kaufte man noch das Nachbargebäude hinzu und 1910 waren bereits vierzig tschechische Organisationen im Vereinshaus des XV. Bezirks untergebracht — u. a. die Sprachschule des „Komenský", der Sokol „Tyrš" und die nationalsoziale Partei, die das Gebäude gern in ihren Besitz gebracht hätte[87].

schlußreichsten) S l a v í č e k, Vítězslav: Čechové Vídeňští a jich práce na poli národním [Die Wiener Tschechen und ihre Arbeit auf nationalem Gebiet]. Wien 1900. — S o u k u p, Česká menšina 518 ff. — Die Broschüre: I. český Národní dům Vídeň XV., Turnerg. 9 (1894—1959). Wien 1959. — Vídeňské menšinové listy, 20. Jg., Nr. 24 (15. 6. 1967) 3: 70 let práce pro menšinu [70 Jahre Arbeit für die Minderheit]. — H u b k a, Čechové v Doln. Rak. 35 f. — Kal. Čechů Víd. 7 (1898) 72 f.; 9 (1900) 106; 12 (1903) 123; 13 (1904) 126; 14 (1905) 122 f.; 15 (1906) 120; 16 (1907) 124; 17 (1908) 128; 18 (1909) 112 f.; 20 (1911) 114 f.

[83] Darunter 38 Tschechen, 21 Polen aller Fraktionen, ruthenische Abgeordnete beider Parteien, Slowenen und Kroaten. Insgesamt waren 300 Personen anwesend, Delegierte aller tschechischen Vereine Wiens. Nö. Präs. J 12; 3393 (1897).

[84] „Fremden-Blatt", 51. Jg., Nr. 120 (30. 4. 1897): Stürmische Ovationen an Pálffy für sein Eintreten zugunsten der Komenský-Schule. Schwarzenberg dankt allen Unterstützern des Vereinshauses. — Zu Michael Graf von Bubna und Litice: Kal. Čechů víd. 9 (1900) 106—109: První český nár. dům ve Vídni [Das erste tschech. Nationalhaus in Wien], hier S. 109, sowie 13 (1904) 126. — Zu Pálffy: Ottův Slovník 19 (1902) 104. — RR-Prot. XI/411 (11. 7. 1895) u. XI/556 (7. 1. 1897). — Kal. Čechů víd. 7 (1898) 86. — Ö. Biogr. Lex. (Zettelkatalog). — Zu den Schwarzenbergs: Víd. Kal. 3 (1894) 35; 14 (1905) 93; 17 (1908) 50. — H a r r a c h : 1 (1892) 43; 7 (1898) 74. — Ottův Slovník 10 (1896) 908 f. — Jubilejní zpráva Slov. Bes. 14 f. — Ö. Biogr. Lex. — Zu Kaunitz: U r b a n, Čechové v Doln. Rak. 11 u. 15. — Ferner: Graf Leop. Lažanský, der bei seinem Tod 1891 den Wiener Tschechen sein verschuldetes Wiener Haus zu diesem Zweck vermachte. Víd. Kal. 1 (1892) 97; 3 (1894) 70; 5 (1896) 62, und U r b a n, Čechové v Doln. Rak. 4.

[85] Z. B. Víd. Denník 1. Jg., Nr. 99 (19. 6. 1907): Die staatsrechtlichen Abgeordneten im „Národní dům".

[86] H u b k a, Čechové v Doln. Rak. 35 f.: Schilderung der Atmosphäre im Nár. dům XV.

[87] Als Absicherung, damit das Haus unter keinen Umständen in Parteihände übergehen könne, erfolgte eine Änderung der Statuten im Mai 1904: Bei Auflösung der Genossen-

Parallel zum „Národní dům XV." trat — ebenfalls 1896/97 — das Konkurrenzunternehmen auf den Plan, das vom Sokol Vídeňský, vom Pokrok, der Slovanská Beseda und der Česká záložna ausging: die Aktiengesellschaft „Český dům I."[88]. Baurat Josef Hlávka, einer der prominentesten Mitglieder des „Sokol Vídeňský", soll der eigentliche Urheber der Idee gewesen sein[89]. Das Ziel dieser Genossenschaft war es nicht, möglichst vielen, kleineren Vereinen eine Heimstätte zu geben, man plante vielmehr die Errichtung eines exklusiven tschechischen Repräsentationshauses in der Innenstadt, mit Vortrags- und Gesellschaftsräumen, ständiger Bühne und Konzertsaal, Lese- und Turnhallen, mit angegliedertem Hotelbetrieb, Restaurant und Caféhaus, wirtschaftlich gesehen eine Art „Arbeitsbörse" der führenden tschechischen Organisationen Wiens[90]. Während sich die Werbekampagnen des „Národní dům" im XV. Bezirk in verhältnismäßig kleinem Rahmen hielten[91], versuchte das „Český dům I." mit Unterstützung der Reichsratsabgeordneten Kramář, Kalina und Švejk[92], des Prager Nationalrates[93] und der Česká Obec Sokolská[94] Interessenten in der ganzen Welt zu gewinnen. Bis zum Konsul von San Francisco, nach Berlin, Dresden, Hamburg, München und Budapest gelangten die Anteilscheine für

schaft sollte deren Eigentum an den Sokol „Tyrš", bei dessen Auflösung an die ČOS oder ÚMŠ gehen. Dadurch wollte man verhindern, daß das Národní dům in unberufene Hände von Parteien geriet. NRČ 114 (1906): Briefe der Genossenschaft an den Prager NRČ vom 8. 3. 1906 und 30. 7. 1906. — Ferner: MTVS-I ČOS-Cc 5, Vídeň XV.: Jednota Tyrš an ČOS am 18. 10. 1904: Bitte um Begutachtung der neuen Statuten des „Nár. dům", da die nationalsoziale Partei das Haus kaufen wollte. „Gottlob erfuhren wir davon im kritischen Augenblick und konnten rechtzeitig die Statuten ändern. Der Kampf mit der Partei dauert gegenwärtig noch an."

[88] (21. 3. 1897). Stanovy družstva Český dům ve Vídni [Statuten der Genossenschaft Český dům in Wien] 1900 u. 1908. — Český dům. Činnost společenstva [Tätigkeit der Genossenschaft]. Wien 1904 und 1910. — Kal. Čechů víd. 7 (1898) 70; 10 (1901) 82; 16 (1907) 101, 120 f.; 17 (1908) 103; 18 (1909) 109. — Víd. Nár. Kal. 2 (1907) 120 f.; 4 (1909) 139 ff.; 5 (1910) 128. — NRČ 83 (1913), NRČ 114 (1906). — S o u k u p , Česká menšina 520 ff.

[89] Víd. Kal. 1 (1892) 11. Siehe oben S. 86 f.

[90] Siehe Anhang: 550 f. — Víd. Denník, Nr. 8 (26. 2. 1907): Die wirtschaftliche Aufgabe des „Český dům" im I. Wiener Bezirk. Vgl. auch Víd. Denník Nr. 33 (28. 3. 1907), Nr. 83 (30. 5. 1907).

[91] Nö. Präs. XIV/214; 327 (1905): enthält ein in Neu-Paka (!) gedrucktes Zirkular, das unter dem Protektorat Harrachs zu Spenden aufruft. — NRČ 114 (1906) Anfrage der Genossenschaft an den NRČ vom 2. 12. 1906, warum er das Nár. dům XV. ignoriert und ungenügende Aufrufe erläßt.

[92] S o u k u p , Česká menšina 521 f.

[93] NRČ 114 (1906): Aufrufe des Aktionsausschusses im NRČ zur Unterstützung des „Český dům I." Empfehlung des Unternehmens durch den NRČ im „Okresní Věstník" vom 8. 11. 1906. Brief des NRČ an das „Český dům I." vom 28. 8. 1906, daß das „Český dům I." Zustimmung findet und daß die Bezirksausschüsse und Stadträte der böhmischen Länder vom NRČ informiert werden, sich um Verbreitung der Anteilscheine zu bemühen. — NRČ 120 (DONRČ 1905—1910). Nár. Politika, 25. 12. 1908: Akce pro Český dům a slovanský hotel ve Vídni v číslech [Aktion für das tschech. Nationalhaus und slawische Hotel in Wien in Ziffern].

[94] MTVS — I ČOS, C-c5, Vídeň I, (Brief des niederösterr. Sokolgaues an die ČOS vom 24. 6. 1914 über die Anteile einzelner Sokol-Verbände am „Český dům I."), Vídeň VI., ferner: Sbírky tisků sokolských jednot 1894—1947 (Material zur Agitationstätigkeit).

dieses großangelegte Projekt. In den Kronländern hatten neben Prag der ostböhmische Sokolgau, der Jeronymer Gau und der Sokolgau Palacký Anteile erworben. Man veranstaltete Werbefahrten und verschickte Tausende von Druckschriften, Ansichtskarten und Zehntausende von Flugblättern. Die weiblichen Sokol-Mitglieder der Reichshauptstadt gründeten einen eigenen Agitationsausschuß für das „Český dům I." und einzelne Patrioten vermachten der Genossenschaft testamentarisch ihre ganze Habe[95]. Innerhalb Wiens war besonders die Gewinnung des Grafen Karl Seilern und Aspang[96] für das Unternehmen von Bedeutung: Er zählte mit Anteilen von 30 000 Kronen zu den kapitalkräftigsten Teilhabern mit weitreichenden Beziehungen. Während beim „Národní dům XV." der Wiener Živno-Bankdirektor Hrdina als Vorsitzender auftrat, schaltete sich beim „Český dům I." vorübergehend sein Vorgänger Špitalský als Präsident der Gesellschaft ein. Nach dreizehnjähriger Propaganda- und Sammeltätigkeit, im Jahre 1910, erwarb man das „Hotel Post" in der Innenstadt. Beziehbar war das Gebäude für die führenden Vereine — Nationalrat, Slovanská Beseda, Pokrok, Lumír, Sokol-Gau, Akademický spolek, Verein der böhmischen Staatsbeamten u. a. — allerdings erst kurz vor Kriegsausbruch.

Angesichts der übrigen, hier unerwähnt bleibenden Wiener tschechischen Hausbaugenossenschaften ergibt sich die Frage, inwieweit diese Unternehmen finanziell gesichert waren. Jetzt erst, an dieser Stelle, tritt die Hauptbedeutung der tschechischen Geldinstitute zutage. Das „I. český Národní dům" z. B. hatte mit knapp 3000 Gulden Eigenkapital[97] den Kauf des Hauses im XV. Bezirk gewagt. Während jedoch die Schuldverschreibungen bereits dieser einen Genossenschaft keinen Absatz fanden und die Schulden, die im Jahre 1908 noch 147 000 Kronen betrugen[98], sich auch 1914 nicht verringert hatten, ließ sich das „Český dům I.", das in den ersten drei Jahren nicht über eine Zahl von 150 Teilhabern hinauskam, gleichzeitig auf ein Zweimillionen-Gulden-Projekt ein[99]. Als nun auch beim „Český dům I." die fälligen Subskriptionen nicht eingezahlt wurden und die Erträge aus öffentlichen Sammlungen mehrfach spurlos verschwunden waren[100], stellte die Genossenschaft ihre Tätigkeit vorübergehend ganz ein. Beim Wiederbelebungsversuch wurden dann immerhin 60 000 Kronen gezeichnet, obgleich man wenigstens 200 000 gebraucht hätte, um mit den Vorbereitungsarbeiten zur Errichtung des Gebäudes beginnen zu können[101]. So ist es nicht verwunderlich, daß beide Vereinshäuser bei Kriegsausbruch noch hoch belastet waren. Auch die übrigen Národní domy im X., II., XVI. und XVIII. Bezirk stützten sich ausschließlich auf das ihnen von den Wiener tsche-

---

[95] Jbb. „Sokol Vídeňský", Nr. 35 (1902), 40 (1907), 42 (1909).
[96] Soukup, Česká menšina 521. — Ottův Slovník 22 (1904) 795. — Ö. Biogr. Lex. (Zettelkatalog). — Nár. Politika, 25. 12. 1908. — NRČ 566. Korrespondenz vom 5. 3. 1912. Zu weiteren Mitgliedern auch Wiener Slawen 25.
[97] Soukup, Česká menšina 520. Von Sokol „Tyrš" bekam die Genossenschaft 1500 fl, selbst hatte sie 1400 fl aufgebracht.
[98] Slavíček, Čechové Vídeňští 9. — Kal. Čechů víd. 17 (1908) 128.
[99] Hubka, Čechové v Doln. Rak. 36. — Slavíček, Čechové Vídeňští 6.
[100] Slavíček, Čechové Vídeňští 5 f.
[101] Kal. Čechů víd. 10 (1901) 82 f.

chischen Geldinstituten geliehene Kapital und kauften sogar ständig neuen Grund hinzu[102].

Daß diese Wirtschaftsführung in den Augen der deutschen und tschechischen Betrachter in der Donaumetropole zu erheblichen Interpretationsschwierigkeiten geführt hat, wird m. E. wohl daher rühren, daß in vielen Fällen Stil und Absichten der tschechischnationalen Wirtschaftsspekulationen verwechselt worden sind. Die Absichten führten tatsächlich zur Verschärfung der deutsch-tschechischen Spannungen[103], aber in der Praxis blieb der weitreichende Massenenthusiasmus auch bei den Nationalhäusern aus. Wien wurde nach dem bewertet, was es an Verdienstmöglichkeiten bot: „Unabhängige, wohlhabende Tschechen haben wir in Wien wenig und die unabhängigen oder wenigstens vermeintlich abhängigen kommen selten (erg.: ins tschechische Nationalhaus, Anm. d. Verf.), und wenn, dann nur zum Abgewöhnen, um der *Karriere* nicht zu schaden! Die Deutschen gehen nicht ins «Český dům» — wer soll es dann also erhalten?"[104] Diese Äußerung stammt von einem der Mitbegründer der ältesten Hausbaugenossenschaft der Wiener Tschechen, einem Mitglied des „Národní dům XV.". Dieser zur Jahrhundertwende abgefaßten Überlegung gehen folgende Worte voraus: „Wir kennen die Wiener Tschechen... zu gut, als daß man sich einbilden könnte, es sei möglich, im Lauf einiger Jahre sechs Häuser zu bauen und die anderen zu *erhalten*... So wie wir leider die Unternehmungslust der Wiener Tschechen im Errichten von Vereinen kennen, müssen wir mit Recht die Befürchtung hegen, daß wir, wenn schon nicht für jeden einzelnen Verein, dann aber zumindest in jeden Bezirk eine eigene Genossenschaft zur Errichtung eines Vereinshauses haben werden, wenn nicht zwei oder mehr... Die Herren haben sich sicherlich im Konzept geirrt, wenn sie behaupten, daß ganz Wien hinter ihnen stehe... Dort Politik zu treiben, wo die Taschen leer sind, wo jeder alles besser versteht als der andere, wo ein Verein den anderen und die Gesamtheit aus kleinlichen Motiven heraus bekämpft und grundlos mit Strafanzeigen bedroht,

---

[102] Hierzu sowie zu den übrigen Wiener Nár. domy: MTVS-I ČOS-Cc5: Sbírky tisků 1894 bis 1947; Sokolské organisace v zahraničí. B-b3 1889—1915. — Víd. Denník, Nr. 55 (24. 4. 1907). — J a n č a, Jan: Čechové dolnorakouští. Jsou-li Dolní Rakousy zemí německou? [Die nö. Tschechen. Ist Niederösterreich ein deutsches Land?]. Vlčkova Osvěta, Nr. 6 (1909) 481—495 (Nár. domy). — D e r s., Rok 1909, S. 278. — Nár. Politika, 16. 1. 1910: Nový český dům ve Vídni [Ein neues tschechisches Haus in Wien].

[103] So befaßt sich ein Artikel im Deutschen Volksblatt, Nr. 7902 vom 1. 1. 1911, S. 18 u. d. T. „Die Tschechengefahr in Wien" mit den neuesten Grundankäufen der Živnobank, unter anderem auch in der Nähe des Nár. dům: „Der frühere Besitzer, «a echta Weana», spielte den nationalen Judas... Ist denn keine Hilfe gegen solchen Drang? Keine! Der gegenwärtige Besitzer der altberühmten Kohlkreuze... hat unumwunden die Ansicht ausgesprochen: «Mir ist das alles eins. Wer mir mehr gibt, der kriegts.» Auri sacra fames... So graben sich die Deutschen selbst ihr Grab." — Zum tschechischen Grundbesitz in Wien auch: P o l a n, P. (Pseudonym für Matal): Die Wiener Hausherrn aus dem Jahre 1862 im Lichte einer nationalen Statistik. Bohemica Viennensia 2 (1948), Nr. 1, S. 7—14 (Mschr.).

[104] S l a v í č e k, Čechové Vídeňští 16. Vgl. auch seine Klagen über die halbleeren Räume, obwohl man gehofft hatte, das Haus würde die Besucherzahlen nicht fassen können. E b e n d a 11.

wäre es überflüssig, Geld und Kräfte zu verschwenden. Dort kann weder Politik noch Arbeit gedeihen"[105].

Die unterschiedliche Einschätzung der wirtschaftlichen Entwicklung des Wiener Tschechentums und ihrer Wirkung auf die nationale Frage ist nicht einfach nur als Folge nationaler Voreingenommenheit anzusehen. Die innere Spannungswelle, die durch die Anpassung der Zugewanderten an neue politische und soziale Prinzipien ausgelöst wurde, in ihrer eigentümlichen Drapierung mit nationalhistorischen Emblemen[106] ermöglicht die gegensätzlichsten Auffassungen. Sicher ist, daß die tschechischen Bevölkerungsteile, die aus wirtschaftlichen Erwägungen heraus nach Wien kamen, Zug um Zug ihre Heimatbindungen teils freiwillig, teils unter dem Zwang der Verhältnisse aufgaben und damit viele Bindungen durchschnitten. Sie wechselten aus überwiegend agrarischen Gebieten in ein Zentrum des modernen Kapitalismus, aus kleinbürgerlichen, patriarchalisch geprägten Lebensformen in die industrielle Massengesellschaft der Reichshauptstadt über. Ohne die Bereitschaft und das Bemühen, ihre Lebensweise den veränderten Erfordernissen anzupassen, ohne Gespür für die Gesetze des großstädtischen Arbeitsgetriebes mußten sie Fremdlinge ohne festen Boden, um nicht zu sagen Ausgeschlossene bleiben[107]. Das Gefühl des Verlorenseins wurde ihnen überdies auch von der eigenen Tagespresse suggeriert: „Wer in den letzten Jahren die Entwicklung der sozialen Verhältnisse verfolgte, hatte den Eindruck, daß wir irgendwohin ins Ungewisse stürzen", schrieb man im Februar 1907 vor den Reichsratswahlen im bürgerlichen Vídeňský Denník, „wenn man nicht in kürzester Zeit Abhilfe schafft, dann kann jenes soziale Mißverhältnis — der Verfall des Mittelstandes — sich ständig krasser gestalten, bis es überhaupt nicht mehr beseitigt werden kann ... wir Wiener Tschechen befinden uns ... noch auf jener Stufe der politischen Entwicklung, auf der man zuvorderst prinzipielle nationale Errungenschaften notwendig hat, damit man sich auf deren Grundlage im nationalen und wirtschaftlichen Leben weiterentwickeln kann"[108].

Dieses, hier auf dem wirtschaftlichen Sektor des Wiener Tschechentums zu beobachtende Übergangsstadium „von der unorganisierten Unsicherheit zur organisierten Unsicherheit" — ein soziologisches Phänomen, auf das Karl Mannheim aufmerksam gemacht hat [109] — ist voll von Möglichkeiten. In einem allgemeinen Experimentieren wird jedoch der Einzelne, der sich nicht umstellen kann, scheitern müssen. Seine Panik erreicht dann den Höhepunkt, wenn er sich klar wird, daß es sich nicht nur um seine persönliche Unsicherheit handelt, sondern daß er sie mit ganzen Scharen von Menschen in derselben Lage teilt und daß es keine gesellschaftliche Autorität gibt, die unbestrittene Normen setzen und sein Verhalten bestimmen kann. Sofern es bei den Wiener Tschechen um die Frage der Orientierung ging, wurde das Klischee vom „deutschen Vorbild" in seiner Relevanz für die Wiener

---

[105] Ebenda 15. Hervorgehobenes im Original.
[106] Z. B. die Demonstrationszüge für die Wahlreform mit hussitischen Fahnen. Drozda, Paměti 13.
[107] Als Erfahrungstatsache erläutert bei K. Mannheim: Mensch und Gesellschaft im Zeitalter des Umbaus. 2. Aufl., Bad Homburg/Berlin/Zürich 1967, S. 370 f.
[108] Víd. Denník, 1. Jg., Nr. 4 (21. 7. 1907).
[109] Mannheim, Mensch und Gesellschaft im Zeitalter des Umbaus 157 ff.

Minderheit auch von extrem nationalen Kreisen aufgegriffen und ideologisch umgefärbt: „Wir müssen von den Deutschen lernen, die Sache der national aktiven Personen als die Sache der ganzen Öffentlichkeit zu betrachten"[110]. In der Praxis, d. h. in der Arbeits- und Berufswirklichkeit, zeigte sich indessen, daß die Wiener Tschechen von der ihnen als nachahmenswert empfohlenen „praktischen Einstellung der Deutschen"[111] gar nicht so weit entfernt waren, wie es ihre Journalisten behaupteten. Dieser Sachverhalt äußerte sich deutlich in der Distanz der tschechischen Arbeiter, Handel- und Gewerbetreibenden den eigenen institutionellen Regelungen und Organisationen gegenüber. In dem Maße, in dem wesentliche Aspekte des Arbeitsverhältnisses durch den Popanzcharakter des nationalen Gegenbildes verballhornt werden sollten, gerieten sie auch auf eine aus der Sicht des einzelnen tschechischen Arbeitnehmers abstrakte, unanschauliche Ebene. Denn: Wenn ein tschechischer Geschäftsmann in Wien vorwärtskommen wollte, war er auf deutsche Kunden angewiesen. So betrachtet aber mußte es für ihn vorteilhafter sein, auch zu einem deutschen Kreditinstitut zu gehen, denn dieses führte ihm — wiederum aus eigenem Geschäftsinteresse — den gewünschten Verbraucherkreis zu. Mit anderen Worten: Im Wiener Alltag verloren die emotionalen Empfindungen für die Heimat ihre Wirksamkeit und materielle Forderungen waren solche erster Ordnung. Hinzu kam, daß die tschechischen Zuwanderer schließlich auch keine Tradition zu verteidigen hatten — weder im Schusterhandwerk noch als Dienstmädchen oder Ziegeleiarbeiter.

Aus diesen Überlegungen heraus wird klar, warum so viele Angehörige der Wiener Minderheit auf tschechischnationale Vorschriften, die mit ihrem Arbeits- und Berufsschicksal nicht zu vereinbaren waren, mit Skepsis, Mißtrauen oder Desinteresse reagiert haben. Am eindrucksvollsten zeigt sich dies bei den mehrmals unternommenen Versuchen, Adressenverzeichnisse tschechischer Handwerker, Geschäftsleute und Firmen anzulegen, um die gegenseitigen wirtschaftlichen Kontakte auf nationaler Ebene zu verstärken. Die erste Aufstellung dieser Art, die Wien als Bindeglied der Böhmen, Mährer und Slowaken propagiert[112], stammt vom Herausgeber des Wiener „Slovan" aus dem Jahre 1888. Sie nennt etwa 25 verschiedene Wirtschaftssparten; in den von den Wiener Tschechen am stärksten besetzten Berufszweigen meldeten sich jedoch nur zwei Tischler, fünf Schuster und 17 Schneider zur Aufnahme in dieses Verzeichnis. Auch dann, als solche „Übersichten der tschechischen Arbeit in Wien" in größerem Umfang, auf Initiative von tschechischen Gewerbe-Fachverbänden verlegt wurden, mißglückte der „Beweis, daß das tschechische Volk in Niederösterreich vor dem Urteil der ganzen Welt als wirtschaftlicher Faktor im Leben dieses Landes eine so wesentliche Bedeutung hat, daß man mit ihm als mit

---

[110] Víd. Denník, 1. Jg. Nr. 62 (3. 5. 1907) 2: Politische Noblesse der Wiener Deutschen.
[111] Víd. Denník, 1. Jg., Nr. 2 (19. 2. 1907): Die Stellung der Deutschen im neuen Parlament.
[112] Unter Berufung auf den tschechischen Schriftsteller Tablic, der diese Worte um 1820 an den Gelehrten Dobrovský geschrieben hat. K u č e r a, Václav: Český průvodce po Vídni [Tschechischer Führer durch Wien]. Wien 1888, hier S. 3, 17 f., 54. — Zum „Slovan" Anhang S. 455.

einem unentbehrlichen Element für die Entwicklung Wiens rechnen muß"[113]. Er mißglückte, sofern man mit einer nationalistischen statt wirtschaftlich-qualifizierten Wertskala messen wollte. Es zeigt sich, daß die Wirtschaftsstatistiken der Wiener Tschechen, für sich genommen, genau so wenig über die tatsächliche Prosperität der tschechischen Wirtschaft in der Reichshauptstadt aussagten, wie sie etwa ein zureichender Maßstab für die Beurteilung des nationalen Ethos waren. Das heißt nicht, daß man auf solche Aufstellungen verzichten kann. Es heißt nur, daß es sich bei dem Streit um wirtschaftliche Positionen, zumal wenn er moralisch aufgewertet wurde, um kompliziertere Erscheinungen handelte, als daß man sie allein aus ein paar feststehenden Daten ableiten könnte. Die organisatorischen Probleme des Wiener tschechischen Handels- und Gewerbewesens lassen sich anhand des im vorliegenden Anhang beigefügten Branchenverzeichnisses näher erläutern[114], das den Entwicklungsstand des Jahres 1892 demjenigen von 1910 gegenüberstellt. Es wäre allerdings zu wenig, wollte man mittels der angegebenen Zahlenverhältnisse Schlußfolgerungen auf die Assimilationsfreudigkeit der tschechischen Schneider, Schlosser, Kürschner und Schuster oder umgekehrt auf das sich vervielfachende Nationalgefühl der Hebammen, Fotografen, Spirituosen- und Schreibwarenhändler ziehen. Genau so aufschlußreich ist nämlich, daß sich die Wiener Tschechen in nahezu 200, zum Teil sehr ausgefallenen Sparten des Handels und Gewerbes dieser Stadt national erfassen ließen.

Aus alledem wird ein schon früher bei der Erörterung der politischen Organisationen des Wiener Tschechentums festgestellter Grundzug deutlich, der nun im Wirtschaftsbereich wiederkehrt: die Ablösung konkreter gesellschaftlicher Tatbestände von dem abstrakt bleibenden nationalideologischen Hintergrund. Bezeichnend war hierfür tschechischerseits ein stark verbreitetes Bewußtsein, man könne aus eigener Initiative nichts mitgestalten oder gar verändern[115]. Dies führte bei den tschechischen Gewerbevereinigungen selbst zu einer gewissen Rückzugshaltung, die in bezug auf die Arbeits- und Berufswelt die im kleinen Wirkungskreis gestellten Probleme zwar funktionsrichtig löste, sich aber andererseits von übergreifenden politischen Fragestellungen distanzierte: „Wir sind weit davon entfernt, die leider bisher ungelöste nationale Frage in die wirtschaftlichen Kämpfe miteinzubeziehen, da wir von der Überzeugung ausgehen, daß in einem wirtschaftlichen Wettbewerb nicht die nationale Zugehörigkeit siegt, sondern der Wert der Arbeit, deren Grundlage

---

[113] Obchodně živnostenský sborník Čechů vídeňských. Vydán péči živnostenské jednoty [Handels- und Gewerbeverzeichnis der Wiener Tschechen. Herausgegeben unter Obhut der Gewerbevereinigung]. Wien 1903, Vorwort.

[114] Anhang S. 486 f. — Noch detaillierter in den Berufszweigen: Siehe Anm. 113.

[115] Víd. Denník, 1. Jg., Nr. 39 (5. 4. 1907), S. 2: Der deutsche Charakter Wiens: „Wenn die Wiener tschechischen Vereine und mit ihnen die tschechische Öffentlichkeit auch nur den zehnten Teil von dem tun wollten, was das „Wiener Deutsche Tagblatt" von ihnen behauptet, ... dann würde vielleicht die Befürchtung der Deutschen gerechtfertigt sein, daß wir an einer Tschechisierung oder Slawisierung der Stadt Wien arbeiten. Aber bei den jetzigen armseligen Verhältnissen, in denen sich das Wiener Tschechentum befindet, kann der deutsche Michel ruhig schlafen, denn der deutsche Charakter der Stadt Wien ist noch lange nicht bedroht."

die fachliche Reife ist und in dieser Hinsicht hat die tschechische Arbeit einen so guten Namen, daß man unsere Gewerbetreibenden und Handwerker nicht noch besonders anempfehlen muß"[116], äußerte die größte tschechische Handwerker- und Gewerbeorganisation Wiens, die Řemeslnická a živnostenská jednota [Vereinigung des Handwerks und Gewerbes] im Jahre 1903. In dieser Haltung lag die soziale und gleichzeitig nationale Problematik einer an sich positiven Nüchternheit der meisten tschechischen Gewerbeorganisationen gegenüber den Erfordernissen des Arbeits- und Berufslebens der Reichshauptstadt.

Da das Wiener tschechische Gewerbewesen am längsten ein nationalpolitisch zurückhaltendes Element blieb, kam es auch relativ spät zur ständischen Organisation[117]. Der Durchbruch gelang erst 1902 mit der Gründung der *Sdružení živnostníků* [Vereinigung der Gewerbetreibenden], der *Řemeslnická Beseda* [Handwerker-Verein] und der *Řemeslnická a živnostenská jednota* [Vereinigung der Handwerker und Gewerbetreibenden[118]]. Während die beiden ersten Vereinigungen zu keiner nennenswerten Bedeutung gelangten, entwickelte sich die letztgenannte zur größten tschechischen Gewerbevereinigung Wiens. Im Vorkriegsjahr verfügte sie über 12 Wiener Ortsgruppen mit insgesamt 492 Mitgliedern[119]. Sie veranstaltete Buchhaltungskurse und Exkursionen in Wiener Musterbetriebe, beschickte Ausstellungen und arbeitete — unter Beratung der Živno-Direktoren Hrdina und Špitalský — namentlich im Kreditwesen. Für das tschechische Kleingewerbe schuf sie einen Unterstützung- und Sterbefonds, d. h. beim Tod eines Mitgliedes wurde das Begräbnis bezahlt und der Fonds durch Aufteilung der Kosten auf die Vereinsangehörigen wieder ergänzt. Im März 1910 begann ihr Fachblatt, der „Vídeňský Obzor" [Wiener Rundschau] zu erscheinen, der 1912 unter dem Titel „Živnostenský Obzor" [Gewerbe-Rundschau] weitergeführt, doch schon im Februar des gleichen Jahres eingestellt wurde[120]. Stattdessen benutzte die Jednota eine Spalte im Vídeňský Denník. Ihre besondere Aufmerksamkeit galt den Lehrlingen. So be-

---

[116] Obchodně živnostenský sborník, Vorwort.
[117] S o u k u p, Česká menšina 478. Das Ausspielen der ständischen Interessen gegenüber den nationalen war eine beliebte Taktik der tschechischen Wahlpropaganda, da sich die Mehrzahl der tschechischen Gewerbetreibenden den Christlichsozialen, und die der Arbeiter den Sozialdemokraten anschloß, die die „rein ständischen Interessen" in den Vordergrund rückten. — Víd. Denník, Nr. 41 (7. 4. 1907): Die Gleichberechtigung der Slawen und die Sozialdemokratie. — Nr. 49 (17. 4. 1907): Wenn man Vögel fangen will... — Nr. 53 (21. 4. 1907): Mit vereinten Kräften zum gemeinsamen Ziel. — Česká Vídeň, Nr. 47 (23. 11. 1907) u. 48 (30. 11. 1907): Organisace českého živnostnictva ve Vídni [Die Organisation des tschechischen Gewerbewesens in Wien].
[118] Nö. Ver. Kat. 1902/J 3, zuerst nur als „Živnostenská jednota" eingetragen. — S o u k o u p, Česká menšina 479 f. — Jubileum desetiletého trvání svazu čsl. řemeslníků a obchodníků ve Vídni 1919—1929 [Jubiläum des zehnjährigen Bestehens des Verbandes der čsl. Handwerker und Kaufleute in Wien 1919—1929]. Wien 1929, bes. die Beiträge S. 34—38: Československé živnostnictvo a obchodnictvo před válkou [Das tschechoslowakische Gewerbe- und Handelswesen vor dem Krieg] und S. 31—33: J a n d í k, Franta: Živnostnictvo před a po převratu [Das Gewerbewesen vor und nach dem Umsturz]. — S ý k o r a, Dobyvatelé 320.
[119] Nö. Ver. Kat. 1913, 158 a; 2527—2886. — S o u k u p, Česká menšina 480. Jahreseinnahmen: 13 788 K, Ausgaben 13 177 K.
[120] Anhang S. 449

teiligte sie sich an der Leitung der 1909 gegründeten tschechischen gewerblichen Fortbildungsschule, besorgte Lehrmittel, führte Lehrlings-Besedas und eine Ausstellung von Wiener Lehrlingsarbeiten durch[121] und richtete seit 1913 eine Arbeitsvermittlung ein. Zu der geplanten ständigen Musterausstellung tschechischer Erzeuger in Wien reichten die Mittel nicht aus, dagegen eröffnete unter der Mithilfe der Vídeňská záložna das Brünner Handwerksmesse-Unternehmen *Stálá výstava a tržnice řemeslných výrobků* [Ständige Ausstellung und Markthalle handwerklicher Erzeugnisse][122], auch als „SVAT" abgekürzt, im Sommer 1912 eine ständige Filiale in Wien, die erst nach Kriegsausbruch liquidiert wurde. Für die Verwaltung der Ausstellung zeichneten Vít Hrdina und der Präsident der Slovanská Beseda, Josef Gabriel.

In enger Zusammenarbeit mit der Řemeslnická a živnostenská jednota stand die im Jahre 1908 gegründete *Slovanská národohospodářská společnost*[123] [Slawische volkswirtschaftliche Gesellschaft]. Sie sollte das Sammelbecken der volkswirtschaftlichen Verbindungen zwischen Nord- und Südslawen bilden. In der ersten Phase ihrer Tätigkeit nahmen die Vorbereitungen zum volkswirtschaftlichen Kongreß in Laibach die Gesellschaft finanziell so weit in Anspruch, daß der Ausbau der Organisation zunächst unterblieb. Erst 1911 errichtete man ein Sekretariat und einzelne Sektionen (für Vermittlung von Ausstellungen, Realitäten, Versicherungen u. a.), eine Steuer- und gewerbliche Beratungsstelle und hielt öffentliche Vorträge ab. Vor den Hauptversammlungen der Österreichisch-Ungarischen Bank rief die Gesellschaft die Aktionäre zu Beratungen zusammen und vereinbarte Vertretungen. Bei der Fusion der Wiener tschechischen Darlehenskasse war sie in der Funktion einer neutralen Institution mit eingeschaltet worden, zumal auch hier wieder die Živnobank-Filialleiter Hrdina und Špitalský sowie der Präsident des „Český dům I.", Karl Graf Seilern, in den führenden Positionen arbeiteten. Sie waren es vor allem, die durch Konzentration der Wirtschaftsunternehmungen eine Aufwärtsentwicklung herbeiführen wollten. Vor dem Krieg umfaßte die Gesellschaft insgesamt 214 Mitglieder.

Früher als die Gewerbetreibenden hatten sich die Wiener tschechischen Kaufleute und Handelsgehilfen organisiert, die auch zahlenmäßig stark vertreten waren: 1897 gründete man als Lese- und Unterhaltungsverein die *Českoslovanská Obchod-*

---

[121] Katalog II. výstavy prací učňovských ve Vídni XV., Turnerg. 9, Nár. dům [Katalog der II. Ausstellung der Lehrlingsarbeiten in Wien XV., Turnerg. 9, National-Haus]. Kamenice n. Líp. 1912. Insgesamt stellten 134 Lehrlinge aus 32 verschiedenen Fachgebieten aus. Bes. auch S. 1—5: W e i g n e r, L.: Péče o mládež živnostenskou [Betreuung der gewerblichen Jugend].

[122] NRČ 206 (1912) Tržnice řemeslných výrobků ve Vídni [Ausstellung handwerklicher Erzeugnisse in Wien]. Enthält: Korrespondenz mit NRČ und statistische Daten von 1904—1912. — Dvacetpět let Víd. zál. 18. — S o u k u p, Česká menšina 483.

[123] Nö. Ver. Kat. 1908/XI, 158 l 6. 1474. — NRČ 16 (1914): Siehe S. 130 Anm. 51 (Errichtung eines Minderheitensekretariates). NRČ 566 (1910—1912) Agenda DONRČ. Enthält: Korrespondenz mit dem Wiener tschechischen Nationalrat von 1912—1913. — S o u k u p, Česká menšina 483 f.

nická Beseda [Tschechoslawische Handels-Vereinigung][124] und ein Jahr später folgte auf breiterer Grundlage eine Zweigstelle des Prager *Slovanský obchodnický spolek* [Slawischer Handels-Verein][125]. Die Anwesenheit von Mitgliedern anderer slawischer Nationen in diesem Verein dauerte nicht lange: schon 1900 war er rein tschechisch. 1905 kam als Fachzeitschrift der „Vídeňský Merkur"[126] heraus, dessen Erscheinen schon im zweiten Jahrgang aus finanziellen Gründen eingestellt wurde. Neben der Vermittlung von Arbeitsplätzen machte es sich die Bildungssektion des Vereins zur Hauptaufgabe, dem tschechischen Handelspersonal durch Unterrichtskurse deutsche Sprachkenntnisse zu vermitteln. Zu diesem Zweck wollte man in Wien eine tschechische Handelsschule gründen, dazu reichten allerdings die Mittel nicht aus[127].

Für 1913 ist als Dachorganisation der Verband der tschechischen Gewerbetreibenden und Kaufleute in Wien, der *Svaz českých živnostníků a obchodníků ve Vídni*[128], zu nennen; von den Fachvereinen im einzelnen sei nur das Beispiel des 1902 gegründeten *„Hostimil"* herausgegriffen, der Organisation des tschechischen Gaststättenpersonals: Während man im ersten Jahr begeistert verkündete, daß sich 400 Personen gemeldet hatten, bestand der Verein im Jahre 1904 nur noch aus 51 Vertretern des Gastgewerbes[129].

Angesichts der wenigen Hundert Mitglieder in den genannten Organisationen mag es von Interesse sein, ob sich die Frage nach dem ethnischen Anteil der Tschechen am gesamten Gewerbewesen Wiens annähernd beantworten läßt. Aus den statisti-

---

[124] Nö. Ver. Kat. XV/2591 (12. 10. 1897). — S o u k u p, Česká menšina 481, nennt unter Berufung auf einen „Aufruf" 6000 tschechische Handelsgehilfen. — NRČ 120 (1906—1910) Krajané v Doln. Rak.: Čsl. Obch. Beseda Prag an NRČ (am 1. 12. 1909) über das Verbot der Wiener Sektion: „Weil auch die Interventionen der ehemaligen Landsmann-Minister K. Prášek und Dr. Žáček auf die Entscheidung des Innenministeriums ohne Erfolg geblieben sind, erlauben wir uns, den löbl. NRČ zu bitten, diese Angelegenheit zu untersuchen und die entsprechenden Schritte zu unternehmen, damit das Recht auf unsere Muttersprache gebührend beachtet wird." Verbot am 29. 12. 1909; Z. V-2097/8. — NRČ 120 u. Nár. Politika vom 31. 12. 1909. Hierüber bei S o u k u p nichts erwähnt. — Nö. Ver. Kat. enthält unter XI/158 c 7; 946 für 1908 eine Eintragung. Der Akt selbst fehlt. Siehe auch Anm. 179.

[125] S o u k u p, Česká menšina 481 f. — NRČ 566 (1910—1912) Agenda DONRČ. Enthält: Korrespondenz des Vereins mit dem Wiener tschechischen Nationalrat zwischen 1905 und 1911. — PM (1891—1900) 8/5/23/67: Agitation des Slov. obch. spolek für die Gründung von Ausschüssen, die die tschechischen Geschäftsvereine veranlassen sollten, mit Wien nur tschechisch zu korrespondieren. Material von 1899/1900: Antrag der Polizei-Direktion auf Auflösung oder Verwarnung des Vereins wegen Überschreitung des statutenmäßigen Wirkungskreises. Mit Erlaß der nö. Statthalterei vom 6. 2. 1900, Z. 9598, erfolgte eine Verwarnung. Vgl. Anm. 124: ein ähnlicher Fall. Daher auch die ausdrückliche Betonung der Wiener tschechischen Gewerbeorganisationen, jedwede Parteipolitik abzulehnen.

[126] Anhang S. 448.

[127] NRČ 566 (1910—1912) Agenda DONRČ. Enthält: Korrespondenz des Vereins über diesen Vorschlag mit dem NRČ. — S o u k u p, Česká menšina 481 f.

[128] Nö. Ver. Kat. 1913/XI 158 a; 1709 mit vier Ortsgruppen. — S o u k u p, Česká menšina 480: hier erst als Nachkriegsorganisation aufgeführt.

[129] H ů r e c k ý (Pseudonym für Drozda), Čeho je nám třeba 9. — S o u k u p, Česká menšina 482.

schen Mitteilungen der Niederösterreichischen Handels- und Gewerbekammer für die Jahre 1897—1900 geht hervor, daß von den damals 61 658 in Wien gemeldeten Gewerbetreibenden 31,43 % in den böhmischen Ländern geboren waren, „in der Mehrzahl Tschechen", wie der Bericht anführt[130]. Wenn man nun für das Mischungsverhältnis zwischen Deutschen und Tschechen die prozentualen Anteile der Herkunftsgebiete zugrundelegt, anders ausgedrückt, wenn man davon ausgeht, daß die Donaustadt auf die deutschen Gewerbetreibenden dieselbe starke Anziehungskraft ausgeübt hat wie auf die tschechischen, so kommt man zu einer untersten Grenze von 12 692 Tschechen, das sind 20,5 % aller Gewerbetreibenden Wiens — nur in der ersten Generation[131]. Zu dieser mangelnden Breitenwirkung der tschechischen Interessenverbände konstatierte z. B. Hanuš Sýkora im Juni 1913 in einem Leitartikel des nationalen Parteiblattes „Česká Vídeň": „Man muß es öffentlich sagen: Wir haben keine Organisation der tschechischen Fluten in Wien. Dieses Ungenügen bewirkte in den letzten 50 Jahren solche Verluste, daß wir hier eigentlich auf einem großen tschechischen Friedhof stehen und einem großen tschechischen Begräbnis"[132]. Den Schwarzen Peter in diesem Spiel mit den Ursachen der Assimilation des tschechischen Mittelstandes[133] schob Sýkora, der hier als Repräsentant des nationalen Tschechentums in der Reichshauptstadt zitiert wird, kurzerhand der geistigen Oberschicht zu, und zwar in doppelter Hinsicht: Die in Wien anwesenden tschechischen Intellektuellen fügten sich nicht nur zahlenmäßig, sondern auch in ihrer Verhaltensweise nicht in die ihnen zugedachte Rolle als Geburtshelfer eines nationaltschechisch geschlossenen Blockes von hunderttausend amtlich gezählten Böhmen, Mährern und Slowaken. Mit Standesdünkel oder „Mißtrauen"[134] den eigenen Landsleuten gegenüber hatte dies am wenigsten zu tun, wie es im folgenden an den Berufsorganisationen darzulegen ist. Denn in den meisten Fällen hielt sich die tschechische „Intelligenz" nur vorübergehend in Wien auf, um später in ihrer Heimat führende Positionen einzunehmen. Wenn sie jedoch in der Donaustadt bleiben wollte oder mußte, dann geriet sie als nationalpolitische Exponentin der tschechischen Minderheit beruflich in Mißkredit, zumindest aber in ein Dilemma. Ein typisches Beispiel hierfür ist der langjährige Vorsitzende des Wiener tschechischen Nationalrates, Josef Václav Drozda, Primarius am Kaiser-Franz-Josef-Spital. Aufgrund seiner Führungsrolle bei den Wiener Tschechen durfte er weder

---

[130] Statistische Mitteilungen der Niederösterr. Handels- und Gewerbekammer, H. 8, Wien 1905. Zit. nach S o u k u p , Česká menšina 486 f. — Tschechischerseits kam man aufgrund der Erhebungen des Slov. obchodn. spolek zu einer Zahl von 54 000. Víd. Merkur Jg. 1 (15. 5. 1905) Nr. 8: Počet českých živnostníků ve Vídni [Die Zahl der tschechischen Gewerbetreibenden in Wien]. In: NRČ 120.

[131] S o u k u p , Česká menšina 488.

[132] Č.V., Nr. 25 (21. 6. 1913).

[133] „...dem es eine ungeheure Freude macht, wenn ihm Herr Dr. Lueger — der schöne Karl — auf die Schulter klopft und sagt: No, Sie, Herr Rucziczka, Sie sind ein guter Weanr!" Nár. Politika, 23. 2. 1906: České uvědomění ve Vídni (Kapitola smutná) [Tschechisches Bewußtsein in Wien. (Trauriges Kapitel)]. Auch in S ý k o r a , Dobyvatelé 305 ff.

[134] Nár. Politika, 13. 4. 1906: Česká inteligence ve Vídni [Die tschechische Intelligenz in Wien]. Auch in S ý k o r a , Dobyvatelé 317 ff.

— wie ursprünglich vorgesehen — den freigewordenen Direktorsposten im Krankenhaus übernehmen noch wählte man ihn in die Statthalterei, obwohl auch dies bereits einmal zur Debatte stand[135]. Als am 28. November 1905 in Wien die großen Demonstrationszüge für das allgemeine, gleiche und geheime Wahlrecht stattfanden, mußte sich Drozda, der dem Ministerpräsidenten Gautsch im Namen der niederöstereichischen Tschechen eine von ihm selbst verfaßte Denkschrift[136] überreichen wollte, einen tschechischen Stellvertreter suchen, da es seine berufliche Pflicht erforderte, bei den Primarärzten mitzumarschieren[137].

Unter den Organisationen der Arbeits- und Berufswelt standen die der *Wiener tschechischen Hochschülerschaft* hauptsächlich im Zeichen der Fluktuation und finanziellen Krisen. Von den im Jahre 1875 erfaßten 500 tschechischen Studierenden befanden sich nur 98 im Akademický spolek [Akademiker-Verein][138], 1882 hatte der Verein 162, im Jahre 1900 sogar nur 58 Mitglieder, 1887 war er mit Mühe der Auflösung entgangen.

Man wird hier auch einen Blick auf die Prager tschechische Alma Mater werfen müssen, die sich nach der organisatorischen Trennung 1882 unter ihrem ersten Rektor Wáclaw Wladiwoj Tomek[139] so rasch entfaltete, daß sie schon im zweiten Jahr ihres Bestehens die Prager deutschen Hörer zahlenmäßig überflügelte und hinter Wien zur größten Universität der Monarchie geworden war: Während in Prag im Jahre 1907/08 von insgesamt 4000 tschechischen Studenten 53 % an der für eine spätere Laufbahn im Wirtschaftsleben maßgebenden juristischen Fakultät eingeschrieben waren[140], wurde Wien von den Tschechen nur in jenen Disziplinen aufgesucht, in denen die eigenen Fakultäten noch nichts zu bieten hatten. Vor allem in der Hochschule für Bodenkultur, in der Tierärztlichen Hochschule und in der

---

[135] D r o z d a , Paměti 28 f.
[136] Anhang S. 544 f. Zugrunde liegt hier der tschechische Text, der auch dem Landsmannminister Randa und dem Vorsitzenden des Klubs der böhmischen Abgeordneten, Pacák, überreicht wurde; in: Věstník, 23. Jg., Nr. 49 (2. 12. 1905) und Víd. Nár. Kal. 2 (1907) 52 ff. — Deutscher Text in: NRČ 566. — NRČ 120 (1905—1910): Bitte Drozdas an den NRČ vom 28. 8. 1906, auch Pacák, Fořt, Baron Beck ein Konzept zuzustellen. Ferner: Víd. Denník, Nr. 7 (24. 2. 1907), S. 1 u. D r o z d a , Paměti 11 ff.
[137] D r o z d a , Paměti 11—14. Auch bei N a v r á t i l , Michael: MUDr. Josef Václav Drozda (Sonderabdruck aus der Zschr. „Praktický lékař" [Der praktische Arzt] Nr. 5, Prag 1927, S. 22.
[138] Siehe oben S. 85. S o u k u p , Česká menšina 265 (m. Lit.).
[139] T o m e k , W. W.: Paměti z mého života [Erinnerungen aus meinem Leben]. Prag 1905. T. war zwischen 1861 und 1888 häufig in Wien, besuchte 1883 die Slovanská Beseda (ohne Kommentar) und traf sich mit Jireček, Rybička, Schwarzenberg. Aufschlußreich für den vorliegenden Zusammenhang, daß das Register „Wien" nur Sehenswürdigkeiten und Gaststätten erfaßt. Ähnlich: M u r k o , Paměti 117 ff. Die akademische Intelligenz: Harrach, Šaff, E. Albert, Murko, Kramář und Machar, der Trauzeuge Kramářs, trafen sich im Löwenbräu neben der Universität. „Solche Kontakte waren nur zur Zeit von Windischgrätz möglich, mit Badenis Sprachenverordnungen wurde ihnen ein Ende gesetzt."
[140] P r i n z , Handbuch IV, 170. — Stručné dějiny university Karlovy [Kurze Geschichte der Karlsuniversität]. Prag 1964, bes. S. 221—252: H a v r á n e k , Jan: Vybudování české university a německá universita v letech 1882—1918 [Die Errichtung der tschechischen Universität und die deutsche Universität in den Jahren 1882—1918].

Exportakademie waren zum größten Teil Tschechen und Slawen immatrikuliert[141]. Dieser Tatbestand ist für die zunehmende Ausreifung des nationaltschechischen Sozialkörpers ebenso charakteristisch wie dafür, daß der tschechische Akademikernachwuchs nicht deshalb nach Wien strebte, um tschechische Bekanntschaften zu schließen, mit tschechischen Patrioten Theaterstücke aufzuführen oder gar für den arbeitenden Gesamtbestand des Wiener Tschechentums und seine schulpflichtigen Kinder politisch aktiv zu werden[142]. Begreiflicherweise hielt sich daher die überwiegend zur staatsrechtlichen Fortschrittspartei tendierende tschechische Studentenschaft[143] von jeder Einmischung in nationale Belange der Wiener Minderheit fern. Ein Festabend der tschechischen Studenten, dessen Reinertrag der Komenský-Schule[144] zufloß und eine, unter Leitung des als Vereins-„Manager" allgegenwärtigen Komenský-Sekretärs und Obmannes des Akademický spolek, Josef Urban, veranstaltete Fahrt zum Slawischen Studentenkongreß in Prag[145] zu Pfingsten 1891, waren vereinzelte Unternehmungen, die über die spezifischen Hochschulinteressen der Wiener tschechischen Studenten hinausgingen. Nach den Feststellungen der Wiener Polizeidirektion konnte bereits zum nächsten Slawenkongreß der Hochschüler im Jahre 1908 überhaupt kein Interesse und keine Agitation für eine Wiener tschechische Teilnahme wahrgenommen werden[146]. In die gleiche Richtung weist, daß sich der „Sokol Vídeňský" vergeblich bemühte, die tschechischen Studenten seinem Vereinsleben zu integrieren, indem er ihnen jährlich einige Freiplätze zur Verfügung stellte[147].

So bildeten sich, vom zentralen Akademický spolek ausgehend, seit etwa 1895 lediglich innerhalb der jeweiligen Fakultäten einige Zusammenschlüsse, die zum

---

[141] Zahlenangaben bei S o u k u p , Česká menšina 272 f. und P o j e z d n ý (=Doležal, siehe Anm. 150), J. K.: Český a slovenský živel na školách vídeňských [Das tschechische und slowakische Element an den Wiener Schulen]. Slov. Přehled XII, S. 313 ff. — Oben S. 68 f.

[142] Almanach Akad. spolku 16: „Bisher bleibt die gesamte Masse der Studentenschaft in Wien fern von ihrem alten Zentrum und die aufrichtigsten Bemühungen tut sie mit frivolem Lächeln ab oder mit der dummen Ausrede, daß man doch vielleicht hierhergekommen wäre, um deutsch zu lernen und nicht, um tschechisch zu reden oder daß es zu viel Geld sei, 5 K im Jahr bezahlen zu müssen, während die armen Slowenen 20 K an ihre Vereinigung bezahlen." Hierzu auch M u r k o , Paměti 56: „Am besten organisiert war der tschechische Akademický čtenářský spolek [Akademischer Lese-Verein], aber er hatte kein so reges Vereinsleben wie die anderen, besonders der Südslawen." Vgl. auch den Studentenroman von H e i n z , H. v.: Altenburg. Ein Romanfragment. In: H e r b a t s c h e k , Heinrich: Das Erwachen. Jahrbuch zur Förderung der Kulturgemeinschaft. Wien 1914, S. 69—139: ein tschechischer Student äußert sich über die Lage. Bes. S. 133—139.

[143] Nö. Präs. XIV/220, 418 (1906). Versammlung der fortschrittlichen Studentenschaft am 6. 2. 1906. Bei dieser Versammlung sollten der tschechische Dichter Machar, die Abgeordneten Stránský, Hybeš und Choc als Redner auftreten.

[144] Nö. Präs. J 12, 389 (1893).

[145] PM (1891—1900) 8/5/15/16. Teilnehmer: Slowenen, Ruthenen, Serben. Tschechische Politiker: Masaryk, Rašín, Klofáč. Von Wien insges. 492 Personen, auch Slowaken. Der Kongreß wurde jedoch verboten. Die Nationalitäten hielten stattdessen in Prag gesondert vertrauliche Beratungen ab.

[146] Nö. Präs. XIV/220; 1709 (1908). (Vom 24.—30. 6. 1908 in Prag.)

[147] Jbb. „Sokol Vídeňský" Nr. 14 (1881), 15 (1882), 16 (1883), 25 (1892), 31 (1898).

Teil nur zwischen zehn und fünfzehn Mitgliedern hatten[148]. Dies waren der *Kruh českých evangelických teologů* [Kreis der tschechischen evangelischen Theologen], der *Kruh českých zemědělců* [Kreis der Tschechen an der Hochschule für Bodenkultur], der *Kruh posluchačů vysoké školy zvěrolékařské* [Kreis der Hörer der tierärztlichen Hochschule], ab 1906 unter dem Titel *Český akademický spolek posluchačů zvěrolékařství* [Tschechischer akademischer Verein für Hörer der Tierheilkunde] weitergeführt, ferner der *Spolek českých posluchačů exportní akademie* [Verein der tschechischen Hörer der Exportakademie]. Neben dem Akademický spolek und dem slowakischen Studentenzentrum „Tatran"[149] bestand seit 1879 noch der *Spolek českých mediků a přírodozpytců* [Verein der tschechischen Mediziner und Naturforscher]; 1905 gründete man ein Komitee der slawischen akademischen Vereine, dem 23 Organisationen angehörten[150]; 1910 konstituierte sich ein Unterstützungsverein der tschechischen akademischen Vereine in Wien: *Podpůrný spolek českých akademických spolků ve Vídni*[151], sowie der *Český katolický spolek „Lípa" ve Vídni*[152] [Tschechischer katholischer Verein „Linde" in Wien]; seit 1913 gab es einen Verband der tschechischen akademischen Vereine[153]: *Svaz českých akademických spolků* und eine vom Sokol-Gaubildungswart František A. Soukup geführte akademische Sektion des Komenský-Vereines: *Akademický odbor „Komenského"* mit studentischem Minderheitenseminar. Für 1914 ist noch die Brünner Studentenverbindung *České aristokratické sdružení studentů v Brně*[154] [Tschechische aristokratische Vereinigung der Studenten in Brünn] in das niederösterreichische Vereinskataster eingetragen.

Die kurz vor Kriegsausbruch eingeleiteten Verhandlungen über die Gründung eines Verbandes der slawischen Studenten in der Reichshauptstadt scheiterten, weil der Entzug der Landesstipendien auf dem Spiel stand[155], ein Risiko, das man offensichtlich nicht einzugehen bereit war. Stattdessen erörterte man „mit Rücksicht auf den Andrang an den Universitäten aus den Kreisen der tschechischen Nation" die

---

[148] S o u k u p, Česká menšina 268—272.
[149] S o u k u p, Česká menšina 270. Die slowakischen Theologen bildeten den 1. tschechoslawischen Verein Wiens überhaupt: den „Českoslovanský spolek", Initiator: Palacký, 1823: 70 Theologen. E b e n d a 269. — U r b a n, Čechové v Doln. Rak. 33: Polizeiliches Verbot 1892.
[150] Auf Anregung Jar. Doležals (= J. K. Pojezdný). Statuten 1907 genehmigt. Nicht vertreten waren die südslawischen Vereine „Hrvatska" und „Danica", der ruthenische „Sič" und die klerikalen Studentenvereinigungen. Zur Opposition der Wiener tschechischen Studenten gegen die Klerikalen: Nö. Präs XI/152—161; 84 (1909): Bei der Bildung des tschech. Kulturverbandes in NÖ (Osvětový Svaz) beschloß die Studentenschaft nur unter der Bedingung „enge Beziehungen" mit dem O.S. anzuknüpfen, wenn die Klerikalen nicht im Ausschuß vertreten seien. Sobald ein Klerikaler mitarbeite, würde jegliche Mitwirkung verweigert. Man ließ daher die Bitte der Klerikalen um Aufnahme in den O. S. „stillschweigend unbeachtet".
[151] Nö. Ver. Kat. XI/158 e 1; 4490 (1910).
[152] E b e n d a k3 4858 (1910) Sportverein.
[153] E b e n d a l2 1555 (1913).
[154] E b e n d a l2 3776 (1913).
[155] S o u k u p, Česká menšina 269.

Errichtung der Brünner Forschungsstätte[156], die ihre Tätigkeit erst 1919 aufnahm. Vor allem die Gründer des Wiener Vereins der tschechischen Ärzte und Naturwissenschaftler trafen damals Vorbereitungen, um die Lehrstühle der künftigen Brünner Masaryk-Universität durch eine genügende Anzahl qualifizierter Wissenschaftler angemessen besetzen zu können[157]. Eine interne Angelegenheit war auch die erfolgreiche Intervention der Wiener tschechischen Studentenschaft 1883/84 bei den böhmischen Reichsratsabgeordneten, als es um die Neubesetzung des Wiener Lehrstuhles für tschechische Sprache ging, den bisher Alois Šembera innegehabt hatte[158]. Zum Nachfolger wurde der Turgenjew-Forscher und Custos der Wiener Hofbibliothek, Ferdinand Menčík[159], ernannt, einer der wenigen intellektuellen Führer, die gleichzeitig durch ihre Mitgliedschaft in mehreren Wiener tschechischen Vereinen mit den breiten Bevölkerungsschichten häufig in Berührung kamen. Menčík charakterisierte die tschechische Gesellschaft Wiens vom Jahre 1903 mit einem Ausspruch, der andeutet, wie sich der im Sozialen verankerte Gegensatz zwischen den wirtschaftlich abhängigen Wiener tschechischen Kleinbürgern und Arbeitern und dem wirtschaftlich unabhängigen deutschen Großbürgertum in eine nationale Überinterpretation transformieren konnte: Er verwies auf die tschechischen Handwerker und Gewerbetreibenden der Reichshauptstadt und sagte von ihnen: „Das ist unsere Intelligenz!"[160] Damit aber klammerte Menčík mit vollem Bewußtsein von den „Wiener Tschechen" im eigentlichen Sinn auch die *Beamtenschaft* aus, bei deren Berufsvereinigungen ähnliche Züge durchschimmern wie bei den akademischen Interessenzusammenschlüssen.

Hierzu ist folgendes zu bemerken: Obwohl der Kampf um möglichst viele einflußreiche Stellen in den Zentralämtern zu den tschechischnationalen Interessen gehörte, gingen doch — zum Unterschied von den böhmisch-mährischen „Ab"-wanderern aus Gewerbe, Handwerk und Industrie — nur wenige Beamte wirklich gerne in die

---

[156] Nö. Präs. XIV/220, 1759 (1907). Slawische Studentenversammlung. 250 Pers. im Nár. dům XV., am 30. 6. 1907. Teilnahme auch der Slowenen, Polen, Serben (Univ. in Laibach!), Lob der Programmrede Baron Becks. — Nö. Präs. XIV/220, 1424/3 (1913): Versammlung des Verbandes tschechischer Studenten in Wien für die Errichtung der Brünner Universität. 500 Personen, am 12. 11. 1913. Beide Versammlungen unter Teilnahme tschechischer Reichsratsabgeordneter.

[157] S o u k u p, Česká menšina 268.

[158] E b e n d a 265.

[159] Mitglied des „Pokrok", der „Slovanská Beseda", „Jednota Sv. Metoděje" und des „Sokol Vídeňský". Direktor des Harrachschen Archivs. Mitglied der Böhm. Akademie der Wissenschaften. Lektor für Tschechisch an der Hochschule für Bodenkultur. Wiss. Hrsg. wichtiger literar. und kulturhist. Quellen des 15.—17. Jhs. (Konrad v. Waldhausen, Hus). Das meiste erschien in Prag und seiner Heimatstadt Jičín. In Wien: 1891—1896: Redig. d. „Kal. Čechů víd." und Hrsg. d. Památník ochot. spolku «Pokroku» [Gedenkbuch des Laienspiel-Vereins «Pokrok»]. Ottův Slovník 17 (1901) 94. Ottův Slovník Nové doby IV, 1 S. 175. Masarykův Slovník 4 (1929) 866. — Kal. Víd. Čechů 5 (1896) 77. Víd. Nár. Kal. 3 (1908) 84. Ö. Biogr. Lex. (Zettelkat.). — Anhang S. 526 ff.

[160] J a n d í k, Živnostnictvo před a po převratu 31. In: Jubileum desetiletého trvání svazu řemeslníků a obchodníků ve Vídni.

Reichshauptstadt[161]. Die zwiespältige Situation kommt in Kramářs „Anmerkungen zur böhmischen Politik" zum Ausdruck, wenn er schreibt: „Wir gehen nach Wien nicht aus Liebe, sondern aus Zwang. Müssen wir aber schon einmal hin, kann uns fürwahr heutzutage die Stellung von Bedienten, Türstehern, höchstens Rechnungs- und Kanzleibeamten durchaus nicht mehr genügen"[162]. Im Vergleich zu den übrigen slawischen Nationen lag die Domäne der Tschechen im Rechnungs- und Kanzleidienst[163]. Nach dem Zählungsergebnis des Vereins der tschechischen Staatsbeamten in Niederösterreich waren allein in den Rechnungsdepartements des Finanz- und Handelsministeriums im Jahre 1908 insgesamt 185 Tschechen beschäftigt[164]. Einen großen Anteil tschechischen Personals hatten auch die Staatsbahnen, wogegen im Postwesen[165], bei der örtlichen Polizeibehörde[166], und vor allem im Wiener Magistrat[167] das politische Bekenntnis zum Deutschtum zum ungeschriebenen Gesetz für

---

[161] Z. B. Brief des MUDr. Rud. Křovák, des stellvertretenden Vorsitzenden der Minderheitensektion der ČOS vom 9. 4. 1912 an die ČOS, in dem er seine Versetzung nach Wien bedauert. K. war Beamter beim Verkehrsministerium. Arch. MTVS-ČOS Da 2/1 (Kart. 84). — S o u k u p, Česká menšina 506 ff. nennt als Ursachen: Wien war ihnen „Fremde de facto", die Kinder waren entweder in den Kronländern oder mußten in Wiener deutsche Mittelschulen gehen. Die Gehälter waren „bescheiden".

[162] K r a m á ř, Karel: Anmerkungen zur böhmischen Politik. Wien 1906, S. 86.

[163] Die Ungarn: vorwiegend Außenministerium, Polen: Finanzministerium, Kroaten: Verteidigungsministerium und Armee. So jedenfalls in tschechischer Perspektive. S o u k u p, Česká menšina 509.

[164] Nö. Präs. XI/152—161, 84 (1909). Pr. Z. 830/6 (24. 4. 1908): Verein der böhmischen Staatsbeamten in Niederösterreich.

[165] Vgl. die polemischen Bemerkungen bei S o u k u p, Česká menšina 511 und die Interpellationen im RR wegen Nichtbeförderung von tschechischsprachigen Postsendungen durch die Wiener Postämter: RR-Prot. XIX/31, S. 5215, Anh. III, 928/1: Interp. C e c h an den Handelsminister wegen tschechischsprachigen Telegrammen (18. 6. 1909). — RR-Prot. XXI/63, S. 8276, Anh. III, 1689/I: Interp. C h o c an den Handelsminister wegen tschechischsprachigen Geldanweisungen (27. 3. 1912).

[166] P o l a n, P. (Pseud. f. Matal): Proslulí úředníci víd. policejního ředitelství českého původu 1754—1900 [Berühmte Beamte der Wiener Polizeidirektion tschechischer Abstammung 1754—1900]. Bohemica Viennensia 2 (1948) Nr. 1, S. 20—24. — Aufschlußreich sind die tschech. Namen der Abgesandten der Polizeibehörde bei tschech. Vereinsversammlungen in den Referaten der Nö. Präs.akten (z. B. Stejskal, Stehlik, Nowak u. a.).

[167] Hier waren die Verhältnisse am kritischsten: GR-Prot. (9. 6. 1897) AB, S. 1196: Antrag G r u b e r : Berücksichtigung von Personen ausschließlich deutscher Nationalität bei der Besetzung städtischer Dienst- und Lehrstellen. — (15. 10. 1897) AB, S. 2084: Antrag F o c h l e r : Maßnahmen gegen die Vertschechisierung Wiens. — (8. 7. 1898) AB, S. 1843: Interp. M a n n e r wegen Anstellung von zwei Hilfslehrern mit poln. u. tschech. Reifezeugnissen. — (12. 1. 1900) AB, S. 99: Interp. W e i ß w a s s e r wegen Verleihung einer Praktikantenstelle im Status des Veterinäramtes an einen Tschechen. — (31. 1. 1911) AB, S. 325: Interp. D r ö ß l e r : Nichtaufnahme von Bediensteten tschechischer Nationalität bei den städtischen Straßenbahnen. — (17. 2. 1911) AB, S. 452: Interp. G u s s e n b a u e r : Besetzung der Staatsbeamtenstellen in Wien und Niederösterreich ausschließlich mit Deutschen. — RR-Prot. XI/15, S. 793 (19./20. Okt. 1897): Interp. H o ř i c a a. d. Ministerpräsidenten gegen einen Antrag im Gemeinderat, kein städtisches Amt und keine städtische Arbeit an Tschechen zu vergeben und die bereits Beschäftigten sofort zu entlassen und gegen Veröffentlichung tschechenfeindlicher Aufrufe in der Presse. — Ausgeschlossen, in diesem Zusammenhang auf Einzelheiten einzu-

Anstellung und Beförderung gemacht wurde. Im Hinblick auf die Stärkung des tschechischen Beamtenkontingents drängte man in den Wiener ständisch-nationalen Organisationen die politischen Fragen, vor allem das heißumstrittene Schulproblem, das sich für die Wiener tschechische Beamtenschaft im Fehlen einer eigenen Mittelschule[168] abzeichnete, meist kläglich-kläglich zurück, um durch die eventuelle Rückversetzung in die böhmischen Länder der „an sich schon schwachen Position"[169] nicht noch Vorschub zu leisten. So erklärte der *Spolek českých úředníků státních*[170] [Verein der tschechischen Staatsbeamten], dessen konstituierende Generalversammlung am 25. April 1908 stattfand, nur sehr allgemein die Wahrung der nationalen Interessen zu seiner Hauptaufgabe, wobei er die Vertretung der Standesinteressen den bestehenden deutschen Beamtenvereinen überlassen wollte[171]. Die geringe Beteiligung der tschechischen Staatsdiener einerseits und die Mitgliedschaft nur der untersten Dienstränge andererseits[172] konnte auch durch die nachdrückliche Beteuerung der Vereinsleitung, „keinerlei Tätigkeit zu entfalten, die einem begründeten Mißfallen wo immer begegnen könnte"[173], nicht zum Besseren gewendet werden, so daß der Verein im Laufe der Jahre bei seinem Grundbestand von 350 Mitgliedern verblieb, von denen etwa ein Fünftel aktiv an den Versammlungen teilnahm[174]. Zur Übernahme von verantwortlichen Funktionen zeigte sich überhaupt niemand bereit[175]. Den Löwenanteil der Arbeit leistete daher Fr. J. Pazourek[176], der durch

---

gehen. Daher nur ein Beispiel zum 1. Beleg (9. 6. 1897): Bürgermeister L u e g e r zum Antrag Gruber: „Der Antrag geht an den Stadtrat. Ich bemerke aber, daß ohnehin diesbezüglich Beschlüsse seitens des Gemeinderates vorliegen und daß seitens des Stadtrates sowie seitens meiner Wenigkeit strenge danach vorgegangen wird (Beifall links), und ich kann die Herren versichern, daß wenigstens in der letzten Zeit nur solche Personen Anstellung gefunden haben, welche zur deutschen Nationalität gehören."

[168] NRČ 127: Česká střední škola ve Vídni [Die tschechische Mittelschule in Wien]. Siehe oben (S. 98.

[169] S o u k u p, Česká menšina 510.

[170] Nö. Ver. Kat. XI/158 16; 1841 (25. 4. 1908). — Nö. Präs. XI/152—161; 84 (1909) Pr. Z. 830/5, 830/6, 84/7, 84/10 (Mai 1908 bis Juni 1909). — S o u k u p, Česká menšina 510.

[171] Nö. Präs. XI/152—161; 84 (1909) Pr. Z. 830/6: Relation über die konstit. Generalversammlung des Vereins. Dasselbe galt für die Prager Zentrale; Nö. Präs. XI/152—161; 84 (1909) Pr. Z. 84/7: Überwachung der Tätigkeit des tschech. Verbandes der Beamtenvereine. Bericht über deren Kongreß im August 1908 in Prag: „In den Verhandlungen des Kongresses kam namentlich das nationale Moment zum Ausdruck. Es sei Aufgabe der tschech. Beamtenorganisation, unter den Beamten nationale Charaktere zu erziehen."

[172] „Die Teilnehmer rekrutierten sich durchwegs aus Staatsbeamten der unteren Rangklassen bis zur IX., einzelne auch aus der VIII., Konzeptsbeamter war anscheinend kein einziger zugegen." E b e n d a (=Pr. Z. 830/6).

[173] E b e n d a Pr. Z. 84/10 (23. 6. 1909). Wortlaut des der Polizeidirektion vorgelegten Geschäftsberichtes der Vereinsleitung.

[174] E b e n d a Pr. Z. 830/6. — S o u k u p, Česká menšina 510: Im Jahre 1908: 351 Mitgl., 1911: 365 Mitgl., 1912: 335 Mitgl.

[175] Nö. Präs. XI/152—161; 84 (1909) Pr. Z. 830/6: Pol. Komm. Ref. Stehlik schildert die „langwierigen" Debatten um die Funktionärswahl.

[176] S o u k u p, Česká menšina 455, 470, 516. Siehe auch die bereits mehrfach zitierte Publikation Pazoureks über die Wiener Tschechen in: Časopis Turistů Nr. 3—6 (März bis Juni 1908) 106—110, 157—161, 206—210 und 259—267.

seine Posten als stellvertretender Obmann des niederösterreichischen Sokolgaues, in der Jednota českých turistů [Tschechischer Touristenverein] sowie im První český konsumní spolek [Erster tschechischer Konsum-Verein] ohnehin vollauf ausgelastet war.

Bereits zwei Jahre vor dem Zusammenschluß der tschechischen Staatsbeamten hatte sich im Jahre 1906 eine Zweigstelle des Prager *Spolek českých úředníků železničních*[177] [Verein der tschechischen Eisenbahnbeamten] in Wien niedergelassen, die 1912 mit fünf Wiener Zweigstellen ihren Hauptsitz im Český dům I. bezog, für das die tschechischen Beamten eifrig gesammelt hatten[178]. Im dritten Jahr der Vereinstätigkeit wurde — ähnlich wie bei der oben erwähnten Čsl. obchodnická Beseda — ein amtliches Verbot erlassen, weil die Geschäftssprache tschechisch war[179]. Eine weit wichtigere Komponente für den nationalen Aktionsradius der Wiener Tschechen bildeten die „Privatbeamten"[180], in unserem Sprachgebrauch als Angestellte zu bezeichnen, da sie im Dienstverhältnis zu Wiener tschechischen Wirtschaftsunternehmen standen. Die meisten national ansprechbaren Mitarbeiter fanden sich in den Wiener tschechischen Darlehenskassen und Bankfilialen. Durch ihre Tätigkeit als Kassenwarte, Buchhalter, Revisoren und Vermögensverwalter waren sie in der Lage, ihre praktischen Erfahrungen in Wirtschaftsdingen den Wiener tschechischen Vereinen zugute kommen zu lassen. Für sie stand seit 1904 die Prager Filiale der *Zemská jednota soukromých úředníků* [Landes-Verein der Privatbeamten] zur Verfügung, die sich der Stellenvermittlung und Rechtsberatung annahm. 1908 folgte die Wiener Zweigstelle des böhmischen *Spolek českých úředníků bankovních* [Verein der tschechischen Bankbeamten] und im Jahre 1912 wurde unter Hrdinas Betreuung die *Česká úřednická mensa* [Tschechische Beamten-Mensa] im Haus der Vídeňská záložna eingerichtet. Von 1903 bis 1920 bestand die niederösterreichische Sektion der Prager Absolventen der Gewerbeschulen: *Absolventi průmyslových škol*, die für Unterbringung der Ankömmlinge aus den Kronländern

---

[177] Nö. Ver. Kat. für 1912: e 7 2481—2485: Zweigst. im XI., XIV., X., XX., XXI. Bez. — S o u k u p , Česká menšina 511 f. — Eine nationale Statistik der Eisenbahner vom Januar 1913 in: NRČ 566 (1910—1912): Agenda DONRČ.

[178] Nö. Präs. XI/152—161; 84 (1909) Pr. Z. 84/10.

[179] NRČ 120 (1909) Krajané v Doln. Rak. [Landsleute in Niederösterreich]: Nár. Politika, Nr. 360 (31. 12. 1909). Brief des Spolek českých úředníků železničních Prag an NRČ vom 5. 4. 1909. Verbot der nö. Statthalterei, Z. V. 1659/2 (23. 3. 1909). Begründung: etwa 7 Punkte, darunter § 6 des Ges. v. 15. 11. 1867, RGBl. 134, da gemäß § 1 des Statutenentwurfes die Geschäftssprache tschechisch war, d. h. in Niederösterreich nicht landesüblich. Der Verein scheint jedoch inoffiziell schon drei Jahre bestanden zu haben: S o u k u p , Česká menšina 511. — Ferner NRČ 120 (1909): Brief des Spolek českých úředníků železničních in Prag an NRČ vom 5. 1. 1910: Mangels des deutschen Originals des Verbotes der Wiener Sektion wurde die Zs. „Časopis českého úřednictva železničního" [Zs. der tschech. Eisenbahnerbeamtenschaft] beigelegt: 10. Jg., Nr. 1 (1. 1. 1910), S. 3 f.: Erörterung des Verbotes.

[180] S o u k u p , Česká menšina 513 f. — An sonstigen tschechischen Berufsverbänden bestand noch der Svaz českých žurnalistů [Verband der tschech. Journalisten]: Nö. Ver. Kat. I 6; 1708 (seit 1911) und die Jednota čsl. učitelstva v Doln. Rak. [Verein der čsl. Lehrerschaft in NÖ]: Nö. Ver. Kat. XI, 158 d 6; 2797 (seit 1910). — ÚMŠ-Komenský-Vídeň 1911/12: Brief der Jednota an die ÚMŠ vom 12. 5. 1911, č. 156.

und für Vortragskurse sorgte. Die beabsichtigte Gründung eines slawischen Verbandes der Staatsbeamtenschaft scheiterte ebenso wie bei den Studenten — ob an der Verständnislosigkeit der übrigen slawischen Völker[181] steht hier nicht zur Debatte.

Wo die 2 300 Tschechen der übernationalen *kaiserlichen Armee*[182] eigentlich standen, deren Offiziere auf der Wiener Neustädter Militärakademie ausgebildet wurden, vermochte zu jener Zeit aus dem Wiener Tschechentum überhaupt niemand mit Sicherheit zu sagen[183]. Abgesehen davon wußte allerdings die tschechische Bewohnerschaft der Reichshauptstadt insgesamt ungleich besser als die deutsche, wie gering und dünn die kollektive Stimme der nationalen, kulturellen und wirtschaftlichen Gemeinsamkeit in den politischen Angelegenheiten des „tschechischen Volksstammes in Niederösterreich" tönte. Es blieb nur das Wunschdenken, daß Gewerbetreibende, Handwerker und Arbeiter, die die einzige substantielle Macht im Wiener Tschechentum darstellten, durch nationale Interessenverbände am ehesten gefügig zu machen waren. Die Weichenstellungen, aus denen sich der Kurs entwickeln sollte, wurden bereits in den Organisationen für die tschechischen *Lehrlinge* vorgenommen. Die Einigungsformel, die zu der Annahme verführte, daß sich aus ihr kräftige Funken für die Zukunft schlagen lassen würden, setzte freilich auch bei den jüngsten Zuwanderern eine ausreichende Willenssubstanz zur Zusammenarbeit voraus. Wie zu zeigen ist, wurde jedoch beim Handwerkernachwuchs eher um theoretische Prinzipien als um praktische Möglichkeiten gefochten, wobei die Aufladung des Problems mit nationalpolitischen Glaubensbekenntnissen die deutschen Instanzen nicht verhandlungsbereiter machte, über einen Modus vivendi zu sprechen.

Beide Fronten stimmten nur insofern überein, als sie die Lehrlingsfrage zur „Graswurzel" des sprießenden Wachstums der Tschechen in der Reichshauptstadt machten[184]. Den Schilderungen nach bot sich jedes Jahr in den Herbstmonaten dasselbe Bild: Kaum war in den Ländern der Wenzelskrone die Ernte eingebracht, so trafen auch schon die Sammeltransporte mit den nicht mehr schulpflichtigen tschechischen Buben und Mädchen am Kaiser-Franz-Josef-Bahnhof ein. Bald folgten die Geschwister und oftmals kamen noch die Eltern nach. Zahlenmäßig ließ sich das kaum

---

[181] Soukup, Česká menšina 510.
[182] Für 1900 und 1910 Ziffern bei Soukup, Česká menšina 131. — Im einzelnen die „Dislocationstabellen" im Kriegsarchiv. Als Folge des politischen Systems des Dualismus hatte die Vielvölkerarmee keine eigenen tschechischnationalen Truppenkörper. — Bauer, Josef: Böhmische Militär-Sprache. Ein Handbuch für den Vorgesetzten im Verkehre mit den Untergebenen. Wien 1898.
[183] Äußerungen in Wiener tschechischen Quellen fehlen. Auch bei Soukup nichts.
[184] „Dem deutschen Charakter Wiens kann nur der dauernde Zuwachs von Lehrbuben und Dienstboten gefährlich werden. Mit der Lösung der Lehrlingsfrage wäre ein großer Teil der Tschechisierung abgewendet." Lustig, Karl: Die Tschechisierung Wiens und das deutsche Handwerk. Deutsche Schutzvereinszeitung. Beilage zu: „Deutsches Volksblatt", Nr. 7930, 29. Jan. 1911, S. 17. — „Die Frage der gewerblichen Fortbildungsschule wurde jetzt zur Frage des tschechischen Wien." (= i. J. 1907, Anm. d. Verf.). Soukup, Česká menšina 497. — Wotawa, Der deutsche Schutzvereinstag vom 4.—6. Jan. 1908, S. 11: Ziel: Schaffung einer deutschen Stellenvermittlungszentrale.

erfassen[185]. Die meisten Kinder wurden wie ein Stück Ware eingehandelt und weiterverkauft. Ein „Werber" (fíra = Führer) holte sie aus den Dörfern des böhmischen und mährischen Südens[186] und ließ sich von den Vätern je einen Gulden Vermittlungsgebühr bezahlen. Die Wiener Meister gaben ihm pro Lehrling wiederum zwei Gulden und wenn der Werber nach einiger Zeit die Eltern in den Heimatgemeinden besuchte, so bedeutete das für ihn abermals ein Geschäft: sei es, daß er den Kindern ein paar Groschen übermitteln sollte, sei es, daß er selbst einen kleinen Betrag für die Zusicherung erhielt, daß es seinen „Schützlingen" am Lehrplatz gefalle und an nichts fehle[187].

Es zeigt sich, daß nicht immer großangelegte Aktionen nationaler Partei- und Interessenpolitik zugrundeliegen mußten, an denen sich die Reibungsfläche der deutsch-tschechischen Gegensätze erhitzte. Bei der Wiener tschechischen Lehrlingsorganisation waren es jedenfalls in erster Linie die sozialen Mißstände, die die nationalen Propagandisten dazu veranlaßten, eine Stellenvermittlung einzurichten, Evidenzlisten der Lehrlinge anzulegen und für ihre Betreuung auch außerhalb der Arbeitszeit Sorge zu tragen. Auf Initiative des Österreichischen Nationalitätenklubs und zugleich mit Unterstützung des Reichsratsabgeordneten Vilém Kurz entstand im Jahre 1896 daher der *Český spolek pro opatřování služeb ve Vídni* [Böhmischer Dienstvermittlungsverein in Wien][188], der den tschechischen Lehrling dem tschechischen Meister zuführen sollte. Damit war aus der primär sozialen Institution eine nationale geworden, umso mehr, als 1898 auch der Klub der jungtschechischen Ab-

---

[185] Víd. Nár. Kal. 3 (1908) 106—113. — S k a l n i k , Kurt: Dr. Karl Lueger. Der Mann zwischen den Zeiten. Wien/München 1954, S. 34: „an einen afrikanischen Sklavenmarkt muß das Treiben am Franz-Josephs-Bahnhof erinnert haben, jedesmal, wenn berufsmäßige «Schlepper» frische Ware, das heißt tschechische Knaben nach Wien brachten und die Meister hier zur Musterung ihrer Lehrbuben erschienen." — S u e ß , Eduard: Erinnerungen. Leipzig 1916, S. 341: Verf. traf 1872 am Franz-Josephs-Bahnhof „eine Schar von 40 oder mehr etwa zehnjährigen Knaben, meist Tschechen, die unter Führung einiger Männer eben aus Böhmen gekommen waren. Dazu kamen Wiener Handwerker und wählten aus ihnen auf gut Glück ihre Lehrburschen. Da sie dem Führer die Reisekosten zu ersetzen und noch eine Prämie zu zahlen hatten, konnte man sich beinahe einen Menschenmarkt vorstellen."

[186] Zur Herkunft der Lehrlinge siehe oben S. 37.

[187] K o v á ř , Jan: Několik vzpomínek 28. In: Památník čsl. strany socialistické. Wien 1923. — S o u k u p , Česká menšina 501. — D e r s . : Dítě českého jihovýchodu [Das Kind des tschechischen Südostens]. Prag 1910: Über die Kindermärkte in Byteš, nahe der tschechischen Grenze. Dort brachte man die Jugend zu niederösterr. Bauern, die sie bei der Feldarbeit einsetzten. — Von ähnlichen Methoden berichtet B r e p o h l für West- und Ostpreußen, Posen und Oberschlesien. Hier waren es jedoch erwachsene Arbeiter und die Prämien erhielten nicht die Werber, sondern die Angeworbenen. B r e p o h l , Der Aufbau des Ruhrvolkes 231 Anm. 16.

[188] Nö. Ver. Kat. XVIII/5582 (21. 1. 1896). — Kal. Čechů Víd. 8 (1899) 65 ff.; 9 (1900) 94. — NRČ 120: Krajané v Doln. Rak. 1906—1910: Desátá výroční zpráva českého spolku pro opatřování služeb ve Vídni [Zehnter Jahresbericht des tschech. Vereines für Dienstvermittlung in Wien]. Wien 1906. — NRČ 120: Ruzné záležitosti krajanů v Rak. 1906—1910 [Verschiedene Angelegenheiten der Landsleute in Österreich 1906—1910]: Plan v. J. 1908, in Prag ein ständiges Sekretariat zu errichten. — S o u k u p , Česká menšina 494 f.

geordneten im Reichsrat als Gründungsmitglied beitrat. Den Haupthinderungsgrund für die erhoffte organisatorische Expansion erblickte man im Mangel an finanziellen Mitteln[189], die zur Verbreitung von Druckschriften, zur systematischen Bekanntgabe in den Schulen, Pfarren, Kreis- und Bezirksämtern der böhmischen Länder nötig gewesen wären. Die Folge davon war ein starkes Mißverhältnis zwischen Lehrlingsangebot und -nachfrage. Während in den Handwerkszweigen für Metallbearbeitung die Anmeldungen des tschechischen Nachwuchses chronisch ausblieben, waren die Anwärter für das Schuster-, Tischler- und Schneidergewerbe wiederum so zahlreich, daß man nur einen Teil der Lehrlinge unterbringen konnte[190]. So betrachtet entsprach der Verein seinen Zielsetzungen nur bedingt, die Gesamtentwicklung ist jedoch durchaus bemerkenswert. Ein Vergleich zwischen 1898 und 1906 zeigt einen Zuwachs von 425 auf 1 548 Mitglieder. Außerhalb Wiens gehörten dem Verein im Jahr 1898 aus Böhmen nur fünf, aus Mähren vier, aus Niederösterreich-Land fünf und aus der ungarischen Slowakei 12 Mitglieder an, wogegen 1906 aus Böhmen 42, aus Mähren 20, aus Niederösterreich-Land 26, aus Ungarn 12, aus Kroatien/Serbien drei und aus Rußland ein Mitglied gemeldet waren[191]. Die Korrespondenz, die innerhalb der ersten zweieinhalb Jahre 2 072 Eingänge und 2 379 Ausgänge umfaßte, stieg auf 14 816 Poststücke allein im Jahre 1911[192]. 1906 erweiterte man die Organisation um zwei neue Abteilungen: eine Stellenvermittlung für Dienstmädchen und einen allgemeinen Arbeitsnachweis auch für Erwachsene. Seit 1908 gab es unter dem Patronat der nationalsozialen Partei noch das Lehrlingsunterkunftsheim *Česká učednická útulna* [Tschechisches Lehrlings-Unterkunftsheim][193], das für Freizeitgestaltung sorgte, Rechtsschutz gewährleistete und eine Stellenvermittlungsabteilung im kleineren Rahmen unterhielt. Darüber hinaus schuf man einen Unterstützungsfonds für Mittellose und eine Übernachtungsstätte. Der Jahresdurchschnitt der Lehrlingsvermittlungen war in diesen Jahren von 160 auf 400 angestiegen. Aufschlußreich ist der Vergleich mit der entsprechenden deutschen Institution, dem Wiener „Centralverein für Lehrlingsunterbringung"[194].

---

[189] Kal. Čechů víd. 9 (1900) 94. — Erst 1911 waren die Spenden zweimal so hoch wie die Mitgliedsbeiträge. S o u k u p , Česká menšina 494. — Im 10. Jahresbericht (1906), S. 11, stammt die höchste Spende von der Vídeňská záložna mit 20 K. Sonst nur 1—2 K. — Beträge von Privatleuten.

[190] Kal. Čechů víd. 8 (1899) 66. Hinzu kommt: Die Metallbranche war in Wien eine Domäne der tschechischen Sozialdemokratie, die bürgerlich-nationaltschechische Organisationen boykottierte.

[191] E b e n d a 66 und Desátá výroční zpráva 16. Beachtenswert die „Ballungen" der Mitglieder in einzelnen Wiener Bezirken: Im XVI. Bez. 172 Mitglieder, im XI. Bez. 10 Mitglieder, beide Bezirke mit etwa gleichviel Prozent Tschechen laut Volkszählung.

[192] Kal. Čechů víd. 8 (1899) 66. — S o u k u p , Česká menšina 494.

[193] Nö. Ver. Kat. XI/158 e 8; 2742 (1909). — S o u k u p , Česká menšina 495 ff. (Tätigkeitsbericht bis 1923).

[194] Nach dessen im Jahre 1903 vorgelegtem Bericht: Hier zit. aus: H a g e n h o f e r , Die soziale Lage der Wiener Arbeiter 139.

	Böhm. Dienstvermittl.-Verein f. d. Jahre	Centralverein für Lehrl.-unterbringung
	1896—1898	im Jahre 1899
angemeldete offene Lehrstellen	569	7 832
in Lehrstellen untergebr. Lehrlinge	407	4 854
Lehrstellensuchende	862	30 012

Hieraus ergibt sich
1. daß beim tschechischen Verein relativ weniger Lehrstellen offenblieben als beim deutschen Vermittlungswesen,
2. daß der deutsche „Centralverein" nur einem Sechstel aller Lehrstellensuchenden einen Lehrplatz zuweisen konnte, während tschechischerseits immerhin fast die Hälfte den gewünschten Arbeitsplatz erhielt, — vielleicht ein Hinweis darauf, daß die Tschechen bei der Wahl ihrer Lehrstelle anspruchsloser waren als die Deutschen.

Indessen: Was bedeuten 407, im Lauf von zweieinhalb Jahren untergebrachte tschechische Lehrlinge für die Effektivität der Organisation in Anbetracht der Tatsache, daß jährlich — den Ermittlungen der Vereinsleitung zufolge[195] — etwa 6 000 böhmische Handwerksburschen nach Wien kamen!

Die „böhmischen Stubenmädchen", in der Kaiserstadt seit dem 18. Jahrhundert ein Begriff, gaben der Viennensien-Literatur häufig Anlaß zu Glossen oder gelegentlichen Witzeleien. Erst in letzter Zeit besteht die Tendenz, in romantisch-verklärter Rückschau das „stille Wirken" der tschechischen Dienstmädchen zu würdigen[196]. Es wäre falsch, davon auszugehen, daß sie bei der berüchtigten Umgangssprachenzählung von ihrer „Herrschaft" prinzipiell in die deutsche Rubrik der Zählungslisten eingetragen wurden und daß sie somit für das Tschechentum im wörtlichen Sinne „auf verlorenem Posten" standen, zumal sie auch auf der nationaltschechischen Bühne nie im Proszenium auftraten. In vielen Familien durften die tschechischen Hausgehilfinnen zwar kein Wort „böhmisch" sprechen, aber sie wurden dennoch als Tschechinnen offiziell und anstandslos anerkannt[197]. Nur im Wiener Ge-

---

[195] Desátá výroční zpráva 12. — S o u k u p , Česká menšina 494. — Von den oben erwähnten 407 Lehrlingen erhielten 129 volle Verpflegung, Wohnung und Kleidung, 274 Verpflegung und Wohnung, vier mußten nebenher Lehrgeld zahlen. Kal. Čechů víd. 9 (1899) 66. Zur Sozialfürsorge s. auch oben S. 109 Anm. 70.

[196] O t r u b a , Die Herkunft der Wiener Bevölkerung 245. — F r i e d l ä n d e r , Otto: Letzter Glanz der Märchenstadt. Wien 1948, S. 162. — G u g i t z , G.: Die Wiener Stubenmädchenliteratur. In: B l ü m m l / G u g i t z : Altwienerisches. Wien 1921, Bd. 1, S. 28, 49, 360. — Das magere Literaturverzeichnis zum Thema Wiener Tschechen in: G u g i t z : Bibliographie zur Geschichte und Stadtkunde von Wien. Nebst Quellen und Literaturhinweisen. Wien 1947, beschränkt sich im wesentlichen auf Artikel der Wiener tschechischen Nachkriegszeitschrift „Dunaj".

[197] Eine Wiener Bürgersfrau erklärte dem Volkszählungsbeamten auf die Frage, ob denn ihr Dienstmädchen wirklich nur „böhmisch" spreche: „Ah, ka Idee, i wurd ihr helfen; ka Wurt böhmisch derf's bei mir außalass'n; oba i hab nur glaubt, weil's so guad powidaln kann, daß ma do muß «böhmisch» einischreib'n; ja do muaß ma holt aufge-

meinderat steigerten die „alljährlichen Ströme tausender weiblicher Dienstsuchender"[198] und deren tschechische Organisationen im IV. und IX. Bezirk die nationale Abwehrpsychose beträchtlich. Der Christlichsoziale August Amonesta stellte daher im Jahre 1912 den Antrag, eine städtische Vermittlungsstelle für weibliche Dienstboten ausschließlich deutscher Nationalität zu errichten, tschechische Bewerberinnen sollten unter keinen Umständen angenommen werden. Bei neuerlicher Anfrage Amonestas in dieser Angelegenheit verwies er darauf, daß mittlerweile sogar die „Hamburger Nachrichten" „die drohende Gefährdung Wiens durch das Tschechentum zu würdigen" gewußt und eine „zielbewußte Abwehr für dringend nötig" erachtet hätten[199]. Bürgermeister Josef Neumayer bezweifelte daraufhin in seiner Entgegnung, ob „bei dem bekannten Mangel einfacher deutscher Dienstmädchen" die Aufträge der Dienstgeber durch solche Maßnahmen wohl zufriedenstellend erledigt werden könnten[200]. Erst in zweiter Linie verwies er darauf, daß eine allgemeine Einschränkung der Vermittlungstätigkeit aller städtischen Dienstvermittlungsstellen auf deutsche Dienstmädchen dem Charakter des öffentlichen Arbeitsnachweises widersprechen und die private, unbefugte Vermittlung fördern würden. Der Antrag Amonestas wird vermutlich der einzige Fall sein, bei dem eine lokale Behörde „das Erstarken des Tschechentums in Wien" allein auf die „Zufuhr von weiblichen Dienstboten" zurückführte. Das nationale Augenmerk galt viel eher den Lehrlingsorganisationen, zu denen in gewissem Umfang auch Sokol- und Arbeiterturnvereine (D.T.J.) hinzuzurechnen sind[201], sowie dem Projekt einer *tschechischen gewerblichen Fortbildungsschule*, der ältesten „politischen" Forderung des Wiener Tschechentums überhaupt. Nach den mißglückten Anfängen im Českoslovanský dělnický spolek[202] versuchte man erst wieder 1907, diesmal mit Unterstützung des Wiener tschechischen Nationalrates, der nationalsozialen Partei, der Řemeslnická a živnostenská jednota und der Genossenschaft der tschechischen Pelzhändler eine private Gewerbeschule aufzubauen[203]. Abgesehen von einer unter dem tschechischen Handelsminister Fiedler erlassenen Gesetzesverordnung, die den privaten Fortbildungsschulen ungestörte Weiterentwicklung — ohne Rücksicht auf die Unterrichtssprache — zusicherte, insoweit sie den übrigen Bestimmungen der

---

klärt werd'n!". Volkszählung. Erlebnisse und Gedanken. Deutsche Schutzvereinszeitung, Beilage zu „Deutsches Volksblatt", Nr. 7916 (15. 1. 1911), S. 18 (powidaln = ratschen, quasseln; tschech. „povídat").

[198] GR-Prot., AB Nr. 15 (20. 2. 1912) 496. Sitzung v. 16. 2. 1912: Antrag A m o n e s t a.
[199] E b e n d a AB Nr. 47 (11. 6. 1912) 1583. Sitzung v. 4. 6. 1912: Interp. A m o n e s t a betr. die Erledigung seines Antrages vom 16. 2. 1912.
[200] „Deutsche Familien sind eben häufig genötigt, nichtdeutsche Dienstmädchen aufzunehmen, da diese ihre Lohn- und sonstigen Ansprüche bedeutend niedriger stellen." E b e n d a 1583.
[201] Die Hauptaufgabe des Wiener Sokol bestand darin, den Handwerkerlehrlingen die tschechische Schule zu ersetzen. Bei den D.T.J.s der Donaumetropole war die Organisation der Lehrlinge pro Jednota besser entwickelt als die der Brünner D.T.J.s. G l e t t l e r, Sokol und Arbeiterturnvereine 52.
[202] Siehe oben S. 95 f.
[203] S o u k u p, Česká menšina 496—501. — Nö. Präs. XI/152—161; 84 (1909) Pr. Z. 830/4 (5. 3. 1908).

öffentlichen Gewerbeschulen entsprachen[204], stützte man sich bei den Vorbereitungsarbeiten vor allem darauf, daß einzelne Wiener Gewerbefortbildungsschulen tatsächlich überwiegend von tschechischen Lehrlingen besucht wurden: Im Schuljahr 1903/04 hatte die Schule in der Puchsbaumgasse (X. Bezirk) 15 deutsche und 158 tschechische Lehrlinge, die Schule in der Alxingerstraße (X. Bezirk) meldete 1905/06 einen Stand von vier deutschen gegenüber 112 tschechischen Schülern[205]. Da auch die dritte gewerbliche Fortbildungsschule des X. Bezirks Favoriten ein ähnliches Verhältnis der Nationalitäten aufwies, lag es nahe, die als privates Institut geplante tschechische Gewerbeschule im X. Bezirk zu eröffnen. Unter Beifügung der amtlichen „ethnischen" Schülerziffern jener drei Favoritener Schulen gab der tschechische Schulerhalter, bestehend aus dem „Komenský", der niederösterreichischen Sektion des Prager NRČ und der „Řemeslnická a živnostenská jednota" am 29. Mai 1908 dem niederösterreichischen Landesschulrat die Eröffnung der tschechischen gewerblichen Fortbildungsschule bekannt, die daraufhin am 10. Oktober gleichen Jahres erfolgte. Inzwischen war jedoch durch das niederösterreichische Fortbildungsschulgesetz vom 30. November 1907 (LGBl. Nr. 171 § 2, sog. „Lex Gessmann") die deutsche Unterrichtssprache an den niederösterreichischen gewerblichen Fortbildungsschulen gesetzlich festgelegt worden. Hier nun entschied der Landesschulrat, daß die gewerbliche Fortbildungsschule der Wiener Tschechen nicht den oben erwähnten Bestimmungen für die privaten, sondern den Gesetzen für die öffentlichen Schulen zu unterliegen habe und verweigerte die Zulassung von Anfang an[206]. Da sich der niederösterreichische Landesschulrat und mit ihm der Wiener Magistrat „jederzeit der Errichtung von gewerblichen Fortbildungsschulen mit böhmischer Unterrichtssprache und zwar einmütig entgegengestellt" haben — wie Bürgermeister Neumayer noch im April 1914 in seiner Invektive gegen das für diese Schulgattung zuständige Ministerium für öffentliche Arbeiten versicherte[207], ist es an dieser Stelle nicht nötig, Gesetzesparagraphen, Instanzenwege und Argumentationen beider Parteien bis ins Detail nachzuzeichnen. Betont sei lediglich, daß es weder dem Ministerpräsidenten Baron Beck[208], noch den tschechischen Handelsministern Trnka und Fiedler, noch dem Ministerium selbst gelang, eine Genehmigung dieser Privatschule durchzusetzen, die mit spärlichen Besucherzahlen bis 1911/12 weitervegetierte.

Überblickt man das Wiener tschechische Organisationswesen in seiner Gesamtheit, so wird man das unterschiedliche Tempo in den politischen und sozialen Ver-

---

[204] Angekündigt im „Den" [Der Tag], Nr. 7 (8. 1. 1908). Erlassen im Januar 1908. — S o u k u p, Česká menšina 497.

[205] E b e n d a 498. — Siehe auch oben, S. 65 f., 99.

[206] Erster Erlaß vom 1. 5. 1909, Z. 361/4-II. Dann: 18. 2. 1910, Z. 3016-III. Weitere Einzelheiten: S o u k u p, Česká menšina 498 ff.

[207] GR-Prot., AB Nr. 29 (10. 4. 1914) 576 (Sitzung v. 27. 3. 1914): Antrag N e u m a y e r betr. die Erwirkung der Sanktion des deutschen Sprachschulgesetzes (= Lex Kolisko): „... fast will es scheinen, als ob es mit der Zeit dahingebracht werden sollte, daß nicht nur Prag einsprachig, sondern sogar Wien und Niederösterreich zweisprachig regiert werden."

[208] Über den Ausgleichsversuch Becks in dieser Angelegenheit: S o u k u p, Česká menšina 500.

änderungen ebenso berücksichtigen müssen wie man die ideologische Verbrämung von den prosaischen Erfordernissen des gesellschaftlich-wirtschaftlichen Lebens auseinanderzuhalten hat. Veränderungen im Gefüge der tschechischen Selbstverwaltungskörper waren in der Regel eher eine Sache der Unterwanderung als einer radikal-nationalen Umorganisierung. Auch wenn einige Fanatiker die Gelegenheit zu herausfordernden Experimenten benutzt haben, so bestand das Ziel der tschechischen Organisationen in ihrer Gesamtheit niemals ausschließlich in der Stärkung des Tschechen- oder Slawentums — man denke nur an die zahlreichen Bestrebungen, Deutschkurse für die „Noch-nicht-Ansässigen" zu veranstalten[209]. Was zählte, war immer auch der Versuch, die Daseinsbedingungen der Vereinsmitglieder zu verbessern. Dahinter steht jedoch nicht „Tschechisierung", sondern der Anreiz zum sozialen Aufstieg, ein Faktor, der für das Wiener Tschechentum als politische Gemeinschaft eine außerordentlich wichtige Rolle spielte. Dies ist nun mit ein paar Streiflichtern auf das soziale Spannungsfeld näher zu erläutern.

---

[209] Siehe oben S. 141, 147, 170, 209.

3. DAS SOZIALE SPANNUNGSFELD

Vorbemerkung

Die Strukturanalyse des Wiener Tschechentums wäre unvollständig ohne die Berücksichtigung der sozialen Spannungen, die die nationalen Kräfte in Bewegung gesetzt und damit die gesellschaftliche Dynamik bedingt haben. Die charakteristischen Konfliktzentren und -möglichkeiten, denen andererseits wiederum Prozesse des sozialen Ausgleichs entsprachen, wurden hauptsächlich dadurch ausgelöst, daß das Postulat einer allgemeinen Gesellschaft freier und gleicher Staatsbürger mit gleichen Chancen der Teilnahme am sozialen Leben in der Habsburgermetropole nicht unbeschränkt verwirklicht werden konnte. Eine sinnvolle Einschätzung der Stellung z. B. des tschechischen Kaufmannes in Wien erfordert — ähnlich wie die Beurteilung der Lage der Arbeiterschaft — eine Unterscheidung zwischen dem Geschäft als einer Institution im rechtlichen und verwaltungstechnischen Sinn und dem Geschäftsmann als einem sozialen und wirtschaftlichen Funktionsträger. Es läßt sich nicht leugnen, daß die tschechischen Arbeitnehmer aus den böhmischen Ländern in der Hauptstadt an der Donau vorankamen. Die quantitative Darstellung der wirtschaftlichen Möglichkeiten sollte jedoch andere, damit zusammenhängende Umstände nicht verschleiern, nämlich die Tatsache, welchen Widerständen das Vorankommen ausgesetzt war, sobald es einen nationalen Akzent trug. Wenn im Jahre 1907 das Redaktionslokal des „Vídeňský Denník" dreimal hintereinander von einer Gruppe randalierender deutschnationaler Studenten demoliert und die anwesende Belegschaft beschimpft und verprügelt wurde[1], so kann man die Errichtung eines tschechischen Tagblattes in Wien zwar als einen nationalen Erfolg werten, der aber insofern problematisch sein mußte, als er das Mißtrauen auf deutscher Seite ungemein aktivierte.

Generell gesprochen ergeben sich grundlegende soziale Antinomien dieser Art aus den Spannungen, die zwischen Individuen und sozialen Gruppen oder diesen und der Gesamtgesellschaft auftreten. Wo Personen oder Gruppen wie die Wiener Tschechen ganz oder teilweise längere Zeit außerhalb des gesamtgesellschaftlichen Zusammenhanges stehen, kann es dazu kommen, daß sie sich mit der Gesellschaft nicht oder nur peripher verbunden fühlen und dies durch ein von der Norm abweichendes Verhalten zeigen. Eine derartige *soziale Isolierung*[2] hat verschiedene Ursachen. Es können z. B. Störungen im Verlauf des Sozialisationsprozesses auftreten, in dem sich das Individuum asoziale oder sogar antisoziale Überzeugungen und Verhaltensweisen aneignet, die sein selbständiges Leben in der Gesellschaft

---

[1] Nö. Präs. XIV/220; 2941 (1907) u. RR-Prot. XVIII/24 (22. 10. 1907), Anhang II/1004/I. Interp. Kotlář, Zázvorka.
[2] Fürstenberg, Friedrich: Randgruppen in der modernen Gesellschaft. Soziale Welt 16 (1966) 236—245. — Ders.: Die Sozialstruktur der BRD 132.

garantieren sollen. Eine andere Möglichkeit der sozialen Isolierung resultiert — wie ausführlicher zu zeigen sein wird — aus einer Beschränkung der Teilnahme an gesellschaftlichen Prozessen in wichtigen Lebensbereichen wie Beruf, Haushaltsführung, Freizeit u. dgl. Eine dritte Form sozialer Randstellungen wird dadurch begründet, daß bestimmte Personen und Gruppen nicht imstande sind, sich in ihren Vorstellungen und Verhaltensweisen dem sozialen Wandel in der Gesellschaft anzupassen. Dadurch entstanden bei den Wiener Tschechen kleine isolierte Gesinnungsgruppen mit sektenhaften Zügen[3] oder aber politisch aktive, radikalistische Gruppen mit weltanschaulichem Akzent. Schließlich kann soziale Isolierung auch durch unterschiedliche soziale, rassische oder — im Fall der Wiener Tschechen — nationale Herkunft hervorgerufen werden. Auf letzteres deutet die Reaktion einer tschechischen Hebamme, die „wegen polizeiwidrigen Verhaltens" — und nicht etwa wegen Humorlosigkeit — zu einer relativ hohen Geldstrafe verurteilt wurde, weil sie während einer Zirkusvorstellung, in der man die Tschechen parodierte, den Komiker durch laute „Ziag — a"- und Pfui-Rufe unterbrochen hatte[4]. In diese Richtung weist auch ein angeblich im Wiener Gemeinderat gestellter Antrag, daß im Wiener Rathauskeller Hunde, Juden und Tschechen unerwünscht und daher aus ihm auszuschließen seien[5].

Eine zweite grundlegende Antinomie entsteht durch die *Herausbildung von Herrschaftsstrukturen*[6]. Sie sind nicht allein auf den politischen Bereich beschränkt, sondern lassen sich überall dort feststellen, wo sich soziale Beziehungen relativ dauerhaft verfestigen, denn mit den dann entstehenden Rollen- und Rangunterschieden ergeben sich auch unterschiedliche Vollmachten für die verschiedenen Einzelpersonen. Es ließe sich für alle Bereiche des Wiener tschechischen Gesellschaftslebens aufzeigen, daß neben den sozialen Gruppen, die die Herrschaft ausübten, andererseits auch solche bestanden haben, die zumindest zeitweise von der Machtausübung ausgeschlossen waren, bzw. sich nur in bestimmten Situationen — etwa bei den Wahlen — durch entsprechende Repräsentation Gehör verschaffen konnten[7].

Die Summe der sozialen Antinomien begründete latent vorhandene Spannungen in der Sozialstruktur der Wiener tschechischen Minderheit. Es war damit zu rechnen,

---

[3] Z. B. Živnýs „Griechisch-orthodoxer geselliger Fortbildungsverein in Wien". Nö. Präs. J 12 5787 (1897). Siehe oben S. 120.
[4] Nö. Präs. XIV/220 (1913); dazu „Ostdeutsche Rundschau", Nr. 9 (10. 1. 1913) S. 5.
[5] Nö. Präs. J 12 5613 (1898): Relation des behördlichen Vertreters über eine tschechische Versammlung vom 8. 9. 1898, auf der man beantragte, gegen diesen Antrag des deutschnationalen Gemeinderatsmitgliedes F ö r s t e r Stellung zu nehmen. In den Gemeinderatsprotokollen sind vor dem 8. 9. 1898 nur zwei antitschechische Interpellationen Försters verzeichnet: eine in der Sitzung vom 13. 5. 1898 (AB Nr. 39, S. 1276) und eine in der vom 30. 6. 1898 (AB Nr. 53, S. 1710). Eine derartige Äußerung fehlt, allerdings handelt es sich bei dem von der Verfasserin benutzten „Amtsblatt" um Auszüge aus den Sitzungsberichten.
[6] F ü r s t e n b e r g, Die Sozialstruktur der BRD 131.
[7] Dahrendorf nahm diesen Sachverhalt zum Ausgangspunkt einer modernen Klassentheorie und versuchte, mit ihm die grundlegenden Konflikte unserer Gesellschaft zu klären. D a h r e n d o r f, Ralf: Soziale Klassen und Klassenkonflikt in der industriellen Gesellschaft. Stuttgart 1957.

daß sie in Perioden verlangsamten Wirtschaftswachstums und steigender Arbeitslosenzahl an Bedeutung gewinnen würden.

a) Wohn- und Arbeitsverhältnisse als Merkmale der Soziallage des Wiener Tschechentums

Von den Merkmalen, die in ihrer Gesamtheit die Soziallage einer bestimmten Bevölkerungsgruppe kennzeichnen, sind materielle Unterschiede in der Lebensführung, Einkommens- und Wohnverhältnisse, sowie die innere Struktur einer Familie, die unter einem Dach wohnt und einen Haushalt bildet, Gegebenheiten von so ausgesprochener Prägekraft, daß man hier auftretende Unterschiede sehr wohl als schicksalsbestimmend bezeichnen darf[1]. Ohne auf die Gesichtspunkte und Überlegungen einzugehen, soll das zur Lebensweise der Wiener tschechischen Berufsgruppen vorliegende Material lediglich daraufhin betrachtet werden, ob sich auf diesem Gebiet typische Gegensätzlichkeiten zwischen den beiden Nationalitäten ergeben, die sich für den tschechischen Bevölkerungsteil der Reichshauptstadt zu einem sozialen Status bestimmter Zusammensetzung und bestimmter Höhe vereinen lassen. Eine zweite Frage ist, inwiefern diese Faktoren den Hintergrund etwas aufleuchten helfen, vor dem sich das nationale Geschehen vollzog und inwieweit sie seinen Ablauf mitbestimmen konnten.

Der auffallendste Unterschied in der nationalen Statistik über die damals in deutschen und tschechischen Haushaltungen Wiens lebenden Personen[2] besteht in dem großen Prozentsatz der sogenannten „Bettgeher" seitens der Tschechen (1910: Tschechen 11,8 %, Deutsche 3,2 %), mit dem der größere Anteil der Haushaltsvorstände auf deutscher Seite in Korrelation steht (1910: Deutsche: 24,6 %, Tschechen: 20,8 %). Meist waren es kinderreiche Familien von Arbeitern und Stückmeistern, die ihren Kollegen zum Preis von zwei Kronen wöchentlich nichts als ein Bett für die Nacht zur Verfügung stellten[3]. Dieser Betrag entsprach in vielen Fällen dem halben Monatsgehalt eines Kindermädchens[4]. Für jeden 20. Bewohner dieser reichen Stadt und für jeden neunten Wiener Tschechen — um einen Mittelwert zwischen 1900 und 1910 anzugeben — bildete eine derartige Schlafstelle, die oft sogar noch zu zweit benutzt wurde, die einzige Unterkunftsmöglichkeit in der Hauptstadt[5]. Die Zahl der tschechischen Bettgeher und Untermieter zusammen-

---

[1] M a y n t z , Renate: Soziale Schichtung und sozialer Wandel in einer Industriegemeinde 124.
[2] Für 1910: W i n k l e r , Die Tschechen in Wien 24. — Österr. Statistik Bd. 4, N.F.H. 4 (1910): Häuser-, Wohnungs- und Haushaltungsstatistik nach den Ergebnissen der Volkszählung 1910, hier bes. Tab. 17, 18, 19, 20. — Für 1900: Víd. Nár. Kal. 2 (1908) 106—113: Strašná čísla [Schreckliche Zahlen], hier S. 113.
[3] H a g e n h o f e r , Joh.: Die soziale Lage der Wiener Arbeiter, 2. Teil 1889—1907. Wien (phil. Diss.) 1966, S. 238. Die beste Arbeit von insgesamt drei Dissertationen zu diesem Thema. (1. Teil: R i c h t e r , Jos. [1867—1889], 2. Teil: H a g e n h o f e r [1889—1907], 3. Teil: F r e i l e r , Joh. [1907—1918]; alle drei Arbeiten ohne Berücksichtigung der Nationalität der Wiener Arbeiter).
[4] H a g e n h o f e r , Die soziale Lage der Wiener Arbeiter 150: Monatslohn 4—16 K.
[5] Lit.: Anm. 2 und: F u n d e r , Friedrich: Vom Gestern ins Heute. Bd. 1, Wien 1952, S. 257. Auch das Folgende.

gerechnet lag im Jahre 1900 nur wenig unter der Zahl der Wiener tschechischen Haushaltungsvorstände selbst (17 638 bzw. 19 646), während es in den deutschen Haushalten dreieinhalbmal soviel „Familienoberhäupter" wie Untermieter und Bettgeher gab.

Die Wohnungsnot und die katastrophalen hygienischen Verhältnisse waren freilich nur ein Teil der Belastungen und Entbehrungen, denen die tschechischen Zuwanderer ausgesetzt waren, die im Zentrum der Monarchie einer Beschäftigung nachgingen. Rechnet man unter die überfüllten Wohnungen alle jene, in denen vier und mehr Personen auf 16 Quadratmeter Wohnraum zusammenlebten, so wohnten in den inneren Stadtbezirken 5 %) der Bevölkerung, in den von den Tschechen stark besiedelten Vierteln Favoriten (X.; Ziegeleien) und Simmering (XI.; Eisenbahn) 15 % der Bevölkerung in überfüllten, häufig küchenlosen Wohnungen. Mehr als 60 % der Favoritener und Ottakringer (XVI.) Arbeiterscharen waren in Behausungen mit nur ein oder zwei Räumen[6] untergebracht. Dementsprechend lag auch die Kindersterblichkeit in den proletarischen Bezirken drei bis viermal höher als in den „besseren Vierteln". Unter 10 000 Personen starben im Jahre 1899 im bürgerlichen Bezirk Wieden (IV.; 3 % Tschechen) 4,1 %, in Ottakring (XVI.; 8 % Tschechen) 15,4 % und in Favoriten (X.; 20 % Tschechen) 16,4 %[7].

Eine eingehende Schilderung der Schattenseiten der Unterkunftsmöglichkeiten in Wien gibt der Redakteur der „Reichspost" und Parlamentsberichterstatter Friedrich Funder in seinen Memoiren[8]. Als junger Journalist hatte er selbst längere Zeit bei einem tschechischen Schuster im VII. Bezirk in Untermiete gewohnt. Auf seinen „Studienwanderungen durch das Wiener Wohnungselend"[9] berichtet er von seinen häufigen Besuchen bei einem tschechischen Schuster in einer verwahrlosten Mietskaserne des III. Bezirkes, die im Volksmund „Das Bienenhaus" genannt wurde: „Wenn ich zu meinem Schuster aufwärts stieg, empfing mich schon im 1. Stock der Geruch einer unmöglichen Abortanlage; im 2. Stock mußte ich das Taschentuch vornehmen, im 3. Stock trachten, eilends an mein Ziel zu kommen. Denn hier war die Pestilenz. Mein Schuster hatte ein Weib, zwei Kinder und zwei Untermieter; diese sechs Personen verteilten sich auf das einfenstrige, kleine Zimmer, das 18 Quadratmeter hatte und in die von Luft und Licht abgeschlossene Küche. Es roch nach

---

[6] Hagenhofer, Die soziale Lage der Wiener Arbeiter 239. — Sedlaczek, Stephan: Die Wohnverhältnisse in Wien. Wien 1893, S. 76 (Auszug): Von 100 bewohnten Wohnungen bestanden aus Wohnräumen:

	Bezirk	|	Zahl der Zimmer			
		|	1	2	3—5	6—10
	IV.	|	3 %	9 %	38 %	40 %
Prozentsatz wurde	X.	|	3 %	16 %	63 %	14 %
hier auf- bzw.	XVI.	|	12 %	58 %	26 %	2 %
abgerundet.	I.	|	14 %	55 %	28 %	2 %

Zum Prozentsatz der Tschechen und zur Charakteristik der Stadtviertel vgl. oben S. 52.

[7] Funder, Vom Gestern ins Heute 257.

[8] Ebenda 70, 125 ff., 257—262. — Vgl. auch die Erinnerungen des Geologen, RR-Abg., Präs. d. Kaiserl. Akad. d. Wiss. u. Erbauers der 1. Hochquellenwasserleitung, Ed. Sueß: Erinnerungen. Leipzig 1916, bes. S. 324 ff. (Soziale Zustände in Wien in den 80er Jahren) und 341 f., 345 f.

[9] Funder, Von Gestern ins Heute 258.

Sauerkraut, Schuhleder und Windeln, der Familienvater hüstelte ständig, seine Kinder sahen bleich und schattenkeimig aus ... Das Bienenhaus war in der Großstadt nichts Vereinzeltes — es fand sich in hundert Formen wieder"[10].
Während sich die Lage der Arbeiterschaft durch Gründung von Selbsthilfeinstitutionen und Streiks seit 1890 langsam verbesserte, änderte sich in der Wohnungsfrage gar nichts, obwohl die Wiener Bevölkerung zwischen 1890 und 1900 um mehr als 600 000 Personen anwuchs[11]. Alles, was bei der bestehenden Gesetzeslage unternommen wurde, bestand darin, daß man ab und zu im Gemeinderat die Verhältnisse vor allem in Favoriten kritisierte[12] oder aber, daß die Bewohner aus solchen Stätten polizeilich ausgewiesen wurden, mit dem Ergebnis, daß sie anderswo ein ähnliches Unterkommen beziehen mußten. Die Bauordnungsentwürfe versanken in den Gemeindearchiven[13]. Daß, vom nationalen Standpunkt aus betrachtet, die Tschechen unter diesen Verhältnissen am meisten zu leiden hatten, zeigt sich noch deutlicher, wenn man die Wohnstatistiken der Wiener Bezirke ins Detail hinein verfolgt. Um die Darstellung jedoch nicht durch verwirrende Zahlenreihen zu belasten, beschränkt sich der folgende Auszug[14] nur auf drei Wiener Bezirke: Die vornehme Innenstadt (I.), den Arbeiterbezirk Favoriten (X.) und den teils bürgerlichen, teils proletarischen Bezirk Meidling (XII.).

Bezirk	Tschechen 1. J. 1890 %	Wohnparteien m. Dienstboten %	Übervölk. Whng.* %	Küchenlose Whng. %	Kategorien von Bewohnern			
					Familienmitglieder %	Untermieter %	Bettgeher %	Bedienstete aller Art %
I.	2,2	65,32	0,84	8,63	58,68	5,85	1,66	30,03
X.	15,8	10,37	8,94	12,58	73,74	5,64	10,12	5,45
XII.	6,3	12,52	8,28	16,0	76,26	3,75	9,17	8,75

* „Übervölkert" bedeutet hier, daß pro Wohnraum (Kammer, Vorzimmer, Küche, Zimmer) durchschnittlich vier oder mehr Personen zusammen lebten.

---

[10] Ebenda 259.
[11] Hagenhofer, Die soziale Lage der Wiener Arbeiter 245.
[12] GRS vom 28. 5. 1895, AB Nr. 44 (31. 5. 1895) 1311: Antrag Tomanek und Schreiner: Ausschließung der Wienerberger Ziegelfabriks-AG von den Lieferungen an die Gemeinde bis zur durchgeführten Verbesserung der Wohnungsverhältnisse ihrer Arbeiterschaft: „die Unterkünfte gleichen wahren Schmutzhöhlen." — GRS vom 2. 7. 1912, AB Nr. 54 (5. 7. 1912) 1860: Interp. Reumann: „Die Quellenstraße im X. Bezirk ... (dort war die größte Komenský-Volksschule, Anm. der Verfasserin) gehört zu den vernachlässigsten Bezirksteilen Wiens. Misthaufen liegen in verschiedenen Gassen, es werden nicht einmal Mistkisten aufgestellt. Straßenkehrer reinigen oft tage-, ja wochenlang nicht die Gassen und Straßen. Die Straßenbespritzung findet ebenso unregelmäßig statt. Mauerschutt und Erdaushub wird in der Quellenstraße abgelagert. Aschenmassen befinden sich unter diesem Schutt- und Erdgemengsel. Staubmassen verbreiten sich ... Anzeigen wurden fruchtlos gemacht."
[13] Funder, Vom Gestern ins Heute 260 ff. „Aber hier hörte selbst die Macht eines Lueger auf."
[14] Zusammengestellt aus: Sedlaczek, Die Wohnverhältnisse in Wien 86, 89, 101, 107 und Soukup, Česká menšina 131.

Das Anwachsen der Großstadt, die Ansammlung hochentwickelter Industrie vor ihren Toren, hatte überdies eine üppige Häuser- und Bodenspekulation begünstigt. Während die Häuser an der Ringstraße (I.) das Bankkapital mit durchschnittlich 2,5 % verzinsten, wies das Statistische Amt in den Arbeitervierteln Favoriten und Ottakring 10 %ige Hypotheken aus. In diesen beiden Bezirken gab es sogar mehrere Fälle von dritten Hypothekarsätzen zu 10 %[15]. Mit anderen Worten: Die wohlhabende Bevölkerung, die in den vornehmen Straßen angesiedelt war, wohnte billig, die Arbeiterbevölkerung wohnte teuer. Die Kosten des Wohnens, die nach volkswirtschaftlichem Grundsatz nicht mehr als $1/7$ des Einkommens betragen sollten, stiegen für den kleinen Mann in der Regel auf $1/5$ und höher[16]. Dies alles sind Faktoren einer Basis, auf der sich radikalistische Tendenzen entwickeln und bis zu dem Zeitpunkt Bestand haben konnten, solange die unmittelbaren materiellen Interessen für die politische Einstellung der Zuwanderer im Vordergrund standen. Das unterschiedliche Tempo in den politischen und sozialen Veränderungen wirkte sich hinsichtlich der Arbeitsbedingungen nicht weniger beunruhigend aus. Die einschlägigen Quellen[17] bezeugen, daß die Dienstboten, die ca. 10 % von der Gesamtzahl der tschechischen Zuwanderer bildeten[18], als ärmste und hilfloseste Arbeiterklasse am meisten zu leiden hatten. Ihre Dienstzeit war unbemessen, da sie außerhalb der Gewerbeordnung standen und kein Arbeitsbuch besaßen. Schon 1880 befanden sich unter den weiblichen Dienstboten der Residenzstadt nur 7,3 % Wienerinnen[19]. Wie die Gewerbeinspektoren mitteilen, wurden die meisten Mädchen aus den böhmischen Provinzen zunächst einmal zu Wiener Verwandten geschickt, damit sie sich soviel deutsche Sprachkenntnisse aneignen, wie sie für eine spätere Anstellung in Wien unbedingt benötigten[20]. Für die Vermittlung der weiblichen Dienstboten gab es etwa 400 Stellen, bei denen eine Einschreibegebühr zu zahlen und meist auch ein bestimmter Prozentsatz vom Lohn abzuliefern war, damit die Vermittler nichts Nachteiliges an den neuen Dienstgeber schrieben. Das Angebot an Arbeitskräften war auf diesem Sektor so groß, daß 1897 insgesamt 1 214 Dienstboten abgewiesen wurden. 1892 gab es angeblich 30 000 stellenlose Dienstboten in Wien, die vorherrschend jünger als 30 Jahre waren. Besonders mit Arbeit überlastet waren die Kinder- und Stubenmädchen, denen obendrein völlig willkürlich gekündigt werden konnte. Dies geschah z. B., wenn die „Herrschaft" in die Som-

---

[15] Funder, Vom Gestern ins Heute 126.
[16] Ebenda 257.
[17] Im wesentlichen: Berichte der k. k. Gewerbe-Inspektoren über ihre Amtstätigkeit von 1889—1906. — Berichte der k. k. Gewerbeinspektoren über die Heimarbeit. Wien 1901. — Bericht des Wiener Stadtphysikates 1889—1906. — Stenograph. Protokoll der gewerbl. Enquete 1892—1893. — Mitteilungen des k. k. arbeitsstatistischen Amtes im Handelsministerium. — Österr. Arbeiterkalender 1889—1906. — Weitere Quellen in der Dissertation Hagenhofer.
[18] D. h. von 102 974 Tschechen 10 192. — Víd. Nár. Kal. 2 (1908) 133 (für 1900). — Von den 90 538 Dienstboten d. J. 1890 waren nur 7—8 % Männer. Hagenhofer, Die soziale Lage der Wiener Arbeiter 148.
[19] Otruba, Die Herkunft der Wiener Bevölkerung 245.
[20] Hagenhofer, Die soziale Lage der Wiener Arbeiter 148—153 (auch für das Folgende).

merferien reiste. Der Monatslohn der Kindermädchen schwankte zwischen vier und sechzehn Kronen, die Stubenmädchen erhielten zehn bis 24 Kronen, eine Köchin bekam dagegen schon zwischen 16 und 40 Kronen, also unter Umständen das zehnfache Gehalt eines Kindermädchens ausgehändigt.

In diesem Zusammenhang ist ein Vergleich zwischen den deutschen und tschechischen Haushalten mit Dienstboten in Wien und Prag nicht ohne Bedeutung, vor allem angesichts der Tatsache, daß der ethnische Anteil der Deutschen in Prag dem der Wiener Tschechen fast gleichkam (Prager Deutsche: 7,5 %, Wiener Tschechen 7,2 %[21] der Gesamtbevölkerung). Umso größer war jedoch der Unterschied im sozialen Status der beiden Minoritäten. Beachtenswert ist vor allem der große Prozentsatz der Prager deutschen Haushalte mit zwei, drei oder gar vier Dienern, der den der Wiener Deutschen in der gleichen Kategorie um das Vierfache übertraf[22]. Von hundert Prager Haushalten der deutschen Minderheit standen 36 ganz ohne Dienerschaft da, während bei den Wiener Tschechen schon 91 von 100 Haushalten völlig dienstbotenlos blieben. 17 von 100 Haushalten der Prager Deutschen verfügten über zwei, drei oder vier Diener, dem entsprach seitens der Wiener tschechischen Minorität die Zahl 0,46. Das beste Bild vom Lebensstandard der „gutsituierten" Bürger beider Hauptstädte ergibt sich, wenn man den Vergleich für die Haushaltungen mit einem einzigen Dienstboten durchführt: Hier stimmte der Prozentsatz der Prager Tschechen fast ganz mit dem der Wiener deutschen Haushalte überein, während sich jedoch mehr als doppelt so viel Prager Tschechen einen Dienstboten halten konnten wie Wiener Tschechen. Andererseits gab es bei den Prager Deutschen fast dreimal soviel Haushaltungen mit je einem Diener wie bei der Wiener deutschen Bewohnerschaft. Aus allem geht eindeutig hervor, daß es sich bei den Deutschen Prags um eine exklusive Schicht von Offizieren, hohen Staatsbeamten und Aristokraten handeln mußte; untere Beamte und Handeltreibende wohnten vergleichsweise schon in viel geringerer Zahl in Böhmens Hauptstadt. In dem von den Tschechen am stärksten besiedelten Bezirk Favoriten (20 % Tschechen im Jahr 1900) besaßen überhaupt nur 10,37 % der Wohnparteien beider Völker Dienstboten, in der Wiener Innenstadt dagegen waren es schon 65,32 %[23].

Über die Arbeitsverhältnisse in der Reichshauptstadt kann man insgesamt sagen, daß die Anlernkräfte und Arbeiter in den Fabriken besser gestellt waren als ihre Kollegen im Gewerbe[24]. In der Lohnhöhe bestand zwar zwischen Fabriksarbeitern

---

[21] H a v r á n e k, Social Classes 196 ff. und 192. — S o u k u p, Česká menšina 131.

[22] Tabelle H a v r á n e k, Social Classes 196: (31. 12. 1900)

		Zahl der Diener				
		0	1	2	3	4
Prozentsatz in tsch. Haushalten	Wien	90,82	8,72	0,39	0,04	0,03
Prozentsatz in tsch. Haushalten	Prag	79,35	18,26	1,95	0,34	0,10
Prozentsatz in dtsch. Haushalten	Wien	78,36	17,29	3,34	0,68	0,33
Prozentsatz in dtsch. Haushalten	Prag	35,74	47,09	12,91	2,84	1,42

[23] S e d l a c z e k, Die Wohnverhältnisse in Wien 101.

[24] H a g e n h o f e r, Die soziale Lage der Wiener Arbeiter 246 und 236 f. *Arbeitsstätten:* Besonders Tischler und Schlosser arbeiteten in schlecht ventilierten, übersetzten Kellerräumen. *Arbeitszeit:* Im Gewerbe: keine Regelung, normalerweise eine Stunde länger

und Gewerbetreibenden, grob gesehen, kaum ein Unterschied, der Zustand der Arbeitsplätze, die geregelte Lohnauszahlung und die festgesetzte Arbeitszeit sprachen jedoch für die Vorzüge einer Beschäftigung in den Großbetrieben. Am meisten benachteiligt waren nur die Ziegeleiarbeiter — also vor allem die Favoritener Tschechen. Innerhalb des Gewerbewesens hatten die Schuster, Bauarbeiter, Kutscher und Perlmutterdrechsler das schlechteste Los gezogen — mit Ausnahme der Kutscher ebenfalls gerade jene Berufe und Erwerbszweige, die von den tschechischen Zuwanderern bevorzugt wurden[25]. Ein wesentlicher Punkt, der zur Beunruhigung weiter Kreise beigetragen hat, war das starke Überangebot an Arbeitskräften[26] vor allem im Baugewerbe, in der Bekleidungsindustrie, im Handelsgewerbe und bei den Lehrlingen ganz allgemein. Trotz schlechter Lehrlingsausbildung[27] blieb der Handwerksberuf dennoch erstrebenswert, weil das Ziel, Meister zu werden, viele Tschechen mehr lockte als der Status des damals als deklassiert geltenden Fabriksarbeiters. Eine für die folgenden Ausführungen wichtige Feststellung ist, daß die Schreiber und Staatsdiener nur geringen Lohn erhielten, während im Gegensatz zu ihnen die Beschäftigten der Stadtgemeinde in jeder Hinsicht gut dastanden: hier trug die gezielte Kommunalpolitik Luegers ihre Früchte[28].

Fast gleichzeitig mit dem Bekanntwerden der steigenden Zuwanderungsziffern der Tschechen in der Reichshauptstadt beginnt auch schon die soziale Abschnürung und Hintansetzung der Wiener Minderheit durch entsprechende Maßregeln des Gemeinde- und Stadtrates, die sich als Beratungsgegenstand in den Sitzungsprotokollen niedergeschlagen haben[29]. Einen geeigneten Ausgangspunkt bildet der An-

---

als in den Fabriken; meist auch ganztägige Sonn- und Feiertagsarbeit, regelmäßig jedoch Sonntag vormittag (im Gewerbewesen!). Starke Beeinflussung auch aus Saisonrücksichten (Bekleidungs-, Gastgewerbe) und Tradition (Bäcker, Fleischhauer). *Lohnauszahlung:* Bei der schlechten wirtschaftlichen Lage des Kleingewerbes keine gesicherte regelmäßige Lohnauszahlung. Fabriksarbeiter: Jeden Samstag.

[25] Zu den hauptsächlich von den Wiener Tschechen besetzten Berufszweigen siehe oben S. 61—67, bes. S. 64.

[26] H a g e n h o f e r, Die soziale Lage der Wiener Arbeiter 235 und 138. Siehe auch: Archiv KSČ, Fond 49 č. 9 (1910) Die Union aller an den Ziegelwerken Österreichs beschäftigten Arbeiter. — Fond 79 č. 180 (1910) Forderungen der Schuharbeiter. — Fond 79 č. 199 (1912) Streik der Schuharbeiter (1200 Arbeiter in den westlichen Wiener Betrieben entlassen, darunter 500 Tschechen).

[27] H a g e n h o f e r, Die soziale Lage der Wiener Arbeiter 240 ff. Sie wurden vielfach nur als Laufburschen und Hausknechte verwendet, gleiche bzw. oft sogar längere Arbeit als Erwachsene, körperliche Züchtigung etc.

[28] E b e n d a 247 und S c h n e e, Karl Lueger 267. — Dazu gehörte nicht nur die Verbesserung des Gehaltes, sondern auch die Vermehrung der Zahl der höheren Dienststellen, die Schaffung einer Kranken- und Unfallversicherung für städtische Betriebe, eine Invaliditäts- und Altersversicherung, ein Krankenfürsorge-Institut, eine städtische Unfallfürsorge, der Bau von Wohnungen für die Bediensteten der Stadtverwaltung und die Errichtung eines städtischen Arbeitsvermittlungsamtes. — K u p p e, Rudolf: Dr. Karl Lueger. Wien 1947, S. 118: Eine Stellung in städtischen Diensten gehörte zu den begehrtesten Dingen. Die Zahl der städtischen Angestellten stieg unter Lueger von 4760 auf 25 151.

[29] Zusammenstellung der zwischen 1866 und 1914 im Gemeinderat behandelten Anträge und Interpellationen im Anhang S. 494—508.

trag des liberalen Gemeinderatsmitgliedes Emmerich Klotzberg vom März 1892, der die Arbeitslosigkeit infolge des wachsenden Zustroms aus den böhmischen Ländern zum Gegenstand hat. Sein Dreipunkteprogramm bezweckt vor allem, die Schar der „Hungernden und Arbeitslosen", unter denen sich „mindestens 70 % aus Böhmen und Mähren" befinden, nicht noch durch neue Massen von Zuzüglern zu vergrößern und ist noch frei von jeder antitschechischen Polemik[30]. Ein nationalistisches Motiv enthält jedoch bereits die zwei Jahre später vom Antisemiten Leopold Steiner eingebrachte Anfrage, in welchem Maße die aus den Mitteln der Steuerträger bezahlten Arbeitslöhne für die beim Bau der Verkehrsanlagen beschäftigten Arbeiter der einheimischen Wiener Bevölkerung zufließen oder aber den „Gastarbeitern" und somit den übrigen Kronländern der Monarchie oder Italien zugute kommen[31]. Offen und ausdrücklich gegen die Wiener Tschechen richten sich die Anträge und Interpellationen erst seit der Ära Lueger. Jetzt allerdings fordert man totalen Arbeitsboykott und Dienstentlassung allein aufgrund der tschechischen Sprache[32]. Das erste derartige Konzept, Bewerber um Anstellungen in städtischen Diensten und Bewerber um Lehrstellen in städtischen Schulen nur dann zu berücksichtigen, wenn sie sich neben dem erforderlichen Leistungsnachweis ausdrücklich zur deutschen Nationalität bekennen, stammt vom 9. Juni 1897[33]. Im Oktober folgte ein ähnlicher Antrag, der noch um einen wesentlichen Zusatz erweitert war: Man verlangte, künftighin kein städtisches Amt mehr an einen Tschechen zu übertragen und alle bereits im Dienst der Stadt stehenden Personen sofort zu entlassen, wenn sich herausstellen sollte, daß sie an einer deutschfeindlichen Bewegung beteiligt gewesen waren. Durch einen Aufruf wollte man auch die Wiener Öffentlichkeit dazu veranlassen, keinem Tschechen eine Arbeit oder Anstellung zu über-

---

[30] GRS vom 4. 3. 1892, AB Nr. 18 ((8. 3. 1892) 422. Mit Hinweis auf „gewissenlose Bauspekulanten", die möglichst viel Arbeitskräfte nach Wien lockten, um die Löhne herabdrücken zu können, schlug K l o t z b e r g vor: 1. Versendung von Zirkularen an die Landesregierungen, Orts- und Gemeindevorstände, in denen auf das Überangebot an Arbeitssuchenden aufmerksam gemacht wird. 2. Der Finanzminister möge das Gesetz über Steuerbefreiung für Neu-, Um- und Zubauten so bald wie möglich beschließen. 3. Der Gemeinderat möge mit allen kommunalen Arbeiten (Kanalisierungen, Pflasterungen, Schulbauten) sogleich mit Eintritt der günstigsten Jahreszeit beginnen.
[31] GRS vom 27. 4. 1894, AB Nr. 35 (1. 5. 1894) 1099. Beantragt wird die Feststellung der Nationalität, Zuständigkeit und Ansässigkeitsdauer der Arbeiter.
[32] Auch in der Wiener Presse: Archiv KSČ Fond 79 č. 1396 (1908): Boykot českých dělníků ve Vídni [Der Boykott tschechischer Arbeiter in Wien]: „Deutsches Volksblatt" Nr. 7176 (22. 12. 1908) Artikel: „Der deutsche Charakter Wiens". Bericht über die Bezirksvertretungssitzung in Floridsdorf. Bezirksrat Schöpfleuthner beantragt: „Das Präsidium des Wiener Gemeinderates wird ersucht, das Eindringen des tschechischen Elementes in das Gemeindegebiet mit allen Mitteln zu verhindern und nur solchen Personen die Anstellung bei der Gemeinde und den von der Gemeinde betriebenen Erwerbswirtschaften zu ermöglichen, welche arischer Abstammung und deutscher Nationalität sind. Gleichzeitig richtet die Bezirksvertretung an die Industriellen des XXI. Bezirkes das Ersuchen, nur deutschen Arbeitern Verdienst und Arbeit zu geben, um auf diese Weise den Zuzug tschechischer Arbeiter nach Möglichkeit zu steuern." Antrag und Resolution fanden einstimmige Annahme.
[33] GRS vom 9. 6. 1897, AB Nr. 47 (11. 6. 1897) 1196: Antrag G r u b e r.

tragen, falls er „irgendwie eine deutschfeindliche Gesinnung" bekundete[34]. Die nächstfolgenden Anträge beziehen sich schon auf die tschechischen Arbeitssuchenden in ihrer Gesamtheit als nationales Kollektiv: Im Januar 1898 machte Gemeinderat Hermann Weißwasser darauf aufmerksam, daß in der letzten Zeit eine Anzahl deutscher Gemeinden in Böhmen ihre Mitbürger aufgerufen hatte, keinem tschechischen Arbeiter oder Dienstboten eine Anstellung zu geben. Die natürliche Folge, so befürchtete Weißwasser, würde sein, daß ein großer Teil dieser Arbeitssuchenden sich nach Wien wenden, hier das tschechische Element verstärken und der Gemeinde eine schwere Belastung auferlegen werde. Der Zuzug tschechischer Arbeiter könne nur dadurch hintangehalten werden, wenn sich alle Arbeitgeber der Reichshauptstadt bereiterklären würden, nur deutsche Bewerber aus Wien und den deutschösterreichischen Kronländern zu berücksichtigen[35]. So wichtig erschien Weißwasser die Behandlung seines Antrages, daß er innerhalb eines Jahres zwei weitere Male auf ihn zu sprechen kam[36]. Dabei hatte er ein kleines Rencontre mit Lueger, der sich nicht vorwerfen ließ, er wahre in der Frage der Wiener Tschechen keine entschieden deutschen Interessen. Der Bürgermeister wiederholte nur, was er schon immer geäußert hatte, z. B. auch bei der erst vor kurzem gestellten Anfrage des Gemeinderates Michael Gruber. Dieser hatte von ihm eine persönliche Stellungnahme zu den Vorkehrungen gegen die steigende Zahl der Tschechen verlangt[37]. Lueger also sagte zu Weißwasser: „... unsere Aufgabe ist, Wien als deutsche Stadt zu erhalten (Beifall), und dieser Aufgabe werde ich, solange ich Bürgermeister der Stadt Wien bin, auch gerecht werden nach allen Regeln hin, und ich brauche dazu nicht die geringste Belehrung (Zwischenruf von Weißwasser). Gegen Sie hat man nicht eine Katzenmusik machen wollen, aber mir hat man eine Katzenmusik machen wollen. Daraus können Sie ersehen, daß ich derjenige bin, der den nationalen tschechischen Hetzern viel gefährlicher ist als der Herr Gemeinderat Weißwasser mit seiner Politik"[38].

Seit der Jahrhundertwende, als die Zahl der Wiener Tschechen ihren Höchststand erreichte, wurden die Anträge immer konkreter in ihren Formulierungen und richteten sich nahezu gegen alle sozialen Schichten und Berufszweige, die für die tschechische Minorität in Frage kamen. Im September 1899 forderte z. B. der deutschnationale Gemeinderat Friedrich Förster, es sei in die Pachtverträge für städtische Gasthäuser die Bestimmung aufzunehmen, daß der Pächter nur deutsches Dienstpersonal zu verwenden habe und daß er seine Räumlichkeiten nicht für „undeutsche

---

[34] GRS vom 15. 10. 1897, AB Nr. 84 (19. 10. 1897) 2084, Antrag F o c h l e r , Bürgermeister Lueger: „Der Antrag hätte lieber nicht verlesen werden sollen, die Tschechen haben dieselben staatsbürgerlichen Rechte wie die Juden auch. Einer der Unterzeichneten ist Tomanek, für den es gefährlich ist, weil er ein Urslawe ist" (lebhafter Beifall und Händeklatschen links).
[35] GRS vom 11. 1. 1898, AB Nr. 4 (14. 1. 1898) 169: Antrag W e i ß w a s s e r.
[36] GRS vom 17. 1. 1899, AB Nr. 6 (20. 1. 1899) 174 und vom 20. 1. 1899, AB Nr. 7 (24. 1. 1899) 203.
[37] GRS vom 3. 11. 1898, AB Nr. 89 (8. 11. 1898) 2855: Interp. G r u b e r. — Ausführlichere Behandlung der Einstellung Luegers zu den Wiener Tschechen: Siehe unten S. 310—337.
[38] GRS vom 17. 1. 1899, AB Nr. 6 (20. 1. 1899) 174.

Feste und Veranstaltungen" vermieten dürfe, anderenfalls habe er mit einer Geldstrafe oder der sofortigen Vertragsauflösung zu rechnen[39]. Das christlichsoziale Mitglied des Gemeinderates, Adolf Gussenbauer, versuchte im Jahre 1908 wider die gesetzmäßig garantierte Gewerbefreiheit die Ausstellung von Hausier- und Gewerbescheinen an Tschechen zu verhindern, „und zwar einerseits aus Gründen der Selbsterhaltung, andererseits, um unseren schwer bedrohten und geschädigten Volksgenossen in Laibach und Prag unsere Sympathien wie auch unsere Unterstützung und Hilfe zum Ausdruck zu bringen;... tschechische Maronibrater, die nach Monaten mit ihrem guten Verdienste wieder nach Prag zurückkehren und sich dort an der vom hohen und niederen tschechischen Pöbel inszenierten Deutschenhetze wirksam beteiligen, verdrängen unsere heimische Bevölkerung und entziehen ihr gerade im Winter die Möglichkeit eines Erwerbes... Die Wiener Bevölkerung wünscht entweder die Beseitigung des Hausierhandels überhaupt oder mindestens die Beseitigung dieser slawischen Elemente und deren Ersatz durch Deutsche und heimische Bewerber oder Unternehmer"[40]. Anfang 1911 richtete sich der Angriff der Gemeinderatsmitglieder gegen die tschechischen Beamten, eine Angelegenheit, die z. T. die Kompetenz des Gemeinderates überschritt. Erneut tat sich hier der Christlichsoziale Gussenbauer hervor, indem er vom Bürgermeister der Stadt Wien verlangte, er solle sich mit der Regierung ins Einvernehmen setzen, daß sämtliche Beamtenstellen in Wien und Niederösterreich und ebenso auch bei den Staatsbahnen nur noch von deutschen Bewerbern besetzt würden[41]. Das anstoßgebende Ärgernis bildete ein in Wien beschäftigter Staatsbeamter des Unterrichtsministeriums, der zudem noch Armenrat im III. Bezirk war und ungeachtet seiner Ämter und Würden im Volkszählungsbogen tschechisch als Umgangssprache angegeben hatte. Ein Jahr später war es schließlich so weit, daß sich der Angriff auch gegen die tschechischen Dienstmädchen richtete, indem man — wie bereits erwähnt — zweimal im Gemeinderat dafür plädierte, daß die Vermittlungsstellen sämtliche tschechischen Bewerberinnen von vornherein abweisen sollten[42].
Als nachteilige und schwere Hypothek für die kommenden Jahre mußte es sich auswirken, daß die angekündigten Maßnahmen und Androhungen durchaus nicht im Stadium der Proklamation stecken blieben. Daß man es gewagt hat, Tschechen, die in der Hauptstadt einen Lebensunterhalt suchten, tatsächlich nur wegen ihres Tschechentums ins Verhör zu nehmen oder gar nicht erst anzustellen, genügte, um bei vielen den tiefsten Abscheu vor allem entstehen zu lassen, was auch nur irgendwie den Geruch des „furor teutonicus"[43] zu haben schien und bereitete zudem den

---

[39] GRS vom 15. 9. 1899, AB Nr. 75 (19. 1. 1899) 2206 f.: Antrag F ö r s t e r.
[40] GRS vom 30. 10. 1908, AB Nr. 88 (3. 11. 1908) 2555: Anfrage G u s s e n b a u e r.
[41] GRS vom 17. 2. 1911, AB Nr. 15 (21. 2. 1911) 452: Interp. G u s s e n b a u e r. — D e r s. in der Sitzung vom 3. 3. 1911, AB Nr. 19 (7. 3. 1911) 606: Interp. betr. die ausschließliche Berücksichtigung deutscher Banken und Sparkassen beim Erlag von Kautionen.
[42] Siehe oben S. 221 f. GRS vom 16. 2. 1912, AB Nr. 15 (20. 2. 1912) 496: Antrag A m o - n e s t a und GRS vom 4. 6. 1912, AB Nr. 47 (11. 6. 1912) 1583.
[43] Vid. Denník Nr. 72 (16. 5. 1907) Aus dem Leitartikel: „... Wir haben nie erwartet, daß man mit uns auch nur im geringsten unparteiisch umgehen wird, daß aber der

idealen Boden für alle möglichen Gerüchte und Unwahrheiten, etwa von mutwilligen Schikanen an den Schulen und einer Selbstmordserie der Wiener tschechischen Lehrlinge[44]. Auch auf deutscher Seite, z. B. im Jahre 1898 in der Wiener Lehrerschaft, munkelte man nicht minder: Seit längerer Zeit, so hieß es, seien zwei provisorische Aushilfslehrer an Wiener Schulen beschäftigt, von denen der eine ein polnisches, der andere ein tschechisches Reifezeugnis habe. Da Bürgermeister Lueger „wiederholt bei verschiedenen Anlässen sein Deutschtum betont" und erklärt hatte, daß in Wien nur Deutsche als Beamte und Lehrer eine Anstellung finden würden, damit der deutsche Charakter der Stadt jederzeit gewahrt bleibe, mußte er dieser Frage, die eigentlich in die Kompetenz des Bezirksschulrates fiel, selbst nachgehen, wobei sich herausstellte, daß die Nachricht von der Einberufung zumindest des Abiturienten der tschechischen Lehrerbildungsanstalt nicht auf Wahrheit beruhte[45]. Ein reales Beispiel bot sich jedoch ein Jahr später, 1899, als es um den Posten eines Waldhegers ging, welcher in dem der Gemeinde Wien gehörigen Hirschwanger Forst angestellt worden war. Da der Mann, der den Namen Nowotny trug, dem gemischtsprachigen Bezirk Neuhaus in Böhmen entstammte, laut Erhebungen des Magistrats zwar tschechisch sprach, diese Sprache aber nicht vollständig beherrschte, sondern sich in der Regel der deutschen Umgangssprache bediente und sich — wie es heißt — auch nicht auf den Tschechen hinausspielte[46], durfte er in seinem Amt verbleiben. Der große Radius, mit dem sich der nationale Einfluß des Magistrats auf die Wiener Arbeitswelt erstreckte, dürfte sich aus den beiden folgenden Beispielen erhellen: Ein tierärztlicher Aspirant, der beim städtischen Veterinäramt ein sechsmonatiges Probepraktikum ableisten wollte, mußte, aufgrund des Stadtratsbeschlusses, nur „wahre und echte" Deutsche anzustellen, vor Lueger und einem Magistratssekretär als Beisitzer eine eidesstattliche Erklärung abgeben, daß er Deutscher sei[47]. Einen scharfen Protest löste im Gemeinderat auch die Vergebung der Erd- und Baumeisterarbeiten für ein städtisches Kindergartengebäude an ein an-

---

furor teutonicus mit solcher Entsetzlichkeit wüten würde, das haben wir doch nie geglaubt."
[44] Nár. Politika vom 2. 7. 1914: „Týrání českých účňů na pokračovacích školách ve Vídni" [Quälereien der tschechischen Lehrlinge an den Fortbildungsschulen in Wien]. — S o u k u p , Česká menšina 501. Wieviel davon auf Tatsachen beruht, ist nicht gewiß.
[45] GRS vom 8. 7. 1898, AB Nr. 56 (15. 7. 1898) 1843: Anfrage M a n n e r. — S o u k u p , Česká menšina 138, berichtet, daß der Gattin des bekannten Slawisten Jos. Karásek, die von der Stadt als Lehrerin angestellt war, 1911 die Beförderung verweigert wurde, weil sie sich zur tschechischen Umgangssprache bekannt hatte.
[46] GRS vom 28. 4. 1899, AB Nr. 35 (2. 5. 1899) 1158: Anfrage F ö r s t e r.
[47] GRS vom 12. 1. 1900, AB Nr. 5 (16. 1. 1900): Interp. W e i ß w a s s e r und GRS vom 19. 1. 1900, AB Nr. 7 (23. 1. 1900) S t r o b a c h : „Was den in der Interpellation (siehe 16. 1. 1900 Anm. d. Verf.) erwähnten Umstand anbelangt, daß nur Deutsche als Beamte angestellt werden sollen, so wurde auch bisher daran festgehalten, daß als Veterinäramtsaspiranten in erster Linie nur Wiener aufgenommen werden. Nachdem aber die Zahl der Bewerber für solche Stellen sehr gering ist und nicht immer zuständige Wiener sich bewerben, mußten in einzelnen Fällen wegen Mangel von nach Wien zuständigen Bewerbern auch andere Bewerber deutscher Nationalität berücksichtigt werden." Hier spielt die Frage der Überlastung des Arbeitsmarktes durch Tschechen überhaupt keine Rolle, sondern nur noch die Nationalität.

gebliches Ehrenmitglied des „Národní dům XV." aus. Die zuständige Magistratsabteilung hatte unter fünf Offerten den Tschechen nur deshalb vorgezogen, weil er der Bestbieter gewesen war. Von seiner Mitgliedschaft in dem tschechischen Verein war dem Stadtrat nichts bekannt gewesen, „es ist daher dieser Beschluß ganz anstandslos gefaßt worden"[48].

Die programmatische soziale Wirklichkeit der Tschechen in der Reichshauptstadt hatte freilich ihrerseits ein realistisches Gegenbild, etwa wenn ein städtischer Straßenbahnangestellter, der laut Dienstordnung „ausdrücklich die deutsche Umgangssprache und die Fähigkeit des schriftlichen Ausdruckes in dieser Sprache" zur Erlangung einer Anstellung nachweisen mußte, an der Endhaltestelle in Grinzing für eine tschechische Predigt im XIX. Bezirk zu werben versuchte[49], oder wenn eine bekannte Großschlächterei bei ihrem Favoritener Verkaufsstand in der Quellenstraße (X. Bezirk) die Preis- und Qualitätsankündigungen in tschechischer Sprache an der Außenseite des Verkaufsstandes anbrachte, obwohl die Gemeinde Wien an dieser Aktiengesellschaft finanziell beteiligt war[50]. Unter der Oberfläche sozialer und wirtschaftlicher Strafmaßnahmen deutscherseits und sozialer und wirtschaftlicher Erfolgsleistungen tschechischerseits schwelten jedoch die Grundprobleme im kleinen wie im großen weiter[51]. Auf diese Art aber liefen soziale und nationale Fragen im Wiener Tschechentum wie Alice und die rote Königin, immer schneller, nur um auf der Stelle zu bleiben. Bis 1914 spitzte sich die Lage weiter zu. Einem ehemaligen Bürgerschuldirektor, der nach seiner Pensionierung in der Komenský-Schule Unterricht erteilte, wollte man sogar das Bürgerrecht entziehen mit der Begründung, daß „in der Tätigkeit des Wiener Bürgers Karl Salava als tschechischer Lehrer nicht allein ein schnöder Verrat an seiner Heimatstadt, die ihm Brot, Stel-

---

[48] GRS vom 12. 3. 1909, AB Nr. 22 (16. 3. 1909) 724: Interp. V i g n a t i / B r e u e r. — Ähnlich: GRS vom 27. 2. 1902, AB Nr. 19 (7. 3. 1902) 399: Interp. S c h r e i n e r und GRS vom 7. 3. 1902, AB Nr. 23 (21. 3. 1902) 495: Einkauf von Erikapflanzen für den Zentralfriedhof durch einen vom Gärtner Kolarz beauftragten tschechischen Agenten.

[49] GRS vom 31. 1. 1911, AB Nr. 11 (7. 2. 1911) 325: Interp. D r ö ß l e r. In dem dazugehörigen Bericht der Straßenbahndirektion heißt es: „In den Fragebogen, welche den Bewerbern um eine Anstellung vorgelegt werden, ist dementsprechend eine Frage in diesem Sinn enthalten und werden seit Übernahme des Betriebes durch die Gemeinde selbstverständlich nur solche Anstellungsbewerber berücksichtigt, die sich zur deutschen Umgangssprache bekennen."

[50] GRS vom 28. 3. 1913, AB Nr. 26 (1. 4. 1913): Anfrage B e n d a und GRS vom 15. 4. 1913, AB Nr. 30 (15. 4. 1913) 1075. Die Anbringung des Plakates geschah durch die Kassiererin, die sich den Text von einer Kundin schreiben ließ, da sie selbst nicht tschechisch konnte.

[51] Kleinkrieg ohne weitreichende Folgen könnte man es etwa nennen, wenn der Wirt des „Národní dům XV.", in das ausschließlich tschechische Vereinsmitglieder kamen, zu einer Geldstrafe von 10 Gulden verurteilt wurde, weil seine Speise- und Getränkekarte in tschechischer Sprache abgefaßt war (GRS vom 5. 1. 1900, AB Nr. 3 [9. 1. 1900] 55), wogegen der Wiener Magistrat im Postverkehr mit den Gemeindevorstehungen in Böhmen Briefkuverts mit tschechischer Aufschrift verwendete, weil das Geld — wie in diesem Fall beim Vertrieb der Lose der städtischen Armenlotterie — in seine eigene Tasche floß. (Bei deutschsprachigen Adressen wurden die Lospakete ungeöffnet nach Wien zurückgeschickt. GRS vom 14. 12. 1883, PG Nr. 110, Interp. L ö b l i c h)

lung und Ehren gab, sondern auch eine Verletzung des Bürgereids"[52] zu sehen sei. Wenn also die im Vergleich zu den Staatsangestellten relativ hoch bezahlten städtischen Beamten das Schicksal vermeiden wollten, aufgrund ihrer tschechischen Abstammung für entbehrlich gehalten zu werden, mußten sie ihr Deutschtum mindestens ebenso unter Beweis stellen wie ihre fachliche Qualifikation.

Das Ausschließen der Tschechen galt jedoch nicht nur für städtische Ämter und Arbeiten, sondern erstreckte sich, soweit dies möglich war, auch auf städtische Einrichtungen, wie z. B. Verkehrsmittel. Seit 1911 vermietete die Stadt dem Komenský-Verein keinen Sonderwagen mehr für seinen bislang alljährlich im Mai veranstalteten Schulausflug in den Prater[53]. Man würde das soziale Spannungsfeld der Wiener Tschechen unzureichend abstecken, wollte man den Boden, auf dem sich das gesellschaftliche Leben der Wiener Minderheit vollzog, nur aus einer einzigen Perspektive nachzeichnen. Zu den Lebensbedingungen an und für sich und zu der aus ihnen notwendig sich ergebenden tschechischen Interpretation dieser Verhältnisse gehört auch die Einstellung des Magistrates, die auf einer seiner Sitzungen von ihm selbst in folgendem Satz zusammengefaßt wurde: „Der beste Beweis für unsere nationale Gesinnung liegt darin, daß wir mit allen Mitteln gestrebt haben, die Sperrung der Komenský-Schule zu erwirken, und das ist auch bis nun gelungen"[54].

Als Resultat aus den geschilderten Gegebenheiten, die die Existenz der tschechischen Bevölkerung in Wien in den zwei Jahrzehnten vor dem Ersten Weltkrieg bestimmt haben, geht hervor, daß für politische Auseinandersetzungen vom Sozialen her gesehen genügend Material vorhanden war, das dem nationaltschechischen Radikalismus von rechts und später von links als Zündstoff dienen konnte. Die soziale Explosivität hatte — wie immer, so auch in Wien — eine Mehrzahl von Ursachen, die sich weniger summieren, als vielmehr recht gut potenzieren ließen. Die Regierung selbst, als oberste Instanz erkannte früh genug, daß der Arbeiterfrage — hier im weitesten Sinn zu verstehen — weder mit palliativen noch mit rein restriktiven oder polizeilichen Maßnahmen beizukommen war: Der erste Ansatz, das soziale Hauptproblem Wiens in den Griff zu bekommen, stammte schon aus der kurzen

---

[52] DRS vom 23. 3. 1914, AB Nr. 26 (31. 3 1914) 626. — Siehe unten S. 293—299.
[53] GRS vom 9. 5. 1911, AB Nr. 38 (12. 5. 1911) 1168: Interp. R e u m a n n. Der Interpellant, ein Sozialdemokrat, erkundigte sich, „ob diese Verfügung auf verkehrstechnische Gründe" zurückgehe oder ob sie sich „als die Betätigung deutscher Gesinnung" darstelle, wobei er es nicht „mit der Würde des Gemeinderates vereinbarlich" fand, daß „den Kindern die Freude am gemeinsamen Ausflug verdorben" werde. Der Bürgermeister begründete das Verbot damit, daß die Schüler „auf den Sonderwagen in den lebhaftesten Straße nationale Lieder voll aufreizenden Inhaltes" gesungen hätten. Gemeinderat M a y e r : „Hat man denn das verstanden?" — Gemeinderat W e t t e n g e l : „Gewiß, weil es Lieder wie «Hej Slované» waren!" Bürgermeister: „... Sie ersehen daran, meine sehr geehrten Herren, wessen man sich von diesen Komenský-Schulen auch noch unter anderem versehen muß." (Zustimmung). — Bereits in der GRS vom 17. 6. 1910, AB Nr. 49 (21. 6. 1910) 1476 f. war von Gussenbauer beantragt worden, die städtischen Straßenbahnen für Komenský-Schulausflüge nicht zur Verfügung zu stellen.
[54] GRS vom 24. 11. 1911, AB Nr. 95 (28. 11. 1911) 2963 f. Beschwerde des Gemeinderates an den Verwaltungsgerichtshof gegen die Entscheidung der Bau-Deputation vom 6. 10. 1911, Z. 87/7 betreffend die gesperrte Komenský-Schule.

und krisenreichen Amtszeit des Kabinetts Pillersdorf[55]; einen wesentlichen Fortschritt brachte dann die Ära Taaffe in den 80er Jahren, die mittels einer arbeiterfreundlichen Politik die Vorherrschaft der liberalen Partei zu brechen trachtete. Aber: Die zunehmende Einsicht der Staatsführung in die zentrale Bedeutung der Sozialentwicklung für das weitere Schicksal des Habsburgerreiches und die wachsenden Kampagnen und Verordnungen der Wiener Stadtväter für die Zukunft des seit 1900 zurückgehenden Tschechentums in der Hauptstadt waren zwei verschiedene Ebenen, auf deren einer man die österreichische Nationalitätenfrage um viele Schwingungen heftiger zu spüren bekam als auf der anderen. Einerseits verstärkten sich in Wien die sozialen Tendenzen konsequent, andererseits wurden diese Tendenzen ideologisch so fehlgedeutet, daß eine Besserung der durch sie verursachten Zustände unmöglich war. Das Wiener Rathaus sah in der großen Zahl der tschechischen Arbeitssuchenden vor allem einen Störungsfaktor, nicht aber einen unabdingbaren Bestandteil des Sozialkörpers der Reichshauptstadt. Gedanken um eine aktive Fürsorge und Arbeitsbeschaffung für die Wiener Tschechen wird man in den Gemeinderatsprotokollen vergeblich suchen.

Die im Lauf der Jahre wellenartig an- und abschwellende allgemeine Unsicherheit und Unzufriedenheit stützte und festigte die politische Agitation, die gegenseitigen Widerstände und nationalen Kraftproben; hierbei wurden die Demonstrationszüge und Kundgebungen auf deuscher und tschechischer Seite in steigendem Maß zu einem Sammelpunkt für allerlei zwielichtige Gestalten[56]. Das Schwanken zwischen ungerichteter Rebellion bei den einen, Resignation und Gleichgültigkeit bei den anderen und die unaufhaltsame Assimilation als Weg des geringsten Widerstandes bei der Mehrheit der Wiener Tschechen öffnete Gräben, über die niemand erfolgreich Brücken geschlagen hat. Die soziale Kontrolle ließ nach, wurde prekärer und blieb schließlich — wie es sich am Wiener Magistrat zeigt — nur noch als Drohung vorhanden. Nimmt man noch den entsprechenden Blickwinkel der tschechischen Politiker in den böhmischen Stammländern hinzu, dann hat man den Eindruck, daß weder Wien noch Prag so recht wußten, was sie mit den Volksmassen in Niederösterreich anfangen sollten und vielleicht liegt gerade darin eines der zentralen Probleme. Solange die tschechische Minderheit in der Kaiserstadt unbeachtet oder ungeliebt war, mußte es an einer Gesellschaftspolitik fehlen. Solange es jedoch

---

[55] Prinz, Friedrich: Die soziale Frage in Wien und die Anfänge der österreichischen Arbeitergesetzgebung im Jahre 1848. Saeculum 20/1 (1969) 110—120, bes. 117 ff.: Baumgartners Zwölfpunkteprogramm vom 12. 6. 1848. Darin heißt es: Schon damals „herrschte in dieser Beziehung zwischen den Maßregeln des Magistrats und der Regierung in keiner Art eine Übereinstimmung" (117 f.).

[56] Vgl. die Berichte darüber in den Nö. Präsidialakten, z. B, XIV/220; 2698 (1909) Störung einer tschechischen Versammlung durch Deutsche (9. 8. 1909): Ein Tscheche ersuchte die Deutschen, das vom Verein gemietete Lokal zu verlassen. Daraufhin Pfuirufe und Explosion von Feuerwerkskörpern im Lokal. Die Wache drang ein, die Deutschen entfernten sich. Vor dem Lokal sammelten sich „noch ca. 50—100 Deutschnationale und 200 Neugierige — z. T. recht problematische Existenzen." Die Zahl der Deutschnationalen betrug bald 500, sie beschimpften Wachposten und Tschechen und griffen die Polizisten, die zum Schutz des Versammlungslokales aufgestellt waren, mit Steinen und Stöcken an.

an einer überlegten Gesellschaftspolitik fehlte, solange blieb im Wiener Tschechentum, das ohnedies seit jeher an einer ungesunden Sozialstruktur litt, ein kritisches Moment der Unentschiedenheit zurück. Gerade dies zu zeigen soll die Aufgabe des nächsten Abschnittes sein.

b) Personelle Einflüsse böhmischer Politiker im politischen Kraftfeld des Wiener Tschechentums

Die Teilnahme der Wiener tschechischen Bevölkerung an der Gestaltung des nationalen Lebens auf dem Wege der Selbstverwaltung bringt die Macht- und Führungsstruktur des Tschechentums der Residenzstadt in das Blickfeld der Untersuchung. Dabei ist jedoch keineswegs eine ausführliche Darstellung dieses ganzen Aspektes der Sozialstruktur der Wiener Minderheit beabsichtigt. Zunächst einmal beschränkt sich das Folgende auf einige Beispiele der Einflußnahme, Teilnahme und Machtausübung der tschechischen Reichsratsabgeordneten im Rahmen der internen Wiener tschechischen Nationalpolitik, während andere Gebiete des sozialen, wirtschaftlichen und kulturellen Lebens, die ebenfalls eine Machthierarchie und Führungsstruktur besaßen, weitgehend ausgeklammert bleiben. Dann aber gilt das Hauptinteresse den Führern der Wiener Tschechen selbst. Ein großer Teil der Machtpositionen auf allen Gebieten des sozialen Lebens wurde von freiwillig und ehrenamtlich Tätigen, der Rest von solchen Personen ausgeübt, zu deren hauptamtlichem Beruf die Ausübung einer bestimmten Art von Macht gehörte. Man braucht nur an den Unterschied zwischen Unternehmern, Presseredakteuren und ehrenamtlichen Berufsverbands- oder Vereinsvorsitzenden zu denken, um sich klar zu machen, welche Kategorienbildung für die folgenden Gedankengänge gelten soll.

Bei vielen Studien zur nationalen Problematik in der Habsburgermonarchie liegt das Schwergewicht auf der Erforschung und Beschreibung der ideengeschichtlichen oder verfassungshistorischen Zusammenhänge. Andere Arbeiten stellen das Interesse an den Menschen jener Zeit, an ihren individuellen Einwirkungen auf das Geschehen in den Vordergrund. Die Frage, wie weit die Abfolge der Ereignisse bis 1914 auf die politisch maßgebenden Persönlichkeiten des Wiener Tschechentums und die Eigenart ihrer Entscheidungen zurückzuführen ist, heißt jedoch nicht, einer einseitig personalistisch orientierten Darstellungsart das Wort zu reden. Die Absicht der nächsten Seiten besteht nur darin, die Aufmerksamkeit auch auf die eigentlichen Protagonisten der nationalen Bewegung in ihren individuellen Eigenheiten und persönlichen Beziehungen zur Wiener Minderheit zu lenken. Wer stand am Dirigentenpult der tschechisch-nationalen Tagespolitik, lassen sich Schlüsselpositionen einzelner böhmischer Abgeordneter erkennen oder kann man von einem energischen spektakulären Durchbruch nach vorn sprechen, der aus den eigenen Wiener Reihen kam? Ganz gleich, wie weit man im einzelnen auf diesem wichtigen Sektor gehen wird, — eines läßt sich aus dem Gesamtschicksal der Donautschechen deutlich ablesen: eine Persönlichkeit von überragendem Format, welche die psychologische Fähigkeit besessen hätte, wenigstens die Hälfte der sich zur tschechischen Umgangssprache bekennenden 100 000 Bewohner der Reichshauptstadt für ihre Politik zu gewinnen und gleichzeitig auch die taktische Begabung, ihre politische Position

andersdenkenden konnationalen Partnern gegenüber zu sichern, gab es weder bei den tschechischen Reichsratsabgeordneten aus den Kronländern, noch bei den Bevollmächtigten der Wiener Tschechen selbst.
Der Behauptung in Hugelmanns Sammelwerk, die Anliegen der Wiener Tschechen seien nicht von diesen selbst, sondern von den Reichsratsabgeordneten Böhmens, Mährens und Schlesiens zur politischen Frage gemacht worden[1], stehen ungezählte tschechische Klagen über mangelndes Interesse der Prager Politiker an den Wiener Belangen entgegen. Der Quellenwert dieser Vorwürfe wegen nicht gewährter moralischer und finanzieller Unterstützung tritt sogleich zutage, wenn man neben den Vereinsjahresberichten auch die Mitglieder- und Spendenlisten und die Eintragungen in die Gästebücher[2] heranzieht, die eine erstaunlich geringe Beteiligung der Reichsratsabgeordneten am politischen Leben der Wiener Tschechen zeigen. Eine noch deutlichere Sprache sprechen die Akten des Prager tschechischen Nationalrates (NRČ) und die Präsidialakten der niederösterreichischen Statthalterei.
Spätestens seit der Jahrhundertwende war es manchem Beobachter der inneren Entwicklung des Wiener Tschechentums klar, daß eine bloße Ehren- oder Gründungsmitgliedschaft oder ein gelegentlicher Besuch eines tschechischen Parlamentariers in einem Wiener Verein für ein politisches Schachspiel gegen die Verwaltungsbehörden völlig irrelevant war und ohne tiefgreifende Wirkungen auf die wirtschaftliche, soziale und politische Struktur der tschechischen Wiener bleiben würde[3]. Im Lauf der Jahre wurde es offenkundig, daß auch Spitzenorganisationen wie „Komenský" und „DONRČ" innerlich in eine Krise geraten waren, von deren Lösung der Bestand des nationalen Zusammenhaltes abhängen konnte. Im Jahre 1912 z. B. erhielt die „Vídeňská Matice", der „Verein der Freunde der tschechischen Presse in Wien", der das nur knapp dem finanziellen Ruin entgangene Tagesorgan des DONRČ, den „Vídeňský Denník" sanieren sollte, nur von einem einzigen böhmischen Politiker eine Spende: Minister *Žáček*, persona grata des Kaisers

---

[1] Hugelmann, Das Nationalitätenrecht 430.
[2] Z. B. das Gästebuch vom „Národní dům XV., Turnergasse 9", ab 1900 geführt, eingetragen sind nur wenige und ausschließlich nationalsoziale Abgeordnete (Klofáč, Fresl).
[3] Für 1901: Hubka, Čechové v Doln. Rak. 27 (Dem Bericht liegt ein vierwöchiger Aufenthalt Hubkas in Wien zugrunde): „Allgemeine Klagen hörte ich über unsere jetzige Delegation. Wenn 60 fähige Leute, die sich die längste Zeit des Jahres in Wien aufhalten, es sich zur Aufgabe machen würden, tatkräftig in die Organisation der Wiener Tschechen einzugreifen, hätten dort Fortschritte erzielt werden müssen. Ich kenne aber hier nur zwei oder drei opferfreudige Leute. M. E. würden die tschechischen Abgeordneten unserer Sache weit mehr nützen, wenn sie, statt sich der hohen Politik zu ergeben, die Aufgabe übernähmen, unsere Leute in Wien zum Kampf für ihre Menschenrechte zu organisieren. Zur «Arbeit», wie man sie jetzt im Parlament führt, genügen einige Wenige, die übrigen könnten und sollten ihre Freizeit anders verbringen, als durch den Besuch verschiedener deutscher Etablissements. Wie mir von vielen Seiten in Wien gesagt wurde, gehen unsere Abgeordneten — bis vielleicht auf vier Ausnahmen — nicht unter das Volk, nicht einmal auf ein Bier, höchstens noch in die «Slovanská Beseda»." — 1905: Lederer, Česká Vídeň 12—20: Scharfe Angriffe des Autors vor allem gegen die Einstellung Kramářs und Herolds den Wiener Tschechen gegenüber. Klage, daß sich die Abgeordneten nicht einmal zu Vorträgen bereiterklären. — Für 1908: Pazourek, Čechové ve Vídni 267. — Für 1911: Janča, Rok 1909, S. 81 ff.

und ein guter Freund des Nationalratsvorsitzenden Drozda, stiftete ganze 10 Kronen, wogegen die wenigen Beamten der Wiener Živnofiliale 150 Kronen und die der „Vídeňská záložna" [Wiener Sparkassa] 400 Kronen aufgebracht hatten[4].
Es blieb nicht aus, daß auch den Wiener Tschechen wichtig erscheinende Versammlungen und Veranstaltungen unter der mangelnden Verbindung zu den böhmischen Ländern litten. Ein polizeiliches Referat über eine im Januar 1897 im X. Bezirk stattgefundene öffentliche Manifestationsversammlung gegen den Antrag des deutschnationalen Landtagsabgeordneten Kolisko, ausschließlich die deutsche Unterrichtssprache an allen öffentlichen Schulen Niederösterreichs gesetzlich festzulegen, lautet: „Alle geben ihrem Befremden Ausdruck, daß kein einziger Abgeordneter die Versammlung besucht hat"[5]. Im Gegensatz zu den sonstigen tschechischen Zusammenkünften[6] hatte diese Veranstaltung unter außergewöhnlich zahlreicher Beteiligung der tschechischen Bevölkerung stattgefunden (1000 Personen). Auch beim Festvortrag des Pfarrers Andreas Hlinka, der über die Kulturverhältnisse in der Slowakei und hierbei über das Fehlen einer staatlichen Schule für drei Millionen ungarischer Slowaken sprach, waren 1200 Zuhörer erschienen, die es sehr wohl registrierten, daß sich die Gründungsmitglieder des „Komenský", *Kramář*, *Pacák* und Minister *Prášek* „wegen Abwesenheit entschuldigen" ließen[7]. Hierin liegt ein Indiz für das Faktum, daß das Wiener Tschechentum für die böhmische Gesamtpolitik, die nach historischen Landesgrenzen strebte, im Grunde nur eine politisch-ideologische Verlegenheit war. Schwerer traf die Wiener Tschechen sicherlich die Prager Gleichgültigkeit bei der Feier zum 25jährigen Jubiläum ihres Komenský-Vereins, auf der ebenfalls „besondere politisch wichtigere Persönlichkeiten" fehlten[8]. Auch vom späteren stellvertretenden Vorsitzenden des Prager NRČ, *Baxa*, hatte man vergeblich erwartet, daß er sich auf Wiener tschechischen Versammlungen zeigen würde, bei denen es um die Besprechung des gefürchteten Kolisko-Antrages ging[9]. Besonders desavouierend empfand die niederösterreichische Sektion des tschechischen Nationalrates jedoch die Haltung der beiden Minderheitenreferenten des NRČ bei der Volkszählungsaktion 1910, *Hubka* und *Masaryk*, „die es bisher noch nicht einmal für nötig befunden haben, wenigstens *ein einziges Mal* in unserem Kreis zu erscheinen und hier die notwendigen Informationen entgegenzunehmen, so daß trotz der ungeheuren eigenen Arbeit unserer privaten Zählaktion diese ernstlich gefährdet erscheint. Trotz der großen Zusagen haben wir bisher nicht die *zehn* angeforderten Redner aus der tschechischen Delegation erhalten, die in unse-

---

[4] Váhala, Frant.: Ze staré a nové Vídně [Aus dem alten und neuen Wien]. Bd. 2, Wien 1913 (Roč. Víd. Matice pro rok 1913).
[5] Nö. Präs. J 12 ad 349; 857 (1897) (25. 1. 1897). — Zur Lex Kolisko siehe unten S. 299 bis 304.
[6] Z. B. Nö. Präs. J 12; 51 (1898): „Hierbei erlaube ich mir, auf den schwachen Besuch der Versammlung aufmerksam zu machen, welcher der von den Tagesjournalen dieser Agitation beigelegten Bedeutung wohl nicht entspricht." (Österr. Nationalitäten-Klub, Versammlung vom 19. 12. 1897).
[7] Nö Präs. XIV/220; 3080 (1907).
[8] Nö. Präs. J 12; 4317 (1897).
[9] Nö. Präs. J 12 ad 100; 890 (1898).

ren Versammlungen am Sonntag... für uns eine geeignete Verstärkung bedeuten würden"[10].

Auch die mehrmals unternommenen Versuche, über die Köpfe der Abgeordneten hinweg, einfach einen aus ihren Reihen zum erkorenen Wahl- und Lieblingskandidaten der Wiener Tschechen zu erklären, stießen, wie es sich an den Beispielen *Choc*[11], *Pacák*[12] und *Žáček*[13] zeigen läßt, bei den parlamentarischen Vertretern selbst nicht auf den erhofften Widerhall.

Es scheint ganz so, als ob sich die führenden Prager politischen Parteien und Gruppen entschlossen zeigten, auch das brennendste Problem, die private Minoritätsschule des „Komenský", dem „laisser-aller, laisser-faire" anheimzustellen[14], das sich für die Wiener Tschechen als bitteres „rien ne dure que le provisoire" niederschlug. Der Antrag des bekannten und hochangesehenen Abgeordneten Prof. Jaromír *Čelakovský*[15] zur Verbesserung des Minderheitenschulwesens in gemischtsprachigen Gemeinden und die daraufhin in Gang gesetzten Beratungen des Prager NRČ bezogen sich ausschließlich auf das Königreich Böhmen, die Wiener wurden

---

[10] NRČ 120 (Dolnorakouský odbor ve Vídni 1909): Brief Drozdas an den NRČ vom 16. 12. 1910.

[11] Víd. Denník, Nr. 93 (12. 6. 1907), S. 2: „Wiener Tschechen für die Kandidatur von C h o c" (für die Kgl. Weinberge): Eine Versammlung im Národní dům XV. unterschrieb einen Aufruf an die Weinberger Wähler, Choc zu wählen, weil er der e i n z i g e Kandidat sei, der den Wiener Tschechen die Garantie gibt, daß er sich für sie einsetzt (Abdruck des Schreibens ebenda). — NRČ 120 (Dolnorakouský odbor ve Vídni 1905—1910): enthält Briefe Drozdas vom 6. 6. und 22. 6. 1907, darunter die Mitteilung, daß Choc bisher überhaupt noch nicht reagiert habe; „damit entfällt für uns die Aufgabe, uns in der Wahlaktion weiter einzusetzen." Antwort des NRČ vom 15. 6. 1907: Der DONRČ solle sich bei solchen Fragen an die Parteien direkt wenden.

[12] NRČ 120 (Krajané v Doln. Rak. 1909): Brief D r o z d a s vom 9. 9. 1908 an den NRČ betr. Wahlen ins niederösterr. Landesparlament. Drozda bittet um Fürsprache der Parteien für die Kandidatur Pacáks in Wien, als gemeinsamer Kandidat aller 21 Wiener Bezirke, damit dieser seine Zustimmung gebe. Grund: allseitige Beliebtheit P.s bei den Wiener Tschechen. Ansuchen um Intervention des NRČ deshalb, weil P.s Ja noch fehlt, obwohl die Wiener Tschechen bereits eine viergliedrige Deputation gebildet hatten, doch P. hat sich bisher noch nicht in den Wiener tschechischen Kreisen gezeigt, man weiß auch nicht, wo er sich gerade aufhält.

[13] Archiv ČSSoc.: Nár. soc. ve Vídni 1898—1938, Účast české menšiny ve volbách za Rakouska [Die Nationalsozialen in Wien 1898—1938, Beteiligung der tschechischen Minderheit in den Wahlen zu Zeiten Österreichs]: Aufrufe zu Versammlungen im IV. und V. Bezirk, am 7. 4., 14. 4. und 15. 4. 1912; als Kandidat dieser Bezirke: der ehemalige Landsmannminister Žáček.

[14] Vgl. das Urteil des Kanzleidirektors der ÚMŠ, oben S. 101, nach seiner Inspektion im Komenský-Schulverein. Es sei die Frage, ob man überhaupt für die Erhaltung der tschechischen Nationalität in Wien arbeiten solle oder nicht.

[15] Ehemaliger Vorsitzender der ÚMŠ und des NRČ, Mitglied des böhmischen Landesschulrates. — NRČ 237 (o. D.) und NRČ 2 (1910): Návrh Prof. J. Čelakovského o českém menšinovém školství [Vorschlag des Prof. J. Čelakovský über das tschechische Minderheitenschulwesen]. Enthält: Protokolle der geheimen Beratungen des NRČ vom 15. 11. 1910, 7. 11. 1910 und 27. 11. 1910, sowie Zeitungsausschnitte: Nár. Listy (2. 11. und 5. 11. 1911), Union, Nr. 296 (27. 10. 1910), České Slovo (1. 11. und 4. 11. 1910 und 1. 11. 1911), Čas (4. 11. 1910). — Siehe auch B a c h m a n n , Harald: Joseph Maria Baernreither und die nationale Ausgleichspolitik der österr. Regierung in Böhmen (1908—

gar nicht erst als Zuhörer eingeladen[16]. Aufschlußreich ist auch eine Anfrage Drozdas, des ersten Vorsitzenden vom niederösterreichisch-tschechischen Nationalrat an den damaligen ersten Vorsitzenden der Prager Zentrale, *Podlipný*, vom 26. August 1913. Der Brief stützt sich auf eine Vermutung, daß der NRČ die Absicht habe, in Niederösterreich-Land eine Hilfsaktion für die tschechischen Schulen durchzuführen, in der Weise, daß er den niederösterreichischen Gemeinden mit überwiegend tschechischer Bewohnerschaft von dieser selbst zu bezahlende Privatlehrer aus den Kronländern zur Verfügung stellen wollte. Podlipný teilte jedoch den Wienern mit, daß seitens des NRČ zwar Fragebogen in dieser Angelegenheit verschickt worden waren, die den Zweck verfolgten, tschechischen Kindern außerhalb der Kronländer in irgendeiner Form Unterricht in ihrer Muttersprache zukommen zu lassen, aber: „Diese Fragebogen waren nur für tschechische Vereine in größeren ausländischen Zentren bestimmt und betreffen keineswegs Niederösterreich. Sollten sie dennoch vielleicht einigen tschechischen Vereinen auch in Niederösterreich zugeschickt worden sein, so geschah dies nur irrtümlicherweise"[17]. Bei einem Vorschlag des Abgeordneten Dr. *Mattuš* über eine „Lex specialis Vindobona", die die Wiener Minderheit in eine Reichsunmittelbarkeit stellen sollte, sowie bei einer tschechischen Aktion zur Herausgabe eines Reichsgesetzes über Minderheitenschulen vom Mai/Juni 1913 ist es fraglich, ob sie sich nicht schon im Sande verlaufen hatten, bevor die Nachrichten darüber in die Reichshauptstadt gedrungen waren[18]. Als Erklärung könnte man die Ansicht von Dr. *Lisý* anführen, einem Mitglied der Bildungssektion des Prager NRČ, der bei einer Beratung über die Gefahr der sogenannten Lex Kolisko, im April 1912, vor allen Versammelten des NRČ unumwunden die Meinung äußerte, es sei nicht gut, die Wiener Schulfrage vor den Reichsrat zu bringen, wie es durch den Abgeordneten *Metelka* rein demonstrativ, ohne jeglichen Erfolg, geschehen war. Das dürfe sich nicht wiederholen[19]. Bezeichnend ist ferner, daß sich,

---

1914). Boh Jb 7 (1966) 301—319, hier S. 307. Aber: e b e n d a 480: Fehler im Register, es handelt sich hier nicht um den Slawisten F. L. Čelakovský, der 1852 starb!

[16] Als Beweis für die „drastische Richtigkeit" der dem Prager NRČ von Wien vorgehaltenen „Unaufrichtigkeit" und offensichtlichen „Apathie" führt der DONRČ in einem Schreiben vom 17. 12. 1912 an, daß in der Organisationskommission des NRČ gemäß des Dienstschreibens „*nicht ein einziges* Mitglied" aus der niederösterreichischen Sektion kooptiert wurde und daß man Wien lediglich die Möglichkeit zugestand, daß von Fall zu Fall auch ein Vertreter der niederösterreichischen Tschechen angehört werden könne. NRČ 481 (1913) Spolek Komenský.

[17] NRČ 118 (1913): České školství v zahraničí [Das tschechische Schulwesen jenseits der Grenzen]. Briefe vom 26. 8. und 28. 8. 1913. — Podlipný war auch als Obmann der ČOS tätig gewesen. Nö Präs. J 12 ad 1529 (1901); 4158.

[18] NRČ 127 (1913): Lex Kolisko. Schůze parlamentární sekce Komenského [Versammlung der parlamentarischen Sektion des „Komenský"], 18. 6. 1913 und: Zápis o důvěrné poradě o českém školství dolnorakouském [Protokoll über die vertrauliche Beratung betreffend das niederösterreichische tschechische Schulwesen], 3. 5. 1913 in Prag. — M a t t u š, Karel: Paměti [Memoiren]. Prag 1921, enthält keine Erwähnung.

[19] NRČ 127 (1912) Koliskův zákon [Lex Kolisko]: Protokoll über die Beratung der Bildungssektion des NRČ (Osvětový odbor) über die Gefahr der sogenannten Lex Kolisko, abgehalten am 15. 4. 1912, hier S. 21. — Interp. M e t e l k a: RR-Prot. XX/10 (1. 12. 1909) 641—645. — Beim Minoritätsschulantrag M e t e l k a s vom 30. 6. 1909

wie der niederösterreichische Nationalrat bemerkt, die von Prag als Vertreter der Wiener Zweigstelle ernannten Mitglieder des Zentralausschusses *Dürich* und *Exner* „infolge ihrer nur selten erfolgten Anwesenheit bei den Versammlungen der niederösterreichischen Sektion — leider! — nicht die entsprechende Kenntnis über die Verhältnisse haben, die derzeit bei uns herrschen, eine Tatsache, die man allerdings nur schwerlich abstellen können wird!"[20]

Aber es war keinesfalls nur der Sachstreit — hier die Schulfrage —, der das Nebeneinander der tschechischen Führungsgruppen in den beiden Hauptstädten fast wieder ins Gegeneinander verkehrte; es steckte vielmehr auch der machtpolitische Faktor dahinter, die Absicht der Prager Parteipolitiker, ihre innerböhmischen wirtschaftlichen Hauptinteressen zu verfolgen[21]. Dadurch aber wurden die „Abwanderer nach Wien" zum Juniorpartner jenseits der Grenze degradiert und dadurch erhielt auch das Ringen um das Öffentlichkeitsrecht der Komenský-Schule erst seine Brisanz. Das getrübte Verhältnis zwischen den Prager und Wiener tschechischen Politikern besserte sich erst mit dem Erstarken der Sozialdemokratie seit den Reichsratswahlen 1907. Nun begannen die tschechischen Sozialisten, der Wiener Schulfrage ihr parteipolitisches Signum aufzudrücken. Dies mochte seit längerem in der Luft gelegen haben, weil der Einbruch der antistaatsrechtlich eingestellten Sozialdemokraten in die Schulpolitik den Wiener tschechischen Bürgerlichen wie ein Pfahl im Fleische steckte. Ungern gaben sie es in ihrer Tagespresse zu, daß sich die tschechische Sozialdemokratie besser als die übrigen Parteien um ihre Wiener Angehörigen gekümmert hatte[22] — laut Dělnické Listy — „notabene aus eigener Initiative, nicht vielleicht, weil die Wiener Organisationen das verlangt hätten"[23]. Das charakterisiert nicht nur erneut die Sonderstellung der Wiener tschechischen Sozialisten innerhalb der übrigen politischen Richtungen, sondern es zeigt auch, daß das Wiener tschechische Arbeiterblatt von vornherein nicht in die Klagelieder über die tschechischen Reichsratsabgeordneten miteinstimmen wollte, wenn es erklärte: „Wir Sozialdemokraten haben nämlich die völlige abwegige Ansicht, daß ... die Stärke der Partei nicht in ihren Abgeordneten liegt, sondern im festen Vertrauen des Volkes und daß man in Österreich viel eher etwas mit dem Volke und ohne Parla-

---

(RR-Prot. XIX/38, S. 2426) war allerdings kein Wort über die niederösterr. Tschechen verloren worden.

[20] NRČ 15 (1914) Činnost DONRČ [Die Tätigkeit des DONRČ], Brief Drozdas vom 1. 7. 1914. — Dasselbe bereits vorher in NRČ 566 (Agenda DONRČ 1910—1912): Dürich und Exner kennen die Problematik nicht und nützen sowieso nichts. — Dabei war Dürich von 1911—1915 Obmann des Wiener Komenský! Vgl. auch Nö. Präs. XIV/220; 3196 (1909): Tschechische Demonstrationen: „Der tschechische RR-Abg. Josef Dürich äußerte sich einem hierämtlichen Funktionär gegenüber, daß er zwar von dieser beabsichtigten Demonstration nichts wisse, jedoch morgen früh... *eventuell*... den Demonstrationszug begleiten werde" (Hervorhebung im Original).

[21] Dieser Vorwurf bildete den Hauptangriffspunkt Fresls gegen sämtliche tschechischen Parteien. PMV/R, 15/3 (1912) 11317: Nationalsoziale Versammlung in Pilsen, Gegenstand: Die Schließung tschechischer Schulen in Wien. 50 Teilnehmer.

[22] Víd. Denník, Nr. 22 (14. 3. 1907), S. 2 „Wahlbewegung".

[23] Děl. Listy, Nr. 59 (12. 3. 1907).

ment erreicht"²⁴. Dadurch glückte es den politischen Vertretern der zahlreichen tschechischen Arbeiter in den Wiener Fabriken, dem Schattendasein der bürgerlich-tschechischen und nationalsozialen Gruppen zu entrinnen und eine neue politische Dimension anzustreben: die Figur des getreuen Ekkehard nationaler Interessen im internationalen Gewande, — ein Image, das die tschechische Arbeiterführung durch ihr entschiedenes Auftreten gegen die Mitglieder des Prager NRČ gerade in der Wiener Schulfrage²⁵ abzurunden bemüht war. Über die gemeinsam mit der gesamten Belegschaft der tschechischen Abgeordneten im Reichsrat unterzeichneten Interpellationen hinaus reichte die tschechische Sozialdemokratie mehrmals von sich aus, ohne die Bürgerlichen, Anfragen und Proteste im Österreichischen Parlament ein²⁶. Im ganzen betrachtet sind die Debatten um die Wiener Minorität in den Sitzungsperioden des Reichsrates jedoch äußerst dünn gesät²⁷, während sie für die Tschechen der Donaumetropole schlechthin die Sternstunden ihrer nationalen Existenz bedeuteten.

Führt man diese Überlegungen weiter, erhebt sich die Frage, welche Entschuldigungen die tschechischen Abgeordneten von sich aus bereithielten und welche Schlußfolgerungen man aus der enttäuschenden Behandlung der Wiener Minorität durch die Prager ziehen kann. Auf einem geselligen Abend des Österreichischen Nationalitätenklubs (Klub rakouských národností) versicherte Dr. *Brzorád* den Wiener Tschechen die „wärmsten Sympathien der fortschrittlich gesinnten tschechischen Abgeordneten für diese verlassene Insel der tschechischen Nation" und schrieb alle nichterreichten Konzessionen zu Lasten des bestehenden Regierungssystems²⁸. Der in Wiener Kreisen sehr bekannte Reichsratsabgeordnete Dr. Vilém *Kurz*, der die Gründung von mehreren Vereinen, der Buchdruck-Genossenschaft „Melantrich" und einer Sokol-Jednota veranlaßt hatte, führte auf einer Versammlung des „Böhmisch-politischen Vereins" (První česká politická jednota) den geringen Erfolg der natio-

---

²⁴ Děl. Listy, Nr. 120 (28. 5. 1907), S. 2: Der „Den" von K r a m á ř ist gegen uns losgegangen. — Ähnlich: E l l e n b o g e n s deutsches Referat auf der Versammlung vom 23. 8. 1897. Thema: „Die Nationalitätenfrage und die Arbeiter". Archiv KSČ, Fond 79, č. 1026. — Nö. Präs. J 12; 2912 (1892): Ref. K u č e r a.

²⁵ Z. B. NRČ 127 (1913) Lex Kolisko: Protokoll der vertraulichen Beratung über das tschechische Schulwesen in Niederösterreich, in Prag am 3. 5. 1913: Die Sozialdemokraten erklären sich zur Zusammenarbeit bereit, aber nicht, was den NRČ selbst anbetrifft. Dasselbe e b e n d a, in einem Brief T o m á š e k s an den NRČ vom 14. 4. 1913 und als Äußerung B a x a s in einer Versammlung der parlamentarischen Sektion des „Komenský" vom 18. 6. 1913.

²⁶ Man beachte, daß die ersten sozialdemokratischen Interpellationen in Sachen Wiener Tschechen von den deutschen Genossen mit unterzeichnet waren: RR-Prot. XIX/41 (6. 7. 1909) T o m á š e k. — XX/9 (30. 11. 1909) T o m á š e k. — Dagegen ab XXI/9 (5. 10. 1911) keine deutschen Mitunterzeichnungen mehr. — Siehe die Zusammenstellung der RR-Interpellationen im Anhang S. 509—514. — Eine übersichtsartige Studie, in der die Parteizugehörigkeit der österreichischen Parlamentsmitglieder bis 1914 zusammengestellt ist, konnte von der Verfasserin nicht ausfindig gemacht werden. Die Verzeichnisse im Wiener Parlament nennen vor 1907 nur den Wohnsitz der Abgeordneten.

²⁷ Ein Anspruch auf Vollständigkeit der Zusammenstellung im Anhang S. 509—514 kann nicht erhoben werden. Zwischen 1880 und 1914 stand die Wiener tschechische Minorität etwa 40mal auf der Tagesordnung, d. i. etwa einmal jährlich.

²⁸ Nö. Präs. J 12; 7406 (1896). B r z o r á d : Obmann des Sokol in Deutschbrod.

nalen Arbeit auf die Mentalität des tschechischen Volkes zurück, das geduldig alles über sich ergehen lasse[29]. Václav *Choc* entschuldigte im Jahre 1901 die böhmischen Delegierten der Nationalsozialen, daß sie bisher keine parlamentarische Aktion für die Errichtung tschechischer Schulen in Wien eingeleitet hatten, damit, daß sie „von dieser Aktion zurückgehalten" wurden[30]. Schwere Zerwürfnisse müssen auch zwischen Dr. Josef *Kaizl* und den Wiener Tschechen bestanden haben, denn sonst hätte der Vorsitzende des niederösterreichisch-tschechischen Nationalrats nicht seiner Besorgnis darüber Ausdruck verleihen können, daß Zdeněk V. Tobolka Kaizls Privatkorrespondenz veröffentlicht hatte. So aber sandte Drozda wegen der „katastrophalen Folgen der unüberlegten und zu der Zeit die allnationalen Interessen geradezu schwer bedrohenden, unzeitgemäßen Veröffentlichung"[31] den Pragern ein Protestschreiben in dieser Angelegenheit. Doppelbödig scheint auch *Pálffys* Eintreten für den Wiener Komenský im Reichsrat gewesen zu sein. Vor seiner Resolution zum Minoritätsantrag Kaizls in Sachen der Komenský-Petition um Verstaatlichung und Subvention erklärte er in der Sitzung vom 11. Juli 1895: „Gegen dieses Petit müßte ich in abwehrendem Sinn Stellung nehmen, da prinzipielle Gründe für mich und meine Gesinnungsgenossen dafür maßgeblich sind, uns dagegen auszusprechen. Es hat auch selbst der Herr Abgeordnete Kaizl in seiner heutigen Rede hierüber gar nichts gesprochen und die Sache nicht weiter berührt"[32]. Pálffy beantragte damals nur, daß die Regierung die Sache objektiv behandle und durch die Erteilung des Öffentlichkeitsrechtes die Existenz der Schule anerkenne, ein „statthaftes und berücksichtigenswertes Begehren", wie ihm die Annahme der Resolution mit 122 zu 111 Stimmen bestätigte[33]. Eindeutig allerdings war die Einstellung des Landsmannministers Alois *Pražák,* der die Schuld an der Wahlniederlage der Wiener Tschechen 1897 allein und ausschließlich der Wiener Führungsspitze zuschrieb. In seinen Lebenserinnerungen macht er den Wiener Tschechen den Vorwurf, nicht nur keine politische Organisation, sondern auch „mit weiten Kreisen der Bevölkerung keine Fühlung" gehabt zu haben[34].

Aus allem ergibt sich, daß es an konkreten Ansätzen für eine nationalpolitische Zusammenarbeit zwischen Prager und Wiener Tschechen tatsächlich gefehlt hat, so daß trotz des institutionellen Unterbaues keine bemerkenswerten Gemeinschafts-

---

[29] Nö. Präs. J 12 ad 100; 200 (1898).
[30] Arch. KSČ, Fond 79, č. 1344 (1901).
[31] NRČ 15 (1914) Brief D r o z d a s vom 16. 6. 1914, hier im Anhang S. 554 ff. — Es geht um die Publikation JUDr. Jos. K a i z l : Z mého života [Aus meinem Leben]. (Hrsg. Zd. T o b o l k a), Bd. 1: Od narození do habilitace [Von der Geburt bis zur Habilitation] (1854—1879). Bd. 2: Od habilitace až po vstup do mladočeské strany [Von der Habilitation bis zum Eintritt in die jungtschechische Partei] (1890). Bd. 3: Teil 1 und 2 gehen über Kaizls Tod 1901 hinaus. Der Band erschien 1909—1914. Vorwort 1914.
[32] RR-Prot. XI/411 (11. 7. 1895) 20423 und 20386 f.
[33] RR-Prot. XI/556 (7. 1. 1897) 28606. Namentliche Abstimmung. *Dagegen* u. a.: Kielmannsegg, Liechtenstein, Noske, Pattai, Scheicher, Prade. *Dafür* u. a.: Falkenhayn, Hohenwart, Kaunitz.
[34] K a m e n í č e k, Frant. (Hrsg.): Paměti a listář Dra Aloise Pražáka [Memoiren und Dokumentensammlung des Dr. Alois Pražák]. 1. u. 2. Teil, Prag 1926/27, hier Bd. 1, S. 133 f. und Bd. 1, Vorwort LXXXVII.

projekte zustandekamen. Die durchaus vorhandenen Möglichkeiten des engeren Miteinanders — Wien etwa als Horchposten an der Reichszentrale auch im technologischen Sinn — sind bei weitem nicht ausgeschöpft worden. Allerdings hätte eine stärkere Bindung der Wiener Tschechen zur Metropole ihres Heimatlandes wohl auch stärkere innertschechische Widersprüche hervorgerufen und die Spannungen zum Wiener Magistrat und zur Regierung verschärft. Eine heikle Lage auch für Prag, zumal allein schon die Staatsrechtsideologie der historischen Grenzen genügte, um die Wiener Tschechen — als nicht mehr ins Königreich Böhmen zuständig — zumindest theoretisch zu kompromittieren[35]. Soweit es nach dem Willen der Prager Abgeordneten — fast möchte man sagen — jeglicher Couleur ging, wurden auch andere Themen, die in den Augen der Wiener Tschechen von einigem Gewicht waren, aus der politischen Arena ausgesperrt. Die gleichen Mittel und Methoden, mit denen bisher alle kontroversen Probleme — z. B. Wirtschaftshilfe, kulturelle Erfordernisse, Ansässigkeit[36] — beiseite gelegt wurden, kamen auch dann zur Anwendung, als die Kampfstimmung zwischen Deutschen und Tschechen schon offen entbrannt war und der gegenseitige Haß auf weite Kreise der Wiener Bevölkerung übergegriffen hatte. Zum Polizeibericht über eine Sokolveranstaltung im August 1909, bei der es zu den bisher stärksten Ausschreitungen zwischen Tschechen und Deutschnationalen gekommen war, verlautet eine „pro domo" bestimmte Notiz des Innenministeriums an den niederösterreichischen Statthalter: „Die beiliegende Schrift enthält eine Reihe von Beschwerden, wie sie von den tschechischen Abgeordneten auch hieramts in großer Zahl vorgebracht wurden, *ohne daß es indessen den Anschein hätte, als würden die Beschwerdeführer ihren Gravamen eine besondere Bedeutung beilegen*"[37]. Als Konsequenz daraus ergibt sich: Die Wiener Tschechen konnten oder mußten damals damit rechnen, daß Prag seine politischen Leitlinien auch für das darauffolgende Jahr der Volkszählung und für das übernächste der Reichsratswahlen nur für die böhmischen Länder entwerfen würde. Die eigentlichen Probleme einer fremdnationalen Großstadtminderheit blieben der persönlichen Ausstrahlung der Männer des eigenen Wiener Stabes überlassen — insofern sie die politischen Zügel in der Hand hielten und sich sattelfest fühlen konnten.

---

[35] Ein typisches Wiener politisches „Stimmungsbild" ist der Leitartikel im Víd. Denník Nr. 7 (24. 2. 1907): „Die parlamentarische Vertretung der Wiener Tschechen."
[36] Betont sei die nüchterne Behandlung dieser Frage in den Reichsratsinterpellationen: RR-Prot. XVIII/127 (22. 1. 1909), Anh. II, 4277/I: Interp. Čelakovský, betr. Lex Kolisko, unterzeichnet von 128 Abgeordneten: „Ein bedeutender Teil der in Wien und Niederösterreich wohnenden Böhmen ist hier ansässig", d. h. es ist hier keine Rede von einem „Volksstamm" als Ganzheit!
[37] Nö. Präs. XIV/233—235; 2024 (1909). — Keinesfalls läßt sich feststellen, daß die tschechischen Abgeordneten einer nationalen Scharfmacherei der Menge Vorschub geleistet hätten: Nö. Präs. XIV/233—235; 2024 (1909): Zusammenstöße zwischen Deutschen und tschechischen Sokoln: „Hierbei bemühte sich der Abgeordnete K a l i n a in außerordentlich anerkennender Weise um die Erhaltung einer nachgiebigen Stimmung bei den Tschechen und erwarb sich durch eine unermüdliche kalmierende Tätigkeit in den kritischsten Momenten die größten Verdienste."

c) Zwei Leitfiguren der tschechischen Minderheit in Wien:
Jan Janča — Josef Václav Drozda

Es ist eine alte Erfahrung, daß der Geist großer Organisationen ihre Eliten zu Höchstleistungen befähigen und zu geschichtlicher Größe emporführen kann, die ihre individuelle, moralische und intellektuelle Kapazität weit überragen, man denke etwa an Geist und Tradition des englischen House of Lords oder an das Amtscharisma der katholischen Kirche. Die Mitgliedermassen bedürfen des Regulativs starker Persönlichkeiten. In verkleinertem Maßstab gilt dies auch für die Wiener tschechische Minderheit. Die Führung der Wiener tschechischen Verbände war jedoch für sie selbst und für die Nation eine Quelle zahlloser Risiken und Fehlschläge. So drängen sich die Fragen auf, ob sich dies möglicherweise auf eine Tendenz der tschechischen Organisationen zur bürokratischen Versteinerung[1], zur Isolierung der führenden Gruppe in einen elfenbeinernen Turm[2] zurückführen läßt oder ob es wohl mit der Überschätzung der inneren Disziplin[3] zusammenhängt, die in den mittleren und unteren Rängen eines Funktionärkorps die Initiative ersticken und an ihre Stelle Furchtsamkeit und Scheu vor Verantwortung treten lassen kann. War dies etwa die Folge autokratischen Gebarens an der Spitze, oder hat womöglich eine exklusive, oligarchische Clique eifersüchtig ihre Positionen ausgebaut und die jüngere Generation daran gehindert, beizeiten in Führung und Verantwortung hineinzuwachsen? Hatte sich vielleicht gar der ganze Wiener tschechische Funktionärsapparat einschließlich der untersten Grade so weit abgelöst und verselbständigt, daß nicht nur für den *einzelnen* Führer der persönliche Nutzen zur Richtschnur seines Handelns wurde, sondern daß sich die Aktivität des *Gesamtgefüges* weniger an dem Wohl der die Organisation tragenden Mitglieder als an den Funktionärsinteressen als solchen orientierte?

Die Namen der Angehörigen der damaligen obersten Schicht im politischen und öffentlichen Leben der Wiener Minderheit, die den breiten Kreisen der tschechischen Zuwanderer alljährlich im Kalender des Österreichischen Nationalitätenklubs in Kurzbiographien vor Augen gehalten wurden, finden sich allenfalls noch im 28-

---

[1] In diese Richtung weisen z. B. die vielen Fragebogenaktionen und Nö. Präs. J 12 ad 195; 614 (1899): Der Sozialdemokrat und Mitredakteur der Dělnické Listy, D v o ř á k, hebt hervor, „daß die Tschechen endlich mit dem Bitten und Petitionieren aufhören und schärfere Mittel anwenden wollen". Ebenso J 12 ad 195; 346 (1899): Redner S r b e n ý (Hlas Národa) empfahl, „den Tschechen eine gründliche politische Organisation, ... da heutzutage mit Resolutionen und Bitten an böhmische Abgeordnete noch nichts erreicht werde." — NRČ 481 (1913): Protokoll über die geheime Beratung der Selbstverwaltungskommission über die Protestaktion gegen die Lex Kolisko, am 18. 12. 1913: Reichsratsabgeordneter M e t e l k a meint, daß die ganze Unterschriftenaktion eine nebensächliche und kostspielige Angelegenheit sei, denn entscheiden werde allein nur die politische Macht. D r t i n a ist gleicher Ansicht.

[2] Siehe oben S. 247 Anm. 34 (Pražák). — H u b k a, Čechové v Doln. Rak. 26: „Aber in Wien herrscht überall Kastengeist: nach gesellschaftlicher Stellung, Verein und politischer Partei."

[3] H u b k a, Čechové v Doln. Rak. 25: Die Vereine raufen sich gegenseitig, arbeiten gegeneinander, beklagen sich und beschuldigen sich offenkundig. Kein gemeinsamer Arbeitsplan, man arbeitet nur nach Augenblickslaune. — U r b a n, Čechové v Doln. Rak. 12.

bändigen Konversationslexikon von Otto oder in dem von Masaryk[4]. Heute sind sie vergessen und auch im neuen Österreichischen Biographischen Lexikon[5] vernachlässigt. Aus den Jahresberichten der Vereine, Geldinstitute, Sokolverbände, aus Resolutionen, Petitionen, Anträgen und Rekursen an Verwaltungsbehörden, aus den Kandidatenlisten der Wahlen und aus der Vielzahl der zeitgenössischen Wiener tschechischen Publikationen lassen sich rund 30 Personen herauslösen, die vom Ende der achtziger Jahre bis zum Weltkrieg einen gleichbleibenden Bestand einer einzigen Generation von Minderheitspolitikern bilden. Es ist dabei aufschlußreich, den sozialen Status ihrer Vorgänger mitzuberücksichtigen, die Anfang der 60er Jahre mit dem Aufbau der tschechischen Organisationen begonnen hatten: die hohen böhmischen Beamtenkreise um Anton Beck, den Vater des späteren Ministerpräsidenten, die Vertreter des Adels und der hohen Geistlichkeit und die Repräsentanten der Wiener Slawistik und anderer akademischer Fachrichtungen und Institute[6]. Erst in den 80er Jahren zeigt sich eine durchgreifende Verschiebung zu den mittleren und unteren Volksschichten hin. Gelehrte und Künstler werden abgelöst, der Adel spielt nur noch als Geldgeber eine Rolle und zieht sich aus dem aktiven politischen Leben der nationalen Organisationen zurück. Die dominierende Position nehmen Juristen, Geschäftsleute und in ganz besonderem Maße Journalisten ein, — Menschen, die einen weitgezogenen Personenkreis in ihrer Berufsarbeit berühren, Emporgekommene, die zuerst die „alte Garde" und dann die politische Gegenpartei als für die Nation gar nicht charakteristisch abzuwerten trachteten, um sich selbst als die wahren Repräsentanten des Volkswillens hinzustellen[7].

Verwandtschaftliche oder enge freundschaftliche Beziehungen der Wiener tschechischen Führer untereinander bestanden nur in ganz wenigen Ausnahmen, so daß diese Frage außer Betracht bleiben kann[8]. Wenn nun hier der Redakteur Jan Janča

---

[4] Erklärlich deshalb, da zum größten Teil Wiener Tschechen der Vorkriegszeit im Mitarbeiterstab saßen: A. Mádl, J. V. Klíma, Fr. J. Pazourek, Fr. Pastrnek, B. Vybíral und J. Auerhan.

[5] Österr. Biogr. Lexikon 1815—1950 (hrsg. v. d. Österr. Akad. d. Wiss.), Wien 1957 ff. Derzeit noch nicht abgeschlossen.

[6] Über die Zeit von 1848—1880: S o u k u p, Česká menšina 17—49 und K a r á s e k, Sborník Čechů dolnorakouských, bes. Teil 1.

[7] Redakteur J a n č a nennt in seinem „Slovan" die Mitglieder der Akademický spolek „ein Häuflein nationaler Kastraten" (hloučkem národních vykleštěnců), zit. nach S o u k u p, Česká menšina 267. Über gegenseitige Vorwürfe von nationaler Unaufrichtigkeit und „Verrat am eigenen Blute" vgl. die beiden Wiener tschechischen Tageszeitungen: z. B. Víd. Denník Nr. 58 (26. 4. 1907); Nr. 36 (31. 3. 1907), 71 (15. 5. 1907). — Děln. Listy Nr. 105 (8. 5. 1907): Die tschechischen nationalen Bürgerlichen in Wien: „ein Bierpatriotentum in seiner typischsten Gestalt... Im Begreifen des Kulturkampfes und seiner großen Tragweite für die tschechische Nation sind sie Eunuchen." — Ferner: Děl. Listy Nr. 75 (2. 4. 1907): Verschiedenes; Nr. 104 (7. 5. 1907): Wahlbewegung; Nr. 108 (13. 5. 1907): „Víd. Denník"; Nr. 112 (17. 5. 1907): „Logik der Entwicklung" und „Vertretung der Wiener Tschechen im Parlament". — Zu den im Haupttext angeführten Tendenzen vgl. H ö g l i n g e r, Felix: Ministerpräsident Heinrich Graf Clam Martinic. Graz/Köln 1964.

[8] Eine Verbindungslinie läßt sich bei Skrejšovský-Živny-Moser ziehen: Živny war Schwiegersohn Skrejšovskýs und Konzipient bei Moser. Freundschaftliche Bindungen bei Menčík-Karásek-Harrach. Siehe oben S. 123 f. u. 85.

und der langjährige Vorsitzende des niederösterreichischen tschechischen Nationalrates, Josef Václav Drozda, herausgegriffen werden, so ist in erster Linie die gesellschaftliche und politische Konstellation zu berücksichtigen, der ihr Wirken entsprang, die es ermöglichte und schließlich ad absurdum führte: Dieser Blickpunkt schließt ein, daß weniger die nationale Bedeutung dieser beiden Männer gewürdigt oder ihr sekundärer Niederschlag im Sinne der nationalpolitischen Resonanz betrachtet werden soll, sondern es geht hier hauptsächlich um ihre Funktion innerhalb des turbulenten politischen Panoramas, in dem sie standen, des weiteren um ihre Versuche, die Wiener tschechische Politik mit den Erfordernissen des Tages in Übereinstimmung zu bringen.

Der Mährer *Jan Janča*, 1866 geboren, besuchte das Gymnasium in Olmütz und kam nach seinem in Prag begonnenen Jurastudium und nach journalistischer Tätigkeit in Olmütz, Kolín, Ungarisch-Hradisch und Proßnitz als Dreißigjähriger nach Wien, wo er ab 1. Juli 1896 in eigener Regie ein Wochenblatt, den „Slovan", herausgab[9]. Von allen Wiener tschechischen Journalisten hat er wohl die meisten Artikel und Broschüren für und über die Wiener Minderheit verfaßt, nicht nur in lokalen Blättern, sondern gerade auch in der böhmischen und mährischen Presse[10]. Schon 1897 propagierte er die Vorteile einer eigenen tschechischen Buchdruckerei, deren Kosten durch Ausgabe von Anteilscheinen an nationale Vereine und Parteifreunde (radikale Fortschrittspartei[11]) aufgebracht werden sollten[12]. Neben seinen politischen Schriften publizierte er auch viele folkloristische und belletristische Arbeiten, die sich z. T. mit dem Wiener Milieu befassen[13], aber alle ohne größeren Erfolg geblieben sind. Mit Erscheinen des Vídeňský Denník im Februar 1907 stellte er den „Slovan" ein und wurde Chefredakteur dieses neuen, täglich erscheinenden Organs der niederösterreichischen Sektion des tschechischen Nationalrates.

Sein Haupteinsatz — wie es für alle politischen Akteure des Tschechentums der Reichshauptstadt typisch war — galt der Frage der Errichtung öffentlicher tschechischer Schulen in Wien und Niederösterreich[14]. Seine Auftritte auf Versammlungen

---

[9] Ottův Slovník 28 (1909) 685, Nové Doby III, 1 (1934) 94. Masarykův Sl. Bd. 3 (1927) 700. Zum „Slovan": Anhang S. 456.
[10] Vor allem in den Zeitschriften „Lumír", „Zlatá Praha", „Květy", „Nár. Listy", „Pozor", „Ruch", „Dolnorak. Obzor", in Roháčkas „Nivo".
[11] Siehe oben S. 137 f. u. 128.
[12] Nö. Präs. J 12 ad 349; 437 (1897).
[13] Z. B. Víd. Nár. Kal. 1 (1906) 50—57: K slunci nedoletíš? [Bis zur Sonne kannst Du nicht fliegen?]. — Aufzählung seiner belletrist. Arbeiten (mit Ausnahme der Zss.) in: Ottův Slovník 28 (1909) 685. — Ferner: S o u k u p , Česká menšina 290 (Hrsg. der Vídeňská laciná knihovna [Wiener billige Bücherei]) u. Ottův Slovník, Nové Doby III, 1 (1934) 94.
[14] Nö. Präs. J 12 ad 349; 437 (1897) und 534 (1897) und 857 (1897). J 12; 100 (1898). J 12 ad 100; 890 (1898) und 200 (1898) und 522 (1898) und 367 (1898) und 664 (1898). — J 12; 5613 (1898). — J 12 ad 195; 474 (1899) und 614 (1899). — J 12; 195 (1899). J 12 ad 195; 346 (1899). — Archiv KSČ, Fond 79, č. 1344. — Publikationen zur Schulfrage: J a n č a , Jan: Školská otázka v Doln. Rakousích [Die Schulfrage in Niederösterreich]. Wien 1898. — D e r s .: Čechové dolnorakouští [Die nö. Tschechen]. Vlčkova Osvěta, H. 4—6 (1909), bes. 297—302 und 385—391. — D e r s .: České dítě v Dolním Rakousku [Das tschech. Kind in NÖ.]. (o. O.) 1906. — Weitere Literatur bei S o u k u p , Česká menšina 250.

zogen mehrfach Untersuchungen gegen ihn und den Ersten böhmisch-politischen Verein (První česká politická jednota) nach sich, da man seine gewagten Äußerungen für staatsgefährdend und geeignet bezeichnete, das dynastische Gefühl der Zuhörer zu verletzen[15]. Schon im Januar 1897 stellte die Polizeibehörde an die Statthalterei den Antrag, den Böhmisch-politischen Verein Jančas wegen aufzulösen. Sein Radikalismus machte ihn allseits nur unbeliebt und isolierte ihn im Grunde bereits, ehe seine Landsleute ihm den Rücken kehrten. Die Präsidialakten der niederösterreichischen Statthalterei vermitteln ein plastisches Bild seiner Position innerhalb der Wiener Minderheit: Gleich 1896, kaum in Wien niedergelassen, steckte er die erste Niederlage ein. Janča warb damals für ein nationales Treffen, zu dem etwa 400 Tschechen aus Böhmen nach Wien kommen sollten, um „die unter den Tschechen angeblich vorhandene oppositionelle Stimmung gegen das ungarische Millenium zum Ausdruck zu bringen und zu zeigen, daß die Tschechen lieber nach Wien kommen als in Budapest an der Milleniumsfeier teilzunehmen"[16]. Delegierte des niederösterreichischen Sokolgaues sollten die Organisation der festlichen Veranstaltung übernehmen, deren Erlös der Komenský-Schule zugedacht war. Für Böhmen zeigte sich namentlich der Bezirkssekretär aus Opočno (Kreis Königgrätz) verantwortlich. Janča, der dieses Fest im „Slovan" als Riesenmanifestation der Tschechen angekündigt hatte, sah eine Blamage auf sich zukommen: Weder der arrangierende Verein, die Občanská Beseda im II. Bezirk, noch überhaupt eine andere Wiener tschechischen Organisation wollte das Risiko für ein aus diesem Unternehmen sich etwa ergebendes Defizit übernehmen. Auch von böhmischer Seite aus wurde der Ausflug abgesagt, da sich nur 50 Teilnehmer gemeldet hatten. Der Redakteur zog sich dadurch aus der Affäre, daß er sein Fiasko mit der Erklärung beschönigte, es hätten in Böhmen an diesem Tage anderweitige nationale Veranstaltungen stattgefunden.

Es steht außer Zweifel, daß es nicht nur die Bevölkerung war, die sich von ihm distanzierte[17], sein politisches Wirken bildete ebenso für die tschechischen Reichs-

---

[15] Nö. Präs. J 12 ad 349; 857 (1897) (29. 1. 1897). Auch f. das Folg. — Umgekehrt gehörte die „Krone" wiederum zu Jančas Trumpfkarten: „Es ist aber auch Sache der Krone. Der Art. XIX St.GG. ist von Sr. Majestät gefertigt und man kann von der Krone nicht verlangen, daß sie ein diesem Gesetz widersprechendes (= Lex Kolisko, Anm. d. Verf.) sanktioniere. Wenn es aber doch geschehen sollte, wäre Gefahr, daß die dynastischen Gefühle der böhmischen Bevölkerung in Niederösterreich erschüttert würden." E b e n d a (25. 1. 1897). Ferner: J a n č a, Školská otázka 14 f.

[16] Nö. Präs. J 12; 5404 (1896), dazu PM (Prag) (1891—1900) 8/1/15/1; Z. 9879/69; 9547/96; 9238; 9124; 8768.

[17] Weitere Urteile der Wiener Polizeidirektion: Nö. Präs. J 12; 349 (1897): „...da der Genannte jedoch nur auf einen beschränkten Kreis der in Wien lebenden Tschechen Einfluß hat, so ist kaum zu erwarten, daß die von ihm geleitete Aktion eine besondere Bedeutung oder Umfang erlangen wird." — Nö. Präs. J 12; 4802 (1897): „...dürfte die Beteiligung kaum besonders groß sein, da einerseits Janča sich keiner besonderen Beliebtheit erfreut, andererseits...". — Nö. Präs. J 12 ad 100; 200 (1898): „...der Redakteur des «Slovan», Joh. Janča und der Redakteur Cinnert, die jedoch unter der hiesigen tschechischen Bevölkerung und bei den tschechischen Abgeordneten nur wenig Ansehen genießen."

ratsabgeordneten einen Anlaß, sich vom Wiener Vereinsleben fernzuhalten[18]. Auch die Wiener Vereinsvorstände selbst wehrten sich entschieden gegen seine Attacken: Als er auf der Generalversammlung der Slovanská Beseda die große Indolenz des Vereins allen nationalen und politischen Bestrebungen gegenüber kritisierte, hob man hervor, daß die Beseda keine politischen, sondern Geselligkeitszwecke verfolge und verbat sich ganz entschieden derartige Vorwürfe, zumal sie von einem Mitglied erhoben wurden, das seinen Jahresbeitrag noch nicht bezahlt hatte[19]. Jančas persönlicher Streit mit dem nationalsozialen Parteifunktionär und Redakteur Jiří Stříbrný trug wesentlich dazu bei, daß die Partei den niederösterreichischen Nationalrat und damit die Dachorganisation des bürgerlichen Wiener Tschechentums boykottierte, zu deren Mitbegründer Janča hinzuzurechnen ist[20]. Seine beiden Kandidaturen bei den Reichsratswahlen 1907 stützen und ergänzen das Bild: Zunächst war er im II. Wiener Bezirk als selbständiger Kandidat der Wiener Tschechen aufgestellt worden, ohne überhaupt eine Stimme zu erhalten[21], gleichzeitig übernahm er noch ein Mandat in seiner mährischen Heimat für eine Vertretung der Wiener Tschechen im Reichsrat. Nach Ansicht des niederösterreichischen Nationalrates hätte diese Kandidatur die größten Erfolgschancen haben müssen, zumal sich Janča seinen mährischen Wahlkreis sogar selbst ausgesucht hatte. Trotzdem kam er nicht einmal in die engere Wahl[22].
Sogar im Jahre 1909, als die öffentliche Sicherheit und Ruhe in der Donaumetropole aufs äußerste gefährdet waren, wie es die Vorfälle in der Schulfrage und beim Sokol bezeugen, konnte Jančas politisches Abenteurertum die tschechische Bewohnerschaft keineswegs mitreißen, im Gegenteil: Eine vom Österreichischen Nationalitätenklub einberufene, groß angekündigte öffentliche Versammlung der Wiener Tschechen in Hohenau, einem Ort nahe Wien mit überwiegend tschechischer Bevölkerung, war mit Rücksicht auf die gespannten nationalen Verhältnisse verboten worden. Die tschechischen Blätter agitierten dennoch für die Versammlung, trotz des Verbotes, man kündigte die Ankunft von Sokoltrupps an und setzte das dortige Gasthaus über „einen größeren Zuzug von Fremden" in Kenntnis[23]. Nach Meinung des Bezirkskommissars herrschte über das Agitieren der Wiener Tschechen äußerste Erbitterung unter der Einwohnerschaft auch der umliegenden Orte. Wie der Bürgermeister mitteilte, waren es „die Slawen selbst, die gesonnen sind, so wie es am Sonntag, den 4. 7. bereits geschah, die demonstrativ auftretenden Tschechen durchzuprügeln, es könne aber auch leicht zu einem oder dem anderen Totschlage kommen, denn die Bevölkerung von Rabensburg wünsche unbedingte Ruhe, unbeding-

---

[18] Siehe Anm. 17 und H u b k a, Čechové v Doln. Rakousích 27: „Vorwand ist vielen (= Abgeordneten, Anm. d. Verf.) der Auftritt des Redakteurs Janča, der rücksichtslos die Teilnahmslosigkeit unserer Abgeordneten aufzeigt."
[19] Nö. Präs. J 12 ad 8349; 983 (1897).
[20] S o u k u p, Česká menšina 65. Ottův Slovník 28 (1909) 685.
[21] Víd. Denník, Extraausgabe 15. 5. 1907: „Ausgang der tschechischen Kandidaturen".
[22] Víd. Denník Nr. 21 (13. 3. 1907) S. 2: Zur Kandidatur Jančas in Lundenburg (Břeclav). — Víd. Denník Nr. 69 (12. 5. 1907) S. 6: Wiener tschechische Kandidatur in Mähren. — Víd. Denník Nr. 78 (24. 5. 1907) S. 1 f.: Die Mandate der Wiener Tschechen und die tschechischen Mandate überhaupt.
[23] Nö. Präs. XIV/233—235; 204 (1909): 3. 7. 1909.

tes Fernbleiben aller nationalen Bewegungen und ebensowenig als sie ein Agitieren Deutscher dulde, ebensowenig dulde sie ein Agitieren von Tschechen, da in diesem an der Grenze gelegenen alten Orte alle Nationen bisher in Eintracht nebeneinander gelebt hätten"[24]. Dem Vernehmen nach sollen sich in diesen Orten mehrere hundert tschechische Bauern mit Stöcken und Knütteln verborgen gehalten haben, um die Ausflügler entsprechend zu empfangen. Es kam jedoch nur Janča mit etwa zwölf Wiener Tschechen, reiste vorzeitig und ganz unvorhergesehen ab und wurde unterwegs wegen Steinewerfens arretiert und an der Rückreise nach Wien gehindert.

Mit Steinewerfen und dem plakativen Wunschbild vom tschechischen Niederösterreich[25] war den eigentlichen Problemen der Minderheit an der Donau nicht beizukommen. Noch weniger mit den Drohungen des „blindgeladenen Revolvers", wie sich die „Gmünder Zeitung" und das „Leitmeritzer Wochenblatt" ausdrückten[26]. Janča begann mit dieser Methode schon im ersten Jahr seiner Wiener politischen Laufbahn, als er auf einer Versammlung des böhmisch-politischen Vereins prophezeite: „Und ich schwöre es hier, wenn der Antrag Kolisko Gesetz wird, daß ich in den böhmischen Ländern vermöge meiner Freunde einen solchen Boykott Wiens inszenieren werde, daß die Deutschen selbst kommen und für uns unser Recht verlangen werden"[27]. Ein Jahr später erklärte er in der gleichen Sache, die Wiener Tschechen seien fest entschlossen, ihre Kinder ein Jahr lang überhaupt in keine Schule zu schicken[28]. Im Hinblick auf die politische Gesamtlage verhängnisvoller war allerdings seine ausfällige Bemerkung zu Ministerpräsident Graf Bienerth, der den Tschechen in Angelegenheit der Lex Kolisko am 14. Oktober 1909 eine Audienz gewährt hatte[29]. Die tschechische Deputation, die hauptsächlich aus Vertretern des niederösterreichischen Nationalrates und der niederösterreichischen Landgemeinden bestand, wurde vom Vizepräsidenten des Abgeordnetenparlamentes, dem Agrarier Antonín Zázvorka und von Professor Drtina angeführt. Janča ergriff — wie man tschechischerseits betonte — „wider alles Erwarten"[30] das Wort, wohl um sein eigenes kantiges Profil ins Licht rücken zu können, und drohte Bienerth mit dem Schicksal des ermordeten galizischen Statthalters, des Grafen Potocki, indem er auf das niederösterreichische Sprachengesetz anspielend sagte, „daß es unter *solchen* Verhältnissen nicht verwunderlich sei, wenn sich auch in Wien plötzlich irgendein Sičińskyj (= der Attentäter, Anm. d. Verf.) zeigen sollte,

---

[24] E b e n d a : 5. 7., 8. 7., 12. 7. 1909.
[25] J a n č a, Jan: Čechové dolnorakouští. Jsou-li Dolní Rakousy zemí německou? [Die niederösterr. Tschechen. Ist denn Niederösterreich ein deutsches Land?]. Vlčkova Osvěta Nr. 4—6 (1909), S. 289—302, 385—399, 481—495. — D e r s.: Školská otázka v Dol. Rakousích 12.
[26] „Gmünder Zeitung" 5. Jg., Nr. 16 (30. 10. 1909): Die Genossen Jančas. (Übernahme aus dem Leitmeritzer Wochenblatt.) Siehe Anm. 29.
[27] Nö. Präs. J 12 ad 349; 857 (1897).
[28] Nö. Präs. J 12 ad 100; 522 (1898), ein zweitesmal Nö. Präs. J 12 5613 (1898).
[29] D r o z d a, Paměti 25 ff. — P e n í ž e k, Josef: Z mých pamětí z let 1878—1918 [Aus meinen Erinnerungen aus den Jahren 1878—1918]. Bd. 3, Prag 1928, S. 175 (siehe Anhang S. 557 ff. — Anm. 26 (Gmünder Zeitung). — J a n č a, Rok 1909, S. 155 f. und 229 f. — S o u k u p, Česká menšina 78 f.
[30] D r o z d a, Paměti 26.

der durch eine entschlossene Tat eine Remedur der Verhältnisse anstreben könnte"[31].
Auf diesen Zwischenfall hin brach Bienerth das Gespräch augenblicklich ab und erklärte jede weitere Verhandlung für zwecklos. Hinzu kam, daß Janča gar nicht zum Mitglied der Deputation ernannt worden war, sondern nur als Ersatzmann aufgestellt wurde. Einmal in den Audienzsaal vorgedrungen, ließ er sich jedoch nicht wegschicken.

Es ist die Frage, ob er sich durch seine Taktik der „Drohung mit der Faust, ohne dann zuzuschlagen"[32] Respekt vor seinen Torheiten zu verschaffen hoffte. Wohl keiner von den Wiener Tschechen hat das Konto der nationalen Kraft derart überzogen. Die Crux war, daß er seine Experimente nur vollbrachte, indem er auf ihrem dürftigen Nährboden einem umso intensiveren Nationalismus die Zügel schießen ließ. Weil er mit seinen Schwarz-Weiß-Begriffen die verwirrende, widersprüchliche Entwicklung nicht bewältigen konnte, geriet er in vieler Hinsicht mehr und mehr auf Irrwege, die in einer für die Wiener Tschechen zwielichtigen Grenzzone endeten. Dies zeigte sich z. B. an der Perspektive, aus der er die Schulfrage betrachtete: „Die Germanisierung Südböhmens und Mährens rührt von Niederösterreich her. Wenn wir den böhmischen Stamm in Niederösterreich durch Schulen erhalten, werden wir diese Germanisierung einstellen und desto eher gelingt es, Südböhmen und Mähren wiederzuerobern"[33]. Das aber heißt, daß er eigentlich in erster Linie die Position der böhmischen Länder festigen wollte, in die er dann auch während des Krieges zurückkehrte[34].

Ein anderer Zug seiner Politik war seine Überschätzung Rußlands, das er zu einer Art fernem Schutzschild des Wiener tschechischen Nationalismus machte: „Wenn Dr. Rieger in Kolín sagte, man müsse berücksichtigen, daß hinter den Deutschen ein mächtiges Reich stehe, können wir das Blatt wenden und sagen, daß auch wir uns auf ein mächtiges slawisches Reich, auf Rußland stützen können"[35]. Hier stieß er allerdings auf den energischen Widerspruch des bekannten Redakteurs der „Národní listy", des kaiserlichen Rates Josef Penížek, der ihm auf einer öffentlichen Versammlung das „Schielen und Kokettieren" nach Petersburg stark verübelte. Penížek hatte in diesem Punkt seine ganz konkreten Erfahrungen. Aufgrund einer Vorsprache beim russischen Oberpriester in Wien konnte er sich über das russische Interesse an den Wiener Tschechen ein fundiertes Urteil bilden[36]. Die schroffe Ablehnung, die Penížek erhielt, als er den Kirchenfürsten um Intervention bei der russischen Regierung bat, dem Komenský-Verein in irgendeiner Form eine Unterstützung zukommen zu lassen sowie eine im gleichen Atemzug zitierte russische

---

[31] Ebenda 26, als Zitat Jančas apostrophiert. — Zu Potocki: Kann, Das Nationalitätenproblem I, 176 f., 229.
[32] Penížek, Z mých pamětí 175. Anhang S. 559 (letzter Satz!).
[33] Archiv KSČ, Fond 79, č. 1344 (1901): Češi ve Vídni žádají školy [Die Tschechen in Wien fordern Schulen].
[34] Tod 1928 in Brünn. Ottův Slovník Nové Doby III, 1 (1934) 94.
[35] Nö. Präs. J 12 ad 349; 857 (1897). — Ferner: Nö. Präs. 5613 (1898): Veröffentlichung des Memorandums über die Komenský-Schule in französischen und russischen Zeitungen gefordert. PM (Prag) (1891—1900); 8/1/15/1 Z. 9547/96.
[36] Penížek, Z mých pamětí 171—174 (Anhang S. 558 f.). Es handelt sich nicht um die oben zit. Versammlung!

Äußerung, die Tschechen seien überhaupt kein slawisches Volk, brachten Penížek damals „eisiges Schweigen" der Versammelten und tags darauf ein Lob Badenis ein. Fast zwei Jahrzehnte lang hat Janča durch seine verbissene Kompromißlosigkeit[37] die Kluft zwischen dem Status-Denken Einzelner und den jeweiligen Erfordernissen der Wiener Minderheit vergrößert und dadurch auch sein eigenes politischen Wirken zuschanden gemacht[38]. Vereinfacht könnte man sagen, daß in ihm der nationalistische Militarist[39] den nationalen Politiker in die Irre geführt hat. „Es ist die Eigenart des Militärs, alles gebieterisch zu wollen; dem Bürgerlichen hingegen ist eigen, alles der Aussprache, der Wahrheit, der Vernunft zu unterwerfen" — jener Satz von Napoleon Bonaparte, „alles gebieterisch zu wollen", trifft in der Tat auf die politische Konzeption Jančas zu, die ihm den Blick auf die Wirklichkeit verstellte. Als politischer Führer verkörperte er weder den Typ des befähigten, nach Wien zugewanderten tschechischen Arbeitsuchenden, noch die fortschrittlich gesinnte tschechische Bürgerintelligenz, sondern einen Außenseiter der Gesellschaft, der seine Hinwendung zu ihr mit dem Verlust der bürgerlichen Geltung bezahlte.

Das Gegenstück zu Janča bildet der Wiener Universitätsdozent für innere Medizin und Primarius des Kaiser-Franz-Josef-Spitals, *Josef Václav Drozda,* geistiger Inaugurator des Niederösterreichischen tschechischen Nationalrates (DONRČ), dessen Konzept seiner Feder entstammte[40], ohne daß es vorher nennenswerte theoretische oder praktische Vorarbeiten gegeben hätte. Drozda verbarg seinen Entwurf hinter dem Pseudonym Hůrecký und schaltete sich erst seit 1907 als Erster Vorsitzender in das politische Geschehen ein. Wir besitzen über ihn nur seine eigenen Erinnerungen (Paměti)[41], sowie eine kurze Würdigung des damals 27jährigen literarisch ambitionierten Juristen und DONRČ-Vorstandsmitgliedes Fr. Z. Cete-

---

[37] Z. B. Víd. Denník Jg. 1, Nr. 77 (23. 5. 1907): „Kompromisse?" Bericht über eine Wählerversammlung im „Nár. dům XV.": „Der dritte Redner, Herr Redakteur Janča, ging nach einer scharfen, sehr zutreffenden Kritik der einzelnen Parteien in Wien zur Frage unseres Standpunktes bei den engeren Wahlen über. Er sprach sich grundsätzlich gegen alle Arten von Kompromissen aus, sowohl mit den Sozialdemokraten als auch mit den Christlichsozialen oder mit einer anderen Wiener Partei."

[38] Am Vergangenen haftend, verlor er die Zukunft. Er konnte nicht vergessen, was 1909, in der Zeit der schwersten Kämpfe, das christlichsoziale „Deutsche Volksblatt" schrieb: daß die letzte Schlacht zwischen Tschechen und Deutschen in Wien stattfinden und daß diese Schlacht die allerblutigste sein würde. Janča war überzeugt, daß die Entscheidung über die tschechische Frage nur in Wien fallen könne und er träumte dabei von einem tschechischen Wien als Vergeltung für Ottokars Niederlage auf dem Marchfeld. Um dieses Zieles willen hat er sein Regiment, die Wiener Tschechen, jedoch allzu oft aufs Spiel gesetzt, indem er im Interesse der Nation zu handeln vorgab und sich die Definition dieses Interesses allerhöchstpersönlich vorbehielt. J a n č a , Rok 1909, S. 348.

[39] Beachtenswert in seinen Artikeln ist die Wortschicht der militärischen Termini: J a n č a , Školská otázka 27: „Wien, eine feste Bastion der tschechischen Nationalität."

[40] NRČ 566: Modifikace organisačního řádu [Modifizierung der Organisationsordnung] (26. 6. 1904), hs. ausgearbeitet von: Dr. H ů r e c k ý , J. D.: Čeho nám třeba [Was wir brauchen]. Wien 1904. Siehe auch oben S. 128.

[41] D r o z d a , J. V.: Paměti z mého života [Erinnerungen aus meinem Leben]. Wien 1919 (Sonderabdruck aus dem Vídeňský Denník).

chovský⁴² anläßlich seines 60. Geburtstages im Jahre 1910 und schließlich noch den Nachruf auf seinen Tod 1927, verfaßt von Michael Navrátil⁴³, dem Sekretär Gustav Eims, der um die Jahrhundertwende als Korrespondent der „Národní listy" in Wien tätig war. So knapp diese Darstellungen auch sind, sie überliefern dennoch eine Reihe treffender Züge⁴⁴. Um es gleich vorweg zu sagen: Drozda war unter den politisch engagierten Wiener Tschechen sicherlich die markanteste Gestalt in der Tradition nationalen Denkens und Fühlens, ein — am lokalen „Establishment" der tschechischen Minorität gemessen — Großer unter den sogenannten Konservativen aus dem Bürgertum der Residenzstadt, ein Parteiführer im Sinne der alten, liberalen „Seniorenpartei". Seine hauptsächlichste Bedeutung lag zweifellos in jener Zeit, als er den DONRČ leitete, wenn sein persönliches Interesse für die Wiener Landsleute auch nach seinem Weggang aus Wien keinesfalls erlosch. Wie weit er sich selbst während seines 50jährigen Aufenthaltes in der Donaumetropole als „Mann am Rande", an der Bruchstelle alter Traditionen befunden hat, muß in diesem Rahmen dahingestellt bleiben.

Als Sohn eines Hauptlehrers wurde er im Jahre 1850 in Klattau geboren und besuchte dort zusammen mit dem alttschechischen Politiker und späteren Landsmannminister Antonín Randa das anfangs deutschsprachige Gymnasium des Benediktinerordens. Randa, im Jahre 1914 Vorsitzender der Böhmischen Akademie der Wissenschaften, ehrte ihn im März gleichen Jahres für seine Verdienste um die Wiener Tschechen mit einer Prämie von 1000 Kronen aus dem Fonds František L. Riegers, ein Preis, der nur alle drei Jahre für besondere patriotische Leistungen verliehen wurde⁴⁵. Es kennzeichnet Drozdas Gesinnung, daß er das Geld sofort an den Komenský-Schulverein weiterleitete. Schon von Jugend auf hatte er in die Probleme des Wiener Tschechentums, die weitgehend Schulprobleme waren, Einblick genommen und sie zu seinen eigenen gemacht: Mit 18 Jahren kam er zum Medizinstudium in die Reichshauptstadt, die er erst nach 50jährigem Aufenthalt im Jahre 1919 nach der amtlichen Auflösung des DONRČ verließ, um noch im Alter von 70 Jahren eine Professur an der Prager Karlsuniversität anzunehmen⁴⁶. Mit Ausnahme der Sozialdemokratie gab es kaum eine tschechische Vereinigung in Niederösterreich, in der Drozda nicht als Organisator oder Mäzen seine Hand im Spiel gehabt hätte⁴⁷. Schon als Student machte er sich in den führenden drei Wiener

---

⁴² Pseudonym für Dr. Fr. Z e m a n. Gedicht und Leitartikel für Drozda im Víd. Denník Jg. 4, Nr. 102 (5. 5. 1910). — Gedichtbände: Cetechovský, Fr. Z.: Pohádka zvadlých květů [Märchen der verwelkten Blüten]. Wien 1905. D e r s .: Tvrdou cestou [Auf hartem Weg]. Wien 1909.
⁴³ N a v r á t i l, Michael: MUDr. Josef Václav Drozda. Prag 1927. Sonderabdruck aus der Zeitschrift „Praktický lékař" [Der praktische Arzt], Nr. 5, Jg. 1927.
⁴⁴ E b e n d a 13 f.: Aufzählung der deutschen und tschechischen biographischen Lexika, die über Drozda berichten. — Ferner: Kal. Čechů Víd. 13 (1904) 62: MUDr. Josef Václav Drozda.
⁴⁵ D r o z d a, Paměti 34 f. mit Abdruck des Verleihungsschreibens von Randa.
⁴⁶ Von 1919—1923 als a. o. Professor. — Ottův Slovník Nové doby II, 1, S. 257.
⁴⁷ Die besten Überblicke bei Navrátil, MUDr. J. V. Drozda 9—12 und S o u k u p, Česká menšina 12, 67, 74, 77, 80, 82 ff., 392 ff. — N a v r á t i l 13: „Als Geldgeber übertraf er sogar noch den Grafen Harrach, Petr Bílka, Prof. Fr. B. Ševčík und Fr. Šebek."

tschechischen Vereinen, der Slovanská Beseda, dem Slovanský zpěvácký spolek und dem Akademický spolek rasch einen Namen[48]. Seine Hauptleistung, die fortwährende Initiative und generöse Opferbereitschaft, die er in den Wiener tschechischen Schulanliegen bewies, rückt ihn an die Spitze der nationalen Front des Wiener Tschechentums. Dies wird man bei einer Darstellung seines Wirkens vor allem in Betracht ziehen müssen. Selbst noch in seinem Testament hat er den Wiener Komenský-Verein ungewöhnlich reich dotiert[49]. Sein Einsatz für die Legalität einer tschechischen Schule in Wien durchzieht wie ein roter Faden seinen ganzen Lebensgang, sein politisches Handeln und seine Publikationen[50]. Damit ergibt sich wie von selbst die Notwendigkeit, Drozda von seinem politischen Hauptstreben her zu zeichnen, mit dem seine übrigen Unternehmungen direkt oder indirekt verknüpft sind: Der Information der tschechischen Öffentlichkeit in dieser Frage diente die Errichtung der ersten größeren tschechischen Buchdruckerei Wiens, des „Melantrich", für deren Rotationsmaschine Drozda im Jahre 1905 30 000 Kronen spendete[51]. Zwei Jahre später rief Drozda dann das erste bürgerlich-tschechische Tagblatt, den Vídeňský Denník, ins Leben und konzipierte dessen Leitartikel[52]. Er besorgte auch die einzige vollständige Materialsammlung der amtlichen Daten zur

---

[48] Tägliche Besuche in der Slovanská Beseda, dort 1879 Schriftführer. Ferner: Schriftführer und Vorstand im Slovanský zpěvácký spolek. Über seine Zeit im Akademický spolek: D r o z d a - H ů r e c k ý : Vzpomínky na prvé doby „Akademického spolku" [Erinnerungen an die ersten Zeiten des Akademický spolek]. In: Almanach Akademického spolku ve Vídni 1868—1908, S. 24—27.

[49] Ottův Slovník Nové doby II, 1, S. 257.

[50] Außer des hier Zitierten schrieb er für „Slovan", „Věstník", „Moravská Orlice", „Opavský Týdenník", „Národní Listy", „Národní Politika" und in der deutschsprachigen „Politik", die seit 1908 u. d. T. „Union" weitergeführt wurde. Speziell für die Schulfrage gewann Drozda den JUDr. B. Šnejda, der die Studie schrieb: Š n e j d a : Proč náleží Čechům právo na půdu Rakous [Warum den Tschechen das Recht auf den Boden Österreichs gebührt]. Wien 1911. In: NRČ 227 (1912), unter geringfügig abweichendem Titel bei S o u k u p , Česká menšina 81 und D r o z d a , Paměti 19 aufgeführt. Abdruck auch in der deutschsprachigen „Union" und in deutschen Sonderdrucken des NRČ. — Ein Komitee von tschechischen Juristen verfaßte die Schrift: Může-li býti takzvaný zákon Koliskův sankcionován? Prag 1912. In deutscher Sprache u. d. T.: Kann die sogenannte Lex Kolisko sanktioniert werden? Gutachten der Nár. rada česká vom 23. Dez. 1912. Prag 1912. Kritik Drozdas zu dieser offenbar von Prag aus verfaßten Schrift in: NRČ 126 (1912): Brief Drozdas vom 13. 12. 1912. — Im gleichen Jahr erschien auf Betreiben Drozdas die Studie von L o u n , F.: Uzavření soukromé školy spolku Komenský ve 3. okrese vídeňském. Právník Jg. 51 (15. 11. 1912), deutsch als: L o u n , F.: Die Sperrung der Privatschule des Komenský-Vereines im III. Wiener Gemeindebezirk im Lichte des Rechtes. Prag 1912. — Ferner: K dějinám českého školství v Dol. Rak. (Informace odborům NRČ. 3) [Zur Geschichte des tschechischen Schulwesens in Niederösterr. (Information an die Zweigstellen des NRČ. 3)]. Prag 1912. In: NRČ 487 (1912). Es handelt sich hier um einen Vorschlag des RR-Abg. Dr. F r a n t a (Memorandum vom 14. 8. 1912) NRČ 126 (1912), die dort gemachten Angaben wurden vom „Komenský" durchgesehen und verbessert.

[51] N a v r á t i l , MUDr. J. V. Drozda 9.

[52] Eine Forderung Drozdas um Prager Unterstützung des V. D., der 1908 vor dem finanziellen Ruin stand in: NRČ 120 (Brief v. Febr. 1908). — NRČ 566: Brief Drozdas vom 16. 12. 1909 an den NRČ: Plan, in Wien auch ein deutschsprachiges Tagblatt in tschechischem Geist zu gründen. (Blieb unrealisiert).

tschechischen Schulfrage, nachdem es ihm im Jahre 1908 mit Unterstützung des zuständigen Sektionschefs Josef Kaněra gelungen war, Zugang zu den Akten des niederösterreichischen Landesschulrates zu erhalten[53]. Auch der Text der Interpellation im Reichsrat, die der Vertreter der tschechischen Agrarier, Alois Velich, in der Angelegenheit des Öffentlichkeitsrechtes für die Komenský-Schulen am 17. August 1908 im Wiener Parlament vortrug, hatte er und nicht etwa der Reichsratsabgeordnete selbst aufgesetzt[54]. Angesichts der betont frankreichfreundlichen Kundgebungen in den böhmischen Ländern seit Anfang der 90er Jahre[55] ist es sicherlich bedeutsam, daß Drozda ständig an den Prager NRČ appellierte, durch Publikationen in französischer Sprache die Wiener tschechische Schulfrage vor ein Weltforum zu tragen[56].

Da er jedoch jedwede Gewaltanwendung zur Durchsetzung seiner Beweggründe und Zielvorstellungen verabscheute[57] und in allen Fragen zuerst nach der Hilfe und Zustimmung des „Großen Bruders", d. h. des Prager NRČ blickte, distanzierte sich die extreme Rechte immer mehr von ihm und schloß sich um seine Hauptgegner Sýkora, Stříbrný und die übrigen Nationalsozialen zusammen.

Hanuš Sýkoras unsachlicher Vorwurf, den er in seiner gleichnamigen Gegenschrift zu Drozdas „Čeho je nám třeba" [Was uns not tut] erhob, daß die Durchschlagskraft des DONRČ nur dadurch blockiert sei, weil an seiner Spitze ein Unfähiger,

---

[53] Publiziert u. d. T. „Německá spravedlnost v zrcadle dolnorakouském [Deutsche Gerechtigkeit im niederösterr. Spiegel] im Víd. Denník 2. Jg. (1908), Nr. 73, 74, 76, 80, 85, 90, 94.

[54] RR-Prot. XVIII/110 (17. 7. 1908) Anh. II, 3617/I, S. 11935: Interp. Velich (u. 62 Abg.) a. d. Unterrichtsminister betr. das Öffentlichkeitsrecht der Komenský-Schule.

[55] P r i n z, Handbuch III, 167. — B i r k e, Frankreich und Ostmitteleuropa 484 ff. — H o r s k á, Pavla: Podíl české politiky z přelomu 19. a 20. století na vztazích rakousko-francouzských [Der Anteil d. tschech. Politik an d. Wende d. 19. u. 20. Jh.s an d. österr.-französ. Beziehungen]. ČsČH 5 (1969) 760 f.

[56] NRČ 566: Brief Drozdas vom 27. 11. 1911 (Z. 580/911) an den NRČ, in kürzester Zeit eine Publikation in engl. u. franz. Sprache herauszugeben, um das Ausland von dem barbarischen Verhalten der Schulämter und des Wiener Magistrats" zu unterrichten. — Brief Drozdas vom 30. 8. 1913 (Z. 535): Bitte an d. NRČ um Veröffentlichung des Wiener Schulskandals in den engl., franz. u. slawischen Weltblättern. — NRČ 480: Brief d. NRČ an Drozda vom 11. 9. 1909: Veröffentlichungen in franz. u. russischer Sprache geplant. Dazu NRČ 120: Různé záležitosti krajanů v Rakousku 1906—1910 [Versch. Angelegenh. der Landsleute in Österr. 1906—1910]: Informationsschriften in franz. u. russ. Sprache üb. d. Zustände in NÖ. Ursprünglicher Text v. Drozda. Vor der Eröffnung d. Wiener Parlamentes 1909 sollte der Abg. Dr. Šamal diese Schriften in alle Welt schicken (9. 10. 1909). — E b e n d a (NRČ 120): Krajané v Doln. Rak. [Landsleute in NÖ.] 1909: Correspondence Tchèque, Prague, 9. 11. 1909: Protestation des députés tchèques. (Mit Ausnahme der Sozialdemokraten hatten sich die Deputierten im Prager Rathaus zu einer Protestkundgebung zusammengeschlossen). — Nö. Präs. J 12; 3633 (26. 5. 1902), betr. die am 25. 5. 1902 stattgefundene Delegiertenversammlung des tschechischen Nationalrates für Niederösterreich: „Ein ausführlicher Bericht über d. tschech. Schulfrage in Wien sei auch an franz. u. russ. Journale eingesendet worden."

[57] „Wir haben keine kämpferischen Absichten, uns geht es wirklich nur um die gültige Wahrung unserer eigenen nationalen Existenz." D r o z d a, Paměti 22 (Rede zur Prager Jubiläumsausstellung 1908).

nämlich Drozda, stand[58], ist ein typisches Beispiel dafür, wie sich die Wiener tschechischen Nationalsozialen gar nicht die Mühe machten, auf seine Konzeption näher einzugehen: Im Lauf von sieben Jahren, die zwischen diesen beiden Schriften lagen, hatte sich nämlich kein Wiener Tscheche für dieses Präsidentenamt zur Verfügung gestellt, auch nicht in der kritischsten Phase des DONRČ im Jahre 1911, als aufgrund der Intrigen und der Polarisation der Meinungen innerhalb des Nationalrates Drozdas Rücktritt praktisch eine abgeschlossene Sache war und nacheinander schon zwei Männer zu neuen Vorsitzenden ernannt worden waren[59]. Die Gegner leisteten jedoch im Grunde nicht mehr, als daß sie die durch ihren Boykott maßgeblich mitverursachte Handlungsunfähigkeit des niederösterreichischen Nationalrates kurzerhand auf einen ihnen unliebsamen Mann abschoben. Diese Verzerrung der Tatsachen nutzten sie in der Presse weidlich für ihre Wahlpropaganda — oder was sie dafür hielten — aus. Das hatte sich bereits überdeutlich im Jahre 1907 bei Drozdas Kandidatur zu den Reichsratswahlen gezeigt, wo der neugewählte Präsident der Dachorganisation des Wiener Tschechentums von den böhmischen Agrariern im ohnehin für sie aussichtslosen, weil sozialdemokratischen Wahlbezirk Schlan-Kladno als Kandidat aufgestellt worden war[60]. Drozda trat jedoch sehr bald freiwillig zurück, um das Feld den überwiegend nationalsozialen Kandidaten Klika, Weider, Klíma, Urban, Ott und Janča zu überlassen, die sich alle nach ihm mit mehr oder weniger Erfolg um ein böhmisches Mandat bewarben. Drozda hingegen warf man vor, durch diese Kandidatur die Arbeit im DONRČ zu vernach-

---

[58] S ý k o r a, Hanuš: Čeho je nám ve Vídni třeba [Was wir in Wien brauchen]. Wien 1911, bes. S. 6: „Die Leute in allen Bezirken sagen zwar, daß sie Herrn Primarius Dr. Drozda als tschechischen Patrioten und opferfreudigen Mann verehren, aber als Vorsitzenden des Nationalrates sehen sie ihn nicht gern... soviel ist sicher: Wenn an dieser Stelle eine andere Persönlichkeit gestanden hätte, wären wir weiter."

[59] NRČ 116: Urovnání poměrů v Doln. odboru NRČ ve Vídni rok 1911 [Regelung der Verhältnisse in der niederösterr Sektion des NRČ in Wien, Jahr 1911]: Briefe vom April 1911: Erklärung Drozdas, seine Funktion niederzulegen, wenn seine Person einer engeren Zusammenarbeit im Wege stehen sollte. Klíma und Šimek intrigieren gegen Drozda, Polešovský soll Vorsitzender, Drozda Ehrenberater werden. Polešovský legt die ihm zugeteilte Funktion sofort nieder, Redakteur Šimek legt die Zustimmung des Adeligen Česaný vor, der jedoch gleichzeitig durch ein Telegramm die Übernahme des Vorsitzes aus gesundheitlichen Gründen ablehnt.

[60] NRČ 566: Briefe vom 11. 1., 17. 1., 3. 2., 29. 3. 1907. — NRČ 120: Briefe vom 17. 1., 3. 2., 4. 2., 8. 2., 13. 2., 14. 2., 15. 2., 16. 2., 17. 2., 18. 2., 22. 3., 23. 3., 28. 3., 29. 3., 30. 3., 5. 4., 11. 4. 1907. — Nicht uninteressant ist es, die böhmischen Kandidaturen der bürgerlichen niederösterreichischen Tschechen aus der Perspektive der Dělnické Listy zu rekonstruieren: Děl. Listy, Nr. 59 (12. 3. 1907), 65 (19. 3. 1907), 66 (20. 3. 1907), 68 (22. 3. 1907), 70 (26. 3. 1907), 74 (30. 3. 1907), 75 (2. 4. 1907), 78 (5. 4. 1907) 80 (8. 4. 1907), 83 (11. 4. 1907), 84 (12. 4. 1907), 85 (13. 4. 1907), 90 (19. 4. 1907), 96 (26. 4. 1907), 112 (17. 5. 1907), 123 (1. 6. 1907). — Die Stellungnahmen des Víd. Denník: Víd. Denník, Nr. 3 (20. 2. 1907), 7 (24. 2. 1907), 10 (28. 2. 1907), 13 (3. 3. 1907), S. 2; 21 (13. 3. 1907), 24 (16. 3. 1907), 26 (19. 3. 1907), 29 (22. 3. 1907), 31 (24. 3. 1907), 51 (19. 4. 1907), 65 (7. 5. 1907), 69 (12. 5. 1907), 78 (24. 5. 1907).

lässigen⁶¹ und gab ihm schon damals die alleinige Verantwortung für die fast aussichtslose weitere Entwicklung der Wiener tschechischen politischen Lage.

Mit Drozdas starken religiösen Bindungen⁶² mag es zusammenhängen, daß er die Unterstützung der Wiener tschechischen Position durch Prag und das böhmische Volk als sittliches Gebot betrachtete. Dadurch stand es für ihn außer Zweifel, daß er mit seiner Politik der Verständigung und allseitigen Versöhnung auch die Wiener tschechische Bevölkerung auf seiner Seite haben müsse. Ein wichtiger Satz seines Aufrufes „An die niederösterreichischen Tschechen und ihre Freunde!" in der ersten Nummer des „Vídeňský Denník" ist daher die Rechtfertigung der Herausgabe der Zeitung: „damit das tschechische Volk endlich erkenne, daß es eigentlich seine ureigene Ehrenschuld ist, uns seine hilfreichen Hände zu reichen, auf daß unser verlassener Zweig an der Donau nicht im germanischen Meer untergehe, das von überallher an ihn heranbrandet!"⁶³ Kraft dieser Argumentation bestand seine Hoffnung, die er mit dem neugeschaffenen Tagblatt als „einer öffentlichen Tribüne" verknüpfte, „von der aus getreulich unser Standpunkt vertreten werden sollte und in unsere Heimat verläßliche Nachrichten über unseren hiesigen schweren Kampf verbreitet würden" hauptsächlich darin, „den gesamten tschechischen Stamm an der Donau, ohne Unterschied des Standes, der Parteizugehörigkeit und des politischen Bekenntnisses" zur gemeinsamen Aktion mitreißen zu können und auf diese Weise die tschechische Schulfrage endlich über die parteipolitischen Hürden zu heben. Wenn nun die Verwirklichung dieser Absicht immer wieder von der mangelnden Mobilisierung der Massen durchkreuzt wurde, so hat dies nichts mit dem Grad seiner Beliebtheit bei der breiten Wiener tschechischen Bevölkerung zu tun, sondern eher damit, daß er die Appelle an das nationale Ethos höher stellte als ein rigoroses Durchgreifen in praxi. So aber trat zu der ersehnten „absoluten Solidarität des gesamten tschechischen Geschlechtes" — im Sinne einer Solidarität der Aktion, nicht der Gesinnung — und zu dem Haß gegen die „Wogen der deutschen Raffsucht und Unverträglichkeit"⁶⁴ jetzt noch das Moment der Verzweiflung und der Ausweglosigkeit hinzu. Drozda wurde geradezu zum Exponenten dieser Stimmung, da er bei seinen zahllosen Schreiben und Bitten um persönliche Vorsprachen

---

⁶¹ Česká Vídeň, Nr. 9 (2. 3. 1907) und Nr. 13 (30. 3. 1907): Dolnorakouský mandát v Čechách [Das niederösterreichische Mandat in Böhmen]. — Víd. Denník, Nr. 3 (20. 2. 1907) Wahlversammlung im II. Bezirk, Rede Sýkoras.

⁶² Navrátil, MUDr. J. V. Drozda 8. — Soukup, Česká menšina 80: Im Jahre 1906 richtete Drozda einen Brief an den päpstlichen Stuhl in Sachen des tschechischen Gottesdienstes in Wien. — Vgl. auch: Hůrecký, Čeho nám třeba 15 und Drozdas Memorandum zum Wahlrecht vom 28. 11. 1905 an Gautsch (Anhang S. 544 f.) in dem der religiösen Frage ein eigener Abschnitt gewidmet ist. — Auffallend, wie häufig in den ersten Leitartikeln des Víd. Denník von sittlicher Niederlage und sittlicher Schande, nationaler Ehre, Schuld und moralischer Schande, sittlicher Legitimation, unsittlicher Vorherrschaft, unsittlicher Germanisierung etc., die Rede ist, Formulierungen, die sich in den Schriften, die Drozdas Namen tragen, ebenfalls häufig finden. Vgl. Víd. Denník, Nr. 5 (22. 2. 1907), 22 (14. 3. 1907), 24 (16. 3. 1907), 40 (6. 4. 1907), 46 (13. 4. 1907), 67 (9. 5. 1907), 69 (12. 5. 1907), 71 (16. 5. 1907). Siehe unten S. 429.

⁶³ Víd. Denník, Nr. 1 (17. 2. 1907), auch die folgenden Zitate.

⁶⁴ Drozda, Paměti 22 (Rede zur Prager Jubiläumsausstellung 1908).

in Prag, für die er oft seinen Urlaub[65] und sein eigenes Geld[66] verwendete, immer wieder nur diesen einen Refrain hervorbrachte[67].

Die alten etablierten Herrschaftsträger wie das Kaiserhaus, das Herrenhaus und die eigenen einflußreichen Politiker im Prager NRČ, an die sich Drozda immer wieder wandte, waren jedoch nicht gewillt, den von ihm geforderten Weg der moralischen und schon gar nicht materiellen Unterstützung zu beschreiten[68]. So blieb Drozda nur die papierene Konstruktion einer Machtbasis, auf der er im Namen des DONRČ einen einsamen Balanceakt zwischen Prag und Wien, nicht aber einen entschlossenen Schachzug gegen den „germanischen Moloch"[69] führte. Bezeichnend ist, daß sich aus dem Material nicht mit Sicherheit angeben läßt, ob überhaupt jemand im DONRČ wirklich ganz auf seiner Seite stand. Jahrelang erarbeitete Erkenntnis und persönlich erlittene Erfahrung hatten Drozda davon überzeugt, daß es dem Erfolg der tschechischen Sache nur Schaden bringen könne,

---

[65] NRČ 10 (1913): Brief Drozdas vom 10. 7. 1914 an den Prager NRČ: Genaue Mitteilung der Ankunft folgt noch, „damit die Reise nicht wieder von neuem vergeblich ist". — NRČ 16 (1914): Brief Drozdas vom 29. 1. 1914 an den NRČ: D. bittet um ein Telegramm, ob er zu den Verhandlungen kommen soll. Prag telegrafiert, er möge in Wien bleiben.

[66] NRČ 15 (1914): Brief Drozdas vom 1. 7. 1914 an den NRČ: „Dabei muß man insbesondere... erwähnen, daß der erforderliche engere Kontakt mit der Zentrale dauernd dadurch erschwert wird, daß der Vositzende als Mitglied der Präsidialkommission und des Zentralausschusses nicht über zu viel Zeit verfügt, daß er über sie «ad libitum» frei verfügen kann, überdies aber auch sonst sämtliche Auslagen, die damit verbunden sind, aus Eigenem tragen muß..."

[67] Als charakteristisches Auswahlbeispiel siehe unten Anhang S. 554 ff. den Auszug aus Drozdas Brief an den NRČ vom 16. 6. 1914 (NRČ 15). Weitere zahllose Schreiben mit dieser Tendenz enthalten vor allem Drozdas Briefe in den Kartons NRČ 10 (1913), 15 (1914), 16 (1914), 566 (1910—1912), 116 (1911), 127 (1913), 481 (1913), 487 (1912), 126 (1912), 120 (1905—1910).

[68] Die Gründe, die für die mangelnde Hilfe maßgebend waren, kann man nur vermuten: Vielleicht war es Furcht vor weitreichenden politischen Folgen, vielleicht wußte man für die finanziellen Mittel gerade einen besseren Verwendungszweck, vielleicht hätte man erst nach Anerkennung der Wiener Tschechen als Volksstamm ein Eingreifen für nützlich und sinnvoll gehalten. — So aber blieben die Bitten vergeblich: NRČ 127 (1913) Drozda am 9. 4. 1913 an den NRČ, er solle dafür sorgen, daß die deutschsprachige Publikation des NRČ „Kann die sog. Lex Kolisko sanktioniert werden?" (Siehe Anm. 50) auf verläßlichem Wege dem Kaiser Franz Josef sowie dem Thronfolger zugestellt werde. — NRČ 480 (1909): Briefe des NRČ an Herrenhausmitglieder (Žáček, A. Bráf, J. Harrach, K. Mattuš) vom 9./10. September 1909, bei Franz Ferdinand, Kaiser Franz Josef und beim böhmischen Adel um Intervention in Sache der Lex Kolisko Sorge zu tragen, was auf der Initiative Drozdas beruhte. — Ähnlich: NRČ 120 (1909) Krajané v Doln. Rak.: Brief Drozdas an den NRČ vom 31. 1. 1909. — Zur wirtschaftlichen Unterstützung: NRČ 566: Brief Drozdas an den NRČ vom 8. 7. 1909: Vorschlag, in Niederösterreich Maschinenstrickverfahren einzuführen und Fabriken für Zement, Moor- und Torferzeugnisse und Wäsche zu errichten.

[69] Ein Schlüsselwort in Drozdas Briefen, Zeitungsartikeln und übrigen Publikationen, z. B. in Kart. NRČ 566 (Brief vom 8. 6. 1909, č. j. 464/09). Víd. Denník Nr. 1 (17. 2. 1907), Nr. 7 (24. 2. 1907), Nr. 62 (3. 5. 1907). Drozda, Paměti 22 (Rede zur Prager Jubiläumsausstellung).

wenn die beiden tschechischen Arbeiterparteien im NRČ ein Konkurrenzunternehmen erblickten. Er erkannte, daß die politische Schwäche der Wiener Tschechen in der mangelhaften Organisation mehrerer solcher parteipolitischer „Elitegruppen" begründet lag, denen der notwendige Widerhall im Volk fehlte. Es spricht für seine politische Noblesse, daß er jedoch meist darauf verzichtete, gegen die Linke oder Rechte[70] oder gegen seinen Chefredakteur Janča zu polemisieren, etwa um ihnen zu unterstellen, daß ihnen der Nationalismus sehr häufig nur zum Vorwand für persönliches oder parteiliches Machtstreben diente[71]. Beispielgebend verfolgte er seinen Weg der „allnationalen, brüderlichen Eintracht"[72] bis zur Auflösung Österreich-Ungarns unbeirrt weiter.

Im Vergleich zu Janča könnte man sagen, daß dieser zwar die nationalpolitische Technik beherrschte, wogegen es ihm an politischer Substanz mangelte. Drozda aber stand — mit einer Formulierung Theodor Eschenburgs ausgedrückt[73] — wohl allzusehr im Banne der Sachgerechtigkeit: Wenn der gegensätzliche Begriff zu „sachgerecht" als „machtgerecht" im politischen Sinn definiert werden darf, so war das machtgerechte Denken und Handeln bei dem Primarius nur schwach entwickelt. Er hatte geglaubt, sich mit den Methoden des Vertrauens und der Verständigung über Machtfragen hinwegsetzen zu können, im Endeffekt aber brachte seine „allnationale" Wiener tschechische Innen- und Außenpolitik keine zählbaren Erfolge; die Tschechen in der Reichszentrale ebenso wie in den Ländern der Wenzelskrone erteilten ihm eine Absage nach der anderen. Das lag — noch einmal sei es hervorgehoben — nicht daran, daß seine Amtszeit zu kurz bemessen gewesen wäre, um seine Vorstellungen hinreichend entwickeln und unter das Volk bringen zu können. Drozda scheiterte, weil er von Anfang an mit seiner Politik der Gemeinsamkeit allein gelassen wurde. Er war ein unpolitischer Politiker, der im Grunde über allen politischen Gruppen und Richtungen stand und der für die Wiener Situation aus innerster Überzeugung heraus eine Partei nach dem herkömmlichen Muster, mit einem straff verwalteten Apparat für ungeeignet hielt. Man könnte in ihm gewissermaßen den enttäuschten Gläubiger einer maximalsolidarischen Ganzheit des Wiener Tschechentums sehen, der stets von dem Willen durchdrungen war, Entscheidungen und Krisen sachgerecht zu meistern. Da jedoch alles politische Wollen schließlich von dem Ausmaß der Macht abhängig ist, die

---

[70] Zu seinen Versöhnungs- und Beschwichtigungsversuchen gegenüber den Nationalsozialen: NRČ 566 (Brief Drozdas an den Parteiausschuß vom 1. 5. 1908 und 12. 11. 1908). — NRČ 116, P 2 (1911): Briefe vom 26. u. 27. 4. 1911. — NRČ 120 (1909, Doln. odbor ve Vídni): 28. 3. 1909 (Tätigkeitsbericht des DONRČ vom 28. 3. 1909). — Die Zusammenarbeit mit der tschechischen Sozialdemokratie wird propagiert in: Víd. Denník Nr. 2 (19. 2. 1907), 65 (7. 5. 1907), 70 (14. 5. 1907) S. 3, 88 (6. 7. 1907) S. 3, 90 (8. 6. 1907) S. 2, man wird hier auf Drozdas Einfluß schließen dürfen.

[71] L e m b e r g , Nationalismus II, 79: hier allerdings für den Nationalsozialismus: „Im Nationalsozialismus haben sich persönliche und nationale Kompensationsenergien gegenseitig gesteigert."

[72] D r o z d a , Paměti 22 (Rede zur Prager Jubiläumsausstellung 1908).

[73] E s c h e n b u r g , Theodor: Die Rolle der Persönlichkeit in der Krise der Weimarer Republik. Hindenburg. Brüning. Groener, Schleicher. VJZG 9 (1961) 1—29.

hinter ihm steht, vermochte ein Führertyp vom Format Drozdas selbst auf noch so hohem intellektuellen Niveau und bei noch so strenger ethischer Haltung seine Pläne via facti nicht durchzusetzen. Vielleicht kann man es sein politisches Verhängnis nennen, daß er sich für den mystischen Panslavismus Kollárs, des Vaters des westlichen Slawismus von romantischer Konzeption entschied, der sich weniger mit der politischen als mit der kulturell-geistigen Zusammenarbeit der Völker befaßte. Während sich jedoch der aufstrebende tschechische Nationalismus allmählich von dem Programm einer ethnischen und geistigen Verschmelzung mit dem absolutistischen Rußland abwandte und den alten Begriff der historisch-politischen Individualität der böhmischen Kronländer in den Vordergrund des politischen Denkens stellte, dauerte Drozdas Sympathie zu Kollárs Ideen auf der Basis des Gefühls der ethnisch-kulturellen Solidarität für die Sache des Slawentums in Österreich unvermindert an[74]. Eine Folge davon war, daß er im März 1916 der Russophilie denunziert und — ohne vorher eine entsprechende Mitteilung zu erhalten — pensioniert wurde[75].

Gerade wegen seiner Festlegung auf die „nationalste" Komponente im Wiener Tschechentum, die Schulfrage, sollte eine unserem Zeitbewußtsein entsprechende Betrachtung auch die weniger aktuellen Aspekte seiner Persönlichkeit wie auch seiner Epoche in die Darstellung miteinbeziehen. Es verdient m. E. festgehalten zu werden, daß den Führer des bürgerlichen Wiener Tschechentums Zeit seines Lebens Abgründe vom schroffen Radikalismus eines Janča getrennt haben. Für ihn waren Nationalgefühl und Liberalismus viel zu eng miteinander verknüpft, als daß er dieser Richtung hätte beipflichten können. Janča und Drozda sind somit Extrempositionen im Spektrum möglicher nationaler Verhaltensweisen, die fast alle im Wiener Tschechentum verkörpert worden sind. Drozdas Eingriffe in das Schicksal der Wiener Tschechen beschränkten sich auf die unkämpferische Verurteilung des „exklusiv *deutschen* Standpunktes" in einer Stadt, die sich „Metropole des Reiches"[76] nannte — neben seinen zahlreichen wissenschaftlichen Veröffentlichungen in deutscher Sprache[77] ein nicht uninteressantes Beispiel dafür, daß er in manchen Dingen mehr als Bewohner der Residenzstadt dachte und fühlte, als er sich wohl selbst eingestanden hätte. Es zeigt sich bei Drozda, daß der Ortswechsel, den er als 18jähriger vollzogen hatte, in vielem auf den inneren Menschen zurückwirkte. Dem entspricht, daß ihn auch nur die extrem deutschnationalen Zeitungen zur Ziel-

---

[74] Cetechovský nennt „seine Ideen Kollárs Ideen" und bezeichnet ihn als „slawischen Idealisten". Víd. Denník 4. Jg. Nr. 102 (5. 5. 1910). Kollár-Zitate enthält seine Rede zur Gründung der „Austria Nova". Paměti 30 f. Siehe Anm. 80.

[75] D r o z d a , Paměti 38 f. — S o u k u p , Česká menšina 86 f.

[76] Vgl. seine Rede zur Jubiläumsausstellung in Prag 1908, Wortlaut in: D r o z d a , Paměti 22 ff. Hervorhebung im Original.

[77] Ottův Slovník, Bd. 8 (1894) 43; Ottův, Nové doby II, 1; S. 257. Eine Parallele bei Karel Klostermann, der seine Werke ebenfalls deutsch schrieb. Ausnahme: K l o s t e r m a n n , Karel: Za štěstím. Roman ze života vídeňských Čechů [Dem Glück nach. Ein Roman aus dem Leben der Wiener Tschechen]. Prag 1894.

scheibe ihrer Angriffe machten[78]. Noch im Dezember 1913, nachdem er zwei supranationalen Vereinigungen, dem „Deutsch-czechischen Komitee"[79] (1911) und der „Gesellschaft zur Förderung des nationalen Friedens, ‚Austria Nova'"[80] als Ausschußmitglied angehörte, klammerte er sich an die frühen Ideale Palackýs, des großen Vertreters der Idee, daß die tschechische Sache und im weiteren Sinn überhaupt die der kleineren Volksgruppen in Ostmitteleuropa an den Bestand einer mitteleuropäischen, föderalistischen Großmacht gebunden sei, die dem Evangelium der nationalen Gleichberechtigung getreu dienen sollte. Palackýs berühmter Ausspruch: „Wahrlich, existierte der österreichische Kaiserstaat nicht schon so lange, man müßte im Interesse Europas, im Interesse der Humanität selbst sich beeilen, ihn zu schaffen"[81], von Drozda eine „ungemein bemerkenswerte Äußerung" genannt, bildete den Kernpunkt seiner Ansprache auf der Gründungsversammlung der „Austria Nova" im Dezember 1913, auf der er hervorhob, daß „die *wahre* Bestimmung Österreichs das Völkerkonzert Europas"[82] sei. „Das ist nur möglich, wenn Österreich bei seiner in der Tat höheren Sendung bleibt und wenn es alle

---

[78] Vor allem die „Ostdeutsche Rundschau". — D r o z d a , Paměti 36 f. — N a v r á t i l , MUDr. J. V. Drozda 8. — „Gmünder Zeitung", 5. Jg., Nr. 16 (30. 10. 1909).

[79] H e r b a t s c h e k , Heinrich: Das Erwachen. Jahrbuch zur Förderung der Kulturgemeinschaft. Wien 1914. Leitsätze des Arbeitsprogramms S. 44—47. Vgl. auch Anm. 80. S o u k u p , Česká menšina 82 f.

[80] NRČ 118 (1913) Z. 187: Společnost k podporování národního míru v Rakousku [Gesellschaft zur Unterstützung des nationalen Friedens in Österreich]. — R o ß m a n i t h , Alfred Johann: Präliminarien. Beiträge zum Programm der Gesellschaft zur Förderung des nationalen Friedens in Österreich. Wien 1913. Im engeren Komitee: Drozda, Herbatschek (Hof- und Gerichtsadvokat), Otto v. Redlich (Industrieller), Friedrich Prinz zu Schaumburg-Lippe (Herrenhausmitglied), Max Ermers und Heinrich v. Schullern (Schriftsteller), Roßmanith (Oberstleutnant und Gutsbesitzer). — S. 25—29: Drozdas „Manifest an die Völker Österreichs". Auch in der Prager „Union", Nr. 197, S. 5, 20. 7. 1913, unterzeichnet von Redlich, Fischel, Drozda, Murko für die deutschen Hochschulen und von Masaryk, Pastrnek, J. Čelakovský, E. Rádl, Drtina für die tschechischen Hochschulen. — Nár. Politika, Nr. 127 (10. 5. 1913). — S o u k u p , Česká menšina 83 f. Durch den Untertitel „Gesellschaft zur Förderung des nationalen Friedens" bei Soukup fälschlich als zwei Vereine angeführt!

[81] Dieser Ausspruch findet sich in Palackýs berühmtem Brief an den Vorsitzenden des sogenannten Fünfzigerausschusses des deutschen Vorparlamentes in Frankfurt aus dem Jahre 1848 und ist in den Gedenkblättern S. 152 abgedruckt.

[82] Auch für das folgende Zitat: NRČ 118 (1913) Z. 187: inliegend die deutsch gehaltene Rede und die tschechische Übersetzung im Víd. Denník, Nr. 286 (13. 12. 1913). Letztere auch in D r o z d a , Paměti 30 f. — Drozda betont mit großem Nachdruck, er teile nicht die „Meinung vieler, daß Österreich als polyglotter Staat mit Suprematie eines *einzigen* Volksstammes, der nicht die *Majorität,* sondern einen *Bruchteil* der Gesamtbevölkerung darstellt, ein Unglück sei, im Gegenteil! Es ist ein besonderer *Vorzug,* um allein jenen dominierenden und nivellierenden Einfluß auszuüben, der einen brüsken Zusammenstoß diverser heterogener europäischer Interessengruppen merklich abzuschwächen, wenn nicht *ganz* zu verhindern berufen ist." (Hervorgehobenes im Originaltext). Diese Rede wurde auch am 20. 7. 1913 in der Prager „Union" abgedruckt (Nr. 197, S. 5) und an Hussarek, Stürgkh, Heinold und den Thronfolger Franz Ferdinand gesandt. Vgl. Anm. 80.

seine Völker mit dem gleichen unparteiischen Maßstab und dem gleichen vollen Wohlwollen mißt. Das würde Österreich materiellen und sozialen Vorteil bringen. Viribus unitis..." Drozda gehörte jedenfalls zu denen, die auch in sozialen Konfliktsituationen und politischen Belastungsproben noch für die übernationale Staatsform eingetreten sind und die für ihr Teil Habsburg und die tschechischen Beziehungen zur Monarchie im Prinzip nicht schlechter hinstellten als sie objektiv gewesen sind. Dieser Gesichtspunkt aber sollte gerade beim Wiener Tschechentum als dem Paradebeispiel einer ethnischen Minorität nicht vergessen werden. Das bedeutet aber nicht, die Sprengkörper der tschechischen nationalen Bewegung auf ein Minimum reduzieren oder gar abstreiten zu wollen, an dieser Stelle geschieht es allein deshalb, um der These vom zwangsläufigen Untergang der Donaumonarchie ein entschiedenes Nein entgegenzusetzen. Auch die nationalideologische Interpretation des deutschen und tschechischen Volkskörpers als Herrschende und Unterdrückte zerstört sich am Beispiel Drozdas durch Drozda selbst[83], der in seinem sozialen Status — gemessen nach den Kategorien des Einkommens, Berufes und der Bildung — im „gesellschaftsfähigen" Wiener Bürgertum ziemlich weit oben stand[84]. Wenn man sich der Auffassung Rudolf Kjelléns anschließt, daß das Problem des Habsburgerreiches „nichts anderes und nichts geringeres als das des Weltstaates im Kleinen"[85] war, d. h. darin bestand, eine große Zahl sich ihrer Verschiedenartigkeit bewußter Völker zu einer höheren politischen Einheit zu verbinden, dann ist auch der politische Kurs Drozdas der Aufmerksamkeit wert, der stets so angelegt war, daß er sich für die Wiener Minderheit nicht zum Kollisionskurs entwickeln sollte und der gleichzeitig auch der Versuch eines nationalen Führers ist, inmitten einer ihm immer chaotischer erscheinenden Welt mit sich selbst ins reine zu kommen.

Als Abschluß dieser Ausführungen bleibt nur noch zu betonen, daß ein heutiges Porträt der Repräsentanten des nationalen Wiener Tschechentums um die Jahrhundertwende zwangsläufig ebenso zeitbedingt ist wie die stark national orientierten Darstellungen der älteren tschechischen Autoren zeitbedingt waren. Doch die notwendige Begrenztheit der jeweiligen Perspektive bedeutet ja nicht nur eine Einschränkung, die negativ zu bewerten wäre, sie birgt ebensosehr auch die geistige Berechtigung in sich, um des Selbstverständnisses willen, Vergangenes denkend zu begreifen, eine Aufgabe, die sich von Generation zu Generation neu stellt. So mag es in unseren Tagen nur schwer einleuchten, daß ein Angehöriger der etablierten Wiener Gesellschaftsschicht bei der Wahl zwischen „persönlichem" Eigennutz und „überpersönlicher" Ehre nicht eine Sekunde zweifelte, sich für die Ehre seiner Nation zu entscheiden; in gleicher Weise mag uns der Sinn für die seigneurale

---

[83] Wenngleich Drozda überall kräftig von ihr Gebrauch machte: „Wir wollen nicht nur *Unkraut* sein auf dem germanischen Felde..., ein geduldetes Stiefkind, ohne Anerkennung, systematisch verfolgt und in allem stets unterdrückt..." Zit. aus seiner Rede zur Prager Jubiläumsausstellung 1908, Paměti 22, und seinem Aufruf „An die niederösterreichischen Tschechen und ihre Freunde", Víd. Denník Nr. 1 (17. 2. 1907).
[84] Dies bezeugt u. a. auch seine Aufnahme in: High Life, Almanach der österr. Gesellschaft 5 (1909) 82.
[85] Kjellén, R.: Die politischen Probleme des Weltkrieges. Leipzig 1916, S. 137.

Selbstlosigkeit abgehen, mit der sich der beruflich sicherlich voll ausgelastete Oberarzt und Hochschullehrer der „ungeheuer großen Minderheit in Niederösterreich"[86] zur Verfügung stellte, weil er sich mit ihrem Schicksal aufs engste verbunden fühlte. Und doch wird erst in solchen Unterscheidungen und Motivationen ein Teil jener geistigen Strömungen sichtbar, die vor rund zwei Menschenaltern kaum geringere Umwälzungen hervorgerufen haben als die, deren Zeugen wir heute sind.

---

[86] Víd. Denník Nr. 1 (17. 2. 1907): „An die niederösterreichischen Tschechen und ihre Freunde!"

4. ZUSAMMENFASSUNG: GRUNDLEGENDE MERKMALE DER SOZIALSTRUKTUR DER WIENER TSCHECHEN

Im Laufe dieses Kapitels sollte ein ganz konkreter Eindruck davon vermittelt werden, daß die soziale Gestalt des Wiener Tschechentums das Ergebnis aus vielfältigen Verschränkungen und Wechselbeziehungen zwischen verschiedenen Teilstrukturen war, die niemals für sich, sondern immer in komplizierter Abhängigkeit voneinander wie von außerhalb ihrer selbst liegenden Gegebenheiten bestanden. Die Bedeutung der getroffenen Feststellungen ist nun noch einmal durch eine kurze Besinnung auf die eingangs gestellten Fragen und aufgeworfenen Probleme zu unterstreichen, indem die Hauptergebnisse der Analyse abschließend thesenartig zusammengefaßt werden:

a) In den rund 50 Jahren ihrer Entwicklungsgeschichte bis zum Ersten Weltkrieg zeigt sich die tschechische Bevölkerung Wiens als *industriell-gewerbliche ethnische Minderheitengruppe im Reifestadium* mit zusätzlich ausgeprägtem Dienstleistungscharakter. Die etwa seit den achtziger Jahren durch die industrielle Entwicklung in der Reichshauptstadt kontinuierlich stark zuströmenden tschechischen Arbeitsuchenden hielten sich entweder nur vorübergehend in Wien auf oder gliederten sich im allgemeinen ohne das Auftreten von Segregationserscheinungen nach und nach in das Gemeinwesen ein: Der Herkunft nach war ungefähr ein Viertel der Wiener Einwohnerschaft tschechischer oder slowakischer Nationalität, dem nationalen Bekenntnis nach aber nur ein knappes Zehntel. Die Bevölkerungsstruktur der tschechischen Minderheit insgesamt blieb die Jahre über insofern stabil, als sich keine wesentlichen Verschiebungen zwischen Alters-, Geschlechts- oder Berufsgruppen bemerkbar machten. Die in Industrie und Gewerbe Beschäftigten bildeten mit 85 % die stärkste Gruppe der tschechischen Erwerbstätigen. Selbständige, Angestellte, Beamte und Hausdienerschaft waren demgegenüber schwach vertreten. Die räumliche Verteilung der Tschechen über alle Wiener Stadtbezirke unterstützte die schrittweise gegenseitige Anpassung an das deutsche Milieu. In der Wirtschaftsstruktur gingen die tschechischen Gewerbetreibenden ohne scharfe Zäsur, ohne einen zu irgendeinem bestimmten Zeitpunkt vollzogenen Bruch mit der Vergangenheit in die breite Schicht der traditionell verwurzelten kleineren Gewerbe der Reichshauptstadt über. Bevorzugt wurde das Bekleidungsgewerbe, wenngleich es kaum einen Beruf auf dem gewerblichen Sektor gab, in dem kein Tscheche zu finden gewesen wäre. Auch die Wiener tschechische industrielle Arbeiterschaft stellte nicht den extremen Typ eines revolutionären industriellen Proletariates dar, das die Spannungen, die mit der Arbeiterbewegung allgemein verbunden waren, mehr als über Ansätze hinaus nationalisiert hätte. Die Wanderbewegung verstärkte vielmehr die Disposition der tschechischen Arbeiter für nationale Verständigung und internationale Zusammenarbeit. Während nach dieser Seite hin in der Entwicklung der Wiener Tschechen eine beachtliche Quelle möglicher Krisen und Spaltungen in der Bevölkerung fehlte, sollte andererseits eine intensive nationale Agitation einiger Weniger den Assimilationsprozeß verzögern helfen.

b) Hierfür war das *Sozialverhalten* der Personen und Gruppen ausschlaggebend, das *durch die Zugehörigkeit zu verschiedenen Organisationen als nationalen Leistungszentren* bestimmt wurde. Das Erziehungs- und Bildungssystem, das sich überwiegend auf den Freizeitbereich erstreckte, hatte sich zu dem Gesellschaftssektor mit der größten Reichweite und dem relativ größten Verpflichtungsgrad für den einzelnen entwickelt; für die Gestaltung des nationalen Lebens nahm es eine Schlüsselfunktion ein. *Die politisch leitenden Gruppen und Parteibildungen sind* ebenso wie die autonomen wirtschaftlichen Zusammenschlüsse *aus den Kreisen des Wiener Tschechentums selbst hervorgegangen und nicht von den böhmischen Ländern aus inszeniert oder dirigiert worden.* Das Hauptkennzeichen der Vielfalt der Wiener tschechischen Selbstverwaltungskörper sind die Spannungen zwischen den persönlichen Vorstellungen und Ansprüchen und ihrer Verwirklichung in der Praxis, d. h. die ökonomischen Realitäten wirkten den nationalen Zielen vielfach massiv entgegen.

c) Das Wiener Tschechentum zeigt eine *relativ schwach differenzierte soziale Schichtungsstruktur.* Die höchsten und niedrigsten Positionen wurden klar gesehen und ergaben sich weitgehend aus der funktionellen Stellung des Individuums im Rahmen sozialer Zweckgebilde, wie z. B. der Betriebe oder der Zentralbehörden. Von besonderer Bedeutung im Rahmen dieser Arbeit ist der Hinweis, daß die Führungsgremien der Wiener Tschechen nicht einfach ein Abbild der Sozialstruktur waren.
Etwa bis Anfang der achtziger Jahre konnte man noch mit einiger Berechtigung von der Existenz einer herrschenden Klasse im Sinn einer „Wertelite" sprechen, da die wirtschaftlich, bildungsmäßig und dem Prestige nach an der Spitze stehenden Personen auch auf dem nationalpolitischen Sektor wie auf anderen Gebieten des sozialen Lebens tonangebend waren. Die Mitglieder der späteren Führungsgruppen gehörten dagegen nicht mehr überwiegend einer ganz bestimmten sozialen Schicht an, die andere soziale Schichten als Teilnehmer an der Führung mehr oder weniger in den Hintergrund treten ließ. Es dürfte sich bei diesen Vorgängen kaum um eine seit 1880 überwundene ständische Diskriminierung gehandelt haben, sondern um die zunehmende Wirkung der Massenparteien in der Ära des allgemeinen Wahlrechtes. Trotz der divergierenden Schichtungsdimensionen stand die Macht- und Führungsstruktur mit anderen sozialen Teilstrukturen des Wiener Tschechentums in einer wechselseitigen Beziehung, d. h. die Einflüsse gingen hin und her: So konnte z. B. manche Berufsposition (Journalisten, Juristen) ein gewisses Maß an Macht und bestimmte nationale Führungskompetenzen verleihen. Selektion wie Funktionsweise dieser politisch hochaktiven Einzelgänger und -gruppen, die übergangslos und scharf von der breitesten Unterschicht der Wiener Tschechen abgesetzt waren, warfen neue Probleme auf, mit denen die früheren Führungsschichten auf diese Art nicht zu kämpfen hatten. Das Selektionskriterium der sozialen Aktivität garantierte z. B. noch nicht die Auswahl auch fachlich und persönlich qualifizierter Führungspersönlichkeiten. Im großen und ganzen steuerte das Widerspiel der Interessen im politischen Entscheidungshandeln der Wiener Minderheit um die Jahrhundertwende nicht mehr dem Ausgleich und der Integration zu, sondern

artete innerhalb der eigenen Reihen zu einem nur noch Sieg oder Niederlage bringenden Konkurrenzkampf aus. Hier wurde die Legitimation der nationalpolitischen Propagandisten der übrigen tschechischen Bevölkerung gegenüber zum Problem, da die Mitglieder der neuen Funktionseliten sich ja nicht alle auf das unbestrittene Prestige und ein stillschweigend verbrieftes Führungsrecht stützen konnten, das die Inhaber allgemeiner sozialer Spitzenstellungen schon eher besaßen. Im Pluralismus der Lebensräume, der Interessen und der Werthaltungen der Wiener Tschechen spiegelt sich die wachsende Differenzierung und Auffächerung ihrer Sozialstruktur. Es handelt sich hier um einen Trend, der auch durch nationalideologische Konstruktionen nicht umkehrbar war. In diesem Stadium konnte die soziale Integration nicht so sehr durch das einigende Band der nationalen Weltanschauung herbeigeführt werden. Die Grundfrage, zu der eine Analyse der Sozialstruktur des Wiener Tschechentums hinführt, betrifft daher den *stabilisierenden Interessenausgleich in der Wiener tschechischen Minderheit. Hier lag das Fundament für die Funktionsfähigkeit der sozialen, wirtschaftlichen und politischen Organisationen, mit deren Hilfe die Berufschancen und Daseinsbedingungen verbessert werden sollten.* Als Resümee der bisherigen Darstellung sind diese Bedingungen nochmals zu verdeutlichen:

Das aus einer allgemeinen Unzufriedenheit mit der eigenen sozialen Lage erwachsende Veränderungsbestreben ist für das Entstehen eines gesellschaftlichen Aufstiegsbestrebens und damit dann auch für die Verursachung von höherer Mobilität von großer Bedeutung. Wenn man heute von sozialem Standortwechsel oder Mobilität spricht, denken die meisten zunächst an einen sozialen Auf- und Abstieg. Für die flüssige Struktur der Wiener Tschechen aber war die Bewegung von Arbeitsstätte zu Arbeitsstätte, Beschäftigungszweig zu Beschäftigungszweig, Ort zu Ort, nicht minder wichtig. So einleuchtend die abstrakte Unterscheidung von horizontaler und vertikaler Mobilität[1] klingt, so wenig bewährt sie sich bei der Beschreibung realer Erfahrungen. In Wirklichkeit war es zumal in Wien die Regel, daß den beruflichen Aufstieg ein ökologischer Aufstieg begleitete; vor allem aber wären die intensiven Wanderungsbewegungen nicht erklärbar, ohne die mit ihnen verbundene Hoffnung auf eine Verbesserung der sozialen Stellung. Wer von den böhmischen oder mährischen Provinzen aus nach Wien ging, hätte auch dann das Gefühl gehabt, sich sowohl verändert als auch verbessert zu haben, wenn die groben Maße der Mobilitätsforschung ihm bescheinigt hätten, daß sein sozialer Status gleichgeblieben war. Es ist nicht der Sinn dieser Ausführungen, abzuwägen, ob die Mobilität für die Wiener Tschechen mehr Wahn oder mehr Wirklichkeit war[2]. Auch die Wiener Großstadtbevölkerung war eine Gesellschaft mit gewissen Konstanten, denen sie sich nicht entziehen konnte. Dazu gehörte eine Machtstruktur, dazu gehörte ein System der sozialen Schichtung, dazu gehörte schließlich auch die offenbar univer-

---

[1] Einen Zugang zu den soziologischen Studien hierüber geben die bibliographischen Hinweise in: D a h r e n d o r f , Ralf: Die angewandte Aufklärung. Gesellschaft und Soziologie in Amerika. Frankfurt a. M./Hamburg 1968 (Fischer, Bücher des Wissens 901), S. 214—236, bes. S. 220 ff.

[2] Auf jeden Fall muß man deutlich zwischen der prinzipiellen Möglichkeit, d. h. dem sozialen Erlaubt-Sein der Mobilität und ihrer faktischen Häufigkeit unterscheiden.

sale Tendenz zu einer gewissen Abschließung der Oberschicht. Zweck dieser Bemerkungen ist es, zu betonen, daß Wien im subjektiven Mobilitätsstreben[3] des einzelnen zugezogenen Tschechen durchaus als „Stadt der unbegrenzten Möglichkeiten" empfunden wurde. Freilich fehlt es völlig an Studien, die das Mobilitätserlebnis der Wiener Tschechen messen, d. h. ob und wann sie meinten, selbst aufgestiegen zu sein[4]. Dabei könnte man argumentieren, daß erst diese Erfahrungen, die ja keine Ideologien, keine Zerrbilder einer unabhängig beschreibbaren Wirklichkeit sind, Mobilität überhaupt konstituieren.

Der individuelle Entschluß zur Mobilität ist jedoch psychologisch wie soziologisch ein Hindernis bei der Bildung solidarischer Gruppen[5]; er führte zur übermäßigen Fluktuation der Mitgliederschaft in den Organisationen und lenkte zugleich die Aspirationen des Einzelnen auf Ziele, die er für sich selbst zu erreichen vermochte. Sicherlich spricht vieles für die Theorie, daß die nationalen Konflikte in dem Maße an Gewaltsamkeit und Intensität gewannen, in dem die an ihnen Beteiligten an ihre sozialen Positionen gekettet waren, also nur durch eine Veränderung der gesamten sozialen Ordnung ihre Position zu verbessern hoffen konnten. Anders formuliert: Wenn der einzelne Wiener Tscheche für sich die Möglichkeit sah, dem konfliktträchtigen nationalen Machtverhältnis zu entweichen, ist es unwahrscheinlich, daß er das gleiche Maß an Engagement in die Auseinandersetzungen investiert hat wie der, für den dieses Machtverhältnis unausweichliches Lebensschicksal war. Individuelle Mobilität konnte so zum Surrogat für soziale und politische Auseinandersetzungen werden und es sieht ganz danach aus, daß Chance und Ideologie der individuellen Mobilität in Wien eben diese Wirkung gehabt haben. Nun ist die

---

[3] Mayntz, Soziale Schichtung und sozialer Wandel in einer Industriegemeinde 188 bis 198.

[4] Über die methodische Problematik einer solchen Beschreibung: Ebenda 199 und Dahrendorf, Die angewandte Aufklärung 77 f.: „Strenggenommen können wir also über das Ausmaß der individuellen Aufstiegschancen im 19. Jahrhundert nur sagen: ignoramus" (S. 77). — Von Interesse ist hier die Kleplova sbírka (Sammlung von Arbeiterbriefen und Arbeiterdokumenten im Technischen Nationalmuseum Prag, s. oben S. 42 Anm. 39): z. B. die Schilderung der Hutmacherin Františka Pelzlová auch in Branald, Hrdinové všedních dnů 327 ff.): Das Typische — an ihr wie auch bei den übrigen Dokumenten — ist, daß der Wunsch nach besserem Ansehen, sozialer Anerkennung oder Prestigezuwachs unerwartet selten als Begründung für das Aufstiegsstreben vorgebracht wird, obwohl unsere Fragestellung vielleicht gerade diese Antwort suggerieren könnte. Es schien den tschechischen Arbeitnehmern tatsächlich in erster Linie um eine praktisch-materielle Verbesserung bei ihrem Aufstiegsstreben zu tun zu sein, und man mag daraus folgern, daß eine kollektive Hebung des Lebensstandards einer ganzen Gruppe eine ebenso befriedigende Antwort auf jenes Besserungsbestreben dargestellt haben würde wie der persönliche Aufstieg in eine bessergestellte soziale Schicht. Pelzlová, die sich in ihrer Branche von anfangs 45 auf 70 und schließlich auf 100 fl monatlich verbessern konnte, empfand darüberhinaus auch die sprachliche Seite dieses Aufstiegserlebnisses: Über ihre Chefin, eine ungarische Jüdin, die eines der führenden Geschäfte besaß, schreibt sie: „Wenn eine Kundin kam, an der ihr besonders viel gelegen war, rief mich Frau K. in den Salon und sagte mir, daß ich nicht sprechen dürfe. Sie gab mich als Pariserin aus. Ich sollte auch dann nicht sprechen, wenn man mich französisch ansprach, ich konnte ja auch gar nicht französisch."

[5] Dahrendorf, Die angewandte Aufklärung 67.

soziale Schichtung zwar ein für bestimmte Zwecke der Beschreibung und Analyse erschlossenes Gebilde, mit der es ähnlich ist wie mit der Temperatur: Die Abstufungen sind so grob oder so fein wie die Meßinstrumente sie machen; auch Temperatur hat keine immanenten Gradierungen. Aber sie zu messen, bleibt dennoch sinnvoll. Dieser Aussagegehalt wird dann am deutlichsten, wenn man die Zugehörigkeit der Wiener Tschechen zu beruflichen und sozialen Schichten[6] mit ihrem Verhalten in Beziehung setzt. Dann bestätigt sich nämlich, daß es unter allen erdenklichen Unterscheidungsmerkmalen zwischen Menschen keines gibt, das so durchgängige und ausgeprägte Unterschiede des Verhaltens hervorruft wie die Ungleichheit des sozialen Status[7]. Das galt auch für Wien und erklärt mit die Assimilationskraft, deren eine Ursache in dem immer neu zu wiederholenden Tatbestand lag, daß jede Wiener tschechische Existenz mit dem ungeheuren Einschnitt der Aus- bzw. Einwanderung begann, wodurch die nationale Assimilierung in erster Linie als Begleiterscheinung der Urbanisierung zu verstehen ist.

Man könnte nun vielleicht der Meinung sein, daß die Ungleichheit in der Strukturierung der einzelnen sozialen Teilsysteme des Wiener Tschechentums zu strukturellen Spannungen und in der Folge zu sozialem Wandel führen mußten. In Wirklichkeit setzt jedoch ein sozialer Gleichgewichtszustand keineswegs eine Gleichartigkeit der Teile — vor allem nicht der regionalen Teilsysteme — voraus[8]. Wenn man unter Aufgabe der eigentlich gebotenen Vorsicht hier einmal einen etwas kühnen Analogieschluß ziehen wollte, könnte man zu der Ansicht kommen, daß gerade auch das Wiener Tschechentum hätte Sozialformen entwickeln können, die sich in der Gesamtgesellschaft Einfluß verschafften. Um auf dieses Problem näher eingehen zu können, soll im folgenden versucht werden, anhand einer Untersuchung über die politische Konzeption und nationale Ideologie die entsprechenden Hemmnisse in den Bewußtseinsformen des Wiener Tschechentums festzustellen. Was die bisherige Arbeit an Ergebnissen vor allem über die Beschaffenheit der Wiener tschechischen Sozialstruktur erbrachte, darf natürlich nicht einfach für die Nationalitätenfrage der Donaumonarchie verallgemeinert werden. Das Wiener Tschechentum stellt ja nur *eine* der vielfältigen Entwicklungsmöglichkeiten und Zustandsformen einer ethnischen Minderheit in der industriellen Gesellschaft der Großstadt an der Schwelle unseres Jahrhunderts dar.

---

[6] Zur Definition der Begriffe „Statusschichtung" und „Berufsschichtung" und ihren Überschneidungen: M a y n t z , Soziale Schichtung und sozialer Wandel in einer Industriegemeinde 139 ff. u. 83 f. („Prestige-Schichten").

[7] D a h r e n d o r f , Die angewandte Aufklärung 48. — M a n n h e i m , Mensch und Gesellschaft im Zeitalter des Umbaus 155.

[8] In die mittelalterliche Agrargesellschaft waren z. B. Städte eingebettet, die in ihrer Sozialstruktur von den vorherrschenden Kennzeichen der für die Agrargesellschaft typischen ländlichen Feudalordnung in viel stärkerem Maße abwichen als die Sozialstruktur der Wiener Tschechen von einigen Kennzeichen der Wiener deutschen Großstadtgemeinde divergierte. Trotzdem waren diese mittelalterlichen Städte nicht zu einer Angleichung an die Sozialformen der Mehrheit der Bevölkerung gezwungen. Im Gegenteil: Gerade in den Städten wurde der Grundstein für die spätere bürgerlich-gewerbliche und dann industrielle Entwicklung gelegt. M a y n t z , Soziale Schichtung und sozialer Wandel in einer Industriegemeinde 279.

KAPITEL II
KONZEPTION UND HEMMNISSE DER NATIONALPOLITIK DER WIENER TSCHECHEN

VORBEMERKUNG

Es kann nicht Aufgabe eines einzigen Kapitels in einer Arbeit mehr zusammenfassenden Charakters sein, die nationale Politik des Wiener Tschechentums als Gesamtphänomen in allen Einzelheiten zu untersuchen oder gar die Fülle der möglichen Einflüsse, Kräfte und Beziehungen in jedem Einzelfall erschöpfend zu interpretieren. Auf den nachfolgenden Seiten soll lediglich der Versuch gemacht werden, mit den bisher gewonnenen Kriterien einzelne Phasen und exemplarische Tatbestände der politischen Konzeption des Wiener Tschechentums anzuleuchten und dabei die spezifisch nationalen Züge in den Agitationen freizulegen. Auf diese Weise läßt sich eine Gliederung des Stoffes erreichen, die sowohl methodisch wie auch sachlich gerechtfertigt erscheint. Die Orientierungspunkte werden aus den wichtigsten Richtungen gewonnen, auf die sich der Aktionsradius der national-tschechischen Politik erstreckte: Der konkrete Einstieg in die Wiener politische Arena ergab sich unter anderem auch aus dem Beziehungsgeflecht der Wiener tschechischen Gruppen untereinander ebenso wie aus ihrem Zusammenhang mit den politischen Instanzen der böhmischen Länder und nicht zuletzt aus dem Verhältnis zu den deutschen Kommunalbehörden. Keineswegs soll damit die nationalpolitische Entwicklung der Wiener Tschechen als eine Art Appendix des gesamten deutsch-tschechischen Konfliktes in der Habsburgermonarchie gedeutet werden, vielmehr verspricht das eingeschlagene Verfahren zweierlei: Erstens wird das Wiener Tschechentum in weitere Zusammenhänge gestellt und zweitens wird durch eine klare Herausarbeitung der deutschen lokalpolitischen Komponente am besten ersichtlich, was die Entwicklung der tschechischen Minorität Niederösterreichs von der gesamtböhmischen Entwicklung von Anfang an unterschied. Hier liegt m. E. eine Möglichkeit, einen oft so unfruchtbaren Antagonismus der Betrachtungsweisen zu vermeiden, der die Wiener tschechische Nationalpolitik entweder als von Prag „vorgesetzt" oder als völlig isolierten Bereich von „Selbsthilfe"- Errungenschaften deuten möchte. Beides verzeichnet nur allzu leicht den wirklichen Gang der Entwicklung. Aus diesem Grunde stehen im Mittelpunkt der Untersuchung weniger die politischen Ereignisse im engeren Sinn, als vielmehr deren Widerspiegelungen und Konsequenzen im Blutkreislauf des deutsch- wie tschechisch-nationalen Volkskörpers der Reichshaupt- und Residenzstadt. Anhand der Gemeinderatsprotokolle[1] im besonderen soll Schritt

---

[1] Protokolle der öffentlichen Gemeinderatssitzungen vom Jahre 1864 bis 1914. — Auszüge auch im: „Amtsblatt" Jg. 1 (1892) — 23 (1914). Als notwendige Ergänzung für Einzelheiten wären noch heranzuziehen: Die Akten des Stadtrates: 1891—1899 (Geschäftsprotokolle mit Indices); 14. 5. 1891 bis 28. 5. 1920 (Sitzungsprotokolle, ab 5. 1. 1892 Druck, vorher handschr., ohne Indices); und die Anträge des Stadtrates an den Gemeinderat, Bd. 1—28 (1896—1921). — Sektionen des Gemeinderates (1861—1891) (insges. 10): Sitzungsprotokolle der Ausschüsse des Gemeinderates (1900—1919), z. B. Ausschuß f. d. Verleihung des Heimatrechtes und Bürgerrech-

für Schritt verfolgt werden, auf welche Weise die Wiener Tschechen in das Blickfeld der verantwortlichen deutschen Kommunalpolitiker traten und auf welche Weise sie versuchten, das Hauptproblem, die tschechische Schule in Wien, in den Griff zu bekommen. Die Gemeinderatsprotokolle sind ja für die in ihnen reflektierten Vorgänge insofern von großer Bedeutung, als sie nicht nur die jeweiligen Ereignisse sozusagen im ersten Aufkeimen erfassen, sondern diese Quelle ist überdies ein schriftlicher Niederschlag aus dem mehrheits- und daher machtpolitischen Nervenzentrum des Geschehens, an dem sich erkennen läßt, mit welchen Argumenten Begriffe wie Freiheit und Selbstbehauptung, individuelle gesellschaftliche Ansprüche und Kräfte, von der sozialen Alltäglichkeit abstrahiert wurden. Auf diese Weise dürfte auch manche gesellschaftsgeschichtliche Frage mehr als bisher ins Blickfeld treten. Auf keinen Fall aber sollte von vornherein eine Parallelität von Prager und Wiener tschechischen Programmen angenommen und dann die letzteren mehr oder weniger bewußt aus den ersteren gleichsam deduziert werden. Wenn sich aus der Sache heraus Gleichläufe oder Identitäten ergeben — umso besser. Es war schon an anderer Stelle davon die Rede, daß mit automatischer Gleichsetzung von der Verbreitung der die böhmischen Kronländer beherrschenden nationalistischen Grundlagen mit den im Wiener Tschechentum wirksamen Kräften wenig getan ist. Gerade das Beispiel der Wiener tschechischen Minderheit mag davor warnen, heuristische Prinzipien zur Ordnung des Stoffes bereits für Züge der geschichtlichen Wirklichkeit zu nehmen. Überall ist die Verifizierung an der lokalen Quelle, die Korrektur serienmäßiger Gedanken-Modelle an den verschlungenen Gängen der tatsächlichen Entwicklung vorzunehmen. In der Überbewertung des Einflusses der Prager Politiker auf die Wiener Tschechen handelt es sich um ein solches Schema, das des Abbaues oder zumindest der Differenzierung bedarf, wohingegen die Wirkung der Wiener deutschen Kommunalpolitik vor allem in der Ära des Bürgermeisters der Stadt Wien, Karl Lueger, eine stärkere Berücksichtigung verdient. Um es noch einmal zu sagen: Die nationalpolitische Konzeption des Wiener Tschechentums war von Anfang an das Ergebnis der verschiedensten Einflüsse.

Es ist dabei nicht zu umgehen, daß eine Arbeit von der Art der vorliegenden weitgehend auf eine Problemdarstellung beschränkt bleiben muß, da sie sich nicht auf Detailuntersuchungen für die jeweils behandelten politischen Strömungen im Wiener Tschechentum stützen kann. Lösungen freilich können und dürfen erst dort angeboten werden, wo bereits zuverlässige Grundlagenforschungsergebnisse vorhanden sind. Dann erst wird sich auch herausstellen, ob die auf den folgenden Seiten getroffene Setzung der Akzente dem wirklichen Entwicklungsgang entsprach oder ob auch sie nur schablonenhaft im obigen Sinne ist.

---

tes. — Ferner die im Vergleich zu den „Protokollen" ausführlicheren „Sitzungsberichte" des Gemeinderates und die Sitzungsprotokolle der vertraulichen Sitzungen. — Die A k ten der Bezirksämter sind ungeordnet und ohne Indices.

1. ZUR ENTSTEHUNG UND BEDEUTUNG DER DEM REICHSGERICHTSERKENNTNIS VOM 19. OKTOBER 1904 (HYE 437) ZUGRUNDELIEGENDEN PROGRAMMATISCHEN BESCHWERDESCHRIFTEN DER WIENER TSCHECHEN GEGEN DAS MINISTERIUM FÜR KULTUS UND UNTERRICHT

Die soziale Situation der Wiener Tschechen weist einen Zug auf, der allgemein als Voraussetzung soziologischer Einsicht gelten kann: Für sie war die gesellschaftliche Umwelt aus der unreflektierten Selbstverständlichkeit herausgerückt, in der sie für die meisten Menschen verhaftet bleibt. Sie traten gleichsam wie aufgeschlossene Reisende, denen sich die Historizität und das heißt die möglicherweise erkennbare Eigengesetzlichkeit menschlicher Gesellschaften offenbart, in eine fremde Welt ein, die dann rückwirkend auch die Selbstverständlichkeit ihrer eigenen Welt in Frage stellte. Sie begannen das Leben der alteingesessenen Wiener Bürger zu betrachten und zogen Vergleiche. Für einen großen Teil der Zuwanderer war die Suche nach Seßhaftigkeit in Wien eines der Grundmotive ihrer Sehnsucht, das auch in der nationalen Politik seinen Ausdruck fand. Die fehlende Seßhaftigkeit aber war für die reflektierenden tschechischen Einwanderer der Stachel zur Erkenntnis der Struktur der eigenen Gesellschaft. Es gab wohl kaum eine nationale Minorität in der Habsburgermonarchie, in der das andernorts Selbstverständliche für so viele fragwürdig war.

Auf welche Art und Weise der Bruch der eigenen sozialen Existenz zum Ansatzpunkt politischen Handelns wurde, zeigt der unmittelbare background des Reichsgerichtserkenntnisses vom 19. Oktober 1904[1], das zum meistberufenen Markstein des Wiener Tschechentums vor dem Ersten Weltkrieg geworden ist[2]. Die Genesis der tschechischen Programmschriften, die diesem Erkenntnis vorangingen und die es ausgelöst haben, kann hier erstmals aufgrund unveröffentlichter und bisher unbearbeiteter Dokumente nachgezeichnet werden, die sich im Allgemeinen Verwaltungsarchiv in Wien befinden. In dem ganzen letzten Jahrzehnt vor dem Kriegsausbruch ist dieses Erkenntnis Ausgangspunkt und Endpunkt der deutsch-tschechischen Auseinandersetzungen in Wien geblieben und dies bedeutet wiederum nichts anderes, als daß der normativ-juristische und der sozial-wirklichkeitsbezogene Zugang zu den Phänomenen des Staatslebens nur zwei Seiten, nur zwei Momente einer Einheit, aber keine Gegensätze sind. Soziale und rechtliche Aspekte gehören

---

[1] NRČ 127 (1904): Kopie rozhodnutí říšského soudu z r. 1904 [Kopie der Entscheidung des Reichsgerichtes vom Jahre 1904]. — Wiener Zeitung Nr. 298 (30. 12. 1904). — Hugelmann, Das Nationalitätenrecht 448 ff. (Teilauszug).
[2] Z. B. Dřímalka, Toman: Zápas Čechů vídeňských o české školství [Der Kampf der Wiener Tschechen um das tschechische Schulwesen]. Víd. Nár. Kal. 1 (1906) 88—91, hier S. 88: „Das Urteil gehört zu den wichtigsten Grenzsteinen..."

zusammen, weil auch in der Donaumonarchie das Soziale normativ geformt und das Normative sozial fundiert war.

Die Vorgeschichte: Am 31. Dezember 1901 reichten 3032 tschechische Väter und Vormünder von 5177 schulpflichtigen Kindern aus Wien und dem damals noch nicht eingemeindeten Vorort Floridsdorf beim niederösterreichischen Landesschulrat insgesamt zwanzig Gesuche zur Errichtung je einer öffentlichen tschechischsprachigen Volksschule in neunzehn Wiener Bezirken und in Floridsdorf ein[3]. Die mit Abstand höchste Zahl der Gesuchsteller stammte aus dem X. Bezirk (672 Väter für 1109 Kinder), dann folgten der XVI., III., XIV. und V. Bezirk mit 276, 273, 253 und 241 Unterschriften. Sämtliche zwanzig Gesuche wurden pauschal unter einer Aktenziffer erledigt und mit Entscheidung des Landesschulrats vom 6. August 1902 (Z. 16.435) abgewiesen. Der Bezirksschulrat sandte sie den jeweils in den Gesuchen Erstgenannten mit gleichlautenden Bescheiden vom 25. August 1902 (Z. 7.052) am 15. September 1902 zurück. Die abweisliche Entscheidung wurde — wie schon einmal beim Erlaß des Landesschulrats vom März 1899[4] — damit begründet, „daß weder die Gesamtzahl der in Wien und Floridsdorf lebenden Angehörigen des tschechischen Volkstammes im Entgegenhalte zu der Gesamtzahl der Bevölkerung, noch die Verhältnisse, unter denen sich dieselben in Wien aufhalten, jene Merkmale aufweisen, an denen sich erkennen ließe, daß in Wien der tschechische Volksstamm wohne, beziehungsweise, daß seine Sprache eine in Niederösterreich respektive in Wien und Floridsdorf landesübliche sei". Gegen diese Entscheidung wurden von 2996 Beschwerdeführern 19 Rekurse für zwanzig Wiener Bezirke an die nächsthöhere Instanz, das Ministerium für Kultus und Unterricht geschickt[5]. Auch diese Rekurse wurden „wiederum per aversionem" mit einem einzigen Erlaß des Ministeriums vom 29. September 1903 (Z. 35.621) unter Berufung auf die Gründe der angefochtenen Entscheidung abgewiesen und zusammen mit einem für alle Bezirke gleichlautenden Dekret des Bezirksschulrates vom 23. Oktober 1903 (Z. 9840) den Beschwerdeführern tags darauf zugestellt. Die Folge war, daß man sich nun nach Erschöpfung des Instanzenzuges mit zwei neuen Beschwerden, am 10. November 1903 an das Reichsgericht wandte. Für die eine Schrift zeichneten der Vorsitzende des niederösterreichischen Landesausschusses der tschechischen Sozialdemokratie, Johann Bečvář, sowie der Kustos der Wiener Hofbibliothek, Ferdinand Menčík, mit weiteren 139 Vätern und Vormündern von schulpflichtigen tschechischen Kindern des V. Bezirks[6]; die Führer der zweiten Beschwerde waren Anton Repík, Johann Janča und der Hof- und Gerichtsadvokat Dr. Franz Něme-

---

[3] Akten des Ministeriums für Kultus und Unterricht, Fasc. 18 N.Ö., Wien 1903, RG. Fasc. 3, Reg. 68; Nr. 512 präs. (10. 11. 1903). — Auch bei S o u k u p, Česká menšina 187 ff.

[4] Erlaß des Landesschulrates vom 1. 3. 1899 (Z. 14.500). Zu den früheren Gesuchen: S. oben S. 102 ff.

[5] S. Anm. 3.

[6] Akten des Ministeriums für Kultus und Unterricht, Fasc. 18 N.Ö. Wien 1903. Nr. 41822 und 41907, RG. Fasc. 3 Reg. 67; 511 präs. (10. 11. 1903). Unter den 139 Unterzeichneten waren 30 Tischler, 19 Schneider, 15 Schuster und 12 Schlosser.

ček[7]. Ein dritter Rekurs, der auf den Namen Franz Spěvák lautet, datiert erst vom 25. Dezember 1903 und ist in tschechischer Sprache abgefaßt: als Mandatar trat hier der prominente Prager Rechtsanwalt, der spätere Reichsratsabgeordnete und Vorsitzende des NRČ, Dr. Josef Herold, in Erscheinung[8]. Alle drei Dokumente wurden, um eventuellen behördlichen Kompetenzstreitigkeiten vorzubeugen, gleichzeitig auch dem Verwaltungsgerichtshof übermittelt. Ein Vergleich der beiden deutschen Schriftstücke, die zur Entlastung des Textes dem Anhang beigefügt sind[9], zeigt, daß sie in ihrer Konzeption völlig übereinstimmen und sich nur in ihrer Ausführlichkeit unterscheiden. Sie bilden die Grundpfeiler und das Gerüst der tschechischen nationalpolitischen Arbeit in Wien und vermitteln zweifellos die knappste und präziseste Einführung in die Gesamtproblematik des Wiener Tschechentums, die sich denken läßt. Das vielgliedrige Programm, das von einem Gremium der führenden tschechischen Juristen der Reichsmetropole ausgearbeitet und auch in Prag einer gründlichen Revision unterzogen wurde[10], beeinflußte selbst noch Nachkriegswerke von mehr erzählerischem Charakter über die Wiener Tschechen vor 1914[11].

Die Beschwerde befaßt sich zunächst mit der Frage der „Landesüblichkeit" der tschechischen Sprache in Niederösterreich und beruft sich auf die Entscheidungen des Reichsgerichtes vom 25. April 1877 (Hye 129), vom 12. Juli 1880 (Hye 219) und vom 19. Oktober 1882 (Hye 269), aufgrund deren man in Oberthemenau, Unterthemenau und Bischofswarth tschechischen Volksschulunterricht ausdrücklich zugelassen hatte, da die tschechische Sprache „von einer größeren daselbst vereinigten Zahl im täglichen Umgange als Umgangssprache gesprochen" wurde[12]. Als nächster Schritt wird mit dem amtlichen statistischen Material der Nachweis erbracht, daß es in Niederösterreich „fast keinen Bezirk gibt, in welchem nicht eine größere Zahl der Einwohner sich der böhmischen Sprache als Umgangssprache bedienen würde" und daß diese Einwohner „eine fixe Konstante bilden, die dem natürlichen Bevölkerungszuwachs proportioniert bleibt" (Deutscher Zuwachs zwischen 1880 und 1890 wie 12 : 15, tschechischer wie 10 : 15; dieselbe Proportion für 1890 bis 1900). Daraus wird gefolgert, daß die Tschechen „in Niederösterreich ihre festen Siedel haben und Angehörige des böhmischen Volksstammes sind und auch bleiben". Wie stets, so zog man auch hier die Parallele zur Prager deutschen Minderheit, deren prozentualer Anteil an der Gesamtbevölkerung mit dem der Wiener Tschechen bekanntlich nahezu übereinstimmte und erwähnte auch die deutschen Minoritäten in den böhmischen und mährischen Städten, wo die deutsche Sprache „Lan-

---

[7] Akten des Ministeriums für Kultus und Unterricht, Fasc. 18 N.Ö. Wien 1903. RG. Fasc. 3 Reg. 68; 512 präs. (10. 11. 1903). Beide Rekurse wurden vom Wiener Advokaten Dr. Franz Vepřek eingereicht.
[8] Akten des Ministeriums für Kultus und Unterricht. Fasc. 18 N.Ö. Wien 1903, K. K. Verwaltungsgerichtshof, Nr. 13.519 (25. 12. 1903).
[9] Anhang S. 526—537.
[10] S o u k u p , Česká menšina 190 (Němeček, Vepřek, Lenoch, Seifert, Herold, Meissner).
[11] Z. B. das Inhaltsverzeichnis von S ý k o r a , Hanuš: Dobyvatelé [Eroberer]. Po stopách předválečného usilování Čechů podunajských [Auf den Spuren der Vorkriegsbemühungen der Donauland-Tschechen]. Prag, 1927.
[12] S. oben S. 102 f.

dessprache" war, denn „landesüblich' heißt doch so viel wie in einem bestimmten Lande geübt, gebraucht". Ebensowenig fehlte der Hinweis, daß, gemessen an dem Zahlenverhältnis von Tschechen und Deutschen in den böhmischen Ländern, „mindestens drei Viertel dieser von jenen Ländern nach Wien übersiedelten Staatsbürger der böhmischen Nationalität angehören". Auch wenn sie in der Reichshauptstadt deutsch *und* tschechisch sprechen, ergäbe sich auf diese Weise doch eine Zahl von mindestens 472 000 Einwohnern, deren gemeinsame Muttersprache das Tschechische sei.

Der zweite Teil der Beschwerde bringt Argumente, daß die „Niederösterreichischen Böhmen" (Češi dolnorakouští), die sich bereits durch diesen ihren gemeinsamen Namen als Angehörige ein und desselben Volksstammes ausweisen, ihre Zusammengehörigkeit auch nach außen hin bewußt bekennen. Hier zog man nun das ganze Register der bisherigen nationalpolitischen Arbeitsergebnisse: Man verwies auf die Wiener tschechischen Vereine, Geldinstitute und Wirtschaftsgenossenschaften, auf die Komenský-Schule, die Herausgabe von in Wien redigierten tschechischen Zeitschriften und Büchern, auf den Bestand von tschechischen Buchhandlungen, die Abhaltung politischer und unpolitischer Versammlungen, bei denen Beamte der böhmischen Nationalität intervenierten, das Auftreten mit selbständigen tschechischen Kandidaten bei Landtags- und Reichstagswahlen und schließlich auch auf die Pflege der Religion durch tschechischsprachige Gottesdienste in Wiener Kirchen.

Nachdem von seiten des Unterrichtsministeriums eine etwa acht Seiten starke Gegenschrift vorgelegt worden war[13], die vom Ministerialrat Dr. Heinrich Heidlmair verfaßt und vom damaligen Unterrichtsminister Wilhelm von Hartel unterzeichnet war, kam es am 19. April 1904 zur öffentlichen Verhandlung. Unter dem Reichsgerichtspräsidenten Emil Steinbach traten u. a. Eduard Graf Pálffy, Dr. Johann Žáček und Dr. Anton Ritter von Randa als tschechische Stimmführer auf[14]. Die Vertretung der tschechischen Beschwerde „wegen Verletzung des durch die Verfassung gewährleisteten politischen Rechtes auf Wahrung und Pflege der Nationalität und Sprache und auf eine zur Ausbildung in der tschechischen Sprache entsprechende Einrichtung der öffentlichen Lehranstalten" hatte der Prager Advokat Dr. Alfred Meissner übernommen[15].

Dahinter stand natürlich der Nationalitätenartikel der Dezemberverfassung, nämlich Artikel XIX des Staatsgrundgesetzes über die allgemeinen Rechte der Staatsbürger vom 21. Dezember 1867[16], dessen Grundgedanke von der Gleichberechtigung

---

[13] Allg. Verw. Archiv., Akten des k. k. Ministeriums für Kultus und Unterricht, Nr. 12064 (21. 1. 1904). — Auch in: NRČ 590 (1914) (Lex Kolisko) und NRČ 313 (1914) (Lex Kolisko). — S o u k u p , Česká menšina 190 f.

[14] NRČ 127 (1904): O české veřejné škole ve Vídni [Über die tschechische öffentliche Schule in Wien].

[15] Nicht Herold, wie S o u k u p , Česká menšina 190, angibt.

[16] RGBl. Nr. 142: „Alle Volksstämme des Staates sind gleichberechtigt, und jeder Volksstamm hat ein unverletzliches Recht auf Wahrung und Pflege seiner Nationalität und Sprache. Die Gleichberechtigung aller landesüblichen Sprachen in Schule, Amt und öffentlichem Leben wird vom Staate anerkannt. In den Ländern, in welchen mehrere Volksstämme wohnen, sollen die öffentlichen Unterrichtsanstalten derart eingerichtet sein, daß ohne Anwendung eines Zwanges zur Erlernung einer zweiten Landessprache

aller Volksstämme und von dem unverletzlichen Recht auf Wahrung und Pflege der Nationalität und Sprache bereits in allen Verfassungen und Verfassungsentwürfen der Jahre 1848/49 verankert gewesen war[17]. Die Verfassung ist allerdings nur der institutionelle Rahmen für politisches Handeln, sie ist quasi das oberste Gesetz des Staates, denn sie bestimmt, wie Gesetze gemacht werden sollen und wo sie ihre Grenze finden. Mit einem Wort: sie beschränkt sich auf die grundlegenden Prinzipien; alle zweitrangigen Regelungen, die dem Wandel der Zeitläufe und den sich ändernden Vorstellungen der Menschen gerecht werden sollen, sind der normalen Gesetzespraxis vorbehalten. Es lohnt sich jedoch festzustellen, daß „für die nationalen Minoritäten ein der wahren Gleichberechtigung entsprechender Schutz gegen den Sprachenzwang im Unterrichtswesen grundsätzlich geschaffen"[18] worden war und daß sie die Möglichkeit hatten, ihre Grundrechte auch dem Staat gegenüber gerichtlich durchsetzen zu können. Betrachtet man freilich den Staat und die Gesellschaft, die inzwischen auf dieser Grundordnung errichtet worden waren, so blieb allerdings mancherlei zu wünschen übrig: Demokratie als Regierungsform, in der man versucht, Herrschaft erträglich zu machen, bedeutet ja nicht nur, daß man die Grundrechte für sich in Anspruch nimmt, sondern, daß man auch weiß, warum diese Gesellschaft zusammengehört und man selber zu ihr. In Wien aber zeigt sich an den Problemen des nationalen Bekenntnisses, daß nicht alle Wiener Tschechen die Ziele des Gemeinwesens kannten. Mag sein, daß dies mit ihrer besonderen Geschichte der Zuwanderung zusammenhängt. Das erste Ziel jedes einzelnen Tschechen war es damals, seine eigenen nationalen Wünsche durchzusetzen und sich selber eine Existenz aufzubauen. Dies hat zu einer „Privatisierung" der Interessen geführt, die nur wenig Raum für das Gemeinsame ließ. Auf deutscher Seite wiederum ist den wenigsten klar geworden, daß Konstitutionalismus kein System, kein Zustand, sondern ein Prozeß ist, bei dem auch legitime Größenordnungen immer neu zu überprüfen sind. Nicht über die Abschaffung eines anwesenden „sogenannten" tschechischen Volksstammes in Niederösterreich auf dem Verordnungswege hätte man nachdenken sollen, sondern darüber, wie man die Fremdnationalen für eine bessere Kooperation hätte gewinnen können.

Das Endergebnis der insgesamt dreijährigen Auseinandersetzung war das unter dem Schriftführer Karl Gottfried Hugelmann erlassene Reichsgerichtserkenntnis vom 19. Oktober 1904, das es ein für allemal ablehnte, die niederösterreichischen Tschechen als Volksstamm anzuerkennen, „mit Ausnahme jener Bruchteile, die als

---

jeder dieser Volksstämme die erforderlichen Mittel zur Ausbildung in seiner Sprache erhält." — Zit. nach H u g e l m a n n, K. G.: Das Nationalitätenrecht nach der Verfassung von 1867; der Kampf um ihre Geltung, Auslegung und Fortbildung. In: H u g e l m a n n, Das Nationalitätenrecht 81—286, hier S. 81 f.

[17] Pillersdorfsche Verfassung, Frankfurter Grundrechte, Kremsierer Entwurf. — S t o u r z h, Gerald: Die Gleichberechtigung der Nationalitäten und die österr. Dezember-Verfassung von 1867. In: Der österreichisch-ungarische Ausgleich von 1867. Vorgeschichte und Wirkungen. Wien/München 1967, S. 186—218. — Hugelmann, Das Nationalitätenrecht 40, 55 u. 81 Anm. 2.

[18] Bericht des Verfassungsausschusses an das Plenum des Abgeordnetenhauses vom 25. 9. 1867. Zit. nach S t o u r z h, Die Gleichberechtigung der Nationalitäten 204 (m. Anm. 61).

bloße Ausläufer des geschlossenen böhmischen Volksstammes in den Nachbarländern erscheinen, wie dies in Unter- und Oberthemenau, dann Bischofswarth der Fall ist"[19]. Das wesentliche Argument lautete: „Die nationale Gemeintätigkeit der in Österreich unter der Enns wohnhaften Angehörigen böhmischer Nationalität hat in dem öffentlichen Leben des Landes nicht jene historischen Wurzeln geschlagen, welche ihnen, als einer geschlossenen Einheit, den das wesentliche Merkmal eines Volksstammes des Landes bildenden Charakter einer nationalen Individualität im Lande verliehen hätte"[20]. Das Zuströmen verschiedener sprachlicher Elemente — so heißt es weiter — sei eine den Großstädten eigentümliche, zumeist in Erwerbsrücksichten begründete Erscheinung. Eine derartige Ansiedlung könne daher weder mit Rücksicht auf die Zahl, noch auf die nationale Betätigung die historischen Voraussetzungen eines Volksstammes ersetzen. Angesichts dieser Gegebenheiten sei es daher auch „ohne Bedeutung", auf die vielfachen Richtungen und Gebiete des öffentlichen Lebens zu verweisen, in denen die nationale Eigenart der tschechischen Einwohner ihren Niederschlag gefunden habe.

Ein Satz dieses Reichsgerichtserkenntnisses sieht wie ein feiger Rückzug aus und kann m. E. nicht deutlich genug herausgestellt werden, zumal er von tschechischer und von deutscher Seite aus viel zu wenig beachtet wurde. Er besagt, daß die Entscheidung des höchsten österreichischen Gerichtes lediglich die Frage der „Landesüblichkeit" der tschechischen Sprache in Niederösterreich betraf[21] und damit genau und vielleicht sogar bewußt am einzigen wirklich neuralgischen Punkt des Wiener Tschechentums vorbeischoß, dessentwegen ja überhaupt Beschwerde ergriffen worden war: am tschechischen Schulunterricht. Die Art der Formulierung macht überdeutlich, daß hier theoretisch noch alle Wege offengelassen waren, da die Entscheidung über die Möglichkeit der Errichtung von Unterrichtsanstalten in einer anderen als der landesüblichen Sprache ausdrücklich als „der Kognition des Reichsgerichtes entzogen" der öffentlichen Verwaltung anheimgestellt wurde. Damit rückt nun die Wiener Gemeinde- und Bezirksverwaltung in den Mittelpunkt der Betrachtung, denn sonst würde nicht klar, wieso mit diesem Reichsgerichtserkenntnis der Schulweg des „Komenský" in die Einbahnstraße, die eine Sackgasse war, recht eigentlich begonnen hatte: Mit dem Oktober-Erkenntnis von 1904 war zwar nicht die Hoffnung, aber immerhin die Legitimität einer tschechischen Lehranstalt in Wien — gleichgültig, ob öffentlichen oder privaten Charakters — auf zunächst unabsehbare Zeit begraben.

Wenn an dieser Stelle die tschechische Beschwerdeaktion beim Reichsgericht vom Herbst 1903 aus dem Entwicklungsverlauf der gesamten nationalpolitischen Konzeption gewissermaßen herausgerissen und zum Ausgangspunkt der folgenden Dar-

---

[19] Zit. aus Hugelmann, Das Nationalitätenrecht 449, der den wichtigsten Teil des Erkenntnisses im Wortlaut wiedergibt.
[20] Ebenda 448.
[21] Ebenda 449: „Nur hierüber allein hat das Reichsgericht zu entscheiden, während die Erörterung der Frage der etwaigen Befriedigung der kulturellen Bedürfnisse der Staatsbürger durch Ermöglichung der Errichtung von Unterrichtsanstalten in einer anderen als der landesüblichen Sprache, seitens der öffentlichen Verwaltung, als der Kognition des Reichsgerichtes entzogen, außer Betracht zu bleiben hat."

stellung gemacht wurde, so geschah dies in mehrfacher Absicht. Erstens deshalb, um im Laufe dieses Kapitels anhand der Komenský-Schulfrage die bis heute gültige Meinung zu widerlegen, daß „es ja in der Weltstadt Wien auch nie so etwas wie eine Germanisierungstendenz gegeben hat, die als Prestigedruck oder gar als Diskriminierung hätte gewertet werden können"[22]; zum anderen, um die ortsgebundene Sondersituation deutlicher hervortreten zu lassen: Während man auf parlamentarischer Ebene für die Länder der Wenzelskrone immer wieder — wenn auch vergeblich — zu deutsch-tschechischen Verständigungsversuchen ansetzte[23], zeigten die autonomen Behörden der Kaiserstadt — der Magistrat, der Gemeinderat und die Bezirksämter — keine Bereitschaft zu einem Ausgleich der nationalen Gegensätze. „Kaum 200 Schritte trennen das Wiener Rathaus vom Parlamentsgebäude", schreibt Friedrich Funder in seinen Memoiren. „Es hätten gerade so gut 200 Meilen sein können, so weit lag 1897 das Denken und Treiben in beiden Bauten voneinander"[24]. Bis zu diesem Jahr, in dem Karl Luegers steile Karriere als Wiener Bürgermeister begann, verlief der Kurs der tschechischen Nationalpolitik und sein Widerhall im Wiener Gemeinderat noch ohne Gefahr für die öffentliche Sicherheit oder das sprichwörtliche „goldene Wiener Herz".

---

[22] Veiter, Das Recht der Volksgruppen und Sprachminderheiten in Österreich 169. Nach Meinung des Verfassers ist „der rasche Rückgang der Tschechen in Wien von 1918 bis heute ... nur so" zu erklären, daß es sich seit je um „eine Zuwanderungsminderheit mit fluktuierendem Charakter", wie die Zigeuner, gehandelt hat. Veiters Auffassung ist für die Zeit vor 1914 zu einseitig.
[23] Einen brauchbaren Leitfaden durch das Hin und Her der nationalpolitischen Verhandlungen in Böhmen zwischen 1908 und 1913 gibt: Dürre, E.: Versuch einer chronologischen Darstellung der deutsch-tschechischen Ausgleichsverhandlungen 1908—1913. Prag 1914 (6. Flugschrift der Deutschen Arbeit).
[24] Funder, Vom Gestern ins Heute 205.

2. DIE ENTWICKLUNG DER TSCHECHISCHEN FRAGE IM WIENER GEMEINDERAT BIS 1897

An dieser Stelle bedarf es einer sowohl methodischen wie auch tief in der Sache selbst begründeten Feststellung über eine permanente Erfahrung, die die tschechische Minorität im politischen Klima Wiens machen konnte, ein Fazit, aus dem sich auch die Gliederung der folgenden Abschnitte ergab: Es war offenkundig, daß die konsequente Lokalpolitik und intensive Parteiarbeit der Christlichsozialen am Ort mehr zählten als alle Erfolge auf dem parlamentarischen Parkett. Im Frühjahr 1880 trat im Gemeinderat erstmals zutage, daß sich in Wien Tausende von schulpflichtigen Jugendlichen aufhielten, die kein Wort deutsch konnten. Bisher hatte nur ein einziger skeptischer Akteur auf der Wiener kommunalen Szene im Jahre 1866 eine Anfrage an das Präsidium gerichtet, ob es diesem bekannt sei, daß in Wien „von einem Vereine böhmische Schulen errichtet werden", aber damals unter Bürgermeister Andreas Zelinka war eine tschechische Privatschule noch nicht als Problem angesehen worden, über das zu diskutieren als notwendig erachtet wurde[1]. Erst die Auseinandersetzung des Gemeinderatsmitgliedes Karl Linder mit dem Reichsratsabgeordneten Harrach im Jahre 1880[2] und 1881[3] nahm scharfe Formen an, da Linder dem Grafen „ausgesprochenen Haß und Groll gegen die Stadt Wien" als Grundzug seiner an den Unterrichtsminister gerichteten Interpellation[4] vorwarf. Sucht man jedoch nach den „in der Harrachschen Interpellation erhobenen Beschuldigungen und Anklagen", so wird man sie in dem Reichsratsprotokoll ebensowenig finden wie dort von einer „Einführung der tschechischen Unterrichtssprache in den Volks- und Gewerbeschulen Wiens" — expressis verbis — die Rede ist, die Linder als eine Zumutung bezeichnet und in der entschiedensten Weise zurückgewiesen hatte. Harrach verwahrte sich vor allem gegen Linders Unterstellung einer „gehässigen Gesinnung", da er, um den tschechischen Kindern die Teilnahme am Unterricht zu ermöglichen, nur um „Vorkehrungen zur Erlernung der deutschen Sprache" sowie des weiteren um Maßnahmen angesucht hatte, die es verhindern sollten, daß die Arbeitgeber die bei ihnen beschäftigten tschechischen Kinder von der Erfüllung ihrer Schulpflicht abhielten. Mit dem persönlich an den Wiener Bürgermeister gerichteten Entrüstungsbrief Harrachs vom März 1881 begannen die grundlegenden Meinungsverschiedenheiten zwischen kommunalen und zentralen Behörden, zwischen Bezirksschulrat, Landesschulrat, Gemeinderat und Bürgermeister auf der einen und Unterrichtsministerium, Reichsgericht und Statthalter auf der anderen

---

[1] GR-Sitzung vom 8. 3. 1866, Interp. S i g m u n d t, PG, S. 671; zu den übrigen Verhandlungsgegenständen s. die Tabelle im Anhang S. 494—508.
[2] GRS vom 20. 4. 1880, Dringlichkeitsantrag L i n d e r, PG, S. 170.
[3] GRS vom 18. 3. 1881, Ref. H o f f e r, PG, S. 134 u. GRS vom 22. 3. 1881, Ref. S c h l e c h t e r, PG, S. 41 (Brief Harrachs an den Wiener Bürgermeister).
[4] RR-Prot., IX/62 (18. 3. 1880) 1930: Interp. H a r r a c h. S. auch oben S. 93.

Seite — Rivalitäten, von denen noch ungewiß war, ob und auf wessen Kosten sie sich ausmanövrieren ließen.

Eine neue Entwicklungsstufe bildete die Jahreswende 1882/83. Am 22. November 1882 war ein Erlaß vom Unterrichtsministerium herausgegeben worden, daß der Errichtung einer tschechischen Privatvolksschule durch den Wiener Komenský-Verein ein gesetzliches Hindernis nicht im Wege stehe[5]. Auf die Proteste des Bezirksschulrates und niederösterreichischen Landesschulrates hin erklärte sich der Gemeinderat mit ihnen solidarisch, indem er ihnen seinen „wärmsten Dank" für ihr Verhalten aussprach, angesichts der „durch die Schulgesetze nicht begründeten Entscheidung des Ministeriums für Kultus und Unterricht, durch welche die Errichtung einer Volksschule mit tschechischer Unterrichtssprache vorläufig als Privatschule genehmigt worden"[6] war. Die „entschiedenste Verwahrung" des Gemeinderates gegen den Ministerialerlaß wurde ohne nähere Angaben in der Erklärung verankert, daß von nun an das bisher friedliche Nebeneinander der verschiedenen Nationalitäten in der deutschen Stadt Wien auf das Gefährlichste bedroht sei. Es wäre nicht schwer, den Vorwurf der Ungesetzlichkeit durch einen Verweis auf die entsprechenden Paragraphen des Staatsgrundgesetzes und des Reichsvolksschulgesetzes zu widerlegen. Differenzierter wird das politische Panorama jedoch, wenn man die dazugehörige Reichsrats-Perspektive miteinbezieht, insbesondere die Budgetverhandlungen zum Thema Schulaufsicht vom 7. März 1883[7]. Sowohl der Unterrichtsminister der Ära Taaffe, Freiherr Conrad von Eybesfeld, wie auch der Generalberichterstatter Richard Graf Clam-Martinic und der Spezialberichterstatter Dr. Eusebius Czerkawski, Universitätsprofessor in Lemberg, betonten in ihren Stellungnahmen wie aus einem Munde, daß es in Österreich zu den staatsbürgerlichen Rechten gehöre, Lehranstalten zu gründen und daß es weder im Volksschulgesetz noch in einem anderen Gesetz eine Bestimmung gebe, die die *Unterrichtssprache* für eine *Privatvolksschule* vorschreiben würde. Die Frage des privaten tschechischen Unterrichtes in Wien sei daher eine Angelegenheit, die in ihrer Einfachheit und Nüchternheit keinen Stoff zu einer wirklichen Erregung bieten könne. Diese Apologie des „Komenský" durch führende Männer des Reichsrats war durch die Wiener und niederösterreichischen parlamentarischen Bezirksvetreter ausgelöst worden: vor allem durch die Äußerungen des bekannten Geologen an der Wiener Universität, Dr. Eduard Sueß[8], dessen Wahlkreis die Leopoldstadt (II. Bezirk) war, sowie durch den Universitätsprofessor Dr. Wenzel Lustkandl[9] von den Wahlkreisen Baden, Mödling und Schwechat. Sueß z. B. lehnte — genau wie der Gemeinderat — die beschwichtigende Haltung der Regierung zum Komenský-Thema strikt

---

[5] GRS vom 1.12.1882, Dringlichkeitsanträge L e d e r e r / S o m m a r u g a u. B ä c h e r / B a u e r, PG, Nr. 99.

[6] GRS vom 2. 1. 1883 (Beschluß über Antrag B ä c h e r / B a u e r) PG, Nr. 1.

[7] RR-Prot., IX/277 (7. 3. 1883) 9505—9526. Auszug im Anhang S. 515—519.

[8] E b e n d a 9520 ff. — Vgl. die abweichende, weil viel tschechenfreundlichere Darstellung der Wiener Situation in Sueß' Memoiren: S u e ß, Eduard: Erinnerungen. Leipzig 1916, bes. S. 341 f.; ein Vergleich der slawischen mit der jüdischen Zuwanderung nach Wien: S. 345.

[9] RR-Prot., IX/277 (7. 3. 1883) 9505 ff. u. 9510 ff.

ab, bezweifelte die Lehrbefähigung des Personals, nannte die Eröffnung der Schule „ein Glied in einer Kette von häßlichen Provokationen, denen die friedfertigste Bevölkerung des ganzen Reiches ausgesetzt" sei und betonte schließlich zweimal nacheinander, daß er, Sueß, durch seinen Gesetzentwurf für Armenfürsorge und Heimatrecht in der Tat für die tschechische Bevölkerung Wiens besser gesorgt habe als die Majorität des Abgeordnetenhauses „mitsamt der hohen Regierung"[10]. Die Erklärung für dieses kommunalpolitische „overstatement" liegt wohl in der Logik des Pluralismus begründet. Nach der pluralistischen Theorie[11] hat jede gesellschaftliche Gruppe ein Stimmrecht beim Zustandekommen der Politik und einen Anteil am Gewinn. Einem jeden von einer Gruppe im System betriebenen politischen Stil muß respektvolle Aufmerksamkeit geschenkt werden. Dementsprechend hat eine Politik oder ein Prinzip, denen es an rechtmäßiger Repräsentanz gebricht, keine Stätte in der Gesellschaft, wie vernünftig oder richtig sie auch seien. Folglich ist die Linie zwischen annehmbaren und unannehmbaren Alternativen sehr scharf. Auf unser Thema übertragen heißt das, daß die Landschaft der Wiener Kommunalpolitik mehr einem Plateau mit steil nach allen Seiten abfallenden Klippen ähnelte als einer Pyramide. Auf dem Plateau befanden sich alle Interessengruppen, die als rechtmäßig betrachtet wurden; im tiefen Tal ringsumher standen die Außenseiter, z. B. die Randgruppe der Wiener Tschechen, die als extremistisch verachtet und als Volksstamm nicht anerkannt wurde. Die wesentlichste Schlacht, die irgendeine Gruppe in der Wiener Politik um die Jahrhundertwende schlagen konnte, war der Kampf, der damit verbunden war, das Plateau zu erklettern. Man darf annehmen, daß die Wiener Tschechen als *legitime* Gruppe kaum völlig in ihren Anstrengungen gescheitert wären.

Die nächste Etappe, bei der es sich lohnt, die Behandlung der tschechischen Schulfrage im Reichs- und Gemeinderat gegenüberzustellen, bildet erst wieder das Jahr 1897. Für die dazwischenliegenden 15 Jahre verdient die Tatsache Aufmerksamkeit, daß die Wiener Kommunalregierung damals durchaus noch nicht auf jenen entwicklungsfeindlichen nationalen Krebsgang geschaltet hatte, wie dies seit dem Amtsantritt Luegers 1897 der Fall war. Man hielt sich daran, daß die Komenský-Schule als private Lehranstalt tabu war und weigerte sich lediglich dagegen, tschechische Schulen aus Mitteln der Gemeinde zu errichten. Dies ging z. B. aus einer Resolution des liberalen Wählervereins im III. Bezirk vom Jahre 1884 hervor[12] und zeigte sich erneut acht Jahre später, als der „Komenský" beim Ministerium wieder einmal ein Gesuch um Umgestaltung seiner Schule im X. Bezirk und um Errichtung weiterer Volksschulen eingereicht hatte, nicht ohne gleichzeitig auch das Öffentlichkeitsrecht zu beantragen. Die Folge war, daß der Liberale Rudolf *Proksch* im Juni 1892 die „utraquistischen Bestrebungen" des Komenský-Vereins scharf verurteilte und

---

[10] E b e n d a 9521 (Beide Stellen). Dazu die treffenden Bemerkungen von Clam-Martinic, S. 9526 f.
[11] B o s l, Karl: Pluralismus und pluralistische Gesellschaft. Bauprinzip, Zerfallserscheinungen, Mode. München/Salzburg 1967 (Bücherei der Salzburger Hochschulwochen). — W o l f f, Robert Paul: Das Elend des Liberalismus. Frankfurt/M. 1968 (Ed. Suhrkamp 352), S. 165—213.
[12] GRS vom 5. 12. 1884, PG, 92, 6.

eine Resolution an das Ministerium für Kultus und Unterricht beantragte, „daß der Gemeinde die Verpflichtung zur Errichtung tschechischer Schulen nicht auferlegt werden kann"[13] ... „Wir gönnen ja den Tschechen ihre Schule in Wien", erklärte Proksch, „sie mögen sie haben, wenn sie sie selbst bezahlen. Aber daß wir ihnen die Schule bezahlen sollen, dazu sind wir, glaube ich, nicht verpflichtet." Dieselbe Meinung vertrat auch sein Parteigenosse Franz *Frauenberger* in jener Sitzung: „Der Verein ‚Komenský', meine Herren, soll tschechische Schulen errichten, soviel es ihm beliebt (Widerspruch rechts), soviel er erhalten kann (neuerlicher Widerspruch rechts). Wir haben in Wien französische, englische und andere Schulen, aber die Forderung darf nicht gestellt werden, daß diese Privatschulen mit dem Öffentlichkeitsrecht ausgestattet werden"[14]. In ähnliche Richtung weist es, daß sich Gemeinderatsmitglied Luwig *Vogler*, ebenfalls Angehöriger der liberalen Partei, gegen einen von Proksch geforderten Zusatzantrag aussprach, den Anschauungen des Gemeinderates in einer Petition an das Unterrichtsministerium Ausdruck zu geben: „Bisher hat sich der Gemeinderat in dieser Sache nicht engagiert, warum sollen wir uns jetzt an die dritte Instanzbehörde im Petitionsweg wenden?! Ich glaube daher, wir zeigen viel zuviel Furcht..."[15]

Unterdessen hatte man im Abgeordnetenhaus des Reichsrats aufgrund einer Reihe von Ansuchen und Urgenzen des Komenský-Vereins um Erteilung einer Subvention bzw. um Verstaatlichung der Schule, die Sachlage mehrfach diskutiert. Der jungtschechische Reichsratsabgeordnete Josef Kaizl betonte als Berichterstatter der Minorität im Juli 1895 zweimal hintereinander, um seinen Worten das nötige Gewicht zu geben, daß es sich bei den Tschechen nicht um die Verstaatlichung der Schule handle, sondern in erster Linie nur darum, daß die Regierung bei Prüfung dieser Angelegenheit eine objektive Stellung einnehme[16]. Auf Kaizls Antrag bezugnehmend meldete sich Graf Pálffy zu Wort und schlug dem Abgeordnetenhaus eine Resolution vor, deren Wortlaut die Regierung dazu auffordern sollte, die Erteilung des Öffentlichkeitsrechtes der Komenský-Schule in neuerliche Erwägung zu ziehen[17]. Nach anderthalb Jahren, im Januar 1897, war es dann so weit, daß Pálffys Resolution mit einer Mehrheit von 122 gegen 111 Stimmen angenommen wurde[18]. Dies konnte immerhin bedeuten: Falls sich die Chance einer Wende zugunsten des „Komenský" zuletzt doch bloß als nicht realisierbare Maßnahme enthüllte, so ließ sich vom Abgeordnetenhaus wenigstens ein Alibi vorweisen, daß es an ihm nicht gelegen hatte.

Das Echo der Reichsrats-Resolution wurde im Gemeinderat fünf Tage später durch zwei Anträge des Antisemiten Lorenz *Manner* laut[19]: Im ersten forderte er eine

---

[13] GRS vom 7. 10. 1892, Antrag P r o k s c h , PG, 75, 21 u. AB Nr. 80 (11. 10. 1892) 2445.
[14] E b e n d a .
[15] E b e n d a .
[16] RR-Prot., XI/411 (11. 7. 1895) 20386 f. — Vgl. auch die in tschechischer Sprache abgefaßte Petition des „Komenský" in RR-Prot., XI/289 (10. 5. 1894) 13924 u. 13963 f.
[17] RR-Prot., XI/411 (11. 7. 1895) 2043.
[18] RR-Prot., XI/556 (7. 1. 1897) 28606.
[19] GRS vom 12. 1. 1897, Antrag M a n n e r , AB Nr. 5 (15. 1. 1897) 88.

Kundgebung des Gemeinderates als Zeichen der vollsten Zustimmung zu dem in der letztvergangenen Session des niederösterreichischen Landtages eingebrachten Antrag, die deutsche Sprache als ausschließliche Unterrichtssprache für alle öffentlichen Volks- und Bürgerschulen Niederösterreichs gesetzlich festzulegen (Lex Kolisko). Eine Stellungnahme der Wiener Kommune zur Regelung der Sprachenfrage war allerdings recht problematisch, da dieser Punkt weder in den Bereich der Wirksamkeit des Gemeinderates noch in den des Landtages gehörte, sondern allein Sache des Reichsrats war[20]. Im zweiten Antrag verlangte Manner die Absendung einer Denkschrift an die Regierung, in der die „schädigende Wirkung" begründet werden sollte, die eine Verleihung des Öffentlichkeitsrechtes an die Komenský-Schule für die Gemeinde Wien zur Folge hätte. Gleichzeitig sollte die Regierung ersucht werden, die in der Resolution Pálffys enthaltene Bitte um abermalige Prüfung der Komenský-Angelegenheit abzulehnen.

Manner ging im wesentlichen von folgenden Erwägungen aus: Das Öffentlichkeitsrecht für die Komenský-Schule ist abzulehnen

1. weil die Bevölkerung von Wien nicht imstande ist, außer einem harten wirtschaftlichen Kampf auch noch einen nationalen Kampf auf ihre Schultern zu nehmen,

2. weil durch die später erzwungene Übernahme dieser Schulen in die Regie der Kommune der Stadt Wien neue Lasten aufgebürdet werden,

3. weil durch diese Maßnahmen schließlich auch die tschechische Sprache als landesüblich in Wien und Niederösterreich erklärt werden würde und dann bei allen Behörden in zwei Sprachen amtiert werden müßte. Dies würde nicht nur die Amtsführung bei den Behörden wesentlich erschweren, sondern auch eine Erhöhung der Lasten herbeiführen.

Aufschlußreicher als der Inhalt der beiden Anträge sind die Gründe, die Manner zu ihrer Abfassung bewogen hatten. Drei von ihnen wurden hier herausgegriffen, weil sie zeigen, daß in jener Endphase der liberalen Periode die beiden Teilbegriffe „national" und „wirtschaftlich" sozusagen identisch waren, während sich unter Lueger ein anderes Gravitationszentrum herauskristallisierte: Der Streit um die wirtschaftliche und gesellschaftliche Position der Wiener Tschechen *nach* 1897 wurde in weitaus stärkerem Maße ethisch aufgeladen, der Begriff des sittlich Wertvollen in viel stärkerem Maß national eingegrenzt und dadurch eigentlich ausverkauft als *vor* 1897, wo sich — wie Manners Argumentation zeigt — das Nationale vor allem im wirtschaftlichen Bereich verkörperte und damit zugleich die nationalpolitisch plausibelste und wirksamste Seite der Gemeinderatsverhandlungen bildete.

---

[20] GRS vom 22. 10. 1897, AB Nr. 86 (26. 10. 1897) 2151: Vizebürgermeister N e u m a y e r zu Manners erstem Antrag: „Es wäre daher, wenn dem Antrage in dieser Beziehung ohne weiteres Folge gegeben würde, vielleicht doch eine Konsequenz damit verbunden, welche uns nicht besonders angenehm wäre. Wir müssen ja bedenken, daß es nicht überall so ist, wie wenn in Wien angezweifelt würde, oder wenn es in Niederösterreich als zweifelhaft hingestellt würde, daß die deutsche Sprache die Landessprache sei; denn in solchen Ländern, in welchen die deutsche Sprache nicht unbestritten Landessprache ist, würden ganz gewiß die anderssprachigen Bewohner auftreten und verlangen, daß ihre Sprache als die Landessprache erklärt würde und es würde dies in manchen Provinzen zu Folgen führen, welche uns Deutschen gewiß nicht angenehm wären."

Den Anträgen Manners folgte im April 1897 die schwerste Parlaments- und Staatskrise Österreichs seit 1866, die Graf Badeni durch seinen dilettantisch vorbereiteten Erlaß der Sprachenverordnungen für Böhmen und Mähren heraufbeschworen hatte. Der Entrüstungssturm, den die Verordnungen im Wiener Gemeinderat entfesselten[21], bedeutete für die tschechische Frage in Wien eine schwere Belastung. Nachdem Manner im Juni und Juli 1897 zweimal wegen Erledigung seiner Eingaben interpelliert hatte[22], erfolgte in der für das weitere Schicksal des „Komenský" richtungweisenden Debatte vom 22. Oktober 1897 ihre Beantwortung[23]. Vor allem die Worte Luegers enthüllen die grundlegende Wandlung in der bisherigen Auseinandersetzung: die Rückkehr zu den Anschauungen von 1882/83, die gegen die tschechische Schule als *private* Institution gerichtet waren. Als Antwort auf Manners Forderungen wurde ein Beschluß des Bezirksschulrates verlesen, mit dem sich Stadt- und Gemeinderat aufs engste solidarisch erklärten[24]: „Es sei mit Rücksicht auf die von dem Bezirksschulinspektor Dr. *Wiedenhofer* geschilderten kläglichen Unterrichtsresultate, die von dieser Privatschule insbesondere im Deutschen erzielt werden, und die mangelnde ‚gesetzlich vorgeschriebene' Lehrbefähigung der an der Anstalt wirkenden Lehrpersonen, welche gar nicht einmal das Bestreben haben, sich bessere Kenntnisse im Deutschen anzueignen, ferner im Interesse der Einheitlichkeit des Wiener Schulwesens, das an das k. k. Unterrichtsministerium gerichtete Ansuchen des Zentral-Ausschusses des Vereins ‚Komenský' um Verleihung des Öffentlichkeitsrechtes für die böhmische Privatschule im X. Bezirk nicht befürwortend dem k. k. nö. Landesschulrat vorzulegen."

Mit diesem Gutachten hatte es eine hintergründige Bewandtnis: Erstens lag die — wenigstens vorläufig — einzige Möglichkeit, das Öffentlichkeitsrecht zu verhindern, ohne die Kompetenz der kommunalen Behörden zu überschreiten, eben darin, daß man durch eine verschärfte Kontrolle die Unterrichtserfolge in der deutschen Sprache und damit gleichzeitig die Lehrbefähigung des tschechischen Personals in Frage stellte[25]. Am Lehrplan selbst war nichts auszusetzen, da dieser von der Komenský-Schule streng eingehalten wurde. Die zweite Fußangel verbarg sich hinter der Formulierung „insbesondere im Deutschen": denn, wie der liberale Gemeinderatsangehörige Eduard *Pollak* zutreffend bemerkte, genaugenommen

---

[21] S u t t e r, Berthold: Die Badenischen Sprachenverordnungen. Bd. 1 u. 2. Graz/Köln 1960 u. 1965. — Siehe die Zusammenstellung über die Ablehnung der Sprachenverordnungen im Gemeinderat, Anhang S. 497 f.; ferner unten S. 320 und NÖ. Präs. J 12, 3808 (1897), J 12, 3805 (1897), J 12, 3694 (1897).

[22] GRS vom 25. 6. 1897, Anfrage M a n n e r, AB Nr. 52 (29. 6. 1897) 1338 u. GRS vom 2. 7. 1897, AB Nr. 54 (6. 7. 1897) 1377.

[23] GRS vom 22. 10. 1897, AB Nr. 86 (26. 10. 1897) 2151—2160 u. PG 49,13. — Auszug im Anhang S. 520—525.

[24] E b e n d a : „Wir könnten uns ja eine bessere Enunziation des Bezirksschulrates gerade für diesen Fall nicht wünschen... dieser Wortlaut zeigt ganz deutlich, daß er unseren Bestrebungen entgegenkommt und dieselben sich vollkommen angeeignet hat."

[25] Tendenzen zu einer scharfen Kontrolle des Deutschunterrichtes auch schon 1886/87: GRS vom 15. 10. 1886, Dringlichkeitsantrag R i e ß, PG 69, 3 u. GRS vom 15. 12. 1887 (Ref. P r o k s c h zu einer Note des Bezirksschulrates vom 1. 12. 1887, Z. 8369), PG 110 Anhang, III. Sektion.

war der Vertreter des Bezirksschulrates nur in der Lage, die Unterrichtserfolge und die Lehrbefähigung im Deutschen, nicht aber „insbesondere im Deutschen", d. h. auch in allen übrigen Fächern zu beurteilen. Doch selbst wenn der Bezirksschulinspektor perfekt tschechisch beherrscht und die Gelegenheit benutzt hätte, den übrigen Unterrichtsstunden beizuwohnen, so hätte er dennoch keine offizielle Veranlassung gehabt, sich über das Niveau einer tschechischen Privatschule im allgemeinen zu äußern. Pollaks Forderung, das Wörtchen „insbesondere" wegzulassen[26], wurde jedoch übergangen; denn auch Lueger betonte, bevor er zur Abstimmung über die Annahme dieses Textes schritt, daß die Stellungnahme des Bezirksschulrates „vollständig unparteiisch" sei und die ganze Frage eine „so wichtige Angelegenheit", daß er geglaubt habe, daß dieser Antrag überhaupt ohne jede Debatte angenommen würde. Ganz so glatt ging es jedoch nicht.

Ein Einziger von über 90 Anwesenden lehnte den Antrag „total" ab. Es war wieder ein Liberaler: Lucian *Brunner,* der mit nüchternen Argumenten gegen die übliche Tschechen-„Vorstoß"-Legende anzugehen versuchte: „Ich muß mich aber hier auf den Boden der Staatsgrundgesetze stellen. Wir sind in Wien, in der Hauptstadt von Österreich, und jeder Österreicher ist in Wien zuhause. Wir haben eine Menge tschechischer Mitbürger. Das städtische Jahrbuch Wiens zeigt, daß wir 7000 tschechische Schulkinder haben, und wenn daher die Tschechen eine Schule haben wollen, so soll man sie ihnen bewilligen. Ich glaube, man würde dem Deutschtum mehr nützen, wenn man dieser Hetze ein Ende machen würde; denn es ist eine alte Regel: Druck erzeugt Gegendruck! Wenn Sie jetzt den Tschechen dies verweigern, so wird aus der jetzigen Scheinagitation — und das ist diese Agitation nach meiner Meinung — eine wirkliche Agitation. Ich habe Erfahrungen in dieser Richtung gemacht...". Brunners Worte sind insofern von großer Bedeutung, als sie im Gedächtnis seines Parteikollegen August *Nechansky* die Ansicht Luegers über die Komenský-Schule wachriefen, die der jetzige Bürgermeister vor 15 Jahren im Gemeinderat geäußert hatte, als man die oben erwähnte, vom Ministerium genehmigte Errichtung der tschechischen Privatschule diskutierte: „Damals war Herr Dr. Lueger noch nicht Bürgermeister, und da war er der Meinung, daß eigentlich gesetzlich gegen die Errichtung der Komenský-Schulen sich nichts einwenden lasse; so wenigstens habe ich immer gelesen... Es ist aber die communis opinio seit fünfzehn Jahren, daß Herr Bürgermeister Lueger seinerzeit für die Berechtigung zur Errichtung dieser Komenský-Schule sowohl in Versammlungen als im Gemeinderate gesprochen hat. Das war eben der Ausfluß derselben demokratischen Idee, welche Herr Lucian Brunner zur Grundlage seiner Anschauung gemacht hat."

Luegers damalige Äußerung zu überprüfen ist anhand der hier für das Jahr 1882 benützten „Protokolle der öffentlichen Gemeinderats-Sitzungen vom Jahre 1864 bis 1914" nicht möglich, es ist für den vorliegenden Zusammenhang aber auch nicht nötig. Viel wichtiger ist die Antwort, die Lueger jetzt als Bürgermeister zu diesen Reminiszenzen bezüglich der tschechischen Schulfrage gab und die den politischen Kurs des Gemeinderates auf Jahre hinaus vorzeichnete. Seine Reaktion zeugt von

---

[26] GRS vom 22. 10. 1897, S. Anm. 23. Auch das Folgende.

dem Unvermögen, eine Entwicklung zu begreifen, die einen Ausweg aus der verfahrenen Situation hätte eröffnen können. Doch genauer gesagt war der Fall „Komenský" im Jahre 1897 zunächst noch nicht ausweglos, er war nicht mehr, aber auch nicht weniger als ein Konflikt.

Lueger versuchte, dem Problem dadurch auszuweichen, daß er — wie ehemals einige Gemeinderatsmitglieder im Jahr 1882/83[27] — seine Aversion gegen die tschechische Privatschule auf den Gemeinderat übertrug: „Ich berichtige tatsächlich, daß ich nie für die Komenský-Schule gewesen, nie für dieselbe eingetreten bin, nie für dieselbe gewirkt habe und daß daher das, was Herr Dr. Nechansky irgendwo gelesen hat, nicht wahr ist"[28]. War es nur Unfähigkeit, die Lueger hinderte, den Konflikt auszutragen? Die Angst vor dem Neuen, der möglichen öffentlichen oder gar gesetzlichen Anerkennung des tschechischen Volksstammes in Niederösterreich, die sich schon abzuzeichnen begann, bevor der Konflikt gelöst wurde, verhinderte das Austragen des Konfliktes, der in einer Demokratie nur durch den Kompromiß zu lösen ist. Soll das heißen, daß das Votum des Gemeinderates — mit der einzigen Ausnahme Brunners — falsch war? Auch falsche oder unzureichende Lösungen können Konflikte beenden, bis sie einen neuen Konflikt schaffen, der den alten wieder aufwirft.

Seit jener Sitzung vom 22. Oktober 1897 deckten sich die Reden im Gemeinderat zum Thema Wiener Tschechen immer weniger mit der Wirklichkeit. Sie überfluteten sie ideologisch, indem die Frage der tschechischen Privatvolksschule unverhältnismäßig emotional aufgeladen wurde. Liberale und Christlichsoziale standen sich in ihren gegenseitigen Anschuldigungen, mit den Wiener Tschechen aus parteipolitischen Gründen paktiert zu haben, in nichts nach[29]. Wie immer bei politischen Bündnisverhandlungen, suchte jede Partei die andere für ihre Zwecke einzuspannen und auszunutzen; jeder wollte der Reiter sein, der den anderen als Reitpferd sattelte. Dabei waren die Chancen der Christlichsozialen — dank Luegers Persönlichkeit — die bei weitem besseren, um die tschechischen Hürden zu meistern. Was hier vor sich ging, war ein Zusammenstoß, der unversehens zum Zusammenspiel wurde, zum Bündnis Luegers mit den sich selbst für so prinzipienfest haltenden, tatsächlich aber so labilen Liberalen, die schließlich geschlossen — bis auf Brunner — dem Beschluß des Bezirksschulrates zustimmten, zumal sie Lueger geradezu herausgefordert hatte: „Und Sie, meine Herren, wollen uns beschuldigen, die Sie schuld daran sind, daß überhaupt die tschechische Bewegung entflammt ist... Ja, Ihnen muß man es ruhig ins Gesicht sagen, denn Sie wollen sich heute als Deutschnationale aufspielen. Schämen Sie sich und seien Sie lieber froh, wenn ich Ihnen nicht alle Ihre Sünden hier aufzähle... Meine Herren! Sie nennen uns die Bundes-

---

[27] S. Anm. 5 u. 6.
[28] S. Anm. 23.
[29] L u e g e r z. B. gab den Liberalen die Schuld an der Annahme der Resolution Pálffy im Reichsrat und warf ihnen vor, beinahe in sämtlichen Bezirken tschechische Wählerversammlungen abgehalten, ja auf ihnen sogar tschechisch gesprochen zu haben. Nechansky argumentierte wiederum, daß die Lueger-Partei schon deshalb nicht deutschnational sein könne, weil sie den größten Teil ihrer Anhänger unter den tschechischen Kleingewerbetreibenden habe. S. Anhang S. 523 ff.

genossen der Tschechen? Uns? Seit wann sind wir Bundesgenossen der Tschechen? ... Der Herr Nechansky hat gesagt, der Wiener ist nicht national und die Christlichsozialen sind schon gar nicht national. Ah, meine Herren, wir Wiener zittern nicht vor jedem böhmischen Lehrbuben, der daherkommt. Wir Wiener haben hunderttausende Tschechen zu guten Deutschen gemacht, wir Wiener verstehen das besser als Sie alle, meine sehr geehrten Herren ... Sie lachen? Was haben Sie schon geleistet? Sie haben gar nichts geleistet, aber gar nichts. Sie sind ja ohnmächtig, weil Ihnen das Volk gar nichts mehr glaubt, während wir, wenn wir hinaustreten und unsere Prinzipien verkünden, Anklang finden. Darum wissen wir, warum sich die Tschechen germanisieren lassen; sie gehen mit uns, sie lassen sich germanisieren, aber judaisieren lassen sie sich nicht"[30]. Daß man als „germanisierter Tscheche" in Wien ganz gut leben konnte, daß in Jahrzehnten Gewöhnung und Zufriedenheit wuchsen, ist jedoch m. E. für jedermann, der sich an Wohlstand und Zufriedenheit in nationalistischen Regimen erinnert, ebensowenig ein überzeugendes Argument wie die stereotype Ablehnung des utraquistischen Unterrichtes in der Reichshauptstadt schon ein Gegenargument wäre.

Versucht man den Mechanismus der Legendenbildung um die Wiener tschechische Nationalpolitik zu rekonstruieren, so dürften zwei Beispiele genügen: einmal die Haltung des Komenský-Vereines, dessen Ziele sich anfangs nicht an einer „niederösterreichisch-tschechischen Volksstammideologie", sondern an den konkreten Bedürfnissen einer konkreten Situation orientierten, über die keine Bevölkerungsschicht aufgeklärt zu werden brauchte; zum anderen die Haltung Dr. Karl Luegers, der das Schlüsselwort des Wiener Gemeinderates vom „deutschen Charakter der Stadt Wien"[31] zum monomanen Konzept erhob. Wenn man davon ausgeht, daß selbst die „besten" Ideale niemals eine nationale Erziehungsdiktatur zu rechtfertigen vermögen, dann kommt man zu dem Schluß, daß der beunruhigendste Aspekt der Luegerschen Wiener-Tschechen-Politik die klaffende Lücke war zwischen dem, was gesagt wurde und dem, was wirklich geschah.

---

[30] S. Anm. 23.
[31] Im Zusammenhang mit den Wiener Tschechen erstmals 1881 in Harrachs Brief an den Wiener Bürgermeister (s. Anm. 3), dann erst wieder in den GR-Sitzungen von 1892 (10. Juni, 7. Okt.), erst unter Lueger (seit 1897) eine ständige Redewendung.

3. DIE ÄRA LUEGER (1897—1909)

a) Das Gemeindestatut

Eine der ersten Bastionen patriarchalischer Gesinnung und nationalen Hochmuts war das von Lueger abgeänderte neue Gemeindestatut, ein Musterbeispiel nationalistischer Indoktrination, das zwangsläufig zu inquisitorischen Praktiken und zu all den unerfreulichen Begleiterscheinungen führte, die die etablierte Herrschaft politischer Dogmen mit sich bringt. Wiener Bürger zu werden war seit dem 28. März 1900 für einen Tschechen ebenso dubios wie schwierig. Bis zu diesem Zeitpunkt galt das Gesetz vom 19. Dezember 1890[1], das in keiner seiner Bestimmungen über die Erfüllung der normalen gesetzlichen Vorschriften im Hinblick auf die Zuerkennung der Bürgerrechte hinausging. Natürlich hatte die Gemeinde Wien ein legitimes Interesse daran, nicht zum Sammelbecken gescheiterter Existenzen aus den böhmischen Ländern zu werden. So war es denn auch durchaus vernünftig, daß die Bewerber geschäftsfähig und unbescholten sein mußten, daß sie einen zehnjährigen festen Wohnsitz und eine ebensolange Steuerleistung nachzuweisen hatten und daß sie nicht auf Unterstützung angewiesen, sondern gewerblich selbständig waren. Es folgte auch aus der Natur der Sache, daß die Gemeinde eine Art „Loyalitäts"-Bekenntnis von ihnen verlangte, denn sie forderte damit ja nicht mehr, als daß sie Bürger *waren:* So hatte jeder Bewerber vor dem Bürgermeister eidlich anzugeloben, „daß er alle Bürgerpflichten nach Vorschrift des Gemeindestatutes gewissenhaft erfüllen und das Beste der Gemeinde möglichst fördern wolle"[2]. Das Augenmerk der Analyse hat sich in diesem Fall dem Begriff der Loyalität als Rechtsstatus der Vollbürgerschaft[3] zuzuwenden. Wie immer die von der Gemeinde festgelegten Kriterien, nach denen sich der Status des Bürgers bestimmte, auch aussehen mochten: ihre Anwendung erfolgte zweifellos unter Wahrung all der Ansprüche und Vorkehrungen, die der Ausdruck „rechtsstaatlich" impliziert.

In Anbetracht dieser Feststellung wäre zu erwarten, daß sich auch Lueger und die Christlichsozialen bei der Ausarbeitung der neuen Normen strikt an den Begriff vom normalen Rechtsstatus des Bürgers gehalten haben. Der Entwurf[4] und seine

---

[1] N. Oe. Landes-Gesetze, 2. Bd, Gemeindestatut für Wien. Wien 1897. Dazu: Beschluß des Stadtrates vom 28. 1. 1892 mit Ergänzungsbestimmungen vom 12. 8. 1898. (Vgl. GR-Sitzung vom 6. 10. 1899, AB Nr. 81 (10. 10. 1899) 2364, Interp. A l l m e d e r).

[2] Gesetz vom 19. 12. 1890, N. Oe. Landes-Gesetze, 2. Bd., S. 16, § 10.

[3] Eine Untersuchung zum Begriff der Loyalität bei: W o l f f, Robert Paul: Das Elend des Liberalismus. Frankfurt/M. 1969 (Ed. Suhrkamp 352), S. 69—111.

[4] Entwurf eines Gemeindestatutes und einer Gemeindewahlordnung für die k. k. Reichshaupt- und Residenzstadt Wien. Beschluß des Gemeinderates vom 16. März 1899, Z. 2435 (Beilage zum Amtsblatt der k. k. Reichshaupt- und Residenzstadt Wien, Nr. 24, 24. 3. 1899), hier § 10.

endgültige Fassung⁵ zeigen jedoch, daß sich der Wiener Gemeinderat hier eine nationalistische statt legalistische Interpretation zu eigen machte, die sich von dem alten Statut wesentlich unterschied. Während die dort verstandene Art von Loyalität einfach eine Funktion des Verhaltens war und mit der „Innensphäre" der Überzeugungen, Neigungen und des Charakters nichts zu tun hatte, wurden die Wiener Tschechen unter Lueger in die mißliche Lage gebracht, sich zu einer „moralischen" Verpflichtung zu bekennen, als ob diese ihrer freien Wahl entspränge, während sie ihnen in Wirklichkeit aufgezwungen worden war. Seit dem Inkrafttreten des neuen Statuts am 28. März 1900 hatte nämlich jeder Tscheche, der sich um das Bürgerrecht bewarb, durch einen Eid vor dem Bürgermeister die Behörden zusätzlich noch davon zu überzeugen, daß er *„den deutschen Charakter der Stadt nach Kräften aufrecht halten wolle"*⁶.

Lueger hatte diese Ergänzungsbestimmungen selbst verfaßt⁷ und galt auch im Gemeinderat als „Vater dieses Gesetzes"⁸. Als er am 16. März 1899 seinen Entwurf zum Beschluß vorlegte, griff er allerdings nicht — wie dies nach einer Äußerung des deutschnationalen Gemeinderatsmitgliedes Friedrich Förster den Anschein haben könnte — auf eine Anregung seines Freundes und Parteigenossen Gruber zurück, so gerne dies die Deutschnationalen auch gesehen hätten⁹. Gruber hatte nämlich zwei Monate vorher, am 20. Januar 1899 gefordert, „den slavischen Friedensstörern die Aufnahme in den Gemeindeverband und die Verleihung des Bürgerrechtes zu verweigern ... und das Bürgerrecht nur an solche Bewerber zu verleihen, die sich zur deutschen Nation bekennen"¹⁰. Daher sollte dem § 10 über Angelobung der Bürgerpflichten im Hinblick auf die „eingewanderten Elemente"¹¹ der Satz beigefügt werden, daß der „angestammt deutsche Charakter der Stadtgemeinde Wien nach Kräften zu fördern"¹² sei. Daß Luegers Fassung die Grubersche Interpellation nicht zum unmittelbaren Anlaß gehabt haben konnte, sondern daß sie sicherlich schon seit seiner Wahl zum Oberhaupt der Residenzstadt in seinen Intentionen lag, geht aus einer Bemerkung des liberalen Gemeinderatsmitgliedes Josef Schlechter vom 2. Februar 1900 hervor: „Es war im März 1899, da ist der Bürgermeister plötzlich mit seinem Ei des Kolumbus gekommen. Es hat allerdings vier Jahre gedauert, bis dieses Ei ausgebrütet wurde. (Heiterkeit) Denn mit dem Beginne der

---

⁵ Gemeindestatut für die k. k. Reichshaupt- und Residenzstadt Wien. Wien (Verlag des Magistratspräsidiums) 1900.
⁶ E b e n d a § 10, Angelobung der Bürgerpflichten. — S. auch H u g e l m a n n, Das Nationalitätenrecht 444 u. 787.
⁷ GRS vom 15. 3. 1899, AB Nr. 23 (21. 3. 1899) 698: „Ich kann den Herren nur sagen, daß ich bei Ausarbeitung meiner Anträge nicht von parteipolitischen Gesichtspunkten ausgegangen bin." — GRS vom 26. 5. 1899, AB Nr. 43 (30. 5. 1899) 1404: Interp. V o g l e r : „ ... bekanntlich den vom Herrn Bürgermeister verfaßten, vom Gemeinderat genehmigten Entwurf ..."
⁸ GRS vom 28. 3. 1900, AB Nr. 26 (30. 3. 1900) 673. — Als „Vater des Entwurfes" in: GRS vom 16. 3. 1899, AB Nr. 24 (24. 3. 1899) 757 bezeichnet.
⁹ E b e n d a (16. März), Försters Äußerung zum § 10.
¹⁰ GRS vom 20. 1. 1899, AB Nr. 7 (24. 1. 1899) 205, Antrag G r u b e r.
¹¹ GRS vom 17. 2. 1899, AB Nr. 15 (21. 2. 1899) 447, Antrag G r u b e r.
¹² Siehe Anm. 10.

Herrschaft der christlichsozialen Partei waren alle diese freisinnigen Ideen vorhanden"[13]. In der Sitzung vom 17. März 1899 hat Lueger das Statut als einen der wichtigsten Gegenstände bezeichnet, die den Gemeinderat jemals beschäftigt haben[14]. Schon „seit langem" — und dies bestätigt die oben zitierte Behauptung Schlechters — sei es „ein allgemein verbreiteter Wunsch, daß jene Änderungen vorgenommen werden, auf welche die Bevölkerung einen Anspruch zu erheben berechtigt ist". Ein Jahr später, in seiner Eröffnungsrede zur Sitzung vom 28. März 1900, an dem das Statut im „Landesgesetz- und Verordnungsblatt für Österreich unter der Enns" als „Gesetz vom 24. 3. 1900" kundgemacht wurde[15] und in Wirksamkeit trat, maß Lueger dem Inhalt des § 10 erstaunlicherweise sogar eine noch höhere Bedeutung bei als der gleichzeitig erlassenen zweiten Neuerung: der Gemeindewahlordnung nach dem allgemeinen und gleichen Wahlrecht. „In diesem Gesetze sind aber zwei außerordentlich wichtige Punkte, über welche wir alle erfreut sein können. Als einen solchen Punkt betrachte ich den Umstand, daß in dem Gesetze ausdrücklich gesetzlich der deutsche Charakter unserer Reichshaupt- und Residenzstadt Wien anerkannt wird. (Lebhafter Beifall und Händeklatschen). Ich erwähne dies hauptsächlich deshalb, weil es unserem festen Beharren auf diesem Prinzipe gelungen ist, das durchzusetzen. Freilich ist hierbei auch der Charakter unserer Stadt als Reichshaupt- und Residenzstadt Österreichs gewahrt; aber das ist doch etwas Selbstverständliches und etwas, was kein Wiener jemals verleugnen dürfte. Der zweite wichtige Umstand ist die Einführung des gleichen, allgemeinen und direkten Wahlrechtes für die Wahlen in die Wiener Gemeindevertretung"[16].

Es mag in diesem Zusammenhang nur am Rande vermerkt, aber nicht unwesentlich sein, daß der Landtag im April, Mai und Juni 1899 die von Lueger vorgenommenen Änderungen des Statuts abgelehnt hatte[17]. Die Folge war, daß man im Gemeinderat eine Petition an die Regierung beantragte mit dem Zweck, die vom niederösterreichischen Landtag gefaßten Beschlüsse bzw. Gesetze zur Abänderung des Gemeindestatutes und der Wahlordnung der Allerhöchsten Sanktion möglichst nicht zu unterbreiten[18]. Analog zu der „Komenský-"[19] und später der Sokolfrage[20] zeigt sich auch hier, daß die höheren Instanzen viele Angelegenheiten, die zu tagtäglichen natio-

---

[13] GRS vom 2. 3. 1900, AB Nr. 19 (6. 3. 1900) 470.
[14] GRS vom 15. 3. 1899, AB Nr. 23 (21. 3. 1899) 698. Auch das folgende Zitat.
[15] L.-G. u. V.-Bl. Nr. 17; IX. Stück.
[16] GRS vom 28. 3. 1900, AB Nr. 26 (30. 3. 1900) 673. — Betonung der Bedeutung auch in der Öffentlichkeit: Bürgerversammlung in Währing (IX.) am 9. 11. 1900. „Lueger legte der geplanten Bürgervereinigung hohen Wert bei, besonders wegen des patriotischen Bürgereides, der das Vaterland Österreich und den deutschen Charakter Wiens wahre." Kralik, Karl Lueger 275 u. „Reichspost" vom 9. 11. 1900.
[17] GRS vom 21. 4. 1899, AB Nr. 33 (25. 4. 1899) 1082; vom 26. 5. 1899, AB Nr. 43 (30. 5. 1899) 1404; vom 2. 6. 1899, AB Nr. 45 (6. 6. 1899) 1457; vom 2. 3. 1900, AB Nr. 19 (6. 3. 1900) 464—484 u. StRS vom 28. 2. 1900, AB Nr. 20 (9. 3. 1900) 500.
[18] GRS vom 2. 6. 1899, AB Nr. 45 (6. 6. 1899) 1457, Antrag Vogler.
[19] Siehe oben S. 285 u. 287.
[20] Nö. Präs. XIV/220; 1492 (1905). Durch einen persönlichen Brief an den niederösterr. Statthalter Kielmannsegg verhinderte Lueger damals — unter Berufung auf den „gesetzlich in § 10 des Gemeindestatutes festgelegten *deutschen Charakter* der Stadt Wien" — die Genehmigung einer Sokol-Veranstaltung. (Hervorhebung von Lueger).

nalen Zerreißproben und Protesten geführt haben, zunächst jedenfalls weitgehend zu entschärfen oder zu relativieren trachteten. Kein Wunder, daß sich die nationalpolitischen Invektiven der Wiener tschechischen Führungsspitze nicht a priori gegen die einzelnen Verfügungen der Ministerien oder gegen den Landtag, sondern vielmehr gegen den Wiener Magistrat und die Gemeindeexekutive richteten[21]. Bisweilen sprach man sogar von einer Kapitulation der Regierung vor dem „Rathausterror"[22], da es vorkam, wie anderenorts noch darzustellen sein wird[23], daß gesetzlich gewährleistete Beschlüsse von den städtischen Behörden ungeachtet der Entscheidung der höheren zuständigen Stellen in der Praxis boykottiert wurden.
Wir kommen damit zu einem Punkt, der den Kern aller politischen Affären um die Wiener tschechische Minderheit berührt und von dem man sagen kann, daß er die ganze nationalpolitische Konzeption des Wiener Tschechentums wesentlich mitbestimmen mußte: Gab es für den einzelnen Wiener Tschechen, der in dieser Stadt als Bürger leben wollte oder mußte, überhaupt eine moralische Verpflichtung zu einem *in einer solchen Form* definierten Loyalitätseid gegenüber der Gemeinde Wien? Wenn man, wie hier, unter Loyalität die Wahrung des deutschen Charakters der Stadt Wien versteht, stellt sich zuerst die Frage, inwieweit es sinnvoll war, einem Tschechen ein Bekenntnis zum „deutschen Charakter" eidlich abzufordern. Ebenso hätte man ihn schwören lassen können, daß er von Natur aus mutig oder großzügig sein solle. Nationalitätszugehörigkeiten lassen sich im allgemeinen — sieht man von Fakten des sog. schwebenden Volkstums, etwa in nationalen Mischehen, ab — ebensowenig kommandieren wie Charaktereigenschaften. Anders ausgedrückt: In dem Augenblick, wo die Loyalität gegenüber der Wiener Kommunalregierung mit dem Glauben an eine politische Ideologie gleichgesetzt wurde, die sie vermeintlich verkörperte, kam dies der Absicht gleich, den Bürgern Loyalität zu befehlen. Die Bedeutung solcher Akte war gleich Null. Denn: das Wesen einer Überzeugung besteht eben darin, daß sie frei und ungezwungen aus vernünftigen Überlegungen entspringt. Wohlgemerkt: die Frage lautet an dieser Stelle nicht, ob es weise, berechtigt oder gerecht von der Wiener Gemeinde war, diesen Schwur zu verlangen, sondern ob es überhaupt sinnvoll war. Die Problematik, die sich auftat, sobald die gesetzliche Definition der Bürgerschaft auf „angestammt" deutsche Charaktereigenschaften oder Überzeugungen Bezug zu nehmen begann, bzw. sie voraussetzt, soll an einem Beispiel veranschaulicht werden:
Anfang März 1909 berichtete das „Deutsche Volksblatt" von einem Wiener Bürger, der seinen Eid, den deutschen Charakter Wiens zu wahren, offensichtlich grob verletzt hatte. Der Gastwirt Wilhelm Maresch hatte in Meidling (XII. Bez.) eine tschechische „Gewerbespar- und Vorschußkassa" eröffnet, aus der Perspektive des Wiener Gemeinderates ein tschechisches Institut, „vor welchem jeder Wiener auf das nachdrücklichste gewarnt"[24] werden mußte. Als der Fall im Gemeinderat zur

---

[21] Vgl. z. B. die Kommentare zu dem Eid in: „Vídeňský Denník, Jg. 1, (5. 4. 1907), S. 2. — S u l í k , Proč máme vychovávati své děti v českých školách 2. — P a z o u r e k , Čechové ve Vídni 261. — S ý k o r a , Dobyvatelé 305.
[22] S o u k u p , Česká menšina 62. — Vídeňský Denník, Jg. 1, Nr. 69, (12. 5. 1907), S. 4.
[23] Siehe unten S. 338 bis S. 364.
[24] GRS vom 12. 3. 1909, AB Nr. 22 (16. 3. 1909) 725, Anfrage G u s s e n b a u e r .

Sprache kam, war Lueger schon schwer krank und ließ sich durch Vizebürgermeister Josef Neumayer vertreten. Neumayer bedauerte es, daß seinerzeit bei der Abfassung des Statuts ein derartiges Vorkommnis nicht von vornherein mit einkalkuliert worden war, da man so etwas „einfach nicht für möglich gehalten"[25] habe. Wenn sich weitere ähnliche Verstöße ereignen sollten, sei es unbedingt wünschenswert, das Statut so zu modifizieren, daß dem betreffenden Bürger das Bürgerrecht entzogen werden könne. Dieser Vorschlag zur Einführung einer Strafsanktion bei Übertretung des § 10 war nicht der einzige. Noch in derselben Sitzung wurde vom christlichsozialen Gemeinderatsmitglied Anton Nagler ein zweitesmal interpelliert, ohne daß Nagler das Beispiel des tschechischen Gastwirts zum Vorwand genommen hätte[26].

Was bedeutete dies alles in der Realität: Man verlangte von einem Wiener „böhmischer Abstammung", zu schwören, daß er z. B. keinem tschechischen Verein angehöre und auch keinen zu gründen beabsichtige, — eine Handlung, die laut Staatsgrundgesetz im übrigen vollkommen legal war. Der Wiener Tscheche wußte nun: Weigerte er sich, zu schwören, so würde er keinen Bürgerstatus bekommen, gesellschaftliche und berufliche Nachteile und noch andere Strafen erleiden müssen[27]. Wenn er aber log, um diese Sanktionen zu vermeiden, so konnte man ihn zwar nicht wegen der ursprünglich von ihm begangenen Handlung, möglicherweise aber wegen Meineides belangen. Mit anderen Worten: Sofern die erwähnte Aktivität legal war, — wie etwa die Gründung einer tschechischen Vorschußkassa — ließ sich dieser Eid als Instrument benutzen, um jemand unter Ausschluß des Rechtsweges zu bestrafen. So betrachtet war die Eideserklärung nichts anderes als ein nach Willkür gehandhabtes Verfahren, gesetzliche Handlungen in ungesetzliche zu verwandeln. Sofern die betreffende Aktivität des Bürgerrechtsanwärters jedoch gesetzwidrig war, — etwa die Beteiligung an einer „tschechischen Provokation", die die öffentliche Ruhe und Ordnung gefährdete — so verletzte der Schwur wiederum die verfassungsmäßige Garantie gegen den Zwang zur Selbstbezichtigung.

Noch schwieriger stellte sich das Problem dar, wenn man die Eidesleistung von einem Tschechen verlangte, dem gar keine andere Wahl mehr blieb, als in Wien zu leben. Für ihn hatte der Eid den Charakter eines erzwungenen Versprechens und war moralisch wertlos. Politisch gesprochen bedeutete dies, daß so ein Tscheche zwar immer noch die Alternative der Emigration hatte, eine Möglichkeit, die allerdings angesichts der modernen Verhältnisse des Industriezeitalters in einer Großstadt wie Wien in den meisten Fällen praktisch ein Unding war. Konsequenterweise hätten dann z. B. die jahrelang in Wien beschäftigten tschechischen Beamten oder etwa die zahlreichen tschechischen Unternehmer und Fabriksbesitzer ihre nach und nach aufgebaute und gesicherte Existenzgrundlage aufgeben müssen, nur weil der Wiener Gemeinderat aufgrund empirischen Beweismaterials ihre Neigungen und

---

[25] Ebenda (Neumayer).
[26] GRS vom 12. 3. 1909, AB Nr. 22 (16. 3. 1909) 726, Antrag Nagler: Petition an den nö. Landtag, die §§ 12, 13 und 31 des Gemeindestatutes abzuändern.
[27] Siehe oben S. 232 bis 240; vor allem das Beispiel des Lehrers Karl Salava: GRS vom 23. 1. 1914, AB Nr. 26 (31. 3. 1914) 626.

Einstellungen mißbilligte[28]. Deshalb stellt sich jetzt ganz zwangsläufig die Frage, ob die Gemeinde Wien ein Recht haben konnte, die Anerkennung einer unbedingten nationalen Verpflichtung von ihren Bürgern zu verlangen, die nach ihrer sozialen Lage praktisch ihre Gefangenen waren. Die Gemeinde konnte von ihnen erwarten, daß sie die Gesetze befolgten und sie bestrafen, wenn sie dies nicht taten. Aber es war mehr als unsinnig, darüber hinaus auf dem bloßen Lippendienst eines Luegerschen Loyalitätseides zu bestehen.

Die Verwirrung des Gemeinderates hinsichtlich des Wesens der Wiener Bürgerschaft erreichte in den letzten fünf Jahren vor dem Ersten Weltkrieg ihren Höhepunkt. Auf Gussenbauers und Naglers Interpellationen vom Jahre 1909 folgte ein ähnlicher, auf die Wiener Tschechen gemünzter Antrag des Christlichsozialen Alois Völkl, der für eine Verschärfung der Aufnahmevorbedingungen plädierte: die usuelle Mindesttaxe bei der Bürgerrechtsverleihung sollte von 100 Kronen auf 300 Kronen erhöht und der Nachweis der zehnjährigen Heimatszuständigkeit und gewerblichen Selbständigkeit auf 15 Jahre verlängert werden[29]. Auch Nagler kam im Februar 1912 nochmals auf seine Forderung zurück: Sollte „die seitens der christlichsozialen Partei oft als Beweis ihrer nationalen Gesinnung angezogene statuarische Bestimmung nicht illusorisch sein", so sei die Einführung einer Strafsanktion bei Verletzung des eidlichen Gelöbnisses „eine unerläßliche Notwendigkeit"[30]. Abgesehen davon, daß ohnedies sowohl Polizei als auch Bezirksausschuß und magistratisches Bezirksamt gehört werden mußten, bevor die Angelegenheit an den Stadtrat kam, sorgten, wie es die Sitzungsprotokolle zeigen, vor allem die christlichsozialen Gemeinderatsmitglieder selbst dafür, daß der Ermessensspielraum der Behörden zur Ablehnung des Antrags ausgedehnt und das Ermessen für die Zustimmung immer enger eingegrenzt wurde. Trotzdem hat Lueger mehrmals im Gemeinderat versichern müssen, daß bei der Bürgerrechtsverleihung „mit der größten Genauigkeit"[31] vorgegangen werde. Was nun die Tschechen an diesem Eid besonders verbittern mußte, war die Tatsache, daß das Hauptkriterium, um in Niederösterreich vor dem Gesetz als Volksstamm anerkannt zu werden, eben gerade die Seßhaftigkeit war. Zehnjährige Seßhaftigkeit zog jedoch bei den Behörden zwangsläufig den Eid auf den deutschen Charakter nach sich. In diesem Sinne also galten die Wiener Tschechen von amtswegen als Deutsche. Hatten sie aber einmal den § 10 verletzt, gegen den ein Deutscher naturgemäß nicht verstoßen konnte, weil er ja aufgrund seines Deutschtums den deutschen Charakter per se wahrte, dann galten sie vor den Ämtern als Tschechen. Mehr noch, man stellte sie potentiell mit Verbrechern auf eine Stufe: Laut § 13 des Gemeindestatutes wurde das Bürgerrecht nur demjenigen entzogen, der nicht mehr österreichischer Staatsbürger oder Gemeindeangehöriger war — was ja für die Wiener Tschechen nicht zutraf — oder

---

[28] Man möge sich hier einmal diese Prinzipien auf das Prager Deutschtum angewendet vorstellen!
[29] GRS vom 14. 1. 1910, Antrag V ö l k l, PG 1, 47.
[30] GRS vom 30. 1. 1912, AB Nr. 11 (6. 2. 1912) 357, Anfrage N a g l e r.
[31] GRS vom 6. 10. 1899, AB Nr. 81 (10. 10. 1899) 2364, Interp. A l l m e d e r. Siehe auch GRS vom 17. 2. 1899, AB Nr. 15 (21. 2. 1899) 447: Lueger zum Antrag G r u b e r.

ein Verbrechen, einen Diebstahl u. ä. begangen hatte[32]. So schlüpfte wohl eher das berühmte Kamel durch ein Nadelöhr, als daß ein tschechischer Österreicher in seiner Reichshauptstadt das Bürgerrecht erhalten hätte — es sei denn, er war ein Renegat. Und auch in dieser Hinsicht befand sich der Gemeinderat in einer ziemlich unmöglichen Lage. Lueger nutzte sie zu seinen Gunsten und zugunsten seiner „Germanentheorie" aus, indem er häufig Anspielungen auf die tschechischen Namen einiger Gemeinderatsmitglieder machte und damit die Lacher auf seiner Seite hatte[33].

Wenn in den Jahren zwischen 1900 und 1910 für den Wiener Gemeinderat der deutsche Charakter der Stadt Wien wegen nur 6,5 % tschechischer Bevölkerung[34] tatsächlich so sehr gefährdet erschien, daß man ihn durch einen Eid sicherzustellen versuchte, so läßt sich erkennen, wohin es führen kann, wenn Komplexe in der Öffentlichkeit ausgetragen und als Politik verstanden werden: dann bekommt das Irrationale tiefere Bedeutung und kann gemeingefährlich werden.

b) Die Lex Kolisko-Axmann, das Pfingstprogramm, der Komenský-Erlaß

Der unter Luegers Regie in Szene gesetzte Mythos vom deutschen Charakter der Stadt Wien als Lösung zur Bewältigung des Wiener-Tschechen-Problems verherrlichte die national geschlossene, ethnisch monolithische Reichshauptstadt als einen absoluten, unbezweifelbaren Wert. An der sogenannten „Lex Kolisko" und dem mit ihr auf gleicher Linie liegenden „Pfingstprogramm" von 1899 sowie am Beispiel des „Komenský-Erlasses" vom Juni 1908 wird gut sichtbar, wie bei all den rühmenswerten sozialpolitischen Reformen, die die Ära Lueger für Habsburgs Metropole unbestreitbar brachte, die Tendenz der Christlichsozialen den Wiener Tschechen gegenüber durchaus entwicklungsfeindlich und sozial konservativ war. Das Wiener Tschechentum aller politischen Richtungen hat dies instinktiv dadurch zum Ausdruck gebracht, daß es schon im Jahre 1897 — und später noch unmißverständlicher — den berühmten Wiener Bürgermeister als den psychologischen Urheber der Lex Kolisko bezeichnete[1].

---

[32] Gemeindestatut für die k. k. Reichshaupt- und Residenzstadt, § 13.
[33] GRS vom 28. 4. 1899, AB Nr. 35 (2. 5. 1899) 1158: „Es ist dem Herrn Dr. Förster gewiß bekannt, daß unter den furchtbarsten Teutonen Menschen sind, die die furchtbarsten tschechischen Namen haben" (Heiterkeit links und Rufe: Tomanek!). — GRS vom 22. 10. 1897, AB Nr. 86 (26. 10. 1897) 2257: „Und Herr Dr. Nechansky, der mit Stolz seine Urväterltern Tschechen oder Slaven nennt..." usw., siehe Anhang S. 524. — Ferner GRS vom 7. 10. 1897, AB Nr. 80 (11. 10. 1897) 2445: lebhafter Beifall für das „Ja" des Gemeinderatsmitgliedes Hawranek bei der Abstimmung über die Resolution, daß die Wiener Gemeinde nicht verpflichtet sei, tschechische Schulen zu errichten. — GRS vom 22. 9. 1908, AB Nr. 77 (25. 9. 1908) 2247: Lueger: „Aber Herr Gemeinderat Winarsky, Sie sind doch auch ein deutscher Mann!" (Heiterkeit).
[34] Im Gegensatz zu vielen niederösterr. Orten in der unmittelbaren Umgebung Wiens! Auf Vorschlag Badenis wurden i. J. 1900 alle Ortschaften mit über 25 % tschechischen Einwohnern für „gemischt" erklärt. Danach waren z. B. in Hennersdorf 50,8 %, in Rothneusiedl 40,3 %, in Wiener Neudorf 37,9 %, in Vösendorf 25,2 % Bewohner, die sich zur „böhmischen" Umgangssprache bekannt hatten. — Tabelle bei S o u k u p, Česká menšina 134.
[1] Nö. Präs. J 12 ad 349; Z. 857 (25. 1. 1897): „Nach den Äußerungen des Dr. Lueger... mußten wir einen solchen Antrag gewärtigen." — Nö. Präs. J 12 ad 100; Z. 522 (17. 1.

Am 30. Dezember 1896 stellte der deutschnationale Abgeordnete Dr. Rudolf Kolisko[2] der Komenský-Schule wegen, die damals 784 Volksschüler zählte, im niederösterreichischen Landtag den Antrag, für Österreich unter der Enns „die deutsche Sprache als die ausschließliche Unterrichtssprache für alle öffentlichen Volks- und Bürgerschulen" gesetzlich sicherzustellen[3]. Als Faktum und in seinem Ablauf darf dieser, von deutscher Seite im niederösterreichischen Landesparlament eingebrachte Sprachschutzgesetz-Entwurf in der vorliegenden Darstellung unberücksichtigt bleiben, da er schon verschiedentlich bearbeitet wurde[4]. Aufzuzeigen ist hier vielmehr, daß die „Lex", unabhängig davon, ob sie kaiserliche Sanktion erhalten hätte oder nicht, für beide Volksteile unbefriedigend war, und zwar deshalb, weil sie die tieferliegenden Ursachen des Wiener deutsch-tschechischen Konfliktes unberührt ließ. Landtagsabgeordnete und Gemeinderatsmitglieder handelten in dieser Frage gleichsam nur wie Beschwörer oder Taschenspieler, die die Macht und Autorität des Staates dazu benutzen wollten, um das auf sie zukommende ungewohnte und unvorhergesehene ständige Anwachsen fluktuierender, aber auch seßhafter Wiener Tschechen mit all den vielfachen sozialökonomischen und politischen Verflechtungen in den Rahmen nationaler Schutzgesetzgebung hineinzuzwingen und mit den festgelegten Kategorien von Zulässigkeiten und Unzulässigkeiten zu definieren. Da die gewünschte Ordnung — wie es sich am Gemeindestatut dokumentierte — sehr bald nur noch durch eine Vergewaltigung der Wirklichkeit aufrechterhalten wurde, war es dann auch nur noch ein kleiner Schritt bis zum nationalen Radikalismus, der ab 1909 die ethnische Geschlossenheit Wiens mit Gewalt durchsetzen wollte, indem er die neugegründete zweite Komenský-Privat-

1898). — Nö. Präs. J 12 ad 195; 614 (15. 1. 1899): Der Sozialdemokrat Albert Dworak, Mitredakteur der „Dělnické Listy", bezeichnet Dr. Lueger als den eigentlichen Urheber des Kolisko-Antrages. — Nö. Präs. J 12; 3226 (27. 5. 1900). — J a n č a , Rok 1909 a dnešní stav české otázky dolnorakouské 152 ff.: Bericht über den Amtsgang der Lex Kolisko-Axmann sowie über die hierbei beteiligten Personen: Der „Vorschlag Luegers", schreibt Janča, wird angenommen. Ähnlich e b e n d a 86: zur Herbstsitzung des nö. Landesparlaments vom 16. 9. 1909.

[2] „Angeblich ein Sohn einer böhmischen Mutter", wie Janča auf der ersten öffentlichen Manifestationsversammlung der Wiener Tschechen am 24. 1. 1897 bemerkte. Nö. Präs. J 12 ad 349; 857.

[3] Kopie des Vorschlags vom 30. 1. 1896 in: NRČ 127 (Koliskův zákon 1912): „Da in letzter Zeit die Versuche, für die tschechische Komenský-Schule in Favoriten das Öffentlichkeitsrecht zu erlangen, sich wiederholen und da bei der derzeitigen Zusammensetzung der Regierung die Gefahr naheliegt, daß diese Versuche von Erfolg begleitet sein können, stellen die Gefertigten in der Erwägung, daß es die Pflicht des niederösterreichischen Landtages ist, jeden Versuch, unser deutschsprachiges Kronland zu einem gemischtsprachigen zu machen, in entschiedener Form zurückzuweisen, den Antrag..." usw. — E b e n d a auch der Wortlaut vom 29. 12. 1897 und vom 8. 1. 1909. — In einem weiteren Antrag wollte Dr. Kolisko erreichen, daß bei der Konkursausschreibung von niederösterreichischen Volksschullehrerstellen nur Bewerber deutscher Nationalität Berücksichtigung finden dürften. H u g e l m a n n , Das Nationalitätenrecht 443.

[4] Sekretariat der christlichsozialen Parteileitung: Die Lex Kolisko-Axmann, die nationalen Schutzgesetze und die „deutschnationalen" Landtagsabgeordneten. Wien 1910. — Kann die sog. „Lex Kolisko" sanktioniert werden? Gutachten der Národní rada česká vom 23. Dez. 1912. Prag 1912. Tschechisch u. d. T.: Může-li býti t. zv. zákon Koliskův sankcionován? Prag 1912. — B a l z e r , G.: Die Lex Kolisko. Phil. Diss. Wien 1942.

volksschule verbarrikadierte und mit Brettern vernagelte[5]. Wer Luegers Tradition insofern fortsetzte, als er im einheitlich deutschen Charakter der Stadt Wien ein „summum bonum" sah, konnte für dieses pseudoreligiöse höchste Gut vor keiner Form der Gewalt zurückschrecken.

Wenn man das Unterfutter der angeschnittenen Fragen studiert, zu denen von der Fachliteratur zwar brillant formulierte, manchmal jedoch anscheinend bloß ad hoc konzipierte Meinungen beigesteuert wurden, so besteht Grund, mit zwei bisherigen Vorstellungen aufzuräumen: Es erweist sich als groteske Fehleinschätzung, davon auszugehen, als sei Lueger und dem Gemeinderat ihre Wiener Tschechenpolitik zwingend durch die Situation vorgeschrieben worden, anderenfalls Wien „der drohenden Gefahr der Vertschechisierung"[6] anheimgefallen wäre; denn zu einem guten Teil bestand diese Gefahr nur in der Einbildung. Ebenso irrig ist es, zu behaupten, die Christlichsozialen hätten den Wiener Tschechen „in wohlwollender Neutralität gegenübergestanden" und „möglichst lang neutral zu lavieren" versucht[7]. Unsere Aufgabe ist es daher, zunächst im Hinblick auf die Lex Kolisko die wesentlichsten Züge im Entwicklungsgang der Wiener tschechischen Nationalpolitik zu rekonstruieren, die aus christlichsozialer Sicht lediglich als reaktionär galt, weil ja doch nach dem politischen Prinzip Luegers, das in seiner ideologischen Übersteigerung die deutsche Nationalität zur obersten Maxime kommunalpolitischen Handelns erklärt hatte, jeder Tscheche, der sich in Wien zur eigenen Nation bekannte, grundsätzlich als Störenfried, als „Sand im Getriebe" erscheinen mußte.

Die erste Reaktion der Wiener Tschechen auf den Kolisko-Antrag war eine für den 11. Januar 1897 vom allseits unbeliebten radikalen Redakteur des Wiener „Slovan", Jan Janča[8], einberufene Versammlung, an der sich Delegierte sämtlicher tschechischer Vereine beteiligen und sich über die Modalitäten der weiteren Aktion schlüssig werden sollten[9]. Es erschienen jedoch nur 30 Personen, meist Mitglieder des damals schon im Niedergang befindlichen Ersten böhmisch-politischen Vereins[10], dessen Vorsitz Janča führte; der Rest der Anwesenden bestand aus einigen wenigen Vertretern anderer tschechischer Vereine, vom niederösterreichischen Land war niemand gekommen. Man beschloß, eine Deputation zu den in Wien anwesenden tschechischen Reichsratsabgeordneten zu entsenden[11], um sich deren Unterstützung zu sichern und plante für den 24. und 31. Januar Manifestationsversammlungen in drei Wiener Bezirken, die zum zweiten Termin jedoch schon ausfielen, weil die führenden Konnationalen zu diesem Zeitpunkt an der Jahreshauptversammlung der „Slovanská Beseda" teilnahmen, die bereits vorher auf den gleichen Tag fest-

---

[5] Siehe unten S. 338—365.
[6] GRS vom 15. 10. 1897, AB Nr. 84 (19. 10. 1897): Antrag F o c h l e r. — H u g e l m a n n, Das Nationalitätenrecht 442: „Die deutsche Abwehr mußte in dieser Lage endlich klare Formen annehmen: der erste Schritt erfolgte im Niederösterreichischen Landtag."
[7] O t r u b a, Die Herkunft der Wiener Bevölkerung 450 (beide Zitate).
[8] Siehe oben S. 251—256.
[9] Nö. Präs. J 12; 349 u. J 12 ad 349; 437 (10. 1. u. 13. 1. 1897).
[10] Siehe oben S. 125 und Nö. Präs. J 12 4802 (1897).
[11] Sie wurde von den Jungtschechen Kaizl und Engel empfangen. Nö. Präs. J 12 ad 349; 534 (17. 1. 1897).

gesetzt worden war und wegen der Kolisko-Angelegenheit nicht verlegt wurde[12]. Damit waren die Weichen für die tschechische Versammlungstätigkeit gewissermaßen schon gestellt: Während im niederösterreichischen Landtag zwischen 1896 und 1914 fast keine Session verging, in der die Lex Kolisko nicht erörtert und von der großen Mehrheit der Abgeordneten gutgeheißen worden wäre, ist die Zahl der polizeibehördlichen Referate über die Wiener tschechischen Protestversammlungen geradezu verschwindend gering[13]. Nur in den ersten vier Jahren fanden mehrmals Debatten statt, sehr viele Veranstaltungen wurden jedoch auch schon damals entweder ganz abgesagt oder sie verliefen nicht so „imposant" wie man ursprünglich gehofft hatte[14]. Die Teilnehmerzahl betrug in jener „schärfsten" Periode der Entrüstung maximal 1 000 Personen, 1909 waren es nur noch 400[15]. Demgemäß heißt es auch in einem Polizeibericht an die niederösterreichische Statthalterei vom Januar 1898, daß sich „die zutage getretene Bewegung unter den Tschechen ... vorwiegend nur auf die der Zahl nach nicht bedeutenden national gesinnten Kreise beschränkt und unter den hier ansässigen Tschechen bisher nur geringen Boden gefunden hat"[16]. Später, z. B. im Schuljahr 1906/07, als der Reichsratsabgeordnete der Deutschradikalen Vereinigung, Josef Herzog, für die unverzügliche Sanktion der „Lex" im österreichischen Abgeordnetenhaus interpellierte[17], und als der stellvertretende Vorsitzende des Kulturverbandes des Prager tschechischen Nationalrates (Osvětový Svaz), František Drtina, genauso wie das Wiener „Deutsche Volksblatt" mit den amtlichen Zahlen von 22 513 Wiener tschechischen Schulkindern nationale Politik machten[18], fanden in der Donaustadt überhaupt keine tschechischen Versammlungen gegen den Kolisko-Sprachgesetzentwurf statt. Nach 1909 sind nur noch deutschnationale Demonstrationen für die Gesetzwerdung der „Lex" verzeichnet[19].

Nun einige Bemerkungen zu den Teilnehmern an den Wiener tschechischen Versammlungen und zu den dort beschlossenen politischen Gegenmaßnahmen: Studenten fehlten — im Gegensatz zu den deutschnationalen Versammlungen — bei den Tschechen fast völlig[20]. Dasselbe muß im großen und ganzen auch für die Reichsratsabgeordneten festgestellt werden[21]. Der spätere stellvertretende Vorsitzende des Prager NRČ, Baxa, zeigte im Jahre 1898 kein Interesse, sich bei den Wiener

---

[12] Daher rühren wohl auch Jančas Vorwürfe der großen „Indolenz für die nationalen und politischen Bestrebungen der Wiener Tschechen" auf jener Generalversammlung. Nö. Präs. J 12 ad 349; 983 (3. 2. 1897).

[13] Die Berichte der Präsidialakten beschränken sich auf die Jahre 1897 bis 1900, 1902 u. 1909.

[14] Nö. Präs. J 12 ad 100; 522 (17. 1. 1898); J 12 ad 195; 346 (9. 1. 1899).

[15] Nö. Präs. XI/152—161; 84/9 (15. 1. 1909).

[16] Nö. Präs. J 12; 100 (5. 1. 1898).

[17] RR-Prot., XVII/436 (12. 10. 1906) 38698 f. — Anhang S. 512.

[18] „Deutsches Volksblatt" vom 16. Dez. 1908. — NRČ 127 (1912), Protokoll über die Beratung der Kultursektion des NRČ, S. 15.

[19] Nö. Präs. VI/54—81; 3107 (26. 10. 1912); XIV/220; 3560 (8. 12. 1912).

[20] Nö. Präs. J 12 ad 100; 890 (6. 1. 1898): „Die Versammlung der Tschechen war von ca. 400 Personen besucht, darunter nahezu keine Studenten ... Bei den Deutschnationalen sind viele Studenten." Vgl. auch Anm. 19 u. oben S. 211 ff.

[21] Nö. Präs. J 12 ad 349; 857 (1897) bzw. Anm. 19.

Tschechen über die Situation zu informieren[22], daher ist es auch nicht verwunderlich, wenn sich der Dringlichkeitsantrag des Prager Vorsitzenden des Osvětový Svaz und Mitglieds des Böhmischen Landesschulrates, Heinrich Metelka, im Abgeordnetenhaus des Reichsrats nur auf die „unerledigten Angelegenheiten der böhmischen Minoritätsschulen in Böhmen/Mähren/Schlesien", nicht aber auf Niederösterreich bezog[23]. Und das noch dazu im Jahre 1909, als der christlichsoziale Landtagsabgeordnete Julius Axmann durch seinen Antrag vom 8. Januar der Lex einen zweiten Namen gab; sie wurde damals mit der einzigen Ausnahme der fünf sozialdemokratischen Stimmen, das heißt aufgrund der starken Position der Christlichsozialen im niederösterreichischen Landtag, mit überwältigender Mehrheit angenommen[24]. Es entspricht der oben bei den Versammlungen ausgeführten Entwicklung, daß die Wiener tschechischen Parteien und politischen Richtungen nur bis 1900 in quasi prästabilierter Harmonie über die Lex diskutierten, wobei sie sich gegenseitig den im Hinblick auf die Effektivität der Wiener tschechischen Nationalpolitik zweifellos nicht aus der Luft gegriffenen Vorwurf machten, außer der fortwährenden Abfassung von Petitionen und Resolutionen keinen präzisen Katalog von Gegenmaßnahmen vorweisen zu können[25]. Mit dem Beginn des neuen Jahrhunderts hielt jede Wiener tschechische Partei zu diesem Thema ihre eigenen Versammlungen ab, ein Gesamtprogramm war nicht mehr vorhanden[26]. 1899 hatte es noch der Komenský-Sekretär Urban zur „Pflicht aller Tschechen" erklärt, bei den künftigen Landtagswahlen (1901) als selbständige Partei aufzutreten, da man sich durch die wiederholte Vorlage der Lex Kolisko im Landesparlament von den bisher gewählten deutschen politischen Vertretern betrogen sah[27]. Als belastende Hypothek kamen in jenem Jahr noch zwei weitere Momente hinzu: Einmal das *Pfingstprogramm*, bei dem sich die Christlichsozialen Luegers mit den Deutschfortschrittlichen, der Freien Deutschen Vereinigung, dem Verfassungstreuen Großgrundbesitz und der Deutschen Volkspartei zur „Deutschen Gemeinbürgschaft" zusammengeschlossen hatten und fortan in nationalen Fragen gemeinsame Sache machten[28]. In diesem nationalen Programm, das ebenfalls eine gesetzliche Regelung der Sprachenfrage forderte, setzte sich die Deutsche Gemeinbürgschaft für die Erhaltung des Gesamt-

---

[22] Siehe oben S. 242. — Noch 1913 klagt der Komenský-Sekretär Čeliš darüber, wie schlecht man in Böhmen über die Lex informiert sei. Als Beweis nennt er die Wortlaute einiger Proteste aus böhmischen Städten (Tábor, Prerau). NRČ 481 (1913).
[23] RR-Prot., XIX/38 (30.6.1909) 2426. — Zur Aktion des NRČ gegen die Lex: NRČ 127 (1912) u. NRČ 127 (1913), NRČ 480 (1909), NRČ 481 (1913), NRČ 487 (1912), NRČ O. K. 313 (1914), NRČ 590 (1914), NRČ 126 (1912). Inliegend zahlreiche tschechische Zeitungsartikel zur Lex.
[24] H u g e l m a n n, Das Nationalitätenrecht 451. G u t k a s, Die nichtdeutsche Bevölkerung Wiens in der Neuzeit 12.
[25] Besonders typisch hierzu: Nö. Präs. J 12 ad 195; 614 u. J 12 ad 195; 346.
[26] Siehe Nö. Präs. J 12; 3633 (1902) u. XI/152—161; 84/8 (1909), dazu die NRČ-Akten, Anm. 23. — Im Jahre 1902 hatten die Bürgerlichen und Sozialdemokraten (ohne Nationalsoziale) Berichte in französische und russische Journale eingesendet.
[27] Nö. Präs. J 12 ad 195; 346 (9.1.1899). Hier noch tschechische Nationalsoziale anwesend. 1902 nicht mehr.
[28] Siehe oben S. 126 Anm. 34 und S c h n e e, Karl Luegner 93.

staates und seines deutschen Charakters ein und forderte zugleich die Ausgestaltung der Beziehungen zum Deutschen Reich. Zum anderen war 1899 auch das Jahr, in dem Lueger in Beantwortung einer an ihn gerichteten Interpellation seinen Standpunkt zur Wiener tschechischen Schule und damit zum Komenský-Verein wieder einmal deutlich zum Ausdruck brachte und hierbei eine scharfe Attacke gegen die lokale deutsche Presse führte: „In den Zeitungen ist schon gestanden, daß ich, Dr. Karl Lueger, für tschechische Schulen bin ... Sie sehen, in welch unerhörter Weise uns gegenüber in den Zeitungen gearbeitet wird"[29]. Wenn somit auf die Ereignisse des Jahres 1899 hin die Wiener Tschechen beschlossen, sich durch Aufstellung eigener Kandidaten bei den Wahlen von den Christlichsozialen zu distanzieren — immerhin waren laut Dělnické Listy 93 % aller nichtdeutschen Wiener Wähler Tschechen[30] — so zeigt ein Vergleich mit dem Jahre 1902 auch hier, wie sehr man nach der Jahrhundertwende zum nationalpolitischen Abbau gezwungen war, da man die Rückzieher sogar schon von sich aus beschloß. Bezeichnend ist, daß man auf einem im Mai 1902 vom niederösterreichischen tschechischen Nationalrat einberufenen Kongreß zur Schulfrage, an dem auch ein Vertreter der niederösterreichischen Tschechen aus Unterthemenau (Poštorná) und der Reichsratsabgeordnete Josef Sokol teilnahmen, eine Resolution faßte, die diesmal nicht den Sprachgesetzentwurf Dr. Koliskos zum Gegenstand hatte, sondern die vielmehr besagte, daß man „zur Vermeidung einer neuerlichen Blamage" künftighin von der Aufstellung eigener tschechischer Kandidaten Abstand nehmen wolle[31]. Zwischen 1902 und 1909, dem Jahr, als die Lex durch den Landtagsabgeordneten Axmann wieder neu aufgerollt wurde und auch einen tschechischen Protest im Reichsrat zur Folge hatte[32], fanden überhaupt keine tschechischen Agitationen zu dieser Frage mehr statt. Trotzdem ist für jene Zeit die christlichsoziale Parole von den tschechischen „Expansionsbestrebungen", von denen — wie oben zitiert — nicht einmal die Wiener Polizeidirektion überzeugt werden konnte, noch in Hugelmanns Standardwerk zum Ausgangspunkt der Darstellung gemacht[33].

War es bisher das Ziel der Analyse, einige negative Voraussetzungen der Wiener tschechischen Nationalpolitik ins Licht zu rücken, so ist im folgenden der Nachweis zu erbringen, daß sie durchaus auch positive Inhalte aufzuweisen hatte, die eine deutsch-tschechische Verständigung gefördert hätten; dies um so mehr, wenn eine geschickte Kommunalpolitik dem tschechischen Volksteil der Hauptstadt in Sachen der tschechischen Privatschule keine Angriffsfläche geboten hätte. Am Beispiel des sogenannten *Komenský-Erlasses* zeigt es sich besonders deutlich, wie die Wiener Tschechen einen für ein nationalpolitisches Nichthervortreten sprechenden taktischen Grund geradezu erleichtert zum Anlaß nahmen, um provokatorischen Handlungen auszuweichen. Unmöglich, daß bei solcher Politik aus dem grundsätzlichen Bekennt-

---

[29] GRS vom 7. 3. 1899, AB Nr. 20 (10. 3. 1899) 620, Anfrage F ö r s t e r .
[30] Dělnické Listy, Nr. 182 (10. 8. 1906), S. 1 f.: Politika domácí [Lokalpolitik].
[31] Nö. Präs. J 12; 3633 (26. 5. 1902).
[32] Unter Berufung auf die Resolution Pálffy von 1897 (siehe oben S. 287): RR-Prot. XVIII/127 (22. 1. 1909), Anhang II, 4277/I, Interp. Č e l a k o v s k ý. Siehe Anhang S. 512.
[33] H u g e l m a n n , Das Nationalitätenrecht 455.

nis zum „tschechischen Wien" jemals gesellschaftlicher Ernst werden konnte. Diese Haltung — die Kombination praktischen Abwartens und Untätigbleibens mit einer theoretisch revolutionären Position — war eine Grundverhaltensweise des Wiener Tschechentums. Wie noch darzustellen sein wird, hat der christlichsoziale deutsche Nationalismus diese Konzeption dramatisch „bestraft".

Bis zum Jahre 1908 war es den Kindern, die die Komenský-Schule besuchten, nicht möglich, in Wien staatsgültige Zeugnisse zu erhalten. Sie mußten gemeinsam in die nächste öffentliche tschechische Volksschule nach Lundenburg (Břeclav) fahren und dort ihre Prüfungen ablegen. Am 24. Juni 1908 gab nun der bedeutendste Schulreformer Österreichs am Ende der Monarchie, der Unterrichtsminister der Regierung Beck, Dr. Gustav Marchet, der der deutschen Linken nahestand, einen Erlaß heraus (Z. 3891), der den Lundenburger tschechischen Lehrern die Abhaltung der Abschlußprüfungen in Wien bewilligte[34]. Dieser Erlaß wurde im Wiener Gemeinderat als „der schwerste, in seinen Folgen jetzt noch gar nicht übersehbare Angriff" bezeichnet, „der jemals auf das einheitlich deutsche Schulwesen unserer Stadt und auf deren deutschen Charakter verübt worden ist"[35]. Zum einen Mal deshalb, weil man darin praktisch die Anerkennung der Komenský-Schule als einer Privatschule mit Öffentlichkeitsrecht erblickte, zum anderen, weil das Ministerium angeordnet hatte, daß die Prüfungen im Beisein eines Delegierten des Bezirksschulrates abzuhalten waren. Während bisher gerade der Bezirksschulrat mit strengen Inspektionen dafür gesorgt hatte, durch ein möglichst negatives Urteil über die Unterrichtserfolge in der Komenský-Schule beim Unterrichtsministerium das Öffentlichkeitsrecht zu verhindern, empfand man nunmehr, als es um die Examina ging, die Anwesenheit eines deutschen Delegierten bzw. derjenigen Person, die den Bezirksschulinspektor bei der Inspektion der tschechischen Privatschule im X. Bezirk unterstützte, als „ungeheuerliches Ansinnen". Luegers Antwort auf die vom christlichsozialen Gemeinderatsmitglied Tomola diesbezüglich eingebrachte Anfrage ist deshalb von besonderer Wichtigkeit, weil der Wiener Bürgermeister gleichzeitig auch Vorsitzender des Bezirksschulrates war. Und hier zeigt es sich erneut, wie Lueger seinen Leitsatz vom deutschen Charakter der Stadt Wien erfolgreich auf den Gemeinderat und Stadtrat zu übertragen verstand: „Der Bezirksschulrat", so erklärte er, „kann gegen eine Entscheidung der Oberbehörde nicht rekurrieren; etwas anderes ist es jedoch mit dem Gemeinderate und mit dem Stadtrate. Ich werde mir erlauben, eine Abschrift der Entscheidung auch dem Stadtrate zukommen zu lassen, damit er darüber beratet und die bezüglichen Anträge dem Gemeinderate unterbreitet. Ich kann nur das eine sagen, ich werde bestrebt sein, die Einheitlichkeit der Sprache in Wien mit aller Entschiedenheit zu schützen ... Der Bezirksschulrat ... ist eine deutsche Behörde und hat bei tschechischen Prüfungen absolut nichts zu tun ... Ich werde selbstverständlich die Angelegenheit noch näher untersuchen und hoffe, daß ich Mittel und Wege finden werde, diese auch nach meiner Anschauung ziemlich

---

[34] Ebenda 451. — Zu Marchet: Kádner, Otakar: Školství v republice československé [Das Schulwesen in der tschechoslowakischen Republik]. Čsl. vlastivěda, Bd. 10, S. 7—222, hier S. 62, 92, 104, 121.

[35] GRS vom 3. 7. 1908, AB Nr. 55 (10. 7. 1908) 1678, Anfrage Tomola. Auch das folgende Zitat.

schweren Angriffe auf die deutsche Sprache in Wien zurückzuweisen"[36]. Nachdem sich Lueger und der Gemeinderat in einer Note an den niederösterreichischen Landesschulrat geweigert hatten, einen Vertreter des Bezirksschulrates in die einzige tschechische Lehranstalt der Residenzstadt zu entsenden — „in dem Bewußtsein, daß Bürgermeister und Gemeinderat der Stadt Wien den deutschen Charakter der Stadt Wien hochzuhalten haben"[37] —, erschien schon am 14. Juli 1908 ein ministerieller „Nachhang", der die Bestimmung vom Juni, daß die Entlassungsprüfungen in der Komenský-Schule von nun an in Wien vorzunehmen seien, sehr vorsichtig als eine „versuchsweise Vornahme" bezeichnete und der die ursprünglich angeordnete Entsendung eines Vertreters des Bezirksschulrates zu den Prüfungen rückgängig machte[38]. Damit entfiel für den Gemeinderat auch der Rechtsgrund für die bereits geplanten Beschwerden an den Verwaltungsgerichtshof und an das Reichsgericht[39].

Trotz allem hatte sich anläßlich der bevorstehenden Wiederkehr des Prüfungstermins im Juni 1909 auf deutschnationaler Seite eine Protestbewegung bemerkbar gemacht. Inzwischen war Ministerpräsident Beck gestürzt und von Bienerth abgelöst worden. Der neue Unterrichtsminister Karl Graf Stürgkh wurde vom „Bund der Deutschen in Niederösterreich" ersucht, eine Aufhebung des Erlasses seines Vorgängers Marchet zu veranlassen, andernfalls drohten die Deutschen mit neuer Demonstrationstätigkeit in- und außerhalb des Parlaments. In einem persönlichen Brief Stürgkhs an Kielmannsegg ersuchte jener den niederösterreichischen Statthalter, dafür Sorge zu tragen, daß den laut Ministerialbeschluß nach wie vor in Wien stattfindenden tschechischen Prüfungen „durch eine angemessene Art der Veranstaltung, insbesondere durch Beschränkung auf die berufenen Teilnehmer"[40] jeglicher Anschein einer national-tschechischen Festlichkeit oder Demonstration genommen werde. Interessant sind hierzu die Auskünfte des Wiener Polizeipräsidenten: Nach seinen Ermittlungen beabsichtigte die Komenský-Vereinsleitung ohnehin, die „Prüfungen heuer in bescheidenem Rahmen und ohne größere Publizität abhalten zu lassen"[41]. Der einflußreichste und am längsten, das heißt seit 1885 an der Komenský-Schule beschäftigte Oberlehrer Assmann[42] bürgte dafür, „alles [zu] versuchen, um zu verhindern, daß die Schulentlassungsprüfung irgendwelchen öffentlichen Charakter erhält ... man will offenbar jede Publikation in den deutschen Journalen hierüber vermeiden, um die vom Wiener Landesschulrat zugestandene Vergünstigung — daß die Schulkinder nicht mehr nach Lundenburg reisen müssen ... nicht zu verlieren, weil tatsächlich von christlichsozialer Seite gegen

---

[36] Ebenda (Anm. 35).
[37] GRS vom 15. 7. 1908, AB Nr. 57 (17. 7. 1908) 1781 u. PG 18, 13.
[38] Veröffentlichungen des nö. Landesschulrates mit Erlaß vom 14. 7. 1908, Z. 535/16 II. Siehe Anm. 37.
[39] Siehe Anm. 37; ferner GRS vom 27. 3. 1914, AB Nr. 29 (10. 4. 1914), in der Neumayer die Rückgängigmachung der ministeriellen Verordnung allein der von ihm „in Vertretung des Bürgermeisters Dr. Karl Lueger" an den Landesschulrat gerichteten Note zuschreibt.
[40] Nö. Präs. I/3 d; 2245 (6. 6. 1909).
[41] Nö. Präs. I/3 d; 2245 (21. 6. 1909).
[42] Personalien der Komenský-Lehrer in ÚMŠ, Komenský-Vídeň 1913—1920.

diese Begünstigung demonstriert wurde"[43]. Einstweilen hatte sogar schon eine Prüfung stattgefunden, die „ganz unbemerkt" vorübergegangen war.

Man braucht sich nur vor Augen zu halten, daß der „Komenský" für alle nationalen Erschütterungen im Wiener Tschechentum zweifellos der empfindlichste Seismograph war, um die Bedeutung der Tatsache zu würdigen, daß er sich offenbar auch schon mit bescheidenen Zugeständnissen zufrieden gab, wenn sich ein praktischer Nutzen daraus ziehen ließ. Die Prüfungen behielten ja nach wie vor ihren privaten, rein internen Charakter und hatten mit den Forderungen des Vereins nach Überführung der Schule in staatliche Verwaltung nichts zu tun. Vergleicht man diese nationalpolitische Disposition nun noch mit der von 1884/85, wo der Schulleiter mit den deutschen Behörden prinzipiell nur in tschechischer Sprache verhandelte und gar nicht daran dachte, die nicht ausschließlich für den eigenen Gebrauch ausgestellten Frequentationszeugnisse, „deren Inhalt dem Ortsschulrat ganz unverständlich" sein mochte, wenigstens zweisprachig abzufassen[44], so liegt es auf der Hand, daß jetzt, nach 25 Jahren Tätigkeit in Wien, auf dem Führungsstand der wichtigsten tschechischen Institution mehr Bremser als Heizer saßen[45].

Deutlich wird freilich auch, daß es für den Aufbau eines Wiener tschechischen Nationalismus immer noch kein Programm gab, sondern lediglich eine unbestimmte Hoffnung auf „einen neuen Weg", zumal der Führungsanspruch innerhalb der tschechischen Minderheit ständig in Frage gestellt war[46]. Gerade am Beispiel des Komenský-Erlasses fällt auf, wie sehr die gesellschaftliche Wirklichkeit des Wiener Tschechentums letztlich der nationalen Faszination entbehrte — man hätte ja die Abhaltung der Prüfungen in Wien tatsächlich zu einer nationalen Großveranstaltung mit Gästen aus den Kronländern ausbauen können, um dadurch den Anspruch auf das Öffentlichkeitsrecht zu unterstreichen. So hielt man jedoch die Anfahrt der mährischen Prüfer in den Favoritener Stadtteil für wesentlich zweckdienlicher als die der zu prüfenden Kinder nach Lundenburg und ließ sich diesen nüchternen Blick durch nichts verstellen. Das Beispiel der Lex Kolisko wiederum vermag zu erhellen, daß der Wiener tschechische Nationalismus viel eher resolutionär als revolutionär war. Sein Wirken wurde vielfach zu einer „Theorie und Praxis der Planlosigkeit" und vielleicht eben deshalb zu einem fast perfekten Irreführungsmechanismus für den Wiener Gemeinderat.

Noch im Jahre 1914, als die Lex Kolisko-Axmann bereits zum sechzehnten Mal im niederösterreichischen Landtag mit überwältigender Mehrheit beschlossen worden war, berief sich der Vizebürgermeister der Ära Lueger, Josef Neumayer, in einer gezielten Polemik gegen die „ganz unverständliche" Haltung der Regierung, auf

---

[43] Nö. Präs. I/3 d; 2245 (25. 6. 1909).
[44] GRS vom 21. 4. 1884, PG 82, 7, Interp. T r o s t und GRS vom 3. 11. 1885, PG 81, 5, Interp. T r o s t. — Trost war Obmann des Ortsschulrates.
[45] Das zeigte sich auch nochmals im Herbst 1908, als die tschechischen Minoritäten Böhmens Mährens und Schlesiens einen Schulstreik planten, der sich auch auf Niederösterreich erstrecken sollte. Vor allem Nordwestböhmen zeigte sich sehr geneigt, wogegen die Wiener Polizeibehörde keine Anhaltspunkte für eine Beteiligung der Wiener Tschechen fand. Nö. Präs. VI/54—81; 3542 (Okt./Nov. 1908).
[46] Siehe oben u. S. 129 u. 260—263.

den ehemals erfolgreichen Einsatz Karl Luegers bei der Frage der gesetzlichen Festlegung der Einsprachigkeit Niederösterreichs: „Unter seiner Mitwirkung", wie Neumayer betonte[47], war nämlich am 1. November 1909 das von dem Abgeordneten Dr. Karl Urban angeregte „Niederösterreichische Landesgesetz" (LGBl. Nr. 123) vom Kaiser sanktioniert worden, das den Gebrauch der deutschen Sprache im Landtag und bei den autonomen Behörden sowie an den Lehrer- und Lehrerinnenbildungsanstalten festlegte[48]. Da durch das niederösterreichische Fortbildungsschulgesetz vom 30. November 1907 die deutsche Sprache auch für die Gewerbeschulen geregelt war (LGBl. Nr. 171, § 7) und für die niederösterreichischen Realschulen nach § 11 des Gesetzes vom 3. März 1870 (LGBl. Nr. 26) ebenfalls die deutsche Unterrichtssprache vorgeschrieben wurde, fehlte also einzig und allein die entsprechende Regelung für die Volks- und Bürgerschulen. Trotz der Regierungserklärung von 1898, die die Nichtsanktion der Lex Kolisko damit begründete, daß die landesgesetzliche Festlegung der Unterrichtssprache dem § 6 des Reichsvolksschulgesetzes widerspreche, der dem Schulerhalter das Recht der Einflußnahme auf die Festlegung der Unterrichtssprache ausdrücklich zugestand[49] und trotz des Reichsgerichtserkenntnisses (Nr. 1601) der Regierung Beck vom 9. Juli 1908, das die Anwendung nichtsanktionierter Landtagsbeschlüsse als **verfassungswidrig** erklärte[50], hielt es der christlichsoziale niederösterreichische Landtag für notwendig, auf der Ansicht zu beharren, daß das niederösterreichische Landesgesetz vom 1. November 1909 bereits die deutsche Landessprache generell festgelegt habe und daß daher zwischen der Lex Kolisko und dem § 6 des Reichsvolksschulgesetzes kein Gegensatz mehr bestehe[51]. Weshalb?, so wird man fragen, zumal doch das Reichsgerichtserkenntnis vom 19. Oktober 1904 (Hye 437) die Gemeinde Wien nach Art. XIX des Staatsgrundgesetzes längst ein für allemal von der Verpflichtung befreit hatte, öffentliche Schulen mit tschechischer Unterrichtssprache zu errichten[52]. Man muß diesen Zügen des gesellschaftlich-nationalen Lebens in Wien volle Aufmerksamkeit schenken, denn es geht hier darum, diejenigen Ordnungsfaktoren zu entdecken, die dem bevölkerungsstrukturellen Wandel im allgemeinen und der

---

[47] GRS vom 27. 3. 1914, AB Nr. 29 (10. 4. 1914) 805.
[48] H u g e l m a n n , Das Nationalitätenrecht 247 f. und 453. In Niederösterreich wurde jedoch wieder auf die Gemeinden Ober- und Unterthemenau und Bischofswarth Rücksicht genommen, die auch vorher nichtdeutsche Amtssprache hatten. — Als „ernste, drohende Gefahr" (H u g e l m a n n 455) erschien den Niederösterreichern — ungeachtet der „Lex Urban" — der § 20 des 2. Absatzes der sog. Lex Perek in Mähren, der besagte, daß in der Volksschule *in der Regel* nur Kinder aufgenommen werden dürfen, die *der Unterrichtssprache mächtig sind*. Zur Lex Perek: NRČ 127 (1911—1913) und H u g e l m a n n , Das Nationalitätenrecht 231, 248, 397 u. 455.
[49] Auch Kielmannsegg, Stürgkh und Bienerth ließen in ihren Landtags- bzw. Ministerratsreden keinen Zweifel bestehen, daß der Gesetzentwurf von der Regierung nicht zur Sanktion vorgelegt werden würde. H u g e l m a n n , Das Nationalitätenrecht 452. — G u t k a s , Die nichtdeutsche Bevölkerung Niederösterreichs 12 f.
[50] H u g e l m a n n , Das Nationalitätenrecht 247: „Ein Landtagsbeschluß, welcher des Gesetzescharakters entbehrt, vermag das verfassungsmäßige Recht der sprachlichen Gleichberechtigung nicht rechtswirksam einzuschränken."
[51] H u g e l m a n n , Das Nationalitätenrecht 455 f.
[52] Siehe oben S. 277—283.

Individualität des Wiener Tschechentums im besonderen gerecht werden sollten. Zu untersuchen bleibt, wie die deutschen Politiker mit der neuen Situation fertig geworden sind. Die Technik der Christlichsozialen, die den nationalen Konflikt beilegen sollte, bestand darin, die Spannung aus demjenigen Bereich abzulenken, in dem sie ursprünglich entstanden war; ist es doch eine Erfahrungstatsache, daß schon viele unbewältigte Gefühlskräfte auf diese Weise ihre Befriedigung fanden, wenn sie sich auf einem anderen Gebiet auswirken konnten. Ursprünglich war es dem Wiener Gemeinderat nur darum zu tun gewesen, nicht aus eigenen Mitteln tschechische Schulen errichten und erhalten zu müssen[53]. Umgekehrt lautete das Argument der Wiener Tschechen: Wenn man schon gezwungen werde, an die Wiener Gemeinde Schulzuschläge zu zahlen, so habe man selbstverständlich auch ein Anrecht auf geeignete Lehranstalten[54]. Das Reichsgerichtserkenntnis von 1904 allein hätte genügt, um den Gemeinderat in dieser Hinsicht in Sicherheit zu wiegen. Was darüberhinaus übrig blieb, war lediglich die *Möglichkeit,* daß der Komenský-Schule das Öffentlichkeitsrecht doch noch eines Tages verliehen werden könnte. Damit entlud sich eigentlich die ganze Aktion Kolisko, an der sich auch prominente Namen wie Peter Rosegger und Max Hussarek beteiligten[55] allein auf die tschechische Privatschule im X. Bezirk. Des weiteren kam bei den Deutschen die Tendenz hinzu, sich das Spezifische der Situation gedanklich zu verschleiern. Denn wenn es, wie man tschechischerseits unter Heranziehung des niederösterreichischen Amtskalenders feststellte[56], in Wien tatsächlich Schulen für griechische und türkische Kinder gab, die anstandslos das Öffentlichkeitsrecht erhalten hatten, so war es nicht einzusehen, warum es der Komenský-Schule nicht ebenso zustehen sollte. Nimmt man jedoch an, daß dies alles Privatschulen gewesen sind, so kann man sich andererseits nicht vorstellen, daß die fremdnationalen Schüler, wenn sie ein gültiges Abschlußzeugnis erhalten wollten, in die Türkei oder nach Griechenland zu Prüfungen reisen mußten, weil sonst der Gemeinderat den deutschen Charakter der Reichshauptstadt dahinschwinden sah.

Um es zusammenzufassen: Wenn, wie bei dem Problem Kolisko-Komenský, eine bestimmte Situation zwangsweise in eine anerkannte Kategorie eingereiht wird, weil die Gesellschaft sich weigert, die Neuartigkeit der Situation anzuerkennen, so bezahlt sie dies dadurch, daß sie auch die Einmaligkeit der Situation nicht kennenlernt. Abschließend ist jedoch die obige rein soziologische Überlegung noch ins Politische zu transponieren, weil dieser Aspekt m. E. bei einer Betrachtung der Wiener deutsch-tschechischen Nationalpolitik als der „Kunst des Möglichen" keinesfalls unter den Tisch fallen sollte: Eine demokratische Gesellschaft, die ihre Kon-

---

[53] Siehe oben S. 286 f. Vgl. damit den Antrag von A m o n e s t a , in der GRS vom 9. 1. 1914, AB Nr. 25 (27. 3. 1914) 576 zur Gesetzeswerdung der Lex Kolisko.

[54] Nö. Präs. J 12 ad 349; 857 (25. 1. 1897).

[55] NRČ 127 (1913) und NRČ 590 (1914): Unter der Führung Roseggers unternahmen die Deutschen die Aktion, für die Sanktion der Lex zwei Millionen Unterschriften zu sammeln. Vgl. dazu die böhmische Presse: Bohemia, Prager Tagblatt, Čas, Samostatnost, alle vom 10. 11. 1913. — Zu Hussarek: NRČ 127 (1913): Brief Drozdas vom 29. 11. 1913.

[56] RR-Prot. XVIII/110 (17. 7. 1908), Anhang II/3617/I, S. 11935, Interp. V e l i c h .

flikte nicht austrägt, sondern mehr oder weniger durch Verbotserlasse konserviert, hört auf, demokratisch zu sein, bevor sie beginnt, Demokratie zu begreifen.

c) Lueger und die Wiener Tschechen

Als Fazit der vorangegangenen Seiten ergibt sich das Problem: Hat Lueger mit seinem rigorosen Verhalten letzten Endes nicht doch Erfolg gehabt, in dem Sinne, daß die politische Lebenswirklichkeit der Wiener Tschechen nicht so sehr von der nationalsozialen Aggressivität als von der sozialen Anpassung und Assimilation her beeinflußt wurde[1]? Zur Beantwortung dieser Frage sind im folgenden ein paar Streiflichter auf Genese, System, Widersprüche und Entwicklungstendenzen der Luegerischen Kampagne gegen die tschechischen nationalpolitischen Zielsetzungen zu werfen. Dabei erscheint es methodisch geboten, sich die Funktion des personalen Elementes in der Geschichte[2] vor Augen zu führen, damit man nicht Lueger für etwas zur Rechenschaft zieht, was aus dem überindividuellen Leben der Epoche stammte oder — umgekehrt —, damit nicht das, was unverwechselbar auf seine persönliche Wirkungsmacht zurückging, zur allgemeinen Zeiterscheinung gestempelt wird. Der weitere Arbeitsgang stellt den Versuch dar, eine Verbindung zu ziehen zwischen der Bedeutung des berühmten christlichsozialen Bürgermeisters von Wien als eines hochbefähigten Karrierepolitikers einer Massenpartei und dem, was Otto Kirchheimer „restriktive Bedingungen" genannt hat: gemeint sind hier die sozialen und intellektuellen Zustände, die das erstarkende christlichsoziale Regime auf der einen, bzw. die nationaltschechische Führungsgruppe auf der anderen Seite in den neunziger Jahren antraf[3] — Bedingungen, aufgrund deren der Spielraum für politische Veränderungen in ganz bestimmter Weise determiniert war. Naturgemäß ist jeder politische Machthaber institutionellen Zwängen und vielschichtig verflochtenen Interessen verhaftet und daher nicht allein, von sich aus in der Lage, diejenigen Kräftekonstellationen zu schaffen, die eine nationale Bewegung möglich oder unmöglich machen[4]. Lueger vermochte ebensowenig die kollektiven Manöver des Gemeinderates gegen die tschechische Minderheit aus dem Nichts zu provozieren wie er andererseits nicht, sozusagen als Katalysator machtpolitisch-nationalistischen Denkens und Handelns, die Szenerie für die verschiedenen Formen der

---

[1] Zu den beiden Begriffen als Kategorien der Politologie und Sozialwissenschaften: Mitscherlich, Alexander: Aggression und Anpassung, In: Marcuse / Rapoport / Horn: Aggression und Anpassung in der Industriegesellschaft. Frankfurt/M. 1968 (Ed. Suhrkamp 282), S. 80—127.

[2] Allgemein hierzu: Wittram, Reinhard: Der historische Prozeß und die Biographie. In: Ders.: Anspruch und Fragwürdigkeit der Geschichte. Sechs Vorlesungen zur Methodik der Geschichtswissenschaft und zur Ortsbestimmung der Historie. Göttingen 1969 (Kleine Vandenhoeck-Reihe 297/298/299), S. 57—71.

[3] Kirchheimer, Otto: Restriktive Bedingungen und revolutionäre Durchbrüche. In: Ders.: Politische Herrschaft. Fünf Beiträge zur Lehre vom Staat. Frankfurt/M. 1967 (Ed. Suhrkamp 220), S. 30—57.

[4] Zur Bedeutung der Rolle eines Führers für eine aufkeimende Massenbewegung: Hoffer, Eric: Der Fanatiker. Eine Pathologie des Parteigängers. Reinbek bei Hamburg 1965 (rde 220), hier S. 96—103.

politischen Unsicherheit, Fehleinschätzung, Apathie und Resignation im Donautschechentum errichten konnte.

Am einschneidendsten von allen „fälligen Daten", deren Nichtvorhandensein die conditio sine qua non für die Entfaltung nationaltschechischer Expansion in der Reichshauptstadt bedeutet hätte, war die soziale Bedingtheit der nationalen Assimilation — anders ausgedrückt der Umstand, daß sich Lueger von Anfang an erfolgreich um die wirtschaftlichen Interessen des kleinen städtischen Mittelstandes gekümmert und damit die sozialen und psychologischen Probleme der modernen Massengesellschaft — z. B. die Arbeitslosigkeit — weitgehend aus dem Weg geräumt hatte[5]. In welchem Maß das Tschechentum davon betroffen war, erhellt die Tatsache, daß immerhin 36 % der Wiener Geschäftsleute und Gewerbetreibenden, denen Lueger durch seine attraktiven Sozialleistungen einen höheren Lebensstandard, ja, man kann wohl sagen, einen gesicherten Wohlstand garantierte, aus nichtdeutscher, d. h. überwiegend tschechischer Bevölkerung stammten[6]. Daneben mobilisierte er, indem er die Strömung des Antisemitismus als willkommenen Mauerbrecher ausnutzte[7], die dem deutschen wie tschechischen Kleinbürger gemeinsamen Ressentiments gegen die großbürgerlich-liberale Partei mit Hochfinanz, Großindustrie und jüdisch-liberalen Intellektuellen und zugleich auch noch gegen die aufstrebenden sozialistischen Arbeiterführer[8]. In gezielter Demagogie koordinierte oder „har-

---

[5] Lueger am 2. 1. 1891 im Gemeinderat: „Am wichtigsten ist die Frage der Gewerbetreibenden Wiens." Zit. nach K r a l i k , Richard: Karl Lueger und der christliche Sozialismus. Bd. 1. Vom Beginn bis 1900. Wien 1923, S. 66. — Über Luegers Sozialpolitik zuletzt: S c h n e e , Heinrich: Karl Lueger. Leben und Wirken eines großen Sozial- und Kommunalpolitikers. Berlin 1960 (m. Lit.). — Von zeitgenössischen Werken hierzu besonders: M a c k , Eugen: Dr. Karl Lueger, der Bürgermeister von Wien. Rottenburg a. Neckar 1910. — T o m o l a , Leopold: Unser Bürgermeister Dr. Karl Lueger. Festschrift zu seinem 60. Geburtstag. Wien 1904. — S t a u r a c z , Fr.: Dr. Karl Lueger. Zehn Jahre Bürgermeister. Wien 1907.

[6] Nö. Präs. XIV/220; 2218 (1912): Bund der Deutschen in Niederösterreich, Vereinsversammlung vom 9. 7. 1912. — Dazu tschechischerseits: L e d e r e r , Česká Vídeň 22: „wobei das traurigste Zeichen das ist, daß gerade der Mittelstand der dortigen Wiener Tschechen die beste Dienerschaft für den Klerikalismus Luegers darstellt." — S ý k o r a , Dobyvatelé 305: Wo ist die Wurzel des Übels, daß wir kein Nationalbewußtsein haben? Die Intelligenz hat kein Interesse, die Gewerbetreibenden sind Lueger-Anhänger, die Arbeiter bei der deutschen Sozialdemokratie.

[7] Am 23. 2. 1890 erklärte Lueger im Haus der Abgeordneten: „Wölfe, Panther, Leoparden und Tiger sind Menschen gegenüber diesen Raubtieren in Menschengestalt." K r a l i k , Karl Lueger 53; siehe auch e b e n d a 41 f.

[8] Vgl. die antijüdischen Äußerungen im Vídeňský Denník, z. B.: V. D. Nr. 44 (11. 4. 1907): Bericht über die tschech. Wahlversammlung im VII. Bez.: „als er (der Redner Doležal, Anm. d. Verf.) dann behauptete, daß die Arbeiterschaft der Nationalsozialen und die, die nicht in den Reihen Adlers stehen, überall Streikbrecher seien, erreichte die Aufregung einen solchen Grad, daß man jede Minute erwartete, daß sich die Adler-Anhänger auf die anderen stürzen würden, welche riefen: Einen deutschen Juden werden wir nicht wählen!" — V. D. Nr. 45 (12. 4. 1907): Tschechische Wahlversammlung im XX. Bez.: „Wir hoffen, daß kein einziger tschechischer Arbeiter, Gewerbetreibender oder Intellektueller dabei ist, der seine Stimme der sozialdemokratischen Judenpartei... gibt." — V. D. Nr. 58 (26. 4. 1907): Tschechische Wählerversammlung im VII. Bez.: Ref. Přibyl, „der seine ganze Rede einzig und allein mit dem Zusammentragen aller

monisierte" er gerade jene gesellschaftlichen Kräfte, die vordem streng voneinander getrennt waren, d. h. er stimmte sie wie die verschiedenen Instrumente eines Orchesters aufeinander ab. Im Mai 1892 erklärte er z. B. im politischen Fortschritts-Verein „Eintracht": „Die Sozialdemokraten halten die Facharbeiter für die alleinigen Arbeiter der Welt. Arbeiter sind wir aber alle, der Gewerbtreibende, der Beamte, der Bauer, der Handwerksgehilfe und der Fabrikarbeiter"[9]. Da er vor allem die große Industrialisierungs- und damit Zuwanderungswelle aus den böhmischen Ländern von Anfang an in den Dienst seines politischen Aufstiegs stellte, war es nur kluge Taktik, wenn er nach Bezugspunkten suchte, um tatsächliche oder mögliche Gegner anderer Nationalität auszuschalten: Im Dezember 1891 betonte er daher im österreichischen Abgeordnetenhaus: „Ich kenne in Österreich nur gleichberechtigte Nationen, ich sehe in jedem Tschechen, in jedem Slowenen, meinen österreichischen Mitbürger"[10]. Zur gleichen Zeit verbreitete er ein paar Stockwerke tiefer auf der Ebene des Wählervereins der „Vereinigten Christen" dieselbe Anschauung: „Ich verwahre mich dagegen, daß man Tschechen, Slowenen, Slowaken, Rumänen und Ruthenen nur so nebensächlich behandelt, daß man nur an Deutsche und Magyaren denkt und alles andere nur als Zuwage betrachtet. In Österreich kenne ich nur gleichberechtigte Nationen"[11].

Welche Schlüsse lassen sich aus diesen Beobachtungen ziehen? Wenn man die von Lueger primär versuchte — pointiert gesprochen — programmatische Gleichschaltung oder Koordinierung seines Wählerpublikums gründlich durchdenkt, muß es deutlich werden, daß seine auf den deutschen Charakter Wiens bedachte Sozialtechnik — als latente, gleichsam vorpolitische Grundlage des tschechischen Nationalismus in Wien — tschechischerseits keineswegs einen anationalen Konformismus zur Folge haben und unbedingt aus der böhmischen Minderheit der Hauptstadt eine Lueger-Herde machen mußte. Der soziale und ökonomische Rahmen der Wiener Großstadtbevölkerung, der ein Entwicklungsergebnis vielfach sehr ungleichartiger Bestandteile und Kräfte war, bildete zwar den Rahmen, innerhalb dessen das neue Herrschaftssystem der Christlichsozialen seine ersten Entscheidungen treffen und nach Lösungen für die bestehenden Probleme suchen mußte, aber: daß alle Nationalitäten gleiche Ausgangschancen im öffentlichen Wiener Leben haben sollten, weil im Artikel XIX des Staatsgrundgesetzes vom 21. Dezember 1867 die Idee indivi-

---

möglichen Lobeshymnen auf das Haupt des Herrn Stojan (RR-Abg. der tschech. kath. Volkspartei, Anm. d. Verf.) begann", hob hervor, dieser habe „Hostein gerettet vor dem Kauf aus Judenhand", er kaufe auch „angeblich verschuldete Großgüter in Mähren auf, damit diese nicht in die Hände von Juden geraten". — V. D. Nr. 70 (14. 5. 1907) S. 3: „die Sozialdemokratie lockt die Gewerbler in ihre Reihen": Der Artikel handelt von einem sozialdemokratischen Wahlaufruf, der von 11 Deutschen, 20 Tschechen und 15 Juden unterzeichnet war. — Dělnické Listy Nr. 99 (30. 4. 1907) S. 2: Der Wahlkampf um den Reichsrat: „Interessant ist es jetzt, wie die patriotischen Bürgerlichen in Prag die Jagd nach den Juden betreiben... man warnt zwar die Juden, die Sozialdemokraten nicht zu wählen, aber deswegen werden wir trotzdem im Munde der Bürgerlichen die jüdische Partei bleiben."

[9] K r a l i k , Karl Lueger 93.
[10] Sten. Prot., H. d. Abg., 14. Dez. 1891. Hier zit. nach: S k a l n i k , Kurt: Dr. Karl Lueger. Der Mann zwischen den Zeiten. Wien/München 1954, S. 134.
[11] K r a l i k , Karl Lueger 81 f. (Rede vom 14. Dez. 1891).

dueller Freiheit und Gleichheit quasi zu einer höheren Potenz erhoben worden war, bedeutete — und dies zeigt sich am Wiener Beispiel besonders deutlich — kein Problem rechtlicher Garantien allein. Ein Abkommen zwischen deutschen Christlichsozialen und Tschechen in der Reichshauptstadt mußte, als Vertrag zwischen Gleichen, von vornherein Fiktion bleiben, weil die deutsche Kommunalregierung kraft ihrer Verfügungsgewalt und kraft ihres Kapitaleigentums als nationale Mehrheit über unvergleichlich größere Machtchancen verfügte als etwa der „Komenský" oder der DONRČ, — um die entsprechenden Spitzenorganisationen der tschechischniederösterreichischen Selbstverwaltung zu nennen. Nun bildete aber gerade die Vorstellung der Wiener Tschechen über den im Staatsgrundgesetz verankerten spezifischen Gleichheitsbegriff der österreichischen Nationen den wesentlichsten übergeordneten Gesichtspunkt der nationalen Auseinandersetzung. Dabei betrachteten die Wiener Minderheitspolitiker das Streben nach Gleichheit mit den deutschen sozialen Schichten — z. B. was die Geltung der tschechischen Sprache in Schule, Kirche und Öffentlichkeit anbelangte[12] — m. E. weniger als positive Zeiterscheinung denn als negative Folge der sozialen Instabilität. Sie selbst hatten ja bereits einen Status erlangt, in ideologisch sublimierter Überschätzung bezeichneten sie ihre eigene Leistung und nicht die günstigen gesellschaftlichen Umstände als die Ursache für ihren Aufstieg[13]. Demzufolge verteidigten sie auch all das, was sie in ihre Stellung investiert hatten, gegen die obersten Ränge der lokalen politischen Hierarchie, d. h. gegen die Herrschaft Luegers und der Christlichsozialen im Gemeinderat und Landesparlament[14]. Im Hauptanliegen der nationalen Bewegung der Wiener Tschechen, dem durch Lueger nach 1897 politisch mehr und mehr entkräfteten ursprünglich liberalen Gedanken bürgerlicher Teilnahme- und Freiheitsrechte, kann man m. E. ein Beispiel dafür sehen, wie ein richtiges politisches Prinzip an seiner inneren Unvollkommenheit, am fehlenden Durchdenken seiner sozialen Implikationen und Konsequenzen gescheitert ist.

Wenn man sich, aufs Ganze gesehen, mit der Auskunft nicht zufrieden gibt, daß die besonderen persönlichen Wesenszüge des „Hexenmeisters von Wien"[15] den in seiner Ära relativ gemäßigten Verlauf der tschechischen Nationalpolitik bestimmt haben, so lassen sich auf der Ebene der „restriktiven Bedingungen", also des Zusammen-

---

[12] Vid. Denník Nr. 100 (20. 6. 1907). Offener Brief an Herrn Dr. Lueger. Siehe Anhang S. 552 f.

[13] „Die Tschechen in Wien stellen Ziegel her, bauen Häuser, richten Häuser ein und machen jegliche Tischlerarbeit ... der tschechische Schuster «beschuht» Wien, der tschechische Schneider näht die Kleider — wo sind, bitte sehr, die Wiener Deutschen? Wir müssen uns eigentlich um sie sorgen, wir ernähren und bekleiden sie." S u l í k , Proč máme vychovávati své děti v českých školách 6. — Auch Lueger baute dies in seine politische Konzeption ein, wenn er auf einer Wählerversammlung am 22. 2. 1899 sagte: „Ich erkenne an, daß die tschechische Nation eine außerordentlich tüchtige ist, so daß es ein großer Fehler mancher Politiker ist, die Tschechen gering zu schätzen." K r a l i k , Karl Lueger 234 f.

[14] Seit dem 4. November 1896 hatten die Christlichsozialen bereits die Majorität im Landtag. Das Wiener Tagblatt nennt Lueger bereits den „Herrn von Niederösterreich". K r a l i k , Karl Lueger 187.

[15] S k a l n i k , Kurt: Dr. Karl Lueger. Der Mann zwischen den Zeiten. Wien/München 1954, S. 73.

treffens bestimmter außerhalb seiner nationalen Offensivpolitik liegender Umstände, von denen Luegers praktische Aktivität ebenso wie die seiner Gegner ihren Ausgang genommen hat, folgende Thesen aufstellen, die freilich nicht nur den ursprünglichen deutsch-tschechischen Konflikt in der Donaustadt betreffen, sondern genauso gut noch auf die nachfolgenden letzten fünf Jahre vor dem Ausbruch des Ersten Weltkrieges anwendbar sind:

1) Die beiden Sozialordnungen — die aufstrebende Industriegesellschaft Wiens einerseits und die fortwährend zuströmenden tschechischen Arbeitssuchenden andererseits — schienen ein gewisses Maß an Koexistenz zu erlauben, denn: die durch die technische Zivilisation unstet gewordene großstädtische Umwelt verlangte von den Wiener Tschechen eine rasche, passive Anpassung im Sinne des „Arrangez-vous", der *Akkomodation*[16]. Nun mußte aber der tschechische Zuwanderer sich nicht nur den neuen Umweltbedingungen akkomodieren, d. h. passiv anpassen; er assimilierte sie **auch:** *Assimilation,* als das Aufnehmen äußerer Energie in den eigenen Haushalt und ihre Nutzung definiert, bedeutet im vorliegenden Zusammenhang: Wenn der tschechische Mitbürger beizeiten seine Erwartungen und Verhaltensnormen denen der christlichsozialen Mehrheit anglich, so konnte er, der anderenfalls sozial wie ökonomisch[17] und psychologisch[18] degradiert worden wäre, vielleicht sogar glauben, er habe selbst gewählt, wozu das Lueger-Regime ihn verdammt hatte: den Weg in die Abhängigkeit von den Verhaltensregeln, die der Geltungsanspruch des „deutschen Charakters der Stadt Wien" zum Gesetz erhob.

2) Der Ausbruch des militant-nationalen Konfliktes wurde durch den Mangel an verläßlichen Bindungen zwischen Wien und Prag mindestens ebensosehr geschwächt, wie er beispielsweise durch ein plötzliches Auftreten von harten ökonomischen Diskrepanzen innerhalb der Wiener Deutschen und Tschechen hätte begünstigt werden können. Hierbei zeigt sich ein Phänomen, das man in der Soziologie als „Kreislauf der Eliten"[19] definiert hat und das nicht ohne Wirkung auf die Ereignisse blieb: Die fähigsten und intelligentesten tschechischen Politiker Böhmens hatten es — wie deutscherseits Lueger in Wien — zu hohen Posten im Staatsapparat gebracht und ließen sich im wesentlichen von politischen, nicht von gesellschaftlichen Vorstellungen leiten. Wenn sie sich schon mit dem Bürgermeister beschäftigten, dann nicht mit seinem hintergründigen, weil auf den ersten Blick undurchschaubaren Verhältnis zu den gesellschaftlichen Mittel- und Unterschichten der Wiener Tschechen, die ja in der Perspektive der Vertreter Böhmens und Mährens als „Abgewanderte" nicht die unmittelbare Aufmerksamkeit für sich beanspruchen konnten. Ein Beispiel: Als im Jahre 1907 für die gesetzlich keinem Volksstamm angehörigen niederösterreichischen Tschechen die so brennende soziale Frage der rechtlichen Gleichstellung aller Bürger durch die Einführung des allgemeinen Wahlrechtes wesentlich

---

[16] Mitscherlich, Aggression und Anpassung 109 f.
[17] Zu den administrativen Benachteiligungen der Wiener Tschechen siehe oben S. 232—240.
[18] Dies fand auch Niederschlag in der deutschen Geschichtsschreibung: Kralik, Karl Lueger, 231: „Mit Recht wurde von christlichsozialer Seite die Kindlichkeit der Auffassung betont, als seien die Sprachen alle gleichwertig, die deutsche Kultursprache und das tschechische Idiom."
[19] Kirchhammer, Restriktive Bedingungen und revolutionäre Durchbrüche 40.

ausgeweitet und legislativ sanktioniert wurde, kam Masaryk in einer berühmten Parlamentsrede mit keinem Wort auf Luegers despotische Maßnahmen zur „Wahrung des deutschen Charakters" zu sprechen, sondern polemisierte stattdessen mit großangelegtem Pathos nur gegen dessen Kulturpolitik „im Namen der Religion", die er als „Philosophie des höchsten Heurigen" und als „Rathauskellertheologie" bezeichnete[20]. Lueger — so argumentierte er — könne durch Ausnützung der Staatsgewalt zwar ein „Matrikelchristentum" stärken, das wahre Christentum jedoch dadurch keinesfalls begünstigen.

3) Die buntscheckige Versammlung der Wiener tschechischen Nationalisten selbst, bestehend aus Gewerbetreibenden, Lehrern, Fabriksarbeitern, Journalisten und Rechtsanwälten, besaß, was ihren Begriff von der tschechischen Gesellschaft in Wien anlangte, keinen verläßlichen Zusammenhalt, weil sich die ideologischen „Selbstverwaltungs"-Argumente in der Praxis nicht auf einen gemeinsamen Nenner bringen ließen. Die Theoreme der Nation als etwas grundsätzlich Einheitlichem hatten — trotz ihrer häufigen Verwendung — nur ein schwaches Leben; sie bedienten sich irrationaler und emotioneller Methoden und konnten auf diese Weise die grundlegenden Probleme der Sozialstruktur des Wiener Tschechentums nur verdecken, aber nicht lösen[21]. Es bedurfte keiner Führerpersönlichkeit vom Typ eines Lueger, um es offenkundig werden zu lassen, daß man aus der Ideologie der tschechischen Nation keine endgültigen Schlüsse auf ihr Verhalten im fremden Milieu der Reichshauptstadt ziehen konnte.

4) Schließlich muß festgehalten werden, daß die lokalen tschechischen Kontrahenten des Wiener „Stadtgottes", wie ihn sogar die liberalen „Münchner Nachrichten" nannten[22], nur individuell mobil waren, sie planten allenfalls in kleinen Freundeskreisen. In der Regel hielten sie ihr Engagement weitgehend geheim und warteten in der Anonymität auf den Tag der Veränderung. Daß sich Luegers Diktatur vom „deutschen Charakter Wiens" wirklich demokratisieren würde, glaubte niemand von ihnen [23]. Noch im Jahre 1908 schrieb der politisch indifferente „Akademický spolek" in der Festschrift zu seiner Fünfzigjahrfeier, die beiden erfolgreichsten Tyrannen der Wiener Tschechen seien Lueger und der Alkohol[24]. Um jedoch von sich aus, gleichsam als „Personifikation sozial hintangesetzter Kategorien" eine

---

[20] RR-Prot. XVIII/39 (3. Dez. 1907) 2872—2881, hier S. 2879.
[21] Dies klingt meistens so: „Solange das tschechische Geschlecht in der eigenen Metropole des Reiches und in ganz Niederösterreich nicht gehörig respektiert wird, solange es hier nur ein geduldetes Stiefkind sein wird, ohne Anerkennung, systematisch verfolgt und überall und in allem stets unterdrückt, solange nicht auf die Dauer die Bedingungen für die eigene Existenz und für seine weitere Entwicklung sichergestellt sind, solange seine nur gerechten Ansprüche und Bestrebungen ins Leere gehen, solange wird selbstverständlich auch in Zukunft das gesamte tschechische Volk als minderwertig betrachtet werden und solange werden es seine verbissenen Feinde wagen, ihm auch für die Zukunft seine klare Gleichberechtigung abzusprechen." Víd. Denník Nr. 1 (17. 2. 1907) Leitartikel „An die niederösterreichischen Tschechen und ihre Freunde".
[22] Zit. nach K u p p e, Rudolf: Karl Lueger und seine Zeit. Wien 1933, S. 539.
[23] Víd. Denník Nr. 70 (14. 5. 1907), S. 2: „Von Lueger werden wir keine tschechischen Schulen mehr bekommen, die müssen wir uns selbst erkämpfen."
[24] S u c z e k, Jindřich: Vídeňské češství a abstinence [Das Wiener Tschechentum und die Abstinenz]. In: Almanach Akademického spolku 95 ff., hier S. 96.

ernsthafte Krise in der Reichshauptstadt auslösen zu können, dazu waren die Wiener Tschechen viel zu desintegriert. Sie wollten Sand im Getriebe der nationalistischen Maschinerie Luegers sein und streuten sich durch ihre fortwährenden Streitigkeiten selber Sand in die Augen[25]. Im Grunde waren sie voller Mißtrauen gegen alle oppositionellen Kräfte aus dem eigenen Lager und verhielten sich deshalb insoweit opportunistisch, als sie ihr persönliches Risiko kalkulierbar niedrig hielten. Zur Schaffung auch nur annähernder Gleichheit der Ausgangschancen gegenüber dem deutschen Sozialgefüge zogen sie sich in das Gehäuse ihrer Organisationen zurück. Der für sie wichtigste gemeinsame Nenner waren die wenigen politischen Vereine und die Gewerkschaften. Dagegen mußte die soziale Bedeutung der zahlreichen Gesangs-, Radfahr- und Rauchervereine, Kegel-, Schwerathleten- und anderer Geselligkeitsklubs äußerst zweifelhaft bleiben. Diese Korporationen zählten gewiß sehr viele Mitglieder, aber man vermag nicht zu erkennen, wie sie als Vermittler zwischen den tschechischen Nationalpolitikern und den einzelnen Wiener Tschechen, es sei denn in sehr engen Grenzen, funktionieren sollten. Wenn sie alle die nationale Ideologie rasch übernahmen, so hat dies freilich seine Gründe gehabt: Die intensive Beschäftigung mit Hobbies — oft nur eine besondere Form der Flucht vor der politischen Realität[26] — perpetuierte und begünstigte die politische Ignoranz. Solche Weltfremdheit war schuld daran, daß die Wiener Tschechen damals zwar über einen „Komenský", einen Nationalrat und andere rein politische Institutionen verfügten, aber keine ausreichend intakten beruflichen und wirtschaftlichen Selbsthilfeorganisationen besaßen, die einen politischen Kontrapunkt zu Lueger hätten abgeben können.

Aus den oben angeführten Punkten läßt sich folgendes Fazit für die Aktions- und Reaktionsketten der deutsch-tschechischen Nationalpolitik in der Ära Lueger ziehen: Die Wiener Tschechen haben es verabsäumt, den Bereich ihrer nationalpolitischen Möglichkeiten voll auszuschöpfen, sei es, weil es ihnen an Entschlußkraft zur Revolte gebrach, sei es aufgrund der gesellschaftlichen Voraussetzungen, und deshalb konnten sie den Gang der Ereignisse nicht korrigieren. Einmal an die Wand gespielt, gelang es ihnen nicht mehr, einen auch nur geringfügigen Wandel der politischen Verhältnisse herbeizuführen. Das war kein Zufall. Als politische Gruppe, die den Durchbruch nicht schaffte, blieben sie isoliert und hatten keine Chancen, ihren Einfluß zu mehren, sie wurden Objekt statt Subjekt des politischen Prozesses. Dies fand seinen Ausdruck u. a. auch in den Methoden des Widerstandes[27] gegen das Wiener Rathaus. Wie bereits an mehreren Beispielen gezeigt wurde, beschränkten sich die nationalen Kampfmethoden ausschließlich auf die Kategorie des „verbalen

---

[25] Vid. Denník Nr. 43 (10. 4. 1907) Leitartikel „Ein guter Rat": „und es klingt in unserem geheiligten Widerstand schon wieder ein trauriger Ton mit... Zersplitterung, Teilung zum eigenen Schaden und, was schlimmer ist, wiederum zum Gespött unserer Erzfeinde!"
[26] K i r c h h a m m e r, Otto: Privatmensch und Gesellschaft. In: D e r s .: Politische Herrschaft 92—118, hier S. 110.
[27] Anregende Überlegungen bei: S c h ü t z e, Bernhard: Rekonstruktion der Freiheit. Die politischen Oppositionsbewegungen in Spanien. Frankfurt/M. 1969 (Ed. Suhrkamp 298), hier bes. S. 90—97.

Protestes"[28] und dies weist sehr deutlich aus, daß es sich vorwiegend um heimliche, von Mißtrauen umgebene Einzelvorstöße handelte. Auch Lueger wußte es ganz genau, daß es nur wenige nationale Fanatiker waren, die auf seine Herausforderungen — z. B. das Gemeindestatut — reagierten und daß das Schwergewicht ihrer offenen und versteckten Klagen und Drohungen auf Plakate, Flugblätter, Broschüren, Protestbriefe, Resolutionen und auf die Veranstaltung von „Katzenmusik" beschränkt blieb. Im Januar 1898 betonte er dies auch vor dem niederösterreichischen Landtag: Seiner Ansicht nach sei „mit Ausnahme einiger kompletter Narren" die slawische Bevölkerung vom nationalen Verhetzungsfieber noch nicht ergriffen, im Gegenteil: der eingewanderte Slawe suche sich den Gewohnheiten und Sitten der Sprache anzupassen[29]. Auch gegenüber seinem Wählerpublikum hatte er die Dinge durchaus im richtigen Maß gelassen: „Narren gibt es überall. Es gibt deutsche Narren, böhmische Narren..."[30]. Hier muß nun allerdings eine Frage wach werden, die an den Einwand anknüpft, daß damals, also 1898/99 die Aktion der Lex Kolisko immerhin schon über zwei Jahre im Gange war und daß Lueger zu diesem Zeitpunkt auch bereits den Plan zum Gemeindestatut im Schilde führte[31]. Beides waren jedoch Maßnahmen, die sich zum wenigsten gegen einzelne unliebsame Störenfriede, sondern vielmehr gegen ausgesprochen soziale Kollektivinteressen richteten, nämlich gegen die der deutschen Sprache zunächst noch unkundigen, größtenteils nach Böhmen und Mähren zuständigen tschechischen Schulkinder und gegen die bei der Stadtverwaltung oder überhaupt in Wien arbeitsuchenden tschechischen Neubürger. Wozu also „Lex" und Gemeindestatut, wenn bei der mangelnden nationalen Aktivierung von seiten der Wiener Tschechen ohnehin nichts für den „deutschen Charakter" der Reichshauptstadt zu befürchten war? Die vorläufige Antwort kann zunächst etwa so formuliert werden: Eingangs wurde die

---

[28] Z. B. Nö. Präs. J 12, 4521 (1899) Flugblätter. — Angriffe in Wiener tschechischen Zeitungen: z. B. Víd. Denník Nr. 70 (14. 5. 1907), S. 2: „Nur ein Schuft ehrt seine Muttersprache nicht." — Česká Vídeň Nr. 44 (28. 10. 1905): Kritik an Luegers Vortrag zur Wahlreform, der eine, für die fluktuierenden Wiener Tschechen ungünstige zehnjährige Ansässigkeit forderte. Hierzu auch: Děl. Listy Nr. 191 (29. 11. 1900). — Ferner Děl. Listy Nr. 102 (4. 5. 1907): Zu einem Gedicht im Wiener „Věstník": „Lassen wir uns nicht länger von den Lueger-Leuten versklaven!" — Kritik aus böhmischen Zeitungen: Český Dělník vom 6. 1. 1899. — „Politik" vom 18. 11. 1900 (Zum Wahlaufruf der Tschechen in Niederösterreich). — Sonstiges Schrifttum: z. B. Hůrecký [Drozda]: Čeho nám třeba 6 f. — Aber: Es wäre immerhin denkbar, daß die Wiener Tschechen durch aktiven Protest, durch Streik in Fabriken und Ämtern, durch Straßenkrawalle, durch Beeinflussung der böhmischen Politiker oder durch attraktive eigene Spar- und Vorschußkassen etc. den von ihnen durch den „verbalen Protest" nicht erzielten Status der „Volksgruppe" eher erreicht hätten.

[29] Kralik, Karl Lueger 212.

[30] Ebenda 161. Ähnliches äußerte Lueger in der Gemeinderatssitzung vom 17. 1. 1899, AB Nr. 6 (20. 1. 1899) 174: „Es gibt selbstverständlich überall Personen, denen die Aufrechterhaltung der Ruhe und Ordnung höchst unangenehm ist... Diesen Agitatoren wird mit aller Entschiedenheit entgegengetreten werden (Bravo! rechts), und ich habe auch — ich gestehe es — das beruhigende Gefühl, daß die weitaus größte Zahl der in Wien lebenden Tschechen sich an dieser Bewegung nicht beteiligt, sondern dieselbe sogar verurteilt hat." Ferner: GRS vom 3. 11. 1898, AB Nr. 89 (8. 11. 1898) 2855.

[31] Siehe oben S. 293 f.

gesellschaftliche Bedingtheit und zeitgeschichtliche Bestimmtheit des Individuums zur Arbeitshypothese erklärt. Damit rückt nun Luegers Verhältnis zum Zeitgeist, hier speziell zum Nationalismus in den Mittelpunkt der Untersuchung. Die Frage lautet, inwiefern der Bürgermeister selbst für den Verlauf des nationalen Kampfes der Wiener Tschechen haftbar zu machen ist.

Luegers vorzügliche Reden im Gemeinderat und auf den Versammlungen der politischen Wählervereine bilden eine Fundgrube für den Historiker, der im politischen Detail das Bezeichnende zu erkennen vermag[32]. Sie sind darüberhinaus eine aufschlußreiche Lektüre für jeden, dem das bisherige Luegerbild nicht genügt, das — wie alle wichtigeren Biographien über ihn vom christlichsozialen Standpunkt aus gezeichnet[33] — die nationale Seite seiner Kommunalpolitik vernachlässigt oder unzulässig vereinfacht. Freilich muß man sich davor in acht nehmen, Luegers Äußerungen für das Spiegelbild des normalen Wiener Lebens zu halten. Sie waren wohl nicht einmal Spiegelbild des normalen politischen Lebens der Vielvölkermetropole, denn die Tschechenfrage gelangte bloß bei bestimmten Anlässen und dann nur hinter den Kulissen des Rathauses zur unmittelbaren Behandlung.

Seit 1889 etwa trat Lueger den Wiener Tschechen gegenüber häufiger in Aktion und zwar bereits als der zukunftsverheißende „Volkstribun"[34], der werbend, überredend, einschüchternd und verführend alle seine Künste spielen ließ. Zu jener Zeit war er zwar noch nicht der populäre „schöne Karl", sondern zunächst nur ein ehrgeiziger, um Macht und Anerkennung ringender Reichsratsabgeordneter, doch mit der vordergründigen Jovialität des alten Taktikers verstand er es schon damals, die für die Wiener Tschechen unangenehme Kernfrage, das Prinzip vom „deutschen Charakter der Stadt Wien" propagandistisch wirkungsvoll in den Vordergrund zu spielen: Am 2. Oktober 1889 erklärte er im Christlichsozialen Verein: „Ich habe nichts dagegen, daß das ‚Volksblatt' gegen tschechische Bestrebungen ankämpft. Tschechen beschimpfen auch die Deutschen. Das ‚Deutsche Volksblatt'[35] möge aber nicht das tschechische Volk als solches beschimpfen. Es möge gegen Dr. Grégr ankämpfen, aber nicht gegen die hier in Wien lebenden Tschechen, welche ja den deutschen Charakter Wiens anerkennen"[36]. Als historisch denkender Politiker war

---

[32] Unter diesem Gesichtspunkt ist die ausgedehnte Verwendung von Zitaten zu werten, die als besonders geeignetes Mittel erschien, die Zusammenhänge zwischen Lueger und der tschechischen Nationalpolitik so objektiv und einfach wie möglich darzustellen.
[33] Hierzu: K a n n , Das Nationalitätenproblem I, 381 Anm. 106.
[34] K u p p e , Karl Lueger 428.
[35] Die Wahlagitation Luegers war wohldurchdacht: „Rettung des Kleingewerbes" und „Wiederfüllung der Kirchen" lauteten die Parolen. Die Gewerbegesetznovelle, die den Gewerbegenossenschaften sehr viele Rechte eingeräumt hatte, bot die Handhabe, die neuen „Zünfte" zur Wahlarbeit heranzuziehen. Das jüdische Großkapital, hieß es, bringe das Gewerbe um, deshalb kauften sich die Kleingewerbegenossenschaften das „Deutsche Volksblatt" in der Weise, daß sie einzeln mit dessen Herausgeber Vergani Verträge abschlossen, nach denen das Blatt jede von ihnen gewünschte Publikation ungekürzt bringen und überhaupt im kleingewerblichen Sinn schreiben mußte. K i e l m a n n s e g g , Erich Graf: Kaiserhaus, Staatsmänner und Politiker. Aufzeichnungen des k. k. Statthalters Erich Graf Kielmannsegg. Mit einer Einleitung von Walter G o l d i n g e r . Wien/München 1966, S. 379.
[36] K r a l i k , Karl Lueger 45.

er sich offenbar gleichzeitig auch sehr wohl darüber im klaren, daß das Schicksal eines bedeutenden Prozentsatzes der Wiener Tschechen — ungeachtet des äußeren deutschen Milieus — an das der böhmischen Bevölkerung in den Kronländern gebunden bleiben würde, aber er verzichtete noch darauf, diesbezüglich in seinen Reden prophylaktische Barrieren für die Residenzstadt aufzubauen. Am 14. Dezember 1893, anläßlich der Ausnahmeverfügungen in Prag, betonte er im Reichsrat: „Das tschechische Volk ist treu dem Kaisertum Österreich, aber auch dem Königreich Böhmen, und darin liegt kein Gegensatz"[37]. Zunächst einmal schien also ein demokratisches System, das versuchen würde, die politische Instabilität, die sich aufgrund der rapide anwachsenden tschechischen Bevölkerung Wiens bemerkbar gemacht hatte, durch einige Konzessionen auszugleichen ebenso möglich, wie die totale Diskriminierung und Unterordnung. Je mehr Lueger ans Ruder kam — und seit 1893, dem Jahr, in dem er auch Stadtrat wurde, kann man von einer organisatorisch selbständigen christlichsozialen Partei sprechen[38] — umso weniger hielt er mit seinen wirklichen Absichten hinter dem Berg. Am Siegesfest der Wahlergebnisse im September 1895 steckte er die künftige Richtung vor der Öffentlichkeit ab: „Zwei Gedanken waren es, welche unsere Partei zum Sieg geführt haben: der christliche und der nationale Gedanke. In diesem Geist soll das Werk weitergebaut werden"[39]. In jener ganzen Periode merkt man jedoch immer noch: Er weiß genau, was er tun muß, um nicht den Kontakt zu dem Gros seiner tschechischen Anhänger zu verlieren: die Möglichkeiten einer Verhandlungsgrundlage wurden durch sein damaliges Verhalten noch in keiner Hinsicht torpediert. Auf den Wählerversammlungen am 23. und 24. Juli 1895 im tschechenreichsten Favoritener Bezirk fand dies deutlich in den Worten Ausdruck: „Ich hätte den Wunsch, daß die Slawen in diesem Bezirk gemeinsame Sache mit den Antisemiten machen; wenn wir den deutschen Charakter der Stadt Wien verteidigten ist es nie mit Feindseligkeiten gegen die Slawen geschehen. Wir wollen nur, daß unsere Stadt nicht eine zweisprachige Stadt wird"[40]. Beachtenswert ist jedoch, wieviel Lueger schon damals über das erste Erfordernis seiner nationalen Politik, die Zementierung des deutschen Charakters der Stadt Wien, gesprochen hat und es ist von hohem Interesse zu erfahren, wieviel von diesem Programm schon vor seiner Wahl zum Bürgermeister bis in Einzelheiten hinein feststand, ja, wie bald er die Rollen mit den Deutschnationalen tauschte, die hierzu die Initialzündung ausgelöst hatten. 1896, ein Jahr, nachdem das Ende der liberalen Partei besiegelt und ein Jahr, bevor Lueger zum Bürgermeister gewählt wurde, lag das Verhältnis des Gemeinderates zum Wiener Tschechentum im Grunde bereits offen da, wenngleich auch hier davor gewarnt werden soll, aus der Ideologie der Lueger-Partei schon gleich endgültige Schlüsse auf ihr Verhalten ziehen zu wollen. Lueger sagte damals im „Deutschen Verein": „Ich hoffe, daß bis in einem Jahr jeder Deutschnationale im Gemeinderat christlichsozial und jeder Christlich-

---

[37] Ebenda 126 f. (Ähnliches am 13. Oktober 1893, ebenfalls im Reichsrat; ebenda 121).
[38] Schnee, Karl Lueger 54.
[39] Kralik, Karl Lueger 163. — Am 10. Juli 1895 stimmten die Antisemiten als „gute Deutsche" auch gegen das slowenische Gymnasium in Cilli.
[40] Ebenda 160.

soziale deutschnational sein wird. Man wird dann von diesen Unterschieden nicht mehr sprechen"[41]. Auch fünf Tage später auf einer Floridsdorfer Versammlung meinte Lueger, es sei eigentlich kein Unterschied zwischen christlichsozial und deutschnational. Von da an hatte er diese Wortkombination und ihren Bedeutungsgehalt für sich gepachtet, hiermit bestimmte er die Tagesordnung der Politik aller Wiener Tschechen und gab dieses Privileg nicht wieder her[42]. Seine vernichtende Kritik an Schönerer und Wolf auf einer Kundgebung im Musikvereinssaal im Mai 1896 steht mit am Anfang des kommunalpolitischen Bremsklotzes, der in den nächsten dreizehn Jahren das deutsch-tschechische Verständigungsvehikel blockierte, so daß es durch nichts mehr in Gang zu bringen war: „Ich bin ein national gesinnter Mann. Ich war es, der den nationalen Frieden in Wien erhalten hat und hierdurch allein habe ich mir um das Deutschtum mehr Verdienste erworben als alle jene, die fortwährend das Wort deutschnational im Mund führen"[43]. Lueger hat jedoch nirgends gesagt, daß diese „Verdienste" in seiner Sozialpolitik — und nicht in der „Wahrung des deutschen Charakters" — lagen; vielleicht hat er diesen Zusammenhang gar nicht erkannt.

Mit den Badenischen Sprachenverordnungen hatte die christlichsoziale Bewegung den bedeutsamen und folgenschweren Schritt von einer übernationalen zu einer deutschen Partei endgültig vollzogen. Ob sie allerdings dazu „gezwungen" wurde, wie Sutter schreibt[44], hängt mit der Frage zusammen, ob Lueger in einer so aufgeheizten Atmosphäre noch gangbare Wege zur Verfügung standen, nachdem er bereits zwei Jahre vor Badeni den positiven Ansätzen vom Anfang der 90er Jahre den Rücken gekehrt hatte. So ist es gewiß kein Zufall, daß der Mann, der seine politische Stellung „eben nicht eine Frage von rein örtlicher, sondern vielmehr eine solche von weittragender Bedeutung in wirtschaftlicher und politischer Beziehung"[45] nannte, seine „teutonischen" und nationalistisch-befangenen Ansichten, die zur inneren Zersetzung der Vielvölkermetropole beitrugen, beim Thema Wiener Tschechen apodiktisch in den Vordergrund drängte: „Germanen sind diejenigen, ... die, ich möchte sagen von Uranbeginn in deutschem Wesen, deutscher Art und

---

[41] E b e n d a 180 (6. 6. 1896). — Das Folgende vom 11. 6. 1896.
[42] Z. B. GRS vom 30. 10. 1908, AB Nr. 88 (3. 11. 1908) 2555: „Meine Herren, Sie erlauben mir eine kleine Bemerkung: Wollten Sie nicht die Güte haben, die Nationalitätenangelegenheit mir zu überlassen?" — GRS vom 17. 1. 1899, AB Nr. 6 (20. 1. 1899) 174: Zur Aufrechterhaltung des deutschen Charakters der Stadt Wien: „Dieser Aufgabe werde ich, solange ich Bürgermeister der Stadt Wien bin, auch gerecht werden und ich brauche dazu nicht die geringste Belehrung." — GRS vom 20. 10. 1899, AB Nr. 85 (24. 10. 1899) 2478: „Mit solchen lächerlichen Dingen schützt man das Deutschtum nicht. Das soll mir gefälligst der Herr Dr. Förster überlassen. Das verstehe ich besser wie er." — GRS vom 23. 9. 1898, AB Nr. 77 (27. 9. 1898) 2421: „Zur Wahrung des deutschen Charakters brauche ich keine Mahnung. Ich werde in dieser Beziehung immer meine Pflicht erfüllen."
[43] K r a l i k , Karl Lueger 178. Zu Schönerer und Wolf auch S. 215 (Wählerversammlung vom 24. 3. 1898): „Das sind keine Deutschen, sondern politische Hanswurste." — GRS vom 23. 9. 1898, AB Nr. 77 (27. 9. 1898) 2421: Vorwurf Luegers, die Deutschnationalen würden mit dem Ernst nur Spott treiben.
[44] S u t t e r , Die Badenischen Sprachenverordnungen von 1897, Bd. 2, S. 378 f.
[45] M a c k , Eugen: Dr. Karl Lueger, der Bürgermeister von Wien 19.

Sitte wurzeln, die wirklich dem deutschen Volke entsprossen sind. Die Mutter Germania ist reich genug und braucht nicht die Ableger der anderen Nationen (stürmischer Beifall links). Die braucht sie nicht, wir sind uns selbst genug und werden uns unsere eigene Nation zu wahren wissen; wir brauchen das Renegatentum, welches sich so hervordrängt, nicht, wir sind uns selbst genug und verzichten auf Euere Hilfe ... Mit dem Dr. Lueger kommen Sie in punkto Deutschtum nicht auf. Ich stamme (Widerspruch rechts), ich bin stolz darauf, aus altem deutschem Bauerngeschlecht zu stammen, Sie wissen es ja auch ganz gut, daß ich aus altem deutschem Geschlechte stamme. (neuerliche Zwischenrufe rechts). Jawohl ..."[46]. Wußte er es — wie diese Rede vom Oktober 1897 mit all ihrer verbalen Inkonzilianz zeigt — wirklich nicht besser? Handelte er bei den Wiener Tschechen nur nach dem Grundsatz: Die Kulissen haben wir Deutschen gemacht? Schon 1890 schwor er auch die Frauen auf seine Linie ein, indem er im Politischen Fortschritts-Verein „Eintracht" erklärte: „Treu mit uns, wie echt germanische Frauen, haben unsere Frauen mitgekämpft"[47]. Auch hierbei zeigt es sich, daß die Wiener tschechische Nationalpolitik niemals in Konkurrenz, sondern nur in höchst fragiler Konfrontation zum Wiener deutschen Bürgertum stehen konnte. Denn während auf christlichsozialer Seite bezirksweise gegliedert zahlreiche Frauenvereine — scherzhaft das Luegerische Amazonenkorps genannt — mit dem Zweck entstanden, die Luegerpartei durch Agitation in den Familien zu fördern[48], war die Zahl der um die Jahrhundertwende nationalpolitisch in den Sokolvereinen Wiens engagierten Tschechinnen auf 141 Mitglieder in insgesamt neun Organisationen beschränkt[49]. Hart und unbequem für alle, die sich ihm in den Weg stellten, hatte sich Lueger also längst vor seiner Wahl zum Bürgermeister am 20. April 1897 als Repräsentant von Interessen ausgewiesen, die sehr wohl auch ohne Demokratie existieren konnten. Sein Schiff mußte nur zu bald zwischen tschechische Klippen steuern, wenn er, auf die Politik seiner vorbürgermeisterlichen Jahre anspielend, im Oktober 1897 dem Antisemiten Karl Fochler im Gemeinderat entgegenhielt: „Ich bin stolz darauf, daß ich das Deutschtum in Wien erhalten habe; nicht er [= Fochler] und seine Parteigenossen haben es getan ... Gewisse Schreier, Herr Dr. Fochler, haben nur dazu beigetragen, daß man in Böhmen Wahlbezirk um Wahlbezirk verloren hat, daß das Deutschtum durch gewisse Leute geschmälert und geschwächt worden ist"[50]. Dieser Seitenblick nach den böhmischen Verhältnissen, zu einer Zeit, in der Luegers Absicherungsbestreben durch das Gemeindestatut vom „deutschen Charakter" immer konkretere Gestalt annahm, findet sich auch noch in einer Äußerung vor dem Gemeinderat am 19. Juli 1898 wieder: „Ich muß zuerst zurückweisen, daß die Deutschen in Niederösterreich weniger stramm und energisch in der Abwehr frem-

---

[46] GRS vom 22. 10. 1897, AB Nr. 86 (26. 10. 1897) 2151 ff. — Siehe Anhang S. 524 f.
[47] K r a l i k, Karl Lueger 63 (3. 11. 1890).
[48] K i e l m a n n s e g g, Kaiserhaus, Staatsmänner und Politiker 386.
[49] S o u k u p, Česká menšina 455. Von amtlich i. J. 1900 gezählten 48 922 tschechischen Frauen.
[50] Siehe Anm. 46. — Lueger spielt hier auf die antisemitische Propaganda in Böhmen an, die viele Juden zum Rückzug aus den deutschen Vereinen zwang und finanziell die Stellung des Deutschtums schwächte.

der Aspirationen sind als die Deutschen in Böhmen, Mähren, Schlesien. Ich glaube, daß wir geradeso stramm und energisch sind"[51]. Angesichts dieser in deutschnationaler Abwehrpsychose durchschnittenen Bindungen zwischen den beiden Volkskörpern mußten politische Faktoren wie z. B. das erfolgreiche Bestehen einer tschechischen Privatschule in Wien eine gefährliche Reibungszone bilden. In einer Gesellschaft mit einfacher Herrschaftsstruktur beruht ja die offizielle Macht vor allem auf der Bereitschaft aller Beteiligten, sich an die Abkommen zu halten, die ihre politischen Vertreter geschlossen haben. Wenn Lueger noch im Jahre 1894 zur Kandidatur seines tschechischen Freundes, des Schuhmachers Bitza gesagt hatte: „Ich erkläre, ein ehrlicher Tscheche ist mir so lieb als ein ehrlicher Deutscher"[52], so war es 1899 auf dem 6. Allgemeinen Österreichischen Gewerbetag nur noch berechnendes Täuschungsmanöver gegenüber den Massen, zu behaupten: „Ich spreche zu jenen, denen das Vaterland Österreich am Herzen liegt; der Deutsche bleibt Deutscher, der Slawe ein Slawe" (— und der Wiener Slawe? so möchte man fragen —), „welche aber alle ein gemeinsames Gefühl und Interesse haben"[53]. Während die Tschechen aus den Kronländern im Gegensatz zu den übrigen Nationen damals bereits aus Opposition dem Gewerbetag ferngeblieben waren, hatten sich jedoch die Wiener tschechischen Christlichsozialen laut „Reichspost" auch noch in diesem Jahr für eine Einigung mit den Deutschen ausgesprochen[54], und das, obwohl ihnen schon der Boden unter den Füßen weggezogen war. Denn bei Lueger blieb den tschechischen Wählerschichten nur die eine Möglichkeit, deutschnationale Christlichsoziale zu werden. In Fällen, in denen die Identifikation mit dem neuen Status funktionierte, vergrößerte sich freilich der soziale Spielraum der Betroffenen in erstaunlicher Weise. Typische Beispiele hierfür sind seine tschechischen Parteifreunde und engen Vertrauten Bielohlawek und Pumerer, der eine brachte es als Stadtrat und Landesausschußmitglied zu Amt und Würden, der andere konnte es sich erlauben, als Luegers Kämmerer bei Rathausaudienzen mit den tschechischen Reichsratsabgeordneten sogar in der Muttersprache zu verhandeln[55]. Lueger war hier großzügig, er setzte ganz bewußt kleine Leute in relativ hohe Positionen und verhalf früher Unbekannten vor allem auch Tschechen, zu öffentlichem Ansehen. So schuf er sich eine ergebene Garde, die sich willenlos seinen Winken fügte. Er war auch kein Grübler; die Oberflächlichkeit, mit der er Probleme, die sich hinter einer Fassade verbargen, abzutun pflegte, erlaubt diese Schlußfolgerung. Alles lief auf ein einfaches Rechenexempel hinaus, für das Wiener Tschechentum auf eine Gleichung, in der es keine Unbekannte gab: „... Es ist schwer, ein Kriterium zu finden,

---

[51] GRS vom 19. 7. 1898, AB Nr. 58 (22. 7. 1898) 1951.
[52] K r a l i k , Karl Lueger 136.
[53] E b e n d a 250 f. (8. 9. 1899).
[54] E b e n d a 235. — „Reichspost" vom 1. 3. 1899.
[55] Zu Bielohlawek: S e t o n - W a t s o n , Robert William: A History of the Czechs and Slovaks. Hamden, Connecticut 1965, S. 232 und M a c h á t , Naši ve Vídni 339. — Zu Pumerer: H r u b a n , Mořic: Z časů nedlouho zašlých [Aus jüngst vergangenen Zeiten]. Bearb. v. Jan Drábek. Rom/Los Angeles 1967, S. 144 f. — Dagegen verbot Lueger als Vorsitzender einer Versammlung am 7. 8. 1895 einem tschechischen Referenten, tschechisch zu sprechen, da nur die deutsche Sprache die amtliche sei. K r a l i k , Karl Lueger 160.

wer denn ein Deutscher ist. Vielleicht nach der Nase? Es gibt Deutsche genug, die
böhmische Nasen haben und auch umgekehrt Böhmen[56], die deutsche Nasen haben.
Oder vielleicht nach dem Namen? Da müßte man manche Schönerianer ausweisen,
z. B. Tomanek. Bis zu seinem sechsten Jahr hat er noch nicht deutsch gekonnt und
jetzt ist er ein Riesengermane. In unserer Partei sind viele Tschechen, sie fühlen sich
aber als Wiener und als Deutsche. Wenn wir sie aber beschimpfen, als minder-
wertige Leute, dann würden sie sich umso fester in den Mantel ihrer Nationalität
hüllen"[57]. Daß es allerdings genügend Tschechen gab, die nicht christlichsoziales
Parteimitglied waren und die sich als Tschechen und trotzdem auch als Wiener
fühlten — davon sprach Lueger nicht. Lag die Schwierigkeit darin, ein Kriterium
zu finden, wer denn ein *Wiener* war? Für Lueger schwerlich, da von ihm auch die
Äußerung überliefert ist: „Wer ein Jud ist, das bestimme ich"[58].

Die Frage, ob sich der nationale Friede in Wien hätte retten lassen, wenn auf
Luegers Seite ein Bruchteil von Verständigungsbereitschaft fürs Tschechentum bestanden hätte, ist naturgemäß spekulativ. Gleichwohl ist es von Interesse, die
positiven Möglichkeiten vom Blickpunkt seiner deutschen Zeitgenossen her ins
Auge zu fassen, da sie vielleicht einige neue Fakten und Nuancen zu diesem Sachverhalt beisteuern können. Unter den Memoiren, die gerade dank ihrer Subjektivi-
tät besonders eingängig historische Atmosphäre zu vermitteln imstande sind, sollen
zuerst die vom niederösterreichischen Statthalter Kielmannsegg im Ruhestand —
also ca. 1912 — verfaßten Erinnerungen erwähnt werden. Dem Grafen sind die

---

[56] Als Lueger im Gemeinderat zurechtgewiesen wurde, von den Tschechen nicht als „Böhmen" zu sprechen, da es auch deutsche Böhmen gebe, entgegnete er mit dem ihm bei
nationalpolitischen Quisquilien eigenen Zynismus und auf seine Volkstümlichkeit anspielend: „Ich könnte mich ja darauf ausreden, daß von Seite eines verfassungsfreund-
lichen Ministeriums... angeordnet worden ist, daß die tschechische Sprache mit dem
Wort „böhmische Sprache" zu bezeichnen ist. Also ich könnte mich darauf ausreden, tue
es aber nicht, sondern lade nur den geehrten Herrn Antragsteller ein, er möge Wienerisch
lernen, und dann wird er wissen, daß man in Wien unter «Böhm» immer den Böhmen
versteht, der nicht deutsch kann (Heiterkeit) und unter «böhmisch» die in Böhmen
übliche tschechische Sprache. Mir schlägt hie und da der Wiener ins Genick. Ich bitte
vielmals um Verzeihung, daß ich das Wort böhmisch gebraucht habe. Ich werde in Hinkunft nur mit Tschechen reden, wenn auch die Leute nicht verstehen, was gemeint ist."
GRS vom 22. 9. 1899, AB Nr. 77 (26. 9. 1899) 2255.
[57] K r a l i k , Karl Lueger 233 (Wählerversammlung vom 11. 2. 1899).
[58] S k a l n i k , Dr. Karl Lueger 82. — Parallelen zu den Juden Wiens sind aus drei weiteren Gründen interessant: 1. Die Juden bildeten um die Jahrhundertwende $^1/_{10}$, die
Tschechen 7,2 % der Wiener Bevölkerung. K r a l i k , Karl Lueger 199. — 2. Lueger
hatte im Kreis seiner engsten Vertrauten nicht nur Tschechen, sondern noch mehr Juden:
Gessmann, Rudolf Singer-Sieghart, August Lohnstein und Vizebürgermeister Porzer.
D. L. Nr. 85, 13. 4. 1907. K i e l m a n n s e g g , Kaiserhaus 398: „Ironie des Schick-
sals." — S c h n i t z l e r , Arthur: Jugend in Wien. Eine Autobiographie. Hrsg. von
Therese Nickl und Heinrich Schnitzler. Mit einem Nachwort von Friedrich Torberg.
(dtv 775). München 1971, S. 129: „Mir galt das immer als der stärkste Beweis seiner
moralischen Fragwürdigkeit." — 3. Lueger kandidierte bei den Reichsratswahlen 1885
nicht nur für den V., sondern auch für den II. Bezirk, wo ihm die dort wohnende überwiegend jüdische Bevölkerung ärmerer Schichten zum Sieg verhalf. H r u b a n , Z časů
nedlouho zašlých 144 (siehe auch Anm. 95).

„radikalen Allüren"⁵⁹ der christlichsozialen Partei nicht verborgen geblieben. Er hebt an Lueger, in dem er den Bezirkshauptmann des größten, ihm unterstehenden Bezirkes und somit einen ihm in der Beamtenhierarchie untergeordneten Amtsträger sehen wollte, vor allem die grenzenlose Überheblichkeit und Gönnerhaftigkeit hervor, mit der der „Herrgott von Wien"⁶⁰ seinem Vorgesetzten dienstlich gegenüberzutreten pflegte. „Er duldete eben nicht gern andere Götter neben sich", betont Kielmannsegg an mehreren Stellen seines Buches⁶¹, „er hätte den Vers dichten können: ‚Meinem Kaiser bin ich gut, solang er meinen Willen tut'"⁶². Die Luegerische Hofuniform⁶³, der von ihm geduldete kommerzielle „Lueger-Kult"⁶⁴ und schließlich auch der dreistrophige Lueger-Marsch⁶⁵ taten ein übriges, um sich als Princeps einer Weltstadt vom Volk feiern und bestätigen zu lassen. Was — laut Kielmannsegg — für den Kaiser gelten sollte, galt um so mehr für die fremdsprachige Minderheit der Wiener Tschechen: der „Vater der Stadt"⁶⁶ war ihnen nur solange gesonnen, solange sie ihm gefügig waren. Als bloße Anmerkung, der in diesem Rahmen nicht weiter nachgegangen wurde, ist festzuhalten, daß auch Graf Leo Thun, dessen Verdienste um einen utraquistischen Unterricht in den höheren Schulen Böhmens bekanntlich bedeutend waren, über Lueger meinte, er sei „nicht ganz der Mann unserer Prinzipien"⁶⁷. Auch Luegers Geliebte, die mit der Witwe Lenbachs befreundete Malerin Marianne Beskiba trägt in den selbstveröffentlichten Erinnerungen⁶⁸ manches Mosaiksteinchen bei, das für seine Stellung zu den Wiener Tschechen indirekt aufschlußreich ist. Niemand wird freilich von der Künstlerin erwarten dürfen, daß sie durchdringende Analysen der Wiener Wirklichkeit um die Jahrhundertwende liefert. Der Reiz ihres Buches liegt in der naiven Offenheit, mit der sie Erlebnisse und Erfahrungen mitteilt, die vielfach in krassem Gegensatz zum Urteil einiger

---

⁵⁹ Kielmannsegg, Kaiserhaus 62 (s. Anm. 35).
⁶⁰ Ferch, Johann (= Frainer Johann, Pseud.): Der Herrgott von Wien. Dresden 1941, Romanbiographie, 523 S.
⁶¹ Kielmannsegg, Kaiserhaus 391 und 406: „Das ging so weit, daß er sich in Gegenwart des Kaisers von seinen Wienern mit Hochrufen feiern ließ. Einstmals nach der Fronleichnamsprozession, als der Kaiser im Hofgalawagen, gezogen von acht Schimmeln, Sankt Stephan verließ, fuhr Lueger in seiner städtischen Galakarosse sitzend, dem Monarchen unmittelbar nach, neigte sich, fortwährend den Hut ziehend, sehr auffällig aus dem Wagenfenster, so daß ihm lauter gehuldigt wurde, als Sr. Majestät."
⁶² Ebenda 402.
⁶³ Bestehend aus einem grünen Frack mit schwarzen Samtaufschlägen und gelben Wappenknöpfen, die im Gefolge des Bürgermeisters bei allen festlichen Anlässen getragen wurde. Ebenda 390.
⁶⁴ Skalnik, Dr. Karl Lueger 105 f.: Der „Luegerkult" blüht auf und mit ihm Kitsch und Geschmacklosigkeit: Medaillons, Pfeifenköpfe, Kaffee- und Teeschalen mit seinem Bild; Männer tragen Lueger-Bärte u. ä.
⁶⁵ Seit 1893 mit kaiserlicher Erlaubnis von den Militärkapellen bei festlichen Anlässen gespielt. Strophe 2: „Dein mächtiges Wort die Herzen / erfüllt mit Kampfeslust / warm schlägt für Volkes Schmerzen / das Herz dir in der Brust. — Kralik, Karl Lueger 122 f., Kuppe, Dr. Karl Lueger 159 u. Schnee, Karl Lueger 55.
⁶⁶ Proschko, Hermine: Lueger-Büchlein für die Jugend. Linz o. J. (ca. 1910), S. 8.
⁶⁷ Allmayer-Beck, Johann Christoph: Vogelsang. Vom Feudalismus zur Volksbewegung (Beiträge zur neueren Gesch. des christl. Österr.). Wien 1959, S. 122.
⁶⁸ Beskiba, Marianne: Aus meinen Erinnerungen an Dr. Karl Lueger. Wien 1911.

Lueger-Biographien stehen⁶⁹. Beskibas Ausführungen werden des weiteren durch die zeitgenössische Abhandlung von Richard Charmatz in Bettelheims Biographischem Jahrbuch sowie durch einige Bemerkungen Maries von Ebner-Eschenbach gestützt⁷⁰. Alle diese Schilderungen enthalten zwar keine unmittelbaren Hinweise über das Verhältnis Luegers zu den Wiener Tschechen, aber wenn die Malerin z. B. aus den persönlichen Äußerungen und aus dem Verhalten Luegers zu dem Ergebnis kam, daß seine religiösen und politischen Ansichten „mehr Pose als Überzeugung" waren⁷¹, so erlaubt dies indirekt Schlußfolgerungen über die Variationsbreite seiner Nationalpolitik. Richtunggebend und unwandelbar ist in ihm gewiß nur der Ehrgeiz gewesen, Bedeutung zu erlangen und in Wien Erster zu sein⁷². Die stimulierende Wirkung, die von Luegers nationaler Politik auf den damals jungen Hitler, der seinem Begräbnis beiwohnte⁷³ und bald auch auf das nationalsozialistische „Erziehungs"-Schrifttum⁷⁴ ausging, rührt wohl in erster Linie daher, daß sich hier in und durch Lueger zum ersten Mal auf gewissen Sektoren die totale Infiltration des Daseins durch nationalistische Selbstüberschätzung manifestierte. „Ein Paroxismus sondergleichen ergriff die Leute"⁷⁵, schreibt Beskiba, und tatsächlich: wenn man im

---

⁶⁹ Dies betrifft hauptsächlich folgende Eigenschaften: S k a l n i k , Dr. Karl Lueger 72: „Zyniker ist er keiner"; S. 80: Zweifel am radikalen Antisemitismus Luegers; S. 167: „Lueger war ... davor gefeit, seine Zuflucht zu extremen Lösungen zu nehmen." — M a c k , Dr. Karl Lueger 78: Er „verkörperte die Toleranz der katholischen Kirche".

⁷⁰ C h a r m a t z , Richard: Lueger Karl. In: B e t t e l h e i m , Anton (Hrsg.): Biographisches Jahrbuch und deutscher Nekrolog. Berlin 1913, Bd. 15, S. 115—125 (mit Lit.). Kralik unterstellt diesem Artikel: „Gehässige jüdische Tendenz". K r a l i k , Karl Lueger 5 f. (Vorrede). — In dem von Robert A. K a n n hrsg. Briefwechsel: Marie von Ebner-Eschenbach — Dr. Josef Breuer. Ein Briefwechsel, 1889—1916. Wien 1969, S. 31 f. (Brief vom 3. 11. 1898), schreibt die Dichterin anläßlich des Ausbruches einer Pestinfektion im Wiener Allg. Krankenhaus: „Daß die Führer der Terreur blanche, zu denen der niederträchtige Lueger und seine Gesinnungsgenossen sich immer mehr auswachsen, zu Vorwürfen gegen unsere Besten begründete Ursache haben, das ist und bleibt mir ein Schmerz."

⁷¹ B e s k i b a , Aus meinen Erinnerungen 23 f.

⁷² C h a r m a t z , Lueger 124. — „Im Sinne der Parteipolitik war Lueger kein Charakter, denn die Entwicklung vom Liberalen zum Demokraten und vom Demokraten zum Christlichsozialen und Klerikalen setzte vielerlei Wandlungen voraus. Innerlich mag Lueger die Überzeugungen nicht sehr empfunden haben, weil ihn bestimmte programmatische Überzeugungen nie zu sehr beschwerten. Darin war er eben ein Wiener, der seine Meinung leicht ändert, ohne es recht zu wissen und zu fühlen." (E b e n d a).

⁷³ „Hingerissen von Bewunderung für den seltenen Mann, der mir schon damals wie ein bitteres Symbol des ganzen österreichischen Deutschtums erschien", nennt Hitler in Bd. 1 von „Mein Kampf" Lueger „den gewaltigsten deutschen Bürgermeister aller Zeiten", „der letzte große Deutsche, den das Kolonistenvolk der Ostmark aus seinen Reihen gebar". H i t l e r , Adolf: Mein Kampf Bd. 1 und 2. München 1934, hier Bd. 1, S. 127, 64, 77; vgl. auch 105 ff.

⁷⁴ S c h n e e , Heinrich: Bürgermeister Karl Lueger. Leben und Wirken eines großen Deutschen. Paderborn 1936, S. 52: Über „Luegers Sendung in unserer Zeit": „Gut deutsch! war für Lueger Kampf für das deutsche Wien, gegen tschechische und ungarische Überheblichkeit, für den deutschen Charakter seiner Vaterstadt." S. 37: „Er war Agitator durch und durch und selbst sein stärkster Propagandist." (Die zweite Veröffentlichung Schnees über Lueger (1956) ist frei von derartiger „Sendungspädagogik").

⁷⁵ B e s k i b a , Aus meinen Erinnerungen 25.

Hinblick auf die Wiener Tschechen beharrlich alle jene Quellen befragt, die den Niederschlag der Arbeitswelt des Bürgermeisters bilden, so verschwindet der Graben, den man nicht ohne Grund zwischen der „personalistisch" verstandenen Geschichte der Politik Luegers und der kritischen Analyse kollektiven Handelns aufgerissen sieht. Es ist kaum nachzuweisen, wo in den Erlassen und Maßnahmen gegen die Wiener Tschechen jeweils ein öffentliches Interesse und wo die vorgreifende „Einsicht" des Bürgermeisters bestimmend war.

Der vehemente Groll[76], den Lueger gegen alle hegte, die dem deutschen Charakter der Stadt Wien im Wege standen, verleitete ihn sogar auf seinem ureigensten Parkett, der Rhetorik, zu Ausrutschern, wo ihm selbst seine Gegner unübertreffliche Gewandtheit zugestanden hatten[77], obwohl er gleichzeitig als aufmerksamer Kalkulator in der Politik auch die Gefahren des emotionellen Überschwangs erkannte: Im Januar 1898 versicherte er den mißtrauischen Gemeinderatsmitgliedern: „Wir werden unseren Standpunkt als Deutsche wahren und werden auch den deutschen Charakter der Stadt Wien wahren, werden uns aber nicht vielleicht zu Exzessen, seien es nun Beschluß-Exzesse oder Exzesse auf der Straße, hinreißen lassen, wie dies in anderen Städten zu ungunsten der Deutschen geschehen ist. Wir werden uns der närrischen Tschechen ... entschieden erwehren können, und ich versichere den Herrn Interpellanten, bei dieser Wehre wird er mich an der Spitze finden"[78]. Illusionslos und durch Erfahrungen ernüchtert ahnte er, daß die überschäumende Welle der Diskussion um die Wiener Tschechen all das, was er selbst im Gemeinderat unbarmherzig als Mangel an „akademischem Betragen"[79] oder als lächerliche Übertreibungen[80] rügte, sich allmählich zum handfesten Vorwand für offene nationale Kämpfe anhäufen könnte. Wenn ihm die Interpellanten und ihre aggressiven Fragen nicht gefielen, schnellte er, ohne sich irritieren zu lassen, sofort polemisch mit einer Kette von brillanten Ausführungen vor, die selten des humorigaphoristischen Beiwerks entbehrten — auch wenn der Inhalt seiner Aussagen nur wenig variiert war: „Alles muß mit jener Ruhe geschehen, welche es einzig und allein möglich macht, daß für Wien keine Gefahr des Nationalitätenstreits entsteht.

---

[76] Aus dem er auch kein Hehl machte, vgl. seine Rede vom 15. 2. 1892 im Wählerverein der Vereinigten Christen: „... hitzig wie ich bin". K r a l i k , Karl Lueger 86 f.

[77] Londoner „Times" (vgl. Neue Freie Presse vom 30. 10. 1895): „Lueger besitzt in höchstem Grad bedenkliche Kunststücke des Demagogen." — „Münchener Neueste Nachrichten" (August 1896): „eine hinreißende Beredsamkeit", „ein Volksredner im wahrsten Sinne des Wortes". — Die Münchner „Allgemeine Zeitung" verglich ihn mit Abraham a Sancta Clara (zit. nach K r a l i k , Karl Lueger 182); dies aufgegriffen von K u p p e , Dr. Karl Lueger 66—72, hier S. 68: „Ein Redner von Gottes Gnaden, ein zweiter Abraham a Sancta Clara, der durch Scherz und Schwank die Buße predigte." — B e s k i b a , Aus meinen Erinnerungen 6 f.

[78] GRS vom 18. 1. 1898, AB Nr. 6 (21. 1. 1898) 254.

[79] Vgl. das turbulente Protokoll der GRS vom 8. 7. 1898, AB Nr. 56 (15. 7. 1898) 1843.

[80] GRS vom 7. 7. 1899, AB Nr. 55 (11. 7. 1899) 1781. — GRS vom 20. 10. 1899 AB Nr. 85 (24. 10. 1899) 2478. — GRS vom 15. 9. 1899, AB Nr. 75 (19. 9. 1899) 2205. — GRS vom 22. 9. 1908, AB Nr. 77 (25. 9. 1908) 2245. — GRS vom 30. 10. 1908, AB Nr. 88 (3. 11. 1908) 2555.

Das ist das Ziel, welches ich habe. Wien muß deutsch erhalten bleiben und es darf der deutsche Charakter der Stadt Wien nie angezweifelt werden"[81].

Er war fest überzeugt, daß nur er allein den Wiener Tschechen befehlen und nur er den deutschen Charakter der Stadt Wien sicherstellen könne. Darin erwies er sich bis zur letzten Phase als Optimist[82] mit bemerkenswert wenig Selbstkritik. Noch im September 1909, als der Gesundheitszustand seine politischen Handlungen schon schwer beeinträchtigte, erklärte er zum Thema Wiener Tschechen: „Ich für meine Person brauche keine Gesetze und Verordnungen; ich tue das, was ich als recht erkenne, Punktum!"[83] Bei jener Sitzung war die Geschäftsordnung für den Gemeinderat der Stadt Wien Verhandlungsgegenstand gewesen, eine Frage, die im Jahre 1905 durch den christlichsozialen Gemeinderat Viktor Silberer aufgeworfen wurde. Silberer hatte im Februar 1905 den Antrag gestellt, es sei „mit Rücksicht auf die immer verwegener auftretenden Bestrebungen tschechischer Agitatoren" dem § 6 der Geschäftsordnung noch der Satz hinzuzufügen: „Die Verhandlungs- und Geschäftssprache ist ausschließlich die deutsche." Lueger ging damals mehr scherzend über die Sache hinweg, indem er erklärte: „Wenn z. B. da im Gemeinderat einer böhmisch reden wollte, dem ginge es schlecht genug!"[84] Als aber die Angelegenheit erneut im September und Oktober 1909 aufs Tapet kam und der Sache nachgegangen werden mußte, stellten sich ganz bemerkenswerte Parallelen zum Gemeindestatut heraus: Die frühere Geschäftsordnung für den Magistrat vom Jahre 1891 hatte einen solchen Passus noch nicht enthalten, inzwischen war aber eine von Lueger am 19. Oktober 1901 genehmigte neue Verfügung in Kraft getreten, die im § 3 tatsächlich die Bestimmung enthielt: „Die Amtssprache des Magistrats ist die deutsche"[85]. Lueger hatte den „deutschen Charakter" vorsorglich also auch im innersten, eigenen Rathauszirkel gesetzlich verankern lassen und konnte sein As souverän ausspielen: „Es ist gewiß von großer Wichtigkeit, weil es beweist, daß der Magistrat schon früher an die Wahrung des deutschen Charakters der Stadt Wien gedacht hat (Beifall), bevor andere es als notwendig befunden haben"[86]. So bremste und warnte er zwar einerseits vor nationalen Hetzkampagnen in der Öffentlichkeit, trug jedoch selbst durch seine administrativen Nadelstiche wesentlich zur Verschärfung der Entwicklung bei. Vor allem ein Punkt war es, wo sein nationaler Eifer keine Grenzen kannte: der Schulunterricht. Es fragt sich nun,

---

[81] GRS vom 1. 9. 1899, AB Nr. 71 (5. 9. 1899) 2094 f.
[82] Insofern, als er noch Ende 1908 behauptete: „Bis jetzt ist es Ihrem Bürgermeister gelungen, jede Nationalitätenhetze in Wien hintanzuhalten (Beifall), jede, und der deutsche Charakter Wiens ist nicht im geringsten tangiert worden. Der beste Beweis hierfür ist die Zahl der Stimmen, welche für die tschechischen Kandidaten bei der letzten Landtagswahl abgegeben worden sind (Gemeinderat Laux: Aber die Sozi!). Bitte, was die Sozialdemokraten tun, ist ihre Sache, das geht mich gar nichts an." GRS vom 30. 10. 1908, AB Nr. 88 (3. 11. 1908) 2555.
[83] GRS vom 17. 9. 1909, AB Nr. 76 (21. 9. 1909) 2197 f.: „Ich erkläre aber: Solange ich Bürgermeister bin und hier vorsitze, wird hier gewiß nicht ein Wort Tschechisch gesprochen werden."
[84] GRS vom 7. 2. 1905, AB Nr. 12 (10. 2. 1905) 281.
[85] Dies ist in Verbindung mit dem allgemeinen Problem der sog. „inneren Amtssprache" zu sehen. Hierzu Hugelmann, Das Nationalitätenrecht 316 f. und 270.
[86] GRS vom 8. 10. 1909, AB Nr. 82 (12. 10. 1909) 2379.

was Lueger dazu bewog, sich vor dem Gemeinderat diese maßlose Übertreibung der Gefahr, die von der Komenský-Privatschule für die Stadt Wien ausgehen sollte, zu leisten, zumal er, um die Laxheit der Jungtschechen, die bei der Wiener Minderheit um 1890 ein paarmal im Österreichischen Nationalitätenklub aufgetaucht waren[87], recht gut Bescheid wußte. Im Dezember 1895 spottete er im Reichsrat: „Früher war der jungtschechische Klub so, als ob der Böhmische Löwe nicht bloß doppelschwänzig gewesen wäre. Jetzt schaut es so aus, als ob er gar-nicht-schwänzig wäre. Ich weiß nicht, welche Zuckerln die Herren bekommen haben"[88].

Der Nachdruck, mit dem Lueger seit 1895 auf der Schulerziehung im nationalen Geist bestand sowie der krasse Gesinnungszwang, den er seit 1897 auf die städtische Lehrerschaft ausübte, machen klar, warum bei den Wiener Tschechen die Schulerziehung keinesfalls nur einen *Teil*aspekt des nationalen Protestes bildete, wie in den böhmischen Ländern, sondern warum sie als Zentralpunkt gleichsam identisch mit dem Begriff „national" werden mußte: Die Luegersche Propaganda des „deutschen Charakters" verkörperte sich beinahe ausschließlich im schulischen Bereich und verlor daher auch nie an brennender Aktualität. Bereits am 29. Oktober 1895 bei der Bürgermeisterwahl im Gemeinderat hatte Lueger die Schulfrage zum Plebiszit umstilisiert, indem er erklärte: „Das Volk in Wien will, daß in den Schulen christlicher und nationaler Geist walte"[89]. Von dieser prinzipiellen Frage wich er auch später keinen Zentimeter zurück. Anläßlich der Vereidigung von 99 Lehrern betonte er am 19. Dezember 1900: „Ich lege großen Wert darauf, daß in den Schulen die deutsche Sprache gepflegt werde, so daß sich die Kinder in der Muttersprache mündlich wie schriftlich auszudrücken vermögen. Die Kenntnis der Muttersprache ist das Wichtigste, das Notwendigste, um sich eine weitere Bildung zu erwerben; auch das Zweckmäßigste und Bildendste. In treu österreichischer und treu deutscher Gesinnung soll auch Einvernehmen mit den geistlichen Kollegen herrschen"[90]. Da Lueger als Vorsitzender des Bezirksschulrates „unmöglich revolutionäre, religions-, staats- und nationalfeindliche Elemente dulden"[91] wollte, wurden in seiner Amtszeit alle sozialdemokratischen und schönerianischen Lehrer entlassen und nur noch christlichsoziale Lehrer angestellt[92]. Vergleicht man hierzu Victor Adlers Rede vom Juli 1901 im niederösterreichischen Landtag über die vor dem Bürgermeister ehrenwörtlich abzugebende Erklärung eines jeden Bewerbers, daß er nicht Sozialdemokrat

---

[87] Siehe oben S. 125.
[88] K r a l i k , Karl Lueger 170 (6. 12. 1895).
[89] E b e n d a 164; ferner S. 185: Am 19. 9. 1896 anläßlich der Vereidigung von 200 neu ernannten Lehrern betonte Lueger ebenfalls, daß die Bevölkerung eine christliche und nationale Erziehung der Jugend erwarte.
[90] E b e n d a 278 f.
[91] E b e n d a 202.
[92] E b e n d a 203: Lueger am 6. 10. 1897 im Reichsrat: „Wir haben die Lehrer gemaßregelt, weil ich die Eltern nicht für verpflichtet halte, ihre Kinder zu Sozialdemokraten in die Schule zu schicken." E b e n d a 233: Lueger auf einer Wählerversammlung am 11. 2. 1899: „Solang ich etwas zu sagen habe, werde ich keinen sozialdemokratischen und Schönerianischen Lehrer anstellen." E b e n d a 270: Lueger am 22. 5. 1900: „Der Lehrer kann eine politische Gesinnung haben wie er will, aber er muß seinem Vaterland treu ergeben sein. So weit ich einen Ausschlag zu geben habe, befördere ich Sozialdemokraten und Schönerianer nicht."

sei[93], so ergeben sich zwei bemerkenswerte Aspekte: Erstens ermißt man, wie machtlos sich selbst überlegene politische Führer deutscher Nationalität neben den Aktionen des Gemeinderates zu bewegen hatten, wenn sogar Adlers Intelligenz und Erfahrung mit keinem Gramm ins Gewicht fielen. Zweitens erkennt man, wie leicht in kritischen Zeiten von den Inhabern der politischen Macht öffentliche Meinung, nationale Gefühle, Haß gegen Andersdenkende oder Minoritäten zu dirigieren sind. Durch Luegers „Eroberung der Schulen"[94] drohte nun die Aversion der Wiener Tschechen gegen den Bürgermeister gefährliche Ausmaße anzunehmen, die bei ihnen lange keine politische Bedeutung gehabt hatte. Man packte nämlich Lueger bei seinen eigenen Worten. Im Vídeňský Denník vom 14. Mai 1907 stand zu lesen: „Als Dr. Lueger vor Jahren, zu Beginn seiner Karriere, im V. Bezirk in die engere Wahl kam und die tschechischen Stimmen darüber entscheiden sollten, ob er oder sein Gegenkandidat in den Reichsrat gewählt würde, da versprach er der tschechischen Wählerschaft die Errichtung tschechischer Schulen in Wien ... mit folgenden Worten: ‚Ich erkenne die Rechtmäßigkeit euerer Forderungen nach Errichtung tschechischer Schulen in Wien an! Und ich werde mich bemühen, wenn ihr mich wählt, daß hier öffentliche tschechische Schulen errichtet werden. Weiß ich doch, daß ihr, wenn ihr in Wien tschechische Schulen verlangt ‚damit eure Muttersprache ehrt! Und nur ein Schuft,' so beschloß er seine Rede, ‚ehrt seine Muttersprache nicht'. Gerade diese Versprechungen haben damals die tschechische Wählerschaft für Dr. Lueger eingenommen ..., sie verhalfen ihm zum Sieg und machten das aus ihm, was er heute ist"[95]. In der Zwischenzeit war Wien zu einer der modernsten Schulstädte Europas geworden[96]. Umjubelt „wie ein Kinderkaiser"[97], sagte Lueger im Jahre 1908 bei der Einweihung der 100. Schule, die ausgerechnet in Favoriten stattfand, rückschauend über seine eigene Leistung, die das Fiasko des „Komenský" nun nicht mehr wie bisher nur in seiner Abhängigkeit von der tschechischen, sondern auch von der deutschen Nationalpolitik aufzeigt: „Als ich Bürgermeister der Stadt Wien geworden bin, habe ich mir fest vorgenommen, speziell auf dem Gebiet der Schule so zu wirken, daß auch nicht ein Wort des Tadels berechtigt ist. Ich glaube, ich habe dieses Versprechen auch erfüllt, ich habe der Schule nach allen

---

[93] A d l e r, Aufsätze, Reden, Briefe, H. 8, S. 412 f. — Adler bezeichnete die Lehrer, „die sich fügen, die vor die Wahl gestellt wurden, ob sie mit ihren Kindern morgen zu essen haben wollen oder nicht, ob sie das Verbrechen begehen wollen, ... ihre Überzeugung zu unterdrücken", als „die gefährlichsten Elemente" für die Jugend.
[94] Analog der von Lueger propagierten „Eroberung der Universitäten" durch die Christlichsozialen. „Reichspost" vom 16. 12. 1899: „Die Universität muß von den christlichen Studenten erobert werden." Hierzu: S k a l n i k, Dr. Karl Lueger 149—154.
[95] Vídeňský Denník, Nr. 70 (14. 5. 1907), S. 7. — (Lueger kam 1885 in den Reichsrat, also lange, bevor er betont national auftrat.)
[96] Einzelheiten bei S c h n e e, Karl Lueger 85. — K u p p e, Dr. Karl Lueger 112—116. — D e r s.: Festschrift zu der am Sonntag, den 19. September 1926 stattfindenden Enthüllung des Dr.-Karl-Lueger-Denkmals. Wien 1926, S. 32 f.
[97] M a c k, Dr. Karl Lueger 63. — K i e l m a n n s e g g, Kaiserhaus 407: „Die Zöglinge des k. k. Waisenhauses wurden von ihren Lehrern angehalten, ihm zuzujubeln ... geistliche, parteipolitische Einflüsse hatten diese lauten Kundgebungen für den so gut katholischen Bürgermeister verlangt."

Richtungen hin volle Aufmerksamkeit zugewendet"[98]. Es erwies sich für Wien gar bald als Verhängnis, daß Lueger auch 1908 immer noch glaubte, die städtische Lehrerschaft könne das Nationalitätenproblem allein durch deutschen Schulunterricht lösen[99]. Es sieht so aus, als ob er bis zum Schluß der Meinung war, er sei durch jene Jahre gegangen, ohne sich die Handschuhe zu beschmutzen, denn daß sich der tschechische Widerstand zum größten Teil als Reflex seiner Politik vom „deutschen Charakter" nach und nach — wenn auch nicht quantitativ, so doch qualitativ — verschärfte, das wollte er nicht wahr haben. Viele seiner Äußerungen in der Wiener Tschechenfrage — z. B.: Wien muß deutsch erhalten bleiben, kein Nationalitätenstreit darf entstehen! — zeigen, daß ihn die taktischen Aspekte eines politischen Problems mehr interessierten als das Problem selber und daß er vielleicht sogar glaubte, das Aussprechen der nationalen Frage befreie ihn davor, sie zu durchdenken und durchzustehen. In vielen Fällen behielt Lueger keinen kühlen Kopf. Er war sich nicht darüber im klaren, daß der Teufelskreis von tschechischen Postulaten und deutschem Vormachtsdünkel, die sich gegenseitig anstachelten und die Stadt in eine Krise trieben, nicht durchbrochen werden konnte, wenn er sich überdies noch mit den tschechischen Protestaktionen brüstete, die seiner Person gegolten hatten: 1898 entgegnete er dem Gemeinderatsmitglied Fochler: „Nun, wenn der Herr Interpellant die Zeitungen genau gelesen hat, so wird er finden, daß sich der Ingrimm dieser Tschechen, ... die dann hier beim Rathause einige Pfui-Rufe ausgestoßen haben, sich gerade gegen die angeblich national geschlechtslosen Christlichsozialen und insbesondere gegen meine Person gerichtet hat. Es liegt nun darin ein Beweis, daß die Tschechen in Wien uns für ausgezeichnete Deutsche halten müssen, weil sie sonst nicht ‚Pfui Lueger!' gerufen hätten; sie haben nicht ‚Pfui Wolf!', sondern ‚Pfui Lueger!' gerufen"[100]. Ähnliches antwortete er bei nächster Gelegenheit auf einen Zwischenruf des liberalen Gemeinderatsmitgliedes Hermann Weißwasser: „Gegen Sie hat man nicht eine Katzenmusik machen wollen, aber mir hat man eine Katzenmusik machen wollen. Daraus können Sie ersehen, daß ich derjenige bin, der den nationalen tschechischen Hetzern viel gefährlicher ist als der Herr Gemeinderat Weißwasser mit seiner Politik"[101].

Während er in den Gemeinderatssitzungen scharfe Antworten bereithielt, wenn man ihm nicht die Alleinverteidigung des Deutschtums überließ und während er sich aller Mittel bediente, bestehende mächtige öffentliche Einrichtungen — wie z. B. die Schule — unter sein Kommando zu bringen, um aus solchen Kraftquellen für die eigene Bewegung möglichst großen Nutzen zu ziehen, baute er zugleich, im Ver-

---

[98] Mack, Dr. Karl Lueger 63.
[99] GRS vom 30. 10. 1908, AB Nr. 88 (3. 11. 1908) 2555: „Bei jeder Gelegenheit ermahne ich die Lehrer, sie mögen speziell auf das Studium der deutschen Sprache Rücksicht nehmen (Rufe: Sehr gut!). Das ist, könnte ich sagen, die Hauptpflicht der ganzen Lehrerschaft. Es muß dahin gewirkt werden, daß jeder Schüler, der die Bürgerschule verläßt, mindestens einen deutschen Aufsatz fehlerfrei schreiben kann. Wenn sie den Kindern die Liebe zur deutschen Sprache einprägen, so werden alle, die nach Wien kommen, auch gute Deutsche werden."
[100] GRS vom 18. 1. 1898, AB Nr. 6 (21. 1. 1898) 254.
[101] GRS vom 17. 1. 1899, AB Nr. 6 (20. 1. 1899) 174.

trauen auf die Gunst der Umstände, auf den Zauber seiner Worte und seine persönliche Wirkung, um sich herum ein Schutzgitter von Beteuerungen auf, das über sein verständnisvolles, wohlwollendes Verhältnis zum Wiener Tschechentum keinen Zweifel lassen sollte[102]. Am 3. November 1897, als er im Gemeinderat zu Theodor Mommsens brieflichen Vorwürfen Stellung nahm, wie es geschehen könne, daß die alte Kaiserstadt Wien „so lendenlahm, so volklos ehrlos in diesen Kämpfen" auftrete, lautete seine Antwort: „Der Herr Professor, der hier geschrieben hat, hat keine Ahnung davon, was die Deutschen Wiens in der Behauptung ihrer Nationalität und dem Schutze derselben geleistet haben ... Aus dem deutschen Lande kommen die wenigstens Einwohner nach Wien, aber ungezählte Tausende kommen aus den slawischen Ländern nach Wien, und diese Slawen haben wir ohne viel Geschrei zu Deutschen gemacht ... Die Sonne der Liebenswürdigkeit, die Wiener, bewegen den Tschechen, den Slawen, den Mantel abzulegen, und diese werden so Deutsche wie wir alle"[103]. Zwei Jahre später ließ sein konzessives „Aber" in diesem Zusammenhang jedoch vermuten, daß dieser Satz nur solange Geltung haben würde, wie sich der Erfolg seiner nationalen Politik nicht in sein Gegenteil verkehren würde: Auf einer Wählerversammlung im Februar 1899 sagte er über die Wiener Tschechen: „Der einzig richtige Weg, sie zu gewinnen, ist der der Freundschaft. Aber eine Zweisprachigkeit darf in Wien nicht aufkommen"[104]. Am berühmtesten ist jedoch sein „Laßt's mir meine Böhm' in Ruh!", ein Wort, das fast so populär ist, wie der „Volksbürgermeister"[105] selber, das sich aber weder zeitlich, noch im Zusammenhang, in dem es gesprochen wurde, verifizieren läßt. Wenn dieser Ausspruch immer eine stärkere Resonanz hatte als Luegers nationale Repliken im Gemeinderat, so rührt dies wohl daher, daß hier eine zitierfähige abgerundete Auskunft des beliebten Bürgermeisters über eine politische Linie vorliegt, die in sich scheinbar nichts zum Nachhaken offen ließ, weil sie wünschenswert war. Dennoch: Diese Sachauskunft zu einem so heiklen Thema, aus dem man andererseits kräftig Funken

---

[102] Bisweilen kam es auch vor, daß er sich einer klaren Stellungnahme überhaupt enthielt oder sich vertreten ließ, wenn es um Entscheidungsfragen ging, die ihm gerade inopportun erschienen. Auch als Fama: Luegers Fehlen bei der Abstimmung der Resolution Pálffy im Reichsrat (siehe oben S. 287) wurde von den Liberalen als „Schulkrankheit" verdächtigt, um der Abstimmung über die Komenský-Schule entgehen zu können. K r a l i k, Karl Lueger 189. — Siehe auch die Anspielungen der Gemeinderatsmitglieder: GRS vom 8. 7. 1898, AB Nr. 56 (15. 7. 1898) Kontroverse Förster — Lueger. Förster: „Das sind ja Späße; ja, wenn Ihnen etwas unangenehm ist..." — GRS vom 22. 10. 1897, AB Nr. 86 (26. 10. 1897) 2151 ff.: Fochlers Bemerkung über Luegers „Janusgesicht", „nämlich eines, welches den Tschechen zulächelt und eines, welches den Deutschen zulächelt". — GRS vom 27. 3. 1914, AB Nr. 29 (10. 4. 1914) 805. Betrifft Luegers Protestnote gegen den Komenský-Erlaß (siehe oben S. 306): Neumayer: „die von mir in Vertretung des Bürgermeisters Dr. Karl Lueger an den Landesschulrat gerichtete Note". — GRS vom 28. 3. 1900, AB Nr. 26 (30. 3. 1900) 672 f. Lueger zum Gemeindestatut: „Ich speziell verwahre mich dagegen, daß ich Vater dieses Gesetzes genannt werde."
[103] GRS vom 3. 11. 1897, hier zit. nach S u t t e r, Die Badenischen Sprachenverordnungen, Bd. 2, S. 378 Anm. 50.
[104] K r a l i k, Karl Lueger 234 f. (22. 2. 1899).
[105] P r o s c h k o, Lueger-Büchlein 8.

schlug, war sehr genau formuliert: Ausdrücklich „*seine*" Böhm' waren angesprochen und nicht die Wiener Minderheit in ihrer Gesamtheit, die zu einem nicht geringen Teil erfahren mußte, daß die Luegerschen Repressalien das genaue Gegenteil zu seinen Freundschaftsversicherungen darstellten. Daß Luegers Popularität hier versagte und daß ihm eine Welle des Unmuts entgegenschlug, davon wußte auch das „Vaterland" zu berichten, damals das einzige katholische Blatt Österreichs, das zuerst unter der Redaktion des Sozialpolitikers Freiherr von Vogelsang erschien: „Wenn Dr. Lueger bei Erwähnung der Wiener Tschechen gerade recht gemütlich ist, pflegt er sich bekanntlich des Ausdrucks ‚Meine Böhm' zu bedienen. Nun harmonisieren ‚seine Böhm' durchaus nicht in allem und jedem mit ihm, namentlich bezüglich der Komenský-Schule gehen die Meinungen und Wünsche zwischen beiden Teilen stark auseinander. Die tschechische Presse ist denn mit wenigen Ausnahmen dem Wiener Bürgermeister auch wenig hold und sucht ihre Stimmung unter die Tschechen zu tragen"[106].

Die Wiener Tschechen als Blitzableiter für Luegers nationale Unduldsamkeit sind von der jüngsten Forschungsliteratur noch völlig ausgeklammert worden[107]. Für ein Urteil über Luegers Stellung zu der tschechischen Minorität Niederösterreichs mit all ihren politischen und gesellschaftlichen Schattierungen ist es notwendig, möglichst viele erreichbare Quellen kennenzulernen. Hier wiegt ein Gramm Wissen mehr als ein Zentner wissenschaftlich tradierte Meinung. Ernst Viktor Zenker, der damals die Spalte der kommunalen Politik in der „Neuen Freien Presse" innehatte, war einer von denen, der uns das — erneut Luegers Ausschließlichkeitsanspruch in der Tschechenfrage dokumentierende — Diktum „Laßt's mir meine Böhm' in Ruh!" überliefert hat. Seine Folgerung: „Lueger dachte, wie gesagt, nicht daran, deutsche Politik zu treiben" [108], wird von der Fachliteratur bis in unsere Tage als Beweis für die Tschechenfreundlichkeit Luegers und der Christlichsozialen immer wieder angeführt, weil sie sich offensichtlich mehr von einem geflügelten Wort als von einer nüchternen Analyse der zugänglichen Quellen leiten ließ und dadurch viele Warnsignale einfach übersehen hat. Vom englischen Politologen und Historiker Robert Seton-Watson[109] geht die Reihe über Rudolf Sieghart[110] und die volkstüm-

---

[106] Das Vaterland. Zeitung für die österreichische Monarchie, 48. Jg., Nr. 295 (27. 10. 1907).
[107] Vgl. die letzten Dissertationen zu Lueger: S t ö g e r , Gertrud: Die politischen Anfänge Luegers. Wien (Phil. Diss. Masch.) 1941. — N i n k e v , Benno: Die politischen Anfänge Dr. Karl Luegers im Lichte der Wiener Presse. Wien (Phil. Diss. Masch.) 1947. — S k a l n i k , Kurt: Die Persönlichkeit und die Politik Dr. Karl Luegers in der öffentlichen Meinung seiner Zeit. Wien (Phil. Diss. Masch.) 1947. — G a r t n e r , Leopold: Lueger und die Außenpolitik der österr.-ungar. Monarchie. Wien (Phil. Diss. Masch.) 1951. — B u r g e r , Erwin: Die Frage der Bestätigung der Wahl Dr. Karl Luegers zum Bürgermeister von Wien. Wien (Phil. Diss. Masch.) 1952.
[108] Z e n k e r , Ernst Viktor: Ein Mann im sterbenden Österreich. Erinnerungen aus meinem Leben. Reichenberg 1935, S. 112.
[109] S e t o n - W a t s o n , A History of the Czechs and Slovaks 232 und 241.
[110] S i e g h a r t , Rudolf: Die letzten Jahrzehnte einer Großmacht. Menschen, Völker, Probleme des Habsburger-Reiches. Berlin 1932, S. 315: „Man kann sich gut vorstellen, daß er, der erfüllt vom nationalen Gleichmute des Altösterreichers in den Wiener Tschechen ein für ihn brauchbares politisches Material gefunden und seinen Anhängern zugerufen hatte: «Laßt mir meine Böhm in Ruh!»."

liche Darstellung Otto Friedländers vom Wien der Jahrhundertwende[111] bis zu Berthold Sutter hin, der ebenfalls der Auffassung ist, daß Lueger eine Entfachung der nationalen Gegensätze auf dem friedlichen Weg der Assimilierung zu umgehen suchte[112] — zweifellos richtig, nur sollte eben der Wegweiser dorthin, die Absolutsetzung der deutschen Nation, nicht unterschlagen werden. Im österreichischen Parlament mögen die Nationalitätenfragen bei den Christlichsozialen nicht an oberster Stelle gestanden haben, wie Robert A. Kann in seinem Standardwerk über das Nationalitätenproblem ausführt, doch der eigentliche Radius ihrer politischen Aktivität blieb auf den Wiener Boden beschränkt und *hier* segelten die Luegerischen, wenn es politisch erforderlich erschien, weder ideologisch noch praktisch sondern höchstens strategisch „in deutlicher und entschlossener Opposition zu der versteckten oder offenen nationalen Politik der Alldeutschen"[113].

Eine Wertung von Luegers Nationalpolitik kann m. E. nur dort beginnen, wo sich die Forschung von den überkommenen Darstellungen löst, die entweder nur ein enkomiastisch überladenes Bürgermeisterbild mit teilweise höchst problematischer, kaum kaschierter Affektivität zu zeichnen vermögen[114] oder in ihm nur den großen Sozialpolitiker und das Verwaltungsgenie sehen wollen und aufgrund der Affinität dieser Leistung zur nationalen Frage auch diese als problemfrei betrachten. Eine zweite Kategorie von historischer Literatur beschränkt sich auf unzureichend belegte, rein negative Urteile, wie z. B. der Kämpfer für die sozialdemokratische Arbeiterbewegung, Albert Fuchs, der dem Bürgermeister Prinzipienlosigkeit und bedingungslose Feindschaft gegenüber den Slawen vorwirft und seine nationale Politik für hinlänglich charakterisiert erachtet, wenn er sie als „Mischmasch aus allen möglichen Strebungen, Methoden und Sentiments" bar jeglichen demokrati-

---

[111] Friedländer, Otto: Letzter Glanz der Märchenstadt. Das war Wien um 1900. Wien/München 1969, S. 169–181. Für diesen Autor ist alles an den Tschechen nur „komisch" (S. 170): „der ewige Singsang ihrer Sprache", „die Gesichter der Tschechen mit ihren dicken Nasen, den immerzu zerrauften, in die Stirn hängenden Haaren und den dicken Schnurrbärten", „der drollige Gang, dieses Böhmakeln mit den Füßen" (S. 170) und auch „ihr Streben, so rasch als möglich Wiener, echte bodenständige Wiener zu werden" ... „es ist gewiß dumm und häßlich, daß wir alle darüber gelacht haben — aber was kann man tun: es ist doch so schrecklich komisch" (S. 172). „Sie sind nicht wie die Juden, die sich einbilden, daß jeder Tag einen Fortschritt bringen muß ... In dieser frommen Bescheidenheit passen die Tschechen gut zu den Wienern. Die Wiener können sie auch gut leiden. Der Doktor Lueger sagt: Laßt's mir meine Böhm' in Ruh!" (S. 171).
[112] Sutter, Die Badenischen Sprachenverordnungen, Bd. 2, S. 378 Anm. 50.
[113] Kann, Das Nationalitätenproblem I, 102. — Zu den Alldeutschen: Ebenda 377 Anm. 102.
[114] Kuppe, Dr. Karl Lueger 7 und 14: „Aus trüber Zeiten Hintergrund erhebt sich die Lichtgestalt Dr. Luegers ... als Wiens größter Bürgermeister und erster Österreicher ... schon durch die Geburt mit einem kräftigen Tropfen österreichisch-patriotischen Öles gesalbt." — Tomola, Unser Bürgermeister 15: Ein „makelloser Charakter", „ein Vorbild jedweder Bürgertugend"; S. 37: „er zeigte uns, wie man ... ein wackerer Deutscher sein kann." — Skalnik, Dr. Karl Lueger 82: „1900 verlief das Leben noch innerhalb einer so festgefügten Ordnung, daß man sich neben anderen politischen Eskapaden auch ein Spiel mit dem Antisemitismus leisten konnte, ohne sogleich den Boden der menschlichen Gesittung zu durchbrechen."

schen Gehaltes definiert[115]. Hans Mommsen wiederum genügt es, Lueger als „Inaugurator der politischen Demagogie in Österreich"[116] hinzustellen, obwohl sich gerade hinsichtlich der deutsch-tschechischen Solidarität in der österreichischen Sozialdemokratie von Luegers nationalen Invektiven her neue Einstiegsmöglichkeiten finden ließen — und sei es nur am Beispiel der Wiener tschechischen Schulfrage[117]. Eine dritte Kategorie von Fachbüchern geht einem Urteil über die nationale Seite des Wiener Bürgermeisters überhaupt aus dem Wege.

Wahrscheinlich wird jedes Bild, das man sich vom Politiker Lueger machen darf und muß, verzerrt oder allzu akkurat retuschiert und jedenfalls umstritten sein, je nachdem, ob man den nationalen oder den sozialen und verwaltungstechnischen Aspekt seiner Kommunalpolitik stärker betont. Paradoxa und Ungereimtheiten in seinem Verhältnis zu den Wiener Tschechen ergeben sich jedoch nur, wenn man nicht streng zwischen den ihm hörigen Assimilierten, „seinen" Böhmen also, und denjenigen Wiener Tschechen differenziert, die durch Luegers nationalpolitische Festlegung und die damit verbundenen Verfügungen vor den Kopf gestoßen wurden. Dies konnte dann der Fall sein, wenn sie vorhatten, wieder in die Kronländer zurückzukehren und deshalb ihrer Nationalität nicht völlig entsagen und trotzdem bei der Stadt Wien eine Anstellung finden wollten. Fragt man sich also, ob Lueger einen Beitrag im Sinne einer deutsch-tschechischen Annäherung in Wien geleistet hat oder nicht, so lautet die Antwort, in die Worte eines slawischen Satirikers gefaßt: „Ja ist gleich Nein — der Unterschied liegt in der Frage"[118]; in der nämlich, wer als Wiener Tscheche bezeichnet werden soll und wer nicht.

Je heller die Hintergründe von Luegers nationaler Politik den Wiener Tschechen gegenüber ausgeleuchtet werden, umso stärker setzte sich die Erkenntnis durch, daß Lueger und seine Gefolgsleute, unter denen sich kaum ein Intellektueller von anerkannter Bedeutung befand[119], damals kläglich versagt haben. Das wahre Ausmaß dieses Versagens aber macht erst das im folgenden vorgelegte dokumentarische Material zur zweiten tschechischen Privatvolksschule im III. Bezirk deutlich. Robert Seton-Watson und der sich auf seine Ausführungen berufende Albert Fuchs, ein Freund von Karl Kraus, brechen hier unbegründeterweise die kontinuierliche Entwicklungslinie jäh ab, da sie diese Schulaffäre, die damals weit über die Grenzen Österreichs hinausdrang, allein Luegers Nachfolgern zur Last legen, obwohl Lueger

---

[115] Fuchs, Albert: Geistige Strömungen in Österreich 1867—1918. Wien 1949, S. 62.
[116] Mommsen, Die Sozialdemokratie 297.
[117] Z. B. Dělnické Listy Nr. 37 (14. 2. 1907): Zu den Wiener Kandidaturen: „Nehmen wir nur die Bewährung der internationalen Solidarität in der Schulfrage. Im Januar 1898, als im Landesparlament der Vorschlag Kolisko angenommen wurde, der die Vergewaltigung des Rechtes auf Unterricht in der tschechischen Muttersprache in Niederösterreich bedeutete, hat der Genosse Reumann in einer Protestversammlung... im Namen der deutschen Genossen erklärt: «Die deutsche Arbeiterschaft stimmt vollinhaltlich euerem Protest gegen den Beschluß des Kolisko-Entwurfes zu. Wenn die tschechische Arbeiterschaft ihre Kinder tschechisch unterrichten lassen will, dann hat niemand das Recht, ihr das zu verwehren.»"
[118] Lec, Stanislaw Jerzy: Neue unfrisierte Gedanken. München 1964, S. 42.
[119] Kielmannsegg, Kaiserhaus 381: „Nur Krämerpolitik, leider, leider! Alle Kapazitäten jeder Berufsgattung zogen sich geflissentlich von der kommunalen Politik und deren Pflichten zurück."

selbst diese Schule niemals genehmigt hatte[120]. Es ist dies m. E. ein Beweis dafür, in welchem Maß ein Amt — hier der Bürgermeisterposten der habsburgischen Reichsmetropole — dem Starken einen Freibrief ausstellen und dem Belanglosen die Verantwortung zuschieben kann, nur, weil er schwächer ist. Die Enkomiastik zeigt sich erstaunlicherweise auch tschechischerseits, z. B. beim Mitbegründer der tschechisch-katholischen Volkspartei, dem Reichsratsabgeordneten Mořic Hruban[121], in dessen 1967 in Rom erschienenen Erinnerungen dem Verständnis Luegers für die Schul- und Gottesdienstforderungen der Wiener Tschechen ein hohes Lob gesungen wird[122]. Die Akten liefern jedoch den Beweis, daß eine zweite tschechische Privatschule in Wien unter keinen Umständen in Frage kommen durfte — weder für Lueger noch für den Gemeinderat oder Bezirksschulrat — und daß daher die Genehmigung dieser Schule so lange wie möglich hinausgezogen wurde, bis die Türen des Gebäudes schließlich von den Polizeibehörden nach Luegers Tod versiegelt, verbarrikadiert und zugenagelt wurden. Der mißglückte Versuch des Gemeinderates, hierbei die übergeordneten Instanzen unter Druck zu setzen und notfalls auch zu hintergehen, kurzum das gefährliche, gleicherweise von Angst und Illusionen bestimmte gegenseitige Tauziehen um ein privates Schulhaus fand erst durch den Weltkrieg ein Ende, als die tschechischen Räumlichkeiten in ein Lazarett umgewandelt wurden.

---

[120] Seton-Watson, A History of the Czechs 241: The Clericals, reproached by the German Nationalists for alliance with the Slavs, were yet at one with them regarding the national character of Vienna, and never realized how great a tactical value would reside in making all the nationalities of the Monarchy feel at home in so beautiful a capital. Lueger understood this and made more than one bid for the allegiance of the other races; but his successors, by closing the Komenský schools which the 130 000 Czechs of Vienna had built by their own unaided efforts, contributed immensely to the final alienation of the Czech nation." — Fuchs, Geistige Strömungen in Österreich 66: „Viel schlimmer als all das war die Rolle, die sie (d. h. die christlichsoziale Partei, Anm. d. Verf.) während des letzten Jahrzehnts der Monarchie auf dem Gebiete der nationalen und der Außenpolitik spielte. Tschechische Schulen in Wien, die Lueger zugelassen hatte, wurden von seinen Nachfolgern geschlossen" (Anm. d. Verfasserin: Lueger hat in Wien keine einzige tschechische Volksschule zugelassen, da die erste Privatschule im X. Bezirk lange vor Lueger genehmigt worden war; zur zweiten Schule siehe den folgenden Abschnitt).

[121] Ottův Slovník Nové Doby II, 2, Prag 1933, S. 1260. — Masarykův Slovník Bd. 3, Prag 1927, S. 343.

[122] Hruban, Z časů nedlouho zašlých 144 f. — Ebenso Machát, Naši ve Vídni 16: „Laßt meine Böhm' in Ruh!" — Jüdischerseits übrigens auch hier wieder eine Parallele (siehe Anm. 58): Vgl. die Würdigung, die Lueger von Stefan Zweig zuteil wurde. Zweig, Stefan: Die Welt von Gestern. Berlin/Frankfurt am Main 1962, S. 67, obwohl an der Schärfe von Luegers antijüdischen Äußerungen nicht zu zweifeln war: 1894 sagte er gegen eine Äußerung, als ob die Polizei nicht antisemitisch sein könne, weil sie Recht und Gesetz vertrete: „Gerade aus diesem Grund soll sie antisemitisch sein." Kralik, Karl Lueger 133 f. — Ebenda 179: Für den Stadtrat boten die Antisemiten den Liberalen i. J. 1896 sechs Mandate, doch dürfe kein Jude dabei sein. Die Liberalen bestanden aber auf dem Juden Stiaßny und nahmen daher die Stellen nicht an. — Ebenda 203: Gegen jüdische Richterernennungen: Jüdische Richter dürfen keinen christlichen Eid abnehmen (2. 10. 1897).

Lag eine verborgene Abmachung über die amtliche Schulschließung vor, die auf Luegers Weisung zurückging? Es gibt jedenfalls zahlreiche Indizien, die die These stützen, daß wegen Lueger ein paar hundert tschechischer Privatschulkinder den „deutschen Charakter der Stadt Wien" so sehr gefährdet sah, daß er es für nötig hielt, seinen Truppen den Kampfbefehl zu geben. In jedem Falle spricht es jedoch für die Reichweite seiner nationalen Aktivität, daß seine jahrelange Praktik, den Gemeinderat auf ein bestimmtes Verhalten den Wiener Tschechen gegenüber zu verpflichten, letztlich nicht erfolglos blieb. Man kann dies so erklären, daß Lueger die konservativen und nationalistischen Kräfte im Wiener deutschen Bürgertum richtig eingeschätzt hat. Man kann aber auch der Meinung sein, daß sich der Wiener Gemeinderat und seine christlichsoziale Anhängerschaft in der nachluegerischen Ära anders verhalten hätten, wenn sie nicht schon seit Mitte der neunziger Jahre von Lueger auf dieses konkrete Verhalten hin ausgerichtet worden wären.

Um zur Ausgangsfrage zurückzukehren: Hat Lueger nun bei seiner Wiener Tschechenpolitik gerade dadurch das Richtige getroffen, daß er seine Gegner noch ohnmächtiger und den Nährboden für tschechischnationale Experimente noch dürftiger machte als es ohnehin schon der Fall war? Es sieht so aus, als ob der „Bismarck Österreichs"[123] in vieler Hinsicht mehr und mehr auf Irrwege geriet, die in einer für beide Volksteile zwielichtigen Grenzzone endeten, weil er die verwirrende widersprüchliche Entwicklung mit der Hypothek der nationalen Hybris allzusehr belastete. Angesichts der stark ausgeprägten Persönlichkeit Luegers wäre es ein wenig überzeugender Rehabilitierungsversuch, anhand seiner Wiener Tschechenpolitik nachweisen zu wollen, mit welcher überpersönlichen Gewalt, mit welcher alles einzelne Wirken überbietenden „Notwendigkeit" sich die großen gesellschaftsgeschichtlichen Wandlungen und nationalen Konfrontationen im Industriezeitalter vollzogen haben, um daraus die Folgerung zu ziehen, daß solchen Kräften gegenüber sogar der unvergeßliche Wiener Bürgermeister als ein „Werkzeug" der Geschichte erscheint. In seiner Amtsperiode wurde es erstmals offenkundig, daß das Vielvölker-

---

[123] B e s k i b a , Aus meinen Erinnerungen an Dr. Karl Lueger 24: „Lueger war der Cäsar des Säkulums für Österreich, wie es Bismarck für Deutschland war." — „Augsburger Postzeitung" vom 13. 3. 1910 (zit. nach M a c k , Dr. Karl Lueger 74): „Lueger hat eigentlich den umgekehrten Weg wie Bismarck gemacht. Bismarck fing als stockpreußischer Junker seine Laufbahn an und rang sich zum Deutschen durch, zum Ersten der Deutschen, der um seiner Ziele willen arbeitete mit jeder Partei, die sein patriotisches Werk stützte. Lueger fing als Demokrat an, überwand den Demokraten schlechthin, ... um zum Patrioten schlechthin zu werden ... Er hatte den Mut, sich als Patrioten schlechthin zu bezeichnen." — Zu dieser hier angesprochenen Entwicklungslinie des modernen, radikalen plebiszitären Cäsarismus, dem verschiedene politische Strömungen mehr oder weniger nur austauschbare Folie waren, läßt sich in Abwandlung fürs Wiener Tschechentum ein Vergleich anführen, den Friedrich Prinz für Bismarck-Beneš formuliert hat: Während Bismarck die nationale Frage als ein Instrument benutzte, um eine Kabinettspolitik zu betreiben, benutzte Lueger den Gemeinderat, um nationale Politik durchzusetzen. P r i n z , Friedrich: Beneš und die Sudetendeutschen. In: Beiträge zum deutsch-tschechischen Verhältnis im 19. und 20. Jahrhundert. München 1967, S. 93-109, hier S. 109.

Reichszentrum, das „Herz der Monarchie"[124] von einem der führenden Politiker Österreichs selbst in seiner gesellschaftlichen Multivalenz beschnitten wurde, in einer — sozial gesehen — höchst destruktiven Art von halben Wahrheiten und halben Maßnahmen. Ein apologetischer Ton angesichts der „tschechischen Gefahr" ist für Lueger, den „Cäsar des Säkulums"[125], nicht am Platze.

---

[124] Hitler, Mein Kampf I, 107: „Je gesünder das Herz würde, umso frischer mußte auch der übrige Körper aufleben. Ein prinzipiell richtiger Gedanke, der aber doch nur eine bestimmte, begrenzte Zeit zur Anwendung kommen konnte. Und hier lag die Schwäche dieses Mannes" (= Luegers, Anm. d. Verf.).
[125] Siehe Beskiba, Anm. 123.

4. DER AUSBRUCH DES OFFENEN TSCHECHISCH-DEUTSCHEN KONFLIKTES (1909—1914)

a) Die Komenský-Schule im III. Bezirk

„Wien muß deutsch erhalten bleiben und es darf der deutsche Charakter der Stadt Wien nie angezweifelt werden!"[1]: Immer wieder hatte Lueger zur Bekräftigung seines eigenen Standpunktes an diese Forderung erinnert. Da jedoch solche monomanischen, durch keine ausreichenden objektiven Tatsachen gestützten Beschwörungsformeln im allgemeinen nichts verändern, sondern nur, sobald sie Massen in Bewegung setzen, Aggressionsbedürfnisse freilegen, wurde die Gewalttätigkeit gegen die tschechische Minderheit sehr bald „gesellschaftsfähig". Daß Ursprung, Auswirkung und Ausbreitung dieser Aktionen wesentlich auf Luegers nationalen modus procedendi zurückgingen, der — wie es der christlichsoziale Gemeinderat Weißwasser formulierte — von der „zielbewußt deutschfühlenden Bevölkerung"[2], von ihren Organisationen und Zeitungen aufgegriffen wurde und zur Diffamierung und Verfolgung alles dessen führte, worauf die tschechischen Zuwanderer stolz waren — diesen Zusammenhang hat das Oberhaupt der Vielvölkermetropole nicht gesehen. Wenn Lueger nach elfjähriger Amtszeit, am 30. Oktober 1908, also etwa eineinhalb Jahre vor seinem Tod auf einer Gemeinderatssitzung erklärte: „Bis jetzt ist es Ihrem Bürgermeister gelungen, jede Nationalitätenhetze in Wien hintanzuhalten (Beifall), jede ..."[3], so vergaß er nicht nur zu sagen — und das war in der Tat eine Meisterleistung im Ausklammern — welch schwere Zusammenstöße zwischen Wiener Deutschen und Tschechen in den vergangenen Jahren bereits stattgefunden hatten, sondern auch, inwieweit er, wenn auch ungewollt, gerade jenen Strömungen zur Reputierlichkeit verholfen hatte. Der „Komenský" war bei all dem immer nur das Symptom, nicht aber der Kern der deutsch-tschechischen Auseinandersetzungen, die der Affäre um die zweite tschechische Privatschule im III. Bezirk den Boden bereiteten und in ihr den unrühmlichen Höhepunkt fanden. Die Wirklichkeit hat sich jedenfalls Luegers theoretischer Anschauung nicht angenähert, daß „die Sonne der Liebenswürdigkeit" den Wiener Tschechen „den Mantel

---

[1] Lueger in der GRS vom 1. 9. 1899, AB Nr. 71 (5. 9. 1899) 2094 f. Anfrage Mittler.
[2] Anfrage Weißwasser wegen tschechischer Theatervorstellungen im Theater an der Wien zum 60jährigen Regierungsjubiläum des Kaisers, GRS vom 3. 4. 1908, AB Nr. 28 (7. 4. 1908) 875. — Anträge in der Ära Lueger zu einem Verbot tschechischer Theatervorstellungen wegen der in der deutschen Bevölkerung Wiens „herrschenden hochgradigen Aufregung" und auch in GRS vom 22. 9. 1908, AB Nr. 77 (25. 9. 1908) 2247 (Gussenbauer). — Ansätze auch schon zehn Jahre vorher: GRS vom 23. 9. 1898, AB Nr. 77 (27. 9. 1898) 2421 (Fochler).
[3] GRS vom 30. 10. 1908, AB Nr. 88 (3. 11. 1908) 2555, Anfrage Gussenbauer.

seiner Nationalität abzulegen"⁴ heiße, im Gegenteil, sie hat sich schon zu seinen Lebzeiten weiter und weiter von ihr entfernt.

Auf welche Weise die nationale Ideologie des Gemeinderates bei großen Teilen der Bevölkerung Wurzeln schlug, zeigten bereits die Ereignisse vom März 1904: Die Wiener Universität war in jener ersten Monatshälfte Schauplatz von Unruhen, die sich als Nachwirkung von unmittelbar vorangegangenen Vorfällen in Prag darstellten, wo deutsche Studenten „auf offener Straße insultiert"⁵ worden waren. Als nun die Wiener deutschen Studenten für ihre Prager Kommilitonen in einer radikal-nationalistischen Kundgebung Stellung bezogen, traten zuerst die tschechischen und dann auch die übrigen nichtdeutschen Studierenden der Wiener Alma Mater mit der Forderung auf, daß derartige Veranstaltungen künftighin verboten werden sollten: die Wiener Universität sei international und jeder österreichische Staatsbürger müsse das Recht haben, die wissenschaftlichen Einrichtungen aller Universitäten des Reiches ungehindert benützen zu dürfen. Die Interpellation des christlichsozialen Gemeinderates Hans Schwer in der Sitzung vom 15. März 1904 machte aus dieser Angelegenheit einen „Versuch, die Wiener Alma Mater ihres deutschen Charakters zu entkleiden". Die besondere Betonung lag auf dem nationalen Gepräge der größten Universität des Habsburgerstaates, das allein schon in der Bestimmung über die deutsche Lehrsprache klar zum Ausdruck käme. Auch Lueger bezeichnete die Gegenreaktion der nichtdeutschen Studentenschaft als Provokation, die „gegen den deutschen Charakter der Universität, ja auch der ganzen Stadt Wien gerichtet" sei. „Die Wiener", so erklärte er, „sind duldsam und gastfreundlich, sie werden jedoch den deutschen Charakter ihrer Stadt und auch den deutschen Charakter der Universität in Wien mit allen Kräften wahren, sie werden auch ihre deutschen Brüder in ganz Österreich und deren Rechte zu wahren wissen"⁶. Die „Duldsamkeit" und „Gastfreundlichkeit" der Wiener sollte sich noch am gleichen Tag (15. März) erweisen: Ohne daß ein Anlaß dazu vorhanden gewesen wäre, drangen alldeutsche Studenten und Soldaten in das tschechische Vereinshaus im XV. Bezirk ein, zertrümmerten mit Steinen und Stöcken sämtliche Fensterscheiben, schlugen die Türfüllungen heraus, demolierten Geschirr und Gläser und zerfetzten die Vorhänge⁷.

---

⁴ Siehe oben S. 331.
⁵ GRS vom 15. 3. 1904, AB Nr. 23 (18. 3. 1904) 548, Anfrage S c h w e r. Auch das folgende Zitat.
⁶ GRS vom 15. 3. 1904, AB Nr. 23 (18. 3. 1904) 537. Daß diese Vorfälle auch im Reichsrat erörtert wurden, geht aus Luegers Äußerung weiter unten hervor: „Ein tschechischer Abgeordneter hat sich im Parlament erkühnt, einen Teil der Wiener Bevölkerung als «Strizzi» zu bezeichnen. (Rufe: Ein Jude!)." — Hierzu ferner e b e n d a 549, Antrag N e c h a n s k y : Der Gemeinderat möge den Deutschen in Prag und dem Rektor der Prager Universität „vollste Bewunderung" mit dem Wunsche aussprechen, die Deutschen möchten „nicht darin erlahmen..., den österreichischen Staatsgedanken und das deutsche Stammesbewußtsein gegen das wider beide anstürmende Tschechentum zu verteidigen".
⁷ RR-Prot. XVII/262 (16. 3. 1904) 23941 ff. und 23948 f., Anfragen des Abgeordneten R y b a an den Ministerpräsidenten Dr. von Koerber wegen der Demolierung des böhmischen Vereinshauses im XV. Bezirk. — Ebenda 23950: Anfrage K l o f á č in

Fleißige Schreibtischarbeit in den Redaktionen der Wiener deutschen Presse und das selbst von der Polizei als „provozierend" bezeichnete Verhalten der deutschnationalen Reichsratsabgeordneten Franko Stein und Josef Herzog nach einer ebenfalls Mitte März 1904 stattgefundenen Demonstration der Deutschnationalen am Stephansplatz anläßlich einer Versammlung des 1. böhmisch-politischen Vereins[8] trugen das Ihre dazu bei, die aggressiven Instinkte im Volk weiter aufzudecken und wachzurufen. Im Juli 1904 blieb es denn auch der Wiener Polizeidirektion und der niederösterreichischen Statthalterei nicht länger verborgen, daß sich „in den Kreisen der deutschen Bevölkerung eine intensive Agitation bemerkbar"[9] machte, von der bisher noch nie die Rede gewesen war. Dies ging bald so weit, daß eine Schar von 500 Deutschnationalen bei einer Komenský-Versammlung der Ortsgruppen Ottakring und Hernals (XVI. und XVII. Bezirk) sogar die „zum Schutz des Versammlungslokals" bereitstehenden Polizisten mit Steinen und Stöcken angriff und verletzte, — so geschehen am 9. August 1909 — also auch noch während Luegers Amtsperiode[10]. Aus Protest gegen das Einschreiten der Wache, die für einen ungestörten Verlauf der Komenský-Versammlung und für einen unbehelligten Heimweg der tschechischen Teilnehmer gesorgt hatte, erschien tags darauf eine Deputation Deutschnationaler beim Wiener Polizeidirektor persönlich: Ein Kanzleigehilfe im Handelsministerium, ein Landesbeamter und ein Techniker beschwerten sich im Namen der Bevölkerung über das Vorgehen der Polizeibeamten, „das den Unmut der deutschgesinnten Wiener herausfordere". Nach Klärung des Sachverhaltes wurde die Abordnung zwar vom Polizeidirektor „energisch verwarnt", doch — um es vorweg anzudeuten — einschläfern ließ sich diese von einigen aufgebrachten Bürgern zweckdienlich propagierte Kampfstimmung nicht mehr.

Die nationalen Zusammenstöße zwischen Wiener Deutschen und Tschechen machen deutlich, daß gewaltsame Aktion auch und gerade dort, wo sie erfolgreich war, ihr

---

derselben Angelegenheit. — Beantwortung der Interpellation durch Koerber: RR-Prot. XVII/263 (17. 3. 1904) 23963.

[8] RR-Prot. XVII/263 (17. 3. 1904) 24015, Anfrage K l o f á č an den Präsidenten betreffend Demonstrationen gegen die Tschechen am Stephansplatz. — Beantwortung vom Vizepräsidenten Kaiser e b e n d a 24016. — Erneut vorgetragen in XVII/264 (18. 3. 1904) 24021. — Dazu: Nö. Präs. XIV/219; 968 (1904): Darstellung der Ereignisse mit Betonung des provokatorischen Verhaltens des deutschen Abgeordneten Franko Stein. Im Gegensatz dazu der entstellte Bericht über eine „Protestversammlung der Tschechen" im „Wiener Tagblatt" vom 17. 3. 1904. — Zum Ersten böhmisch-politischen Verein siehe oben S. 125 f.

[9] Nö. Präs. XIV/219; 1868 (1904), Sokolfest in der Jedlasee-Au am 10. und 17. Juli 1904. — Auseinandersetzungen bei Sokolfesten in der Ära Lueger: RR-Prot. XVII/333 (14. 6. 1905) 29756 ff. Interpellation P a c á k, S t r á n s k ý, K r a m á ř. — Dazu XVII/334 (15. 6. 1905) 29918 und XVII/337 (20. 6. 1905) 30207 und XVII/338 (21. 6. 1905) 30293. — Ferner: Nö. Präs. XIV/220; 1482 (1907), Sokolfest in Simmering. Beabsichtigte Störung durch Deutschnationale. — Nö. Präs. XIV/233—235; 2024 (1909), Pfingstausflug nach Unterthemenau. — RR-Prot. XIX/34 (22. 6. 1909) 5486, Interpellation W e i d e n h o f f e r. (W. hieß ursprünglich Brzobohatý und stammte aus Kojetín in Mähren. M a c h á t, Naši ve Vídni 211).

[10] Nö. Präs. XIV/220; 2698 (1909) Bericht der Polizeidirektion (Pr. Z. 2796/3) vom 9. 8. 1909: Störung einer tschechischen Versammlung durch Deutsche.

Kainsmerkmal nie wieder ganz abzuschütteln vermochte und darum wieder Gewaltsamkeit produzieren mußte. Dies galt auch für die Maßnahmen, die sich gegen die Wiener tschechische Presse richteten. Was die Konfiskationen anbetraf, so waren vor allem die sozialdemokratischen „Dělnické Listy" schwer in Mitleidenschaft gezogen. Zu den Methoden der Beschlagnahmung gehörte es, die tschechischen Gäste in den Kaffeehäusern und Restaurants beim Lesen des Arbeiterblattes auf der Stelle zu arretieren und auf das Polizeikommissariat abzuführen[11]. Von den dreimaligen Überfällen auf die Druckerei des „Vídeňský Denník" im Jahre 1907 und den von einer Gruppe deutscher Studenten mit Stöcken und Fäusten verübten Gewalttätigkeiten gegenüber den Redaktionsmitgliedern war bereits in anderem Zusammenhang die Rede[12].

Über den Protest der Wiener Tschechen selbst kann man sagen, daß er nur dort unglaubwürdig geworden ist, wo er die unlauteren Methoden seiner politischen Gegner übernahm. Dort, wo Zwerg und Riese als zwei wutentbrannte Akteure ganz Wien mit ihrem auf „germanische Hydra"[13] und „tschechischen Tollwolf"[14] gestimmten Feldgeschrei zu übertönen begannen, befanden sie sich, so radikal sie einander erledigen wollten, in einem Bündnisverhältnis. Die Thesen „Schlagt die tschechischen Hunde tot!"[15] und „Budeme účtovat[16]!" [Wir werden abrechnen!] waren mit der gleichen autoritären Tinte geschrieben. Für die politische Interessenvertretung der Wiener Tschechen bestand jedoch, wenn sie etwas erreichen wollte, kein Grund, solchen Wegweisern in politische Sackgassen zu folgen. Es kam vielmehr darauf an, den Protest der Wiener Minderheit, der seit etwa 1909 jetzt auch zur Sache einzelner tschechischer Reichsratsabgeordneter gemacht worden war, vor dem Einbruch von Zügellosigkeiten zu bewahren[17]: damit er politisch wirksam werden konnte, damit die Wiener tschechische Minorität nicht der apolitischen Resignation verfiel, nur weil sich ihre utopischen Ziele öffentlicher „utraquistischer" Schulen nicht verwirklichen ließen. Aus solchen Erwägungen heraus erschienen am 18. August 1909 der tschechische Reichsratsabgeordnete Antonín Kalina, begleitet vom Wiener Hof- und Gerichtsadvokaten Dr. Emil Polešovský, einem Vorstandsmitglied des „Komenský", in der niederösterreichischen Statthalterei und in der Wiener Polizeidirektion, um beiderorts offiziell die Gründung eines Komitees aus

---

[11] RR-Prot. XIX/41 (6. 7. 1909) 6169 u. Anhang III, 1136/I.

[12] Siehe oben S. 225.

[13] Vídeňský Denník Jg. 1 (1907) Nr. 72 (16. 5. 1907) Leitartikel: „Die Wiener Wahlen im Spiegel der Wahrheit oder 19 294 tschechische Stimmen."

[14] Schubert, Ziffern zur Frage des niederösterreichischen Tschecheneinschlages 19.

[15] Nö. Präs. XIV/220; 2941 (1907), Antitschechisches Wüten in Wien.

[16] Česká Vídeň, Nr. 9 (24. 2. 1906).

[17] Vgl. die behördliche Notiz über das Verhalten Kalinas bei den deutsch-tschechischen Ausschreitungen vom 22. 8. 1909 (Vierte Meldung, 7 Uhr abends): „Hierbei bemühte sich der Abgeordnete Kalina in außerordentlich anerkennender Weise um die Erhaltung einer nachgiebigen Stimmung bei den Tschechen und erwarb sich durch eine unermüdliche kalmierende Tätigkeit in den kritischesten Momenten die größeren Verdienste." (Nö. Präs. XIV/233—235; 2024 (1909): Pfingstausflug nach Unterthemenau.

parlamentarischen Vertretern *aller* tschechischen Parteien bekanntzugeben[18], das die Interessen der niederösterreichischen Tschechen in allen Fällen wahrnehmen und vertreten und den Behörden gegenüber als verantwortlicher Faktor für alle politischen und unpolitischen Veranstaltungen in Erscheinung treten sollte. Die Konstituierung des Komitees wurde mit den „Vorfällen im Lauf der vergangenen Wochen" begründet, die gezeigt hätten, „daß eine Reihe von nationalen Reibungen in Niederösterreich vielleicht auch in Zukunft zu gewärtigen" sei. Abwechselnd sollte jeweils einer von den insgesamt sieben Mitgliedern eine Woche lang den Vorsitz führen und alle erforderlichen Aktionen übernehmen. Gleichzeitig gründete man ein weiteres sogenanntes Lokalkomitee unter der Führung Polešovskýs, das sich ebenfalls für die Veranstaltungen der Wiener Tschechen verantwortlich erklärte. Auf Reichsratsebene wurden im Oktober gleichen Jahres alle in der Lueger-Ära unternommenen „Versuche und Bemühungen ..., die auf Bedrohung und Beschränkung der bürgerlichen, persönlichen und Eigentumsrechte und Freiheiten, sowie auch der Vereins- und Versammlungsrechte Angehöriger der nichtdeutschen, insbesondere der böhmischen Nation in Wien und Niederösterreich gezielt hatten", in einem Dringlichkeitsantrag Kalinas zusammengefaßt[19].

Doch nicht nur die politischen Vertreter des Wiener Tschechentums, sondern auch die potentiellen Demonstranten aus den mittleren und unteren Bevölkerungsschichten zogen es zunächst noch vor, weiterhin abwartend zwischen den Extremen zu schlingern, d. h. zwischen einer radikalen „Janča"-Politik[20] des Alles oder Nichts, die für die Wiener Tschechen zweifellos das Nichts als Ernte eingefahren hätte, und zwischen dem permanenten Gefälle der deutschnationalistischen Unduldsamkeit. Diese brachte — wie etwa der Christlichsoziale Adolf Gussenbauer — die Summe ihrer politischen Ansichten in dem Schlagwort von den „eroberungslüsternen Bestrebungen"[21] der Tschechen zum Ausdruck und meinte, mit diesem Thema ein Nationalgefühl erhitzen zu können, das allzu gerne mit Nationalbewußtsein verwechselt werden wollte. Im September 1909 z. B. wurde die Wiener Polizeidirektion darüber informiert, daß die Angehörigen derjenigen tschechischen Schüler, die von der Komenský-Schule im X. Bezirk wegen Platzmangel nicht mehr aufgenommen werden konnten, gemeinsam mit ihren Kindern und unter der Führung von tschechischen Reichsratsabgeordneten zum Unterrichtsministerium ziehen würden[22]. Auch der Ministerpräsident, der Präsident des Innenministeriums und

---

[18] Nö. Präs. XI/152—161; 2965 (1909): Tschechische Minorität in Niederösterreich. Politische Interessenvertretung. — Die Mitglieder des Komitees waren: Maštalka (Český Klub), Dürich (Agrarier), P. Šilinger (kathol.-tschech. Volkspartei), Drtina (Realisten), Kalina (Staatsrechtler), Fresl (Nationalsoziale), Tomášek-Modráček (alternierend für die Sozialdemokraten).
[19] RR-Prot. XX/1 (22. 10. 1909) 37 und XX/11 (2. 12. 1909) 690. — Für weitere Vorfälle in der Ära Lueger vgl. die Zusammenstellung der Reichs- und Gemeinderatsprotokolle im Anhang S. 494—514.
[20] Zu Janča siehe oben S. 251—256.
[21] GRS vom 22. 9. 1908, AB Nr. 77 (29. 9. 1908) 2247, Anfrage G u s s e n b a u e r.
[22] Nö. Präs. XIV/220; 3196 (1909): Tschechische Demonstrationen. (Auch das Folgende; 12./13. 9. 1909). — Zur Kapazität der Schule im X. Bezirk vgl. die Anhangstabelle in 60 let: In den Jahren 1890, 1900 und 1910 786 bzw. 794 bzw. 940 Schüler.

der Minister für Unterricht und Kultus erhielten Mitteilung von der geplanten Demonstration. Am folgenden Tag meldete jedoch die Polizeidirektion — ohne Angabe der Gründe —, daß die Wiener Tschechen von diesem Protestmarsch Abstand genommen hätten. Die Schuleinschreibungen, so hieß es, vollzögen sich in ganz Wien anstandslos. Lediglich eine tschechische Deputation von vier Männern, drei Frauen und drei Reichsratsabgeordneten habe in dieser Angelegenheit beim Unterrichtsminister vorgesprochen.

Beachtenswert ist hier vor allem eines: Die Schulfrage verklammerte die einzelnen Aktionszentren der Wiener tschechischen Nationalpolitik — das Arrangement mit den eigenen politischen Gruppen, das mit Prag und das mit den deutschen Behörden — am engsten und folgenschwersten miteinander. Und in der Tat erforderte dieses Spiel mit drei Bällen von den Wiener Tschechen mehr Geschicklichkeit als zur Handhabung der nationaltschechischen Doktrin an und für sich notwendig war. Zur Verdeutlichung dieser Zusammenhänge ist ein Blick auf die Gesamtstatistik des Schulwesens in den böhmischen Ländern aufschlußreich, wie sie von dem slowakischen Historiker Julius Mésároš in einem Kongreßreferat im September 1967 in Preßburg vorgetragen wurde[23]: Der tschechische Bevölkerungsanteil an der Gesamteinwohnerzahl der westlichen Reichshälfte betrug im Jahre 1857 24,4 % und im Jahre 1900 23,2 %. Die Tschechen besaßen aber schon 1858 30,9 % aller Volksschulen in Zisleithanien und 1900 27,6 %, d. h. mehr als ihrem Bevölkerungsanteil entsprach. Die Vergleichszahlen, die Otakar Kádner für die höheren Schulen (= Mittelschulen) gibt[24], zeigen, daß die Tschechen im Jahre 1900 bei 23,2 % Bevölkerungsanteil 23,46 % der höheren Schulen besaßen, während die Deutschen bei 35,78 % Bevölkerungsanteil über einen Prozentsatz von 49,52 Gymnasien und Realschulen verfügten. Wenn man nun noch die absoluten Zahlen der Schulen des Habsburgerreiches in Beziehung zur Bevölkerungszahl setzt, so wird deutlich, daß etwa in Oberösterreich oder in den deutschen Alpengebieten das höhere Schulwesen weit schlechter ausgebaut war als in den böhmischen Kronländern. Friedrich Prinz geht in seinen Ausführungen im „Handbuch der Geschichte der böhmischen Länder" noch einen Schritt weiter durch die Feststellung, daß — von Galizien abgesehen — der Prozentsatz und die Entwicklung des Schulwesens in der Donaumonarchie ziemlich genau dem Stand der Industrialisierung in den einzelnen Kronländern entsprach[25]. Dies alles bedeutet, daß die ständigen Propagandakampagnen

---

[23] Mésároš, Julius: Die Stellung der Völker Österreich-Ungarns nach dem Sturze des Absolutismus im Lichte der Angaben über die Entwicklung der Bevölkerung und des Schulwesens. Preßburg 1967 (hektographiert).

[24] Kádner, Otakar: Školství v republice Československé [Das Schulwesen in der tschechoslowakischen Republik]. Českoslov. vlastivěda Bd. 10, Prag 1931 S. 7—222, bes. S. 153.

[25] Prinz, Handbuch IV, S. 161 f. (m. Lit.). — Ders.: Das Schulwesen der böhmischen Länder von 1848 bis 1939. Ein Überblick. In: Aktuelle Forschungsprobleme um die Erste Tschechoslowakische Republik. München/Wien 1969, S. 49—66, hier S. 51. — Ders.: Der österreichisch-ungarische Ausgleich von 1867 als historiographisches Problem. Ein Kongreßbericht. In: Boh Jb 9 (1968) 340—351, hier S. 348: „Je entwickelter die moderne Industriegesellschaft war, d. h. je höher der Anteil der in der Industrie tätigen Bevölkerung an der Gesamtbevölkerung war, umso größer und differenzierter

und Interventionen der tschechischen Politiker über die angebliche Benachteiligung des tschechischen Schulwesens gegenüber dem deutschen für die böhmischen Länder nichts anderes waren als taktische Manöver im Bereich der Nationalpolitik, die mit den realen Verhältnissen gar nichts zu tun hatten, ja geradezu im Widerspruch zu ihnen standen. Nicht so in Wien. Hier wurden allein vom Beginn der christlichsozialen Verwaltung 1897 durch Lueger bis zum Jahre 1908 hundert Schulen neu eröffnet, 71 davon waren vollkommene Neubauten[26]. Anders ausgedrückt: die Ferienmonate abgezogen, entstand auf dem Boden der Reichshauptstadt jeden Monat eine Unterrichtsanstalt. Im Jahre 1908 befanden sich aber in den Wiener Volks- und Bürgerschulen 223 249 deutsche und 12 665 tschechische Kinder[27]; 925 Kinder hatte der Komenský-Privatschulverein untergebracht[28]. Was mußte da noch geschehen — so möchte man fragen — damit im Wiener Rathaus politische Schlüsse aus politischen Gegebenheiten gezogen wurden? Diese rund 13 500 tschechischen Volks- und Bürgerschüler, die einem Anteil von ca. 5,3 % (ohne Komenský-Schüler) entsprachen, bildeten eine solche politische Gegebenheit, die ganz und gar aus der horizontalen Mobilität im Zeitalter der Industrialisierung erwachsen war, der man in Böhmen zweifellos längst Rechnung getragen hatte. Wenn nun schon die böhmisch-tschechische Schulfrage zu einem höchst brisanten Politikum wurde — was hätte da erst die Wiener tschechische Kehrseite bedeuten müssen! Freilich: Diese Parallelität zwischen dem Stand des Schulwesens und der Entfaltung der Industriegesellschaft haben die Wiener nationalen Tschechen nicht erkannt, und deshalb auch nicht bewußt zum Ausgangspunkt ihrer Ansprüche gemacht. Allein so und nur unter diesem Bezugspunkt hätte m. E. die Forderung der Wiener Minderheit nach *öffentlichen* tschechischen Unterrichtsanstalten im Schul- und Industriezentrum Wien tatsächlich Berechtigung gehabt. Nicht jedoch nach den überkommenen, nichtsdestoweniger gültigen Maßstäben formaljuristischer Art, da hier als Voraussetzung zuerst einmal die tschechische Sprache als eine in Wien und Niederösterreich landesübliche anerkannt werden mußte[29]. Um dieser Definition Genüge zu tun, wäre für die *Gesamtheit* der Wiener Tschechen der Nachweis nötig gewesen, daß ihre Ansiedlung mit dem Leben der einheimischen Bevölkerung seit langem „historisch" verwachsen war. Aufgrund dieses Historizitätsbegriffes — der bekanntlich zwar für einige niederösterreichische Dörfer wie Unterthemenau, nicht aber für ganz Wien und Niederösterreich Geltung hatte — entfiel jedoch die Berechtigung für öffentliche Schulen in dem Sinne, wie sie die Wiener Tschechen verstanden wissen wollten, und zwar eben weil dieses ihr Schulwesen nur im Zusammenhang mit der Industrialisierung seine Relevanz erhielt.

---

war der Anteil und Aufbau des Schulwesens im allgemeinen und des höheren Schulwesens im besonderen. Die Unterschiede zwischen den einzelnen Kronländern spiegeln somit die verschiedenartige Wirtschaftsstruktur wider, keinesfalls jedoch irgendwelche nationalpolitische Manipulationen."

[26] K u p p e, Dr. Karl Lueger 112. — S c h n e e, Karl Lueger 84.
[27] M a r t i n, Otto: Das tschechische Schulwesen in Wien. Tab. 1 und Tab. 2.
[28] 60 let Komenského, Tabelle ebenda im Anhang.
[29] Siehe oben S. 277—283.

Die angedeutete Problematik soll hier vor allem darauf hinweisen, wie müßig es war, im Gemeinderat ständig — ja selbst noch im Jahre 1914 — die alten Streitigkeiten aus der Reichsratsdebatte vom März 1883 aufzuwärmen, ob eine tschechische *Privat*schule in Wien notwendig, unvermeidlich oder unnötig war[30]. Auch hatte es keinen Sinn, ihre Leistungen zu bekritteln oder zu bagatellisieren. Gewiß mangelte es nicht an Unvollkommenheiten, und vielfach hat das erreichte Ziel den außerordentlichen Anlauf nicht gerechtfertigt[31]. Darum ging es denn auch nicht. Es ging um die Zukunft. Und für die Zukunft war es für die Reichshauptstadt aus mehreren Gründen ein Verhängnis, daß sich der Gemeinderat immer tiefer in seine Germanisierungs-Strategie hinein verstieg. Mit hohen Subventionen für nationale Schutzvereine wollte er einer „urdeutschen" Gesellschaftsordnung Ewigkeitswert erkaufen: „Dank Rührigkeit und Aggression"[32] — und nicht dank der Entwicklung Wiens zum industriellen Mittelpunkt der Monarchie — war in den Augen des Gemeinderates der „Slawenansturm" in die Stadt gekommen. Durch die Unfähigkeit Luegers und seiner Nachfolger, die Legitimität dieser neuen Sozialordnung aus sich selbst heraus zu entwickeln, wurde die Vielvölkermetropole zu einem sinnentleerten Begriff; mit den Worten des Reichsratsabgeordneten und tschechischen Handelsministers František Fiedler formuliert[33]: Die Hauptstadt aller im Reichsrat

---

[30] RR-Prot. IX/277 (7. 3. 1883) 9505—9526 (siehe Anhang S. 515—519). GRS vom 23. 1. 1914, AB Nr. 26 (31. 1. 1914): Interpellation G u s s e n b a u e r.
[31] Zur Vereinsgeschichte des „Komenský" siehe oben S. 90—111.
[32] Über den Wiener Gemeinderat und seine Haltung zu den deutschen Schutzvereinen: GRS vom 24. 5. 1895, AB Nr. 43 (28. 5. 1895) 1280: Anfrage F r a u e n b e r g e r betreffend die Nichtvertretung der Gemeinde Wien bei der Hauptversammlung des Deutschen Schulvereins. Luegers Antwort lautete damals noch ablehnend: Der Verein sei keine nationale Organisation, sondern bloß die einer einzelnen politischen Partei. — GRS vom 16. 3. 1897, AB Nr. 23 (19. 3. 1897) 598 f. Antrag G r u b e r betreffend die dauernde jährliche Subventionierung nationaler Schutzvereine durch den Gemeinderat (h i e r a u s d a s o b i g e Z i t a t). — GRS vom 26. 2. 1897, AB Nr. 18 (2. 3. 1897) 487, Antrag P o m m e r: Subventionierung des Schutzvereins „Südmark", weil er „auf rein arischer Grundlage fußt". — GRS vom 18. 11. 1898, AB Nr. 93 (22. 11. 1898) 3140 f. (Verschiedene Referate betreffend die Subventionierung der deutschen Schutzvereine.) — GRS vom 20. 10. 1905, AB Nr. 85 (24. 10. 1905) 2242, Antrag G u s s e n b a u e r / U r b a n: Erhöhung der Subvention für „Südmark". (Die Gemeinde Wien unterstützte den Verein „Südmark", der es sich zur Aufgabe gestellt hatte, „den deutschen Besitzstand in den Alpenländern zu schützen", seit einer Reihe von Jahren mit 1000 Kronen jährlich. Der Antrag erfolgte „speziell für die Industrie Niederösterreichs und insbesondere derer Wiens ... eingedenk des Wahlspruches ...: Den Brüdern im bedrohten Land warmfühlend Herz, hilfreiche Hand"). — GRS vom 17. 1. 1908, AB Nr. 6 (21. 1. 1908) Antrag G u s s e n b a u e r für eine Jubiläumsspende von 10 000 Kronen. — GRS vom 15. 7. 1909, AB Nr. 58 (20. 7. 1909) Antrag D r ö ß l e r betreffend „Rosegger-Stiftung", dazu Stadtratssitzung vom 3. 8. 1909, AB Nr. 64 (10. 8. 1909) 1997 f.: Ref. H o ß zu Antrag Drößler, sowie GRS vom 17. 9. 1909, AB Nr. 76 (21. 9. 1909) 2223 ff.: Ref. H o ß, L u e g e r u. a.
[33] RR-Prot. XXI/55 (13. 3. 1912) 7695/1534/I Interpellation F i e d l e r, K r a m á ř, U d r ž a l, K l o f á č, H r u b a n, M a s a r y k, N ě m e c, betreffend die Verfolgungen des böhmischen Schulwesens in Niederösterreich: „Wenn man für die im Reichsrat vertretenen Königreiche und Länder Wien als Hauptstadt aller dieser Königreiche und Länder gelten lassen will, so ist es nicht richtig, es als bloße Landeshauptstadt

vertretenen Königreiche und Länder wurde zur bloßen Landeshauptstadt des „deutschen Erblandes" Niederösterreich degradiert. Daß diese jungen ideologischen Gegensätze und letzten Endes letalen Widersprüche im österreichischen Mit- und Durcheinander jedoch bei den Tschechen weniger tief wurzelten als die vermeintliche Sicherheit, in der sie sich wiegten, wenn sie die internationale Anziehungskraft Wiens auf eine dort betriebene nationale Friedenspolitik zurückführten, kam oft genug in Reichsratsinterpellationen zum Ausdruck[34]. Nicht zuletzt aus diesem Grunde irrte Lueger, der immer wieder die neuen deutsch-nationalen Schwerpunkte zum Nutzen seines Regimes verschob und seine Gegner stets aufs neue zu überraschen verstand, wenn er meinte, daß die Wiener Tschechen diese Verlagerung der Akzente auf die Dauer akzeptieren würden. Bereits 1892 hatten die tschechischen Eltern im II. und III. Bezirk, 1898 die im XVI., XVII. und XVIII. Bezirk und im Jahre 1901 schließlich über 3 000 Tschechen aus allen Wiener Bezirken um öffentliche Schulen mit tschechischer Grundsprache angesucht[35]. 1904 wurden diese Forderungen durch das Reichsgerichtserkenntnis vom 17. Oktober ein für allemal abgewiesen. Erst 1907 — 35 Jahre nach der Gründung des „Komenský" — war es so weit, daß die Vereinsleitung im III. Bezirk eine zweite tschechische Privatschule errichten zu können glaubte.

Bei dieser zweiten tschechischen Lehranstalt handelt es sich um ein Detail in der Geschichte des Wiener Tschechentums, das besonders deshalb erwähnenswert ist, weil man die Entstehungs- und gleichzeitig auch Untergangsgeschichte dieser Schule quasi als die Kohlensäure in der Mineralquelle der Wiener tschechischen Nationalpolitik bezeichnen kann: Es prickelt und schäumt, aber der Gehalt steckt woanders. Auch aus einem zweiten Grunde ist es nützlich, sich dieser Episode zu erinnern und sie in der Kontinuität der damaligen Ereignisse zu sehen. Sie enthält nämlich den ersten Ansatz des Wiener Tschechentums, in der Schulfrage dem Öffentlichkeitsrecht nicht mehr die unbedingte Priorität zu geben, sondern einfach nur noch das Recht auf private Unterrichtsanstalten als Optimalziel zu betrachten. Die folgenden Seiten werden allerdings weniger die einzelnen Prozeßakten, Erlässe und Kanzleiberichte als solche ins Auge fassen, da die juristische Seite der Sperrung sowohl in deutscher wie in tschechischer Sprache bis in die feinsten Nuancen behandelt und publiziert worden ist[36]. Ziel ist es vielmehr, den Umständen der Entstehung dieser Dokumente

---

von Niederösterreich hinzustellen, und sich darauf zu berufen..., daß demzufolge kein anderes als nur ein deutsches Schulwesen existieren dürfe."

[34] RR-Prot. XXI/9 (5. 10. 1911) 2730/445/I Interpellation D ü r i c h , F i e d l e r u. Gen. wegen Schließung der böhmischen Privatschule in Wien: „Wien ist doch die Hauptstadt eines viele Nationalitäten beherbergenden Staates, natürliche Pflicht ist es daher, den berechtigten und gesetzlich erlaubten Kulturbestrebungen aller daselbst wohnenden... Völkerschaften die volle Freiheit zu gewähren." — RR-Prot. XXI/175 (14. 11. 1913) 8625 und 8731 f. (Stránský). Siehe unten S. 374 Anm. 38.

[35] S o u k u p , Česká menšina 187 und 209.

[36] L o u n , F.: Die Sperrung der Privatschule des Komenský-Vereines im III. Wiener Gemeindebezirke im Lichte des Rechtes (Deutscher Separat-Abdruck aus der „Union"). Prag (Verlag der Národní rada česká) 1912. — Tschechisch: D e r s e l b e : Uzavření soukr. školy Komenského ve III. okrese Vídeňském ve světle práva. Prag 1912. Zuerst im „Právník", Jg. 51 (15. Nov. 1912). — Ausführliche Darstellungen auch bei: S o u - k u p , Česká menšina 209—218 und 60 let 62—79.

nachzuspüren und zu fragen, warum sie abgefaßt wurden, wer für sie einstand und welche Funktion sie erfüllen sollten.

Als durch das Reichsgerichtserkenntnis vom Oktober 1904 die Errichtung von öffentlichen Schulen für die Wiener Tschechen aussichtslos war, suchten tschechische Eltern des III. Bezirks beim Komenský-Verein um die Errichtung einer zweiten Privatvolksschule an. In der Vereinsausschußsitzung vom 17. Juni 1907 faßte man den einstimmigen Beschluß, dieses Gesuch zu bewilligen und rasch in die Tat umzusetzen[37]. Schon im kommenden Schuljahr 1907/08 sollte die Schule eröffnet werden. Als Unterrichtsräume wollte man die tschechische Sprachschule[38] in der Messenhausergasse verwenden, die durch einen Erlaß des Bezirksschulrates vom 9. März 1894 (Nr. 1189) — also noch drei Jahre vor Luegers Wahl zum Bürgermeister — bewilligt worden war. Als Leiter der Schule zeichnete der seit 1886 beim Wiener „Komenský" unterrichtende Lehrer Jan Ludvíček[39], der sofort mehrmals — weil stets vergeblich — um eine amtliche Kommission zur Begehung der seinerzeit zum Sprachschulunterricht genehmigten Räumlichkeiten ansuchte. Im September 1907, im Januar 1908 und im Oktober 1908 erschienen jeweils drei verschiedene Begehungskommissionen, keine von ihnen stellte jedoch dem Verein das gesetzlich erforderliche Gutachten zu. Weil der „Komenský" seinerseits den behördlichen Vorschriften Genüge geleistet hatte und die Verzögerung des Bescheides als ein Versäumnis der Behörden betrachtete, teilte er dem Bezirksschulrat mit, daß er einstweilen mit dem Unterricht beginnen werde und eröffnete mit 32 Schülern im September 1907 eine erste Volksschulklasse. Erst im Januar 1909 erhielt Ludvíček eine Zuschrift des Bezirksschulrates, in der ihm mitgeteilt wurde, daß die Eröffnung seiner Schule mit Erlaß des Landesschulrates vom 5. Januar 1909 (Z. 288/7 — II) nicht genehmigt worden sei[40]. Als Begründung wurde § 70 Absatz 4 des Reichsvolksschulgesetzes geltend gemacht, nach dem eine private Lehranstalt nur dann die Zulassung erhielt, wenn ihre Räumlichkeiten keine sanitären Mängel aufwiesen. Lehrer Ludvíček ließ daraufhin die von der Kommission immer noch nicht schriftlich, sondern nur mündlich geltend gemachten Beanstandungen — z. B. zu niedrig angebrachte Kleiderhaken — beseitigen und reichte einen Rekurs beim Unterrichtsministerium ein. Dieses gab mit Erlaß vom 26. Juli 1909 (Z. 12629) der tschechischen Beschwerde keine Folge, und Ludvíček erhielt jetzt vom Bezirksschulrat die Mitteilung, daß seine inzwischen dreiklassige Volksschule geschlossen werde. Gegen

---

[37] S o u k u p , Česká menšina 209 f.
[38] Hierzu oben S. 96 f.
[39] Gründer des Zentralvereins der nichtpolitischen Vereine in Niederösterreich (Ústřední jednota nepolitických spolků v Doln. Rakousích); Leiter des Musikzirkels in der Občanská Beseda [Bürger-Beseda] im X. Bezirk und Gründer der Musikvereine „Dvořák" und „Lyra". 1910 tschechischer Kandidat für die niederösterreichischen Landtagswahlen im X. Bezirk (nur 41 Stimmen!); Mitautor eines tschechischen Wien-Führers: L u d v í č e k, J. / P r o k o p , K.: Český průvodce po Vídni. Wien 1890.
[40] Zit. nach: GRS vom 4. 7. 1911, AB Nr. 54 (7. 7. 1911) 1646 f. Interpellation L a n g e r. — Drei Tage später Erneuerung des Kolisko-Antrages durch Axmann im niederösterreichischen Landtag. — Februar 1909: Protestversammlungen der Prager Sektion des Komenský gegen die Ereignisse in Wien. NRČ 120 (Krajané v Doln. Rak. 1906—1910).

diesen Erlaß erhob der Lehrer Einspruch beim Verwaltungsgerichtshof. In einem weiteren Erlaß des Unterrichtsministeriums vom 16. September 1909 (Z. 38037) wurde ihm jedoch bewilligt[41], daß bis zum Urteilsspruch des Verwaltungsgerichtshofs der zuerst zitierten Ministerialentscheidung aufschiebende Wirkung zukomme. Dies bedeutete, daß die Schule bis auf Widerruf geführt werden durfte. Im Juli 1911 stand allerdings der diesbezügliche Bescheid des Verwaltungsgerichtshofes immer noch aus[42], er wäre auch aufgrund der in der Zwischenzeit völlig veränderten Verhältnisse längst überflüssig gewesen.

Der Komenský-Verein hatte nämlich unterdessen ein altes Gebäude im III. Bezirk in der Krummgasse erworben, in der Absicht, es abzureißen und an seiner Stelle einen Schul-Neubau zu errichten. Die behördliche Kommission, die den Bauplatz in Augenschein nahm, entschied jedoch, daß sich das Grundstück für Schulzwecke nicht eigne, weil die Gasse zu schmal sei und die Nähe der Tierärztlichen Hochschule, namentlich das Hundegebell in der Hundeklinik, den Unterricht stören würde[43]. Aufgrund dessen wollte der „Komenský" den Platz zur Errichtung eines tschechischen Vereinshauses (Český dům III.) verwenden, erhielt aber in dieser Angelegenheit vom Magistrat keine Baulinie zugesandt. In der Erwartung, daß sein Gesuch dennoch in Bälde positiv erledigt werden würde, nahm er in das leerstehende alte Haus keine Mieter mehr auf und führte nur die vorgeschriebenen notwendigsten Ausbesserungsarbeiten durch. Dies stellte jedoch für das ohnehin knappe Vereinsvermögen eine zusätzliche, nicht vorhergesehene Belastung dar und wurde vom „Komenský" als Absicht des Magistrats, den Verein zu schädigen, aufgefaßt[44]. Ob diese Unterstellung aus der Luft gegriffen war oder nicht, sollte sich sehr bald exemplarisch am Beispiel des dritten und letzten Schulgründungsversuches der Wiener Tschechen im III. Bezirk, in der Schützengasse, erweisen. Anfang März 1910 hatte der frühere Vorsitzende des Komenský-Vereines, Alois Peträk[45], um die Baubewilligung für ein Haus in der Schützengasse angesucht. Um der Vermutung zu begegnen, daß die provisorisch in der Messenhausergasse bestehende Schule in dieses Haus übersiedeln könnte[46] und „weil er wußte, daß er für eine tschechische Schule keine Bewilligung erhalten würde"[47], erklärte Peträk bei der Bauverhandlung ausdrücklich, daß es sich bei dem geplanten Neubau um ein Wohngebäude, nicht aber um ein Schulhaus handle. Nach der amtlichen Überprüfung des Rohbaues stellte sich heraus, daß wesentliche statische Verstärkungen und damit Abweichungen von den bewilligten Bauplänen durchgeführt worden waren; infolgedessen hatte Peträk die Weiterarbeit am Bau einzustellen. Als er nunmehr um die Bewilligung der bereits durchgeführten baulichen Änderungen ansuchte, mußte er sich bei der Lokalverhandlung protokollarisch verpflichten, in seinem Hause

---

[41] Nach § 17 d. Ges. vom 22. Okt. 1875 RGBl. Nr. 36/76.
[42] Siehe Anm. 40 und RR-Prot. XXI/11 (10. 10. 1911) 742—745, Ref. G a u t s c h.
[43] S o u k u p, Česká menšina 211 (Krummgasse und Tierärztliche Hochschule sind durch die Tongasse voneinander getrennt, Anm. d. Verf.).
[44] E b e n d a 211.
[45] Baumeister; von 1902—1907 Obmann des Komenský, einer der ersten Mitglieder im Ausschuß der Slovanská Beseda (seit 1886).
[46] So G a u t s c h im Reichsrat am 10. 10. 1911 (siehe Anm. 42).
[47] So S o u k u p, Česká menšina 211.

niemals eine Schule unterzubringen. Diese Erklärung wurde auch in die Baubewilligung als Konsensbedingung aufgenommen und trat damit in Rechtskraft[48].
Ein halbes Jahr später, Anfang September 1910, zeigte Ludvíček — wie deutscherseits bereits geahnt worden war — dem Wiener Magistrat an, daß er wegen der von den Behörden gegen die Eignung der Lokalitäten in der Messenhausergasse erhobenen Bedenken seine Schule mit 15. September 1910 in das bereits fertige Haus in der Schützengasse verlege. Nach der kommissionellen Besichtigung der neuen Räumlichkeiten wurde dem niederösterreichischen Landesschulrat darüber Bericht erstattet. Dieser bestätigte in einem Erlaß vom 6. Oktober 1910 (Z. 106/14 — II), daß seitens der Schulbehörden kein Anlaß zu einem Einschreiten zu erblicken sei[49] und wies den Bezirksschulrat an, dafür zu sorgen, daß ab sofort jede Art von nicht ausdrücklich genehmigtem Unterricht in der alten Schule in der Messenhausergasse eingestellt werden müsse. Da jedoch Petrák bei der Verhandlung über die Erteilung des Baukonsenses bzw. anläßlich der Planauswechselgenehmigung ausdrücklich und zudem protokollarisch versichert hatte, daß der Neubau in der Schützengasse ein Wohn- und kein Schulgebäude sei, untersagte der Magistrat mit Dekret vom 28. September 1910[50], die adaptierten Räume in der Schützengasse zu Schulzwecken zu benützen und forderte die unverzügliche Einstellung des Unterrichtes. Dem von Petrák dagegen bei der Baudeputation für Wien eingebrachten Rekurs wurde in deren Entscheidung vom 19. Juni 1911 (Z. 37) keine Folge gegeben[51].
Inzwischen war aber nicht mehr der Bauherr Petrák, sondern der Komenský-Verein Eigentümer des Hauses geworden — insofern eine veränderte Situation, als der jetzige Besitzer keine Bedingungen unterschrieben hatte, wen oder was er in seinem Haus unterbringen wolle. „Komenský" ergriff nun Beschwerde gegen den Magistrat

---

[48] Aufnahme in den Baukonsens vom 30. 10. 1909, Mag.-Abt. XIV, Z. 4477/09, bzw. in die Planauswechselgenehmigung vom 22. 4. 1910, Mag.-Abt. XIV, Z. 1974/10. Hierzu: Stadtratssitzung vom 14. 4. 1910, AB Nr. 34 (29. 4. 1910) 930. P. Z. 5558, M. A. XIV, 1974: „Es wird zur Kenntnis genommen, daß der Magistrat beabsichtigt, die von A. Petrák in seinem im Bau begriffenen Wohnhause III., Schützeng. 31 vorgenommenen Planabweichungen (Verstärkung der Träger sowie der Träme und Verbreiterung von Fenstern, Weglassung von Scheidemauern) zu genehmigen und in die Baubewilligung die Erklärung des Gesuchstellers A. Petrák aufzunehmen, daß es ihm vollständig ferne liege, durch diese Bauabänderungen für die Errichtung einer (tschechischen) Schule Vorbereitungen zu treffen, sondern daß er diese Änderungen nur aus den schon in der Aufnahme vom 4. März 1910 angeführten Gründen vorgenommen habe, sich auch verpflichte, in diesem Hause niemals eine Schule zuzulassen."

[49] „Mit Rücksicht darauf, daß es sich im vorliegenden Fall gegenwärtig um eine ohne schulbehördliche Genehmigung betriebene Privatschule handle und daß die Beschaffenheit der im Haus Schützengasse für den Unterrichtsbetrieb dieser Schule in Aussicht genommenen Räumlichkeiten nicht ungünstiger ist, als der Zustand der Räumlichkeiten in dem hierfür bisher benützten Haus Messenhausergasse." GRS vom 4. 7. 1911, AB Nr. 54 (7. 7. 1911) 1646 f.

[50] M. A. XIV, Z. 8691/10.

[51] Der Magistrat wiederholte daraufhin mit Dekret vom 24. 6. 1911 Mag.-Abt. XIV Z. 6156/11 das Verbot und fügte hinzu, daß im Falle der Nichtbefolgung desselben die Sperrung zwangsweise vollzogen werden würde, gemäß der kaiserlichen Verordnung vom 20. 4. 1854, RGBl. Nr. 96. — Hierzu Stadtratssitzung vom 30. 9. 1911, AB Nr. 80 (6. 10. 1911) 2439.

beim Verwaltungsgerichtshof und suchte am 15. Juli 1911 bei der Baudeputation um Zuerkennung der aufschiebenden Wirkung an, bis die Angelegenheit vor dem höchsten österreichischen Gerichtshof zur Austragung gekommen sei[52]. Die Baudeputation sandte das Gesuch noch am selben Tag (15. Juli) an den Wiener Magistrat zum Anschluß der Verhandlungsakten und zur antragstellenden Berichterstattung weiter und gab den strikten Auftrag, mit dem Vollzug der Sperrung noch zu warten, bis das Aufschubansuchen erledigt worden sei[53]. Der geforderte Bericht wurde jedoch trotz wiederholten Monierens nicht nur nicht erstattet[54], sondern der Magistrat verbot vielmehr neuerlich durch einen Erlaß, die Räume in der Schützengasse zu Schulzwecken zu benützen[55]. Gleichzeitig ordnete er — zum Zweck des Vollzugs — die Sperrung an. Ungeachtet dieser Verfügung des Magistrats vom 24. Juli 1911 gab — wie man auf einer Gemeinderatssitzung erfuhr — der Vídeňský Denník in seiner Nr. 142 bekannt, daß „heuer zum erstenmal die Einschreibungen zum Besuch der deutsch-tschechischen Schule im III. Bezirk stattfinden"[56] würden. In der Tat stellte man fest, daß die Räume in der Schützengasse zu Schulzwecken benutzt wurden[57]. Hierauf erteilte nun der Wiener Bürgermeister Josef Neumayer dem Magistrat den Auftrag, die Schließung der Schule in die Wege zu leiten. Als politische Behörde 1. Instanz, in der es zum Vollzug baubehördlicher Entscheidungen berufen war, führte das magistratische Bezirksamt für den III. Bezirk am 23. September 1911 die Sperrung durch. Aufgrund einer vom „Komenský" gegen dieses Vorgehen erhobenen Beschwerde setzte die Baudeputation jedoch mit Erlaß vom 25. September 1911 (Z. 37) diese Verfügung des Bezirksamtes außer Kraft und ordnete die sofortige Aufhebung der Sperre an. Maßgebend war hierfür die Tatsache, daß, solange die Entscheidung über das Aufschubgesuch beim Verwaltungsgerichtshof noch ausstand, jegliche Exekutionsmaßnahmen unzulässig waren. Auch der niederösterreichische Statthalter, Baron Bienerth, wiederholte diese Anordnung der Baudeputation mündlich gegenüber dem Magistratsdirektor. Am 30. September, eine Woche nach der Sperrung, faßte das Magistratsgremium auch tatsächlich den Beschluß, die Schule wieder zu öffnen[58]. Luegers Nachfolger Neumayer erstattete jedoch noch am gleichen Tag dem Statthalter die Anzeige, daß er, als Bürgermeister von Wien, diesen Beschluß des Magistrates aus eigener Machtvollkommenheit bereits sistiert und entschieden habe, daß die Sperre nicht auf-

---

[52] Gemäß § 17 des Gesetzes über den Verwaltungsgerichtshof. Hierzu: GRS vom 17. 10. 1911, AB Nr. 84 (20. 10. 1911) 2577 ff. Anfrage H u s c h a u e r.
[53] Erlaß der „Bau-Deputation für Wien" vom 15. Juli 1911, Z. 37.
[54] Rechtfertigung des Bürgermeisters Neumayer in der GRS vom 6. 10. 1911, AB Nr. 81 (10. 10. 1911) Interpellation H o h e n s i n n e r/ v. D o r n: der Bericht wurde nicht vorgelegt, „weil gleichzeitig ein Gesuch desselben Vereins (Komenský, Anm. d. Verf.) um Adaptierungen im gleichen Haus, Schützengasse, anhängig war, wozu sämtliche Vorakten unbedingt benötigt wurden".
[55] Laut Gautsch „im Widerspruch mit dem Schlußtag der erwähnten Weisung... aufgrund des in § 7 der kaiserlichen Verordnung vom 20. 4. 1854, RGBl. Nr. 96" (siehe Anm. 42).
[56] GRS vom 14. 7. 1911, AB Nr. 58 (21. 7. 1911) 1783, Antrag S c h w e r.
[57] „Unerhört!": Rufe der Gemeinderatsmitglieder in der GRS vom 17. 10. 1911, AB Nr. 84 (20. 10. 1911) 2577 f.
[58] „Also gegen den Bürgermeister! Unglaublich!": Rufe der Gemeinderatsmitglieder, e b e n d a.

gehoben werde⁵⁹. Diese Verfügung wurde nun ihrerseits wiederum vom Statthalter sistiert, der erneut die Aufhebung der Sperre anordnete und dem Bürgermeister lediglich den Rekurs gegen diesen Erlaß, jedoch ohne aufschiebende Wirkung, offenhielt. Dies bedeutete, daß die Schule augenblicklich für den Unterricht freizugeben war. Der Bürgermeister bestand allerdings darauf, daß die Sistierung in einer Bausache nur nach der Bauordnung, nicht aber nach dem Gemeindestatut — auf das sich der Statthalter in seiner Entscheidung berief — geschehen könne. Der Bauordnung zufolge aber war seinem Rekurs gegen die statthalterliche Sistierung die aufschiebende Wirkung gesetzlich gewährleistet; deshalb teilte er Baron Bienerth mit, er werde nicht nur gegen die Sistierung und gegen die Verfügung wegen der Aufhebung der Sperre Beschwerde ergreifen, sondern er werde vielmehr auch von den ihm zustehenden Rechtsmitteln praktisch Gebrauch machen und die Sperre bis zur Entscheidung dieses Streitfalles weiterbestehen lassen. Als jedoch das Vorgehen Neumayers am 6. Oktober 1911 auch vom Ministerpräsidenten Gautsch im österreichischen Abgeordnetenhaus schwer gerügt worden war⁶⁰, mußte er sich nun in einer Rechtfertigungsrede vor dem Gemeinderat verantworten. Im Anschluß an seine Ausführungen über die einzelnen Paragraphen, auf die er sich bei seiner Entscheidung gestützt habe, vergaß er jedoch nicht, zu betonen, in wessen Erbfolge er sein Amt angetreten hatte: Von langanhaltendem Beifall, Händeklatschen und Hochrufen begleitet beschloß er seine Selbstverteidigung mit Worten, die den Gemeinderatsmitgliedern noch von Lueger her im Gedächtnis haften mußten: „Nicht minder", so sagte Neumayer, „würde ich aber auch einen Verrat an der deutschen

---

⁵⁹ Der gesamte Briefwechsel zwischen Bürgermeister und Statthalter in: Nö. Präs. VI/ 54—81; 3335 (1911); Briefe vom 30. 9., 3. 10., 8. 10., 10. 10., 14. 10. 1911. Der Bürgermeister berief sich auf 1. § 17 d. Ges. vom 22. 10. 1875, RGBl. Nr. 36 für 1876; 2. auf die kaiserliche Verordnung vom 20. 4. 1854, RGBl. Nr. 96; 3. auf § 110 der Bauordnung; 4. auf § 52 Punkt 9 der Geschäftsordnung für den Magistrat und vor allem auf sein „Amt als Oberhaupt einer mit dem verfassungsmäßigen Recht der Autonomie ausgestatteten Gemeinde". — Der Statthalter berief sich auf § 107 des Gemeindestatutes, warnte ein zweites Mal „im Interesse eines gedeihlichen, so überaus wertvollen Zusammenwirkens zwischen der vorgesetzten staatlichen Behörde und dem Wiener Magistrat" und teilte schließlich mit, er lasse sich auf keine theoretischen Erörterungen ein; über die Gesetzlichkeit des Vorgehens habe das Innenministerium zu entscheiden.
⁶⁰ RR-Prot. XXI/11 (10. 10. 1911) 742—745. Nach Gautschs Ansicht stand „das Vorgehen des Bürgermeisters in einer Angelegenheit, welche zweifellos in den übertragenen Wirkungskreis einer Gemeinde fällt, mit den oberbehördlich gegebenen Weisungen im direkten Widerspruch" und war demnach ein Verstoß „gegen das gesetzlich statuierte Verhältnis der Über- und Unterordnung der Behörden...". Gautsch fährt fort: „So wie nun einerseits der deutsche Charakter Wiens (lebhafte Zustimmung), dessen Wahrung und Erhaltung der Gemeinde am Herzen liegt, speziell auf dem Gebiete des Schulwesens... zum vollen Ausdruck gelangt, so sollte andererseits die innerhalb der gesetzlichen Schranken bestehende Möglichkeit der geistigen und kulturellen Entwicklung der in Wien wohnenden Angehörigen anderer Nationalitäten nicht unterbunden werden (lebhafte Zustimmung). Es wird daher nach wie vor Aufgabe der Regierung sein, bei den instanzmäßigen Entscheidungen der Behörden dafür zu sorgen, daß auch die der böhmischen Nationalität angehörigen Bewohner Wiens in dem Bestreben, ihren Kindern die Wohltat eines ihren sprachlichen Bedürfnissen entsprechenden Elementarunterrichtes durch private Opferwilligkeit angedeihen zu lassen, nach Maßgabe der bestehenden Gesetze geschützt werden (Beifall)."

Nation (stürmischer Beifall), an dem deutschen Charakter der Stadt Wien begehen, den ich bisher, ohne den Boden des Gesetzes zu verlassen, nach besten Kräften gewahrt habe und auch in Hinkunft immer hochhalten werde ... Zu bedauern ist, daß mein offenkundiges Bestreben ... zu verhüten, daß die Wiener Bevölkerung von versuchten tschechisch-nationalen Hetzereien beunruhigt werde, mit einem ungerechtfertigten Vorwurfe vergolten wurde"[61].

Nationale Propaganda, die Irreführung der öffentlichen Meinung über die Fakten, hatten gewirkt. Es war vor allem gelungen, den „Komenský" als den Angreifer hinzustellen und auf die nationalen Gegensätze und Machtverhältnisse mit Erfolg zu spekulieren. Hierzu einen Blick auf die deutsch-tschechischen Protestaktionen in jenen kritischen Herbsttagen des Jahres 1911 und dann, gleich im Anschluß daran, die ungleich schärferen derselben Oktober- und Novembermonate, nur ein Jahr später. Am 1. Oktober 1911, acht Tage nach der Schließung der tschechischen Schule, trafen die ersten Proteste aus den Kronländern bei der niederösterreichischen Statthalterei ein[62]. Am 5. Oktober zogen unter der Führung des tschechischen sozialdemokratischen Reichsratsabgeordneten Tomášek und des tschechischen nationalsozialen Abgeordneten Fresl etwa 100 Erwachsene, vorwiegend Frauen, mit etwa 100 Kindern zum Parlamentsgebäude. Auf Veranlassung des Kanzleidirektors ließ man die Menge ins Stiegenhaus, während eine zwanzigköpfige Deputation im Inneren Verhandlungen führte[63]. Weitere Kundgebungen gegen die tschechische Privatschule liegen für dieses Jahr in der Statthalterei noch nicht vor. Anders 1912: Am 16./17. Oktober sammelten sich vor der verschlossenen Schule in der Schützengasse ca. 300 Tschechen zu einem Demonstrationszug. Ihren Reichsratsabgeordneten Dürich und Exner gelang es jedoch, die erregte Menge zu beschwichtigen und zu zerstreuen[64]. Einen Tag später forderte dann das „Deutsche Volksblatt" die deutsche Studentenschaft zur Gegendemonstration vor der Schule auf. Am 22. Oktober protestierten wiederum — mit „Hanba"- [= Schande]-Rufen und nationalen Liedern 400 tschechische Sozialdemokraten vor dem Gebäude. Zwei Tage später zogen die nationalen Kontrahenten, 600 Mitglieder des Verbandes deutscharischer Vereine — meist sogenannte deutsche Jungmannschaft unter Beteiligung der Abgeordneten Waber, Nagler, Wedra, Hartl und Kittinger — auf die Wiener Straßen. Tags darauf, am 25. Oktober, folgte eine öffentliche Vereinsversammlung des Schutzvereins „Südmark", Gau Wien, auf welcher der Reichsratsabgeordnete Kittinger und ein Kommissar des Deutschen Schulvereins, Pochlatko, vor 300 Personen, meist Frauen und Studenten in Couleur, zur Schulfrage im III. Bezirk Stellung

---

[61] GRS vom 17. 10. 1911, AB Nr. 84 (20. 10. 1911) 2577 f., Anfrage H u s c h a u e r.

[62] Nö. Präs. VI/54—81; 3335 (1911): Eingegangene Proteste gegen die Schließung: 1. Oktober 1911: Lokal-Sektion „Komenský" für Čížice und Umgebung. — Statthalterpräsidium Prag: PM 1911—1920; 6/41/2 (4913), z. B. 13. 10. 1911: Brief des Prager Statthalters an den Unterrichtsminister. — Für 1912: Präsidium des Innenministeriums PMV/R 15/3 (1912) 11317 und PMV/R 15/3 (1912) 10499. — Ferner: ÚMŠ, Komenský-Vídeň 1911/12 und 1913—1920 (inliegend die Prozeßakten und die dazu gehörige Korrespondenz Prag—Wien).

[63] Bericht der Polizeidirektion (Z. 2848) vom 5. 10. 1911. Nö. Präs. VI/54—81; 3335 (1911).

[64] Nö. Präs. VI/54—81; 3107 (1912). Auch das Folgende.

nahmen. Laut Polizeibericht erklärte Pochlatko „in höhnischer Weise", bei den Greueltaten, die die Tschechen in den böhmischen Provinzen an den deutschen Schulen verübt hätten, möge das, was ihnen in Wien widerfahre, ein Hindernis des Ausgleichs sein, der auf Wunsch des Kaisers geschlossen werden solle. Bei dieser Äußerung griff sofort der anwesende Polizei-Oberkommissar ein und entgegnete sehr entschieden, die Person Seiner Majestät des Kaisers Franz Josef sei unbedingt bei nationalpolitischen Angelegenheiten aus dem Spiel zu lassen[65]. Die Teilnehmerzahlen der Deutschen bei den Protestmärschen stiegen ständig weiter. Am 27. Oktober demonstrierten 500, am 28. Oktober 1000 Deutsche mit den Reichsratsabgeordneten Wedra, Schürff und Kittinger gegen eine vom „Komenský" abgehaltene Protestversammlung[66]. Auch eine Versammlung des Bundes der Deutschen in Niederösterreich am 29. Oktober 1912 wurde von 1000 Personen besucht. Die Zeit der „Sittensprüche", so erklärte ein Redner auf jener Versammlung, sei nun endgültig vorüber. „Nur der Starke, der imstande ist, für seine Ideale sterbend zusammenzubrechen, hat Erfolg"[67]. Nach einigen kleineren Kundgebungen im III. Bezirk — jeweils mit anschließendem „Straßenbummel" und unter Ankündigung weiterer Versammlungen und Demonstrationsmärsche — fand am 3. November eine Großkundgebung des Vereins „Südmark" statt, auf der 3000 Personen den Worten des Landtagsabgeordneten Nagler und des Wanderlehrers der „Südmark", Barnert, lauschten. Alle billigten das Vorgehen des Wiener Bürgermeisters und kritisierten die Stellungnahme der niederösterreichischen Statthalterei in der Frage der Komenský-Schule. Am 3. November 1912 folgte schließlich der größte Protestmarsch, der in Sachen Wiener Tschechen je stattgefunden hatte: Viertausend Wiener, darunter 500 Studenten und 200 Frauen, zogen die von Lueger angelegte Ringstraße entlang. „Heraus mit der Lex Kolisko!" und „Nieder mit der tschechischen Schule!" waren die Losungen.

Wenn — abgesehen davon — die Verfügung der Statthalterei, hinter die sich auch das Ministerpräsidium gestellt hatte, nicht ins Werk gesetzt wurde und die Schule nach wie vor geschlossen blieb[68], so war dies einzig und allein darauf zurückzuführen, daß der Magistrat unterdessen in der Angelegenheit des unbearbeitet gebliebenen Sistierungsgesuches vom 15. Juli 1911 den so lang erwarteten Bericht erstattet hatte. Damit war nun endlich der Anlaß zu einer Beschlußfassung der Baudeputation gegeben. Diese entschied am 6. Oktober 1911 (Z. 87/7) mit fünf

---

[65] E b e n d a (Bericht vom 26. 10. 1912). Auch das Folgende.

[66] 500 Teilnehmer und die Abgeordneten Tomášek, Dürich, Kalina, Lisý, Choc, Buřival, Vojna, Hübschmann und Stříbrný.

[67] Nö. Präs. VI/54—81; 3107 (1912). Bericht vom 30. 10. 1912. Auch das Folgende. Ferner: Nö. Präs. XIV/220; 3560 (1912). Protestversammlung gegen die tschechischen Schulforderungen. Rufe: „Hoch Neumayer!", „Hoch Habsburg-Hohenzollern!"; Wacht am Rhein. Teilnehmer u. a. Abgeordneter Josef Leitner, Bezirksschulrat Leopold Lang, der Vertreter der deutschen Arbeiterverbände Josef Uhl.

[68] Aufgrund eines Gesuches wurde sie nur einmal monatlich zur Reinigung geöffnet und der Sokol durfte einmal wöchentlich die Turnhalle benützen. S o u k u p, Česká menšina 212. — RR-Prot. XXI/9 (5. 10. 1911) 2742/454/I Interpellation T o m á š e k.

Stimmen der autonomen Vertreter Wiens gegen die vier der anderen Mitglieder[69] gegen den Antrag des landesfürstlichen Referenten dahin, daß für die Gewährung eines Aufschubes keine hinreichenden Gründe vorlägen. Hiergegen wurde nun wiederum seitens des Gemeinderates Einspruch erhoben, der die Beschwerde beim Verwaltungsgerichtshof ergriff und zwar nicht wegen des Inhaltes der Entscheidung — die ja die Fortdauer der Sperre bis zum Urteilsspruch des Verwaltungsgerichtshofs mit sich brachte —, sondern wegen der vermeintlichen Inkompetenz der Baudeputation in dieser Frage[70]. An diesem Kompetenzstreit, der keinesfalls der einzige für den Wiener Gemeinderat bleiben sollte und der mit der Sache selbst schon kaum mehr in einem direkten Zusammenhange stand, zeigt sich, daß die Fortsetzung solcher extrem überspitzter nationalpolitischer Motivationen zur Wahrung des deutschen Charakters der Stadt Wien sich auch für den Gemeinderat zwangsläufig aus mehrerlei Gründen als Verhängnis entpuppte: *Erstens* wurde der Stilverderbnis der Wiener Kommunalpolitik dadurch kräftig Vorschub geleistet, daß eine Ausnahmesituation — wie diese Sperrung — zum Dauerzustand erhoben wurde. *Zweitens* wird sichtbar, daß der Gemeinderat sein ursprüngliches Energiereservoir in nationalen Fragen mehr und mehr erschöpfte, vor allen Dingen den Fundus an übereinstimmendem Willen und Wollen, aus dem er während der ersten Zeit bei der Wiener-Tschechen-Frage lebte. Denn innerhalb des Gemeinderates meldeten sich jetzt die Gegenstimmen der Sozialdemokraten und Liberalen, die von einer „seltsamen Komödie ... zur Rettung des — wie behauptet wurde — so bedrohten Deutschtums in Wien" sprachen[71]. Auch die weiteren drei Jahre bis zum Weltkrieg muß man sich nach dem „Fingerhakelmuster" dieser Herbstmonate von 1911 vorstellen. Der demokratische Lernprozeß ließ sich jedenfalls immer weniger aus dem bloßen Lärmprozeß herausfiltern. *Drittens* wurde durch diese Art von Politik der gesellschaftliche Frieden in Wien wachsenden Belastungen ausgesetzt. Eine Radikalisierung der Extreme war an beiden nationalen Enden des deutschtschechischen Spektrums zu erwarten. Zunächst hatten die Wiener Tschechen ihre Komenský-Schule als Übergangserscheinung verstanden, nunmehr aber kämpften sie um ihr Daseinsrecht *neben* den deutschen Schulen. Niemals jedoch *gegen* sie und das erst hätte eine anarchistische „Mitbestimmung" in der Wiener nationalen Frage bedeutet. Angesichts dieser zweiten tschechischen Privatvolksschule war es unverantwortlich, so zu tun, als gäbe es für die Gemeinde Wien keine Alternative, son-

---

[69] Hierzu G a u t s c h im Reichsrat (siehe Anm. 60): „Allerdings ist nicht zu verkennen, daß bei jenen lokalen Behörden, in deren Wirkungskreis die Prüfung des Vorhandenseins der gesetzlichen Bedingungen zur Errichtung von Privatschulen zunächst fällt, infolge ihrer gremialen Zusammensetzung auch in Niederösterreich ein Überwiegen des autonomen Elementes zu konstatieren ist." — Es ist vielleicht auch nicht uninteressant, daß Statthalter Bienerth sowohl Vorsitzender des niederösterreichischen Landesschulrates als auch Vorsitzender der Baudeputation für Wien war und trotzdem der „Autonomie" des Wiener Magistrates machtlos gegenüberstand.
[70] PG Nr. 21, 29 (24. 11. 1911) u. GRS vom 24. 11. 1911, AB Nr. 95 (28. 11. 1911) 2963 f.
[71] E b e n d a, Wortmeldung W i n a r s k y.

dern nur eine Fortsetzung der Luegerischen Anti-Komenský-Politik[72], als bestünde post festum ein Zwang zu ihrer jegliche Reformen hemmenden Neuauflage, als würde die zweisprachige Erziehung der 234 tschechischen Schüler[73] gar keine andere Wahl lassen. Der beginnende Zwiespalt in den eigenen Reihen des Gemeinderats spiegelt sich deutlich in den Diskussionen wider, die anläßlich des eigenmächtigen Vorgehens des christlichsozialen Bürgermeisters Neumayer geführt wurden. Der sozialdemokratische Gemeinderat Leopold Winarsky wies z. B. darauf hin, daß der Beschluß zur Aufhebung der Sperre vom Magistrat erst dann gefaßt wurde, nachdem eine Beratung des „Bürgerklubs" im Wiener Gemeinderat vorausgegangen war, d. h. nicht bevor die christlichsoziale Partei selbst ihre Entscheidung getroffen und den Bürgermeister gewissermaßen vor aller Öffentlichkeit dazu autorisiert hatte, den Magistratsbeschluß aus eigener Machtvollkommenheit zu sistieren. Die Aufhebung dieses Beschlusses, die mit der Aufrechterhaltung der Sperre identisch war, feierte man dann in der christlichsozialen Parteipresse als große Tat, die der Bürgermeister zur Rettung des bedrohten Deutschtums in Wien unternommen hatte[74]. Es wurde sogar behauptet, daß man ohne Einschreiten des Bürgermeisters nicht in der Lage gewesen wäre, „etwas Ernstes" in dieser Sache zu tun. Winarsky bezeichnete die ganze Angelegenheit als „künstlich aufgebauscht", um der christlichsozialen Partei eine Plattform zu geben und um offenbar die Wahlpräludien für den Gemeinderat im Jahre 1912 vorzubereiten[75]. Denn, so erläuterte er näher, wenn Neumayer schon von vornherein die Absicht gehabt hatte, zu verhüten, daß die Komenský-Schule im III. Bezirk geöffnet werde, so hätte er ja nur dafür zu sorgen brauchen, daß der Magistrat den Bericht, den zu erstatten er am 15. Juli von der Baudeputation den Auftrag erhielt, rechtzeitig abfaßte und weitergab. Hätte nämlich der Magistrat den Bericht umgehend geliefert, so wäre allen Beteiligten die ganze Angelegenheit erspart geblieben. Dann hätte freilich das magistratische Bezirksamt nicht mit der Sperre in Aktion treten können, weil die Schule ohnedies gesperrt gewesen wäre, dann hätte auch der Magistrat nicht im eigenen Wirkungskreis den Beschluß fassen können, die Sperre wieder aufzuheben, und zu guter Letzt das für die Christlichsozialen wesentlichste Politikum: dann wäre dem Bürgermeister dadurch die einmalige Gelegenheit entgangen, vor aller Öffentlichkeit als „Heros des bedrohten Deutschtums" aufzutreten. „Hätten Sie die Sache ernst nehmen wollen, ohne politisches Kapital daraus zu schlagen, dann wäre es in der Hand des Magistrates gelegen gewesen, die ganze Affäre zu vermeiden und Sie hätten es nicht erst notwendig gehabt, wegen dieser Sache zum Verwaltungsgerichtshof zu gehen", schloß Winarsky seine Ausführungen.

---

[72] „Ich berichtige tatsächlich, daß ich nie für die Komenský-Schule gewesen, nie für dieselbe eingetreten bin, nie für dieselbe gewirkt habe." GRS vom 22. 10. 1897, AB Nr. 86 (26. 10. 1897) 2151 ff. (Siehe oben S. 291).
[73] Im Schuljahr 1911/12. 60 let, Anhangstabelle.
[74] Gemeint ist die „Reichspost". GRS vom 24. 11. 1911, AB Nr. 95 (28. 11. 1911) 2963 f.
[75] Von „Stimmungsmache" für die Gemeinderatswahlen sprechen auch Tomášek in seiner Reichsratsinterpellation RR-Prot. XXI/9 (5. 10. 1911) 2742/454/I und Fiedler, RR-Prot. XXI/55 (13. 3. 1912) 7695/1534/I.

Die Liberalen, die sich in diesem Punkt mit der sozialdemokratischen Gemeinderatsfraktion solidarisierten, fanden ihrerseits bei der den Christlichsozialen schon 1897 unter Lueger zum Vorwurf gemachten „Janusköpfigkeit" den Anknüpfungspunkt zu ihrer Kritik[76]. Für Gemeinderat Robert Granitsch, der sich zu ihrem Wortführer machte, stand es außer Zweifel, daß eines jener Argumente, mit dem die Christlichsozialen den Beweis ihrer nationalen Gesinnung erbringen wollten, das Vorgehen in der Komenský-Angelegenheit war: „... dafür, meine verehrten Herrschaften, feiert Ihr Leibblatt, die „Reichspost", den Herrn Bürgermeister wegen seiner wirklich und wahrhaft urdeutschen und germanischen Haltung, indem sie sagt: Seht, Ihr Wiener, wie deutsch unser christlichsozialer Bürgermeister ist und was er alles aufführt, um die Eröffnung der Komenský-Schule zu verhindern. Wenn Sie aber eine andere Nummer dieses Blattes anschauen, nämlich die vom 4. 11., so werden Sie eine Jubelhymne darauf finden, daß in Prag der Parteitag der Wiener Tschechisch-Christlichsozialen stattgefunden hat und daß die christlichsoziale Bewegung in Wien und Niederösterreich große Fortschritte gemacht hat und das erfüllt die ‚Reichspost' mit großer Befriedigung. Es heißt dort, die Partei habe eine musterhafte politische Organisation und eine Reihe gewerkschaftlicher Verbände, mit einem Worte, die ‚Reichspost' feiert es, daß fast in jedem Wiener Bezirk schon ein tschechisch-christlichsozialer Verein besteht! Sehen Sie, meine Herren, so ist die zweite Seite Ihres Deutschtums, so schaut Ihre nationale Gesinnung aus! (Widerspruch). Sie tun nichts und lassen einfach Anträge seitens des Magistrates stellen, lassen dann Berichte monatelang liegen, kümmern sich nicht darum und dann brennen Sie ein Feuerwerk ab, um den Wienern vor Augen zu führen, wie deutsch Sie sind! (Widerspruch). Im übrigen findet es Ihre christlichsoziale Partei für notwendig, in Wien und Niederösterreich die Tschechen zu organisieren (Lärm). Das ist ein Skandal, welcher zeigt, mit welcher Hinterhältigkeit Sie in dieser Angelegenheit vorgehen"[77]. Der christlichsoziale Referent Robert Deutschmann, der das Schlußwort zu dieser Debatte sprechen sollte, fühlte sich jedoch der Mühe enthoben, die Darlegungen der Liberalen und Sozialdemokraten zu entkräften, er entgegnete nur kurz und bündig: „Der beste Beweis für unsere nationale Gesinnung liegt darin, daß wir mit allen Mitteln gestrebt haben, die Sperrung der Komenský-Schule zu erwirken und das ist uns auch bis nun gelungen"[78].

[76] Siehe Anm. 72 und oben S. 291 f.
[77] GRS vom 24. 11. 1911, AB Nr. 95 (28. 11. 1911) 2963 f.
[78] Wenn man mit Robert A. K a n n der Ansicht ist, daß — im Hinblick auf eine Gesamtbeurteilung der deutschen politischen Parteien des Habsburgerreiches — bei den Christlichsozialen „der geographische Radius ihrer politischen Aktivität ein beschränkter" war, der bis 1918 die „größte Kraft aus dem Wiener Boden" schöpfte, so müßte in Anbetracht des Sonderfalles der Wiener Tschechen die Bedeutung der nationalen Frage in der Geschichte der Partei stärker differenziert, d. h. m. E. höher eingeschätzt werden, als dies Kann tut, wenn er schreibt: „Keineswegs ist sie (die Parteigeschichte, Anm. d. Verf.) die Geschichte bewußten Handelns im Dienst eines umfassenden nationalen Programmes." Für eine detailliertere Modifizierung im Rahmen einer Parteigeschichte spricht nicht nur das Einzelbeispiel der tschechischen Privatschulsperrungen, sondern auch die etwa seit 1904 fast ausnahmslos von den Christlichsozialen vorgebrachten Interpellationen und Anträge gegen die tschechische Minderheit im Gemeinderat. Siehe Tabelle im Anhang S. 494—508. — K a n n, Das Nationalitätenproblem I, 103. (Siehe Anm. 108).

Eine scheinbare Wendung trat durch das Erkenntnis des Verwaltungsgerichtshofes vom 30. Dezember 1911 ein, in dem ausgesprochen wurde, daß der Wiener Magistrat durchaus inkompetent war, im Bauverfahren etwas anzuordnen oder zu verbieten, was in die Kompetenz der Schulbehörde fiel[79]. Nach diesem Urteil, das die Baukompetenz sehr präzise von der Schulkompetenz trennte, wurde somit die Verpflichtung, die man Petrák beim Baukonsens auferlegt hatte — nämlich das Haus nicht zu Schulzwecken zu benützen — für ungesetzlich erklärt. Gegen diese Entscheidung beschwerte sich der Wiener Magistrat beim Ministerium für öffentliche Arbeiten[80]. Das Ministerium lehnte diesen Rekurs am 9. März 1912 (Z. 1260, II b) ab, d. h. es schloß sich dem Urteil des Verwaltungsgerichtshofes an. Bürgermeister Neumayer hielt jedoch diesen Bescheid zurück und gab ihn erst auf Intervention der tschechischen Reichsratsabgeordneten am 5. April 1912 bekannt[81]. Erneut intervenierten nun die böhmischen Politiker beim Magistrat, die Entsiegelung der Schule vorzunehmen; doch dieser erklärte, daß er ohne Auftrag des Bürgermeisters nichts unternehmen könne. Daraufhin ersuchte der Obmann des „Komenský" die niederösterreichische Statthalterei, nach § 109 des Gemeindestatutes als vorgesetzte Behörde die Schule aufzusperren. Dennoch dauerte es noch bis zum 20. Mai, bis der Magistrat das Gebäude öffnete — knapp sechs Wochen vor den Sommerferien lohnte sich dies kaum noch.

Am 3. Oktober 1912, einen Monat nach Unterrichtsbeginn, erfolgten durch das magistratische Bezirksamt des III. Bezirks aufgrund einer knapp vorher in die Schule gesandten Kollaudierungskommission[82] zwei neue Verbote: Mit dem ersten untersagte der Magistrat als Baubehörde die Benutzung des ganzen Hauses mit der Begründung, daß es nicht nachgewiesen sei, ob die Fundamente der vom Bauherrn durchgeführten stärkeren Deckenkonstruktion standhalten würden. Mit dem zweiten Erlaß verbot er als Lokalpolizeibehörde die Benutzung von sechs Räumen für Schulzwecke mit dem Hinweis darauf, daß die Ruheplätze im Treppenhaus zu

---

[79] Dieses sowie das nahezu vollständige Aktenmaterial der einzelnen Behörden und des „Komenský", auf das hier nicht im einzelnen eingegangen wird, in: ÚMŠ, Komenský-Vídeň 1911/12 (II) und 1913—1920 (III). Hierin auch hektographierte Informationsschriften der tschechischen Reichsratsabgeordneten, Artikel aus böhmischen Zeitungen (České slovo, Čas) u. a.

[80] Siehe auch Stadtratssitzung vom 27. 2. 1912, AB Nr. 20 (8. 3. 1912) 695 (betreffend Entscheidung der Baudeputation vom 28. 1. 1912, Z. 7/17 B. D.) und Stadtratssitzung vom 1. 3. 1912, AB Nr. 21 (12. 3. 1912) 726 (betr. Erlaß des Ministeriums für öffentliche Arbeiten vom 9. 1. 1912, Z. 1513-11 b und Entscheidung des Verwaltungsgerichtshofes vom 1. 12. 1912, Nr. 12896 ex 1911) sowie Stadtratssitzung vom 26. 6. 1912, AB Nr. 55 (9. 7. 1912) 1935 (betr. die Entscheidung des Ministeriums für öffentliche Arbeiten vom 9. 3. 1912, Z. 12160, II b, nach welcher der dem von der Gemeinde Wien eingebrachten Rekurs gegen die von der Baudeputation für Wien erfolgte Aufhebung des Verbotes der Verwendung der Räume in der Komenský-Schule des III. Bezirks keine Folge gegeben wurde und eine Beschwerde an den Verwaltungsgerichtshof für unzulässig erklärt wurde).

[81] Soukup, Česká menšina 212.

[82] (Österr. für: amtliche Prüfung eines Bauwerks, Schlußgenehmigung). Vgl. das Augenschein-Aufnahme-Protokoll vom 19. 9. 1912, ÚMŠ, Komenský-Vídeň 1911/12: Die Gänge, in den Plänen mit 2 Meter Breite angegeben, waren nur 1,95 breit, das Treppengeländer, mit 1,80 m genehmigt, betrug nur 1,75 etc.

schmal und die Fensterbrüstungen zu niedrig seien[83]. Der unverfälschte, unverbrämte Alltag des Wiener Durchschnittsbürgers sagt hierbei fast noch mehr aus als das amtliche Dokumentationsmaterial und die gesamte überhöhende Literatur zu dieser Frage: Die böhmische Nationalhymne singend verabschiedeten sich Eltern, Kinder und tschechische Reichsratsabgeordnete von der aufs neue von der Sperrung bedrohten Privatschule. Die Väter hängten die Türen aus und trugen sie fort, um die Versiegelung unmöglich zu machen. Zwei diagonal gespannte Stricke, die in der Mitte durch ein Siegel zusammengehalten wurden, ersetzten die fehlenden Riegel. Die schaulustigen Massen — Deutsche und Tschechen — rissen jedoch die Schnüre ab, was zur Folge hatte, daß der Eingang mit Brettern zugenagelt wurde[84]. Protestversammlungen, Interpellationen im Parlament und Rekurse bei den übergeordneten Instanzen — alles sollte wieder von neuem beginnen[85]. Die niederösterreichische Statthalterei und ebenso die Baudeputation als oberste Verwaltungsbehörde sistierten daraufhin am 21. Oktober 1912 das Verbot des Wiener Magistrates und entzogen einer eventuellen Beschwerdeeingabe von vornherein die aufschiebende Wirkung[86]. Wiederum wurde das Vorgehen, d. h. Anordnung und Exekution für gesetzwidrig erklärt: Selbst wenn der Magistrat sachliche Gründe gehabt hätte, wäre ein direktes Einschreiten unzulässig gewesen, da sicherheitspolizeiliche Bedenken in diesem Fall der Schulbehörde zu übergeben gewesen wären. Dennoch nahm der Bürgermeister keine Entsiegelung vor. Im Gegenteil, in der Stadtratssitzung vom 22. Oktober 1912 wurde auf Antrag des Christlichsozialen Leopold Tomola der einstimmige Beschluß gefaßt, an die deutschen Parteiverbände im Abgeordnetenhaus das Ansuchen zu richten, die Mitglieder möchten „den ganzen ihrem Wirkungskreis zukommenden Einfluß zur Wahrung des deutschen Charakters der

---

[83] RR-Prot. XXI/107 (23. 10. 1912) 11665/2541/I, Interpellation Tomášek.
[84] Soukup, Česká menšina 214.
[85] Der tschechische Reichsratsabgeordnete Fiedler lehnte am 23. 10. 1912 den Hinweis auf den Rekursweg mit Recht ab, „weil man dadurch die Absicht des Magistrates, die definitive Entscheidung auf die lange Bank zu schieben, nur unterstützen würde, während pädagogische Rücksichten ... eine augenblickliche Remedur erheischen". RR-Prot. XXI/107 (23. 10. 1912) 11675 (authentische Übersetzung S. 11677). — Aus einem Brief des „Komenský" an den tschechischen Abgeordnetenklub vom 11. 11. 1912 geht hervor, daß damals ohnehin etwa 9 Rekurse des Vereins bei den einzelnen Behörden liefen. MZV/R Spolek Komenský ve Vídni (der Akt enthält Abschriften der Rekurse und Aufsichtsbeschwerden, Dekrete und Briefe des Magistrats und Korrespondenz mit den böhmischen Ländern vom Jahr 1912 zur Schule im III. Bezirk).
[86] Entscheidung der niederösterreichischen Statthalterei vom 21. 10. 1912, Z. VI/2188/5. — Dagegen richtete sich der erste Rekurs der Gemeinde. Der Magistrat führte nun diese lokalpolizeiliche Verfügung vom 3. 10. 1912 im selbständigen Wirkungskreis durch. Der Vollzug dieser Verfügung des geschäftsführenden Vizebürgermeisters des Wiener Magistrats wurde gleichfalls sistiert und auch diese Verfügung außer Kraft gesetzt. Dagegen wurde am 14. 11. 1912 ein Rekurs an das Innenministerium gerichtet, das jedoch am 2. 5. 1913, Z. 7686, die Entscheidung der Statthalterei bestätigte. Daraufhin wurde im Stadtrat am 19. 6. und im Gemeinderat am 20. 6. 1913 der Beschluß gefaßt, die Beschwerde des Stadtrates an den Verwaltungsgerichtshof zu ergreifen. GRS vom 20. 6. 1913, AB Nr. 50 (24. 6. 1913) 1801 und StRS vom 22. 10. 1912, AB Nr. 88 (1. 11. 1912) 2885 und StRS vom 14. 11. 1912, AB Nr. 94 (22. 11. 1912) 3063.

Stadt Wien geltend machen"[87]. Drei Tage später traf das Antwortschreiben des Klubs der deutschen Sozialdemokraten im Wiener Rathaus ein, der es sehr deutlich ablehnte, daß das Ministerium des Inneren „unter dem Einfluß politischer Parteien gesetzwidrige Entscheidungen" treffe[88]. Folgerichtig wurden auch alle vom Wiener Magistrat an das Innenministerium gerichteten Rekurse in Sachen „Komenský" von diesem abgewiesen, mit der Begründung, daß „die Verfügung des Bürgermeisters eine Aufrechterhaltung resp. eine Erneuerung eines ungesetzlichen Verbotes beinhaltet" und „weil die Entscheidung der Baudeputation unter Berücksichtigung ihres Bescheides vom 15. Juli 1911 nicht zwangsweise durchgeführt werden kann"[89]. Damit blieb für die Wiener Kommunalbehörde bei der — wie sie es formulierte — „unleidlichen Angelegenheit der Komenský-Schule, in der, wie uns bekannt ist, die staatlichen Behörden uns immer wieder zu neuen Rekursen und Beschwerdeschritten zwingen"[90], nur noch übrig, eine weitere Beschwerde an den Verwaltungsgerichtshof zu ergreifen[91]. Dies geschah am 11. April 1913. Viereinhalb Monate später, am 28. August, erließ die niederösterreichische Statthalterei noch einmal einen Sistierungsbeschluß und erklärte, daß es keinen gesetzlichen Grund zur Versiegelung der tschechischen Privatschule gebe und daß der Magistrat mit der Exekutivverfügung seine Kompetenz überschritten habe[92]. Auch hiergegen erhob die Gemeinde Wien Einspruch beim Verwaltungsgerichtshof. Beide Rekurse wurden dort im April bzw. im Juli 1914 als unbegründet abgelehnt. Dabei soll der Präsident des Gerichtshofes, Baron Erwin Schwartzenau, sein Bedauern darüber ausgesprochen haben, daß der Verwaltungsgerichtshof keine Exekutivgewalt besitze, um seinen Entscheidungen Gültigkeit zu verleihen. So nämlich sei man gezwungen, über ein und dieselbe Angelegenheit mehreremale hintereinander zu entscheiden[93]. Theoretisch

---

[87] StRS vom 22. 10. 1912, AB Nr. 88 (1. 11. 1912) 2885. Dies betraf den Deutschen Nationalverband, die Vereinigung der christlichsozialen Partei und den Verband der deutschen Sozialdemokraten.

[88] GRS vom 8. 11. 1912, AB Nr. 91 (12. 11. 1912) 2957 f. „Der Klub ist der Ansicht, daß das Ministerium des Inneren verpflichtet ist, über den Rekurs der Gemeinde Wien gegen die Entscheidung der k. k. niederösterr. Statthalterei nach dem Gesetz und nur nach dem Gesetz zu entscheiden." (Starke Mißfallensäußerungen im Gemeinderat.)

[89] Zit. nach S o u k u p, Česká menšina 215 f. — Hierzu: GRS vom 11. 4. 1913, AB Nr. 30 (15. 4. 1913) 1096: Beschwerdeergreifung des Gemeinderates gegen die Entscheidung des Innenministeriums vom 22. 1. 1913, Z. 29048/12, an den Verwaltungsgerichtshof.

[90] GRS vom 11. 4. 1913 (siehe Anm. 89).

[91] Zur ersten Beschwerde siehe Anm. 86.

[92] Erlaß vom 23. 8. 1913, Z. 1386/26. Außer Kraft gesetzt wurden dadurch die Verfügungen des Magistrates vom 31. 10. 1912, Z. 11566 und vom 31. Mai 1913, Z. 4935. Das Haus blieb weiter gesperrt, der bauliche Zustand verschlechterte sich immer mehr. Dazu den Brief des „Komenský" an die niederösterreichische Statthalterei vom 30. 8. 1913 (Z. 19209), ÚMŠ, Komenský-Vídeň 1913—1920: „Es ist uns darum zu tun, daß *alles* vermieden wird, was auch nur den *Schein* eines Radikalismus oder den Schein der Nichtachtung behördlicher Verfügungen an sich trägt... deshalb die *Bitte* an die Statthalterei: sie geruhe, durch eigene Organe die Siegel zu entfernen, welche der hochlöbliche Magistrat... in eigenem Wirkungskreis angebracht hat." (Hervorhebungen im Original).

[93] Zit. nach S o u k u p, Česká menšina 216 f. (Erkenntnis Nr. 4035 vom 15. 4. 1914; bzw. vom 4. 7. 1914).

„gewann" der Komenský-Verein auf diese Weise drei Prozesse, praktisch blieb die Schule jedoch weiterhin verbarrikadiert. Selbst dann noch, als der Verein sie am 4. August 1914 dem Kriegsministerium als Militärspital anbot, protestierte der Wiener Magistrat am 9. August gegen die Benützung des Gebäudes und forderte abermals eine kommissionelle Begehung der Räumlichkeiten[94]. Kein Wunder, wenn man tschechischerseits von einem „österreichischen Verwaltungsskandal" sprach und das Ausland über die Vorfälle in Kenntnis setzte[95]. Und die kompetenten Schulbehörden? Bei ihnen blieb das Ansuchen des Komenský-Vereins um Bewilligung der zweiten Wiener tschechischen Privatvolksschule die ganze Zeit über unerledigt liegen.

Die Schritte der Christlichsozialen zielten offensichtlich darauf ab, das ganze Komenský-Schulwesen aus den Angeln zu heben: Auch die schon seit 1883 bestehende Volksschule im X. Bezirk war keinesfalls sicher vor dem Gemeinderat: Da die Schließung einer Privatvolksschule laut § 73 des Reichsvolksschulgesetzes durch die Landesschulbehörde auch dann verfügt werden konnte, wenn an derselben die Gesetze nicht beachtet oder moralische Verfehlungen offenbar wurden[96], beantragte der christlichsoziale Gemeinderat Gussenbauer im Juni 1910 die Sperrung der Schule im X. Bezirk und zwar aus dem Grunde, weil in mehreren Sonderwagen der städtischen Straßenbahn von tschechischen Schülern nationale Lieder gesungen worden waren[97]. Da jedoch aus seiner Interpellation nicht eindeutig hervorging, ob wirklich die Komenský-Schüler des X. Bezirks und nicht andere tschechische Kinder solche Lieder gesungen hatten, leitete man diese Angelegenheit des Verstoßes gegen „die Pflege der ethischen und sittlichen Erziehungsgrundsätze" an den Bezirksschulrat weiter mit dem Ansuchen um „eingehende Erhebungen". Als juristisch unanfechtbar galten die Sperrungen der beiden übrigen tschechischen Lehranstalten im XII. und XX. Bezirk, wo der „Komenský" zu Beginn des Schuljahres 1909/10 für 52 bzw. 25 Kinder[98] sogenannte „Parallelklassen" zu seiner Privatschule in Favoriten errichten wollte. In beiden Stadtteilen wurden sie vom Bezirksschulrat sofort geschlossen, weil die Eröffnung dieser Zweigstellen ohne die in § 70

---

[94] Ebenda 217.
[95] RR-Prot. XXI/107 (23. 10. 1912) 11665/2541/I, T o m á š e k. — „Europäischer Skandal": RR-Prot. XXI/9 (5. 10. 1911) 2742/454/I, T o m á š e k. — NRČ 566 (1910—1912): Brief des DONRČ an NRČ vom 27. 9. 1911, Z. 580/911: Bitte um Publikation in englischer und französischer Sprache. Ebenso Drozda an NRČ am 30. 8. 1909. — NRČ 480 (1909): Auch in russischer und südslawischer Sprache sind Veröffentlichungen geplant. — NRČ 120 (1905—1909) und (1906—1910). — S o u k u p, Česká menšina 215: Am 12. 9. 1912 sprach Masaryk auf einer Protestversammlung im III. Bezirk und schlug vor, ein Telegramm an den Oberbürgermeister von London abzusenden, wo damals gerade der Wiener und der Prager Bürgermeister (Neumayer bzw. Groš) zu Besuch weilten. Er selbst verfaßte es in englischer Sprache. Tags darauf im Wiener „Kikeriki" parodiert.
[96] Reichsgesetzblatt für das Kaisertum Österreich. 29. Stück, Nr. 62. Ausgabe am 20. Mai 1869. Gesetz vom 14. Mai 1869, § 73: „Privatanstalten, an welchen die Gesetze nicht beobachtet oder moralische Gebrechen offenbar werden, sind von der Landesschulbehörde zu schließen."
[97] GRS vom 17. 6. 1910, AB Nr. 49 (26. 6. 1910) 1476 f. Auch die folgenden Zitate.
[98] 60 let, Anhangstabelle.

des Reichsvolksschulgesetzes geforderte Genehmigung erfolgt war[99]. Der Landesschulrat sah deshalb auch keine Veranlassung, die Sperre rückgängig zu machen, zumal ja durch sie weder ein Gesetz verletzt noch eine Kompetenz überschritten, sondern nur ein illegaler Zustand abgestellt wurde. Als Konsequenz ergab sich daraus für den „Komenský", um Bewilligung für je eine *selbständige* Privatvolksschule in den erwähnten Bezirken anzusuchen. Da jedoch die bau- und sicherheitspolizeilichen Behörden wiederum gewichtige Bedenken wegen der Sicherheit und Gesundheit der Kinder äußerten, was es klar, daß die Landesschulbehörde die Genehmigung solange verweigern würde, bis die Räumlichkeiten den Bedingungen des § 70 des Reichsvolksschulgesetzes entsprachen. Gegen diese Entscheidung des Landesschulrates wurden vom „Komenský" — für beide Schulen — in offener Frist Ministerialrekurse eingebracht, unter dem Hinweis, daß er die festgestellten Mängel in der Zwischenzeit behoben habe. Daraus ergab sich vor einer Entscheidung des Ministeriums die Notwendigkeit, durch die Fachorgane, d. h. durch eine Lokalkommission des Landesschulrates die Angaben des „Komenský" überprüfen zu lassen und auf dieser Grundlage das Urteil zu fällen. Die Akten mit den Gutachten mußten hierfür zunächst wieder an die unterste Instanz, d. h. an den Bezirksschulrat zurückgeleitet werden. Dort verfuhr man nach der bereits bekannten Praxis, die man auch bei der Komenský-Schule im III. Bezirk zur Anwendung gebracht hatte: Der Akt blieb bis zum Kriegsausbruch beim Bezirksschulrat liegen. Dem tschechischen Versuch einer Wiedereröffnung der Schulen im XII. und XX. Bezirk im September 1911 wurde vom Bezirksschulrat sofort mit der Sperre begegnet.
Auch hier zeigt sich die gesteigerte nationale Kampfeslust im Jahre 1912, die nun sogar auf die Kinder übergriff: Am 13. Mai, am Festtag des Deutschen Schulvereins,

---

[99] Rekapitulation des Sachverhaltes von Ministerpräsident G a u t s c h in: RR-Prot. XXI/11 (10. 10. 1911) 742—745. Dazu XXI/14 (13. 10. 1911) 935, Anfrage D ü r i c h. — § 70 des Reichsvolksschulgesetzes (siehe Anm. 96) lautet: Die Errichtung von Privatlehranstalten in welche schulpflichtige Kinder aufgenommen werden, dann die von Anstalten, in welchen solche Kinder auch Wohnung und Verpflegung finden (Erziehungsanstalten), ist unter folgenden Bedingungen gestattet: 1. Vorsteher und Lehrer haben jene Lehrbefähigung nachzuweisen, welche von Lehrern an öffentlichen Schulen gleicher Kategorie gefordert wird. Ausnahmen kann der Minister für Kultus und Unterricht in Fällen bewilligen, wo die erforderliche Lehrbefähigung in anderer Weise vollkommen nachgewiesen ist. 2. Das sittliche Verhalten der Vorsteher und Lehrer muß unbeanstandet sein. 3. Der Lehrplan muß mindestens den Anforderungen entsprechen, welche an eine öffentliche Schule gestellt werden. 4. Die Einrichtungen müssen derart sein, daß für die Gesundheit der Kinder keine Nachteile zu befürchten sind. 5. Jeder Wechsel in dem Lehrpersonale, jede Änderung im Lehrplane und jede Veränderung des Lokales ist den Schulbehörden vor der Ausführung mitzuteilen. Zur Eröffnung solcher Anstalten bedarf es der Genehmigung der Landesschulbehörde, welche nicht versagt werden kann, sobald den vorstehend unter 1—4 angeführten Bedingungen Genüge geschehen ist. — Weitere Einzelheiten zu den beiden Schulen: S o u k u p, Česká menšina 218 ff. — Nö. Präs. XIV/220; 2698 (1909) Tschechische Schulen, Bewegung gegen Errichtung. — Aus diesem Anlaß hatte die sozialdemokratische Fraktion im Reichsrat einen Gesetzentwurf beantragt, um die „gesetzwidrige Sperrung von Privatschulen" zu verhindern. RR-Prot. XX/9 (30. 11. 1909) 565 f., unterzeichnet von: Tomášek, Seitz, Kunitzki, Pittoni, Wityk, Seliger, Gruber, Schäfer, Daszyński, Ellenbogen, Pernerstorfer, Beer, Němec, Adler, Eldersch, Freundlich, Diamand, Schuhmeier, Riese, Resel, Pongratz, Reumann, Glöckel.

zertrümmerten deutsche Wiener Schulkinder einer 4. Volksschulklasse die Fensterscheiben der Komenský-Schule im XX. Bezirk[100]. Die Kinder wurden weder von den Lehrern noch von der Polizei bestraft, und als die Hausmeisterin der Schule um staatspolizeilichen Schutz bat, erhielt sie zur Antwort, sie möge sich selbst mit einem Besen vor das Haus stellen. Die Nachforschungen ergaben, daß diesem Vorfall eine Hetzrede zugrunde lag, die in der nahegelegenen deutschen Schule, aus der die jugendlichen „Täter" stammten, gehalten worden war. Keinesfalls handelte es sich um eine „belanglose Rauferei", wie dies z. B. das „Deutsche Volksblatt" schilderte[101].

Aus allem lassen sich die Schwierigkeiten ablesen, denen sich die Wiener tschechischen Eltern und Kinder gegenübersahen und die es plausibel erscheinen lassen, warum sich nur ein knappes Zehntel von ihnen auf das ungewisse Experiment mit dem tschechischen Privatschulverein einlassen wollte. Als weiteres Problem kam noch hinzu, daß der Magistrat die Eltern der Komenský-Schüler bewußt in die Situation der Straffälligkeit brachte. Durch die Sperrung der Schule im III. Bezirk waren im Jahr 1912/13 immerhin 346 Kinder ohne Unterricht[102]. Daher schlug wiederum ein Christlichsozialer, der Gemeinderat Hans Rotter, in einer Interpellation vom 8. November 1912 vor, Nachforschungen anstellen zu lassen, ob und wo diese schulpflichtigen Jugendlichen unterrichtet würden. Falls sie keine Schule besuchten, forderte er „strengste Maßregeln" gegen die Eltern[113]. Einen Monat später und dann noch einmal Ende März 1913 wiederholte Rotter seine Anfrage, da es nicht angehen könne, „daß Kinder infolge unverständiger Agitatoren dem öffentlichen Schulunterricht entzogen" würden[104] und forderte ihre zwangsweise Einschulung in die deutschen öffentlichen Schulen[105]. Die Angelegenheit wurde „weiter verfolgt", obwohl diese Schüler behördlich als sogenannte „Privatisten"[106] geführt wurden und damit in die Kompetenz der Ortsschulräte fielen. Die Wiener Tschechen unterrichteten indessen, soweit dies möglich war, in Privatwohnungen weiter. Kleine Gewerbetreibende, Handwerker oder Arbeiter, die oft nur ein einziges Zimmer besaßen, stellten dies tagsüber für den Unterricht zur Verfügung. Dafür mußte allerdings der Hausmeister mit einem „zusätzlichen Reinigungsgeld" bestochen werden, weil er die Mieter sonst beim Magistrat angezeigt hätte. Nur ein Teil der Kinder konnte in den böhmischen Ländern untergebracht werden. Dies

---

[100] RR-Prot. XXI/78 (15. 5. 1912) 9421. Anhang III/1999/I, Interpellation E x n e r. (Authentische Übersetzung S. 9423). — Nö. Präs. XIV/220; 1673 (1912). Die abverlangte Äußerung des Landesschulrates zu diesem Vorfall liegt dem Akt nicht bei. Sie wurde mehrmals nachdrücklich angefordert und erfolgte allem Anschein nach am 30. Dezember, obwohl sie am 18. Juli für die nächsten 14 Tage versprochen war.
[101] „Deutsches Volksblatt" vom 14. 5. 1912, Nr. 8391 (Mittagsausgabe).
[102] Abgesehen von der geringen Zahl von Kindern, die nach der Sperrung in öffentliche Schulen des XI., X. und III. Bezirks eintraten, wurden 346 schulpflichtige Kinder vom Ortsschulrat des III. Bezirks verzeichnet. GRS vom 28. 3. 1913, AB Nr. 26 (1. 4. 1913) 956 (Bürgermeister W e i s k i r c h n e r).
[103] GRS vom 8. 11. 1912, AB Nr. 91 (12. 11. 1912) 2959.
[104] GRS vom 6. 12. 1912, AB Nr. 99 (6. 12. 1912) 3243.
[105] GRS vom 28. 3. 1913, AB Nr. 26 (1. 4. 1913) 956.
[106] Aufgrund des § 23 des Gesetzes vom 25. 12. 1904, LGBl. Nr. 98.

geschah vor allem deshalb, damit die Kinder am Schuljahresende gültige Zeugnisse erhielten[107].

Den grundlegenden Irrtum der Christlichsozialen in der Auseinandersetzung um die tschechische Schulfrage in Wien enthüllen die Äußerungen ihres Parteimitgliedes Dr. Heinrich Mataja. Dabei wird sichtbar, in welchem Maß die nationale Ideologie nicht nur im Gemeinderat, sondern auch im österreichischen Abgeordnetenhaus dem Lueger-Gefolge den Sinn verwirrt hatte[108]. Denn als am 18. November 1913 der tschechische Abgeordnete Stránský im Wiener Parlament ausrief: „Nennen Sie mir eine einzige Stadt auf der ganzen Welt, wo eine Bevölkerung, die einige hunderttausend Seelen zählt, nicht eine Privatschule halten dürfte!", da antwortete ihm Mataja: „Wir bekämpfen vor allem die Öffentlichkeit"[109]. Es läßt sich denken, daß ein kleines Zugeständnis aus Einsicht — nämlich tschechische, vom „Komenský" finanzierte Privatschulen — als Tauschobjekt für einen größeren Machtzuwachs der Christlichsozialen aus dem Reservoir der tschechischen Wählerstimmen nur vorteilhaft gewesen wäre.

So aber konnte es nicht ausbleiben, daß die Wiener Tschechen während des Ablaufs dieser sieben Jahre vergeblichen Bemühens um eine zweite tschechische Privatschule in Wien die unaufhaltsam fortschreitende Abwärtsbewegung an den Verhältnissen in den *deutschen* Minderheitsgebieten der Monarchie zu messen suchten. In erster Linie zog man Vergleiche zu den Prager Deutschen: In Prag gab es im Jahre 1910 für insgesamt 2536 deutsche Kinder 12 Bürger- und 57 Volksschulklassen, d. h. für je 36 Schüler eine Klasse.[110]. Der Unterschied zur Prager oder auch zur Triester

---

[107] Soukup, Česká menšina 220 f. — Von einem Unterrichtsversuch im Geheimen berichtet GRS vom 5. 12. 1911, AB Nr. 99 (12. 12. 1911) 3096 (Gussenbauer): Im XXI. Bezirk Floridsdorf im Gartensalon eines Gasthauses. 25 bis 30 Kinder. Tschechischerseits gab man an, es handle sich nicht um Unterricht, sondern um die Einstudierung einer Weihnachtsfeier für den Sokol. Daraufhin gewerbepolizeiliche Revision und Lokalverbot, weil der Raum „nur als Tanzlokal konsentiert erscheint und überdies wegen Feuchtigkeit und mangelhafter Beheizung für den Aufenthalt von Kindern im schulpflichtigen Alter ungeeignet sei". — „Brigittenauer Bezirks-Nachrichten", 3. Jg. Nr. 12, 22. 3. 1914: Gemeinderat Koppensteiner berichtet in einer Bezirksversammlung (13. 3. 1914) von sieben tschechischen Winkelschulen in der Brigittenau, die seit der behördlichen Schließung der Komenský-Schule im XX. Bezirk entstanden sein sollen.

[108] Kann, Das Nationalitätenproblem I, 103 mißt der christlichsozialen Nationalitätenfrage im Parlament eine untergeordnete Bedeutung bei. Dies trifft für die Wiener Tschechen nicht zu (siehe auch Anm. 78).

[109] Hierauf Stránský: „Ich bemerke, daß Sie selbst nicht einmal informiert sind über die Unbill, die Sie uns angetan haben... wenn Sie nicht wissen, daß die Komenský-Schule nur eine Privatschule ist." RR-Prot. XXI/176 (18. 11. 1913) 8731 f. — Ähnliches Mataja in der GRS vom 11. 4. 1913, AB Nr. 30 (15. 4. 1913) 1096: „Bei diesem Anlaß möchte ich nur bemerken, daß dieser Kampf, den der Gemeinderat gegen die Komenský-Schule führt, nicht, wie uns früher oft in die Schuhe geschoben wurde, aus irgendeiner haßerfüllten Tendenz oder aus dem Grunde hervorgeht, weil man den tschechischen Kindern den Unterricht in ihrer Muttersprache nicht zukommen lassen will, sondern deshalb, weil wir verpflichtet sind, im Interesse einer geordneten Verwaltung die Einsprachigkeit der Stadt Wien unter allen Umständen aufrechtzuerhalten."

[110] Soukup, Česká menšina 230. — Zu den Prager Deutschen ferner: RR-Prot. XX/10 (1. 11. 1909) 641—645 (Metelka). Vídeňský Denník, Nr. 51 (19. 4. 1907): Si duo

oder Trienter deutschen Minderheit[111] und den Wiener Tschechen betraf jedoch nicht nur den sozialen Rang[112], sondern hier fehlte nicht zuletzt auch der Kausalzusammenhang mit der Industrialisierung, mit welcher der Ausbau des Schulwesens — wie oben ausgeführt wurde — nahezu überall Schritt gehalten hatte. Noch einmal sei daher betont: In Wien waren die tschechischen Schüler zwischen 1896/97 und 1900/01 um 13,8 %, die deutschen dagegen nur um 6,2 % angewachsen[113]. Zu bemerken ist ferner, daß die Judikatur des Verwaltungsgerichtshofes den nationalen Minderheiten im allgemeinen sehr entgegenkam. Wiederholt wurde ausgesprochen, daß bei der Zählung der anderssprachigen Schulkinder als Voraussetzung für die Errichtung einer Schule mit der Unterrichtssprache dieser Kinder nicht nur die bodenständige, sondern auch die fluktuierende Bevölkerung zu berücksichtigen sei[114] und zwar ohne Unterschied, ob es sich um Gemeindemitglieder handelte oder nicht[115], und daß das Vorhandensein einer Privatvolksschule mit der Unterrichtssprache dieser Kinder die Verpflichtung zur Errichtung einer öffentlichen Schule nicht ausschloß[116], eine Praxis, die der Verwaltungsgerichtshof auch später beibehielt[117]. Woran lag es nun, daß die Zeit „für die anderen" und nicht für die Wiener Tschechen gearbeitet hat? Wahrscheinlich daran, daß die Zeit gern mit den Realitäten geht: Die „alten" Zuwanderer gewöhnten sich daran, daß es in Wien kein ihrer Zahl entsprechendes tschechisches Privatschulwesen gab und die Jungen kannten es nicht anders. Zu den Realitäten gehörte vor allem auch der sozialökonomisch bedingte Assimilationstrend, der die nationalen Propagandisten im tschechischen Lager von Anfang an zu einer hoffnungslosen Minderheit machte.

---

faciunt idem, non est idem. — RR-Prot. XXI/107 (23. 10. 1912) 11675, Interpellation F i e d l e r (authentische Übersetzung S. 11677).

[111] RR-Prot. XX/1 (22. 10. 1909) 37, Interpellation K a l i n a. RR-Prot. XXI/107 (23. 10. 1912) 11665/2541/I. — S o u k u p, Česká menšina 231 und 227. — „Komenský", Jg. 4, Nr. 1, Januar 1908.

[112] Dies auch noch als Vorwurf bei S o u k u p, Česká menšina 227 (erschienen 1928): Über einen Vorschlag aus dem Jahre 1910, nach dem die tschechischen Abgeordneten eine Eliminierung des Wiener tschechischen Schulwesens aus der Kompetenz der Schulämter und seine Zuweisung unter die Kompetenz der politischen Ämter fordern wollten, wie es in Triest und Trient der Fall war. Dazu S o u k u p: „Dort freilich waren die Schulen für Offiziers- und Beamtenkinder bestimmt; hier handelte es sich um Kinder tschechischer Arbeiter!"

[113] H ů r e c k ý (Pseud. f. Drozda), Čeho nám třeba 14.

[114] Erkenntnisse des Verwaltungsgerichtshofes (Sammlung Budwinski) Nr. 2337 vom 19. 12. 1884, ähnlich auch Nr. 2356, 2017, 2314.

[115] E b e n d a, Nr. 5763 vom 20. 2. 1891.

[116] E b e n d a, Nr. 2192 vom 2. 7. 1884; Nr. 5506, 5763.

[117] H u g e l m a n n, Das Nationalitätenrecht 174. — Nach § 59 des Reichsvolksschulgesetzes sollten jedoch Minderheitenschulen in gemischten Gebieten sowie in einer Hauptstadt erst dann errichtet werden, wenn in einem Umkreis von einer halben Meile 40 schulpflichtige Kinder der betreffenden Nationalität (in fünfjährigem Durchschnitt) wohnten, wobei jedoch nur die seit einer bestimmten Zeit ortsansässige Bevölkerung zu berücksichtigen war. Verfassungsmäßig war damit nur das Recht gewährleistet, daß der Volksschulunterricht in jeder in dem betreffenden Schulsprengel landesüblichen Sprache erteilt wurde.

In eine resümierende Formel gefaßt: die „normative Kraft des Faktischen" blieb Sieger.

b) Die Ausbreitung und Radikalisierung der nationalen Frage auf den übrigen Gebieten

Ein Bericht über die Verschärfung der nationalen Frage auf den übrigen Gebieten des öffentlichen Lebens fußt im wesentlichen auf einer Fortsetzung und Präzisierung der normativen Setzungen des Reichsgerichtserkenntnisses vom 19. Oktober 1904 (Hye 437), d. h. auf der Aberkennung der „nationalen Individualität"[1] der niederösterreichischen Tschechen und gleicht daher mehr oder weniger einer Bestandsaufnahme. Die Schwierigkeit, vor die sich die tschechische Nationalpolitik in dieser Situation gestellt sah, ergab sich aus der ambivalenten Situation, die zwischen Rivalität und limitierter Kooperation[2] mit dem deutschen Sprach- und Kulturmilieu hin- und herschwankte. Im Grunde muß man stets beide Ebenen vor Augen haben, erst beide zusammen spiegeln die ganze Wirklichkeit wider. Deshalb lautet dann auch die Problemstellung für die folgende Inventur: Was gab es in den letzten Vorkriegsjahren noch an Verbindendem zwischen den beiden Nationen oder: wie weit hatten sich Deutsche und Tschechen in ihrer gemeinsamen Hauptstadt bereits auseinandergelebt? Der Tenor der Dokumentation, die den vorliegenden Bericht erläutert, könnte etwa so formuliert werden: Viel weniger als die nationaltschechische Führungsspitze Wiens wollte, aber doch mehr als z. B. Lueger wohl je gedacht haben würde.

Dies soll nun zuerst anhand der nationalen Reaktionen eines Großteils der Wiener deutschen Bevölkerung und sodann im Umkreis der Behörden deutlich gemacht werden.

Die Wendung zum Schlechteren kündigte sich deutlich in massenpsychologisch wirksamen Momenten an, die etwa seit der behördlichen Schließung der tschechischen Privatschule im III. Bezirk die politische Atmosphäre vergifteten und das gegenseitige Verhältnis der beiden Volksteile belasteten. Nach bisheriger, oft jahrelang anhaltender Immunität gegen die sich mehr und mehr formierenden nationalen Agitationen gerieten Tausende von Wiener Bürgern mit einem Mal in äußerste politische Erregtheit und solidarisierten sich mit der Gemeinderats-Psychose vom „deutschen Charakter der Stadt Wien". Unverkennbare Beweise, wie Luegers nationalideologische Grundsätze bald auch in die breiteren Schichten und vor allem in die Jugend einzudringen vermochten, sind die sich häufenden organisierten Protestmärsche und -kundgebungen, meist aus geringfügigen, oft sogar fingierten Anlässen heraus. Die Wiener Polizei kam in jenen Jahren selten zur Ruhe: Für den 2. November 1910 rief der Verband „Eiche" des Bundes der Germanen im gutbürgerlichen VIII. Bezirk zu einem Demonstrationsmarsch vor die Filiale der mit

---

[1] Zit. nach Hugelmann, Das Nationalitätenrecht 448 (Teilauszug in wortgetreuer Wiedergabe).
[2] Sie gilt für die tschechischen Christlichsozialen ebenso wie für die tschechischen Sozialdemokraten.

tschechischer Firmentafel bezeichneten Bank „Praha" auf[3]. Während hier nur 50 Personen mitzogen, nahmen an dem „Bummel der Deutschnationalen in Favoriten"[4] am 5. Juni 1910, der von den im „Deutschen Volksrat für Favoriten vereinigten nichtpolitischen deutschen Vereine des X. Bezirks" veranstaltet worden war, schon 400 Personen, vorwiegend jüngere Leute, teil. Gleichzeitig hatten sich mehrere Tausend Tschechen bei der dortigen Komenský-Schule eingefunden, um sie zu schützen. Vier Tage zuvor waren nämlich im selben Bezirk auf einer von 500 Personen besuchten öffentlichen Protestversammlung des „deutschen Bezirksvereins im X. Bezirk" bereits polizeiliche Sicherheitsvorkehrungen getroffen worden, weil auch die Behörden einen Angriff der Versammlungsteilnehmer auf die Komenský-Schule befürchteten[5].

Einen neuen Impuls im nationalen Spannungsfeld stellten bald auch die gegenseitigen Solidaritätsbekundungen der Wiener Deutschen mit den deutschen Minderheiten der Kronländer dar, die seit dem Jahr 1912/13 eine zusätzlich stimulierende Wirkung ausgeübt haben dürften. Am 9. Juli 1912 veranstaltete z. B. der Bund der Deutschen in Niederösterreich eine „Sympathiekundgebung für die Deutschen in Prag", an der sich 600 Personen beteiligten, die nach Beendigung der Versammlung geschlossen auf das tschechische Vereinshaus im XV. Bezirk losmarschierten. Wie turbulent die Kundgebung selbst verlaufen ist, geht aus dem Referat des polizeilichen Aufsichtsbeamten hervor, der sich aufgrund seines Einschreitens bei den allzu radikal formulierten Ausfällen gegen die Regierung Pfui-Rufe und Renkontres mit dem Publikum, besonders mit den anwesenden deutschnationalen Reichsratsabgeordneten gefallen lassen mußte[6]. Die feindselige Haltung, die ihm als dem Vertreter der Behörde von den Abgeordneten entgegengebracht wurde, kommentierte er zwar vorsichtig, doch für den vorliegenden Zusammenhang aufschlußreich genug: „Die Regierungsvertreter, die früher den Versammlungen als Gäste beiwohnten, treten nun als Kritiker auf"[7].

Umgekehrt ließ es auch die deutsche Minderheits-Bevölkerung der Kronländer nicht an begeisterter Zustimmung für die rigorosen Maßnahmen der Wiener Kommunalpolitiker fehlen, sobald ein Präzedenzfall vorlag. Im Februar 1913 erhielt der Gemeinderat vom „Ausschuß des Deutschen Schul- und Lesevereins für Königsfeld und Umgebung" aus Brünn eine Zuschrift, in der ihm der Obmann des Vereins anläßlich der Sperrung des Königsfelder deutschen Kindergartens durch eine tschechische gemeindeamtliche Kommission „die wärmste Sympathie ... für das ... stramme Vorgehen gegenüber der in einem einsprachigen Lande ganz und gar unnötigen Komenský-Schule" ausdrückte[8].

Immer wieder war es die deutschnationale Wiener Presse — z. B. Ostdeutsche

---

[3] Nö. Präs. XIV/220; 3501 (1910).
[4] Nö. Präs. XIV/220; 1977 (1910).
[5] Nö. Präs. XIV/220; 1923 (1910).
[6] Im Gegensatz zu den tschechischen Demonstrationen waren deutscherseits fast immer deutschnationale Landtags- oder Reichstagsabgeordnete zugegen, z. B. die Herren Malik, Wedra, Pollauf, Wottawa, Waber, Hartl, Kittinger, Schürff u. a.; im vorliegenden Beispiel Wedra u. Pollauf.
[7] Nö. Präs. XIV/220; 2218 (1912).
[8] GRS vom 6. 2. 1913, AB Nr. 13 (14. 2. 1913) 569.

Rundschau, Deutsches Volksblatt, Alldeutsches Tagblatt, Österreichische Volkszeitung —, die den deutschen Bürger auf die Barrikaden rief, ungeachtet dessen, ob die mitgeteilten Informationen auf Tatsachen beruhten oder nicht. Deutlich erhellt dies ein Polizeibericht vom Jahre 1913 über die Abhaltung eines tschechischen Blumentages: „Obwohl die Nachricht jeder tatsächlichen Grundlage entbehrte"[9], sammelten sich in der Nähe des bezeichneten Versammlungslokales zunächst 100 Deutschnationale, die „völkische" Lieder sangen und die Eingänge des Gasthauses blockierten. Im Laufe des Abends wuchs die Zahl der deutschen Demonstranten auf 500 Personen. Die Ruhestörer behinderten jetzt sogar den Verkehr, während sie weiterhin mit Ausdauer — wenn auch vergeblich — auf das angebliche Eintreffen der tschechischen Blumenfesttagsteilnehmer warteten. Alle Versuche der Polizei, die Menschenmenge zu zerstreuen, blieben erfolglos. In derselben Zeitungsnummer wurde bereits eine weitere, vom „Bund der Deutschen in Niederösterreich", vom Verein „Südmark" und vom „Verband der deutschvölkischen Vereine im XIV. und XV. Bezirk" initiierte Protestversammlung für den übernächsten Tag angekündigt. Den Anlaß bildete diesmal eine tschechische Varietévorstellung in einem Zirkuszelt, die von der Vereinigung der tschechischen sozialdemokratischen Touristen angeregt worden war. Nach der Vorstellung konnten jedoch Zusammenstöße zwischen den 3000 Varietébesuchern und den ca. 500 Deutschnationalen von der Polizei rechtzeitig verhindert werden.

Bei alledem muß man sich noch vor Augen halten, daß — im Gegensatz etwa zu den neunziger Jahren — *nach* 1910 relativ wenig Polizeiberichte über tschechische politische Versammlungen vorliegen, ein Zeichen für die wachsende Krise in den politischen Organisationen der Wiener Minderheit. Die Tatsache, daß sich die deutschnationalen Demonstrationen jetzt meist an „unpolitischen" Veranstaltungen zu entzünden begannen, erweist aufs neue, wie stark sich die Lage kurz vor dem Weltkrieg zuspitzte. Eine Ergänzung hierzu bilden die peinlich genauen Beobachtungen und Verbotsanträge in Stadt- und Gemeinderat, die sich auf tschechische Theater- und Musikaufführungen beziehen, auch wenn diese in vereinseigenen Lokalen stattfanden[10]. Hinzu kommt ferner, daß viele dieser sogenannten „Vorstöße und Pläne der Tschechen in Wien"[11] nicht grundsätzlich, d. h. um ihrer selbst willen von der Statthalterei verboten wurden, sondern vielmehr deshalb, weil die Polizei „der drohenden Demonstrationen der Deutschen"[12] nicht mehr Herr zu

---

[9] Nö. Präs. XIV/220; 938 (1913), dazu: „Ostdeutsche Rundschau", „Deutsches Volksblatt" und „Österreichische Volkszeitung" vom 6. 3. 1913 und GRS vom 11. 3. 1913, AB Nr. 21 (14. 3. 1913) 843, Interp. Gussenbauer.

[10] Stadtratssitzung vom 22. 10. 1912, AB Nr. 88 (1. 11. 1912) 2885 und GRS vom 8. 11. 1912, AB Nr. 91 (12. 11. 1912) 2964.

[11] Thema auf der Tagesordnung einer Versammlung des Verbandes der deutschvölkischen Vereine im XV. Bezirk am 20. 4. 1913. 500 Teilnehmer. Nö. Präs. XIV/220; 1424 (1913).

[12] Nö. Präs. XIV/220; 1584 (1913). Mit dieser Begründung verbot man den Lichtbildervortrag Klofáčs vom 7. 5. 1913 mit dem Thema: „Neueste Eindrücke von meinen Reisen durch die slawischen Balkanländer." — Hierzu auch: Ostdeutsche Rundschau vom 1. 5. 1913, S. 6, Sp. 1 und Deutsches Volksblatt vom 1. 5. 1913, S. 8, Sp. 1. — E b e n s o: Nö. Präs. XIV/220; 1882 (1913): Verbot eines Sokol-Ausfluges wegen der „heftigen Gegenbewegung" auf deutscher Seite.

werden vermeinte. Dies mußte die Tschechen umso heftiger treffen, als sie ihre Feste ohnehin möglichst geheim und ohne Aufhebens abzuhalten versuchten. Die polizeilichen Nachforschungen für ein Anfang September 1913 von der Ortsgruppe des Komenský-Vereins im X. Bezirk geplantes Gartenfest mit Juxbasar und Tanzkränzchen ergaben z. B., daß die hierzu aus Prerau eingeladenen tschechischen Gäste am Wiener Nordbahnhof von einer Abordnung des „Komenský" „ohne Feierlichkeit empfangen" und in den Prater geleitet werden sollten. Für die spätere Fahrt zum Veranstaltungslokal sowie für die Heimreise der Gäste war vorgesehen, daß man allein, keinesfalls aber als geschlossene Gruppe auftreten solle[13] — alles Vorkehrungen, um jedwedes öffentliche Aufsehen zu vermeiden.

Was in Hugelmanns Sammelwerk für jene Jahre als „Kampf um Wien" „unter der Führung der Politiker aus den Sudetenländern" definiert ist[14], waren in Wirklichkeit jedoch ganz und gar sporadische Disziplinbrüche von unten, in denen zugleich die Verzweiflung über die politische Führung und ihr Versagen zum Ausdruck kam. Ein deutliches Beispiel, daß es sich um eine spontane Protestbewegung handelte, deren eigene Zielvorstellungen wenig scharf umrissen waren, sind die drei tschechischen „Majestätsbehelligerinnen", Marie Chalupetzky, eine Privatbeamtensgattin, Wanda Fuchs, die Gattin eines Offizials im Ministerium für Öffentliche Arbeiten und Ludmila Horsak, die Ehefrau eines Fabriksarbeiters. Während einer der üblichen Fahrten des Kaisers von der Hofburg nach Schönbrunn liefen die drei Tschechinnen auf der belebten Mariahilferstraße vom Gehsteig herunter auf den Wagen des Monarchen zu und versuchten, ihn anzuhalten und ein Gesuch zu überreichen. Sie wurden sofort festgenommen und zur nächsten Polizeidienststelle geführt. Das ihnen dort abgenommene Schriftstück enthielt die Bitte um Aufhebung der Sperre der tschechischen Privatschule im III. Bezirk[15]. Den Behörden glaubte man nicht, daß sie über die generelle Ablehnung des Komenský-Vereins hinaus im einzelnen präzise wußten, was sie eigentlich mit dem Tschechenproblem anfangen sollten, und den tschechischen Führungskreisen der Reichshauptstadt merkt man an, daß sie außer Protest, Kritik und Verdächtigungen nichts Akzeptables anzubieten hatten — jedenfalls kein Konzept, das zugkräftig genug war, wenigstens die Genehmigung für eine der drei geschlossenen tschechischen Privatschulen durchsetzen zu können. Solange eine nationale Mehrheit in einer anderssprachigen Minderheit nur einen potentiellen Gegner sieht und in den kriegerischen Kategorien von Übergriffen und Abwehr[16] denkt, gibt es wohl kaum einen Ausweg — und das nicht nur bei den Wiener Tschechen.

Auf der behördlichen Ebene wird es am deutlichsten, daß die Gegensätze, die Deutsche und Tschechen in den letzten Lebensjahren der Vielvölkermetropole von-

---

[13] Nö. Präs. XIV/220; 2866 (1913). Dazu: Deutsches Volksblatt vom 5. 9. 1913, Nr. 8863, S. 4, Sp. 1: „Eine freche Herausforderung der Tschechen."
[14] Hugelmann, Das Nationalitätenrecht 455.
[15] Nö. Präs. VI/54—81; 3107 (1912) Z. 3107/3 (25. 10. 1912).
[16] Ebenda (1. 11. 1912) „Abwehrversammlung gegen die tschechischen Schulforderungen". Nach einem Flugblatt sollte „diese Versammlung nicht nur eine Abwehr gegen die tschechischen Übergriffe sein, sondern auch dem Bürgermeister unserer Stadt Zeugnis ablegen, daß ganz Wien in diesem Kampf hinter ihm steht".

einander trennten, unüberwindbar und prinzipieller Art waren. Während man vor 1910 noch kaum von einem nationalen Konsensus sprechen kann, der die Grenzen des Wiener Gemeinderates transzendierte, d. h. über sie hinaus in die breiteren Volksschichten eingriff, läßt die Volkszählung von 1910 bereits die politische Explosivkraft erkennen, die sich gegen die zunehmend unerwünschten tschechischen Einwohner entfaltete. Als Mittler zwischen Öffentlichkeit und Behörden trat hier der Bezirksverband der nichtpolitischen deutsch-arischen Vereine auf den Plan, der sämtliche deutschen Hausbesitzer Wiens aufforderte, „allen jenen tschechischen Wohnparteien, die zwar in Arbeit, Amt und öffentlichem Verkehr deutsch sprechen und deren Umgangssprache daher die deutsche ist, aber in die Volkszählungslisten gegen Wahrheit und Gesetz die tschechische Sprache ... eintragen wollen, mit der Aufkündigung zu drohen und sie allfällig auch durchzuführen"[17]. Überflüssig zu sagen, daß vom Innenministerium ein Erlaß herausgegeben worden war, der die „unbedingte Reinheit des Zählungsgeschäftes" zur strengsten Pflicht erklärt hatte[18]. Ende 1910 gab es immerhin schon so viele Symptome für die Entartung des Luegerischen Ideals vom „deutschen Charakter der Stadt Wien", daß es der bisher beim Thema Wiener Tschechen in kritiklosem Schweigen verharrenden sozialdemokratischen Opposition im Gemeinderat und in der Parteipresse[19] nicht mehr an Ansatzpunkten für Beanstandungen mangelte. Gemeinderatsmitglied Franz Domes wandte gegen die Volkszählungspraktik ein, daß die eigenmächtigen Änderungen der Revisoren an sich schon verwerflich seien, da durch sie der eigentliche Zweck der Volkszählung illusorisch gemacht werde, doch würden sie überdies auch den nationalen Frieden empfindlich stören, „indem sie in den Vergewaltigten, die oft national durchaus friedfertig sind, den nationalen Haß erst künstlich erzeugen"[20]. Abgesehen davon sei es der deutschen Nation nicht würdig, Personen, die sich nicht zu ihr bekennen, durch allerlei Listen und Gewalttätigkeiten als zu ihr gehörig zählen zu wollen. Schließlich käme noch hinzu, daß ein solcher Zwang dem § 30 der Vorschrift über die Durchführung der Zählung zuwiderlaufe, wenn er nicht gar „das Verbrechen des Mißbrauches der Amtsgewalt" involviere. Obgleich die Volkszählung selbst, die vom Magistrat im übertragenen Wirkungskreis durchgeführt wurde, eine Angelegenheit war, die nicht in die Kompetenz des Gemeinderates fiel, lassen die Interpellationen der Gemeinderäte Philp[21], Hohen-

---

[17] RR-Prot. XX/87 (26. 1. 1911) 5047—5059: K r a m á ř s Kritik an der Volkszählung. Dazu: XX/88 (7. 2. 1911) 5140 und XX/82 (17. 1. 1911): Interpellation M a š ť a l k a an den Innenminister: Protest gegen die Drohungen und Repressalien der Wiener Hausherren, -verwalter, Arbeitgeber und gegen die revidierenden Schullehrer.

[18] Zugleich mit der Verordnung vom 20. August 1910 über die Handhabung der Volkszählung herausgegeben. RGBl. Nr. 148.

[19] Zur Presse vgl. die Interpellation des Gemeinderates G u s s e n b a u e r zur Volkszählung: GRS vom 31. 1. 1911, AB Nr. 11 (7. 2. 1911) 321: „Die Erregung in der Wiener Bevölkerung wurde nur noch gesteigert durch die volksverräterische Stellungnahme der Arbeiter-Zeitung und durch die unerhörten Beleidigungen seitens dieses nur die tschechischen Interessen wahrnehmenden Organes und jener des tschechischen Abgeordneten Kramář, der in der Reichsratssitzung vom 27. 1. gegen die Wiener Lehrerschaft loszog." (Siehe Anm. 17).

[20] GRS vom 13. 1. 1911, AB Nr. 5 (17. 1. 1911) 146. Auch das Folgende.

[21] GRS vom 31. 1. 1911, AB Nr. 11 (7. 2. 1911) 317 f.

sinner[22] und Gussenbauer[23] erkennen, daß man sich eine eigene Interpretation des „Umgangssprache"-Begriffes zurechtgelegt hatte, von der man niemals abgehen wollte: Die Umgangssprache, so lautete der Magistratsbericht zu Oswald Hohensinners Interpellation sei „etwas ganz anderes als Nationalität und Muttersprache, sie ist die Sprache, die den sprachlichen Bedürfnissen — nicht den sprachlichen Neigungen — des Gezählten entspricht". Was nun die tschechische Seite der Volkszählungskampagne anbetraf, so gaben zwar einige Volkszählungsagitatoren zu, daß ihre bewußte Einflußnahme auf tschechische Wohnungsinhaber, Arbeitgeber, Staatsbeamte und Hausmeister nur geschah, um die Errichtung tschechischer Schulen von der Gemeinde Wien erzwingen zu können[24], es handelte sich hierbei jedoch keinesfalls um eine „maßlose Agitation"[25] einer einheitlichen Bewegung; die Gruppierungen blieben locker und waren organisatorisch kaum gefestigt. Der Rückgang der tschechischen Einwohnerziffern gegenüber der Zählung des Jahres 1900 von 7,2 % der Gesamtbevölkerung auf 5,7 % ist Beweis genug.

Die Kluft zwischen der behaupteten subjektiven Kompetenz der Gemeindeverwaltung und der Unfähigkeit, sie so anzuwenden, daß sich die offizielle Politik nicht gegen die sich wandelnden Bedingungen des Daseins, d. h. gegen die in Wien ihren Lebensunterhalt suchende tschechische Minderheit gesperrt hätte, wurde in der nachluegerischen Ära durch einen offen zutage tretenden Unwillen verstärkt. Man wollte nicht mehr verstehen, man verurteilte, verhöhnte und vergaß die historische Vielfalt, die den Begriff der Habsburgermonarchie begründet hatte. Dies galt auch für die lokalen Postämter und Polizeibehörden: Im März 1912 wollte ein kroatischer Student der Hochschule für Bodenkultur bei einem Wiener Postamt eine Geldanweisung in seine Heimat aufgeben. Der Beamte weigerte sich, die Anweisung anzuerkennen, weil sie nicht deutsch geschrieben war. Der Student ließ sich jedoch nicht abweisen, zumal dieselbe Post erst vor kurzem eine Geldsendung von ihm anstandslos angenommen hatte. Daraufhin fragte ihn der Beamte, ob der Text „böhmisch" sei und als ihn der Student überzeugen konnte, daß er kroatisch war, entgegnete er, kroatisch würde sie befördert, nur „böhmisch" dürfe sie nicht sein[26].

Eine von sozialen Gesichtspunkten aus recht anfechtbare Praxis legte — ebenfalls erst in den letzten Jahren vor dem Weltkrieg — auch die Wiener Polizeibehörde auf dem Gebiet der Jugendfürsorge an den Tag, die vor allem auf die materielle Schädigung der tschechischen Gemeinden Böhmens und Mährens abzielte. So wurde beispielsweise im September 1912 einer böhmischen Gemeinde durch eine Zuschrift des Wiener Magistrates mitgeteilt, daß die Wiener Polizei einer in diese Gemeinde zuständigen 28jährigen tschechischen Arbeiterin ihre vier unehelichen Kinder im Alter zwischen einem und acht Jahren weggenommen und dem Wiener Magistrat übergeben habe, weil die Mutter selbst erwerbslos sei und der Vater der Kinder

---

[22] Ebenda 318 f.
[23] Ebenda 321.
[24] Ebenda 321.
[25] Ebenda 317.
[26] RR-Prot. XXI/63 (27. 3. 1912) Anhang III, 1689/I. Interp. C h o c (in deutscher Sprache).

nichts zahlen könne. Die Heimatgemeinde, von der die Stadt Wien nun die Fürsorgekosten erstattet haben wollte, beschwerte sich mit Recht, daß sie vorher gar nicht befragt worden war, ob sie einen Zuschuß für die Kinder geben werde, denn, wäre sie beizeiten benachrichtigt worden, so hätte sie Mutter und Kinder in die Heimat zurückgeholt und dort für einen Erwerb der Mutter Sorge getragen; auf diese Weise wären die Kinder der Mutter nicht entfremdet worden und der Gemeinde finanziell nicht zur Last gefallen. Da es sich bei dieser Angelegenheit nicht um einen Einzelfall handelte, schien dem tschechischen Reichsratsabgeordneten Víškovský der Anlaß zu einer Interpellation an den Innenminister gerechtfertigt, mit dem Ansuchen, ähnliche Vorkommnisse feststellen zu lassen und Maßnahmen zu ergreifen, damit die Fürsorge für die Kinder böhmisch-tschechischer Heimatberechtigter in einer Weise erfolge, die auch die Interessen der Heimatgemeinde wahren würde[27].

Während man in den Jahren unter Lueger nur die Räumung statuierter Positionen als Niederlage empfunden und daher unter keinen Umständen zugelassen hätte, teilte man jetzt dem Schreckgespenst der tschechischen Bevölkerungsinvasion auch dort vernichtende Schläge aus, wo überhaupt keine Symptome einer tschechischen „Gefahr" zu erkennen waren. Dies vertiefte innerhalb des Gemeinderates die zunehmend pro-tschechische Haltung der wenigen sozialdemokratischen Mitglieder weiter. Als nämlich der Magistrat bei den Gemeinderatswahlen Anfang 1912 alle Reklamationen zurückgewiesen hatte, in denen eines der Wahlrechtserfordernisse mit einem tschechischen Dokument belegt wurde, bezichtigte die deutsche Sozialdemokratie den Magistrat des Verstoßes gegen die Amtspflicht, da der Bürgermeister zur Eintragung der Wahlberechtigten verpflichtet war[28]. Des weiteren erklärte man es rundweg als „Spiegelfechterei", eine Übersetzung des tschechischen Heimatscheines vorzuschreiben, da sich jede Gemeinde in Österreich auch ohne Übersetzung unschwer verifizieren lasse; was dem Magistrat ohne Weigerung im Vorjahr noch möglich war, hätte auch diesmal „um kein Atom mehr Schwierigkeiten" machen dürfen. Die Berufung des Magistrates auf das Landesgesetz vom 1. November 1909, in dem Deutsch zur Amtssprache des Wiener Magistrats erklärt wurde[29], sei nicht zulässig, zumal die Reklamationen selbst alle in deutscher Sprache eingereicht worden waren und die Heimatscheine als solche mit der Amts- und Geschäftssprache nichts zu schaffen hatten. Als Dokumente, die in Österreich ausgestellt seien, könne man ihre Anerkennung nicht verweigern, schon gar nicht, wenn mittels des Dokumentes von keinem persönlichen, sondern von einem öffentlichen Recht Gebrauch gemacht werden sollte.

Das Interessante war nun, daß der Magistrat mit seiner Unterscheidung von „amtswegig" und „nicht-amtswegig" unbeabsichtigt jetzt selbst aus Wien eine zweisprachige Stadt zu machen schien: Sobald er sich weigerte, die tschechischen Heimatscheine zu lesen, zu prüfen und anzuerkennen, bedeutete dies — anders for-

---

[27] RR-Prot. XXI/111 (29. 10. 1912) 11943 Interp. V í š k o v s k ý (Authentische Übersetzung S. 11945).
[28] GRS vom 22. 3. 1912, AB Nr. 26 (29. 3. 1912) 871, Interp. S k a r e t, R e u m a n n u. Gen.
[29] Siehe oben S. 308.

muliert — etwa das gleiche, als ob er bei ihrer Anerkennung gegen die Gesetzesbestimmung verstoßen würde, derzufolge die Amts- und Geschäftssprache der Gemeinde und ihrer Organe deutsch war. Nun mußte jedoch der Magistrat in allen Angelegenheiten des übertragenen Wirkungskreises die tschechischen Heimatscheine gelten lassen. Wenn also ein Arbeiter aufgrund eines tschechischen Heimatscheines vom Magistrat als Gewerbebehörde die Ausstellung eines Arbeitsbuches verlangte, so mußte es ihm ausgehändigt werden. Beim Reichsratswahlrecht, wo der Magistrat wiederum im übertragenen Wirkungskreis — d. h. für die Staatsbehörde — amtierte, konnte er den tschechischen Heimatschein ebenfalls nicht abweisen und er hatte ihn bei den Reichsratswahlen 1911 auch nicht abzuweisen gewagt.

Mit Recht verwiesen die Sozialdemokraten Skaret, Reumann, Domes, Schlinger, Schuhmeier, Winarsky und Wutschel in diesem Zusammenhang darauf, daß es keinem Menschen einfallen würde, den deutschen Charakter der Stadt Wien deshalb zu bezweifeln, weil der Magistrat einen Heimatschein, mit dem ja nur die österreichische Staatsbürgerschaft nachgewiesen werden sollte, als gültiges Dokument zugelassen hatte. Sobald man jedoch diese Selbstverständlichkeit zu einer Frage des Deutschtums erhob, ergab sich als logische Konsequenz, daß mit jeder Berücksichtigung eines tschechischen Heimatscheines — die bei allen Angelegenheiten des übertragenen Wirkungskreises unvermeidlich war — der deutsche Charakter der Reichsmetropole angetastet erschien. Dadurch wurde Wien geradezu künstlich zu einer Stadt gemacht, deren deutsche Amtierung nicht in allen Zweigen unbestritten war.

Im übrigen schädigte der Magistrat durch diese kuriose Auslegung des niederösterreichischen Landesgesetzes die nationalen Interessen zahlreicher Deutscher, insofern als diese in Wien lebten und in tschechischen Gemeinden geboren oder dorthin zuständig waren[30]. „Rechts- und vernunftswidrig" nannte die sozialdemokratische Fraktion das Vorgehen auch deshalb, weil man die Reklamanten durch die Abweisungen zwang, bei jeder Wahl für die Übersetzung tschechischer Dokumente Geld auszugeben. Die Wahrung des deutschen Charakters der Stadt Wien bestand mit anderen Worten darin, daß die Dolmetscher, die naturgemäß durchwegs tschechischer Nationalität waren, reichlich verdienten. Als weiteres Beispiel, das die Kurzschlußhandlungen des Magistrats beleuchtete, wurde angeführt, daß — wenn alle Dokumente in einer anderen als der deutschen Sprache ungültig sein sollten — dann folgerichtig auch die für den 2. Wahlkörper erforderlichen Doktordiplome abgewiesen werden müßten, weil sie in lateinischer Sprache abgefaßt waren. Aus mannigfacher Wirklichkeit abstrahiert und willkürlich komponiert konnte der Begriff der Amtssprache der tatsächlichen Situation nie entsprechen. Innerhalb sehr weitgezogener Grenzen war demnach auch die nationale Minderheit der Wiener Tschechen für die städtischen Behörden das, was man gerade wollte, daß sie sei.

Diese sich selbst ad absurdum führenden Maßnahmen zur Wahrung des deutschen Charakters der Stadt Wien gipfelten acht Monate später in dem quasi ultimativen Antrag des Gemeinderates Alois Moißl: solange die Regierung nicht geneigt sei, die

---

[30] Als Beispiel wurde der frühere Obmann des Wiener deutschen Bürger-Klubs angeführt, „dessen erste Heimatsgemeinde wohl auch keine deutschen Heimatscheine ausstellte". (Siehe Anm. 28).

Lex Kolisko zu sanktionieren, so lange sollte die Gemeinde Wien die Ausführung der Geschäfte des übertragenen Wirkungskreises zur Gänze verweigern[31]. Bei den Mittelinstanzen, wie Statthalterei, und bei der obersten Instanz der Ministerien, hatte dieser Kurs keine Entsprechung. Aus dem Gebrauch der äußeren Dienstsprache bei den Ministerien und beim Obersten Rechnungshof[32] geht nämlich hervor, daß Eingaben in nichtdeutschen, irgendwo landesüblichen Sprachen stets angenommen wurden. Da jedoch das Tschechische in Niederösterreich nicht landesüblich[33] war, entstand im Handelsministerium eine gewisse Ratlosigkeit, als der Komenský-Verein im April 1910 dort eine Beschwerde in tschechischer Sprache einreichte, die gegen eine Verfügung der Wiener Post- und Telegraphen-Direktion gerichtet war[34]. Man wandte sich — ohne das tschechische Gesuch von vornherein abzuweisen — an die niederösterreichische Statthalterei, an den niederösterreichischen Landesschulrat und an die Finanz-Landes-Direktion mit der Bitte um Berichterstattung, „welchen Vorgang die übrigen in Wien befindlichen Landesbehörden beobachten", wenn ihnen Eingaben in nichtdeutschen Sprachen überreicht werden. Die Antwort der Statthalterei lautete, daß „in den letzten Jahren weder aus Wien noch Niederösterreich überhaupt Eingaben in fremder Sprache bei der Statthalterei eingelangt" seien. Es habe daher noch kein Anlaß bestanden, zur Frage der formalen Zulässigkeit Stellung zu nehmen. Aus den böhmischen Kronländern würden zwar häufiger tschechischsprachige Eingaben eintreffen, die sich in der überwiegenden Mehrzahl der Fälle auf Angelegenheiten des Heimatrechtes bezögen[35]. Bisher habe man diese Dienststücke stets übersetzen lassen[36]. Dieses Beispiel läßt erkennen, daß die Wiener Tschechen in der Realität auch den Bestimmungen der Sprachenverordnungen weitgehend Folge geleistet haben, vielleicht in der Hoffnung, dadurch ihre Schule eines Tages doch noch zu erhalten.

Aufs Ganze gesehen war die Opposition Wiens gegen das Tschechentum nur auf der Ebene des streng lokalen Verwaltungsbereiches endgültig, dessen Bedeutung jedoch wiederum vielen tschechischen Zuwanderern wegen der Häufigkeit ihres Ortswechsels weitgehend unklar geblieben sein mag. Im Sommer 1914 ging für die Wiener tschechische Nationalpolitik eine beinahe 35jährige Epoche zu Ende, eine lange Zeit, in der patriotisches Feuer einzelne politische Ehrgeizlinge zu immer neuem Einfallsreichtum angetrieben hatte, in welcher aber der Glaube an ein gerechtes Ziel die Unvereinbarkeit von konsequent betriebener deutscher *und* tschechischer Nationalpolitik ignorierte und in der schließlich alle Hoffnungen verglühten und sich nur noch an Erinnerungen und „Geschichtsbewußtsein" zu klammern

---

[31] GRS vom 22. 11. 1912, AB Nr. 95 (26. 11. 1912) 3093.
[32] H u g e l m a n n , Das Nationalitätenrecht 270—275, hier S. 273.
[33] Daß der Begriff der Landesüblichkeit in den böhmischen Ländern wieder eine ganz andere, „besondere Bedeutung" hatte, trug nicht zur Vereinfachung der Situation bei. V e i t e r , Theodor: Die Sudetenländer. In: H u g e l m a n n , Das Nationalitätenrecht 289—428, bes. 313 ff.: Die Landesüblichkeit der Sprachen.
[34] Nö. Präs. I/6 a; 1431 (1910).
[35] Meistens handelte es sich um Rekurse böhmischer Gemeinden gegen die Nichtaufnahme ihrer Angehörigen in den Heimatverband einer Gemeinde Niederösterreichs.
[36] Die Stellungnahmen des niederösterreichischen Landesschulrates und der Finanz-Landes-Direktion liegen dem Akt nicht mehr bei.

vermochten[37]. Zugleich appellierten die Tschechen — wenn es im Reichsrat um die Wiener Minderheit ging — mit aller Nachdrücklichkeit an ein gesamtösterreichisches Verbundenheitsgefühl, das durch die Gegenwart nicht ausgelöscht werden konnte[38]. Noch einmal an den Beginn des zweiten Kapitels zurückkehrend, gilt es zu fragen, ob sich unsere Annahme bestätigt hat, daß die Akzente der Wiener deutschen Kommunalpolitik auch das tschechische nationalpolitische Konzept erhellen könnten. Seit der wachsenden Zuwanderungswelle wird man in der Donaumetropole von allem Anfang an tschechische politische Sonderkräfte in Rechnung stellen müssen. Harrachs Reichsrats-Interpellation vom März 1880, in der er um utraquistischen Unterricht für die Wiener tschechischen Lehrlinge ansuchte[39], kennzeichnet den ersten sichtbaren Markstein eigenständiger politischer Forderungen. Die ersten deutschen Gegenmaßnahmen ergeben sich dann durch Luegers Gemeindestatut vom März 1900 und durch das Reichsgerichtserkenntnis vom Oktober 1904, die beide in der Periode der langwierigen und wechselvollen Organisation des niederösterreichischen NRČ und der politischen Parteien konkrete Bedeutung erlangt haben. Die zunehmenden Bestrebungen Einzelner, Wien zum Versuchsfeld und Anwendungsgebiet radikal-nationaler Weltanschauungs-Theorie und Politik zu machen, steigerten sich gegenseitig durch Protestkundgebungen, Boykotterklärungen und Angriffe in den Lokalblättern hoch und gipfelten deutscherseits in der Schließung dreier tschechischer Privatschulen. Trotz der Einflußlosigkeit der Wiener tschechischen Führer im eigenen Volk, trotz ihres gescheiterten Vorhabens, den Zusammenhang mit der Nation unmittelbar von Prag aus bewerkstelligen zu lassen, wurde das deutschnationale Trauma der „tschechischen Übergriffe"[40] auf die Residenzstadt politisch wirksam.

---

[37] S u l í k, Proč máme vychovávati své děti 1. (Anknüpfen an historische Traditionen gleich in der Einleitung). — Víd. Kal. 1 (1892) 41 u. 57 ff.; Víd. Kal. 9 (1900) 62 f. — J a n č a, Školská otázka 12. — Ž i v n ý, Carl: Das Stammland der Monarchie. Wien 1911. — Praha Komenskému ve Vídni [Prag dem Komenský in Wien]. Prag 1910 (Vorwort von Fr. Ad. Šubert). — Š n e j d a, B.: Proč mají Čechové oprávněný nárok na půdu dolnorakouskou? [Warum haben die Tschechen einen berechtigten Anspruch auf niederösterreichischen Boden]. Wien 1911. — Zur Form des Nativismus, d. h. des historisch richtigen oder unrichtigen Anspruchs, in diesem Land autochthon zu sein: H u g e l m a n n, Das Nationalitätenrecht 19.

[38] RR-Prot. XXI/175 (14. 11. 1913) 8625: Kontroverse S t r á n s k ý - P o l l a u f : Stránský spricht vom „vertrottelten Wien", weil „in der Reichshauptstadt, in der Residenzstadt des Kaisers, der unser gemeinsamer Monarch ist, das böhmische Kind nicht einmal eine Privatschule haben darf". — Ferner: RR-Prot. XXI/176 (18. 11. 1913) 8731 f.: Kontroverse S t r á n s k ý - M a t a j a. Stránský: „Wir sind hier zu Hause und dies gibt uns, weil eben Wien eine Residenzstadt und die Hauptstadt des ganzen Reiches ist, neben dem nationalen Rechte unserer Konnationalen in Wien auch das Recht, unsere Schulen hier verlangen zu können (Gelächter und Widerspruch). Jawohl! Das ist die Residenzstadt unseres Monarchen, das ist die Hauptstadt des Reiches und die Hauptstadt ist international in Österreich!"

[39] Siehe oben S. 93 u. S. 284.

[40] Dieser Terminus findet sich auch noch in der letzten, im „Amtsblatt" verzeichneten Stadtratssitzung zum Thema Wiener Tschechen vor dem Weltkrieg, am 18. 11. 1913, AB Nr. 94 (25. 11. 1913) 3144. (Hierzu Anm. 38: Thema S t r á n s k ý s Reichsratsrede).

Versucht man, einzelne Stadien in der Konzeption der nationaltschechischen Politik der Wiener Minderheiten festzuhalten, so könnte man etwa drei Phasen erkennen:
1. Erlangung und Stärkung des ethnischen *Eigenbewußtseins* durch Entwicklung der *Feindvorstellung*, die das nationalpolitische „Erwachen" der Wiener Tschechen *begleitet*.
2. *Organisatorische Ausbildung* des Nationalismus als Kampfmittel gegen den Unterdrücker. Die *Feindvorstellung* wirkt hier bereits als *Stimulans*, man verdankt ihr wesentliche Anregungen zur Loslösung von den dominierenden assimilierenden Einflüssen.
3. Der *Kampf* wird zum *Sinn der eigenen Geschichte*. Man fühlt sich in Wien als „vorderster Wall, an den zuerst die entfesselten Wogen des ungeheuren germanischen Meeres heranbranden"[41]. Die *Feindvorstellung* wird zum *dominierenden Merkmal* und führt zur grundsätzlichen Opposition gegen die kommunale Autorität.

Es hieße jedoch die Ereigniszusammenhänge in ihren Relationen falsch bemessen, vergäße man, daß sich gewisse Erscheinungen, die der politischen und gesellschaftlichen Situation im Wiener Tschechentum das Gepräge gaben, zu einem wesentlichen Teil aus dem konkurrierenden Wirken der beiden großen politischen Kräftegruppen innerhalb des Wiener Tschechentums ergaben: dem kleinbürgerlichen Mittelstand und den sozialdemokratischen Arbeitern. Gerade an der Wiener tschechischen Sozialdemokratie[42], deren Breiten- und Tiefenwirkung von den tschechischen Bürgerparteien oder nationalsozialen Arbeitern nicht einmal annähernd erreicht wurde, zeigt sich, daß sie allein die längste Zeit den Versuch durchhielt, den nationalen Streitigkeiten ausgleichend entgegenzuwirken. Für sie war jedoch in der herrschenden Ideologie der nichtsozialistischen Gruppen kein Platz vorgesehen, obwohl ihre Integration eine Stärkung des Wiener Tschechentums bedeutet hätte. Die Folge dieser Isolierung war auf sozialdemokratischer Seite die Entwicklung einer ihrer Gruppenintegration wie ihrer Selbstrechtfertigung adäquaten Gegenideologie, die im Gegensatz zu den konnationalen Parteigenossen der böhmischen Länder für eine stärkere Betonung der internationalen Klassensolidarität eintrat — nicht zuletzt, weil in Wien die verlockende Gleichberechtigung mit den deutschen Arbeitern eine andere Bedeutung besaß als in Prag.

Die Annahme liegt nahe, daß der Nationalismus beider tschechischer Lager seinem *Grade* nach insofern gleich war, als der „äußere" nationale Gegner notwendig weiterexistieren, der „innere" Feind, der Ketzer in den eigenen Reihen dagegen ausgeschaltet werden sollte. Gleichzeitig kann man m. E. jedoch auch von einem *Wesens*unterschied sprechen, der darin zu sehen wäre, daß sich bei den „bürgerlichen" Wiener Tschechen der soziale Gegensatz zur deutschen Mehrheit in einen nationalen transformierte, während sich bei den tschechischen Sozialdemokraten die Tendenz zeigte, den nationalen Gegensatz in einen sozialen umzudeuten. Von daher gesehen dürfte es auch problematisch sein, bei der Wiener Minderheit das politische Gemeinschaftsbewußtsein linear verfolgen zu wollen. Vielleicht entstand es

---

[41] Víd. Denník, Jg. 1, Nr. 8 (26. 2. 1907) Leitartikel.
[42] Zur Organisation siehe oben S. 152—182.

erst in den Krisenjahren seit 1910, doch ist es fraglich, ob es überhaupt so weit kam. Als Einstiegsversuch zu diesen Fragen soll im folgenden die Entwicklung in der tschechischen Sozialdemokratie untersucht werden, vor allem deshalb, weil sie sozial und politisch den bedeutendsten Faktor in Wien bildete und — trotz ihres nationalen Eigenbewußtseins — das größte Interesse an einem Zusammengehen mit den Deutschen zeigte.

5. ZUR WIENER TSCHECHISCHEN SOZIALDEMOKRATIE: DAS ALLGEMEINE WAHLRECHT UND SEINE RÜCKWIRKUNG AUF DIE DEUTSCH-TSCHECHISCHE SOLIDARITÄT IN DER GESAMTPARTEI

Mit der politisch selbständigen österreichischen Arbeiterbewegung Ende der 60er Jahre des vorigen Jahrhunderts begann auch der Kampf für das allgemeine, gleiche und direkte Wahlrecht, der zu einem bedeutenden Teil von den Sozialdemokraten geführt wurde[1]. Die Wurzel dieser Bestrebungen lag in der Agitation Ferdinand Lassalles, des Begründers der deutschen Sozialdemokratie, der das allgemeine Wahlrecht zum politischen und sozialen Grundprinzip des Arbeiterstandes, zur Grundbedingung aller sozialen Hilfe erklärt hatte. Die marxistische Bewertung dieses Rechtes erzielte dagegen in der Donaumonarchie nur oberflächliche Wirkung. Wesentlich ist, daß die österreichische Sozialdemokratie in den 90er Jahren eine verhältnismäßig klare politische Einstellung zur nationalen Befreiungsbewegung hatte. Sie war sich bewußt, daß ihre Interessen so weit mit denen der Bewegung zusammenfielen, wie diese gegen die Unterdrückung ankämpfte. In der Verwirklichung der jahrzehntelangen Wahlrechtsbemühungen der Arbeiterschaft im Jahre 1907 erkennt nun die historische Forschung „die erste und umfassendste staatsrechtliche Reform seit 1867, von der man sich durchgreifende Wirkung auf die nationale Frage erhoffen mochte"[2]. Wie sehr auch die Wiener tschechische Arbeiterschaft diese Erwartung teilte, geht aus der scharfen Kritik ihres Parteiorganes „Dělnické Listy" an dem politischen Degenerationsprozeß in der Ära Koerber[3] hervor, dem auch der wirtschaftliche Aufschwung keinen Einhalt gebieten konnte. Im März 1904 las man z. B. im tschechischen Arbeitertagblatt der Reichshauptstadt: „Aus einem derart verfaulten und verdorbenen Boden kann nichts Gesundes aufwachsen und erblühen ... Eine Beruhigung der nationalen Fragen kann nur über eine Demokratisierung der Wahlreform erreicht werden"[4].
Welche Prinzipien oder politischen Gegebenheiten aus den *vor* 1907 vollzogenen

---

[1] W e b e r , Karl: Die österreichische Sozialdemokratie und das allgemeine Wahlrecht. Phil. Diss. (Masch.) Wien 1956 (ohne Berücksichtigung der Nationalitäten). — 1848 trat die Wiener Arbeiterschaft zum erstenmal kämpferisch gegen die Beschränkungen des Wahlrechts in Erscheinung. Ein fast allgemeines, gleiches, aber indirektes Wahlrecht wurde in Kraft gesetzt. Der Kremsierer Reichstag schloß dann Besitzlose vom Wahlrecht aus; ab 1861 (Februarpatent) wurde es nur den hohen Steuerzahlern zuerkannt. — Verweis auf die Bedeutung von 1848 für das allgemeine Wahlrecht: Děln. Listy, 18. Jg., Nr. 55 (7. 3. 1907) S. 3, Nr. 57 (9. 3. 1907), Nr. 58 (11. 3. 1907), Nr. 70 (26. 3. 1907) S. 5.
[2] K a n n , Das Nationalitätenproblem II, 225—232, hier S. 225 (Lit.: II, 365 ff.).
[3] M o m m s e n , Die Sozialdemokratie 342 f., 346 f., 353.
[4] Děl. Listy 15. Jg., Nr. 68 (22. 3. 1904): Heute so, morgen anders. — Zur Regierung Koerber auch: Děl. Listy, 15. Jg., Nr. 28 (4. 2. 1904) u. 12. Jg. Nr. 28 (4. 2. 1901).

direkten Wahlen nach dem Kuriensystem waren es, die der tschechischen Arbeiterschaft in der Großstadt Wien eine Umgestaltung besonders erstrebenswert erscheinen ließen? Nimmt man als Kriterium das Maß des politischen Einflusses, den der einzelne Wähler faktisch ausübte, d. h. — zunächst einmal ganz allgemein gesprochen — die Zahl der Wahlberechtigten, auf die ein Abgeordneter entfiel, so besaßen bei der Reichsratswahl im Jahre 1879 zweihundert Städter und fünfhundert Bauern ebensoviel „Wahlrecht" wie ein Großgrundbesitzer, bei der Wahl im Jahre 1885 entsprach diesem Verhältnis sogar eine Zahl von dreihundert Städtern und achthundert Bauern[5]: der überwiegende Einfluß des Großgrundbesitzes im Parlament und dadurch auch in der Verwaltung schien auf Kosten der arbeitenden Volksschichten offenbar sogar weiterhin anzuwachsen. Hinzu kam noch, daß diese Zahlen nur für ein Drittel der Gesamtbevölkerung galten, da die restlichen zwei Drittel durch jenen Modus überhaupt vollständig von der Wahl ausgeschlossen blieben. Während das Wahlrecht zum niederösterreichischen Landtag annähernd ähnlich gestaltet war wie das zum Reichsrat, trat beim Wiener Gemeindewahlrecht das mit dem Einkommen wachsende Wahlprivilegium und damit die politische Rechtlosigkeit der Wiener Arbeiterschaft einschließlich ihrer tschechischen Glieder besonders deutlich hervor[6]. Bisher war das Gemeindewahlrecht an die direkte Steuer gebunden oder — was in Wien in Betracht kam — an die „Intelligenz"; Geistliche, Lehrer, Ärzte, Advokaten, Beamte konnten ohne Rücksicht auf ihre Steuerleistung wählen gehen. Die Zahl der Wähler, die ihr Privilegium *nur* ihrer Bildung oder Stellung verdankte, war allerdings verschwindend gering. Somit kann man sagen, daß auch in der Reichshauptstadt Besitz und Einkommen das Wahlrecht bedingten. In der Praxis sah dies beispielsweise so aus: Bei den Gemeinderatswahlen im Jahre 1890 durften nur 25,8 % von allen in Wien anwesenden wahlfähigen Männern über 24 Jahre zur Wahl gehen, drei Viertel waren politisch einflußlos, in der Gemeinde ebenso wie im niederösterreichischen Land und im Reich[7]. Die Zahl der Wahlberechtigten in den einzelnen Stadtbezirken stand dabei in direkter Proportionalität zum Vermögen. In der Innenstadt (I.), dem Bezirk des „Kapitals", wo man auf $47^{1}/_{2}$ Deutsche einen Tschechen rechnete[8], betrugen die Wähler 48,39 %, also fast die Hälfte der volljährigen Männer; im X. Arbeiterbezirk Favoriten (ein Tscheche auf $3^{4}/_{5}$ Deutsche) hingegen gab es unter 100 Volljährigen nur 10,85 Wahlberechtigte, also nur $^{1}/_{10}$[9]. Noch deutlicher werden die Verhältnisse, wenn man die Zahl der Wähler in den einzelnen Wahlkörpern ins Auge faßt. Gemäß ihrer Steuerleistung waren die Gemeindewähler in drei Wahlkörper gruppiert, von

---

[5] Adler, Victor: Das allgemeine, gleiche und direkte Wahlrecht und das Wahlunrecht in Österreich. Wien 1893. (Wiener Polit. Volksbibliothek, 4. Heft), S. 29. (Ebenda auch eine Zusammenstellung der vorausgegangenen Versuche einer Wahlreform, S. 53 bis 62).
[6] Ebenda 37 ff. — Dazu D. L. 18. Jg., Nr. 100 (2. 5. 1907) Maifeier im X. Bez.: „In erster Linie müssen wir uns weiter darum bemühen, daß das Wahlrecht tatsächlich allgemein und gleich wird. In zweiter Linie dann, daß auch die Tore der Landesparlamente und Rathäuser für das Volk geöffnet werden."
[7] Adler, Das allgemeine Wahlrecht 37.
[8] Schubert, Ziffern zur Frage des niederösterreichischen Tschecheneinschlages 20 f.
[9] Adler, Das allgemeine Wahlrecht 38. Auch das Folgende.

denen jeder nach der 1890 geltenden Wahlordnung zusammen 40 Gemeinderäte zu wählen hatte. Die 4350 Wiener Hausherren und sonstigen „Standespersonen" des I. Wahlkörpers verfügten im Gemeinderat über ebensoviel Stimmen wie die 36 286 Kleingewerbetreibenden des III. Wahlkörpers. Der reiche Mann hatte demnach neunmal soviel Einfluß auf die Stadtverwaltung wie der seit Lueger vielumworbene kleingewerbliche Mittelstand, der ja seinerseits auch schon zu dem privilegierten „obersten Viertel" der Wiener Bewohnerschaft zählte. Was nun die berufstätigen Wiener Tschechen anbetraf, so gehörten — wie bereits ausgeführt — vier Fünftel von ihnen der „Arbeiter- und Bedientenklasse" an — wohnten auch überwiegend in den Arbeiterbezirken — wogegen deutscherseits der entsprechende Anteil etwa nur die Hälfte betrug[10]. Begreiflicherweise trat daher das Mißverhältnis zwischen materiellen Gütern und politischen Rechten für die Wiener tschechische Minderheit umso deutlicher hervor. Als fremdsprachige Minorität hatte es die tschechische Arbeitergruppe jedoch schon an und für sich schwer, sich Gehör zu verschaffen. Ohne polemische Zuspitzung, ohne ein gewisses Maß an Dramatisierung oder Provokation konnte sie ihren Standpunkt nur schwer verständlich machen. Daß sie ihn hörbar und energisch vertrat, wobei sich die Notwendigkeit von parallellaufender demokratischer und nationaler Entfaltung dem Bewußtsein ebenso stark eingeprägt haben mag wie die Kluft zwischen Proletariat und Besitzenden, zeigen die Reden auf den tschechischen Wählerversammlungen. Am 30. Oktober 1905, am Tag, als in Wien der sozialdemokratische Gesamtparteitag zusammentrat, unmittelbar bevor die Wahlrechtsbewegung aufgrund der Vorgänge in Rußland auch in der Donaustadt revolutionäre Formen annahm[11], erläuterte der damals 28jährige Brünner Parteidelegierte Vlastimil Tusar[12] unter allgemeiner Heiterkeit den Wiener Tschechen auf drastische Weise, wer denn in Österreich das öffentliche Leben lenke: „Von vier Söhnen einer feudalen Familie wird einer in verhältnismäßig jungen Jahren General, der zweite Minister, der dritte Erzbischof und derjenige, der das Eigentum des Fideikomisses behält, wird Landesmarschall. Und diese Kerle beherrschen zusammen mit den Hofdamen Österreich!"[13] Am selben Tag faßte der Prager Parteigenosse Josef Steiner auf einer Versammlung im V. Bezirk die lebhafte Resonanz des allgemeinen Wahlrechts bei den Wiener Tschechen in folgende Worte zusammen: „Wir sind jetzt in einer Zeit, in der es nötig ist, gewissermaßen mit Fanatasimus für die politischen Rechte des arbeitenden Volkes zu kämpfen. Wir sind es doch eigentlich, die tschechischen Sozialdemokraten, die hier in Wien das temperamentvollere Element abgeben. Und es wird an der tschechischen Arbeiterschaft liegen, ob sie auch in diesem Kampf wieder wie stets in den ersten Reihen stehen wird"[14].
Die Wiener tschechische Sozialdemokratie ist bisher weitgehend ein Stiefkind innerhalb der deutschen und tschechischen wissenschaftlichen Fachliteratur geblieben, da

---

[10] Winkler, Die Tschechen in Wien 22. Siehe oben S. 61 ff.
[11] Mommsen, Die Sozialdemokratie 366 u. 370. — Unten S. 386 f.
[12] Tusar wurde nach dem Umsturz Ministerpräsident der Tschechoslowakischen Republik. Später Gesandter der ČSR in Berlin, wo er 1924 starb.
[13] D. L. 16. Jg., Nr. 249 (31. 10. 1905) Versammlung im III. Bez.
[14] Ebenda, Versammlung im V. Bez.

sich die meisten Untersuchungen entweder mit den von Prag aus gelenkten tschechischen oder mit den Wiener deutschen Parteiverhältnissen befassen. Deshalb versuchen die folgenden Bemerkungen das derzeitige Standardwerk Hans Mommsens „Die Sozialdemokratie und die Nationalitätenfrage im habsburgischen Vielvölkerstaat" zu ergänzen, das die einzelnen Etappen der nationalen Ursprünge des tschechischen Sozialismus aufzeigt und der Erschütterung der internationalen Zusammenarbeit in der sozialdemokratischen Gesamtpartei zur Zeit der Wahlrechtskämpfe ein ausführliches Kapitel widmet[15]. Die Durchsicht der „Dělnické Listy" von 1890 bis 1907 zum Themenkreis der Wahlreform zeigt, daß Mommsens Arbeitsergebnisse von den Wiener Quellen her in manchen Punkten zu modifizieren sind. Mommsen bekennt sich z. B. zu einem Ausspruch Victor Adlers, daß die tschechischen Sozialdemokraten „ausschließlich unter nationalpolitischen Gesichtspunkten handelten"[16]. Er wirft der tschechischen Sozialdemokratie seit 1905 „radikalen Nationalismus" und ihrer Parteipresse systematische nationale Verhetzung der tschechischen Arbeiterschaft vor[17]. Alle retardierenden Momente seien allein der klugen Vermittlungstätigkeit Victor Adlers zu verdanken[18]. Im folgenden wird zu belegen sein, daß sich die Wiener tschechischen Sozialdemokraten Victor Adler gegenüber weitgehend loyal verhielten, so daß Mommsens Feststellung, Adler sei „Zielscheibe nationaler Angriffe" gewesen[19], für die Wiener Situation nicht zutrifft. Die von Mommsen mehrfach betonte „zerstörende Wucht des nationalen Fanatismus" in der tschechischen Sozialdemokratie seit 1905[20] ist in Anbetracht der Wiener Tschechen vorsichtiger und differenzierter zu formulieren, vor allem deshalb, weil eine Fehleinschätzung oder Verallgemeinerung die Lage unzulässig vereinfachen würde. Freilich besteht kein Zweifel darüber, daß die grundsätzlich internationale Partei der österreichischen Sozialdemokratie mit der Ideologie des modernen Nationalismus in ihren eigenen Reihen konfrontiert wurde und in die Abhängigkeit vom bürgerlichen Nationalitätenkampf geriet. Aufgrund der Wiener tschechischen Parteipresse dürften jedoch die Gegensätzlichkeiten zwischen deutschen und tschechischen Genossen zur Zeit der Wahlrechtskämpfe bei weitem nicht so stark und unüberbrückbar gewesen sein, wie Mommsen meint. Die Macht der Klassenunterschiede, das Bewußtsein der internationalen Solidarität, hielt sich in Wien relativ lange und fand mehr Anklang als die Werbetrommel nationalistischer Propagandisten. Der wichtigste Grund hierfür war, daß die tschechischen Sozialdemokraten im deutschen Großstadtmilieu viel stärker auf die Unterstützung durch die Mehrheit rings um sie angewiesen waren als ihre Landsleute in den böhmischen Ländern. Wenn es ihnen um die Anerkennung der Gleichberechtigung mit den deutschen

---

[15] Mommsen, Die Sozialdemokratie 339 bis 422. — Ferner die Arbeiten von Zdeněk Šolle für die tschechische Seite der Betrachtung.
[16] Ebenda 417.
[17] Ebenda 412. Ähnlich 386 u. 416.
[18] Ebenda 403, 407, 380.
[19] Ebenda 369.
[20] Ebenda 412.

Arbeitern zu tun war, so konnten sie diese in Wien besser mit ihnen als gegen sie erreichen[21].

Zweifellos trifft es, wie oben bereits angedeutet, auch für Wien zu, daß die Tschechen mit unverhohlenem Stolz verkündeten, an der Spitze der Wahlrechtsbewegung zu stehen, war doch auch der Anstoß zur Wiederaufnahme der Wahlrechtskämpfe von Böhmen ausgegangen[22]. Die Hervorkehrung des tschechischen Anteiles an der Reform hielt unvermindert an. Am 1. Juli 1901 erklärten die „Dělnické Listy": „Wir sind stolz darauf, daß die tschechische Arbeiterschaft in Wien in allen diesen grausamen Kämpfen nicht in der letzten Reihe stand und daß bei jedem Sieg, den die Sozialdemokratie in Wien errungen hat, die tschechischen Sozialdemokraten stets einen bedeutenden Anteil hatten. Es liegt uns schon im Blut, uns für die Freiheit zu schlagen und es ist uns froh ums Herz, wenn wir an einen Platz kommen, an dem der Kampf am meisten tobt. Der tschechische Sozialdemokrat will nicht in Reserve stehen, er will an erster Stelle kämpfen"[23]. So stimmte man indirekt — ohne die deutschen Genossen zu kompromittieren — in die Angriffe der Prager Tschechen auf die Wiener Parteizentrale mit ein, die ein verschärftes Vorgehen gefordert hatten, da die deutsche Führung ihrer Meinung nach in der Wahlrechtsfrage ständig auf der Stelle trat[24]. Im September 1904 hieß es in einem Leitartikel der „Dělnické Listy": „Wann kommt die Reihe an uns? ... Wir alle fühlen und errechnen uns, daß die bisherige Art des Kampfes für das gleiche Wahlrecht nicht ausreichend ist; außer einigen Idealisten glaubt niemand, daß man in Österreich einen Bismarck nachahmen werde"[25]. Auch im Februar 1907, d. h. knapp drei Monate vor der Wahl, erinnerte die tschechische Presse noch einmal an die Leistungen der eigenen Parteiangehörigen[26]. Erst recht galt dies für die Bilanz nach der Wahl, Ende Mai 1907, die man „in dem stolzen Bewußtsein" zog, „ein unerwartet imposantes Werk" vollbracht und sich damit „an die Spitze der sozialistischen Arbeiterschaft der ganzen Welt gestellt" zu haben[27].

---

[21] Vgl. z. B. D. L. 12. Jg., Nr. 137 (18. 6. 1901) Aufgaben der tschechischen Arbeiterschaft in Wien: „Nationale Frage und nationale Gleichberechtigung sind eine Frage der politischen Macht." — Zur Sozialdemokratie und der Nationalitätenfrage bes. D. L. Nr. 25 u. 28 (30. 3. u. 9. 4. 1899) u. Nr. 32 u. 36 (23. 4. u. 7. 4. 1899).

[22] Mommsen, Die Sozialdemokratie 362 f. u. 363 Anm. 1. — Zum Widerhall der russischen Revolution von 1905—1907 in Böhmen: Kodedová, Oldřiška: Národnostní otázka v letech 1905—1907 (Situace v Čechách) [Die Nationalitätenfrage in den Jahren 1905—1907 (Die Situation in Böhmen)]. ČsČH 3 (1955) 192—222.

[23] D. L. 12. Jg., Nr. 147 (1. 7. 1901).

[24] Mommsen, Die Sozialdemokratie 363. — Kodedová, Nár. otázka 204.

[25] D. L. 15. Jg., Nr. 218 (21. 9. 1904). — Durch die Einführung des allgemeinen, gleichen, direkten Wahlrechtes — am 8. 4. 1866 erstmals als preußischer Antrag im deutschen Bundestag — verlieh Bismarck dem Parlament eine besondere Fortschrittlichkeit, aus der später allerdings nicht die politischen Konsequenzen gezogen wurden. Bußmann, Walter: Bismarck: Seine Helfer und seine Gegner. In: Reichsgründung 1870/71. Tatsachen, Kontroversen, Interpretationen. Hrsg. v. Theodor Schieder u. Ernst Deuerlein. Stuttgart 1970, S. 119—147, hier S. 121.

[26] D. L. 18. Jg., Nr. 27 (1. 2. 1907).

[27] D. L. 18. Jg., Nr. 117 (24. 5. 1907) u. Nr. 111 (16. 5. 1907).

Demgegenüber steckte die deutsche Partei etwa seit Beginn des neuen Jahrhunderts in einer Phase organisatorischer und politischer Stagnation, die sich in niedergedrückter Stimmung und Gleichgültigkeit widerspiegelte[28]. An außerparlamentarische Demonstrationen oder an Massenversammlungen in der herkömmlichen Form war angesichts der politischen Apathie der Arbeiterschaft nicht zu denken. In Brünn war für das allgemeine und gleiche Wahlrecht bereits Blut geflossen[29], in Wien jedoch hatte die Wahlrechtsbewegung bei den deutschen Arbeitern keinen Widerhall gefunden. Eine von der Wiener Parteiführung vorgelegte Resolution verlangte zwar verschärfte Wahlrechtsdemonstrationen, die relativ gemäßigte Tonart in der Abfassung ließ jedoch darauf schließen, daß man den Aussichten des Wahlrechtskampfes mit großer Skepsis entgegensah. Die tschechoslawischen Sozialisten und mit ihnen die Wiener Kollegen waren insgesamt weit optimistischer als die deutschen Parteimitglieder[30]. Dies galt auch noch, als die Wahlreform durch das kaiserliche Patent Gesetz geworden war. Am 30. Januar 1907 schrieben die Dělnické Listy: „Wir treten in eine neue Ära Österreichs ein... Ab heute sozusagen verliert das österreichische Volk das Recht, sich über die schlechte Gesetzgebung zu beklagen, denn sein Schicksal liegt in seiner eigenen Hand, das Volk wird in Zukunft entscheiden und sein Wille wird sich durchsetzen, der nicht länger durch die Hindernisse der Kurien entstellt ist"[31]. Für die Gesamtheit von anderthalb Millionen tschechischer Wähler versicherte das Blatt am 20. Februar 1907, daß nun für die tschechische Nation der erste Schritt zur sozialen Gerechtigkeit zum ersten Male Wirklichkeit geworden sei[32]. „In der festen Überzeugung, daß das nächste Parlament als wahrhafter Niederschlag des Volkswillens auch in erster Linie dazu berufen sein wird, den Grund zu legen zur Reformation im ganzen Reich und zur Freiheit seiner unterdrückten Völker"[33], konstatierte man 14 Tage nach der Wahl, am 27. Mai 1907, mit Freude, daß von den 425 Mitgliedern des alten Parlamentes nur

---

[28] Weber, Die österreichische Sozialdemokratie 64 u. 68 (Äußerungen Schuhmeiers und Winarskys zur Aussichtslosigkeit der Situation). — Mommsen, Die Sozialdemokratie 342, 350 f., 362; zu 350 Anm. 2 (Belgien): Im Gegensatz hierzu die Wiener Tschechen, siehe unten Anm. 192. In Belgien tauchte auch zuerst der Gedanke auf, mit Hilfe von Massen- oder Generalstreiks das Wahlrecht zu erlangen. Brügel, Geschichte der österreichischen Sozialdemokratie, Bd. 4, S. 148. — Zum Echo der belgischen Reform von 1893 in Wien: Weber, op. cit. 43.

[29] Für 1903: Mommsen, Die Sozialdemokratie 363: Für 1904: D. L. 15. Jg., Nr. 217 (21. 9. 1904), Nr. 224 (29. 9. 1904), Nr. 228 (4. 10. 1904): Proßnitz. Nr. 229 (5. 10. 1904), Nr. 233 (10. 10. 1904), Nr. 237 (14. 10. 1904), Nr. 239 (17. 10. 1907): Böhmen. Nr. 240 (18. 10. 1904) u. Nr. 251—254 (Proßnitzer Parteitag).

[30] Für die optimistische Beurteilung der Wahlrechtsbewegung vor 1907: D. L. 12. Jg., Nr. 282 (9. 12. 1901), D. L. 16. Jg. Nr. 267 (23. 11. 1905) „... muß uns das allgemeine und gleiche Wahlrecht eine ganze Reihe ungeahnter Erfolge bringen..., ja wir erwarten sogar, daß die sozialdemokratische Arbeiterschaft in Österreich für das allgemeine Wahlrecht der übrigen europäischen Arbeiterschaft zum Vorbild dienen wird." — Nr. 275 (2. 12. 1905): „Österreich schwimmt heute schnell voran auf dem breiten Strom der Demokratie."

[31] D. L. 18. Jg., Nr. 25 (30. 1. 1907).

[32] D. L. 18. Jg., Nr. 42 (20. 2. 1907).

[33] D. L. 18. Jg., Nr. 87 (16. 4. 1907).

ins neue aufgenommen worden waren[34]. Auch in den nächsten Wochen folgten mehrere Artikel, die vom Anbruch einer „neuen Ära für Österreich" und „einer politischen Lockerung für ganz Europa"[35] sowie vom „neuen Geist" in der „ehemaligen diskreten Kirchenstille" des nun endlich vollbesetzten österreichischen Abgeordnetenhauses zu berichten wußten, in welchem die Sozialdemokratie „zum Nenner der parlamentarischen Kräfte und der politischen Situation überhaupt" geworden war[36].

Um vieles skeptischer war die Auffassung Victor Adlers, der sich schon auf dem Parteitag in Salzburg 1904 entschieden dagegen verwahrte, jemals behauptet zu haben, daß das allgemeine Wahlrecht allein Österreich „retten" könne[37]. Von einer alle Tatkraft lähmenden „Hoffnungslosigkeit"[38] war bei der Wiener tschechischen Arbeiterschaft niemals die Rede gewesen. Im Gegenteil: Während sich die Gesamtpartei mehr und mehr der gemäßigten parlamentarischen Konzeption zugewandt hatte, so daß selbst die Wiener Polizeidirektion von einer weitgehenden Preisgabe der revolutionären Zielsetzungen sprach[39], hatten sich die tschechischen Genossen von Anfang an klar für den Kampf auf der Straße entschieden. Am 10. Oktober 1894 wurde der Zweck der großen Demonstrationszüge recht eingängig damit begründet, daß das arbeitende Volk dann wenigstens leicht erkennen könne, „wieviele von denen es sind, die arbeiten und wie wenige von denen, die nicht arbeiten und die von den Arbeitenden ernährt werden müssen". Gleichzeitig unterstrich man die Notwendigkeit des organisierten Zusammenschlusses, in der festen Überzeugung, dann alle Hindernisse zu überwinden: „Wenn wir den Kampf für unsere Rechte aufgeben wollten, würden wir den Anspruch auf unser Menschentum aufgeben ... Wir müssen mit eiserner Konsequenz ... unser Rufen nach dem Wahlrecht ... ständig verstärken, bis es das gesamte Proletariat erfaßt hat ... Aus den Arbeiterbataillonen müssen Arbeiterregimenter werden, unter deren eisernen Schritten der Boden überall dort erdröhnen wird, wo gegen uns ein Unrecht verübt wird"[40]. Während man tschechischerseits in Wien im August 1901 zum Streik für das allgemeine Wahlrecht aufrief, der auf wirtschaftlichem Gebiet mit Hilfe der Gewerkschaften und der politischen Organisationen geführt werden

---

[34] D. L. 18. Jg., Nr. 119 (27. 5. 1907).
[35] D. L. 18. Jg., Nr. 136 (17. 6. 1907).
[36] D. L. 18. Jg., Nr. 140 (21. 6. 1907).
[37] Mommsen, Die Sozialdemokratie 354 u. 351. — Zur Wahlreform als einziges Lösungsmittel jedoch: D. L. 16. Jg., Nr. 250 (2. 11. 1905) Ellenbogen: „Aber damit stellen sie (die Bürgerlichen, Anm. d. Verf.) sich gegen das einzige Mittel zur Lösung der nationalen Frage." — D. L. Nr. 267 (23. 11. 1905). Nr. 171 (29. 7. 1905): „*Nur* das allgemeine Wahlrecht kann das Land von den jetzigen Verwirrungen befreien." Nr. 289 (20. 12. 1905): „Man könnte im Gegenteil sagen, daß das allgemeine, gleiche Wahlrecht das beste Mittel gegen die revolutionären Bestrebungen der unzufriedenen Gesellschaftsklassen ist. Nur auf diesem Wege kann eine echte Garantie dafür gegeben werden." Ähnlich: D. L. 17. Jg., Nr. 252 (3. 11. 1906).
[38] Mommsen, Die Sozialdemokratie 350.
[39] Ebenda 345 Anm. 7 u. Weber, Die österreichische Sozialdemokratie 74.
[40] D. L. 5. Jg., Nr. 106 (10. 10. 1894). — Zu Demonstrationsversammlungen auch: Nr. 91 (28. 2. 1894) S. 5, Nr. 102 (8. 8. 1894), Nr. 103 (22. 8. 1894) S. 3 f., Nr. 107 (24. 10. 1894), dazu 15. Jg., Nr. 240 (18. 10. 1904).

sollte, lehnte Victor Adler den Generalstreik zwar nicht prinzipiell ab, hielt aber die Frage seiner Anwendung für noch keineswegs spruchreif und riet der Partei, einen günstigen Moment dafür abzuwarten[41].

Die realistisch-skeptische Haltung der deutsch-österreichischen Arbeiterschaft wurde von den Tschechen einzig und allein hinsichtlich der ungarischen Frage[42] geteilt. Das bisherige System des Dualismus stand einer demokratischen Reform Österreichs entgegen und so stimmte auch die Wiener tschechische Sozialdemokratie der Ansicht aller, auch der bürgerlichen Parteien Zisleithaniens zu, daß die Forderungen der „ungarischen Querköpfe" entschieden abzulehnen seien. Unter dem Gesichtspunkt der nationalen Frage und des Verhältnisses der Wiener tschechischen Sozialdemokratie zum Habsburgerstaat ist es vielleicht nicht uninteressant, daß die Wiener Tschechen zwischen den beiden extremen Auffassungen der austromarxistischen Theoretiker Karl Renner und Otto Bauer und dem Ersten Chefredakteur der „Arbeiter-Zeitung", Friedrich Austerlitz, eine Mittelstellung einnahmen. Renner und Bauer stimmten in der Hoffnung auf ein demokratisches Österreich darin überein, die ungarische Frage, die hinsichtlich des allgemeinen und gleichen Wahlrechts zum Movens der österreichischen Verfassungsentwicklung wurde, auch weiterhin zur Durchsetzung der Idee eines Nationalitätenbundesstaates ausnützen zu können, „in dem jede Nation ihre nationalen Angelegenheiten selbständig besorgt und alle Nationen sich zur Wahrung ihrer gemeinsamen Interessen zu einem Staate vereinigen"[43]. Austerlitz dagegen warnte davor, — und seine Haltung war die der Gesamtpartei — Hoffnungen auf die ungarischen Nationalitäten setzen zu wollen. Die Wiener Tschechen taten dies jedoch, wenn sie im Juni 1907 zum Thema: „Gebt den Ungarn das allgemeine Wahlrecht!" schrieben: „Die österreichische Regierung steht in diesem Augenblick vor der Entscheidung: entweder weiter mit den Querschädeln oder mit dem ungarischen Volk. Heute hindert sie ja niemand mehr daran, sich für eine Verbindung mit den ungarischen Nationalitäten zu ent-

---

[41] D. L. 12. Jg., Nr. 198 (30. 8. 1901). — M o m m s e n, Die Sozialdemokratie 363.

[42] K a n n, Das Nationalitätenproblem I, 109 f.; 400, Anm. 83. — Zur Wahlreform in Ungarn: D. L. 15. Jg., Nr. 267 (21. 11. 1904), Nr. 276 (1. 12. 1904); 16. Jg., Nr. 161 (18. 7. 1905), Nr. 170 (28. 7. 1905), Nr. 171 (29. 7. 1905), Nr. 173 (1. 8. 1905), Nr. 175 (3. 8. 1905), Nr. 183 (12. 8. 1905), Nr. 184 (13. 8. 1905), Nr. 188 (19. 8. 1905), Nr. 190 (22. 8. 1905), Nr. 191 (23. 8. 1905), Nr. 198 (31. 8. 1905), Nr. 202 (5. 9. 1905), Nr. 206 (11. 9. 1905), Nr. 207 (12. 9. 1905), Nr. 208 (13. 9. 1905), Nr. 210 (15. 9. 1905), Nr. 239 (19. 10. 1905), Nr. 248 (30. 10. 1905), Nr. 273 (30. 11. 1905), Nr. 274 (1. 12. 1905), Nr. 277 (5. 12. 1905), Nr. 289 (20. 12. 1905); 17. Jg., Nr. 40 (19. 2. 1906), Nr. 52 (5. 3. 1906), Nr. 78 (4. 4. 1906), Nr. 81 (7. 4. 1906); 18. Jg., Nr. 50 (1. 3. 1907). Zum Ausgleich: Nr. 61 (14. 3. 1907) S. 2 f.

[43] M o m m s e n, Die Sozialdemokratie 358, 360 (mit Anm. 3): Die offizielle Anerkennung durch die Gesamtpartei blieb Renner und Bauer versagt. Dazu die interessante Rezension der D. L. zu O. B a u e r: Die Nationalitätenfrage und die Sozialdemokratie. D. L. 18. Jg., Nr. 137 (18. 6. 1907) S. 6. Bemängelt wird nur Bauers Auffassung im letzten Kapitel über die Gewerkschaftsorganisation; in der Erstausgabe Bauers S. 541. — Vgl. auch die Neuerscheinung: Austromarxismus. Texte zu „Ideologie und Klassenkampf" von Otto B a u e r, Max A d l e r, Karl R e n n e r u.a. Hrsg. u. eingeleitet von Hans-Jörg S a n d k ü h l e r u. Rafael de la V e g a. (Polit. Texte) Frankfurt/Wien 1970.

scheiden und überhaupt für das arbeitende Volk"⁴⁴. Daß es jedoch der österreichischen Regierungspolitik gelingen würde, Ungarn um jeden Preis der Dynastie zu erhalten und die Zusammengehörigkeit des Reiches zu bewahren, davon waren die Wiener Tschechen weniger überzeugt, da „beide Regierungen von völlig entgegengesetzten Voraussetzungen" ausgingen: „Österreich will die Einheit, Ungarn die Trennung"⁴⁵. „Wenn aber die österreichische Regierung erwartet hat, daß sie durch eine Demokratisierung des Wahlrechts ein Übergewicht über die ungarischen Parteien erlangen werde, um dann leichter aus der Sackgasse herauszukommen, in die sie sich hineinmanövrieren ließ, dann ist so eine Erwartung nicht voll gerechtfertigt und zwar solange nicht, als Ungarn nicht ebenfalls in seiner Wahlordnung demokratisiert wird"⁴⁶.

Für die böhmische Frage, die von dem ungarischen und südslawischen Problem nicht zu trennen war, sahen die Wiener Tschechen die einzige Lösung in der Verwirklichung der nationalen Autonomie in der von Renner und Bauer vertretenen staatsbildenden Form. Nur so hielten die Wiener tschechischen Sozialisten im Jahre 1907 eine Beilegung der nationalen Konflikte noch für möglich. Anläßlich des Prag-Besuches Kaiser Franz Josefs Mitte April 1907 bemerkte das tschechische Arbeiterblatt: „Die niederösterreichische tschechische Minderheit hat es oft genug zu fühlen bekommen, wie gleichgültig die bürgerlichen Kreise in Böhmen und Mähren ihrem Sein oder Nichtsein gegenüberstehen. Wir gehören nicht in den Bereich der heiligen Wenzelskrone... Was für einen Ausweg gibt es nun hier? Die Verwirklichung des Nationalitätenprogrammes der Sozialdemokratie in Österreich, die nationale Autonomie. Niemand soll mehr seiner Menschenwürde beraubt werden, deswegen, weil ihn die wirtschaftlichen Verhältnisse⁴⁷ aus seiner Heimat herausgetrieben haben in eine andere Gegend dieses Staatengebildes, in der seine Nation keine historische Ansässigkeit besitzt. Nur dann kann eine gerechte Lösung der komplizierten nationalen Frage in Österreich erfolgen, nur dieser Weg führt zu einer Versöhnung aller Völker"⁴⁸. Daher wurde wohl auch auf einer Wahlversammlung von 600 tsche-

---

⁴⁴ D. L. 18. Jg., Nr. 129 (8. 6. 1907) S. 1 f.
⁴⁵ D. L. 18. Jg., Nr. 93 (23. 4. 1907) S. 1 f.
⁴⁶ D. L. 18. Jg., Nr. 129 (8. 6. 1907). — Als gegen die Einführung des allgemeinen Wahlrechts in Ungarn im September 1905 vom Ministerpräsidenten Gautsch Einspruch erhoben wurde, aus Furcht, es könnten dann auch in Zisleithanien die radikalen Elemente an die Macht kommen, folgten alarmierende Artikel in den D. L. (Pryč s Gautschem! [Fort mit Gautsch!]), die die Demission G.s verlangten. D. L. 206—215 (11. 9.—21. 9. 1905) u. 218—221 (25. 9. — 28. 9. 1905) u. 224 (2. 10. 1905), 225 (3. 10. 1905), 249 (31. 10. 1905). Zu den Vorgängen selbst: Mommsen, Die Sozialdemokratie 364 f.
⁴⁷ Hierzu Kodedová, Nár. otázka 198: Erhöhung des landwirtschaftlichen Proletariates in Böhmen zwischen 1902 und 1910 von 20 % auf 37 %. Die Durchschnittstageslöhne im Prager Gebiet 3,14 Kronen, in Brünn 2,98 K, in Wien 4,17 K, in Graz 3,17 K.
⁴⁸ D. L. 18. Jg., Nr. 88 (17. 4. 1907). Das Personalitätsprinzip beruhte auf der Forderung, daß die Grundlage des Nationalitätenausgleichs die Aufnahme des Einzelnen in ein nationales Kataster sein soll. Zur Bedeutung dieses Gedankens für die europäische Nationalitätenbewegung: Wittram, Reinhard: Die nationale Vielfalt als Problem der Einheit Europas. In: Das Nationale als europäisches Problem. Beiträge zur Geschichte des Nationalitätenprinzips vornehmlich im 19. Jahrhundert. Göttingen 1954, S. 9—32, hier S. 31.

chischen Ziegeleiarbeitern auf dem Wienerberg Victor Adlers Äußerung besonders hervorgehoben, der den tschechischen Parteifreunden zurief: „Wir wollen im kommenden Parlament das Gesetz über die nationale Autonomie durchsetzen. Aber ein derartiges Gesetz muß für ganz Österreich geschaffen werden, nicht nur für Wien oder für Favoriten. Es wäre ein Unsinn, für einen Platz oder einen Bezirk Extrawürste zu verlangen"[49]. Die Sozialdemokratie insgesamt lehnte allerdings die deutscherseits von Max Menger und Joseph Maria Baernreither gestellte Forderung, die Wahlreform mit einer Lösung der Nationalitätenfrage durch die Einführung der nationalen Autonomie zu koppeln, bewußt ab[50].

Als die Krone am 10. August 1905 die Erlassung des allgemeinen, gleichen und direkten Wahlrechts in der ungarischen Reichshälfte versprochen hatte, konnte es keinen ernsthaften Grund zur Verweigerung dieses Rechtes für die andere Reichshälfte geben. Der tote Punkt war überwunden, umso mehr, als zur gleichen Zeit der Beginn und Verlauf der russischen Revolution starken Einfluß auf die österreichische Arbeiterschaft ausübte. Schon in den Winter- und Frühjahrsmonaten gab es nur ein Generalthema in den „Dělnické Listy": Die „Unruhen in Rußland"[51]. Seit Juli/August war in Wien eine umfassende Massenbewegung kaum mehr aufzuhalten. Die jahrelange Stagnation, die tschechischerseits immer wieder getadelt worden war, schien nun endgültig überwunden zu sein. Jedes weitere Zögern hätte die sozialdemokratische Führung vor ihren eigenen Anhängern und vor der ganzen Arbeiterschaft unmöglich gemacht. Als auf dem sozialdemokratischen Gesamtparteitag in Wien im Oktober 1905 die Nachricht eintraf, daß der Zar sich genötigt gesehen habe, seinen Völkern das allgemeine und gleiche Wahlrecht zu gewähren, war es allen Anwesenden klar, daß nun der Moment gekommen sei, wo man handeln müsse, um die Durchsetzung der Wahlreform zu erzwingen. Auf einer Massenversammlung am 2. November in den Sophiensälen waren sich Deutsche und Tschechen ungeachtet der Differenzen auf dem Parteitag darin einig, zu den äußersten Mitteln zu greifen und nach russischem Vorbild die notwendigen Vorbereitungen zum

---

[49] D. L. 18. Jg., Nr. 108 (13. 5. 1907); Nr. 65 (19. 3. 1907): Aus der Kandidaturrede Renners: „Das Brünner Programm der Sozialdemokratie, der freie Verband freier Nationen muß lebendige Wiklichkeit werden, wenn wir dem Chaos entgehen wollen." — M o m m s e n, Die Sozialdemokratie 359 f.: In der österreichischen Sozialdemokratie insgesamt stießen gesamtösterreichische Föderationspläne stets auf Ablehnung.

[50] M o m m s e n, Die Sozialdemokratie 378.

[51] Dieser Titel wird bald zur ständigen Spalte in den D. L. — Das Programm der sozialdemokratischen Arbeiterpartei Rußlands, das zur Revolution von 1905 führte, in: F a r n e r, Konrad / P i n k u s, Theodor: Der Weg des Sozialismus. Quellen und Dokumente 1891—1962 Reinbek bei Hamburg 1964 (rde 189/190), S. 21—27. — Zur Reaktion in Böhmen: K o d e d o v á, Nár. otázka 206 ff. — Zum Einfluß der russischen Revolution auf die Wiener tschechische Sozialdemokratie: D. L. 16. Jg., (1905) bes. die Nummern vom Januar bis März und Juli, sowie Nr. 174 (2. 8. 1905), 246 (27. 10. 1905), 247 (28. 10. 1905), 249—251 (31. 10. — 3. 11. 1905), 258 (11. 11. 1905), 273 (30. 10. 1905), 291 (22. 12. 1905), 294 (27. 12. 1905), 295 (28. 12. 1905); 17. Jg., Nr. 1 (2. 1. 1906), 17 (22. 1. 1906), 141 (22. 6. 1906), 144 (26. 6. 1906); 18. Jg., Nr. 27 (1. 2. 1907), 61 (14. 3. 1907), 63 (16. 3. 1907), 64 (18. 3. 1907), 68 (22. 3. 1907), 73 (29. 3. 1907), 87 (16. 4. 1907), 124 (3. 6. 1907), 136 (17. 6. 1907).

[52] D. L. 16. Jg., Nr. 251 (3. 11. 1905).

Generalstreik zu treffen. Engelbert Pernerstorfer und Antonín Němec forderten gemeinsam zur revolutionären Aktion auf, indem sie beide fast die gleichen Redewendungen benutzten: „Wir freuen uns, daß endlich aus dem Osten die Freiheit auch zu uns kommt. Was die russischen Arbeiter konnten, das können auch wir. Aus ihrem Siege müssen wir nicht nur Stärkung schöpfen, sondern auch die Lehre, daß es nicht anders gehen wird, als daß man russisch redet (Rufe: Wir werden russisch reden!)." Němec gab den Wiener Genossen bekannt, daß die tschechische Arbeiterschaft gemeinsam mit den Deutschen die Demonstrationen und Massenstreiks durchführen werde[53]. In jenen Herbstwochen nahmen die Wahlrechtskundgebungen in Wien, Prag und Brünn nationalrevolutionäre Formen an[54], es kam zu blutigen Zusammenstößen zwischen den demonstrierenden Arbeitern und der Polizei, die die Ordnung nicht mehr aufrechterhalten konnte. Am Tag des Zusammentritts des Parlamentes, am 28. November 1905, wurde der von der Sozialdemokratie geplante Massenstreik an allen Industrieorten des Reiches durchgeführt. In Wien demonstrierten 200 000, in Prag 150 000 Menschen[55]. In dieser Situation geriet nun — wie Mommsen schreibt — die tschechische Sozialdemokratie in einen immer schärferen Gegensatz zur Wiener Gesamtexekutive, deren Autorität auf Kosten von tschechischnationalen Strömungen mehr und mehr dahinschwand[56]. Wenn also schon im Oktober 1905 der Bruch zwischen deutscher und tschechischer Partei drohend bevorstand[57], so lautet für das Folgende die Frage, bis zu welchem Grad die niederösterreichisch-tschechische Arbeiterpresse diese separatistisch-nationalistischen Bestrebungen im Wahlrechtskampf unterstützt hat. Mommsen sieht überdies noch zwei weitere desintegrierende Faktoren, die schwere Nachteile für die internationale Zusammenarbeit mit sich brachten und den Wahlrechtskampf auf tschechischer Seite in nationale Bahnen lenkten: Zum einen beschleunigte das Eintreten der Christlichsozialen für die Wahlreform den inneren Zersetzungsprozeß der österreichischen Internationale[58], zum anderen wollten sich die tschechischen Sozialdemokraten nicht von der nationalsozialen Arbeiterpartei übertrumpfen

---

[53] D. L. 16. Jg., Nr. 250 (2. 11. 1905). — Häufige Betonung der revolutionären Tradition des Proletariates, z. B. D. L. 16. Jg., Nr. 98 (29. 4. 1905); 18. Jg., Nr. 25 (30. 1. 1907). — Propagierung des Massenstreiks auch in: Nr. 249 (31. 10. 1905), 257 (10. 11. 1905), 269 (25. 11. 1905), 270 (27. 11. 1905) und erneut 1906: Nr. 132 (11. 6. 1906), 134 (13. 6. 1906), 135 (15. 6. 1906), 137 (18. 6. 1906), 221 (27. 9. 1906). — K o d e d o v á, Nár. otázka 217: In Böhmen erreichte der Wirtschaftskampf 1906 den Gipfel seit 1900. Mit 413 Streiks stellte man dort 41,2 % aller Arbeitsniederlegungen Österreichs!
[54] Für *Wien*: D. L. Nr. 215, 219, 222, 229, 234, 235, 236, 237, 239, 241, 248, 249, 250, 251, 253, 259, 262, 264, 265, 269, 270. Für *Brünn*: D. L. Nr. 235, 236, 237, 238, 242, 253, 261. Für *Prag*: D. L. Nr. 218, 222, 226, 230, 231, 232, 233, 234, 249, 253, 254, 255, 256, 257, 269, 282, 286. Für *Böhmen-Mähren*: D. L. Nr. 266, 272, 285, 286, 287. Für das *Reich*: D. L. Nr. 254, 272.
[55] W e b e r, Die österreichische Sozialdemokratie 79. — M o m m s e n, Die Sozialdemokratie 372. — Dabei Solidarität der Wiener tschechischen Studenten mit den Arbeitern: D. L. 16. Jg., Nr. 254 (7. 11. 1905) u. 268 (24. 11. 1907).
[56] M o m m s e n, Die Sozialdemokratie 372.
[57] E b e n d a 367.
[58] E b e n d a 366.

lassen und gerieten in das nationalistische Fahrwasser der bürgerlichen Parteien, vor allem der Agrarier, Jungtschechen und Nationalsozialen[59].

Wie war die Situation in Wien: Für den großen Einfluß der Christlichsozialen zeugt, daß man parteigeschichtlich seit 1891 von einer christlichsozialen Wahlrechtsbewegung sprechen kann und daß die reformgeberischen liberalen und deutschnationalen Blätter sowie auch die „Arbeiter-Zeitung" oft von der „Gefahr eines christlichsozialen Wahlrechts" warnten[60]. Da die Luegerpartei jedoch eine fünfjährige Seßhaftigkeitsklausel als Grundbedingung zur Wahlberechtigung forderte, fühlten die Wiener Tschechen diese „nationale Schutzpolitik"[61] speziell gegen sie gerichtet. Da waren keine Brücken mehr zu schlagen, zumal man auf sozialdemokratischer Seite sogar zeitweise mit einer dreimonatigen Ansässigkeitsfrist zu rechnen schien[62]. „Wir lassen uns nicht berauben!" schleuderte man in dem Leitartikel der „Dělnické Listy" vom 18. November 1905 den Christlichsozialen entgegen. „Das arbeitende Volk wird einfach nicht dulden, daß unter dem Deckmantel der Gleichheit Privilegien eingeführt werden, bei denen das Besitztum und die vollen Taschen nur den anderen Namen der Ansässigkeit tragen. ... Die Arbeiterschaft, die ein fluktuierendes Element ist, aufgrund der Unsicherheit der Beschäftigung, und in die in der fünften Kurie mit einer halbjährigen Seßhaftigkeit wenigstens ein Fünkchen Recht hatte, würde in Zukunft gar keines mehr haben ... Hat der Arbeiter die Garantie, daß er ein volles Jahr in ein und derselben Gemeinde oder im gleichen Wahlbezirk leben kann, bei den heutigen zerrütteten Wirtschaftsverhältnissen? Und darf man straflos mit der bürgerlichen Gleichberechtigung Schacher treiben, auch gegen die, die nur Saisonarbeit, zeitbedingte Arbeit leisten? Es genügt doch, z. B. nur auf die Bauarbeiterschaft aller Kategorien hinzuweisen, damit der Unsinn dieser Bedingung recht deutlich zum Vorschein kommt"[63].

Schon dieser Programmpunkt allein hätte genügt, die Solidarität der Wiener tschechischen zu den deutschen Sozialisten zu festigen, ganz zu schweigen von der Luegerischen Schulpolitik[64], die das deutsch-tschechische Verhältnis auf kommunaler Ebene wohl am meisten belastete. So legte man es tschechischerseits in Wien von Anfang an darauf an, die „Skandalchronik" der Christlichsozialen[65] möglichst an-

---

[59] Ebenda 382.
[60] Saßmann, Johannes: Der Kampf um das allgemeine Wahlrecht und die christlichsoziale Partei. Phil. Diss. (Masch.) Wien 1948, S. 3 u. 148.
[61] Ebenda 154 u. 142. Adler hatte sich am 30. 11. 1905 im Reichsrat für die Zuwanderer eingesetzt, sie seien keine „Vagabunden", sondern qualifizierte Arbeiter. Sten. Prot. H. d. Abg. 1905, S. 32446.
[62] D. L. 17. Jg., Nr. 6 (9. 1. 1906) S. 1: Heimische Politik. Die deutschen Genossen in Wien. — Zum Thema der Seßhaftigkeitsdauer auch D. L. 16. Jg., Nr. 290 (21. 12. 1905): Heimische Politik. 17. Jg., Nr. 3 (4. 1. 1906), Nr. 10 (13. 1. 1906), Nr. 12 (16. 1. 1906), Nr. 17 (22. 1. 1906) S. 2, Nr. 18 (23. 1. 1906) S. 2, Nr. 44 (23. 2. 1906), Nr. 49 (1. 3. 1906), Nr. 60 (14. 3. 1906), Nr. 107 (10. 5. 1906); 18. Jg., Nr. 42 (20. 2. 1907), Nr. 116 (23. 5. 1907).
[63] D. L. 16. Jg., Nr. 263 (18. 11. 1905).
[64] Siehe oben S. 328 u. S. 286—292.
[65] D. L. 10. Jg., Nr. 31 (20. 4. 1899). Ferner: Nr. 17 (2. 3. 1899), Nr. 21 (16. 3. 1899), Nr. 60 (6. 7. 1899); **11.** Jg., Nr. 21 (17. 2. 1900), Nr. 47 (19. 4. 1900), Nr. 56 (10. 5. 1900); 12. Jg., Nr. 1 (2. 1. 1901), Nr. 7 (9. 1. 1901), Nr. 10 (12. 1. 1901); 13. Jg., Nr. 74 (1. 4.

schwellen zu lassen. Dies geschah insbesondere im Wahljahr 1907, z. B. als es um die Aufstellung der Wählerverzeichnisse ging. Vor allem in den Arbeiterbezirken[66] wurden die Listen „von den unverläßlichen sozialdemokratischen Wählern gesäubert", die den Christlichsozialen unter Umständen hätten gefährlich werden können. Allein in Margarethen (V.) fehlten gegenüber der letzten Wahl 4000 Personen in den Verzeichnissen, das waren immerhin 20 % der Wählerschaft[67]. Und das, obwohl bei den vorausgegangenen Gemeindewahlen eine dreijährige Ansässigkeit berücksichtigt werden mußte, wogegen man bei den Reichsratswahlen 1907 schließlich die einjährige Ansässigkeit zum Gesetz erhob. Vom XX. Bezirk wußten die „Dělnické Listy" zu berichten, daß ein christlichsozialer Vater dreifach in ein und dasselbe Wählerverzeichnis eingeschrieben worden war, während sein sozialdemokratischer Sohn überhaupt nicht auf der Liste stand[68]. Die statistischen Daten, nach Wahlkreisen, Wählern, Reklamationen und den einzelnen Stadtbezirken gegliedert, machen deutlich, daß die „roten" Bezirke von den christlichsozialen Wahlmanövern tatsächlich besonders betroffen waren. Im X. Bezirk gab es bei ca. 25 000 Wählern 4600 Reklamationen, in Ottakring (XVI.) bei 34 800 Stimmberechtigten 7200 Reklamationen, im XX. Bezirk bei 14 500 Wählern 3100 Beschwerden — im bürgerlichen VIII. Bezirk dagegen gingen bei 9600 Wählern nur 214 Reklamationen ein[69]. Als skandalös bezeichneten die „Dělnické Listy" auch die christlichsoziale Auffassung von der Wahlfreiheit, da die Stadtverwaltung unter Lueger bekanntlich keine Sozialdemokraten beschäftigte[70]. Am 4. April 1907 waren aufgrund ihres Parteibekenntnisses sechzehn von fünfzig Wiener Straßenbahnangestellten entlassen worden[71].

Am auffälligsten ist jedoch zweifellos, wie im letzten Monat vor der Wahl das Hauptaugenmerk der tschechischen Arbeiterzeitung auf die schwachen Stellen in der vielgepriesenen christlichsozialen Sozialpolitik gerichtet wurde. Man verwies z. B. auf den Wiener stellvertretenden Bürgermeister Josef Porzer, der sich in einer Wählerversammlung damit rühmte, daß die Christlichsozialen eine sogenannte „Tat zur Rettung des Kleingewerbes" unternommen hatten. Die Vereinigten Arbeiterkonsumvereine planten nämlich, im X. Bezirk eine Großfabrik für Brot, Selchwaren und Seife zu errichten. Nach Mitteilung Porzers wollten sich nun die Christ-

---

1902); 16. Jg., Nr. 225 (3. 10. 1905), Nr. 229 (7. 10. 1905) S. 2, Nr. 240 (20. 10. 1905), Nr. 267 (23. 11. 1905), Nr. 268 (24. 11. 1905), Nr. 282 (12. 12. 1905); 17. Jg., Nr. 49 (1. 3. 1906), Nr. 92 (21. 4. 1906), Nr. 96 (26. 4. 1906) S. 5, Nr. 105 (8. 5. 1906), Nr. 107 (10. 5. 1906), Nr. 279 (6. 12. 1906).

[66] Besonders V., X., XII., XIV., XVI., XX. u. XXI. Bezirk. D. L. 17. Jg., Nr. 107 (10. 5. 1905).

[67] D. L. 18. Jg., Nr. 68 (22. 3. 1907) S. 1 f. Wahlbewegung; Nr. 69 (23. 3. 1907) u. Nr. 109 (14. 5. 1907).

[68] D. L. 18. Jg., Nr. 74 (30. 3. 1907): 40 520 Reklamationen.

[69] D. L. 18. Jg., Nr. 77 (4. 4. 1907) S. 2. — Dazu auch Nr. 84 (12. 4. 1907): Abgerundete Bezirke. Durch ein Landesgesetz wurden die einzelnen Stadtbezirke von Wien umgeändert, hauptsächlich zu Wahlzwecken für die Christlichsozialen. Der Arbeiterbezirk Margarethen (V.) war zugunsten Meidlings (XII.) von 28 877 Wohnungen auf 24 807 und von 124 743 Bewohnern auf 107 639 verkleinert worden.

[70] Siehe auch oben S. 328 Anm. 91.

[71] D. L. 18. Jg., Nr. 79 (6. 4. 1907) Die Wahlfreiheit in Wien. — Nr. 10 (12. 1. 1907).

lichsozialen die Kleingewerbler dadurch verpflichten, daß der Stadtrat die Baubewilligung für die Fabrik nicht erteilte[72]. Auf die mangelhafte christlichsoziale Stadtverwaltung wurde auch die Verantwortung für 68 930 Familien abgewälzt, die laut Magistratsbericht von der Pfändung (österr. = Exekution) bedroht waren. Sie alle hatten keine pfändbaren Gegenstände mehr in ihrem Haushalt und schon gar nicht die erforderlichen Einnahmen, um ihre Steuern bezahlen zu können[73]. Dies alles sollte hinreichend beweisen, daß die Christlichsozialen zwar große Macht besäßen, aber zum Wohl des Volkes gar nichts leisteten. „Haben sie sich vielleicht gegen den hohen Zolltarif so gestellt, wie sie es hätten tun sollen? Haben sie sich um die Versorgung der Stadt Wien gekümmert, wie es ihre Pflicht gewesen wäre? Im Gegenteil. Mit der Aufrechterhaltung der Lebensmittelsteuer und der Einführung neuer, indirekter Steuern haben sie die Existenz des Volkes nur noch mehr geschädigt." Besonders in den letzten zehn Tagen vor der Wahl folgte ein Leitartikel nach dem anderen über die christlichsozialen „Schmutziane"[74], die von den Gaswerken jährlich fünf Millionen Kronen kassierten, den Arbeitern und Gemeindeschreibern jedoch nur zwei Kronen sechzig Heller täglich bezahlten. Der Direktor der Gaswerke freilich erhielt ein Dienstgehalt von 25 000 Kronen jährlich[75]. „Kapitalistische Lohnsklaverei"[76] auf Kosten von militärischen Auslagen[77], eine Politik, „wo das Menschenfleisch dauernd billiger, das Rindfleisch aber immer teuerer wird"[78] — solche und ähnliche „Slogans" wurden immer wieder dazu verwendet, der christlichsozialen Partei „als der größten Feindin des tschechischen Volkes"[79] den Kampf anzusagen, und zwar immer gemeinsam mit den deutschen Parteigenossen. Drei Tage vor der Wahl las man gesperrt gedruckt auf der Titelseite der „Dělnické Listy": „Hier in Wien und Niederösterreich sind es die Christlichsozialen, diese Partei der Lüge und des Betruges, die Partei der wüstesten Demagogie und der noch nie dagewesenen politischen Verschlagenheit, die Partei der Klerikalen, der Militaristen und der Kapitalisten, die Partei, die in jeder Hinsicht gegen die Arbeiter ist und eine Tschechenfresserin. Sie muß niedergerungen werden, in unserem Interesse und auch in dem der Wiener Tschechen und aller Arbeiter. Wenn es uns diesmal nicht gelungen ist, die politische Vertretung unseres Volkes auf Wiener Boden zu erreichen, dann müssen wir die Vertretung unserer kulturellen Forderungen und Klasseninteressen erreichen. Diese Garantie liefern die Kandidaten der deutschen Sozialdemokratie." Auch noch nach der Wahl erklärten die Wiener tschechischen Sozialdemokraten die *sozialpolitischen Reformen zu den wichtigsten Fragen des Tages*[80] und hatten es selbst am 12. Juli, einen

---

[72] D. L. 18. Jg., Nr. 85 (13. 4. 1907) Demagogen auf der Jagd.
[73] D. L. 18. Jg., Nr. 96 (26. 4. 1907) Finstere Zahlen. (Auch das folgende Zitat).
[74] Österreichische Umgangssprache für „Geizhals", tschechisch „špinavec". D. L. 18. Jg., Nr. 102 (4. 5. 1907).
[75] D. L. 18. Jg., Nr. 103 (6. 5. 1907): Dem Arbeiter einen Sechser, dem Direktor Tausende.
[76] D. L. 18. Jg., Nr. 107 (11. 5. 1907).
[77] D. L. 18. Jg., Nr. 115 (22. 5. 1907).
[78] D. L. 18. Jg., Nr. 108 (13. 5. 1907) S. 1 f.
[79] D. L. 18. Jg., Nr. 107 (11. 5. 1907). Auch das Folgende.
[80] D. L. 18. Jg., Nr. 111 (16. 5. 1907): Heimische Politik. Sperrung im Original.

Monat nach dem großen Wahlerfolg der Partei[81], den Christlichsozialen immer noch nicht verziehen, daß sie das gleiche Wahlrecht „zuerst verstümmeln wollten durch die fünfjährige Ansässigkeit"[82]. Auch hier kann man — gegen Mommsens Gesamtbeurteilung — sagen, daß bei den Wiener Tschechen zunächst noch Hoffnung darauf bestand, daß die nationalen gegenüber den sozialen Interessen in den Hintergrund treten würden[83]. Das Einzige, was man den Christlichsozialen zugestand, war, daß es eine Zeit gegeben hatte, in der von der Partei das Wort „sozial" in seinem Bedeutungsgehalt ernster genommen worden war, nämlich, als sie sich zu Zeiten Vogelsangs fast ausschließlich nur an die Arbeiterschaft wandte und danach auch ihr Reformprogramm und ihre Bestrebungen ausrichtete. „Aber das ist schon lange her, schon sehr lange"[84]. Daß vor den Wahlen des Jahres 1907 die tschechischen Forderungen von der Absicht geleitet gewesen wären, die deutsche Sozialdemokratie bei den tschechischen Arbeitern zu diskreditieren[85], dafür reichen in Wien die Belege nicht aus. Auf einer turbulenten tschechischen Wählerversammlung in Margarethen, an der Bürgerliche, Nationalsoziale und Sozialdemokraten anwesend waren, erteilte die tschechische Arbeiterschaft eine unmißverständliche Auskunft: „Wir behaupten doch nicht, daß die deutschen Genossen ein Muster an nationaler Gerechtigkeit sind, wir sagen ihnen dies bei jeder Gelegenheit ins Gesicht, aber bei den Wahlen geht es doch nicht ausschließlich um nationale Angelegenheiten, sondern ... auch um kulturelle und wirtschaftliche Interessen. Deswegen wollen wir unsere Kräfte nicht spalten"[86].

Die Substanz des nationalen Engagements der sozial wie parteiideologisch in einer Randposition stehenden Wiener tschechischen Sozialdemokraten läßt sich m. E. nicht nach dem Kriterium der Konformität mit den konnationalen bürgerlichen politischen Programmen beurteilen[87]. Insgesamt wird man sagen dürfen, daß die Wiener tschechische Sozialdemokratie durchaus mehrere Varianten ihrer Politik gegenüber den Deutschen bereithielt und auch jeweils durchzuspielen versuchte, denn: die wirtschaftliche Verflechtung, von der der Verdienst der zugewanderten böhmischen Arbeiterschaft abhing und der seinerseits wieder die Voraussetzung für den Fortbestand der tschechischen Sozialdemokratie Niederösterreichs darstellte, zwang zur Kooperation. Daß es sich hier um einen Prozeß handelte, der im Gegensatz zu den böhmischen Ländern auf größere Manövrierfähigkeit angelegt war,

---

[81] Mit 87 Mandaten wurde die Partei zur zweitstärksten Fraktion des Parlamentes. Die Christlichsozialen wurden Reichspartei mit 66 christlichsozialen und 33 Zentrumsmandaten. W e b e r, Die österreichische Sozialdemokratie 82 u. S a ß m a n n, Der Kampf um das allgemeine Wahlrecht 185. — S i e g h a r t, Die letzten Jahrzehnte einer Großmacht 102 Anm. 1 nennt 96 christlichsoziale und 86 sozialdemokratische Mandate.
[82] D. L. 18. Jg., Nr. 132 (12. 6. 1907): Beide sind schwarz.
[83] M o m m s e n : Die Sozialdemokratie 383. — Weitere Kritik an der christlichsozialen Sozialpolitik: D. L. 11. Jg., Nr. 59 (17. 5. 1900): Unsere kommunalen Forderungen. 15. Jg., Nr. 273 (28. 11. 1904); 17. Jg., Nr. 92 (21. 4. 1906), Nr. 96 (26. 4. 1906) S. 5, Nr. 105 (8. 5. 1906); 18. Jg., Nr. 56 (8. 3. 1907), Nr. 60 (13. 3. 1907), Nr. 94 (24. 4. 1907), Nr. 125 (4. 6. 1907).
[84] D. L. 18. Jg., Nr. 132 (12. 6. 1907).
[85] M o m m s e n, Die Sozialdemokratie 406.
[86] D. L. 18. Jg., Nr. 103 (6. 5. 1907): Wahlbewegung.
[87] M o m m s e n, Die Sozialdemokratie 382.

zeigt sich an der Haltung der Wiener tschechischen Sozialdemokraten gegenüber den bürgerlichen Parteigruppen des *Wiener* Tschechentums ebenso, wie an den programmatischen Polemiken, die an die Adresse der Bourgeoisie in den *böhmischen Kronländern* gerichtet waren.

Zunächst zu Wien selbst. Die Diskriminierung der tschechischen nichtsozialistischen Nationalpolitik wurde seit der Jahrhundertwende mehr und mehr zur Rechtfertigung des sozialdemokratischen Machtanspruches über die ganze Wiener tschechische Minorität ausgebaut. Als von selbständigen Kandidaturen des niederösterreichischen tschechischen Nationalrates zu den Reichsratswahlen 1907 noch keine Rede war, lästerten die „Dělnické Listy" bereits über den „Hurra-Patriotismus" (fangličkářství) der tschechischen Bürgerlichen, deren spätere Wahlblamage ihnen begreiflicherweise eine der größten Genugtuungen bereitete. Am 17. November 1905 z. B. hatte sich die sozialistische und fortschrittliche Studentenschaft aller Nationen auf einer Versammlung im Gewerkschaftshaus mit der Arbeiterschaft im Kampf um das allgemeine Wahlrecht solidarisch erklärt. Tags darauf fand tschechischerseits hierzu noch eine Zusammenkunft im Akademický spolek statt: „Auf dem Programm standen einige Lappalien. Die fortschrittlichen und die sozialdemokratischen Studenten schlugen vor, über diese Punkte erst nach Verhandlung des Hauptpunktes ‚Die Studentenschaft und der Kampf um das allgemeine Stimmrecht' zu sprechen. Gegen den Vorschlag stimmten diejenigen, denen der Sinn und das Verständnis für einen so großartigen Kampf fehlte, sowie die anwesenden vier Nationalsozialen, die damit auch schon im voraus dokumentierten, wie ernst sie den Kampf der Arbeiterschaft nehmen. Der Vorschlag wurde abgelehnt. Von 8 bis 11 Uhr wurde im Grunde folgendes beschlossen: Die weitere Repräsentation des Vereins in der Öffentlichkeit soll in Zukunft durch Veranstaltung von Tanzunterhaltungen geschehen, mit deren Vorbereitung sofort begonnen werden soll. Der Verein wird für die Mitglieder Bänder anfertigen lassen und zwar mit goldener, nicht mit silberner Stickerei! Und ähnliches mehr. Die wirklich fortschrittlichen Studenten, die die Beschäftigung mit solcher Fähnleinpolitik verurteilten, wo sich die Sinne aller dem Kampf für die Menschenrechte zuwenden sollen, meldeten sich überhaupt nicht zu Wort. Die übrigen und an deren Spitze der Ausschuß wurden sich dessen gar nicht bewußt, daß sie durch die Verhandlung von so albernen Vorschlägen in einer so ernsten Zeit nur ihre eigene politische Unreife bezeugen und daß der Akademický spolek nicht berechtigt ist, für die tschechische Studentenschaft Wiens zu sprechen, die doch in ihrer Mehrheit nicht auf ein so niedriges Niveau herabgesunken ist"[88]. Im August 1906, als Jungtschechen und Agrarier den Wiener Bürgerlichen je einen Wahlbezirk in den böhmischen Ländern überlassen wollten, distanzierten sich die Dělnické Listy — auf die Uneinigkeit der Wiener tschechischen Nichtsozialisten anspielend — von den bourgeoisen nationalen Ambitionen durch den Ausruf: „O daß es doch nur die tschechischen Bürgerlichen in Wien in Gesundheit überstehen können, daß ihnen der Kampf um die Kandidatur nicht alle ihre Raucher-, Barák-, Spar-, Gewinn-, Unterhaltungs- und Kirchenvereine zertrümmert!

---

[88] D. L. 16. Jg., Nr. 265 (21. 11. 1905) Die Studentenschaft und der Kampf für das gleiche Wahlrecht.

Das wäre ein Schaden für die tschechische Nation!"[89] Und zu der politischen Linie des Vídeňský Denník bemerkte das tschechische Tagblatt vom 2. April 1907: „Diese Herren verstehen so viel von Politik, wie etwa jeder Nachbar beim Bierkrug — aber es ist eine andere Sache, wenn sie sich an die nationalen Bedürfnisse der Wiener Tschechen heranmachen. So widmen sie gerade in der Osterausgabe einen sehr geistvollen Artikel, der gute 150 Zeilen umfaßt — der schlechten Bedienung und dem guten Bier in einer Wiener tschechischen Restauration, die berühmt ist durch ihre Leberwürste. Ausgezeichnet! Das eben gerade ist die ‚Raison d'être' des Tagblattes der tschechischen Bürger in Wien. Denn zu ihren grausamsten Leiden ‚auf dem heißen Wiener Boden' gehört es, wenn sie beim Tarocken nicht jeden Stich mit frischem Hopfensaft begießen könnnen. In Wien gibt es angeblich über 500 tschechische Restaurationen und, wie das schon so in tschechischen Gasthäusern zu sein pflegt, — sicherlich ist in der guten Hälfte von ihnen die Bedienung miserabel. Und so hat also der Vídeňský Denník noch eine Menge ‚nationale Arbeit' vor sich, wir hegen sogar die Befürchtung, daß das Blatt eingehen wird, bevor es diese nationale Arbeit zu Ende führen kann"[90].

Ganz gleich, wie man letztlich die von dem sozialdemokratischen Wiener Tschechentum mitgestaltete Nationalpolitik des tschechischen Flügels der Gesamtpartei beurteilen mag, der Klassenabstand zu den bürgerlichen Parteien wurde in den Dělnické Listy viel zu sehr herausgekehrt, als daß man für Niederösterreich von einer radikal-nationalistischen Umorientierung seit 1905 sprechen könnte. Die Wiener Situation war — im Gegensatz zur Prager — in jenen Jahren immer noch variabel. Immer wieder betonte das tschechische Arbeitertagblatt, daß zwischen deutschen und tschechischen bürgerlichen „Kapitalisten" im Grunde kein Unterschied bestehe[91] und daß es oberstes Ziel der Sozialdemokratie sei, das Bürgertum aus seiner mächtigen Stellung herauszudrängen, in der es sich das Recht einer allnationalen Vertreterin angeeignet habe: „Heute vertritt das Bürgertum nicht mehr das Volk, sondern nur noch die mittleren Schichten. Welche mittleren Schichten? Diejenigen, deren Interessen nicht mit den Interessen des arbeitenden Volkes konform gehen. Insoweit die arbeitenden Volksschichten unter seiner Firma noch eine Zuflucht suchen, geschieht dies nur aus einem Mißverständnis heraus, das sehr bald beiseite geräumt sein wird. Dieses Herausdrängen des Bürgertums aus der allnationalen Stellung bedeutet gleichzeitig die Beseitigung des allnationalen Emblems aus der bürgerlichen Moral. Infolge des Durchbruchs am 14. Mai quellen neue sittliche Kräfte hervor, die bislang nur unter den verknöcherten Ansichten der alten Tradition, Vorurteile und Voreingenommenheiten rebelliert haben"[92].

---

[89] D. L. 17. Jg., Nr. 178 (6. 8. 1906) S. 2: Heimische Politik.
[90] D. L. 18. Jg., Nr. 75 (2. 4. 1907): Verschiedenes.
[91] D. L. 18. Jg., Nr. 89 (18. 4. 1907). Fazit des Leitartikels: „Und da also fragen wir: Was ist denn für ein Unterschied zwischen diesen deutschen Kapitalisten aus Witkowitz und aus Friedek und Mistek und zwischen den tschechischen patriotischen Gemeinde-Herrlichen aus Leipnik und aus Prerau? Keiner... Und gegen beide muß die tschechoslawische Sozialdemokratie sich schützen".
[92] D. L. 18. Jg., Nr. 116 (23. 5. 1907): Neue Wege. — Es wäre m. E. aufschlußreich, einmal die Bedeutungskomponente des Wortes „Bürger" in den D. L. zu untersuchen. Es handelt

Ein Musterbeispiel für die Modulationsfähigkeit der nationalen Stimme der Wiener tschechischen Sozialdemokratie ist der Artikel „Um die tschechische Schule" vom 15. Juni 1907[93]. Ein Vorfall in Seestadtl (Ervěnice), einem kleinen Ort bei Komotau mit 4 000 Einwohnern, zur Hälfte von tschechischen Bergleuten besiedelt, wurde exemplarisch dazu verwendet, um aufzuzeigen, „wie eng die Nationalitätenfrage mit der sozialen Frage der tschechischen Minderheiten und mit der Frage der Demokratisierung aller Korporationen verbunden ist, in denen über die öffentliche Verwaltung entschieden wird". Hier schob man ein Problem in den Vordergrund, für das man sich noch aus der ersten Zeit des gemeinsamen Vorgehens der deutsch-tschechischen Arbeiterbewegung ein Verständnis bewahrt hatte, das dem der bürgerlichen Parteien überlegen war. Was war in Seestadtl, einem Orte ohne tschechische Schule, vorgefallen? 62 tschechische Eltern, überwiegend sozialdemokratische Grubenarbeiter, hatten ein Gesuch um Errichtung einer öffentlichen Volksschule eingebracht und dies hatte zu nationalen Ausschreitungen geführt. Die tschechischen Arbeiter verloren ihre Stellung, über 50 Familien wurden „auf die Straße gesetzt", indem man ihnen die Wohnung aufkündigte, es kam zu Schlägereien und Straßenschlachten — kurzum, ein alltägliches Kapitel aus den Kämpfen der nationalen Minderheiten, auf das die Behörden gewöhnlich „mit Achselzucken und leeren Versprechungen"[94] reagierten. Von den „Dělnické Listy" wurden hier nun nicht bloß die Deutschen, sondern die tschechischen Bürgerlichen erbarmungslos mitverantwortlich gemacht. Während man sich mit einem einzigen oberflächlichen Hinweis begnügte, daß die Wiener tschechischen Arbeiter unter ähnlichen Umständen lebten — der „Komenský" oder die Stellung der deutschen Sozialdemokratie zu ihm werden mit keinem Wort erwähnt — heißt es in augenfälligem Sperrdruck: „Die tschechischen Bürgerlichen wiederum nützen die Seestadtler Hetzereien zur eigenen Hetze aus. Das ist ein altes, niederträchtiges Spiel der Nationalen aller Schattierungen und damit soll die Tatsache verdeckt werden, daß sich die tschechischen Bürgerlichen selbst an die Brust schlagen sollten als Mitschuldige an diesen schrecklichen Szenen!"[95]

Auf gleicher Linie liegen die unausgesetzten Kampagnen der „Dělnické Listy" gegen alle bürgerlichen tschechischen Parteiströmungen in den Kronländern. Wäh-

---

sich hier nicht nur um die marxistische Komponente: der Bürger als Angehöriger der Schicht, die den Kapitalismus groß gemacht hat. Hinzu kommt vor allem die zweifellos verwaschenste Bedeutungsnuance: die Verachtung des Außenseiters für alles, was er für banale Normalität hält. Wie z. B. wir heutzutage bei dem Wort „Kitsch", so setzten auch die D. L. nach Belieben ein, was sie für die miesesten Merkmale dieser Normalität hielten, etwa die Leute, die über die Farben des Vereinsabzeichens oder über Leberwürste und Bier diskutierten (siehe oben S. 392 f.). Die Fragen: Was war für die D. L. ein Bürger? Läßt sich hier ein konkreter Merkmalkatalog abgewinnen zum besseren Verständnis dessen, was also „passé" war?, würden zu dem weiteren Problem führen, wie groß die antibürgerlichen Energien des Wiener tschechischen Proletariates tatsächlich waren. Wandten sich die D. L. nicht mit mehr Recht an die „lohnabhängigen Massen" und nicht nur an das Proletariat?

[93] D. L. 18. Jg., Nr. 135 (15. 6. 1907).
[94] Ebenda.
[95] Ebenda (Anm. 93).

rend, wie Mommsen ausführt, „die enge Bündnisgenossenschaft, die in der Schulfrage zwischen der tschechoslawischen Sozialdemokratie und den tschechisch-bürgerlichen Parteien bestand", in Prag zu dem Versuch der NRČ führte, die tschechischen Sozialdemokraten aus dem Verband mit den Deutschen herauszulösen, so daß es Ende 1905 zwischen Jungtschechen und Sozialdemokraten zu Verhandlungen kam, die über die bisherigen Stichwahlabsprachen weit hinaus gingen[96], liest man in den „Dělnické Listy" zwischen 1904 und 1907 über die Jungtschechen nichts, was eine Annäherung befürworten oder wahrscheinlich machen könnte. Am 20. April 1904 z. B. verwies der Leitartikel darauf, welch "widerliche Komödie die jungtschechischen Abgeordneten mit dem tschechischen Volk spielen", weil sie sich in Böhmen in Presse und Versammlungen für die Abänderung der Wahlordnung einsetzen würden, wogegen sie in Wien, sobald es wirklich darauf ankam, lediglich die *Verhandlungs*ordnung in den Vordergrund stellten[97]. Im September 1905 warf man ihnen vor, daß sie es abgelehnt hatten, Gautsch das Mißtrauensvotum auszusprechen[98] und zwei Monate später, im November 1905, schob man ihnen die „größte Schuld" daran zu, daß die Brünner Verhandlungen über die Wahlreform im Mährischen Landtag zwar so hoffnungsvoll mit der Annahme des Vorschlages für ein gleiches Wahlrecht begonnen, aber mit dem „abgekarteten" und „bewußten Verbrechen" der tschechischen Bürgerschaft, d. h. mit einer neuen Kurie, geendet hatten[99]. Als besonders kompromittierend bezeichneten die „Dělnické Listy" auch die Beteiligung der Jungtschechen am Zusammenschluß der bürgerlichen Parteien gegen die Sozialdemokraten im Januar 1907[100], um daraufhin gegen die „verpfuschte Konzentration" (zbryndaná koncentrace) der nationalen Arbeiter, Staatsrechtler, Radikal-Fortschrittlichen und Jungtschechen loszuziehen[101] und es als „politischen Selbstmord" zu bezeichnen, daß die Jungtschechen bei den engeren Wahlen 1905 sieben Klerikalen durch einen Kompromiß ins Parlament verholfen hatten, nur, um den Sozialdemokraten „eins auszuwischen"[102]. Umso größer war demzufolge auch die Schadenfreude über die nationale Zwietracht im „Vereinigten Klub der böhmischen Abgeordneten im Reichsrat"[103]. Für die Wiener tschechische Sozialdemokratie war er der „Bankrott

---

[96] Mommsen, Die Sozialdemokratie 396 f.
[97] D. L. 15. Jg., Nr. 91 (20. 4. 1904): Das Parlament ist zusammengetreten.
[98] D. L. 16. Jg., Nr. 222 (29. 9. 1905): Heimische Politik. — Hierzu auch Anm. 46.
[99] D. L. 16. Jg., Nr. 262 (17. 11. 1905): Das Volk verraten!
[100] D. L. 18. Jg., Nr. 4 (5. 1. 1907) S. 2 f. Kandidaturen.
[101] D. L. 18. Jg., Nr. 44 (22. 2. 1907).
[102] D. L. 18. Jg., Nr. 120 (28. 5. 1907): Politischer Selbstmord. „Das Verbrechen, das sie gegen uns geplant haben, rächt sich nun in schrecklicher Weise gegen sie selber. Davon wird sie die allernächste Zukunft überzeugen."
[103] „Der Gemeinsame Klub rauft sich bereits", schrieben die D. L. am 28. 5. 1907, ein klarer Fall, denn schließlich sei auch „unter den tschechischen bürgerlichen Parteien wenig Hoffnung vorhanden auf einen erfolgreichen klerikal-jungtschechisch-fortschrittlichen oder Vereinigten Kramář-Klofáč-Klub, der zu Taten fähig wäre. Das ist die Meinung eines jeden, der denken kann. Können denn Leute nebeneinander sitzen, die sich z. B. gegenseitig als Diebe, Halsabschneider, Renegaten, bezahlte Regierungsbüttel, nationale Judasse etc. bezeichnen? ... Die ganze patriotische Welt in Böhmen hat sich nun von der Idee der nationalen Einigkeit berauschen lassen, deren Ausdruck der Gemeinsame Klub

des fortschrittlichen Gedankens im tschechischen Leben" und damit gleichzeitig „ein Stück nationaler Pathologie"[104]. Wenn nun Mommsen belegt, daß die Jungtschechen sich auf die Initiative Kramářs hin um eine Annäherung an die Sozialdemokraten bemühten, um gemeinschaftlich im Reichsrat vorzugehen[105], so zeigt sich demgegenüber in den „Dělnické Listy" auf doppelte Weise, daß diese mit Kramář nichts zu tun haben wollten: Einmal deshalb, weil man *ihn* nicht einbezog, wenn man „einen tiefen Schmerz" darüber empfand, das Masaryk und Drtina „in ein derart unsittliches Milieu" hineingeraten waren, wie es nach Ansicht der „Dělnické Listy" der Gemeinsame tschechische Klub darstellte, und daß gerade sie, „die sich bisher so sehr um eine Säuberung im tschechischen nationalen Leben bemüht haben, den Vertretern des Unrates die Hände reichen". Enttäuscht rief man darum den beiden Politikern zu: „Wo sind Euere ‚Ansichten über das Leben und die Welt', wo sind Euere ‚Humanitären Ideale'?... Wißt Ihr nicht, wie schmerzlich wir uns emporgearbeitet haben, nicht nur wir Sozialdemokraten, sondern alle ehrbaren Leute, aus den Traditionen der ‚nationalen Einigkeit', die jeglichen geistigen Fortschritt ersticken. Und ihr verhelft dazu, auf dem Rückgrat des tschechischen Menschen diesen Knoten noch fester zusammenzuziehen... Aber wir sind weit davon entfernt, Euch schadenfroh auszulachen, wir bedauern Euch nur. Ihr seid wie unterspülte Felsblöcke in den schmutzigen Strom der Kleinbürgerlichkeit hineingebrochen, den Ihr doch gerade eindämmen wolltet"[106]. Kramářs Beteiligung am Vereinigten Klub dagegen wurde weder bedauert noch überhaupt kommentiert. Seine „Vergangenheit" war — zum Unterschied von Masaryk und Drtina — offenbar nicht dazu angetan, die Wiener tschechische sozialdemokratische Arbeiterschaft „stets mit Ehrerbietung" auf sie zurückblicken zu lassen. Schon im März 1904 hatten die „Dělnické Listy" in der Überschrift eines Leitartikels ausgerufen: „Nekramaříme!", ein unübersetzbares Wortspiel, das zugleich eine Absage an seine, wie man schrieb, jesuitische „Krämerpolitik" darstellte (Kramář = Krämer)[107]. Weitere Polemiken folgten, in denen ihm u. a. auch seine Forderung verübelt wurde, „daß Leuten mit akademischem Zeugnis Privilegien eingeräumt werden müssen"[108]. Kramář bereitete den „Dělnické Listy" lediglich dadurch eine gewisse Schadenfreude, daß er gegen die den bürgerlichen Wiener Tschechen angebotene jungtschechische Kandidatur in Böhmen Einwände vorgebracht hatte[109], so daß dieses gleichzeitig von der Agrarpartei gemachte Zugeständnis an die niederösterreichischen Tschechen von dieser länger aufrechterhalten wurde als seitens der Jungtschechen. Dementsprechend war denn auch die Einstellung der „Dělnické Listy" zu den

---

sein soll — leider, leider wird das wieder eine arge Enttäuschung geben!" D. L. 18. Jg., Nr. 120 (28. 5. 1907) S. 1 f.
[104] D. L. 18. Jg., Nr. 128 (7. 6. 1907): Der Vereinigte tschechische Klub. Ferner: D. L. Nr. 127 (6. 6. 1907) S. 2 (Titel wie oben) u. Nr. 131 (11. 6. 1907): In Wien und zu Hause.
[105] M o m m s e n , Die Sozialdemokratie 397.
[106] Alle Zitate: D. L. 18. Jg., Nr. 128 (7. 6. 1907).
[107] D. L. 15. Jg., Nr. 62 (15. 3. 1904).
[108] D. L. 16. Jg., Nr. 267 (23. 11. 1905): Unsere Erfolge und Aufgaben.
[109] D. L. 18. Jg., Nr. 70 (26. 3. 1907): Wahlbewegung.

Agrariern[110] und Klerikalen[111] nicht so geartet, daß man von einer „Befestigung der nationalen Solidaritäten"[112] mit den Wiener tschechischen Sozialisten reden könnte Und schon am allerwenigsten hinsichtlich der tschechischen nationalsozialen Arbeiter. Teils richteten sich die Angriffe gegen die Hauptführer Klofáč[113], Choc[114] und Fresl[115], teils gegen das Parteiorgan „Národní Politika"[116] und teils auch ganz allgemein gegen die Politik der Gesamtpartei[117], deren Angehörige man als „politische Streikbrecher"[118] und als Feinde der Wahlreform „an den Pranger"[119] stellte. Erstaunlich ist vor allem, wie man hierbei ganz unversehens sogar gegen die eigenen traditionellen Grundsätze verstieß und einer gemäßigteren Taktik bei der Durchsetzung der Reformvorlage das Wort redete, nur, um die nationalen Arbeiter so weit wie möglich zu disqualifizieren. Am 24. Juli 1906 las man in den „Dělnické Listy" über die „zwergenhafte Erbärmlichkeit der Politik ... eines Persönchens namens Choc: ... Wenn die tschechischen Radikalen solche Zauberer sind, daß sie die Deutschen überreden oder zwingen können, eine in nationaler Hinsicht für sie ungünstige Wahlreform zu machen, dann können sie das ja versuchen. Aber wie wir die Dinge kennen, hätte eine radikale Taktik der Sache eher Schaden gebracht und hätte eine noch viel schlechtere Wahlreform zur Folge gehabt. Im übrigen können wir die Taktik ‚Alles oder gar nichts' ruhig den Wahnsinnigen, den politischen Zwergen überlassen. Unsere Partei lehnt sie ab"[120].
Es mag den tschechischen Politikern und Publizisten zugestanden sein, daß sie zur Verfolgung ihrer Ziele entscheidende Geschehnisse und Probleme einseitig und verzerrt dargestellt haben, da ihnen nur auf diese Weise die Beeinflussung ihrer Anhänger zu williger Gefolgschaft gelingen konnte. Es scheint jedoch, daß sich das erste und lange Zeit einzige Tagblatt der Wiener Tschechen zumindest bis 1909 — und das wäre immerhin vier Jahre länger als Mommsen für die Gesamtpartei ver-

---

[110] Z. B. D. L. 17. Jg., Nr. 50 (2. 3. 1906): Die Agrarier und die Wahlreform; Nr. 178 (6. 8. 1906) S. 2: Heimische Politik; Nr. 241 (20. 10. 1906): Eine vertane Woche; Nr. 277 (4. 12. 1906): An den Pranger. 18. Jg., Nr. 65 (19. 3. 1907) S. 2; Nr. 66 (20. 3. 1907), Nr. 68 (22. 3. 1907), Nr. 70 (26. 3. 1907), Nr. 74 (30. 3. 1907) S. 1 f., Nr. 75 (2. 4. 1907) S. 1 f., Nr. 83 (11. 4. 1907), Nr. 84 (12. 4. 1907), Nr. 85 (13. 4. 1907). (Meist zu der Kandidatur der bürgerlichen Wiener Tschechen für die Agrarier).
[111] D. L. 18. Jg., Nr. 82 (10. 4. 1907), Nr. 103 (6. 5. 1907), Nr. 117 (24. 5. 1907), Nr. 131 (11. 6. 1907) und allgemein gegen den Klerikalismus: Nr. 105 (8. 5. 1907), Nr. 107 (11. 5. 1907), Nr. 121 (29. 5. 1907), Nr. 130 (10. 6. 1907).
[112] Mommsen, Die Sozialdemokratie 383.
[113] D. L. 16. Jg., Nr. 255 (8. 11. 1905) S. 2: Während überall Blut für das allgemeine Wahlrecht floß, machte sich K. in den Kgl. Weinbergen einen fröhlichen Abend mit einem Prager Salonkomiker.
[114] D. L. 17. Jg., Nr. 167 (24. 7. 1906) u. Nr. 170 (27. 7. 1906): Zwergenpolitik (I u. II).
[115] D. L. 18. Jg., Nr. 69 (23. 3. 1907) S. 2; Nr. 124 (3. 6. 1907) Nr. 125 (4. 6. 1907).
[116] Vgl. die Serie „Fort mit der »Národní Politika!«": D. L. 17. Jg., Nr. 180—183 (8. 8. — 11. 8. 1906).
[117] Z. B. D. L. 18. Jg., Nr. 76 (3. 4. 1907): Ein unanständiger Kampf; Nr. 78 (5. 4. 1907): Von Arbeitern zu Gewerbetreibenden; Nr. 86 (15. 4. 1907) S. 2: Partei der nationalen Arbeiter.
[118] D. L. 16. Jg., Nr. 233 (12. 10. 1905).
[119] D. L. 17. Jg., Nr. 277 (4. 12. 1906).
[120] D. L. 17. Jg., Nr. 167 (24. 7. 1906).

anschlagt — von emotionellen Urteilen gegen die deutschen Genossen vorsichtig ferngehalten hat. Wien bekannte sich nur zögernd zu den neuen nationalistischen Kampfprinzipien, die dann allerdings nach der Spaltung der Partei 1910/11 umso unversöhnlicher an die Oberfläche traten[121]. Zu dieser Atmosphäre des Lavierens paßt es auch, daß man in Wien immer wieder betonte, wie sehr die örtlichen Verhältnisse die politische Zielsetzung negativ beeinflußten. Zum Prager Kongreß der Konsumgenossenschaften brachte man am 12. August 1911 folgende Stellungnahme in den nunmehr autonomen „Dělnické Listy": „Die Entwicklung der tschechischen Genossenschaftsorganisationen verfolgen wir in Wien mit einem gewissen Gefühl des Schmerzes. Wir haben daran keinen Anteil. Die Verhältnisse der Minorität, die uns in Wien auch im Gewerkschaftsstreit zur Reserve zwangen[122], veranlassen uns, auch im Genossenschaftswesen seitwärts vom Strom zu bleiben, der in diesem Teil der Arbeiterbewegung in Böhmen und Mähren so gedeihlich vorwärts ging. Die Verhältnisse bestimmen auch hier unseren Willen. Die tschechischen Genossen sind in Wien Mitglieder der deutschen sozialdemokratischen Konsumvereine und bilden hier eine starke, numerisch bedeutungsvolle Minorität. Aber kümmert man sich auch entsprechend um diese starke Minorität, um ihre Bedürfnisse und Forderungen? Das ist auch eine der schmerzhaften Wunden der Arbeiterbewegung in Wien"[123].

Die deutsche „Arbeiter-Zeitung" mit ihrem Chefredakteur Friedrich Austerlitz[124] versuchte ihrerseits nicht, die nationale Hochspannung zu mäßigen, sondern sagte den tschechischen Separatisten den Kampf an. Im August 1911 vermerkten hierzu die „Dělnické Listy": „Die Arbeiter-Zeitung feuert heute in fast vier Spalten gegen den Separatismus..., aber diese Sache ist schon ein altes Lied... der ‚Separatismus' in Wien! Wer hat ihn je verkündet?... Die tschechische Arbeiterschaft in ihrer Gänze blieb in Wien abseits der Kämpfe um die Gewerkschaftsform. Gerade in Wien sollten die Gewerkschaftler am vorsichtigsten sein und das Gefäß nicht zum Überlaufen bringen. Die wunde Frage der tschechischen Schulen in Wien, die Minorität an sich, die Frage der politischen Vertretung in Wien und anderes sind

---

[121] Dies läßt sich exemplarisch an der Geschichte des Wiener tschechischen Arbeiterturnvereins „Jasoň" aufzeigen. Glettler, Sokol und Arbeiterturnvereine der Wiener Tschechen 89 f. — Für die D. L. z. B. 22. Jg., (19. 7. 1911): Willkommen! Siegesfeier der tschechischen sozialdemokratischen Partei in Wien V.: „Wir haben ein besonderes Interesse an dem Wachsen der *tschechoslawischen* sozialdemokratischen Delegation, denn nur bei ihr können wir Schutz suchen."

[122] Siehe oben S. 177 Anm. 277.

[123] D. L. 22. Jg., (12. 8. 1911): Der dritte Pfeiler.

[124] Er wurde — zum Unterschied von Victor Adler — stets von den D. L. angegriffen; z. B. D. L. 16. Jg., Nr. 240 (20. 10. 1905): Dělnické Listy, — Volkstribüne — Arbeiter-Zeitung: eine „einmalige Probe für den aufgeblasenen Austerlitzschen Stil führen wir hier als Beispiel an. Zum Glück entscheidet darüber, was sozialdemokratisch ist und was nicht, keineswegs der Genosse Austerlitz. Daß er allerdings am liebsten alle tschechischen Genossen und Blätter aus der Partei ausschließen möchte, das glauben wir ihm gern". — Siehe auch D. L. Nr. 250 (2. 11. 1905) und die Polemik gegen die Arbeiter-Zeitung in D. L. 17. Jg., Nr. 8 (11. 1. 1906) u. Nr. 9 (12. 1. 1906): Heimische Politik.

schon Spannung genug, und jetzt droht man uns auch noch! Aber wir bleiben ruhig"[125].

Eine mögliche und folgenreiche Gefahr bei der Beurteilung der Wiener tschechischen Arbeiterbewegung wäre m. E. vor allem darin zu sehen, daß man sich aus der Kenntnis der Gesamtsituation heraus allzuleicht von dem späteren Ergebnis der Parteispaltung bestimmen lassen könnte. Im vorliegenden geht es deshalb in erster Linie darum, die ungenützten deutsch-tschechischen Verständigungsmöglichkeiten zu erkennen und herauszustellen, die jener entscheidenden Phase der Wahlrechtskämpfe innewohnten. Dies soll nun noch weiter und zwar an dem heikelsten Punkt der deutsch-tschechischen Auseianandersetzung veranschaulicht werden: an der Kandidatur Victor Adlers für Favoriten II. Hierzu ist es notwendig, zuvor kurz auf das Verhältnis zwischen den Wiener tschechischen Genossen und dem berühmten österreichischen Arbeiterführer *vor* 1907 einzugehen.

Als es im Jahre 1901 unter Mithilfe der tschechischen Genossen gelungen war, Victor Adler als ersten sozialdemokratischen Landtagsabgeordneten in den niederösterreichischen Landtag zu bringen, taten die „Dělnické Listy" in den ersten Nummern des neuen Jahres alles, um Adler als aussichtsreichsten Kämpfer gegen „den gefährlichsten Feind des Proletariates und aller Aufklärung", gegen das Luegertum, in den Vordergrund zu spielen[126]. Auch im Herbst 1905, als die Streitigkeiten zwischen den einzelnen Nationalitäten auf dem sozialdemokratischen Gesamtparteitag einen noch nie dagewesenen Spannungsgrad erreicht hatten[127], so daß der Bruch zwischen deutscher und tschechischer Partei fast unausweichlich schien, bezeichneten die „Dělnické Listy" Adlers unentschlossene, abwartende Haltung in der Wahlrechtsfrage lediglich als „unbegreiflich" und verzichteten auf jede weitere Polemik[128]. Anläßlich der Reichsratssitzung vom 30. November 1905 referierten sie dann ausführlich seine Parlamentsrede, in der er sich gegen die deutschnationale Interessenpolitik gewandt hatte und zitierten in fetten Lettern seine Ausführungen über das Verhältnis des deutschen und tschechischen Arbeiters zur nationalen Kultur: „Niemand, der ein gleiches Recht wünscht, will eine andere Nation vergewaltigen ... Der deutsche Arbeiter und der tschechische Arbeiter haben ihre nationalen Interessen, ihr volles Nationalbewußtsein, und für die Entwicklung dieses nationalen Bewußtseins und der bestehenden nationalen Kultur haben wir Sozialdemokraten mehr getan als ihr (= die Nichtsozialisten, Anm. d. Verf.) alle zusammen!"[129]

Ein Querschnitt durch die Zeitungen des Jahres 1906, wo es dank Victor Adler im Dezember gelang, die Wahlreform endlich im Abgeordnetenhaus zu verabschieden, zeigt, daß die „Dĕnické Listy" die politischen Erfolge und Ansprachen Adlers im Wahlrechtsausschuß und im Reichsrat stets auf den Titelseiten brachten und

---

[125] D. L. 22. Jg., Nr. 188 (19. 8. 1911): Drohungen.
[126] D. L. 12. Jg., Nr. 1 (2. 1. 1901) bis etwa Nr. 10 (12. 1. 1901), ferner Nr. 158 (13. 7. 1901): Das alte und neue Österreich.
[127] Mommsen, Die Sozialdemokratie 367. Dazu die Referate in D. L. 16. Jg., Nr. 248 (30. 10. 1905) S. 2, Nr. 249, (31. 10. 1905) S. 2, Nr. 250 (2. 11. 1905), Nr. 251 (3. 11. 1905) S. 2.
[128] D. L. 16. Jg., Nr. 108 (13. 9. 1905): Heimische Politik.
[129] D. L. 16. Jg., Nr. 273 (30. 11. 1905) S. 3 u. Nr. 274 (1. 12. 1905) S. 2.

häufig drucktechnisch besonders herausstellten[130], ja, sie verteidigten ihn auch gegen die Angriffe der tschechischen Bürgerlichen, namentlich der nationalsozialen Arbeiterschaft[131]. So lautete der Kommentar der „Dělnické Listy" zu einer Rede Adlers am 12. Oktober 1906, als der Wahlausschuß über die Einteilung der Wahlkreise in Böhmen debattiert hatte: „Wir verzeichnen besonders die Stimmenabgabe des Genossen Adler als neuen Beweis für die frechen Lügen der nationalen Arbeiter und Alttschechen, als ob Genosse Adler immer nur mit den Deutschen gestimmt und die Stellung der Tschechen erschwert habe"[132]. Wenn Adler, dessen Vorgehen den Wiener Tschechen im allgemeinen zu gemäßigt war, einmal eine schärfere Äußerung machte, so wurde sie von den „Dělnické Listy" sofort angeführt. Dies war z. B. im Juni 1906 der Fall, als sich das Reformwerk erneut zu verzögern schien und die Wiener Arbeiterschaft auf einer Manifestationsversammlung im Rathaussaal einen dreitägigen Generalstreik androhte nach Adlers Motto: „Lieber ein Ende mit Schrecken als ein Schrecken ohne Ende!"[133]

Von einer — wie Mommsen schreibt — pauschalen Übernahme nationalistischer Forderungen in die tschechische Sozialdemokratie oder von einer engen Bündnisgenossenschaft mit den bürgerlichen Parteien[134] kann in Wien auch im folgenden Jahr 1907 noch keine Rede sein, als die tschechische Kandidatur in Favoriten „zu einer Testfrage der internationalen oder besser nationalen Haltung der deutschen Sozialdemokraten"[135] erhoben wurde. Bevor dieser Mandatskonflikt im Spiegel der Wiener tschechischen Arbeiterpresse analysiert wird, sollen unabhängig davon noch einige Beispiele angeführt werden, aus denen klar hervorgeht, daß sich der „Feldzug gegen alles Deutsche", den Mommsen von 1905 an in den tschechischen sozialdemokratischen Parteiblättern sehen will[136], in Wien nur gegen die deutschen Christlichsozialen und klerikalen Bürgerlichen, also gegen den Klassenfeind richtete, zum wenigsten aber gegen die deutschen Genossen. Dies galt gerade auch für die tschechische Schulfrage, die im April 1907 wieder einmal aufgrund einer antisozialistischen Wahlrede Stránskýs aufgerollt wurde. Stránský hatte den Sozialdemokraten in den „Lidové Noviny" den „Ausrottungskampf" angekündigt, „indem er alle alten Lügen und Verdrehungen über die Sozialdemokratie wieder aufwärmte". Den „Dělnické Listy" diente sein Artikel dazu, „bei dieser Gelegenheit eine Lüge aus der Welt zu schaffen, die die niederösterreichischen Tschechen betrifft und die zu dieser Zeit, da unsere Feinde eifrigst nach neuen Waffen gegen uns suchen, und sich solche ausdenken, in allen Kloaken der bürgerlichen Journalistik umgeht. *Es ist eine Lüge, wenn dauernd behauptet wird, daß die Genossen Seitz und Dr. Adler im niederösterreichischen Parlament für die berüchtigte Lex*

---

[130] D. L. 17. Jg., Nr. 57 (10. 3. 1906), Nr. 115 (19. 5. 1906), Nr. 124 (31. 5. 1906), Nr. 150 (4. 7. 1906), Nr. 257 (9. 11. 1906), Nr. 261 (14. 11. 1906).
[131] D. L. 17. Jg., Nr. 167 (24. 7. 1906) gegen Choc und Nr. 232 (10. 10. 1906) gegen Žáček.
[132] D. L. 17. Jg., Nr. 234 (12. 10. 1906). In D. L. Nr. 263 (17. 11. 1906): Lob als „Minderheitenberichterstatter".
[133] D. L. 17. Jg., Nr. 137 (18. 6. 1906).
[134] Mommsen, Die Sozialdemokratie 382 und 396.
[135] Ebenda 403.
[136] Ebenda 386.

Kolisko gestimmt haben, betreffend die Erklärung der deutschen Sprache als einzig zulässiger Unterrichtssprache in Niederösterreich. Genosse Adler war bei der Abstimmung überhaupt nicht im Parlament und Genosse Seitz hat nicht dagegen gestimmt, ... weil er nämlich vor der Abstimmung wegging. So verhält sich die Angelegenheit in Wahrheit"[137].

Wenn jedoch Mommsen die Auffassung vertritt, daß Adler die Wiener tschechische Schulfrage ignorierte[138], so ist zu bemerken, daß die „Dělnické Listy" selbst *nach* der Enttäuschung, die ihnen Adler durch seine Ablehnung der tschechischen Kandidatur im X. Bezirk bereitet hatte, d. h. genauer gesagt noch am Tag vor der Wahl, sein tatsächliches Engagement für das Wiener Tschechentum in dieser Frage Punkt für Punkt ausführlich würdigten. Es handelte sich dabei um das Referat einer Wählerversammlung der Ziegeleiarbeiter auf dem Wienerberg, in der Adler am Ende seiner vom „lebhaften Applaus der Genossen" begleiteten Ausführungen im Namen der Wienerberger Glasarbeiter vom tschechischen Genossen Sedlák die Frage gestellt bekam, wie er sich im Parlament in Angelegenheit des tschechischen Schulwesens zu verhalten gedenke. Laut „Dělnické Listy" hat Adler damals den Wiener Tschechen erklärt: „Es ist ein Unsinn, wenn Kinder in eine deutsche Schule geschickt werden, die überhaupt nicht deutsch können. Wir wollen, daß Schulen errichtet werden, in denen die Kinder beide Landessprachen erlernen. Auch in Niederösterreich ist es unumgänglich notwendig, daß Schulen für tschechische Kinder so errichtet werden, daß diese die deutsche Sprache vollkommen erlernen. (Zurufe: Das wollen wir!)"[139].

Ein weiteres: Ebenso wenig wie also die Wiener Tschechen von sich aus die Behauptung aufstellten, daß Adler die tschechische Schulfrage völlig ignorieren würde, kann man m. E. den entscheidenden Schritt für die gegenseitige Entfremdung der deutschen und tschechischen Sozialdemokratie darin begründet sehen, daß es der deutschen Partei „völlig fern" lag, „in der Frage des tschechischen Schulwesens in Wien tätig zu werden"[140]. Dies hatten die Wiener Tschechen übrigens gar nicht einmal verlangt. Da jedoch im vorliegenden Zusammenhang Adlers Favoritner Kandidatur im Vordergrund der Betrachtung stehen soll[141], möge ein Zitat aus einer Artikelserie der „Dělnické Listy" zum Thema „Die Sozialdemokratie und das Schulwesen"[142] genügen, in der die Forderung nach tschechischen nationalen Min-

---

[137] D. L. 18. Jg., Nr. 95 (25. 4. 1907): Wahlbewegung (Hervorhebung im Original).
[138] M o m m s e n , Die Sozialdemokratie 396. — Hinzu kommt, daß Adler davon überzeugt war, daß der Antrag Kolisko nur ein demagogischer Antrag war, von dem der Antragsteller selbst sehr wohl wußte, daß er nicht in die Kompetenz des Landtages fiel und daher niemals sanktioniert werden konnte. Dies bedeutet in Ergänzung zu Mommsen, daß Adler ebenso wußte, daß es eine Prestigefrage der *Deutschen* war! A d l e r , Aufsätze XI, 175.
[139] D. L. 18. Jg., Nr. 108 (13. 5. 1907) S. 1 f.: Der Kampf um Wien und Niederösterreich.
[140] M o m m s e n , Die Sozialdemokratie 394.
[141] Zur Schulfrage im Spiegel der D. L. ist von der Verfasserin ein Aufsatz im „Archiv für Sozialgeschichte" vorgesehen.
[142] D. L. 12. Jg., Nr. 199 (31. 8. 1901), Nr. 201 (3. 9. 1901) und Nr. 203 (5. 9. 1901): Die Sozialdemokratie und das Schulwesen.

derheitsschulen zu einer einzig und ausdrücklich in die Kompetenz der tschechischen Fraktion fallenden Angelegenheit erklärt wurde. In dem Artikel der „Dělnické Listy" vom 5. September 1901 heißt es nämlich: „Indessen, ist das Streben der tschechischen Arbeiter nach Errichtung tschechischer Schulen ein gemeinsames Bestreben mit den deutschen Arbeitern oder ist das Gegenteil der Fall? Vom kosmopolitischen Standpunkt aus ja, vom nationalen Standpunkt aus nein. Eine kosmopolitische Partei ist die Sozialdemokratie keineswegs, wie dies am besten ihre nationale Aufgliederung bezeugt. Deshalb wird es kaum möglich sein, von unseren deutschen Genossen zu fordern, uns in unserem Kampf um die *tschechische* Schule zu unterstützen. Wenn es sich um irgendeine gemeinsame Forderung handeln würde, wie etwa um die Gewährung von schulischen Bedarfsartikeln für die Kinder, um öffentliche Verköstigung der Kinder oder um die Lostrennung der Kirche von der Schule — in diesem Fall werden wir sie und sie uns unterstützen müssen, das ist eine *gemeinsame Forderung,* aber die Errichtung einer tschechischen Schule ist *ein rein tschechisches Postulat, ein nationales Postulat der tschechischen Sozialdemokratie,* ebenso wie die Errichtung einer deutschen Schule wiederum eine Forderung der deutschen Sozialdemokratie ist"[143]. Offenbar sahen die Wiener tschechischen Arbeiter in ihren Emanzipationswünschen keinesfalls eine Erschwerung, sondern eher eine Entlastung der sozialdemokratischen Politik in Österreich.

Damit bleibt in bezug auf die von Mommsen für die Gesamtpartei aufgestellte Entwicklungslinie noch die Frage übrig, ob die Konflikte über die Kandidatur Victor Adlers für Favoriten II den Keil zwischen deutscher und tschechischer Sozialdemokratie in Wien tatsächlich so tief hineingetrieben haben, daß man von einer leitenden Absicht der „Dělnické Listy" sprechen kann, die deutsche Partei bei den tschechischen Arbeitern in Mißkredit zu bringen[144] und zwar durch nationale Motive, die auf tschechischer Seite „unverhüllter als bei den Deutschen"[145] auftraten. Wie bereits erwähnt[146], hatte die niederösterreichische Landeskonferenz im Oktober 1906 gefordert, daß eine der beiden Kandidaturen des X. Bezirks an einen Tschechen vergeben werde. Dies war bei Adler auf unerbittliche Ablehnung gestoßen. Seine einzige sogenannte Konzession war, daß er sich selbst für diesen Bezirk aufstellen ließ, was zur Folge hatte, daß man tschechischerseits mehr oder weniger deutlich mit Gegenkandidaturen in Deutschböhmen drohte und den vereinbarten „Waffenstillstand" als gebrochen erklärte. Untersucht man nun, welche Faktoren bei dieser Angelegenheit auf die Meinungsbildung der „Dělnické Listy" eingewirkt haben, so ist vorweg auch daran zu erinnern, daß ursprünglich, nämlich als die Wahlrechtsvorlage am 23. Februar 1906 im Parlament eingereicht wurde, nur ein einziger Abgeordneter für den X. Bezirk festgesetzt worden war, was von den „Dělnické Listy" als schreiende Ungerechtigkeit verurteilt wurde[147]. Von den weiteren Artikeln des Jahres 1906, die die Mandatsfrage in Favoriten be-

---

[143] D. L. Nr. 203 (5. 9. 1901). Hervorhebung im Original.
[144] Mommsen, Die Sozialdemokratie 406.
[145] Ebenda 407.
[146] Siehe oben S. 166.
[147] D. L. 17. Jg., Nr. 44 (23. 2. 1906).

handeln¹⁴⁸, sei noch die Nummer vom 10. August erwähnt, in der man den tschechischen Lesern mitteilte, daß im Wahlreformausschuß von den tschechischen Mitgliedern Choc und Čipera sogar vier Mandate für die niederösterreichische Minderheit gefordert worden waren, wobei — auf der Grundlage nationaler Kataster — drei für Wien und eines für die niederösterreichischen Landgemeinden veranschlagt wurden¹⁴⁹. Als sich dieses Maximalprogramm nicht verwirklichte, trugen vor allem die tschechischen Bürgerlichen dazu bei, die Situation anzuheizen. In den ersten Januartagen von 1907, bevor die Wahlrechtsvorlage noch die Sanktion des Kaisers erhalten hatte, griff Jančas Wiener „Slovan" die tschechische Sozialdemokratie Niederösterreichs an, sie hätte „bei der Wahlreform tapfer mitgeholfen, den Anspruch der tschechischen Sozialdemokraten auf Zuerkennung einer eigenen proportionalen Vertretung in der gesetzgebenden Versammlung zu unterdrücken". Um „derartigen geschmacklosen Legenden" Einhalt zu gebieten, entgegneten die „Dělnické Listy" am 5. Januar 1907, daß eine gesetzliche Minderheitenvertretung nach wie vor unverändert ihre vorderste politische Forderung bleiben würde; allerdings habe man gesehen, daß der Wahlreformausschuß sich gegen diese Lösung gestemmt habe und daß eine nachdrückliche Betonung und bedingungslose Beharrung unweigerlich zu einer Bedrohung des ganzen Reformwerkes geführt haben würde, dessen Träger und Hauptstütze eben gerade die sozialdemokratische Partei in ihrer Gesamtheit gewesen sei. Daher habe man sich der politischen Notwendigkeit des Augenblickes gebeugt, damit wenigstens das zum Gesetz erhoben werden konnte, was unter den gegebenen Verhältnissen möglich und erreichbar gewesen sei. In diesem Sinne hätten dann die sozialdemokratischen Abgeordneten unter Zustimmung der tschechischen sozialdemokratischen Partei in Niederösterreich für „das Werk des Kompromisses" gestimmt¹⁵⁰. Eine Woche später, am 12. Januar, bezeichnete nun freilich ausgerechnet der von den Wiener Tschechen bisher hochgeschätzte Victor Adler auf der Sitzung der Gesamtexekutive ein tschechisches Mandat für Wien als eine „furchtbare Schädigung für die deutsche Partei auf der ganzen Linie", ja, als ausgesprochenen „Selbstmord", weil es nichts anderes bedeute, als daß die Deutschen den Tschechen „nationale Eroberungen auf Wiener Boden"¹⁵¹ besorgen sollten.

Die öffentliche Erörterung der „Dělnické Listy" zu der Favoritener Zweitkandidatur erfolgte erst am 5. Februar¹⁵². In Anbetracht der zahlenmäßigen Stärke der tschechischen Partei in Niederösterreich hätten sich — so argumentierte man „mit notwendiger Selbstverständlichkeit" auch selbständige wirtschaftliche und kulturelle Bedürfnisse herausgestellt, die für eine gesunde Weiterentwicklung der Arbeiter-

---

[148] D. L. 17. Jg., Nr. 9 (12. 1. 1906), Nr. 50 (2. 3. 1906), Nr. 51 (3. 3. 1906), Nr. 53 (6. 3. 1906), Nr. 64 (19. 3. 1906), Nr. 80 (6. 4. 1906), Nr. 94 (24. 4. 1906). — Bei den Mandats-Forderungen der 23 500 Favoritener Tschechen berief man sich vor allem auf das Mandat der 14 000 Deutschen in der Gottschee. Dazu: D. L. Nr. 152 (6. 7. 1906), Nr. 153 (7. 7. 1906), Nr. 157 (12. 7. 1906).
[149] D. L. 17. Jg., Nr. 182 (10. 8. 1906): Heimische Politik.
[150] D. L. 18. Jg., Nr. 4 (5. 1. 1907).
[151] Mommsen, Die Sozialdemokratie 404.
[152] D. L. 18. Jg., Nr. 29 (5. 2. 1907): Zu den Wiener Kandidaturen.

bewegung auf sozialdemokratischer Basis eine unerläßliche Grundlage bilden würden. „Von den deutschen sozialdemokratischen Abgeordneten aus Niederösterreich konnten und wollten wir auch gar nicht verlangen, daß sie sich für diese Forderungen einsetzen sollten". Die ganze Entwicklung der tschechischen Sozialdemokratie in Niederösterreich „führte und führt unerbittlich zu ihrer eigenen Erfüllung und zur Erreichung des entsprechenden Anteiles an der politischen Macht, zu ihrer sichtbaren Repräsentanz durch die Vertreterschaft in verschiedenen Institutionen, Korporationen und gesetzgebenden Körperschaften." Tatsache ist, daß die Wiener tschechische Arbeiterschaft bereits seit Jahren ihre Vertretung in der Vorstandschaft der Arbeiterkrankenkassa besaß und auch bei den Wahlen in die Bezirks-, Landes- und Reichsinstitutionen mitberücksichtigt worden war[153]. Als schlagendsten Beweis nannte man Antonín Němec, der auf Initiative der deutschen Genossen im Jahre 1897 in Wien für den Reichsrat kandidiert hatte. Doch auch bei den übrigen Wahlen des vergangenen Jahrzehnts war „die internationale Solidarität zwischen deutschen und tschechischen Genossen stets dadurch dokumentiert worden, daß ein Genosse aus der Mitte der tschechoslawischen sozialdemokratischen Organisation vorgeschlagen und auch als gemeinsamer Kandidat aufgestellt wurde". So veranlaßte der Standpunkt der Deutschen die Vertreter der tschechischen sozialdemokratischen Organisationen in den einzelnen Wiener Bezirken zunächst dazu, ihre Mitarbeit bei den Wahlvorbereitungen solange zu verweigern, bis die strittige Frage befriedigend gelöst sei.

Mit besonderem Nachdruck verwiesen die Dělnické Listy darauf, daß sie sich bewußt auf die „einfache Konstatierung des Standes der Dinge im gegenwärtigen Augenblick" beschränkten, war doch der Einsatz der Wiener Tschechen für die Wahlreform viel zu hoch gewesen, um jetzt alles hinwerfen zu können. Auch als die Brünner „Rovnost" am 8. Februar in der Form eines Offenen Briefes Adler vorwarf, die Parteigrundsätze mit den Füßen getreten zu haben, beließen es die Wiener Tschechen damit, diesen Artikel lediglich kommentarlos abzudrucken[154]. Dasselbe taten sie mit den Stellungnahmen im „Právo Lidu", im Pardubitzer „Východočeský Obzor" und mit den deutschen Erwiderungen im „Vorwärts" und in der „Arbeiter-Zeitung". Bei letzterer versäumten sie es allerdings nicht, darauf zu verweisen, daß sie, die Wiener Tschechen, für ihre Gründung zahlreiche Geldsammlungen veranstaltet hatten[155]. Erst als Adler am 10. Februar in der Arbeiter-Zeitung eine Entgegnung verfaßt hatte, setzten sich die „Dělnické Listy" in minuziöser Analyse mit seinen Argumenten auseinander, „in derselben ruhigen und sachlichen Art..., wie es Genosse Dr. Adler getan hat, weil wir alles vermeiden wollen, was... zur Entfesselung von Leidenschaften dienen könnte. Die Person des Dr. Adler, den auch die tschechischen Genossen mit großer Ehrerbietung betrachten..., bleibt bei dieser Frage für die Wiener Genossen beiseitegestellt"[156]. Adler war für die Wiener Tschechen derzeit also nicht Zielscheibe nationalistischer Angriffe, wie

---

[153] Dazu auch D. L. 18. Jg., Nr. 35 (12. 2. 1907) und Nr. 38 (15. 2. 1907).
[154] D. L. 18. Jg., Nr. 33 (9. 2. 1907).
[155] D. L. 18. Jg., Nr. 39 (16. 2. 1907) und Nr. 40 (18. 2. 1907).
[156] D. L. 18. Jg., Nr. 34 (11. 2. 1907).

Mommsen meint[157], sonst hätte man in jenem Artikel wohl nicht betont, daß es die „tschechischen Genossen ... nur ungern ertragen, daß gerade er an einem so strittigen Platz gestellt wurde".

Zur Sache selbst erschienen dann vom 11. bis 15. Februar fünf Leitartikel in Fortsetzungen, in denen Adler ausdrücklich als „Dolmetscher der deutschen Genossen" bezeichnet wurde, wogegen sich die „Rovnost" direkt an ihn persönlich gewandt hatte[158]. Der grundlegende Einwand, den Adler geltend machte, war das bestehende *Gesetz,* nach dem die Wahlbezirke national begrenzt waren. Die Wählerschaft sei daher nicht imstande, im deutschen Stadtbezirk Favoriten eine tschechische Minderheitsvertretung zuzulassen, ohne dadurch der Majorität die Vertretung zu nehmen. Daß hier ein „schwerer Mangel" des Wahlgesetzes vorlag, weil es keine Rücksicht auf die politische Vertretung der Minderheiten nahm, wurde von Adler auch nicht bestritten[159]. Die schlagfertige Gegenfrage der „Dělnické Listy" lautete nun, ob denn in der Geschichte der Sozialdemokratie ein Gesetz jemals etwas Unantastbares gewesen sei. Die Widerlegung gelang unschwer durch den Hinweis, daß bereits geltende Gesetze, wie etwa die elfstündige Arbeitszeit oder die Vorschriften der alten Wahlordnung von der Gewerkschaft sowie von der Partei in der Praxis bereits mehrfach „korrigiert" worden waren. Denn gerade in der Praxis bot sich — nach Auffassung des niederösterreichischen tschechischen Arbeiterblattes — bei ungerechten gesetzlichen Bestimmungen eine wirkungsvolle Aufforderung zu deren gesetzlicher Beseitigung an; sie sollte immer danach ausgerichtet sein, „ein leuchtendes Beispiel zu geben zur Schaffung besserer, gerechterer Gesetze". Die Wählerschaft habe daher jederzeit die Möglichkeit, aus eigener Machtvollkommenheit ein Unrecht zu beseitigen. „Und darauf zielte die Forderung der tschechischen Genossen in Niederösterreich, die nach einer Korrektur der ungerechten Gesetzesbestimmung auf dem Wege der Übereinkunft zwischen den deutschen und tschechischen Genossen riefen"[160].

Der zweite Artikel befaßte sich mit dem Argument Adlers, daß die Deutschen durch die Ablehnung des Mandates kein *Prinzip* verletzt hätten, da es sich um keine prinzipielle Forderung gehandelt habe. Das Respektieren einer nationalen Minderheit sei jedoch in jeder Weise ein Prinzip, gleichgültig, ob es nun das Ergebnis einer Forderung der Minderheit oder eine Folge der Weitsicht und eigenen Gefälligkeit der Mehrheit darstelle. Auch wenn dieser Grundsatz für die Wiener Tschechen nicht wie für die polnischen Minderheiten in Ostgalizien durch Proportionalwahlen oder wie für die deutsche und tschechische Minorität in Mähren durch nationale Kataster oder wie für die deutsche Minorität in Krain durch das Herauslösen eines kleinen Wahlbezirkes zur Geltung gebracht worden sei, so habe dieses

---

[157] Mommsen, Die Sozialdemokratie 369.
[158] D. L. 18. Jg., Nr. 38 (15. 2. 1907).
[159] Victor Adlers Aufsätze, Reden und Briefe. Hrsg. v. Parteivorstand der soz.dem. Arbeiterpartei Deutschösterreichs. H. 11. Der Kampf um das Wahlrecht. Ges. u. zusammengestellt v. Gustav Pollatschek. Wien 1929, S. 291—301, hier S. 296 ff. Siehe auch: Arbeiter-Zeitung vom 10. 2. 1907 und D. L. vom 11. 2. 1907 (wörtliche tschechische Übersetzung).
[160] D. L. 18. Jg., Nr. 34 (11. 2. 1907).

Prinzip der Minderheitenvertretung zumindest in der *Partei* existiert und — „wie wir hoffen, hat es nicht aufgehört zu existieren, selbst jetzt nicht, weil es vielleicht das österreichische Gesetz nicht kennt"[161]. Als Leitgrundsatz wurde das Brünner Nationalitätenprogramm von 1899 zitiert, in dem wörtlich bestimmt worden war: „Das Recht der nationalen Minderheiten wird durch ein eigenes, vom Reichsparlament zu beschließende Gesetz gewahrt"[162]. Dies sei der Grundsatz zur staatlichen Regelung Österreichs und ebenso auch der Grundsatz vom nationalen Bundesstaat und von der nationalen Autonomie. Bisher sei es immer der ganze Stolz der Partei gewesen, dem Staate mit gutem Beispiel voranzugehen: „Wir haben selbst die Autonomie der nationalen Gruppen in der gemeinsamen Partei eingeführt und die Partei wie einen Nationalitäten-Bundesstaat aufgebaut. Auch was das Recht der nationalen Minderheiten anbetrifft, sollten wir mit gutem Beispiel vorangehen und nicht erst warten, daß vom Parlament die entsprechenden Beschlüsse kommen. Das Prinzip ist also vorhanden, es existiert, wenn auch Genosse Dr. Adler seine Existenz ausdrücklich nicht anerkennen will, ja, sie direkt bestreitet. Im übrigen erkennt er es selbst mit eigenen Worten an, wenn er sagt, daß es ungerecht sei, wenn die Minderheiten ohne Vertretung bleiben und wenn er es als schweren Mangel des Gesetzes bezeichnet, daß es den tschechischen Genossen keine Minderheitenvertretung zuerkennt"[163]. Als „außerordentlich vereinfachte Lösung", die man Victor Adler nicht ohne weiteres abnahm, weil sie das Prinzip der minderheitlichen Vertretung ad absurdum führte, empfand man begreiflicherweise das Argument Adlers, daß die speziell nationalen Forderungen der tschechischen Sozialdemokraten in Favoriten angeblich durch die in Böhmen und Mähren gewählten Vertreter wahrgenommen würden[164]: „Wenn derartige Gründe als haltbar angesehen werden könnten, dann könnte man ja den ganzen Gedanken einer Minderheitenvertretung aus der Welt schaffen. Jede Minorität könnte man dann mit dem Hinweis darauf abspeisen, daß sie irgendwo anders vertreten sei, wo ihre Angehörigen die Mehrheit bilden."

Die dritte Folge der Leitartikel über das Favoritener Mandat ging auf die *„taktischen Rücksichten"* ein; mit den Worten Adlers ausgedrückt besagte dies, daß es unvernünftig wäre, den deutschnationalen Chauvinisten eine Waffe in die Hand zu geben mit der sie die indifferenten Massen aufputschen könnten. Hier äußerten die „Dělnické Listy" die gleiche Ansicht wie die Brünner „Rovnost": Taktische Rücksichten seien in der Politik unerläßlich, müßten jedoch in dem Augenblick sofort beiseite geschoben werden, wenn sie zu den Grundsätzen der Partei in Widerspruch stünden oder ihnen gar Schaden zufügen würden. Ein Weg, auf dem die taktischen Rücksichten vor den Grundsätzen den Vorrang besäßen, sei überaus schlüpfrig und stelle eine Art von Politik dar, die der Partei bisher völlig fremd

---

[161] D. L. 18. Jg., Nr. 35 (12. 2. 1907).
[162] K a n n , Das Nationalitätenproblem I, 105 ff., 205; II, 160 ff., hier II, S. 161. — Siehe auch Anm. 49.
[163] D. L. 18. Jg., Nr. 35 (12. 2. 1907).
[164] Es kandidierten dann Tomášek für Mährisch-Ostrau-Příbor-Novojice; Kudla für Böhm. Budweis und Kubálek in Schlesien gegen Baron Rolsberg. D. L. 18. Jg., Nr. 71 (27. 3. 1907), Nr. 72 (28. 3. 1907), Nr. 81 (9. 4. 1907), Nr. 101 (3. 5. 1907), Nr. 110 (15. 5. 1907).

gewesen sei. Wollten denn die Deutschen beim „Wegstoßen der tschechischen Genossen" den breiten Massen den Vorzug geben, die für nationale Hetzereien zugänglich seien, anstatt den altbewährten tschechischen Mitkämpfern und klassenbewußten Sozialdemokraten? Und damit stießen die „Dělnické Listy" aus ihrer Perspektive zum Kern der Sache vor: „Hier enden für einen Sozialdemokraten jegliche taktischen Rücksichten, weil damit bereits die internationale Solidarität zu den Genossen durchbrochen wird, nur deswegen, damit bei den Wahlen nicht Elemente gegen die Partei aufgewiegelt werden, die nicht einmal Bestandteil der Partei sind, die ihr völlig fremd sind." Wenn schon die Theorie über die Unantastbarkeit des Gesetzes realpolitisch zweifelhaft sei und wenn schon der Verlust des Prinzips der Minderheitenvertretung zur Verwunderung Anlaß gegeben habe, dann stoße doch dieser entscheidende Einfluß der „taktischen Rücksichten" direkt vor den Kopf, nota bene wiederum auf Kosten der Grundsätze der Partei[165]. Im Artikel Adlers sei die ganze Sache so dargestellt, als ob es sich nur um die Frage der Kanditatur im Wiener Wahlbezirk Favoriten II handeln würde. In Wirklichkeit habe man es jedoch nicht mit einer lokalen Frage, sondern in gewisser Hinsicht mit einer gesamtösterreichischen Angelegenheit zu tun[166]. Die Forderung nach einer Minderheitenvertretung sei schließlich nicht von den Tschechen in Favoriten erfunden worden, sondern vielmehr ein Beschluß der Landeskonferenz der tschechischen Sozialdemokraten in Niederösterreich, die sich mit diesem Anliegen an die Landesvertretung und nicht etwa an die deutschen Genossen des X. Wiener Gemeindebezirkes gewendet hatte. Mit Rücksicht darauf, daß der tschechische Kandidat zum Vertreter der gesamten tschechoslawischen Minderheit in Niederösterreich erklärt werden sollte, erübrige sich die Bemerkung, es sei ungerecht, der deutschen Majorität die Vertretung zu nehmen, denn die Grundlage einer Minoritätenvertretung bestehe ja gerade darin, daß die Majorität der Minorität einen Teil ihrer Macht überträgt.

Adler hatte es bei dieser Gelegenheit nicht versäumt, darauf hinzuweisen, daß die große Mehrheit der Favoritener Arbeiterschaft deutsch sei und daß die Kandidatur von Němec im Jahre 1897 nicht das Ergebnis einer tschechischen Forderung gewesen war, wie jetzt im Jahre 1907[167]. Němec vertrat damals nicht etwa den tschechischen Volksteil Niederösterreichs, sondern vielmehr die sozialdemokratische Gesamtpartei. Gegenüber diesen Argumenten verwiesen die „Dělnické Listy" darauf, daß in dem proletarischeren Teil des X. Bezirks, in dem nun Adler kandidierte, hauptsächlich tschechische Ziegeleiarbeiter konzentriert waren, so daß der Unterschied zwischen den organisierten deutschen und tschechischen Arbeitern de facto geringer war als Adler ihn für den gesamten Bezirk mit „mindestens dreimal so groß" angegeben hatte[168]. Zum zweiten berief man sich auf den Parteitag von Budweis 1893, wo sich die tschechoslawische Sozialdemokratie als selbständige Partei konstituiert hatte. Dies bedeutete mit anderen Worten, daß bei der Kandi-

---

[165] D. L. 18. Jg., Nr. 36 (13. 2. 1907).
[166] D. L. 18. Jg., Nr. 37 (14. 2. 1907).
[167] Adler, Aufsätze XI, 295.
[168] Ebenda 296.

datur von Němec die Teilung zwischen Deutschen und Tschechen bereits erfolgt war. Daher sei es verfehlt, wenn die Deutschen behaupteten, sie hätten Němec aus ihrer eigenen Initiative kandidieren lassen. Natürlich hätten auch die Tschechen 1897 einen Vertreter aus ihren Reihen verlangt. Wenn dennoch damals nicht die Nationalität sondern die Fähigkeit des Kandidaten den Ausschlag gab, so könne man doch nicht abstreiten, daß Adler selbst später an Verhandlungen teilnahm, in denen spezifisch tschechische Minderheitenvertreter berücksichtigt wurden. In früheren Zeiten, so müsse man unumwunden zugeben, erfüllten die Deutschen den Wiener tschechischen Arbeitern gegenüber stets ehrlich die Pflicht der internationalen Solidarität. „Aber dies alles ist vorüber, ist gewesen und ist nicht mehr"[169].
Nach dieser Häufung von Zitatstellen wird man wohl weder von einem „radikalen Nationalismus" der Wiener Tschechen seit 1905, noch von einer „systematischen Verhetzung der tschechischen Arbeiterschaft" noch von einer „scharfen Kritik", sondern eher von z. T. widersprüchlichen, aber sachlichen Argumentationen der „Dělnické Listy" sprechen können. Auch die „sehr versöhnliche" Entgegnung Adlers erweckt von der Formulierung her Bedenken[170]: Adler hatte das tschechische Begehren rundweg als „prinzipiell und praktisch gleichermaßen unerfüllbar" erklärt[171], obwohl sich sogar Hueber im Januar 1907 noch auf die Seite der Tschechen gestellt hatte[172]. Zu bedenken ist ein weiteres: Gerade die Praxis hatte doch bei den Wiener Tschechen — auch bei den Sozialdemokraten — immer wieder ihre nationalpolitischen Fehlkalkulationen aufgedeckt. Bei Adlers Wahl in den niederösterreichischen Landtag 1901 hatte der tschechische Zählkandidat im Favoritener Bezirk nur 41 Stimmen erhalten, da die tschechischen Genossen mit überwältigender Mehrheit beschlossen hatten, Victor Adler zu protegieren[173]. Man sollte daher den „entfesselten nationalistischen Geist"[174] auf Seite der tschechischen Sozialisten — soweit sie in Wien lebten — nicht überbetonen. Auch die deutsche Seite war nicht frei von mehr oder weniger fanatischem Nationalgefühl. Der Vizepräsident der Gesamtpartei, Engelbert Pernerstorfer, der bei den Wiener Tschechen ebenfalls Ansehen genoß[175], hatte z. B. in einer Polemik gegen Hermann Bahr erklärt: „Du bist ein fanatischer Österreicher mit Leib und Seele. Ich bin ein Österreicher mit dem

---

[169] D. L. 18. Jg., Nr. 37 (14. 2. 1907).
[170] Die vier Zitate in: M o m m s e n, Die Sozialdemokratie 412 und 405. — Widersprüchlich wäre m. E. die Betonung, daß 1897 Němec kandidieren d u r f t e als Beweis für die frühere Solidarität der Deutschen, wenn man andererseits darauf verweist, daß die tschechische Sozialdemokratie damals schon s e l b s t ä n d i g war, daß also die Deutschen nichts „zu vergeben" oder dreinzureden hatten. — Widersprüchlich wäre auch, ein Mandat für die Favoritener 23 000 Tschechen zu fordern, wo man andererseits zugibt, daß eine selbständige Kandidatur nicht ratsam wäre, weil die Zahl der Tschechen nicht ausreicht (S. 548).
[171] A d l e r, Aufsätze XI, 298.
[172] M o m m s e n, Die Sozialdemokratie 404.
[173] E b e n d a 403, Anm. 5.
[174] E b e n d a 386.
[175] Vgl. die Wiedergaben seiner Parlamentsreden in D. L. 15. Jg., Nr. 266 (19. 11. 1904); 16. Jg., Nr. 221 (28. 9. 1905); 17. Jg., Nr. 255 (7. 11. 1906).

Kopfe, im Herzen bin und bleibe ich ein Deutscher"[176]. Demgegenüber könnte man wieder entgegenhalten, daß in den „Dělnické Listy" auch 1907 noch *zuerst* das Österreichertum und danach erst das Tschechentum betont wurde: „Wer nicht sozialdemokratisch wählt, versündigt sich daher am österreichischen Volk, nicht zuletzt aber auch am tschechischen Volk"[177], eine Äußerung, die, so möchte man meinen, mit dem Kopf sowohl wie aus dem Herzen gesprochen sein konnte.

Die schärfste Anklage findet sich erst in dem letzten, fünften Kapitel der „Dělnické Listy", das die Probleme der Wiener Kandidaturen zusammenfaßt. Hier ist auch ausdrücklich von „tiefer Erbitterung" die Rede, weil dies „das erste Mal" sei, „daß die Genossen eine Forderung anderer Genossen unter Berufung auf das Gesetz ablehnen". Adler habe das Prinzip der Minderheitenvertretung für die tschechische Partei als nicht existent erklärt, ja, er habe die Majoritätenvertretung mit der Stimmenabgabe der Minderheiten für den Majoritätskandidaten als die einzig zulässige Aktion des Prinzips der internationalen Solidarität postuliert. Und wenn Adler in dieser Sache auf die nächste gemeinsame Versammlung verweise, in der *„vielleicht"* darüber verhandelt werden würde, ob man sich um eine gesetzliche Vertretung der niederösterreichischen tschechischen Minorität bemühen solle oder nicht, dann möge er sich doch die Frage vorlegen, ob die deutschen Genossen Niederösterreichs durch derartige Entscheidungen nicht von selbst schon die Gemeinschaft in der sozialdemokratischen Partei bedrohten. „Demgegenüber haben wir darauf verwiesen, daß die bisherige Praxis der internationalen Solidarität sich stets auf die Respektierung der Minderheiten gestützt hat, eben gerade auf dem Wiener Boden, durch Aufstellung tschechischer Kandidaten bei verschiedenen Gelegenheiten"[178]. Um jedoch als Antwort auf das verweigerte Mandat eine Kandidatur auf eigene Faust zu riskieren, dazu dachte man zu realistisch, weil die tschechische Arbeiterschaft Wiens „nicht in der notwendigen Anzahl in irgendeinem jetzigen Wahlkreis konzentriert" war, so daß „die Aufstellung eines eigenen Kandidaten zu den derzeitigen Gegebenheiten nicht den gewünschten Erfolg" gehabt hätte[179]. Umso lächerlicher fand man es, daß der niederösterreichische tschechische Nationalrat den Vertreter der Wiener Filiale der Bank „Praha", František Weider, als tschechischen nationalen Kandidaten in Favoriten gegen Adler aufgestellt hatte[180].

Wenn — wie Mommsen ausführt — die Wiener tschechische Schul- und Mandatsfrage nicht nur für die Entwicklung der österreichischen Nationalitätenprobleme typisch, sondern auch noch deshalb bedeutungsvoll war, weil sie immer im Zentrum der Beziehungen zwischen deutscher und tschechischer Sozialdemokratie stand[181], so sind im folgenden noch die Vorstellungen der Wiener Tschechen von Nationalismus und internationaler Solidarität etwas näher zu betrachten. Auch wenn es zu keiner Verständigung oder Aussöhnung kam, auch wenn sich die Abspaltung der Tschechen

---

[176] Kann, Das Nationalitätenproblem I, 384 Anm. 118 und E. Pernerstorfer: Zeitfragen. Wien 1917, S. 20 und 23.
[177] D. L. 18. Jg., Nr. 115 (22. 5. 1907).
[178] D. L. 18. Jg., Nr. 38 (15. 2. 1907).
[179] D. L. 18. Jg., Nr. 49 (28. 2. 1907).
[180] D. L. 18. Jg., Nr. 85 (13. 4. 1907).
[181] Mommsen, Die Sozialdemokratie 406

nicht aufhalten ließ, so kann man von den Wiener Quellen her kaum überzeugend darlegen, daß Adlers „kluge Vermittlungstätigkeit" das einzige retardierende Moment in diesem Prozeß gewesen sein soll[182]. Ähnlich wie im nahen Mähren, waren auch die Wiener Tschechen nur teilweise mit dem von Prag eingeschlagenen nationalen Kurs einverstanden.

Sechs Tage vor der Wahl hob der Leitartikel der „Dělnické Listy" das Wiedereinlenken der Wiener tschechischen Sozialdemokratie deutlich hervor: „Wir tragen eine große Verantwortung vor der Geschichte ... als Arbeiter und als Wiener Tschechen. Auch wenn es nicht gelang, die selbständige Vertretung zu erkämpfen, gilt es, diesen Zettel zum Kampf gegen seine tatsächlichen Feinde, gegen die kapitalistische Klasse und zum beschleunigten Vorwärtskommen des Sozialismus zu benützen ... Deswegen, weil wir in nationaler Hinsicht als Minderheit weggestoßen wurden, dürfen wir uns doch nicht am Volk in Österreich in wirtschaftlicher und kultureller Hinsicht dadurch rächen, daß wir Wien, diese so wichtige Position, den Klerikalen in den Rachen werfen ... Soviel für jene Herren, die uns in diesen Tagen so tapfer als ‚Adlers Söldner' beschimpfen ... Wir gehen gerade und aufrecht in den Kampf, gemeinsam mit der deutschen Sozialdemokratie, wie es uns unser soziales Arbeitergewissen befiehlt und wie es der Kampf gegen den Klerikalismus erforderlich macht, auch für den Fall, daß wir uns in nationaler Hinsicht nicht immer die Hände reichen ... Aber die tschechischen nationalen Bürgerlichen in Wien können unseren Standpunkt nicht verstehen. Für sie ist die nationale Frage das Alpha und Omega aller politischen Klugheit. Ein Bierpatriotentum in seiner typischsten Gestalt"[183].

Auch dem Neopanslawismus, der mit dem Ersten Allslawischen Kongreß im Jahre 1908 sichtbar hervortrat und der — wie bei Mommsen nachzulesen ist[184] — den Prozeß der Entfremdung zwischen Deutschen und Tschechen entscheidend gefördert hat, wurde in den „Dělnické Listy" eine klare Absage erteilt, indem man ihn in die gleiche Kategorie einreihte, wie den bourgeoisen Klerikalismus: „Man muß zugeben, daß der Panslawismus für uns keine geringere Gefahr ist als der Klerikalismus, weil doch auch er die Volksmassen von den tatsächlichen Lebensbedürfnissen ablenkt, der Panslawismus ist nichts anderes als ein bis in die entferntesten Grenzen hochgetriebener Nationalismus. Und daß der Nationalismus weder den Volksmassen noch der sogenannten slawischen Wechselseitigkeit einen Nutzen gebracht hat, das ist doch zur Genüge bekannt. Der Nationalismus lebte auf Kosten der sozialen Bedürfnisse des Volkes, durch ihn wurden die tatsächlichen sozialen Verhältnisse im Volk verdunkelt, unter seinem Deckmantel wurden die Massen ausgebeutet, im Namen des Nationalismus wurden die Gedanken totgeschlagen, totgeschlagen auch der Mensch. Der Nationalismus hat die Tschechen und die Polen nicht zusammengebracht, auch nicht die Polen und die Russen, nicht die Russen und Ukrainer, Kroaten und Serben und ebensowenig die Serben und Bulgaren ... Aber das schreibt man dem slawischen Charakter zur Last, obwohl es auf

---

[182] Ebenda 407.
[183] D. L. 18. Jg., Nr. 105 (8. 5. 1907).
[184] Mommsen, Die Sozialdemokratie 384.

das Konto des Nationalismus gehört, also nicht etwa zu Lasten des Charakters, sondern des Systems, des Bürgertums. Wohin dies auch immer getreten ist, überall hat es Spuren des Todes hinterlassen, wohin sein Atem fiel, das wurde vergiftet"[185]. Wenn überhaupt, so hielt man allein im Rahmen des internationalen Sozialismus eine slawische Verbrüderung für möglich.

Damit war der Sozialismus gleichsam zur Heilsarmee für die gesamte tschechische Nation erklärt worden. In einem Appell an die Wiener tschechischen Wähler wurde die tschechoslawische Sozialdemokratie zur „Fahnenträgerin für ein gleiches Recht", zur "Vorkämpferin für ein besseres Leben der Unterdrückten", zur „Verkünderin neuer, gerechter Gesellschaftsordnungen" und zum „Apostel des Sozialismus". „Die große Botschaft des Sozialismus geht auch durch unsere arme Nation. Öffnet vor ihr euere Augen! Sie bedeutet unsere Befreiung. Sie ist der Segen für alle Leidenden! Sie ist die Erlösung für die Nation! Sie ist die Zukunft der Menschheit und die Hoffnung neuer Kulturen!"[186] Die Reaktion des Auslandes sollte der beste Garant sein: „Die europäische ausländische Presse — wir erinnern nur an den Genossen Jaurès in der „Humanité"[187] — hat freudig die Nachricht über den Sieg der Sozialdemokratie in Österreich als Nachricht über die Sicherung des europäischen Friedens empfangen. Die Sozialdemokraten im österreichischen Parlament sind für ganz Europa eine Garantie, daß auch hier, sowie in Frankreich, in Deutschland und in Italien jeder Versuch einer Hetze des einen Staates gegen einen anderen Staat, jede niederträchtige diplomatische Intrige, ohne Gnade an den Pranger kommt und vor das Gericht in ganz Europa gestellt wird"[188].

Dieses Bewußtsein einer „historischen Sendung", bei dem sich die Wiener Tschechen als „Dolmetscher dieser Millionen Arbeiter von Tirol bis Galizien und die Bukowina, vom Riesengebirge bis an die Adria"[189] fühlten, ist ihrer Nation bis auf den heutigen Tag erhalten geblieben, ja, es steigerte sich wohl noch beträchtlich beim Traum vom sozialistischen „Dritten Modell" im Jahre 1968. Es ist aber kein nationaler Messianismus, wie er beispielsweise bei den Russen beobachtet werden kann. Daß die Tschechen in Wien ihre allmenschlich-sozialistischen Sendungsziele stets unter den jeweils wechselnden historischen Gegebenheiten zu sehen versuchten, zeigt z. B. die Definition ihres Vaterlandsbegriffes. In der Diskussion über Nationalität und Internationalität, die sich in der tschechischen Presse aufgrund der Amsterdamer Konferenz im Sommer 1905 entspann, wurde ein Wort Tusars aus der Brünner „Rovnost" zitiert, das für die Wiener Situation eigens zugeschnitten

---

[185] D. L. 18. Jg., Nr. 87 (16. 4. 1907): Panslavismus.
[186] D. L. 18. Jg., Nr. 27 (1. 2. 1907) S. 1 f.: Bedeutung des gleichen Wahlrechts.
[187] Über den Einfluß dieses französischen Sozialisten auf die österreichische Sozialdemokratie: Pernerstorfer, Zeitfragen 12, 28 ff., 45. „In erschöpfender Weise erörtert Jaurès ... die Frage des Nationalismus. Er weist nach, daß Klassenkampf und Nationalismus keine durchgängigen Gegensätze seien ... Die Arbeiter, sagt er, können nur siegen, wenn sie sich in jedem Lande ... die wahre Essenz des Nationalcharakters aneignen ... So predigt Jaurès den Arbeitern geradezu den Nationalismus, der sich freilich vom Chauvinismus der Hurra-Patrioten ebensoweit entfernt wie von dem wirklichkeitsfremden himmelblauen alten Internationalismus". (S. 29 f.).
[188] D. L. 18. Jg., Nr. 115 (22. 5. 1907).
[189] D. L. 16. Jg., Nr. 269 (25. 11. 1905): 28. November.

war: „Was ist der Begriff Vaterland? Die Bürger stellen sich darunter ein begrenztes Stück Land vor. Dieser Begriff ist allerdings uns Sozialisten fremd, weil wir das Volk als lebendigen Organismus kennen, über dessen Rechte, Kultur und Zivilisation wir sprechen, aber nie über ein Stück Land mit willkürlich gebildeten Grenzen. Und deshalb fordern wir auch für jedes Volk ein volles Selbstbestimmungsrecht und Freiheit, mag es nun leben, wo es will, z. B. für die Wiener Tschechen, obwohl diese außerhalb der Grenzen der sogenannten ‚Heimat' leben. Es versteht sich von selbst, daß der Arbeiter überall dort seine Heimat hat, wo er seinen Unterhalt findet und wo er sich als Bürger fühlt, wo er seine politischen und wirtschaftlichen Rechte beansprucht, aber das bedeutet nie, daß er damit auch seine Nationalität verliert"[190]. Jedes Volk sollte nach Möglichkeit die Verwaltung seiner Angelegenheiten auch in seinen eigenen Händen haben. Zu dieser so verstandenen nationalen Gleichberechtigung führten nach Ansicht der „Dělnické Listy" zwei Wege: 1. Die Förderung der Nation innerhalb Österreichs und 2. die internationalen Beziehungen zu den Angehörigen der übrigen Nationen innerhalb und außerhalb der Monarchie[191]. Die zahlreichen Artikel über die Verhältnisse in Deutschland, Belgien, Holland, Frankreich, Italien, England, Norwegen und Schweden bestätigen, daß es an Bemühungen, diese Beziehungen zu pflegen, nicht fehlte[192]. Die tschechischen Sozialdemokraten erklärten sich hierbei zu den „Pionieren der tschechischen Selbständigkeit in der gesamten internationalen Welt. Wir sind bis in unsere Seele hinein davon überzeugt, daß die gesamte Zukunft unseres Volkes heute einzig und allein nur im Sozialismus liegt"[193]. Dem nationalen Bewußtsein kam dabei eine untergeordnete funktionelle Bedeutung zu: Es entstand quasi wie von selbst, aber immer erst als Ausfluß der vorrangigen Klassenorganisation. Zum heiklen Kapitel über die „Umnationalisierung" der Arbeiter, in Auseinandersetzung mit den statistischen Untersuchungen von Rauchberg und Wieser für die böhmischen bzw. Wiener Verhältnisse, schrieben

---

[190] D. L. 16. Jg., Nr. 182 (11. 8. 1905). Pernerstorfer, Zeitfragen 11: „Der Sozialismus und der nationale Gedanke sind also nicht nur keine Widersprüche, sie gehören notwendig zusammen". Ähnlich S. 15, 33—57.
[191] D. L. 18. Jg., Nr. 42 (20. 2. 1907).
[192] Belgien: D. L. 13. Jg., Nr. 36 (13. 2. 1902), Nr. 119 (27. 5. 1902); 16. Jg., Nr. 267 (23. 11. 1905), Nr. 290 (21. 12. 1905); 17. Jg., Nr. 71 (27. 3. 1906). Deutschland: 12. Jg., Nr. 118 (21. 3. 1901); 15. Jg., Nr. 67 (24. 5. 1904), Nr. 191 (20. 8. 1904), Nr. 200 (31. 8. 1904): Lassalle; 16. Jg., Nr. 198 (31. 8. 1905): Lassalle. — Zu August Bebel, der sich im Richtungskampf innerhalb der Sozialdemokratie entschieden für den Gedanken des Klassenkampfes und der internationalen Solidarität einsetzte: D. L. 17. Jg., Nr. 15 (15. 2. 1906), Nr. 45 (24. 2. 1906), Nr. 221 (27. 9. 1906), Nr. 282 (11. 12. 1906); 18. Jg., Nr. 37 (14. 2. 1907). Sachsen: 16. Jg., Nr. 291 (22. 12. 1905) und 17. Jg., Nr. 13 (17. 1. 1906). England: 1. Jg., Nr. 1 ff. (30. 5. 1890 u. f.): Artikel von Bradlaugh über den Sozialismus. 16. Jg., Nr. 161 (18. 7. 1905), Nr. 292 (23. 12. 1905); 17. Jg., Nr. 5 (8. 1. 1906), Nr. 161 (18. 7. 1906). Frankreich: 13. Jg., Nr. 47 (26. 2. 1902): Viktor Hugo. 17. Jg., Nr. 43 (21. 2. 1906). Holland: 16. Jg., Nr. 215 (22. 9. 1905), Nr. 267 (23. 11. 1905). Italien: 16. Jg., Nr. 267 (23. 11. 1905); 17. Jg., Nr. 233 (11. 10. 1906), Nr. 238 (17. 10. 1906). Norwegen-Schweden: 16. Jg., Nr. 171 (29. 7. 1905). Allgemein: 17. Jg., Nr. 47 (27. 2. 1906) S. 5: Das allgemeine Wahlrecht in verschiedenen Staaten.
[193] Siehe Anm. 191.

die „Dělnické Listy": „Aber wenn sie (= die Arbeiter, Anm. d. Verf.) nun schon in dem verdeutschten Gebiet von Nordböhmen oder an der Donau sind, wie kann man dann noch die Umnationalisierung verhindern? Durch die Klassenorganisation der Arbeiterschaft wird die soziale Bedrückung und die wirtschaftliche Ausbeutung verhindert. Mit dem Klassenbewußtsein wird auch das nationale Bewußtsein geweckt und gestärkt"[194].

Das Bekenntnis zur deutsch-tschechischen Solidarität „auf Gedeih" wurde auch noch nach dem 14. Mai 1907 stark betont. Man hob stets Leistung und Ansprüche der *gesamten* Sozialdemokratie hervor[195], die gegen die Bürgerlichen nicht wie eine nichtnationale Partei gegen eine nationale auftrat, sondern wie eine Partei des Sozialismus gegen eine Partei des Privateigentums[196]. Die demokratisch-plebejische Traditionslinie[197] in ihrer Verbindung mit einer national-sozialen parallelen Komponente, läßt sich von den hussitischen Taboriten[198] über die Schlacht am Weißen Berg bis zur „Wiedergeburt" im 19. Jahrhundert[199], ja selbst noch bis in die unmittelbare Gegenwart hinein verfolgen. Sie enthält eine feste Forderung nach Demokratie[200] und manifestierte sich im Wiener Tschechentum ganz besonders in der Verbindung mit der Wahlreform von 1907. Zwei Tage nach der Wahl schrieben die „Dělnické Listy": „Die bürgerlichen Parteien sind heute in mißlicher Verlegenheit und schieben allen Verdienst an unserem Sieg unserer Organisation und Disziplin zu. Diese Leute begreifen nicht, daß unsere Stärke einzig und allein in unseren strahlenden Idealen liegt, in unserem sozialistischen Ziel, und daß nur die Begeisterung für die große soziale Sache der Revolution aus uns einfachen Arbeitern Wunderwesen machen kann. Besonders bei uns, im tschechischen Volk. Wahrscheinlich gibt es in der ganzen weiten Welt keine andere Nation, die durch ihre historische Vergangenheit, durch ihren demokratischen Charakter und durch ihren Eifer einer sozialen Demokratie so nahe wäre wie die tschechische Nation ... Europa

---

[194] D. L. 18. Jg., Nr. 45 (23. 2. 1907) S. 1 f. und Nr. 89 (18. 4. 1907): über die „ungeheuere Bedeutung einer Arbeiter-Klassenorganisation für die nationale Entwicklung".

[195] Z. B. D. L. 18. Jg., Nr. 116 (23. 5. 1907).

[196] D. L. 18. Jg., Nr. 113 (18. 5. 1907). Vorangestellt ein Heine-Zitat. Ein solches auch in D. L. 16. Jg., Nr. 268 (24. 11. 1905). — Über die enge Beziehung Heinrich Heines zu Lassalle: O n c k e n , Hermann: Lassalle. Zwischen Marx und Bismarck. 5., neu bearbeitete Auflage (hrsg. von Felix H i r s c h). Stuttgart/Berlin/Köln 1966, hier S. 32, 44, 60 f. — Zu Lassalle und den D. L. siehe Anm. 192.

[197] K u s á k , Alexej / K ü n z e l , Franz Peter: Der Sozialismus mit menschlichem Gesicht. Experiment und Beispiel der sozialistischen Reformation in der Tschechoslowakei. München 1969, S. 16.

[198] Auf die hussitische Tradition verweist M o m m s e n , Die Sozialdemokratie 385. Hierzu D. L. 18. Jg. Nr. 27 (1. 2. 1907): „Seit der hussitischen Revolution gab es bei uns keinen, für den Fortschritt der Nation und der Menschheit geschichtlich bedeutenderen Augenblick" (als das allgemeine Wahlrecht, Anmerkung der Verf.).

[199] D. L. 18. Jg., Nr. 42 (20. 2. 1907): „Die tschechische Nation ist gewiß seit dem Beginn ihrer Wiedergeburt am Ende des 18. Jahrhunderts in keinem wichtigeren Zeitpunkt gestanden".

[200] Über die Problematik der Beziehung zwischen Sozialismus und Demokratie: S c h u m p e t e r , Joseph A.: Kapitalismus, Sozialismus und Demokratie. 2. erw. Aufl., Bern 1950, S. 373—480, besonders S. 451 ff.

erinnert sich daran, daß dieses Volk schon einmal, vor Jahrhunderten, in ähnlicher Reihe geschlossen auf der Weltbühne stand und durch seine Tapferkeit und Stärke beeindruckte und erschreckte. Die tschechische Demokratie, erschlagen im 15. Jahrhundert vom Adel und von Rom, ist in voller Stärke wieder neu auferstanden"[201]. Gewaltige Hoffnungen setzte man bei der Wiener tschechischen Sozialdemokratie anfangs in das neue Parlament. Mehrmals fragte man sich: Wie wird das neue Parlament sein, womit wird es sich überwiegend befassen? „Wir haben nur einen einzigen Wunsch und der lautet: Alles für den Sozialismus!", schrieb man am 29. Mai 1907 und bedauerte, „daß die Stichwahlen die alten nationalen Strömungen in das neue Parlament zurückgebracht haben ... Wir glauben nicht daran, daß das Parlament aus sich selbst heraus geeignet wäre, einen nationalen Ausgleich herbeizuführen, weil eine befriedigende Lösung der nationalen Frage nur vom Sozialismus erwartet werden kann ... Sicher ist aber, daß die Nationalitätenfrage im neuen Parlament gerechter gelöst werden könnte, wenn die Leute von der Sorte eines Klofáč und eines Wolf überhaupt nicht drin wären"[202]. Man kann aus alledem wohl kaum ableiten, daß die tschechische Sozialdemokratie von Wien die „nationalistischen Forderungen" der Nationalsozialen übernommen hat[203]. Die Aufgabe der Abgeordneten wurde immer in erster Linie darin gesehen, „für geeignete sozialpolitische Reformen zu sorgen und in zweiter Linie der Öffentlichkeit zu beweisen, wie ein überspitzter Chauvinismus die soziale, wirtschaftliche und kulturelle Entwicklung schädigt ... Deswegen müssen die sozialpolitischen Reformen im Rahmen unseres parlamentarischen Programmes die *erste Stelle* einnehmen. Eine günstige Gelegenheit dafür zu finden, muß die *Hauptaufgabe* unserer Abgeordneten sein"[204].

Aufschlußreich ist auch, wie die Wiener tschechische Arbeiterzeitung die grundlegenden Konturen beurteilt, nach denen sich die Einteilung der Parteien im Parlament des allgemeinen und gleichen Wahlrechts vollzog: „entweder sozialistisch oder antisozialistisch. In der Kristallisierung der Parteien entscheidet auch im Parlament das Klassenmoment"[205]. Die Wiener Tschechen lehnten somit jede Nationalitätengliederung ab, entsprechend der immer wieder zu beobachtenden Tatsache, daß nur sehr vereinzelt ausdrücklich von der niederösterreichischen tschechischen Sozialdemokratie in den „Dělnické Listy" die Rede ist, hingegen zumeist von der Sozialdemokratie überhaupt. „Es ist unwahr, und bei den einzelnen Politikern eine bewußte Selbsttäuschung", schrieb man am 5. Juni 1907 über den Abgeordnetenverband im Reichsrat, „wenn behauptet wird, daß es sich hierbei um die Bildung eines Verbandes auf Grundlage der Nationalitäten handelt. Nationalität? Beruht denn die Nationalität rein nur in dieser äußerlichen Dokumentation der Sprache? Ist nicht ihr innerer Gehalt viel wichtiger? Unser historisches Vermächtnis besteht darin, den Fortschritt anzustreben, in einem unversöhnlichen Kampfe die Bestrebungen Roms zu unterdrücken, gegen das unsere Nation als erste in Europa den

---

[201] D. L. 18. Jg., Nr. 111 (16. 5. 1907): Ein Volk von Sozialdemokraten.
[202] D. L. 18. Jg., Nr. 121 (29. 5. 1907).
[203] Mommsen, Die Sozialdemokratie 382.
[204] Siehe Anm. 202. Hervorhebung im Original.
[205] D. L. 18. Jg., Nr. 126 (5. 6. 1907). Auch das Folgende.

Kampf für die Emanzipation des Geistes aufgenommen hat. Wie könnte in diesem Sinne Professor Masaryk Hand in Hand mit Myslivec[206] arbeiten oder Kalina[207] mit Horský[208]?" Das Einzige, was sie als Verbündete zusammenführt, so wird betont, sei ihr bürgerlicher Standpunkt, ihr Widerstand gegen die Sozialdemokratie; das gleiche gelte auch bei den bürgerlichen Parteien der Deutschen. „Wir können diese Klasseneinteilung durchaus nur begrüßen ... Und mit Dank können wir konstatieren, daß bei dieser Klasseneinteilung sich in einer durchaus augenfälligen Weise die Lügenhaftigkeit der bürgerlichen sogenannten Freidenkerei dokumentiert und daß hier zutage tritt, daß der wahre Fortschritt ... nur auf Seite des organisierten Proletariates, auf Seite der Sozialdemokratie, vorhanden ist."

Die Wiener tschechische sozialdemokratische Arbeiterbewegung innerhalb der nationalen Bewegung macht deutlich, daß die Arbeiterbewegung auch, und zwar wesentlich, Teil der nationalen Bewegung war. Dabei läßt sich eine in den bisherigen Ausführungen noch unbeachtet gebliebene Komponente der Wiener tschechischen Nationalpolitik freilegen und als bedeutsam herausstellen: die regionale Reflektierung des heute auf allen Gebieten und in vielen Teilen der Welt anzutreffenden Gegensatzes zwischen Traditionalismus und Progressismus. Um 1907 ließ die Wiener tschechische Sozialdemokratie keinen Zweifel an ihrer Überzeugung, daß die Zukunft der tschechischen Minderheit Niederösterreichs nicht durch Abkapselung und traditionalistisches Reservatsdenken, sondern einzig und allein durch ein mutiges Anpassen an das fremdnationale Großstadtmilieu gesichert werden konnte, das dem sozialen Dialog prinzipiell geöffnet war, auch wenn historische und aktuell-politische Verflechtungen eine zufriedenstellende Lösung des deutsch-tschechischen Problems in Wien zunehmend erschwerten. Rückblickend soll daher nun noch versucht werden, die nationale Politik der Wiener tschechischen Minorität insgesamt in ihrer Abhängigkeit von mehreren Strukturen darzustellen, die sich gegenseitig überlagerten und die aufs Ganze gesehen dazu führten, daß man die Abhängigkeit zum deutschen Nachbarn zwar als unwürdig und die Treue zum eigenen Volk als sittliche Verpflichtung empfand, daß aber dennoch die Effizienz dieser Bindekräfte in der Praxis sehr gering war. Im Spannungsfeld zwischen den politischen Ideen einerseits und ihrer Verbreitung und Wirkung in der Gesellschaft andererseits wird hierbei auch die Integrationskraft der zugrundeliegenden nationalen Ideologie an einigen Beispielen zu beurteilen sein.

---

[206] Václav M., geb. 1875, tschechischer Publizist und Politiker der Volkspartei, 1894 Mitbegründer der tschech. christlichsoz. Partei, Redakteur der „Katolické Listy" und des „Čech". Masarykův Slovník, Bd. 4 (1929) 1106.
[207] Antonín K., 1870—1922, Radikale Fortschrittspartei. Masarykův Slovník, Bd. 3 (1927) 867.
[208] Rudolf H., 1852—1926, katholischer Politiker und Publizist. Gründer der tschech. klerikalen Partei. 1894 Gründer der christl. Arbeiterpartei. H. war in der Volkspartei Oppositionsführer gegen Šrámek. Masarykův Sl., Bd. 3 (1927) 297.

6. ERGEBNISSE UND AUSBLICKE

Nach Herausarbeitung der deutschen lokalpolitischen Kompositionselemente, an denen aufzuzeigen war, inwiefern die Entwicklung der tschechischen Nationalpolitik Niederösterreichs anders verlief als die gesamtböhmische Generallinie, ist zur Verdeutlichung noch eine Zusammenfassung der Ergebnisse zweckmäßig. Dabei mag es sich empfehlen, zuerst die allgemeine Folie erkennbar zu machen, die Wien nur in Nuancen von anderen europäischen Großstädten oder industriellen Zentren unterschied.

a) Die Gesellschaft in der Habsburgermetropole hat um die Jahrhundertwende eine Wirtschaftsexplosion von historisch zuvor unbekannten Ausmaßen erlebt. Diese Explosion hat in einem sozialen Kontext stattgefunden, der sie vielen einzelnen — besonders auch den tschechischen Zuwanderern — unmittelbar nutzbar machte. Pointiert könnte man sagen, daß in Wien im Rahmen der damaligen Möglichkeiten eine Art „Wirtschaftswunder" entstanden ist.

b) In sozialer Hinsicht hatte die Wiener Großstadtbevölkerung insgesamt teil an dem weltweiten Prozeß der Ausbreitung effektiver Bürgerrechte auf neue Gruppen. Allgemeines Wahlrecht 1907, sozialpolitische Entwicklungen und Errungenschaften, groß angelegte Erweiterungen im Bildungswesen, sind nur einige Beispiele dieses „sozialen Wunders" in der Ära Lueger.

c) Politisch durchlief die Wiener Gemeinde unter den Christlichsozialen eine Phase erheblicher Stabilität. Eine im großen und ganzen unbestrittene Verfassung erlaubte es der Mehrzahl der Bürger und ihren Institutionen, sich politisch ungestört zu entfalten. (Art. XIX, St. GG.)

Wenn dies drei entscheidende Daten der deutsch-wienerischen Sozialentwicklung um die Jahrhundertwende sind, wird es umso interessanter, nach den Tendenzen zu fragen, die dadurch nicht beschrieben werden.

Wirtschaftlich, sozial und politisch steckte die Wiener Gesellschaft voller Möglichkeiten. Aber die Zeit, in der alle drei Entwicklungen in schöner Eintracht verliefen, war vorbei. Ähnlich wie in Deutschland unter Bismarck[1] entstand auch in Wien unter Lueger eine tiefe Diskrepanz zwischen gesellschaftlicher Struktur und politischer Ordnung; diese letztere befand sich im Widerspruch zu der Tendenz der Epoche, die nach fortschreitender Demokratisierung aller Lebensbereiche drängte. Die im Gemeindestatut von Wien seit 1899 verankerte Wahrung des „deutschen Charakters" der Stadt erschien in den sozialen und politischen Konflikten der sich rasch wandelnden Industriegesellschaft als *die* Aufgabe der Kommunalpolitik den Wiener Tschechen gegenüber, einer Politik, die damit in ihrer bestehenden Struktur und Bestimmung verbindlich gerechtfertigt schien. Dabei gewöhnte sich das deutsche

---

[1] B r a c h e r , Karl Dietrich: Staatsbegriff und Demokratie in Deutschland. PVS 9 (1968) H. 1, S. 2—27.

und ebenso das tschechische Bürgertum, das auf Gewinnstreben und Schutz der ökonomisch-sozialen Position ausgerichtet war, in seiner Mehrzahl daran, Politik als Verwaltung hinzunehmen und Luegers geniale Administration als die beste Kommunalpolitik zu betrachten. Aber zugleich war diese Option für ein Gemeinwesen über und jenseits der Gesellschaft eine Selbsttäuschung und zwar insofern, als die Repräsentanten der nationalen Mehrheit den Begriff ihres eigenen Volkscharakters als Garant der Kontinuität und Ordnung über den transnationalen, demokratisch-liberalen Begriff der Gesamtgesellschaft stellten. In diesem ideologisch verkrampften Streben nach Identität von kommunaler politischer und nationaler ethnischer Struktur setzte sich ein deterministischer, schließlich biologischer Zug durch: Politik als Freund-Feindverhältnis, als das Recht des Stärkeren, als die Festlegung auf eine spezifische christlichsoziale „Deutschheit" der Vielvölkerstadt. Daran änderte gar nichts, daß alle Voraussetzungen dieser Ideologie absurd waren. Die Wiener Öffentlichkeit war durch den „Communal-Kalender" sehr wohl darüber informiert, daß z. B. im Jahre 1887 der slawische Anteil allein bloß der Schuster Wiens bereits 44 % betrug[2] oder daß das Wiener Adreßbuch (Schematismus Lehmannn) mit dem Juden Isaak Abdela begann und mit dem Tschechen Tomáš Zymandl endete[3]. Doch diese deutsche Charakter-Ideologie stand jenseits der Beweise und Widerlegungen. Der historische Rückblick auf die Problematik der Wiener tschechischen Nationalpolitik verweist somit auf die Doppelwertigkeit des nationalen Gedankens hinsichtlich Demokratie und politischer Herrschaft. Die Versuche zur nationalen Bewußtseinsbildung haben tschechischerseits die demokratische Bewegung belebt, die noch dadurch verstärkt wurde, daß gerade in Wien die sozialen Gegensätze weitgehend mit ethnisch-nationalen Gegensätzen identisch waren. Deutscherseits dagegen hat der gleiche Vorgang das autoritäre Regime der Wiener Kommunalverwaltung machtpolitisch übersteigert, wobei die Demokratisierungsansprüche der tschechischen Zuwanderer durch die pseudopolitisch drapierte Ideologie vom deutschen Charakter abgewürgt wurden. Daß der zu gelobende Bürgereid nichts anderes als eine fundamentale Schwäche war, die bei den Tschechen nur negative Reaktionen hervorrufen konnte, geht aus den schweren Diskrepanzen hervor, die einen gemeinsamen, freiheitlichen Ansatzpunkt der demokratischen und nationalen Emanzipationsbewegung verschüttet haben: aus der Diskrepanz zwischen dem innenpolitischen Strukturprinzip der Demokratie und der „außenpolitischen" Orientierung des Nationalbewußtseins, zwischen den verfassungsmäßig garantierten staatsbürgerlichen Rechten und den machtpolitischen Ansprüchen des Gemeinde- und Stadtrates, in dessen Händen der Nationalismus zu einer Tschechen-

---

[2] M a y e r , F. Arnold: Über eine historische Ethnographie Wiens. In: Wiener Communal-Kalender 1889, S. 295—301, hier S. 297 und 300. (Siehe oben S. 67 Anm. 19).

[3] Česká osobní jména ve Vídni [Tschechische Personennamen in Wien]. Kalendář Čechů Vídeňských 4 (1895) 16—19. — K. V. M ü l l e r fand im Wiener Adreßbuch 40 % tschechische Familiennamen, im Telefonbuch dagegen nur 25—30 %: eine, wie Müller meint, soziologisch reziproke Erscheinung zum tschechischen Sprachgebiet Böhmens. M ü l l e r , K.V.: Volksbiologische Beziehungen zwischen Tschechen und Deutschen. In: P r e i d e l , H.: Die Deutschen in Böhmen und Mähren. Gräfelfing bei München 1952, S. 291—303.

Abwehrideologie instrumentalisiert wurde, die von der politischen Konkretion gemeinsamer Interessen in eine unpolitische deutsche Volksmetaphysik ablenkte. Die Mobilisierung des Nationalgedankens ist von der Luegerischen Kommunalbehörde als Kampfmittel gegen die demokratische Bewegung eingesetzt und zur Auflösung des Liberalismus, zur Unterdrückung des Sozialismus und nicht zuletzt des Tschechentums mißbraucht worden. Wie weit dies bei der niederösterreichisch-tschechischen Minderheit gelang, zeigt sich z. B. daran, daß viele ihrer Veranstaltungen nur deshalb verboten wurden, weil die Polizei der drohenden Demonstrationen der Deutschen nicht mehr Herr zu werden befürchtete[4].

Wenn es dennoch als „Verdienst" Luegers anzuerkennen ist, daß der Wiener Bürgermeister gerade durch seine erfolgreichen Sozialleistungen wesentlich dazu beigetragen hat, das Tschechenproblem — durch erhöhte Assimilation infolge wirtschaftlicher Prosperität — quantitativ und damit letztlich de facto zu reduzieren, so muß dabei ebenso klar hervorgehoben werden, daß Luegers tatsächliche politische Wirkung auf die Massen streng von seiner eigenen ideologischen Intention zu trennen ist; keinesfalls dürfen diese beiden Wertmaßstäbe gleichgesetzt oder gar verwechselt werden. Denn gerade in dem zur Erlangung des Bürgerrechtes erforderlichen Eid auf das Deutschtum als konkreter Ausdrucksform des deutsch-wienerischen Nationalbewußtseins lag einer der Ansatzpunkte des sich seit der Jahrhundertwende ausbreitenden tschechischen Protestes. Dieser nahm jedoch nur gelegentlich — stärker erst seit 1910[5] — den Charakter einer nationalen Bewegung an; im ganzen beschränkte er sich auf einige, der Zahl und dem Einfluß nach bedeutungslose Fanatiker, so daß nicht einmal die Wiener Polizeidirektion von der Parole tschechischer „Expansionsbestrebungen" überzeugt werden konnte[6]. Am Beispiel des Komenský-Erlasses von 1908 wird deutlich, daß sich die Wiener tschechische Nationalpolitik auch schon mit bescheidenen Zugeständnissen zufrieden gab, wenn sich ein praktischer Nutzen daraus ziehen ließ[7].

Die Resignation der nationalpolitischen Führung der Wiener Tschechen geht nicht nur auf den sozialökonomisch bedingten Assimilationstrend zurück, der die nationalen Propagandisten im tschechischen Lager von Anfang an zu einer hoffnungslosen Minderheit machte; offenbar wurde vor allem auch das Fehlen einer Oberschicht zum Problem. Wenn die Wiener tschechische Nationalpolitik keine Ziele hatte, dann auch darum, weil keine von allen anerkannte Persönlichkeit sie setzte und vertrat. Die große Planlosigkeit, die alle nationalen Organisationen lähmte, war somit auch das Resultat der Herrschaft von nicht zur Herrschaft Berufenen. Da die Repräsentanten der nationaltschechischen Forderungen sich selbst überlassen blieben, schlossen sie sich ängstlich ab und betrieben die Dinge von Tag zu Tag[8]. Damit wuchs wiederum die Fremdheit zwischen ihnen und der Mehrzahl

---

[4] Siehe oben S. 367.
[5] Siehe oben S. 265 f., 352 ff. Zu den Phasen der Steigerung S. 375 f.
[6] Siehe oben S. 302 u. 304.
[7] Siehe oben S. 306 f.
[8] Dies gilt auch für die tschechische Sozialdemokratie: R e n n e r , Karl: Über Innsbruck hinaus. Der Kampf 5 (1912) H. 4, S. 145—154, hier S. 147: „So hängten sie (die Wiener Tschechen, Anm. der Verf.) sich denn an jeden nationalen Zwischenfall, wie die Ko-

der Zugewanderten einschließlich der tschechischen Reichsratsabgeordneten aus den Kronländern. Es wuchs ein Empfinden der Sinn- und Ziellosigkeit[9]; es wuchs auch die innere Explosivität der Wiener tschechischen Parteigruppen und zwar eine Explosivität, die nicht als Konflikt für den Wandel der sozialen Struktur fruchtbar werden konnte, sondern sich in öffentlicher Ratlosigkeit — z. B. in Sachen Lex Kolisko — getreulich widerspiegelte. Daß solche allgemeine Orientierungslosigkeit von dem sozialdemokratischen Teil der tschechischen Minorität mit der Notwendigkeit einer Politik der Anpassung an die vorgegebenen Prozesse „bemäntelt" wurde, wie die nationalen Bürgerlichen meinten, vergrößerte das Dilemma für die Gesamtheit des nationalpolitisch bewußten Tschechentums schließlich noch mehr. Die Vorstellung eines tschechischen Machtvakuums in Wien war angesichts der zahllosen Vereine und Organisationen freilich schwer erträglich. Doch änderten solche Ängste und Verdachtsmomente die Wirklichkeit nicht. Aufgrund fortwährender Unsicherheit an der Spitze mußte es an Signalen für die Richtung zukünftiger Entwicklung fehlen. Als Symptom derselben Ursache könnte m. E. auch die große Ambivalenz von Teilnahmeforderung und Rückzugsbereitschaft bei allen nationalen Unternehmungen verstanden werden[10]. Von einer gesellschaftlich und politisch führenden Oberschicht kann man im Wiener Tschechentum also nicht sprechen; dagegen schon eher von einem „establishment", wenn man darunter — mit Ralf Dahrendorf — jene „Pufferzone moderner sozialer Strukturen" versteht, in denen Gewohnheiten — z. B. die traditionsreichen tschechischen Gottesdienste in Wiener Kirchen — als Entscheidungen ausgegeben und hartnäckig verteidigt werden[11].

Noch ein weiterer Stein des unvollkommenen Mosaiks der Einzelentwicklungen bedarf der Beschreibung, bevor das Muster plausibel werden kann, das die Steine verbindet. Schlimmer als der spezielle Nationalitätsrückstand und -rückgang wirkten für die Wiener tschechische Minderheit wohl die generellen Hintansetzungen,

---

menský-Schule ... und beschworen uns: Wozu ist die Sozialdemokratie da, wenn sie uns nicht in jedem Einzelfall die Gleichberechtigung schafft? Niemals wollten sie begreifen ..., daß man Pflaumen nicht pflücken kann, bevor man den Baum gesetzt hat". Bürgerlicherseits: Víd. Kal. 1 (1892) 40: „Wir sind nicht einig, nicht organisiert, arbeiten nicht gemeinsam auf ein Ziel hin, ... das ist das A und O des jetzigen Übels, die Hauptursache, weshalb die Welt nichts von uns weiß, die Gegner uns unterschätzen und die eigenen Landsleute sich nicht zu uns bekennen".

[9] Immer wieder schrieb man: „Wir müssen uns ein ganz bestimmtes Programm setzen, nicht vielleicht nur ein Programm in breiten Linien, sondern eines für den praktischen Bedarf". Víd. Denník 1. Jg., Nr. 96 (15. 6. 1907); schließlich 1913: „Dieses Ungenügen (nationalpolitische Organisation, Anm. der Verf.) bewirkte in den letzten 50 Jahren solche Verluste, daß wir hier eigentlich auf einem großen tschechischen Friedhof stehen und einem großen tschechischen Begräbnis". Česká Vídeň Nr. 25 (21. 6. 1913); ähnlich V. D. Nr. 75 (19. 5. 1907) S. 1 f.: Und nochmals die Wiener Wahlen. — Bezeichnend auch die Äußerung im Víd. Kal. 2 (1893) 95: „Wir sind allzu leicht erregbar, aber gleich kühlen wir ab, beginnen etwas und vollenden es nicht. Nötig, uns zur Ausdauer zu erziehen!"

[10] Z. B. beim Für und Wider die Aufstellung eigener tschechischer Kandidaten zu den jeweiligen Wahlen. Siehe oben S. 303 f. — D a h r e n d o r f , Ralf: Gesellschaft ohne oben. Die Zeit, Nr. 23 (6. Juni 1969).

[11] Siehe die Denkschrift des DONRČ an Ministerpräsident Gautsch vom 28. November 1905. Anhang S. 544 f.

die besagten, daß sie in der Habsburgerhauptstadt nicht willkommen war. Die kleineren Unmenschlichkeiten des Alltags — etwa die Kündigung von Wohnungen, wenn die Mieter in die Volkszählungsbogen statt deutsch „böhmisch" eingetragen hatten[12] und die größeren Unmenschlichkeiten der Institutionen — etwa die zwangsweise Einschulung der tschechischen Kinder aus der gesperrten Komenský-Schule im III. Bezirk durch den Bezirksschulrat sowie die geforderte behördliche Bestrafung der Eltern[13] — haben sich im Gegensatz zu den erhöhten Anforderungen im Geschäfts- und Fabriksleben allzuwenig gemildert. Mit anderen Worten: Die private und öffentliche Gewaltsamkeit trieben wohl manchen Wiener Tschechen, der sich bei aller Kritik am Bestehenden die Achtung vor dem anderen, vor jedem anderen Menschen, nicht nehmen ließ, fast zur Verzweiflung, die durch Aufbegehren, Resignation oder durch Assimilation aus Zweckmäßigkeitsgründen gleichermaßen kompensierbar war. Die Akten und Vereinsberichte geben nicht eben viele Beispiele für nationaltschechische „Umtriebe". Wo sie aber stattfanden, zeigen sie sich eigentlich *regelmäßig als Folge mangelhafter Existenzbedingungen*. Wenn die Wiener Tschechen dann, um eine Besserung der Verhältnisse bemüht, Forderungen stellten — die nur ein einziges Mal gesammelt in einer Beschwerde an das Reichsgericht vom Jahre 1903 vorliegen[14] — so hatten die deutschen Behörden und Parteiblätter rasch die Behauptung bereit, es handle sich um nationale Agitationen. Demgegenüber darf man annehmen, daß eine sprachlich homogene Gruppe von 100 000 Erwachsenen mit 13 500 Volks- und Bürgerschulkindern auch ohne nationalistische Denk- und Verhaltensweisen den Wunsch zur Gründung einer zweisprachigen, aus eigenen Mitteln finanzierten Privatschule äußern und gegen Widerstände aufrecht erhalten kann. Erfahrungsgemäß sind es doch gerade die Kinder, die die Integration für die Eltern erleichtern, wenn — oder weil — die fremde Umgebung zur Welt ihrer Kinder geworden ist. Während der zwei oder drei Jahrzehnte vor 1914 handelte es sich im wesentlichen immer nur um reale Nöte und Schwierigkeiten, in denen das Nationale zur treibenden Kraft wurde und insofern war die nationale Frage für die tschechischen Zuwanderer in der Tat eine soziale Frage. Damit aber zeigt sich am Beispiel Wiens eine bemerkenswerte und vielfach unbeachtet gebliebene Erscheinung: Es bestand ganz offensichtlich ein starker Unterschied zwischen der geschichtlichen Bedeutung und den politischen Auswirkungen des Nationalbewußtseins auf der einen, und der geringen Rolle, die es im privaten Leben und Handeln der Wiener Tschechen spielte, auf der anderen Seite[15]. Woran lag das?

---

[12] Siehe oben S. 369.
[13] Siehe oben S. 362.
[14] Siehe oben S. 277—283 u. Anhang S. 526—537.
[15] Kal. Čechů Víd. 4 (1895) 64: „aber vielen ist das eigene Steckenpferd lieber als das vaterländische Unternehmen." — S u l z b a c h , Walter: Zur Definition und Psychologie von „Nation" und Nationalbewußtsein. PVS 3 (1962) 139—158, hier S. 156 f.: Parallelbeispiele bei den Iren und in Mexiko; ebenso im Saargebiet und in Danzig aufgrund des Versailler Vertrages: Jeder Deutsche aus dem Saarland und aus Danzig konnte 1919 nach Deutschland auswandern und sein gesamtes Vermögen ohne Verlust transferieren, aber von dieser Möglichkeit wurde so gut wie gar kein Gebrauch gemacht. So wichtig war den Saarländern und Danzigern ihr Deutschtum nicht.

Diese Frage lautet schärfer formuliert: Wie weit reichen die Bindekräfte von Sprache, heimatlichen Gepflogenheiten und ethnozentrisch orientierten Programmen, wenn sich erhebliche Teile eines Volkes aus ihnen lösen können? Die Spannweite der Entscheidungsmöglichkeit im Wiener Tschechentum als einer sogenannten „Randgruppe" (oder Grenzgruppe)[16] erstreckte sich von der Assimilation an die Umwelt bis zu dem Weiterbestehen als einer von dieser Umwelt abgesonderten Gemeinschaft. Es gibt nun zahlreiche Beispiele, daß gerade solche, um ihre Selbsterhaltung ringende sprachliche Minderheiten ungeahnte Kräfte entfaltet haben; gerade die staatenlose Existenz und damit der Mangel an politischer Gestaltungskraft konnten oft außerordentliche Energien des Überlebens erzeugen, die nicht selten mit einer Übersteigerung des Nationalismus verbunden waren, und zwar aus der Notwendigkeit heraus, die eigenen Wertvorstellungen gegenüber äußeren Einflüssen und Gefahren zu beweisen. Eine solche Existenzform bedingt eine Reihe sozialer Probleme, Konflikte und Psychosen, da das zumeist schwer erschütterte Selbstbewußtsein dieser Gruppen nach Kompensation und Überkompensation drängt[17]: Dennoch wäre es falsch, wollte man Randgruppen von vornherein nur als Indices sozialer Auflösungserscheinungen und nicht auch als Wegbereiter neuer Lebensformen und Institutionen betrachten. Wenn allerdings die Wiener Tschechen bei ihren Versuchen der Neuorientierung die Kluft zwischen nationalpolitischer Zielsetzung und Möglichkeit durch die Anwendung propagandistischer „Hilfsmittel" nicht überbrücken konnten, so legt das zunächst die Vermutung nahe, daß der Entwurf ihres nationalideologischen Programmes möglicherweise nicht ausreichend konzipiert gewesen war[18]. Vielleicht fehlte ein allen Bevölkerungsschichten gemeinsamer Nenner, eine spezifische, den Wiener Tschechen als Monopol zufallende Funktion, vielleicht war man noch zu keiner ideologischen Verselbständigung vorgestoßen. Denn ohne ein verpflichtendes System von Werten, Vorstellungen und Normen konnten die Wiener Tschechen wohl kaum zu einer selbstbewußten, aktionsfähigen Gemeinschaft zusammenwachsen und politisch mehr oder weniger relevant werden. Die Ideologie als Integrationsmittel steht ja stets über den einzelnen Merkmalen, durch die sich ethnische Gruppen äußerlich von ihrer Umwelt abheben[19] und hat für deren Entstehung und Existenz eine wesentlich konstitutive Bedeutung. Methodisch ergibt sich daraus die Notwendigkeit, die bisher verfolgte historische Wirklichkeit des

---

[16] Zur Terminologie: L e m b e r g , Eugen: Nationalismus II. Soziologie und politische Pädagogik. Reinbek bei Hamburg 1964, (rde 199), S. 113—119 u. Nationalismus I, 258. — F ü r s t e n b e r g , Friedrich: Randgruppen in der modernen Gesellschaft. Soziale Welt 16 (1965) H. 3, S. 236—245 sowie die e b e n d a S. 236 Anm. 3 angeführte Literatur.

[17] L e m b e r g , Nationalismus II, 117. (Beispiel: der jüdische Messianismus der polnischen Emigration des 19. Jahrhunderts. Siehe auch: K o h n , Hans: Nationalismus. Über die Bedeutung des Nationalismus im Judentum und in der Gegenwart. Wien und Leipzig 1922).

[18] Als Opfer eines Konstruktionsfehlers von Gesellschaftsideologien sind solche Randgruppen keineswegs hinreichend erforscht.

[19] Z. B. Gleichheit der Sprache, der Abstammung, der Kultur. L e m b e r g , Nationalismus II, 52 ff.

Wiener Tschechentums nunmehr mit seiner nationalen Ideenwelt zu konfrontieren, wobei dies keine isoliert zu betrachtende Gegenüberstellung sein kann: Die ideologische Bewußtseinsbildung war selbst ein Teil der politischen Realität, auch wenn sie die anationale Masse der Tschechen nicht zu ergreifen vermochte. Umgekehrt veränderte wiederum die konkrete Beschaffenheit des geistig politischen Großstadtmilieus die ursprüngliche Grundkonzeption des tschechischen Nationalismus in der Diaspora Niederösterreichs.

In den Merkmalen, die die Idee des tschechischen Nationalismus in Wien zur Integrationsideologie der Minderheit machen sollten, spiegeln sich — wie gleich zu zeigen sein wird — eben jene Eigenschaften wider, die Eugen Lemberg in seiner Soziologie und politischen Pädagogik des Nationalismus analysiert hat[20]. Dabei erscheint es für das Wiener Tschechentum sinnvoll, gleich die ersten beiden von Lemberg genannten charakteristischen Bedingungen zusammenzufassen, da sie aufs engste miteinander verknüpft sind. Es handelt sich einmal um die *Abgrenzung gegen die Umwelt*, d. h. um ein dominierendes Merkmal, das darüber entscheidet, wer der zu integrierenden Gruppe angehört und wer von ihr ausgeschlossen ist; zum zweiten um die *Zuweisung einer, von keiner anderen Gruppe versehenen oder versehbaren Rolle*, durch die sich das Bestehen des Wiener Tschechentums als notwendig, die Zugehörigkeit zu ihm als ehren- und sinnvoll erwies[21]. Die Besonderheit des Wiener tschechischen Rollen- oder Sendungsbewußtseins bestand darin, daß es nicht den meist üblichen „Kreuzzugscharakter" annahm, sondern daß man im Gegenteil eher von einem Isolationismus im Sinne einer Missionierung nach innen sprechen muß. Der missionierende Eifer sich selbst gegenüber ging Hand in Hand mit der Offenheit für die weitere Aufnahme von neu hinzugekommenen Tschechen aus den böhmischen Ländern, wobei jedoch, wie es oft mit politischen Prinzipien geht, dieser Isolationismus umso mehr zur Kampfparole wurde, je mehr seine realen Grundlagen zerbröckelten, d. h. je weniger Tschechen in die Donaustadt nachströmten. Gemäß seinem politischen Status einer nationalen Minderheit entwickelte das Wiener Tschechentum für sich die passive Rolle eines heroischen Märtyrers. In eine Flut kollektiven Selbstmitleides eingetaucht hält eine Gemeinschaft auf solcher Basis nicht selten stärker zusammen als eine Gemeinschaft des Triumphes. Indem sich die Wiener Tschechen als Vorkämpfer für einen gesicherten Standort künftiger, nicht länger unterprivilegierter Generationen fühlen sollten, schienen Gerechtigkeit und Zukunft auf ihrer Seite zu stehen[22]. Um das Selbstportrait der Leiderfahrung immer neu ins

---

[20] Ebenda II, 65—99.
[21] Ebenda II, 66 und 69 sowie: Hofstätter, Peter Robert: Sozialpsychologie. Berlin 1956, (Goeschen 104/104 a), S. 164 f. — Shafer, Boyd C.: Nationalism, Myth and Reality. London 1955, S. 45 f. — Diese Merkmale im Rahmen einer Ideologiegeschichte von der Antike bis 1789: Kohn, Hans: Die Idee des Nationalismus. Ursprung und Geschichte bis zur Französischen Revolution. Frankfurt 1962. (Originalausgabe u. d. T.: Kohn, Hans: The Idea of Nationalism. A Study in its Origins and Background. New York 1944).
[22] Víd. Denník 1. Jg., Nr. 77 (23. 5. 1907) Kompromisse?: „Erst die Zukunft wird die Früchte unserer ehrlichen bewältigten Arbeit bringen, erst die Zukunft wird der Welt

Blickfeld zu rücken, holen sie sich die Beispiele aus den verschiedensten Bereichen. Die Position der deutschen Gesellschaft gegenüber wurde entweder allgemein mit dem Hinweis auf die „Minderwertigkeit und Inferiorität"[23] des tschechischen Elementes in Wien gekennzeichnet, meistens jedoch viel konkreter. Man sah sich als „Dienstbotennation"[24], als „zugereistes Gesindel"[25], als „Sklaven, die ihren Kopf nicht heben dürfen, weil es sonst Peitschenhiebe setzt"[26], als Mißhandelte, die „in geistiger und körperlicher Knechtschaft stehen"[27] und nur „mit Fußtritten bedacht"[28] werden, als „systematisch verfolgte Stiefkinder"[29], als „völlig rechtloses Element auf dem Stand fahrender Zigeuner und sklavischer Heloten"[30], während einer „langen Zeit babylonischer Gefangenschaft"[31], schließlich als „Unkraut auf germanischem Feld"[32], als wehrloses Opfer im ungleichen Kampf"[33] und als „blutig mißhandeltes wehrloses Wild"[34]. Gleichzeitig fühlte man sich dadurch für das gesamte tschechische Volk repräsentativ[35]. Die Aufgabe des Wiener Martyriums, das schon im zartesten Alter im Kindergarten begann[36], bestand darin, „den weiten und dornenreichen Weg zu Ende zu gehen"[37] und „den bittern Kelch des Leidens bis zur Neige leeren"[38] zu müssen. Diese politisch nur begrenzt wirksamen Anschauungen von der sozialen Stellung der Wiener Tschechen stehen mit dem

zeigen, daß unser Ruf nach Recht und Gerechtigkeit berechtigt und begründet gewesen ist, wenn er auch vergeblich war".

[23] V. D. 1. Jg., Nr. 1 (17. 2. 1907): An die niederösterreichischen Tschechen; Nr. 39 (5. 4. 1907): Politische Rundschau; Nr. 100 (20. 6. 1907): Offener Brief an Herrn Dr. Lueger.
[24] V. D. Nr. 43 (10. 4. 1907): Der Hochmut der Wiener Deutschen.
[25] V. D. Nr. 63 (4. 5. 1907), Nr. 64 (5. 5. 1907), Nr. 69 (12. 5. 1907), Nr. 70 (14. 5. 1907).
[26] V. D. Nr. 86 (4. 6. 1907): Nationaler Radikalismus abgewendet? — Ähnlich V. D. Nr. 78 (24. 5. 1907): Wir und die Bestrebungen der niederösterreichischen Tschechen.
[27] V. D. Nr. 69 (12. 5. 1907) Leitartikel.
[28] V. D. Nr. 1 (17. 2. 1907), Nr. 36 (31. 3. 1907), Nr. 38 (4. 4. 1907), Nr. 41 (7. 4. 1907).
[29] V. D. Nr. 1 (17. 2. 1907).
[30] Nár. Kal. 1 (1906) 88: Der Kampf der Wiener Tschechen um das tschechische Schulwesen.
[31] V. D. Nr. 67 (9. 5. 1907) Leitartikel.
[32] Drozda, Paměti 22.
[33] V. D. Nr. 8 (26. 2. 1907): Zur Abwehr der Tschechengefahr in Niederösterreich.
[34] „Politik" vom 18. 11. 1900.
[35] V. D. Nr. 1 (17. 2. 1907) S. 2: Neuen, ernsten Zielen entgegen: „Und ist es denn nicht schon jetzt zur Genüge klar, daß das gesamte tschechische Volk durch die Schändung eines so mächtigen Zweiges für dauernd entehrt, spürbar erniedrigt, kulturell als minderwertig stigmatisiert ist?" — Drozda, Paměti 22: „Das Los der ganzen Nation ist unlösbar verbunden mit dem Schicksal der eigenen riesigen tschechischen Minderheit in Niederösterreich; solange der tschechische Zweig an der Donau nicht respektiert wird, wie es der Riesenzahl entspricht, solange werden auch die Bemühungen vergeblich sein, überhaupt eine entsprechende Geltendmachung des gesamten tschechischen Stammes im Staate zu erreichen".
[36] V. D. Nr. 8 (26. 2. 1907): Zur Abwehr der Tschechengefahr: „Ja sogar die Kindergärten werden in jüngster Zeit durch die Obsorge einzelner Bezirksschulinspektoren nach und nach in »Marteranstalten« der Kinder umgewandelt, wenn bereits den Kindern im zartesten Alter die alleinseligmachende deutsche Sprache aufgezwungen wird".
[37] Nár. Kal. 1 (1906) 90.
[38] Siehe Anm. 36.

tschechisch-nationalen Geschichtsbild in enger Beziehung[39], denn aus den Mythen der Vergangenheit wurde dieses Schicksal abgeleitet: Man verglich sich mit den Söhnen des alten Fürsten Svatopluk, denen der Fluch, wo immer sie sich aufhielten, schlangengleich ständig auf den Fersen blieb und zu deren traurigem Ende geführt hatte[40]. Zum Leidensweg gehörten auch Spott und Hohn, freilich nicht nur der Deutschen[41], denn auch die böhmischen Länder spielten mit der niederösterreichischen Minderheit „eine fertige Komödie" und schickten sie „in die Löwengrube" — kurzum die Wiener Tschechen sollten davon überzeugt werden, sie seien nur dazu da, „daß man einen Narren aus ihnen macht"[42]. Eine wesentliche Bedeutung hatte die Erkenntnis, daß man in Wien nicht mehr Teil der böhmischen Nation war — ob staatstragend oder nicht, spielt hier keine Rolle. Das erstmals Anfang der 90er Jahre vom Wiener tschechischen Dichter Josef Svatopluk Machar geprägte Schlüsselwort vom „opuštěná větev" [verlassener Zweig] durchzieht nicht nur das Wiener tschechische Schrifttum vor 1914, sondern findet sich sogar noch 1946 in Antonín Macháts „Naši ve Vídni" [Unsere Leute in Wien] wieder[43]. Zur Definition des Wortes „Zweig" stellte der tschechische Minderheitenwissenschaftler und damalige Berichterstatter der Auslandssektion im Prager NRČ, Jan Auerhan, bezeichnenderweise fest: Der Vergleich hinke zwar, da der Zweig der Wiener Tschechen *losgelöst* vom Stamm Wurzel schlagen solle, doch sei ein zutreffenderer Ausdruck — wie etwa „Ableger" — zu ungebräuchlich[44].

Entwickelten denn die Wiener Tschechen tatsächlich keine eigene effektive Minderheitenideologie, die ihnen ihre Bedeutung für die Nation in solchem Maße glaubhaft gemacht hätte, daß sie im entscheidenden Stadium der Desintegration zu sich selbst zurückgefunden hätten? Hierzu müssen zwei weitere Ideologie-Kriterien Lembergs, das *Bewußtsein einer Überlegenheit* gegenüber der Umwelt und das *Gefühl einer Bedrohung von außen* herangezogen werden[45]. Dabei darf man nicht vergessen, daß die allgegenwärtige Selbstwert-Problematik des Wiener Tschechentums, mit anderen Worten, das Minderwertigkeits- und „Von-aller-Welt-Verlassen-Seins"[46]-Gefühl, der Reflex einer sozialpsychologischen Tatsache war,

---

[39] Hierzu: L e m b e r g , Eugen: Voraussetzungen und Probleme des tschechischen Geschichtsbewußtseins. In: Geschichtsbewußtsein in Ostmitteleuropa. Ergebnisse einer wissenschaftlichen Tagung des J. G. Herder-Forschungsrates über die geistige Lage der ostmitteleuropäischen Völker (April 1960). Marburg/Lahn 1961, S. 94—103.
[40] V. D. Nr. 39 (5. 4. 1907): Die Söhne Svatopluks.
[41] Siehe Anm. 105.
[42] V. D. Nr. 10 (28. 2. 1907): Politische Rundschau.
[43] M a c h a r , J. S.: Opuštěná větev [Verlassener Zweig]. In: K a r á s e k , Sborník Čechů Dolnorakouských 3 und in: Praha Komenskému ve Vídni 14. — J a n č a , Školská otázka 26. — Kal. Čechů Víd. 11 (1902) 65. — V. D. Nr. 1 (17. 2. 1907). — D o l e ž a l , Dr. Josef Karásek 69. — M a c h á t , Antonín: Naši ve Vídni [Unsere Leute in Wien]. Prag 1946. — D e r s e l b e : Čechoslováci ve Vídni [Die Tschechoslowaken in Wien]. Wien 1931, S. 10.
[44] A u e r h a n , Jan: Československá větev v Jugoslavii [Der tschechoslowakische Zweig in Jugoslawien]. Prag 1930, (Knihovna čsl. ústavu zahraničního sv. 1), S. 352.
[45] L e m b e r g , Nationalismus II, 73 ff. und 82 ff.
[46] Aufruf des „Komenský" an das böhmische Volk vom 24. 10. 1904, bezogen auf das Reichsgerichtserkenntnis vom 19. 10. 1904, Hye 437. SÚA Prag, PM 8/5/23/93 (1901—1910).

nämlich des Fehlens als selbstverständlich hingenommener sozialer Ränge, bei denen Vorhandensein eine Selbstwertproblematik gar nicht möglich wäre, weil die „Qualifikation" des Einzelnen dann eine objektive Geltung besitzt und kein subjektives Problem mehr darstellt[47]. Das Minderwertigkeitsgefühl der Wiener Tschechen war sicherlich keine Selbstverurteilung aus der Einsicht, daß man ein vollgültiges Wert- und Verhaltensniveau nicht erreichen konnte. Ein solches allgemeingültiges Wertniveau bestand gar nicht, folglich entstand das Unterlegenheitsgefühl gerade aus dieser Sachlage heraus, nämlich weil die soziale Rolle, die die Wiener Tschechen ihrer Meinung nach spielten, eben dieser ihrer Meinung nach *nicht* selbstverständlich war. Die komplizierte industrielle Gesellschaft bietet deshalb zahllose Gelegenheiten zu Kompensationen und Rollenvorgaben. Wenn die nationaltschechische Ideologie ihre Wiener Angehörigen integrieren sollte, so mußte sie dem Bedürfnis nach einem Ausgleich des Inferioritätsgefühles entgegenkommen und die Wiener Tschechen in irgendeiner Weise ihrer Umwelt gegenüber als überlegen ausweisen. Ohne Überlegenheitsbewußtsein aufgrund einer überragenden Leistung war keine Bindekraft, kein Impuls zum nationalen Bekenntnis, keine Energie zur nationalen Bewegung zu erhoffen. Als allgemein verläßlichen Qualitätsnachweis bot man den tschechischen Nationalcharakter an und erklärte sich zum „nationalbewußtesten" aller slawischen Völker[48] und die tschechische Sprache zur schönsten unter tausenden:

Nechte cizí, mluvte vlastní řečí,	Laßt die fremde, sprecht die eigene Sprache,
ona v kráse tisíc jiných předčí![49]	sie übertrifft an Schönheit tausend andere!

Darüberhinaus hielt man in Wien noch spezifisch niederösterreichisch-tschechische Leistungsnachweise bereit, die auf der Schwelle vom Übergang der passiven in eine aktive Rolle standen. Unter dem Einfluß der paramilitärischen Massenorganisation des Sokol und seiner Ideologie, die sich an Darwins Lehre vom Existenzkampf orientierte, fühlte man sich in Wien als „Wacht der tschechischen Nationalität an der Donau"[50]; als „ständige Vorhut der tschechischen Nation"[51], als „Damm"[52] bzw. „vorderster Wall, an den zuerst die entfesselten Wogen des un-

---

[47] G e h l e n , Arnold: Die Seele im technischen Zeitalter. Sozialpsychologische Probleme in der industriellen Gesellschaft. Hamburg 1957, (rde 53), S. 65.
[48] V. D. Nr. 79 (25. 5. 1907) S. 2: Die ersten Folgeerscheinungen der Wahlreform: „Nicht einmal wir Tschechen, die wir uns am meisten unseres Slawentums bewußt sind..."
[49] Kal. Čechů Víd. 8 (1899) 78: Motto zur Komenský-Sprachschule im V. Bezirk.
[50] Nár. Kal. 3 (1908) 80. — Zur Ideologie des Wiener Sokol: G l e t t l e r , Sokol und Arbeiterturnvereine der Wiener Tschechen 64—72.
[51] Kal. Čechů Víd. 5 (1896) 78.
[52] V. D. Nr. 7 (24. 2. 1907): Die parlamentarische Vertretung der Wiener Tschechen: „Wir niederösterreichischen Tschechen sind der erste Damm, an dem sich die Wellen des germanischen Meeres... brechen... Wenn dieser Damm einmal von den wütenden feindlichen Strömungen zerstört werden sollte, dann wird wohl auch die schwere Zeit gekommen sein, in der diese Strömungen gar nichts mehr aufhalten wird, die dann in das Gebiet unserer engeren Heimat eindringen werden, und dann wird auch sicherlich die Zeit nicht mehr fern sein, in der unser ganzes Volk in den Ländern der böhmischen Krone dieses schicksalhafte Versäumnis am eigenen Leibe zu spüren bekommen wird". — Ähnlich V. D. Nr. 75 (19. 5. 1907) S. 1 f. Und nochmals die Wiener Wahlen: „Hier entsteht ein tschechischer Damm..." — D r o z d a , Paměti 22: „Diese Minderheit ist ein vorgeschobener Damm des gesamten tschechischen Stammes."

geheueren germanischen Meeres heranbranden"[53] und der, wenn er den Fluten nicht standhalten sollte, den Untergang der ganzen Nation zur Folge haben würde. Dabei zeigt sich die Neigung, die nationale Qualität schließlich auch noch durch Quantität zu ergänzen: Wien wurde zur „größten tschechischen Stadt, in der sich das Los des ganzen tschechischen Volkes entscheidet"[54]. Bereits 1893 glaubte man voraussagen zu können, daß sich innerhalb von zehn Jahren die Zahl der Wiener Tschechen verdoppelt haben würde[55]. Für dasselbe Jahr gab man die Zahl der tschechischen Zuwanderer mit rund 470 000 Personen an, denen 130 000 bereits ansässige Tschechen hinzuzurechnen waren[56]. Mehr als 1/12 der Bewohner der Kronländer und 1/5 der Wiener Bevölkerung wurden zu Wiener Tschechen gestempelt[57] und volle 73 % aller Arbeiter in der Reichshauptstadt sollten tschechischer Nationalität sein[58]. Mit fortschreitender Assimilation mehrten sich auch die Superlative, die das Gegenteil beweisen sollten. Das ständige Betonen der eigenen potentiellen Überlegenheit als Stimulans zwischen Erreichtem und Noch-zu-Erreichendem war auch innerhalb der Wiener tschechischen nationalen Gruppen selbst von Bedeutung. Den stolzen Anspruch der tschechischen Sozialdemokratie „Die Nation sind wir!"[59] räumte man bürgerlicherseits ganz einfach durch die Gegenbehauptung aus dem Weg: „Wir können stolz erklären, daß *wir* die vordersten Kämpfer sind für das Ideal der niederösterreichischen Tschechen."[60] Für ein faszinierendes Bild vom eigenen Ansehen war auch die Rückbesinnung auf historische Leiden und Leistungen früherer tschechischer Generationen in Niederösterreich unerläßlich. Man förderte deshalb den Druck tschechischer und deutschsprachiger Broschüren, die sich mit der historischen Verbreitung des tschechischen oder slawischen Elementes in Niederösterreich befaßten[61]. Mit der

---

[53] V. D. Nr. 8 (26. 2. 1907): Zur Abwehr der Tschechengefahr. Fast wörtlich wie in V. D. Nr. 7 (24. 2. 1907): „Ohne ... Hilfe aus unserer Stammesheimat ... wird diese tollwütige Flut sich unverzüglich über unsere Stammesheimat ergießen und dann — allerdings schon zu spät — wird man einsehen, daß dies alles nur die einfache Folge der eigenen dauernden schicksalhaften Versäumnisse ist, die sich eben einmal an unserem gesamten tschechischen Volk rächen müssen!"

[54] Kal. Čechů Víd. 3 (1894) 106 (Vorblatt zum Annoncenteil). — H u b k a , Čechové v Doln. Rakousích 24 u. 76. — K u č e r a , Český průvodce po Vídni 3. — P a z o u r e k , Čechové ve Vídni 107.

[55] Víd. Kal. 2 (1893) 120.

[56] Kal. Čechů Víd. 9 (1900) 62.

[57] D r o z d a , Paměti 22. — P a z o u r e k , Čechové ve Vídni 106.

[58] V. D. vom 23. 8. 1907: Über die tschechische Arbeit in Wien. Auch in S ý k o r a , Dobyvatelé 320.

[59] V. D. Nr. 84 (1. 6. 1907): Die Sozialdemokraten im neuen Parlament.

[60] V. D. Nr. 78 (24. 5. 1907): Wir und die Bestrebungen der niederösterreichischen Tschechen.

[61] Ž i v n ý , Carl: Das Stammland der Monarchie. Wien 1911. 30 Seiten. Enthält Verweise auf P e r t z , G. H.: MGH, Bd. 9 (Siedlungsgebiete der Wenden rechts und links der Donau). — Š n e j d a , B.: Proč náleží Čechům právo na půdu Rakouska [Warum haben die Tschechen ein Recht auf österreichischen Boden]. Wien 1911, (tschechisch und deutsch) in: NRČ 227. — J a n č a , Školská otázka 12. — O t t a , J.: K národnímu a kulturnímu zápasu Čechů a Slováků na Dunaji [Zum nationalen und kulturellen Kampf der Tschechen und Slowaken an der Donau. In: Praha Komenskému ve Vídni. Prag 1910. — Kann

Zuspitzung der nationalen Lage, besonders seit dem Jahre 1910, wurde die Abfassung derartiger Schriften häufiger. Vorher verwies man nur vereinzelt auf slawische Ortsnamen in Niederösterreich[62] oder auf die slawische Urbevölkerung der österreichisch-ungarischen Monarchie[63]. Solche Literatur galt als zum Schutz der tschechischen Minorität hervorragend geeignet[64]. Das Wort „Schutz" verweist schon darauf, daß hier auch die Vorstellung einer gemeinsamen Gefahr von außen eine Rolle spielte — ein weiteres Kompositionselement der nationalen Ideologie. Die „blutrünstige Hydra der deutschnationalen Unduldsamkeit"[65], der „unersättliche germanische Moloch"[66], die „rücksichtsloseste Terrorisierung"[67] und „Vergewaltigung"[68] sind nur einige Kostproben des Vokabulars, das eine Art Burgfrieden im Wiener Tschechentum zustandebringen sollte, rechtfertigte doch das Dasein des Gegners im gewissen Sinne die eigene Existenz. Je gefährlicher der „furor teutonicus"[69] erschien, umso notwendiger wurde der Zusammenschluß gegen ihn, umso verdienstvoller Widerstand, Kampf und Sieg[70]. Hier versuchte z. B. der Kalender des Österreichischen Nationalitätenklubs bewußtseinsformend auf die Wiener Tschechen einzuwirken, wenn er im Jahre 1900 seinen Lesern mitteilte: „Bei der Verfolgung eines nationalen Programmes hat uns allein die Tatsache zu genügen, daß wir einen gemeinsamen Gegner haben, der uns alle gleichermaßen haßt. Hier sind andere Verhältnisse als in den Kronländern, hier darf man nicht nach den Hauptinteressen der Tschechen abwägen, so, daß einmal diese, einmal jene Partei einen Aufschwung nimmt, hier ist einzig und allein das Augenmerk darauf zu richten, daß das nationale Programm gemeinsam verteidigt und durchgeführt wird."[71] Als Kardinalfehler der Vergangenheit und Gegenwart wurde dabei das Vertrauen auf die „nationale Verträglichkeit und Gerechtigkeit, sei es auch nur weniger Deutscher" genannt. „Aber beide Eigenschaften fehlen unseren germanischen Nachbarn, sie sind alle, ohne Ausnahme, voreingenommen gegen alles Slawische."[72] Die Definition des Nationalismus der „bürgerlichen"

---

die sog. „Lex Kolisko" sanktioniert werden? Gutachten der Národní rada ceská vom 23. Dezember 1912. Prag 1912, S. 12.
[62] Víd. Kal. 1 (1892) 41 und 57—59.
[63] Nö. Präs. J 12; 51 (1898) Versammlung des österreichischen Nationalitätenklubs.
[64] Drozda, Paměti 19.
[65] V. D. Nr. 8 (26. 2. 1907), Nr. 62 (3. 5. 1907), Nr. 67 (9. 5. 1907) Nr. 72 (16. 5. 1907).
[66] V. D. Nr. 1 (17. 2. 1907), Nr. 7 (24. 2. 1907), Nr. 62 (3. 5. 1907).
[67] Das Wort „Terror" in diesem Zusammenhang enthalten die Leitartikel von V. D. Nr. 2 (19. 2. 1907), Nr. 8 (26. 2. 1907), Nr. 39 (5. 4. 1907), Nr. 40 (6. 4. 1907), Nr. 45 (12. 4. 1907), Nr. 60 (30. 4. 1907), Nr. 62 (3. 5. 1907), Nr. 65 (7. 5. 1907), Nr. 69 (12. 5. 1907), Nr. 70—73 (14.—17. 5. 1907), Nr. 77—79 (23.—25. 5. 1907), Nr. 84 (1. 6. 1907).
[68] V. D. Nr. 7 (24. 2. 1907), Nr. 31 (24. 3. 1907), Nr. 36 (31. 3. 1907), Nr. 62 (3. 5. 1907), Nr. 72 (16. 5. 1907), Nr. 77 (23. 5. 1907), Nr. 81 (28. 5. 1907), Nr. 97 (16. 6. 1907).
[69] V. D. Nr. 72 (16. 5. 1907).
[70] Erst die bürgerliche Gesellschaft hat — im Unterschied zum Adel mit seiner Ideologie vom böhmischen Staatsrecht — die eindeutige Feindvorstellung entwickelt. Diese Vorstellung hat Palacký ausgebildet, indem er den Tschechen die Rolle der Verteidiger und Vorkämpfer der Demokratie zuwies, während die Deutschen das Prinzip der Feudalherrschaft zu vertreten hatten (Lit. oben S. 27 Anm. 11).
[71] Kal. Čechů Víd. 9 (1900) 65.
[72] Kal. Čechů Víd. 11 (1902) 39.

Wiener Tschechen lautete daher: „Patriotismus und Nationalismus ist es nicht, wenn jemand im Gasthaus oder privat unter seinesgleichen sich der Zugehörigkeit zu seinem Volke rühmt. Patriotismus und Nationalismus zeigen sich dort, wo man gegen den Feind steht und der Feind gegen einen selbst!"[73] Hierbei ist die Haltung zwischen äußerem und innerem Feind klar zu unterscheiden: Während der deutsche Gegner als Bedingung der nationalen Ideologie notwendig weiterexistieren mußte, konnte das Vorhandensein des inneren Feindes, des Ketzers in den eigenen Reihen, weit gefährlicher werden. In dem Verzicht auf die ideologische Integration der großen Mehrheit der tschechischen Bevölkerung, d. h. der tschechischen Sozialdemokraten, erwies sich der tschechische Nationalismus der bürgerlichen Wiener Führer als voraussehbar unbefriedigende Konzeption. Zu diesem sozial und parteipolitisch bedingten Gegensatz, der geradezu eine Prestigefrage daraus machte, sich gegenseitig mit Vorwürfen antitschechischen Verhaltens zu überbieten, erklärte der „Vídeňský Denník": „Die Einstellung gegen unseren äußeren Feind ist selbstverständlich und ergibt sich ganz von selbst. Nicht so die Einstellung zu unserem inneren Feind ... Die alte Krankheit, über die die Slawen im Unterschied zu den Deutschen klagen, zeigt sich an dem tschechischen Volkskörper hinsichtlich der Sozialdemokratie. Das Gleiche, was für die Slawen das Deutschtum bedeutet, bedeutet besonders für uns Tschechen die Internationalität. Der Hauptfeind in unserem tschechischen Körper, unser innerer Feind, ist die internationale Idee, die für unsere nationale Existenz ebenso gefährlich ist wie die Germanisierungsbestrebungen, mit dem einzigen Unterschied, daß die Bemühungen zur Vernichtung unserer nationalen Individualität von Seite der Deutschen herkommen, also seitens unserer offenen Feinde, während wir uns die zweite Gefahr selbst in den Pelz gesetzt haben. Sie kommt also aus unserer eigenen Mitte und wächst in uns selbst, vielfach sogar indirekt mit unserer Unterstützung"[74]. Die gegensätzliche Auffassung über Wesen und Lösung der tschechischen Frage in Niederösterreich rührt, wie schon erwähnt, davon her, daß diese Frage von den bürgerlichen Kreisen in erster Linie als Kampf gegen die Assimilation, d. h. unter nationalem Vorzeichen gesehen wurde, wogegen die Sozialdemokraten das große Unrecht in der Diskriminierung, in der Nichtgleichstellung mit den Deutschen, d. h. unter sozialen Vorzeichen erblicken wollten. Die *Sorge um Einheit und Reinheit*[75] der nationalen Grundkonzeption bewies, auch wenn das Ziel nie erreicht wurde, — oder eher noch gerade wegen dieses Desiderats — wie sehr die nationale Existenz der Wiener Tschechen einer Ideologie verpflichtet war. Die vor allem bürgerlicherseits mehrfach angestrebte nationale Geschlossenheit und Homogenität[76] erforderte

---

[73] V. D. Nr. 24 (16. 3. 1907): In die Wahlen (III). — „Das verschämte Verschweigen aller freiwilligen tschechischen Bindungen an das alte Österreich" (S l a p n i c k a in: B i r k e / L e m b e r g, Geschichtsbewußtsein in Ostmitteleuropa 107) zwischen 1918 und 1938, das dieser Feindkonzeption entspringt, gilt nicht für die Wiener Minderheit selber. Vgl. die literarische Zeitschrift „Dunaj" 1 (1923) bis 18 (1941): Ausführliche Würdigung der Leistungen, die tschechischerseits auf Wiener Boden entstanden. Siehe auch Anhang S. 465 f.
[74] V. D. Nr. 78 (24. 5. 1907) S. 1 f.: Die Mandate der Wiener Tschechen.
[75] L e m b e r g, Nationalismus II, 91 ff.
[76] V. D. Nr. 2 (19. 2. 1907): Wahlaufruf der niederösterreichischen Tschechen: „Die eigentliche Entscheidung... liegt ausschließlich nur bei der Partei der tschechischen Sozial-

es, daß an die Wiener Tschechen bestimmte Forderungen gestellt wurden. Diese kamen in einer *Gruppenmoral*[77] zum Ausdruck, deren oberste Norm die Liebe zur Nation war. Die Gleichsetzung von Vaterlandsliebe und Nächstenliebe[78] garantierte die Verbindlichkeit, d. h. der Dienst am nationalen Kollektiv erhöhte die ethische „Wertigkeit" des einzelnen Wiener Tschechen. Diese Verankerung der Gruppenmoral in der Transzendenz, die den Dienst am Volk und Vaterland als Erfüllung eines göttlichen Gebotes darstellte, ermöglichte es, den Moralbegriffen die nötige höchste Sanktion zu verleihen. Dementsprechend häufig wurden dann auch die Worte „Sittlichkeit" und „Ehre", „Unsittlichkeit" und falsche Scham in massensuggestive Parolen eingebaut[79].

---

demokratie, die — leider! — bisher als einzige einer Zusammenarbeit mit uns dauernd aus dem Weg gegangen ist". — V. D. Nr. 12 (2. 3. 1907): Kapitulation der tschechischen Sozialdemokratie in Wien: „Wahrscheinlich wird niemals wieder ein so günstiger Moment eintreten, wie er jetzt gewesen ist, für eine engere Verbindung der tschechischen Sozialdemokratie mit dem übrigen tschechischen Volk". (Betrifft Adlers Mandat in Favoriten II). „Wir wollen kein Urteil fällen, wir fühlen nur die Beleidigung, die man ihnen (den tschech. Sozialdemokraten, Anm. d. Verf.) angetan hat, an uns selbst!" — V. D. Nr. 65 (7. 5. 1907): Die Internationale gegen die tschechische Wahlaktion: Redner Z e m a n erinnert auf einer tschechischen Wählerversammlung daran, „daß der Nationalrat immer die tschechischen Sozialdemokraten zu sich eingeladen habe, daß diese ihn aber ignoriert hätten". — Ähnlich NRČ 127 (1913): Brief des Redakteurs der Dělnické Listy an den Prager NRČ vom 14. 4. 1913: „Was die Sache der Lex Kolisko anbetrifft, gehen wir Hand in Hand mit dem «Komenský», aber Einladungen zu Beratungen des Nationalrates lehnen wir ab." — V. D. Nr. 70 (14. 5. 1907) S. 2: Gegen uns! — V. D. Nr. 88 (6. 6. 1907) S. 2 Politische Rundschau und S. 3 Tagesnachrichten. — V. D. Nr. 90 (8. 6. 1907) S. 2 Politische Rundschau: „Wenn sie (die tschech. Sozialdemokratie, Anm. d. Verf.) aber in nationalen Fragen mit uns gehen wird, dann haben wir überhaupt nicht viel verloren." — S ý k o r a , Čeho nám třeba 11: „Wir (die tschechischen Nationalsozialen und Bürgerlichen) wollen nicht mit den Deutschen, sondern mit den tschechischen Sozialdemokraten *unseren eigenen Weg* gehen!"

[77] L e m b e r g , Nationalismus II, 86 ff.

[78] Gründungsversammlung der Jednota Barák: „Wer keine Begeisterung für die Liebe zum Vaterland findet, trete besser nicht zu uns ein, denn wer seine Heimat nicht liebt, liebt auch seinen Nächsten nicht!". České Dělnické Listy vom 14. 1. 1898. — Víd. Kal. 1 (1892) 59: „Liebe zu Gott, Volk und Vaterland, fortschreitende Bildung, Arbeitseifer, Sparsamkeit, gegenseitige Unterstützung: verfolgen wir diesen Weg, dann wird die Welt uns Wiener Tschechen nicht für einen unfruchtbaren Zweig der tschechischen Nation halten."

[79] V. D. Nr. 22 (14. 3. 1907): In die Wahlen? „Sittlich haben wir den Kampf gewonnen". — V. D. Nr. 24 (16. 3. 1907): In die Wahlen (III): „Es geht um unser aller Ehre, um die Ehre des Ganzen, um die Ehre des tschechischen Wien." — Dasselbe in: V. D. Nr. 40 (6. 4. 1907): Die Wiener Wahlen. — V. D. Nr. 46 (13. 4. 1907): Die Slawen im neuen Parlament: „jene unsittliche Vorherrschaft" (=der Deutschen, Anm. d. Verf.), „... dadurch (=Gerechtigkeit gegen sich selbst) haben wir eine sittliche Legitimation für unseren Kampf". — V. D. Nr. 67 (9. 5. 1907) Leitartikel: „daß wir Männer sind, deren Charakter hoch über der Schande der unsittlichen Germanisierung und der Widerlichkeit des Renegatentums steht." — V. D. Nr. 69 (12. 5. 1907) Leitartikel: „Sittlicher Charakter und nationales Bewußtsein dürfen nicht in die Bahnen der Germanisation gelangen." Eine tschechische Wahlniederlage wäre eine „nationale Schande". — V. D. Nr. 71 (15. 5. 1907) S. 2 Wahlbewegung: „Die hiesigen tschechischen Sozialdemokraten begnügen sich nicht mit jener sittlichen Niederlage, die ihnen Dr. Adler bescherte". Die Deutschen werden zynisch „mustergültige politische Sittlichkeitsapostel" genannt, die vor den größten

Die Achtung dieses sittlichen Normensystems, die Beteiligung und das Bekenntnis zu ihm, leiten zu der letzten Eigenschaft der Integrationsideologie über: zur *Hingabeforderung an den Einzelnen*[80]. Dabei kannte der bürgerliche Moralitätsdünkel gegenüber Abweichlern kein Pardon. Der nationalsoziale Abgeordnete Antonín Hubka, ein scharfer Kritiker der politischen Führung der Wiener Tschechen, nannte die tschechischen Renegaten den „Kehricht des demoralisierten Wien"[81]. Die Wiener bürgerliche Führungsschicht selbst zählte den Renegaten auch noch die sozialdemokratischen Landsleute hinzu, mit denen sie trotz einiger Anbiederungsversuche im Grunde nichts zu tun haben wollte, sonst hätte sie von ihnen wohl kaum als von „Verrätern des eigenen Blutes"[82] oder von „Handlangern des österreichischen Deutschtums"[83] gesprochen. Hier galt ohne Unterschied das Motto: „Wer nicht mit uns ist, ist gegen uns!"[84]

Die soeben durchgeführte Analyse der Elemente des Wiener tschechischen Nationalbewußtseins läßt erkennen, daß das ideologisch-nationalistische System nach außen hin intakt war. Dennoch fehlte es dem Wiener tschechischen Nationalismus an Integrationskraft. In den Versuchen, den eigenen Volkskörper ideologisch zu mobilisieren, zeigte sich stets die Neigung, das als geschichtliche Realität auszugeben, was sich erst durch Propagandamittel entfalten sollte. Die Verworrenheit und gegenseitige Unvereinbarkeit der Definitionen und Beschreibungen des Nationalbewußtseins[85] erklärte sich bei den Wiener Tschechen vielfach auch daraus, daß ihre Urheber den Nachdruck weniger auf das legten, was gemeinsam gewollt wurde —

Gewaltanwendungen nicht zurückschrecken. — Nár. Kal. 1 (1906) 80: Bewahrung der Wiener Tschechen vor „Volksentfremdung und Sittenverfall" durch kulturelle Organisationen. — Vgl. auch die Vorworte der Wiener tschechischen Kalender, z. B. Kal. Slovanů Víd. 20 (1911) 41: „heilige Ideale", „ehrenhafte Geschütze", „Tränen und harter Kampf", „ehrenvolle Arbeit für die Nation", „heiße Liebe zum Vaterland" etc., aber: Kal. Čechů Víd. 6 (1897) 47: „Leider Gottes schämt sich bisher der Tscheche, ein geborener Tscheche zu sein!" — Flugblätter des DONRČ zur Volkszählung 1910: „Kdo se za svůj jazyk stydí / hoden potupy všech lidí! [Wer sich seiner Sprache schämt, / dem gebührt die Verachtung aller!]. Archiv ČSSoc Nár. Socialisté ve Vídni 1898—1938: 1. Dělnická beseda „Barák" ve Vídni. Auch in NRČ 566, Agenda des DONRČ 1910—1912.

[80] Lemberg, Nationalismus II, 95 ff.
[81] Hubka, Čechové ve Vídni 26. Siehe oben S. 241 Anm. 3.
[82] V. D. Nr. 1 (17. 2. 1907) S. 2: Neuen ernsten Zielen entgegen. Die Leitartikel in: V. D. Nr. 36 (31. 3. 1907), Nr. 53 (21. 4. 1907) Nr. 62 (3. 5. 1907), Nr. 72 (16. 5. 1907): „Hier möge zum ewigen Gedenken festgestellt werden, daß der Tscheche vom tschechischen Sozialdemokraten erschlagen worden ist — und warum? Weil er dafür eintrat, daß jeder, der Ehre im Leib hat, einen tschechischen Kandidaten wählen soll."
[83] V. D. Nr. 13 (3. 3. 1907). Ähnlich Nr. 5 (22. 2. 1907), Nr. 73 (17. 5. 1907) und Nr. 82 (29. 5. 1907).
[84] NRČ 566, Agenda des DONRČ 1910—1912. Aufruf zur Mitarbeit bei der nationalen Organisation.
[85] Für eine erste Vertiefung der Auseinandersetzung mit dem Problem: Lemberg, Eugen: Geschichte des Nationalismus in Europa. Stuttgart 1905. — Krockow, Christian Graf von: Nationalbewußtsein und Gesellschaftsbewußtsein. PVS 1 (1960) H. 2, S. 141—152; Def. S. 142: „Nationalbewußtsein ist gleichsam von Natur aus »künstlich«, ein Produkt geschichtlicher Entwicklung, das sich als »Natur« miß-versteht." — Hättich, Manfred: Nationalbewußtsein und Staatsbewußtsein in der pluralistischen Gesellschaft. Mainz 1966, bes. S. 15—31.

z. B. die Anerkennung als Volksstamm — sondern auf etwas, was man angeblich füreinander empfand[86]. Als Begründung dieser in Wirklichkeit gar nicht existierenden Empfindungen sollten Faktoren wie Gemeinsamkeit der Sprache, tschechische Selbsthilfeorganisationen und ähnliches herhalten. Nicht nur die ideologische Spaltung in den eigenen Reihen, nicht nur das Fehlen einer historischen, siedlungs- oder wirtschaftspolitischen Funktion unter nationalpolitischer Oberaufsicht Prags waren dafür „verantwortlich", daß die nationale Ideologie der Wiener Tschechen nicht als absolutes Sittengesetz für die gesamte Minderheit wirksam wurde und daß der frustrierte und darum aggressive Nationalismus der zahlenmäßig höchst geringen ideologisch empfänglichen Wiener tschechischen Führungsgruppe nicht zum „integralen" Nationalismus (Maurice Barrès) durchzustoßen vermochte.

Ungeachtet des Systems von ideologisch fixierten Merkmalen sowie von Selbstkontrolle übenden und die Umwelt fernhaltenden Schutzorganisationen, die einem weiteren Assimilationsprozeß vorbeugen und den bestehenden heilen sollten, hing der berufliche Erfolg der tschechischen Minorität von der praktischen Verleugnung eben jener Ideologie ab, an die zumindest einige der Zuwanderer glaubten. Unter der Oberfläche scheinbarer nationaler Selbstfindung und -bestätigung blieben die nationalen Grundprobleme der Wiener Tschechen ungelöst. Daran änderte auch die Gesetzgebung nichts. Sie berücksichtigte zwar das Individuum, rechnete jedoch nicht mit der niederösterreichischen Minderheit als Kollektiv. Das Sein bestimmt nach Karl Marx' Meinung das Bewußtsein: Die nationale Ideologie der Wiener Tschechen war ein vergeblicher Versuch, dieses Verhältnis umzukehren. An dieser Stelle könnte vielleicht eine Verbindung von Geistesgeschichte und Sozialgeschichte ansetzen, zumal es die vorliegende Darstellung an der notwendigen Zusammenschau von den sozio-ökonomischen Bedingungen und den politisch treibenden Kräften auf der einen und den geistigen Bewegungen und philosophischen Strömungen auf der anderen Seite fehlen läßt. Hier wurde nur versucht, mit Hinweisen auf die sozialen Bedingungen nationalen Denkens eine erste Etappe auf diesem Weg zurückzulegen. Abschließend sollen nochmals diejenigen Faktoren hervorgehoben werden, die für das Modell der mangelhaften nationalen Bewußtseinsbildung bei den Wiener Tschechen erfaßt werden konnten.

Bereits eingangs war erwähnt worden, daß die Assimilation nicht nur durch die Großstadt mit ihren Entfernungen, sondern auch durch die *Wohnweise* begünstigt wurde. Von den in allen Wiener Stadtbezirken zerstreut angesiedelten Tschechen fand man nur in Favoriten fast in jedem Haus tschechische Nachbarn und Arbeitskollegen. Im Jahre 1900 gab es in diesem Bezirk 1/5 Tschechen, doch diese Ziffer hielt mit Abstand die Spitze[87].

Offenbar schwächte auch die *Abhängigkeit der Assimilierung von der Sozialstruktur* in Wien die Tendenz der nationalen Abschließung. Im Gegensatz zu Wien waren z. B. in den baltischen Provinzen Ober- und Unterschicht aufgrund der sozialen

---

[86] Ein gutes Beispiel dafür, daß Nationalbewußtsein etwas anderes ist als Sympathie für die lebenden Volksgenossen, ist Theodor M o m m s e n, der sich von der deutschen Nation als einer „Nation ohne Rückgrat" im Alter distanzierte. S u l z b a c h, Zur Definition und Psychologie von „Nation" und Nationalbewußtsein 153.

[87] Siehe oben S. 51—60.

Scheidewände auch national relativ klar getrennt, oder in Litauen z. B. verkörperten vor 1918 die drei Hauptklassen der Gesellschaft (Adel/Mittelklasse/Bauern) jeweils drei verschiedene Nationalitäten (polnisch/jüdisch/litauisch)[88]. Otto Bauer, der die nationale Assimilation als Mittel moderner Klassenbildung propagierte, kam dabei zu dem Ergebnis, daß die „mittlere Schicht" d. h. Lehrlinge, Handwerker, Kleingewerbetreibende, Dienstmädchen und Arbeiter am leichtesten assimiliert wird. Die Sozialstruktur der Wiener Tschechen erfüllte alle diese Bedingungen: Die Einwanderer rekrutierten sich — nach der Bauerschen Terminologie — aus der höchsten Stufe des agrarisch-hauswirtschaftlichen und der niedrigsten Stufe des industriekapitalistischen Typus[89]. Auch neuere deutsche und tschechische Untersuchungen erforschen den Zusammenhang zwischen Nationalismus und der sozialen Zusammensetzung seiner Teilnehmer. Walter Sulzbach verweist darauf, daß der Alldeutsche Verband der deutschen Kaiserzeit seine begeistertsten Anhänger nicht, wie vielfach angenommen wurde, unter den Industriellen sondern unter Oberlehrern und Universitätsprofessoren hatte. Sulzbach folgert daraus, daß der Nationalismus diejenigen Gruppen am meisten anspricht, die durch Lehren oder Schreiben oder durch ihre Stellung im Staat den Gang der Geschichte beeinflussen können oder zu können vermeinen[90]. Im Wiener Tschechentum war diese Intellektuellenschicht bekanntlich auf ein Minimum beschränkt. Auf Seite der tschechischen Historiker kommt allerdings Miroslav Hroch, der das nationale Erwachen bei den kleinen Völkern Europas unter dem Aspekt der Sozialstruktur der Patriotengruppen untersuchte, zu dem Ergebnis, daß sich die Beteiligung an der patriotischen Agitation „nicht aus der Zugehörigkeit zu einer bestimmten Klasse, einer bestimmten sozialen Gruppe, einer bestimmten Profession" ergab und daß sie auch nicht von der sozialen Stellung des betreffenden Individuums abhängig war[91]. Dafür muß Hroch feststellen, daß sich das städtische Milieu im allgemeinen für nationale Agitation aufgeschlossener zeigte als die Landbevölkerung und daß sich junge Menschen leichter und öfter für die Mitarbeit bei der nationalen Wiedergeburt gewinnen ließen als die mittlere und ältere Generation[92]. Demnach hätte die Nationalbewegung bei den Wiener Tschechen als einer sozial mobilen und relativ stark kommunizierten Gruppe vorwiegend junger Leute rascher auf Widerhall stoßen müssen als in Gebieten mit geringerer sozialer Mobilität und Kommunikation[93]. Doch auch hier

---

[88] Rothfels, Hans: Grundsätzliches zum Problem der Nationalität. HZ 174 (1952) 339—358, hier S. 348.

[89] Bauer, Otto: Die Bedingungen der nationalen Assimilation. Der Kampf 5 (1912) H. 6, S. 246—263, hier S. 256.

[90] Sulzbach, Zur Definition und Psychologie von „Nation" und Nationalbewußtsein 158.

[91] Hroch, Miroslav: Die Vorkämpfer der nationalen Bewegung bei den kleinen Völkern Europas. Eine vergleichende Analyse zur gesellschaftlichen Schichtung der patriotischen Gruppen. Prag 1968 (Acta universitatis Carolinae phil. et hist. monographia XXIV), S. 141 f., 166.

[92] Ebenda 166 und 147 ff.

[93] Mit Kommunikation meint Hroch den „Prozeß der Weitergabe von Nachrichten und Angaben hinsichtlich der Wirklichkeit, von Einstellungen und gefühlsmäßigen Reaktionen." Ebenda 167. Für die Relation von sozialer Kommunikation und Assimilation

läßt sich keine kausale Beziehung zwischen Kommunikation, sozialer Mobilität und nationaler Selbstbesinnung aufstellen. Als gegensätzliche Ergebnisse der steigenden Kommunikation und sozialen Mobilität für die nationale Existenz nennt Hroch Wales, dessen industriereichste Teile am raschesten assimilierten sowie die Oberlausitz und die Slowakei[94]. In Wien waren Kräfte und Gegenkräfte des tschechischen Nationalismus ebensowenig in ein glattes Schema einzuordnen. Man vergegenwärtige sich nur, daß die vertikale Mobilität — freilich nicht immer! — geradezu durch die Assimilation, durch das Verschmelzen mit der deutschen Nation bedingt war. Germanisierung — und dies sollte nicht übersehen werden — muß ja gar kein bewußtes politisch-ideologisches Ziel der staatlichen Organe sein. In Wien ergab sie sich für viele ganz einfach als soziales Phänomen aus der Tatsache, daß für den gesellschaftlich oder wirtschaftlich aufsteigenden Tschechen der Eintritt in die deutschsprachige Herrschaftsstruktur gleichsam zwangsläufig erfolgte. Schon 1894 verwies Otto Wittelshöfer auf diesen für Wien typischen Zusammenhang zwischen nationaler und sozialer Assimilation und bezeichnete die Germanisierung der tschechischen Zuwanderer als Produkt der wirtschaftlichen Verhältnisse, die nicht zur Zwangsregel gemacht werden dürfe, da der soziale Aufstieg sich gegenüber der nationalen Emanzipation als mindestens gleich zugkräftig erweise[95].

Auch einige *sozialpsychologisch zu deutende Merkmale des Industrialisierungsprozesses* dürften an der stattlichen Assimilationsquote[96] mitgewirkt haben. Jüngsten amerikanischen Forschungsergebnissen zufolge fördert die pluralistische Industriegesellschaft den „Realismus", indem sie bestimmte nicht realisierbare Alternativen eliminiert und bei den Menschen Erwartungen fördert, die weder mit utopischen Hoffnungen (etwa auf ein tschechisches Wien), noch mit Verzweiflung etwas zu tun haben. Wie der ideologische Kampf zwischen verschiedenen Gesellschaftsgruppen oder -systemen an Heftigkeit verliert oder ganz verschwindet, so wächst auch der Konsensus innerhalb der Gesellschaften, wenn die Industrialisierung — so wie in Wien — erfolgreich verläuft. Die Arbeiter werden in die Gesellschaft integriert und

---

bei nationalen Minderheiten besonders: D e u t s c h , Karl W.: Nationalism and Social Communication. An Inquiry to the Foundation of Nationality. New York / London (Massachusetts Institute of Technology) 1953, S. 9—12, 89—126, 130, 162, 83, 95 f. u. a. a. O., mit Anhang (S. 183—196): Bohemia-Moravia-Silesia, 1900—1970: Statistical sources and data used for „an example of economic mobilization in a nationally mixed area".

[94] H r o c h , Miroslav: Die Vorkämpfer 169. — Ferner der Aufsatz: H r o c h , Miroslav: Vlastenci bez národa [Patrioten ohne Nation], in: Naše živá i mrtvá minulost. 8 esejí o českých dějinách [Unsere lebendige und tote Vergangenheit. 8 Essays zur tschechischen Geschichte]. Hrsg. Fr. G r a u s , Drahoš B á r t a , Miloš H á j e k u. a. Prag 1968, S. 107—135. (Unterscheidung zwischen horizontaler, vertikaler, Intra- und Inter- Generationen-Mobilität, S. 109).
[95] W i t t e l s h ö f e r , Otto: Politische und wirtschaftliche Gesichtspunkte der österreichischen Nationalitätenfrage. Preuß. Jahrbücher, Bd. 76 (1894) 457—501.
[96] Nach R a u c h b e r g , Der nationale Besitzstand in Böhmen I, 303 und Kartogramme 27 und 28 in Bd. III: etwa 75%. Tschechischerseits gab man als Quote 5/6 an. Kal. Slovanů Víd. 21 (1912) 64.

richten sich in ihr ein. Sie akzeptieren das Normensystem und die Gesellschaftsstruktur. Die Neigung zu Protesten nimmt ab[97].
Inwiefern wirkte die Industrie selbst als starke Kraft des Zusammenschlusses und der Angleichung aller Mitschaffenden filternd und spannungsausgleichend auf die Macht des Nationalgefühls? Ein Merkmal, das für das technische Zeitalter besonders bezeichnend ist und die Assimilierung der Wiener Tschechen unter einem weiteren Aspekt verständlich macht, ist der Begriff der Arbeitsteilung[98]. Auch wenn der Fabriksbetrieb in manchem den Einzelmenschen isoliert, so ist doch jeder Einzelne gleichzeitig auf viele abgestimmt. Der Begriff „Arbeitsteilung" verdeckt, daß es sich hier um einen Weg des Von-Zu, des Mit- oder Füreinander handelt. Immer kommt der Arbeitsgang, der Anstoß zur Arbeit von anderen und führt weiter zu anderen. Je feiner die Zergliederung des Maschinenprozesses ist, desto feiner muß sich der Arbeiter in diesen Prozeß einpassen. Dies bedeutete, daß die 70 % Arbeiter unter den Wiener Tschechen[99] sich nicht nur auf die Maschine, sondern auch auf ihre (deutschen) Arbeitskameraden einstellen mußten, so daß am Ende alle auf alle abgestimmt waren, wenn die eigene Arbeit möglich und sinnvoll sein sollte. Das bewirkte ein Zusammenarbeiten, wie es das in früheren Jahrhunderten noch nicht gegeben hatte. So wirkten a priori nicht die ideellen Werte der Nation, sondern ganz einfach das „Ethos" der Arbeit. Man war ja schließlich des guten Verdienstes wegen nach Wien gekommen und nicht, um sich durch nationale Aufbauarbeit „Verdienste" zu erwerben.
Freilich, ein Grundbedürfnis des Menschen, von dessen Erfüllung seine Sicherheiten in letzter Instanz abhängen, bleibt in der Industriegesellschaft ungedeckt: die Schaffung eines stabilen moralischen Verhältnisses zur Summe der Lebensumstände[100]. Anthropologisch betrachtet bedeutet dies, daß es den Wiener Tschechen an verläßlichen Grundkoordinaten für Meinungen und Verpflichtungen fehlte, daß keine Gebräuche, Einrichtungen, Wegweiser und „kulturelle Immobilien" da waren, denen sie die Steuerung des Verhaltens in dem Gefühl überlassen konnten, „es richtig zu machen". Bei diesem Übergang in die industrielle Daseinsform als neuen Lebensraum waren die tschechischen Arbeitssuchenden ohnehin einer zusätzlichen Belastungsprobe ausgesetzt: dem freiwilligen und in vielen Fällen dauerhaften Verlust der Heimat. Und alles das innerhalb eines politischen Szenariums wechselnder, mobiler Vorder- und Hintergründe, Personen und Parolen. So prägte sich in den Wiener Tschechen eine Gruppe aus, die in der einen Struktur (Kronländer) ihren Ort und ihre Aufgabe, ihre Rechte und Entfaltungsmöglichkeiten hatte, gehabt hatte oder in Zukunft noch zu haben hoffte und die durch ihren Zuzug in die

---

[97] Kerr, Clark / Dunlop, John T. / Harbinson, Frederick H. / Myers, Charles A.: Der Mensch in der industriellen Gesellschaft. Die Probleme von Arbeit und Management unter den Bedingungen wirtschaftlichen Wachstums. Frankfurt a. M. 1966. Amerikanische Originalausgabe u. d. T.: Industrialism and Industrial Man. Havard University Press, Cambridge (Mass.) 1960. (Hier zit. nach der deutschen Übersetzung), S. 334 f. — Siehe auch S. 82 ff. (Die Politik der nationalistischen Elite) und S. 112 ff. (Die Idee des Nationalstaates).
[98] Brepohl, Industrievolk 116 f.
[99] Siehe oben Tabelle S. 61.
[100] Gehlen, Arnold, Die Seele im technischen Zeitalter 53.

Reichshauptstadt sozusagen in das Kreuzfeuer widerstreitender Ordnungen und Ideologien versetzt wurde. Psychologisch gesehen bedeutete die Abwanderung aus den böhmischen Ländern eine Loslösung der Tschechen aus dem jahrhundertealten Gefüge ihrer geistigen Umwelt. Die Gemütswerte, die mit gewissen Bestandteilen der altvertrauten Welt verbunden waren, ferner die Erfahrungen, die den Tschechen das Gefühl der Lebenssicherheit und Umweltvertrautheit gaben — sie alle wurden nun entweder wertlos, weil wirkungslos oder veränderten ihren Wert. Die Betrachtung des Heimatlos-Werdens als eines zentralen Prozesses in der Geschichte der Wiener Tschechen ist daher unerläßlich. Bis dahin lebte jeder von ihnen in einem geographischen Raum, dessen Bestandteile ihm von Jugend an vertraut waren: sein geistiger Besitz, ja auch die Elemente seiner Phantasie waren mit diesem Bereich fest verbunden. Es wäre daher zu wenig, wenn man unter dem Begriff der Heimat nur den geographischen Raum der böhmischen Kronländer verstünde, er umfaßte vielmehr auch das geistig-gegenständliche Zwischenreich, mit dem das Innere eng verwachsen war[101]. Um zu verstehen, was in den neu angekommenen Tschechen in Wien vorgegangen sein mag, genügt es nicht, bloß die wirtschaftlichen oder sozialen Aspekte ihrer Assimilation zu analysieren. Der Raum, in dem sich die Umwandlung vollzog, betraf auch das Geistig-Seelische. Es handelte sich bei dem Übergang aus den böhmisch-mährischen Landgemeinden in die Hauptstadt der Monarchie nicht nur um selbstverständliche Änderungen des Lebenszuschnittes, sondern vielmehr um eine zentrale sozial-geistig-seelische Wandlung nicht mehr raumintegrierter Bevölkerungsteile. Wenn man den Begriff „Heimat" ohne Pathos und ohne die provinzielle Enge tendenziös übersteigerter „Blut- und Boden-Dichtung" als soziale Substanz begreift, als engmaschiges Netz von Beziehungen zu Verwandten, Nachbarn und Autoritäten, mit allem, was die Art und Weise dieser Beziehungen erst bestimmt, so bleibt dennoch die Frage bestehen, wieso die Auflösung dieses Beziehungsgeflechtes in Wien weit mehr zu einer Einbruchstelle der Assimilation und nicht — wie z. B. in England — zu einer Einbruchstelle des Nationalismus[102] geführt hat. Die Feststellung, daß die Binnenwanderung der Tschechen nach Wien in deren Geschichte eine Dislozierung und allgemeine Desorientierung[103] mit sich brachte, bedeutet nämlich noch nicht viel. Zunächst ist wesentlich, daß alle umweltsozialen Beziehungen abgeschnitten wurden und daß die Zuwanderer nur über eine neue Ordnung langsam in die Bindung an einen Raum aufsteigen konnten, der eine Einordnung in ein neues Sozialgefüge und eine Ausrichtung auf bestimmte Lebenswerte bot. Sicher ist, daß die Tschechen, die aus den Kronländern nach Wien kamen, ihre Heimatbindungen teils freiwillig, teils unter dem Zwang der Verhältnisse aufgaben. Zu betonen ist hier auch nochmals, daß der Wiener Aufenthalt eines Lehr-

---

[101] Brepohl, Der Aufbau des Ruhrvolkes 26.
[102] Ebenda 31: Über die Binnenwanderung um die Jahrhundertwende in Großbritannien: „Eine tiefgreifende Lockerung aller sozialen Zusammenhänge, ... sowohl des politischen Gemeinwesens als auch von Familie, Blutsverwandtschaft und Nachbarschaft... das Heimatgefühl ist durch Nationalismus abgelöst worden".
[103] Hierzu sozialpsychologische Untersuchungen in den USA, wobei die Tragweite des Auflösungsprozesses z. T. an pathologischen Erscheinungen erkennbar wird. Brepohl, Industrievolk 140.

lings oder Studenten diesen noch lange nicht zum Wiener Tschechen stempelte, auch wenn er von der Statistik als solcher erfaßt wurde. Das gleiche gilt für den vorübergehenden Aufenthalt von Beamten, Militärpersonen, Künstlern, Saisonarbeitern. Das ständige Nachströmen und die Verquickung dieser Gruppen trug viel zur Komplizierung und Verzeichnung der Lage bei. Sich selbst überlassen, ohne Freund und Sippe, waren jedoch alle zunächst Neulinge[104], Fremde und Ausgeschlossene. Ein Gefühl des Ohne-Geltung-Lebens mag die erste Zeit in der neuen Umgebung überschattet haben. Der tschechische Neu-Wiener wurde wieder zurückgedrängt in die verblassende Heimatwelt und erzählte oder schrieb Dinge von „zu Hause", die vielfach gefühlvoll entstellt sein mußten. Ergebnis: die Isolierung wurde umso größer und die Spottlust der Einheimischen legte ohne Erbarmen diesen Sachverhalt bloß[105]. Und darauf antwortete der Zuwanderer mit Ressentiments[106], aber auch mit dem geheimen Wunsch, dorthin zu kommen, wo jene standen[107]. Je weiter — räumlich oder gedanklich — die alte Heimat entfernt war, desto mehr mußten sich die Wiener Tschechen auf diejenigen Kräfte besinnen, die sie nur in sich selbst trugen. So war für viele der kleine Kreis der Landsleute in den Vereinen und Tischgesellschaften der einzige verläßliche Halt in der neuen Welt. Aber die Gestalt des Konnationalen hatte keinerlei Autorität in sich und hatte im sozialen Gefüge keinen fest vorgeschriebenen Platz. Man kann es daher auch als Zeichen fortschreitender Assimilierung ansehen, daß die Wirksamkeit derjenigen tschechischen Vereine minimal war, deren Funktionen auf andere Weise von der Gesamtheit der Wiener Bevölkerung und in ihr erledigt wurden: Die Interessenvereinigung der rund 54 000 Wiener tschechischen Gewerbetreibenden, die „Živnostenská jednota", hatte nur 50 Mitglieder[108], während sich die Unterhaltungs-, Theater- und Gesangsvereine weit größerer Beliebtheit erfreuten, da sie das emotionale Verlangen nach tschechischen Darbietungen und Festen als etwas Besonderem im Wiener Alltag wachriefen. Hinzu kam oft ein Generationengegensatz. Doch die für die zweite Generation typische Krisis setzte schon im Leben der ersten ein. Denn: Waren z. B. die zugewanderten Eltern nicht angepaßt, d. h. geistig nicht in der Lage, das Großstadtgetriebe, in dem sie lebten und arbeiteten, zu durchdringen und sich anzueignen, so konnten sie auch ihre Kinder geistig nicht so weit fördern, daß sie aufgeschlossen,

---

[104] „Wir waren ... ungeschickte Neulinge, die erst die notwendige Waffenausbildung brauchten". V. D. Nr. 79 (25. 5. 1907): Ist der Kampf vorüber?
[105] V. D. Nr. 5 (22. 2. 1907): Wie wir uns auf die Wahl vorbereiten sollen: „Es möge jeder daran denken, daß wir zum Gelächter und zur Zielscheibe dummer Witze in Wiener Bänkelliedern wurden." — V. D. Nr. 25 (17. 5. 1907): Die Christlichsozialen — eine deutschnationale Partei: „Sehen sie (die tschechischen Wähler, Anm. d. Verf.) nicht, wie sie hinter dem Rücken ausgelacht und verachtet werden und Zielscheibe häßlicher Witze sind?" — Sulík, Proč máme vychovávati své děti v českých školách 6 und 13.
[106] Siehe das Beispiel der tschechischen Hebamme in Zirkus. Oben S. 226.
[107] Dies galt natürlich nicht nur für die Assimilierten, sondern auch für die nationalistischen Kreise. V. D. Nr. 56 (25. 4. 1907): Die deutsche und die tschechische Öffentlichkeit in Wien: „Also kämpft, damit die deutsche Öffentlichkeit von uns spricht!" — V. D. Nr. 62 (3. 5. 1907) S. 2: Politische Noblesse der Wiener Deutschen: „Wir müssen von den Deutschen lernen..."
[108] Sýkora, Dobyvatelé 305. — Vídeňský Merkur, 1. Jg., Nr. 8 (15. 5. 1905).

mit innerer Sicherheit, der neuen Welt gegenübertreten und später in ihr einen Platz einnehmen konnten. Umwelt und Innenwelt standen dann in einer zu großen Entfernung voneinander. Wenn die Eltern das Milieu nicht kennen oder ablehnen, in das sie ihre Kinder einführen sollen, dann muß auch das Vertrauen zu den Eltern — ein wesentliches Bildungsmittel — fehlen. In diesem Fall vollzieht sich die Anpassung mit Widerstand, mit Ausweichen und Flucht. Das Kind verschließt sich den neuen Einflüssen und verliert damit die günstigsten Wege zur Bildung durch die Umwelt[109]. Im allgemeinen benötigt die Anpassung bzw. Akkulturation mehr Zeit als eine Generation. Die zweite Generation der Wiener Tschechen verharrte daher noch in einer mehr oder weniger weit gediehenen Teilangepaßtheit: „Nejsem Němec, nechci býti Čechem, jsem Vídeňák a vy jste Češi"[110] [Ich bin kein Deutscher, ich will kein Tscheche sein, ich bin ein Wiener und ihr seid Tschechen], charakterisieren die Schulkinder die Situation. Es ist aber auch möglich, daß in der zweiten Generation die Entscheidung so extrem ausfällt, wie sie Irvin Child für die Italiener in den USA mit dem Terminus „rebel-reaction" definiert. Child meint, daß sich die Italiener der zweiten Generation in den Vereinigten Staaten mit Überbetonung als Amerikaner wissen möchten und sich in allem bemühen, nicht als Italiener erkannt zu werden[111]. Im ganzen gesehen ist Childs Definition für die Wiener Situation zu hoch gegriffen, denn die Hinwendung zu Lebensstil und Sprache der alteingesessenen „echten Weaner" geschah nicht mit solchem Aufwand, daß man von „Rebellion" gegen alles Tschechische reden könnte. Was nationale Ideologen als Landflucht oder Renegatentum verurteilten, war eher eine tschechische „Sanierungsmaßnahme" aufgrund der beruflichen Möglichkeiten in der Reichsmetropole.

Einige Erkenntnisse dieses Abschnittes könnten zu der Meinung führen, daß es sich hier um Selbstverständlichkeiten handelt, deren Erwähnung sich erübrigt. Hält man sich jedoch vor Augen, welche Mythen und Aberglauben hinsichtlich der nationalen Frage im Wiener Tschechentum entstanden sind, dann ist auch die Frage berechtigt, wieso nicht die Tschechen die Vorbildenden und die Deutschen die Mitmachenden sein konnten. Es gibt doch z. B. zahlreiche Slawismen und tschechische Dialektwörter im Wienerischen, an denen sich zeigt, daß sich im sprachlichen Bereich die ursprüngliche Farbe mit der neu hinzugekommenen bis zu einem gewissen Grad mischen konnte[112]. Es ist jedoch eine auf gesicherter Erfahrung beruhende Tatsache, die durch statistische Analysen bestätigt wird, daß das ruhigere, stete Element das

---

[109] Erikson, Erik: Wachstum und Krisen der gesunden Persönlichkeit. Stuttgart 1953. — Beck, Walter: Grundzüge der Sozialpsychologie. München 1953, S. 41 ff.
[110] Sulík, Proč máme vychovávati své děti v českých školách 13.
[111] Child, Irvin: Italian or American? The second generation in Conflict. Yale-University Press 1943.
[112] Hierzu besonders: Schranka, Eduard Maria: Wiener Dialekt-Lexikon. Wien 1905, z. B. auf lepschi gehen, Agre'sl (Stachelbeeren), Bömak, Kaluppen, Rozumisch haben, Servus Březina!, böhmischer Zirkel, Taschlowitz, tam leschi, Schestak, povidalen, Naschi-Waschi, Leschak, Halawatsch, Bramburi, Copaken (Spitzname der Tschechen, nach ihrer Frage „Co pak?" [Was denn?]). — Typische Slawismen z. B.: „Das zahlt sich nicht aus. Das steht nicht dafür. Wenn es sich ausgeht. Wir tun das, bis ich komme. Auf etwas vergessen. Er wird sich's richten."

größere Gewicht, die stärkere Prägekraft hat. Zwischen Wiener Tschechen und Deutschen bestand sozusagen ein Unterschied wie zwischen suggestibel und suggestiv, wie zwischen Abdruck und Matrize. Der beweglichere tschechische Teil war der leichter umzuformende Typ, der passiv blieb, wogegen der durch den Besitz von „Machtmitteln" (Geld, Bildung, Eingelebt-Sein, Sicherheit) ausgestattete deutsche Teil zugleich der prägende war. Sofern die tschechischen Zuwanderer Begabung und Kraft zum beruflichen Aufstieg hatten und in Wien bleiben wollten, suchten sie bewußt oder unbewußt eine Annäherung an die ansässige Bevölkerung[113].
Zu fragen bleibt noch, wie der Übergang aus dem alten in den neuen Lebensraum tatsächlich geschah. Bestimmte Erlebnisse — z. B. gelegentliche Ausflüge nach Mähren oder die in den Vereinen aufliegenden tschechischen Zeitschriften[114] machten den Wiener Tschechen klar, daß sie nicht mehr ganz zur alten Heimat gehörten, andere Erlebnisse im Alltagsleben der Donaustadt brachten ihnen die Erkenntnis, daß sie noch nicht in dieser ihrer neuen sozialen Umgebung ganz zu Hause waren. Sie waren Menschen in einem Zwischenzustand[115] und das erschwert eben gerade eine objektive realistische Beurteilung insofern, als es sich hier nicht um eine simple Mechanik von Ursache und Wirkung handelte, sondern um ein verflochtenes Gewebe von Mächten der ländlichen böhmisch-mährischen Traditionen mit den neuen Mächten der fremden Großstadt, abhängig von individuellen psychologischen Momenten. Man führte oft die Tatsache, daß der Wiener Tscheche sein Tschechentum so schnell verlor, auf eine Art Charakterschwäche zurück[116]. Für die Intellektuellen ist dies ebensowenig richtig wie für die tschechischen Dienstmädchen, Ammen, Arbeiter, Lehrlinge oder Gewerbetreibenden, vielmehr zeigt sich darin das erste und allein mögliche Seßhaftwerden. So vollzog sich — weitab vom Bereich der Ideenträger — eine unterschwellige Umwandlung der Werte, die man nur zu leicht nach fremden Maßstäben, ohne Einrechnung der Unterschichten beurteilt.

---

[113] Zu dieser „sozialanthropologischen Osmose": B r e p o h l , Der Aufbau des Ruhrvolkes 193—198. — Aufschlußreich auch: S e c o r d , Paul F. / B a c k m a n n , Carl W.: Social Psychology. New York / San Francisco / Toronto / London 1964, S. 190, 415, 569 u. passim.

[114] Im Jahre 1893/94 allein im Akademický spolek 18 belletristische, 87 politische und soziale, 61 Fachzeitschriften. Von diesen insgesamt 166 Zeitschriften waren 143 tschechisch (überwiegend aus Prag oder Brünn), zwei slowenisch, eine slowinzisch, zwei ruthenisch, zwei kroatisch, eine sorbisch (Lausitz) und 15 deutsch. Výroční správa Akademického spolku ve Vídni [Jber. d. Ak. Ver. in Wien] 26 (1893/94) 17—23.

[115] Vgl. auch L e h m k ü h l e r , Marie-Luise: Umformungsprozesse in Kultur und Gesellschaft. Das Schicksal der Auswanderer in der Sozialdynamik. In: Beiträge zur Soziologie der industriellen Gesellschaft. Hrsg. von Walther Gustav H o f f m a n n , Dortmund 1952, S. 101—108, bes. S. 106 („Zwitterstellung"). — B r e p o h l , Industrievolk 147: „Was sind wir? Sind wir noch, was wir waren, bevor wir nach Amerika kamen oder sind wir halb Amerikaner, halb etwas anderes? Für mich liegt gerade hier unsere Tragöde ... wir sind Waisen, da wir unsere eigene Mutter verlassen haben, um die Stiefkinder einer anderen zu werden."

[116] V. D. Nr. 43 (10. 4. 1907): „Die Deutschen kennen uns nur als die von aller Welt verlassene Kaste von Leuten, die tschechisch reden, die sich außer durch ihre Armut öfters auszeichnen durch — bekennen wir es! — sittliche Laxheit, Rückständigkeit und Unwissen in jeder Hinsicht."

Neben den beiden Extremen — Nationalisten hier, Renegaten dort — muß ein gewiß sehr hoch zu veranschlagender Prozentsatz der Wiener Tschechen der sogenannten „schwebenden Volksgruppe" zugerechnet werden, einem Element, für das es keinen Ort und keine Funktion gab, das aber die Ansprüche beider Völker in sich trug, beiden nahestand und mit beiden in Konflikt geriet. Es gelang jener „Mischbevölkerung" weder, die eigenen Stammesangehörigen noch sich selbst von ihrer Überlegenheit zu überzeugen. Eine Unterlegenheit den Deutschen gegenüber mußte daher als doppelt unangenehm empfunden werden. Hier fehlte gewissermaßen ein Kristallisationspunkt, aber auch der Wille, eine Gruppe zu bilden. Die Ethnologie verzeichnet mehrere Stufen der ethnischen Entfremdung, die Zweisprachigkeit stellte bei den Wiener Tschechen eine solche Phase dar. So gaben viele von ihnen aus Überzeugung Deutsch als die im täglichen Umgang verwendete Sprache an und fühlten sich trotzdem als Tschechen. Sie richteten sich im Sprachgebrauch nach dem jeweiligen Thema und nach dem Partner und konnten die nationalen Unterschiede nicht begreifen, weil sie zur Toleranz neigten. Die Verachtung seitens der beiden oben genannten Extremgruppen und die Verfolgung durch sie ist einem solchen „Zwischenvolkstum" aufgrund der Labilität seines Werte- und Normensystems sicher, es sei denn, seine Angehörigen nähmen durch lange Generationen so überhand, daß sich um sie ein neuer Nationalismus bildet[117]. Dieses Zwischenstadium mit dem Charakter eines kulturellen Niemandslandes gefährdete durch das Fehlen des integrierenden Gruppenselbstbewußtseins — vom ethnologischen, soziologischen und psychologischen Aspekt aus[118] — nicht nur die Existenz der Wiener Tschechen als Gruppe, sondern auch — realpolitisch betrachtet — die Wirksamkeit nationalpolitischer Maximen.

Untersucht man die Struktur des gesellschaftlichen und politischen Lebens der Wiener Tschechen um die Jahrhundertwende, zu der hier nur in bestimmter Blickrichtung ein Beitrag geleistet werden sollte, so zeigt sich, welch engen Spielraum der eigentliche tschechische Nationalismus in Wien hatte. Zugleich erkennt man die beschränkte und von der vorhandenen Situation weitgehend abhängige Wirksamkeit bestimmter Ideen und deren Vertreter auf den Geschehnisablauf. Auf eine einzige Formel gebracht könnte man sagen: Das Wiener Tschechentum repräsentiert

---

[117] Die Auflösung der Monarchie hatte die Anziehungskraft Wiens plötzlich aufgehoben (Wegfall zahlreicher Staatsämter, Arbeitslose!). 1923 gab das tschechoslowakische Konsulat die Zahl der Repatrianten mit 105 256 an. Trotzdem wies die Volkszählung im selben Jahr allein in Wien noch 81 344 Tschechen aus. Man erkennt erneut die Problematik der altösterreichischen Volkszählungsergebnisse vor 1914 (1910: 98 461 Tschechen). Am 5. Mai 1919 erzielte die tschechoslowakische Partei bei der Wiener Gemeinderatswahl 57 380 Stimmen und erhielt acht von insgesamt 65 Gemeinderatsmandaten. Bei den Reichsratswahlen 1911 entfielen auf tschechische Kandidaten in Niederösterreich von den bei der ersten Wahl abgegebenen gültigen Stimmen jedoch nur 6 770. M a t a l , Karl: Streifzüge durch die Geschichte der Wiener Tschechen (II). Die österreichische Nation 14. Jg., Sept. 1962, H. 9. — P f e i f e r , Helfried: Das Recht der nationalen Minderheiten in Österreich. Ostdeutsche Wissenschaft. Jb. des Ostdeutschen Kulturrates. Hrsg. von Karl Kurt K l e i n , Erik v. S i v e r s , Wilhelm W e i z s ä c k e r . Bd. 8 (1961) 265—318, hier S. 316 (Festgabe für Max Hildebert Boehm), München 1961. — Österreichisches Statistisches Handbuch, 30. Jg. (1911) 409.

[118] L e m b e r g , Nationalismus II, 78.

gleichsam einen stehengebliebenen Versuch nationaler Bewußtseinsbildung, ein Vorgang, der anhand der reichen Quellen gleichsam in statu nascendi beobachtet und analysiert werden kann. Mißglückte Experimente sind ja oft für eine historische Bestandsaufnahme aufschlußreicher und ergiebiger als geglückte, man sieht gleichsam in ein unfertiges Gehäuse, an dem die Baugerüste stehengeblieben sind, tief ins Innere hinein. Absicht und reales Gelingen setzen sich schärfer gegeneinander ab und die Spuren der Geschehnisse werden durch keine Apotheose des geglückten Abschlusses verwischt. Wien ist hierfür ein Musterbeispiel.

ANHANG

VORWORT

Der nachstehende Anhang ist in zwei Teile gegliedert: Die bibliographischen Informationen, Tabellen und grundrißartigen Materialübersichten können — wie die Verfasserin hofft — eine Arbeitshilfe für weitere wissenschaftliche Untersuchungen darstellen. Der Dokumententeil, der nicht mehr bieten will als ein äußerstes Konzentrat, möchte zum Studium der Primärquellen anregen und einigen alten, fragwürdig gewordenen Axiomen eine neue Arbeitshypothese entgegensetzen, die auf den Dokumenten selbst begründet ist. Die Trennung der Interpretation von den Materialien soll dem Leser die Bildung eines eigenen, fundierten Urteils erleichtern. Die Fußnoten sind auf ein unerläßliches Minimum reduziert. Sie verzichten im großen und ganzen auf eine kritische Auseinandersetzung mit der Literatur. Die tschechischen Texte wurden aus Gründen der Raumersparnis gleich in der deutschen Übersetzung angeführt, für die die Verfasserin verantwortlich ist. Zu den Grundsätzen der Editionstechnik vgl. Johannes *Schultze:* Richtlinien für die äußere Textgestaltung bei Herausgabe von Quellen zur neueren deutschen Geschichte. Blätter für deutsche Landesgeschichte 102 (1966) 1—10.

I. MATERIALIEN

1. Das tschechische Pressewesen in Wien von 1848 bis 1914

Die vorliegende deskriptive Bestandsaufnahme von Zeitungen und periodisch erscheinenden Druckschriften der Wiener Tschechen von der Märzrevolution des Jahres 1848 bis zum Ersten Weltkrieg ist ein Versuch, einmal grundlegend zusammenzutragen, was bisher verstreut, an entlegenen Orten und oft nur in Ausschnitten zu finden ist oder nach dem älteren Forschungsstand behandelt wurde[1]. Gleichzeitig folgt diese Übersicht ihrer Anlage nach der Frage, was für die geschichtliche Erscheinung und Erkenntnis des tschechischen Nationalismus in Wien wesentlich und typisch ist. Als öffentliche Tribüne nationalpolitischer Bestrebungen war die tschechische Presse der Donaumetropole schicksalhaft mit dem sozialen, politischen und kulturellen Geschehen der gesamten tschechischen Minderheit ver-

---

[1] Eine österreichische Pressegeschichte wurde bisher noch nicht geschrieben. Auch Kurt P a u p i é's „Handbuch der österreichischen Pressegeschichte 1848—1959", 2 Bde., Wien/Stuttgart 1960 u. 1966, will nur Vorarbeit leisten. Quellenverweise zur vorliegenden Darstellung siehe S. 447. Verwiesen sei auf die unterschiedliche Schreibweise der tschechischen Zeitungen, die aus zwei oder mehr Wörtern bestehen: Es gilt zwar die Regel, daß nur der Anfangsbuchstabe des ersten Wortes groß geschrieben wird, dennoch finden sich bei Tschechen und Deutschen die Formen „Dělnické Listy" (statt listy), Vídeňský Denník (statt denník) usw. Vgl. *Soukup* Česká menšina 295—319. *Mommsen,* Die Sozialdemokratie, hat stets „Děln. Listy".

flochten, ihre strukturelle Eigenart wurde von den Eigenschaften des sie einschließenden Sozialsystems bestimmt. Ihr Charakteristikum — ein relativ komplexes, in sich geschlossenes Ganzes zu sein, und doch gleichzeitig nur Torso, ohne kontinuierliche, sichergestellte Entwicklungs- und Existenzbedingungen, macht die tschechischen Blätter für bestimmte Fragestellungen zu einem besonders günstigen Forschungsgegenstand und trägt dazu bei, in Denkweise und Planung der tschechisch-nationalen Führung, in die Arbeitsweise und das Funktionieren ihres organisatorischen Apparates einzudringen. Unter diesem Aspekt verweist die bibliographische Zusammenstellung auch auf die Tragfähigkeit der ideologischen Propaganda des Wiener Tschechentums in der Praxis und erschließt dem Historiker interessante Vergleichsmöglichkeiten.

Es ist hier nicht der Ort, den pressepolitischen Methoden und Möglichkeiten der publizistischen Meinungsforschung in der Epoche der österreichischen Nationalitätenkämpfe nachzugehen, denn dies würde eine genaue Kenntnis der Organisation der tschechischen Pressestellen erforderlich machen; ebensowenig können die presserechtlichen Verhältnisse[2] in ihrer ganzen Tragweite in den Rahmen dieser Betrachtung einbezogen werden. Eine minuziöse Differenzierung der Zeitungen und Zeitschriften nach ihrer politischen Richtung würde sich in vielen Fällen als problematisch erweisen, zumal sich bis zur Aufhebung des Zeitungsstempels durch das Gesetz vom 27. Dezember 1899 (RGBl. Nr. 261) viele Blätter für unpolitisch erklärten und hierdurch von der Stempelpflicht ausgenommen wurden[3].

Erwähnt sei, daß jenes Gesetz vor allem materiell bedeutungsvoll war, da die freiwerdenden Gelder der Ausgestaltung der Presse zugute kamen. In einem Land, in dem die Schattierung der Parteien und ihrer Presse so vielfältig abgestuft war wie in der Donaumonarchie, in einer Stadt wie Wien, in der zu dem Gegensatz zwischen konservativer und fortschrittlicher Politik, nach dem sich üblicherweise die Machtverhältnisse gestalten, die Meinungs- und Kräftebildung auch im nationalen Feld ausgetragen wurde, ist die gattungsmäßig geordnete Typisierung der tschechischen Presse ein wenig erfolgversprechendes Wagnis. Von den angeführten Blättern ist überdies nur noch ein verschwindend geringer Teil in Einzeljahrgängen erhalten geblieben[4]. Im folgenden wird daher dem chronologischen Aufzeigen einer allgemeinen Entwicklungslinie der Vorzug gegeben.

---

[2] Theodor V e i t e r geht an den Tatsachen vorbei, wenn er die Ansicht vertritt, daß die behördliche Einstellung eines Blattes unmöglich gewesen sei und sich auch nie zugetragen habe. Zeitliche oder örtliche Ausnahmen verantwortlicher Regierungsstellen werden „angesichts des Verbotes jeglicher Zensur oder Präventivzensur" bei Veiter in den Fußnoten zitiert. Vgl. Th. V e i t e r: Die Italiener in der österreichisch-ungarischen Monarchie, München 1965 (Österr. Archiv, H. 6), S. 83 f. Vom Versuch der Einstellung regierungsfeindlicher Zeitungen berichtet P a u p i é I, S. 12 u. S. 14: So entzog der niederösterreichische Statthalter Graf Kielmannsegg dem „Neuen Wiener Tagblatt" und der „Vorstadtzeitung" die Möglichkeit, in Niederösterreich durch die bisherigen Stellen vertrieben zu werden. Die beiden Blätter waren genötigt, mit großen Kosten eigene Zeitungskioske aufzustellen, Geschäftsläden zu mieten und Filialen zu errichten. Interventionen im Parlament und der wiederholte Appell an die Bevölkerung blieben wirkungslos. Die Maßregelung gegen das Neue Wiener Tagblatt dauerte nahezu ein Jahrzehnt.

[3] P a u p i é I, S. 29.

[4] Frant. Š t ě d r o n s k ý : Zahraniční krajanské noviny, časopisy a kalendáře do roku 1938 [Die ausländischen landsmännischen Zeitungen, Zeitschriften und Kalender bis zum Jahr 1938]. (Bibliografický katalog ČSR, Sonderh. 6) Prag (Nár. knihovna) 1958. Von den auf S. 28—54 zusammengestellten österreichischen tschechischen Zeitungen bis 1938

Die grundlegende Bedeutung, die die Ereignisse der Märzrevolution von 1848 für das österreichische Pressewesen mit sich brachten[5], fanden ihren Niederschlag auch bei den tschechischen Zeitungsgründern in Wien. Nach kurzfristigen, sporadischen Versuchen seit dem Jahre 1761[6] wurde von den 50er Jahren des 19. Jahrhunderts an die tschechische Wiener Presse zwangsläufig zum Medium verschiedenster geschäftlicher und politischer Interessen, die, wenn auch für den nichteingeweihten Zeitungsleser schwer durchschaubar, dennoch nicht ohne Auswirkung auf die Öffentlichkeit blieben. Für die tschechischen journalistischen Ansätze jener Jahre läßt sich in Wien feststellen, daß wirtschaftliche Gefährdungen, mangelnde Fachkenntnis, falsche Anlage und Abonnentenmangel die Entwicklung eines Blattes meist stärker beeinträchtigt haben als innenpolitische oder pressegesetzliche Bestimmungen. Kautionspflicht, Kautionsverfall, Beschlagnahme, Suspension, Freiheitsstrafen — kurz, eine Presseordnung, die primär den Zweck hatte, das Unternehmen wirtschaftlich zu gefährden[7] und andere wenig ermunternde Verhältnisse, sollen hier nur insoweit erwähnt werden, als sich dessen ungeachtet einige führende Redaktionen aus den böhmischen Ländern vorübergehend in Wien niederließen, um in der Reichshauptstadt den Kampf mit der Zensur erneut aufzunehmen. Geht man von den beiden Haupttypen, Lokal- und Großpresse aus, letztere weist ihre Leserschaft meist in den gehobenen Schichten auf und ist nicht auf den Erscheinungsort beschränkt, so blieb Wien angesichts der repräsentativen tschechischen Prager und Brünner Presse im Hintertreffen, da — im ganzen gesehen — die führenden Zeitungen der Kronländer bei den Wiener Landsleuten größere Durchschlagskraft besaßen als deren eigene Informationsquellen[8].

---

sind etwa noch 60 Zss. in Einzeljahrgängen vorhanden. Mit Angabe der Besitzervermerke. Die Vorkriegs-Quellenbasis des Kataloges beruht auf Doležal, Soukup, Heyer, Vachata.

[5] Dargestellt bei P a u p i é I, S. 1.

[6] a) J u n g m a n n , Jos.: Historie literatury české [Geschichte der tschech. Literatur]. 2. Aufl., Prag 1849, Bd. 5, S. 354.

b) V o l f , Jos.: Počátek českého novinářství ve Vídni [Der Anfang des tschech. Zeitungswesens in Wien]. Dunaj 3 (1925) 133—136.

c) H e y e r , J.: První české noviny ve Vídni a jejich vydavatel [Die ersten tschech. Zeitungen in Wien und deren Herausgeber]. Dunaj 11 (1934) 23—32.

d) P i l n á č e k , Jos.: Z dějin vídeňské československé menšiny až do roku 1860 [Aus der Geschichte der Wiener tschechosl. Minderheit bis z. J. 1860]. In: 60 let Komenského, S. 11—20.

[7] Z. B. § 3 der pressegesetzlichen Bestimmungen von 1862:
Jedes neugegründete Blatt mußte sich Lizenzen holen, um in den verschiedenen Verkaufsstellen vertrieben werden zu dürfen. Jede dieser Lizenzen kostete zwei Gulden Stempelgebühr und war damit eine beachtliche Belastung des Zeitungsunternehmens, die nahezu jede Pressefreiheit illusorisch machte. Diese Bestimmung überlebte die Pressegesetznovellierung des Jahres 1894 und wurde erst 1903 aufgehoben. Auch Koerbers Entwurf eines neuen Pressegesetzes vom 11. 6. 1902, an dessen Spitze die Worte standen: „Die Presse ist innerhalb gesetzlicher Schranken frei", bewirkte keine neue Regelung, solange die Monarchie bestand, im Gegenteil, sein Entwurf löste im Nu eine Flut von Protesten aus (P a u p i é I, S. 14 f.).

[8] Der Wiener polnische Journalist Smolski schreibt 1905: In den Arbeitervorstädten sieht man die Prager Illustrierte „Kurýr", die Brünner 2-Heller-Zeitung „Noviny", besonders letztere wird zu Tausenden verbreitet. G. S m o l s k i : Czesi w Wiedniu i Dolnych Rakuszach. Świat Słowiański 1,2; Jg. 1905, S. 120—125, hier S. 122. — H u b k a : Čechové v Doln. Rak. (1901), S. 29: Alle Wiener Tschechen lesen 2—3 deutsche Zeitungen. Bei uns in Böhmen finden wir überall in den Cafés die „Neue Freie Presse" oder das

Die nachstehende Tabelle versucht, ein anschauliches Gesamtbild über periodisches Erscheinen und Erscheinungsdauer von 74 Wiener tschechischen Blättern zwischen 1848 und 1914 zu vermitteln. Die Linien und Punkte ermöglichen es, rein optisch für jedes beliebige Jahr festzustellen, wieviel lokale Blätter jeweils greifbar waren. Deutlich ist zu sehen, daß vor allem seit 1910 die tschechische publizistische Nachrichtenvermittlung stark im Ausbau begriffen war. Bewußt aus der Übersicht ausgeklammert wurden die in der darauffolgenden Tabelle S. 448 ff. aufgeführten 69 Gewerkschafts- und Wirtschaftsblätter, die — wie aus der Aufstellung hervorgeht — insbesondere seit der Jahrhundertwende rasch zunahmen. Die Trennung des wirtschaftlichen Komplexes macht umso deutlicher, daß das dichte tschechische Publikationsnetz in Wien durch die Industrialisierung bewirkt und differenziert wurde; in einem Beispiel ausgedrückt: Im Jahre 1913 erschienen 17 der insgesamt 32 tschechischen, vom Österreichischen Landesverband herausgegebenen Gewerkschaftszeitschriften in Wien und Niederösterreich[9]. Zusammenfassend ist zu betonen, daß sich die Entfaltung des tschechischen Pressesystems nicht nur als ein Ergebnis des nationalen Abwehrkampfes interpretieren läßt. Umfang, Struktur und Qualität stehen vielmehr in Abhängigkeit von den Erfordernissen der Industrialisierung. Die nationale Ideologie wirkte hierbei nur als Stimulans.

„Wiener Tagblatt", aber kein Wiener tschechisches Blatt. — S ý k o r a, H.: Čeho je nám ve Vídni třeba (1911), S. 29: „Die Wiener Tschechen lasen dies — wie immer — in den Prager Zeitungen." — K a r á s e k schildert, daß 1861 in einigen Wiener Kaffeehäusern „36 oder 38 böhmische, mährische und slowakische Zeitungen und Zeitschriften vorhanden" waren und nennt auch diejenigen, die nicht alle im dort geführten Verzeichnis standen, aber dennoch im Café auflagen. K a r á s e k, Z Vídně o Vídni 11 f., 18. Auch im: Opavský besedník, Nr. 23 (2. 8. 1861) und Nr. 24 (9. 8. 1861).
[9] D o l e ž a l, Odborové hnutí 84.

a) Tschechische Zeitungen und Zeitschriften in Wien und Niederösterreich
(ausgenommen Gewerkschafts- und Wirtschaftsblätter)

Titel (V=Vereinsblatt)	ersch.	Erscheinungsdauer 1848,50 1860 1870 1880 1890 1900 1910
Vídeňský posel	2xwö	
Slovenské noviny	tägl	
Vídeňský Deník	tägl	
Vesna	3xwö	
Přítel zvířat-přítel dítek	?	
Světozor	2xmo	
Rozpravy z ob.hist.,fil.a lit.	1xjä	
Kvasnice (hs.) V	?	
Budíček (hs.) V	?	
Vlny V	?	
Češíček	8xjä	
Vídeňský Věstník	?	
Hlasy	?	
Lípa (später Zábava) V	?	
Slovanská lípa	?	
Národní noviny	?	
Prapor Svobody	?	
Přítel lidu	1xmo	
Budoucnost V	?	
Zvěsti slovanské	?	
Vídeňský Zvon	1xwö	
Akadem.Listy V	2xmo	
Lev	2xmo	
Vídeňský Slovan	2xmo	
Veterán	1xmo	
Parlamentär	1xmo	
Tribüne	tägl	
Proletář	?	
Nová doba	4xjä	
Dělnické Listy	tägl	
Ohlas od Dunaje	?	
Věstník	1xwö	
Slovan	2xmo	
Česká Revue	2xmo	
Rarášek	?	
Stráž na Dunaji	1xmo	
Šiška	?	
Orel	2xmo	
Volné Listy	?	
České zájmy	?	
Rakouská svoboda tisku	?	
Hlasatel Sv.Kříže	6xjä	
Slovan	2xwö	
Matice dělnická	6xjä	
Nová Doba	?	
Wiener Slawen	2xmo	
Českoslovanské Hlasy na Dunaji	2xmo	
(Ab Jg 4:Česká Vídeň)(1902)	1xwö	
Slawisches Echo	3xmo	
Přítel lidu	1xmo	
Slavia	1xmo	
Křížák	1xmo	
Občanské Rozhledy	?	
Komenský V		
(ab 1910 Dolnorak.Obzor)	1xmo	
Vídeňský Šotek (zeitw.Veselý Svět)	?	
Slavia	tägl	
Montagspost	1xwö	
Po denní práci	1xwö	
Vídeňský Deník	tägl	
Dělnické plameny	?	
Odborník	?	
Pravda	1xwö	
České Ill.Noviny(=Víd.Ill.Nov.)	1xwö	
Vídeňský Hlas mladých	1xmo	
Turistický Obzor V	1xmo	
Slawisches Tagblatt	tägl	
Zájmy služek	2xmo	
Ráj V	1xmo	
Dělnický Deník	tägl	
Dělnická Tribuna	1xwö	
Svítání	2xmo	
Hádankářské besedy	?	
Dělnická skola	?	
Austria nova V	?	
Svítání		

Quellen: Soukup, Česká menšina, S.295-319; Karásek, Sborník, S.33-37; Vachata, Z dějin čes=
kého tisku ve Vídni. In:Wā.Denník 1920,Nr.39-99; Víd.Nár.Kal. Jg 1(1906)-Jg 9(1914);
Wiener Slawen, S.30-33; nö.Präs.-Akten 1892-1914; Zss-Katalog der Nat.bibliothek
Wien und das Archiv der KSČ, Prag, Fond 79: Výběr dokumentů z rakouských archivů k
dělnickému hnutí v českých zemích 1864-1918.

b) Tschechische Gewerkschafts- und Wirtschaftsblätter in Wien und Niederösterreich

Jahr der Gründung	Titel	ersch.	Aufl. 1913	Dauer
1890	Oděvník	14täg.	2000	vermutl. bis zum Krieg
1892	Lučebník	14täg.	1300	vermutl. bis zum Krieg
1894	List železničních zřízenců	?	?	nur 1894 vermerkt
1895	Rakouský kovodělník, gegr. im Juni 1890 in Prag als „Naše Snaha", Titeländ. im Dez. 1890	?	?	1895 bis August in Wien, dann wieder in Prag
1896	Železniční zřízenec	?	?	nur 1896 vermerkt
	Solidarita, Organ der tschechoslaw. Glas-, Porzellan-, Ton-, Ziegel- und verwandter Facharbeiter in Österr.-Ungarn.; ab 1906 u. d. T. „Cihlář", ab 1907 ersetzt durch d. „Cihlářský dělník"	?	—	bis 31. 12. 1901
	Výdělek (Inseratenblatt)	?	—	bis 1898
	Sdělení „Vindobony" (Reklameanzeiger)	?	—	bis 1902
1898	Zprávy společenstva cukrářů (Anzeiger)	?	—	bis 1902
	Barthelovy Zprávy pro obchod	?	—	bis 1902
1899	Zprávy společenstva rak.-uh. cukrovarníků	?	?	nur 1899 vermerkt
	Říšské odborové sdružení, Organ d. Gewerkschaftsvereine in Österreich; ab Jg. 9 (1907) u. d. T. „Odborové sdružení"	14täg.	—	bis 1906 u. d. T.
1900	Zájmy zřízenců poštovních a telegr. v Rak., (tschech. Ausg. d. „Österr. Posthorn")	14täg.	?	bis ca. 1910
	Vídeňský obchodní oznamovatel	?	?	nur 1900 vermerkt
	Textilník	wöch.	3800	vermutl. bis zum Krieg
1901	Kavalír (Reklameanzeiger)	?	?	nur 1901 vermerkt
1902	Odborník, Fachzeitschr. zur Wahrung d. Interessen d. Schneidereiarbeiter; kam 1902 aus Brünn und ging 1906 wieder dorthin zurück	monatl.	—	von 1902—1906 in Wien
	Odborný list soustružníků (nur 10 Nummern)	14täg.	—	bis 6. 12. 1902
1903	České železniční listy	?	?	längstens bis 1909
1904	Tesař	14täg.	4500	vermutl. bis zum Krieg
	Vídeňský Merkur (hrsg. Slov. obch. spolek)	?	?	bis 1905 (2 Jgg.)
	Obzor tabákového dělnictva	14täg.	2500	bis Jg. 10 (1913)
1905	Stavební pomocny dělník	14täg.	?	bis 1913

b) Tschechische Gewerkschafts- und Wirtschaftsblätter in Wien und Niederösterreich

Jahr der Gründung	Titel	ersch.	Aufl. 1913	Dauer
1906	Potravní spolek (tschech. Ausgabe von „Der Konsumverein"), Organ d. Zentralverbandes der österr. Viktualienvereine	monatl.	—	bis Jg. 6 (1911)
	Kožešnický Obzor	monatl.	—	bis Jg. 7 (1912)
	Kožešník, Organ d. Verbandes d. slaw. Kürschnereiarbeiter in Wien	14täg. dann monatl.		vermutl. bis zum Krieg
	Kamenodělník	14täg.	1000	vermutl. bis zum Krieg
	Cihlář (siehe 1896 „Solidarita")	14täg.	—	nur 1906
1907	Cihlářský dělník (ersetzt „Cihlář")	14täg.	1600	vermutl. bis zum Krieg
	Rakouský štukatér	?	—	nur 1907 vermerkt
	Odborové sdružení (tsch. Ausg. d. „Gewerkschaft") siehe 1899 „Říšské odbor. sdružení"	14täg.	2400	bis 1918
	Naše zájmy, Organ d. Verb. d. Handels- und Transportarbeiter u. -innen	14täg.	1500	evt. schon vor 1907 vermutl. bis zum Krieg
	Obzor pro zřízence obch. a průmysl.	14täg.	—	vermutl. bis 1912
	Svazový list (tsch. Ausg. d. Organes d. Brauerei- u. Mühlenarb., Faßbinder u. verw. Berufe)	14täg.	—	vermutl. bis 1912
1908	Odborný list sedlařů, brašnařů, řemenařů Rak., (tsch. Beil. zum Fachbl. d. Sattler u. Riemer)	14täg.	500	vermutl. bis zum Krieg
	Pekař a cukrář	3wöch.	1100	vermutl. bis zum Krieg
	Rakouský strojník a topič (tsch. Beil. z. Zs. „Österr. Maschinist u. Heizer")	14täg.	—	vermutl. bis 1912
1909	evtl. vorher: Bankovní úředník Rakouský	monatl.	—	nur für 1909/10 vermerkt
	evtl. vorher: Dělník v tabák. továrnách	14täg.	—	vermutl. bis 1911/12
1910	Kožedělník	14täg.	1000	vermutl. bis zum Krieg
	Vídeňský Obzor (ab 1912 u. d. T. „Živnostenský Obzor", Org. d. Verb. d. tschechoslaw. Kürschner und d. „Hostimil")	wöch.	—	bis Februar 1912
1911	Všeobecné Vídeňské lékařské listy	?	?	nur 1911 vermerkt
1912	Trh tukovinami	?	?	nur 1912 vermerkt
	Odborový list křesťansko-sociální	?	—	evtl. vorher, bis 1912
1913	Soustružník	14täg.	750	vermutl. bis zum Krieg
	Kursovní listek akcií slov. peněžních ústavů (Börsenkursblatt)	?	?	nur 1913 vermerkt
	evtl. vorher: Mezinárodní kožešník	monatl.	500	vermutl. bis zum Krieg

b) Tschechische Gewerkschafts- und Wirtschaftsblätter in Wien und Niederösterreich

Jahr der Gründung	Titel	ersch.	Aufl. 1913	Dauer
1913	evtl. vorher: Nový obuvník	14täg.	1000	vermutl. bis zum Krieg
	evtl. vorher: Plastik, Zeitschr. d. Bildhauer, Gipser und Stukkateure	14täg.	400	vermutl. bis zum Krieg
	Spolkový Věstník tiskař. dělnictva (tsch. Beil. zu d. Zss. „Der Druckereiarbeiter" u. „Einigkeit")	monatl. 14täg.	600	evtl. schon vorher vermutl. bis zum Krieg
	Rozvoj, družstevní list rodinný, Organ d. Zentralverbandes d. österr. Konsumvereine	?	?	nur 1913 vermerkt
	Ofertní listy pro elektrotechniku (Reklame).	?	?	nur 1913 vermerkt
	Oznamovatel pomoc. výboru a společenst. nemoc. pokl. krejčovských pomocníků ve Vídni	monatl.	?	vermutl. 1913/14
	Živnostenský soudce	monatl.	?	vermutl. 1913/14
1914	Zprávy pojišť. spolku na život železn. zříz.	?	—	bis 1915
	Průboj	?	—	nur 1914 vermerkt

Vor dem Weltkrieg erschienen — genaue Daten fehlen in den genannten Quellen—:

	Exekutor (Zentralorg. d. Steuervollzugsbeamten)	6× jährl.
	Kloboučník	14täg.
	Kominík	monatl.
	Nákup	14täg.
	Odborář (evtl. gleichnam. Vorläufer d. ab Februar 1921 ersch. Zs.) Vgl. Soukup S. 149	?
	Poštovský rok (pošt. a telegr. zřízenců)	monatl.
	Reforma sprostředkování	wöch.
	Stavebník	14täg.
	Svépomoc	monatl.
	Všeobecné listy a osobní zájmy (Beamtenblatt)	?
	Všeobecný právník	?
	Zemědělský dělník (soz.-dem., zentralistisch)	14täg.
	Zřízenec pojišťoven (tsch. Ausg. zum Organ der Versicherungsangestellten)	monatl.

Quellen: *Doležal*, S. 19, S. 84; *Soukup*, S. 149, S. 308—311; Vídeňský Národní Kalendář Jgg. 1908, 1910 u. 1914; *Wiener Slawen*, S. 31—33; nö. Präs.-Akten: G 2 3530 (1900), G 2 161 (1902), G 2 6342 (1902), G 2 23 (1903) u. Zss.-Katalog der Nat.Bibl. Wien.

c) Bibliographischer Abriß der tschechischen Zeitungen und Zeitschriften mit Ausnahme der reinen Wirtschaftsblätter[1]

Vídeňský Posel. Nr. 1 (26. 7. 1848) bis Nr. 24 (11. 10. 1948). „Blätter für Kultur und nationale Bildung". Hrsg. unter der Redaktion von Jan Dvořáček und Jan B. Pytlík. Zweimal wöchentlich mit zwei Blättern. Organ der „Jednota slezsko-moravsko-česká". Für Wien und Mähren bestimmt. Tendenz: entschieden national. Brachte nach Art einer politischen Fibel Definitionen zu Begriffen wie „Böhmische Kronländer", Tschechoslawen", „Bedeutung der Landesparlamente", „Nationalität" etc.[2] und patriotisch-nationale Artikel, z. B. „Naše postavení ve Vídni" [Unsere Stellung in Wien]. Ebenda auch Abdruck der Statuten der Jednota. Druck: das erste Vierteljahr bei Überreuter, dann bei den Mechitaristen[3].

Lit.: K a r á s e k, Víd. Posel z r. 1848. In: K a r á s e k, Sborník 33 ff. — Š t e l o v s k ý, Jos.: Víd. Posel. Víd. Nár. Kal. 5 (1910) 68 f. — Über die nachhaltige Bedeutung dieser Zeitung und die Tätigkeit der „Jednota slezsko-moravsko-česká" für das nationale Wiener Tschechentum der 90er Jahre: K u č e r a, V.: Politická činnost Čechů vídeňských [Die politische Tätigkeit der Wiener Tschechen]. Víd. Kal. 1 (1892) 39—42, hier S. 40 f.

Slovenské Noviny. 1849—1860. Verantwortlicher Redakteur: der evangelische slowakische Pfarrer D. Lichard, de facto führte sie H. Jireček, Beamter des Unterrichtsministeriums. Täglich erscheinendes Regierungsorgan, für die ungarisch-slowakischen Gegenden bestimmt zur Annäherung der Slowaken an die Tschechen. Tendenz: konservativ. Die Spalte „Hlasník" brachte amtliche Verlautbarungen. Die Spalte „Drobničky" registrierte die slowakische Literatur und Zeitschriftenliteratur; die Briefe aus der Slowakei waren tschechisch abgefaßt. Der literarische Teil trug den Titel „Světozor" und erschien ab 1852 selbständig. Nach dem Aufhören des „Vídeňský Deník" im Jahre 1851 waren die Sl. N. lange Zeit das einzige tschechoslawische Blatt in Wien, erst 1860 wurden sie eingestellt — bedingt durch die politischen Verhältnisse in Ungarn. Druck: Mechitaristen.

Vídeňský Deník. 9. 7. 1850 bis Ende 1851. Politisches Tagblatt (nicht zu verwechseln mit dem ab 1907 erscheinenden „Vídeňský Denník", siehe S. 458). Im Redaktionsausschuß: Dr. Ant. Beck, Direktor der Hof- u. Staatsdruckerei u. Vater des späteren Ministerpräsidenten; J. A. Helfert, Staatsbeamter, Historiker und Schwager des Sokol-Gründers Fügner; die beiden hohen Staatsbeamten und Slawisten Josef und Hermenegild Jireček, ersterer in späteren Jahren Unterrichtsminister; Ant. Rybička, Hofrat am Kassationsgericht. Die finanzielle Grundlage kam vom Adel, an der Spitze: Schwarzenberg, Lobkowitz, Schaumburg-Lippe (Náchod), Liechtenstein, Thun-Hohenstein, Czernin, Harrach und andere. Als Redakteur zeichnete Jan Votka, der einstige Vorkämpfer auf den Prager Barrikaden. Ende des ersten Halbjahres betrug die Auflage 400 Exemplare. Abnehmer aus Böhmen: 184, Mähren: 70, Ungarn: 38, Schlesien: 3, Wien: 10, übrige Länder: 20.

---

[1] Quellenverzeichnis siehe Tabelle S. 450. — Soweit ausführlichere Angaben zu einzelnen Blättern zu finden waren, werden diese in den Anmerkungen angeführt.

[2] Das berühmte Staatslexikon von R o t t e c k und W e l c k e r hat selbst in seiner 1848 erschienenen Ausgabe noch keinen Artikel über „Nationalität" geführt. Vgl. das bemerkenswerte Buch von Ludwig G u m p l o w i c z: Das Recht der Nationalitäten und Sprachen in Österr.-Ungarn. Innsbruck 1879, S. 195.

[3] Orden der armenisch-kath. Kirche. Zentren: Venedig und Wien.

Die Abonnenten waren kirchliche Würdenträger, hohes Militär und hohe Beamtenschaft. Tendenz: In erster Linie Polemik gegen K. Havlíček-Borovský, der 1850 statt seiner in Prag verbotenen „Národní noviny" in Wien eine tschechische Zeitung zu gründen beabsichtigte. Gleichzeitig mit Havlíčeks Prager „Slovan" hörte auch der Víd. Deník zu bestehen auf. Druck: Mechitaristen.

Lit.: K a r á s e k, Sborník 35 f. — M e l i c h a r, F.: O Vídeňský Deník [Um den V. D.]. Dunaj 2 (1924) 177—180. — P o j e z d n ý, J. K.: Víd. Deník v letech 1850—1851 a Havlíčkův „Slovan" [V. D. in den Jahren 1850—1851 und Havlíčeks „Slovan"]. In: V á h a l a, Frant.: Ze staré i nové Vídně [Aus dem alten und neuen Wien]. Wien 1913.

Als selbständiges Blatt aus dem Feuilleton des Víd. Deník entstand:
Vesna. Blatt für Belletristik, Kunst und Literatur. Nr. 1 (1. 1. 1851) bis Ende 1851. Mitarbeiter: H. Jireček, J. A. Helfert, A. Rybička u. a.; dreimal wöchentlich. Befaßte sich intensiv u. a. mit der slawischen Literatur. Abonnenten: Adel, hohe Beamte, Militär, Geistlichkeit. Von 250 Abnehmern waren aus Böhmen: 122, Mähren: 49, Schlesien: 3, Ungarn: 54, Wien: 7, übrige Länder: 14. Druck: Mechitaristen.

Přítel zvířat — Přítel dítek. Nr. 1 (1856) nur wenige Nummern. Tschechische Ausgabe des offiziellen Organes des Tierschutzvereins. Redigiert von Jos. Burgerstein, der dem Blatt einige Nummern „Přítel dítek" beifügte.

Světozor. 2. 2. 1858 — 31. 12. 1861. Blatt für Unterhaltung und Literatur. Redigiert vom Slowaken D. Lichard. Mitarbeiter: Jos. Jireček, A. Rybička, Prof. Lepař, Prof. Křížek. Hervorgegangen als selbständige Beilage aus den „Slovenské Noviny". Brachte Beiträge zur Literaturgeschichte, literarische Kritik, Geschichten zum nationalen Leben sowie Lebensbeschreibungen, Artikel über die Königinhofer Handschrift (Verteidiger der Echtheit) und plädierte erfolgreich für ein tschechisches Pilgerheim in Rom.

Lit.: K a r á s e k, Sborník 37.

Rozpravy z oboru historie, filologie a literatury. Nur Jahrgang 1 (1860). Historisch-literarische Fachzeitschrift. Eine der bedeutendsten wissenschaftlichen tschechischen Zeitschriften in Wien. Hrsg.: Jos. u. Herm. Jireček. Druck: Mechitaristen.

Kvasnice. (hs.) Vereinsblatt des akademischen Vereines „Morava", gegründet 1863.

Budíček. (hs.) Zeitschrift des Theater- und Laienspielvereins „Prokrok", gegr. 1863.

In den Anfängen des Vereins herausgegeben. Jedes Mitglied war verpflichtet, einen Beitrag zu leisten. Man schrieb unter vaterländischen Pseudonymen.

Vlny. Vereinsblatt des akademischen Vereines „Vltava", gegr. im November 1865

Čésíček. Nr. 1 (1. 1. 1866) bis Nr. 11 (1. 5. 1867). Satirisches Blatt. Hauptmitarbeiter K. J. Müller, Vorsitzender des Českoslovanský dělnický spolek. Achtmal jährlich. Tendenz: als Gegenpol zu den Wiener deutschen satirischen Blättern „Kikeriki" und „Hansjörgel", in denen häufig Witze über die Tschechen zu lesen waren. Druck: H. Hoffmann.

Vídeňský Věstník. Nr. 1 (2. 7. 1868) nur einige Nummern. Redakteur K. J. Müller (Vorsitzender des Českoslovanský dělnický spolek).

Lit.: 60 let Komenského 28: enthält Müllers Stellungnahme zur tschechischen Schulfrage in Wien, Abdruck seines Aufrufes aus der Nr. 1 des Víd. Věstník. — Ferner: České

Slovo Nr. 6, Juni 1962: „Kronika čsl. krajanských a exulantských novin" [Chronik der tschechoslawischen landsmännischen und Auswanderer-Zeitungen]. Wien wird als die Perle des tschechischen Auslandspressewesens und der Víd. Věstník als eines der ersten Arbeiterblätter bezeichnet. — H e y e r , Jan: První české dělnické noviny ve Vídni a jejich redaktor [Die erste tschechische Arbeiter-Zeitung in Wien und ihr Redakteur]. Dunaj 6 (1929) 17—19.

Hlasy. 22. 11. 1868 bis 14. 8. 1869. Hrsg. Vrat. Kazimír Šembera.

Lípa. Erstes Vereinsblatt des „Akademický spolek", gegr. 1868, der später sein Organ u. d. T. „Zábava" und ab 1878 u. d. T. „Akademické Listy" herausgab.
In den 70er Jahren unternahm F. Stejskal-Lažanský mehrere Versuche, in Wien eine tschechische Tageszeitung ins Leben zu rufen. In Pilsen erschien damals sein „Český Lev"; dort kam Stejskal-Lažanský bald in Konflikt mit der Polizei, die ihm seine Zeitschrift verbot. Über Prag kam er dann nach Wien und gründete hier die

Slovanská Lípa. Sept. 1870, und die

Národní Noviny. Okt. 1870. Beide Blätter wurden polizeilich verboten. Nun folgte sein

Prapor Svobody. November 1870. Wurde aus Mangel an Abonnenten Ende des gleichen Jahres eingestellt. — Noch einmal meldete Stejskal-Lažanský ein neues Blatt an:

Přítel Lidu. Nr. 1 (Jan. 1871) bis Nr. 4 (April 1871). Gegen den Alkoholismus. Wegen mangelnder Vertrauenswürdigkeit verbot die Polizei Stejskal-Lažanský abermals das Blatt. So führte er es unter dem Titel „Lidumil" in Prag weiter, kehrte jedoch 1879 abermals nach Wien zurück. (Vgl. „Lev").
Die Wirtschaftskrise von 1873[4], eine Folge der freiwirtschaftlichen Bestimmungen und der hieraus resultierenden Spekulationswelle, fand im tschechischen Pressewesen ebenso ihren Niederschlag wie andererseits die Ära Taaffe (1879—93), die eine Welle von Neugründungen mit sich brachte. Zwischen 1873 und 1879 sind drei Blätter zu verzeichnen:

Budoucnost. Vereinsorgan des Arbeitervereines „Tyl", gegr. 1875, ersetzte Anfang der 90er Jahre die häufig konfiszierten „Dělnické Listy".

Zvěsti Slovanské. 15. 8. 1876 bis 1. 7. 1877. Redigiert von F. Srbený. Auf Betreiben des Druckers Hugo Hoffmann (vgl. Češíček) entstanden. Die Julinummer 1877 gibt die Einstellung wegen Mangel an Kapital bekannt.

Vídeňský Zvon. 12. 3. 1877 bis Juni 1879. Hrsg. H. Hoffmann (s. o.) Mitarbeiter: E. Bretter, F. Pečinovský. Wochenblatt. Eingestellt aus Mangel an Abnehmern.

Akademické Listy. Nr. 1 (30. 1. 1878) bis Nr. 13 (Juni 1878). Redakteur: O. Karlický; Eigentümer: Ot. Pražák, R. Přerovský. Vereinsorgan des Akademický spolek, 14tägig; Programm: Veröffentlichungen über die Belange der tschechischen Studenten und ihre Vereine, Umschau im wissenschaftlichen und studentischen Leben an anderen, insbesondere an slawischen Hochschulen. Druck bei H. Hoffmann. Ab Juli 1878 unter neuer Redaktion in Prag herausgegeben.
Lit.: Jos. Š t e l o v s k ý : Akad. Listy. In: Almanach Akad. spolku ve Vídni 1868—1908, S. 58 ff.

---

[4] Von insges. 866 Blättern der Donaumonarchie gingen 24 % ein. P a u p i é I, S. 31.

Lev. Juli 1879 bis 18. 2. 1886. „Die billigsten politischen, volkswirtschaftlichen und unterhaltenden Nachrichten". Hrsg. J. Nejedlý und F. Stejskal-Lažanský (vgl. 1870/71). Erst monatlich, dann vierzehntägig. Mitarbeiter: J. Šnejdárek, V. Straibl; für die literar. Beilage: Třebiský, Kosmák. Tendenz: Gegen die Arbeiterzeitungen, patriotisch-konservativ, setzte sich entschieden für tschechische Schulen in Wien ein. Erst im 3. Jahrgang meldete sich Stejskal-Lažanský als Herausgeber.

Vídeňský Slovan. Nr. 1 (März 1880) bis Nr. 14 (Okt. 1880). Gründer: Alois Hovorka, Red. Vojtěch Šára. Druck: H. Hoffmann. 14tägig.

Veterán. April 1880 bis November 1881, insges. 23 Nummern. Redigiert von A. Benesch. Die Zeitschrift ist die tschechische Ausgabe des gleichnamigen deutschen Blattes.

1880, im Jahre des Eintrittes der tschechischen Abgeordneten in den Reichsrat, erfolgten fünf Zeitungsgründungen. Ein besonders intensives Bemühen um die tschechischen Blätter zeigt der aus Prag nach Wien gekommene Journalist Jan Stan. Skrejšovský (1880 bis 1883). Er begann mit dem

Parlamentär. 30. 5. 1880 bis 1913. Bis 1883 von Skrejšovský redigiert. Nach dessen Tod 1883 wurde als Eigentümerin seine Tochter, Marta Živná angeführt, de facto leitete ihr Mann, Karel Živný das Unternehmen. Für den 29. Jahrgang zeichnet E. Bretter als Herausgeber (vgl. Vídeňský Zvon). Erschienen als Wochenblatt in deutscher Sprache mit häufigen Unterbrechungen. Volkswirtschaftlicher und politischer Teil überwiegen, literarischer Teil tritt zurück. Druck: H. Hoffmann.

Lit.: Vgl.: Carl Ž i v n ý : Das Stammland der Monarchie. Wien 1911, S. 31: Anzeige: „Der Parlamentär". Die auserlesene Zeitung der Gebildeten inmitten der Slawenwelt. Politisches Blatt 1. Ranges; vornehme Behandlung der äußeren und inneren Politik.

Tribüne. Sommer 1880 bis Januar 1884. Hrsg. Skrejšovský. Nach 1883 Jindřich Dvořák. Deutschsprachiges Tagblatt. Tendenz: verfocht den demokratischen Standpunkt gegenüber dem liberalen und sollte die Deutschen über die Slawen informieren. Dem wachsenden Einfluß der sozialistischen Gedanken auf die tschechischen Arbeiter entsprachen die Gründungen der folgenden drei Blätter:

Proletář. 1880 bis 1883, radikale Richtung, redigiert von Ed. Milý und Žilka.

Nová doba. 1881 bis 1882. Sozialistisches Vierteljahresblatt. Nur sieben Nummern. 1882 behördlich eingestellt. Hrsg. Petržílek, radikale Richtung.

Zur Zeit der Persekutionen in der sozialdemokratischen Arbeiterbewegung wurde die Prager Parteiführung nach Wien verlegt und mit ihr die

Dělnické Listy. Von 1881 bis 1884 und ab 1890 in Wien. (Nr. 1 gegr. in Prag am 5. 1. 1872). Erster Redakteur: Jos. Bol. Pecka; Mitarbeiter: Jos. Hybeš. Redaktion im X. Bezirk. 1882 wird die Hälfte der Nummern konfisziert, 1884 wurden sie endgültig verboten. Erneuerung erst im Mai 1890, wieder mit Jahrgang 1; Dauer bis Jg. 26 (1915). Zentralorgan der Bestrebungen der Wiener tschechischen Sozialdemokraten im weitesten Sinn. Sie entwickeln sich innerhalb der übrigen tschechischen Blätter durchaus zur führenden, meistgelesenen Tageszeitung im Gegensatz zur Stellung von Victor Adlers „Arbeiterzeitung", die deutscherseits nicht dieselbe Geltung beanspruchen konnte. Die Ursache mag für die Wiener Tschechen wohl darin liegen, daß ihr Entstehen nicht journalistisch, sondern rein politisch bedingt war, wobei neben den ideologischen Aspekten einer absoluten nationalen Gleichstellung auch wirtschaftliche und vor allem soziale Motive ihre Existenz konsolidierten. Mai 1890: Hrsg. u. Red.: Jos. Tobola. Zuerst zweimal monatlich, ab 1895

Wochenblatt, ab 1899 zweimal wöchentlich, ab 1900 Tagblatt. Mitarbeiter: Alois Krejčí, A. Němec, Smetana, Krapka, Jos. Steiner, Fr. Tomášek, Vl. Tusar, Fr. Dvořák, Stivín (= Foltýn), Iv. Olbracht (= Kamil Zeman), S. Rouštecká (= Vlasta Hrdinová). Häufige Konfiskationen, daher traten an seine Stelle 1893 einige Nummern der „Budoucnost" (Zeitschr. d. Arbeitervereins Tyl). Blütezeit unter Redakteur Fr. Tomášek. Nach der Spaltung der Sozialdemokraten 1910/11 vertraten die Dělnické Listy den autonomistischen Standpunkt und schufen sich freie Hand gegen die deutschen Sozialdemokraten.

Lit.: Jubileum „Dělnických Listů". „Dunaj" 3 (1925) 42. — Zu den Konfiskationen: Archiv KSČ, Prag, Fond 79, Nr. 452, 453, 1176: Interp. d. RR-Abg. Tomášek gegen die Konfiskationen der Děl. Listy (vgl. RR-Prot. der Sitzungen d. H. d. Abgeordneten vom 6. 7. 1909 und 26. 11. 1909). — Aufgaben und Ziele der Děl. Listy zu den RR-Wahlen: Děl. Listy Nr. 119 (27. 5. 1907).

Ohlas od Dunaje. 24. 1. 1882 bis 26. 6. 1882, vermutlich monatlich, Druck: Hoffmann. Nach mehrmaligen Fehlschlägen (zuletzt Vídeňský Slovan 1880) der letzte Versuch Hoffmanns als Verleger.

Věstník. 5. 5. 1883 bis 27. 8. 1914. Letzte und dauerhafteste Gründung Jan St. Skrejšovskýs (vgl. Tribüne u. Parlamentär). Nach 1883 weitergeführt von Václav und Kateřina Cinnert. Weitere Mitarbeiter: Komenský-Sekretär Jos. Urban und Jan Kříž. Wochenblatt. Brachte in erster Linie Nachrichten und Berichte über das Wiener tschechische Vereinsleben und polemisierte gelegentlich gegen Janča's „Slovan" (gegr. 1896 s. S. 456). Beide Blätter wurden finanziell vom Klub rakouských národností [Österreichischer Nationalitätenklub] subventioniert.

Lit.: RR-Abg. Fr. S c h w a r z : Zde se mluví česky! [Hier wird tschechisch gesprochen!]. Kal. Čechů Víd. 5 (1896) 78—81, hier S. 80. Jg. 3 (1894) 70 f.: Český život ve Vídni [Das tschechische Leben in Wien]. Jg. 6 (1897) 74 f.: Klub rakouských národností ve Vídni [Der österr. Nationalitätenklub in Wien].

Insgesamt vier Versuche unternahm der Redakteur Václav Kučera in Wien:

Slovan. 1. 6. 1887 bis 1888. Redakteur Václav Kučera. 14tägig. Tendenz radikal, im Geiste Havlíčeks.

Česká Revue. 1888. 3 Monate, insgesamt 7 Nummern. Gründer: Václav Kučera. Illustrierte Blätter zur Orientierung über das öffentliche Leben, Literatur und Kunst. Zweimal monatlich.

Rarášek. 1888, 2 Nummern, humoristische Zeitschrift.

Stráž na Dunaji. Nr. 1 (1. 7. 1889). Nur ein Heft. Hrsg. Karel V. Prokop. Geplant als bebildertes belletristisches Monatsblatt mit Beilagen „Tschechischer Haushalt", „Tschechische Hausfrau", vor allem an weibliche Leserschaft gerichtet. Druck: bei Neubert in Starkenbach.

Šiška. 1890. Blatt eines privaten Humoristenkreises.

In den 90er Jahren entstand die Presse, die den Parteirichtungen entsprach. Die Anfänge der Parteizeitungen waren mit der Entwicklung der Parteien selbst eng verknüpft. Von den Arbeiterblättern wurden die

Dělnické Listy. (s. S. 454 f.) wieder in Wien fortgeführt. Der dritte Versuch des jungen Journalisten V. Kučera (vgl. Slovan, Česká Revue) war der

Orel. Okt. 1891 bis Nov. 1893. Eine Fortführung der i. J. 1891 von Fr. Dadák nach Wien übertragenen „Valašské Noviny". Zweimal monatlich. Führender Mit-

arbeiter: V. Kučera. Brachte Berichte aus Wiener tschechischen Vereinen, Verzeichnisse der Lokalitäten, Unterhaltendes, wenig Literarisches. Druck: in Wallach. Meseritsch. Im zweiten Jahrgang mit dem Untertitel „Organ českých radikálů"; Redakteur: Fr. Baroch, nach Böhmen übertragen, dort im November 1893 eingestellt.
Zu Kučera: Nö. Präs. (1892) J 12; 2912 u. (1909): XI/152—161 (24. 11. 1906). — SÚA Prag, PM (1891—1900) 8/1/15/1 — 10269 (1893) Herausgabe einer böhmischen Zeitschrift. — V. Kučera gründete 1892 auch die „Agence Slave", die die Verbindung zu den slawischen Blättern aufrechterhalten sollte und die bis zu seinem Weggang aus Wien (1907?) bestehen blieb. — Eine „tschechische Korrespondenz" gab J. Penížek von 1906 bis Okt. 1910 in Wien heraus. Redakteur: A. J. Odehnal.

Volné Listy. 1893 bis 1895. Organ der Anarchisten.
České Zájmy. 1894. Zwei Nummern. Polizeilich eingestellt am 17. 3. 1894. Stark antisemitisches Blatt, das von Prag nach Wien gekommen war. Ursprünglich u. d. T. „Naše zájmy" geplant. Redakteur: Jar. Hušek. Druck: Fa. Kreisel und Gröger, Wien.
Lit.: Nö. Präs. G 2, 1838 (1894).

Rakouská svoboda tisku. 1895. Nur wenige Nummern. Radikales Arbeiterblatt.

Hlasatel svatého Kříže. 1896 bis 1902. (Der Herold des Hl. Kreuzes). Hrsg. vom Generalkommissariat des Hl. Landes. Sechsmal jährlich, gerichtet an spendefreudige Christen.

Slovan. 4. 7. 1896 bis 16. 12. 1907. Zweimal wöchentlich. Redakteur: J. Janča. Eine Weiterführung des in Ungarisch Hradisch entstandenen „Slováč", der unter gleichem Titel nach Proßnitz übertragen wurde, dann seit Juli u. d. T. „Slovan" in Wien erschien. 1907 bemühte sich Janča vergeblich, den Slovan täglich herauszugeben; mit der Gründung des Vídeňský Denník (17. 2. 1907), als dessen Redakteur Janča weiterarbeitete, wurde der Slovan eingestellt.

Matice dělnická. September 1896 bis 28. April 1899 (Nr. 16). Sechsmal jährlich. Herausgeber: Joh. Opletal. Arbeiterblatt von niedrigem Niveau, häufige Konfiskationen. Von Nr. 17 (1899) an in Pilsen weitergedruckt.
Lit.: Nö. Präs. G 2 5366 (1897) Konfiskation der Nr. 21. — Nö. Präs. G 2 3791 (1899).

Nová Doba. 1896 (?). Nur zwei Nummern. Red. Zich, sozialdemokratisch.
Wiener Slawen. April 1897 bis 1899 (?). Eigentümer und Herausgeber: Dr. F. Hájek. Zweimal monatlich. Zweisprachiges Blatt zur Vertretung der Interessen der Wiener Slawen. Redakteur: Fr. Růžička. Druck bei Slovák in Kremsier.
Lit.: Kal. Víd. Čechů 8 (1899) 126: Německo-český list „Wiener Slawen" [Deutsch-tschechisches Blatt W. Sl.].

Českoslovanské Hlasy na Dunaji. Jg. 1 (1898) bis Jg. 4 (21. 12. 1901) (Nr. 49). Redigiert von Jos. Chlobna und Joh. Hedvičák, zuerst 14tägig, ab Jg. 3 wöchentlich, ab Jg. 5 (15. 1. 1902) bis Jg. 16 (1914) unter dem neuen Titel

Česká Vídeň. Organ der tschechischen nationalsozialen Partei[5]. Seit 1901 redigiert von Jiří Stříbrný. Ab 1905 von Hanuš Sýkora. Weitere Mitarbeiter: Fr. Z. Cete-

---

[5] 1919 als Parteiorgan u. d. T. „Vídeňské Listy" weitergeführt. Wochenblatt. Anfang 1924 wurde der Vídeňský Deník Organ der Partei.

chovský (= Zeman), J. Doležal (= Pojezdný), und Karel Půlpán. Anfangs täglich, (unter Red. Hedvičák), ab 19. 2. 1902 kurzfristig dreimal wöchentlich, ab 3. 5. 1902 wöchentlich. Erscheinungsort teils Prag, teils Wien.
Lit.: Nö. Präs. G 2 71 (1902).

Slawisches Echo. 1899. „Organ für Politik, Volkswirtschaft und Kunst". Hrsg. u Red. Fr. Podgorník, im Auftrag des Klub rakouských národností [ÖNK.] Dreimal monatlich in deutscher Sprache. Druck bei Chrastin in Wallach. Meseritsch. Vertrat die Interessen der Slawen in Österreich. Ausführlicher kultureller und literarischer Teil.

Přítel lidu. Nr. 1 (16. 12. 1899). „Zeitschrift zur Pflege des bibl. Christentums und gleichzeitig Organ des Kreises der Enthaltsamen." Monatlich hrsg. vom Křesťanský spolek mladíků a mužů [Christl. Verein von Jünglingen und Männern]. Verantwortlicher Redakteur: Václav Cejnar. Druck bei Fa. Kinic & Hammersky in Adler-Kosteletz (Böhmen). Programm: erbauliche und religiöse Artikel vom Standpunkt des biblisch-evangelischen Christentums. Artikel zur Bekämpfung der Trunksucht, Gedichte, Erzählungen, Illustrationen, Inserate.
Lit.: Nö. Präs. G 2 3534 (1900).

Slavia. 15. 2. 1902. Nur zwei Nummern. Herausgeber und Verleger: Alexej Vondrovič, verantwortl. Redakteur: Ant. Tomášek. Monatlich. Druck bei Šašek in Neustadtl in Mähren. Panslawische Tendenz, Erörterung öffentlicher Angelegenheiten, politische Ereignisse, nationale, kulturelle und wirtschaftliche Interessen, propagierte die Einschränkung des slawophilen Liberalismus und vertrat die orthodoxe (pravoslawische) Religion. Mangels Abonnenten eingestellt.
Lit.: Nö. Präs. G 2 4558 (1902).

Křížák. Nr. 1 (4. 11. 1902) bis Jg. 12 (1913). Monatszeitschrift der Wächter des Hl. Grabes in Jerusalem und des Palästina-Pilgervereins der Diözese Brixen. Herausgeber und verantwortl. Redakteur: P. Melchior Lechner, Franziskaner-Ordenspriester und General-Komissär des Hl. Landes. Druck: bei Stefan Sandner, Wien I. Programm: erschien in deutscher und tschechischer Sprache unter Ausschluß politischer Tendenzen, brachte Aufsätze über Palästina, einschlägige Mitteilungen, Berichte und Inserate. (Deutscher Titel: Der Kreuzfahrer).
Lit.: Nö. Präs. G 2 7579 (1902).

Občanské Rozhledy. November 1904. Im selben Monat eingestellt.

Komenský. Januar 1906. Vereinsorgan des Wiener tschechischen Schulvereins „Komenský", vom 1. 1. 1910 bis 1914 u. d. T. „Dolnorakouský Obzor"[6]. Erschien ab 1913 vierzehntägig. Die Redaktion führte der jeweilige Sekretär des Vereines (Jos. Wildmann bis Dez. 1906, T. Dřímalka bis Nov. 1907, E. Čelíš bis Juli 1918).

Vídeňský Šotek. Nr. 1 (29. 3. 1906) bis 1908. Satirisches Blatt nach Muster der deutschen „Fliegenden Blätter", ging ab 1908 über in den Besitz der „České Illustrované Noviny" und erschien als deren Beilage. Zeitweilig u. d. T. „Veselý Svět" erschienen, jedoch wieder Rückkehr zum Titel „Vídeňský Šotek".

---

[6] Ab 1920 u. d. T. „Rakouský obzor" unter Zusammenschluß mit dem Organ „České srdce".

Slavia. 7. 10. 1906 bis 16. 2. 1907, Tagblatt; Hrsg. u. Red. K. Živný (vgl. „Parlamentär"). Einen Tag, nachdem die Zeitung eingestellt wurde, erschien der Vídeňský Denník, mit dessen Gründung auch Janča's „Slovan" (1896) aufhörte. Druck: A. Bušek.

Montagspost. 15. 10. 1906 bis 21. 1. 1907. Wochenblatt, hrsg. in deutscher Sprache von Bedř. Hlaváč. Haltung und Tendenz der Jungtschechen. Die ersten Seiten füllten umfangreiche Leitartikel, im Inneren standen Nachrichten, Lokalmeldungen, Sportberichte. Die Spalte „Wiener Woche" brachte Lokalglossen. Ferner: Feuilleton, kritische Betrachtungen und Kurzgeschichten. Der Inseratenteil war in Anbetracht der tschechischen Geschäftswelt in Wien recht umfangreich[7].

Po denní práci. 1907 bis 1914. Belletristisches Blatt. Redakteur: Josef Hájek, ab 1914 K. Kubálek. Durch eine Kombination von Abonnement und Versicherungsprämie gewann man Abnehmer auch in den böhmischen Ländern. Politisch und literarisch wenig bedeutend. Druck: Jasper, Wien.

Vídeňský Denník. Jg. 1, Nr. 1 (17. 2. 1907) bis Jg. 13 (1919). Neben den sozialdemokratischen „Dělnické Listy" das zweite tschechische Tagblatt in Wien. Organ der niederösterreichischen Sektion der „Národní Rada Česká". „Allnationale" Tendenz. Gründer: Der Vorsitzende des „DONRČ" J. V. Drozda, der auch den ersten Leitartikel verfaßte; Mitarbeiter und Redakteure: Jos. Wildmann, J. Janča, A. Mádl, K. Z. Klíma, L. Tvarůžek, H. Sýkora, J. Zd. Raušar, J. K. Pojezdný (= Doležal) u. a. sowie teilweise die Reichsratsabgeordneten Kalina und Švejk. Den Höhepunkt seiner Entwicklung erreichte der Víd. Denník im Ersten Weltkrieg: 20 000 bis 25 000 Auflagen, mit starker Position in der Slowakei.

Lit.: Ziele und Aufgaben des V. D.: Leitartikel, Nr. 1 (17. 2. 1907) und Nr. 75 (19. 5. 1907); Nr. 78 (24. 5. 1907). — Nö. Präs. XIV/220; 2941 (1907): Antitschechisches Wüten in Wien. Nächtlicher Überfall des V. D.

Dělnické plameny. 1907. Organ der Anarchisten. Verbot 1907[8].

Odborník. 1907. Zeitschrift für die Interessen der nationalsozialen Jugend[9].

Pravda. Jg. 1 (1908) bis 1914. Wochenblatt der tschechischen katholischen Volkspartei, gegründet von der „Katolicko-politická jednota", die das Blatt auch noch nach dem Ersten Weltkrieg herausgab. Redakteur: Jul. Karlický. Während des Krieges vorübergehend eingestellt.

České Illustrované Noviny. Jg. 1 (1908), ab Jg. 6 (1913) u. d. T. Vídeňské Illustrované Noviny. Herausgeber und Verleger: Hrazdil, X. Bez., Wochenblatt, unparteiisch, doch stark konservativ. Verbreitung auch in den böhmischen Ländern.

Vídeňský Hlas mladých. 1908 bis 1914. Monatsblatt der nationalsozialen Arbeiterjugend.

Turistický Obzor. März 1910 bis 1914. Im Auftrag der Jednota českých turistů (soz. dem.), hrsg. v. Jos. Cholek (Slowake), redigiert von Jos. Medek. Monatsblatt heimatkundlicher Art.

Slawisches Tagblatt. 1910 bis 1911. „Unparteiisches Organ zur Wahrung und Förderung slawischer Interessen". Täglich; herausgegeben von einer G. m. b. H. slawischer Abgeordneter im Reichsrat. Druck: bei Seywald, Wien II. In der tschechischen

---

[7] Aufgrund der wirtschaftlichen Entwicklung und der Abschaffung der Inseratensteuer (1874) entfaltete sich der Inseratenteil allgemein in großem Maß.

[8] Im Víd. Nár. Kal. 5 (1910) 143 noch weiterhin angezeigt.

[9] Nár. Kal. 3 (1908) 139.

Redaktion waren: J. Zajíček-Horský und A. F. Odehnal. Starkes Gewicht der Polen (bes. Stapinski).

Zájmy služek. Nr. 1 (1. 5. 1911) bis 1914. Hrsg.: Jan Mottl, zweimal monatlich. Die Interessen der tschechischen Dienstmädchen vertretend.

Ráj. Monatsblatt des katholischen Unterstützungsvereines der Hl. Zita (Spolek Sv. Zity), gegr. 1911. Gewidmet „den Interessen der katholischen Tschechoslawen in Wien". Redakteur: Ant. Kostka.

Dělnický Deník. 1911 bis 1915. Vom zentralistischen Flügel der tschechischen Sozialdemokraten als Tagblatt gegen die autonomistischen „Dělnické Listy" gegründet, mit Unterstützung der deutschen Sozialdemokraten herausgegeben. Redakteure: Viktor Stein, J. Fiala, Fr. Beneš. Hrsg.: Ant. Srba.
Der zentralistische Flügel der tschechischen Sozialdemokraten gründete zwei weitere Blätter:

Dělnická Tribuna. 1912 bis 1914. Wöchentlich (oder monatlich?). Anzeiger der Organisation der tschechoslawischen sozialdemokratischen Arbeiterpartei im XVI. Bezirk.

Svítání. 1912 bis 1914. Zweimal monatlich, sozialdemokratisch-zentralistisch.

Hádankářské Besedy. Januar 1912 bis 1914. Herausgeber war der Rätselzirkel „Štvanci na Dunaji"; monatlich. Gründer: Fr. Z. Cetechovský (= Dr. Zeman, vgl. „Česká Vídeň).

Dělnická škola. 1913/14. Hrsg. von Jos. Doležal und J. Prášek für die zentralistischen Sozialdemokraten, gemeinsam mit dem „Dělnický Deník".

Austria nova. Zeitschrift des gleichnamigen, am 11. 12. 1913 gegründeten politischen Vereines zum Frieden unter den österreichischen Nationen. Im tschechischen Komitee waren: J. V. Drozda, Jan Lošťák, Vít Hrdina, Jos. Drachovský.
Lit.: D r o z d a , Paměti 30—33.

Svítání. 1914/15. Volksblatt für Agitation und Bildung. Unregelmäßig erscheinende Rundschau katholischer Tendenz.

d. Tschechische Kalender

Im folgenden sind die in Wien erschienenen tschechischen Kalender zu nennen, deren Einfluß relativ hoch bewertet werden darf. Von der Form her schön ausgestaltet und mit zahlreichen Bildern versehen, gelangten sie in viele tschechische Familien und Haushaltungen. Es ist bezeichnend, daß die großen politischen Organisationen — wie der Klub rakouských národností und der Dolnorakouský Odbor Národní Rady České, um populär zu werden, gerade die Form des Kalenders zu ihrem Sprachrohr gewählt haben[1]. Die Bedeutung des Kalenders als Erwecker der Nation wurde in Wien ganz besonders betont[2].
Die Vorläufer sind auch hier bereits in den 50er Jahren zu finden.

---
[1] Auflage des Kal. Čechů Víd. 1 (1892): 2000 Stück. U r b a n , Čechové v Doln. Rak. 36; später 3000 Stück (laut S t r n a d).
[2] Kal. Čechů Víd. 15 (1906) 43 f.: Geleitwort zum fünfzehnjährigen Bestehen des Kal. Čechů Víd.: Anfang des 18. Jh. kam der Kalender in die entferntesten Winkel Böhmens

Časník. Hrsg. Dan. Lichard (Red. d. Slovenské Noviny), 3 Jgg., 1855 bis 1857.

Švingulantův satyricko-humoristický kalendář; Hrsg. Jos. Burgerstein (Red. v. Přítel zvířat), 2 Jgg., 1855/56.

Cešíčkův Kalendář, erschienen bei H. Hoffmann. 1. Jg. 1867.

Dělnický Kalendář, Redakteur Zich (Nová doba). Der 1. Jg. (1882) war schon verkauft, bevor ihn die Polizei beschlagnahmte. Der 2. Jg. konnte nicht mehr erscheinen.

Kalendář vzdělávacího a zábavního spolku „Tyl" ve Vídni na rok 1893, v Žižkově (Jos. Baštář). 48 Seiten und Inserate. (Wohl nur ein Jahrgang).

Vídeňský Kalendář. Jg. 1 (1892); ab Jg. 3 (1894) u. d. T. *Kalendář Čechů Vídeňských,* ab Jg. 20 (1911) u. d. T. *Kalendář Slovanů Vídeňských* (bis 1914). Hrsg. Klub rakouských národností. Hauptmitarbeiter: Ferd. Menčík, V. Švejnoha, F. Dastich, V. Moser, J. Urban, J. Zd. Raušar. Enthält Beiträge zum politischen, kulturellen, wirtschaftlichen und religiösen Leben, berichtete über Vereine, Organisationen, Schulen und den Wiener Alltag und wollte das Verständnis für die historische Vergangenheit wecken. Durch seine kurzen biographischen Abrisse ist er eine Fundgrube für die zeitgenössischen Persönlichkeiten unter den Wiener Tschechen auf den Gebieten der Politik, Kirche und Kunst. Die Monatsnamen sind viersprachig (russisch, polnisch, serbisch, slowenisch), im Anhang folgen Erläuterungen zu Gesetzesbestimmungen, Hinweise für das Verhalten bei Behörden und Ämtern, ferner ein Adressenverzeichnis des Wiener Geschäfts- und Vereinslebens; bemerkenswert ist der Inseratenteil, der mit 48 Seiten begann (1892) und sich bis zu 72 Seiten steigerte (1899 und 1911). Alljährliche Berichte des Klub rakouských národností geben Aufschluß über dessen Entwicklung. Der Kalender bringt auch ein Verzeichnis der tschechischen Vereine im Ausland: Jg. 2 (1893) 102 f.

Vídeňský Národní Kalendář. Jg. 1 (1906) bis Jg. 9 (1914). Hrsg. war der DONRČ, bzw. dessen Bildungssektion, der „Osvětový Svaz Dolnorakouský. Für Aufmachung und Druck sorgte der bekannte J. Otto-Verlag Prag. Unter der Redaktion des niederösterreichischen Kulturverbandsvorsitzenden A. Mádl brachte er Jahresberichte über die organisatorische und kulturelle Arbeit der Wiener Tschechen, im Anhang ebenfalls ausführliche Verzeichnisse der Vereine und Zeitschriften. Mitarbeiter: J. V. Drozda, Zd. Raušar, Fr. Drtina, J. S. Machar, J. K. Pojezdný-Doležal, Fr. Váhala, M. Maierová: zum großen Teil Schriftsteller, die auch noch in der Nachkriegszeit für die Wiener Tschechen schrieben.

Kalendářík Vídeňské Záložny na rok 1910. (Selbstverlag) 1910. Reklamecharakter (wohl nur ein Jahrgang erschienen).

---

und war die einzige Quelle, aus der das Volk Belehrung und Unterhaltung schöpfte und der dem Volk Jahr für Jahr bestätigte, daß die tschechische Sprache in der Schrift noch lebe. Seine Bedeutung, gerade für die tschechische Nation, wurde in der Geschichte der Wiedergeburt bisher nicht gebührend gewürdigt. In Wien liegt darüberhinaus seine Aufgabe auch auf wirtschaftlichem Gebiet, als Bindeglied zwischen Konsumenten, Gewerbetreibenden und Geschäftsleuten.

2. Tschechische Druckereien, Verlagsunternehmen, Buchhandlungen und Büchereien[1]

Das armenische Kloster der Mechitaristen, aus dessen Seminar die Theologiestudenten nach Galizien, Persien, Ungarn und in die Türkei verschickt wurden, besaß eine der größten Druckereien Wiens mit Drucktypen nahezu aller Sprachen Europas und Asiens[2]. Hier wurden auch die ersten tschechischen Blätter in Auftrag gegeben. Die meisten Zeitungsherausgeber bemühten sich zwar um eigene Druckereien, doch erwiesen sich die ersten Versuche zunächst als finanzielle Fehlkalkulationen.

1869 verhandelte J. Pětr Jórdan mit dem Administrator der Zeitschrift „Zukunft", A. Neumann, über die Gründung einer slawischen Druckerei, mit einem Kapital, das von anfänglich 50 000 Gulden auf 200 000 Gulden gestiegen war. Da man nicht handelseinig werden konnte, machte sich Jordán selbständig, konnte jedoch sein Unternehmen nicht halten. In den 70er Jahren entstand die „První vídeňská spolková tiskárna [Erste Wiener Vereinsdruckerei]. Führende Mitglieder waren der Journalist F. J. Stejskal-Lažanský und der Herausgeber des „Lev", J. Nejedlý. Die Druckerei beschleunigte nur den finanziellen Ruin des Blattes und wurde gleichzeitig mit dem „Lev" eingestellt. Auch Hugo Hoffmanns Bemühungen (Víd. Slovan, Parlamentär, Akad. Listy, Češíček, Vídeňský Zvon, Ohlas od Dunaje, Zvěsti Slovanské und Češíčkův Kalendář) um die Erhaltung seiner 1873 entstandenen Druckerei[3] sowie A. Bušeks (Slavia) Versuche in den 90er Jahren, waren zum Scheitern verurteilt. Ebenso erfolglos blieben die Unternehmen von Václav Cinnert (Věstník) 1881 und Peter Dvořák Ende der 90er Jahre.

Erst auf die Initiative des Reichsratsabgeordneten Vilém Kurz wurde eine Aktion zur Errichtung einer Druckerei ins Leben gerufen, mit dem Zweck, die Herausgabe von Büchern und einem tschechischen Tagblatt sicherzustellen. So erfolgte am 30. 9. 1897 die Gründungsversammlung der *Druck- und Verlagsanstalt „Melantrich" e. G. m. b. H.* Die Anteile waren auf 20 K festgesetzt. Doch ging die Arbeit nur langsam voran: 1902 betrug das Genossenschaftsvermögen erst 864 K. Man änderte die Statuten (1906) und verhandelte mit A. Bušek über den Verkauf seiner Druckerei, in der die Zeitschrift „Slavia" gedruckt wurde. Bušek übergab und stellte sein Blatt ein. Gleich am nächsten Tag erschien dort der „Vídeňský Denník", rechtzeitig genug, „um einem dringenden Bedürfnis, besonders jetzt vor den Reichsratswahlen abzuhelfen"[4]. „Melantrich" konnte jedoch das neue tschechische Tagblatt in den ersten Jahren kaum über Wasser halten. Die Auslagen betrugen im ersten Jahr schon über 100 000 K[5]. Eine Sanierung erhoffte man sich von dem 1907 gegründeten „Verein der Freunde der tschechischen Presse", der Vídeňská Matice, die 1908 den Vídeňský Denník übernahm. Die führenden Mitglieder blieben dem Deutschen Volksrat für Wien und Niederösterreich nicht unbekannt[6]: Unter ihnen befand sich der Primararzt und Vorsitzende des DONRČ, J. V. Drozda, der seinerzeit dem Melantrich 30 000 K für die Rotationsmaschine gestiftet hatte[7], der Schwämme-

---

[1] Soukup, Česká menšina 320—325, 437—448.
[2] Karásek, Sborník 117: U Mechitaristů [Bei den Mechitaristen].
[3] Die Folgen des Börsenkrachs von 1873 trafen das österreichische Pressewesen beträchtlich: von 866 Blättern gingen 24 % ein. Paupié I, S. 31.
[4] V. D. Jg. 1 (1907) Nr. 32, (27. 3. 1907): Bericht über die Hauptversammlung des DONRČ, eröffnet von Architekt Fr. Krásný.
[5] Soukup, Česká menšina 322.
[6] Wiener Slawen 31.
[7] Navrátil, MUDr. Jos. Václav Drozda 9.

großhändler Šablík, der Fabrikant Saláč, der Vizepräsident des Handelsministeriums Fatka, Ferdinand Prinz Lobkowitz, Nähmaschinenfabrikant Jos. Komárek, der Beamte des Arbeitsministeriums Paul Čermák, der Revident im Eisenbahnministerium Joh. Pilat und andere. Ein Großteil der Schulden konnte von der Vídeňská Matice, die auch Subventionen aus den Kronländern erhielt[8], gedeckt werden. Im Oktober 1911, zwei Jahre nach der Schließung der Druckerei durch den Magistrat[9], setzte man im Haus der „Vídeňská záložna" [Wiener Vorschußkassa] die Drucktätigkeit wieder fort. Die neue Einrichtung hatte über 100 000 K gekostet, der Finanzstand war aber bereits im zweiten Jahr aktiv, da Bankdirektor Vít Hrdina, der als Fachmann auf wirtschaftlichem und editorischem Gebiet galt, die Führung in der Genossenschaft „Melantrich" übernommen hatte. Bereits seit 1909 erschienen die Jahrbücher „Ročenky Vídeňské Matice", erst nur broschiert, ab 1912 in besserer Aufmachung, mit Aufsätzen, Erzählungen und Gedichten von Wiener tschechischen Autoren und mit beigefügter Vereinschronik. Kurz vor dem Krieg wurde mit dem „Komenský" zusammen ein literarischer Wettbewerb veranstaltet, der die Geschichte der Wiener Tschechen zum Thema hatte. Von dieser Editionsreihe, die unter dem Titel „České epištole z Vídně" geplant war, kam nur der erste Band heraus, der sich mit dem Schulproblem befaßte[10].

Eine weitere tschechische Druckerei besaß Anton Hrazdil im X. Bezirk, dort erschienen seit 1908 die České Illustrované Noviny und die Pravda, beides Zeitungen der katholischen Volkspartei.

Im Besitz der tschechischen Sozialdemokraten war die *Volksbuchdruckerei Malý & Co (Lidová tiskárna)*. Sie wurde im Jahre 1908 als Kommanditgesellschaft mit einem Kapital von 25 000 K eröffnet[11]. Zu ihren Gründern gehörte der Reichsratsabgeordnete Fr. Tomášek. In ihr wurden die Dělnické Listy gedruckt. Die Entwicklung zeigt einen ständigen Aufstieg[12].

Tschechische Buchhandlungen: Seit 1898 besaß die große Prager Verlagshandlung *J. Otto* eine Filiale in Wien, die im Jahre 1903 in das Geschäftszentrum der Innenstadt verlegt wurde. Dem Beispiel Otto folgte bald der Prager Verleger *Jos. R. Vilímek* und eröffnete in Wien seine Buchhandlung im I. Bezirk, zwei weitere Geschäfte gehörten einem gewissen Šafař im VIII. und IX. Bezirk[13].

---

[8] Das Hauptkontingent der Spenden kam jedoch aus Wiener Kreisen. Während Minister J. Žáček und Graf Kolovrat aus Černíkovice je 10 K gaben, brachte die Vídeňská záložna 400 K, die Bankbeamten der Wiener Živnobank 148,19 K auf. Fr. V á h a l a : Ze staré i nové Vídně [Aus dem alten und neuen Wien]. Wien 1913 (Verzeichnis der Spender des Jahres 1912). — Im 3. Vereinsjahr gingen aus Wien allein 12 000 K an Mitgliedsbeiträgen und Spenden ein. Wiener Slawen 31. — Vgl. auch: „Vídeňská Matice", její účel a význam [Die Wiener Matice, ihr Zweck und Bedeutung]. Víd. Denník, Jg. 7 (1913) Nr. 229 (5. 10. 1913).

[9] Am 5. 8. 1909. S o u k u p , Česká menšina 314. — D r o z d a , Paměti 58.

[10] Verfaßt im Januar 1914 in Wien: Jos. S u l í k : Proč máme vychovávati své děti v českých školách? [Warum wir unsere Kinder in tschechischen Schulen erziehen sollen?] Wien 1914. (= České epištoly z Vídně, č. 1).

[11] S o u k u p , Česká menšina 323.

[12] 1916 begann sie mit der Herausgabe der Buchreihe „Lidová knihovna", vorwiegend Wiener Autoren und Wiener Themen gewidmet.

[13] Daß auch die Zahl der tschechischen Buchhandlungen von den deutschnationalen Schutzvereinen registriert wurde, zeigt S c h u b e r t (f. d. Bund der Deutschen in Niederösterreich) in: Ziffern zur Frage des niederösterreichischen Tschecheneinschlages 91.

Zum Bibliothekswesen[14]: Größere Büchereien entstanden in den 60er Jahren in den tschechischen Vereinen, unter anderem in der Slovanská Beseda[15] und im Akademický spolek[16], später in der Komenský-Schule[17] und in den Sokol-Vereinen[18].
1895 konstituierte sich der „Český spolek pro šíření lidové osvěty [Tschechischer Volksbildungsverein für Niederösterreich][19] auf Betreiben des Dichters J. S. Machar. Der Verein hatte sich die Aufgabe gestellt, eine öffentliche Volksbücherei aufzubauen und zu erhalten. Im Lauf des ersten Jahrzehnts wurden von ihm Büchereien in allen Wiener Bezirken und auf dem Land errichtet. Die Anzahl der vom Verein erworbenen Bücher wuchs dabei auf 12 000, die der Büchereien auf 52[20]. Durch Errichtung des Osvětový Svaz in Prag, der in seinen Wirkungsbereich auch Wien einbezog, wurde die „Lidová osvěta" 1906 in „Osvětový Svaz dolnorakouský [Niederösterreichischer Volksbildungsverband][21] umbenannt, der die Organisation der Büchereien fortsetzte. Die dem Osvětový Svaz nicht angeschlossenen sozialdemokratischen Vereine legten ihre Bestände zusammen und gründeten eine Zentralbücherei im X. Bezirk (1004 Bände).
Aus dem Leserverein der tschechischen Beamten entstand 1898 der *„Svatopluk Čech"*, der sich die Errichtung einer zentralen öffentlichen Bücherei zur Hauptaufgabe machte; sie wuchs zur größten tschechischen Leihbibliothek Wiens heran. Die Mitglieder[22] hatten dem „Svatopluk Čech" bei seiner Gründung nur 147 Bücher mit auf den Weg gegeben, zehn Jahre später (1908) verfügte er jedoch schon über 4109 Bücher und errichtete eine Kinder- und Jugendbuchabteilung[23]. Nach Ab-

---

[14] S o u k u p, Česká menšina 437—448. — H e y e r, Jan: Naše ústřední knihovna a její základy [Unsere Zentralbücherei und ihre Grundlagen]. In: 60 let Komenského 300—315.

[15] Die Bücherei der Slovanská Beseda hatte gleich im ersten Jahr über 1000 Bände; im Jahre 1875: 2845. (H e y e r, 60 let Komenského 304). — In ihren Lesestuben lagen zeitweise 80 verschiedene Zeitschriften auf: tschechische: 40—50, kroatische 1—3, slowakische: 1—2, slowenische: 1—5, serbische: 1—2, russische: 2—4, deutsche: 2—10, französische: 1, sorbische: 1.: Jubilejní zpráva Slovenské Besedy ve Vídni 1865—1925, S. 30.

[16] Im Akademický spolek waren: Im Jahre 1880 von 3315 Büchern 1000 belletristische, das übrige Fachbücher. In der Lesehalle lagen 1893/94 insgesamt 166 verschiedene Zeitschriften auf: 18 belletristische, 87 politische und soziale, 61 Fachzeitschriften. Davon waren: tschech.: 143, slowak.: 2, slowen.: 1, ruthen. 2, kroat.: 2, sorb.: 1, deutsche: 15. Výroční zpráva Akad. spolku ve Vídni 1893/94, S. 17—22.

[17] Nach 1887 Teilung der Bestände des Komenský in Lehrer-, Schüler- und Volksbücherei (2000; 500; 400 Bde.). H e y e r, 60 let Komenského 306.

[18] 1909/10 beim Sokol: 5001 Bücher. S o u k u p, Česká menšina 439.

[19] F r i d r i c h, Fr.: „Lidová osvěta" ve Vídni. Deset let práce lidové osvěty [Volksaufklärung in Wien. Zehn Jahre Volksaufklärungsarbeit]. Wien 1905. — Kal. Čechů Víd. 14 (1905) 98 ff.

[20] S o u k u p, Česká menšina 438. Viele wurden von den Wiener Vereinen verwaltet und vermehrt.

[21] Nö. Präs. XI/152—161; 84 (1909). Betr. die Bildung des O. Sv. — Víd. Denník Nr. 19 (10. 3. 1907): „Zwei wichtige Etappen" (O. Sv.). — 1908/09 gehörten dem O. Sv. 62 Vereine, 40 Korporationen und 250 Einzelmitglieder an. S o u k u p, Česká menšina 439.

[22] Ende des 1. Jahrzehnts: 186 Staatsbeamte, 11 Privatbeamte, 10 Akademiker, 20 Handwerker, 22 Dienstboten u. andere Berufe. — S o u k u p, Česká menšina 445.

[23] S o u k u p, Česká menšina 446. Zweck: „Errichtung und Erhaltung der Büchereien und Lesehallen in Wien." — Víd. Nár. Kal. 3 (1908) 137 f.: Knihovna spolku „Sv. Čech" ve Vídni [Bücherei des Vereins Sv. Č. in Wien]. — H o š ť á l e k, J.: Deset let činnosti čtenářského a zábavního spolku „Svatopluk Čech" ve Vídni. 1898—1907 [Zehn Jahre

änderung der Statuten 1912 war er zu einem reinen Buchverein geworden, im Jahre 1914 hatte er 660 Mitglieder und 8699 Bücher (bei 17 629 Ausleihen)[24]. Zuletzt bemühte sich der Verein um die Errichtung eines tschechischen Minderheitenarchivs in Wien, ein Plan, der durch den Weltkrieg vereitelt wurde[25].

Lese- und Unterhaltungstätigkeit des Vereins Sv. Č.]. Wien (Melantrich) 1908 (mit Übersichtstabellen). — Das literarische Archiv der Bibliothek des Nationalmuseums in Prag besitzt den Nachlaß des Wiener Vereins „Sv. Čech" (Nr. 73). — Siehe auch SÚA, NRČ 83 (1912) „Sv. Čech", Gesuch um Unterstützung.

[24] Die Bedeutung, die man in Wien den Kinderzeitschriften und Büchern beilegte, erhellt ein Artikel von V. Prausek: Několik pokynů o vychování našich dítek hledíc zvláště k Vídni [Einige Winke zur Erziehung unserer Kinder, hauptsächlich im Hinblick auf Wien]. Kal. Čechů Víd. 3 (1894) 50—65. Der Verfasser empfiehlt seinen Lesern 13 verschiedene Zeitschriften mit den Angaben der jährlichen Kosten. Später brachten die beiden Tageszeitungen Beilagen für die Kinder. Der Schulinspektor der Komenský-Schulen, Jos. Úlehla, gab auf Kosten des Vereins kleine Bändchen mit Kinderlesestoff unter dem Titel „Beseda" heraus.

[25] Über die Nachkriegsbestände orientiert: J. Heyer: Český (menšinový) archiv [Das tschechische (Minderheits-) Archiv]. In: 60 let Komenského 316—319. — J. Heyer: Českovídeňský archiv. Dunaj 3 (1925) 128.

3. Bibliographische Hinweise zu tschechischen Viennensien und zu namhaften tschechischen Persönlichkeiten in Wien

Heyer, Jan: Příspěvky k soupisu čsl. Viennensií [Beiträge zur Aufzeichnung tschechosl. Viennensien]. Nové knihy o naší menšině [Neue Bücher über unsere Minderheit].
    Dunaj Jg. 5 (1928) 173—183 Jg. 6 (1929) 70—84
          Jg. 7 (1930) 187—192
          Jg. 11 (1934) 107—110; 240 f., 341—344
          Jg. 12 (1935) 46—49; 94—96; 151—153; 239—241
          Jg. 13 (1936) 95—98; 152—154; 201—204; 270—272
          Jg. 14 (1937) 83—96; 201 f., 304—306
          Jg. 15 (1938) 111—116; 229—233; 387—389 Jg. 17 (1940) 407—410
(in Form einer referierenden Bibliographie)

Heyer, Jan: Česká hudební viennensia [Tschechische musikalische Viennensien].
    Dunaj Jg. 17 (1940) 81—89; 212—220; 339—352
          Jg. 18 (1941) 46—54; 132—138; 240—256

Manoušek, Ota: Z galerie českého herectva ve Vídni [Aus der Galerie des tschechischen Schauspielertums in Wien].
    Dunaj Jg. 16 (1939) 7—28; 101—147; 165—182

Čeští umělci výtvarní ve Vídni [Die tschechischen schaffenden Künstler in Wien].
    Dunaj Jg. 5 (1928) 81—96; 184—188
          Jg. 6 (1929) 84—87; 190—195; 204—208; 260—282
          Jg. 11 (1934) 97—106

Pilnáček, Josef: Československé paběrky z vídeňských archivů [Tschechoslowakische Nachlesen aus Wiener Archiven].
    Dunaj Jg. 5 (1928) 28—34; 106—117; 223—234
          Jg. 6 (1929) 98—105; 187—189; 214—222; 250—255
          Jg. 7 (1930) 88—91; 163—166; 211—215; 265—269
          Jg. 8 (1931) 214—216; 290—292
          Jg. 9 (1932) 53—56; 107—112; 163—167
          Jg. 10 (1933) 61—64; 154—158; 222—225

Masaryk und Wien
    Dunaj Jg. 12 (1935) 49 f.: Dva dopisy T. G. Masaryka-Poslance [Zwei Briefe des Abgeordneten Masaryk] (von 1893 an den Klub rakouských národností).
    Dunaj Jg. 14 (1937) 250—281: Ota Manoušek: Masaryk a Vídeň [Masaryk und Wien] (mit 54 Literaturangaben betr. M. in Wien).

Stránský, Max: Vídeňská věda lékařská ve světle dějin a její úspěchy [Die Wiener medizinische Wissenschaft im Lichte der Geschichte und ihre Erfolge]. Dunaj Jg. 1 (1923) 359—362.

Proslulí vídeňští lékaři českého původu [Berühmte Wiener Ärzte tschech. Abstammung]. Dunaj Jg. 3 (1925) 338—348.

Památce českého lékaře, vídeňského profesora dra Eduarda Alberta (1841—1900) [Dem Andenken des tschech. Arztes, Wiener Professors Dr. Eduard Albert]. Dunaj Jg. 4 (1927) 71—91.

Památce věhlasných lékařů českého původu Karel Rokitanský a Josef Škoda [Dem Andenken berühmter Ärzte tschech. Abstammung Karel Rokitanský und Josef Škoda]. Dunaj Jg. 4 (1927) 315—325; 428—440.

4. Literarische Nachlässe und Korrespondenzen einzelner Persönlichkeiten, die zur Wiener tschechischen Bevölkerung vor 1914 in irgendeiner Weise in Beziehung standen[1]

Derzeitiger Aufbewahrungsort: Literarisches Archiv der Bibliothek des Prager Nationalmuseums (Strahov). Die Ziffern bezeichnen die Nummer des Nachlasses.
Albert, Ed. MUDR., Übersetzer (1841—1900) Nr. 3
Čelakovský, Jar., Phil. Dr., Rechtshistoriker, Archivar (1848—1915) Nr. 75
Dostál, Al. P., Schriftsteller (1858—1934) Nr. 120
Drtina, Frant., Phil. Dr., Philosoph, Pädagoge (1861—1925) Nr. 122
Engel, Emanuel, MUDr., Politiker (1844—1907) Nr. 138
Foerster, Jos. B., Komponist (1859—1951) Nr. 150
Grégr, Ed., MUDr., Politiker (1827—1907) Nr. 180
Grégr, Julius, JUDr., Politiker (1831—1896) Nr. 181
Hajn, Ant., Politiker (1868—1949) Nr. 191
Herben, Jan, Phil. Dr., Schriftsteller (1857—1936) Nr. 216
Hlávka, Josef, Architekt, Gründer der tschech. Akademie, Mäzen (1831—1908) Nr. 231
Jireček, Hermenegild, JUDr., Rechtshistoriker (1822—1909) Nr. 301
Jireček, Josef, Literarhistoriker (1825—1888) Nr. 302
Karásek, Jos., Phil. Dr., Slavist (1868—1916) Nr. 326
Klostermann, Karel, Schriftsteller (1848—1923) Nr. 342
Machar, Jos. Svat., Dichter (1864—1942) Nr. 444
Majerová, Marie, Schriftstellerin (1882—?) Nr. 448
Masaryk, T. G., Phil. Dr. (1850—1937) Nr. 457
Murko, Matija, Phil. Dr., Slavist (1861—1952) Nr. 490
Olbracht, Ivan (= Zeman, Kamil), Schriftsteller, Redakteur der Dělnické Listy (1882—1952) Nr. 515
Pacák, Bedř., JUDr., Politiker (1846—1914) Nr. 522
Penížek, Jos., Redakteur der Národní Listy (1858—1932) Nr. 540
Raušar, Jos. Zd., Ing., Übersetzer (1862—1947) Nr. 589
Rezek, Ant., Phil. Dr., Historiker (1853—1909) Nr. 599
Rieger, F. L., JUDr., Politiker (1818—1903) Nr. 600
Rybička, Ant., Literarhistoriker (1812—1899) Nr. 606
Skrejšovský, Jan Stan., Politiker (1831—1883) Nr. 639
Šalda, F. X., Kritiker, Dichter, Dramatiker (1867—1937) Nr. 699
Šembera, Al. Vojt., Prof. f. tschech. Sprache u. Literatur in Wien (1807—1882) Nr. 706
Šembera, Vrat. Kazimír, Journalist (1844—1891) Nr. 707
Šubert, F. A., dram. Schriftsteller, Direktor des Národní divadlo (1849—1925) Nr. 734
Tomek, W. W., Historiker (1818—1905) Nr. 751
ferner:
Hlaváč, Bedřich, Autor der Biographie von Franz Josef I. Handschriftliche Erinnerungen aus Wien (1890—1914) (nicht ediert). Hrsg. d. „Montagspost". Schrieb Berichte über die Wiener Tschechen im „Čas".

---

[1] Als erste Orientierung: S o u k u p , Frant. A.: Česká menšina v Rakousku. Prag 1928. — D o l e ž a l , Jaromír K.: Dr. Josef Karásek. Wien 1926.

5. Tschechische Vereine und Organisationen in Wien von 1862 bis 1914[1]

Vereinsname	Arbeiter/Akademiker Jugend/Frauen-V.	Theater/Musik/Gesang	Bildung/Unterhaltung	Politik	Religion	Wohltät./Unterstütz.	Turnen/Sport	Mitgl. i. J. 1891	Dauer
Akademický spolek	AV		×					92	1868—1914
Austria nova				×				—	1913—1914
Baráčníci			×					—	1908
Barák (nat. soz., 11 Ortsgr. i. J. 1914)			×	×				—	1897—1914
Barák-hudba		×	×					—	1908—1914
Bendl		×						—	1908—1914
Beseda Vlastimil XVIII.			×					70	1885—1914
Besídka české živnostenské mládeže ve Vídni (Kinderhort)									1911
Bílka, seit 1894 u. d. T. Čsl. vzdělávací spolek (soz. dem.)	AkV		×						1887—1894
Blaník			×			×		81	1881—1914
Blesk (Radfahr)	AV						×		1900—1914
Bohemo klubo esperantista			×					—	1909—1914
Bohemo laborista esperantista societo „Frateco"			×						1911
Bořivoj (siehe Sokol Fügner)									1889—1891
Buditel		×	×					—	1909
Budoucnost (nat. soz.)	JV			×				—	1900—1906
Budoucnost (soz. dem.)				×				—	1901—1914
Budoucnost, vorher Jasoň	AV					×		—	1908—1914
Cercle franco-slave à Vienne								—	1898—1910
Čechie								—	1904—1914
Čechie, Trommler-Verein		×	×				×	—	1912—1914

[1] Die umliegenden Orte, z. B. Mödling (Žerotín) und Ebergassing (Beseda Vlastimil) u. a. wurden nicht berücksichtigt. Zusammengestellt im wesentlichen aus: Vereinskataster des nö. Landesarchivs, Statthalterei. 1852—1918. — Kataster des Vereinsbüros der Bundespolizeidirektion. — Vereinslisten des Kalendář Čechů Vídeňských Jg. 1 (1892) — 23 (1914) und des Vídeňský Národní Kalendář Jg. 1 (1906) — 9 (1914). — K a r á s e k , Sborník Čechů dolnorakouských 149—215. — V á h a l a , Československý problém v zemích německorakouských (Anhang). — S o u k u p , Česká menšina, passim.

Vereinsname	Arbeiter/Akademiker Jugend/Frauen-V.	Theater/Musik/Gesang	Bildung/Unterhaltung	Politik	Religion	Wohltät./Unterstütz.	Turnen/Sport	Mitgl. i. J. 1891	Dauer
Červánky (soz. dem.)	AV	×						—	1895
Česká Beseda (soz. dem.)	AV		×					—	1894
Česká Beseda		×	×					—	1900
Česká Beseda v Hernalsu		×	×					93	1885—1892
Česká Beseda Svatopluk			×					47	1890
Česká učednická útulna (nat. soz.)	JV		×		×	×		—	1908—1914
Česká úřednická obec Praha Ortsgruppe Wien								—	1913
Českobratrská jednota					×				vor 1914
Českomoravská omladina Žižka		×	×				×	—	1871—1880
Čsl. Beseda v Simmeringu			×					100	1879—1914
Čsl. Dělnický spolek (soz. dem.)	AV		×						1868—1876
Čsl. Dělnický vzdělávací spolek XX. (soz. dem.)	AV								1894—?
Čsl. jednota velocipedistů							×		1897—1914
Čsl. Obchodnická Beseda			×						1897—1914
Český akademický spolek posluchačů zvěrolékařství	AkV		×						1905—1914
Český dělnický klub šachistů ve Vídni	AV		×						1910—1914
Český klub cyklistů							×		1889—1914
Český lidový politický spolek (nat. soz. 1910: 13 Bez. Org.)				×					1908—1914
Český politický spolek				×					1877—1878
Český spolek pro opatřování služeb						×			1896—1914
Chudé dítko						× ×			1913?
Č.U.J.V. (Česká ústřední jednota velocipedistů, župa dolnorakouská)							×		1899—1914
Dalibor		×			×				1914
Dělnická Beseda XXI. (soz. dem.)	AV	×							1901—1914

Vereinsname	Arbeiter/Akademiker Jugend/Frauen-V.	Theater/Musik/Gesang	Bildung/Unterhaltung	Politik	Religion	Wohltät./Unterstütz.	Turnen/Sport	Mitgl. i. J. 1891	Dauer
Dělnická Beseda XII. (soz. dem.)	AV	×	×				×		1902—1914
Dělnická Beseda VI. (soz. dem.)	AV	×							1913—1914
Dělnická jednota (soz. dem.)	AV	×							1877—1881
Dělnické sdružení esperantistů v Praze, Ortsgruppe Wien V. (soz. dem.)	AV		×						1911—1914
Dělnická tělocvičná jednota									
Vídeň XIV.	AV						×		1904—1914
Vídeň XX.	AV						×		1905—1914
Vídeň XXI.	AV						×		1905—1914
Vídeň XII. (soz. dem.)	AV						×		1906—1914
Vídeň XVIII.	AV						×		1907—1914
Vídeň XI.	AV						×		1907—1914
Vídeň XV.	AV						×		1910—1914
Dělnický vzdělávací spolek VII (soz. dem.)	AV	×	×						1913 ?
Dělnický vzdělávací svaz XX. (soz. dem.)	AV		×						1913 ?
Dobré srdce pro XVI. okres a okolí			×			×			1909
Dobročinnost						×			1905—1914
Dobročinný spolek Svatováclavský						×			1893—1914
Dobroděj			×			×			1908—1914
Domov (Schulkinderunterstütz.)						×			1914
Dramatický spolek		×	×			×			1913
Dub			×			×			1912—1914
Dvořák (nat. soz.?)	AV	×							1912—1914
Evangelická Matice					×				1896—1914
Federace českého studentstva vysokoškolského, sekce Vídeňská	AkV	×							1914
Fontana X.						×			1896—1905

Vereinsname	Arbeiter/Akademiker Jugend/Frauen-V.	Theater/Musik/Gesang	Bildung/Unterhaltung	Politik	Religion	Wohltät./Unterstütz.	Turnen/Sport	Mitgl. i. J. 1891	Dauer
Frantové Favoritští, erster tschech. Raucherverein			×			×			1897—?
Frantů společnost			×			×			1894—1914
Frištenský, erster tschech. Athletenklub							×		1909—1914
Hálek (nat. soz.)	AV		×						1890—1914
Halíř III.					×				1902
Havlíček		×	×					57	1888—1914
Havlíček (nat. soz.)	JV								1901—1914
Hlahol		×	×						1898—1914
Hnízdo kosů, ab 1907 „Kos"			×			×		37	1890—1907
Holub XIV. (Radfahr)						×			1902—1914
Horák			×						1908—1914
Jablonský (nat. soz.)	AV		×	×					1898—1914
Jan Hus (nat. soz.)	JV								1901—1913
Jarost XX. (soz. dem.)	AV								1899—1914
Jarost V. (soz. dem.)	AV					×			1902—1914
Jarost II., Trommler-Verein			×						1912—1914
Jasoň (soz. dem.) ab 1908: Budoucnost		×	×			×			1892—1908
Jasoň (Athleten-V.)						×			1897
Jednota čs. učitelstva v Dolních Rakousích			×						1910—1914
Jednota čsl. profesorů v Rakousku			×						1911?
Jednota čsl. střelců pro Doln. Rakousy							×		1908—1914
Jednota čs. turistů (soz. dem.)	AV						×		1905—1914
Jednota katolických tovaryšů českých ve Vídni					×				1911—1914
Jednota Sv. Methoděje (1912: 9 Ortsgruppen)					×				1865—1914

Vereinsname	Arbeiter/Akademiker Jugend/Frauen-V.	Theater/Musik/Gesang	Bildung/Unterhaltung	Politik	Religion	Wohltät./Unterstütz.	Turnen/Sport	Mitgl. i. J. 1891	Dauer
Jirásek		×	×						1912—1914
Jungmann		×	×						1891—1914
Katolicko-politická jednota				×	×				1898—1914
Klub českých citeristů		×							1889
Klub čs. cyklistů na Dunaji							×		1903
Klub čs. svobodomyslných voličů				×					1896—1910
Klub českých theologů ve Vídni	AkV				×				1905—1907
Klub českých turistů (nat. soz.)	AV						×		1910—1914
Klub čsl. velocipedistů XV.									1886—1914
Klub mladé generace (nat. soz.)	JV								1901
Klub přátel čs. tisku ve Vídni						×			1913
Klub rakouských národností				×				300	1881—1914
Kohout X. (Radfahr)							×		1897—1914
Kollár		×	×					64	1881—1914
Komenský-Schulverein 1913: mit Akad. Abt., Frauenabt. u. 18 Ortsgruppen								1894	1872—1914
Komité slovanských akademických spolků ve Vídni	AkV		×						1905—1914
Kos, vorher Hnízdo kosů			×			×			1907—1914
Krajanský spolek Slovák			×						1908
Krok			×						1900
Kroužek čs. Magistrátu ve Vídni									1913—1914
Kroužek ctitelů ruštiny			×						1897—1914
Kruh čs. evangelických bohoslovců	AkV				×				1905—1914
Kruh čs. evangelických teologů	AkV				×				1900—1914
Kruh čs. zemědělců	AkV								1900

Vereinsname	Arbeiter/Akademiker Jugend/Frauen-V.	Theater/Musik/Gesang	Bildung/Unterhaltung	Politik	Religion	Wohltät./Unterstütz.	Turnen/Sport	Mitgl. i. J. 1891	Dauer
Křesťanský spolek mladíků a mužů				×	×				1897—1914
Lassalle (soz. dem.) X.	AV					×			1899—1914
Lassalle (Inzersdorf) (soz. dem.)	AV					×			1909—1914
Libuše	FV				×				1896—1904
Lidová osvěta, seit 1906: Osvětový Svaz dolnorakouský			×		×				1896—1906
Lidumil	FV				×				1874—1879
Lidumil (soz. dem.)	AV	×				×			1901—1914
Lípa (kath.)	AkV	×		×		×			1910—1914
Literární spolek čs. posluchačů zvěrolékařství	AkV	×							1896—1914
Ludmila	FV				×				1885—1914
Lumír		×							1865—1914
Lyra		×							1890
Mahon	AkV					×			1909
Máj (soz. dem.)	AV	×	×	×					1904—1914
Máj (Radfahr, soz. dem.)	AV					×			1911—1914
Karel Marx (soz. dem.)	AV	×	×						1893—1914
Marx (soz. dem.)	JV								1909—1912
Mezinárodní dělnická tělocvičná jednota (soz. dem.)	AV					×			1912
Morava	AkV	×							1863
Národ		×						40	1882—1914
Národ (slowakisch)		×							1892—1914
Národní Beseda		×			×			113	1889—1914
Národní rada dolnorakouská, ab 1960: Doln. odbor NRČ			×						1900—1914
Neruda (nat. soz.)	AV	×							1897—1914
Občanská Beseda v Leopoldově		×			×			76	1880—1914
Občanská Beseda v X. okrese (soz. dem.)	AV	×	×						1880—1914

Vereinsname	Arbeiter/Akademiker Jugend/Frauen-V.	Theater/Musik/Gesang	Bildung/Unterhaltung	Politik	Religion	Wohltät./Unterstütz.	Turnen/Sport	Mitgl. i. J. 1891	Dauer
Omladina (soz. dem.)	JV	×							1892—?
Omladina III. Bez. (soz. dem.)							×		1905—1914
Ondříček		×						19	1890—1896
Ondříček		×							1909—?
Orel (kath. Volkspartei, i. J. 1913: 6 Ortsgruppen)							×		1908—1914
Oslava		×							1914
Ostříž (soz. dem., Radfahr)	AV						×		1909—1914
Osvěta (soz. dem.)	AV		×						1899—1914
Oul II						×			1894—1904
Osvětový Svaz dolnorakouský (1908/09: 62 Vereine angeschlosssen)			×						1906—1914
Ozvěna (soz. dem.)	AV	×							1905—1914
Palacký		×	×						1887—1914
Palacký (nat. soz.)	JV								1902—?
Jos. Bol. Pecka (soz. dem.)	AV			×					1899—1908
Pernštýn		×							1913—1914
Pěvecký kroužek spojených organisací (soz. dem.)	AV	×							1914
Pěvecký odbor Baráku (nat. soz.)	AV	×							1901—1914
Pěvecká župa dolnorakouská (1912: 10 Vereine angeschl.)		×							1907—1914
Podpůrný spolek čs. akademických spolků ve Vídni	AkV					×			1910—1914
Podunajská sfinga (Rätsel-Ver.)			×						1913
Pokrok, erster Theaterverein		×						114	1863—1914
Pokrok (soz. dem.)	AV		×						1893—1914
Pokrokový Klub			×						1905—1907

Vereinsname	Arbeiter/Akademiker Jugend/Frauen-V.	Theater/Musik/Gesang	Bildung/Unterhaltung	Politik	Religion	Wohltät./Unterstütz.	Turnen/Sport	Mitgl. i. J. 1891	Dauer
Politický volební spolek (soz. dem.)	AV			×					1901—1914
Pravoslavný vzdělávací a zábavní spolek		×			×				1897—1914
Probuzení (nat. soz.)	JV								1901—?
Proletář (soz. dem.)	AV		×						1899—1914
První česká politická jednota			×					1500	1885—1900
První český politický spolek			×						1877—1878
První obec baráčníků						×			1895—1914
První pěvecká škola spolková		×							1908
První spolek těsnopisců českých Heger-Füger			×						1896—1914
Přítel chudých dítek			×			×			1912—1914
Přítel lidu (soz. dem.)	AV		×						1901—1914
Rastislav			×						1895—1914
Rovnost CVII. (soz. dem.)	AV		×						1881—1914
Rovnost X. (soz. dem.)	AV		×						1893—1894
Rovnost (soz. dem. Radfahr)	AV						×		1913—1914
Rozkvět (soz. dem. Radfahr)	AV						×		1912—1914
Rozvoj (soz. dem.)	AV	×							1906—1914
Rozvoj (tschech.-jüdische Vereinigung)			×						1914
Ruch (soz. dem.)	AV		×						1902—1914
Ruch (soz. dem.)	JV								1909—?
Ruský kroužek			×						1906—1914
Řemeslnická Beseda		×	×						1902—1914
Říp			×	×					1893—1914
Říp		×	×						1896—1897
Sdružení české mládeže ve Vídni (evangel.)	JV				×				1897—1914
Sdružení dělnických abstinentů	AV	×							1910—1914
Sdružení křesťanských dívek (evang. u. ref.)	JV				×				1910—?

Vereinsname	Arbeiter/Akademiker Jugend/Frauen-V.	Theater/Musik/Gesang	Bildung/Unterhaltung	Politik	Religion	Wohltät./Unterstütz.	Turnen/Sport	Mitgl. i. J. 1891	Dauer
Sdružení pěveckých jednot (soz. dem.)	AV	×							1909—1914
Sdružení rodáků z Třebíče a okolí			×			×			1913—1914
Sláva	AkV	×							1905
Slavia Vídeňská, vorher Holub (Fußball)							×		1905—1914
Slavia			×						1911—1914
Slavie		×							1913—1914
Slavoj		×	×					83	1867—1914
Slovák (slowakisch)			×						1908—1914
Slovan (soz. dem.)	AV		×						1872—1895
Slovan (soz. dem.)	AV		×						1898—1914
Slovan (Sportklub)							×		1901—1914
Slovan (soz. dem.)	JV								1909
Slovanská Beseda			×					355	1865—1914
Slovanská liga katolických vysokoškoláků ve Vídni	AkV				×				1909—1911
Slovanská omladina			×						1871—1880
Slovenská vzdělávací Beseda (soz. dem., slowakisch)	AV	×	×						1901—1914
Slovenská katolická jednota					×				1914
Smetana		×							1911—1914
Sokol Vídeňský I.							×	224	1867—1914
Sokolská jednota Tyrš XV.							×		1888—1914
Sokol Fügner XVI. (vor 1891 Bořivoj)							×		1889—1914
Sokol Favoritský (von 1883—1891 Zweigstelle von Sokol Vídeňský)							×	155	1891—1914
Sokol Leopoldovský II.							×		1892—1914
Sokol Floridsdorfský							×		1896—1914
Sokol Podlipný V.							×		1899—1914
Sokol Havlíček III.							×		1900—1914
Sokol Alserovský IX.							×		1901—1914
Sokol Podunajský XX.							×		1905—1914
Sokol Vídeň XI.							×		1907—1914

Vereinsname	Arbeiter/Akademiker Jugend/Frauen-V.	Theater/Musik/Gesang	Bildung/Unterhaltung	Politik	Religion	Wohltät./Unterstütz.	Turnen/Sport	Mitgl. i. J. 1891	Dauer
Sokol Vídeň VIII.							×		1910—1914
Sokolská župa dolnorakouská							×		1894—1914
Sokol tělocvičná jednota X. (dem Gau nicht angeschl.)							×		1909—1914
Sokol, první česká cyklistická jednota (Radfahr)							×		1897—1914
Spolek absolventů c. k. keramické školy v Bechyni			×						1898—1914
Spolek absolventů průmyslových škol v Praze, Ortsgruppe Wien			×			×			1903—1914
Spolek čsl. posluchačů vysoké školy zemědělské	AkV		×						1905—1914
Spolek čsl. střelců							×		1908
Spolek čsl. železničních úředníků			×						1906—1914
Spolek čs. mediků a přírodozpytců	AkV		×					44	1879—1914
Spolek čs. státních úředníků		×	×						1908—1914
Spolek čs. zvěrolékařů	AkV		×						1906—1914
Spolek hrob Kollára						×			1897
Spolek Jelito						×			1891
Spolek milovníků ruského jazyka			×						1899—1914
Spolek posluchačů exportní akademie	AkV								1906—1914
Spolek pro zřízení čs. evang. reform. sboru ve Vídni		×			×				1891—1914
Spolek soukromých úředníků Ortsgruppe Wien			×						1905—1914
Spolek Sv. Alžběty	FV				×	×			1911
Spolek Sv. Zity	FV				×	×			1911—1914
Spolek vídeňských pravoslavných Čechů					×				1908
Spolek volných myslitelů					×				1912—1914

Vereinsname	Arbeiter/Akademiker Jugend/Frauen-Verein	Theater/Musik/Gesang	Bildung/Unterhaltung	Politik	Religion	Wohltät./Unterstütz.	Turnen/Sport	Mitgl. i. J. 1891	Dauer
Spolek zdrženlivosti modrého kříže					×				1901—1914
Stehlík (Athleten)							×		1912
Stráž Jihu (soz. dem. Radfahr)	AV						×		1913
Svatopluk			×						1873—1876
Svatopluk Čech			×						1897—1914
Svaz čsl. dělnických zpěváckých spolků	AV	×							1896—1914
Svaz čsl. spolků cyklistických a sportovních v Dolním Rakousku							×		1898—1914
Svaz čs. akademických spolků Ortsgruppe Wien	AkV		×						1913
Svaz čs. studentstva ve Vídni	AkV		×						1913
Svaz čs. žurnalistů Ortsgruppe Wien			×						1911—1914
Svaz socialistických Monistů v Rakousku (in Prag), Ortsgruppe Wien V. (soz. dem.)	AV		×						1913—1914
Svornost (soz. dem.)	AV		×						1891—1914
Svornost (soz. dem. Arbeiterheimverein) XVII.	AV		×						1904—1910
Šípek (dramat. Bildungs-V.)		×	×						1909
Štvanci na Dunaji (Rätsel-V.)			×						1912—1914
Šumavan (bis 1894 u. d. T. Svatopluk)		×	×			×			1891—1914
Šumavan		×	×						1914
Sv.-Václavský spolek XIV.						×			1912—1914
Tatran (slowakisch)	AkV		×						1867—1892
Tovačovský XV.		×							1892—1914
Tyl (soz. dem.)	AV		×					80	1874—1914
Ústřední jednota nepolitických spolků slovanských v Dolních Rakousích			×					72	1890—?

Vereinsnahme	Arbeiter/Akademiker Jugend/Frauen-Verein	Theater/Musik/Gesang	Bildung/Unterhaltung	Politik	Religion	Wohltät./Unterstütz.	Turnen/Sport	Mitgl. i. J. 1891	Dauer
Útulna Sv. Alžběty	FV		×						1911—1914
Vánoční stromek						×			1885—1914
Velehrad			×			×			1907
Veselí bratři						×			? —1914
Vídeňská Matice						×			1907—1914
Vídeňská omladina		×	×					70	1885—1914
Vojta Náprstek, čsl. Beseda			×						1895—1914
Volné myšlenky (Prag) (Ortsgruppe Wien)				×					1914
Volnost (soz. dem.)	AV		×						1882—1886
Volnost (soz. dem.)	AV	×							1892—1905
Volnost, Ortsgruppe des Verbandes der Arbeiter-Radfahrvereine Österreichs	AV						×		1911—1914
Volnost (soz. dem.)	AV	×							1912—1914
Volnost (Wahlverein)				×					1912
Vpřed (soz. dem.) XIX.	AV		×						1902—?
Vpřed (soz. dem.) X. (Radfahr)	AV						×		1903—1914
Vpřed (nat. soz.) XV. (Radfahr)	AV						×		1908—1914
Vyšehrad		×	×						1908—?
Vzdělávací klub ve Vídni			×					56	1911—?
Záboj		×	×						1869—1914
Zdar (soz. dem., Radfahr)	AV						×		1908—1914
Zemská jednota soukromých úředníků, Ortsgruppe Wien			×			×			1905—1914
Zpěvácký spolek slovanský		×						241	1867—1914
Zvon X. (soz. dem.)	AV	×	×						1909—1914
Jan Žižka (nat. soz.)	JV								1901—1914
Žižka (Českomoravská omladina)			×						1878—1880
Žižka	AkV					×	×		1912
Župa čsl. sportovních velocipedistů v. Doln. Rak.							×		1905—1914

6. Genossenschaften und wirtschaftliche Vereinigungen der Wiener Tschechen von 1862 bis 1914

Name	Spar- und Kredit	Losgesellschaft	Vereinshausbau	Andere	Dauer
Blaník	×				1905
Bohemia		×			1892—1903
Budoucnost IV. (Sparzirkel d. kath. nat. Partei)	×				1892
Česká Lípa	×				1912—1914
Česká losová společnost v Leopoldově		×			1913
Česká úřednická mensa (im Haus d. Wiener Záložna)				×	1907—1914
České spotřební družstvo (Verbraucher-GmbH)				×	1910—1914
Českosl. obchodnický spolek				×	1897—1914
Čsl. spolek mistrů kožešnických v Rakousku				×	?—1914
Český dům ve Vídni			×		1897—1914
Český dům v X. okrese vídeňském			×		1899—1914
Český lidový spolek pro vybudování nár.-soc. domu ve Vídni XV.			×		? —1914
Český spotřebovací spolek				×	1894—?
Český spotřební spolek v Hernalsu				×	1894—1914
Čeští bratři	×				1912
Dalibor	×				1913
Družstvo ku vystavění tělocvičny jednotě „Tyrš"			×		1894—1896
Družstvo pro vystavění spolkového domu ve Vídni XV. (= I. český Národní dům)			×		1896—1914
Družstvo pro vystavění spolkového domu v II. okrese			×		1899—1914
Družstvo pro vystavění spolkových domů v XVI., XVII. a XVIII. okrese			×		1899—1914
Družstvo pro vystavění Národního domu pro IX. okres a okolí			×		1912—1914
Družstvo pro vystavění dělnického domu V.			×		1913—1914
Družstvo „Dělnický dům" XVI.			×		? —1914
Erdbergská včela	×				1893— ?
Föderation tschechosl. Schneider (u. 5 Zweigst.)				×	1907—1914
Fortuna, úsporný a výherní spolek	×	×			1909
Gorazd, Sparzirkel des Pravoslavní vzdělávací a zábavní spolek	×				1897—1914

Name	Spar- und Kredit	Losgesellschaft	Vereinshausbau	Andere	Dauer
Hospodář		×			1891— ?
Hostimil Vídeňský, nákupní družstvo (Einkaufsgenossenschaft)				×	1896—1914
Husův dům			×		1907— ?
Jahůdka	×				1912— ?
Jaro	×				vor 1914
Ježek	×				1898—1914
Kaizl	×	×			1907—1914
Klub čs. typografů ve Vídni				×	1908—1910
Komenský	×				1907— ?
Kollár		×			1891
Láska k blížnímu (Damen-Spar- u. Wohltätigkeits-V.)	×				1893—1914
Lidová tiskárna				×	1908—1914
Lípa	×				1908
Losverein „Zum Glücksböhm" in Hernals		×			1892—1911
Ludmila (Sparverein der katholischen Volkspartei)	×				1911—1914
Melantrich (Verlagsges.)				×	1897—1914
Mikuláš (Sparzirkel der kath. nat. Partei) (weitere im II., X., XVII. Bez. ohne Namen)	×				1910—1914
Mravenec (Losverein der Handwerker) V.		×			1868—1904
Mravenec IV.		×			1888— ?
Mravenci XVI.	×				1892—1914
Nár. sdružení čsl. dělníků kožešnických				×	1905—1914
Nat. Verein d. tschechosl. Schuhmachergehilfen				×	1900—1909
Nepomuk	×				1914
Nová Vlast	×				1911
Odborný spolek dělníků a dělnic krejčovských				×	1900—1910
Orel XII.	×	×			1892—?
Orel XV.	×				1903
Orel	×	×			1898
Oul XII.	×				1893—1914
Potravní spolek v Hernalsu				×	1902
Praha	×				1913
První česká nemocenská a pohřební pokladna (1. tschech. Kranken- u. Begräbniskasse)				×	1909—1914

Name	Spar- und Kredit	Losgesellschaft	Vereinshausbau	Andere	Dauer
První český konsumní spolek XV.				×	1893— ?
První český konsumní spolek III.				×	1911—1914
První český spolek ... Erster tschech. Verein zur Unterstützung erwerbsfähiger Mitgl. mittels Gewährung unverzinsl. Vorschüsse (kein tschech. Titel angegeben)	×				1899
První český spotřební spolek XV.				×	1894— ?
První výrobní družstvo dělnictva krejčovského				×	1904—1914
Rastislav		×			? —1914
Rovnost	×				1911
Říp	×				1909
Řemeslnická a živnostenská jednota (i. J. 1913 12 Ortsgruppen)	×				1902—1914
Sdružení čsl. dělníků pekařských				×	1905
Sdružení čsl. dřevodělníků				×	1905
Sdružení čsl. kovopracovníků				×	1905—1914
Sdružení čsl. úřednictva ústavů peněžních				×	1909—1914
Sdružení živnostníků				×	1902
Sjednocenost	×				1911
Skřivan	×				1913
Slovanská národohospodářská společnost				×	1907—1914
Slovanský obchodnický spolek				×	1898—1914
Soluce	×				1912
Spokojenost	×				1908
Spolek českých úředníků bankovních				×	1908
Spolek pro vystavění česk. nár. domu v X. okr.			×		1903
Spořivost Hernals	×				1889—1912
Spořivost XII. (gegr. v. d. kathol. Partei)	×				1911—1914
Spořitelna (Weihnachts-Spar- u. Unterst.-V.)	×				1892—1914
Stálá výstava a tržnice řemeslních výrobků				×	1912—1914
Strádal	×				1908—1914
Sv. Kirill-Method		×			1889—1915
Svaz rakouských strojníků				×	1903
Sv. Metoděj (Sparzirkel der kath. nat. Partei)	×				1906—1914
Svaz čidičů stok v Rakousku					1906
Svaz českých obchodníků a živnostníků se sídlem ve Vídni (Ortsgruppen im VII., XVI., XII. u. X. Bezirk)				×	1913
Svaz řemeslnicko-živnostenských jednot				×	1913

Name	Spar- und Kredit	Losgesellschaft	Vereinshausbau	Andere	Dauer
Svépomoc	×				1901—1914
Svépomocný spolek Chleborád	×				um 1870
Svornost	×				1910
Štěstěna V.		×			1892—1914
Štěstěna XV.		×			1903—1914
Šumavan	×				1913
Unie obchodního úvěrního zpravodajství				×	1907—1911
Úsporný spolek maloživnostníků ve Vídni	×				1911
Ústřední české potravní a spotřební družstvo				×	1912—1914
Útulna Sv. Alžběty				×	1911—1914
Úvěrní spolek Pětidomy, XV.	×				1905
Vaněk	×				1905
Vánoční stromek	×				1889—1914
Vánoční úsporný spolek	×				1901
Včela (Slovanská průmyslnická záložna)	×				1863—1887
Včela Hernals	×				1888
Včela Simmering	×				1888
Vlast	×				1886—1914
Vojta Náprstek	×				1912
Vosa	×				1911—1914
Všeodborové sdružení křesťanského dělnictva ve Vídni (Fachgruppen in 11 Bezirken)				×	1913—1914
Zelinka	×				1912
Žižka (Spar- und Vorschußverein in Jos. Sprengers Gasthaus X.)	×				1889
Živnostenská jednota				×	1902—1914
Živnostník	×				1910

7. Diagramm der im Niederösterreichischen Amtskalender 1910 verzeichneten Gründungen slawischer Vereine[1]

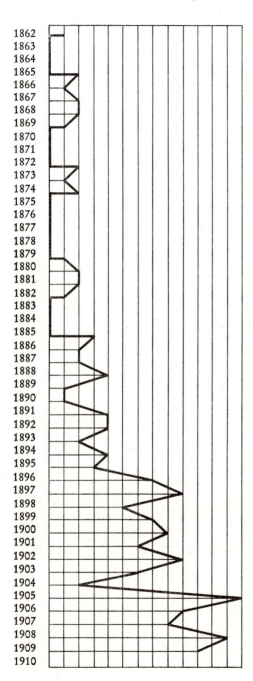

[1] Im Vergleich zur Aufstellung Seite 467 bis 482 geht hier hervor, wie wenig Gründungen von den österreichischen Behörden erfaßt wurden; so ist zwar ersichtlich, daß z. B. i. J. 1880 zwei tschechische Vereine gegründet wurden, wieviele derzeit schon bestanden haben oder inzwischen eingegangen sind, ist nicht verzeichnet.

8. Tschechische Banken und Versicherungen in Wien vor 1914

Jahr d. Gründg.	Name	bis
1910	Bankgesellschaft „Hermes" (Rückversicherung) 1910 an die Vídeňská záložna angegliedert	—1914
1908	Česká průmyslová banka Filiale Wien mit drei Wechselstuben 1908 im Jahre 1914: vier Wechselstuben	über 1914
1913	Moldavia akc. pojišťovna	
1900	Moravská zemská pojišťovna 1 Filiale in Wien	
	Moravsko-slezská vzájemná pojišťovna Repräsentation in Wien	Weltkrieg
1908	Nová vídeňská diskontní společnost	
	Patria, akc. pojišťovna Generalvertretung in Wien	
	Praha, pojišťovací společnost Filiale im IX. Bezirk	—1912
1874	Slavia, vzájemná pojišťovací banka Generalvertretung in Wien	—1914
1906	Ústřední banka českých spořitelen	über 1914
1872	Živnostenská banka (1872—74 und 1898—1914) (hatte 1914 14 Wechselstuben in Wien)	über 1914

9. Tschechische Vorschußkassen in Wien vor 1914

Jahr d. Gründg.	Name	bis
1896	Česká lidová záložna v X. okrese vídeňském (später: Dolnorakouská záložna)	
1897	Česká lidová záložna v II. okrese ve Vídni	1910
1897	Česká lidová záložna v VII. okrese (1909 fusioniert mit der Vídeňská záložna)	1909
1895	Česká řemeslnicko-živnostenská záložna, III.	1914
1887	Česká záložna ve Vídni (1909 fusioniert mit d. Vídeňská záložna)	1909
1911	Dělnická a živnostenská záložna ve Vídni (Gründung der nat. soz. Partei, Geschäftsstellen im VI. und XV. Bezirk, später: Obchodnická záložna)	1914
1896	Dolnorakouská záložna ve Vídni (vorher: Česká lidová záložna v X. okrese)	1914
1909	Občanská záložna, XVIII.	über 1914
1908	První záložna slovanských úředníků	1914
1896	Řemeslnicko-živnostenská záložna v VIII. okrese ve Vídni (mit Zweigstelle im XVIII. Bez., seit 1908: Záložna českých živnostníků)	1908
1863	Slovanská průmyslová záložna „Včela"	1887
1896	Slovanská záložna ve Vídni V. (soz. dem.)	1914
1913	Slovenská ľudová záložna ve Vídni IV. (slowak.)	1914
1914	Spořitelna českých učňů (nat. soz.)	1914
1914	Spořitelna pracující omladiny, XV. (nat. soz.)	1914
1909	Vídeňská záložna (vorher: záložna Pětidomy und andere — siehe oben)	über 1914
1896	Záložna českých živnostníků ve Vídni, XVI. (seit 1908: Řemeslnicko-živnost. záložna)	1908
1903	Záložna Pětidomy (Česká záložna v XV. okrese) (aus ihr entstand 1909 die Vídeňská záložna)	1909
1912	Záložna v Simmerinku, XI.	über 1914
1908	Živnostenská spořitelna a záložna v Meidlingu	1910

10. Gewerbe, Geschäfte, Industriezweige und freie Berufe der Wiener Tschechen im Jahre 1892 und 1910

Bis zum Weltkrieg wurden mehrere Versuche unternommen, ein Adressenverzeichnis tschechischer Handwerker, Geschäftsleute und Firmen anzulegen, um die gegenseitigen wirtschaftlichen Kontakte auf nationaler Ebene zu verstärken. Dies mißlang, wie aus der nachstehenden Tabelle ersichtlich wird, da sich — trotz wiederholter Aufforderung — nur wenige Tschechen zur Aufnahme in diese Adressenverzeichnisse meldeten.

Lit.: 1. tschechische: (1892) Vídeňský Kalendář 1 (1892) 120 ff. Hrsg. Klub rakouských národností.
2. deutsche: (1910) Wiener Slawen. Statistik und Organisation der Tschechoslawen in Wien und Niederösterreich-Land. Hrsg. Dtr. Volksrat f. Wien u. NÖ. Wien 1910, S. 33—50.
Siehe auch: K u č e r a , Václav: Český průvodce po Vídni [Tschech. Führer durch Wien]. Wien 1880, S. 17 f. und 54 f. — L u d v í č e k , J./P r o k o p , K.: Český průvodce po Vídni [Tschech. Führer durch Wien]. Wien 1890. — Obchodně-živnostenský Sborník Čechů vídeňských [Handels- und Gewerbe-Almanach der Wiener Tschechen]. Hrsg. mit Unterstützung der Živnostenská jednota in Wien. Wien 1903 (Verzeichnet ca. 200 versch. tschech. Gewerbe in Wien); ein zweiter Versuch der „jednota" war: Adresář řemeslnicko-živnostenské jednoty ve Vídni. Wien 1908.

	1892	1910		1892	1910
Advokaten und Notare	6	15	Edelsteinhändler	1	2
Anstreicher	2	—	Eisen- u. Metallwaren	3	2
Ärzte	5	29	Elektrotechniker	—	2
Bäcker	5	3	Farbwarenhändler	1	2
Bandagisten	—	1	Feilenhauer	1	—
Barbiere	2	—	Fleischer u. Selcher	6	12
Baumeister	4	8	Friseure	4	37
Bettfedernhändler	—	1	u. Perückenmacher		
Biervertrieb	1	—	Futteralmacher	1	—
Bildhauer	1	1	Gärtner	1	1
Billiard	1	—	Galvaniseure	1	—
Blumenhändler	3	2	Gastwirte	32	66
Buchbinder	3	3	Gemischtwaren	12	—
Buchdrucker	—	1	Gemüsehändler	—	1
Buchhändler	—	3	Gerber	3	—
Büchsenmacher	1	1	Gießerei	1	—
Bürstenbinder	3	3	Glaswaren u. Gläser	4	2
Chemische Produkte	1	—	Goldschmiede	4	—
			Grammophonhändler	—	4
Diplomerzeuger	—	1	Graveure	1	1
Dreher (Metall)	12	1	Güterinspektor	1	—
Drogerien	1	—	Gummiwaren	—	1

	1892	1910		1892	1910
Handschuhmacher	2	2	Photochem. Institut	—	—
Harmonikas	1	—	Photographen	—	11
Haus- u. Küchengeräte	—	3	Photograph. Apparate	—	1
Hebammen	—	6	Rauchrequisiten	—	2
Herdsetzer	—	1	Regenmäntel (Gummi)	1	—
Herrenkleidergeschäftte	—	10	Riemenschneider	2	—
Holzschnitzer	2	4	Rollwäscheanstalt	—	1
Hutmacher	6	20	Sattler	1	—
Inserate	1	—	Schachtelmacher	1	—
Journalisten	9	—	Schildermaler	—	2
Juxbasarartikel	—	2	Schirm(Regen u. Sonnen)-erzeuger	1	2
Kaffeehäuser	5	13	Schlosser	13	7
Kapellmeister	—	2	Schmiede	—	3
Kassenfabrikant	1	1	Schneider	133	86
Kinderwagen	—	1	Schuhleistenerzeuger	1	—
Kirchliche Gewänder und Fahnen	—	1	Schuhmacher	61	44
Klaviere	4	4	Schwämmehandlung	—	1
Kleiderleihanstalt	—	1	Seifensieder	1	—
Klempner	3	—	Seiler	1	—
Kohlenhändler	1	2	Spediteure	—	4
Konsumartikel	12	28	Spengler	3	3
Korbmacher	2	—	Spirituosenhändler	1	19
Kürschner	17	8	Stampiglienmacher	—	3
Kunstmaler	1	—	Stickereien	1	—
Lederwaren	1	3	Stukkateur	1	—
Litograph	1	—	Tanzstundeninstitut	1	—
Maschinen u. Metallwaren	1	2	Tapezierer	4	13
Materialienhandlung	1	—	Taschner	2	—
Mechaniker	1	—	Tischler	56	43
Messerschmied	1	—	Tuche	2	—
Milchhändler	1	1	Uhrmacher	5	24
Modewaren	2	2	Waagen u. Dezimalwaagen	—	1
Musiker	4	—	Wäsche- u. Leinwandhandlunger	5	20
Musikinstrumente	2	4	Wäscheputzerei	2	1
Musiklehrer	—	1	Wagner	3	11
Nähmaschinenfabrik	1	—	Zahntechniker	1	1
Nähmaschinenhändler	—	6	Zimmermaler	4	11
Optiker	—	1	Ziseleure	—	1
Papier u. Schreibwaren	2	11	Zuckerbäcker	3	—
Patentanwalt	—	1			

11. Wahlsprüche tschechischer Vereine in Wien

Zpěvácký spolek slovanský (Slaw. Gesangsverein):
Zpěvem k srdci — Mit Gesang zum Herzen
srdcem k vlasti — mit dem Herzen zur Heimat

Pokrok (Erster Theater- und Laienspielverein):
Osvětou ku předu — Durch Kultur voran

Lumír (Gesangverein):
Buďme zpěvem na Dunaji — Laßt uns an der Donau singen
jako Lumír v českém kraji — wie Lumír im böhmischen Land
(Lumír = tsch. Heldensänger)

Slovanská Beseda (ältester und prominentester Unterhaltungs- und Bildungs-Verein):
Osvětou k svobodě — Durch Kultur zur Freiheit

Slavoj (Gesangs- und Unterhaltungsverein):
Statně k činům, dojdem k cíli — probudí naše síly
zpěv probudí naše síly — Wacker zur Tat gelangen wir zum Ziel,
Gesang weckt unsere Kräfte

Akademický spolek (Akademischer Verein):
Vědě a vlasti — Für Wissenschaft und Vaterland

Občanská Beseda (Bildungs- und Theaterverein):
Svorný duch jest naše heslo — Einigkeit ist unsere Losung

Blaník (Bildungs- und Unterhaltungsverein):
Čest a sláva — Ehre und Ruhm

Kollár (Bildungs- und Laienspielverein):
Milujme se — Lieben wir uns

Palacký (Lese- und Laienspielverein):
Svůj k svému — Jeder halte zu dem Seinen

Hnízdo kosů (Bildungs- und Unterhaltungsverein):
Pozdrav: Klap — Grüße: Klap

Svatopluk (Bildungs- und Unterhaltungsverein):
Buďme svorní, vlasti věrní — Einig und treu dem Vaterland

Šumavan (Bildungs- und Unterhaltungsverein):
Buďme svorní, vlasti věrní — Einig und treu dem Vaterland

Sokol favoritský (Sokol in Favoriten):
Tužme se — Härten wir uns ab

Tovačovský (Gesangverein):
Pěl Tovačovský: Přijde jaro, přijde
A jak v té písni jaro budí kraj
My chceme zpěvem probuditi máj
Zde na Dunaji, Tobě, Český lide! — Tovačovský sang: Es kommt der Frühling, er kommt, und wie in diesem Lied der Frühling das Land erweckt, so wollen wir durch Gesang den Mai erwecken, hier an der Donau, für Dich, tschechisches Volk!

Zusammengestellt aus: K a r á s e k, Sborník 149—185. — U r b a n: Čechové v Doln. Rak. 19—32.

12. Gegenüberstellung der Organisationsordnung[1] von

DONRČ niederösterr. Sektion des tschech. Nationalrates Wien

NRČ tschech. Nationalrat Prag

Zielsetzung

Fortschreitende Durchführung der nationalen Organisation der Wiener und niederösterreichischen Tschechen, gleichzeitig gewissenhafte Sorge für die kulturellen Bedürfnisse und andere Angelegenheiten zum allgemeinen Nutzen des gesamten tschechischen Volkes. Die einzelnen beteiligten Organisationen können frei nach ihren eigenen Grundsätzen arbeiten und sich entwickeln, sofern dabei das Interesse einer einzelnen Partei dem Wohl der Gesamtheit der niederösterreichischen Tschechen untergeordnet wird.

Sorge um die Zusammenarbeit aller Faktoren im tschechischen Volk, insbesondere der politischen Parteien, in allen Fragen, die die gemeinsamen Interessen des tschechischen Volkes in den Ländern der böhm. Krone, im übrigen habsburgischen Vielvölkerstaat und im Ausland betreffen. Aufbau eines wohldurchdachten, genau gegliederten alttschechischen Ordnungsgefüges als Ideal nationaler Zusammenarbeit, Disziplin und Macht. Der NRČ berät ohne das Programm oder taktische Vorgehen der einzelnen, in ihm vertretenen Parteien anzutasten, nur über Fragen, die als gemeinsame Bestrebungen des tschech. Volkes und seiner Parteien gelten, also über

1. Erwerb und Schutz des Staatsrechtes der Länder der böhm. Krone als unabtretbares Erbe aus der Vergangenheit,

2. Gleichberechtigung der tschech. Sprache in Ämtern, Schulen und im öffentlichen Leben,

3. nationalpolitisches, kulturelles, wirtschaftliches und soziales Vorwärtskommen der Nation, bes. auch Errichtung einer Selbstverwaltung,

4. Schutz der unterdrückten Minderheiten,

5. sachgemäße Information des Auslandes über das tschech. Volk, würdige nationale Vertretung und Schutz, Presse und Informationskanzlei für das Ausland, Fragen der Auslandstschechen, Leitung und Führung des nationalen Archivs usw.,

(insges. 8 Punkte).

---

[1] Auszüge aus: Organisační řád Doln. odboru „NRČ" [Organisationsordnung der nö. Sektion des NRČ]. Wien 1910. — Základní řády Nár. Rady České (1906—1912) [Grundordnung d. NRČ]. Prag o. J. (1912). — Die Statuten des NRČ für 1904 (9. Okt.) u. 1907 (14. Febr.) in: NRČ 120. — Für die personelle Zusammensetzung d. J. 1907: NRČ 68 Namen der Abg. aus RR-Abg.-Klub, Herrenhaus, Landesparl., Parteivorst.). Besonders aufschlußreich für die Tätigkeit des Prager NRČ ist die 33 S. lange Berichterstattung der vertraul. Landesversammlung in Raudnitz vom 25. Febr. 1912: NRČ 281.

Organisatorische Struktur

Der DONRČ rekrutiert sich aus den Vertrauensmännern der nat. Organisationen, die sich zur Mitarbeit gemeldet haben. An der Spitze steht die von der Generalversammlung zu diesem Zweck beglaubigte Vorstandschaft (1 Vorsitzender und 10 Beisitzer), die möglichst aus den bedeutendsten nat. Organisationen gewählt werden sollen. Im Jahre 1910 waren im Präsidium:

je 2 Vertreter aus der kath. Volkspartei
je 2 Vertreter aus der nat.soz. Partei
je 1 Vertreter aus dem Klub rak. národností [ÖNK]
je 1 Vertreter aus dem Komenský
je 1 Vertreter aus dem Osvětový Svaz
je 1 Vertreter aus dem nö. Sokolgau
je 1 Vertreter aus dem Spolek úředníků státních a železničních [Ver. d. Staats- u. Eisenbahnbeamten]
je 1 Vertreter der Živnostenská jednota [Gewerbe-Vereinigung]

Als Rechtsgrundlage dient der Gedanke einer gemeinsamen parlament. Kommission tschech. polit. Parteien, zu der Vertrauensmänner aus allen Gebieten des nat. Lebens herangezogen werden. Der NRČ setzt sich zusammen aus:

1. Generalversammlung, als alltschech. Versammlung und höchstes Organ des NRČ
2. Zentralausschuß, als Zentralorgan mit ausführender Rechtsgewalt
3. Landessektionen der Kronländer mit selbst. Verwaltung, betr. Arbeit, Finanzen u. Organisation. Der NRČ ist jedoch berechtigt, seine Vertreter in die Landesversammlung zu schicken
    a) Mähren (Brünn)
    b) Schlesien (Troppau)
4. nö. Landessektion (Wien)
5. Vertrauensmänner der Tschechen diesseits u. jenseits der Grenzen des Habsburgerreiches
6. Länderorganisationen des NRČ (= krajinské organisace), sie werden in Mähren/Schlesien u. Niederösterreich von den Landessektionen (zemské odbory) eingesetzt
7. Arbeitsausschüsse der Prager Zentrale, der Brünner, Troppauer und nö. Sektion.

Generalversammlung

Mitglieder[2]

1. *Politische Parteien*
    Kath. Volkspartei (2)
    Nat.soz. Partei (2)

1. *Politische Parteien*
    Agrarier
    Kath. Volkspartei
    Christl.-soz. Partei
    Christl.-soz. Volkspartei
    Mähr. Volkspartei
    Nat. Partei in Böhmen/Mähren
    Nat.soz. Partei
    Nat.-freisinnige Partei in Böhmen
    Staatsrechtl.-fortschr. Partei

---

[2] Die Zahlen in den Klammern nennen die Zahl der Delegierten der jeweiligen Interessenvertretung.

2. *Abgeordnete*
Reichsratsabgeordnete, die ohne Rücksicht auf ihre politische Zugehörigkeit de facto eigenes Interesse an der gemeinsamen Sache der tschech. Minderheit in NÖ bekundet haben. Sie müssen jedoch wenigstens drei Tage vor Beginn der Generalversammlung eine Legitimation angefordert haben. Dasselbe Recht wird auch den evtl. anwesenden Vertretern des NRČ eingeräumt.

3. *Öffentliche Presse*
Delegierte vom Věstník (1), Víd. Denník (1), Česká Vídeň (1), Pravda (1).

4. *Delegierte des nö. Landes*
Unterthemenau (3), Gmünd (3), Schwechat (1), Mödling (1), Untersiebenbrunn (1), Ebergassing (1).

5. *Vertreter bedeutender Institutionen und Gesellschaftskreise Wiens*
   a) Alle Mitglieder des Zentralausschusses sowie deren Stellvertr. u. der Vorstandschaft aller bei der Zentrale z. Z. bestehenden Arbeitsausschüsse
   b) *Wirtschaft und Gewerkschaft*
      Gewerbl. Kreise: Živnost. jednota (2)
      Fachschaftsorg. d. Arbeiterschaft: Chr.-soz. (2), Nat.-soz. (2)
      Geschäftswelt:
      Slovanský obchodnický spolek (1)
      Českoslovanská obchodnická Beseda (1)
      Národohospodářská jednota Slovanská [Slaw. Volkswirtschaftl. Vereinig] (2)
   c) *Schule:* Lehrerschaft d. Komenský (1)
   d) *Studenten:* Universität (2), Landwirtsch. HS (1), Tierärztl. HS (1)
   e) *Beamte:* Staats- u. Eisenbahnbeamte (3), Privatbeamte (1)
   f) *Geldinstitute:* Je 1 Vertr. aller in Wien bestehenden Banken u. Geldinstitute
   g) *Zentralorganisationen:* Sokol (3), Gauverband der Sänger (3), Laienspiel (1, aus dem „Pokrok").
   h) *Wissenschaftliche Kreise, fachliche u. gesellschaftliche Mittelpunkte:*
      Osvětový Svaz Dolnorakouský (2), Komenský (2), Jednota Sv. Methoděje (2), Slovanská Beseda (2), Klub

2. *Abgeordnete*
Vom Parlament d. Kgr. Böhmen (10)
Vom Parlament d. Markgrafsch. Mähren (4)
Vom Parlament d. Reichsrates (H. d. Abg.) (10)
Vom Parlament d. Herzogt. Schlesien (2)
Vom Reichsrat (Herrenhaus) (4)

3. *Öffentliche Presse*

4. *Landessektionen Mähren/Schlesien*

5. *Landessektion NÖ (Wien)*

6. *Tschechen jenseits der Grenzen d. Kronländer u. d. Habsburgermonarchie*

7. *Kgl. Hauptstadt Prag* (Bürgerm. u. 4 weit. Vertr.)

8. *Sämtl. tschech. Beisitzer der Landesausschüsse in den Kronländern*

9. *Landesorganisationen des NRČ bei tschech. Selbstverwaltungskorporationen*

10. *Tschech. Minderheiten* (16)

11. *Die bedeutendsten Institutionen u. Kreise des tschech. nationalen Lebens*
    a) Alle Mitglieder des Zentralausschusses des NRČ sowie deren Stellvertreter u. d. Vorstandschaft jedes in d. Zentrale d. NRČ bestehenden Arbeitsausschusses
    b) Wirtschaftl. Organisationen f. Landwirtschaft, Handwerk, Industrie, Handel, Arbeiter
    c) Schule: Univ. Prag, Techn. Hochsch. Prag u. Brünn (Rektoren), Mittel-, Volks- und Bürgerschulen (Lehrer)
    d) Studenten
    e) Beamte
    f) Banken und Geldinstitute, insges. 15
    g) Zentralorganisationen: Sokol, Feuerwehr, Laienspiel, Touristen, Veteranen, Sängerschaft
    h) Prominenz aus Wissenschaft, Literatur u. Kunst

rakouských národností (2), Barák (2), Národní Beseda (2), Havlíček XXI (2), Baráčníci (1), Hostimil (1), Českoslovanská obchodní Beseda (1), Hernalská Beseda (1), Svatopluk Čech (1), Jungmann (1), Národ (1), Melantrich (1), Neruda (1), Vlastenecká omladina (1), Občanská Beseda II. (1)

i) Konfessionen
k) Tschech. Frauen, insges. 15 Vereinigungen

Zentralausschuß

Neben der Vorstandschaft, die aus ihrer Mitte zwei stellvertr. Vorsitzende wählt, ggf. auch noch andere Funktionäre je nach Bedarf, steht an der Spitze der nö. Sektion noch ein besonderer Zentralausschuß (ZA) (10 Beisitzer und 10 Ersatzmänner). In ihm sollen alle dem DONRČ inkorporierten polit. Richtungen vertreten sein, ferner Vertrauensmänner der führenden Zentren des tschech. nationalen Lebens in Wien und NÖ. Auch die Mitglieder der Vorstandschaft haben ihren Sitz im ZA. Laut Beschluß der Generalversammlung vom 28. 3. 1909 bzw. 10. 4. 1910 hatten im ZA ihre eigene Vertretung:

1. NÖ-Land
2. Kath. Volkspartei
3. Nat.soz. Partei
4. Komenský
5. Osvětový Svaz
6. Spolek českých státních úředníků [Verein d. tschech. Staatsbeamten]
7. Spolek českých úředníků železničních [Verein d. tschech. Eisenbahnbeamten]
8. Klub rakouských národností [ÖNK]
9. Sokol
10. Živnostenská jednota

Der ZA wird vom Vorsitzenden der Sektion zu vertraulichen Beratungen berufen, sobald dies entweder wichtige Angelegenheiten der Sektion erforderlich machen oder wenn dies wenigstens sieben Mitglieder des ZA verlangen. Die Versammlung des ZA ist beschlußfähig, wenn außer dem Vorsit-

Die Generalversammlung wählt aus ihren Reihen den Vorsitzenden, drei Stellvertreter (für jedes Kronland einen) und zwölf Beisitzer. Nach Möglichkeit sollen im Zentralausschuß alle dem NRČ inkorporierten politischen Richtungen vertreten sein, des weiteren Vertreter der Spitzenorganisationen des nationalen Lebens. Die Landessektionen (Böhmen, Mähren/Schlesien, Niederösterreich) sind berechtigt, in den Zentralausschuß je einen Vertreter mit Stimmrecht zu entsenden, bei den Versammlungen des Zentralausschusses sind je zwei Mitglieder aus den Zentralausschüssen der Landessektionen zugelassen. (Die Tätigkeit des Zentralausschusses ist in einem Siebenpunkteprogramm niedergelegt. Základní řády S. 8 f.)

zenden wenigstens acht Mitglieder d. Ausschusses (ggf. Vertreter) anwesend sind. Der ZA führt die Beschlüsse der Generalversammlung durch, erledigt die inneren u. finanziellen Angelegenheiten der Sektion, führt die Aufsicht über die Aktionskanzlei, setzt deren Angestellte ein, vertritt den DONRČ nach außen hin und bereitet die Vorschläge für die Sitzungen vor. Der ZA ist verpflichtet, alljährlich in der Generalversammlung vertrauliche Berichte über Tätigkeit und Finanzwirtschaft zu geben.

Arbeitsausschüsse

Nach Bedarf errichtet der ZA des DONRČ Arbeitsausschüsse (Organisations-, Finanz-, Rechts-, Volkswirtschafts- und solche für die Belange des nö. Landes usw.), die sich zeitweise als notwendig erweisen, insbes. für die Beratungen über einzelne aktuelle Zeitfragen. Diese AA haben das Recht, dem ZA von sich aus Vorschläge zu ihrer Verstärkung zu unterbreiten.

Im NRČ sind ständige Arbeitsausschüsse für:

1. Staatsrecht
2. Selbstverwaltung
3. Volkswirtschaft
4. Kultur
5. Minderheiten
6. Sprache
7. Auslandsinformation
8. Finanzen
9. Nat. Kronsteuer

Allgemeine Bestimmungen

Aus der Angliederung des DONRČ an die Prager Zentrale des NRČ ergibt sich: Alle allgemeinen Bestimmungen der Organisationsordnung der Zentrale, z. B. Vertretung des DONRČ in der Zentrale, nationale Kronensteuer usw. haben volle Gültigkeit für die niederösterreichische Sektion. Sämtliche Funktionen (ausgenommen die eingesetzten Angestellten) sind Ehrenämter und bleiben grundsätzlich unbezahlt. Die Generalversammlung wird in der Regel einmal jährlich (im März oder April) einberufen, in erster Linie, um den streng geheimen Tätigkeitsbericht anzuhören und Neuwahlen für die Vorstandschaft und den ZA durchzuführen.

Mit Ausnahme der eingesetzten Angestellten sind alle Funktionen unbezahlte Ehrenämter. Die jährlich einmal (im Mai) stattfindende Generalversammlung, die Sitzungen des ZA, sämtliche Versammlungen in der Zentrale und in den Länderorganisationen sind ebenso wie die Beratungen der Arbeitsausschüsse streng geheim. Ehrenpflicht jedes Teilnehmers ist es, über den Verlauf der Verhandlungen und über die gefaßten Beschlüsse Schweigen zu bewahren. Angelegenheiten, die für die Öffentlichkeit bestimmt sind, werden in Form von amtlichen Berichten publiziert. Die tschech. Presse wird eindringlich ersucht, über die Verhandlungen im NRČ keine anderen Berichte als die amtlichen zu veröffentlichen. Diese Grundregelungen wurden in der Generalversammlung vom 24. 6. 1906 angenommen.

13. Die Tschechenfrage im Wiener Gemeinderat
Erläuterungen zum Text

PG = Protokolle der öffentlichen Gemeinderatssitzungen vom Jahre 1864 bis 1914. (Ab 1882 statt unter Seitenzahlen mit Nummern gekennzeichnet, ab 1884 u. d. T. „Protokolle der öffentlichen Sitzungen des Gemeinderates der k. k. Reichshaupt- und Residenzstadt")

AB = Amtsblatt der k. k. Reichshaupt- und Residenzstadt Wien, Jg. 1 (1892) bis Jg. 33 (1914)

GR = Gemeinderat

StR = Stadtrat

RR = Reichsrat

Ref. = Referent

Die in Klammern gesetzten Jahreszahlen bezeichnen die Amtsperiode der Gemeinderatsmitglieder, die Parteizugehörigkeit wird gekennzeichnet durch:

L = Liberale mit allen Schattierungen, seit 1861

A = Antisemiten, seit etwa 1884

C = Christlichsoziale, seit 1891

Dn = Deutschnationale, seit etwa 1895

S = Sozialdemokraten, seit 1899

Die Zusammenfügung mehrerer Buchstaben bedeutet, daß das Mitglied des Gemeinderates die Zugehörigkeit zu einer Partei gewechselt hat. —
Wenn sich ein und dieselbe Angelegenheit über mehrere Sitzungen erstreckte, wird durch Angabe des Sitzungsdatums auf die erste Eingabe verwiesen, so daß der Antragsteller für denselben Gegenstand jeweils nur einmal genannt zu werden braucht. Stadtratssitzungen sind gesondert gekennzeichnet.
Bei den Badenischen Sprachenverordnungen wurde die chronologische Anordnung zugunsten der thematischen unterbrochen.
Adelsprädikate wurden nicht berücksichtigt.

Lit.: K n a u e r, Oswald: Der Wiener Gemeinderat von 1861 bis 1918. Wiener Geschichtsblätter 19 (79.) (1964) 366—377.

Jahr und Tag der Sitzung		Personen	Partei-zugeh.	Verhandlungsgegenstand	Quelle
1866	8. 3.	Sigmundt (1865—1878)	L	Interp.: Errichtung von tschech. Schulen in Wien	PG, S. 671
1868	8. 5.	Böhm. Landesausschuß	—	Böhm. Landesausschuß weigert sich, für die Cholerakranken aus Böhmen in den Wiener Notspitälern erhöhte Verpflegungsgebühren zu zahlen	PG, S. 872
1869	12. 2.	Böhm. Arbeiterbildungsverein	—	Bewilligung des Ansuchens um Überlassung von Schulräumen an den böhmischen Arbeiterbildungsverein	PG, S. 207
1880	20. 4.	Linder (1874—1886)	L	Dringlichkeitsantrag: Forderung nach Vorlage der Gesuche an die Regierung um Bewilligung tschech. Schulen auch an die Gemeinde	PG, S. 170
1881	18. 3.	Gewerbeschulkommission und siehe 20. 4. 1880	—	Unterricht tschechischer Schuljugend: Zurückweisung der Einführung der tschech. Unterrichtssprache für Lehrlinge in den Volks- und Gewerbeschulen Wiens	PG, S. 134
	22. 3.	RR-Abg. Harrach	—	Beschwerde gegen Dr. Linder über dessen Ausführungen in der GR-Sitzung vom 18. 3.	PG, S. 141
	1. 7.	67 Gemeinderäte u. Äußerste Linke	—	Prager Exzesse: Zwei Dringlichkeitsanträge und Resolutionen wegen der Deutschenhetze in Prag	PG, S. 300
	8. 7.	Bezirksausschuß IX. Bezirk	—	Vertrauenskundgebung des IX. Bezirkes zur mannhaften Haltung des GR anläßlich der Prager Exzesse	PG, S. 311
	8. 7.	Löblich (1863—1886)	L	Interp.: Mitteilungen des statistischen Büros in Prag in tschech. u. franz. Sprache an die Gemeinde Wien	PG, S. 312
	8. 7.	Redl (1881—1886)	L	Antrag: Zurückweisung der tschechischsprachigen Korrespondenz der Gemeinde Prag an die Gemeinde Wien	PG, S. 312
	22. 7.	Bezirksausschuß III. Bezirk	—	Zustimmungserklärung des Bezirksausschusses des III. Bez. zur Resolution d. GR anläßl. d. Prager Exzesse	PG, S. 335
	12. 8.	Löblich (1863—1886)	L	Interp. wegen Nichtveröffentlichung der von den Mitgliedern der Äußersten Linken des GR anläßlich der Prager Exzesse gestellten Resolution	PG, S. 377
	12. 8.	Prix (1869—1894)	L	Interp.: Resolution der Äußersten Linken anläßl. der Prager Exzesse (wie oben 12. 8., Löblich)	PG, S. 377
1882	1. 12.	Lederer (1871—1895)	L	Dringlichkeitsantrag gegen die Errichtung einer tschechischen Privat-Volksschule in Wien	PG, 99,4
		Sommaruga (1877—1887)	L		

Jahr und Tag der Sitzung	Personen	Partei-zugeh.	Verhandlungsgegenstand	Quelle
1882 1. 12.	Bächer (1876—1897)	L	Dringlichkeitsantrag gegen die Errichtung einer tschechischen Privat-Volksschule in Wien	PG, 99,5
	Bauer (1872—1884)	L		
1883 2. 1.	Siehe 1. 12. 1882	—	Beschlüsse des GR wegen Errichtung einer Privatschule mit tschechischer Unterrichtssprache im X. Bez. durch d. Verein Komenský	PG, 1,19
14. 12.	Löblich (1863—1886)	L	Interp.: Versendung von Briefkuverts in Armenlotterieangelegenheiten mit deutsch-tschech. Aufschrift an die Gemeindevorstehungen in Böhmen	PG, 110,5
1884 25. 1.	Bareuther (1882—1885)	L	Interp.: Ausgabe von Pferdeanzeigezetteln mit tschechischem und polnischem Text	PG, 7,7
21. 4.	Trost (1875—1893)	L	Interp.: Ausstellung von Frequentationszeugnissen in tschechischer Sprache seitens des Leiters der tschech. Schule im X. Bez.	PG, 82,7
5. 12.	Liberaler Wählerverein III. Bez.	—	Resolution des Liberalen Wählervereins im III. Bez. gegen die Errichtung von tschechischen Schulen in Wien	PG, 92,6
1885 3. 11.	Trost (1875—1893)	L	Interp.: Anwendung der deutschen Sprache im dienstl. Verkehr durch d. Leiter d. tschech. Schule im X. Bez.	PG, 81,5
1886 15. 10.	Riess (1869—1887)	L	Antrag: Erteilung des Unterrichts der deutschen Sprache an der tschechischen Schule im X. Bez.	PG 69,3
1887 15. 12.	Bezirksschulrat d. Stadt Wien	—	Kenntnisnahme der Note des Bezirksschulrates betreffend den Deutschunterricht an der tschechischen Schule im X. Bez.	PG, 110
1888 17. 7.	Bezirksvertretung X. Bez.	—	Tschech. Gottesdienst im X. Bez.: Eingabe an den GR um Beschwerdeführung an das f. e. Konsistorium und an das Ministerium für Kultus und Unterricht	PG, 56,15
1889 12. 3.	GR d. Stadt Wien	—	Tschech. Gottesdienst im X. Bez.: Entscheidung der Statthalterei üb. d. Beschwerde des GR an das Ministerium für Kultus und Unterricht	PG, 26,3
18. 10.	GR d. Stadt Wien	—	Tschech. Gottesdienst im X. Bez.: Antwort des f. e. Konsistoriums auf die Beschwerde des GR	PG 84
1890 21. 1.	Gregorig (1889—1908)	AC	Antrag wegen Reingebrauch der deutschen Sprache bei Verhandlungen im GR	PG, 8,12

Jahr und Tag der Sitzung	Personen	Partei-zugeh.	Verhandlungsgegenstand	Quelle
1892 4. 3.	Klotzberg (1889—1918)	LC	Antrag: Ergreifung von Maßnahmen zur Hintanhaltung von Massenzuzügen nach Wien	AB S. 422 PG, 14,23
10. 6.	Proksch (1887—1896)	L	Antrag über eine Petition an das Ministerium f. Kultus und Unterricht um Nichtbewilligung weiterer tschechischer Schulen	AB S. 1500 f. PG, 50,6
7. 10.	StR Ref. Vogler u. siehe 10.6.	—	Resolution und Petition d. GR an das Ministerium f. Kultus u. Unterricht: Ablehnung der Errichtung tschechischer Schulen	AB S. 2445 PG, 75,21
1897 12. 1.	Manner (1896—1899)	A	Antrag: Stellungnahme gegen die Verleihung des Öffentlichkeitsrechts an die Komenský-Schule durch Eingaben an Landtag und Regierung	AB S. 88
16. 3.	Gruber (1895—1900)	A	Antrag für dauernde jährl. Subventionierung nationaler Schutzvereine und Einsetzung der hierzu erforderlichen Beiträge in den jeweilgen Voranschlag	AB S. 598
9. 6.	Gruber (1895—1900)	A	Antrag: Berücksichtigung von Personen ausschließl. deutscher Nationalität bei Besetzung städtischer Dienst- u. Lehrstellen	AB S. 1196
25. 6.	Manner (1895—1899)	A	Interp. wegen Erledigung seines Antrages gegen die Verleihung des Öffentlichkeitsrechtes an die Komenský-Schule (siehe 12. 1.)	AB S. 1338
2. 7.	Siehe 12. 1. 1897 u. 25. 6. 1897	—	Erledigung des Antrages Manner	AB S. 1377
15. 10.	Fochler (1895—1899)	A	Antrag: Maßnahmen gegen die Vertschechisierung Wiens	AB S. 2084
22. 10.	StR Ref. Neumayer	—	Stellungnahme z. Antrag Manner (siehe 12. 1. u. f.) betr. Verleihung d. Öffentlichkeitsrechts an die Komenský-Schule aufgrund d. StR-Sitzung v. 19. 10. 1897 AB S. 2201	AB S. 2151 PG, 49,13

Die Badenischen Sprachenverordnungen

21. 4.	Gruber (1895—1900)	A	Anträge: Kritik und Ablehnung der Sprachenverordn.	AB S. 799
21. 4.	Mayreder (1895—1904)	AC	Anträge: Kritik und Ablehnung der Sprachenverordn.	AB S. 799
21. 4.	Allmeder (1896—1910)	L	Anträge: Kritik und Ablehnung der Sprachenverordn.	AB S. 800

Jahr und Tag der Sitzung		Personen	Partei-zugeh.	Verhandlungsgegenstand	Quelle
1897	27. 4.	GR d. St. Wien	—	Resolution betr. die Stimmenthaltung einiger Abgeordneter d. Stadt Wien in Sache Sprachenverordn. im Parlament aufgrund der StR-Sitzung v. 23. 4. 1897 AB S. 917	AB S. 842
	19. 5.	GR d. St. Wien	—	Petition: Entsendung einer Deputation zum Kaiser in Sache d. Sprachenverordnungen aufgrund d. StR-Sitzung vom 19. 5. 1897 AB S. 1139	AB S. 1017
	16. 7.	Siehe 19. 5. 1897	—	Zuschrift d. Statthalters betr. d. Erledigung des Ansuchens d. GR um Audienz zur Überreichung einer Adresse in Sache der Sprachenverordnungen	AB S. 1509
	23. 7.	Tomanek (1895—1900)	A	Antrag: Stellungnahme zum übertragenen Wirkungskreis mit Rücksicht auf d. Sprachenverordn.	AB S. 1558
	23. 7.	GR d. St. Wien	—	Resolution wegen Kundgebung betr. die Maßnahme der Regierung beim Deutschen Volkstag in Eger, aufgrund d. StR-Sitzung v. 23. 7. 1897, AB S. 1608	AB S. 1559
1898	11. 1.	Weißwasser (1895—1910)	L	Antrag: Hintansetzung tschech. Arbeitssuchender bei Anstellungen in Wien	AB S. 169
	18. 1.	Fochler (1895—1899)	A	Interp. an den Bürgermeister wegen der Gefahr der drohenden Vertschechung Wiens	AB S. 254
	13. 5.	Förster (1898—1900)	Dn	Antrag: Petition an das Abgeordnetenhaus wegen gerichtlichen Vorgehens gegen die gewesenen Minister (Innen-, Justiz-, Finanz-, Handels- und Ackerbau-) aufgrund der durch die Erlassung der Sprachenverordnungen begangenen Pflicht- und Gesetzesübertretungen	AB S. 1276
	30. 6.	Förster (1898—1900)	Dn	Antrag: Resolution über die tschechischen Ausschreitungen in Brünn gegen die Deutschen	AB S. 1710
	8. 7.	Manner (1895—1899)	A	Interp. wegen Anstellung von zwei Hilfslehrern mit polnischen und tschechischen Reifezeugnissen	AB S. 1843
	12. 7.	Siehe 8. 7. 1898	—	Antwort des Bezirksschulrates auf die Interpellation Manner	AB S. 1878
	19. 7.	Kreisel (1895—1900)	A	Interp. betr. die Ausfertigung der Kundmachungen und Bezeichnungen der österreich. Bahngesellschaften in nichtdeutscher Sprache	AB S. 1951

Jahr und Tag der Sitzung	Personen	Parteizugeh.	Verhandlungsgegenstand	Quelle
1898 23. 9.	Fochler (1895—1899)	A	Interp.: Stellungnahme gegen die geplante Veranstaltung tschechischer Theatervorstellungen in der Inneren Stadt	AB S. 2421
23. 9.	Förster (1898—1900)	Dn	Interp. wegen Erledigung seines Antrages zur Überreichung einer Petition um Aufhebung der Sprachenverordnungen u. Festsetzung d. deutschen Sprache als Staatssprache (siehe 13. 5. 1898)	AB S. 2422
3. 11.	Gruber (1895—1900)	A	Interp.: Vorkehrungen gegen das Anwachsen des slawischen Elementes in Wien	AB S. 2855
18. 11.	Fiegl (1898—1900)	C	Diskussionsbeitrag zur Subventionierung der deutschnationalen Schutzvereine „Südmark", „Nordmark", „Bund der Deutschen in Böhmen" und „Bund der Deutschen Nordmährens"	AB S. 3141
1899 17. 1.	Weißwasser (1895—1910)	L	Interp. wegen Erledigung seines Antrages auf Hintanhaltung des Zuzuges tschech. Arbeitsuchender nach Wien (siehe 11. 1. 1898)	AB S. 174
20. 1.	Weißwasser (1895—1910)	L	wie 17. 1. 1899	AB S. 203
20. 1.	Gruber (1895—1900)	A	Antrag: Verleihung des Bürgerrechts nur an Bewerber deutscher Nationalität	AB S. 205
17. 2.	Gruber (1895—1900) Sonntag (1898—1904) Zemann (1898—1900)	A L L	Antrag: Einschränkung d. Bürgerrechtsverleihungen	AB S. 477
28. 2.	Förster (1898—1900)	Dn	Antrag: Ausschließlicher Gebrauch der deutschen Sprache im Wiener GR	AB S. 522
28. 2.	Förster (1898—1900)	Dn	Antrag: Verwendung ausschließlich der deutschen Sprache auf den Armen-Lotterie-Losen	AB S. 522
7. 3.	Förster (1898—1900)	Dn	Interp. gegen die Errichtung einer tschech. Sprachschule im X. Bez. durch d. Verein „Komenský"	AB S. 620
15. 3. 16. 3.	GR d. St. Wien GR d. St. Wien	— —	Beschlüsse zur Reform d. Gemeindestatutes, Erörterungen des Entwurfes. § 10: Bürgereid zur Wahrung des deutschen Charakters der Stadt Wien (aufgrund der StR-Sitzung vom 8. 3. 1899)	AB S. 698—745 AB S. 754—788
13. 4.	Förster (1898—1900)	Dn	Antrag: Verhinderung der Unterbringung deutscher Pfleglinge bei nichtdeutschen Pflegeeltern	AB S. 1016

Jahr und Tag der Sitzung		Personen	Partei-zugeh.	Verhandlungsgegenstand	Quelle
1899	28. 4.	Förster (1898—1900)	Dn	Interp. wegen Anstellung angeblich tschechischer Forstleute in dem der Gemeinde Wien gehörigen Hirschwanger Forst	AB S. 1158
	5. 5.	Siehe 28. 4. 1899	—	Antwort des Magistrats auf die Interpellation Förster	AB S. 1202
	7. 7.	Förster (1898—1900)	Dn	Interp. gegen die Abhaltung eines tschech. Festes	AB S. 1781
	1. 9.	Mittler (1893—1917)	L	Interp.: Stellungnahme gegen die Errichtung tschechischer Vereinshäuser in Wien	AB S. 2094
	1. 9.	Mittler (1893—1917)	L	Antrag: Aufnahme einer Rubrik in den Volkszählungsbogen, die die Aufenthaltsdauer in Wien ersichtlich macht	AB S. 2095
	15. 9.	Förster (1898—1900)	Dn	Interp. wegen Verhaltens der Slawen am österr. Chorregententag	AB S. 2205
1899	15. 9.	Förster (1898—1900)	Dn	Antrag: Aufnahme einiger Bestimmungen in die Pachtverträge für städt. Gasthäuser zugunsten des deutschen Charakters der Stadt Wien	AB S. 2206
	22. 9.	Förster (1898—1900)	Dn	Interp.: Kritik an einer Redewendung des Bürgermeisters in der GR-Sitzung vom 15. 9. 1899 (siehe S. 2205), die die Ausdrücke „Böhmen" und „böhmisch" enthält	AB S. 2255
	20. 10.	Förster (1898—1900)	Dn	Interp. gegen den tschech. Verein zur unentgeltlichen Vermittlung von Lehrlingen	AB S. 2478
	15. 12.	siehe 1. 9. 1899	—	Volkszählungsbogen: Auf Antrag Mayreder (1895—1904, AC) erfolgt im Stadtrat Ablehnung des Antrags Mittler (s. o. 1. 9. 1899 S. 2095) wegen Aufnahme einer die Aufenthaltsdauer in Wien angebenden Rubrik	AB Jg. 1900 S. 14
	19. 12.	Förster (1898—1900)	Dn	Interp.: Tschechische Aufschriftstafeln an dem Vereinshaus XV., Turnergasse 9	AB S. 2952
1900	5. 1.	Siehe 19. 12. 1899	—	Beantwortung der Interp. Förster betr. die tschech. Aufschriftstafeln am Vereinshaus XV., Turnergasse 9, durch das magistratische Bezirksamt	AB S. 55
	12. 1.	Weißwasser (1895—1910)	L	Interp.: Verleihung einer Praktikantenstelle im Status des Veterinäramtes an einen Tschechen	AB S. 99
	19. 1.	Siehe 12. 1. 1900	—	Antwort auf die Interp. Weißwasser betr. Vergabe der Praktikantenstelle an einen Tschechen	AB S. 146

Jahr und Tag der Sitzung		Personen	Partei-zugeh.	Verhandlungsgegenstand	Quelle
1900	9. 3.	Verein z. Errichtung einer böhm. evang. Gemeinde	—	Der Rekurs des Vorstandes d. Vereins zur Errichtung einer böhmisch-evangelischen Gemeinde in Wien gegen das Verbot der Abhaltung von Vereinsversammlungen wird abgewiesen (Stadtrat Deutschmann)	AB S. 592
	28. 3.	Lueger (1875—1876 und 1878—1910)	LDAC	Mitteilung über das erfolgte Inkrafttreten des neuen Gemeindestatutes (deutscher Charakter der Stadt Wien)	AB S. 672
1902	27. 2.	Schreiner (1895—1916)	AC	Interp.: Einkauf von Erikapflanzen für den Zentralfriedhof durch einen vom Gärtner Kolarz beauftragten tschechischen Agenten	AB S. 399
	7. 3.	Siehe 27. 2. 1902		Magistratsbericht zur Interp. Schreiner	AB S. 495
1903	28. 4.	Komenský-Schule		Das Ansuchen der Schulleitung um unentgeltl. Überlassung eines Exemplares der Franz-Landsteinerschen-Schulgesetzsammlung wird im Stadtrat auf Antrag Tomola (1893—1918, AC) abgelehnt	AB S. 830
1904	15. 3.	Lueger (1875—1876, 1878—1910)	LDAC	Äußerung des Bürgermeisters über die Wiener Studentendemonstrationen im März 1904 gegen den deutschen Charakter der Stadt Wien	AB S. 537
	15. 3.	Schwer (1900—1918)	C	Interp.: Stellungnahme gegen die Studentendemonstrationen gegen den deutschen Charakter d. Stadt Wien	AB S. 548
	15. 3.	Nechansky (1890—1904)	L	Antrag: Stellungnahme gegen die tschech. Agitationen in Wien, besonders an der Universität	AB S. 549
	21. 7.	Siehe 15. 3. 1904	—	Stellungnahme des Stadtrates zum Antrag Nechansky	AB S. 1584
	25. 11.	Komenský-Schule	—	Auf Antrag Tomola (1893—1918 AC) erfolgt abermalige Ablehnung d. neuerlichen Ansuchens der Schulleitung um unentgeltl. Überlassung eines Exemplares der Landsteinerschen Schulgesetzsammlungen (siehe 28. 4. 1903 S. 830)	AB S. 2349
1905	7. 2.	Silberer (1891—1913)	LC	Antrag: Aufnahme einer Bestimmung in die Geschäftsordnung des Wiener GR über Festsetzung des Deutschen als Verhandlungs- und Geschäftssprache	AB S. 281
	20. 10.	Gussenbauer (1905—1918) Urban (1900—1912)	C C	Antrag: Erhöhung der Subvention für den Verein „Südmark"	AB S. 2242

Jahr und Tag der Sitzung	Personen	Parteizugeh.	Verhandlungsgegenstand	Quelle
1907 14. 6.	Silberer (1891—1913)	LC	Interp. wegen Erledigung seines Antrages auf Ergänzung des § 6 d. Geschäftsordnung des Wiener GR im Hinblick auf d. Verhandlungssprache (siehe 7. 2. 1905)	AB S. 1371
1908 17. 1.	Gussenbauer (1905—1918)	C	Antrag betreffend die Subventionierung des Deutschen Schulvereins	AB S. 222
1908 7. 4.	Weißwasser (1895—1910)	L	Interp. gegen die Abhaltung tschech. Theatervorstellungen in Wien anläßl. d. 60jähr. Regierungsjubiläums	AB S. 875
3. 7.	Tomola (1893—1918)	AC	Interp. gegen d. Erlaß d. Unterrichtsministeriums über die Entlassungsprüfung an der Komenský-Schule	AB S. 1678
15. 7.	Bezirksschulrat	—	Zuschrift des Bezirksschulrates betr. d. Erlaß des Ministeriums für Kultus und Unterricht über die Entlassungsprüfung an der Komenský-Schule	AB S. 1781 PG, 18,13
22. 9.	Gussenbauer (1905—1918)	C	Interp. wegen der Abhaltung von tschech. Theatervorstellungen im Arbeiterheim	AB S. 2247
30. 10.	Gussenbauer (1905—1918)	C	Interp.: Ausschließliche Berücksichtigung der deutschen und heimischen Bevölkerung bei der Ausgabe von Hausierbewilligungen und Gewerbescheinen	AB S. 2555
4. 12.	Magistrat	—	Magistratsbericht über die Klofáč-Affäre im Rathauskeller	AB S. 2869 PG, 28,31
1909 12. 2.	Gussenbauer (1905—1918)	C	Antrag: Erhöhung der Subventionierung des deutschen Studentenheimes in Cilli	AB S. 515
12. 3.	Vignati (1904—1915) Breuer (1900—1918)	C C	Interp. wegen der Vergebung der Erd- und Baumeisterarbeiten für das Kindergartengebäude XII., Dörfelstraße, an ein angebliches Ehrenmitglied des „Národní dům"	AB S. 724
12. 3.	Gussenbauer (1905—1918)	C	Interp. wegen Verletzung des Bürgereides durch einen Tschechen: Gründer einer tschech. Gewerbespar- und Vorschußkassa	AB S. 725
12. 3.	Nagler (1900—1918)	C	Antrag: Abänderung des Gemeindestatutes im Hinblick auf die Möglichkeit d. Aberkennung d. Bürgerrechtes	AB S. 726
15. 7.	Drößler (1904—1918))	C	Antrag: Beteiligung d. Gemeinde Wien an der „Rosegger-Stiftung" zur Abwehr d. slaw. Vorstoßes auf Wien	AB S. 1809
17. 9.	Siehe 15. 7. 1909	—	Annahme des Antrages Drößler im GR aufgrund des Stadtratsbeschlusses vom 3. 8. 1909 (AB S. 1997 f.)	AB S. 2223

Jahr und Tag der Sitzung		Personen	Partei- zugeh.	Verhandlungsgegenstand	Quelle
1909	17. 9.	Silberer (1891—1913)	LC	Interp. wegen Erledigung seines Antrages auf Ergänzung der Geschäftsordnung des GR bezügl. dessen Verhandlungs- und Geschäftssprache (siehe 14. 6. 1907 und 7. 2. 1905)	AB S. 2197
	24. 9.	Gussenbauer (1905—1918)	C	Antrag: Resolution an die Regierung mit der Forderung nach baldiger Sanktionierung d. Lex Kolisko	AB S. 2290
	8. 10.	Siehe 17. 9. 1909	—	Bericht d. Magistratsdirektion zur Interp. Silberer	AB S. 2379
1910	14. 4.	Petrák	—	StR gibt Baubewilligung für Alois Petrák, III. Bez., Schützengasse und genehmigt die Planabweichungen für ein Wohnhaus, nicht aber für eine tschech. Schule	AB S. 930
	17. 6.	Gussenbauer (1905—1918)	C	Interp. wegen des provokatorischen Verhaltens tschechischer Schulkinder anläßl. eines Schulausfluges per Straßenbahn	AB S. 1476
	29. 11.	Völkl (1908—1918)	C	Interp. wegen der Verwendung der behördl. Sicherheitsorgane zum Schutze der tschech. Banken in Wien	AB S. 2900
1911	13. 1.	Domes (1906—1920) Reumann (1900—1918) Schlinger (1905—1912) Schuhmeier (1900—1913) Skaret (1906—1918) Winarsky (1906—1915) Wutschel (1906—1912)	S	Interp. betr. die Beschwerden wegen der Korrekturen der Eintragungen in die Spalte 13 (Umgangssprache) der Volkszählungsbogen	AB S. 146
	31. 1.	Philp (1906—1918)	C	Interp. wegen der Umtriebe der Tschechen anläßl. der Volkszählung	AB S. 317
	31. 1.	Hohensinner (1902—1906, 1910—1918)	L	Interp.: Ausfälle des Abg. Dr. Kramář gegen die bei der Volkszählungsrevision beteiligten Lehrer Wiens	AB S. 318
	31. 1.	Gussenbauer (1905—1918)	C	Interp.: Ausschließliche Unterbringung der magistratischen Kostkinder bei Pflegeeltern deutscher Nationalität	AB S. 321
	31. 1.	Drößler (1904—1918)	C	Interp.: Nichtaufnahme von Bediensteten tschech. Nationalität bei den städt. Straßenbahnen	AB S. 325
	17. 2.	Gussenbauer (1905—1918)	C	Interp.: Besetzung der Staatsbeamtenstellen in Wien und Niederösterreich ausschließlich mit Deutschen	AB S. 452

Jahr und Tag der Sitzung	Personen	Partei-zugeh.	Verhandlungsgegenstand	Quelle
1911 17. 2.	Gussenbauer (1905—1918)	C	Interp.: Ausschließliche Unterbringung der magistratischen Kostkinder bei Pflegeeltern deutscher Nationalität (siehe auch 31. 1. 1911)	AB S. 453
3. 3.	Gussenbauer (1905—1918)	C	Interp.: Ausschließliche Berücksichtigung deutscher Banken und Sparkassen beim Erlag von Kautionen	AB S. 606
9. 5.	Reumann (1900—1918)	S	Interp. wegen der Verweigerung von Sonderwagen der städt. Straßenbahnen für den Maiausflug der Schüler der Privatschule des Vereins Komenský	AB S. 1168
4. 7.	Langer (1908—1918)	C	Interp. wegen einer privaten Volksschule mit tschech. Unterrichtssprache im III. Bez., Schützengasse 31	AB S. 1646
14. 7.	Schwer (1900—1918)	C	Antrag zur zwangsweisen Schließung der deutsch-tschechischen Schule im III. Bez.	AB S. 1783
30. 9.	Komenský-Schule	—	Verhandlung im StR über die Kompetenz des Magistrats in Sachen Baubewilligung Komenský-Schule im III. Bezirk, Schützengasse 31	AB S. 2439
6. 10.	Dorn (1898—1900, 1902—1918) Hohensinner (1902—1906, 1910—1918)	L L	Interp.: wegen Nichtvorlage eines Berichtes an die Baudeputation seitens des Magistrates über das Gesuch des Komenský-Vereins um Zuerkennung der aufschiebbaren Wirkung der eingebrachten Verwaltungsgerichtshofsbeschwerde	AB S. 2465
17. 10.	Huschauer (1906—1918)	C	Interp. betr. den vom Ministerpräsidenten gegenüber dem Bürgermeister erhobenen Vorwurf ungesetzmäßigen Vorgehens anläßlich der Schließung der tschechischen Privatschule im III. Bez.	AB S. 2577
24. 11.	Amonesta (1910—1914)	C	Interp. wegen der tschech. Firmentafeln und Aufschriften auf einem Hause im V. Bez.	AB S. 2931
24. 11.	GR d. St. Wien	—	Beschwerde des GR beim Verwaltungsgerichtshof gegen die Entscheidung der Baudeputation vom 6. 10. 1911 betreffend Komenský-Schule	AB S. 2963
5. 12.	Gussenbauer (1905—1918)	C	Interp. wegen des geheimen Bestehens einer tschech. Winkelschule im Gasthaus XXI. Bez., Brünner Str. 55	AB S. 3096
1912 30. 1.	Nagler (1900—1918)	C	Interp. wegen Erledigung seines Antrages auf Erweiterung der Befugnisse des Heimat- und Bürgerrechtsausschusses im Hinblick auf die Möglichkeit der Aberkennung des Bürgerrechts im Falle der Verletzung des Bürgereides (siehe 12. 3. 1909)	AB S. 357

Jahr und Tag der Sitzung		Personen	Partei-zugeh.	Verhandlungsgegenstand	Quelle
1912	16. 2.	Amonesta (1910—1914)	C	Antrag zur Errichtung einer besonderen städt. Vermittlungsanstalt für weibl. Dienstsuchende deutscher Nationalität	AB S. 496
	27. 2.	StR Ref. Hörmann	—	Rekursergreifung des StR an das Ministerium für Öffentliche Arbeiten gegen die Entscheidung der Baudeputation betr. die Unterbringung der Komenský-Schule im III. Bez., Schützengasse	AB S. 695
	1. 3.	StR Ref. Deutschmann	—	Kenntnisnahme d. Erlässe des Verwaltungsgerichtshofes und d. Ministeriums f. Öffentl. Arbeiten in Angelegenheit der Komenský-Schule im Stadtrat	AB S. 726
	22. 3.	Domes (1906—1920) Reumann (1900—1918) Schlinger (1905—1912) Schuhmeier (1900—1913) Winarsky (1906—1915) Wutschel (1906—1912) Skaret (1906—1918)	S	Interp. wegen der Behandlung der tschechischen Dokumente im Wahlreklamationsverfahren	AB S. 871
	24. 5.	Gussenbauer (1905—1918)	C	Antrag wegen Anwendung v. deutschen dreifarbigen Fahnen bei Beflaggung der städt. Gebäude bei festl. Anlässen zur Wahrung d. deutschen Charakters d. Stadt Wien	AB S. 1476
	4. 6.	Amonesta (1910—1914)	C	Interp. wegen der Erledigung seines Antrages auf Errichtung einer städt. Dienstvermittlungsstelle im I. Bez., ausschließlich für deutsche Dienstmädchen (siehe 16. 2. 1912).	AB S. 1583
	26. 6.	StR Ref. Mataja	—	Aufklärung über die Unzulässigkeit einer Beschwerde an d. Verwaltungsgerichtshof gegen die Entscheidung des Ministeriums für Öffentl. Arbeiten betr. Verwendung der Räume im III. Bez., Schützengasse 31, zu Schulzwecken und Entscheidung der Baudeputation betr. den Rekurs des Komenský-Vereins	AB S. 1935

Jahr und Tag der Sitzung	Personen	Partei-zugeh.	Verhandlungsgegenstand	Quelle
1912 22.10.	StR (Tomola) (Rain)	—	Außerkraftsetzung der Entscheidungen der städt. Behörden durch d. nieder-österr. Statthalterei betr. die Komenský-Schule, dadurch neue Schritte des StR zur Wahrung des deutschen Charakters der Stadt Wien u. Beschwerdeergreifung an d. Ministerium d. Inneren	AB S. 2885
8.11.	GR d. St. Wien	—	Antwortschreiben des Klubs d. deutschen Sozialdemokraten im österr. Abgeordnetenhaus in Angelegenheit der Sperrung der Komenský-Schule	AB S. 2957
8.11.	Rotter (1912—1918)	C	Interp. wegen der Schulunterbringung der früher in der gesperrten Komenský-Schule unterrichteten Kinder	AB S. 2959
8.11.	Schreiner (1896—1916)	AC	Antrag betr. Eignung eines Lokales des Cyrill- und Method-Vereines im XV. Bez. zu Theater- und Musik-Aufführungen	AB S. 2964
14.11.	StR Ref. Mataja	—	Rekurs gegen d. Statthalterei-Erlaß in Angelegenheit der Sperrung der Komenský-Schule	AB S. 3063
22.11.	Moißl (1912—1918)	L	Antrag: Verweigerung d. Ausführung der Geschäfte des übertragenen Wirkungskreises durch die Gemeinde Wien bis zur Vorlage der Lex Kolisko zur Sanktion	AB S. 3093
6.12.	Rotter (1912—1918)	C	Interp. wegen des Unterrichtes der früher in der gesperrten Komenský-Schule unterrichteten Kinder (siehe auch 8.11.1912)	AB S. 3243
1913 21.1.	Verwaltungs-gerichtshof	—	Entscheidung d. Verwaltungsgerichtshofes üb. d. Beschwerde d. Vereins Komenský betr. d. Sperrung der Räume im III. Bez., Schützengasse 31	AB S. 277
6.2.	Deutscher Schul- u. Leseverein Königsfeld b. Brünn	—	Sympathiekundgebung d. Deutschen Schul- und Lesevereins in Königsfeld bei Brünn für die Maßnahmen des Magistrats gegen die Komenský-Schule	AB S. 569
11.3.	Gussenbauer (1905—1918)	C	Interp. wegen der angebl. Genehmigung eines tschech. Blumentages in Wien durch die Statthalterei	AB S. 843
28.3.	Benda (1906—1916)	C	Interp.: Verwendung von Anschlagzetteln in tschech. Sprache durch die Aktien-Großschlächterei bei einem Fleischstand im X. Bez.	AB S. 955

Jahr und Tag der Sitzung		Personen	Partei-zugeh.	Verhandlungsgegenstand	Quelle
1913	28. 3.	Rotter (1912—1918)	C	Interp. wegen des Schulbesuches jener Kinder, die die nunmehr gesperrte tschech. Privatvolksschule im III. Bez. besuchten (siehe auch 8. 11. und 6. 12. 1912)	AB S. 956
	10. 4	Siehe 11. 3. 1913	—	Magistratsbericht zur Interp. Gussenbauer	AB S. 1132
	11. 4	GR d. St. Wien	—	Beschwerde des GR gegen die Entscheidung d. Ministeriums des Innern üb. d. Sperrung der Räumlichkeiten d. Komenský-Vereins aufgrund des Stadtratsbeschlusses vom 10. 4. 1913, AB S. 1134	AB S. 1096
	15. 4	Siehe 28. 3. 1913	—	Antwort auf Interp. Benda	AB S. 1075
	20. 6	GR d. St. Wien	—	Beschwerde an d. Verwaltungsgerichtshof gegen d. Erlaß d. Ministeriums d. Innern üb. d. exekutive Sperre der zu Schulzwecken benützten Räumlichkeiten des Komenský-Vereines im III. Bezirk, Schützengasse 31, aufgrund d. Stadtratssitzung v. 19. 6. 1913 AB S. 1950	AB S. 1801
	18. 11	StR Ref. Weiskirchner	—	Entrüstungskundgebung gegen die Beschimpfung der deutschen und christlichen Bevölkerung Wiens durch den jüdisch-tschechischen Abg. Stránský	AB S. 3144
1914	9. 1	Amonesta (1910—1914)	C	Antrag zur Gesetzwerdung der Lex Kolisko	AB S. 576
	23. 1	Gussenbauer (1905—1918)	C	Interp. wegen der Tätigkeit d. Wiener Bürgers Karl Salava als tschechischer Lehrer	AB S. 626
	27. 3	Neumayer (1895—1918)	AC	Antrag zur Erwirkung der Sanktion des deutschen Sprachschutzgesetzes (Lex Kolisko)	AB S. 805

Bürgermeister der Stadt Wien von 1878 bis 1914

Newald	1878—1882
Uhl	1882—1889
Prix	1889—1894
Grübl	1894—1895
Strobach	1896—1897
Lueger	1897—1910
Neumayer	1910—1912
Weiskirchner	1912—1919

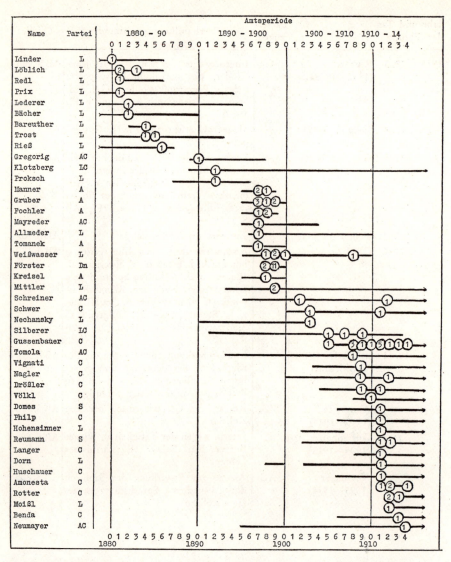

Die Linien bedeuten die Amtsperiode des Gemeinderatsmitgliedes, die Zahlen in den Kreisen geben die Anzahl der im Laufe des Jahres eingebrachten Anträge oder Interpellationen an. Zur Parteizugehörigkeit vgl. die Abkürzungen S. 494.

Die Übersicht soll den relativ kleinen Kreis der Gemeinderatsmitglieder veranschaulichen, die während ihrer Amtsperiode zur tschechischnationalen Frage in Wien Stellung nahmen. In einem Zeitraum von 34 Jahren haben 44 Gemeinderäte Anträge oder Interpellationen eingebracht, das sind durchschnittlich pro Jahr 1,3 Interpellanten. Wie ersichtlich, war auch die Zahl der Interpellationen pro Jahr und Mitglied gering. Hinzu kommt, daß die meisten Politiker im Laufe ihrer Amtstätigkeit nur ein einziges Mal interpellierten, so daß die tschechische Frage viele Jahre hindurch unbeachtet blieb oder nur vereinzelt aufgegriffen wurde. Deutlich sieht man die Konzentration in einzelnen Krisenjahren, auf die gesamte Kommunalpolitik bezogen spielten die Wiener Tschechen jedoch auch da eine untergeordnete Rolle.

14. Die Wiener Tschechenfrage im Reichsrat

Erläuterungen zum Text

StP	=	Stenographische Protokolle des Hauses der Abgeordneten
Jč	=	Jungtschechen
ČNs	=	tschechische Nationalsoziale
ČAgr	=	tschechische Agrarier
BKlub	=	Böhmischer Klub
ČSoz.	=	Tschechische Sozialdemokraten
Vbnrfst	=	Vereinigung der böhmischen nationalsozialen, radikal-fortschrittlichen und staatsrechtlichen Abgeordneten
DtChr	=	Deutsche Christsoziale
DtrNat. V	=	Deutscher Nationalverband
Dtrad. V	=	Deutschradikale Vereinigung

Jahr und Tag der Sitzung	RR-Abg.	Partei	Verhandlungsgegenstand	Sessionsperiode Sitzungs-Nr. StP, Seite
1880 18. 3.	Harrach und 31 Abgeordnete	—	Interp. an d. Unterrichtsminister: Tschechische schulpflichtige Kinder in Wien	IX/62 S. 1930
15. 4.	Harrach	—	Petition d. Vereins Komenský um Errichtung eines Vorbereitungs- und evtl. eines weiteren Kurses für gewerbl. Fortbildung in tschech. Sprache für die des Deutschen unkundigen Lehrlinge in Wien. (Erledigung: 27. 3. 1885, IX/430 S. 15048)	IX/72 S. 2294
1881 30. 3.	Steudel	—	Antrag um Aufnahme der Beschlüsse des GR in seiner Sitzung vom 18. 3. 1880 (Harrach: Tschech. Unterricht für Lehrlinge) in das stenogr. Protokoll des RR	IX/133 S. 4664
1883 7. 3.	Clam Martinic	—	Budgetverhandlungen zum Thema Schulaufsicht	IX/277 S. 9505—9526
1885 13. 2.	Schindler	—	Petition des Österr. Nationalitätenklubs in Wien um Erwirkung und Errichtung einer Obersten Gewerbebehörde und Trennung der Handels- und Gewerbekammer	IX/396 S. 13738
13. 2.	Schindler	—	Petition des Österr. Nationalitätenklubs in Wien um Einflußnahme bei den Verhandlungen mit der Österr.-Ung. Bank (Erledigung: 27. 3. 1885, IX/430 S. 15132)	IX/396 S. 13739
1892 25. 5.	Kaizl und 19 Abgeordnete	Jč	Interp. an d. Ministerpräsidenten als Leiter des Min. d. Innern gegen die Verfügung der nö. Statthalterei, die dem tschech. Arbeiterbildungsverein in Siebenhirten den Gebrauch der tschech. Sprache bei Versammlungen in Anwesenheit eines Aufsichtsbeamten verbot. (Erledigung: Antw. d. Ministerpräs. Taaffe: 7. 2. 1893, XI/196, S. 9071 f.)	XI/135 S. 6234
1894 10. 5.	Kurz	Jč	Petition d. Vereins Komenský um Erteilung einer Subvention resp. Verstaatlichung der Schule. (Wortlaut in tschech. Sprache, S. 13963 f., Erledigung mit 1260 der Beilagen)	XI/289 S. 13924
1895 30. 4.	Kaizl und 19 Abgeordnete	Jč	Interp. an den Innenminister gegen die Verfügung der nö. Statthalterei, die die Konstituierung des Arbeiterbildungsvereins „Dělnická Jednota" mangels einer genügenden Anzahl tschechischkundiger Beamter untersagte	XI/370 S. 18517

Jahr und Tag der Sitzung	RR-Abg.	Partei	Verhandlungsgegenstand	Sessionsperiode Sitzungs-Nr. StP, Seite
1895 11. 7.	Kaizl	Jč	Äußerungen u. Minoritätsantrag über die abweisende Haltung der Regierung gegenüber der Frage der Verstaatlichung bzw. Subventionierung der Komenský-Schule	XI/411 S. 20386 f.
11. 7.	Pálffy	—	Unterstützung des Standpunktes Kaizl (s. o.) und Resolution betr. Öffentlichkeitsrecht für d. Komenský-Schule	XI/411 S. 20423
1897 7. 1	Dyk	Jč	Antrag auf namentliche Abstimmung zur Resolution Pálffy betr. die Komenský-Schule	XI/556 S. 28606
19. 10. 20. 10.	Hořica und 20 Abgeordnete	Jč	Interp. an d. Ministerpräsidenten als Chef der Regierung gegen einen Antrag im GR, kein städt. Amt und keine städt. Arbeit an Tschechen zu vergeben und die bereits Beschäftigten sofort zu entlassen und gegen Veröffentlichung tschechenfeindlicher Aufrufe in der Presse	XIII/15 S. 793
1898 6. 10.	Kienmann und Genossen	DtChr ?	Interp. an den Ministerpräsidenten und den Unterrichtsminister wegen der bisherigen Nichtsanktionierung des vom nö. Landtag beschlossenen Gesetzentwurfs über die deutsche Unterrichtssprache für Niederösterreich	XV/7 S. 368
15. 12.	Kienmann und Genossen	DtChr ?	Anfrage wegen Beantwortung der Interpellation vom 6. 10. und Antwort des Präsidenten Dr. v. Fuchs	XV/30 S. 2003 f.
1904 16. 3.	Ryba	Jč	Anfrage an den Ministerpräsidenten wegen Demolierung des böhm. Vereinshauses im XV. Bez. am 15. 3. 1904 Beantwortung am 17. 3. 1904	XVII/262 S. 23941 ff. XVII/263 S. 23963
16. 3.	Klofáč	ČNs	Anfrage wegen der Vorfälle vor d. böhm. Vereinshaus im XV. Bez. u. wegen der Demonstrationen anläßl. eines Konzertes des Violinvirtuosen Kubelik in Linz	XVII/262 S. 23950
17. 3.	Klofáč	ČNs	Interp. an den Präsidenten wegen der Nachrichten in der Wiener Presse über die antitschechischen Demonstrationen am Stephansplatz	XVII/263 S. 24015 f.
18. 3.	Klofáč und 15 Abg.	ČNs	Interp. an den Ministerpräs. betr. das Rencontre am Stephansplatz in der Nacht vom 16. auf den 17. 3. 1904	XVII/264 S. 24021
1905 14. 6.	Pacák, Stránský, Kramář u. 22 Abg.	Jč BKlub Jč	Interp. betreffend das Verbot des Sokolfestes in Wien	XVII/333 S. 29756 ff.

Jahr und Tag der Sitzung	RR-Abg.	Partei	Verhandlungsgegenstand	Sessionsperiode Sitzungs-Nr. StP, Seite
1905 15. 6.	Klofáč	ČNs	Anfragen betr. die Beantwortung der Interpellation vom 14. 6. 1905 über das Verbot der Sokolfeier in Wien	XVII/334 S. 29918
20. 6.	Klofáč			XVII/337 S. 30207
21. 6.	Klofáč			XVII/338 S. 30293
1906 12. 10.	Herzog und 19 Abg.	Dtrad. V	Dringlichkeitsantrag zur Sanktionierung des vom nö. Landtag angenommenen Gesetzentwurfes über die ausschließliche Geltung des Deutschen als Unterrichtssprache an d. Volks- u. Bürgerschulen Niederösterreichs	XVII/436 S. 38698 f.
1907 22. 10.	Kotlář, Zázvorka u. 16 Abg.	ČAgr	Interp. an d. Innenminister in Angel. der gegen die Redaktionsmitglieder des „Víd. Denník" in Wien verübten Gewalttätigkeiten	XVIII/24 Anhang II 1004/I
1908 17. 7.	Velich und 61 Abg.	ČAgr	Interp. an den Unterrichtsminister betr das Öffentlichkeitsrecht für die Komenský-Schule	XVIII/110 S. 11935 Anh. II, 3617/I
1909 22. 1.	Čelakovský und 127 Abg.	BKlub	Interp. an den Leiter des Min. f. Kultus u. Unterricht wegen des vom nö. Landtag angenommenen Gesetzentwurfes üb. d. deutsche Unterrichtssprache an den öffentl. Volks- u. Bürgerschulen Niederösterreichs	XVIII/127 Anh. II, 4277/I
18. 6.	Čech und 21 Abg.	BKlub	Interp. an d. Handelsminister wegen Unzukömmlichkeiten bei Telegrammen, die in Wien in tschech. Sprache aufgegeben werden (Authent. Übersetzung S. 5216)	XIX/31 S. 5215 Anh. III, 928/1
22. 6.	Weidenhoffer u. 18 Abg.	Dtr Nat.V	Interp. an d. Innenminister zufolge einer Pressenotiz wegen gegensätzlicher Entscheidungen der Statthalterei u. d. Min. d. Innern bei Bewilligung der Satzungen eines Sokol-Vereins in Wien	XIX/34 S. 5486
6. 7.	Tomášek und 16 Abg.	ČSoz	Interp. an den Justizminister und Innenminister wegen wiederholter Konfiskationen der „Dělnické Listy" und wegen des Verhaltens der Polizeiorgane bei Durchführung von Konfiskationen	XIX/41 S. 6169 Anh. III, 1136/I
20. 10.	Kramář	Jč	Antrag betr. die Wahl eines Ausschusses zur Ausarbeitung des Gesetzentwurfes zum Schutz d. nat. Minderh.	XX/I S. 34

Jahr und Tag der Sitzung	RR-Abg.	Partei	Verhandlungsgegenstand	Sessionsperiode Sitzungs-Nr. StP, Seite
1909 22. 10.	Dürich	ČAgr	Dringlichkeitsantrag betr. die Wahl eines 52gliedrigen Schulausschusses zur Ausarbeitung eines Gesetzentwurfes üb. d. Errichtung u. Erhaltung nat. Minoritätsschulen	XX/I S. 35
22. 10.	Kalina und 38 Abg.	Vbnr fst	Dringlichkeitsantrag wegen antitschech. Ausschreitungen in Wien und Errichtung von Volks- und Bürgerschulen für die nichtdeutschen Minoritäten in Wien (Ablehnung der Dringlichkeit d. Anträge von Dürich und Kalina am 2. 12. 1909, XX/11 S. 690)	XX/I S. 37
30. 11.	Tomášek und 22 Abg.	ČSoz	Dringlichkeitsantrag betr. d. Regelung der Frage der nationalen Minderheitenschulen (Ablehnung der Dringlichkeit am 2. 12. 1909, XX/11 S. 690)	XX/9 S. 565 f.
1909 1. 12.	Metelka	BKlub	Rede üb. nationale Minderheitsschulen	XX/10 S. 641—645
1911 17. 1.	Mašťalka und 51 Abg.	BKlub	Interpellation an den Innenminister um Einschreiten der Statthalterei gegen das gesetzwidrige Vorgehen bei der Volkszählung in Wien und Niederösterreich	XX/82 Anh. III, 2319/I
26. 1.	Kramář	Jč	Kritik an den Vorgängen bei der Volkszählung in Böhmen, Mähren-Schlesien und Niederösterreich	XX/87 S. 5047—5053
7. 2.	Kramář	Jč	Berichtigung seiner Anschuldigungen gegen die Statthalterei	XX/88 S. 5140
5. 10.	Dürich u. 77 Abg. (ohne Soz.dem.)	ČAgr	Interp. wegen Schließung der tsch. Privatschulen in Wien	XXI/9 S. 2730 Anh. III, 445/I
5. 10.	Tomášek u. 20 soz.dem. Abg.	ČSoz	Interp. an d. Ministerpräsidenten in Angelegenheit der Sperrung von drei tschech. Privatschulen in Wien	XXI/9 S. 2742 Anh. III, 454/I
10. 10.	Gautsch	—	Beantwortung der Interp. von Dürich u. Tomášek zur Sperrung der tschech. Schulen (s. o.)	XXI/II S. 742—745
13. 10.	Dürich	ČAgr	Interp. an Ministerpräs. Gautsch betr. dessen Beantwortung d. Interpellationen Dürich-Tomášek (s. o.) aufgrund irrtümlicher Information	XXI/14 S. 935 f.
1912 13. 3.	Fiedler und 107 Abg.	BKlub	Interp. an d. Regierung wegen der Verfolgungen des tschech. Schulwesens in Niederösterreich	XXI/55 S. 7695 Anh. III, 1534/I

Jahr und Tag der Sitzung	RR-Abg.	Partei	Verhandlungsgegenstand	Sessionsperiode Sitzungs-Nr. StP, Seite
1912 27. 3.	Choc und 17 Abg.	ČNs	Interp. an d. Handelsminister wegen Unzukömmlichkeiten bei d. Aufgabe tschechischsprachiger Geldanweisungen	XXI/63 S. 8276 Anh. III, 1689/I
15. 5.	Exner und 39 Abg.	ČNs	Interp. an d. Ministerpräsidenten, den Innenminister u. d. Min. f. Kultus u. Unterricht wegen des Einschlagens d. Fensterscheiben in der Komenský-Schule im XX. Bez. u. des mangelhaften Schutzes fremden Eigentums seitens d. Staatspolizei in Wien (Authent. Übersetzung S. 9423)	XXI/78 S. 9421 Anh. III, 1999/1
23. 10.	Tomášek und 18 Abg.	ČSoz	Interp. an d. Ministerpräsidenten, den Innenmin. u. d. Min. f. Kultus u. Unterricht wegen der gesetzwidrigen Sperrung und Verbarrikadierung der tschech. Privat-Volksschule im III. Bez. in Wien	XXI/107 S. 11665 Anh. III, 2541/1
23. 10.	Fiedler und 80 Abg. (ohne Soz.dem.)	BKlub	Interp. an d. Ministerpräsidenten, d. Innenmin. u. d. Minister f. Kultus u. Unterricht wegen d. Vorgehens d. Wiener Magistrates gegen die tschech. Privatschulen in Wien (Authent. Übersetzung S. 11677)	XXI/107 S. 11675 Anh. III, 2546/1
29. 10.	Víškovský u. 19 Abg.	ČAgr	Interp. an d. Innenminister betr. die Schädigung der Heimatgemeinden im Kgr. Böhmen durch d. Wiener Polizei u. den Wiener Magistrat infolge des unrichtigen Vorgehens bei Ausübung der Kinderfürsorge (Authent. Übersetzung S. 11945)	XXI/III S. 11943
1913 14. 11.	Stránský	BKlub	Äußerungen zur tschech. Schulfrage in Wien	XXI/175 S. 8625
18. 11.	Stránský	BKlub	Rechtfertigung der Äußerungen gegen d. Magistrat (s. o.) u. Bekräftigung seiner Meinung zur Schulfrage	XXI/176 S. 8731 f.
28. 11.	Miklas und 32 Abg.	DtChr	Interp. an d. Minister f. Kultus u. Unterricht wegen der angebl. Errichtung tschech. Staatsschulen in Wien	XXI/181 S. 17978 Anh. II, 4388/1

II. DOKUMENTE

Nr. 1 Wien, 7. März 1883

Zur Komenský-Schulfrage im Reichsrat

Reichsratsprotokolle, Haus der Abgeordneten, IX/277 (7. 3. 1883), S. 9505—9526.

Verhandlungsgegenstand: Schulaufsicht, ordentliche Ausgaben
Generalberichterstatter: Richard Graf Clam-Martinic

S. 9516 f.: *Freiherr Conrad v. Eybesfeld,* Minister für Kultus und Unterricht:
Ich habe den Budgetverhandlungen von Anbeginn mit ungeteiltester Aufmerksamkeit beigewohnt und die meisten Reden gehört, und es ist wirklich beinahe kein Redner im Hause aufgetreten, der nicht die Angelegenheit der tschechischen Privatvolksschule in Wien berührt hätte. Ich muß daher mich mit einigen Worten damit beschäftigen ...
Nun, ich kenne in dieser Angelegenheit wirklich nur ein einziges *Prinzip*, das ist das in den Staatsgrundgesetzen gewährleistete, höchst wichtige und wertvolle Recht des Staatsbürgers, Lehranstalten zu errichten. Und ich glaube, darüber brauche ich wirklich nicht viel Worte zu verlieren, ob der österreichische Staatsgedanke verloren geht, wenn man in der Hauptstadt Österreichs gestattet, daß jeder Österreicher, der hierher kommt, sich nicht als zugereister Fremder fühle, sondern als Hiesiger, Einheimischer, daß er da seine staatsbürgerlichen Rechte in vollem Umfang ausüben könne — wie es namentlich in Wien immer Brauch und Sitte war — unter dem unmittelbaren Schutz der Regierung, von der jeder erwartet, daß sie ihm diese Ausübung gestattet und möglich mache und nur dort, wo einer zuviel verlangt, ihm den Damm des Gesetzes entgegenstelle. Und so wurde auch von einem der Herren Redner gegenüber dem höchst geistreichen Redner aus Galizien (Czerkawski, Anm. d. Verf.) bemerkt, warum dieser sich der tschechischen Privatvolksschule in Wien und nicht lieber der ruthenischen Schule in Lemberg annehme. Ja, da besteht ein wesentlicher Unterschied. Hier ist es eine Privatschule und dort besteht die Verpflichtung der Gemeinde zur Errichtung der Schule ... Ich habe mir die Entscheidung des Ministeriums kommen lassen und mit Erlaubnis des Herrn Präsidenten werde ich so frei sein, dieselbe ... vorzulesen. Sie lautet: „Dem Rekurse des Vereins gegen die Abweisung wird, insoweit derselbe gegen die Entscheidung im Prinzipe gerichtet ist, Folge gegeben und ausgesprochen, daß der Errichtung einer Privatvolksschule mit böhmischer Unterrichtssprache in Wien ein gesetzliches Hindernis nicht im Wege steht." ... Eine Bewilligung zur Errichtung oder Eröffnung der Schule ist bis heute noch gar nicht erteilt. Es ist gesagt, daß kein gesetzliches Hindernis im Wege stehe, daß in Wien eine Privatvolksschule mit böhmischer Unterrichtssprache errichtet werde; und warum ist das gesagt? Einfach deshalb, weil im ganzen Volksschulgesetze oder in einem anderen Gesetze keine Bestimmung vorkommt, die überhaupt die *Unterrichtssprache* für die *Privatvolks-*

schule vorschreibt. Nachdem eine solche Beschränkung des staatsbürgerlichen Rechtes zur Errichtung einer Lehranstalt gesetzlich nicht gegeben ist, so ist ausgesprochen: Es ist kein gesetzliches Hindernis dagegen, eine Privatvolksschule mit böhmischer Unterrichtsprache zu eröffnen. Das ist die ganz einfache Lösung der Sache, das ist der wirkliche Stand der Dinge. ... Daß nun die Volksschule im X. Bezirk in Wien nur eine *Wiener Schule* und nicht eine Prager oder Triester Schule zu vertreten hat, darüber kann gar kein Zweifel sein. Wenn nun der Organismus und das Lehrziel dieser Schule dasselbe ist, wie bei den anderen Wiener Schulen, was wird nun das Resultat sein, wer wird aus dieser Schule hervorgehen? Wer anders, als tschechische Kinder, die dort bequemer und leichter die Unterrichtsgegenstände erlernt haben, wer anders, als echte Wiener Kinder, was sie zu werden wünschen, wie dies auch der Herr Abgeordnete von Galizien mit Recht hervorgehoben hat und Wien wird, wie es dies bisher getan hat, auch dann diese Kinder ganz gerne als die seinigen aufnehmen ... Ich glaube, es ist dies eine Angelegenheit, die in ihrer Einfachheit und Nüchternheit so wenig wirklichen Stoff zu einer Erregung bieten kann, daß ich ... wünschte, es möge in ganz Wien niemand mehr im Zweifel sein, weder darüber, daß die Sache gesetzlich war, noch daß sie in den Grenzen des Gesetzes erhalten werden wird, und daß weder ein autonomes noch irgendein anderes Recht damit beeinträchtigt werde.

S. 9520 ff.: *Reichsratsabgeordneter Dr. Eduard Sueß:*
... Umsomehr muß ich die Haltung bedauern, welche die hohe Regierung in der letzten Zeit, ganz insbesondere in einer Frage angenommen hat, von welcher der Herr Minister (= C. v. Eybesfeld, Anm. d. Verf.) sagte, daß sie schon viel zu viel hier besprochen worden sei, und von der ich ihm doch versichern kann, daß sie noch lange in der Bevölkerung besprochen werden wird.
Es folgen diffizile Äußerungen über die Unterschiede zwischen Eröffnung und Errichtung einer Schule; sodann bezweifelt Sueß die Lehrbefähigung des tschechischen Personals und vertritt die Ansicht, der Anstoß zur Gründung der Schule gehe nicht auf die Wiener tschechische Bevölkerung zurück, da sich böhmische Mitglieder des hiesigen Gemeinderates von der Komenský-Schule distanziert hätten. Daraufhin erwähnt Sueß seinen im Landtag eingebrachten Gesetzentwurf für Armenfürsorge und Heimatrecht und meint:
Ich fühle die Überzeugung, daß ich in der Tat damit besser für die tschechische Bevölkerung gesorgt habe, als alle Herren auf der anderen (= rechten, Anm. d. Verf.) Seite samt der hohen Regierung.
Weiter unten nochmals:
Ich bin überzeugt, daß ich ... für die tschechische Bevölkerung und insbesondere besser für die hier wohnenden tschechischen Lehrlinge gesorgt habe als die Herren von der anderen Seite mitsamt der hohen Regierung ...
Wir können daher, meine Herren, gerade von dem Standpunkt aus, den der Herr Minister in seinen Schlußworten betont hat, dasjenige, was hier vorgeht, nicht anders betrachten, als ein Glied in jener Kette von häßlichen Provokationen, denen die friedfertigste Bevölkerung des ganzen Reiches ausgesetzt ist ... Meine Herren, wir müssen unterscheiden zwischen den weichen Worten, die wir von der Regierungsbank hören und den harten Ergebnissen fast jeden Tages; und seien Sie überzeugt, meine Herren, es gibt wenige in Wien, die nicht so denken, wie ich, und die nicht wissen, wieviel wir unter den heutigen Umständen auf die beschwichtigenden Worte zu geben haben, die von der Ministerbank uns geboten werden.

S. 9525: *Spezialberichterstatter Dr. Eusebius Czerkawski*, Lemberg:
Ich glaube, es ist weder dem Herrn Redner, der heute zuerst gesprochen hat (= Univ.-Prof. Wenzel Lustkandl, Anm. d. Verf.) noch auch später dem Herrn Abgeordneten für die Leopoldstadt (= Dr. E. Sueß, Anm. d. Verf.) gelungen, zu beweisen, daß diese Schule etwas anderes als eine Privatanstalt ist. Man hat wohl vorsichtig immer gesagt, daß sie eine organisierte Privatschule ist, aber man hat nicht zu leugnen vermocht, daß sie eben eine Privatanstalt, eine Privatunternehmung ist, die doch ganz nach anderen Prinzipien beurteilt werden will, als eine öffentliche Schule. Ja, dem Herrn Abgeordneten aus der Leopoldstadt ist es sogar begegnet, daß er zur Begründung seiner Behauptung auf einen Paragraphen des Reichsvolksschulgesetzes hingewiesen hat, welcher seiner Ansicht, seiner Behauptung geradezu schnurstracks zuwiderläuft. Er hat sich nämlich auf den § 72 des Volksschulgesetzes berufen, in welchem von Privatschulen die Rede ist, welche staatsgiltige Zeugnisse auszustellen das Recht haben und von diesen Privatschulen heißt es, daß sie denselben Lehrplan, dieselbe Organisation wie die öffentlichen Schulen haben müssen. Daraus muß nun gefolgert werden, daß es auch Privatschulen geben kann, welche nicht staatsgiltige Zeugnisse ausstellen, und wenn sie staatsgiltige Zeugnisse nicht ausstellen, so kann an sie auch nicht jener strenge Maßstab gelegt werden, welchen die Herren verlangen. Ich habe aber noch nicht gehört, daß der tschechischen Volksschule, welche hier in Wien errichtet werden soll, das Öffentlichkeitsrecht bereits zuerkannt worden wäre, ich glaube also, daß alles Rufen, der ganze Lärm über Verletzung des Gesetzes eigentlich gar keine Begründung, gar keine Grundlage hat (Sehr gut! rechts). Diese tschechische Schule ist eine Privatunternehmung, im Interesse derjenigen gegründet, welche ihre Kinder in diese Schule schicken wollen, indem sie von ihrem Elternrechte Gebrauch machen und welche auf diese Weise ihre Kinder erzogen haben wollen. Ich glaube nicht, daß dadurch irgendein Gesetz — das ist meine private Meinung — verletzt worden ist, wenn die Entscheidung in dieser Fassung erflossen ist, wie sie der Herr Unterrichtsminister vorgelesen hat.
Es ist auch gesagt worden, daß die Errichtung der tschechischen Privatschule eine Provokation sei. Nun, ob man etwas für eine Provokation ansieht oder nicht, das ist nach meiner Ansicht immer eine subjektive Auffassung; für den einen ist etwas eine Provokation, was es für den anderen nicht ist. Wenn man die Errichtung einer solchen Schule als eine Provokation ansehen will, so ist diese Errichtung natürlich für diejenigen, die in dieser Meinung befangen sind, schmerzlich und unbequem; aber, meine Herren, wenn man die Sache ruhig und offen prüft, auf die Geschichte dieser Schule zurückgeht und sich dabei erinnert, daß ein in Wien vorhandener Verein, der Komenský-Verein, eine Privatanstalt zum Frommen derjenigen errichtet, die ihre Kinder dieser Schule anvertrauen wollen, so kann ich wirklich nicht begreifen und einsehen, wie darin eine Provokation gesucht werden kann.

S. 9526 f.: Schlußwort: *Generalberichterstatter Richard Graf Clam-Martinic*:
Wenn ich bedenke, daß ich am Ende einer mehr als drei Stunden währenden Debatte über *einen* Titel des Budgets das Wort ergreife, so sollte ich glauben, daß meine Aufgabe, diesen Titel zu verteidigen, eine sehr weittragende sein muß. Wenn ich aber andererseits den Verlauf der Debatte in das Auge fasse und den Inhalt derselben prüfe, so muß ich gestehen, daß gegen diese Position eigentlich gar nichts vorgebracht wurde und daß ein großer Teil, ja der größere Teil auch jener Gegenstände, welche besprochen worden sind, mit diesem Titel in keinem sachlichen Zu-

sammenhange steht, oder wenigstens nicht in einem solchen Zusammenhange, daß sie unter diesen Posten subsumiert werden könnten ... Nur auf einen Punkt möchte ich noch ganz kurz zurückkommen, welcher auch in meiner Schlußrede in der Generaldebatte bereits erwähnt worden ist und welcher heute wieder betont wurde. Es ist dies die zu einer großen Affäre aufgebauschte Frage der böhmischen Schule in Wien. Der letzte Herr Redner (= Dr. E. Sueß, Anm. d. Verf.) veranlaßt mich, darauf zurückzukommen. Er hat die Dinge denn doch als eine Vergewaltigung, als ein Unrecht dargestellt. Wenn man diesen Standpunkt festhält und ausspricht, dann muß man auch beweisen, daß hier wirklich ein Recht verletzt worden ist, daß ein Gesetz übertreten wurde. Meiner Überzeugung nach ist aber weder ihm noch einem anderen Herrn Redner gelungen, zu beweisen, daß ein Gesetz hier übertreten worden ist. Ich werde in dieser Meinung dadurch bestärkt, daß, wenn wirklich die Herren die feste Überzeugung hätten, daß hier ein Recht beeinträchtigt, ein Gesetz übertreten worden ist, sie gewiß den Weg zum Reichsgericht gegangen wären, welches ja die Instanz zur Entscheidung dieser Frage wäre. (Sehr richtig! rechts). Es kann mir nun nicht einfallen, dem Ausspruche des Reichsgerichts zu präjudizieren, aber es scheint mir denn doch, daß man keine so absolute feste Überzeugung von der Stichhaltigkeit der als unfehlbar vorgebrachten rechtlichen Momente hat, weil man diesen Weg eben nicht beschreitet; und dies umso mehr, als in einem sehr analogen Falle das Reichsgericht ebenso wie *dermalen* das Ministerium entschieden hat. Wenn man aber den rechtlichen Standpunkt nicht geltend machen kann, — auf dem Standpunkt der Opportunität, auf dem Standpunkte der Zweckmäßigkeit und Nützlichkeit, steht Ansicht gegen Ansicht: die Ansicht des Abgeordneten für die Leopoldstadt und seiner Gesinnungsgenossen und die Ansicht — wie der Herr Abgeordnete mit einer figura repetitionis, die ihm so wohl zu gefallen schien, gesagt hat — die Ansicht der Majorität „mitsamt der Regierung". Es wird noch dadurch, daß in diesem Falle die Majorität „mitsamt der Regierung" eine Ansicht hat, die Begründung dieser Ansicht selbst weder geschwächt noch bestärkt; es steht also Ansicht gegen Ansicht. Ich meine, wenn es sich um die Frage der Zweckmäßigkeit und Nützlichkeit handelt, wenn es sich darum handelt, ob etwas gewünscht wird, oder nicht, sollte man einfach die Tatsachen den Beweis liefern lassen, wenn anders kein Gesetz verletzt wird. Es wird sich ja zeigen, ob einem Bedürfnis entsprochen worden ist oder nicht. Entweder wird die Schule zustande kommen oder sie wird nicht bestehen. Das Unglück aber, daß diese Schule nicht zustande kommt, wird diejenigen treffen, welche sich damit Mühe gegeben und dafür vielleicht auch Opfer gebracht haben; aber einen Nachteil für die Stadt, für die allgemeinen Interessen, kann ich von diesem Standpunkte aus nicht erblicken, weder in dem Bestande, noch in dem Nichtbestande. Jedenfalls finde ich keinen Grund dafür, eine solche Frage derart aufzubauschen, sobald eben nachgewiesen ist, daß ein Gesetz nicht verletzt, ein Recht nicht beeinträchtigt ist. Der Herr Abgeordnete (= Dr. E. Sueß, Anm. d. Verf.) hat eben vom Standpunkte der Opportunität und Zweckmäßigkeit seine weiteren Deduktionen vorgebracht; er hat gesagt, er und seine Freunde meinen es besser mit den Lehrlingen als die Majorität „mitsamt der Regierung", er hat gesagt: *Wir* wollen, daß die Kinder deutsch lernen. Meine Herren! Es ist ja wiederholt ausgesprochen worden, daß der Zweck der Schule eben ist, die Kinder deutsch lernen zu lassen mit Hilfe ihrer Muttersprache. Er hat gesagt: *Wir* wollen ihnen das Armen-, das Heimatrecht verschaffen. Meine Herren! Wird denn diese Schule Ursache sein, um in bezug auf die Gesetzgebung über Armenrecht und die Heimatsgesetzgebung eine Änderung hervorzubringen? Er hat endlich gesagt: *Wir* wollen, daß die Lehrlinge Meister werden. Das Gewerbegesetz steht heute entschieden nicht auf der Tagesordnung. Übrigens kann ich es durchaus nicht verstehen, wie dieser Schulunterricht ein Hindernis sein kann, daß ein Lehrling Meister wird. Wenn das als unumstößliche Wahrheit hingestellt wird und ebenso die anderen Momente, kann ich sagen, daß meiner Ansicht nach der Beweis nicht erbracht ist. Der Herr Abgeordnete hat namentlich gesagt: Es sei dies eine jener häßlichen Provokationen — so ungefähr haben seine Worte gelautet. Darauf habe ich schon in der Generaldebatte hingewiesen, daß man eben Provokationen in solchen Sachen finden kann, wenn man sie darin sucht. Wenn man eine solche Maßregel als Provokation ansehen und als solche zu behandeln entschlossen ist, kann man sie als solche hinstellen. Daß aber wirklich darin eine gelegen sein soll, ist mir doch eigentlich unfaßbar.

Nr. 2 Wien, 22. Oktober 1897

Zur Komenský-Schulfrage im Gemeinderat

Amtsblatt Nr. 86 (26. 10. 1897), Gemeinderatssitzung vom 22. Oktober 1897, S. 2151—2160

Vizebürgermeister Dr. Neumayer referiert über Antrag Manner betreffs des Ansuchens um Verleihung des Öffentlichkeitsrechtes für die Komenský-Schule im X. Bezirk.

Referent *Vizebürgermeister Dr. Neumayer:* (Zahl 4012)
In einer Sitzung im verflossenen Sommer wurde von Herrn Kollegen Manner ein Antrag gestellt, welcher in zweifacher Richtung die Komenský-Schule betrifft. (Liest): „Die Unterzeichneten stellen den Antrag:
1.) Der Gemeinderat der k. k. Reichshaupt- und Residenzstadt Wien beschließe in einer Kundgebung seine vollste Zustimmung zu dem in der letzten Session des niederösterreichischen Landtags eingebrachten Antrag, betreffend die gesetzliche Festlegung der deutschen Sprache als ausschließliche Unterrichtssprache für alle öffentlichen Volks- und Bürgerschulen Niederösterreichs.
2.) Der Wiener Gemeinderat beschließe ehestens die Absendung einer Denkschrift an die Regierung, in welcher unter Darlegung aller einschlägigen Gründe auf die schädigende Wirkung, welche die Verleihung des Öffentlichkeitsrechtes an die Komenský-Schule in Wien für die Kommune Wien zur Folge hätte, hingewiesen und die Regierung aufgefordert wird, das in den eingangs angeführten Entschließungen enthaltene Begehren abzulehnen."
Dieser Antrag enthält in seinem ersten Teile einen Punkt, welcher, wie ich glaube, gar nicht in der Intention des Antragstellers gelegen war, insofern als gewünscht wird, daß zu dem Antrage, welcher im Landtag gestellt worden ist, von Seite der k. k. Reichshaupt- und Residenzstadt Wien Stellung genommen werden soll. Es ist dabei wohl ins Auge zu fassen, daß die Regelung der Sprachenfrage nicht in den Bereich der Wirksamkeit des Landtags, sondern in den Bereich der Wirksamkeit des Reichsrats gehört. Es wäre daher, wenn dem Antrage in dieser Beziehung ohne weiteres Folge gegeben würde, vielleicht doch eine Konsequenz damit verbunden, welche uns nicht besonders angenehm wäre. Wir müssen ja bedenken, daß es nicht überall so ist, wie wenn in Wien angezweifelt würde, oder wenn es in Niederösterreich als zweifelhaft hingestellt würde, daß die deutsche Sprache die Landessprache sei; denn in solchen Ländern, in welchen die deutsche Sprache nicht unbestritten Landessprache ist, würden ganz gewiß die anderssprachigen Bewohner auftreten und verlangen, daß ihre Sprache als die Landessprache erklärt würde, und es würde dies in manchen Provinzen zu Folgen führen, welche uns Deutschen gewiß nicht angenehm wären, und deswegen hat der Stadtrat den Beschluß fassen müssen, von diesem Punkte abzugehen.
Was den zweiten Punkt betrifft, ist in letzter Zeit, und zwar gerade von einer Behörde, welche diese Frage und das Verhältnis der Komenský-Schule wiederholt ins Auge fassen mußte, nämlich vom Bezirksschulrate, die Frage in einer ziemlich energischen Weise beantwortet worden. Es ist nämlich ein Beschluß gefaßt worden, welcher dahin geht (liest):
„Es sei mit Rücksicht auf die von dem Bezirksschulinspektor Dr. Wiedenhofer geschilderten kläglichen Unterrichtsresultate, die von dieser Privatschule insbesondere im Deutschen erzielt werden, und die mangelnde ‚gesetzlich vorgeschriebene' Lehr-

befähigung der an der Anstalt wirkenden Lehrpersonen, welche gar nicht einmal das Bestreben haben, sich bessere Kenntnisse im Deutschen anzueignen, ferner im Interesse der Einheitlichkeit des Wiener Schulwesens, das an das k. k. Unterrichtsministerium gerichtete Ansuchen des Zentralausschusses des Vereines ‚Komenský' um Verleihung des Öffentlichkeitsrechtes für die böhmische Privatschule im X. Bezirk nicht befürwortend dem k. k. niederösterreichischen Landesschulrat vorzulegen."

Ich glaube — und auch der Stadtrat hat sich dieser Anschauung angeschlossen —, daß es am einfachsten ist, wenn in Stattgebung der von Herrn Kollegen Manner gestellten Anträge auf diesen Beschluß des Bezirksschulrates hingewiesen wird.

Der Stadtrat schlägt Ihnen, hochverehrte Herren, folgenden Antrag vor (liest): „Der Gemeinderat der Stadt Wien begrüßt den Beschluß des Bezirksschulrates vom 11. September 1897: ‚Es sei mit Rücksicht auf die von dem Bezirksschulinspektor Wiedenhofer geschilderten kläglichen Unterrichtsresultate, die von dieser Privatschule insbesondere im Deutschen erzielt werden, und die mangelnde ‚gesetzlich vorgeschriebene' Lehrbefähigung der an der Anstalt wirkenden Lehrpersonen, welche gar nicht einmal das Bestreben haben, sich bessere Kenntnis im Deutschen anzueignen, ferner im Interesse der Erhaltung der Einheitlichkeit des Wiener Schulwesens, das an das k. k. Unterrichtsministerium gerichtete Ansuchen des Vereins ‚Komenský' um Verleihung des Öffentlichkeitsrechtes für die böhmische Privatschule im X. Bezirk nicht befürwortend dem k. k. niederösterreichischen Landesschulrat vorzulegen' auf das Wärmste und schließt sich der Motivierung desselben an."

Ich bitte um Annahme dieses Antrages.

Gemeinderatsmitglied Pollak (wirft ein, daß das Wörtchen „insbesondere" unweigerlich den Schluß zuließe, daß seitens des Bezirksschulinspektors Dr. Wiedenhofer überhaupt in sehr abfälliger Weise über die kläglichen Unterrichtserfolge Bericht erstattet worden sei):

Dem ist aber nicht so. Bezirksschulinspektor Dr. Wiedenhofer hatte nur Gelegenheit, sich über die Unterrichtserfolge in der deutschen Sprache in der Weise auszudrücken, wie es im Referate geschildert worden ist, und darum möchte ich Sie bitten, in der Motivierung das Wörtchen „insbesondere" auszulassen, denn nur um den Unterrichtserfolg in der deutschen Sprache handelt es sich. Dasselbe gilt von der ganz allgemeinen Bemerkung über die mangelnde, gesetzlich vorgeschriebene Lehrbefähigung. Die Lehrbefähigung haben sie ja und es mag sein, daß sie als tschechische Lehrer sehr Gutes leisten können. Darüber hat wieder der Bezirksschulinspektor Dr. Wiedenhofer gar keine Veranlassung, sich zu äußern, sondern es muß in der Begründung heißen: „und die mangelnde gesetzlich vorgeschriebene Lehrbefähigung für die Erteilung des Unterrichtes in der deutschen Sprache'. Ich möchte Sie bitten und insbesondere den Herrn Referenten, daß er sich da meiner Abänderung anschließe.

Referent Vizebürgermeister Neumayer (macht den Antragsteller aufmerksam, daß der Wortlaut des Beschlusses des Bezirksschulrates nicht Gegenstand der heutigen Beschlußfassung sein kann):

Aber dieser Wortlaut zeigt ganz deutlich, daß er unseren Bestrebungen entgegenkommt und dieselben sich vollkommen angeeignet hat. ... Wir könnten uns ja eine bessere Enunziation des Bezirksschulrates gerade für diesen Fall nicht wünschen und, nachdem wir überhaupt an diesem Wortlaute nichts ändern können — denn es ist ein bereits gefaßter Beschluß des Bezirksschulrates — so brauchen wir wirklich nichts mehr daran zu ändern.

Gemeinderatsmitglied Fochler erklärt, „daß der Gemeinderat der Stadt Wien die Verpflichtung hat, hier das fehlende nationale Moment hineinzubringen und vom nationalen Standpunkt aus zu betonen, daß die Forderung nach dem Öffentlichkeitsrecht für die Komenský-Schule eine Herausforderung, eine Demonstration gegen die Wiener ist, die im Interesse des deutschen Charakters der Stadt Wien zurückgewiesen werden muß" und befürwortet die Fassung „auf das Wärmste, da hiedurch eine ganz ungebührliche Herausforderung der Deutschen in Wien zurückgewiesen und eine Gefährdung des deutschen Wesens der Stadt hintangehalten wird." (Antrag Fochler wird abgelehnt). ...

Gemeinderatsmitglied Brunner (die einzige Gegenstimme gegen den Antrag, argumentiert folgendermaßen): Meine Herren! Die Ausführungen des Herrn Kollegen Fochler haben den Kern der Sache getroffen. Es handelt sich darum, festzustellen, ob man Stellung zu dieser Frage nehmen soll oder nicht, und ich, aufrichtig wie ich bin, werde Stellung nehmen, indem ich für meine Person den Antrag total ablehne. Es ist gesagt worden, es sei dies eine Frage, welche seit Jahren in Wien schwebt. Es ist dies eine Frage, welche mit unserer Gesamtpolitik in Verbindung steht. Unsere ganze Politik dreht sich um die Sprachenfrage. Der richtige Ausdruck wäre eigentlich Sprachenhetze. Die Herren Antisemiten in Österreich leben von der Judenhetze, die Tschechen von der Deutschenhetze und die Deutschnationalen von der Tschechenhetze. (Rufe links: Und die Juden?)
Ich gebe ja gerne zu, daß diese Komenský-Schule aus den Bedürfnissen der Tschechen, welche in Wien wohnen, nicht entstanden ist; ich glaube auch daran, daß sie nur durch eine Agitation von auswärts hereingetragen worden ist, und zwar speziell, um in Wien eine tschechisch-politische Bewegung zu schaffen. Wenn Sie nun glauben, das Deutschtum damit zu schützen, indem Sie diese Schule bekämpfen und ablehnen, so sind Sie in einem bedauerlichen Irrtum befangen.
Was wird die Folge sein, wenn der Gemeinderat einen Beschluß faßt, welcher als tschechenfeindlich betrachtet werden wird? Daraufhin wird in Prag der Gemeinderat wieder einen Beschluß fassen, der den deutschen Interessen nicht zuträglich sein wird. (Unruhe). Ich bin gewiß der Letzte, der das Vorgehen der Tschechen gegenüber den Deutschen in Böhmen und anderwärts rechtfertigen wird; das wird gewiß niemand billigen, aber wenn man es auf der einen Seite nicht billigt, wie soll man es billigen, daß man die Tschechen, die in Wien wohnen, verhöhnt? Denn das ist eine reine Verhöhnung. (Gelächter links). Daß die Herren nun nicht den Mut haben, die Wahrheit zu sagen: wir möchten gerne Deutsche sein oder wir möchten gerne tschechisch sein, ist ja ganz erklärlich; Sie möchten die Stimmen gerne von überall haben. Ich muß mich aber hier auf den Boden der Staatsgrundgesetze stellen. Wir sind in Wien, in der Hauptstadt von Österreich, und jeder Österreicher ist in Wien zu Hause. Wir haben eine Menge tschechischer Mitbürger. Das städtische Jahrbuch Wiens zeigt, daß wir 7000 tschechische Schulkinder haben, und wenn daher die Tschechen eine Schule haben wollen, so soll man sie ihnen bewilligen. Ich glaube, man würde dem Deutschtum mehr nützen, wenn man dieser Hetze ein Ende machen würde; denn es ist eine alte Regel: Druck erzeugt Gegendruck! Wenn Sie jetzt den Tschechen dies verweigern, so wird aus der jetzigen Schein-Agitation — und das ist diese Agitation nach meiner Meinung — eine wirkliche Agitation. Ich habe Erfahrungen in dieser Richtung gemacht.

Gemeinderatsmitglied Dr. Nechansky: ... Die Komenský-Schule ist keine so geringe Gefahr, wie mein Herr Vorredner dargestellt hat, mit dem ich nicht auf einem Standpunkt stehe ... Wären sie (= die Deutschen, Anm. d. Verf.) klug gewesen zur rechten Zeit, hätten sie nicht den § XIX der Staatsgrundgesetze gemacht, sondern hätten sie das Deutsche als Staatssprache dekretiert — die Stellung der Deutschen wäre im Interesse des Bestandes Österreichs eine ganz andere, als sie jetzt ist (Sehr richtig! rechts), und diese Fehler hat allerdings die deutschliberale Partei gemacht ... (Zur Linken gewendet): Ihnen ist eigentlich die deutsche Sprache ziemlich gleichgültig. Der Wiener ist nicht national, oder er ist noch nicht national geworden. Er wird es aber werden, wenn ihm die Not näher an den Leib rücken wird. Das ist meine sehr ernste und traurige Überzeugung ... Das ist die Geschichte: die ganze christlichsoziale Partei kann nicht deutschnational sein, weil sie den größten Teil ihres Anhanges unter den tschechischen Kleingewerbetreibenden hat. Also, da machen Sie uns kein X für ein U vor! Herrn Lucian Brunner kann ich absolut nicht recht geben, aber vielleicht erinnert dasjenige, was Herr Lucian Brunner gesprochen hat, den Herrn Bürgermeister an seine eigene Meinung vor 15 Jahren. Vor 15 Jahren nämlich war die Komenský-Schule auch schon Gegenstand einer Beratung in diesem Saale; ich glaube, es war in diesem Saale oder im alten? Jedenfalls aber im Gemeinderate. Damals hat es sich um die Errichtung dieser Schule gehandelt; es war eben der erste Vorstoß, den die Slawen gemacht haben, um nach Wien zu kommen; es war im Anfang der Ära Taaffe. Damals war Herr Dr. Lueger noch nicht Bürgermeister, und da war er der Meinung, daß eigentlich gesetzlich gegen die Errichtung der Komenský-Schulen sich nichts einwenden lasse; so wenigstens habe ich immer gelesen. Ich werde ja dann vom Herrn Bürgermeister die Wahrheit darüber hören. Es ist aber die communis opinio seit 15 Jahren, daß Herr Bürgermeister Dr. Lueger seinerzeit für die Berechtigung zur Errichtung dieser Komenský-Schule sowohl in Vereinsversammlungen als im Gemeinderate gesprochen hat. Das war eben der Ausfluß aus derselben demokratischen Idee, welche Herr Lucian Brunner zur Grundlage seiner Anschauung gemacht hat ...
Nach Mitteilung des Gemeinderatsmitgliedes Schlesinger, daß der Landesschulrat das Ansuchen des Komenský-Vereines um Verleihung des Öffentlichkeitsrechtes der Komenský-Schule am Vortag bereits abgewiesen habe, spricht Bürgermeister Dr. Karl Lueger sich zuerst gegen die Änderungen aus, dann wendet er sich scharf gegen Fochler.
Bürgermeister Dr. Karl Lueger: ... Er befindet sich entschieden auf dem Holzwege, wenn er glaubt, daß er derjenige ist, der das Deutschtum zu schützen berufen ist, daß er das Deutschtum in Wien erhalten wird. ... Ich kann Herrn Dr. Fochler sagen: Ich bin stolz darauf, daß ich das Deutschtum in Wien erhalten habe; nicht er und seine Parteigenossen haben es getan. (Beifall links). Er und seine Parteigenossen werden es vielleicht noch dahin bringen, daß der Nationalitätenkampf in Wien entbrennt, aber schützen werden sie das Deutschtum in Wien nie und nimmer. (Beifall links). Gewisse Schreier, Herr Dr. Fochler, haben nur dazu beigetragen, daß man in Böhmen Wahlbezirk um Wahlbezirk verloren hat, daß das Deutschtum durch gewisse Leute geschmälert und geschwächt worden ist ...
Nun wäre es ja auch sehr gut, daß ich mich auch mit dem Herrn Gemeinderat Lucian Brunner etwas beschäftige. Es hat einer, ich glaube, Herr Gemeinderat Dr. Fochler, gesagt, daß wir so eine Art Doppelgesicht haben, nämlich eines, welches den Tschechen zulächelt, und eines, welches den Deutschen zulächelt. Sehen Sie, Sie

sind jetzt Bundesgenossen einer Partei, die heute ihr Janusgesicht ausgezeichnet dokumentiert hat (lebhafter Beifall und Händeklatschen). Auf der einen Seite Lucian Brunner und knapp hinter dem Brunner Dr. Nechansky. Das ist das Janusgesicht. (Lebhafter Beifall und Händeklatschen links. Widerspruch rechts). Der Herr Gemeinderat Lucian Brunner geht herum und sagt, die Tschechen sind gleichberechtigt, Herr Lucian Brunner, der sich einen Deutschen nennt; (Brunner war Jude, Anm. d. Verf.) und „Brunner" ist ja ein deutscher Name. Und Herr Dr. Nechansky, der mit Stolz seine Urvoreltern Tschechen oder Slawen nennt — ich glaube, Tschechen werden sie gewesen sein — der ist wieder ein großer Germane. Meine Herren, weder der eine noch der andere sind Germanen; Germanen sind diejenigen, und das sage ich auch Herrn Dr. Fochler — die, ich möchte sagen, von Uranbeginn bereits in deutschem Wesen, deutscher Art und Sitte wurzeln, die wirklich dem deutschen Volke entsprossen sind. Die Mutter Germania ist reich genug und braucht nicht die Ableger anderer Nationen. (Stürmischer Beifall links). Die braucht sie nicht, wir sind uns selbst genug und werden uns unsere eigene Nation zu wahren wissen; wir brauchen das Renegatentum, welches sich so hervordrängt, nicht, wir sind uns selbst genug und verzichten auf Euere Hilfe... Nun, der Herr Dr. Nechansky ist schon ungeduldig. Jetzt muß ich mich mit *ihm* etwas näher beschäftigen. (Heiterkeit links). ... Er müßte ferner wissen, daß wir uns um die Not der Deutschen *sehr wohl* kümmern; etwas mehr als Sie, meine Herren Liberalen, die Sie heute wieder die großen Deutschen spielen wollen. Ungern erwähne ich es, aber ich muß es, nachdem Sie mich hierzu auffordern — wer war es denn, der zuerst die tschechischen Wähler einberufen hat? (Widerspruch rechts. Rufe links: Kareis!). Nein, viel früher schon. Als im III. Bezirk seitens der Liberalen gegen mich agitiert worden ist, waren es die Liberalen, welche gegen mich tschechische Versammlungen veranstaltet haben (Lebhafte Zustimmung links. Zwischenrufe rechts: Wo?). Im III. Bezirk, Herr Kollege Tagleicht! (Zwischenrufe rechts: Wann?). Im Jahre 1884 oder 1885, Herr Kollege Matthies! (Widerspruch rechts). Ich habe ein gutes Gedächtnis. Das eine Gute war nur, daß die Tschechen Sie hinausgeworfen haben. (Lebhafte Heiterkeit, Beifall und Händeklatschen links). Nun aber weiter. Wer hat denn noch tschechische Versammlungen abgehalten? Bei den letzten Gemeinderatswahlen, wo es sich um die Behauptung des Deutschtums und speziell der antisemitischen Partei gehandelt hat, sind beinahe in sämtlichen Bezirken von Ihrer Partei tschechische Versammlungen einberufen worden. Und weil Herr Gemeinderat Tagleicht sich so wundert und mich frägt, „wo?", so will ich Sie fragen: Wieviel hat denn Ihr Abgeordneter Kareis einberufen? Er hat dort sogar tschechisch gesprochen (Lebhafter Beifall und Händeklatschen links). Also tschechische Versammlungen — und Sie, meine Herren, wollen uns beschuldigen, die Sie schuld daran sind, daß überhaupt die tschechische Bewegung entflammt ist, wenigstens zum Teile. (Lebhafter Widerspruch rechts. Lebhafter Beifall und Händeklatschen links). Ja, Ihnen muß man es ruhig ins Gesicht sagen, denn Sie wollen sich heute als Deutschnationale aufspielen. Schämen Sie sich und seien Sie lieber froh, wenn ich Ihnen nicht alle Ihre Sünden hier aufzähle... (Lebhafte Zwischenrufe). Meine Herren! Sie nennen uns die Bundesgenossen der Tschechen? Uns? Seit wann sind wir Bundesgenossen der Tschechen? (Wieder Angriffe gegen die Liberalen) ... Der Herr Nechansky hat gesagt, der Wiener ist nicht national und die Christlichsozialen sind schon gar nicht national. Ah, meine Herren, wir Wiener zittern nicht vor jedem böhmischen Lehrbuben, der daherkommt, wir Wiener haben Hunderttausende Tschechen zu guten Deutschen gemacht, wir Wiener verstehen es besser, als Sie alle, meine sehr geehrten Herren (Gelächter rechts). Sie lachen? Was haben Sie schon geleistet? (Die Gemeinderäte Tomanek und Mittler machen Zwischenrufe). Sie haben gar nichts geleistet, aber gar nichts. (Lebhafter Beifall links). Sie sind ja ohnmächtig, weil Ihnen das Volk gar nichts mehr glaubt, während wir, wenn wir hinaustreten und unsere Prinzipien vertreten, Anklang finden. Darum wissen wir, warum sich die Tschechen germanisieren lassen; sie gehen mit uns, sie lassen sich germanisieren, die Tschechen, aber judaisieren lassen sie sich nicht. (Lebhafter Beifall und Händeklatschen links).

Und nun, meine Herren, bin ich mit jenen fertig, welche wieder uns zu bekritteln gewagt, welche sich wieder als bessere Deutsche und dergleichen hingestellt haben. Meine sehr geehrten Herren! Mit dem Dr. Lueger kommen Sie in punkto Deutschtum nicht auf. Ich stamme (Widerspruch rechts), ich bin stolz darauf, aus altem, deutschem Bauerngeschlecht zu stammen. Sie wissen es ja auch ganz gut, daß ich aus altem, deutschem Geschlechte stamme (neuerliche Zwischenrufe rechts). Jawohl ...

Dann bittet Lueger um Annahme des Antrages, den er für „vollständig unparteiisch" und für eine „so wichtige Angelegenheit" hält, daß er von ihm geglaubt hatte, er würde ohne Debatte angenommen werden. Im weiteren Vorwürfe gegen die mangelnde Aktivität des Deutschen Schulvereins in Böhmen:

Gewisse Fabrikbesitzer haben dort tschechische Schulen gegründet, damit sie keine deutschen Arbeiter aufzunehmen brauchen und ihre tschechischen Arbeiter, die den Deutschen das Brot weggenommen haben, dort zu leben haben.

Nun erinnert Lueger an die Resolution Pálffy vom 7. 1. 1897, in der die Regierung aufgefordert wurde, das Öffentlichkeitsrecht für die Komenský-Schule in eingehende Erwägung zu ziehen und gibt die Schuld an der Abfassung den Liberalen:

Wo war denn damals Ihre Partei, warum hat sie sich nicht gewehrt? Nur so ist es damals möglich geworden, diese Resolution im Abgeordnetenhaus zu fassen. *Dann antwortet er auf Fochlers Entgegnung:*

Ich habe im Eifer der Rede vergessen, auf den Ursprung der Komenský-Schule zurückzukommen. Ich berichtige tatsächlich, daß ich nie für die Komenský-Schule gewesen bin, nie für dieselbe eingetreten, nie für dieselbe gewirkt habe und daß daher das, was Herr Dr. Nechansky irgendwo gelesen hat, nicht wahr ist.

Daraufhin erfolgt die Annahme des Antrages mit einer Gegenstimme (Brunner) gegen mehr als 92 Anwesende.

Nr. 3 Wien, 29. September 1903

Beschwerde des Ferdinand Menčík an das Reichsgericht gegen den Erlaß des Unterrichtsministeriums

Akten des k.k. Ministeriums für Kultus und Unterricht. Fasc. 18 N. Ö. Wien: 1903, (Nr. 41822 u. Nr. 41907) RG. Fasc. 3, Reg. 67.
Akt über Bečvář, Johann u. Genossen/Menčík:
Beschwerde des Ferdinand Menčík, Kustos der k.k. Hofbibliothek und Genossen, durch Dr. Franz Vepřek, Advokat in Wien, gegen den Erlaß des k.k. Ministeriums für Kultus und Unterricht vom 29. September 1903, Z. 35621.
Nr. 511 präs: am 10. 11. 1903 R. G.

Hohes k. k. Reichsgericht!
Wir gefertigten 139 Väter und Vormünder von schulpflichtigen, im V. Bezirke Wiens ihren ordentlichen Wohnsitz habenden Kindern der böhmischen Nationalität, Mutter- und Umgangssprache, haben gleichzeitig mit anderen auf dem Originalgesuche de praes. 31. Dezember 1901 mitgefertigten (Gesamtzahl 241) Vätern und Vormündern von 430 schulpflichtigen im V. Bezirke Wiens ansässigen Kindern der böhmischen Nationalität, Mutter- und Umgangssprache aufgrund des Art. XIX des Staatsgrundgesetzes vom 21. Dezember 1867 (R. G. Bl. Nr. 142 und §§ 6 und 59 des Reichsvolksschulgesetzes) um Errichtung einer öffentlichen Volksschule für Knaben und Mädchen mit der böhmischen Unterrichtssprache in dem V. Bezirk Wiens bei dem k. k. n. ö. Landesschulrate angesucht, doch ist unserem wohlbegründeten Ansuchen mit Entscheidung des k. k. n. ö. Landesschulrates vom 6. August 1902, Z. 16. 435 A, zugestellt am 15. September 1902, mit der Begründung keine Folge gegeben worden, daß weder die Gesamtzahl der in Wien lebenden Angehörigen des tschechischen Volksstammes im Entgegenhalte zu der Gesamtziffer der Bevölkerung, noch die Verhältnisse, unter denen sich dieselben in Wien aufhalten, jene Merkmale aufweisen, an welchen sich erkennen ließe, daß in Wien der tschechische Volksstamm wohne, beziehungsweise seine Sprache eine in Niederösterreich und Wien landesübliche sei.
Unserem gegen dieses abweisliche Erkenntnis des k. k. n. ö. Landesschulrates an das k. k. Ministerium für Kultus und Unterricht gerichteten Rekurse wurde mit Erlaß des genannten Ministeriums vom 29. September 1903, Z. 35. 621 B, intimiert am 27. Oktober 1903 „unter Berufung auf die Gründe der angefochtenen Entscheidung" keine Folge gegeben und überreichen wir gegen dieses Dekret des k. k. Ministeriums für Kultus und Unterricht hiemit rechtzeitig unter Anschluß der Vollmacht C die nachstehende

Beschwerde

an das hohe k. k. Reichsgericht.
Durch die in Beschwerde gezogene Entscheidung des k. k. Ministeriums für Kultus und Unterricht hat eine Verletzung des uns gefertigten Staatsbürgern der böhmischen Nationalität, Mutter- und Umgangssprache durch Art. XIX des Staatsgrundgesetzes vom 21. Dezember 1867, Nr. 142 R. G. Bl., gewährleisteten politischen Rechtes auf Wahrung und Pflege unserer Nationalität und Sprache und auf eine derartige Einrichtung der öffentlichen Lehranstalten, daß wir und unsere Kinder die erforderlichen Mittel zur Ausbildung in unserer böhmischen Muttersprache erhalten, unzweifelhaft stattgefunden; denn es kann nicht mit Recht geleugnet werden, daß unsere böhmische Sprache in Niederösterreich und insbesondere auch

hier in Wien landesüblich ist, und daß wir in Niederösterreich wohnenden Böhmen einen daselbst ansässigen Volksstamm bilden.
Dies beweist:
1. Das Ergebnis der letzten Volkszählung, nach welcher
   a) in Wien 102 974,
   b) in Unter-Themenau 3118 (gegen 219 deutsche)
   c) in Ober-Themenau 1181 (gegen 20 deutsche)
   d) in Bischofswart 1000 (gegen 5 deutsche)

Einwohner sich der böhmischen Sprache als ihrer Umgangssprache bedienen und böhmischer Nationalität sind. Diese Zahl der Bewohner Niederösterreichs böhmischer Nationalität, welche die Zahl der *gesamten* Bewohner des Landes Salzburg fast erreicht, würde allein schon genügen, um einen jeden Unbefangenen zu der Überzeugung zu bringen, daß in Niederösterreich der böhmische Volksstamm tatsächlich ansässig und die böhmische Sprache landesüblich ist.

2. Aber nicht nur diese statistischen Daten beweisen unwiderleglich die eben besprochene Tatsache: auch der Umstand, daß die Bewohner Niederösterreichs und Wiens böhmischer Nationalität sich ihrer Zusammengehörigkeit infolge der sie verbindenden gemeinsamen Muttersprache bewußt sind, diese Zusammengehörigkeit auch nach außen bekennen und bestätigen, ihre Nationalität wahren und pflegen und als Angehörige eines und desselben Volksstammes auch einen gemeinsamen, sie speziell bezeichnenden Namen, „die niederösterreichischen Böhmen" führen, bietet ein treffliches Argument dafür, daß der böhmische Volksstamm in Niederösterreich ansässig und die böhmische Sprache daselbst landesüblich ist.

Dieses Bewußtsein der Zusammengehörigkeit der niederösterreichischen Böhmen äußert sich aber
   a) in dem Bestande der vielen und vielen, die Zahl 100 weit überschreitenden Vereine in Wien und in anderen Städten Niederösterreichs,
   b) in dem Bestande mehrerer Vorschußkassen und anderen wirtschaftlichen Genossenschaften in Wien mit ausschließlich böhmischen Mitgliedern,
   c) in dem Bestande einer eigenen überfüllten Privat-Volksschule des Vereines „Komenský" in Wien, welche von den Wiener Böhmen erhalten wird,
   d) in dem Bestehen von mehreren rein die Interessen der niederösterreichischen und speziell auch der Wiener Böhmen vertretenden und in Wien redigierten böhmischen Zeitschriften,
   e) in dem politischen Auftreten bei Landtags-, Reichsrats- und anderen Wahlen, für welche selbständige böhmische Kandidaten aufgestellt werden,
   f) in der Pflege der Religion und des Gottesdienstes in der böhmischen Sprache,
   g) unter anderem aber auch hauptsächlich in dieser mit solchem Ernste geführten Aktion zur Erlangung der uns aufgrund der Staatsgrundgesetze zustehenden und grundlos verweigerten Rechte.

Unter Berufung auf die Entscheidungen dieses hohen k. k. Reichsgerichtes vom 25. April 1877 und vom 20. Oktober 1882, Sammlung Hye Nr. 129 und 269, mit welchen dieses hohe Gericht in seiner durch politische Rücksichten unbeeinflußten Gerechtigkeit erkannt hat, daß in Niederösterreich die Böhmen als Volksstamm wohnen und die böhmische Sprache in Niederösterreich eine landesübliche Sprache ist und unter Hinweis auf hochdesselben Entscheidung vom 12. Juli 1880, Z. 121, Hye Nr. 219, stellen wir nun die ergebende Bitte:

Das hohe k. k. Reichsgericht geruhe zu erkennen:
A. Durch die in Beschwerde gezogene Entscheidung des hohen k. k. Ministeriums für Kultus und Unterricht, ddto 29. September 1903, Z. 35.621, mit welchem die Entscheidung des k. k. n. ö. Landesschulrates, ddto Wien, 6. August 1902, Z. 16.435, bestätigt wurde, hat eine Verletzung des § XIX des Staatsgrundgesetzes vom 21. Dezember 1867, Nr. 142 R. G. Bl. und des uns gefertigten mit diesem Staatsgrundgesetze gewährleisteten Rechtes auf Wahrung und Pflege unserer Nationalität und Sprache stattgefunden.
B. Das k. k. Ministerium für Kultus und Unterricht ist schuldig, uns die Kosten des Verfahrens bei dem hohen k. k. Reichsgerichte bei Exekution zu ersetzen.
Wien, am 9. November 1903

Dr. Franz Vepřek
mand. des Herrn Ferdinand Menčík et cons.

(Die vorliegende Beschwerde wurde von insgesamt 139 Vätern bzw. Vormündern unterzeichnet)

Nr. 4 Wien, 9. November 1903

Beschwerde des Dr. Franz Němeček an das Reichsgericht gegen den Erlaß des Unterrichtsministeriums vom 29. September 1903

RG. Fasc. 3, Reg. 68.
Akt über Repík, Anton und Genossen/Dr. Němeček:
Beschwerde des Dr. Franz Němeček, Hof- und Gerichtsadvokat in Wien durch Dr. Franz Vepřek, Advokat in Wien, gegen das Ministerium für Kultus und Unterricht wegen Verletzung des durch die Verfassung gewährleisteten Rechtes auf Wahrung und Pflege der Nationalität und Sprache und auf eine zur Ausbildung in der tschechischen Sprache entsprechende Einrichtung der öffentlichen Lehranstalten.
Nr. 512 präs: 10. November 1903 R. G.

Hohes k. k. Reichsgericht!

Am 31. Dezember 1901 haben 3032 Väter und Vormünder (böhmischer Nationalität) von 5177 schulpflichtigen, in Wien und in Floridsdorf ihren Wohnsitz habenden Kindern der böhmischen Nationalität, Mutter- und Umgangssprache beim k. k. n. ö. Landesschulrate aufgrund des Artikels XIX des Staatsgrundgesetzes vom 21. Dezember 1867 R.G.Bl. Nr. 142 und §§ 6 und 59 des Reichsvolksschulgesetzes um Errichtung je einer öffentlichen Volksschule für Knaben und Mädchen mit böhmischer Unterrichtssprache in 19 Wiener Bezirken und in Floridsdorf angesucht. Die diesbezüglichen Gesuche, welche gleichlautend mit der Abschrift A gewesen sind, wurden für den I. und IV. Wiener Bezirk gemeinsam, für jeden anderen der 18 Wiener Bezirke sowie für Floridsdorf separat, also in 20 Ausfertigungen eingebracht und von nachfolgender Zahl interessierter Väter und Vormünder und für die nachstehende Anzahl von Kindern böhmischer Nationalität und Umgangssprache gefertigt und zwar

für den II. Bezirk von 60 Gesuchstellern für 109 Kinder
für den III. Bezirk von 273 Gesuchstellern für 459 Kinder
für den I. u. IV. Bezirk von 51 Gesuchstellern für 95 Kinder
für den V. Bezirk von 241 Gesuchstellern für 430 Kinder
für den VI. Bezirk von 55 Gesuchstellern für 89 Kinder
für den VII. Bezirk von 42 Gesuchstellern für 72 Kinder
für den VIII. Bezirk von 92 Gesuchstellern für 136 Kinder
für den IX. Bezirk von 53 Gesuchstellern für 80 Kinder
für den X. Bezirk von 672 Gesuchstellern für 1109 Kinder
für den XI. Bezirk von 149 Gesuchstellern für 282 Kinder
für den XII. Bezirk von 201 Gesuchstellern für 368 Kinder
für den XIII. Bezirk von 58 Gesuchstellern für 109 Kinder
für den XIV. Bezirk von 253 Gesuchstellern für 433 Kinder
für den XV. Bezirk von 113 Gesuchstellern für 198 Kinder
für den XVI. Bezirk von 276 Gesuchstellern für 459 Kinder
für den XVII. Bezirk von 144 Gesuchstellern für 231 Kinder
für den XVIII. Bezirk von 76 Gesuchstellern für 130 Kinder
für den XIX. Bezirk von 40 Gesuchstellern für 74 Kinder
für den XX. Bezirk von 147 Gesuchstellern für 235 Kinder
für Floridsdorf von 36 Gesuchstellern für 79 Kinder

Diesen Gesuchen wurde vom k. k. n. ö. Landesschulrate mit dessen Entscheidung vom 6. August 1902, Z. 16.435, keine Folge gegeben.
Es wird bemerkt, daß sämtliche Gesuche vom k. k. n. ö. Landesschulrate per aversionem behandelt wurden, und daß mit gleichlautender Entscheidungsausfertigung

von einem und demselben Datum und einer und derselben Zahl alle obigen 20 Gesuche vom k. k. n. ö. Landesschulrate erledigt worden sind.
Beweis: Die für zwei verschiedene Bezirke Wiens intimierten Bescheide B und C sowie die Vorakten.
Diese Entscheidungen wurden von dem Bezirksschulrate der k. k. Reichshaupt- und Residenzstadt Wien mit gleichlautenden Intimaten vom 25. August 1902, Z. 7.052, für jeden Bezirk und für Floridsdorf den jeweils in den Gesuchen Erstgenannten (in der Beilage D verzeichneten Personen) am 15. September 1902 zugestellt.
Beweis: Die diesbezüglichen Rückscheine, welche vom Bezirksschulrate der Stadt Wien abverlangt werden mögen.
Die abweisliche Entscheidung der besprochenen Gesuche wurde damit begründet, daß weder die Gesamtzahl der in Wien und Floridsdorf lebenden Angehörigen des tschechischen Volksstammes im Entgegenhalte zu der Gesamtzahl der Bevölkerung, noch die Verhältnisse, unter denen sich dieselben in Wien aufhalten, jene Merkmale aufweisen, an welchen sich erkennen ließe, daß in Wien der tschechische Volksstamm wohne, beziehungsweise, daß seine Sprache eine in Niederösterreich, respektive in Wien und Floridsdorf, landesübliche sei.
Gegen diese Entscheidung wurden von 2996 Rekurrenten für 20 Bezirke Wiens 19 Rekurse an das k. k. Ministerium für Kultus und Unterricht überreicht.
Diese mit der Beilage E gleichlautenden Rekurse wurden von sämtlichen Gesuchstellern für die 20 Bezirke Wiens als Rekursberechtigten in 19 Rekursausfertigungen eingelegt und unterfertigt.
Trotz Erwartens wurden alle diese Rekurse und zwar wiederum per aversionem mit einem einzigen Erlasse des k. k. Ministeriums für Kultus und Unterricht vom 29. September 1903, Z. 35.621, unter Berufung auf die Gründe der angefochtenen Entscheidung abgewiesen und mit für alle Bezirke gleichlautendem Dekret des Bezirksschulrates der k. k. Reichshaupt- und Residenzstadt Wien de dato 23. Oktober 1903, Z. 9840, Beilage F und G, den in Beilage D angeführten Erstgenannten am 24. Oktober 1903 zugestellt.
Beweis: Die diesfälligen Rückscheine, welche von dem genannten Bezirksschulrate abverlangt werden mögen, und die sonstigen Vorakte.
Gegen diesen Erlaß des k. k. Ministeriums für Kultus und Unterricht de dato 29. September 1903, Z. 35.621, überreichen wir Gefertigten, berechtigten Interessenten, Gesuchsteller und Rekurrenten nach Erschöpfung des Instanzenzuges unter Anschluß der Vollmachten H/1—24 rechtzeitig die nachstehende

Beschwerde

an das hohe k. k. Reichsgericht.
Denn durch den in Beschwerde gezogenen Erlaß des k. k. Ministeriums für Kultus und Unterricht vom 29. September 1903, Z. 35.621, hat eine Verletzung des den berechtigten Gesuchstellern und Rekurrenten und insbesondere auch uns durch unseren Anwalt gefertigten Beschwerdeführern der böhmischen Nationalität, Mutter- und Umgangssprache durch Art. XIX des Staatsgrundgesetzes vom 21. Dezember 1867, Nr. 142 R.G.Bl. gewährleisteten politischen Rechtes auf Wahrung und Pflege unserer Nationalität und Sprache und auf eine derartige Einrichtung der öffentlichen Lehranstalten, daß wir und unsere Kinder die erforderlichen Mittel zur Ausbildung in unserer böhmischen Mutter- und Umgangssprache erhalten, zweifellos stattgefunden.
Es kann doch mit Ernst und Recht nicht geleugnet werden, daß unsere böhmische Sprache in Niederösterreich und insbesondere auch hier in Wien landesüblich ist,

und daß wir in Niederösterreich wohnenden Böhmen einen daselbst ansässigen Volksstamm bilden.

Was zunächst die Frage der Landesüblichkeit der böhmischen Sprache in Niederösterreich und hauptsächlich in Wien anbelangt, so kommt es diesfalls, wie bereits das hohe k. k. Reichsgericht mit Erkenntnis vom 12. Juli 1880, Z. 121 Hye Nr. 219, entschieden hat, keineswegs darauf an, daß dieselbe im ganzen Lande üblich und verbreitet, sondern es genügt, wenn sie in einzelnen Bezirken und Orten des Landes, also doch auch im Lande üblich ist, d. h. von irgendeiner größeren daselbst vereinigten Zahl im täglichen Umgange als Umgangssprache gesprochen wird.

Es fragt sich nun, wenn man an den Grundsätzen dieses Erkenntnisses festhält, auf Grund dessen schon im Jahre 1882 mit dem Erkenntnisse des hohen k. k. Reichsgerichtes vom 19. Oktober 1882, Hye Nr. 269, erkannt wurde, daß in einigen Gemeinden Niederösterreichs die „slawische" Sprache landesüblich ist, ob die böhmische Sprache in Niederösterreich und speziell in Wien „von einer größeren daselbst vereinigten Zahl im täglichen Umgange als Umgangssprache gesprochen wird."

Diesfalls geben zunächst die amtlich festgestellten statistischen Daten eine Auskunft. Im Jahre 1880 wurden in Niederösterreich unter 2 169 032 angesiedelten Einwohnern 61 257 böhmischer und 2 100 874 deutscher Umgangssprache und im Jahre 1890 unter 2 462 557 angesiedelten Einwohnern 93 481 böhmischer und 2 364 360 deutscher Umgangssprache gezählt.

In Wien selbst wurden im Jahre 1880 von 1 018 801 hierselbst Einwohnern 977 747 Einwohner deutscher und 35 694 Einwohner böhmischer, im Jahre 1890 von 1 213 878 angesiedelten Einwohnern 1 146 148 Einwohner deutscher und 63 834 Einwohner böhmischer, endlich im Jahre 1900 von 1 674 957 angesiedelten Einwohnern 1 368 115 Einwohner deutscher und 102 974 Einwohner böhmischer Umgangssprache gezählt.

Von den Einwohnern Wiens böhmischer Umgangssprache entfielen im Jahre 1900

auf den	I. Bezirk	930
auf den	II. Bezirk	5 535
auf den	III. Bezirk	9 244
auf den	IV. Bezirk	1 595
auf den	V. Bezirk	1 559
auf den	VI. Bezirk	2 018
auf den	VII. Bezirk	2 398
auf den	VIII. Bezirk	1 792
auf den	IX. Bezirk	2 968
auf den	X. Bezirk	23 487
auf den	XI. Bezirk	2 079
auf den	XII. Bezirk	3 852
auf den	XIII. Bezirk	1 960
auf den	XIV. Bezirk	5 908
auf den	XV. Bezirk	2 294
auf den	XVI. Bezirk	11 039
auf den	XVII. Bezirk	6 568
auf den	XVIII. Bezirk	3 343
auf den	XIX. Bezirk	1 284
auf den	XX. Bezirk	6 874
und auf Militär		2 262

In Unterthemenau wurden im selben Jahre neben 3118 Einwohnern böhmischer Umgangssprache nur 219 Deutsche, in Oberthemenau neben 1181 Böhmen 20 Deutsche, in Bischofswart neben 1000 Böhmen 5 Deutsche gezählt.
Böhmische Minoritäten bestehen ferners fast in sämtlichen Städten Niederösterreichs.
Beweis: Die diesfälligen amtlich publizierten und notorischen Ergebnisse der Volkszählung vom Jahre 1900. Diese statistischen Zahlen lehren aber Doppeltes:

1. Daß die böhmische Sprache in ganz Niederösterreich als Umgangssprache gesprochen wird, da es hier fast keinen Bezirk gibt, in welchem nicht eine größere Zahl der Einwohner sich der böhmischen Sprache als Umgangssprache bedienen würde, ja, daß es sogar mehrere Orte in Niederösterreich gibt, in welchen die böhmische Sprache von der Mehrzahl der Einwohner im gewöhnlichen Umgange gesprochen wird; und

2. daß diejenigen Einwohner Österreichs, welche die böhmische Sprache zur Mutter- und Umgangssprache haben, eine fixe Konstante bilden, die dem natürlichen Bevölkerungszuwachse proportioniert bleibt, woraus sich ergibt, daß diejenigen Einwohner der einzelnen Orte, die sich zu der böhmischen Umgangssprache bekannt haben,
    a) in Niederösterreich ihre festen Siedel haben und
    b) Angehörige des böhmischen Volksstammes sind und auch bleiben.

Beweis: Die Einwohnerzahl Niederösterreichs der deutschen Umgangssprache des Jahres 1880 hat sich zu derjenigen des Jahres 1890 (2 101 000 : 2 463 000) wie 20 : 25 = 4 : 5 = 12 : 15, diejenige der böhmischen Umgangssprache (61 257 : 93 481) wie 6 : 9 d. i. 2 : 3 = 10 : 15 verhalten. Der Zuwachs der Bewohner ist also bei beiden Nationalitäten proportionell genommen fast derselbe. Dieselbe Proportion ergibt auch die Volkszählung vom Jahre 1900.
Wird aber fast in ganz Niederösterreich die böhmische Sprache von Einheimischen festangesiedelten Einwohnern gesprochen, bedienen sich in Wien allein, wie *amtlich* festgestellt, circa 103 000, wie aber später nachgewiesen wird, circa 500 000 der böhmischen Sprache als ihrer Umgangssprache, wird wohl nicht mit Recht behauptet werden können, daß die böhmische Sprache daselbst nicht landesüblich sei.
Sollte man dies mit dem k. k. n. ö. Landesschulrate und dem k. k. Ministerium für Kultus und Unterricht unter Hinweis auf die böhmische Minorität daselbst anfechten wollen, so müßte dies zu dem Resultat führen, daß auch in Prag, Böhmen und Mähren die deutsche Sprache als daselbst landesüblich nicht gelten dürfte, da die Zahl der deutschsprechenden Bewohner dieser Länder in starker Minorität zurückbleibt.
Interessant ist es, daß in Prag fast in derselben Proportion die Böhmen den Deutschen (173 896 B : 17 931 D) wie in Wien die Deutschen den Böhmen gegenüberstehen (1 386 115 D : 103 000 B) und doch wird niemandem einfallen, die deutsche Sprache in Prag für fremd, nicht landesüblich, zu erklären; noch viel krassere Beispiele liefern die statistischen Erhebungen des Jahres 1900 bezüglich der Mehrzahl der böhmischen und mährischen Städte. Nichtsdestoweniger bleibt auch in diesen Städten die deutsche Sprache eine „Landessprache".
Mit demselben Rechte muß man aber auch zugeben, daß die von 103 000 Einwohnern Wiens als Umgangssprache einbekannte Sprache, welche in mehreren Städten Niederösterreichs vorherrscht, sowohl in Niederösterreich als auch in Wien landesüblich ist.

Nur dies entspricht sowohl dem Wortlaute des Art. XIX des obzitierten Staatsgrundgesetzes als auch dessen natürlichem Sinne und der klaren Absicht des Gesetzgebers, die Minoritäten zu schützen und kann nach der Bedeutung des Wortes „landesüblich" nur diese Ansicht einzig und allein die richtige sein.

„Landesüblich" heißt doch soviel wie in einem bestimmten Lande geübt, gebraucht. Wenn nun, wie die Statistik nachweist, fast in jeder Gemeinde Niederösterreichs die böhmische Sprache von einer größeren Einwohnerzahl im täglichen Umgange geübt, gebraucht wird, wenn speziell in Wien diese Sprache auf der Gasse, im Theater, in jedem Konzert, in jeder Kirche und überall, wohin man nur kommt, von einer auffallenden Zahl von Personen aller Stände und Berufe gesprochen, in allen Geschäften sowohl den größten als auch den kleinsten beherrscht wird, und, insbesondere in Favoriten nach den amtlichen Erhebungen von einem Drittel der Einwohner als Umgangssprache benützt wird, so kann wirklich kein einziger Grund bestehen, welcher die Tatsache, daß die böhmische Sprache in Niederösterreich landesüblich ist, als zweifelhaft gelten lassen könnte.

Beweis: Alle diese Tatumstände, insoferne dieselben nicht notorisch sind, werden durch die amtlich publizierten Ergebnisse der Volkszählung vom Jahre 1900 bewiesen.

Schon oben wurde angedeutet, daß die amtlich bei der Volkszählung vom Jahre 1900 festgestellte Zahl der Bewohner Wiens und Niederösterreichs, welche sich zur böhmischen Umgangssprache bekannt haben, und welche der Zahl der gesamten Bewohner des Landes Salzburg gleichkommt, weit zurückbleibt hinter der Zahl der Einwohner dieses Landes und dieser Stadt, welche sich *tatsächlich* der böhmischen Sprache als Umgangssprache bedienen.

Dies erhellt aus Folgendem: Die Volkszählung vom Jahre 1900 hat ergeben, daß von den 1 300 000 Einwohnern, welche bei der Volkszählung teils die deutsche *und* „slawische" oder „böhmische" Sprache als ihre Umgangssprache angegeben haben, 235 449 in Böhmen, 175 588 in Mähren und 26 930 in Schlesien, also im Ganzen 437 967 in den Ländern der böhmischen Krone geboren wurden.

Schon daraus, daß in den Ländern der böhmischen Krone das Nationalitätenverhältnis sich wie 3 : 4 verhält und eine besondere Schwankung in diesem Verhältnis nicht zu beobachten ist, folgt natürlich, daß mindestens ³/₄ dieser von jenen Ländern nach Wien übersiedelten Staatsbürgern der böhmischen Nationalität angehören. Doch beweist dies auch die Statistik.

Von diesen ... 437 967 aus Böhmen, Mähren und Schlesien nach Wien übersiedelten Personen stammen nämlich nur 67 489 aus Bezirken, in welchen die böhmische Nationalität mit 25 % in Minorität ist, wogegen die übrigen nach Wien von diesen Ländern Übersiedelten gar 370 478 aus rein böhmischen oder mehr als 25 % böhmischen Orten der genannten Länder abstammten.

Es liegt nun auf der Hand, daß also mindestens noch 370 478 Einwohner Wiens böhmischer Nationalität sind, und nur aus Gründen, welche hier nicht angeführt werden sollen, die deutsche oder deutsche *und* böhmische Sprache als ihre Umgangssprache angeführt haben.

Hieraus ergibt sich dann, daß in Wien mindestens 472 000 Einwohner böhmischer Nationalität wohnen. Übrigens würden auch wohl die *amtlich* erhobenen 103 000 Wiener Böhmen genügen, um einen jeden Unbefangenen zu der Überzeugung zu bringen, daß in Niederösterreich und speziell in Wien die böhmische Sprache landesüblich und der böhmische Stamm daselbst auch tatsächlich ansässig ist.

Aber nicht nur diese statistischen Daten beweisen unwiderleglich die eben besprochenen Tatsachen: Auch der Umstand, daß die Bewohner Niederösterreichs und Wiens böhmischer Nationalität sich ihrer Zusammengehörigkeit infolge der sie verbindenden gemeinsamen Muttersprache bewußt sind, diese Zusammengehörigkeit auch nach außen bekennen und bestätigen, ihre Nationalität wahren und pflegen und als Angehörige eines und desselben Volksstammes auch einen gemeinsamen, sie bezeichnenden Namen „Češi dolnorakouští" (Niederösterreichische Böhmen) führen, bietet ein treffliches Argument dafür, daß der böhmische Volksstamm in Niederösterreich ansässig und die böhmische Sprache daselbst landesüblich ist. Dieses Bewußtsein der Zusammengehörigkeit der niederösterreichischen Böhmen äußert sich aber

I. in dem Bestande vieler böhmischer Vereine in Wien und anderen Städten Niederösterreichs. Hier mögen nur folgende angeführt werden:
1. *Zpěvácký spolek slovanský,* ein Gesangsverein, welcher seit 21. Mai 1862 besteht und ausschließlich slawische Musik pflegt. Es ist zu bemerken, daß dieser Verein alljährlich zwei große Konzerte in den ersten Sälen Wiens und insbesondere im großen Musikvereinssaale seinen Statuten gemäß veranstaltet. Zur näheren Information liegt der letzte Bericht dieses Vereins bei.
2. *Slovanská Beseda,* ein seit dem Jahre 1865 in der inneren Stadt bestehender Lese-, Bildungs- und Gesellligkeitsverein, dessen letzter Bericht sub K beigeschlossen wird.
3. *Akademický spolek,* ein seit dem Jahre 1868 bestehender akademischer Leseverein.
4. *Komenský,* der am 6. Feber 1872 gegründete böhmische Schulverein Wiens. Derselbe erhält gegenwärtig
   a) eine siebenklassige Privatvolksschule in Wien X., welche von 399 Knaben und 433 Mädchen im Schuljahre 1902/03 besucht wurde, wogegen die darüberhinaus sich anmeldenden Kinder wegen Raummangels abgewiesen werden mußten;
   b) einen Kindergarten im X. Bezirk, welcher im Jahre 1902 von 60 Kindern im Alter von 5—6 Jahren besucht wurde. Eine größere Zahl konnte wegen Raummangels nicht aufgenommen werden;
   c) einen im Jahre 1902 von 45 Kindern besuchten Kindergarten im III. Bezirk;
   d) eine Schule der böhmischen Sprache im III. Bezirk, bestimmt für Kinder, welche deutsche Schulen besuchen. Dieselbe wurde im Jahre 1902 von 65 Kindern frequentiert;
   e) eine Schule der böhmischen Sprache im V. Bezirk, welche im Jahre 1902 49 Kinder besuchten;
   f) eine solche im IX. Bezirk, welche im Jahre 1902 von 84 Kindern und
   g) eine solche im X. Bezirk von 40 Kindern besucht wurde. Zur näheren Information diene der Bericht von 1902 L und die im Jahre 1897 herausgegebene Denkschrift M.
5. *Pokrok,* ein im Jahre 1863 gegründeter Theaterverein. Dieser Verein, dessen geschultes Theaterpersonal Kräfte aufzuweisen vermag, die sich mit Recht den Titel dramatischer Künstler beilegen dürfen, führt die besten dramatischen Werke der böhmischen und slawischen Dichter in Wien auf. Seine regelmäßigen und jedesmal bei ausverkauftem Hause stattfindenden Vorstellungen finden im Musikvereinssaale statt. Zur

näheren Information wird dessen Bericht pro 1902 N sowie der von demselben im Jahre 1893 herausgegebene Almanach beigeschlossen (O).
6. *Lumír*, ein seit dem Jahre 1865 bestehender Gesangsverein, dessen Konzerte das allgemeine Interesse der Wiener Böhmen erwecken und insbesondere in den letzten Jahren geradezu glänzend zu nennen sind.
7. *Slavoj*, ein seit dem Jahre 1867 bestehender Gesangsverein.
8. *Záboj*, ein seit dem Jahre 1869 bestehender Gesangsverein und viele andere in der Beilage P verzeichnete Bildungs-, Sport-, Wissenschaft- und Leservereine. Hier sollen nunmehr noch die böhmischen Turnervereine erwähnt werden. Der älteste Verein ist der „*Sokol vídeňský*". Derselbe wurde anfangs des Jahres 1867 gegründet und hat seinen Sitz in Mariahilf, er zählt über 300 Mitglieder und besitzt eine größere Bibliothek. Bericht pro 1902 sub R. „*Sokolská jednota «Tyrš»*" besteht seit dem Jahre 1888 in Fünfhaus und hat über 200 Mitglieder. *Sokol „Fügner"* wurde im Jahre 1889 gegründet und zählt über 100 Mitglieder; sein Sitz ist Hernals. *Sokol Favoritský* besteht seit 1891, zählt über 200 Mitglieder und hat seinen Sitz in Favoriten. *Sokol Leopoldovský*, gegründet 1893 in Leopoldstadt, mit circa 200 Mitgliedern. Außerdem besteht: *Sokol „Havlíček"* im III. Bezirk, *Sokol „Podlipný"* im V. Bezirk, *Sokolská jednota* im IX. Bezirk und *Sokol Floridsdorfský* in Floridsdorf, endlich die *Sokolská župa dolnorakouská*, ein seit dem Jahre 1884 existierender Verband aller niederösterreichischen Sokolvereine.

II. In dem Bestande mehrerer Vorschußkassen und anderer wirtschaftlichen Genossenschaften in Wien mit ausschließlich böhmischen Mitgliedern. Als solche werden hier angeführt:
1. Česká záložna ve Vídni I., seit 1887,
2. Česká lidová záložna v II. okrese ve Vídni, seit 1897,
3. Česká řemeslnická záložna ve III. okrese ve Vídni, seit 1895,
4. Slovanská záložna ve IV. okrese ve Vídni, seit 1896,
5. Česká lidová záložna v VII. okrese ve Vídni, seit 1897,
6. Řemeslnická česká záložna v VIII. okrese ve Vídni, seit 1896,
7. Česká lidová záložna v X. okrese ve Vídni, seit 1896,
8. „Oul", úsporný spolek,
9. Česká záložna v XV. okrese ve Vídni, seit 1903,
10. Úsporný spolek „Mravenci" v XVI. okrese ve Vídni,
11. Český spotřební spolek v XVII. okrese ve Vídni,
12. První český spotřební spolek v XII. okrese s jednou Filiale und andere. Zur näheren Information wird sub S eine Schrift über die Wiener böhmischen Vorschußkassen beigeschlossen.

III. In dem Bestande mehrerer überfüllter böhmischer Privatschulen des Vereines Komenský, von welchem bereits oben gesprochen wurde.

IV. In dem Bestande nachstehender böhmischer Zeitschriften, welche rein die Interessen der Wiener und der niederösterreichischen Böhmen vertreten und in Wien redigiert werden.
1. Die zweimal in der Woche erscheinende Zeitschrift „*Slovan*", Jahrgang 11 (T),
2. Die Wochenschrift „*Věstník*" (U),
3. Das Tagblatt „*Dělnické Listy*", Jg. 14 (V),

4. Die politische Wochenschrift „*Česká Vídeň*", Jg. 2 (W).

Außerdem erscheinen in Wien mit gleicher Tendenz die Wochenschrift „*Parlamentär*", die Monatsschrift „*Přítel lidu*", die zweimal wöchentlich erscheinende Zeitschrift „*Odborové sdružení*", die Monatsschrift „*Odborník*", die monatlich erscheinende Drechslerfachschrift „*Odborný list soustružníků*", die zweimal monatlich erscheinende Fachschrift „*Zájmy zřízenců poštovních a telegrafních*", endlich die *slavische Korrespondenz*.

V. In der Herausgabe der umfangreichen, die Verhältnisse der Wiener Böhmen schildernden Publikationen, von welchen hier beigeschlossen werden
1. Sborník Čechů dolnorakouských v. J. 1895 (X)
2. Z lidu pro lid v. J. 1897 (Y)
3. Čechové v Dolních Rakousích v. J. 1892 (Z)
4. Sborník Čechů vídeňských v. J. 1903 (Aa)
5. endlich ein Exemplar des seit dem Jahr 1891 erscheinenden „Kalendář Čechů dolnorakouských".

VI. Im Bestande von zwei böhmischen Buchhandlungen und zwar des J. Otto Wien I., Gluckgasse 3 und des Josef Vilímek, Wien I., Schottenring 1.

VII. In der Abhaltung von politischen und nichtpolitischen Versammlungen, bei welchen Polizeibeamte der *böhmischen Nationalität* intervenieren.

VIII. In dem politischen Auftreten bei Landtags-, Reichsrats- und anderen Wahlen, für welche selbständige böhmische Kandidaten aufgestellt werden.

IX. In der Pflege der Religion in der böhmischen Sprache. Der böhmische Gottesdienst wird gegenwärtig abgehalten:
   a) In der Kirche der O. O. Ligurianer
   b) In der Kirche zur Hl. Anna
   c) In der Kirche des Allerh. Erlösers
   d) In der Kirche der Lazaristen im VII. Bezirk
   e) In der Kirche der Redemptoristen im XVII. Bezirk
   f) In der Kirche zum Hl. Johannes im X. Bezirk
   g) In der Meidlinger Pfarrkirche
   h) In der evangelischen Kirche im VII. Bezirk
   i) In der orthodoxen Kirche im III. Bezirk.

X. Unter anderem aber auch hauptsächlich in dieser mit vollem Ernste geführten Aktion zur Erlangung der uns aufgrund der Staatsgrundgesetze zustehenden und grundlos verweigerten Rechte.

Alle diese notorischen, weil in jedem Schematismus angeführten und bestätigten Tatsachen können auch noch durch eine Anfrage bei der k. k. Polizei-Direktion ermittelt werden.

Wir stellen die

Bitte:

Das hohe k. k. Reichsgericht geruhe zu erkennen:
1. Durch den in Beschwerde gezogenen Erlaß des k. k. Ministeriums für Kultus und Unterricht vom 29. September 1903, Z. 35621, mit welchem die Entscheidung des k. k. niederöstererichischen Landesschulrates vom 6. August 1902, Z. 16435, bestätigt wurde, hat eine Verletzung des Artikels XIX des St.G.G. vom 21. 12. 1867 Nr. 241 RGBl. und des uns durch unseren Vertreter gefertigten mit diesem Staatsgrundsetze gewährleisteten Rechtes auf Wahrung und

Pflege unserer Nationalität und Sprache und auf eine derartige Einrichtung der öffentlichen Lehranstalten, daß sie und ihre Kinder die erforderlichen Mittel zur Ausbildung in ihrer böhmischen Mutter- und Umgangssprache erhalten, stattgefunden.
2. Das k. k. Ministerium für Kultus und Unterricht ist
s c h u l d i g ,
uns die Kosten des Verfahrens beim hohen k. k. Reichsgericht bei Exekution zu ersetzen.

Wien, 9. November 1903

JUDr. Fr. Vepřek
mand. des Herrn Dr. Fr. Němeček et cons.

(Duplum mit 27 Beilagen und 24 Vollmachten)

Nr. 5   Wien, 20. April 1904

Denkschrift des Grafen Harrach an den Apostolischen Nuntius über die religiösen Bedürfnisse der tschechischen Katholiken Wiens

Gräflich Harrachsches Familienarchiv Fasc. 667: 1904 (St. Method-Verein).
Mémoire concernant les efforts de la Société de St. Méthode à Vienne pour les besoins réligieux des Tchéquoslaves catholiques de Vienne
présenté à son Excellence le Nonce Apostolique (20. April 1904)

Il est un fait indiscutable, que la métropole de Vienne compte une population Tchéquoslave, dont le nombre est aussi grand que constant. Ces Tchéquoslaves appartiennent pour la plupart aux classes ouvrières, mais il y en a un grand nombre, qui occupent par leur intelligence ou par leur fortune des positions considérables. Incessament et depuis bien des siècles des immigrants de la Bohème, de la Moravie et de la Silésie arrivent à Vienne, puisque cette ville est le centre d'un empire aussi grand que puissant et que les membres de toutes les nations d'Autriche s'y devraient sentir chez eux, sans qu'il y ait différence ni de droit ni de devoirs, da manière que la capitale d'Autriche fût l'image de l'entière monarchie de Habsbourg.
Lors du recensement de la population fait à Vienne le 31 décembre 1900, le nombre total s'élevait à 1,674 000 habitants, *103 000* en ont déclaré le langue tchèque comme leur langue usuelle.
Cependant, chacun qui connaît l'état des choses avouera que ce résultat est loin d'être exacte. On sait bien, comment ces recensements se font chez nous! Pour le grand nombre des personnes employés comme domestiques ou ouvriers, on a déclaré l'allemand comme «Umgangssprache» (langue usuelle), l'allemand étant — disait-on — la langue parlée à Vienne.
Or, il y a différentes interprétations du sens officiel de la langue usuelle. Les uns prétendent que cette expression constate simplement qu'elle est la langue parlée dans tel ou tel lieu; les autres sont d'opinion, qu'elle devrait indiquer, quel idiome joue le rôle important de langue maternelle au sein de la famille, et si l'on compte de cette manière, on verra, que 400.000 Bohèmes slaves habitent à Vienne. La plupart en sont catholiques.
Il y a donc à Vienne un nombre considérable d'habitants qui ne savent guère ou pas du tout l'allemand et qui par conséquent sont hors d'état de prendre part aux institutions ecclésiastiques destinées à l'usage des habitants allemands, et les besoins spirituels et réligieux des Tchéquoslaves comment-sont-ils satisfaits? Voilà une question à laquelle nous ne pouvons donner qu'une réponse négative et affligeante. Tandis qu'on envoit à grands frais aux peuples sauvages et demi-sauvages des missionnaires qui leur font connaître les vérités du salut, on ne fait presque rien pour les besoins réligieux des Tchèques, qui vivent à Vienne, capitale et centre de l'Empire.
Dans tous les paroisses de Vienne le service d'église entier est exclusivement fait en allemand. Quant aux prêtres assistants — *aucun n'ose parler le bohème;* ils ne sont donc pas à même de confesser les Tchèques dans leur langue et toutes les fois qu'il faudrait les instruire, les exhorter ou consoler — à l'occasion de mariages, de baptêmes, de confessions etc. — ils ne savent se servir de la langue d'une grande partie de leurs paroissiens.
Jamais dans les églises paroissiales de Vienne on ne fait entendre la parole de Dieu dans une langue, qui soit intelligible aux paroissiens tchéquoslaves; aussi, il n'est

pas permis de prononcer des sermons tchéquoslaves dans l'église paroissiale du 10ième arrondissement (Favoriten, St. Anton).

Les écoliers tchéquoslaves de Vienne sont obligés de fréquenter les écoles Primaires allemands et d'y assister à l'enseignement réligieux allemand, qui leur reste inintelligible; il est donc impossible que cet enseignement les émeuve ou se grave dans leurs coeurs aussi profondement qu'il le ferait sans doute, s'ils prenaient les leçons dans leur langue maternelle.

Voilà un inconvénient qui est sûrement d'une grande portée pour le bonheur de ces enfants.

Quand les Tchéquoslaves de la Cité de Vienne désirent entendre la parole de Dieux dans leur idiome, il leur faut se rendre aux églises non-paroissiales où les prédicateurs se servent de cette langue; ces églises sont peu nombreuses, elles sont trop éloignées pour beaucoup de personnes et en outre, elles ne peuvent contenir que peu de monde. Nous en nommons l'église nonparoissiale de «Maria am Gestade», celle des Soeurs Rédemptoristes au Rennweg, l'église de «Sainte Anne». Déjà année 1722 le compte Czernin a fondé une chapelle pour ses compatriotes bohèmes.

Grâce aux soins paternels de feu l'Empereur François I, un service divin catholique fut institué en 1820, pour les «Slaves» et ce service fut, en 1852, expressément réservé aux «Slaves bohèmes», qui habitent Vienne. Ces mesures se rapportèrent à une ville étroite, limitée de remparts, et où il y avait relativement peu de représentants des classes inférieures, et dans ces classes peu de Slaves. C'est le fond réligieux de l'Autriche Inférieure, qui fournit aux dépenses de l'institution mentionnée, dépenses contenues dans les «subventions annuelles de 1837 florins» accordées à la Congregation des Rédemptoristes de Vienne.

Mais les Tchéquoslaves catholiques de Vienne ne jouissent pas même pleinement de la dite institution; car contrairement aux intentions qui engagèrent à leur confier complètement le service, les Pères Rédemptoristes de «Maria am Gestade» ne servent les besoins réligieux de Bohèmes qu'accessoirement; car ils se bornent à celebrer la sainte messe et à prêcher les dimanches et les jours de Fête à 7 heures et à donner le bénédiction et la catéchisation l'après-midi. Outre cela, toutes leurs fonctions ecclésiastiques sont destinées à l'usage des Allemands, bien qu'ils n'en aient guère besoins, leurs paroisses prenant soin d'eux d'une manière suffisante.

Excepté ces cas, dans tout l'étendue de Grand-Vienne les autorités ne pourvoient pas aux besoins dont nous parlons.

Toutefois, les dispositions prises en 1852 à l'égard de l'église de «Maria am Gestade» font connaître, que les autorités ecclésiastiques et publiques ont reconnu comme princip, que l'Eglise est obligée de se charger de satisfaire les besoins spirituels et ecclésiastiques des Tchéquoslaves.

Si nous comparons une institution destinée à servir les intérêts des habitants Polonais de Vienne: au 1841 fut introduit à l'église non-paroissiale de S. Rupert, succursale de l'église S. Etienne, un service régulier en langue polonaise, sans que le service allemand en fût restreint, et les appointements du prêtre sont payés par le même «Niederösterreichischer Religionsfond». Depuis les dernières années il y a en outre une église polonaise dans Bezirk Landstraße (Rennweg), laquelle pourvoit aux besoins de 5 milles Polonais de Vienne.

Afin de remédier au manque presque total d'établissements ecclésiastiques et spirituels réservés aux Bohèmes de Vienne une société nommée «Société, de S. Méthode» (Jednota Sv. Metoděje) fut fondée à Vienne, il y a presque 20 ans. Le but de cette Société est d'encourager le sentiment réligieux et la culture intellectuelle et morale des Tchéquoslaves catholiques, domiciliés à Vienne et dans les environs.

Dans ce but la Société cherche à introduire l'emplois de la langue maternelle des Bohèmes dans le service divin et dans la catéchèse; les résultats atteints jusqu'ici sont: Les dimanches service solennel à l'église non-paroissiale de Sainte Anne dans la Cité (Annagasse), sermon et la grande messe, aussi à l'église des Pères Lazaristes (Kaiserstraße, VII. Bezirk), puis Sonntagsgottesdienst aprèsmidi à l'église de Meidling, Favoriten et à Inzersdorf.

En outre, la Société contribue, autant que le permettent les revenus si petits aux appointements d'un catechète, qui enseigne à l'école privée bohème du X. Bezirk.

Voilà tout ce que peut faire la Société, restreinte aux contributions de ses membres et à la liberalité de ses bienfaiseurs; il faut ajouter qu'elle est même hors d'état de garantir la continuation et une longue durée des institutions crées jusqu'ici. Et cependant les églises sont immensement frequentées, ce qui est sans doute la preuve la plus claire de la nécessité des institutions que la Société de S. Méthode se propose de créer.

La Société s'est adressée à l'ordinariat très venerable du prince-Archevêque, au ministère de l'instruction publique et des cultes, deux fois elle a recouru à la Nonciature de Sa Sainteté et même a envoyé un promémoria à Sa Sainteté le Pape Leo XIII à Rome — elle s'est adressé plusieurs fois aux ordinariats très vénérables des pays habités par des Tchéquoslaves en Bohème, en Moravie et en Silésie; c'était en vain, qu'elle s'éfforçait, de faire satisfaire les besoins les plus urgents des Bohèmes catholiques de Vienne, quoique tout le monde admette la justesse de nos donnés et de nos conclusions.

Cependant on peut constater, que l'indifférence en matière de rélígion, même l'atheisme et la démoralisation font des progrès rapides au milieu d'une population dépourvue de toute instruction rélígieuse. Ils ne comprenent jamais le sermon: ce n'est que par hazard, qu'ils réussissent quelquefois à trouver un confesseur; en leur administrant les saints sacrements le prêtre se sert d'une langue inintelligible de sorte que même au moment où ils quittent ce monde, ils sont privés des consolations de l'Eglise laquelle en vertu de son institution divine a pourtant été fondée pour toutes les nations et pour toutes les langues.

Parmi les Bohèmes catholiques il y en a beaucoup, dont les sentiments rélígieux ne sont pas trop solidement fondés. Or, ils n'ont pas d'occasion de pourvoir à la conservation et à la culture de leur foi chancelante, ils voient, que ceux, qui prient instamment de satisfaire leurs besoins spirituels, reçoivent une réponse brusque et essuient même un refus moqueur; est-il étonnant, que de telles personnes finissent par abandonner leur foi?

Ayant perdu l'appui, que la rélígion lui offre, la population est livrée en proie aux nombreuses tentations de la grande ville, et alors elle est accessible aux doctrines des erreurs sociales à l'anarchisme, au nihilisme etc.

Il est donc une nécessité urgente et imminante d'y remédier! Les Slaves de Vienne ont le même droit d'exiger la satisfaction de leurs besoins spirituels que les Allemands de la métropole. Ils sont les enfants du même Père divin et le Sauveur du monde a envoyé les Apôtres à tous les peuples. Ils contribuent au maintien des paroisses aussi bien que les Allemands; ils éprouvent le même désir et le même besoin que tous les autres croyants de trouver un appuis salutaire de la part de l'Eglise catholique.

Le conseil évangelique a établi un service regulier tchèque pour ses corregionnaires tchèques de Vienne; depuis quelque temps les évangeliques font presque dans tous les Bezirke leur service divin et ils cherchent à y attirer les Bohèmes catholiques. Et même pour les musulmans de la Bosnie et de l'Hercegovine, qui sont ici en garnison, on a construit une mosquée et on les met en état de satisfaire leurs besoins réligieux. Pourquoi les Tchèques seuls dont il y a des centaines de mille à Vienne, n'atteignent-ils pas l'accomplissement de leurs besoins réligieux, besoins, qu'il faut respecter comme sacrés?

Lorsque nous demandions, que les paroisses de cette ville accordassent une partie proportionnée de leur soins aux Bohèmes catholiques de Vienne, on nous faisait savoir, qu'il était inutile de prendre des mesures à cet égard, si les Slaves — disait-on — désirent davantage, qu'il le paient eux-mêmes.

C'est un point de vue tout à fait injuste. Voudrait-on que des paroisses de nationalité tchèque fussent établies pour les Bohèmes catholiques de Vienne? Mais c'est défendu par le § 35 de la loi du 7. 5. 1874, qui prescrit que la *totalité* des catholiques du même rite vivant dans une paroisse formeraient une seule paroisse. Que faut-il donc faire dans un cas comme le nôtre? Les lois canoniques de l'Eglise l'indiquent d'une manière claire et précise.

Le IV. Concile de Lateran statue, sous IX. De diversis ritibus in eadem fide la décision suivante, qui a passée en loi dans le Corpus juris canonici (c. 14. X. de off. jud. ord I. 31):

«*Quoniam in plerisque partibus intra eadem civitatem atque dioecesim permixti sunt populi diversarum linguarum, habentes sub una fide varios ritus et mores: districte praecipimus, ut pontifices huius modi civitatem sive dioecesim provideant viros idoneos qui secundum diversitates rituum et linguarum, divina illis officia celebrant et ecclesiastica sacramenta ministrent, instruendo eos verbo pariter et exemplo.*»

Puisqu'il est bien rare, qu'on trouve dans les paroisses de Vienne un prêtre, qui sache parfaitement écrire et parler la langue bohème, il est évident qu'il faut absolument y rémedier.

Il est vrai, ques les Israélites, les Grecs et d'autres nations professant une culte particulière possèdent leurs temples et leurs prêtres à eux: mais ils n'ont nul droit d'élever des prétentions sur les paroisses catholiques et que, pour la plupart, ils ne joissent pas de l'indigénat autrichien.

De même, notre cas est évidemment différent de celui des Français et des Italiens catholiques de Vienne, qui se payent des prêtres connationaux et les font servir dans les chapelles.

D'autres nous ont dit: si les Slaves désirent résider à Vienne, il faut qu'ils apprennent la langue allemande. C'est ce qu'ils font en effet — puisqu'ils en ont besoin pour leurs relations continuelles avec les Viennois allemands — autant que leur temps et leur aptitude le permettent. Mais en général il est bien rare qu'un Slave parvienne à savoir l'allemand assez bien pour comprendre un sermon bien redigé et amplement enrichi des citations empruntées à la Sainte Ecriture. Rapellons-nous aussi, que le *divin Sauveur loin d'exiger que les peuples apprissent la langue des Apôtres, a ordonné à ceux-ci de prêcher l'Evangile à toutes les nations, en se servant de leurs langues maternelles.*

Quelquefois on nous fait observer que le caractère de Vienne ne permet pas d'avoir égard aux intérêts des Slaves à Vienne.

Mais il ne faut pas oublier que Vienne est la capitale et la résidence impériale d'Autriche et que, par conséquent, elle doit offrir et mettre son soin maternel à la disposition de toutes les nations de l'Empire. Du reste on peut garder intact le caractère allemand de Vienne sans priver les Slaves qui l'habitent en si grand nombre, de toute possibilité d'avancer au point de vue de la culture morale.

A Prague, qui compte 201.000 habitants, dont 20.000 Allemands, on aurait le même droit de parler de la nécessité de conserver le caractère tchèque de la ville. Toutefois on y a, comme il est juste, tous les égards aux intérêts intellectuels des Allemands, tant à l'église qu'à l'école, et les autorités veillent à ce qu'on ne fasse pas du tout aux Allemands. Pourquoi n'agit-on pas de la façon à Vienne?

Et si quelques Allemands fanatiques et le magistrat s'opposent aux aspirations mentionnées des Bohèmes catholiques de Vienne, l'Etat et l'Eglise ont bien la force et le devoir de désavouer une conduite si peu chrétienne.

La Société de St. Méthode à Vienne prend la liberté d'adresser à Votre Excellence l'humble prière de daigner gracieusement employer Son influence à cet effet, que l'Ordinariat très vénérable du Prince-Archevêque ait égard aux besoins ecclésiastiques et religieux des paroissiens catholiques tchéquoslaves des paroisses Viennoises; avant tout

a) que dans chaque paroisse de Vienne soit employé un prêtre au moins, qui sache parfaitement écrire et parler la langue tchèque. Il ne serait pas nécessaire d'en multiplier les prêtres ni d'augmenter les dépenses du fond destiné à soutenir les paroisses de Vienne. Il ne faudrait que conférer une ou deux des places existentes dans chaque paroisse à des prêtres, qui parlent le bohème. Il y aura sans doute assez candidats aspirants à de pareilles places.

b) que Votre Excellence daigne employer Son influence, que conformément aux besoins religieux des Bohèmes catholiques, le service divin des églises paroissiales de Vienne soit fait, surtout les dimanches et les jours de fête aussi dans leur langue maternelle et qu'il leur soit permis d'y chanter leurs belles hymnes traditionelles.

c) Si l'on consent à satisfaire les besoins réligieux des Slaves domiciliés à Vienne, il est de la plus grande importance d'enseigner la religion aux élèves de l'école primaire au moyen de leur langue maternelle, puisque c'est le seul idiome qui leur soit familier et qui les pénètre profondément.

Les leçons de religion des enfants israélites sont habituellement données par leurs maîtres de religion aux heures, qui se joignent à l'enseignement commun, et l'on y réunit au besoin deux ou trois écoles.

On pourrait en faire autant pour les écoliers slaves. Il ne serait guère difficile d'adopter cette institution si l'on accordait l'humble prière prononcée ci-dessus concernant les églises.

La Société de St. Méthode à Vienne lève les yeux vers Votre Excellence dans le ferme espoir que Votre Excellence comme représentant de la Sainteté dans la sagesse et Sa justice chrétienne voudra bien contribuer largement à ce que les humbles prières ici prononcées soient accordées au profit de la réligion et des intérêts intellectuels des centaines de mille Tchéquoslaves de Vienne.

Qu'il soit permis, enfin d'appeler l'attention de Votre Excellence à un point important et urgent. Parce que ni l'Ordinariat ni l'Etat se sont résolus d'y prêter leurs secours, la Société de St. Méthode se charge de trouver des prêtres demeurants occasionellement à Vienne pour les fonctions respectives. Nous n'avons pas besoin de dire, que la Société prendra soin de conserver ce service aussi pour l'avenir.

Pour se procurer les prêtres nécessairs ayant leur domicile à Vienne la Société s'est décidé d'appeler un ordre réligieux, auquel il sera confié le soin du service divin en langue tchèque et de la chatéchaise dans les écoles tchèques. Les réligieux du vieu convent des Augustins à Brünn en Moravie voudraient bien suivre à cet appel et ont résolu de s'établir à Vienne en telle manière comme les Carmélites, les Trinitaires et les autres ordres réligieux. L'Ordinariat archiépiscopal a manifesté son consentement, mais demande, qu'il soit établi une paroisse de la part du convent; cette obligation pourtant empêcherait les réligieux d'atteindre leur but.

Nous nous permettons donc de prier Votre Excellence de vouloir bien prêter Votre puissant secours afin que l'Ordinariat renonce à cette condition onéreuse.

Si l'Etat, en vue de l'approbation ecclésiastique ne s'oppose pas à l'établissement des Augustins à Vienne sur un fond de terre déjà acheté par la Société de St. Méthode, on pourra construire un convent avec une église tchèque, qui formeraient le centre, d'où les prêtres pourraient soigner et servir les habitants tchèques de Vienne.

Wien, 20. 4. 1904

La Société de St. Méthode

Président de la Société   Protecteur de la Société

Secrétaire

Nr. 6 Wien, 26. November 1905
Denkschrift des Wiener tschechischen Nationalrates an Ministerpräsident Gautsch zum allgemeinen Wahlrecht
Věstník 23. Jg. (1905), Nr. 49 (2. 12. 1905).

Denkschrift

überreicht dem Ministerpräsidenten in Angelegenheit des Wahlrechtes vom Korps der Vertrauensleute der tschechischen Bewohnerschaft an der Donau, am 28. 11. 1905.
Euer Exzellenz!
An dem ewig denkwürdigen Tage, wo der bisher politisch rechtlose kleine Mann ohne Unterschied der Parteizugehörigkeit und der Nationalität vor das Parlament tritt, um dort seinen berechtigten Anspruch auf das allgemeine, direkte, gleiche und geheime Wahlrecht öffentlich zu bekunden, halten es auch die Vertrauensleute des tschechischen nationalen Stammes, der in Wien und in ganz Niederösterreich geschlossen angesiedelt ist, für die heilige Pflicht, sich der oben erwähnten imposanten Kundgebung voll anzuschließen und bei dieser Gelegenheit ihren entsprechenden kulturellen und lebensnotwendigen Bedürfnissen Ausdruck zu verleihen, weil bisher leider weder von den landesherrlichen Ämtern noch von den zuständigen Magistratsbehörden auf sie Rücksicht genommen wurde, geschweige denn, daß ihnen ihr Recht zuteil geworden wäre!
Schon seit einer großen Reihe von Jahren bemüht sich der tschechische nationale Stamm in Wien, der mehr als 500 000 Seelen in sich vereinigt, daß für ihn im Sinne der gesetzlichen Bestimmungen öffentliche tschechische Volksschulen errichtet werden, damit sein Nachwuchs nach den bewährten Prinzipien des Komenský auf der Grundlage der Muttersprache entsprechend unterrichtet und ausgebildet werde.
In dem denkwürdigen Erlaß des Reichsgerichtes vom 25. 4. 1877 wurde zurecht befunden, daß die tschechische Sprache in Niederösterreich eine *in dem Lande übliche Sprache ist;* demzufolge gebührt auch den Gemeinden Poštorná, Chorvátská Nová Ves und Hlohovec der Anspruch auf ein eigenes tschechisches öffentliches Schulwesen. Durch eine zweite Verfügung dieses Gerichtshofes vom 19. 10. 1892 wurde die volle Rechtmäßigkeit der tschechischen Sprache in Niederösterreich von neuem anerkannt. Es war daher nur natürlich, daß es einen allgemeinen berechtigten Unwillen hervorrief, als in der gleichen Angelegenheit für Wien durch ein neues Verdikt derselben Gerichtsinstanz v. 24. 10. 1904 plötzlich unter dem unerhörten Druck der Regierung uns Wiener Tschechen dasselbe ursprüngliche Recht verweigert und ein direkt entgegengesetzter Standpunkt bezogen wurde: Unser Volksstamm, dessen Angehörige in der Metropole des Reiches in verschiedenen Ämtern, Berufen und gesellschaftlichen Stellung zu einigen Hunderttausenden ständig ansässig sind, wurde nicht als „ständig" ansässig anerkannt und infolgedessen soll angeblich der bekannte Artikel XIX des Staatsgrundgesetzes keine Gültigkeit für ihn besitzen!
Unser tschechischer Volksstamm, erniedrigt auf das Niveau eines politisch Geächteten, hat mit wahrer Erbitterung diese neue Ohrfeige eingesteckt, die er erhielt, ohne daß er auch nur für einen Augenblick *das Bewußtsein seines vollen eigenen Rechtes* verloren hätte!
Aus eigenen Mitteln erhält dieser nationale Stamm bereits länger als 20 Jahre eine eigene private 14klassige tschechische Volksschule, die sich bisher immer tadellos bewährt hat, für die man aber trotz wiederholter ständiger Bemühungen bisher noch nicht das Öffentlichkeitsrecht erlangen konnte. Auf diese Weise wird seit undenklichen Zeiten, weil die oben erwähnte Schule wegen des ungeheuren Andranges tschechischer Schülerschaft unseren diesbezüglichen Forderungen leider nicht

voll entsprechen kann, der tschechische Nachwuchs mittels des öffentlichen deutschen Schulwesens seinem eigenen Geburtsstamm systematisch entfremdet und dieser Stamm wird um Tausende und Abertausende seiner treuen Seelen gebracht!
Auch was die geistliche Verwaltung anbetrifft, ist der tschechische Stamm in nationaler Hinsicht ausschließlich auf die *eigene* Selbsthilfe angewiesen: Nur dort, wo er die tschechischen Gottesdienste auf eigene Kosten bestreitet, sind solche vorhanden, während er an allen anderen Stellen, unter dem Vorwand der Erhaltung des deutschen Charakters der Stadt Wien, von der katholischen Priesterschaft völlig vernachlässigt wird. In der Tat, das ist doch eine sehr eigentümliche, drastische Illustration des „katholischen Sich-Bewährens"! Kein Wunder, wenn die Angehörigen dieses Stammes, da man ihnen die tschechische Seelsorge verweigert, so leicht auf Abwege geraten! Fällt nicht die ganze Verantwortung dafür auf völlig andere Faktoren und Instanzen?
Auch die entsprechende nationale Geltendmachung unserer Leute in den Ämtern und im gesellschaftlichen Leben steht in direktem Widerspruch zu den völlig eindeutigen Bestimmungen des Staatsgrundgesetzes und wird schlechthin niedergedrückt und vereitelt, ja, unsere Angehörigen werden geradezu als „Aschenbrödel" behandelt, denen gegenüber sich jegliche Rücksichtnahme ganz und gar erübrigt! Es würde sicherlich zu weit führen, wenn wir hier alle unsere berechtigten Klagen und Wünsche anführen wollten und es möge also eine bescheidene Auswahl genügen, damit bereits aufgrund dieser bewiesen werde, in welch empfindlicher Weise man unserem Stamm nahetritt und wie man ihn in der Regel vergewaltigt! Und doch stoßen wir hier in Wien, das durch die fleißige Arbeit und den Schweiß des tschechischen Volkes so ungeheuer angewachsen ist, bei jedem Schritt auf sichtbare Zeichen der unermüdlichen Tätigkeit unseres Volkes, und das ebenso in allen Wissenschaftszweigen, in der Kunst, in der Industrie und im Handel, in allen Sparten des Gewerbewesens und des Bürgertums und öffentlichen Lebens, überall sind die hervorragenden Leistungen offenkundig, ja, nicht selten richtungweisend, so daß es ein augenfälliges Unrecht ist, diesen hier ansässigen Stamm für die Zukunft im öffentlichen Leben einfach zu bagatellisieren und schlichtweg zu ignorieren!
Daß dies bisher leider möglich gewesen ist, liegt in *erster* Linie in der bekannten berüchtigten Geometrie der Wahlbezirke begründet, die es durchaus nicht zuließ, daß unserem nationalen Stamm auch in der Reichsvertretung die entsprechende Anzahl von Mandaten sichergestellt wurde, was zur Folge hatte, daß der wünschenswerte Einfluß auf die öffentliche Verwaltung uns dauernd unmöglich gemacht wurde! Und dabei sollte es doch schon ein für allemal klar sein, daß die *erste* Stütze des Thrones und des Staates die *absolute Gerechtigkeit allen gegenüber* sein muß, zumal der uralte Spruch über dem Einfahrtstor zur Wiener Hofburg lautet: *„Justitia regnorum fundamentum!"*
Weil es nun evident ist, daß durch die Erringung des allgemeinen, gleichen, direkten und geheimen Wahlrechtes die erste Stufe zur Erlangung der ersten Hauptbedingung für eine gedeihliche staatliche Entwicklung erreicht worden ist, schließt sich die unterzeichnete Gemeinschaft der Vertrauensleute des tschechischen Volksstammes der Forderung nach Erteilung dieses durchaus berechtigten Wahlrechtes voll an und verspricht sich von ihm eine glückliche Lösung des inneren politischen Zerwürfnisses, das nun schon längere Zeit besteht, sowie eine Verhinderung weiterer, so absolut hoffnungsloser Verhältnisse, wie die jetzigen.

    Gemeinschaft der Vertrauensleute des tschechischen niederösterreichischen Stammes in Wien und Niederösterreich.

Nr. 7 Wien, 7. u. 15. 9. 1906

„Der Gedanke des böhmischen Staatsrechts" im tschechischen nationalsozialen Wochenblatt „Česká Vídeň"

Česká Vídeň 5. (8.) Jg. (1906) Nr. 37 (7. 9. 1906).

Der Gedanke des böhmischen Staatsrechts[1]
(An verschiedene Adressen)

Es ist eine Tatsache, daß bei uns viele Leute gegen den staatsrechtlichen Gedanken opponieren, ohne die sittliche Verpflichtung zu fühlen, darüber nachzudenken, worüber sie ihr positives oder negatives Urteil fällen. Besonders bei unserer jungen Generation ist das zur Gewohnheit geworden. Wenn jemand sagte: Die staatsrechtliche Politik ist eine verfehlte Politik, dann riefen gleich gedankenlos Hunderte: Es ist eine verfehlte Politik! *Eine Demagogie hat sich bei uns eingenistet, eine umso schlimmere Demagogie, je philosophischer sie ist, denn sie erschlägt bei der zukünftigen tschechischen Intelligenz schon im vorhinein jegliches Bestreben nach selbständiger Überlegung und Beurteilung.* Und es sind gerade die realistischen Parteiangehörigen, die am meisten auf die Worte ihrer Professoren schwören und die am wenigsten darüber nachdenken, dafür aber jeden, der anderer Ansicht ist, ausnahmslos als Ketzer verurteilen.

Und die staatsrechtliche Idee war und ist am schlimmsten dran. Hier reichte die bloße Erwähnung dieser beiden Worte und man bekam zynische Bemerkungen an den Kopf geworfen, die zumindest auf eine Lächerlichmachung abgezielt waren.

. . . . .

Was die meisten Zusammenstöße und Polemiken — unnötige Polemiken und Zusammenstöße übrigens — verursacht hat, auch wenn man stets die Wahrheit sprechen *wollte*, war die dauernde *Setzung des Begriffes und Begriffsinhaltes des natürlichen Rechts gegen das historische und umgekehrt.* Ich will mich nicht über alle diese Kämpfe breiter auslassen, weil sie allgemein bekannt sind. Ausgehend von „leblosen, verstaubten historischen Dokumenten und Pergamenten" gelangten unsere Kritikaster (wie sie richtig genannt worden sind) bis zu der Ansicht, daß die Theorie des Naturrechts fortschrittlich sei, während die historisch-rechtliche Theorie nur von „Rückschrittlichen" (!) verteidigt wird. Es ist interessant, bis zu welchen Lächerlichkeiten selbst einen „Philosophen" das blinde Parteiwesen treiben kann. Diese zuletzt angeführte Ansicht fand Prof. Masaryk z. B. bei Menger[2] („Der Staat der Zukunft", Seite 40) und übertrug sie, ohne zu überlegen, ob man diese Ansicht auch auf tschechische Verhältnisse applizieren könne, auf die tschechische staatsrechtliche Bewegung.

. . . . .

Es ist also wieder eine reine Ironie, daß der Realismus es war, der um keinen Preis mit etwas Positivem, Realem rechnen wollte (und rechnen will), sondern ideellen Begriffen und Phantasien nachjagt. Und das bestätigt zugleich auch die alte Wahrheit, daß der Realismus, weil er im Leben — nicht auf dem Papier und nicht hinter dem Katheder — notwendig ein reines Absurdum ist, stets ein trauriges Ende

---

[1] Auszug. Hervorhebungen und eingeklammerte Rufzeichen im Original.
[2] Carl M e n g e r (1840—1921), Herrenhausmitglied (1900), 1873—1903 Prof. f. polit. Ökonomie in Wien. Stellung zu Kronprinz Rudolf: K a n n, Nationalitätenproblem II, 351 Anm. 5.

nimmt. Wenn unsere Naturrechtler nicht starrköpfig wären und einmal gut durchlesen und erwägen wollten, warum wir auf unseren historisch-rechtlichen Ansprüchen bestehen müssen —, und wenn sie dann, statt um Worte zu raufen, die gesamte Energie, die sie sonst auf die Konstruktion aller möglichen und unmöglichen Programme verwendet haben, der Arbeit unter dem Volke widmen wollten, dann wären wir heute längst besser auf die ernsten Augenblicke vorbereitet, die uns in Kürze erwarten. Aber so stehen wir da, fast ohne Rat und Hilfe, es gibt keinen Gedanken, der das Volk führen könnte. In ihren rechtsphilosophischen Abhandlungen sind die Naturrechtler zu solchen Vorschlägen gelangt, mit denen man auch nicht den geringsten Bruchteil der Nation gewinnen kann. Der Gedanke des böhmischen Staatsrechts sagte und sagt uns, daß wir unsere Selbständigkeit hatten — und daß wir sie haben müssen, wenn wir nicht auf eigenem Boden zugrundegehen wollen. Wir sind hier in jeder Hinsicht, sei es politisch, kulturell, wirtschaftlich, sozial usw. an den Bettelstab gebracht, *wir können in der heutigen zisleithanischen Zusammensetzung um keinen Preis nach oben gelangen, sondern immer nur weiter abwärts.* „Eine Nation, die ihre Sprache in der Gesetzgebung und Verwaltung nicht einmal in einem *freien Staat zur Geltung zu bringen vermag, kann früher oder später auch nicht ihrem nationalen Tod entgehen" (Palacký, in Schuselkas*[3] *Wiener Wochenblatt „Reform" i. J. 1870).* Ein versklavtes Volk kann nie ein Volk von ganzen Menschen sein, sondern muß immer nur Krüppel zeugen und Lebensunfähige. Und würde denn jemand behaupten wollen, daß das Verhältnis, in dem sich die Länder der böhmischen Krone gegenüber dem Zentralismus befinden, etwas anderes sei als ein Sklavenverhältnis? Wer das nicht sieht, ist mit Blindheit geschlagen. Und das ist vor allem bei Herrn Alois Hajn aus Pardubitz der Fall, der von der Ansicht ausgeht, daß die politische Selbständigkeit sozusagen ein höherer, übergeordneter Begriff ist (welch eine Philosophie!), mit dem ein Ideal zum Ausdruck gebracht werden soll, dem sich der historische Staatsrechtler durch die Verwirklichung des böhmischen Staatsrechts im historischen Rahmen der drei Länder der böhmischen Krone zu nähern trachtet, der Anhänger der Theorie des natürlichen Rechts aber durch die politische und wirtschaftliche Stärkung der Nation. Die tschechische fortschrittliche Partei (d. h. die realistische) will auf dieses Ideal der „politischen Selbständigkeit der Nation" hinarbeiten durch eine wie oben angedeutete „Politik" (Osvěta Lidu, Nr. 42 v. J. 1905). Wir vergeben dem Herrn Hajn das „Ideal" der Selbständigkeit, weil wir mit etwas Reellem und Positivem arbeiten und rechnen und wir wollen nach dem Rat eben dieses Herrn („Zum Programm der fortschrittlichen tschechoslawischen Partei", S. 6) „eine vor allen Dingen *praktische* (von Herrn Alois Hajn unterstrichen) lebensvolle Partei sein, die fernab steht von *jeglichem abstrakten Theoretisieren und romantischen Träumen* (von uns unterstrichen) und deshalb setzen wir uns keine entfernten und unsere Kräfte weitaus überfordernden Ziele". Wir vergeben Herrn Hajn die begrifflich völlig unrichtige Theorie des Naturrechts (siehe oben!), wir verweisen lediglich auf die Blindheit des Herrn Hajn, die auf der Ansicht fußt, daß er die tschechische Selbständigkeit durch eine „kulturelle, politische und wirtschaftliche Stärkung" gewinnen will. *Da soll uns doch Herr Hajn beweisen, daß wir in der heutigen zisleithanischen Zusammensetzung nicht an den Bettelstab gebracht worden sind*

---

[3] Schuselka, Dr. Franz (1811—1886), österr. Publizist u. Politiker, 1848 Abgeordneter in Frankfurt, 1848/49 Abg. der Reichstage v. Wien u. Kremsier, 1861—1867 österr. Abgeordnetenhaus. Verhältnis zu den Tschechen: K a n n , Nationalitätenproblem I, 69.

und geistig und materiell zu Krüppeln gemacht wurden, daß uns im Gegenteil der heutige deutsche Zentralismus recht gut bekommt oder vielleicht sein fortschrittlicher austroslawischer Zentralismus gut bekommen wird — und wir wären dann vielleicht bereit, den tschechischen staatsrechtlichen Gedanken fallen zu lassen, aus seiner Schrift jedoch konnten wir das nicht herausfühlen. Herr Alois Hajn muß, wenn er seinen Berechnungen den Schein der Verwirklichungsmöglichkeit geben will, zu dummen Phantasien und Träumen Zuflucht nehmen, wie z. B. die Slawisierung (!) Wiens oder die Verständigung mit den Deutschen (!) usw. Das alles aber ist wenig sachlich und wenig konkret, wir sind, wie oben erwähnt, „weitab von allem abstrakten Theoretisieren und romantischem Träumen". Mit Blindheit geschlagen ist Herr Josef Svozil aus Brünn, der es für notwendig erachtet, daß sich die Staatsrechtler dessen bewußt werden, „daß die staatsrechtliche Politik keine Lösung bedeutet, weder für die nationale noch die soziale, noch die wirtschaftliche Frage. (Moravský kraj, Nr. 20 v. J. 1905). Ich glaube, daß sich bisher noch kein einziger Staatsrechtler gefunden hat, der gesagt hätte, daß durch eine Erneuerung der Selbständigkeit in den böhmischen Ländern in diesen das ewige Paradies geschaffen würde. *Uns ist die Selbständigkeit der böhmischen Länder die notwendige Bedingung für eine Weiterentwicklung; wir sagen klar überall und bei jeder Gelegenheit, daß unser Volk sich nur bei absoluter Freiheit voll entwickeln und vorwärts gehen kann auf seine Ideale zu, die es mit der ganzen Menschheit gemeinsam hat. Und wenn uns Herr Svozil beweist, daß die Lösung der nationalen, sozialen und wirtschaftlichen Frage durch den Gedanken des böhmischen Staatsrechts geschädigt und erschlagen worden ist, stattdessen aber durch den „fortschrittlichen Austroslawismus" oder durch andere Formeln ermöglicht wird, dann sind wir bereit, ihn fallen zu lassen.*

Jan Sýkora

Česká Vídeň 5. (8.) Jg. (1906) (15. 9. 1906).

Der Gedanke des böhmischen Staatsrechts
(An verschiedene Adressen)

Alle unsere antihistorischen Theoretiker begründen ihre Ansichten stets mit dem beständigen Hinweis auf den Mangel an „Macht", mittels derer wir angeblich die Verwirklichung der tschechischen Selbständigkeit herbeiführen könnten. Diese Herren verweisen uns immer auf die Zukunft, in der wir (angeblich) mehr Macht und Stärke haben werden! Ich frage wiederum: *Können uns die Widersacher des staatsrechtlichen Gedankens nur mit der allerminimalsten Wahrscheinlichkeit garantieren, daß wir diese „Macht" zur Durchführung unseres staatsrechtlichen Programmes später haben werden? Wollen sie es wirklich voraussetzen, daß die Deutschen in Zukunft in einer wirtschaftlichen Stagnation sein werden, wenn nicht gar in einem Niedergang, während wir wirtschaftlich erstarken? Oder ist nicht das Gegenteil wahr, daß gerade die Deutschen und alle zisleithanischen Länder, die sie ebenfalls als Widersacher des tschechischen Staatsgedankens anführen, vielmehr wirtschaftlich stärker werden, weil wir in wirtschaftlicher Hinsicht alljährlich ca. 400 Millionen Kronen verlieren? Und ist das, so frage ich weiter, denn sittlich verantwortbar, wenn man die Frage der Selbständigkeit der böhmischen Länder nur zur Frage der bloßen rohen Macht erhebt? Erschlagen denn auf diese Weise nicht die Staatsrechtsgegner im Volk den Sinn für ideelle Güter, der ihm ohnehin fehlt und ohne dessen Entwicklung kein Fortschritt möglich ist?* Sie vergessen auch, daß die böhmische

Geschichte niemals historischer Materialismus gewesen ist, im Gegenteil, daß bei uns als bei einem kleinen Volk immer und ewig die Worte Palackýs gelten und gelten werden: „Wann immer wir gesiegt haben, dann geschah dies jedesmal mehr durch das Übergewicht des Geistes als durch das der Macht und jedesmal, wenn wir unterlagen, *war stets der Mangel an geistiger Tatkraft, sittlicher Tapferkeit und Mut schuld*". Die Feinde des staatsrechtlichen Gedankens können auch den Begriff „Macht" nicht anders verstehen, als im Sinn von roher Gewalt. Das diktiert ihnen ihr kindischer Justamentsstandpunkt, weil es sich um das Staatsrecht handelt. Wenn es notwendig ist, sich „Macht" zu verschaffen, zur Durchführung und Verwirklichung des allgemeinen und gleichen Wahlrechtes, dann verstehen sie diesen Begriff schon völlig anders. In dem Falle muß man da schon berücksichtigen, daß die Deutschen im guten niemals auf diese naturrechtliche Forderung eingehen werden, hier muß man schon überhaupt nicht mehr mit dem Widerstand der höchsten Kreise des Großkapitals, der Großindustrie usw. rechnen. Und ebenso leicht verstehen es diese Herren, sich „Macht" zu verschaffen für die Errichtung der zweiten tschechischen Universität in Brünn: *„Wir werden diese Forderung in die Volksmassen tragen, damit gewinnen wir politische Kraft und Macht!"*, so rief Herr Alois Hajn auf dem Kongreß der Studentenschaft in Geiersberg am 20. August 1905 (nach den Nár. Listy). Sieh mal einer an! *Sagen wir denn nicht dasselbe von der staatsrechtlichen Frage?* Und doch ist das für die „Fortschrittler" nicht dasselbe! Diese wenigen Sätze wollte ich sagen. Ich mußte sie sagen, weil unsere Antistaatsrechtler zum großen Teil über den staatsrechtlichen Gedanken gar nicht nachgedacht haben und nachdenken, und wenn sie schon mal überlegen mußten, so begannen sie dies stets völlig voreingenommen. .....

Jan Sýkora

Nr. 8 Wien, 26. Februar 1907

Die wirtschaftliche Aufgabe des „Český dům I." in der Wiener Innenstadt
Videňský Denník, 1. Jg. Nr. 8 (26. 2. 1907).

Die Frage des Český dům wurde bereits von allen Seiten behandelt, bisher aber wurde den wirtschaftlichen Aufgaben des Český dům noch nirgends die verdiente Aufmerksamkeit gewidmet. Wir denken dabei nicht an seinen Einfluß auf die wirtschaftlichen Verhältnisse der Vereine, die in ihm ihre Zufluchtstätte finden, sondern an seine Wirkung nach außen hin im volkswirtschaftlichen Sinn. —
Wenn wir uns unter unseren Wiener Tschechen umsehen, dann können wir drei Gruppen bemerken: Die Beamten, die Handel- und Gewerbetreibenden und schließlich die Arbeiter. Die Arbeiter sind aufgrund der Selbsthilfe am meisten organisiert. Die Beamten sind zum größten Teil in Unterhaltungs- und Kulturvereinen zusammengefaßt. Die Handel- und besonders die Gewerbetreibenden sind vielfach überhaupt nicht organisiert, ja sie stehen nicht einmal mit tschechischen Vereinen in Verbindung. So geschieht es, daß sie, da sie in absolut fremder Umgebung leben und zum großen Teil auf deutsche Kundschaft angewiesen sind, schnell ein Opfer der Germanisierung werden. Wenn wir die Namen der neuen „bürgel" (Druckfehler? Bürger?, Anm. d. Verf.) ansehen, dann treffen wir auf eine so große Anzahl von Tschechen, daß es für uns beschämend ist. Und das ist für die Tschechen in Wien der allergrößte Verlust, weil die übrigen Stände wie Beamtenschaft und Arbeiter in Wien doch nur ein mehr oder weniger fluktuierendes Element darstellen. Die Handel- und Gewerbetreibenden siedeln sich für ständig in Wien an und erziehen ganze Generationen, die sich vielfach gegen uns stellen. Ein großer Teil der Gewerbetreibenden rekrutiert sich aus den Reihen der Arbeiter, die zum großen Teil in sozialdemokratischen Vereinen organisiert sind, wo sie nur den Klassenkampf kennen lernen und den Patriotismus als Ballast und Spielerei ansehen, die sich nur die durchaus unabhängigen Klassen leisten können. Unsere Kulturvereine paralysieren z. B. diesen Einfluß, aber ihre Kräfte sind nicht ausreichend. In jedem Wiener Verein gibt es immer einige opferwillige Personen, die arbeiten, der Rest dagegen ist ein Element, welches nur zahlt und sich für sein Geld unterhalten will. Besonders unsere Intelligenz steht bisher außerhalb jeder Aufklärungsarbeit und ist der Meinung, daß sie ihrer Pflicht genügt, wenn sie ihren Beitrag an zwei tschechische Vereine leistet. Auch die jüngere Generation, die von diesem gehaßten Realismus erfüllt ist, zeigt keine Lust zu Aufklärungsarbeit unter dem Volk. —
Unsere vorderste Aufgabe muß es sein, die Intelligenz, die sich immer ihres Tschechentums rühmt, so zu erziehen, daß sie sich ihrer sittlichen Pflicht bewußt wird, die darin besteht, zur Erziehung und Bildung der übrigen Massen beizutragen, die nicht so glücklich waren, eine sorgfältige Bildung erhalten zu haben. Besonders in Wien gibt es in dieser Hinsicht ein ausgedehntes Wirkungsfeld. Wir dürfen allerdings die gewerbetreibenden Tschechen in Wien nicht nur belehren wollen, sondern wir müssen von vornherein beweisen, daß wir es aufrichtig mit ihnen meinen, daß wir tatsächlich ihre Bildung im Sinne haben. Und das kann einzig und allein nur dadurch geschehen, daß wir sie in wirtschaftlicher Hinsicht unterstützen. Wenn hier überhaupt die Parole: „Jeder zu dem Seinen" Berechtigung hat, dann doch vor allem hier bei uns in Wien. Durch ihre Anwendung tun wir in nationalem Sinne mehr als wenn wir nur Mitglieder irgendeines Unterhaltungsvereines werden. Unsere Intelligenz besteht zum großen Teil aus Beamten und ist ein reines Ver-

braucher-Element. Das aber muß seine Pflicht erfüllen gegenüber unserem tschechischen Gewerbestand in Wien, der wohl der fleißigste ist und, was die Arbeit anbelangt, auch der reellste.
Wenn viele von den tschechischen Handel- und Gewerbetreibenden im Kalender des deutschen Volksrates und auch anderswo boykottiert werden, dann haben wir die sittliche Pflicht, auf diesen Boykott mit Bestellungen unserer Bedürfnisse bei den tschechischen Kaufleuten zu antworten. Es handelt sich hier nicht nur um Gasthäuser, Schneider und Schuhmacher, es gibt tausenderlei andere Bedürfnisse, die wir bei unseren Kaufleuten befriedigen können. Damit würden wir zur Stärkung der wirtschaftlichen Bedeutung unserer Landsleute in Wien beitragen, ohne daß wir auch nur das geringste Opfer bringen müßten. —
Es ist allerdings ein gewisser Boden notwendig, auf dem das tschechische Gewerbewesen sich mit den Konsumelementen bekanntmachen kann. Dieser Boden ist und muß das „Český dům" im ersten Wiener Bezirk sein. Dieses wird einen großen Teil der ausschließlich nur konsumierenden Mitgliedschaft bei sich konzentrieren, auf die man bei gutem Willen erzieherisch einwirken kann. Jeder tschechische Verein im Český dům müßte es sich zur Aufgabe stellen, in dieser Richtung auf seine Mitglieder einzuwirken und mit Nachdruck immer wieder zu verkünden, daß es unsere heilige Pflicht ist, die tschechischen Gewerbetreibenden und Kaufleute zu unterstützen. Český dům müßte ein Verzeichnis aller unserer Gewerbetreibenden und Kaufleute in alphabetischer Reihenfolge führen, ferner Preislisten, Prospekte, Informationen u. ä., die der Hausdiener über Anforderung ausgeben muß.
Weil wir hoffen, daß im Český dům auch der Verein für Dienstvermittlung in Wien untergebracht werden kann, würde das Český dům auch eine Art Arbeitsbörse werden. Der soeben genannte Verein leistet eine wichtige nationale Arbeit dadurch, daß er jungen Kräften aus den Ländern der böhmischen Krone Lehrstellen vermittelt und daher hat er Gelegenheit, auch weiterhin auf die Lehrlinge in dieser Hinsicht nationalpädagogisch einzuwirken. Bisher aber kann dieser Verein aus Mangel an Geldmitteln seine Tätigkeit nicht in allen, in den Statuten vorgesehenen Sparten entwickeln.
Des weiteren wäre im Český dům die tschechische Sparkasse untergebracht, die die Handelsbeziehungen mit den Gewerbetreibenden pflegen könnte und ihre Bedeutung würde bestimmt steigen. Auch die tschechische Sparkasse kann für eine nationale Erziehung grundlegend werden, wenn schon nicht in anderer Hinsicht, dann dadurch, daß sie denjenigen Leuten, die von der tschechischen Organisation nichts wissen, Gelegenheit gibt, sie kennenzulernen. —
Wenn die tschechische Intelligenz in konsequenter Befolgung der Parole „Jeder zu dem Seinen" zu unseren fähigen Geschäftsleuten und Gewerbetreibenden halten wird, dann werden diese auch zur Aufrichtigkeit unserer Bestrebungen Vertrauen fassen. Wenn wir aber nichts anderes machen, als nur zu ihnen zu gehen, um sie zu belehren, dann werden wir auf dem Gebiete der nationalen Erziehung keine großen Erfolge erzielen. Dann werden wir aber auch Kaufleute und Gewerbetreibende an unser Český dům und damit auch an die tschechische Nation binden und wir werden die Reihen der Teilhaber am Český dům vergrößern und das sollte in Anbetracht der Bedeutung des Český dům so bald wie möglich geschehen, damit die Verwirklichung dieses Unternehmens auf dem schnellsten Weg erfolgen kann; es wird nicht nur eine repräsentative, sondern hauptsächlich eine kulturelle und wirtschaftliche Bedeutung haben, wenn seine Verwaltung in Händen von Tschechen mit entsprechendem Weitblick liegen wird.

Nr. 9 Wien, 20. Juni 1907

„Offener Brief an Herrn Dr. Lueger, den derzeitigen Bürgermeister der Reichshaupt- und Residenzstadt Wien"

Vídeňský Denník, 1. Jg. Nr. 100 (20. 6. 1907).

Einige Ihrer Worte, die Sie gestern in einer Wahlversammlung in der Innenstadt liebenswürdigerweise uns Wiener Tschechen gewidmet haben, veranlassen uns, einmal ganz offen vor der breiten Öffentlichkeit mit Ihnen zu sprechen, damit es nicht den Anschein gewinnt, wir hätten Ihrer überzeugenden (?!) Rede keine entsprechende Erwiderung entgegenzusetzen.

Sie legen sich das besondere Verdienst zu, das Sie unser Volk nie als *minderwertig* bezeichnet haben, wie das so bei den Ultranationalen und Liberalen der Fall zu sein pflegt und daß es Ihr einziges Bestreben ist, den *deutschen Charakter der Stadt Wien* zu wahren!

Und mit Rücksicht auf diese Umstände verübeln Sie es der Sozialdemokratie, daß diese sich bei den Wahlen im XV. Bezirk um die *tschechischen* Stimmen beworben hat und daß sie dann mit deren Hilfe auch gesiegt hat, weil sie vorher eine sichere Zusage gab, sich auch weiterhin entschieden für unseren nur gerechten Anspruch auf *tschechische Schulen* einsetzen zu wollen. Bemerken Sie denn nicht, Herr Bürgermeister, daß Sie durch Ihre *eigenen* Worte den Beweis geliefert haben, daß es bei Ihnen *vergeblich* wäre, einen Sinn für Gerechtigkeit und Recht zu suchen, von dem Ihnen sonst der Mund nur so überläuft?! ...

Es war doch vor Jahren, am Anfang Ihrer parlamentarischen Karriere, als Sie sich bei der Bewerbung um ein Mandat im V. Stadtbezirk (Margarethen) in eine tschechische Wählerversammlung begaben und dort für sich tschechische Stimmen zu gewinnen suchten, mit deren Hilfe Sie auch *zum ersten Male* das von Ihnen sehnlichst erstrebte Mandat glücklich erwarben! Damals haben Sie auch, sehr geehrter Herr, die feierliche Zusage gegeben, *daß Sie sich im Falle Ihrer Wahl ehrlich für unseren nur gerechten Anspruch auf tschechische Schulen in Wien einsetzen wollen,* und Sie haben — unter uns gibt es noch Leute, die sich gut daran erinnern — öffentlich verkündet: „Ein Schuft nur ist der, der seine Muttersprache nicht ehrt!" ...

Damals allerdings standen Sie noch *nicht* im Zenith Ihres Ruhmes, damals waren Sie mit Ihren Anhängern nur ein bescheidenes Häuflein und deshalb bemühten Sie sich mit allen Künsten Ihrer Redegewandtheit, neue Schichten der Gesellschaft zu Ihrer Fahne zu sammeln. Unser gesamtes Gewerbewesen, dem von Ihrer Seite aus auch später noch immer wieder recht vielversprechende Zusagen gemacht wurden, unsere Intelligenz und die übrigen Kreise unserer Gesellschaft, bis auf unbedeutende Ausnahmen, sind bereitwillig in Ihren Kreis eingetreten und haben in wirkungsvoller Propaganda für Sie den glänzenden, ja geradezu fabelhaften Aufstieg Ihrer Partei ermöglicht und gesichert.

Aber kaum hatten Sie den ersehnten Gipfel der Macht und des Ruhmes erstiegen, da haben Sie sich aber auch schon gehörig verfärbt: Obwohl Sie Bürgermeister der Reichsmetropole geworden sind, deren Entwicklung und günstige Entfaltung nur bei einer absoluten Gerechtigkeit gegenüber den Angehörigen aller Stämme und Völker in Österreich möglich ist, die sich aus sehr naheliegenden Gründen in großer Zahl in Wien ansiedeln, haben Sie es für Ihre Pflicht erachtet, auf einmal umzusatteln und die Residenzstadt auf das Niveau einer rein deutschen Hinterwäldlerstadt herabzudrücken, in der die Angehörigen anderer Volksstämme, in *erster*

Linie aber wir Tschechen, von denen sich jährlich Hunderttausende in Wien ansiedeln, nur geduldet sind, wobei uns mit aller Macht der gerechte Anspruch auf Befriedigung der eigenen nationalen Bedürfnisse und Lebensbedingungen verweigert wird, den uns die Verfassung garantiert.

Auf *Ihre* Veranlassung hin wurde im Statut der Stadt Wien eine besondere Bestimmung aufgenommen, derzufolge die Bewerber um das Bürgerrecht, die mit dem Bürgerrecht auch materielle Vorteile erhalten, verpflichtet sind, einen Eid abzulegen zur Erhaltung des „deutschen" Charakters der Stadt Wien, und doch besteht die überwiegende Mehrzahl dieser Bewerber aus Angehörigen *unserer* tschechischen Nation. Wie diese Verfügung in eine entsprechende Übereinstimmung mit Ihren einstmaligen Zusicherungen gebracht werden kann, davon haben wir bereits oben gesprochen?!

Auf *Ihre* Veranlassung hin wird uns ständig der Anspruch auf unser *tschechisches Schulwesen* verweigert, auf dessen Grundlage allein eine natürliche Entwicklung unseres hoffnungsvollen Nachwuchses möglich ist! Und war es nicht auch *Ihre* Partei, die im niederösterreichischen Parlament wieder und wieder dem berüchtigten Gesetzesvorschlag Kolisko zugestimmt hat, demzufolge es in Zukunft sogar unmöglich gemacht werden soll, daß in Niederösterreich überhaupt öffentliche tschechische Schulen errichtet werden können, — und das in direktem Widerspruch zu den eigentlichen Buchstaben des Reichsgesetzes!

Unsere Sprache wurde sukzessive auch aus den Kirchen verdrängt; sie wird uns auch dort verweigert, wo sich ein wirklicher Bedarf dafür zeigt, bei der Verkündigung des Wortes Gottes in tschechischer Sprache, und sozusagen nur durch eigene Selbsthilfe — hauptsächlich durch die Obsorge der „Jednota Metodějská" — wird diesen dringlichsten Bedürfnissen diesbezüglich Rechnung getragen! Bei Hochzeiten und Begräbnissen unserer Landsleute ist es uns unter Ihrem Regime verboten worden, zu singen: Dadurch könnte angeblich — nach der Behauptung der von Ihnen in die zuständigen Ämter eingesetzten geistlichen Verwalter — der deutsche Charakter der Stadt Wien leiden.

Das, was uns nicht einmal zu den strengsten Zeiten des liberalen Regimes in Wien verboten wurde: das ordnungsgemäße Ankleben *von unseren tschechischen Bekanntmachungen* und verschiedenen Plakaten, auch das wurde uns dank Ihrer Umsicht — durch den Magistrat vereitelt, abgesehen davon, daß die tschechische Sprache auch anderweitig, wo immer es möglich ist, boykottiert wird, ebenso wie alle unsere Bestrebungen, uns hier als nationaler Stamm entsprechend geltend zu machen!

Und wie wurde auf Ihre Veranlassung hin mit unseren Stammesangehörigen *bei der letzten Volkszählung* verfahren? Noch heute ist uns in lebhafter Erinnerung, daß wir es *Ihrer* Liebenswürdigkeit zu verdanken haben, daß an alle Instanzen der Gemeinde und Landesverwaltung besondere Rundschreiben verschickt wurden, in denen angeordnet wurde, daß die einbekannte Umgangssprache in die Qualifikationsbögen der betreffenden Instanzen einzutragen ist, und daß alle, die den Mut hatten, sich zur böhmischen Umgangssprache zu bekennen, in Zukunft ganz einfach von der Beförderung auszuschließen sind! Das sind doch wirklich traurige Beweise *Ihres* uns gegenüber so liebenswürdigen Wohlwollens und *Ihrer* Gerechtigkeit, auf die *bei Ihnen* sich zu berufen sicherlich ein vergebliches Bemühen wäre!

Nr. 10 Wien, 16. Juni 1914

Brief des DONRČ-Vorsitzenden J. V. Drozda an den Prager NRČ vom 16. Juni 1914 (Auszug)

Staatl. Zentralarchiv Prag. NRČ 15: Tätigkeit des DONRČ i. J. 1914

... Obwohl unsere niederösterreichische Sektion bisher im vollen Bewußtsein ihrer außerordentlich wichtigen „allnationalen" tschechischen Bedeutung stets nach besten Kräften und mit sicherlich nicht alltäglicher Opferbereitschaft ihre eigene Sendung in der Metropole des Reiches erfüllt hat und obwohl sie stets gewissenhaft die vom NRČ ausgegangenen Winke, die ihr erteilt wurden, beachtet und überdies nebenbei noch selbst weitere Schritte eingeleitet hat, so mußte sie doch wiederholt im Lauf der Jahre, insbesondere aber in jüngster Zeit überaus häufig zu der schmerzlichen Erkenntnis kommen, daß ihre *eigenen* wertvollen Anregungen wiederholte Male vom löblichen NRČ entweder einfach ignoriert wurden oder daß seine allfälligen Beschlüsse in unseren Angelegenheiten aus älterer Zeit auch weiterhin nicht entsprechend respektiert und durchgeführt wurden, wodurch dann die Stellung unserer Sektion spürbar *in ihren eigenen Grundfesten* erschüttert worden ist! ...

Diese traurigen Erkenntnisse gaben in der Sitzung unseres Zentralausschusses vom 8. d. M. Veranlassung dazu, daß über diese leidigen Dinge eine ergiebige Aussprache stattfand, in der darauf hingewiesen wurde, daß unter *derartigen* Umständen eine gedeihliche Tätigkeit des „DONRČ" einfach ausgeschlossen ist, und das Endergebnis davon war, daß der Vorstandschaft der Sektion auferlegt wurde, der löblichen Zentrale über diese Verhandlung einen umfangreichen getreuen Bericht zu erstatten und daß endlich energisch die unerläßlich nötige Abhilfe erreicht werden müsse! Von einigen Sprechern wurde sogar betont, daß man gegebenenfalls empfehlen solle, daraus die weiteren unausweichlichen Konsequenzen zu ziehen: *in Zukunft die weitere Tätigkeit der Sektion einzustellen* und die *gesamte* Verantwortung hierfür gegenüber der breiteren Öffentlichkeit dem NRČ selbst zuzuschieben! Andererseits wurde von bedachtsamen erfahrenen Beisitzern, die bereits den schweren Weg heißer nationaler Kämpfe durchschritten haben, demgegenüber sicherlich mit Recht der Einwand erhoben, daß unsere nationalen Feinde — sobald die exakt verbürgte Nachricht in die breitere Öffentlichkeit gelangen würde, wie *indolent* sich unsere „allnationale" Zentrale in den lebenserhaltenden Angelegenheiten des von allen verlassenen tschechischen niederösterreichischen Zweiges benimmt — dann sicherlich mit *allen* ihren Kräften alle nur möglichen Hebel in Bewegung setzen werden, damit die berüchtigte *Lex Kolisko* endlich die Sanktion von höherer Stelle erhält, wodurch dann auch unser eigenes Schicksal für alle Zukunft endgültig besiegelt wäre! ...

Diese Ansicht gewann schließlich die Oberhand und der Beschluß, der im weiteren absolut unabsehbare und schicksalhafte Folgen hätte zeitigen müssen, wurde daher einstweilen zurückgestellt!

Nichtsdestoweniger herrschten in unseren Kreisen allerdings äußerste Gespanntheit und beträchtliche Erregung, die unausweichlich zu weiteren Folgen führen werden, falls es nicht gelingen sollte, die Krise noch beizeiten wirksam abzuwenden! ... Wir hoffen fest, daß in dieser Hinsicht der löbliche „NRČ" seine eigene „allnationale Sendung" ebenso wie auch die Wichtigkeit unserer Institution in der Metropole des Reiches richtig erkennt und daß er uns seine wirksame Unterstützung und Hilfe nicht versagen wird.

Zum Beweis für die Richtigkeit des oben Geschilderten mögen hier wenigstens *einige* nähere Einzelheiten angeführt werden: Da in der Sitzung der Präsidialkommission vom 27. 2. d. J. in Gegenwart des unterzeichneten Präsidenten der „einstimmige" Beschluß gefaßt wurde, auf Kosten des löblichen „NRČ" eine Sekretärskanzlei bei unserer niederösterreichischen Sektion zu schaffen und der Vorstandschaft auferlegt wurde, so schnell wie möglich den Entwurf einer Satzung und Agenda des künftigen Sekretariatsamtes vorzulegen, damit daraufhin *sofort* die Stellenausschreibung erfolgen könne (was gleichzeitig mit der Stellenausschreibung für den Sekretär bei der *schlesischen* Sektion geschehen sollte!), wurde das Geforderte am 2. März unter dem Aktenzeichen 173/14 expediert, darauf ist jedoch *bis heute* noch keine Erledigung erfolgt! — Am 4. März wurde unter Aktenzeichen 174/14 auf die dringende Notwendigkeit einer baldigen Bereinigung der Parteistreitigkeiten in den tschechischen Zeitungen hingewiesen und ein rasches Einschreiten im allnationalen Interesse gefordert. Auch daraufhin ist bis heute noch keine Antwort eingetroffen. Am 9. März wiesen wir mit Aktenzeichen 176/14 auf das dem Thronfolger nahestehende Wochenblatt „Groß-Österreich" hin und brachten gewisse Vorschläge in dieser Richtung ein. Der löbliche „NRČ" hat darauf überhaupt nicht reagiert. Am 12. März haben wir unter Aktenzeichen 179/14 darauf aufmerksam gemacht, daß im niederösterreichischen Parlament eine Gesetzesnovelle angenommen wurde, derzufolge in einer Reihe „angeblich" rein deutscher Gemeinden eine *Proportionalwahl* in das Parlament erfolgen soll, vor deren Sanktionierung jedoch noch mit aller Gewalt auch die Sanktion der Lex „*Kolisko*" erzwungen werden soll. Auch zu dieser Zuschrift kam überhaupt keine Antwort. Am 27. März wurde unter Aktenzeichen 208/14 dringend die Angelegenheit des tschechischen Sekretariates in Wien moniert, dies ist jedoch neuerlich einfach ignoriert worden. Dasselbe erfolgte auch nach weiteren *vier* Wochen am 21. April unter Aktenzeichen 305/14, ein Bemühen, das aber wiederum völlig vergeblich war. Am 30. April, also am Tage „*nach*" unserer Jahreshauptversammlung erhielten wir eine verspätete Grußzuschrift des löblichen „NRČ", in der zwar am Rande auch die Frage der definitiven Einsetzung unserer Sekretariatskraft erwähnt wurde, aber weitere eingehende Vorschläge und Winke wurden neuerlich verschoben — auf die *allernächsten Tage*. Trotz alledem ist *bis heute*, also nach mehr als sechs weiteren Wochen, obwohl wir auf die erwähnte Grußzuschrift am 30. April unter Aktenzeichen 340/14 bereits eine entsprechende Antwort gegeben haben, noch *kein einziges* weiteres Wort eingelangt. Mit Zuschrift vom 27. April unter Aktenzeichen 081/85 wurde uns vom löblichen „NRČ" der Entwurf einer Protestschrift unserer Selbstverwaltungskörper in tschechischen Schulsachen zur Beurteilung vorgelegt, worin ebenfalls — wenngleich nur *nebenbei am Rande* — die Angelegenheit der Sanktion der Lex „*Kolisko*", der brennendste Punkt unseres derzeitigen nationalen Leidensweges, berührt wurde. Bereits am 5. Mai haben wir unter Aktenzeichen 370/14 unseren eigenen, vom oben erwähnten Entwurf *abweichenden* Standpunkt dargelegt und am 8. Mai (Aktenzeichen 372/14), nach sorgfältigsten Überlegungen eine *eigene* sorgsamst redigierte Darlegung zur Absendung gebracht, die wir in engster Übereinstimmung mit dem Schulverein „Komenský" abgefaßt haben, die jedoch bis heute — *also nach mehr als vier Wochen!* — ohne die geringste Beantwortung geblieben ist! ... Mit Zuschrift vom 14. Mai, Aktenzeichen 375/14 haben wir auf den neuen Schulvorschlag des *Dr. Neumayer*, betreffend die Unterrichtssprache an Handelsschulen, aufmerksam gemacht, den dieser im niederösterreichischen Landesparlament einbrachte, und haben dieser Zuschrift einige entsprechende Bemerkungen beigefügt. Aber auch auf diesen Brief ist uns bisher *überhaupt noch keine* Antwort zugekommen! Mit Schreiben vom 19. Mai, Aktenzeichen 377/14, haben wir auf die katastrophalen Folgen der unüberlegten und zu der Zeit die allnationalen Interessen geradezu schwer bedrohenden, unzeitgemäßen Veröffentlichungen der Privatkorrespondenz des verstorbenen Ministers *Dr. Kaizl* durch den Abgeordneten *Dr. Tobolka* das Augenmerk gelenkt und haben in dieser Sache um entsprechende Abhilfe gebeten, aber auch bei dieser Eingabe, die sicherlich mehr als „*voll*" begründet ist, warten wir bisher noch auf die entsprechende Antwort: Wir müssen es auch als ein sicherlich charakteristisches Zeichen der Zeit vermerken, daß das am 26. Mai unter Aktenzeichen 381/1 an die Adresse des Klubs der jungtschechischen Abgeordneten zu Händen des Vorsitzenden *Dr. Kramář* abgesandte Beileidsschreiben anläßlich des vorzeitigen Ablebens unseres bedeutenden Gönners, S. E. *Dr. B. Pacák,* der Öffentlichkeit gegenüber *ganz einfach totgeschwiegen* worden ist! — Aus diesen einfachen Skizzierungen geht sicherlich hervor, wie *schmerzlich* wir das in neuerer Zeit in Prag uns gegenüber praktizierte Vorgehen empfinden mußten und wie es allerhöchste Zeit ist, daß in dieser Hinsicht künftighin so bald wie möglich dringend Abhilfe geschaffen werden muß....

Nr. 11   1928

Josef Penížek über Jan Janča

Penížek, Josef: Z mých pamětí z let 1878—1918 [Aus meinen Erinnerungen an die Jahre 1878—1918]. Bd. 3, Prag 1928, S. 171—175.

Es ist immer schädlich für die Politik, wenn lang und dauerhaft Wahnideen, Irrtümer und Mißverständnisse mitgeschleppt und mitgezogen werden. Auch in der Politik ist es am besten, wenn man sich die Wirklichkeit, die bestehenden Rechtszustände und Wahrheiten vergegenwärtigt. Man wird zugeben müssen, daß in unserer Politik mehr als genug von derartigem Ballast traditioneller Legenden vorhanden war. Solche Belastung machte eine nutzbringende, positive und gesunde Taktik direkt unmöglich. Wir hatten außerdem in der Geschichte unserer Politik noch eine andere Last auf dem Rücken, die uns am entschlossenen Voranschreiten hinderte. Das waren Äußerungen mannigfacher, rein akademischer Art, die wir ständig wiederholten, an denen wir uns berauschten, an denen wir uns betäubten und an die wir konservativ und fanatisch glaubten. Bei uns hat es verschiedenerlei Deklarationen, Manifestationen, Petitionen, Resolutionen usw. gegeben. Ungeachtet des weisen Ausspruchs des Historikers Carlyle, daß nur die Nation glücklich ist, die keine Papiere, d. h. keinerlei papierene Stammesurkunden nachweisen kann. Diese beiden Erkenntnisse als Einleitung.

Redakteur Jan Janča ist zweifellos lebhaft und emsig und außerdem ein redegewandter Publizist. Nur hat er zwei Fehler. Aus einem Journalisten ist ein Agitator geworden. (Ich habe einmal zu Dr. Stránský gesagt: Sie sind ein Abgeordneter und arbeiten als Journalist — ich bin ein Journalist und arbeite als Abgeordneter). Darüberhinaus betrieb er auch noch das Geschäft der Gesetzesauslegung und zwar nicht nur völlig unrechtmäßig, sondern auch absolut willkürlich.

Einmal fand eine große tschechische Volksversammlung für das Öffentlichkeitsrecht der Privatschule des Komenský-Vereines in Wien statt. Janča sprach. Er behauptete, daß das Gesetz und die Entscheidung des Reichsgerichtes auf unserer Seite seien, daß dieses Tribunal, als es über die Forderung der Tschechen in der ehemaligen niederösterreichischen Gemeinde Poštorná (= Unterthemenau, Anm. d. Übers.) verhandelte, erklärt habe, die tschechische Sprache sei in Niederösterreich landesüblich. Ich muß zugeben, daß ich direkt erschrocken war, als ich diesen apodiktischen Ausspruch aus dem Munde eines Kollegen hörte. Ich sagte mir: Entweder bist du ein völliger Ignorant, der das nicht gewußt hat, oder Herr Janča ist ein Kühnling, der unwahre und unbewiesene Behauptungen unter die Leute streut. Schließlich kam ich zur Überzeugung, daß ich kein Ignorant bin und Herr Janča tatsächlich ein Vermessener ist. In diesem Augenblick entschloß ich mich, ihn zu dementieren, obwohl ich in der Versammlung nur ein einfacher Zuhörer war.

Herr Janča beendete seine Ausführungen tatsächlich überaus effektvoll. Daß sein Redeschluß banal, abgedroschen und bombastisch war, was schadet das? Das Volk — ich weiß nicht, wer es war, ich denke Heine oder Börne, der gesagt hat: das Volk ist ein Stück Fleisch ohne Augen — liebt solche Gags. Es sagte also Herr Janča: In dieser Phase unseres Leidensweges bleibt uns nur ein einziger Trost: das große Rußland, das uns das Heil bringen wird. Laßt uns glauben und hoffen: ex oriente lux!

Diese Voraussage und dieser süße Trost wurden in emphatischem Ton und mit erhobener Stimme vorgetragen und lösten frenetischen Beifall aus. Begreiflich in einer Zeit, in der die Blicke der Slowaken und Tschechen nach Rußland gerichtet waren.

Das ist immer so: Kleine Völker hoffen, daß die große verwandte Nation ihnen helfen wird, allerdings muß dieses große Volk auch groß sein, nicht nur an Zahl, sondern hauptsächlich an Macht.
Es dauerte lange, bevor der Applaus verebbte. So tief war der Eindruck der Worte Jančas, daß niemand sich zu Wort meldete. Es schien, als ob sie unbeantwortet bleiben würden. Da stand ich auf und sagte: „Ich bin hier nur Gast und bin mir dessen bewußt, welche Reserve mir diese Tatsache auferlegt, aber gerade deshalb halte ich es für meine Pflicht, dem Herrn Vorredner zu widersprechen. In beiden Angelegenheiten. Und zwar aus dem Grunde, weil ein altes Sprichwort sagt, wer die Wahrheit kennt und sie nicht spricht, ist ohne Widerrede ein Lump. Es ist einfach nicht wahr, daß das Reichsgericht zu unseren Gunsten entschieden hat. Ich würde mich freuen, wenn dem so wäre. Dann müßten wir nicht mit unseren Beschwerden vor Gericht gehen und für das Öffentlichkeitsrecht unserer Wiener Schule und für deren Übernahme in die Gemeindeverwaltung kämpfen. Ich kenne die Entscheidung des Reichsgerichtes, die Herr Janča im Auge hat, ganz genau. In ihr ist nichts von dem, was er euch versichert hat. Mit dieser Entscheidung wurde die tschechische Sprache als Landessprache in Österreich[1] nicht anerkannt. Diese Entscheidung, ich glaube aus dem Jahre 1876, war nicht so weitgefaßt und allgemein gehalten. Sie war viel bescheidener. Durch diese Entscheidung wurde nur anerkannt, daß die tschechische Sprache in der Gemeinde Poštorná üblich ist. Die Gemeinde Poštorná ist aber noch lange nicht das niederösterreichische Land. Aus der Entscheidung des Reichsgerichts kann man also für die Gültigkeit der tschechischen Sprache in anderen Gemeinden und Orten außer Poštorná gar nichts ableiten."
Nun wurden Stimmen der Unzufriedenheit und des Unwillens gegen mich laut. Ich hörte Gemurmel. Ich wunderte mich nicht. Die Wahrheit hören die Leute nur ungern, besonders wenn sie unliebsam aus ihren Vorstellungen, Träumen und Illusionen wachgerüttelt werden.
Obwohl ich Gesichter sah, aus denen mir kein Wohlwollen entgegenkam, fuhr ich fort: „Jetzt zu der anderen Sache. Wir Tschechen werfen den hiesigen Deutschen vor, daß sie nicht nur nach Deutschland schielen, sondern geradezu hinstarren. Herr Kollege Janča schielt anderswohin und will, daß auch wir dorthin schielen. Nach Rußland. Schielen ist immer häßlich, sei es mit dem linken oder mit dem rechten Auge. Genauso ist es mit dem Kokettieren. Wenn wir den Deutschen ihr Schielen und Kokettieren verübeln, können wir nicht verlangen, daß es auf unserer Seite gutgeheißen wird. Außerdem besteht zwischen jenen und diesen noch ein weiterer Unterschied. Denen trägt das Schielen etwas ein oder wird ihnen etwas eintragen. Es bringt ihnen nicht nur Sympathie, sondern auch Geld. Von einigen Seiten aus Deutschland erhalten sie Tausende, ja Hunderttausende an Beiträgen für ihre Germanisierungsschulen. Diese Beiträge werden öffentlich in den Jahresberichten des Deutschen Schulvereins abgerechnet. Wieviel davon nicht öffentlich abgerechnet wird, wissen wir nicht. Wir wissen aber, daß wir aus Rußland für unsere Minderheiten-, Schutz- und Verteidigungsschulen überhaupt noch nie etwas erhalten haben. Weder eine Kopeke noch einen Heller. Vor Weihnachten war ich einmal mit Herrn Tobisch (er wurde später Ministerialrat im österreichischen Unterrichtsministerium, dann stellvertretender Vorsitzender des Landesschulrates in Böhmen) beim russischen Oberpriester in Wien. Wir baten ihn, er möge bei der russischen Regierung irgendeine Unterstützung für die Schulkinder des Komenský-Vereins erwirken,

---

[1] gemeint ist wohl Niederösterreich! (Anm. d. Übs.)

nicht einmal unbedingt Geld, sondern Bücher und geeignetes Spielzeug. Wir erhielten eine schroff ablehnende Antwort. Er sagte uns: Für Wiener tschechische Kinder ist in Petersburg kein Interesse vorhanden. Die Sache wäre anders, wenn es sich um Kinder einer ostgalizischen Stadt handeln würde. Ich möchte nur noch daran erinnern, daß Dr. Rieger uns tschechischen Journalisten anvertraut hat, Graf Ignatjew habe rundheraus gesagt: Euer Volk ist gar kein slawisches Volk, das ist ein Volk, das aus der deutschen in die tschechische Sprache übersetzt wurde. Ein solches Volk hat aufgehört, bei unseren Berechnungen als Faktor eine Rolle zu spielen. Ich habe das nur zu dem Zweck konstatiert, um zu zeigen, daß in der offiziellen russischen Welt für uns und unsere Jugend kein Interesse vorhanden ist, daß man also von Rußland keinerlei Unterstützung und Hilfe erhoffen kann. Damit will ich schließen. Der Herr Vorredner hat gesagt, daß das Licht für uns aus dem Osten kommen müsse. Ich frage bloß, wie von irgendwoher ein Licht kommen soll, wo absolute Finsternis herrscht?"
Als ich geendet hatte, entstand eisiges Schweigen. Niemand zollte mir Zustimmung, keine Hand erhob sich. Ich wunderte mich nicht darüber, ich dachte nur: Die Wahrheit braucht weder Lob noch Beifall, sie ist sich selbst genug. Das war am Sonntag. Dienstag war Abgeordnetenversammlung im Parlament. Im Vorraum traf ich mit Ministerpräsident Graf Badeni zusammen. Er ging mir nach, klopfte mir auf die Schulter und bemerkte: „Das haben Sie gut gemacht". Als ich ihn fragend ansah, sagte er: „Es hätte der tschechischen Seite geschadet, wenn niemand in der tschechischen Elternversammlung auf die Proklamation dieses Redakteurs geantwortet hätte. Der Polizeipräsident hat seiner Pflicht gemäß ein Referat über die Versammlung an den Kaiser gegeben, der, wie Sie wissen, sehr empfindlich reagiert, wenn hier für einen fremden Staat Propaganda gemacht wird."
Einige Jahre später kam Redakteur Janča mit einer tschechischen Deputation zum Ministerpräsidenten Baron Bienerth. Man bat diesen, er möge das Gesuch der tschechischen Eltern um eine öffentliche Schule für ihre Kinder günstig erledigen. Als Bienerth einwarf, er sei verpflichtet, überall die Gemeindeselbstverwaltung zu berücksichtigen, nicht nur in Prag, sondern auch in Wien, rief Redakteur Janča ihm zu: „Geben Sie acht, daß Sie nicht das Los des Grafen Potocki ereilt!" (Galizischer Statthalter, der vom ruthenischen Juristen Sičinskyj erschossen wurde).
Bienerth unterbrach daraufhin sofort jedwede Unterhaltung und bedeutete der Deputation, daß sie ihn unverzüglich zu verlassen habe. Die Drohung Jančas aber gab er noch am selben Abend in alle Zeitungen, einerseits um zu zeigen, in welcher persönlichen Gefahr er schwebt, andererseits um die Angelegenheit der Wiener Tschechen als durch die Tschechen selbst völlig kompromittiert darzustellen. Das war eine unglückselige Taktik, die ich seinerzeit als bedauernswert bezeichnete. Eine Taktik, die schon Monate vorher ankündigt, was sie tun will und dann gar nichts tut, eine Taktik, die droht, ihre Drohungen aber nicht in die Tat umsetzt, eine Taktik, von der man in Frankreich gesagt hat, daß eine Drohung mit der Faust, ohne dann zuzuschlagen, nur die Position der Partei erschwert, die derartige Mittel anwendet.

ABKÜRZUNGSVERZEICHNIS

AB	Amtsblatt der k. k. Reichshaupt- u. Residenzstadt Wien
BohJb	Bohemia. Jahrbuch des Collegium Carolinum
CC	Collegium Carolinum
ČČH	Český časopis historický
ČČM	Časopis Českého musea
ČOS	Česká obec sokolská
ČSAV	Československá akademie věd
ČsČH	Československý časopis historický
ČSSoc	Československá strana socialistická
Č. V.	Česká Vídeň
D. L.	Dělnické Listy
DONRČ	Dolnorakouský odbor Národní rady české
GR	Gemeinderat
GRS	Gemeinderatssitzung
hs	handschriftlich
KSČ	Komunistická strana československá
LGBl.	Landesgesetzblatt
M. A.	Magistratsabteilung
Ms.	Manuskript
MTVS	Museum tělesné výchovy a sportu
NÖ, nö.	Niederösterreich, niederösterreichisch
Nö. Präs.	Niederösterreichische Präsidialakten
NRČ	Národní rada česká
ÖNK	Österreichischer Nationalitätenklub
PG	Protokolle der öffentlichen Gemeinderatssitzungen
PHS	Právněhistorické studie
PVS	Politische Vierteljahresschrift
RGBl.	Reichsgesetzblatt
RR	Reichsrat
SAV	Slovenská akademie věd
SlSb.	Slezský Sborník
St.GG.	Staatsgrundgesetz
StRS	Stadtratsitzung
SÚA	Státní ústřední archiv
ÚMŠ	Ústřední Matice Školská
V. D.	Vídeňský Denník
Ver.kat.	Vereinskataster
VJSW	Vierteljahresschrift für Sozial- und Wirtschaftsgeschichte
VJZG	Vierteljahreshefte für Zeitgeschichte
ZfG	Zeitschrift für Geschichtswissenschaft
ZfMaf.	Zeitschrift für Mundartforschung
Zs.	Zeitschrift

LITERATURVERZEICHNIS

I. AKTEN, DOKUMENTE, PROTOKOLLE

1. Niederösterreichisches Landesarchiv Wien
   a) Präsidialakten der nö. Statthalterei 1890—1914. Abtlgn G 2, J 6, J 12, XIV, XI, VI, I —: Politische und sonstige Bedenkliche; Druckschriften (Herausgabe, Verbote); Vereine und Versammlungen; Unterricht.
   b) Vereinskataster der nö. Statthalterei 1852—1918.
2. Diözesanarchiv des Erzbischöflichen Ordinariates Wien
   Personalstand der Säcular- und Regular-Geistlichkeit der Wiener Erzdiözese. Jg. 1 (1890) bis 25 (1914).
3. Gräflich Harrachsches Familienarchiv Wien
   Fasc. 662, 663, 667.
4. Vereinsbüro der Bundespolizeidirektion Wien
   Vereinskataster.
5. Allgemeines Verwaltungsarchiv Wien
   Akten des k. k. Ministeriums für Kultus und Unterricht. 18 N. Ö. Wien RG. Fasc. 3, Reg. Nr. 67 (511/1903) — Nr. 41822, Reg. Nr. 68 (512/1903) — Nr. 41907, Z. 40, 41, 52 (1904) — Nr. 12064.
6. Bibliothek des Nationalrates Wien
   Stenographische Protokolle des Hauses der Abgeordneten, 9. Session 1880 bis 21. Session 1913.
7. Archiv der Stadt Wien
   a) Protokolle der öffentlichen Gemeinderatssitzungen vom Jahre 1864 bis 1914.
   b) Amtsblatt der k. k. Reichshaupt- und Residenzstadt Wien. Jg. 1 (1892) bis Jg. 33 (1914).
   c) Gemeindestatut für die k. k. Reichshaupt- und Residenzstadt Wien. Wien 1900 (Verl. d. Magistratspräsidiums). Gesetz v. 24. März 1900. L.-G. u. V.-Bl. Nr. 17).
8. Ústřední archiv ČSAV (Zentralarchiv der tschechoslowakischen Akademie der Wissenschaften) Prag
   Akten der Národní rada česká (NRČ) 1900—1914. Abtlgn P, Z, O, F. Kart. 2, 3, 10, 15, 16, 68, 82, 83, 93, 114, 116, 118, 120, 125—128, 148, 196, 206, 207, 227, 237, 281, 284, 289, 313, 474, 480, 481, 487, 548, 566, 590, N 41, N 42, N 43, N 181, N 196.
9. Státní ústřední archiv (Staatliches Zentralarchiv) Prag
   a) Präsidialakten der Prager Statthalterei PM 1891—1920. Sign. 8/1 (polit. Angelegenheiten), 8/5 (Versammlungen), 8/6 (Schulsachen).
   b) Präsidium des k. k. Ministeriums des Inneren PMV/R 1888—1914, Sig. 15/3.
   c) Landsmannminister (Ministr krajan) MK/R 1900—1914.
   d) Außenministerium (Ministerstvo zahr. věcí/Rakousko) MZV/R „Spolek Komenský ve Vídni" (1912/13).
   e) Akten der Ústřední Matice Školská (Böhm. Zentralschulverein. ÚMŠ), Komenský-Vídeň 1902—1910, 1911/12, 1913—1920.
10. Ústav dějin komunistické strany československé (Institut für die Geschichte der KPČ) Prag (z. Z. u. d. T. Ústav dějin socialismu)
    Fond 70, 2: Československá soc.-dem. strana dělnická [Die tschechoslowakische soz. dem. Arbeiterpartei] 1874—1921.
    Fond 49: František Cajthaml-Liberté 1860—1935.
    Fond 79: Výběr dokumentů z rakouských archivů k dělnickému hnutí v českých zemích [Auswahl von Dokumenten aus österr. Archiven zur Arbeiterbewegung in den böhmischen Ländern] 1864—1918.
11. Ústřední archiv Československé strany socialistické (Zentralarchiv der tschechoslowakischen sozialistischen Partei) Prag
    a) Akten: Národní socialisté ve Vídni a v Rakousku v letech 1898—1938.

b) Akten über Václav Choc II/156, II/33 — S (1901—1918)
Václav J. Klofáč II/147—150 (1897—1914)
Jiří Stříbrný II-158 (Material vor 1926)
Václav Fresl II-32-S (1901—1915)
c) Čsl. strana socialistická 1939—1945. Odbojová činnost, členy strany [Die tschechosl. sozialist. Partei 1939—1945. Abwehrtätigkeit, Parteimitglieder] III/9.
d) Přední političtí pracovníci strany. Jos. Hubka, Životopis a korespondence [Die führenden politischen Mitarbeiter der Partei. Jos. Hubka, Lebenslauf und Korrespondenz] II/33-S.
12. Museum tělesné výchovy a sportu (Museum für Leibeserziehung und Sport) Prag
a) Akten zum Sokol: MTVS, Fond ČOS Sig. I. ČOS. Kart. 1, 28—32, 83—85, 88, 159, 196, 252.
b) Zu den Arbeiterturnvereinen (D.T.J.): Kart. 1, 68.
c) Ergänzungsliteratur aus der Ústřední tělovýchovná knihovna [Zentralbücherei des Museums].
13. Národní technické museum (Technisches Nationalmuseum), Archiv für Geschichte der Industrie, des Handels und der technischen Arbeit, Prag
Kleplova sbírka: Fond vzpomínek dělníků [Klepl-Sammlung], 10 000 Erinnerungsstücke von Arbeitern, Chroniken, Lebensläufe u. a. — Nr. 200, 201, 249, 358, 381, 383, 420, 423, 527, 654.
14. Národopisné oddělení Národního Musea (Ethnographische Abteilung des Nationalmuseums) Prag
Fond A 174 Dopisy drátentiků [Briefe der Rastelbinder].
Fond A 73 Lidové dopisy jihočeské [Südböhmische Volks-Briefe].
(Hier auch das bisher noch unbearbeitete Material der Wiener Tschechen zur ethnographischen Jubiläumsausstellung 1895 in Prag).
15. Literární archiv památníku národního písemnictví (Literarisches Archiv des nationalen Schrifttums) Prag
Literarische Nachlässe und Korrespondenzen bedeutender tschechischer Persönlichkeiten.

II. PRIVATE SAMMLUNGEN UND SONSTIGE MATERIALIEN

1. Archiv des Komenský-Schulvereins, Wien.
2. Verein des tschechischen Nationalhauses (Národní dům XV.), Wien.
3. Generalat und Mutterhaus der Tröster von Gethsemane, Kirche zum Allerh. Erlöser (St. Method-Verein), Wien.
4. Privatbibliothek Karl Matal, Wien.
5. Náprstkovo museum (Náprstek-Museum), Prag.
6. Československý ústav zahraniční (Tschechoslowakisches Auslandsinstitut), Prag.
7. Archiv tisku Národního musea (Zeitschriftenabteilung des Nationalmuseums), Prag.
8. Pedagogické museum J. A. Komenský (Pädagogisches Museum J. A. Komenský), Prag.

III. PERIODICA, ZEITSCHRIFTEN, ZEITUNGEN[*]

Akademie. Prag 1897 — bes. Jg. 15 (1911).
Arbeiter-Zeitung. Organ der österr. Sozialdemokratie. Hrsg. Popp u. Pokorny. Wien 1889 — bes. Jgg. 1896 u. 1907.
Austrian History Yearbook Bd. III, 1 (1967): The Nationality Problem in the Habsburg Monarchy in the Nineteenth Century: a Critical Appraisal. Bd. III, 2 (1967): The National Minorities. Houston, Texas (Rice University) 1967.

---

[*] Da es sich hier noch um weitgehend unerforschtes Material handelt, sind auch Periodica angeführt, die in der vorliegenden Arbeit nicht mehr ausgewertet wurden. Die besonders bezeichneten Jgg. befassen sich mit den Wiener Tschechen.

Bericht der k. k. Gewerbe-Inspektoren über ihre Amtstätigkeit. Wien 1885. — (Seit 1947 u. d. T. Die Amtstätigkeit der Arbeitsinspektorate).
Bericht des Wiener Stadtphysikates über seine Amtstätigkeit 1865. Wien 1866. Fortges. u. d. T. Jahres-Bericht des Wiener Stadtphysikates. Wien 1867.
Bohemia. Red. Haase. Ein Unterhaltungsblatt. Prag 1828 — bes. Jg. 1913.
Brigittenhauer Bezirks-Nachrichten. Wien 1912 — bes. Jg. 3 (1914).

Čas. List věnovaný veřejným otázkám [Ein öffentlichen Fragen gewidmetes Blatt]. Red. Herven. Prag 1887 — bes. Jgg. 1910, 1911, 1913, 1914.
Časopis českého úřednictva železničního [Zeitschr. der tschech. Eisenbahnbeamten]. (Prag?) 1900 — bes. Jg. 1910.
Čech. Politický týdenník katolický [Politisches katholisches Wochenblatt]. Red. Schmitt, Kopal. Prag 1869 — bes. Jg. 1905.
Čechische Revue. Red. Dr. E. Kraus. Prag 1907/08 — bes. Jgg. 3—5 (1909/10 — 1911/12).
Česká demokracie (o. A.) — bes. Jg. 1906.
Česká Vídeň. Časopis strany národně-sociální v Dolních Rakousích [Zeitschr. der nationalsozialen Partei in Niederösterreich]. Wien Jg. 1 (1902) — 13 (1914).
České Dělnické Listy (Prag?) 1897 — bes. Jg. 1 u. 2 (1897/98).
České Slovo (o. A.) — bes. Jgg. 1910—1912.
Český Dělník (Prag?) 1897 — bes. Jg. 3 (1899).
Český dům. Činnost společenstva [Tschechisches Haus. Tätigkeit der Genossenschaft]. Wien 1904 u. 1910 (mehr nicht vorhanden).
Český úředník (o. A.) — bes. Jg. 1909.
Correspondance Tchèque (Periodicum?). Prag 1909.

Den (o. A.) — bes. Jg. 1908.
Deutsche Erde. Zeitschr. f. Deutschkunde. Gotha 1902 — bes. Jgg. 7, 9, 10 (1908, 1910, 1911).
Deutsches Volksblatt. Hrsg. Vergani. Wien 1889 — bes. Jgg. 1908, 1911—1913. Beilage: Deutsche Schutzvereinszeitung.
Dělnický Denník. Ústřední list české sekce mezinárodní sociální demokracie [Zentralblatt der tschech. Sektion der internationalen Sozialdemokratie]. Hrsg. Srb. Wien 1911—1914.
Dělnické Listy. Orgán čsl. sociální demokratické strany dělnické [Organ der tschechosl. sozialdemokratischen Arbeiterpartei]. Hrsg. Tobola. Wien 1890.
Dunaj. Menšinová revue [Minderheiten-Revue]. Hrsg. F. Melichar. Wien 1923—1941.

Fremden-Blatt der k. k. Haupt- u. Residenzstadt Wien. Red. v. Heine. Wien 1847 — bes. Jg. 1897.

Gmünder Zeitung. Gmünd 1905 — bes. Jg. 5 (1909).
Die Grenzboten. Red. Kuranda. Leipzig 1842 — bes. Jg. 1847.

„High-Life" Almanach der Österr. Gesellschaft. Hrsg. v. Birkenstaedt Wien. Jg. 1 (1905) — Jg. 11 (1915).
Hlas „Národa". Red. Hubáček. Prag 1886 — bes. Jgg. 1908 u. 1913.

Jihočeské Ohlasy 1900 — bes. 14. Jg. (1913).

Kalendář české Vídně [Kalender des tschech. Wien]. Hrsg. Stříbrný. Wien 1904.
Kalendář československanského dělnictva v Rakousku 1891—1895 [Kal. d. tschechoslaw. Arbeiterschaft in Österreich 1891—1895]. Jg. 1895 u. d. T. Dělnický Kalendář čsl. strany soc.-dem. v Rakousku [Arbeiter-Kalender der tschechosl. soz.-dem. Partei in Österreich]. Prag (?) 1891.
Kalendář Československanských spolků zahraničních [Kalender der tschechosl. Auslands-Vereine]. Red. Otakar Nekvasil, (zuerst) London 1888.
Kalendář československého pracujícího lidu [Kalender des čsl. arbeitenden Volkes]. Hrsg. Ant. Machát. Erstmals 1923; ab 1928 regelmäßig. Auch u. d. T. Českovídeňský Kalendář

(Tschecho-Wiener Kal.) bzw. Ročenka Čechů vídeňských bzw. Českovídeňská ročenka [Jahrbuch der Wiener Tschechen bzw. Tschecho-Wiener Jb.], (vermutl. bis 1940).
Der Kampf. Sozialdemokrat. Monatsschrift. Hrsg. v. O. Bauer, K. Renner, M. Adler. Wien 1907—1918 — bes. Jgg. 1911/12.
Komenský. Věstník „Komenského" spolku k zařizování a vydržování českého školstva v Dolních Rakousích. [Anzeiger des Vereins „Komenský" zur Errichtung und Erhaltung des tschech. Schulwesens in NÖ]. Wien Jg. 1 (1906) — 6 (1911). Ab 1912 u. d. T. Dolnorakouský obzor (Niederösterr. Rundschau). Bes. Jgg. 1906—1908 u. 1912.
Květy. List pro zábavu a poučení s časovými rozhledy [Blatt für Unterhaltung und Belehrung mit zeitgenössischer Umschau]. Red. Čech, Heller. Prag 1879 — bes. ab 1900.

Lidové Noviny, Brünn 1894 — bes. Jg. 1912.
Lumír. Týdenník zábavný a poučný [Unterhaltendes und belehrendes Wochenblatt]. Red. Čech, Hostinský, Sládek. Prag 1873 — bes. ab 1900.

Montagspost. Hrsg. Hlaváč. Wien 1906—1907.
Moravská Orlice. Red. Uman. Brünn 1863 — bes. ab 1900.

Der Nachbar. Nachrichtendienst der österr.-tschechoslowakischen Gesellschaft in Wien 1947.
Náraz. Čtvrtletník Akademického spolku ve Vídni [Vierteljahresblatt des Akad. Vereines in Wien]. Red. Kožešník. Wien 1928—34.
Národní Listy. Red. Grégr. Prag 1861 — bes. Jgg. 1896, 1909, 1910, 1912.
Národní Politika. Hrsg. Nedoma. Red. Srb. Prag 1882 — bes. Jgg. 1906—1914.
Náš List. Vereinsblatt des Sokol Favoriten (X.). Wien 1913.
Nedělní besídka Vídeňského Deníku [Sonntagsbeilage vom Vídeňský Deník], (urspr. Besedy, nach dem Krieg: Besídka Vídeňského Deníku). Wien (Melantrich) 1910—1913 und 1924—1927.
Neue Freie Presse. Hrsg. Etienne u. Friedländer. Wien 1864 — bes. Jgg. 1911 u. 1913.
Niederösterreichischer Amtskalender. Mit Benützung amtlicher Quellen zusammengestellt. Wien 1865 — bes. Jg. 1910.

Okresní Věstník (o. A.) — bes. Jg. 1906.
Olomoucký Pozor (später: Pozor). Olmütz 1894 — bes. ab 1900.
Opavský Týdenník. Red. Zacpal. Troppau 1870 — bes. ab 1900.
Österreichischer Arbeiter-Kalender. Brünn 1887. Von 1882—1887 u. d. T.: Arbeiter-Kalender. Hrsg. v. Bardorf. Wien 1882—1886.
Österreichischer Arbeiter-Kalender. Wien 1897—1930.
Österreichische Volkszeitung. Zwei Kreuzer-Ausgabe. Red. Czernotzky. Wien 1893 — bes. Jg. 1913.
Ostdeutsche Rundschau. Wiener Wochenschrift für Politik, Wirtschaft, Kunst u. Literatur. Hrsg. Wolf. Wien 1890 — bes. Jg. 1913.

Padesátá výroční zpráva za rok 1911. Zpěvácký spolek slovanský ve Vídni [Fünfzigster Jahresbericht für das Jahr 1911. Slawischer Gesangsverein in Wien]. Wien 1911.
Plzeňské Listy. Hrsg. Port. Pilsen 1875 — bes. Jg. 1909.
Politik. Prag. Bes. Jg. 1900 (seit 1908 u. d. T. „Union").
Prager Tagblatt. Red. v. Gundling. Prag 1876 — bes. Jg. 1913.
Právo lidu. Časopis hájící zájmy dělníků a rolníků. [Zeitschrift zur Wahrung der Interessen der Arbeiter u. Bauern]. Red. Pavel. Kukleny 1893 — bes. Jg. 1907.
Pražská lidová revue. Prag. Bes. Jg. 1914.

Reichspost. Unabhängiges Tagblatt für das christliche Volk Österreichs. Hrsg. Weimar. Wien 1894 — bes. Jgg. 1899, 1900, 1916.
Roční Zpráva prvního ochotnického divadelního spolku „Pokrok" ve Vídni [Jber. des Ersten Laien-Theaterspielervereins „Pokrok" in Wien]. Wien. Jgg. 1886—1915.

Roční zpráva Slovanské Besedy [Jber. der Slovanská Beseda]. Jg. 1 (1868) — 42 (1906/07).
Rovnost. List sociálních demokratů českých [Blatt der tschech. Sozialdemokraten]. Red. Kokoška, Brünn 1885 — bes. Jg. 1907.

Samostatnost (o. A.) — bes. Jg. 1913.
Slavia. Wien 1906 — bes. Jg. 1906.
Slovanský List politický a národohospodářský [Slawisches politisches und volkswirtschaftliches Blatt]. Eigent., Hrsg. u. Red. J. Janča. Proßnitz (später Wien) 1895 — bes. Jgg. 1904 u. 1906. — (Von 1893—1895 u. d. T. „Slováč" in Proßnitz ersch.).
Sokol. Časopis zájmům tělocvičným věnovaný [Zeitschr. gewidmet den turnerischen Interessen]. Red. Tyrš, Scheiner. Prag. Jg. 1 (1871) — 40 (1914).

Telocvičný Ruch. Organ svazu dělnických tělocvičných jednot českoslovanských [Organ des Verbandes der tschechoslawischen Arbeiterturnvereine]. Prag. Jg. 1 (1905) — 10 (1914).

Union. (vorher u. d. T. „Politik"). Prag 1908 — bes. Jgg. 1910, 1912, 1913.

Das Vaterland. Zeitung für die Österreichische Monarchie. Red. v. Steingass. Wien 1860 — bes. Jg. 1907.
Věstník. Časopis spolků česko-slovanských ve Vídni [Zeitschrift der tschechoslawischen Vereine in Wien]. Red. Cinert. Wien 1883 — bes. Jg. 1905.
Věstník Ú. M. Š. (= Ústřední matice školské [Zentral-Schulverein]). Red. Černý u. a. Prag 1885 — bes. Jg. 1910.
Vídeňský Denník. Organ Čechů dolnorakouských [Organ der niederösterr. Tschechen]. Wien 1907.
Vídeňský Kalendář [Wiener Kalender]. Hrsg. Ferd. Menčík für den Klub rakouských národností ve Vídni (ÖNK in Wien). Wien Jg. 1 (1892) — 2 (1893), ab Jg. 3 (1894) — Jg. 19 (1910) u. d. T. Kalendář Čechů vídeňských [Kal. d. Wiener Tschechen], ab Jg. 20 (1911) u. d. T. Kalendář Slovanů vídeňských [Kal. d. Wiener Slawen].
Vídeňské menšinové listy [Wiener Minderheiten-Blatt]. Wien 1948 — (derzeitiges Blatt der Wiener Tschechen).
Vídeňský Merkur. Wien 1905 — bes. Jg. 1 (1905).
Vídeňský Národní Kalendář [Wiener National-Kalender]. Hrsg. vom tschech. Nationalrat Niederösterreichs. Wien. Jg. 1 (1906) — 9 (1914).
Vídeňské Svobodné Listy. Wien. Jg. 1 (1946) — (derzeitiges Blatt der Wiener Tschechen).
Vorwärts. Zeitschrift für Buchdrucker und verwandte Interessen. Red. Mitter. Wien 1867 — 1933. Bes. Jg. 1907.
Výroční zpráva Akademického spolku ve Vídni [Jber. des Akad. Vereines in Wien]. Wien 1 (1868) — bes. die Jgg. 1893/94 u. 1909—1912.
Výroční zpráva českého spolku pro opatřování služeb a práce [Jber. des tschech. Vereines für Vermittlung von Dienstleistungen und Arbeit]. Wien. Jg. 15 (1910) — 19 (1914).
Výroční zpráva Družstva pro vystavění Spolkového domu ve Vídni za rok 1903 [Jber. der Genossenschaft zur Erbauung eines Vereinshauses in Wien f. d. Jahr 1903]. Wien 1903.
Výroční zpráva „Komenského" [Jber. des „Komenský]. Wien 1 (1872) — bes. die Jgg. 1902—1907.
Výroční zpráva Ústřední knihovny Komenského [Jber. der Zentralbibliothek des Komenský]. Wien 1928.
Výroční zpráva Lidové Osvěty za rok 1904 [Jber. des Verbandes f. Volksaufklärung für das Jahr 1904]. Wien 1905.
Výroční zpráva dobročinného spolku českých paní a dívek „Ludmila" [Jber. des Wohltätigkeitsvereines tschechischer Frauen und Mädchen „Ludmila"]. Wien 1894.
Výroční zpráva zpěváckého spolku „Lumír" ve Vídni za správní rok 1893 [Jber. des Gesangsvereines „Lumír" in Wien für das Verwaltungsjahr 1893]. (28. Jg.), Wien 1894.
Výroční zpráva jednoty Sv. Methoděje [Jber. des Vereins des Hl. Method]. Wien. Bes. die Jgg. 1891/92, 1909, 1912, 1914.

Výroční zpráva Osvětového Svazu Dolnorakouského ve Vídni [Jber. des Niederösterreichischen Kulturverbandes in Wien]. Wien 1904—1914.
Výroční zpráva slovanského tělocvičného spolku „Sokola vídeňského" [Jber. des slawischen Turnvereins „Sokol Vídeňský"]. Wien 1 (1867) — 47 (1913).
Výroční zpráva o činnosti místních organisací čsl. soc.-dem. strany dělnické v Dolních Rakousích ku 16. řadné konferenci za období od 30. října 1908 do 30. září 1909 [Jber. über die Tätigkeit der lokalen Organisationen der čsl. soz.-dem. Arbeiterpartei in Niederösterreich zur 16. ordentlichen Konferenz für den Zeitraum vom 30. Okt. 1908 bis zum 30. Sept. 1909]. Wien 1909.
Výroční zpráva čtenářského a zábavního spolku „Svatopluk Čech" [Jber. des Lese- und Unterhaltungsvereins „Svatopluk Čech"]. Wien. Bes. die Jgg. 1910—1912.
Výroční zpráva Vídeňské záložny [Jber. der Wiener Vorschußkassa]. Wien 1908 — bes. die Jgg. 1908, 1911, 1912.

Wiener Diözesanblatt. Wien 1863 — bes. Jgg. 1893 und 1901.
Wiener Tagblatt. Hrsg. Szeps. Wien 1886 — bes. Jg. 1904.
Wiener Zeitung. Wien 1780—1940. Bes. Jg. 1904.

Zájmy živnostníků [Die Interessen der Gewerbetreibenden]. Wien 1919.
Zlatá Praha. Obrázkový týdenník [Bebildertes Wochenblatt]. Red. Schulz. Prag 1884 — bes. ab 1900.
Die Zeit. Wiener Wochenschrift für Politik, Volkswirtschaft, Wissenschaft und Kunst. Bes. Jgg. 1900 und 1903.

IV. ALLGEMEINE LITERATUR*

1. Vor 1914

A d l e r , Victor: Das allgemeine, gleiche und direkte Wahlrecht und das Wahlunrecht in Österreich. (Wiener politische Volksbibliothek 4). Wien 1893.
Adresář řemeslnicko-živnostenské jednoty ve Vídni [Adressenverzeichnis des Handwerker- und Gewerbevereins in Wien]. Wien (Melantrich) 1908. (Weitere Auflagen 1912 und 1914).
Adresář skupin, platebních míst, jakož i výplatních stanic cestovní podpory Svazu Kovodělníků v Rakousku [Adressenverzeichnis der Gruppen, Zahlstellen sowie Auszahlungsstationen für Reiseunterstützung des Verbandes der Metallarbeiter in Österreich]. Wien (Lidová tiskárna) 1909.
A l l r a m , Joseph: Philantropin. Ernst und Humor aus dem Schul- und Lehrerleben unserer Zeit. Leipzig/Wien 1891.
Almanach Akademického spolku ve Vídni [Almanach des Akademischen Vereins in Wien]. (Redig. von Jaromír Doležal, Franta Maňák, Hugo Sonnenschein, Josef Štelovský und Bohuš Vybíral). Wien (Al. Šašek) 1909.
A n i n , Maksim: Die Nationalitätenprobleme der Gegenwart. Eine staatsrechtlich-politische Studie. Riga 1910.
A r k o l a y , (Pseudonym für S t r ä u b e l , Waldemar): Das Germanentum und Österreich. Darmstadt 1870.

B a u e r , Joseph: Böhmische Militär-Sprache. Ein Handbuch für den Vorgesetzten im Verkehr mit den Untergebenen. Wien (L. W. Seidel u. Sohn) 1898.
B a u e r , Otto: Die Nationalitätenfrage und die Sozialdemokratie. Wien 1907.
B a u e r , Otto: Die Bedingungen der nationalen Assimilation. Der Kampf V (1912) H. 6, S. 246—263.

---

* Siehe auch Anhang S. 465. Aufsätze in Sammelbänden sind nicht eigens — d. h. unter dem Namen des jeweiligen Verfassers — vermerkt. Flugschriften wurden ebenfalls weggelassen.

Bericht der k. k. Gewerbe-Inspektoren über die Heimarbeit in Österreich. 3 Bde. Wien 1900—1901.
B e r n a t z i k, Edmund: Die österreichischen Verfassungsgesetze mit Erläuterungen. 2. Aufl. Wien 1911.
B e s k i b a, Marianne: Aus meinen Erinnerungen an Dr. Karl Lueger. Wien (Selbstverl.) o. J. (ca. 1910).
B r a b e c, Adolph: Česká Vídeň. Román z vídeňského života [Das tschechische Wien. Roman aus dem Wiener Leben]. Třebenice 1911.

C e t e c h o v s k ý, Fr. Z. (Pseudonym für Z e m a n, František): Pohádka zvadlých květů [Märchen der verwelkten Blüten]. Wien 1905.
C e t e c h o v s k ý, Fr. Z. (Pseudonym für Z e m a n, František): Tvrdou cestou [Auf hartem Weg]. Wien 1909.
C h a r m a t z, Richard: **Lueger Karl.** In: B e t t e l h e i m, Anton (Hrsg.): Biographisches Jahrbuch und deutscher Nekrolog, Bd. 15, S. 115—125. Berlin 1913.
C h i m a n i, Leopold: Vaterländische Merkwürdigkeiten. Wien 1818—1819. (Teil 6: über böhm. Musikanten in Wien).
C z o e r n i g, Carl Joseph: Mitteilungen aus dem Gebiete der Statistik. Hrsg. v. d. Direktion der administrativen Statistik im Handelsministerium. Wien 1852—1874.
C z o e r n i g, Carl Joseph Freiherr von Czernhausen: Die Verteilung der Völkerstämme und deren Gruppen in der österreichischen Monarchie. Wien 1856.
C z o e r n i g, Carl Joseph Frh. v. Czernhausen: Ethnographie der österreichischen Monarchie. 3 Bde. Wien 1855—1857.
C z o e r n i g, Carl Joseph Frh. v. Czernhausen: Statistik der Stadt Wien aus der k. k. Hof- und Staatsdruckerei. Wien 1857.
Deset let činnosti čtenářského a zábavního spolku „Svatopluk Čech" ve Vídni [Zehn Jahre Tätigkeit des Lese- und Unterhaltungsvereins „Svatopluk Čech" in Wien]. Zusammengestellt von J. Hošťálek 1898—1907. Wien (Melantrich) 1908.
Deset let Čtenářského a ochotnického spolku „Jungmann" ve Vídni. Na oslavu desetiletého trvání podává Karel Liška [Zehn Jahre Lese- und Laienspielverein „Jungmann" in Wien. Zur Feier des zehnjährigen Bestandes überreicht von Karel Liška]. Wien 1901.
Deset let práce Lidové osvěty ve Vídni [Zehn Jahre Arbeit d. Volksaufklärungs-Verbandes in Wien]. Wien 1905.

D e u t s c h, Julius: Geschichte der österreichischen Gewerkschaftsbewegung. Die sozialistischen Gewerkschaften. Wien 1908.
Dějiny „Čtenářsko-zábavní Besedy" ve Cmuntu na nádraži 1873—1895 [Geschichte des Lese- und Unterhaltungsvereins in Gmünd am Bahnhof 1873—1895]. Zusammengestellt von Josef Trefný. Gmünd 1895.
Dějinný přehled o činnosti Sokolské jednoty „Tyrš" ve Vídni od roku 1888 až do roku 1898 [Geschichtl. Übersicht über die Tätigkeit des Sokol-Vereins „Tyrš" in Wien v. J. 1888 bis z. J. 1898]. Hrsg. zur Zehnjahresfeier der Dauer des Vereins, zusammengestellt von Jóža Lhoták. Wien 1898.
Dokumente des Separatismus. Hrsg. v. Österr. Metallarbeiterverband. Wien 1911.
Dolnorakouská záložna ve Vídni [Die nö. Vorschußkassa in Wien]. Jahresbericht zum 15. Jahr ihres Bestehens. Wien 1911.
Dotázky a opravy k adresáři zahraničních Čechů [Anfragen und Korrekturen zum Adressenverzeichnis der Auslandstschechen]. (Zur 4. Ausgabe v. J. 1911). Hrsg. vom NRČ. Prag 1911.
D r o z d a, Josef Václav: Zpěvácký spolek slovanský. Zpráva o činnosti spolku v prvém pětadvacetiletí 1862—1887 [Der slawische Gesangsverein. Bericht über die Tätigkeit des Vereins in den ersten 25 Jahren 1862—1887]. Wien 1887.
D ü r r e. E.: Ausgleichschronik 1908—1913. (6. Flugschrift der „Deutschen Arbeit"). Prag 1914.
Dvacátáprvá výroční a jubilejní zpráva spolku pro zřízení českobratrského evangelického

sboru ve Vídni [21. Jahres- und Jubiläumsbericht des Vereins zur Errichtung einer böhmischen evangelischen Brüdergemeinde in Wien]. Wien 1912.
Dvacet let mzdových hnutí, stávek a bojů organisace zedníků a stavebních pomocných dělníků od r. 1894 až včetně r. 1913 [Zwanzig Jahre Lohnbewegungen, Streiks und Kämpfe der Organisation der Maurer u. Bauhilfsarbeiter v. J. 1894 bis einschl. 1913]. Wien 1914.
Dvacetpět let Čtenář.-ochotnické jednoty „Palacký" ve Vídni 1888 až 1913 [Fünfundzwanzig Jahre Lese- u. Laienspielverein „Palacký" in Wien 1888—1913]. Hrsg. v. Václav Berna und Frant. Novotný. Wien 1913.

Die Ergebnisse der Volkszählung vom 31. 12. 1910 in den im Reichsrat vertretenen Königreichen und Ländern, H. 1 (summar. Ergebnisse). Wien 1912.
Erkenntnisse des Verwaltungsgerichtshofes (Slg. B u d w i n s k y). Wien 1878 ff. — Nr. 2337 v. 19. 12. 1884 sowie Nr. 2356, Nr. 2017, Nr. 2314, Nr. 5763, Nr. 2192, Nr. 5506, Nr. 5763.
E x n e r , Karel: Úřední sčítání lidu v r. 1910. III. Praktické pokyny. Ve Vídni, spolek „Komenský" [Die amtliche Volkszählung i. J. 1910. III. Praktische Winke. Wien. Verein „Komenský]. (Druck: Společenská knihtiskárna Ant. Strojil). Blatná 1910.

F a j k m a j e r , Carl: Skizzen aus Alt-Wien. Wien 1913.
F i c k e r , Adolph: Die Völkerstämme der österr.-ungarischen Monarchie. In: Mitteilungen aus dem Gebiete der Statistik. Wien 1869.
F i s c h e l , Alfred: Materialien zur Sprachenfrage in Österreich. Brünn 1902.
F i s c h h o f , Adolf: Die Sprachenrechte in den Staaten gemischter Nationalität. Wien 1885.
F o ř t , J.: O stěhování se našeho lidu do ciziny [Von der Wanderbewegung unseres Volkes in die Fremde]. Vortrag im Obchodnický spolek „Merkur". (Bibliothek der volkstümlichen Vorträge Nr. 14). Prag 1876.
F r e u n d , Samuel: Das in Niederösterreich geltende Vereins- und Versammlungsgesetz. 3. Aufl. Wien (Selbstverlag d. Vereinsbüros der Polizei-Direktion) 1900.
Gemeindestatut für die k. k. Reichshaupt- und Residenzstadt Wien. Wien (Verlag des Magistratspräsidiums) 1900.

G u m p l o w i c z , Ludwig: Das Recht der Nationalitäten und Sprachen in Österreich-Ungarn. Innsbruck 1879.

H a c k l , Stephan: Der Rückgang des Wienertums. Deutsches Volksblatt, 29. 1. 1911, S. 18.
H a i n i s c h , Michael: Die Zukunft der Deutsch-Österreicher. Wien 1892.
H a i n i s c h , Michael: Einige neue Zahlen zur Statistik der Deutsch-Österreicher. Leipzig/Wien 1909.
H a n u s c h , Ferdinand: Parlament a dělnické ochranné zákonodárství [Das Parlament und die Arbeiterschutzgesetzgebung]. Referat, vorgetr. zum 7. Gewerkschaftskongreß in Österreich. Wien 1913.
H e c k e , Wilhelm: Volksvermehrung, Binnenwanderung und Umgangssprache in Österreich. Brünn 1914.
H e r b a t s c h e k , Heinrich: Das Erwachen. Jahrbuch zur Förderung der Kulturgemeinschaft. Verlag des deutsch-tschechischen Komitees. Wien 1914.
H e r r m a n n v o n H e r r n r i t t , Rudolf: Nationalität und Recht, dargestellt nach der österreichischen und ausländischen Gesetzgebung. Wien 1899.
H i r s c h , Rudolph: Stimmen des Volkes. Böhmisch von Pok-Poděbradský, Italienisch von B. Vollo, Ungarisch von A. Lujánszy. 2. Aufl., Wien 1854.
H l a v á č e k , Bohuš: Vzpomínky na čeští umělci ve Vídni [Erinnerungen an tschech. Künstler in Wien]. (handschr.) o. J. (vor 1914).
H o r á č e k , Cyril: Počátky českého hnutí dělnického [Die Anfänge der tsch. Arbeiterbewegung]. (Rozpravy č. Ak. cís. Frant. Josefa pro vědy, slovesnost a umění, Jg. V, Kl. I., H. 3). Prag 1896.
H o r á k , Josef: Přehled vývoje českých obchodních bank [Übersicht üb. d. Entwicklung der tschechischen Handelsbanken]. Obchodní knihovna Merkur 21). Prag 1913.

Hospodářské boje v průmyslu kovovém a železářském jakož i ve strojnictví v Rakousku. Statistika stávek, výluk a hnutí ... 1908—1910 [Die Wirtschaftskämpfe in der Metall- und Eisenindustrie sowie im Maschinenfach in Österreich. Statistik der Streiks, Arbeitsniederlegungen und Bewegungen ... 1908—1910]. Wien 1911.
H r d i n a, Vít: Všem príšlušníkům a opravdovým přátelům celé české menšiny dolnorakouské [Allen Angehörigen und wirklichen Freunden der gesamten tschechischen niederösterreichischen Minderheit]. Wien (Melantrich) o. J. (vor 1914).
H r u b ý, Václav: Grotesky [Grotesken]. (Knihovna Vídeňské Matice 1). Wien 1912.
H u b k a, Antonín: Čechové v Dolních Rakousích [Die Tschechen in Niederösterreich]. Prag 1901.
H u g e l m a n n, Karl: Das Recht der Nationalitäten in Österreich. Graz 1880.
H ů r e c k ý, Dr. J. D. (= Pseud. f. Josef Václav Drozda): Čeho nám třeba? Časová úvaha vídeňská [Was wir benötigen? Zeitgemäße Wiener Überlegungen]. Wien 1904.
H y b e š, Josef: Zajímavé vzpomínky na činnost soudruhů a organisací z dob dávno minulých [Interessante Erinnerungen an die Tätigkeit der Genossen und Organisationen aus längst vergangenen Zeiten]. Brünn 1900.
Internacionála o jednotnosti odborového hnutí [Die Internationale über die Einheitlichkeit der Gewerkschaftsbewegung]. Wien (Lid. tiskárna) 1910.

J a n č a, Jan: Školská otázka v Dolních Rakousích [Die Schulfrage in Niederösterreich]. Wien 1898.
J a n č a, Jan: České dítě v Dolních Rakousích [Das tschechische Kind in Niederösterreich]. (o. O.) 1906 (vermutl. Zss-Aufsatz).
J a n č a, Jan: Čechové dolnorakouští. Jsou-li Dolní Rakousy zemí německou? [Die niederösterr. Tschechen. Ist Niederösterreich ein deutsches Land?]. Vlčkova Osvěta Jg. 1909 Nr. 4/5/6. S. 289—302, 385—399, 481—495.
J a n č a, Jan: Život a jiné vídeňské novely [Das Leben und andere Wiener Novellen]. (Ottova Laciná knihovna národní). Prag 1910.
J a n č a, Jan: Rok 1909 a dnešní stav české otázky dolnorakouské [Das Jahr 1909 und der heutige Stand der niederösterreichischen Frage]. Moravsko-Slezská Revue 7 (1911) 81—86, 152—156, 229—232, 276—280, 342—348.
J a n č a, Jan: Ottův průvodce pro Vídni [Ottos Führer durch Wien]. 2. Aufl., Prag 1914.
J e t e l, František: Řeč proslovená MUDr. Frant. Jetelem na manifestační schůzi Čechů vídeňských dne 29. června 1908 v Praze [Rede des Dr. Frant. Jetel zur Kundgebung der Wiener Tschechen am 29. Juni 1908 in Prag]. Wien 1908.
J u n g m a n n, Josef: Historie literatury české [Die Geschichte der tschech. Literatur]. 2. Aufl., Prag 1849.
J u r k o v i č, Dušan: Práce lidu našeho [Arbeiten unseres Volkes]. Wien 1905—1914.
J u s t, Ludwig: Jan Slawik oder Jugendleben eines Handwerkers. Wien 1856 (2. Aufl. 1862).

K a i z l, Josef: Z mého života [Aus meinem Leben]. Hrsg. v. Zd. Tobolka. Bd. 1: Od narození do habilitace [Von der Geburt bis zur Habilitation] (1854—1879). Bd. 2: Od habilitace až po vstup do mladočeské strany [Von der Habilitation bis zum Eintritt in die jungtschechische Partei] (1890). Prag 1908.
K a l a n d r a, Albert, Jan: Dějiny Slovanské Besedy ve Vídni [Die Geschichte der Slovanská Beseda in Wien] 1865 bis 1894. Wien 1895.
Kalendář vzdělávacího zábavního spolku „Tyl" ve Vídni na rok 1893 [Kalender des Bildungs- und Unterhaltungsvereins „Tyl" in Wien f. d. Jahr 1893). Žižkov 1894.
Kalendářík Vídeňské záložny na rok 1910 [Taschenkalender der Wiener Vorschußkassa f. d. J. 1910]. Wien 1910.
Kann die sogenannte „Lex Kolisko" sanktioniert werden? Gutachten der Národní rada česká vom 23. Dezember 1912. Prag (Verl. d. Nár. rada česká) 1912. (Tschechische Ausgabe u. d. T.: Může-li býti t. zv. zákon Koliskův sankcionován?).
K a r á s e k, Josef: Z Vídně o Vídni [Aus Wien über Wien]. Wien 1894.

Karásek, Josef: Sborník Čechů dolnorakouských 1895 [Almanach der niederösterreichischen Tschechen 1895]. Wien 1895.
Karásek, Josef: Poštorná, Nová Ves, Hlohovec [Unterthemenau, Oberthemenau, Bischofswart]. Prag 1895.
Katalog II. výstavy prací učňovských ve Vídni, XV., Turnergasse 9, Národní dům. 1. září — 15. září 1912 [Katalog der Lehrlingsarbeitenausstellung in Wien XV., Turnergasse 9, Národní dům. 1. Sept. bis 15. Sept. 1912]. (Selbstverl.) Kamenitz a. d. Linde 1912.
Kautecký, Jaroslav: O důležitosti českého státního práva se zřetelem na nynější poměry československého národa [Über die Wichtigkeit des böhmischen Staatsrechtes mit Rücksicht auf die derzeitigen Verhältnisse der tschechoslawischen Nation]. (Politická knihovna, Hrsg. Klub rakouských národností Bd. 1). Wien 1893.
K dějinám českého školství v Dol. Rak. (Informace odborům NRČ 3) [Zur Geschichte des tschech. Schulwesens in NÖ. Inform. an die Sektionen NRČ 3]. Prag 1912.
Kdy nastane náprava? [Wann erfolgt eine Abhilfe?]. Hrsg. v. d. Sdružení české mládeže in Wien. Wien (Melantrich) 1911.
Klein, Franz: Das Organisationswesen der Gegenwart. Berlin 1913.
Klika, Josef / Štech, Karel: Stručný Slovník paedagogický [Kurzes pädagog. Wörterbuch]. 6 Bde. Prag 1909 (1. Bd. 1888).
Klíma, Jiří V.: Čechové dolnorakouští [Die niederösterreichischen Tschechen]. In: Národopisná výstava českoslovanská [Ethnographische tschechoslawische Ausstellung]. Prag 1895, S. 280—289.
Klimeš, J. A.: Neopouštějte nás! Zoufalý zápas Čechů dolnorakouských o české školství. Lex Axmann. — Vražedný útok na jejich národnostní existenci. Dle řeči J. A. Klimeše, správce české školy v Poštorné na protestní schůzi dne 12. ledna 1909 [Verlaßt uns nicht! Der Verzweiflungskampf der nö. Tschechen um das tschech. Schulwesen. Lex Axmann. — Der mörderische Angriff auf ihre nationale Existenz. Nach einer Rede von J. A. Klimeš, des Verwalters der tschech. Schule in Unterthemenau auf einer Protestversammlung am 12. Januar 1909]. Wien (Česká Vídeň) 1909.
Klostermann, Karel: Za štěstím. Roman ze života vídeňských Čechů [Dem Glück nach. Roman aus dem Leben der Wiener Tschechen]. Prag 1894.
Kollár: Sborník. Jubilejní almanach Akademického spolku (Ročenka Vídeňské Matice) [Jubiläums-Almanach des Akademischen Vereins (Jb. d. Víd. Matice)]. Wien 1909.
Kolmer, Gustav (früher Gustav Kohn): Parlament und Verfassung in Österreich. Bd. I—VIII. Wien—Leipzig 1903—1914.
Kotrč, Jan / Traxler, Karel: Šachové úlohy z let 1884—1910. S úvodem [Schachaufgaben aus den Jahren 1884—1910. Mit Einführung]. Wien („Vorwärts") 1910 (Zweisprachige Ausgabe).
Kralik, Ritter v. Meyrswalden, Richard: Geschichte der Stadt Wien. Wien 1912.
Kramář, Karel: Das böhmische Staatsrecht. Wien 1896.
Kramář, Karel: Anmerkungen zur böhmischen Politik. Übersetzt von J. Penížek. Wien 1906.
Kremer-Auenrode, Alfred Ritter von: Die Nationalitätsidee und der Staat. Wien 1885.
Kučera, Václav: Český průvodce po Vídni [Ein tschechischer Führer durch Wien]. Wien 1888.
Kudrna, Josef: Na lepší cesty! [Auf bessere Wege!]. Hrsg. v. der Gewerkschaftskommission der tschech. nationalsozialen Partei. Wien 1913.

Landesgesetz- und Verordnungsblätter, österr.-ungarische. Div. loc. 1849 —, hier Nr. 17, IX. Stück. Wien 1900.
Lederer, Ed.: Česká Vídeň [Das tschechische Wien] Separatdruck aus „Osvěta lidu". Pardubitz 1905.
Die Lex Kolisko-Axmann, die nationalen Schutzgesetze und die „deutschnationalen" Landtagsabgeordneten. Hrsg. v. Sekretariat d. christlichsozialen Parteileitung. Wien 1910.
Loun, F.: Uzavření soukromé školy Komenského ve III. okrese vídeňském ve světle

práva (deutscher Titel siehe nächste Angabe). Sonderabdruck aus dem „Právník" Jg. 51, H. 21, 15. 11. 1912.
L o u n , F.: Die Sperrung der Privatschule des Komenský-Vereines im III. Wiener Gemeindebezirk im Lichte des Rechtes (Deutscher Separatabdruck aus der „Union"). Prag (Verl. d. Nár. rada česká) 1912.
L u d v í č e k , Jan / P r o k o p , K.: Český průvodce po Vídni [Tschechischer Führer durch Wien]. Wien 1890.
L u s t i g , Karl: Die Tschechisierung Wiens und das deutsche Handwerk. Deutsche Schutzvereinszeitung. Beilage zu „Deutsches Volksblatt" Nr. 7930, 29. 1. 1911, S. 17.

M a c h a r , Josef Svatopluk: Tristium Vindobona I.—XX. 1889—1892. 4. Aufl., Prag 1912 (1. Aufl. 1893).
J. S. Macharovi [Dem J. S. Machar]. Hrsg. v. Fr. V á h a l a , J. K. P o j e z d n ý . Wien 1914.
M a c k , Eugen: Dr. Karl Lueger, der Bürgermeister von Wien. Rottenburg a. Neckar 1910.
M a r x , Karel: Námezdní práce a kapitál. Úvod napsal Bedř. Engels [Lohnarbeit und Kapital. Einleitung von Friedrich Engels]. Tschech. Übs. v. J. K r a p k a. Wien 1895.
M a y e r , F. Arnold: Über eine historische Ethnographie Wiens. Wiener Communal-Kalender und Städt. Jahrbuch 27 (1889) 295—301.
M i s c h l e r , Ernst / U l b r i c h , Joseph: Österreichisches Staatswörterbuch. 2. wesentl. umgearb. Aufl., Wien 1905—1909.
Mitteilungen des arbeitsstatistischen Amtes im k. k. Handelsministerium. Wien 1900.
M o u d r á , Pavla: Nový člověk (Volný kroužek čes. spiritualistické mládeže „Synthesa") [Der neue Mensch (Freier Kreis der tschech. spiritualistischen Jugend „Synthesa")]. Wien 1914.
Může-li býti t. zv. zákon Koliskův sankcionován? Deutsch als: Kann die sog. Lex Kolisko sanktioniert werden? Prag 1912.

Návrh zákona ohledně úpravy pracovních poměrů v domácké práci při výrobě oděvu, obuvi a prádla [Gesetzesentwurf über die Regelung des Arbeitsverhältnisses bei Heimarbeit in der Kleidungs-, Schuh- und Wäscheerzeugung]. Hrsg. v. Gewerkschaftsverband der Schneider. Wien 1912.
N o v á k , František Xaver: Některé naše kněžské problémy. Aforismy, které napsal Dr. F. X. Novák [Einige unserer priesterlichen Probleme. Aphorismen von Dr. F. X. Novák]. Wien 1912.
N o v á k , Václav: (Pseudonym: B o r e c k ý , Jaromír): Invalidní, vdovské a sirotčí zaopatření tabákového dělnictva v Rakousku [Die Invaliden-, Witwen- und Waisenversorgung der Tabakarbeiter in Österreich]. Hrsg. v. d. Gewerkschaft d. Tabakarbeiter in Österreich. Wien (Lidová tiskárna) 1910.

Obchodně živnostenský Sborník Čechů vídeňských [Handels- u. Gewerbealmanach der Wiener Tschechen]. Hrsg. mit Hilfe der Živnostenská jednota in Wien. Wien 1903.
Österreichische Statistik. Hrsg. v. der k. k. statistischen Central-Commission. Wien 1882. — Hier Bd. 4, N. F. 1910.
Österreichisches statistisches Handbuch für die im Reichsrate vertretenen Königreiche und Länder. Wien 1883—1918, hier Jgg. 26 (1907) u. 30 (1911).
Organisační řád Dolnorakouského odboru Národní rady české [Organisationsordnung der niederösterr. Sektion des tschechischen Nationalrates]. Wien 1910.
Ottův Slovník naučný. Illustrovaná encyklopaedie obecných vědomostí [Ottos Konversationslexikon. Illustrierte Enzyklopädie des allgemeinen Wissens]. 28 Bde. Prag 1888—1909. — Nové doby (Ergänzungen zum großen O. Sl.). Prag 1930.

Padesát let „Pokroku" ve Vídni 1863—1913 [Fünfzig Jahre „Pokrok" in Wien 1863—1913]. Wien 1913.

Pamätnica liter. spolku „Národa" [Gedenkschrift des literarischen Vereins „Národ"]. Wien 1904.
Pamätnica, ktorú z pričiny 20-ročného jubilea účinkovania svojho vydal Slovenský akad. spolok „Tatran" vo Viedni [Gedenkschrift zum 20jähr. Jubiläum des Bestehens des Slowakischen akad. Vereins „Tatran" in Wien]. Turč. Sv. Martin 1890.
Památník Akademického spolku ve Vídni [Denkschrift des Akad. Vereines in Wien]. Wien 1909.
Památník vydaný roku 1888 o jubilejní slavnosti ochotnického spolku „Pokroku" ve Vídni [Denkschrift zur Jubiläumsfeier des Laienspielvereins „Pokrok" im Jahre 1888]. Hrsg. v. Ferd. Menčík, J. Vojen u. a. Wien 1888.
Památník k oslavě 40letého Jubilea prvního divadelního ochotnického spolku „Pokrok" ve Vídni [Denkschrift zum 40jährigen Jubiläum des ersten Theaterlaienspielervereines „Pokrok" in Wien]. Hrsg. von Václav Jedlička. Wien 1903.
Památník sokolské župy dolnorakouské [Denkschrift des nö. Sokolgaues] 1894—1903. Hrsg. zum 10jährigen Bestehen des Vereins. Wien 1904.
Památník tělocvičné jednoty Sokol „Fügner" ve Vídni 1889—1899 [Denkschrift des Turnvereins Sokol „Fügner" in Wien 1889—1899]. Hrsg. v. A. Pippich. Wien 1899.
Památník tělocvičné jednoty „Sokol Vídeň XVI." [Denkschrift des Turnvereins Sokol Vídeň XVI.]. Hrsg. v. Karel Doležal zur 20-Jahrfeier. Wien 1910.
Paměti Československé besedy v Simerinku [Erinnerungen der Českoslovanská Beseda in Simmering]. Hrsg. von Otakar Fikeys zur Zwanzigjahrfeier 1879—1899. Wien 1899.
Pamětní list 1897—1912 k 15tiletému trvání strany nár.-soc. [Gedenkblatt 1897—1912 zum 15jähr. Jubiläum der nationalsozialen Partei). Hrsg. v. Václav Klofáč, Jiří Pichl, Josef Sajdl. Prag 1912.
Pamětní list „Pokrok" 1863—1913 [Gedenkblatt des „Pokrok" 1863—1913]. Wien 1913.
Pamětní list v upomínku výpravy českých spolků vídeňských, sdružených v I. Českém nár. domě ve Vídni XV., do Jičína a Skal Prachovských ve dnech 29. června až 1. července 1900 [Gedenkblatt zur Erinnerung an den Ausflug der Wiener tschech. Vereine, die im I. Český dům in Wien XV. zusammengeschlossen sind, nach Jičín und in die Prachover Felsen in den Tagen vom 29. Juni bis 1. Juli 1900]. Jičín, 29. 6. 1900.
Pamětní spis k oslavě třicetiletého trvání spolku „Komenský" ve Vídni 1872—1902 [Gedenkschrift zur Dreißigjahresfeier des Vereins „Komenský" in Wien 1872—1902]. Wien 1902. (Gleichnamige Berichte auch zur 10- und 20-Jahresfeier vorhanden).
Pamětní spis k výročí dvacetiletého trvání volné organisace truhlářů ve Vídni [Gedenkschrift zur Zwanzigjahresfeier der freien Organisation der Tischler in Wien]. Hrsg. von Vavřinec Widholz. Wien 1910.
Pamětní spisek [Denkschrift]. Hrsg. zum 15jähr. Jubiläum der Zweigstelle des Komenský-Vereines im IX. Bez. und zur 10jähr. Dauer der tschechischen Sprachschule im IX. Bez. Wien 1907.
Pamětní zpráva vzdělávacího a zábavního spolku „Besedy Vlastimil" ve Vídni ku 20iletému trvání 1885—1905 [Denkschrift des Bildungs- und Unterhaltungsvereins „Beseda Vlastimil" in Wien zur Feier des 20jähr. Bestandes 1885—1905]. Wien 1905.
P a z o u r e k , František J.: Čechové ve Vídni [Die Tschechen in Wien]. Časopis Turistů 20 (1908) H. 3—5.
P e l d a , Miloš: Vídeňské záložny [Die Wiener Vorschußkassen]. Wien 1903.
P e n í ž e k , Josef: Aus bewegten Zeiten 1895—1905. Wien 1906.
Perikopy čili Řeči, Epištoly a Evangelia při mši svaté na neděle, slavnosti Páně a svátky Svatých, též na každý den v postě [Bibelstellen bzw. Predigten, Episteln und Evangelien zur hl. Messe für Sonntage, Feiertage des Herrn und der Heiligen, auch für jeden Fasttag]. Wien 1901.
P e t e r m a n n , Reinhard Ernst: Wien im Zeitalter Kaiser Franz Joseph I. Wien 1908.
Pětadvacet let činnosti vzdělávacího a zábavního spolku „Beseda Vlastimil" ve Vídni 1885—1910 [25 Jahre Tätigkeit des Bildungs- und Unterhaltungsvereines „Beseda Vlastimil" in Wien 1885—1910]. Zusammengestellt von J. Paták. Wien (Melantrich) 1910.

Pětadvacet let čtenář.-ochotnické jednoty „Palacký" ve Vídni [25 Jahre Lese- und Laienspielverein „Palacký" in Wien] 1888—1913. Wien 1913.
P f a u n d l e r , Richard von: Die Zahl der Tschechen in Wien. Deutsche Erde 10 (1911) 101 f.
Po čtyřiceti letech! K jubilejnímu koncertu „Zpěváckého spolku slovanského" dne 8. března 1902 [Nach 40 Jahren! Zum Jubiläumskonzert des Slawischen Gesangsvereins, am 8. März 1902]. Wien (Selbstverlag, Dr. J. Drozda) 1902.
Pokyny pro sčítání lidu po stránce národnostní [Winke für die Volkszählung in nationaler Hinsicht]. Prag (Verlag NRČ) 1910.
Pracovní řád odboru mužských zákazkových krejčí ve Vídni [Arbeitsordnung der Sektion der männlichen Kundenschneider in Wien]. Hrsg. vom Verband der Schneider und verwandten Gewerbezweige in Österreich. Wien 1906.
Praha Komenskému ve Vídni [Prag dem Komenský-Verein in Wien]. Prag 1910.
Pravda o domnělém křesťansko-sociálním úspěchu [Die Wahrheit über den angeblichen christlichsozialen Erfolg]. Hrsg. vom Gewerkschaftsverband der Tabakarbeiter in Österreich. (Knihovna tabákového dělnictva, Bd. 3). Wien 1911.
P r o s c h k o , Hermine Camilla: Lueger-Büchlein für Volk und Jugend. Linz 1910.
Proti rušitelům mezinárodnosti a jednotnosti odborového boje [Gegen die Störer der Internationalität und der Einheit des Gewerkschaftskampfes]. Hrsg. v. d. Reichsgewerkschaftskommission in Österreich. Wien (Lid. knihtisk.) 1911.
Protokol IV. sjezdu Svazu dělnických tělocvičných jednot čsl. a I. sjezdu náčelníků okresů v Praze ve dnech 29., 30. a 31. května 1909 [Protokoll des IV. Kongresses der Verbandes der tschechosl. Arbeiterturnvereine und der I. Zusammenkunft der Bezirksführer in Prag in den Tagen des 29., 30. u. 31. Mai 1909]. (Dasselbe für den V. Kongreß vom 27. bis 29. Juni 1912, Prag 1912).
Protokol X. sjezdu čsl. soc.-dem. strany dělnické ve dnech 23. až 27. prosince 1911 v Národním domě na Smíchově [Protokoll des X. Kongresses der čsl. soz.-dem. Partei in den Tagen vom 23. bis zum 27. Dezember 1911 im Národní dům in Smichov]. Prag 1912.
První spolek úřednický mocnářství Rakousko-Uherského ve Vídni [Der 1. Beamtenverein der Österr.-Ungar. Monarchie in Wien]. Wien 1893.
Prwotiny spisowatelské Aloisa W. Šembery [Schriftstellerische Erstlingsprodukte von Alois W. Šembera]. Wien 1877.
Před sčítáním lidu v Dolních Rakousích [Vor der Volkszählung in Niederösterreich]. Abdruck aus der Nr. 9 des 5. Jg. der Zs. „Dolnorakouský Obzor", dem Anzeiger des Komenský-Vereins. Wien 1910.

R a u c h b e r g , Heinrich: Die Berufsverhältnisse der Bevölkerung Wiens. Wien 1893.
R a u c h b e r g , Heinrich: Der nationale Besitzstand in Böhmen. 3 Bde. Leipzig 1905.
Reichsgesetzblatt für das Kaisertum Österreich. 29. Stück. Nr. 62. Ausgabe vom 20. Mai 1869. Gesetz vom 14. Mai 1869.
R e i n h o l d , Karl: Was leisteten die Deutschen in Österreich für ihr Volkstum im Jahre 1908, was ihre Gegner? Deutsche Erde 9 (1910) 98—104.
R e n n e r , Karl: Der deutsche Arbeiter und der Nationalismus. Wien 1910.
R e n n e r , Karl: Über Innsbruck hinaus. Der Kampf V (1912) H. 4, S. 145—154.
R i c e k , Leopold: Der gewerbliche Nachwuchs Wiens in nationaler Hinsicht. Deutsche Erde 7 (1908) 69 u. 10 (1911) 187.
R i c e k , Leopold: Der niederösterreichische Tschecheneinschlag. Deutsche Erde 9 (1910) 196—199.
R i c e k , Leopold: Benachteiligung der Deutschen Niederösterreichs auf dem Gebiet des staatlichen Mittelschulwesens und Lehrerbildungswesens gegenüber Polnisch-Galizien und Tschechisch-Böhmen. Deutsche Erde 9 (1910) 241 f.
R i e g e r , František Ladislav: Slovník naučný [Konversationslexikon]. Prag 1860—1872.
Ročenka dělnické a živnostenské záložny z. spol. s. r. o. ve Vídni 1913 [Jahrbuch der Arbeiter- und Gewerbevorschußkassa e. V. G. m. b. H. in Wien 1913]. Wien 1914.

R o ß m a n i t h , Alfred Johann: Präliminarien. Beiträge zum Programm der Gesellschaft zur Förderung des nationalen Friedens in Österreich. Wien 1913.
Řád sboru cvičitelského závazný pro všechny v župě dolnorakouské sdružené jednoty [Ordnung des Ausbilderkorps, verbindlich für alle in dem niederösterreichischen Gau zusammengefaßten Vereine]. Wien 1900.

S a m a s s a , Paul: Der Völkerstreit im Habsburgerstaat. Leipzig 1910.
Sborník slovenských národních piesní, povestí, príslovi, porekadiel, hádok, hier, obýčajov a povier [Almanach slowakischer nationaler Lieder, Sagen, Sprichwörter, Redensarten, Rätsel, Spiele, Gewohnheiten und Geschichten]. Hrsg. v. d. Matica Slovenská. Wien 1870.
S c h e i n e r , Josef (Hrsg.): Úvahy a řeči Dr. Miroslava Tyrše [Überlegungen und Reden des Dr. Miroslav Tyrš]. 2 Bde. Prag 1894.
S c h i m m e r , G. A.: Die einheimische Bevölkerung Österreichs nach der Umgangssprache. Statist. Monatsschr. 1882, S. 105.
S c h r a n k a , Eduard Maria: Wiener Dialekt-Lexikon. Wien 1905.
S c h u b e r t , Anton: Ziffern zur Frage des niederösterreichischen Tschecheneinschlages. Wien (Verlag des „Bundes des Deutschen in Niederösterreich") 1909.
S e d l a c z e k , Stephan: Die k. k. Reichshaupt- und Residenzstadt Wien. Ergebnisse der Volkszählung vom 31. Dezember 1880. Demographische Ergebnisse Bd. II, Wien 1887.
S e d l a c z e k , Stephan: Die Wohn-Verhältnisse in Wien. Ergebnisse der Volkszählung vom 31. Dezember 1890 (Mitteilungen des statist. Departements des Wiener Magistrates). Wien 1893.
Š e m b e r a , Alois Vojtěch: O Slovanech v Dolních Rakousích [Über die Slawen in NÖ]. ČČM (1845) II, 163 u. III, 335 ff.; (1876) 393 ff.
Š e m b e r a , Alois Vojtěch: Mnoho-li jest Čechů, Moravanů a Slováků a kde obývají [Wie viele Tschechen, Mährer und Slowaken gibt es und wo wohnen sie?]. Prag 1877.
Seznam členů „Slovanské Besedy ve Vídni" počátkem r. 1914 [Verzeichnis der Mitglieder der „Slovanská Beseda in Wien" zu Beginn d. J. 1914]. Wien (Melantrich) 1914.
Seznam knih čten. a záb. spolku „Svatopluk Čech" [Verzeichnis der Bücher des Lese- und Unterhaltungsvereins „Svatopluk Čech"]. (2 Bändchen mit Ergänzungen). Königgrätz 1903.
Š i l h a , Milan: Péče o českou mládež v Dolních Rakousích a zvláště ve Vídni [Die Fürsorge für die tschech. Jugend in Niederösterreich und besonders in Wien]. (Sonderabdruck aus den Pedagogické rozhledy 27). Prag 1914.
Skizzierte Darstellung der sozialdemokratischen Bewegung in Österreich-Ungarn. September 1880 bis Oktober 1882. Aus der k. k. Hof- und Staatsdruckerei Wien, im Oktober 1882.
S l a v í č e k , Vítězslav: Čechové Vídeňští a jich práce na poli národním [Die Tschechen Wiens und ihre Arbeit auf nationalem Felde]. Wien 1900.
Slavostní list českoslovanských střelců ve Vídni XV., vydaný u příležitosti slavnostního rozvinutí praporu dne 31. května 1914 [Festblatt der tschechosl. Schützen in Wien XV., herausgegeben zur feierlichen Fahnenweihe am 31. Mai 1914]. Wien (Melantrich) 1914.
S m ó l s k i , G.: Czesi w Wiednu i Dolnych Rakuszach [Die Tschechen in Wien und Niederösterreich]. Świat Słowiański 1, 2 (1905) 120—125.
Š n e j d a , B.: Proč mají Čechové oprávněný nárok na půdu dolnorakouskou [Warum die Tschechen einen berechtigten Anspruch auf niederösterreichischen Boden haben]. Wien 1911.
S o b e l , Johannes de Deo: Dějiny a slavnostní spis rakousko-české řádové provincie Milosrdných Bratří ke slavnosti ve dnech 28., 29. a 30. srpna konaného vysvěcení nemocnice mateřského domu ve Valčicích v Dol. Rakousích [Geschichte und Festschrift der österreichisch-böhmischen Ordensprovinz der Barmherzigen Brüder zur am 28., 29. und 30. August stattgefundenen feierlichen Einweihung des Krankenhauses des Mutterhauses in Valčice in Niederösterreich]. Wien 1892.
S o s n o s k y , Theodor von: Die Politik im Habsburgerreiche. 2 Bde. (Veröff. des allg. Vereins f. dte. Literatur XXXIII/3. 4.). Berlin 1912/13.
Soukromé obecné a měšťanské školy ve Vídni. (Příspěvek k charakteristice rakouské spravedlnosti k českým kulturním snahám) [Die privaten Volks- und Bürgerschulen in Wien.

(Beitrag zur Charakteristik der österreichischen Gerechtigkeit gegenüber den tschechischen kulturellen Bestrebungen)]. Wien 1907. Siehe auch Zs. „Komenský" 2 (1907) Nr. 10.
S o u k u p, František Alois: Dítě českého jihovýchodu a jeho výdělečné práce [Das Kind des tschechischen Südostens und seine Verdienst-Arbeiten]. (Spisy Dědictví Komenského 114). Prag 1910.
S o u k u p, František Alois: Vývoj českého školství ve Vídni [Die Entwicklung des tschechischen Schulwesens in Wien]. (Bücherei vom Dolnorakouský Obzor 1). Wien 1912.
S o u k u p, František: Die czechische Sozialdemokratie. Die Zeit, Wiener Wochenschrift für Politik, Volkswirtschaft, Wissenschaft und Kunst Bd. 24 (1900) Nr. 302, 14. 7. 1900.
S r b, Adolf: Politické dějiny národa českého od roku 1861 až do nastoupení ministerstva Badeniova r. 1895 [Politische Geschichte der tschechischen Nation vom Jahre 1861 bis zum Antritt des Ministeriums Badeni i. J. 1895]. Prag 1899. (Bd. 1) und: Od nastoupení Badeniova do odstoupení Thunova [Vom Antritt Badenis bis zum Abtreten Thuns]. Prag 1901. (Bd. 2).
S r b, Jan: Poměry populační v podrobném zpracování [Die Populationsverhältnisse in detaillierter Bearbeitung]. 3. Teil. Prag 1908.
Stanovy Akademického spolku [Statuten des Akademický spolek]. Wien 1890.
Stanovy družstva Český dům ve Vídni [Statuten der Genossenschaft Český dům in Wien]. Wien 1900 u. 1908.
Stanovy Družstva pro vystavění tělocvičny Sokolské jednoty „Tyrš" ve Vídni XV., Turnerg. 9 [Statuten der Genossensch. zur Erbauung der Turnhalle des Sokolvereins „Tyrš" in Wien XV., Turnerg. 9]. Wien 1898.
Stanovy Družstva pro vystavění spolkového domu ve Vídni XV., Turnergasse 9 [Statuten der Genossenschaft zum Bau des Vereinshauses in Wien XV., Turnergasse 9]. Wien 1906.
Stanovy Melantricha [Statuten des Melantrich]. Wien o. J. (ca. 1908).
Stanovy Politického spolku „Klub rakouských národností" [Statuten des politischen Vereines „Österreichischer Nationalitätenklub"]. Wien 1882.
Stanovy Slovanské Besedy [Statuten der Slovanská Beseda] 1882. Wien 1882.
Stanovy spolku českých úředníků státních v Doln. Rakousích [Statuten des Vereines der tschech. Staatsbeamten in Niederösterreich]. Wien 1908.
Stanovy Spolku pro opatřování služeb. Odbor pro učně [Statuten des Vereines für Dienstvermittlung. Sektion für Lehrlinge]. Wien 1895.
Stanovy Svazu Osvětového [Statuten des Kulturverbandes]. Prag 1905.
Stanovy tělocvičné jednoty „Sokol" ve Floridsdorfu [Statuten des Turnvereins „Sokol" Floridsdorf]. Wien o. J. (ca. 1908).
Stanovy a řády Lumíru [Statuten und Ordnungsbestimmungen des Lumír] 1903. Wien 1903.
Stanovy a řády tělocvičné jednoty „Sokol Vídeňský" [Statuten und Ordnungsbestimmungen des Turnvereins „Sokol Vídeňský"]. Wien o. J. (ca. 1895).
Stanovy a řády Sokolské (tělocvičné) jednoty „Tyrš" ve Vídni [Statuten und Ordnungsbestimmungen des Sokol-Turnvereins „Tyrš" in Wien]. Wien 1889.
Statistika záložen českých v Čechách, na Moravě, ve Slezsku a v Dolních Rakousích za rok 1909 a seznam jich v roce 1910 [Statistik der Vorschußkassen in Böhmen, Mähren, Schlesien und in Niederösterreich für das Jahr 1909 und ihr Verzeichnis im Jahre 1910]. 26. Jg. Prag 1912.
Statistische Mitteilungen der Niederösterreichischen Handels- und Gewerbekammer. H. 8, Wien 1905.
Statuten des böhmischen Turnvereins Sokol „Podunajský" in Wien XX. (in deutscher Sprache). Wien 1905.
S t a u r a c z, Franz: Dr. Karl Lueger. Zehn Jahre Bürgermeister. Wien 1907.
Stenographisches Protokoll der Gewerbe-Enquete im österreichischen Abgeordnetenhause. Zusammengestellt von Ebenhoch und Pernerstorfer. Wien 1893.
Der Streit um die Organisationsform in der Gewerkschaft, VI. Teil a) „Národní politika" und „Česká Vídeň" über die Komenský-Versammlung in Prag vom Jahr 1910. b) Tsche-

choslawische Parteiblätter über den Gewerkschaftsstreit in der Zeit vom 19. April bis 31. Dezember 1911. Typoskript. Wien o. J.
S u l í k , Josef: Proč máme vychovávati své děti v českých školách? [Warum sollen wir unsere Kinder in tschechischen Schulen erziehen?]. (České epištoly z Vídně Nr. 1). Wien 1914.
S ů v a : Orgán všech nočních ptáků, flamendrů a podobných odvětví [Organ aller Nachtvögel, Flamender und ähnlicher Zweige]. Hrsg. Sokol X. (hektographierte Sammlung von Witzen und Scherzen zur Unterhaltung). Wien 1911.
S ý k o r a , Hanuš: Čeho je nám ve Vídni třeba? [Was brauchen wir in Wien?]. Wien 1911.

T e z n e r , Friedrich: Das österreichische Vereins- und Versammlungsrecht. 2 Bde. Wien 1913.
T o m e k , Wáclaw Wladiwoj: Paměti z mého žiwota [Erinnerungen aus meinem Leben]. 2 Bde. (Nowočeská Bibliothéka č. 38). Prag 1904 u. 1905.
T o m o l a , Leopold: Unser Bürgermeister Dr. Karl Lueger. (Festschrift zu seinem 60. Geburtstage). Wien 1904.
T r a u b , Hugo: Česká menšina ve Vídni [Die tschechische Minderheit in Wien]. Moravsko-slezská Revue, Jg. 8 (1912) 173—175.
Třetí řád Sv. Františka Serafinského ve Vídni (odvětví české u Sv. Anny a jeho 10-leté působení [Der dritte Orden d. Hl. Franz v. Serafin in Wien (tschech. Abt. bei der Hl. Anna und deren 10jährige Tätigkeit)]. Brünn 1908.

U f e r - H e l d o v á , Frieda: Slovo k ženám [Ein Wort an die Frauen]. Hrsg. vom Křesťanský spolek mladých mužů ve Vídni [Christl. Verein junger Männer in Wien]. (Druck: Vondruška, Spott a spol. in Karolinental). Wien 1909.
Upomínka na druhý divadelní vlak z Vídně do Prahy [Erinnerung an den zweiten Theaterzug aus Wien nach Prag]. Wien 1884.
U r b a n , Josef: Čechové v Dolním Rakousku, zvláště ve Vídni a za hranicemi [Die Tschechen in Niederösterreich, besonders in Wien und jenseits der Grenzen]. Wien 1892.

V á h a l a , František: Na postupu k soustředění. Náš zimní česko-vídeňský repertoir [Auf dem Vormarsch zum Zusammenschluß. Unser tschechisch-wienerisches Winterrepertoire]. Wien (Vídeňská Matice, Melantrich) 1912.
V á h a l a , František: Ze staré a nové Vídně [Aus dem alten und neuen Wien]. (Roč. Víd. Matice pro rok 1912, Bd. 2). Wien 1913.
„Vídeňská Matice". Její účel a význam [Die Vídeňská Matice, ihr Zweck und ihre Bedeutung]. Víd. Denník 7. Jg. 229 (5. 10. 1913).
V i k o v á - K u n ě t i c k á , Božena: Českému školství ve Vídni [Dem tschech. Schulwesen in Wien]. (Knihovna „České Vídně", Bd. I). Hrsg. v. d. nat.-soz. Partei in Wien. Wien o. J. (um 1905).
V l u k a , Josef: (Hrsg.): Z lidu pro lid [Aus dem Volke für das Volk]. Gedenkschrift zum 25jährigen Bestehen des Komenský (1872—1897). Holleschau 1897.
V l u k a , Josef: Několik vzpomínek ze života českého [Einige Erinnerungen aus dem tschechischen Leben]. Wien (Venta in Laun) 1899.
V r c h l i c k ý , Jaroslav (Pseud. für F r i d a , Emil Bohuslav): Proslov Jaroslava Vrchlického [Rede des Jaroslav Vrchlický zur 25jährigen Präsidentschaft des Grafen Jan Harrach in der Slovanská Beseda]. Trebitsch 1893.
Všeobecný oznamovatel [Allgemeiner Anzeiger]. Hrsg. J. N. N. Hromádko (Nr. 1 vom 2. 1. 1813 bis Nr. 51 vom 26. Juni 1813) mit einem Verzeichnis der bedeutenderen und bewußten Tschechen oder Slawen Wiens.

W e n z e l , Alois: České menšiny a menšinové školství [Die tschechischen Minderheiten und das Minderheits-Schulwesen]. Hrsg. v. d. Sektion des Wiener „Komenský" für Vršovice und Umgebung. Prag 1911.

Wiener Slawen. Statistik und Organisationen der Tschechoslawen in Wien und Niederösterreich. Hrsg. vom Deutschen Volksrat für Wien und Niederösterreich. Wien 1910.
W i n k l e r , Wilhelm: Die Tschechen in Wien. (Flugblätter für Deutschösterreichs Recht 39). Wien 1913.
W i t t e l s h ö f e r , Otto: Politische und wirtschaftliche Gesichtspunkte in der österreichischen Nationalitätenfrage. Preußische Jahrbücher 76 (1894) 455—501.
W o t a w a , August, Ritter v.: Der deutsche Schulverein 1880—1905. Wien 1905.
W o t a w a , August: Der deutsche Schutzvereinstag vom 4. bis 6. Januar 1908. Deutsche Erde 7 (1908) 10—13.
W u r z b a c h , Constant von: Biographisches Lexikon des Kaisertums Österreich. 60 Bde. Wien 1856—1891.
Základní řády Národní Rady České (1906—1912) [Grundordnung des Tschech. Nationalrates]. Prag o. J. (1912).
Základy Sokolského vzdělání. 12 otázek vzdělávacích určených k závodům župy Pernštýnské [Grundlagen der Sokol-Bildung. 12 Fragen der Bildung, bestimmt für die Wettkämpfe des Gaues Pernstein]. Neustadt 1914.
Z a p f , Johann: Die Wirtschafts-Geschichte Wien's unter der Regierung Seiner kaiserl. u. königl. apostolischen Majestät des Kaisers Franz Joseph I. 1848—1888. Wien 1888.
Živnostenská banka, filiálka ve Vídni I., Herreng. 12 [Živnostenská banka, Filiale Wien I., Herreng. 12] (Reklamekalender der Bank). Wien 1914.
Ž i v n ý , Carl: Das Stammland der Monarchie (Separatdruck aus dem „Parlamentär", 28. Jg., Nr. 1070/71, 1911). Wien 1911.
Zpráva Komise odborových sdružení v Rakousku k VI. řádnému sjezdu odborových sdružení v Rakousku [Bericht der Kommission der Gewerkschaftsverbände in Österreich zur VI. ordentlichen Versammlung der Gewerkschaftsverbände in Österreich]. Wien 1910.
Zpráva o činnosti a vedení odborové organisace kožedělníků v Rakousko-Uhersku od jejího založení dne 10. září 1893 do konce 1903 [Bericht über die Tätigkeit und Führung der Gewerkschaftsorganisation der Lederarbeiter in Österreich-Ungarn seit ihrer Gründung am 10. September 1893 bis Ende 1903]. Wien 1904.
Zpráva o založení a dosavadní činnosti řemeslnického zpěváckého spolku Slavoje v Pětidomech u Vídně [Bericht über die Gründung und bisherige Tätigkeit des Handwerker-Gesangsvereins Slavoj in Fünfhaus bei Wien]. Wien 1868.
Zpráva Říšské komise oborových organisací v Rakousku k sedmému řádnému všeodborovému sjezdu ve Vídni 1913 a Príspěvky k dějinám odborového hnutí v Rakousku za léta 1890 až 1912 [Bericht der Reichskommission der Gewerkschaftsorganisationen in Österreich zum 7. ordentlichen Gewerkschaftskongreß in Wien 1913 und Beiträge zur Geschichte der Gewerkschaftsbewegung in Österreich in den Jahren 1890 bis 1912]. Wien 1913.
Zpráva výboru vídeňské jednoty Sv. Methoděje [Bericht des Ausschusses des Wiener Methodius-Vereins]. Wien 1888.

2. Nach 1914

A d l e r , Victor: Aufsätze, Reden, Briefe. Hrsg. v. F. Adler bzw. G. Pollatschek. H. I—XI. Wien 1922—1929.
A d l e r , Victor: Briefwechsel mit August Bebel und Karl Kautsky etc. Ges. u. erl. von Friedr. Adler. Hrsg. vom Parteivorstand der SPÖ. Wien 1954.
Aggression und Anpassung in der Industriegesellschaft. Mit Beiträgen von Herbert M a r c u s e , Anatol Rapoport Klaus Horn, Alexander Mitscherlich, Dieter Senghaas und Mihailo Marković. (ed. Suhrkamp 282). Frankfurt a. M. 1968.
A l l m a y e r - B e c k , Johann Christoph: Ministerpräsident Baron Beck. Ein Staatsmann des alten Österreich. München 1956.
A l l m a y e r - B e c k , Johann Christoph: Vogelsang. Vom Feudalismus zur Volksbewegung. (Beiträge zur neueren Geschichte des christlichen Österreich). Wien 1959.
A r o n , Raymond: Die industrielle Gesellschaft (Fischer 636). Frankfurt 1964.
Atlas čsl. dějin [Atlas der čsl. Geschichte]. Hrsg. v. J. P u r š. Prag 1965.

Auerhan, Jan: Die sprachlichen Minderheiten in Europa. Erg. deutsche Ausg., übs. von Jan Langner (tschech. Titel: Jazykové menšiny v Evropě. Prag 1924). Berlin 1926.
Auerhan, Jan: Československá větev v Jugoslavii [Der tschechoslowakische Zweig in Jugoslawien]. (=Knihovna čsl. ústavu zahraničního Bd. 1). Prag 1930.
Austromarxismus. Texte zu „Ideologie und Klassenkampf" von Otto Bauer, Max Adler, Karl Renner u. a. Hrsg. u. eingeleitet v. Hans Jörg Sandkühler u. Rafael de la Vega. (Polit. Texte). Frankfurt/Wien 1970.

Bachmann, Harald: Joseph Maria Baernreither und die nationale Ausgleichspolitik der österreichischen Regierung in Böhmen (1908—1914). Boh Jb 7 (1966) 301—319.
Balzer, Gertrude: Die Lex Kolisko. Wien (Phil. Diss. Masch.) 1942.
Barta, Erwin / Bell, Carl: Geschichte der Schutzarbeit am deutschen Volkstum. Dresden 1930.
Beck, Max Vladimir Frh. v.: Der Kaiser und die Wahlreform. In: Erinnerungen an Franz-Joseph I. Hrsg. v. Ed. Ritter v. Steinitz. Berlin 1931, S. 199—224.
Beck, Walter: Grundzüge der Sozialpsychologie. München 1953.
Benedikt, Heinrich: Monarchie der Gegensätze. Wien 1947.
Benedikt, Heinrich: Die wirtschaftliche Entwicklung in der Franz-Joseph-Zeit. Wien/München 1958.
Berend, Iván T. / Ránki, György: Das Niveau der Industrie Ungarns zu Beginn des 20. Jahrhunderts im Vergleich zu dem Europas. In: Baxa, Jakob: Studien zur Geschichte der Zuckerindustrie in den Ländern des ehemaligen Österreich. Wien 1950, S. 267—286.
Berka, Günther: Die tschechische Irredenta in Deutschösterreich. (Schriften des dtn. Schulvereins Südmark über das Grenz- und Auslandsdeutschtum). Graz 1928.
Birke, Ernst / Oberdorfer, Kurt: Das böhmische Staatsrecht in den deutsch-tschechischen Auseinandersetzungen des 19. und 20. Jahrhunderts. Marburg/Lahn 1960.
Birke, Ernst: Frankreich und Ostmitteleuropa im 19. Jahrhundert. Beiträge zur Politik und Geistesgeschichte. Köln/Graz 1960.
Birke, Ernst / Lemberg, Eugen: Geschichtsbewußtsein in Ostmitteleuropa. Ergebnisse einer wissenschaftlichen Tagung des J. G. Herder-Forschungsrates über die geistige Lage der ostmitteleuropäischen Völker (April 1960). Marburg/Lahn 1961.
Bohdal, Anton: Die Stadterweiterung Wiens 1857 und die im Wiener Stadtbauamte befindlichen Wettbewerbspläne für die Erweiterung. Wien (Diss. TH) 1931.
Bosl, Karl: Deutsche romantisch-liberale Geschichtsauffassung und „slawische Legende". Germanismus und Slawismus. Bemerkungen zur Geschichte zweier Ideologien. Boh Jb 5 (1964) 12—52.
Bosl, Karl: Über soziale Mobilität in der mittelalterlichen „Gesellschaft". Dienst, Freiheit, Freizügigkeit als Motive sozialen Aufstiegs. In: Bosl, Frühformen der Gesellschaft im mittelalterlichen Europa. Ausgewählte Beiträge zu einer Strukturanalyse der mittelalterlichen Welt. München/Wien 1964, S. 156—179.
Bosl, Karl: Soziale Mobilität in der mittelalterlichen Gesellschaft. Soziale Aufstiegsbewegungen im europäischen Mittelalter. In: Bosl, Die Gesellschaft in der Geschichte des Mittelalters. (Kleine Vandenhoeck-Reihe 231). Göttingen 1966, S. 44—60.
Bosl, Karl: Pluralismus und pluralistische Gesellschaft. Bauprinzip, Zerfallserscheinungen, Mode. (Bücherei der Salzburger Hochschulwochen). München/Salzburg 1967.
Bracher, Karl Dietrich: Staatsbegriff und Demokratie in Deutschland. PVS 9 (1968) H. 1, S. 2—27.
Branald, Adolf: Hrdinové všedních dnů. Jejich příběhy, vzpomínky a vyprávění [Helden des Alltags. Ihre Erlebnisse, Erinnerungen und Erzählungen]. 2 Bde. Prag 1953.
Brandejs, Stanislav: Naše vystěhovalectví a naše vystěhovalecká politika [Unser Auswanderungswesen und unsere Auswanderungspolitik]. Prag (Orbis) 1925.
Brepohl, Wilhelm: Der Aufbau des Ruhrvolkes im Zuge der Ost-West-Wanderung. Beiträge zur deutschen Sozialgeschichte des 19. u. 20. Jahrhunderts. (Soziale Forschung und Praxis Bd. 7). Recklinghausen 1948.

Brepohl, Wilhelm: Industrievolk im Wandel von der agraren zur industriellen Daseinsform, dargestellt am Ruhrgebiet. (Soziale Forschung und Praxis Bd. 18). Tübingen 1957.
Breu, Josef: Die Kroatensiedlung im südostdeutschen Grenzraum. Wien (phil. Diss.) 1937.
Brügel, Ludwig: Geschichte der österreichischen Sozialdemokratie. 5 Bde. Wien 1922—1925.
Buk, T. A. (Pseudonym für Kubát, František): Frantík, jeden z tisíců. Román z vídeňského života [Frantík, einer von Tausenden. Roman aus dem Wiener Leben]. Bd. 1 u. 2. (Lidová knihovna vídeňská 34. 35). Wien 1936.
Burger, Erwin: Die Frage der Bestätigung der Wahl Dr. Karl Luegers zum Bürgermeister von Wien. Wien (Phil. Diss. Masch.) 1952.
Bußmann, Walter: Bismarck: Seine Helfer und seine Gegner. In: Reichsgründung 1870/71. Tatsachen, Kontroversen, Interpretationen. Hrsg. v. Theod. Schieder u. Ernst Deuerlein. Stuttgart 1970, S. 119—147.

Čapek, Karel: Masaryk erzählt sein Leben. Gespräche mit Karel Čapek (Aus d. Tschech. übers. v. Camill Hoffmann). Berlin 1936. — (Tschech. Titel: Hovory s T. G. Masarykem. Prag 1932—1935).
Česká Vídeň. Věnováno příznivcům českého srdce vídeňského [Das tschechische Wien. Gewidmet den Gönnern des Wiener „České srdce"]. Hrsg. A. Machát, Vít Hrdina, Fr. Jetel, F. Váhala, u. a. Wien 1918.
Československá demokracie. Politická organisace středních vrstev čsl. lidu v Německém Rakousku [Die tschechoslowakische Demokratie. Politische Organisation der mittleren Schichten des tschechosl. Volkes im deutschen Österreich]. Wien (Melantrich) 1919.
Československá vlastivěda [Tschechoslowakische Vaterlandskunde]. Bd. V. Stát. Prag 1931.
Chabré-Kokešová, Paula: Rozpomienky na slovenský spolok „Národ" vo Viedni [Erinnerungen an den slowakischen Verein „Národ" in Wien]. Preßburg 1926.
Child, Irvin, Long: Italien or American? The second generation in Conflict. (Yale-University, Inst. of human relations. Publications). Yale univ. press 1943.
Církev v našich dějinách [Die Kirche in unserer Geschichte]. Hrsg. v. Bohumil Černý, Vorwort Jos. Macek. Prag 1960.

Crankshaw, Edward: The Fail of the House of Habsburg. London 1963.
Dahrendorf, Ralf: Soziale Klassen und Klassenkonflikt in der industriellen Gesellschaft. Stuttgart 1957.
Dahrendorf, Ralf: Die angewandte Aufklärung. Gesellschaft und Soziologie in Amerika. (Fischer, Bücher des Wissens 1901). Frankfurt a. M./Hamburg 1968.
Dahrendorf, Ralf: Gesellschaft ohne oben. Die Zeit, Nr. 23 (6. Juni 1969).
Dějiny Národního divadla [Geschichte des Nationaltheaters]. 6 Bde. Prag 1933—1936.
Deset let Říšského svazu bankovních a spořítel. úředníků [Zehn Jahre Reichsverband der Bank- und Sparkassenbeamten]. Wien (Druck: Lidová knihtiskárna Malý a spol.) 1917.
Deutsch, Karl W.: Nationalism and Social Communication. An Inquiry to the Foundation of Nationality. New York/London (Massachusetts Institute of Technology) 1953.
Dichter, Lisbeth: Die Strömungen in der österreichischen Sozialdemokratie bis zum Hainfelder Parteitag. Wien (Phil. Diss. Masch.) 1952.
Dokumenty k počátkům dělnického hnutí v Čechách 1864—1874 [Dokumente zu den Anfängen der Arbeiterbewegung in Böhmen 1864—1874]. Prag 1961.
Doležal, Jaromír K. (Pseud. Pojezdný): Dr. Jos. Karásek. (Lidová knihovna vídeňská 6). Wien 1926.
Doležal, Josef: Odborové hnutí českých dělníků ve Vídni. Vydáno k dvacetiletému jubileu Zemského svazu českých odborových organisací v Dolních Rakousích [Die Gewerkschaftsbewegung der tschechischen Arbeiter in Wien. Hrsg. zum zwanzigjährigen Jubiläum des Landesverbandes der tschechischen Gewerkschaftsorganisationen in Niederösterreich]. Wien 1928.

D r o z d a , Josef Václav: Paměti z mého života [Erinnerungen aus meinem Leben]. Wien 1919.
Dvacetpět let Ústředního výboru mládeže českosl. soc.-dem. strany dělnické v Rakousku [25 Jahre Zentralausschuß der Jugend der čsl. soz.-dem. Arbeiterpartei in Österreich]. Wien (Lidová knihtisk. Ant. Machát a spol.) 1930.
Dvacetpět let Vídeňské záložny 1903—1928 [25 Jahre Wiener Vorschußkassa 1903—1928]. Wien (Melantrich) 1928.
Dvacet roků svazku. S předběžnými dějinami 1894—1914. Svazek spolků knihtiskařů, písmolijců a příbuzných odvětví v Rakousku [Zwanzig Jahre Verband. Mit vorangehender Geschichte 1894—1914. Verband der Vereine der Buchdrucker, Letterngießer und verwandter Zweige in Österreich]. Wien 1915 (Druck: Grafia dělnická knihtiskárna Prag).

E i s e r m a n n , Gottfried: Wandlungstendenzen der modernen Gesellschaft. In: Wirtschaft und Kultursystem. Hrsg. v. Gottfr. E i s e r m a n n . Erlenbach/Zürich/Stuttgart 1955, S. 100—130.
E n d l i c h e r , Otto: Der tschechische Dramatiker V. Kl. Klicpera und das Wiener Theater. In: Festschr. z. 100jähr. Bestehen der Wiener Stadtbibliothek. (Wiener Schriften H. 4.) Wien 1956, S. 82—97.
E n g e l - J a n o s i , Friedrich / R u m p l e r , Helmut: Probleme der franzisco-josephinischen Zeit 1848—1916 (Schriftenreihe des österr. Ost- u. Südost-Europa-Instituts 1). Wien 1967.
Ergebnisse der Volkszählung vom 21. März 1961. Bearb. u. hrsg. vom Österr. Statist. Zentralamt (Volkszählungsergebnisse 1961 H. 10). Wien 1964.
E r i k s o n , Erik H.: Wachstum und Krisen der gesunden Persönlichkeit (Beiheft zur Psyche, hrsg. v. H. Kunz, A. Mitscherlich, F. Schottlaender). Stuttgart 1953.
E s c h e n b u r g , Theodor: Die Rolle der Persönlichkeit in der Krise der Weimarer Republik. Hindenburg, Brüning, Groener, Schleicher. VJZG 9 (1961) H. 1, S. 1—29.

F a r n e r , Konrad / P i n k u s , Theodor: Der Weg des Sozialismus. Quellen und Dokumente 1891—1962 (rde 189/190). Reinbek b. Hamburg 1964.
F i s c h e r , Erika: Soziologie Mährens in der zweiten Hälfte des 19. Jahrhunderts als Hintergrund der Werke Marie v. Ebner-Eschenbachs. Leipzig (Phil. Diss.) 1939.
F r a n k e , Eberhard: Das Ruhrgebiet und Ostpreußen. Geschichte, Umfang und Bedeutung der Ostpreußeneinwanderung. Essen 1936.
F r e i l e r , Johann: Die soziale Lage der Wiener Arbeiter in den Jahren 1907—1918 (m. Tab.). Wien (Phil. Diss. Masch.) 1966.
F r e i n e r , Johann (d. i. F e r c h , Johann): Der Herrgott von Wien. Romanbiographie. Dresden 1941.
F r i e d l ä n d e r , Otto: Letzter Glanz der Märchenstadt. Das war Wien um 1900. Wien/München 1969.
F u c h s , Albert: Geistige Strömungen in Österreich 1867—1918. Wien 1949.
F ü r s t e n b e r g , Friedrich: Randgruppen in der modernen Gesellschaft. Soziale Welt (Zs. f. soz.wiss. Forschung u. Praxis) 16 (1965) H. 3, S. 236—245.
F ü r s t e n b e r g , Friedrich: „Sozialstruktur" als Schlüsselbegriff der Gesellschaftsanalyse. Zs. f. Soziologie und Sozialpsychologie 18 (1966) 439—453.
F ü r s t e n b e r g , Friedrich: Die Sozialstruktur der Bundesrepublik Deutschland. Ein soziologischer Überblick. Köln/Opladen 1967.
F u n d e r , Friedrich: Vom Gestern ins Heute. Aus dem Kaiserreich in die Republik. Wien 1952.

G a r t n e r , Leopold: Lueger und die Außenpolitik der österreichisch-ungarischen Monarchie. Wien (Phil. Diss. Masch.) 1951.
G e h l e n , Arnold: Die Seele im technischen Zeitalter. Sozialpsychologische Probleme in der industriellen Gesellschaft (rde 53). Hamburg 1957.
G l e t t l e r , Monika: K vývoji českého socialistického dělnického hnutí ve Vídni před

první světovou válkou [Zur Entwicklung der tschech. sozialistischen Arbeiterbewegung in Wien vor dem Ersten Weltkrieg]. In: Bulletin Komise pro dějiny krajanů Čechů a Slováků v zahraničí [Bulletin der Kommission für Geschichte der tschechischen und slowakischen Landsleute im Ausland]. ČSAV č. 5. Prag 1967, S. 11—19.
G l e t t l e r , Monika: Sokol und Arbeiterturnvereine (D.T.J.) der Wiener Tschechen bis 1914. Zur Entwicklungsgeschichte der nationalen Bewegung in beiden Organisationen (Veröffentl. d. Collegium Carolinum Bd. 23). München 1970.
G u g i t z , Gustav: Die Wiener Stubenmädchenliteratur. In: B l ü m m l , Emil Carl /
G u g i t z , Gustav: Altwienerisches. Wien 1921.
G u g i t z , Gustav: Bibliographie zur Geschichte und Stadtkunde von Wien. Nebst Quellen und Literaturnachweisen. Bd. 1—5 Hrsg. v. Verein f. Landeskunde von Niederösterreich und Wien. Wien 1947—62.
G u r v i t c h , Georges: Déterminismes Sociaux et Liberté Humaine. Paris 1945.
G u t k a s , Karl: Die nichtdeutsche Bevölkerung Niederösterreichs in der Neuzeit. Kulturberichte aus Niederösterreich (Beil. der Amtl. Nachr. d. nö. Landesregierung). Jg. 1957, Folge 2, S. 11—13.

H ä t t i c h , Manfred: Nationalbewußtsein und Staatsbewußtsein in der pluralistischen Gesellschaft. Mainz 1966.
H a g e n h o f e r , Johann: Die soziale Lage der Wiener Arbeiter um die Jahrhundertwende (1889—1907). Wien (Phil. Diss. Masch.) 1966.
H a j n , Alois: Problém ochrany menšin [Das Minderheitenschutzproblem]. Prag 1923.
H a n á k , Péter: Die nationale Frage in der Österreich-ungarischen Monarchie. Budapest 1966.
H a n s l u w k a , Harald: Bevölkerungsbilanzen für die österreichischen Bundesländer 1869—1951. In: Statist. Nachrichten, N. F. 14 (1959): vor 1918 u. N. F. 15 (1959): von 1918—1955.
H a n s m a n n , Karel: Šedesát let „Baráku" [Sechzig Jahre „Barák"]. Wien 1957.
H a n t s c h , Hugo: Die Nationalitätenfrage im alten Österreich. Wien 1953.
H a n u š , Josef: Národní Museum a naše obrození [Das Nationalmuseum und unsere Wiedergeburt]. 2 Bde. Prag 1921/23.
H a v r á n e k , Jan: K otázkám třídní diferenciace na českém venkově na přelomu 19. a 20. století [Zu den Fragen der Klassendifferenzierung auf dem tschechischen Lande an der Wende des 19. und 20. Jahrhunderts]. Zápisky katedry čsl. dějin 2 (1956) 50 ff.
H a v r á n e k , Jan: Vybudování české university a německá universita v letech 1882—1918 [Die Errichtung der tschechischen Universität und die deutsche Universität in den Jahren 1882—1918]. In: Stručné dějiny university Karlovy [Kurze Geschichte der Karls-Universität]. Prag 1964, S. 221—252.
H a v r á n e k , Jan: Social Classes, Nationality Ratios and Demographic Trends in Prague 1880—1900. (Historica XIII. Separatum Academia). Prag 1966.
H a v r á n e k , Jan: Die ökonomische und politische Lage der Bauernschaft in den böhmischen Ländern in den letzten Jahrzehnten des 19. Jahrhunderts. Jb. f. Wirtschaftsgeschichte 1966, Teil II, S. 96—134.
H e c k e , Wilhelm: Wachstum und Berufsgliederung der Bevölkerung (Wirtschaftsgeographische Karten und Abhandlungen zur Wirtschaftskunde der Länder der ehemaligen Österr.-ungar. Monarchie, Heft 2/3). Wien 1919.
H e c k e , Wilhelm: Die Bevölkerungszuwanderung in die Großstädte Wien und Berlin. Archiv f. Landes- u. Volksforschung, 5. Jg. (1941) H. 1, S. 80—87.
H e i m b u c h e r , Max: Die Orden und Kongregationen der katholischen Kirche. 3., neubearb. Aufl., 2 Bde. Paderborn 1934.
H e y e r , Jan: Českovídeňský archiv [Tschechisch-wienerisches Archiv]. Dunaj 3 (1925) 128.
H e y e r , Jan: První české dělnické noviny ve Vídni a jejich redaktor [Die erste tschech. Arbeiterzeitung in Wien und ihr Redakteur]. Dunaj 6 (1929) 17—19.

H e y e r , Jan: Z korespondence vídeňského profesora Ševčíka-Jedovnického se Slováky [Aus der Korrespondenz des Wiener Professors Ševčík-Jedovnický mit den Slowaken] (1824—1896). Dunaj 8 (1931) 284 ff.
H e y e r , Jan: Viennensia naší ženské literatury memoirové [Viennensien unserer weiblichen Memoiren-Literatur]. Gewidmet Pavla Kytlicová. Wien 1934.
H e y e r , Jan: První české noviny ve Vídni a jejich vydavatel [Die erste tschechische Zeitung in Wien und ihr Herausgeber]. Dunaj 11 (1934) 23—32.
H e y e r , Jan: Účast Čechů dolnorakouských na Národopisné výstavě v Praze 1895 a její významný plod [Die Beteiligung der niederösterr. Tschechen an der ethnographischen Ausstellung in Prag 1895 und ihr bedeutendes Ergebnis]. Dunaj 12 (1935) 65—70 u. 111—120.
H e y e r , Jan: Jak se projevovala a pěstovala slovanská vzájemnost v předválečné Vídni [Wie im Vorkriegs-Wien die slawische Gegenseitigkeit gepflegt wurde]. Wien 1937.
H i n t n a u s , Jaroslav: Český průvodce po Vídni [Ein tschechischer Führer durch Wien]. Wien (Melantrich) 1925/26.
H i t l e r , Adolf: Mein Kampf. Bd. 1 u. 2. München (Zentralverlag der NSDAP) 1934.
H l u c h ý , František: Luise 19 . . (Roman). Bd. 1 u. 2. (Lid. knih. víd. 28. 29.). Wien 1933.
H ö g l i n g e r , Felix: Ministerpräsident Heinrich Graf Clam Martinic. Graz/Köln 1964.
H o e n s c h , Jörg K.: Die Slowakei und Hitlers Ostpolitik. Hlinkas Slowakische Volkspartei zwischen Autonomie und Separation 1938/39. (Beitr. z. Gesch. Osteuropas Bd. 4). Köln/Graz (Böhlau) 1965.
H o f f e r , Eric: Der Fanatiker. Eine Pathologie des Parteigängers (rde 220). Reinbek b. Hamburg 1965.
H o f s t ä t t e r , Peter Robert: Sozialpsychologie (Goeschen 104/104a). Berlin 1956.
H o r á k , Antonín: Česká legie [Die tschechische Legion]. Hrsg. Sokolgau. Wien (Druck Lid. knihtisk.) 1918.
H o r á k , Josef: Das böhmische Geldwesen. In: T o b o l k a , Zdeněk: Das böhmische Volk. Prag 1916, S. 213—226.
H o r s k á , Pavla: Podíl české politiky z přelomu 19. a 20. století na vztazích rakousko-francouzských [Der Anteil der tschechischen Politik an der Wende des 19. u. 20. Jahrhunderts an den österreichisch-französischen Beziehungen]. ČsČH 5 (1969) 760—772.
H o š ť á l e k , Innocence: Obrázky a vzpomínky z Vídně [Bilder und Erinnerungen aus Wien]. Wien (Víd. Matice) 1936.
H o š ť á l e k , Innocence: Jak jsme budovali základy ústřední knihovny ve Vídni [Wie wir den Grundstein legten zur Zentral-Bibliothek in Wien]. Wien 1936.
H r o c h , Miroslav: Vlastenci bez národa [Patrioten ohne Nation]. In: Naše živá i mrtvá minulost. 8 eseji o českých dějinách [Unsere lebendige und tote Vergangenheit. 8 Essays zur tschech. Geschichte]. Hrsg. v. Fr. G r a u s , Drahoš B á r t a , Miloš H á j e k u. a. Prag 1968.
H r o c h , Miroslav: Die Vorkämpfer der nationalen Bewegung bei den kleinen Völkern Europas. Eine vergleichende Analyse zur gesellschaftlichen Schichtung der patriotischen Gruppen. (Acta universitatis Carolinae phil. et hist. monographia XXIV). Prag 1968.
H r o m á d k a , Josef Lukl: Cesty českých evangelíků [Wege der tschechischen Evangelischen]. Prag 1934.
H r u b a n , Mořic: Z časů nedlouho zašlých [Aus jüngst vergangenen Zeiten]. Bearb. v. Jan D r á b e k . Rom/Los Angeles 1967.
H r u b ý , Václav: Olšinský. Román ze života studenta a českovídeňského úředníka [Ošinský. Roman aus dem Leben eines Studenten und Wiener tschechischen Beamten]. Wien 1932.
H u g e l m a n n , Karl Gottfried (Hrsg.): Das Nationalitätenrecht des alten Österreich. Wien/Leipzig 1934.
H ů r s k ý , Josef: Příspěvek k problému soustavného vědeckého studia čsl. větve v Rakousku [Beitrag zum Problem eines strukturellen wissenschaftlichen Studiums des tschechoslowakischen Zweiges in Österreich]. Wien 1938.

H ů r s k ý , Josef: Německá nauka o menšinách [Die deutsche Lehre über die Minderheiten]. Prag 1941.
H ů r s k ý , Josef: K otázce naší naciologické terminologie [Zur Frage unserer natiologischen Terminologie]. „Moderní stát" [Der moderne Staat] 16 (1943) 277 ff.
H ů r s k ý , Josef: Zjišťování národnosti (Úvod do problému odnárodnění) [Die Feststellung der Nationalität (Einführung in das Problem der Entnationalisierung)]. (Knihovna Čsl. ústavu zahraničního Bd. 9.) Prag 1947.
H ů r s k ý , Josef: Slovanský živel v Gradišti — Burgenlandu a jeho dolnorakouském pomezí (Kartografické znázornění současného i původního rozložení sídel) [Das slawische Element im Burgenland und seinem niederösterr. Grenzgebiet (Kartographische Darstellung der derzeitigen und der ursprünglichen Verteilung)]. Prag 1950.
H ů r s k ý , Josef: Slovanská stěhování na Moravské pole v 16. a 19. století [Slawische Übersiedlungen auf das Marchfeld im 16. und 19. Jahrhundert]. Prag 1954.
H ů r s k ý , Josef: Vystěhovalectví a asimilace [Aussiedelung und Assimilierung]. Demografie 5 (1963) 227—234.

J ä g e r - S u n s t e n a u , Hans / L e d l , Edmund: Änderungen des Wiener Stadtgebietes während der letzten hundert Jahre. Handbuch der Stadt Wien 70 (1955) 263—279.
J a h n o v á , Emilie: Z blízka i z dáli [Aus nah und fern]. Wien 1940.
J a n č a , Jan: Vichřice [Der Sturmwind]. Vídeňské povídky a novely [Wiener Geschichten und Novellen]. (Víd. illustrovaná laciná knihovna, Bd. 1.) Wien 1915.
J a n č a , Jan: V dravém proudu. Vídeňský román z dob předválečných [In wildem Strom. Wiener Roman aus der Vorkriegszeit]. Brünn 1925.
J a s z i , Oscar: The Dissolution of the Habsburg Monarchy. Chicago 1929.
J e n k s , William Alexander: The Austrian Electoral Reform of 1907 (Studies in history, economics and public law 559). New York 1950.
J e r u s a l e m , Else: Der heilige Skarabäus. Roman. (Das Leben der Dirne Katerine Režek und ihrer Tochter Milada in einem Wiener Bordell. Ein nicht ganz uninteressantes Zeitdokument). Berlin (Fischer-Verlag) 1916.
J e t e l , František: Více zájmu o Čechy vídeňské! [Mehr Interesse an den Wiener Tschechen!]. Prag 1921.
J i n d r a , Zdeněk: K rozvoji českého bankovního kapitálu před první světovou válkou [Zur Entwicklung des tschechischen Bankkapitals vor dem 1. Weltkrieg]. ČsČH 5 (1957) 506—526.
J i r á s e k , Arnold: Eduard Albert. Prag 1941.
J o r d á n , František: Problémy rozkolu dělnického hnutí v českých zemích na umírněné a radikály (1879—1889) [Probleme der Spaltung der Arbeiterbewegung in den böhmischen Ländern in Gemäßigte und Radikale]. Prag 1965.
Jubilejní ročenka Slovanské Besedy ve Vídni (1865—1935) [Jubiläums-Jahrbuch der Slovanská Beseda in Wien]. Wien 1935.
Jubilejní zpráva Slovanské Besedy ve Vídni na oslavy 60-ého výročí 1865—1925 [Jubiläumsbericht der Slovanská Beseda in Wien zur Feier des 60jährigen Bestandes 1865—1925]. Wien (Melantrich) 1925.
Jubileum desetiletého trvání svazu čsl. řemeslníků a obchodníků ve Vídni 1919—1929 [Jubiläum des 10jährigen Bestehens des Verbandes der čsl. Handwerker- und Geschäftsleute in Wien 1919—1929]. Wien 1929.
Jubileum „Dělnických listů" [Jubiläum der „Dělnické listy"]. Dunaj 3 (1925/26) 42.

K á d n e r , Otakar: Školství v republice Československé. Počátky školství v republice Československé. [Das Schulwesen in der tschechosl. Republik. Die Anfänge des Schulwesens in der tschechosl. Republik]. Čsl. vlastivěda, Bd. 10, Prag 1931, S. 7—222.
K a i s e r , Franz: Siedlungs-, Bevölkerungs- und Industrieentwicklung der Brigittenau seit der Donauregulierung in historisch-topographischer Sicht. Wien (Phil. Diss. Masch.) 1967.
K a i s e r , Joseph H.: Die Repräsentation organisierter Interessen. Berlin 1956.

Kaiserhaus, Staatsmänner und Politiker. Aufzeichnungen des k. k. Statthalters Erich Graf Kielmannsegg. Mit einer Einleitung von Walter Goldinger. Wien/München 1966.

K a m e n í č e k, František (Hrsg.): Paměti a listář Dra Aloise Pražáka [Memoiren und Dokumentensammlung des Dr. A. P.]. 1. u. 2. Teil, Prag 1926/27.

K a n n, Robert A.: The Habsburg Empire. A Study in Integration and Disintegration. New York 1957.

K a n n, Robert A.: Das Nationalitätenproblem der Habsburgermonarchie. Geschichte und Ideengehalt der nationalen Bestrebungen vom Vormärz bis zur Auflösung des Reiches im Jahre 1918. 2 Bde. 2., erw. Aufl. (Veröff. d. Arbeitsgemeinschaft Ost. Bd. IV u. V). Graz/Köln 1964.

K a n n, Robert A. (Hrsg.): Marie von Ebner-Eschenbach — Dr. Josef Breuer. Ein Briefwechsel, 1889—1916. Wien 1969.

K á r n í k o v á, Ludmila: Vývoj obyvatelstva v českých zemích (1754—1918) [Die Entwicklung der Einwohner in den böhmischen Ländern 1754—1918]. Prag 1965.

K e r r, Clark / D u n l o p, John / H a r b i n s o n, Frederick / M y e r s, Charles A.: Der Mensch in der industriellen Gesellschaft. Die Probleme von Arbeit und Management unter den Bedingungen wirtschaftlichen Wachstums. Frankfurt a. M. 1966. — Amerikan. Orig.-Ausg. u. d. T.: Industrialism and Industrial Man. Harvard University Press, Cambridge (Mass.) 1960.

K i m b a l l, Stanley Buchholz: Czech Nationalism. A study of the national Theatre movement 1845—1883 (Illinois Studies in the social sciences. 54). Urbana 1964.

K i r c h h e i m e r, Otto: Politische Herrschaft. Fünf Beiträge zur Lehre vom Staat (ed. Suhrkamp 220). Frankfurt a. M. 1967.

K j e l l é n, Rudolf: Die politischen Probleme des Weltkrieges. Leipzig 1916.

K l e n n e r, Fritz: Die österreichischen Gewerkschaften. Vergangenheit und Gegenwartsprobleme. 2 Bde. Wien 1951—1953.

K l e n n e r, Fritz: Die österreichische Gewerkschaftsbewegung (JBFG-Monographien Nr. 3). Wien 1955.

K l í m a, Stanislav: Čechové a Slováci za hranicemi [Tschechen und Slowaken jenseits der Grenzen]. Prag 1925.

K n a u e r, Oswald: Der Wiener Gemeinderat von 1861 bis 1918. Zusammensetzung nach Berufen. Parteibildung und Wahlen. Gliederung nach Parteien. Wiener Geschichtsblätter 18. (78.) Jg. (1963) 171—174, 19. (79. Jg.) (1964) 298—303 und 366—377.

K o č í, Josef: Naše národní obrození [Unsere nationale Wiedergeburt]. Prag 1960.

K o d e d o v á, Oldřiška: Národnostní otázka v letech 1905—1907 (Situace v Čechách) [Die Nationalitätenfrage in den Jahren 1905—1907 (Situation in Böhmen)]. ČsČH 3 (1955) 192—222.

K ö r n e r, Erich: Von unseren Volksgruppen. Die österr. Nation, 12. Jg. H. 4, April 1960.

K o h n, Hans: Nationalismus. Über die Bedeutung des Nationalismus im Judentum und in der Gegenwart. Wien/Leipzig 1922.

K o h n, Hans: Die Idee des Nationalismus. Ursprung und Geschichte bis zur Französischen Revolution. Frankfurt 1962. — Originalausgabe u. d. T.: K o h n, Hans: The Idea of Nationalism. A Study in its Origins and Background. New York 1944.

K o l e j k a, Josef: Rozkol sociální demokracie na autonomisty a centralisty v roce 1910 a činnost centralistické sociální demokracie v letech 1911—1919 [Die Spaltung der Sozialdemokratie in Autonomisten und Zentralisten im Jahre 1910 und die Tätigkeit der zentralistischen Sozialdemokratie in den Jahren 1911—1919]. SlSb 65 (1956) 1—28.

K o ř a l k a, Jiří: Über die Anfänge der Zusammenarbeit zwischen der Arbeiterbewegung in Deutschland und den böhmischen Ländern. In: Aus 500 Jahren deutsch-tschechoslowakischer Geschichte. Hrsg. v. K. Obermann u. J. Polišenský. Berlin 1958, S. 312 ff.

K o ř a l k a, Jiří: Über die Anfänge der sozialistischen Arbeiterbewegung in der Tschechoslowakei. ZfG 9 (1960) 111—143.

K o ř a l k a, Jiří: Die deutsch-österreichische nationale Frage in den Anfängen der sozialdemokratischen Partei. Historica III (1961) 109—158.

K o ř a l k a , Jiří: K některým problémům národní a národnostní otázky v českých zemích v období kapitalismu [Zu einigen Problemen der nationalen und Nationalitäten-Frage in den böhmischen Ländern im Zeitraum des Kapitalismus]. ČsČH 10 (1962) 376—391.

K o ř a l k a , Jiří: Všeněmecký svaz a česká otázka koncem 19. století [Der alldeutsche Verband und die böhmische Frage Ende des 19. Jahrhunderts]. Rozpravy Československé akademie věd 73 (1963) H. 12, S. 3—78.

K o ř a l k a , Jiří: Tschechische Briefe aus Dresden und Braunschweig. Archiv f. Soz.-Gesch. 5 (1965) 319—362.

Krajané v cizině a jejich styky s domovem [Landsleute in der Fremde und ihre Verbindungen mit der Heimat]. (Ročenka čsl. ústavu zahraničního.) Prag 1930.

K r a l i k , Richard, Ritter v. Meyrswalden: Tage und Werke. Lebenserinnerungen. Wien 1922.

K r a l i k , Richard, Ritter v. Meyrswalden: Karl Lueger und der christliche Sozialismus. Wien 1923.

K ř í ž e k , Jurij: Die wirtschaftlichen Grundzüge des österreichisch-ungarischen Imperialismus in der Vorkriegszeit (1900—1914). (RČSAV, Rada společenských věd 73).

K ř í ž e k , Jurij: Beitrag zur Geschichte der Entstehung und des Einflusses des Finanzkapitals in der Österreichisch-Ungarischen Monarchie 1900—1918. Bukarest 1965.

K r o c k o w , Christian Graf von: Nationalbewußtsein und Gesellschaftsbewußtsein. PVS 1 (1960) H. 2, S. 141—152.

K u h n , Heinrich: Die tschechische Minderheit in Wien 1945—1960. (ungedr. Ms). München o. J.

K u k a ň , Václav: Československá obec Sokolská. Sokolstvo a jeho činnost menšinová 1896—1921 [Die tschechosl. Sokolgemeinde. Die Sokolschaft und ihre Minderheitstätigkeit 1896—1921]. (Sokolská osvěta, Bd. 14.) Prag 1922.

K u p p e , Rudolf: Festschrift zu der am Sonntag, den 19. September 1926 stattfindenden Enthüllung des Dr. Karl Lueger Denkmals. Wien 1926.

K u p p e , Rudolf: Karl Lueger und seine Zeit. Wien 1933.

K u p p e , Rudolf: Dr. Karl Lueger. Persönlichkeit und Wirken. (Österr. Heimat 12). Wien 1947.

K u s á k , Alexej / K ü n z e l , Franz Peter: Der Sozialismus mit menschlichem Gesicht. Experiment und Beispiel der sozialistischen Reform in der Tschechoslowakei. München 1969.

K u t n a r , František: Doba národního obrození 1740—1848 [Die Periode der nationalen Wiedergeburt 1740—1848]. In: Přehled dějin Československa v epoše feudalismu [Übersicht üb. d. Geschichte der Tschechoslowakei in der Epoche des Feudalismus]. Bd. 4, Prag 1963.

K y t l i c o v á , Pavla: Rodiče a děti [Eltern und Kinder]. Tasov 1927.

L a u n , Rudolph von: Die tschechoslowakischen Ansprüche auf deutsches Land (Flugblatt für Deutschösterreichs Recht Nr. 4). Wien 1919. (Tschech. Übers. u. d. T. Československé nároky na německé území. Übs. v. Dr. M. R. Wien 1919).

L e c , Stanislav Jerzy: Neue unfrisierte Gedanken. München 1964.

L e h m k ü h l e r , Marie-Luise: Umformungsprozesse in Kultur und Gesellschaft. Das Schicksal der Auswanderer in der Sozialdynamik. In: Beiträge zur Soziologie der industriellen Gesellschaft. Hrsg. v. Walther Gustav H o f f m a n n . (Soziale Forschung und Praxis Bd. 9). Dortmund 1952, S. 101—108.

L e m b e r g , Eugen: Grundlagen des nationalen Erwachens in Böhmen. Reichenberg 1932.

L e m b e r g , Eugen: Geschichte des Nationalismus in Europa. Stuttgart 1950.

L e m b e r g , Eugen: Nationalismus. Bd. 1: Psychologie und Geschichte. Bd. 2: Soziolgie und politische Pädagogik. (rde 197/198 u. 199). Reinbek b. Hamburg 1964.

L e s á k , František: Padesát let práce dělnického vzdělávacího a zábavního spolku „Tyl" v Simmeringu [Fünfzig Jahre Arbeit des Arbeitgeber-Bildungs- und Unterhaltungsvereins „Tyl" in Simmering]. Wien 1925.

L e v y , Marion Joseph: Structure of Society. Princeton univ. press 1952.

Liefmann-Keil, Elisabeth: Einführung in die politische Ökonomie. Private Planung — öffentliche Lenkung. (Herder 173). Freiburg i. B. 1964.
Loesche, Georg: Geschichte des Protestantismus im vormaligen und im neuen Österreich. 3. Aufl., Wien/Leipzig 1930.
Machar, Josef Svatopluk: Vídeňské profily [Wiener Profile]. Prag 1919.
Machát, Antonín: Mimochodem [So nebenbei]. (Knihovna lidová Vídeňská Nr. 22). Wien 1930.
Machát, Antonín: Čechoslováci ve Vídni [Tschechoslowaken in Wien]. Wien 1931.
Machát, Antonín: Dunaj [Donau]. (Lidová knihovna vídeňská 33). Wien 1935.
Machát, Antonín (Hrsg.): Československé hlasy z Vídně [Tschechoslowakische Stimmen aus Wien]. (Lidová knihovna víd.). Wien 1937.
Machát, Antonín: Vídeň — Paříž — Vídeň. [Wien — Paris — Wien]. (Lidová knihovna víd. 41). Wien 1938.
Machát, Antonín: Vídeňský Hrad, Schönbrunn, Laxenburg. [Die Wiener Hofburg, Schönbrunn, Laxenburg]. (Lidová knihovna víd. 46) Wien 1939.
Machát, Antonín: Naši ve Vídni [Unsere Leute in Wien]. Prag 1946.
Machát, Jaroslav: Vídeňské dědictví [Wiener Erbe]. (Lidová knihovna víd. 50). Wien 1940.
Mair, Erich: Die Psychologie der nationalen Minderheiten. 3. Aufl., Innsbruck 1947.
Mais, Adolf: Konstantin Jireček. Vídeňské svobodné listy, 6. 8. 1954, S. 4.
Mais, Adolf: Die Tschechen in Wien. Wiener Geschichtsblätter, hrsg. v. Ver. f. Gesch. d. Stadt Wien 12 (1957), Nr. 1, S. 56—66.
Mais, Adolf: Das mährische Nationsfest in Wien. Jb. d. Ver. f. Gesch. d. Stadt Wien 13 (1957/58) 93—122.
Mais, Adolf: Das tschechische Erbe Wiens. Die österreichische Nation, 13. Jg. H. 4, April 1961.
Mannheim, Karl: Mensch und Gesellschaft im Zeitalter des Umbaus. 2. Aufl., Bad Homburg/Berlin/Zürich 1967.
Manoušek, Ota: Stopy češtiny v německém nářečí vídeňském a ve spisovné němčině [Spuren der tschechischen Sprache im deutschen Wiener Dialekt und in der deutschen Schriftsprache]. Dunaj 11 (1934) 258—271.
Martin, Otto: Das tschechische Schulwesen in Wien. (Veröff. d. Inst. f. Statistik der Minderheitenvölker a. d. Universität Wien H. 5). Sonderabdruck a. d. Österr. Rundschau 20 (Feb. 1924).
Masarykův Almanach. Hrsg. anl. d. 50. Jahrestages, da T. G. Masaryk Vorstand des Akadem. Vereins „Vlastimil" wurde. (Red. Viktor Altmann, Jaromír Doležal). Wien 1925.
Masarykův Slovník Naučný. Lidová encyklopedie všeobecných vědomostí [Masaryks Konversations-Lexikon. Volks-Enzyklopädie des allgemeinen Wissens]. 7 Bde. Prag 1925—1933.
Matal, Karl: Streifzüge durch die Geschichte der Wiener Tschechen. Die Österreichische Nation 14. Jg., H. 7/8, Juli/August 1962.
Matal, Karl: Berühmte Tschechen in oder aus Wien. Die Österreichische Nation H. 9/10, Sept./Okt. 1962.
Matiašovský, Pater Dominík C. C.: Proslov k 100 letému trvání Jednoty Sv. Methoděje [Rede zum 100jähr. Bestand des Vereins d. Hl. Method.], anl. d. Besuches von Kardinal Beran in Wien 1967. Im Besitz des Wiener St. Method-Vereins.
Matras, Ferdinand: Die Tschechen in Österreich. In: Staat u. Volkstum. Hrsg. v. K. C. v. Loesch. (Bücher des Deutschtums 2). Berlin 1925/26.
Mattuš, Karel: Paměti [Erinnerungen]. Prag 1921.
Mayntz, Renate: Soziale Schichtung und sozialer Wandel in einer Industriegemeinde. (Schriftenreihe des Unesco-Institutes für Sozialwissenschaft, Köln, Bd. 6). Stuttgart 1958.
Mayntz, Renate: Parteigruppen in der Großstadt. Untersuchungen in einem Berliner Kreisverband der CDU. (Schriften d. Institutes f. politische Wissenschaft, Bd. 16), Köln/Opladen 1959.

M a y n t z , Renate: Soziologie der Organisation. (rde 166). Reinbek b. Hamburg 1963.
M e l i c h a r , František: O „Vídeňský deník" [Um den Vídeňský deník]. Dunaj 2 (1924) 177—180.
M e l i c h a r , František: Kronika „Komenského" ve Vídni [Chronik des „Komenský" in Wien] 1872—1932. (Lidová knihovna vídeňská 25). Wien 1932.
M é s á r o š , Julius: Die Stellung der Völker Österreich-Ungarns nach dem Sturze des Absolutismus im Lichte der Angaben über die Entwicklung der Bevölkerung und des Schulwesens. Preßburg 1967 (hektogr.).
M i c h e l s , Robert: Zur Soziologie des Parteiwesens in der modernen Demokratie. Untersuchungen über die oligarchischen Tendenzen des Gruppenlebens. (Kröner 250). Neudruck der 2. Aufl., Stuttgart 1925.
M o m m s e n , Hans: Die Sozialdemokratie und die Nationalitätenfrage im habsburgischen Vielvölkerstaat I. (Veröff. d. Arbeitsgemeinschaft f. Gesch. d. Arbeiterbewegung in Österreich 1). Wien 1963.
M o r a v i u s , G. (d. i. M a t a l , Karl): Drama in der Diaspora. Die Wiener Tschechen einmal anders. Die Furche, 12. Jg. (1956) Nr. 16, S. 4 (4. April 1956).
M r á z e k , Otakar: Vývoj průmyslu v českých zemích a na Slovensku od manufaktury do roku 1918 [Die Entwicklung der Industrie in den böhmischen Ländern und in der Slowakei von der Manufaktur bis z. J. 1918]. Prag 1964.
M u e l l e r , Karl Valentin: Volksbiologische Beziehungen zwischen Tschechen und Deutschen. In: P r e i d e l , Helmut (Hrsg.): Die Deutschen in Böhmen und Mähren. Ein historischer Rückblick. 2., durchges. u. erw. Aufl. mit 17 Karten. Gräfelfing b. München 1952, S. 291—303.
M ü n c h , Hermann: Böhmische Tragödie. Das Schicksal Mitteleuropas im Lichte der tschechischen Frage. Braunschweig/Berlin 1949.
M u r k o , Matyáš: Paměti [Erinnerungen]. Prag 1949.
Na ochranu české menšiny v Dolních Rakousích [Zum Schutz der tschechischen Minderheit in Niederösterreich]. Interpellation der Abgeordneten Fr. Staněk, Jan Sedlák, Fr. Tomášek am 12. 6. 1917 im Reichsrat eingebracht. Wien (Víd. Matice) 1917.
N a v r á t i l , Michael: MUDr. Josef Václav Drozda. (Sonderabdruck aus der Zs. Praktický lékař Nr. 5, Jg. 1927). Prag 1927.
N e j e d l ý , Zdeněk: Dějiny opery Národního divadla [Die Geschichte der Oper des Nationaltheaters]. Prag 1950.
Němci zmařený zájezd Sokolské župy dolnorakouské do Znojma 23. srpna 1919 [Der von den Deutschen zunichtegemachte Ausflug des niederösterr. Sokolgaues nach Znaim am 23. August 1919]. Wien 1919.
Nemecká zpráva o slovanských plesech let 40 ve Vídni [Deutscher Bericht über die slawischen Bälle der 40er Jahre in Wien]. Dunaj 8 (1931) 254 f.
N i n k e v , Benno: Die politischen Anfänge Dr. Karl Luegers im Lichte der Wiener Presse. Wien (Phil. Diss. Masch.) 1947.
N o v o t n ý , Vladimír: Generace Národního divadla [Die Generation des Nationaltheaters]. Prag 1954.

O č a d l í k , Josef: Česká politika [Tschechische Politik]. Wien (Lid. knihtiskárna) 1917.
Österreichisches Biographisches Lexikon 1815—1950. Hrsg. v. d. Österr. Akademie d. Wissenschaften unter Leitung von Leo Santifaller, bearb. v. Eva Obermayer-Marnach. Bisher Bd. 1 bis 4. Graz/Köln 1957 ff.
O l e g n i k , Felix: Historisch-statistische Übersichten von Wien. Mitteilungen aus Statistik und Verwaltung der Stadt Wien. Sonderheft 1, Wien 1956.
O n c k e n , Hermann: Lassalle. Zwischen Marx und Bismarck. 5., neu bearbeitete Auflage (hrsg. v. Felix H i r s c h). Stuttgart/Berlin/Köln 1966.
O t r u b a , Gustav / R u t s c h k a , L. S.: Die Herkunft der Wiener Bevölkerung in den letzten 150 Jahren. Jahrbuch des Vereins für Geschichte der Stadt Wien 13 (1957) 227—274.
O t r u b a , Gustav: Wiens Bevölkerung. Nationale Herkunft und soziale Entwicklung. Der Donauraum 13 (1968) 12—42.

Padesátileté jubileum Zpěv. spolku „Slavoj" ve Vídni 1867—1917. [Fünfzigjähriges Jubiläum des Gesangsvereins „Slavoj" in Wien 1867—1917]. Wien (Lid. knihtiskárna) 1917.
Padesát let práce dělnického vzdělávacího a zábavního spolku „Tyl" v Simmeringu [Fünfzig Jahre Arbeit des Arbeiter-Bildungs- und Unterhaltungs-Vereins „Tyl" in Simmering]. Verfaßt von František L e s á k. Wien 1925.
Padesát let práce Občanské Besedy X. ve Vídni, nyní Okresní vzdělávací svaz dělnických spolků [50 Jahre Arbeit der Občanská Beseda X. in Wien, jetzt Bezirks-Bildungs-Verband der Arbeitervereine]. Zusammengestellt von Josef Hochmuth. Wien (Lid. knihtiskárna Ant. Machát a spol.) 1930.
Památník čsl. strany socialistické v republice rakouské k jubileu 25tiletého trvání [Denkschrift der čsl. sozialistischen Partei in der österr. Republik zum Jubiläum ihres 25jährigen Bestehens]. Hrsg. v. Fr. L. Koudelka u. Frant. Pavlíček. Wien o. J. (1923).
Památník Klaclův — Několik vzpomínek a výběr z literární pozůstalosti soudruha Aloisa Klacla [Klacl-Gedenkschrift — Einige Erinnerungen und eine Auswahl aus dem literarischen Nachlaß des Genossen Alois Klacl]. Wien (Malý a Spolka) 1918.
Pamětní spis „Dělnické Besedy" ve Floridsdorfu 1896—1926 [Denkschrift der „Dělnická Beseda" in Floridsdorf 1896—1926]. Wien (Lid. knihtiskárna Ant. Machát) 1926.
P a r s o n s, Talcott: The Social System. Free press Glencoe 1952.
P á t a, Josef: Josef Zdeněk Raušar (1862—1932). Prag 1932.
P a u p i é, Kurt: Handbuch der österreichischen Pressegeschichte 1848—1959. Bd. I Wien. Bd. II Die zentralen pressepolitischen Einrichtungen des Staates. Wien/Stuttgart 1960 u. 1966.
P e n í ž e k, Josef: Z mých pamětí z let 1878—1918. [Aus meinen Erinnerungen der Jahre 1878—1918]. Bd. 3. Prag 1928.
P e r n e r s t o r f e r, Engelbert: Zeitfragen. (Urania-Bücherei 7). Wien 1917.
P e t r i k o v i t s, Albert: Die Wiener Gauner-, Zuhälter- und Dirnensprache. 2. Aufl., Wien 1922.
Pětadvacet let české školy v Poštorné [25 Jahre tschechische Schule in Unterthemenau]. Lundenburg 1933.
P f e i f e r, Helfried: Das Recht der nationalen Minderheiten in Österreich. (Festgabe für Max Hildebert Boehm). Ostdeutsche Wissenschaft. Jb. des Ostdeutschen Kulturrates Bd. 8 (1961), München 1961, S. 265—318.
P l u h a ř, Josef: Češi a Slováci doma a za hranicemi [Tschechen und Slowaken zu Hause und jenseits der Grenzen]. Prag 1935.
P o j e z d n ý, J. K. (Pseudonym f. D o l e ž a l, Jaromír K.): K osmdesátinám Dra Vatroslava Jagiče [Zum 80jähr. Geburtstag des Dr. Vatroslav Jagič]. Wien 1918.
P o j e z d n ý, J. K. (Pseudonym f. D o l e ž a l, J. K.): Český a slovenský živel na školách vídeňských [Das tschechische und slowakische Element an den Wiener Schulen]. Slovanský Přehled 1914—1924, Prag 1925, H. XII, S. 313 ff.
P o l a n, P. (Pseudonym f. M a t a l, Karl): Die Wiener Hausherren aus dem Jahre 1862 im Lichte einer nationalen Statistik. Bohemica Viennensia 2 (1948) Nr. 1, S. 7—14 (Masch.).
P o l a n, P. (Pseudonym f. M a t a l, Karl): Proslulí úředníci vídeňského policejního ředitelství českého původu 1754—1900 [Berühmte Beamte der Wiener Polizeidirektion tschechischer Abstammung 1754—1900]. Bohemica Viennensia 2 (1948) Nr. 1, S. 20—24.
P r a ž á k, Alois: Paměti a listař Dra Aloise Pražáka [Erinnerungen und Dokumentensammlung von Dr. Alois Pražák]. Hrsg. von František Kameníček, 2 Bde. Prag (ČAV) 1926/27.
Přehled československých dějin [Übersicht über die tschechosl. Geschichte]. Bd. 2 (1848—1918), Prag 1960.
Přehled o činnosti Slovanské Besedy ve Vídni za 1915—1923 [Übersicht über die Tätigkeit der Slovanská Beseda in Wien von 1915—1923]. Wien (Melantrich) 1924.
P r e s t h u s, Robert: Individuum und Organisation. Typologie der Anpassung. Hamburg 1966. — Originalausg. u. d. T.: The Organisation Society. New York 1962.
P r i n z, Friedrich: František Palacký als Historiograph der böhmischen Stände. In: Pro-

bleme der böhmischen Geschichte. (Veröff. des Collegium Carolinum Bd. 16). München 1964, S. 84—94.
P r i n z , Friedrich: Probleme der böhmischen Geschichte zwischen 1848 und 1914. Boh Jb 6 (1965) 332—357.
P r i n z , Friedrich: Beneš und die Sudetendeutschen. In: Beiträge zum deutsch-tschechischen Verhältnis im 19. und 20. Jahrhundert. (Veröff. des Collegium Carolinum Bd. 19). München 1967, S. 93—109.
P r i n z , Friedrich: Prag und Wien 1848. Probleme der nationalen und sozialen Revolution im Spiegel der Wiener Ministerratsprotokolle. (Veröff. des Collegium Carolinum Bd. 21). München 1968.
P r i n z , Friedrich: Der österreichisch-ungarische Ausgleich von 1867 als historiographisches Problem. Ein Kongreßbericht. Boh Jb 9 (1968) 340—351.
P r i n z , Friedrich: Die böhmischen Länder von 1848 bis 1914. In: Handbuch der Geschichte der böhmischen Länder. Hrsg. v. Karl B o s l. Bd. III, Stuttgart 1968, S. 1—235.
P r i n z , Friedrich: Die soziale Frage in Wien und die Anfänge der österreichischen Arbeitergesetzgebung im Jahre 1848. Saeculum 20/1 (1969) 110—120.
P r i n z , Friedrich: Das Schulwesen der böhmischen Länder von 1848 bis 1939. Ein Überblick. In: Aktuelle Forschungsprobleme um die Erste Tschechoslowakische Republik. Hrsg. v. Karl B o s l. München/Wien 1969, S. 49—66.
P r i n z , Friedrich: Das kulturelle Leben (1867—1939). Vom österreichisch-ungarischen Ausgleich bis zum Ende der Ersten Tschechoslowakischen Republik. In: Handbuch der Geschichte der böhmischen Länder. Hrsg. v. Karl B o s l. Bd. IV, Stuttgart 1969, S. 151—299.
Průkopníci socialismu u nás. [Wegbereiter des Sozialismus bei uns]. Hrsg. von Zdeněk S o l l e. Prag 1954.
P r v n í Český Národní dům Vídeň XV., Turnergasse 9. (1894—1959) [Das erste tschechische Nationalhaus Wien XV. Turnergasse 9]. Wien 1959.

R á d l , Emanuel: Der Kampf zwischen Tschechen und Deutschen. Reichenberg 1928.
R a s c h h o f e r , Hermann (Hrsg.): Die tschechoslowakischen Denkschriften für die Friedenskonferenz von Paris 1919/20. Berlin 1937.
R a s c h h o f e r , Hermann: Die nationalen Minderheiten in Österreich und ihre Rechtslage. VjS f. Politik u. Geschichte 1 (1929) 15—34.
R a u p a c h , Hans: Der tschechische Frühnationalismus. Ein Beitrag zur Gesellschafts- und Ideengeschichte des Vormärz in Böhmen. Essen 1939.
R a u š a r , Josef Zdeněk: Vzpomínky na českou Vídeň a okolí [Erinnerungen an das tschechische Wien und Umgebung] 1897—1919). Separatdruck aus dem „Vídeňský deník". Wien 1932.
R e b e t a , Augustin: Z dob zatemnění. Patentní přenosné, rodinné, spolkové divadlo inženýra Rebety [Aus Zeiten der Verdunkelung. Das patentierte übertragbare Familien- u. Vereinstheater des Ingenieurs Rebeta]. Wien (Lid. knihtiskárna Malý a spol.) 1918.
R e i c h , Josef: Die Wiener Presse und der Wiener Börsenkrach von 1873 im wechselseitigen Förderungsprozeß. Wien (Phil. Diss. Masch.) 1947.
R i c h t e r , Josefa: Die sozialen Verhältnisse der Wiener Arbeiter 1867—1889. Wien (Phil. Diss. Masch.) 1965.
R o b i n s o n , Jakob: Das Minoritätenproblem und seine Literatur. Berlin/Leipzig 1928.
R o s d o l s k y , Roman: Friedrich Engels und das Problem der „Geschichtslosen Völker". (Die Nationalitätenfrage in der Revolution 1848/49 im Lichte der „Neuen Rheinischen Zeitung"). Archiv f. Sozialgeschichte IV (1964) 87—282.
R o t h f e l s , Hans: Grundsätzliches zum Problem der Nationalität. HZ 174 (1952) 339—358.
R o u š t e c k á , S.: Machar, člověk a dílo [Machar, Mensch und Werk]. (Lidová knihovna víd. 3). Wien 1926.
R o u š t e c k á , S.: Vídeň. Feuilletony z počátku české Vídně [Wien. Feuilletons aus den Anfängen des tschechischen Wien]. (Lidová knihovna víd. 10, 12, 23). Wien 1926.

Sassmann, Johannes: Der Kampf um das allgemeine Wahlrecht und die christlichsoziale Partei. Wien (Phil. Diss. Masch.) 1948.
Šafařík, Josef: Vznik národně sociální strany v Rakousku-Uhersku a její vývoj do konce první světové války [Die Entstehung der nationalsozialen Partei in Österreich-Ungarn und ihre Entwicklung bis zum Ende des Ersten Weltkrieges]. In: O úloze bývalé nár. soc. strany [Über die Aufgabe der ehemaligen nationalsoz. Partei]. Prag 1959, S. 29—43.
Šantrůček, Bohuslav: Václav Klofáč (1868—1928). Pohledy do života a díla [V. Klofáč. Blicke in sein Leben und Werk]. Prag 1928.
Šantrůček, Bohuslav: Klofáč a Masaryk. Prag 1938.
Schamanek, Susanne: Die Auswirkungen des Nationalitätenproblems im Eisenbahnwesen Österreichs. Wien (Phil. Diss. Masch.) 1949.
Schelsky, Helmut: Schule und Erziehung in der industriellen Gesellschaft. Würzburg 1957.
Scheuch, Erwin Karl: Die Problematik der Freizeit in der Massengesellschaft. In: Universitätstage 1965, Berlin 1965.
Schnee, Heinrich: Bürgermeister Karl Lueger. Leben und Wirken eines großen Deutschen. Paderborn 1936.
Schnee, Heinrich: Karl Lueger. Leben und Wirken eines großen Sozial- und Kommunalpolitikers. Berlin 1960.
Schneefuß, Walter: Demokratie im alten Österreich. Klagenfurt 1949.
Schnitzler, Arthur: Jugend in Wien. Eine Autobiographie. Hrsg. von Therese Nickl und Heinrich Schnitzler. Mit einem Nachwort von Friedrich Torberg. (dtv 775). München 1971 (Erstausgabe im Verlag Fritz Molden, Wien 1968).
Schütze, Bernhard: Rekonstruktion der Freiheit. Die politischen Oppositionsbewegungen in Spanien. (ed. Suhrkamp 298). Frankfurt a. M. 1969.
Schultze, Johannes: Richtlinien für die äußere Textgestaltung bei Herausgabe von Quellen zur neueren deutschen Geschichte. Blätter für deutsche Landesgeschichte 102 (1966) 1—10.
Schumpeter, Josef A.: Kapitalismus, Sozialismus und Demokratie. 2., erw. Aufl., Bern 1950.
Secord, Paul F. / Backmann, Carl W.: Social Psychology. New York / San Francisco / Toronto / London 1964.
Sedláček, Jan: Naše zahraničí [Unser Ausland]. Prag o. J. (1935).
Sedmdesát let Lumíra ve Vídni 1864—1935 [Siebzig Jahre Lumír in Wien 1864—1935]. Wien 1935.
Sedmdesát let Sokola ve Vídni [Siebzig Jahre Sokol in Wien]. Wien (Víd. Matice, Melantrich) 1937.
Seipel, Ignaz: Die geistigen Grundlagen der Minderheitenfrage. Wien 1925.
Seton-Watson, Robert William: A History of the Czechs and Slovaks. Hamden/Conn. 1965.
Seznam literárních pozůstalostí a korespondencí v literárním archivu národního musea. Uspořádal Frant. Baťha [Verzeichnis literarischer Nachlässe und Korrespondenzen im Literarischen Archiv des National-Museums. Zusammengestellt von Frant. Baťha]. (Knihovna a literární archiv Nár. musea v Praze, Inventáře a Katalogy sv. 2). Prag 1958.
Šedesátileté jubileum Zpěváckého spolku „Slavoj" ve Vídni 1867—1927. Pořad a slova ku sborům ... při slavnostní akademie [Sechzigjähriges Jubiläum des Gesangsvereins „Slavoj" in Wien 1867—1927. Festordnung und Worte an die Chöre ... bei der Feier der Akademie]. Wien (Melantrich) 1927.
Šedesát let školského spolku „Komenský" ve Vídni. Příspěvek k dějinám českého školství ve Vídni [Sechzig Jahre Schulverein „Komenský" in Wien. Beitrag zur Geschichte des tschechischen Schulwesens in Wien]. Hrsg. v. Jan Heyer, J. Jahn, František Melichar. Wien 1932.
Shafer, Boyd: Nationalism, Myth and Reality. London 1955.

Sieghart, Rudolf: Die letzten Jahrzehnte einer Großmacht. Menschen, Völker, Probleme des Habsburger-Reiches. Berlin 1932.
Silberbauer, Gerhard: Österreichs Katholiken und die Arbeiterfrage. Graz/Wien/Köln 1966.
Šindelář, Bedřich: Několik poznámek k otázce našeho vystěhovalectví v epoše kapitalsmu [Einige Bemerkungen zur Frage unseres Auswanderertums im Zeitraum des Kapitalismus]. In: Sborník prací filosofické fakulty brněnské university [Almanach der Arbeiten der Philosophischen Fakultät der Brünner Universität]. Bd. 2, Nr. 2—4 (1953) 18—44.
Skalnik, Kurt: Die Persönlichkeit und die Politik Dr. Karl Luegers in der öffentlichen Meinung seiner Zeit. Wien (Phil. Diss. Masch.) 1947.
Skalnik, Kurt: Dr. Karl Lueger. Der Mann zwischen den Zeiten. (Beiträge zur neueren Geschichte des christlichen Österreich). Wien/München 1954.
Škorpil, Emanuel M.: Alois Vojtěch Šembera. Prag 1946.
S. K. Slovan. 50 Jahre S. K. Slovan. Jubiläumsschrift 1902—1952. Wien 1952.
Sokolská župa Dolnorakouská. Čtvrtstoletí práce sokolské na Dunaji. Stručný nástin vývoje a činnosti sokolské župy dolnorakouské za období 1894—1919 [Niederösterreichischer Sokol-Gau. Ein Vierteljahrhundert Sokol-Arbeit an der Donau. Kurzer Abriß der Entwicklung und der Tätigkeit des Sokolgaues Niederösterreich während des Zeitraumes 1894—1919]. Wien (Melantrich) 1919.
Šolle, Zdeněk: Dělnické hnutí v českých zemích koncem minulého století (1887—1897) [Die Arbeiterbewegung in den böhmischen Ländern Ende des vergangenen Jahrhunderts 1887—1897]. Prag 1951.
Šolle, Zdeněk: Ke vzniku první dělnické strany v naší zemi [Zum Entstehen der ersten Arbeiterpartei in unserem Lande]. Prag 1953.
Šolle, Zdeněk: K počátkům dělnického hnutí v Praze I., II., III. [Zu den Anfängen der Arbeiterbewegung in Prag I., II., III.], ČsČH 1957 (Nr. 4), 158 (Nr. 2), 159 (Nr. 1).
Šolle, Zdeněk: Příspěvek k dějinám dělnického hnutí v Čechách v letech 1878—1882 [Beitrag zur Geschichte der Arbeiterbewegung in Böhmen in den Jahren 1878—1882]. Prag 1960.
Šolle, Zdeněk: Dělnické stávky v Čechách v druhé polovině XIX. století [Arbeiter-Streiks in Böhmen in der zweiten Hälfte des XIX. Jahrhunderts]. Prag 1960.
Šolle, Zdeněk: Tschechische Sektionen der Internationale in den Vereinigten Staaten von Amerika. Historica VIII (1964) 101—134.
Šolle, Zdeněk: Internacionála v Rakousku (Internacionála a počátky socialistického hnutí v zemích bývalé habsburské monarchie) [Die Internationale in Österreich (Die Internationale und die Anfänge der sozialistischen Bewegung in den Ländern der ehemaligen Habsburger-Monarchie)]. Prag 1966.
Šolle, Zdeněk: Die Sozialdemokratie in der Habsburger-Monarchie und die tschechische Frage. Archiv für Sozialgeschichte Bd. VI/VII (1966/67) 315—390.
Šolle, Zdeněk: České dělnické hnutí mezi nacionalismem a internacionalismem [Die tschechische Arbeiterbewegung zwischen Nationalismus und Internationalismus] (vermutlich noch ungedruckt).
Sombart, Werner: Der moderne Kapitalismus. 4. Aufl., München 1921.
Soukup, František A.: Česká menšina v Rakousku. Přehled vývoje české menšiny na území dnešní republiky rakouské, zvláště ve Vídni [Die tschechische Minderheit in Österreich. Übersicht über die Entwicklung der tschechischen Minderheit auf dem Gebiet der heutigen Österr. Republik, besonders in Wien]. Prag 1928.
Soukup, František A.: Tyršova idea národní armády [Tyršs Idee einer nationalen Armee]. 3. Aufl. (Naše armáda 4. Knihovna Svazu čs. důstojnictva 9). Prag 1937.
Spunda, Johanna: Die verlorenen Inseln. Ein Beitrag zur Erforschung der nationalen Auseinandersetzung und Umvolkung in Mittelmähren. Boh Jb 2 (1961) 357—413 und 3 (1962) 273—359.
Srb, Adolf: Politické dějiny národa českého od počátku doby konstituční [Politische

Geschichte der tschechischen Nation vom Beginn der konstitutionellen Periode]. 2 Bde. Prag 1926.
Štědronský, František: Zahraniční krajanské noviny, časopisy a kalendáře do roku 1938 [Die ausländischen landsmannschaftlichen Zeitungen, Zeitschriften und Kalender bis zum Jahre 1938]. (Bibliografický katalog ČSR, Sonderheft 6). Prag (Národní knihovna) 1958.
Steinhauser, Walter: 250 Jahre Wienerisch. Zur Geschichte einer Stadtmundart. ZfMaf 21 (1953) 159 ff.
Steinhauser, Walter: Slawisches im Wienerischen. Muttersprache, H. 7. Wien 1962.
Stieblerová, Julie: Jan Stiebler 1857—1930. Památce průkopníka českého sborového zpěvu ve Vídni [Jan Stiebler 1857—1930. Dem Andenken an den Vorkämpfer für tschechischen Chorgesang in Wien]. (Lidová knihovna víd. 26). Wien 1933.
Stöger, Gertrud: Die politischen Anfänge Luegers. Wien (Phil. Diss. Masch.) 1941.
Stölzl, Christoph: Die Ära Bach in Böhmen. Phil. Diss. Saarbrücken 1970.
100 let Jednoty Sv. Metoděje ve Vídni [100 Jahre Verein d. Hl. Method in Wien]. Vídeňské Svobodné Listy, 22. Jg., Nr. 8 (24. 2. 1967), S. 3 ff.
Stourzh, Gerald: Die Gleichberechtigung der Nationalitäten und die österreichische Dezemberverfassung von 1867. In: Der österr.-ung. Ausgleich von 1867. Vorgeschichte und Wirkungen. Hrsg. v. Forschungsinstitut für den Donauraum, Wien/München (Herold) 1967, S. 186—218.
Strauß, Emil: Die Entstehung der deutschböhmischen Arbeiterbewegung. Prag 1925.
Strnad, František: Československá Vídeň po válce [Das tschechoslowakische Wien nach dem Kriege]. (Lidová knihovna víd. 8). Wien 1926.
Strnad, František: Cestou z republiky do spolkového státu! Naše krajanská větev v Rakousku [Auf dem Wege von der Republik in den Bundesstaat! Unser Landsmanns-Zweig in Österreich]. (Lidová knihovna víd. 32). Wien 1935.
Strnad, František / Blažek, Oskar: Osmdesát let školského spolku „Komenský" ve Vídni [80 Jahre Schulverein „Komenský" in Wien]. Wien 1952.
Studánka. (Ein Lesebuch für Kinder). Hrsg. von Fliederová, Jahn, Melichar, Machát. Wien 1921.
Stuparich, Giani: La nazioni czeca. Catania (Ed. Battiato) 1915.
Sueß, Eduard: Erinnerungen. Leipzig 1916.
Sůla, Pavel: Radovánky. Domov — Škola [Festfeiern. Zu Hause — in der Schule]. Prag o. J. (1917).
Sulzbach, Walter: Zur Definition und Psychologie von „Nation und Nationalbewußtsein". PVS (1962) 139—158.
Šusta, Josef: Mladá léta učňovská a vandrovní, Praha-Vídeň-Řím. Vzpomínky II [Junge Lehr- und Wanderjahre, Prag-Wien-Rom. Erinnerungen II]. Prag 1963.
Sutter, Berthold: Die Badenischen Sprachenverordnungen von 1897. 2 Bde. (Veröffentlichungen der Kommission für neuere Geschichte Österreichs Bd. 46 u. 47). Graz/Köln 1960 u. 1965.
Svítil-Karník, Josef: Eduard Albert. Prag 1941.
Sýkora, Hanuš: Dobyvatelé. Po stopách předválečného usilování Čechů podunajských [Eroberer. Auf den Spuren der Vorkriegsbemühungen der Donauland-Tschechen]. Prag 1927 (auch in 4 Bdn. der Lidová knihovna Vídeňská erschienen. Bd. 4, 7, 9, 11).

Till, Rudolf: Zur Herkunft der Wiener Bevölkerung. VJSW 34 (1941) 15—37.
Till, Rudolf: Hofbauer und sein Kreis (Beiträge zur neueren Geschichte des christlichen Österreich). Wien 1951.
Till, Rudolf: Ein Plan der Gliederung Wiens in Nationalitätenviertel. Wiener Geschichtsblätter 10 (70.) (1955) 73—76.
Tobolka, Zdeněk: Politické dějiny čsl. národa od roku 1848 až do dnešní doby [Politische Geschichte der tschechoslowakischen Nation vom Jahre 1848 bis in die heutige Zeit]. 5 Bde. Prag 1932/37, hier Bd. 3 (1879—1914).
Tomek, Ernst: Kirchengeschichte Österreichs. 3 Bde. 1. Altertum und Mittelalter (1935)

2. Humanismus, Reformation und Gegenreformation (1949) 3. Das Zeitalter der Aufklärung und des Absolutismus (1959). Innsbruck/Wien/München 1935—1959.
T o u f a r , F. A.: Sokol. The Czechoslovak National Gymnastic Organisation. London 1941.
Třicetpět let odborové organisace cihlářských dělníků v Rakousku [35 Jahre Gewerkschaftsorganisation der Ziegeleiarbeiter in Österreich]. Wien (Lid. knihtisk. Ant. Machát) 1930 (auch in deutscher Sprache).
T u r e k , Adolf: Chrvatská kolonisace na Moravě [Die kroatische Kolonisation in Mähren]. Čas. Matice Moravská 61 (1963) in 3 Folgen.

U h l i r z , Karl und Mathilde: Handbuch der Geschichte Österreich-Ungarns. Hrsg. v. d. Südostdeutschen Historischen Kommission. 2., neubearb. Aufl. v. Mathilde Uhlirz. Bd. 1. — Graz/Wien/Köln 1963. (1. Aufl. u. d. T. Handbuch der Geschichte Österreichs und seiner Nachbarländer Böhmen und Ungarn, 1927—1944).
Úlehla. Sborník. Vzpomínky a úvahy k jeho 70-inám [Úlehla. Almanach. Erinnerungen und Erwägungen zu seinem 70. Geburtstag]. Brünn 1922.
U r f u s , Valentin: Český státoprávní program na rozhraní let 1860—1861 a jeho ideové složky [Das böhmische Staatsrechts-Programm zur Wende der Jahre 1860—1861 und seine ideellen Komponenten]. PHS 8 (1962) 127 ff.

V a c h a t a , Alois: Z dějin českého tisku ve Vídni [Aus der Geschichte der tschechischen Presse in Wien]. Feuill. Serie im Víd. Deník Jg. 1920 Nr. 39—99.
V á h a l a , František: Československý problém v zemích německorakouských [Das tschechoslowakische Problem in den deutschösterreichischen Ländern]. (Publikace čsl. nár. výboru pro Doln. Rak. ve Vídni. Nr. 1). Wien 1919.
V e i t e r , Theodor: Um das Schulsprachenrecht nationaler Minderheiten. Berichte und Informationen. 15. Jg., H. 744, 21. 10. 1960.
V e i t e r , Theodor: Die Italiener in der österreichisch-ungarischen Monarchie. (= Österr. Archiv H. 6). München 1965.
V e i t e r , Theodor: Völker im Volke Österreichs. Die Furche 21. Jg. (1965) Nr. 27 (3. Juli 1965): Die Tschechen in Wien. Nr. 28 (10. Juli 1965): Die Tschechen außerhalb Wiens.
V e i t e r , Theodor: Das Recht der Volksgruppen und Sprachminderheiten in Österreich. T. 1 u. T. 2. Wien/Stuttgart 1966 u. 1968.
Ve službách české kultury. Přehled činnosti jednoty „Máj" v letech 1904—1914 [In Diensten der tschechischen Kultur. Übersicht über die Tätigkeit des Vereins „Máj" in den Jahren 1904—1914]. Wien 1916.
V i l í k o v s k ý , Václav: Dějiny zemědělského průmyslu v Československu od nejstarších dob až do vypuknutí světové krise hospodářské [Geschichte der Landwirtschaftsindustrie in der Tschechoslowakei seit ältester Zeit bis zum Ausbruch der Weltwirtschaftskrise]. Prag 1936.
V o l f , Josef: Počátek českého novinářství ve Vídni [Der Anfang des tschechischen Pressewesens in Wien]. Dunaj 3 (1925) 133—136.

W a c h e , Walter: Das Auslandstschechentum. Nation u. Staat. Dte. Zs. f. das europ. Minoritätenproblem 8 (1935) H. 8, S. 490—512.
W e b e r , Karl: Die österreichische Sozialdemokratie und das allgemeine Wahlrecht. Wien (Phil. Diss. Masch.) 1956.
W e n z l , František: Dějiny záložen a ostatního družstevního podníkání na Moravě do roku 1885 [Geschichte der Vorschußkassen und des übrigen genossenschaftlichen Unternehmertums in Mähren bis zum Jahre 1885]. Prag 1937.
W h i t e s i d e , Andrew Gladding: Nationaler Sozialismus in Österreich vor 1918. VJZG 9 (1961) 333—359.
W i n k l e r , Erwin: Prags Bevölkerung in der Statistik. (Dte. Ges. f. Familienkunde u. Eugenetik für die ČSR, H. 2). Prag 1938.

Winkler, Wilhelm: Die Bedeutung der Statistik für die nationalen Minderheiten. (Schriften d. Inst. f. Statistik 1). Leipzig 1923. (2. Aufl. 1926).
Winter, Eduard: Die tschechische und slowakische Emigration in Deutschland im 17. u. 18. Jahrhundert. Beiträge zur Geschichte der hussitischen Tradition. (Dt. Akad. d. Wiss. zu Berlin. Veröff. d. Inst. f. Slawistik 7). Berlin 1955.
Wirth, Zdeněk: Die Böhmische Renaissance. Historica III (1961) 87—107.
Wittram, Reinhard: Die nationale Vielfalt als Problem der Einheit Europas. In: Das Nationale als europäisches Problem. Beiträge zur Geschichte des Nationalitätenprinzips, vornehmlich im 19. Jahrhundert. Göttingen 1954, S. 9—32.
Wittram, Reinhard: Anspruch und Fragwürdigkeit der Geschichte. Sechs Vorlesungen zur Methodik der Geschichtswissenschaft und zur Ortsbestimmung der Historie. (Kleine Vandenhoeck-Reihe 297/298/299). Göttingen 1969.
Wodka, Josef: Kirche in Österreich. Wegweiser durch ihre Geschichte. Wien 1959.
Wolff, Robert Paul: Das Elend des Liberalismus. (ed. Suhrkamp 352). Frankfurt a. M. 1968.
Wolfgramm, Eberhard: Zur Erforschung der tschechoslowakischen Arbeiterbewegung bis 1918 in der tschechoslowakischen Geschichtswissenschaft. ZfG 8 (1960) 1223—1237.

Záhoř, Petr: Ve víru života. Román z vídeňského prostředí [Im Wirbel des Lebens. Roman aus dem Wiener Milieu]. Bd. 1 u. 2. Wien 1936.
Zápotocký, Ladislav: Ze starých vzpomínek [Aus alten Erinnerungen]. Prag 1949
Zenker, Ernst Viktor: Ein Mann im sterbenden Österreich. Erinnerungen aus meinem Leben. Reichenberg 1935.
Živný, Karel: Paměti [Erinnerungen]. Wien 1933.
Zöllner, Erich: Geschichte Österreichs. Von den Anfängen bis zur Gegenwart. Wien 1961.
Zöllner, Erich: Wiener Dissertationen aus dem Gebiete der Geschichte. Hrsg. von Heinrich Fichtenau, Alphons Lhotsky und Erich Zöllner. H. 1 — Wien 1962 ff.
Zweig, Stefan: Die Welt von Gestern. Berlin/Frankfurt a. M. 1962.
Zwitter, Fran: Nacionalni problemi v habsburški monarhiji. Laibach (Slov. Matica) 1962.
Živnostenská banka v Praze [Die Živnostenská banka in Prag]. Prag 1919.
Živnostenský průvodce po Vídni [Gewerbe-Führer durch Wien]. Wien 1927.
Živný, Karel: Paměti [Erinnerungen], Wien 1933.

GEOGRAPHISCHES REGISTER

Wegen der häufigen Verwendung nicht aufgenommen wurden: Böhmen, Mähren, Niederösterreich, Prag und Wien mit den einzelnen Stadtbezirken.

A

Adlerkosteletz (Kostelec nad Orlicí) 457
Adria 411
Alpenländer 106, 343
Amerika (siehe auch USA) 87, 161, 438 Anm. 115
Amsterdam 411
Asch (Aš) 154
Asien 461
Atzgersdorf 178
Augsburg 336 Anm. 123

B

Baden (Land) 114
Baden (b. Wien) 285
Balkanländer, slawische 367 Anm. 12
Baltische Provinzen 431
Bayern 114
Beinhöfen (Německé), Bez. Wittingau 28 Anm. 20
Belgien 382 Anm. 28, 412
Berlin 111, 201, 379 Anm. 12
Bischofswarth (Hlohovec), Bez. Göding 28 Anm. 20, 103, 279, 282, 308 Anm. 48, 527, 532, 544
Böhmen, Südböhmen 33, 35 f., 219, 255, Böhmerwald 33, Nordwestböhmen 307 Anm. 45, Nordböhmen 157, 159 Anm. 186, 168, 413
Böhmisch-Budweis (České Budějovice) 40 Anm. 32, 42 Anm. 40, 94, 116, 162, 406 Anm. 164
Bosnien 541
Brixen 457
Brody (Galizien) 110 Anm. 76
Brünn (Brno) 33 Anm. 9, 34 f., 68, 83, 117, 140 f., 143 Anm. 108, 154, 164, 166, 167 Anm. 230, 168, 173, 177 Anm. 275, 208, 213 f., 222 Anm. 201, 366, 379, 382, 385 Anm. 47, 387, 395, 404, 406, 411, 438 Anm. 114, 445, 448, 490, 498, 506, 543, 548
Budapst 201, 252
Bukowina 411
Byteš (Vittis) 219 Anm. 187

C

Čáslav (Časlau, Tschaslau) 169
Cerníkovice (Černikowitz) 462 Anm. 8

Chlumec (Chlumetz) 110 Anm. 76
Cilli (Celje) 319 Anm. 39, 502
Čížice (Čižitz) 352 Anm. 62

D

Dachau 152 Anm. 157
Dačice (Datschitz) 35, 38
Dalmatien 42 Anm. 42, 80 Anm. 1
Danzig 420 Anm. 15
Deutschbrod (Německý Brod) 246 Anm. 28
Deutschland 42 Anm. 39, 48 Anm. 7, 153, 167, 304, 411 f., 416, 420 Anm. 15, 558
Djakovo 85
Doudleby nad Orlicí (Daudleb) 200
Dresden 201

E

Ebergassing 171, 467, 491
Eger (Chéb) 498
England 412, 435
Europa 26, 60, 265, 329, 411, 413 f., 432, 461, Ostmitteleuropa 265

F

Feldsberg (Valtice) 28 Anm. 20
Frankfurt 265 Anm. 81, 281 Anm. 17
Frankreich 42 Anm. 39, 50, 114, 259, 411 f., 559
Freiwaldau (Frývaldov) 35 Anm. 16
Freudenthal (Bruntál) 35 Anm. 16
Friedek (Frýdek) 393 Anm. 91
Fuchsberg (im Riesengebirge) 42 Anm. 39

G

Galizien 37, 110 Anm. 76, 188, 343, 411, 461, 515 f., Ostgalizien 405, 559
Geiersberg (Kyšperg) 549
Gmünd (České Velenice) 254, 265 Anm. 78, 491
Göding (Hodonín) 98 Anm. 32
Gottschee (Kočevje) 403 Anm. 148
Graz 150 Anm. 148, 385 Anm. 47
Griechenland 309
Guntramsdorf 170

H

Hainfeld 162, 168 f.
Hamburg 201, 222
Hennersdorf/NÖ 299 Anm. 34

595

Heřmanitz a. E. (Heřmanice nad Labem) 42 Anm. 39
Herzegowina 541
Hessen 114
Hohenau 253
Hohenelbe (Vrchlabí) 42 Anm. 39
Holland 42 Anm. 39, 412
Holstein (Hostýn) 312 Anm. 8
Hrotovice (Hrottowitz) 152 Anm. 157

I

Iglau (Jihlava) 35, 38, 119
Inzersdorf 60, 108, 170, 540
Italien 42 Anm. 39, 233, 411 f.

J

Jägerndorf (Krnov) 35 Anm. 16
Jerusalem 457
Jeschken (Berg im SW von Reichenberg) 155 Anm. 168
Jičín (Jitschin) 214 Anm. 159

K

Kärnten 127 Anm. 35
Kamenitz an der Linde (Kamenice nad Lípou) 38
Kaplitz (Kaplice) 35
Kladno 139 Anm. 87, 143 Anm. 108, 260
Klattau (Klatovy) 257
Klobouky (Klobouk) 90
Klosterneuburg 115, 118, 144
Königgrätz (Hradec Králové) 117 Anm. 22
Königsfeld b. Brünn (Královo Pole) 366, 506
Kojetín (Kojetein) 340 Anm. 9
Kolín (Kolin) 107 Anm. 60, 147, 251, 255
Komotau (Chomutov) 394
Konstantinopel 26 Anm. 8
Kopenhagen 177 Anm. 276
Korneuburg 161
Krain 405
Kremsier (Kroměříž) 98 Anm. 32, 117, 137 Anm. 76, 141, 281 Anm. 17, 377 Anm. 1, 456
Kroatien 37, 220
Kyjov (Gaya) 35, 98 Anm. 32

L

Laibach (Ljubljana) 208, 214 Anm. 156, 235
Landskron (Lanškroun) 118
Lausitz 438 Anm. 114, Oberlausitz 433

Leipnik (Lipník nad Bečvou) 393 Anm. 91
Leipzig 94
Leitmeritz (Litoměřice) 254
Lemberg 285, 515, 517
Leopoldsdorf 170
Linz 105, 144, 511
Lišná u Malé Skály (Lischna b. Kleinskal) 42 Anm. 39
Litauen 432
London 326 Anm. 77, 360 Anm. 95
Lundenburg (Břeclav) 108, 253 Anm. 22, 305 ff.

M

Mähren, Südmähren 33, 35 ff., 219, Nordmähren 33, 499
Mährisch-Budwitz (Moravské Budějovice) 38
Mährisch-Kromau (Moravský Krumlov) 38
Mährisch-Ostrau (Moravská Ostrava) 143 Anm. 108, 406 Anm. 164, Ostrau 138 Anm. 83
Malá Skála (Kleinskal) 42 Anm. 39
Marchfeld (Ebene nordöstl. von Wien) 256 Anm. 38
Marienthal (Mariánské Údolí) 171
Mexiko 420 Anm. 15
Mistek (Místek) 393 Anm. 91
Mödling 144, 285, 467, 491
München 161, 201, 315, 326 Anm. 77

N

Náchod 451
Nepomuk (Nepomuky) 90
Neudörfl 159, 161
Neuhaus i. B. (Jindřichův Hradec) 38, 236
Neupaka (Nová Paka) 98 Anm. 32, 201 Anm. 91
New York 161
Nieder-Branna (Dolní Branná) 42 Anm. 39
Nikolsburg (Mikulov) 38, 114
Norwegen 412
Nové Město na Moravě (Neustadtl in Mähren) 38, 457

O

Oberlaa 170
Oberösterreich 37, 106, 343
Oberthemenau (Chorvatská Nová Ves) 28 Anm. 20, 103, 279, 282, 308 Anm. 48, 527, 532, 544

Ober-Wielands (Horní Velenice) 192 Anm. 50
Oderberg (Bohumín) 33 Anm. 9
Österr.-Schlesien 33 f., 37, 42 Anm. 41 u. 42, 80 Anm. 1, 87 Anm. 41, 127 Anm. 35, 139, 180, 189 Anm. 30 u. 31, 241, 303, 307 Anm. 45, 322, 406 Anm. 164, 451 f., 490 ff., 513, 533, 538, 540
Olmütz (Olomouc) 114, 117, 120, 251
Opočno pod Orl. horami (Opotschno/Kr. Königgrätz) 252

P

Palästina 457
Pardubitz (Pardubice) 404, 547
Paris 114
Persien 461
Petersburg 42 Anm. 39, 255, 559
Pilsen (Plzeň) 143 Anm. 108, 163, 167 Anm. 230, 174 Anm. 259, 245 Anm. 21, 453, 456
Pola 110 Anm. 76
Polen 50, 114, 116 Anm. 18
Posen 219 Anm. 187
Prachatitz (Prachatice) 134 Anm. 66
Prerau (Přerov) 188 Anm. 26, 303 Anm. 22, 368, 393 Anm. 91
Preßburg (Bratislava) 343
Preußen 29, 114, Ostpreußen-Westpreußen 219 Anm. 187
Preuß.-Schlesien 114, Oberschlesien 219 Anm. 187
Příbor (Freiberg) 406 Anm. 164
Proßnitz (Prostějov)161, 251, 382 Anm. 29, 456

R

Rabensburg (Havranov) 253
Raudnitz (Roudnice nad Labem) 81 Anm. 8, 489 Anm. 1
Reichenberg (Liberec) 42 Anm. 39, 154, 160 Anm. 198, 161
Rheinland 114
Riesengebirge (Krkonoše) 411
Rom 114, 118, 121 Anm. 41, 335, 414, 452, 540
Rothneusiedl 170, 299 Anm. 34
Ruhrgebiet 49 Anm. 11, 56 Anm. 9
Rußland 37, 220, 255, 264, 379, 386, 557 ff.

S

Saargebiet 420 Anm. 15
Sachsen 154, 412 Anm. 192
Saloniki 42 Anm. 39
Salzburg 80 Anm. 1, 527, 533

San Francisco 201
Schlan (Slaný) 139 Anm. 87, 260
Schrems (Skřemelice) 28 Anm. 20
Schwarzbach (Tušť) 28 Anm. 20
Schwarzenthal (Černý Důl) 42 Anm. 39
Schwechat 285, 491
Schweden 412
Schweiz 116 Anm. 18
Seestadtl (Ervěnice) 394
Serbien 37, 220
Siebenhirten 170, 510
Slawonien 37, 85
Slowakei (ungar.) 30 Anm. 27, 37, 183 Anm. 5, 188, 220, 242, 433, 451, 458
Starkenbach (Jilemnice) 455
Steiermark 37, 42 Anm. 42, 154, Südsteiermark 127 Anm. 35
Stockerau 163
Strážnice (Straßnitz) 98 Anm. 32

T

Tábor (Tabor) 35, 43 Anm. 44, 90, 137 Anm. 76, 303 Anm. 22
Taßwitz (Tasovice) 116 Anm. 18
Teschen (Těšín) 143 Anm. 108
Tirol 37, 80 Anm. 1, 411
Trient 110 Anm. 76, 364
Triest 30 Anm. 27, 110 Anm. 76, 183, 363, 364 Anm. 112, 516
Troppau (Opava) 490
Troyes 114
Türkei 309, 461
Týn nad Vltavou (Moldauthein) 35

U

Ungarisch-Hradisch (Uherské Hradiště) 251, 456
Ungarn 37, 85, 92 Anm. 5, 95 Anm. 22, 114, 131 Anm. 54, 133, 161, 185 Anm. 11, 188 Anm. 24, 220, 384 Anm. 42, 385 f., 451 f., 461, Nordungarn 116 Anm. 16
Untersiebenbrunn 192, 195, 491
Unterthemenau (Poštorná) 28 Anm. 20, 103, 109, 144, 192 Anm. 50, 279, 282, 304, 308 Anm. 48, 340 Anm. 9, 341 Anm. 17, 344, 491, 527, 532, 544, 557 f.
Unter-Wielands (Dolní Velenice) 166 Anm. 223, 192 Anm. 50
USA (siehe auch Amerika) 435 Anm. 103, 437

V

Venedig 451 Anm. 3
Vlašim (Wlaschim) 81 Anm. 8, 188

Vösendorf 170, 299 Anm. 34
Vorarlberg 80 Anm. 1
Vršovice (Wrschowitz) 101 Anm. 40

W

Wales 433
Wallachisch Meseritsch (Valašské Meziříčí) 456 f.
Weigelsdorf 171
Wiener Neudorf 170, 299 Anm. 34

Wiener Neustadt 161, 218
Witkowitz (Vítkovice) 393 Anm. 91
Wittingau (Třeboň) 110 Anm. 76

Z

Žďár 90
Zisleithanien 95 Anm. 22, 106, 182 Anm. 3, 189, 343, 384, 385 Anm. 46, 547 f.
Znaim (Znojmo) 35, 38, 116 Anm. 18, 134 Anm. 66

PERSONENREGISTER

A

Abraham a Sancta Clara (eigentl. Ulrich Megerle) (1644—1709), Kanzelredner und Volksschriftsteller 326 Anm. 77

Adler, Friedrich (1879—1960), österr. Sozialist, Schriftsteller 152

Adler, Victor (1852—1918), österr. Sozialist, Schriftsteller, Reichsratsabg. (1905—1918) 105, 150 Anm. 148, 152, 164, 166, 167 Anm. 230, 168, 173, 174 Anm. 258, 196 Anm. 64, 311 Anm. 8, 328 f., 361 Anm. 99, 380, 383 f., 386, 388 Anm. 61, 398 Anm. 124, 399—410, 429 Anm. 76 u. 79, 454

Albert, Eduard (1841—1900), Chirurg, tschech. u. deutscher Schriftsteller u. Kritiker, Herrenhausmitglied (1895—1900) 83, 211 Anm. 139, 465 f.

Aleš, Mikoláš (1852—1912), tschech. Maler 92 Anm. 6

Allmeder, Friedrich, Mitglied des Wiener Gemeinderates (1896—1910) 293 Anm. 1, 298 Anm. 31, 497, 508

Amonesta, August, Mitglied des Wiener Gemeinderates (1910—1914) 222, 235 Anm. 42, 309 Anm. 53, 504 f., 507 f.

Assmann, František (1862—1927), Lehrer an der „Komenský"-Schule (1885—1919) 108 Anm. 63 u. 64, 306

Auerhan, Jan (1880—1942), Vors. des Staatsamtes f. Statistik, Dozent f. Anthropogeographie 250 Anm. 4, 424

Auersperg, Adelsgeschlecht 41 Anm. 36

Auersperg, Adolf (Wilhelm Daniel) Fürst (1821—1885), österr. Ministerpräsident (1871—1879), Herrenhausmitglied (1869—1885), Großgrundbesitzer 66 Anm. 17

Austerlitz, Friedrich (1862—1931), österr. Journalist u. Politiker 384, 398

Axmann, Julius (1858—1929), Mitglied des Wiener Gemeinderates (1900—1912), Reichsratsabg. (1897—1907), Direktor in Wien 102 Anm. 44, 303 f., 347 Anm. 40

B

Badeni, Kasimir Felix Graf (1846—1909), österr. Staatsmann, Ministerpräsident u. Innenminister 211 Anm. 139, 256, 289, 299 Anm. 34, 320, 559

Bächer, Wilhelm, Mitglied des Wiener Gemeinderates (1876—1890), 285 Anm. 5, 496, 508

Baernreither, Joseph Maria (1845—1925), österr. Politiker u. Minister, Reichsratsabg. (1885—1907), Landesgerichtsrat, Gutsbesitzer in Lünetz 386

Bahr, Hermann (1863—1934), österr. Dichter, Dramaturg am Wr. Burgtheater 63 Anm. 7, 408

Barák, Josef (1833—1883), tschech. Redakteur 144, 158

Bareuther, Ernst (1838—1905), Mitglied des Wiener Gemeinderates (1882—1885), Reichsratsabg. (1873—1905), Privatier in Wien 496, 508

Barnert, Wanderlehrer der „Südmark" (um 1912) 353

Baroch, František, tschech. Redakteur (um 1892) 456

Barrès, Maurice (1862—1923), französ. Schriftsteller 431

Baudissin, Adelsgeschlecht 41 Anm. 36

Bauer, Michael, Mitglied des Wiener Gemeinderates (1872—1884) 285 Anm. 5, 496

Bauer, Otto (1882—1938), österr. Sozialist, Schriftsteller in Wien, 51 Anm. 1, 193, 384 f., 432

Baumgartner, Andreas Frh. von (1793—1865), österr. Staatsmann 239 Anm. 55

Bavorský, Jan (1841—1891), tschech. Typograph 154

Baxa, Karel (1863—1938), tschech. Politiker u. Publizist, Rechtsanwalt in Prag 242, 246 Anm. 25, 302

Bebel, August (1840—1913), sozialdemokr. Parteiführer 412 Anm. 192

Beck, Anton Ritter von (1812—1895), Hofrat und Schriftsteller, Reichsratsabg. (1848—1849), Direktor der Hof- und Staatsdruckerei Wien 85, 116, 250, 451

Beck, Max Vladimir Frh. von (1854—1943), österr. Staatsmann, Ministerpräsident, Herrenhausmitglied (1907—1918) 121 Anm. 41, 211 Anm. 136, 214 Anm. 156, 223, 305 f., 308

Bečvář, Johann, Tischler, Vorstandsmitglied der Slovanská záložna, Vors. des nö. Landesausschusses der tschech. Sozialdemokratie (um 1903) 278, 526

Beer, Heinrich (1866—?), soz.-dem. Redakteur u. Reichsratsabg. (1907—1911) 361 Anm. 99
Beethoven, Ludwig van (1770—1827), Komponist 92 Anm. 6
Bejšovec, Václav (?—1923), tschech. Gewerkschaftler 176, 178
Belcredi, Egbert Graf (1816—1894), Reichsratsabg. (1873—1874 u. 1879—1891), Gutsbesitzer in Lösch 84
Bělehrádek, František (1876—?), tschech. Funktionär im Minderheitenschulwesen, Beamter der ÚMŠ 101
Benda, Alfons, Mitglied des Wiener Gemeinderates (1906—1916) 237 Anm. 50, 506 ff.
Benesch, A., tschech. Redakteur (um 1880) 454
Beneš, Edvard (1884—1948), tschechoslow. Staatspräsident 185 Anm. 10, 336 Anm. 123
Beneš, Fr., tschech. Redakteur (um 1911) 459
Berchtold, Sigismund Graf (1834—1900), Herrschaftsbesitzer in Buchlauf, Kämmerer, Reichsratsabg. (1879—1899) 84
Beskiba, Marianne, Malerin, Schriftstellerin (um 1900) 324 f.
Berner, Ernst, Schriftsteller in Mähr. Ostrau, tschech. soz.-dem. Politiker, Reichsratsabg. (1897—1901) 143 Anm. 108
Bezruč, Petr (eig. Vladimír Vašek; Ps. auch Ratibor Suk) (1867—1958), tschech. Dichter 138 Anm. 83
Bielohlawek, Hermann (1861—1918), Mitglied des Wiener Gemeinderates (1900—1918), Reichsratsabg. (1897—1911), Stiftungssekretär in Wien 322
Bienerth-Schmerling, Richard Graf (1863 bis 1918), österr. Unterrichtsminister, Innenminister, Ministerpräsident u. Statthalter v. Niederösterreich 254 f., 306, 308 Anm. 49, 350 f., 354 Anm. 69, 559
Bílku, Petr (1820—1881), tschech. Pädagoge, Vereinsobmann 95 Anm. 19, 96, 189, 257 Anm. 47
Bismarck, Otto von (1815—1898), preuß. Ministerpräsident (1862—1890), dann dt. Reichskanzler 336, 381, 416
Bitza, tschech. Schuhmacher, Wahlkandidat (1894), Freund Luegers 322

Blažík, Fr., tschech. Gewerkschaftsfunktionär (um 1911) 178 Anm. 284
Börne, Ludwig (1786—1837), Schriftsteller 557
Bolzano, Bernhard (1781—1848), Theologe u. Philosoph 116
Bradlaugh, Charles (1833—1891), brit. Politiker 412 Anm. 192
Bráf, Albín (1851—1912), tschech. Nationalökonom 262 Anm. 68
Bretter, Emil (1857—1919), tschech. Redakteur 454
Breuer, Johann, Mitglied des Wiener Gemeinderates (1900—1918) 237 Anm. 48, 502
Březnovský, Václav (1843—1918), tschech. Reichsratsabg. (1893—1907), Handschuhmacher in Prag 140
Brunner, Lucian, Mitglied des Wiener Gemeinderates (1896—1901) 290 f., 522—525
Brzorád, Edvard (1857—1903), tschech. Reichsratsabg. (1891—1903), Obmann des „Sokol" in Deutschbrod, Rechtsanwalt 246
Bubna und Litic, Michael Graf von (1864—?), Offizier 200
Burgerstein, Josef (1813—1873), tschech. Schriftsteller u. Humorist 94, 116, 189, 452, 460
Buřival, František (1868—1929), Sekretär d. Landesverbandes d. Eisenbahner in Žižkov, Reichsratsabg. (1907—1918) 353 Anm. 66
Bušek, A., tschech. Buchdrucker (um 1900) 458, 461

C

Calasanza, Josef von (1556—1648), Gründer des Ordens der Piaristen 115
Carlyle, Thomas (1795—1881), engl. Schriftsteller 557
Čech, Ladislav (1864—?), tschech. Reichsratsabg. (1907—1918), Kaufmann in Prag 215 Anm. 165, 512
Čech, Svatopluk (1846—1908), tschech. Schriftsteller, Reichsratsabg. (1895—?) 85
Cejnar, Václav, tschech. Redakteur (um 1899) 457
Čelakovský, František Ladislav (1799—1852), tschech. Dichter 244 Anm. 15
Čelakovský, Jaromír (1846—1914), tschech. Rechtshistoriker, Reichsrats-

abg. (1879—1881 u. 1907—1911) 243, 248 Anm. 36, 265 Anm. 80, 304 Anm. 32, 466, 512

Čelíš, Emil (1883—?), Sekretär des „Komenský" (1907—1918) 303 Anm. 22, 457

Celler, Josef, tschech. Gewerkschaftsfunktionär (um 1904) 171

Čermák, Paul, Beamter im Arbeitsministerium (um 1907) 462

Černín, Eugen Karl Graf (1796—1868), Großgrundbesitzer u. Unternehmer, Herrenhausmitglied (1861—1868) 83 f., 118

Černín von Chudenic, Jaromír Graf (1818—1908), Mitglied des österr. Herrenhauses (1868—1908), Gutsbesitzer 84

Černý, Josef, tschech. Reichsratsabg. (1901—1907), Lehrer in Nový Bydžov 151 Anm. 154

Česaný, Alois, tschech. Redakteur der „Politik" (1894) und Wahlkandidat (1907) 260 Anm. 59

Charmatz, Richard (1879—?), österr. Historiker 325

Chelčický, Petr (um 1390 — um 1460), tschech. Laientheologe u. religiöser Schriftsteller 73 Anm. 4

Chleborád, František Ladislav (1839—1911), tschech. Jurist, Nationalökonom u. Politiker 154, 156

Chlubna, Josef, tschech. Typograph, einer der Begründer d. nat.-soz. Wiener Parteiorganisation, Journalist (um 1900) 456

Choc, Václav (1860—?), tschech. Reichsratsabg. (1901—1918), Rechtsanwaltsanwärter in Prag, 148 Anm. 145, 151 Anm. 154, 212 Anm. 143, 215 Anm. 165, 243, 247, 353 Anm. 66, 370 Anm. 26, 397, 400 Anm. 131, 403, 514

Cholek, Josef, slowak. soz.-dem. Politiker, Vereinsobmann u. Redakteur (um 1910) 175 f., 458

Cingr, Petr (1850—1920), tschech. soz.-dem. Politiker, Reichsratsabg. (1897—1918), Redakteur in Mähr. Ostrau 143 Anm. 108

Cinnert, Václav (1851—1905), tschech. Redakteur 252 Anm. 17, 455, 461

Čipera, Josef (1850—1911), tschech. Reichsratsabg. (1903—1911), Schulrat in Pilsen 403

Clam-Martinic, Heinrich Graf (1863—1932), österr. Staatsmann, Herrenhausmitglied (1907—1918), Ministerpräsident (1916—1917), Großgrundbesitzer 84

Clam-Martinic, Richard Graf (1832—1891), Großgrundbesitzer in Ertišovice, Mitglied des Herrenhauses (1889 bis 1891), Reichsratsabg. (1879—1888) 285, 286 Anm. 10, 510, 515, 517 ff.

Colloredo, Adelsgeschlecht 41 Anm. 36

Comenius, Johann Amos (1592—1670), (Komenský) Pädagoge 95

Conrad von Eybesfeld, Siegmund Frh. von (1821—1898), Verwaltungsjurist, österr. Kultus- u. Unterrichtsminister (1883), Reichsratsabg. (1885) 285, 515 f.

Coudenhove, Adelsgeschlecht 41 Anm. 36

Czartoryski, Constantin Fürst (1822—1891), poln. Adliger, Gründungsmitglied der „Slov. Beseda" (um 1862), Gutsbesitzer in Wien, Reichsratsabg. (1867) 84

Czartoryski, Heinrich, poln. Adliger, Gründungsmitglied der „Slov. Beseda" (um 1865) 84

Czerkawski, Eusebius (1822—1896), Hofrat, galiz. Univ.-Prof. in Lemberg, Reichsratsabg. (1869—1894) 285, 515, 517

Czernin (Černín), Adelsgeschlecht 451

Czernin v. Chudenic, Franz Graf (18. Jh.), böhm. Adeliger 112 Anm. 3, 539

Czoernig von Czernhausen, Karl Frh. (1804—1889), österr. Statistiker 28, 29 Anm. 22

D

Dadák, František, tschech. Journalist (um 1891) 455

Darwin, Charles Robert (1809—1882), brit. Biologe 425

Dastik, F. A. (1836—1914), tschech. Minderheitenarbeiter, Hrsg. v. Kalendern 460

Daszyński, Ignacy (1866—1936), Redakteur in Krakau, Reichsratsabg. (1897 bis 1918) 361 Anm. 99

Deutschmann, Robert, Mitglied des Wiener Gemeinderates (1895—1912) 356, 501, 505

Deym, Friedrich Graf (1866—1929); Großgrundbesitzer in Nemyšl, Kämmerer, Reichsratsabg. (1897—1907) 192, 200

Diamand, Hermann (1860—1931), Rechtsanwalt in Lemberg, Reichsratsabg. (1907—1918) 361 Anm. 99

Dobrovský, Josef (1753—1829), Slavist 205 Anm. 112

Dofek, Tomáš, tschech. Politiker u. Vereinsvorsitzender (um 1899) 137 Anm. 76

Doležal, Jaromír (Ps. J. K. Pojezdný) (1883—?), tschech. Schriftsteller, Übersetzer u. Journalist 213 Anm. 150, 457 f., 460

Doležal, Josef, tschech. Gewerkschaftsführer, Vorsitzender der Zentralisten (um 1911) 171, 177 Anm. 275, 178, 180, 459

Domes, Franz (1863—1930), Mitglied des Wiener Gemeinderates (1906—1920), Reichsratsabg. (1911—1918), Sekretär des Metallarbeiterverbandes 369, 372, 503, 505, 508

Dorn, Alexander, Mitglied des Wiener Gemeinderates (1898—1900 u. 1902—1918) 350 Anm. 54, 504, 508

Dostál, Alois P. (1858—1934), tschech. Schriftsteller 466

Drachovský, Josef (1876—1961), tschech. Jurist, Univ.-Prof. f. Finanzrecht

Dřímalka, Toman, Sekretär des „Komenský" (1907), Obmann des nö. Sokolgaues (1900) 277 Anm. 2, 457

Drößler, August, Mitglied des Wiener Gemeinderates (1904—1918) 215 Anm. 167, 237 Anm. 49, 345 Anm. 32, 502 f., 508

Drozda, Josef Václav (Ps. Hůrecký, J. D.) (1850—1927), tschech. Mediziner u. Schriftsteller 83, 98 Anm. 30, 104 f., 109 Anm. 69, 118, 128—131, 139 Anm. 87, 146 Anm. 124, 191 Anm. 44, 210 f., 242, 243 Anm. 11 u. 12, 244, 245 Anm. 20, 247, 249 ff., 256—267, 360 Anm. 95, 458—461, 554

Drtina, František (1861—1925), tschech. Philosoph, Pädagoge u. Reichsratsabg. (1907—1911) 138, 249 Anm. 1, 254, 265 Anm. 80, 302, 342 Anm. 18, 396, 460, 466

Dürich, Josef (1847—1927), tschech. Reichsratsabg. (1884—1918), Schriftsteller, Mühlenbesitzer in Kloster/ Böhmen 89, 101 Anm. 40, 111, 139 Anm. 87, 184, 245, 342 Anm. 18, 346 Anm. 34, 352, 353 Anm. 66, 361 Anm. 99, 460, 513

Dumreicher von Österreicher, Armand Frh. (1845—1908), österr. Politiker u. Organisator des Schulwesens, Reichsratsabg. (1886—1894), Gutsbesitzer in Wien 66 Anm. 17

Dvořáček, Jan (1808—1865), tschech. Journalist u. Politiker 451

Dvořák, František (1872—?), tschech. Journalist u. Chefredakteur 249 Anm. 1, 455

Dvořák, Jan (1849—?), Arzt in Opočno, tschech. Reichsratsabg. (1891—1901 u. 1902—1904) 90 Anm. 54, 200

Dvořák, Jindřich (1840—1904), tschech. Journalist u. Redakteur 454

Dvořák, Peter, tschech. Buchdrucker (um 1898) 461

Dyk, Emanuel (1852—1907), tschech. Reichsratsabg. (1891—1907), Rechtsanwalt in Pilsen 140, 511

E

Ebner-Eschenbach, Marie Frfr. von (1830 bis 1916), Schriftstellerin 73 Anm. 4, 325

Eim, Gustav (1849—1897), tschech. Journalist u. Schriftsteller in Wien, Reichsratsabg. (1891—1897) 89, 123 Anm. 8, 257

Eldersch, Mathias (1869—1931), österr. Politiker, Krankenkassensekretär in Brünn, Reichsratsabg. (1901—1911) 361 Anm. 99

Ellenbogen, Wilhelm (1863—1951), österr. Politiker, Arzt in Wien, Reichsratsabg. (1901—1918) 246 Anm. 24, 361 Anm. 99, 383 Anm. 37

Engel, Emanuel (1844—1907), tschech. Arzt in Prag, Reichsratsabg. (1885—1901) 89, 127 Anm. 37, 301 Anm. 11, 466

Engels, Friedrich (1820—1895), dt. Publizist u. Politiker 153

Ermers, Max, Schriftsteller (um 1913), Dr. phil. 265 Anm. 80

Exner, Adolf (1841—1894), Jurist, Herrenhausmitglied (1893/94) 103 Anm. 47

Exner, Karel (1878—?), Fortbildungsschuldirektor in Jaroměř, tschech. Reichsratsabg. (1911—1918) 245, 352, 362 Anm. 100, 514

F

Falkenhayn, Julius Graf (1829—1899), österr. Staatsmann, Reichsratsabg. (1879—1899), Gutsbesitzer 247 Anm. 33

Fatka, Vizepräsident des Handelsministeriums (um 1907) 462

Fiala, J., tschech. Redakteur (um 1911) 459

Ficker, Adolf (1816—1880), Statistiker 28, 29 Anm. 22

Fiedler, František (1858—1925), tschech. Reichsratsabg. (1901—1911), Professor der TH in Prag 222 f., 345, 346 Anm. 34, 355 Anm. 75, 358 Anm. 85, 364 Anm. 110, 513 f.

Fiegl, Josef (1845—?), Mitgl. des Wiener Gemeinderates (1898—1900), Reichsratsabg. (1885—1891), Gymnasialprofessor in Wien 499

Fischel, Alfred von (1853—1926), Mitglied des mähr. Landtages 265 Anm. 80

Fochler Karl (1864—1904), Mitglied des Wiener Gemeinderates (1898—1900), Reichsratsabg. (1899—1901), Rechtsanwalt in Wien 215 Anm. 167, 234 Anm. 34, 301 Anm. 6, 321, 330, 331 Anm. 102, 338 Anm. 2, 497 ff., 508, 522—525

Förster, Friedrich, Mitglied des Wiener Gemeinderates (1898—1900) 226 Anm. 5, 234, 235 Anm. 39, 236 Anm. 46, 294, 299 Anm. 33, 304 Anm. 29, 320 Anm. 42, 331 Anm. 102, 498 ff., 508

Foerster, Josef B. (1859—1951), tschech. Komponist 466

Fořt, Josef (1850—1929), tschech. Reichsratsabg. (1893—1896 u. 1897—1911), Sekretär der Handels- u. Gewerbekammer in Prag 211 Anm. 136

Francke, August Hermann (1663—1727), evang. Theologe, einer der Väter des Pietismus 116 Anm. 16

Franta, Bohuslav (1861—1929), tschech. Jurist, Reichsratsabg. (1911—1918) 258 Anm. 50

Franz I. (1768—1835), Kaiser von Österreich, König von Böhmen u. Ungarn 112 Anm. 3, 113 Anm. 13, 539

Franz v. Sales (1567—1622), Heiliger, Stifter des Ordens der Salesianerinnen 114

Franz Ferdinand (1863—1914) Erzherzog — Thronfolger 262 Anm. 68, 265 Anm. 82, 555

Franz Josef I., (1848—1916), Kaiser von Österreich u. König von Ungarn 83 Anm. 19, 95 Anm. 22, 196, 241, 252 Anm. 15, 262 Anm. 68, 308, 324 338 Anm. 2, 353, 368, 374 Anm. 38, 385, 403, 466, 498, 559

Frauenberger, Franz, Mitglied des Wiener Gemeinderates (1888—1895) 287, 345 Anm. 32

Fresl, Václav (1868—1915), tschech. Schriftsteller, Reichsratsabg. (1901—1915), Organisator der nat.-soz. Partei, Arbeiter in Pilsen 151 Anm. 154, 241 Anm. 2, 245 Anm. 21, 342 Anm. 18, 352, 397

Freundlich, Leo (1875—?), Chefredakteur in Mähr. Schönberg, Reichsratsabg. (1907—1911) 361 Anm. 99

Friedjung, Heinrich (1851—1920), österr. Historiker u. Politiker 105

Friedländer, Otto (1889—1963), Hofrat, Beamter, Schriftsteller 333

Frint, Jakob (1766—1834), Bischof, Hauptvertreter der österr. kath. Restauration 113 Anm. 6

Frühbauer, Václav (1867—1905), tschech. nat.-soz. Politiker u. 1. Wiener Parteivorsitzender 126, 142 f., 145 Anm. 123

Fuchs, Viktor Frh. (1840—1921), Präsident des österr. Abgeordnetenhauses (1898 bis 1901), Reichsratsabg. (1879—1918), Rechtsanwalt in Wien 511

Fügner, Heinrich (1822—1865), Vorstand d. Prager Sokolverbandes 86, 144 Anm. 116, 451

Fürst, Ignaz, tschech. Geistlicher in Wien (ca. 1850—1890) 112 Anm. 4, 114

Funder, Friedrich (1872—1959), österr. Journalist u. Publizist 140 Anm. 93, 228, 283

G

Gabriel, Josef, tschech. Vereinsobmann (von ca. 1867—1914) 208

Gautsch von Frankenthurn, Paul Frh. (1851—1918), österr. Unterrichtsminister, Ministerpräsident, Innenminister, Präs. des Obersten Rechnungshofes 143 Anm. 107, 211, 261 Anm. 62, 348 Anm. 42 u. 46, 350 Anm. 55, 351, 354 Anm. 69, 361 Anm. 99, 385 Anm. 46, 395, 419 Anm. 11, 513, 544

Gessmann, Albert (1852—1920), Kustos der Wiener Universitätsbibliothek, Mitglied des Wiener Gemeinderates

(1882—1888 u. 1893—1911), Reichsratsabg. (1891—1911) 323 Anm. 58
Glöckel, Otto (1874—1935), Lehrer in Wien, Reichsratsabg. (1907—1918) 361 Anm. 99
Goltz, Alexander, Mitglied des Wiener Gemeinderates (1912—1918) 147 Anm. 135
Gottsched, Johann Christoph (1700—1766), dt. Gelehrter u. Schriftsteller 27
Gottwald, Klement (1896—1953), tschech. Politiker 65 Anm. 13
Granitsch, Robert, Mitglied des Wiener Gemeinderates (1900—1918) 356
Gratl, Josef (1840—?), österr. Journalist und Zeitungshrsg. 118
Gregorig, Josef (1846—1909), Mitglied des Wiener Gemeinderates (1889—1908), Reichsratsabg. (1897—1907), Pfaidler in Wien 496, 508
Grégr, Edvard (1827—1907), tschech. Reichsratsabg. (1873, 1883—1907), Arzt in Prag 85, 93 Anm. 12, 154, 155 Anm. 168, 196 Anm. 67, 318, 466
Grégr, Julius (1831—1896), tschech. Reichsratsabg. (1873—1875 u. 1879—1881), Schriftsteller in Prag 85, 466
Groš, Karel (1865—?), tschech. Politiker, Bürgermeister von Prag (1906—1918) 360 Anm. 95
Gruber, Josef (1867—1945), Fachlehrer in Linz, Reichsratsabg. (1907—1911) 361 Anm. 99
Gruber, Michael, Mitglied des Wiener Gemeinderates (1895—1900) 215 Anm. 167, 233 Anm. 33, 234, 294, 298 Anm. 31, 345 Anm. 32, 497, 499, 508
Grübl, Raimund, Mitglied des Wiener Gemeinderates (1880—1898) 507
Gussenbauer, Adolf, Mitglied des Wiener Gemeinderates (1905—1918) 184 Anm. 7, 215 Anm. 167, 235, 238 Anm. 53, 296 Anm. 24, 298, 318 Anm. 2 u. 3, 342, 345 Anm. 30 u. 32, 360, 363 Anm. 107, 367 Anm. 9, 369 Anm. 19, 370, 501—508
Gutenberg, Johannes (um 1397—1468), Erfinder des Buchdrucks 92 Anm. 6

H

Hájek, Fr., tschech. Journalist (um 1898) 456
Hájek, Josef, tschech. Redakteur (um 1907) 458
Hájek, Max (1835—?), Kaufmann in Písek, tschech. Reichsratsabg. (1885 bis 1907) 90 Anm. 54
Hajn, Alois (1870—1953), tschech. Journalist u. Redakteur 547 ff.
Hajn, Antonín (1868—1949), tschech. Reichsratsabg. (1907—1911), Redakteur in Prag 138, 466
Harrach, Adelsgeschlecht 73 Anm. 4, 451
Harrach, Alfred Graf (1831—?), Großgrundbesitzer 82 Anm. 15
Harrach, Franz Ernst Graf von (1799—1884), Herrenhausmitglied (1861—1884), Besitzer von Leinwandfabriken in Janowitz u. Starkenbach 84
Harrach, Jan Nepomuk Graf von (1828—1909), Gutsbesitzer u. Mäzen, Herrenhausmitglied (1884—1909) 82—85, 93, 96, 110 Anm. 73, 112, 118, 126 Anm. 28, 187, 192, 200, 201 Anm. 91, 211 Anm. 139, 214 Anm. 159, 250 Anm. 8, 257 Anm. 47, 262 Anm. 68, 284, 292 Anm. 31, 374, 495, 510, 538
Harrach, Otto Johann Graf (1863—1935), Herrschaftsbesitzer, Glasgroßindustrieller, Herrenhausmitgl. (1910—1918) 84
Hartel, Wilhelm von (1839—1907), klass. Philologe u. Minister, Herrenhausmitglied (1891—1907) 280
Hartl, Hans (1858—1939) Direktor der Staatsgewerbeschule in Reichenberg, Reichsratsabg. (1911—1918) 352, 366 Anm. 6
Hauptmann, Gerhart (1862—1946), Dichter 165 Anm. 220
Havlíček-Borovský, Karel (1821—1856), tschech. Schriftsteller u. Politiker 29 Anm. 24, 81, 94 Anm. 17, 95, 112 Anm. 4, 452, 455
Hawranek, Josef, Mitglied des Wiener Gemeinderates (1888—1911), 299 Anm. 33
Hebbel, Friedrich (1813—1863), Dichter 63 Anm. 7
Hecke, Wilhelm (1869—?), österr. Statistiker 34
Hedvíčák, Johann, tschech. Redakteur (um 1900) 456 f.
Heidlmair, Heinrich, Ministerialrat (um 1904) 280
Heine, Heinrich (1797—1856), Dichter 413 Anm. 196, 557

Heinold von Udyński, Karl Frh. (1862—1943), Landespräs. von Schlesien (1905 bis 1908), Statthalter v. Mähren (1908 bis 1911 u. 1915—1918), österr. Innenminister (1911—1915) 265 Anm. 82

Helfert, Joseph Alexander Frh. v. (1820—1910), österr. Jurist, Historiker u. Staatsmann, Herrenhausmitglied (1885 bis 1910) 85, 451 f.

Herbatschek, Heinrich (1877—?), Hof- u. Gerichtsadvokat, Schriftsteller, Übersetzer 265 Anm. 80

Herben, Jan (1857—1936), tschech. Schriftsteller 466

Herder, Johann Gottfried (1744—1803), dt. Philosoph u. Schriftsteller 27

Herold, Josef (1850—1908), tschech. Reichsratsabg. (1888—1908), Rechtsanwalt in Prag 90 Anm. 54, 127 Anm. 37, 137 Anm. 76, 241 Anm. 3, 279

Herzog, Josef (?—1911), Schriftsteller in Baden b. Wien, Reichsratsabg. (1901—1907) 302, 340, 512

Hitler, Adolf (1889—1945), Führer der NSDAP, dt. Reichskanzler (1933—1945), Staatsoberhaupt des Dritten Reiches 325

Hlaváč Bedřich (1868—?), tschech. Journalist 458, 466

Hlávka, Josef (1831—1908), tschech. Architekt, Baurat u. Gutsbesitzer in Lužany, Reichsratsabg. (1883—1891) 84, 110 Anm. 73, 201, 466

Hlinka, Andrej (1864—1938), slowak. Politiker u. kath. Priester 76 Anm. 14, 131 Anm. 54, 242

Hörmann, Karl, Mitglied des Wiener Gemeinderates (1889—1914) 505

Hofbauer, Clemens Maria (1751—1820), kath. Reformer, Seelsorger, Heiliger 114, 116

Hoffer, Karl (1824—1885), Mitglied des Wiener Gemeinderates (1866—1883), Reichsratsabg. (1873—1885), Rechtsanwalt in Wien 284 Anm. 3

Hoffmann, Hugo, tschech. Drucker (um 1880) 452—455, 460 f.

Hohenlohe-Schillingsfürst, Adelsgeschlecht 73 Anm. 4

Hohensinner, Oswald, Mitglied des Wiener Gemeinderates (1902—1906 u. 1910—1918) 350 Anm. 54, 369 f., 503, 508

Hohenwart, Karl Sigmund Graf von (1824—1899), österr. Staatsmann, Präsident des Rechnungshofes, Gutsbesitzer in Wien, Herrenhausmitgl. (1897—1899) 123 Anm. 8, 129, 247 Anm. 33

Holub, Emil (1847—1902), tschech. Mediziner u. Afrikaforscher 85

Hora, Josef (1834—1900), Eisenbahnbeamter, Mitbegründer der ersten tschech. Vorschußkasse, Mitarbeiter beim „Opavský Besedník" 95 Anm. 19, 189

Horák, Wenzel (1845—1902), Herrenhausmitglied (1897—1902), Ordensgeneral u. Großmeister 140

Hořica, Ignát (1859—1902), tschech. Journalist u. Schriftsteller in Prag, Reichsratsabg. (1897—1902) 215 Anm. 167, 511

Horný, Antonín (1824—1908), tschech. Geistlicher (Priesterweihe 1847), Univ.-Prof. f. Kirchengeschichte in Wien (1857), Kanonikus des Wiener Metropolitankapitels (1867), Prälat (1891) 116, 118

Horský, Rudolf (1852—1926), tschech. kath. Politiker u. Publizist, Pfarrer in Sarka, Reichsratsabg. (1907—1911) 415

Hoß, Franz, Mitglied des Wiener Gemeinderates (1905—1918) 345 Anm. 32

Hošťálek, Innocent (1872—?), Postbeamter, tschech. Schriftsteller u. Vereinsobmann 138, 194

Hovorka, Alois (1844—1904), tschech. Zeitungsgründer, Schriftsteller, Bankbeamter 454

Hrazdil, Anton, tschech. Druckereibesitzer (um 1908) 458, 462

Hrdina, Vít (1871—1927), tschech. Volkswirt, Bankdirektor 192, 202, 207 f., 217, 459, 462

Hruban, Mořic (1862—1945), tschech. Jurist u. kath. Politiker, Reichsratsabg. (1907—1918) 184 Anm. 6, 335, 345 Anm. 33

Hubka, Antonín (1872—1919), tschech. Reichsratsabg. (1907—1911), Landesausschußrevident in Prag 241 Anm. 3, 242, 430

Hueber, Anton (1861—1935), österr. Gewerkschaftsführer 152 Anm. 158, 173 bis 177, 408

Hübschmann, Otakar (1871—?), tschech. Reichsratsabg. (1911—1918), Rechtsanwalt in Prag 353 Anm. 66

Hugelmann, Karl (1844—1930), Jurist, Historiker 75 Anm. 11
Hugelmann, Karl Gottfried (1879—1959), österr. Rechtshistoriker u. Staatsrechtslehrer 98 Anm. 30, 121, 132, 241, 281, 304, 368
Hugo, Victor (1802—1885), französ. Dichter 412 Anm. 192
Hus, Jan (um 1370—1415), tschech. Kirchenreformer 81, 92 Anm. 6, 119, 214 Anm. 159
Huschauer, Johann, Mitglied des Wiener Gemeinderates (1906—1918) 350 Anm. 52, 504, 508
Hušek, Jar., tschech. Redakteur (um 1894) 456
Hussarek von Heinlein, Max Frh. (1865—1935), österr. Staatsmann u. Jurist 265 Anm. 82, 309
Hybeš, Josef (1851—1921), tschech. soz.-dem. Politiker, Redakteur in Brünn, Reichsratsabg. (1897—1918) 136 Anm. 72, 143 Anm. 108, 157 Anm. 179, 160 f., 212 Anm. 143, 454

I, J

Ignatjew, Nikolaj Pawlowitsch Graf (1832 bis 1908), russ. General, Diplomat u. Minister 559
Jagić, Vatroslav (1838—1923), kroat. Slavist, Herrenhausmitglied (1891—1918) 73 Anm. 4
Janča, Jan (1866—1928), tschech. Schriftsteller u. Journalist 128, 137, 188, 193 Anm. 53, 198 Anm. 76, 199 Anm. 81, 249—267, 278, 300 Anm. 1 u. 2, 301, 302 Anm. 12, 342, 403, 455 f., 458, 557 ff.
Jaurès, Jean (1859—1914), französ. Sozialist 411
Jemelka, Alois tschech. Jesuitenpater, Vereinsgründer (um 1912) 140
Jireček, Hermenegild (1827—1909), tschech. Rechtshistoriker 116, 118, 129, 211 Anm. 139, 451 f., 466
Jireček, Josef (1825—1888), tschech. Literarhistoriker, österr. Kultusminister, Reichsratsabg. (1879—1887) 93 Anm. 12, 116, 129, 211 Anm. 139, 451 f., 466
Jireček, Konstantin (1854—1918), tschech. Historiker 129
Jirsík, Jan Valerian (1798—1883), Bischof von Budweis, Reichratsabg. (1861) 94, 116

Johanis, Václav (1872—1939), tschech. soz.-dem. Politiker, Zeitungshrsg. in Prag, Reichsratsabg. (1907—1911) 176
Jórdan, Jan Pĕtr (1818—1891), oberlaus. Schriftsteller, Erwecker, Journalist, Politiker 461
Jungmann, Josef Jakub (1773—1847), tschech. Schriftsteller u. Philologe 81

K

Kádner, Otakar (1870—?), tschech. Pädagoge u. Philosoph 343
Kaiser, August (1850—1908), österr. Reichsratsabg. (1888—1908), Vizepräs. d. Abgeordnetenhauses (um 1904), Prof. d. landw. Mittelschule in Oberhermersdorf 340 Anm. 8
Kaizl, Josef (1854—1901), tschech. Nationalökonom u. Reichsratsabg. (1885 bis 1888 u. 1890—1898) 88 Anm. 48, 90 Anm. 54, 93 Anm. 12, 247, 287, 301 Anm. 11, 510 f., 556
Kalandra, Albert Jan (1826—1907), tschech. Beamter, Vereinsobmann 96, 189
Kalina, Antonín (1870—1922), tschech. Reichsratsabg. (1907—1918) u. Diplomat, Bezirksvertretungssekretär in Blatna 138, 201, 248 Anm. 37, 341 f., 353 Anm. 66, 364 Anm. 111, 415, 458, 513
Kandert, Josef (?—1902), Prager Baumeister u. Hausbesitzer, Mäzen des tschech. Schulwesens 107 Anm. 58, 109 Anm. 69
Kaněra, Josef (1854—1914), tschech. Verwaltungsbeamter, ab 1880 im Unterrichtsministerium, von 1908—1909 Verwalter dieses Ministeriums 259
Karásek, Josef (1868—1916), Slavist, Vereinsobmann, Publizist 73 f., 85, 236 Anm. 45, 250 Anm. 8, 466
Kareis, Josef (1837—1913), Mitglied des Wiener Gemeinderates (1890—1894), Reichsratsabg. (1897—1901), Hofrat in Wien 524
Karel, Eduard (1861—1950), Prof. f. graphische Technik 43 Anm. 44
Karlický, Julius, tschech. Redakteur u. kath. Politiker (um 1910) 458
Karlický, O., tschech. Redakteur (um 1878) 453
Kaunitz, Wenzel Graf (1848—1913), Herrschaftsbesitzer in Vysoká, Reichsratsabg. (1885—1897) 89, 200, 247 Anm. 33

Kautsky, Karl (1854—1938), österr. Politiker u. sozialist. Parteitheoretiker 168

Kielsmannsegg, Erich Graf (1847—1923), österr. Beamter u. Politiker, Herrenhausmitglied (1917—1918), Statthalter 108 Anm. 63, 247 Anm. 33, 295 Anm. 20, 306, 308 Anm. 49, 323 f., 444 Anm. 2

Kienmann, Emerich (1854—1912), Prof. an der nö. Landesoberreal- u. höheren Gewerbeschule in Wiener Neustadt, Reichsratsabg. (1897—1907) 511

Kinsky, Rudolf Graf, böhm. Adliger in Wien (um 1843) 82 Anm. 15

Kittinger, Karl (1857—1920), nö. Gasthofbesitzer, Postmeister, Reichsratsabg. (1901—1918) 352 f., 366 Anm. 6

Kjellén, Rudolf (1864—1922), schwed. Geschichtsforscher u. Geopolitiker 266

Klika, Wahlkandidat der Wiener Tschechen zu den Reichsratswahlen 1907 139 Anm. 87, 260

Klíma, Jiří Václav (1874—1948), Dr. phil., Pädagoge 250 Anm. 4, 260

Klíma, Karel Zdeněk (1883—1942), Journalist, Chefredakteur 458

Klofáč, Václav Josef (1868—1942), tschech. Reichsratsabg. (1901—1918), Redakteur in Prag 16, 142 f., 146—149, 151 f., 184 Anm. 6, 212 Anm. 145, 241 Anm. 2, 339 Anm. 7, 340 Anm. 8, 345 Anm. 33, 367 Anm. 12, 395 Anm. 103, 397, 414, 502, 511 f.

Klopstock, Friedrich Gottlieb (1724—1803), dt. Dichter 27

Klostermann, Karel (1848—1923), tschech. Schriftsteller 85, 264 Anm. 77, 466

Klotzberg, Emmerich, Mitglied des Wiener Gemeinderates (1889—1918) 233, 497, 508

Koerber, Ernest von (1850—1919), österr. Staatsmann, Ministerpräsident, Herrenhausmitglied (1899—1918) 339 Anm. 7, 377, 445 Anm. 7

Kolisko, Rudolf (1859—1942), österr. Politiker 242, 300, 304

Kollár, Ján (1793—1852), slowak. Dichter 81, 264

Kolowrat-Krakowsky, Zdenko Graf (1836 bis 1892), Großgrundbesitzer in Reichenau, Herrenhausmitglied (1884—1892) 83

Komárek, Josef, Nähmaschinenfabrikant (um 1907) 462

Komprda, František, tschech. Sozialist (um 1895) 163

Koppensteiner, Friedrich, Mitglied des Wiener Gemeinderates (1912—1918) 363 Anm. 107

Kořínek, Karel (1858—1908), tschech. Gewerkschaftsfunktionär 169 ff., 173

Kostka, Antonín, tschech. Redakteur (um 1911) 459

Kotlář, Josef (1859—1928), tschech. Reichsratsabg. (1907—1911), Landwirt in Pšoves 225 Anm. 1, 512

Kovář, Josef, tschech. Gewerkschaftsfunktionär (um 1911) 178 Anm. 284

Kozariszczuk, Dr., ruthen. Schriftsteller (um 1885) 124 Anm. 15, 189 Anm. 33

Kramář, Karel (1860—1937), tschech. Reichsratsabg. (1891—1918), tschech. Ministerpräsident (1918/19), Fabrikant in Semily 90 Anm. 54, 135 Anm. 71, 184 Anm. 6, 185 Anm. 11, 201, 211 Anm. 139, 215, 241 Anm. 3, 242, 246 Anm. 24, 340 Anm. 9, 345 Anm. 33, 369 Anm. 17 u. 19, 395 Anm. 103, 396, 503, 511 ff., 556

Krapka, Josef (1862—1909), tschech. soz.-dem. Politiker 133 Anm. 62, 163, 165 Anm. 220, 171, 173, 455

Krásný, František (1865—1947), Architekt, Minderheiten- und Sokol-Funktionär 128, 461 Anm. 4

Kraus, Karl (1874—1936), Schriftsteller 334

Krček, Josef, Beamter, Vorsitzender des „Komenský" (1882—1884) 111

Kreisel, Franz, Mitglied des Wiener Gemeinderates (1895—1900) 498, 508

Krejčí, Alois, tschech. Redakteur (um 1900) 163, 171, 455

Kreuzig, Anton (1832—1905), Mitglied des Wiener Gemeinderates (1874—1877), Reichsratsabg. (1885—1891), Gewerbetreibender in Wien 125

Kříž, Jan, tschech. Redakteur (um 1880) 170, 455

Křížek, Václav (1833—1881), tschech. Schriftsteller u. Historiker 452

Krofta, Kamil (1876—1945), tschech. Historiker u. Politiker 93 Anm. 12

Kronawetter, Ferdinand (1838—1913), Magistratsrat in Wien, Reichsratsabg. (1873—1882 u. 1885—1901) 125

Křovák, Rudolf, stellvertr. Vorsitzender der Minderheitensektion der ČOS (um 1912) 215 Anm. 161

Kubálek, Karel, tschech. Redakteur (um 1910) 406 Anm. 164, 458

Kubr, Stanislav (1862—1908), tschech. Reichsratsabg. (1901—1907), Gutsbesitzer in Kněževes 139 Anm. 87

Kučera, Václav, tschech. Redakteur (um 1890) 197 Anm. 69, 246 Anm. 24, 455 f.

Kudla, Ladislav, tschech. Sozialdemokrat (um 1907) 175, 406 Anm. 164

Kunitzki, Richard Paul (1873—?), Arzt in Freistadt/Schlesien, Reichsratsabgeordneter (1907—1911) 361 Anm. 99

Kunschak, Leopold (1871—1953), österr. Politiker, Redakteur in Wien, Reichsratsabg. (1907—1911) 119

Kuranda, Ignaz (1812—1884), polit. Publizist, Abg. d. Frankfurter Nationalversammlung, Direktor der Nordbahn in Wien, Reichsratsabg. (1861—1884) 94

Kurz, Vilém (1847—1902), tschech. Realschulprof. in Prag, Schriftsteller u. Reichsratsabg. (1894—1902) 200, 219, 246, 461, 510

Kyrill (826/27—869), Slawenapostel 112 Anm. 3, 120

L

Lang, Ignaz (1834—?), mähr. Landtagsabg., Advokat, fürstl. Lobkowitzscher Herrschaftsdirektor 137 Anm. 76

Lang, Leopold, Wiener Bezirksschulrat (um 1912) 353 Anm. 67

Langer, Franz, Mitglied des Wiener Gemeinderates (1908—1918) 347 Anm. 40, 504, 508

Lassalle, Ferdinand (1825—1864), Gründer der soz.-dem. Bewegung in Deutschland 153 f., 158, 377, 412 Anm. 192, 413 Anm. 196

Lasser von Zollheim, Josef (1815—1879), österr. Innenminister (1871—1885), Herrenhausmitglied (1878—1879), Reichsratsabg. (1848—1849 u. 1867—1878) 66 Anm. 17

Laux, Johann, Mitglied des Wiener Gemeinderates (1904—1911) 327 Anm. 82

Lažansky von Bukowa, Leopold Prokop Graf (1854—1891), Schauspieler, Theater-Direktor, Gutsbesitzer in Chiesch, Reichsratsabg. (1887—1891) 200 Anm. 84

Lederer, Moritz, Mitglied des Wiener Gemeinderates (1871—1895) 285 Anm. 5, 495, 508

Lechner, Melchior, Geistlicher u. Redakteur (um 1902) 457

Leibniz, Gottfried Wilhelm Frh. von (1646 bis 1716), Philosoph 27

Leitner, Josef, Mitglied des Wiener Gemeinderates (1895—1918), Landtagsabg. 353 Anm. 67

Lenbach, Franz von (1836—1904), Maler 324

Lenoch, Jan, tschech. Rechtsanwalt und Minderheitenarbeiter in Wien (ca. 1865—1914) 279 Anm. 10

Leo XIII. (Gioacchino Vincenzo Pecci) (1810—1903), Papst (1878—1903) 540

Lepař, Jan, tschech. Journalist (um 1860) 452

Lesák, František (1857—1927), tschech. Gewerkschaftsführer u. Minderheitenarbeiter, Mitbegründer der tschech. Sozialdemokratie in Österreich 277 Anm. 275

Lichard, Daniel, slowak. Redakteur (um 1855) 451 f., 460

Liechtenstein, Adelsgeschlecht 451

Liechtenstein, Alois Prinz von und zu (1846—1920), Rittmeister, Gutsbesitzer, Reichsratsabg. (1879—1889, 1891 bis 1911) 196 Anm. 64, 247 Anm. 33

Liguori, Alfonso Maria (1696—1787), Gründer der Kongregation des allerheiligsten Erlösers (Redemptoristen) 114

Linder, Karl, Mitglied des Wiener Gemeinderates (1874—1886) 284, 495, 508

Lisý Čeněk (1874—?), Lehrer in Loužnice, Reichsratsabg. (1907—1918), Mitglied der Bildungssektion des NRČ 244, 353 Anm. 66

Lobkowitz, Adelsgeschlecht 451

Lobkowitz, Ferdinand Prinz (1850—1926), Reichsratsabg. (1882—1884), Herrenhausmitglied (1892—1918), Oberstlandmarschall von Böhmen (1908—1913), Gutsbesitzer in Unter-Beřkovic 462

Lobkowitz, Georg Christian Fürst (1835—1908), Gutsbesitzer in Prag, Reichsratsabg. (1873—1884), Herrenhausmitglied (1883—1908) 82 Anm. 15

Lobkowitz, Moriz Fürst (1831—1903), Großgrundbesitzer, Herrenhausmitglied (1879—1903) 82 Anm. 15

Löblich, Franz (1827—1897), Mitglied des Wiener Gemeinderates (1863—1886), Reichsratsabg. (1879—1885), Kupferschmied in Wien 237 Anm. 51, 495 f., 508

Lohnstein, Ludwig August, Leiter der Ersten Brünner Maschinenfabrik (seit 1880) 323 Anm. 58

Lošťák, Jan (1845—?), Volkswirt, Direktor der böhm. Landesbank (ab 1892) 459

Ludvíček, Jan (1862—1931), Direktor der Sprachschulen des „Komenský", Vereinsgründer, Publizist 109 Anm. 72, 347, 349

Ludwig, Otto (1813—1865), dt. Schriftsteller 73 Anm. 4

Lueger, Karl (1844—1910), Bürgermeister von Wien (1897—1910), Rechtsanwalt, Reichsratsabg. (1885—1910) 60, 111, 125, 139, 140 Anm. 90, 149 Anm. 146, 164, 196 Anm. 64, 210 Anm. 133, 216 Anm. 167, 229 Anm. 13, 232 ff., 236, 276, 283, 286, 288—295, 297—301, 303—308, 310—340, 342, 344—347, 350 f., 353, 355, 363, 365, 369 ff., 374, 379, 388 f., 399, 416 ff., 423 Anm. 23, 501, 507, 523 ff., 552 f.

Lustig, Karl, Mitglied des Wiener Gemeinderates (1878—1889) 66 Anm. 17, 218 Anm. 184

Lustkandl, Wenzel (1832—1906), Mitglied des Wiener Gemeinderates (1870—1873), Reichsratsabg. (1879—1885), Univ.-Prof. in Wien 285, 517

M

Machar, Josef Svatopluk (1864—1942), tschech. Dichter 85, 138, 194 Anm. 58, 211 Anm. 139, 212 Anm. 143, 424, 460, 463, 466

Machát, Antonín (1880—1966), Sektionschef, Landtagsabg., Schriftsteller 424

Mádl, Arnošt (1870—?), tschech Jurist, Fachmann im Eisenbahnwesen, Vereinsobmann 250 Anm. 4, 458, 460

Maierová, Marie (1882—?), tschech. Schriftstellerin 460, 466

Makart, Hans (1840—1884), österr. Maler 40

Malik, Vinzenz (1854—1924), Landwirt in Wien, Reichsratsabg. (1901—1918) 366 Anm. 6

Malý, Josef, tschech. soz.-dem. Vereinsobmann (um 1912), Administrator der Děln. listy, Vizepräs. d. staatl. Bodenamtes 178

Manner, Lorenz, Mitglied des Wiener Gemeinderates (1895—1899) 215 Anm. 167, 287 ff., 497 f., 508, 520

Mannheim, Karl (1893—1947), ung. Soziologe 204

Marchet, Gustav (1846—1918), österr. Reichsratsabg. (1891—1897 u. 1901—1907), Prof. an der Hochschule f. Bodenkultur in Wien, Herrenhausmitglied (1907—1916) 108, 305 f.

Maresch, Wilhelm, Wiener Gastwirt (XII.) um 1909 296

Maruška, Josef (1852—?), Großhändler, Vorsitzender des „Komenský" (1888—1902) 111, 189 Anm. 33

Marx, Karl Heinrich (1818—1883), Philosoph u. Nationalökonom 153, 155, 182 Anm. 1, 431

Masaryk, Tomáš Garrigue, (1850—1937), tschech. Soziologe u. Staatsmann, Reichsratsabg. (1891—1893 u. 1907—1915) 65 Anm. 13, 85, 90 Anm. 54, 134 f., 138, 184 Anm. 6, 185 Anm. 10, 212 Anm. 145, 214, 242, 265 Anm. 80, 315, 345 Anm. 33, 360 Anm. 95, 396, 415, 465 f., 546

Mašťálka, Jindřich (1866—1926), tschech. Politiker, Reichsratsabg. (1897—1918), Gemeindesekretär in Sobotka 342 Anm. 18, 369 Anm. 17, 513

Mataja, Heinrich (1877—1937), Mitglied des Wiener Gemeinderates (1910—1918), Reichsratsabg. (1911—1918), Rechtsanwalt in Wien 363, 374 Anm. 38, 505 f.

Matthies, Heinrich, Mitglied des Wiener Gemeinderates (1883—1900) 524

Mattuš, Karel (1836—1919), tschech. Reichsratsabg. (1879—1890), Herrenhausmitglied (1899—1918), Rechtsanwalt u. Bankdirektor 196 Anm. 67, 244, 262 Anm. 68

Mayer, Moritz, Mitglied des Wiener Gemeinderates (1887—1917) 238 Anm. 53

Mayreder, Rudolf (1864—1937), Mitglied des Wiener Gemeinderates (1895—1904), Reichsratsabg. (1897—1901), Bauingenieur in Wien 497, 500, 508

Medek, Josef, tschech. Journalist (um 1910) 458

Meissner, Alfred (1871—1950), tschech. Rechtsanwalt u. soz.-dem. Politiker 279 Anm. 10, 280

Menčík, Ferdinand (1853—1916), tschech. Kulturhistoriker 85, 118, 214, 250 Anm. 8, 278, 460, 526 ff.

Menger, Max (1838—1911), österr. Reichsratsabg. (1871, 1874—1907), Rechtsanwalt in Wien 386, 546

Metelka, Jindřich (1854—1921), tschech. Geograph, Schulrat u. Reichsratsabg. (1909—1911) 244, 249 Anm. 1, 303, 363 Anm. 110, 513

Method, Slawenapostel, Erzbischof von Sirmium (870—885) 112 Anm. 3, 120

Metternich, Adelsgeschlecht 73 Anm. 4

Miklas, Wilhelm (1872—1956), österr. Politiker, Gymnasialdirektor in Horn, Reichsratsabg. (1907—1918), Bundespräsident (1928—1938) 98 Anm. 30, 514

Milý, Edvard, tschech. Journalist (um 1882) 454

Mittler, Alfred, Mitglied des Wiener Gemeinderates (1893—1917) 338 Anm. 1, 500, 508, 525

Modráček, František (1871—1960), tschech. Reichsratsabg. (1907—1918), Redakteur in Prag 176, 342 Anm. 18

Moißl, Alois, Mitglied des Wiener Gemeinderates (1912—1918) 372, 506, 508

Mommsen, Theodor (1817—1903), dt. Geschichtsforscher u. Jurist 331, 431 Anm. 86

Moser, Viktor (1826—?), Jurist, Vorsitzender des ÖNK 124 Anm. 14, 125 Anm. 21, 137 Anm. 76, 189, 250 Anm. 8, 460

Mottl, Jan, tschech. Journalist (um 1911) 459

Mozart, Wolfgang Amadeus (1756—1791), Komponist 92 Anm. 6

Müller, Karl J. (1837—1892), tschech. Journalist u. Übersetzer 95, 156 Anm. 173, 452

Murko, Matija (1861—1952), Slavist 85, 211 Anm. 139, 265 Anm. 80, 466

Myslivec, Václav (1875—?), tschech. Reichsratsabg. (1907—1911), Redakteur in Prag 415

N

Nagler, Anton, Mitglied des Wiener Gemeinderates (1900—1918) 297 f., 352 f., 502, 504, 508

Napoleon Bonaparte (1769—1821), Kaiser der Franzosen 256

Navrátil, Michal (1861—?), Sekretär Gustav Eims, Schriftsteller, Jurist, Journalist 257

Nechansky, August, Mitglied des Wiener Gemeinderates (1890—1904) 290 ff., 299 Anm. 33, 339 Anm. 6, 501, 508, 523 ff.

Nejedlý, Josef, tschech. Journalist (um 1879) 454, 461

Němec, Antonín (1858—1926), tschech. Reichsratsabg. (1907—1918), Journalist in Prag 164, 166, 171, 173, 184 Anm. 6, 345 Anm. 33, 361 Anm. 99, 387, 404, 407 f., 455

Němeček, Franz, tschech. Hof- u. Gerichtsadvokat in Wien (um 1903) 278 f., 529, 537

Nepomuk, Johannes von (um 1350—1393), Generalvikar des Prager Erzbischofs, Landespatron von Böhmen 112 Anm. 3

Neumann, Antonín, Administrator der Zs. „Zukunft" (1869) 461

Neumayer, Josef (1844—1923), Mitglied des Wiener Gemeinderates (1895—1918), Wiener Bürgermeister (1910—1912), Reichsratsabg. (1907—1911), Rechtsanwalt 222 f., 288 Anm. 20, 297, 306 Anm. 39, 307 f., 331 Anm. 102, 350 f., 353 Anm. 67, 355, 357, 360 Anm. 95, 497, 507 f., 520 ff., 555

Newald, Julius, Mitglied des Wiener Gemeinderates (1864—1882), Wiener Bürgermeister (1878—1882) 507

Noske, Constantin (1848—1920), Generalsekretär des Fabrikenversicherungen-Teilungsverbandes in Wien, Reichsratsabg. (1894—1907) 247 Anm. 33

Novák, Bohuš, tschech. Bankbeamter u. Vereinsvorsitzender (um 1910) 193

Novák, Václav, Vorsitzender des „Komenský" (1872—1881), Gewerbetreibender 111

O

Obrenović, Michal Fürst, serb. Adliger in Wien (um 1840/50) 82

Obrenović, Miloš Fürst, serb. Adliger in Wien (um 1840/50) 82

Odehnal, A. F., tschech. Redakteur (um 1910) 456, 459

Olbracht, Ivan (eigentl. Zeman, Kamil) (1882—1952), tschech. Schriftsteller u. Redakteur 455, 466

Opletal, Johann tschech. Redakteur (um 1900) 456
Ott, Wahlkandidat der Wiener Tschechen zu den Reichsratswahlen 1907 260
Otto, Jan, (1841—1916), tschech. Buchhändler, Verleger u. Volkswirtschaftler, Herrenhausmitglied (1912—?) 85, 130, 196, 250, 460, 462, 536
Ottokar II. Přemysl (1253—1278), König von Böhmen 256 Anm. 38

P

Pacák, Bedřich (1846—1914), tschech. Reichsratsabg. (1891—1914), Rechtsanwalt in Kuttenberg 90 Anm. 54, 135 Anm. 71, 137 Anm. 76, 211 Anm. 136, 242 f., 340 Anm. 9, 466, 511, 556
Palacký, František (1798—1876), tschech. Historiker u. Politiker, Reichsratsabg. (1848—1849), Herrenhausmitglied (1861—1876) 16, 27, 81 f., 85, 123 Anm. 8, 213 Anm. 149, 265, 427 Anm. 70, 547, 549
Pálffy von Erdöd, Eduard Graf (1836—1915), Magnatenhausmitglied, Kämmerer, Geh. Rat, Reichsratsabg. (1887—1901), Gutsbesitzer in Prag 102 Anm. 44, 200, 247, 280, 287 f., 291 Anm. 29, 304 Anm. 32, 331 Anm. 102, 511, 525
Pastrnek, František (1853—1940), Prof. f. slav. Philologie 250 Anm. 4, 265 Anm. 80
Pattai, Robert (1846—1920), österr. Politiker, Präs. d. österr. Abgeordnetenhauses (1909—1911), Reichsratsabg. (1885—1911), Herrenhausmitglied (1917—1918) 125, 247 Anm. 33
Pazourek, Fr. J., tschech. Schriftsteller u. Vereinsobmann (um 1908), später Hochschulprof. in Prag 216, 250 Anm. 4
Pečinovský, F., tschech. Redakteur (um 1877) 453
Pecka-Strahovský, Josef Boleslav (1849—1896), tschech. Politiker, Dichter u. Schriftsteller 158 f., 160 f., 454
Pelda, Miloš, tschech. Finanzfachmann, Organisator der Víd. Matice (um 1900) 190 Anm. 38, 193
Penížek, Josef (1858—1932), tschech. Journalist u. Schriftsteller 85, 135 Anm. 71, 255 f., 456, 466, 557
Pernerstorfer, Engelbert (1850—1918), österr. Redakteur u. Schriftsteller in Wien, Reichsratsabg. (1885—1897, 1901—1918) 105, 361 Anm. 99, 387, 408
Pernštejn, Adelsgeschlecht 81
Petr, Václav, tschech. Hutmacher, Mitbegründer des Čsl. děln. spolek, Protektor des „Lumír" (1871) und 1. Vorsitzender (1865) 156
Petrák, Alois, Baumeister, Vorsitzender des „Komenský" (1902—1907) 111, 348 f., 357, 503
Philp, Georg, Mitglied des Wiener Gemeinderates (1906—1918) 369, 503, 508
Piffl, Friedrich Gustav (1864—1932), Kardinal, Erzbischof von Wien (1913), Herrenhausmitglied (1913—1918) 118 f.
Pilat, Johann, Revident im Eisenbahnministerium (um 1907) 462
Pillersdorf, Franz Xaver Frh. v. (1786—1862), österr. Staatsmann, Reichsratsabg. (1848—1849 u. 1861—1862), Gutsbesitzer in Wien 239, 281 Anm. 17
Pittoni-Tosoni, Valentino (1872—1933), Zeitungshrsg. in Triest, Reichsratsabg. (1907—1911) 361 Anm. 99
Pochlatko, Kommissar des Deutschen Schulvereins (1912) 352 f.
Podgornik, Fran, sloven. Redakteur (um 1899) 124 Anm. 15, 457
Podlipný, Jan (1848—1914), tschech. Politiker u. Sokolfunktionär 244
Polešovský, Emil, tschech. Jurist, Vereinsobmann (um 1907) 260 Anm. 59, 341 f.
Pollak, Eduard, Mitglied des Wiener Gemeinderates (1887—1906) 289 f., 521
Pollauf, Wilhelm (1876—1916), Hof- u. Gerichtsadvokat in Wien, Reichsratsabg. (1911—1916) 366 Anm. 6, 374 Anm. 38
Pommer, Josef (1845—1918), Mitglied des Wiener Gemeinderates (1895—1897), Reichsratsabg. (1897—1907), Gymnasialprofessor in Wien 345 Anm. 32
Pongratz, Josef (1863—1931), Privatbeamter in Graz, Reichsratsabg. (1907 bis 1918) 361 Anm. 99
Porzer, Josef, Mitglied des Wiener Gemeiderates (1895—1914) 323 Anm. 58, 389
Potocki-Pilawa, Andrzej Graf (1861—1908), Statthalter von Galizien, Reichsratsabg. (1895—1897), Gutsbesitzer in Krakau 254, 559

Pouch, Augustýn, tschech. Gewerkschaftsfunktionär (um 1909) 176, 177 Anm. 275, 178
Prade, Heinrich (1853—1927), österr. Politiker, Reichsratsabg. (1885—1911), Kaufmann in Reichenberg 247 Anm. 33
Prášek, Josef, tschech. Gewerkschaftsfunktionär (um 1908), Redakteur 175 f., 177 Anm. 275, 178, 459
Prášek, Karel (1868—1932), tschech. Politiker, Reichsratsabg. (1901—1918), Landwirt in Rivno 209 Anm. 124, 242
Pražák, Alois Frh. von (1820—1901), tschech. Politiker, Rechtsanwalt in Brünn, Reichsratsabg. (1848—1849, 1861—1863, 1873—1892), Herrenhausmitglied (1892—1901) 83, 247
Pražák, Ot., tschech. Zeitungseigentümer (um 1878) 453
Přerovský, R., tschech. Zeitungsbesitzer in Wien (um 1878) 453
Prix, Johann, Mitglied des Wiener Gemeinderates (1869—1894), Wiener Bürgermeister (1889—1894) 495, 507 f.
Prokop, Karel V. (1868—?), tschech. Lehrer an der Komenský-Schule (1888—1894), Publizist 455
Proksch, Rudolf, Mitglied des Wiener Gemeinderates (1887—1896) 286 f., 289 Anm. 25, 497, 508
Půlpán, Karel (1885—1914), tschech. Schriftsteller, Organisatior der tschech. Lehrlinge 457
Pumerer, Luegers Kämmerer (um 1900) 322
Pytlík, Jan B. (Ps. Stájský), Techniker, Journalist (um 1848) 451

R

Racek, Josef, tschech. Schlosser und Gewerkschaftsfunktionär (um 1895) 170 f.
Rádl, Emanuel (1873—1942), tschech. Philosoph, Univ.-Prof. 265 Anm. 80
Rain, Josef, Mitglied des Wiener Gemeinderates (1900—1918) 506
Randa, Antonín (1834—1914), tschech. Jurist, Herrenhausmitglied (1881—1914) 211 Anm. 136, 257, 280
Rašín, Alois (1867—1923), tschech. Politiker, Reichsratsabg. (1911—1918), tschechosl. Finanzminister (1919/20), Rechtsanwalt in Prag 212 Anm. 145
Rauchberg, Heinrich (1860—1938), Prof. f. Statistik, Verwaltungsrecht u. Völkerrecht 25 Anm. 2, 412

Raušar, Josef Zdeněk (1862—1947), tschech. Chemiker, Schriftsteller, Übersetzer 458, 460, 466
Redl, Moritz, Mitglied des Wiener Gemeinderates (1881—1886) 495, 508
Redlich, Josef (1869—1936), Univ.-Prof. in Wien, Reichsratsabg. (1907—1918) 265 Anm. 80
Redlich, Otto von, Industrieller (um 1913) 265 Anm. 80
Renner, Karl (1870—1950), österr. Politiker, Bundespräsident (ab 1945), Reichsratsabg. (1907—1918), Direktor der Parlamentsbibliothek in Wien 100 Anm. 38, 193, 384 f., 386 Anm. 49, 418 Anm. 8
Repík, Anton, Gründer der Wiener slowak. Volks-Vorschußkasse (1913) 278, 529
Resel, Johann (1861—1928), Redakteur in Graz, Reichsratsabg. (1897—1901 u. 1905—1918) 361 Anm. 99
Ressel, Joseph (1793—1857), Erfinder der Schiffsschraube 92 Anm. 6
Reumann, Jakob (1853—1925), Mitglied des Wiener Gemeinderates (1900—1918), Reichsratsabg. (1907—1918), Redakteur in Wien 229 Anm. 12, 238 Anm. 53, 334 Anm. 117, 361 Anm. 99, 371 Anm. 28, 372, 503 ff., 508
Rezek, Antonín (1853—1909), tschech. Historiker, Landsmannminister (1900—1903) 151 Anm. 156, 466
Rieger, František Ladislav Frh. v. (1818—1903), tschech. Politiker, Reichsratsabg. (1848—1849, 1861—1867, 1873—1891), Rechtsanwalt u. Gutsbesitzer in Prag 85, 123 Anm. 8, 186, 255, 257, 466, 559
Riese, Arnold (1871—1912), Redakteur in Klagenfurt, Reichsratsabg. (1907—1912) 361 Anm. 99
Rieß, Alexander, Mitglied des Wiener Gemeinderates (1869—1887) 289 Anm. 25, 496, 508
Rokitanský, Karel Frh. von (1804—1878), Prof. f. Medizin, Herrenhausmitglied (1867—1878) 465
Rolsberg, Karel Frh. (1852—1921), tschech. Großgrundbesitzer in Leitersdorf, Reichsratsabg. (1891—1918) 406 Anm. 164

Rosegger, Peter (Ps. P. K. = Petri Kettenfeier) (1843—1918) österr. Schriftsteller 309, 345 Anm. 32, 502
Roßmanith, Alfred Johann, Oberstleutnant, Gutsbesitzer (um 1913) 265 Anm. 80
Rothschild, Bankierfamilie 40 Anm. 31, 188
Rotter, Hans, Mitglied des Wiener Gemeinderates (1912—1918) 362, 506 ff.
Roušar, Josef (1868—1906), tschech. Journalist u. Politiker 171, 173
Rouštecká, Saša (eigentl. Vlastimila Karlasová, geb. Hrdinová) (1899—1939), tschech. Schriftstellerin 455
Rudolf (Franz Karl Joseph), (1858—1889), Erzherzog, Kronprinz, Herrenhausmitglied (1885—1889) 546 Anm. 2
Růžička, František, tschech. Redakteur (um 1898) 456
Ryba, Vilém (1849—1907), tschech. Redakteur in Prag, Reichsratsabg. (1901 bis 1906) 339 Anm. 7, 511
Rybička, Antonín (1812—1899), tschech. Literarhistoriker 85, 116, 211 Anm. 139, 451 f., 466
Ryška, František, Mitbegründer des Čsl. dělnický spolek (1868) 156

S

Sabina, Karel (1821—1877), tschech. Schriftsteller u. Publizist 155 Anm. 168
Šafařík, Pavel Josef (tschech.), Šafárik, Pavol Jozef (slowak.) (1785—1861), slowak. Slawist, Schriftsteller u. Historiker 129
Šaff, Vojtěch Eduard (1865—1923), tschech. Bildhauer 211 Anm. 139
Salava, Karel, Lehrer, Schulinspektor des „Komenský" (1904—1906) 237, 297 Anm. 27, 507
Šalda, František Xaver (1867—1937), tschech. Kritiker, Dichter, Dramatiker 466
Šámal, Přemysl (1867—1942), tschech. Politiker 259 Anm. 56
Šára, Vojtěch, tschech. Redakteur (um 1880) 454
Schäfer, Anton (1868—?), Gewerkschaftssekretär in Reichenberg, Reichsratsabg. (1907—1918) 361 Anm. 99
Schäffle, Albert (1831—1903), österr. Handelsminister (1871), Volkswirt, Soziologe 129

Schaumburg-Lippe, Adelsgeschlecht 451
Schaumburg-Lippe, Friedrich Prinz zu (1868—?), Herrenhausmitglied (1908—1918), Großgrundbesitzer 265 Anm. 80
Scheicher, Josef (1842—1924), Reichsratsabg. (1894—1918), Theologie-Prof., Schriftsteller, Prälat in Wien 247 Anm. 33
Schlechter, Josef, Mitglied des Wiener Gemeinderates (1873—1918) 284 Anm. 3, 294 f.
Schlegel, Friedrich von (1772—1829), Kultur- u. Kunstphilosoph, Literarhistoriker und -kritiker 116 Anm. 18
Schlesinger, Josef (1831—1901), Mitglied des Wiener Gemeinderates (1895—1901), Reichsratsabg. (1891—1901), Prof. der Hochschule f. Bodenkultur in Wien 523
Schlinger, Anton (1870—1912), Mitglied des Wiener Gemeinderates (1905—1912), Reichsratsabg. (1911—1912), Beamter in Wien 372, 503, 505
Schneider, Ernst (1845—1913), Reichsratsabg. (1891—1907), Mechaniker in Wien 196 Anm. 64
Schönburg-Hartenstein, Alexander Fürst (1826—1896), Erster Vizepräs. d. Herrenhauses, Herrenhausmitglied (1872—1896), Gesandter u. Gutsbesitzer 82 Anm. 15
Schönerer, Georg Ritter von (1842—1921), österr. Politiker, Reichsratsabg. (1873 bis 1889, 1897—1907), Gutsbesitzer in Rosenau 320
Schöpfleuthner, Anton, Mitglied des Wiener Gemeinderates (1900—1906) 233 Anm. 32
Schreiner, Karl, Mitglied des Wiener Gemeinderates (1895—1916) 229 Anm. 12, 237 Anm. 48, 501, 506, 508
Schürff, Hans (1875—1939), Prokurist in Mödling, Reichsratsabg. (1911—1918) 353, 366 Anm. 6
Schuhmeier, Franz (1864—1913), Mitglied des Wiener Gemeinderates (1900 bis 1913), Reichsratsabg. (1901—1913), Redakteur in Wien 361 Anm. 99, 372, 382 Anm. 28, 503, 505
Schullern, Heinrich von (Ps. Paul Ebenberg) (1865—?), deutscher Schriftsteller, Oberstabsarzt 265 Anm. 80
Schulze-Delitzsch, Franz Hermann (1808 bis 1883), Mitglied der preuß. Natio-

nalversammlung, des preuß. Abgeordnetenhauses, des Norddeutschen Bundes u. des Deutschen Reichstages 153 f., 157
Schuselka, Franz (1811—1886), österr. Publizist u. Politiker, 547 Anm. 3
Schwartzenau, Erwin Baron (1858—1926), österr. Staatsmann, Präsident des Verwaltungsgerichtshofes, Herrenhausmitglied (1916—1918) 359
Schwarz, František (1840—?), tschech. Reichsratsabg. (1891—1903), Bezirkssekretär in Pilsen 455
Schwarzenberg, Adelsgeschlecht 451
Schwarzenberg, Adolf Josef Fürst zu (1832—1914), Herrenhausmitglied (1888—1914), Reichsratsabg. (1879—1889), Fabriksbesitzer, Gutsbesitzer in Libějice, Major 82 Anm. 15, 84
Schwarzenberg, Friedrich Fürst zu (1809 bis 1885), Kardinal u. Erzbischof von Prag, Herrenhausmitglied (1861—1885) 116, 154 Anm. 167
Schwarzenberg, Friedrich Prinz (1862—1926), Gutsbesitzer in Worlik, Reichsratsabg. (1895—1907), Herrenhausmitglied (1907—1918) 200, 211 Anm. 139
Schwarzenberg, Karl Fürst (1824—1904), Gutsbesitzer in Prag, Herrenhausmitglied (1879—1904), Reichsratsabg. (1891—1897) 211 Anm. 139
Schwer, Hans, Mitglied des Wiener Gemeinderates (1900—1918) 339, 350 Anm. 56, 501, 504, 508
Schwetz, Jan, Prälat und Hofpfarrer (um 1861) 116
Šebek, František (1814—1862), tschech. Baumeister 95 Anm. 19, 257 Anm. 47
Seifert, Josef (1870—1926), tschech. Advokat, mähr. Landtagsabg. (1906—?), Reichsratsabg. (1911—1918) 279 Anm. 10
Seilern und Aspang, Karl Graf von (1825 bis 1905), Großgrundbesitzer, Kämmerer, Herrenhausmitglied (1881—1905) 202, 208
Seitz, Karl (1869—1950), österr. Politiker, Reichsratsabg. (1901—1918), Lehrer in Wien 361 Anm. 99, 400 f.
Seliger, Josef (1870—1920), österr. soz.-dem. Politiker, Reichsratsabg. (1907—1918), Redakteur in Teplitz-Schönau 361 Anm. 99
Šembera, Alois Vojtěch (1807—1882),
tschech. Sprach- u. Literarwissenschaftler 85, 96, 116, 214, 466
Šembera, Vratislav Kazimír (1844—1891), tschech. Journalist 453, 466
Seton-Watson, Robert William (1879—1949), brit. Historiker 332, 334
Ševčík, František Bedřich (1824—1896), Physiker, Mathematiker, einer der ersten Vereinsgründer in Wien 95 Anm. 19, 257 Anm. 47
Sičinśkyj, Myroslav (1887—?), ukrain. Politiker, Attentäter des Grafen Andrzej Potocki 254, 559
Sieghart (eigtl. Singer), Rudolf (1866—1934), österr. Politiker, Bankgouverneur, Herrenhausmitglied (1912—1918) 143, 323 Anm. 58, 332
Sigmundt, Franz, Mitglied des Wiener Gemeinderates (1865—1878) 284 Anm. 1, 495
Silaba, Rudolf (1874—?), tschech. Funktionär und Mitbegründer der Arbeiterturnvereine (D.T.J.) 176
Silberer, Viktor (1846—1924), Mitglied des Wiener Gemeinderates (1891—1913, Reichsratsabg. (1907—1911), Chefredakteur in Wien 327, 501 ff., 508
Šilinger, Tomáš (1866—1913), Pater, Chorherr in Brünn, Reichsratsabg. (1907—1913) 342 Anm. 18
Šimek, Emil, tschech. Redakteur in Wien (um 1911)) 260 Anm. 59
Šindler, Karel (1834—1909), Fortsrat in Netolitz, Reichsratsabg. (1885—1891), Vorsitzender des „Komenský" (1885—1887) 111, 124, 510
Singer, Franz Ignaz, Mitglied des Wiener Gemeinderates (1872—1885) 164 Anm. 214
Sirotek, Bohumil, tschech. Gewerkschaftsfunktionär (um 1911) 178 Anm. 284
Skaret, Ferdinand (1862—1941), Mitglied des Wiener Gemeinderates (1906—1918), Reichsratsabg. (1907—1918), Privatbeamter in Wien 371 Anm. 28, 372, 503, 505
Škoda, Josef Ritter von (1805—1881), Prof. f. Medizin 465
Skrejšovský, Jan Stanislav (1831—1883), tschech. Politiker u. Publizist 85, 123 ff., 187, 250 Anm. 8, 454 f., 466
Sladkovský, Karel (1823—1880), tschech.

Jurist u. Politiker, Reichsratsabg. (1867 bis 1879), Schriftsteller in Prag 85

Sláma, František (1850—1917), tschech. Schriftsteller, Politiker, Reichsratsabg. (1891—1911), Oberlandesgerichtsrat in Brünn 90 Anm. 54

Smetana, Bedřich (1824—1884), tschech. Komponist 92 Anm. 6

Šnejdárek, J., tschech. Redakteur (um 1879) 454

Sokol, Josef (1831—1912), tschech. Schriftsteller, Reichsratsabg. (1891—1907), Lehrer in Prag 304

Sommaruga, Guido Frh. (1842—1895), Mitglied des Wiener Gemeinderates (1877—1887), Reichsratsabg. (1885—1895), Rechtsanwalt in Wien 285 Anm. 5, 495

Sonntag, Siegmund, Mitglied des Wiener Gemeinderates (1898—1904) 499

Soukup, František (1871—1940), tschech. Politiker, Reichsratsabg. (1907—1911), Rechtsanwalt in Prag 144

Soukoup, František Alois (Ps. F. S. Nežarecký) (1880—?), tschech. Pädagoge, Schriftsteller, Inspektor des „Komenský" (1918—1920) 28, 213

Špaček, Karel (1838—1898), tschech. Advokat u. Reichsratsabg. (1885—1891), Gräfl. Harrachscher Rat in Wien 126, 189, Anm. 33

Špitalský, Josef (1868—?), tschech. Finanzfachmann, Organisator des tschech. Gewerbe- u. Geldwesens in Wien 191 f., 202, 207 f.

Sporck, Franz Anton Graf (18. Jh.) 116 Anm. 16

Šrámek, Jan (1870—1955), tschech. Politiker, Priester u. Dozent in Brünn, Reichsratsabg. (1907—1911) 140, 415 Anm. 208

Srba, Antonín (1879—1943), tschech. soz.-dem. Politiker, Redakteur 459

Srbený, F., tschech. Redakteur (um 1876) 249 Anm. 1, 453

Staněk, František (1867—1936), tschech. Reichsratsabg. (1904—1918), Landwirt in Želétava 184 Anm. 6

Stein, Franko (1869—1943), Zeitungsherausgeber in Eger, Reichsratsabg. (1901 bis 1907) 340

Stein, Viktor (1876—1941), tschech. Gewerkschaftsfunktionär (um 1910), Redakteur in Wien 171, 177 Anm. 276, 178, 459

Steinbach, Emil (1856—1907), österr. Politiker, Sektionschef, Herrenhausmitglied (1899—1907) 280

Steiner, Josef (1862—1912), tschech. Glasarbeiter und Redakteur in Kladno, soz.-dem. Reichsratsabg. (1897—1901), Mitbegründer der Jednota „Máj" 143 Anm. 108, 163, 165 Anm. 220, 171, 379, 455

Steiner, Leopold (1857—1927), Mitglied des Wiener Gemeinderates (1891—1918), Reichsratsabg. (1895—1911), Malermeister 233

Stejskal-Lažanský, F. J., tschech. Redakteur (um 1870) 126, 453 f., 461

Štěpán, Moyses, slowak. Bischof in Svätý Kríž (um 1865) 85

Steudel, Johann (1825—1891), Mitglied des Wiener Gemeinderates (1861—1891), Reichsratsabg. 1873—1885), Realitätenbesitzer in Wien 510

Stivín, Josef (Foltýn) (1879—1941), tschech. Typograph, Journalist, soz.-dem. Politiker 455

Štoda, S., tschech. Fotograf, Mitbegr. des Čsl. děln. spolek 156

Stojan, Antonín Cyril (1851—1923), Erzbischof v. Olmütz (ab 1921), vorher Konsistorialrat u. Pfarrer in Dražovice, tschech. Reichsratsabg. (1897—1918) 117, 120, 140 ff., 312 Anm. 8

Straibl, V., tschech. Redakteur (um 1879) 454

Stránský, Adolf (1855—1931), Rechtsanwalt in Brünn, tschech. Reichsratsabg. (1895—1918) 138 Anm. 85, 212 Anm. 143, 340 Anm. 9, 346 Anm. 34, 363, 374 Anm. 38 u. 40, 400, 507, 511, 514, 557

Stříbrný, Jiří (1880—1958), tschech. Reichsratsabg. (1911—1918), Redakteur in Prag 16, 152, 253, 259, 353 Anm. 66, 456

Strobach, Josef (1852—1905), Mitglied des Wiener Gemeinderates (1893—1905), Reichsratsabg. (1897—1905), Bürgermeister von Wien (1896—1897), Lernmittelhändler 236 Anm. 47, 507

Strossmayer, Josip Juraj (1815—1905), Bischof von Djakovo/Kroatien 85

Stürgkh, Karl Reichsgraf von (1859—1916), österr. Staatsmann, Herrenhausmitglied (1907—1916), Ministerpräsident (1911—1916), Großgrundbesitzer

108 Anm. 63, 265 Anm. 82, 306, 308 Anm. 49
Šubert, František Ad. (1849—1925), tschech. Schriftsteller, Dir. des Nár. divadlo in Prag 466
Sueß, Eduard (1831—1914), österr. Geologe, Paläontologe, Präs. d. Akad. d. Wiss. (1898—1911), Reichsratsabg. (1873) 228 Anm. 8, 285 f., 516 ff.
Sulzbach, Walter (1889—1969), Soziologe 432
Svatopluk, Fürst, von Großmähren (871— 894) 424
Švejk, Josef (1865—?), tschech. Politiker, Reichsratsabg. (1907—1918), Gutsbesitzer in Sv. Kateřina p. Záboří 201, 458
Švejnoha, Václav (1843—?), Lehrer beim „Komenský" (1893—1909) 460
Svozil, Josef (1873—1949), tschech. Politiker u. Redakteur 548
Sýkora, Hanuš (1883—1944), tschech. Journalist u. Übersetzer 129 Anm. 44, 131 Anm. 56, 152, 194, 210, 259, 261 Anm. 61, 456, 458

T

Taaffe, Eduard Graf von (1833—1895), österr. Staatsmann, Reichsratsabg. (1867—1870), Ministerpräsident (1879 bis 1893), Herrenhausmitglied (1870— 1895) 66 Anm. 17, 88 Anm. 48, 122, 124, 239, 285, 453, 510, 523
Tablic, Bohuslav (1769—1832), slowak. Dichter u. Aufklärer 205 Anm. 112
Tagleicht, Karl, Mitglied des Wiener Gemeinderates (1889—1900) 524
Tayerle, Rudolf (1877—1942), tschech. soz.-dem. Politiker u. Gewerkschaftler 178
Thun-Hohenstein, Adelsgeschlecht 73 Anm. 4, 451
Thun und Hohenstein, Leo Graf von (1811—1888), österr. Staatsmann, Herrenhausmitglied (1861—1888) 93 Anm. 12, 94, 324
Tobisch, Franz (1868—1917), Distriktsarzt in Rückersdorf, Reichsratsabg. (1911— 1917), stellv. Vorsitzender d. Landesschulrates in Böhmen 558
Tobola, Josef, tschech. Redakteur u. Hrsg. der „Dělnické Listy" (um 1890) 171, 454
Tobolka, Zdeněk Václav (1874—1951), tschech. Historiker u. Oberbibliothekar in Prag, Reichsratsabg. (1911—1918) 247, 556)
Tocqueville, Alexis Clével Graf von (1805 bis 1859), französ. Historiker u. Politiker 182 Anm. 1
Tomanek, Paul, Mitglied des Wiener Gemeinderates (1895—1900) 229 Anm. 12, 234 Anm. 34, 299 Anm. 33, 323, 498, 508, 525
Tomášek, Antonín (1876—?), tschech. nat.-soz. Politiker 457
Tomášek, František (1871—1938), tschech. soz.-dem. Politiker u. Redakteur in Wien, Reichsratsabg. (1907—1918) 175 Anm. 262, 176 ff., 180, 246 Anm. 25 u. 26, 342 Anm. 18, 352, 353 Anm. 66 u. 68, 355 Anm. 75, 360 Anm. 95, 361 Anm. 99, 406 Anm. 164, 455, 462, 512 ff.
Tomek, Wáclav Wladiwoj (1818—1905), tschech. Historiker, Reichsratsabg. (1861—1863), Herrenhausmitglied (1885—1905) 211, 466
Tomola, Leopold (1862—1926), Mitglied des Wiener Gemeinderates (1893— 1918), Reichsratsabg. (1907—1911), Bürgerschuldirektor in Wien 305, 358, 501 f., 506, 508
Tovačovský, Arnošt Förchtgott (1825— 1874), tschech. Komponist 83
Trnka, Otakar Frh. von (1871—1919), tschech. Politiker u. Ingenieur, Sektionschef, Herrenhausmitglied (1917— 1918) 223
Trost, Michael, Mitglied des Wiener Gemeinderates (1875—1893) 307 Anm. 44, 496, 508
Turgenjew, Iwan Sergejewitsch (1818— 1883), russ. Schriftsteller 214
Tusar, Vlastimil (1880—1924), tschech. Politiker, Reichsratsabg. (1911—1918), Chefredakteur in Brünn 379, 411, 455
Tvarůžek, Ladislav (1879—1953), tschech. Journalist, Agrarhistoriker 458
Tyl, Josef Kajetan (1808—1856), tschech. Schriftsteller 81
Tyrš, Miroslav (1832—1884), Mitbegründer des Sokol-Verbandes, Reichsratsabg. (1873) 86 f., 155 Anm. 168, 190

U

Udržal, František (1866—1938), tschech. Reichsratsabg. (1897—1918), Grundbesitzer in Dolní Roveň 345 Anm. 33

Uhl, Eduard, Mitglied des Wiener Gemeiderates (1861—1889), Bürgermeister von Wien (1882—1889) 507

Uhl, Josef, Vertreter der deutschen Arbeiterverbände (um 1912) 353 Anm. 67

Úlehla, Josef (1853—1933), Inspektor beim „Komenský" (1913—1916), Pädagoge, Schriftsteller 464 Anm. 24

Umlauft, Johann (1807—1889), Mitglied des Wiener Gemeinderates (1862—1875), Reichsratsabg. (1848—1849, 1873—1879), Beamter, Buchhandelsgesellschafter 83 Anm. 19

Urban, Josef (1866—?), Sekretär beim Komenský" (1893—1906), Publizist, Vereinsobmann 126 ff., 212, 260, 303, 455, 460

Urban, Karl (1855—1940), Brauereibesitzer in Prag, Reichsratsabg. (1901—1918), Herrenhausmitglied (1912—1918) 308

Urban, Thomas, Mitglied des Wiener Gemeinderates (1900—1912) 345 Anm. 32, 501

V

Váhala, František (1881—1942), Rechtsanwalt, Rechtshistoriker u. Volkswirtschaftler 139, 460

Vaněk, Josef, tschech. Sozialdemokrat, Sekretär des nö. gewerkschaftlichen Landesverbandes (1912) 177 Anm. 275, 178

Velich, Alois (1869—?), tschech. Mediziner in Prag, Reichsratsabg. (1907—1918) 111, 259, 309 Anm. 56, 512

Vepřek, František, tschech. Jurist (um 1901) 279 Anm. 7 u. 10, 526—529, 537

Vergani, Ernst (1848—1915), Grundbesitzer u. Zeitungshrsg. in Wien, Reichsratsabg. (1887—1891 u. 1897) 318 Anm. 35

Veverka, František (1799—1849) und Václav (1790—1849), Erfinder des Sturzpfluges 92 Anm. 6

Vignati, Julius, Mitglied des Wiener Gemeinderates (1904—1915) 237 Anm. 48, 502, 508

Vilímek, Josef Richard (1860—1938), tschech. Verleger und Buchdrucker 85, 462, 536

Vinzenz von Paul (1581—1660) Begründer der neuzeitlichen kathol. Caritas 114

Víškovský, Karel (1868—1932), tschech. Politiker, Reichsratsabg. (1911—1918), Sekretär des Landeskulturrates in Prag 196 Anm. 67, 371, 514

Völkl, Alois, Mitglied des Wiener Gemeinderates (1908—1918) 184 Anm. 7, 298, 503, 508

Vogelsang, Carl Maria Ludolf Frh. von (1818—1890), kath. Sozialreformer, Publizist u. Journalist 332, 391

Vogler, Ludwig (1849—1922), Mitglied des Wiener Gemeinderates (1882—1900), Reichsratsabg. (1901—1907), Rechtsanwalt in Wien 287, 294 Anm. 7, 497

Voigt, Christian (18. Jh.), Begründer der lutherischen Kirchengemeinde in Teschen 116 Anm. 16

Vojna, Jan (1871—?), tschech. Reichsratsabg. (1911—1916), Bahnoffizial in Prag 353 Anm. 66

Vondrovič, Alexej, tschech. Zeitungshrsg. (um 1902) 457

Votka, Jan Křtitel (1825—1899), tschech. Redakteur u. Schriftsteller 451

Vrátný, Karel, tschech. soz.-dem. Abg. (1897—1901), Tischlermeister in Pilsen 143 Anm. 108

Vrchlický, Jaroslav (eig. Emil Frida) (1853—1912), tschech. Dichter 83

Vybíral, Bohuš (1887—?), tschech. Schriftsteller u. Redakteur 250 Anm. 4

W

Waber, Leopold (1875—1945), österr. Politiker, Reichsratsabg. (1911—1918), Minister, Finanzbeamter in Wien 352, 366 Anm. 6

Wagner, Richard (1813—1883), dt. Opernkomponist 92 Anm. 6

Waldhausen, Konrad von (vor 1320—1369), Augustinerchorherr, Vorläufer der hussit. Bewegung 214 Anm. 159

Weber, Max (1864—1920), Sozialökonom und Soziologe 23

Wedra, Rudolf (1863—?), Oberlehrer, Grundbesitzer u. Weinhändler in Eibesthal, Reichsratsabg. (1911—1918) 352 f., 366 Anm. 6

Weidenhoffer, Emanuel (1874—1939), Bankkommissar in Klosterneuburg, Reichsratsabg. (1907—1911), Bundesminister für Finanzen (1931—1933) 89 Anm. 51, 340 Anm. 9, 512

Weider, František, tschech. Redakteur, Bankbeamter, Wahlkandidat (1907) 139 Anm. 87, 260, 409

Weiskirchner, Richard (1861—1926), Magistratsdirektor in Wien, Mitglied des Wiener Gemeinderates (1910—1918), Wiener Bürgermeister (1912—1919), Reichsratsabg. (1897—1911) 362 Anm. 102, 507

Weißwasser Hermann, Mitglied des Wiener Gemeinderates (1895—1900) 215 Anm. 167, 234, 236 Anm. 47, 330, 338, 498 ff., 502, 508

Wenzel I. der Heilige (um 910—929), böhm. Herzog (921—929), u. Landespatron 112 Anm. 3, 117

Wettengel, Karl, Mitglied des Wiener Gemeinderates (1906—1918) 238 Anm. 53

Wiedenhofer, Franz, Mitglied des Wiener Gemeinderates (1888—1891), Bezirksschulinspektor 289, 520 f.

Wieser, Friedrich Frh. von (1851—1926), österr. Volkswirtschaftler u. Soziologe 412

Wildmann, Josef, Sekretär beim „Komenský" (1906), Redakteur beim „Víd. Denník" (1907) 457 f.

Wilhelm I., dt. Kaiser (1871—1888) u. König von Preußen (1858/61—1888) 63 Anm. 7

Winarsky, Leopold (1873—1915), Mitglied des Wiener Gemeinderates (1906 bis 1915), Reichsratsabg. (1907—1915), Sekretär der soz.-dem. Partei in Wien 299 Anm. 33, 354 Anm. 71, 355, 372, 382 Anm. 28, 503, 505

Windischgrätz, Adelsgeschlecht 73 Anm. 4

Windischgrätz, Alfred (August) Fürst zu (1851—1927), österr. Politiker, Ministerpräsident (1893—1895), Herrenhausmitglied (1879—1918) 211 Anm. 139

Wityk, Semen (1876—?), Redakteur in Lemberg, Reichsratsabg. (1907—1918) 361 Anm. 99

Wolf, Karl Hermann (1862—1941), Mitglied des böhm. Landtages u. d. österr. Reichsrates (1897—1918), Schriftsteller in Wien 320, 414

Wutschel, Ludwig (1855—1938), Mitglied des Wiener Gemeinderates (1906—1912), Reichsratsabg. (1907—1918), Zeitungsherausgeber in Wien 372, 503, 505

Z

Žáček, Jan (1849—1934), tschech. Politiker, Reichsratsabg. (1885—1911), Rechtsanwalt in Olmütz 118, 209 Anm. 124, 241 ff., 262 Anm. 68, 280, 400 Anm. 131, 462 Anm. 8

Zajíček-Horský, J., tschech. Redakteur (um 1910) 459

Zápotocký, Ladislav (1852—1917), tschech. Politiker 158 ff.

Zázvorka, Antonín (1866—1937), Grundbesitzer in Šlapanice, tschech. Politiker, Reichsratsabg. (1901—1911) 139 Anm. 87, 225 Anm. 1, 254, 512

Zelinka, Andreas (1802—1868), Mitglied des Wiener Gemeinderates (1861—1868), Wiener Bürgermeister (1861—1866) 284

Zeman, František (Ps. Fr. Z. Cetechovský) 1881—?), tschech. Jurist, Nationalökonom, Publizist 256 f., 264 Anm. 74, 429 Anm. 76, 456 f., 459

Zemann, Adolf, Mitglied des Wiener Gemeinderates (1898—1900) 499

Zeminová, Fráňa (1882—?), Gründerin der tschech. nat.-soz. Barák-Bewegung 146 Anm. 126

Zenker, Ernst Viktor (1865—1946), österr. Politiker, Sozialphilosoph u. Sinologe, Reichsratsabg. (1911—1918) 332

Žerotín, Adelsgeschlecht 81

Zich, Čeněk, tschech. Redakteur (um 1880) 456, 460

Živný, Karel (1858—1939), Jurist, Journalist 120, 124 ff., 226 Anm. 3, 250 Anm. 8, 454, 458

Živná, Marta (Gattin von K. Živný) 454

Žižka von Trocnov, Jan (um 1370—1424), Hussitenführer 81

SACHREGISTER

Nicht aufgenommen wurden durchgängig verwendete Begriffe wie „Komenský" oder „Arbeiter"; auch bei den tschechischen Vereinen und Zeitungen sind nur die wichtigsten genannt.

A

Adel 41, 81 f., 84, 111 f., 116 Anm. 18, 134, 143, 200, 231, 250, 260 Anm. 59, 262 Anm. 68, 414, 427 Anm. 70, 432, 451 f.
Amerikaner 86, 119, 437
Amtssprache 327, 371 ff.
Analphabeten 42, 110 Anm. 77
Anarchisten 160 Anm. 198, 456, 458
Anarchismus 161, 540
Ansässigkeit (Seßhaftigkeit) 43 f., 199, 233 Anm. 31, 248, 277, 298, 300, 317 Anm. 28, 385, 388 f., 391, 527, 531, 533 f., 544 f.
Antisemitismus (s. auch Juden) 135 Anm. 71, 311, 312 Anm. 8, 325 Anm. 69 u. 70, 333 Anm. 114, 456
Arbeitszeit 40, 230, 231 Anm. 24, 232, 405
Arbeitsteilung 74, 434
Arbeitslose 63, 227, 233, 311
Arbeitslohn 38, 40, 82 Anm. 12, 108, 109 Anm. 66, 230 f., 232 Anm. 24, 385 Anm. 47
Assimilation (Assimilierung) 31, 37, 42, 44 f., 51 Anm. 1, 57, 136, 206, 210, 239, 268, 272, 310 f., 314, 333, 364, 418, 420 f., 426, 428, 431—436
Autonomie
 nationale 144, 168 f., 385 f., 406, 547 f.
 wirtsch.-kulturelle 185 Anm. 11
 der Gemeinde 351 Anm. 59

B

Banken
 allg. 43, 60, 182 Anm. 3, 184—188, 192, 230, 235 Anm. 41
 Österr.-Ung. Bank 124 Anm. 12, 192, 208, 510
 Prager Hypothekenbank 86
 Prager Živno-Bank 123 Anm. 8, 187
 Wiener deutsche 187, 504
 Wiener tschechische 58, 130, 203, 217, 484, 491, 503
 Wiener tschechische im einzelnen:
 Česká průmyslová banka 130 Anm. 47, 187, 188 Anm. 23, 484
 Hermes (Bankvereinigung) 187, 484
 Praha 187, 366, 409, 484
 Slavia (Versicherungsbank) 187, 484
 Ústřední banka českých spořitelen 184, 188, 484
 Živnostenská banka 123 Anm. 8, 128 f., 130 Anm. 47, 187 f., 191—194, 202, 203 Anm. 103, 207 f., 242, 462, 484
Bauerntum 139, 155, 188, 321, 432, 525
Beamte 41, 57, 62, 70 ff., 89, 98, 109, 111, 127, 191, 198, 214—218, 231, 235 f., 238, 250, 280, 297, 312, 378, 436, 451 f., 491, 503, 510, 550
Böhm. Akademie der Wissenschaften 84, 214 Anm. 159, 257, 466
Bürgereid 238, 293 f., 296, 417 f., 499, 502, 504, 553
Bürgerrecht 44, 237, 275 Anm. 1, 293 f., 297 ff., 418, 499, 502, 504, 553
Bürgertum
 allg. 27, 81 f., 257, 266, 393, 400, 411 f., 416 f., 427 Anm. 70, 545
 deutsches 29, 99, 155, 214, 321, 336
 tschech. in Wien 123, 131, 136, 245, 375, 392
 tschech. in den Kronländern 70, 197, 385, 392, 395
 Großbürgertum 155, 311
 Kleinbürgertum 155, 188, 214, 311
Bulgaren 410

D

Demokratie 138, 153, 281, 291, 310, 321, 382 Anm. 30, 413 f., 417, 427 Anm. 70
Demokratisierung 377, 385, 394, 416 f.
Demokrat. System 319
Demonstrationen 94, 164, 211, 239, 302, 306, 340, 343, 352 f., 365 ff., 382 f., 387, 418, 501, 511, 522
Deutschkurse 141, 147, 170, 209, 224
Dienstboten (Hausgehilfinnen etc.) 49, 56 f., 61—64, 125, 140, 205, 220 ff., 230, 234 f., 432, 438, 459, 505

E

Elite 70, 82, 249, 263, 269 f., 314
Emanzipation
 nationale 155
 soziale 155
Erwachsenenbildung 92

F

Fluktuation 31, 136, 161, 211, 271, 283 Anm. 22, 300, 317 Anm. 28, 364, 388, 550
Franzosen 541
Frauen 45, 47 ff., 64, 120, 144, 146, 166, 202, 230, 321, 352, 455

G

Gemeinderat 112, 184 Anm. 7, 221 f., 226, 229, 232, 235 f., 283—292, 294—301, 305, 309 f., 313, 318 f., 321, 326—329, 331, 335 f., 345, 351, 354 f., 358 Anm. 86, 363, 366 f., 369, 371, 379, 417, 494—508, 516, 520—525
Gemeinderatswahlen (s. auch Landtags- u. Reichsratswahlen) 125, 355, 371, 378, 439 Anm. 117, 524
Gemeindestatut 293—298, 300, 317, 321, 327, 351, 357, 374, 416, 499, 501, 553
Germanenmythos, Germanismus 27, 86, 299, 320 f., 341, 427, 524
Germanisierung 91, 100, 116 Anm. 14, 120, 196, 255, 261 Anm. 62, 283, 292, 345, 428, 429 Anm. 79, 433, 525, 550, 558
Gewerbetreibende 26, 52 Anm. 4, 56 f., 65 ff., 80, 111, 122, 124, 127, 170, 188, 194 ff., 200, 205, 207—210, 214, 218, 268, 311 f., 315, 318 Anm. 35, 362, 379, 432, 438, 486 f., 550 f.
Gewerkschaften 80, 117 ff., 136, 140, 145, 153 f., 159 Anm. 186, 165, 167—182, 316, 356, 383, 384 Anm. 43, 398, 405, 448 ff., 491
Griechen 541
Großgrundbesitz 41, 71 Anm. 29, 378

H

Handwerker 26, 47, 57, 66 f., 80, 94, 117, 122, 124, 135, 195, 205, 207, 214, 218, 312, 362, 432, 486 f.
Heimatrecht 35, 38, 275 Anm. 1, 286, 371, 373, 516, 518
Heimatszuständigkeit 31, 38, 298
Herrenhaus 84, 262, 491

I, J

Ideologie
  nationale 16 f., 90 f., 101, 139, 142, 165, 206, 266, 270, 272, 315 f., 319 f., 339, 363, 365, 375, 380, 415, 417 f., 421, 431, 434, 444, 446
  klerikale 156
  politische 296

Industrie
  Bau 64
  chemische 60
  Holz 64, 171
  Keramik 170
  Maschinen 64
  Metall 60, 64, 171
  Nahrungsmittel 64
  Textil 60, 157, 171, 232
  Ziegel 60, 170
Intelligenz (Intellektuelle) 42, 95, 98, 124 Anm. 19, 129, 138, 149 Anm. 146, 210, 211 Anm. 139, 214, 256, 334, 378, 432, 438, 546, 550 ff.
Internationalismus, proletarischer 143, 155—159, 160 Anm. 192, 171, 268, 334 Anm. 117, 375, 380, 404, 407 ff., 411 Anm. 187, 412 Anm. 192, 428
Iren 420 Anm. 15
Isolierung 50, 106, 112, 225 f., 249, 375, 436
Italiener 69, 71, 437, 541
Juden (s. auch Antisemitismus) 52 f., 120, 155, 226, 234 Anm. 34, 285 Anm. 8, 311, 318 Anm. 35, 321 Anm. 50, 323, 333 Anm. 111, 335 Anm. 122, 339 Anm. 6, 417, 420 Anm. 17, 432, 507, 522, 524 f., 541 f.

K

Kapitalismus 68, 182 Anm. 1, 204, 394 Anm. 92
Kirchen u. Klerus (s. auch Orden, geistliche) 49 Anm. 11, 58 f., 79, 84, 111—121, 126 Anm. 27, 250, 280, 313, 318 Anm. 35, 378, 402, 410, 419, 452, 457, 460, 527, 536, 538—543, 545, 553
Klub der böhm. Abgeordneten 127 Anm. 36 u. 37, 395 f.
Komenský-Erlaß 299, 304—307, 418
Konservativismus 80, 156, 257, 299
Kranken- u. Unfallversicherung 40, 146, 232 Anm. 28
Kroaten 28 Anm. 20, 83 Anm. 20, 84 Anm. 22, 86, 103 Anm. 45, 200 Anm. 83, 215 Anm. 163, 370, 410
Künstler 41, 250, 436, 465, 534

L

Landbevölkerung 76, 81, 112, 155, 196
Landtag
  böhm. 110 Anm. 73, 491
  mähr. 110 Anm. 73, 134, 395, 491
  schles. 134, 491
  nö. 102 Anm. 44, 105 Anm. 51, 288,

295 f., 300, 302 f., 307 f., 313, 317, 328, 347 Anm. 40, 401 Anm. 138, 497, 512, 516, 520, 555
Landtagswahlen (s. auch Gemeinde- u. Reichsratswahlen) 125, 136, 280, 303, 347 Anm. 39, 378, 408
Landwirtschaft 38, 61, 63, 491
Lehrlinge 37, 41, 47, 61, 65 f., 87, 94 ff., 100, 109, 117, 125, 140, 147, 176, 207 f., 218—223, 232, 236, 374, 432, 435 f., 438, 500, 510, 516, 518, 551
Lex Gessmann 223
Lex Kolisko 102 Anm. 44, 110 Anm. 72, 126, 184 Anm. 8, 223 Anm. 207, 242, 244, 246 Anm. 25, 248 Anm. 36, 249 Anm. 1, 252 Anm. 15, 254, 258 Anm. 50, 262 Anm. 68, 280 Anm. 13, 288 299—309, 317, 334 Anm. 117, 347 Anm. 40, 353, 373, 400 f., 419, 429 Anm. 76, 503, 506 f., 511 f., 553 ff.
Lex Perek 308 Anm. 48
Lex specialis Vindobona 244
Lex Urban 308, 371
Liberalismus 264, 418, 457
Los-von-Rom-Bewegung 120
Loyalität 293 f., 296, 298

M

Madjaren 69, 143, 215 Anm. 163, 312, 384
Magistrat (Stadtrat) 105, 184, 199, 215, 223, 232, 236 ff. 239, 248, 259 Anm. 56, 283, 289, 296, 298, 305, 327, 348 ff., 353—360, 362, 367, 369—372, 417, 462, 500, 502, 504—507, 514, 542, 544, 553
Militär 40 f., 54, 64, 112 Anm. 6, 218, 339, 436, 452
Minderheiten (s. auch Prager Deutsche)
  allg. 110, 281, 364, 421, 512, 533
  deutsche in Krain 405
  deutsche in Trient 110 Anm. 76, 363 f.
  deutsche in Triest 110 Anm. 76, 363 f.
  deutsche in Pola 110 Anm. 76
  deutsche in Brody 110 Anm. 76
  deutsche in Böhmen 105, 110 Anm. 76, 279
  deutsche in Gottschee 403 Anm. 148
  polnische in Schlesien 127 Anm. 35
  polnische in Ostgalizien 405
  slowenische in Kärnten 127 Anm. 35
  tschech.-slowak. in Ungarn 133
  tschech. in den Kronländern 101, 159 Anm. 186, 303, 307 Anm. 45, 366, 405, 491, 493, 513

Ministerien
  Eisenbahn- 71, 462
  Finanz- 71, 123 Anm. 8, 215
  Handels- 71, 215, 373, 462
  Innen- 71, 89, 95 Anm. 22, 248, 351 Anm. 59, 358 Anm. 86, 359, 369, 506 f.
  Kriegs- 71, 360
  Ministerpräsidium 71. 353
  Oberster Rechnungshof 373
  Öffentl. Arbeiten 71, 105 Anm. 51, 223, 357, 462, 505
  Unterricht u. Kultus 71, 95 Anm. 22, 96, 102, 112, 235, 277 f., 280, 284 f., 287, 289 f., 305, 342, 347 f., 361, 496 f., 502, 521, 526, 528 ff., 532, 536 f., 540, 558
  allg. 70 f., 296, 373, 512
Mobilität 24 ff., 270 f., 344, 432 f.

N

Nationalitätenartikel (Art. XIX. St. GG. v. 21. 12. 1867) 89, 101, 103, 280 f., 308, 312 f., 416, 523, 526, 528 ff., 533, 536, 544
Nationalmuseum, Prager 83 Anm. 15, 464 Anm. 23
Nationalrat, tschechischer (NRČ)
  Prag 42 Anm. 41, 106, 127, 129 ff., 146 Anm. 124, 152 Anm. 157, 184, 196, 201, 209 Anm. 124, 241—244, 246, 259, 262, 279, 302, 484—493, 544 f., 554
  Wien (DONRČ) 75 Anm. 8, 118, 121, 126—132, 134, 136, 139 Anm. 87, 140, 151 Anm. 156, 165, 182, 202, 210, 222 f., 241 f., 244 f., 247, 253 f., 256 f., 260, 262 f., 304, 313, 316, 374, 392, 409, 419 Anm. 11, 429 Anm. 76, 430 Anm. 79, 458 f., 489—493, 554
  Mähren 130, 490 ff.
  Schlesien 130, 490 ff., 555
Osvětový Svaz Prag 92 Anm. 5, 302 f., 463
Osvětový Svaz Wien 92 Anm. 5, 129, 194, 213 Anm. 150, 460, 463, 490 f.
Nationaltheater, Prager 83 Anm. 15, 92 Anm. 5, 122, 466
Nativismus 374 Anm. 37

O

Öffentlichkeitsrecht 37, 101 f., 104 f., 107 f., 111 Anm. 78, 126 Anm. 30, 127, 245, 247, 259, 286—289, 300 Anm. 3, 305, 307, 309, 346, 497, 511 f., 517, 520—523, 525, 544, 557 f.

621

Orden, geistliche (s. auch Kirchen u. Klerus)
  Augustiner 112 Anm. 6, 543
  Benediktiner 117, 257
  Calasantiner 113, 115
  III. Orden d. hl. Franziskus 117, 457
  Lazaristen 113 f., 536, 540
  Mechitaristen 113 Anm. 13, 451 f., 461
  Piaristen 93 Anm. 10, 113 f.
  Redemptoristen 113 ff., 536, 539
  Salesianer 113 f.
  Salvatorianer 113 f.

P

Panslavismus 264, 410, 411 Anm. 185
Parteien, deutsche politische
  Alldeutsche 126, 333, 339
  Antisemiten 195 Anm. 64, 319, 335 Anm. 122, 524
  Christlichsoziale 66 Anm. 17, 147, 149 Anm. 146, 256 Anm. 37, 284, 291 ff., 295, 298 f., 301, 303 f., 306, 309 f., 312 f., 319, 322, 324, 330, 332 f., 338, 355 f., 360, 363, 387—391, 400, 416, 436 Anm. 105
  Deutschliberale 66 Anm. 17, 136, 195, 239, 287, 291, 311, 319, 331 Anm. 102, 335 Anm. 122, 354, 356, 523 ff., 552 f.
  Deutsche Volkspartei 127, 303
  Deutsch Fortschrittliche 127, 303
  Deutschnationale 239 Anm. 56, 294, 319 f., 340, 366 f., 522, 524
  Freideutsche Vereinigung 127, 303
  Großgrundbesitz 127, 303
  Sozialdemokraten 126 f., 131, 143, 158, 195 Anm. 64, 207 Anm. 117, 245, 256 Anm. 37, 303, 354, 356, 359, 361, 371, 377—415, 455, 459, 506, 552
Parteien, tschechische politische
  Agrarier 139, 259 f., 388, 392, 396 f., 490
  Alttschechen 135 Anm. 71, 136 ff., 154, 186, 400
  Christlichsoziale 130, 139, 322, 356, 365, 490 f.
  Jungtschechen 123, 125, 127 Anm. 37, 133, 135—140, 143, 155, 158, 219 f., 287, 301 Anm. 11, 328, 388, 392, 395 f., 458, 490, 556
  Kath. Volkspartei 117, 120, 139—142, 395 f., 458, 462, 490, 492
  Nationalsoziale 125 f., 128 ff., 134 f., 142—152, 175, 191, 200, 222, 247, 259 f., 263 Anm. 70, 303 Anm. 26, 311 Anm. 8, 375, 387 f., 391 f., 395, 400, 414, 429 Anm. 76, 458, 485, 490 ff.
  Realisten (staatsrechtl.-fortschrittl.) 138, 212, 395, 490, 546 f., 549
  Sozialdemokraten 125, 128 f., 133 f., 139, 142—180, 191, 197 f., 220 Anm. 190, 245 f., 257, 263 Anm. 70, 278, 303 Anm. 26, 352, 365, 375—415, 419, 426, 428, 430, 454 f., 459, 462, 485
  Tschechoslawische fortschrittliche Volkspartei in Niederösterreich 137, 251
Parteitage, sozialdemokratische
  1874 Neudörfl 159, 161
  1878 Břevnov 159
  1889 Hainfeld 162, 168 f.
  1892 Wien 162
  1893 Budweis 162, 407
  1896 Prag 164
  1896 Brünn 173
  1899 Brünner Nationalitätenprogramm 164, 168, 386 Anm. 49, 406
  1904 Salzburg 383
  1905 Wien 379, 386, 399
  1907 Pilsen 174 Anm. 259
  1911 Innsbruck 175 Anm. 261
Pfingstprogramm (1899) 126, 299, 303 f.
Pluralismus 270, 286, 433
Polen 68 f., 71, 83 Anm. 20, 84 Anm. 22, 191 Anm. 40, 200 Anm. 83, 214 Anm. 156, 215 Anm. 163, 410, 432, 459, 539
Polizei
  -direktion Wien 120 f., 161, 209 Anm. 125, 212, 304, 340 ff., 383, 418, 536
  -direktion Brünn 173 Anm. 251
  -direktion Prag 107 Anm. 60
  -präsident 306, 559
  -behörde 215, 252, 298, 302, 307 Anm. 45, 335, 362, 365, 367, 370, 387, 453, 460, 514
Prager Deutsche (s. auch Minderheiten) 42 Anm. 38, 110 Anm. 76, 211, 231, 279, 298 Anm. 28, 339 Anm. 6, 363, 366, 495, 532, 542
Presse (s. auch Zeitschriften)
  Wiener deutsche 165, 264 f., 304, 340 f., 355, 366 f., 369, 511
  Wiener tschech. allg. 165, 204, 245, 260, 332, 380 f., 387, 443—460, 527, 535 f.
  europäische 411
  Londoner u. Münchner 326 Anm. 77
  Augsburger 336 Anm. 123
  Prager u. Brünner 445
  tschechische Auslandspresse 453, 489

tschech. in d. Kronländern 94, 156, 251, 309 Anm. 55, 395, 493
einzelne Wiener tschech. Blätter:
Česká Vídeň 143 Anm. 107, 146, 150 f., 165, 183, 210, 447, 456, 459, 491, 536, 546—549
Čsl. Hlasy na Dunaji 144 Anm. 118, 151 Anm. 156, 447, 456
Dělnické listy 118 Anm. 29, 144, 146, 151 Anm. 155, 157 f., 160 ff., 164, 165 Anm. 222, 166, 169, 180, 245, 249 Anm. 1, 300 Anm. 1, 304, 341, 377, 380 ff., 384 Anm. 43, 386, 388 ff., 392—410, 447, 453 ff., 458 f., 462, 512, 535
Dělnický Deník 165 Anm. 222, 178, 447, 459
Vídeňský Denník 165, 188, 193, 204, 207, 225, 241, 251, 258, 261, 311 Anm. 8, 329, 341, 350, 393, 428, 447, 451, 456, 458, 461, 491, 512, 550, 552
Privatschulen, Wiener (s. auch Schulwesen)
jüdische 11 Anm. 78
türkische 111 Anm. 78, 309
griechische 111 Anm. 78, 309
französische 287
englische 287
ruthenische (in Lemberg) 515
Proletariat 50, 52 f., 68, 135, 268, 379, 383, 385 Anm. 47, 387 Anm. 53, 394 Anm. 92, 399, 415

R

Radikalismus (radikale Tendenzen, Elemente etc.) 95, 142, 152 Anm. 157, 160, 230, 238, 252, 264, 300, 324, 354, 359 Anm. 92, 385 Anm. 46, 393, 423 Anm. 26
Randgruppe 286, 421
Reichsgericht 102 Anm. 44, 278, 282, 284, 306, 420, 518, 526—531, 536 f., 544, 558
Reichsrat 84, 93, 122, 143, 244, 246 f., 259, 285 ff., 304, 319, 328 f., 339 Anm. 6, 345, 374, 396, 399, 404, 414, 458, 491, 515—520
Reichsratsabgeordnete, tschech. 122 f., 214, 240—248, 252 f., 301 f., 341 ff., 357 f., 419, 454, 491
Reichsratswahlen (s. auch Landtags- u. Gemeinderatswahlen)
1879 378
1885 323 Anm. 58, 378
1891 126, 136
1897 149 f., 247
1901 127 Anm. 36, 150
1907 127 Anm. 36, 131, 139 Anm. 87, 149 f., 166, 191 Anm. 44, 204, 245, 253, 260, 461
1911 131, 149 f., 248, 372, 439 Anm. 117
allg. 125, 280, 527, 536
Reichsvolksschulgesetz 101, 103 f., 110 Anm. 77, 285, 308, 347, 360 f., 364 Anm. 117, 515, 517, 526, 529
Renegat(en) 48, 299, 321, 395 Anm. 103, 429 Anm. 79, 430, 437, 439, 524
Revolution
österr. (1848) 153, 443, 445
russ. (1905—1907) 381 Anm. 22, 386
hussit. 413 Anm. 198
französ. (1789) 121
Rumänien 71, 312
Russen 410 f.
Ruthenen 69, 71, 83 Anm. 20, 84 Anm. 22, 124 Anm. 15, 200 Anm. 83, 212 Anm. 145, 312

S

Schulrat
böhm. Landesschulrat 243 Anm. 15, 303, 558
nö. Landesschulrat 96, 101 f., 105 Anm. 51, 223, 259, 278, 284 f., 289, 306, 347, 349, 354 Anm. 69, 361, 362 Anm. 100, 373, 521, 523, 526, 528 ff., 532, 536
nö. Bezirksschulrat 102, 236, 278, 284 f., 289 ff., 305 f., 328, 335, 347, 349, 360 f., 420, 498, 502, 520 ff., 530
Schulwesen (s. auch Privatvolksschulen)
Bürgerschulen 87, 104, 110 Anm. 77, 300, 308, 344, 363, 513
Gewerbl. Fortbildungsschulen 65 f., 95 ff., 99 f., 104 f., 109, 148, 208, 222 f., 284, 308
Kindergärten 79, 96 f., 125, 534
Mittelschulen 66, 93 Anm. 10, 98, 99 Anm. 33, 216, 343,
Realschulen 308
Sprachschulen 57, 96 f., 125, 200, 499, 534
Volksschulen 57, 66, 87, 96 ff., 100 ff., 108, 110 Anm. 77, 278, 284, 300, 308, 344, 363, 513, 526, 544
Schutzvereine, deutsche
allg. 70, 75, 106, 184 Anm. 6, 345, 462 Anm. 13, 497
Bezirksverband der nichtpolit. dt.-arischen Vereine 369
Böhmerwaldbund 110 Anm. 76

623

Bund der Deutschen in Böhmen 499
Bund der Deutschen in NÖ 29 Anm. 24, 31 Anm. 30, 75 Anm. 9, 106, 113 Anm. 12, 306, 311 Anm. 6, 353, 366 f., 462 Anm. 13
Bund der Deutschen Nordmährens 499
Deutsche Volksräte 126, 128
Deutscher Bezirksverein im X. Bez. 366
Deutscher Schulverein 105 ff., 345 Anm. 32, 352, 361, 502, 525, 558
Deutscher Volksrat für Wien u. NÖ 75 Anm. 9, 195, 366, 461, 486, 551
Nordmark 499
Südmark 106, 345 Anm. 32, 353, 367, 499, 501
Verband „Eiche" 365
Verband d. deutschvölkischen Vereine 367

Serben 83 Anm. 20, 84 Anm. 22, 126 Anm. 30, 212 Anm. 145, 214 Anm. 156, 410

Slawen 27, 29, 48, 68, 84, 87, 152 Anm. 157, 212, 253, 299 Anm. 33, 317, 319, 322, 331, 333, 428, 429 Anm. 79, 454, 456 ff., 499 f., 523 f., 539—542
Balkanslawen 69
Nordslawen 29 Anm. 22, 208
Südslawen 68 f., 71, 84 Anm. 22, 208, 212 Anm. 142, 385
Slawentum 27 Anm. 14, 28 Anm. 20, 123, 224, 264, 425 Anm. 48
Slawenkongresse der Hochschüler 212
Slawismus 264
Slawisierung 44 Anm. 1, 548

Slowaken 18, 28 Anm. 20, 30, 83 Anm. 20, 84 Anm. 22, 92 Anm. 5, 117 Anm. 25, 131, 165, 171, 191, 205, 210, 212 Anm. 145, 213 Anm. 149, 242, 312, 451 f., 458, 485, 557

Slowenen 83 Anm. 20, 84 Anm. 22, 86, 88 Anm. 46, 124 Anm. 15, 200 Anm. 83, 212 Anm. 142 u. 145, 214 Anm. 156, 312

Sokol
 allg. 85 ff., 89 Anm. 51, 122, 128, 135 Anm. 70, 141, 144, 146 f., 149, 190, 198 f., 202, 213, 222, 246, 248, 250, 253, 295, 321, 340 Anm. 9, 353 Anm. 68, 363 Anm. 107, 367 Anm. 12, 425, 451, 463, 491 f., 511 f.
 ČOS 79 Anm. 25, 200 Anm. 87, 201, 215 Anm. 161, 244 Anm. 17
 nö. Gau 90, 148, 202, 217, 252, 476, 490, 535

Sokol (Wiener Vereine)
 Sokol Favoritský 144 Anm. 118, 175, 488, 535
 Sokol Floridsdorfský 475, 535
 Sokol Fügner 475, 535
 Sokol Havlíček 475, 535
 Sokol Leopoldovský 144 Anm. 118, 475, 535
 Sokol Podlipný 475, 535
 Sokol Tyrš 200, 201 Anm. 87, 475, 535
 Sokol Vídeňský 41 Anm. 37, 78 Anm. 22, 86 ff., 198 f., 201, 212, 214 Anm. 159, 475, 535
 Sokol XX. 199, 475
 Sokolská jednota IX. 475, 535

Solidarität 76, 80, 95, 132, 155, 167, 261, 264, 271, 334, 366, 388, 397
Sozialfürsorge 109, 147, 190, 239, 286, 370, 514, 516
Sozialpolitik 311, 320, 389 f., 414, 418
Sozialstruktur 23 ff., 73, 111, 135, 139, 186, 226, 240 f., 268 ff., 272, 315, 431 f.

Spar- und Vorschußkassen
 allg. 58 f., 125, 188—197, 217, 280, 296, 485, 491, 502, 504, 527, 535, 551
 Prager Städt. Sparkasse 109 Anm. 69
 Raiffeisenkassen 196 f.
 einzelne Wiener tschechische:
 Česká lidová záložna (II.) 485, 535
 Česká lidová záložna (VII.) 485, 535
 Česká lidová záložna (X.) 485, 535
 Česká řemeslnická záložna (III.) 485, 535
 Česká záložna (I.) 189 ff., 193, 196 Anm. 65, 201, 485, 535
 Dělnická a živnostenská záložna 146, 191, 485
 Dolnorakouská záložna 130 Anm. 47, 485
 Občanská záložna (XVIII.) 194, 485
 První záložna slovanských úředníků 138 Anm. 82, 194, 485
 Slovenská ľudová záložna 191, 485
 Slovanská průmyslová záložna „Včela" 188 f., 485
 Slovanská záložna 82 Anm. 13, 191, 485, 535
 Spořitelna českých účňů 147, 485
 Vídeňská záložna 109, 130 Anm. 47, 191—194, 196, 208, 217, 220 Anm. 189, 242, 462, **485**
 Záložna Pětidomy 191 f., 485, 535

Sprachenverordnungen, Badenische 18

Anm. 6, 211 Anm. 139, 289, 320, 494, 497 ff.
Staatsrecht, böhmisches 133 ff., 138, 143 f., 155, 158 f., 167, 248, 427 Anm. 70, 489, 493, 546—549
Statthalterei
  nö. 86, 88 f., 117, 121, 156, 161, 184, 199, 209 Anm. 125, 211, 252, 302, 340 f., 352 f., 358 f., 367, 373, 496, 506, 510, 512 f.
  nö. Statthalter 241, 248, 284, 306, 351, 498
  Prag 107 Anm. 60, 352 Anm. 62
Studenten 41, 68 f., 85, 94, 95 Anm. 22, 109, 112 Anm. 6, 144, 211—214, 218, 225, 302, 339, 341, 352, 387 Anm. 55, 392, 436, 453, 491, 501 f., 549

T

Tradition 48, 119, 191, 205, 257, 393, 396, 413, 415, 438
Theater 82, 84 Anm. 21, 94, 117, 141, 165 Anm. 220, 193, 201, 212, 338 Anm. 2, 367, 436, 465, 491, 499, 502, 506
Tschechisierung 30 Anm. 27, 50, 66 Anm. 17, 132, 206 Anm. 115, 215 Anm. 167, 224, 301, 497 f.

U

Ukrainer 410
Umgangssprache 28 ff., 35, 59, 150, 221, 279, 370, 531 ff., 538
Universität
  Wien 68 f., 85, 285, 339, 491, 501
  Prag 43 Anm. 44, 211, 257, 339 Anm. 6, 491
  Brünn 214, 491, 549
  Laibach 214 Anm. 156
  slaw. Hochschulen 453
Ústřední Matice Školská [Böhm. Zentralschulverein] 93 Anm. 11, 98 Anm. 29 u. 30, 100 f., 105—108, 201 Anm. 87, 243 Anm. 14 u. 15

V

Vereinsgesetz 88, 126 Anm. 31, 153 Anm. 163, 167 Anm. 230, 342
Vereinswesen (s. auch Sokol)
  tschech. im Ausland 460
  böhm./mähr. 87
  russ. 88 Anm. 46
  kroat. 88 Anm. 46
  serb. 88 Anm. 46
  poln. 88 Anm. 46
  slaw. 89
  slowak. 90
  südslaw. 213 Anm. 150
  ruthen. 213 Anm. 150
  tschech. in Wien:
Akademický spolek 37, 82, 85, 88, 90 Anm. 56, 127 Anm. 36, 144, 202, 211 ff., 250 Anm. 7, 258, 315, 392, 438 Anm. 114, 453, 463, 467, 488, 534
Austria Nova 192 Anm. 48, 264 Anm. 74, 265, 459, 467
Akademický odbor „Komenského" 213, 471
Bílka (II.), soz.-dem. Arbeiterverein 162, 467
Blaník 467, 488
Česká účednická útulna 147, 220, 468
Česká úřednická mensa 217, 479
Českobratrská jednota 119, 468
Čsl. obchodnická Beseda 149, 208 f., 217, 468, 491 f.
Český akademický spolek posluchačů zvěrolékařství 213, 468
Český dům I, 129, 201 f., 208, 217, 479, 550 f.
Český katolický spolek „Lípa" ve Vídni 213, 472
Český klub cyklistů 127 Anm. 36, 468
Český lidový spolek pro vybudování nár.-soc. domu ve Vídni XV. 146, 479
Český politický spolek lidový (nat.-soz.) 145, 468
Český spolek politický ve Vídni (1877) 123 Anm. 7, 162, 468
Český spolek pro opatřování služeb 37, 219 ff., 468, 551
Český spolek pro šíření lidové osvěty 92 Anm. 5, 463, 472
Český spotřební spolek (XVII.) 479, 535
Čsl. dělnický spolek 95, 156 f., 159, 162, 197, 222, 452, 468
Dělnická jednota 157 ff., 162, 469, 510
Dělnický dům (V.), 165, 479
Dělnický dům v XVI. okrese 165, 479
Družstvo pro vystavění tělocvičny sokolské jednoty „Tyrš" (später: Družstvo k vystavění Národního domu XV.) 199, 479
D. T. J. (tschech. Arbeiterturnvereine) 41 Anm. 37, 87, 141, 146, 148, 165, 167 Anm. 230, 176, 222, 469
Dvořák (Musikverein) 347 Anm. 39, 469
Evangelická Matice 119, 469

Gorazd (Sparverein) 120, 479
Havlíček XXI. 470, 492
Hernalská Beseda 198, 468, 492
Hnízdo kosů 470, 488
Hostimil 209, 480, 492
"Husův dům", Stavební družstvo 119, 480
Jasoň (soz.-dem. Arbeiterverein) 162, 398 Anm. 121, 470
Jednota Barák 144, 429 Anm. 78, 467, 492
Pěvecký odbor Baráku XV. 145, 473
Barák hudba 145, 467
Obec Baráčníci Vídenští 144 Anm. 115, 467, 492
Jednota čsl. učitelstva 107 Anm. 60, 217 Anm. 180, 470
Jednota českých turistů 166 Anm. 223, 217, 367, 458, 470
Jednota katolických tovaryšů 117, 470
Jednota Máj 165, 472
Jednota Sv. Methoděje 112 Anm. 5, 114, 117 f., 120, 141, 214 Anm. 159, 470, 491, 506, 539 f., 542 f., 553
Jungmann 471, 492
Karel Marx 162 f., 472
Katolicko-politická jednota 117, 140, 458, 471
Kollár 471, 488
Kruh českých evangelických teologů 213, 471
Kruh českých zemědělců 213, 471
Lidová tiskárna 165, 462, 480
Ludmila 78 Anm. 23, 146 Anm. 125, 472
Lumír 65 Anm. 12, 82, 84, 96, 202, 472, 488, 535
Lyra (Musikverein) 347 Anm. 39, 472
Melantrich 192 Anm. 48, 246, 258, 461 f., 480, 492
Morava 452, 472
Moravská zemská pojišťovna 187, 484
Moravsko-slezská vzájemná pojišťovna 187, 484
Mravenci (Sparverein, XVI.) 480, 535
Národ 92 Anm. 5, 472, 492
Národní Beseda 472, 492
Národní dům XV. 139 Anm. 87, 143 Anm. 107, 192, 198 Anm. 75, 199—203, 237, 241 Anm. 2, 243 Anm. 11, 256 Anm. 37, 339, 366, 479, 500, 502, 511
Neruda 144 Anm. 118, 472, 492

Nová vídeňská diskontní společnost 187, 192 Anm. 48, 484
Občanská Beseda (II.) 252, 472, 488, 492
Občanská Beseda (X.) 162 f., 347 Anm. 39, 472
ÖNK (Österr. Nationalitätenklub, Klub rakouských národností) 121 Anm. 41, 122, 124 ff., 127 Anm. 36, 128, 129 Anm. 44, 130 Anm. 48, 132, 146 Anm. 123, 186, 189, 191, 219, 242 Anm. 6, 246, 249, 253, 328, 427, 455, 457, 459 f., 465, 471, 486, 490 ff., 510
Omladina 162 f., 473
Orel 87, 117, 141, 473
Oul (Sparverein) 480, 535
Palacký 473, 488
Patria (Lebensversicherungs-AG) 187, 484
Pěvecká župa dolnorakouská 90, 473, 491
Pokrok 82 f., 96, 138 Anm. 82, 201 f., 214 Anm. 159, 452, 473, 488, 491, 534
Pravoslavný vzájemně vzdělávací spolek 120, 126, 226 Anm. 3, 474
První česká nemocenská a pohřební pokladna 146, 480
První česká politická jednota 120, 125 f., 127 Anm. 36, 137, 146 Anm. 123, 246, 252, 254, 301, 340, 474
První český konsumní spolek (III.) 198, 217, 481
První český konsumní spolek (XV.) 198, 481
První český spotřební spolek (XII.) 481, 535
Podpůrný spolek českých akademických spolků ve Vídni 213, 473
Pokrokový Klub 138, 473
Potravní spolek v Hernalsu 198, 480
Řemeslnická Beseda 207, 474
Řemeslnická česká záložna (VIII.) (= Řemeslnicko — živnostenská záložna v VIII. okrese) 485, 535
Řemeslnická a živnostenská jednota 130 Anm. 51, 149, 192 Anm. 48, 207 f., 222 f., 436, 481, 486, 490 ff.
Rovnost 136 Anm. 72, 160—163, 474
Rozvoj 120, 474
Sdružení křesťanských dívek 119, 474
Sdružení živnostníků 207, 481
Slavoj 475, 488, 535
Slovan (XII.) soz.-dem. Arbeiterverein 158 f., 162, 475

Slovan (Fußball) 80 Anm. 2, 475
Slovanská národohospodářská společnost 82 Anm. 13, 130 Anm. 51, 192
Anm. 48, 208, 481, 491
Slovanská Beseda 78, 79 Anm. 24, 82,
84, 88, 96, 109 Anm. 66, 122 Anm. 3,
126 Anm. 28, 128, 189 Anm. 28 u. 33,
191, 199, 201 f., 208, 211 Anm. 139,
214 Anm. 159, 241 Anm. 3, 253, 258,
301, 348 Anm. 45, 463, 475, 488, 491,
534
Slovanská vzdělávací Beseda (VI.),
slowak. soz.-dem.   165 Anm. 218, 475
Slovanský obchodnický spolek 82
Anm. 13, 209, 210 Anm. 130, 481, 491
Slovanský zpěvácký spolek 82 ff., 87,
128, 189 Anm. 28 u. 33, 258, 478, 488,
534
Spolek českých mediků a přírodozpytců 213, 476
Spolek českých posluchačů exportní
akademie 213, 476
Spolek českých úředníků bankovních
217, 481
Spolek českých úředníků státních 71
Anm. 30, 89 Anm. 51, 202, 216, 476,
490, 492
Spolek českých úředníků železničních
217, 476, 490, 492
Spolek křesťanských mladíků a mužů
119, 457, 472
Spolek pro zřízení českého evang. ref.
sboru ve Vídni 119, 476, 501
Spolek sv. Alžběty 146 Anm. 125, 476
Spolek Sv. Zity 78 Anm. 23, 117, 140,
146 Anm. 125, 459, 476
Spolek volných myslitelů 120, 476
Spolek zdrženlivosti Modrého kříže
119, 477
Štvanci na Dunaji 459, 477
Stálá výstava a tržnice řemeslných
výrobků (SVAT) 208, 481
Šumavan 144 Anm. 118, 477, 488
Svatopluk Čech 92 Anm. 5, 138 Anm.
81 u. 82, 194, 463, 477, 492
Svato-Václavský Spolek 117, 477
Svaz českých akademických spolků
213, 477
Svaz českých živnostníků a obchod-
níků ve Vídni 209, 481
Svaz českých žurnalistů 217 Anm.
180, 477
Svornost (soz.-dem. Arbeiterverein)
162, 477

Tatran 92 Anm. 5, 213, 477
Tovačovský 477, 488
Tyl 157 ff., 162 f., 453, 455, 460, 477
Ústřední české potravní a úsporné
družstvo ve Vídni 198, 482
Ústřední jednota nepolitických spolků
slovanských v Dolních Rakousích
89, 127 Anm. 36, 347 Anm. 39, 477
Útulna sv. Alžběty 117, 140, 478
Vídeňská Matice 193, 241, 461 f., 478
Vpřed 146, 478
Volnost 16, 162, 478
Všeodborové sdružení křesť.-soc. dělnictva 117, 140, 482
Záboj 478, 535
Zemská jednota soukromých úředníků
217, 478
Verwaltungsgerichtshof 102 Anm. 43,
279, 306, 348, 350, 354 f., 357 ff., 364,
504—507
Volkstum, schwebendes   31 Anm. 32, 296,
439
Volksgruppe („Volksstamm") 31, 75, 89,
102, 104, 218, 248 Anm. 36, 262 Anm.
68, 278—282, 286, 291 f., 298, 314,
317 Anm. 28, 431, 526 f., 530—534,
544 f.
Volkszählung
 1880   28, 54, 122, 279, 531 f.
 1890   28, 54, 190, 279, 531 f.
 1900   28 f., 44, 54, 111, 131, 279, 370,
    500, 527, 531 ff., 538, 553
 1910   28, 44, 54, 248, 369, 430 Anm.
    79, 503, 513
 1923   439 Anm. 117

W

Wahlrecht, Erstes allgemeines (1907) 120,
121 Anm. 41, 136 f., 143 Anm. 107,
146, 164, 204 Anm. 106, 211, 269, 295,
314, 317 Anm. 28, 377—416, 544 f.,
549
Widerstand 239, 316 f., 330
Wiedergeburt, nationale 81, 413, 432,
460 Anm. 2
Wirtschaft
 tschechische 29, 67, 137, 169, 182—
  210, 280, 416, 491
 —skrise 1873   159 Anm. 192, 186 f.,
  453, 461 Anm. 3

Z

Zeitschriften (s. auch Presse)
 engl. 259 Anm. 56

 frz. 255 Anm. 35, 259 Anm. 56, 303 Anm. 26, 463 Anm. 15
 slaw. 259 Anm. 56
 russ. 255 Anm. 35, 259 Anm. 56, 303 Anm. 26, 463 Anm. 15
slowen. 438 Anm. 114, 463 Anm. 15 u. 16
 slowinz. 438 Anm. 144
 ruthen. 438 Anm. 144, 463 Anm. 16
 kroat. 438 Anm. 144, 463 Anm. 15 u. 16
 sorb. 438 Anm. 144, 463 Anm. 15 u. 16
 slowak. 446 Anm. 8, 463 Anm. 15 u. 16
 serb. 463 Anm. 15
Zentralismus 70, 185, 547 f.
Zigeuner 283 Anm. 22, 423

AUSWAHLVERZEICHNIS DER PUBLIKATIONEN
DES COLLEGIUM CAROLINUM

REIHE: VERÖFFENTLICHUNGEN DES COLLEGIUM CAROLINUM

Bd. 11: Friedrich *Prinz:* Hans Kudlich (1823—1917).
1962 — 214 Seiten mit 3 Abb. — kart. DM 25.—, Ln. DM 30,—

Bd. 12: Die Sudetenfrage in europäischer Sicht (Vorträge).
1962 — 281 Seiten — kart. DM 25.—

Bd. 13: Heribert *Sturm:* Egerer Reliefintarsien.
1961 — 280 Seiten Text mit 112 teils farbigen Abb. — Ln. DM 36.—

Bd. 14: Anton *Ernstberger:* Böhmens freiw. Kriegseinsatz gegen Napoleon 1809.
1963 — 200 Seiten — kart. DM 15.—, Ln. DM 18.—

Bd. 15: Die Slowakei als mitteleuropäisches Problem in Geschichte und Gegenwart (Vorträge).
1965 — 237 Seiten — kart. DM 19.—, Ln. DM 22.—

Bd. 16: Probleme der böhmischen Geschichte (Vorträge).
1964 — 145 Seiten — kart. DM 12.—, Ln. DM 14.50

Bd. 17: Erwin *Herrmann:* Slawisch-germanische Beziehungen im südostdeutschen Raum von der Spätantike bis zum Ungarnsturm.
1965 — 286 Seiten — kart. DM 24.—, Ln. DM 29.—

Bd. 18: Ernst Karl *Sieber:* Ludwig von Löhner. Ein Vorkämpfer des Deutschtums in Böhmen, Mähren und Schlesien im Jahre 1848/1849.
1965 — 157 Seiten — kart. DM 14.—, Ln. DM 16.—

Bd. 19: Beiträge zum deutsch-tschechischen Verhältnis im 19. und 20. Jahrh. (Vorträge).
1967 — 175 Seiten — Ln. DM 24.—

Bd. 20: Gustav *Korkisch:* Geschichte des Schönhengstgaues. Teil 1.
1966 — 340 Seiten, 15 Abb. — kart. DM 29.—, Ln. DM 33,—

Bd. 21: Friedrich *Prinz:* Prag und Wien 1848. Probleme der nationalen und sozialen Revolution im Spiegel der Wiener Ministerratsprotokolle.
1968 — 180 Seiten — Ln. DM 19.— ISBN 3-87478-068-6

Bd. 22: Peter *Hilsch:* Die Bischöfe von Prag in der frühen Stauferzeit. Ihre Stellung zwischen Reichs- und Landesgewalt von Daniel I. (1148—1167) bis Heinrich (1182—1197).
1969 — 262 Seiten — Ln. DM 29.— ISBN 3-87478-046-5

Bd. 23: Monika *Glettler:* Sokol und Arbeiterturnvereine (D. T. J.) der Wiener Tschechen bis 1914.
1970 — 116 Seiten — Ln. DM 18.— ISBN 3-486-43311-3

Bd. 24: Manfred *Alexander:* Der deutsch-tschechoslowakische Schiedsvertrag von 1925 im Rahmen der Locarno-Verträge.
1970 — 212 Seiten — Ln. DM 25.— ISBN 3-486-43301-6

Bd. 25: Egbert K. *Jahn:* Die Deutschen in der Slowakei in den Jahren 1918—1929. Ein Beitrag zur Nationalitätenproblematik
1971 — 186 Seiten — Ln. DM 23.— ISBN 3-486-43321-0

Bd. 26: Christoph *Stölzl:* Die Ära Bach in Böhmen. Sozialgeschichtliche Studien zum Neoabsolutismus 1849—1859.
1971 — 360 Seiten — Ln. DM 38.— ISBN 3-486-47381-6

Bd. 28: Monika *Glettler:* Die Wiener Tschechen um 1900. Strukturanalyse einer nationalen Minderheit in der Großstadt.
1972 — 628 Seiten — Ln. DM 58.— ISBN 3-486-43821-2

HANDBUCH DER SUDETENDEUTSCHEN KULTURGESCHICHTE

Bd. 1: Ernst *Schwarz:* Die Ortsnamen der Sudetenländer als Geschichtsquelle.
2. durchgesehene, teilweise umgearbeitete und erweiterte Auflage.
1961 — 405 Seiten mit 12 Abbildungen, 1 Grundkarte und 13 Deckblättern — kart. DM 37.—, Ln. DM 40.—

Bd. 2: Ernst *Schwarz:* Sudetendeutsche Sprachräume.
2. durchgesehene und teilweise erweiterte Auflage.
1962 — 386 Seiten mit 59 Abbildungen — kart. DM 39.—, Ln. DM 42.—

Bd. 3: Ernst *Schwarz:* Volkstumsgeschichte der Sudetenländer. Teil 1: Böhmen.
1965 — 455 Seiten mit 81 Abbildungen — kart. DM 42.—, Ln. DM 46.—

Bd. 4: Ernst *Schwarz:* Volkstumsgeschichte der Sudetenländer. Teil 2: Mähren-Schlesien.
1966 — 534 Seiten mit 56 Abbildungen — kart. DM 50.—, Ln. DM 54.—

Bd. 5: Franz J. *Beranek †:* Atlas der sudetendeutschen Umgangssprache. Band 1
1970 — 222 Seiten mit 100 Karten — Ln. DM 54.—

BOHEMIA-JAHRBUCH DES COLLEGIUM CAROLINUM

Bd. 1 (1960) ff.

SONSTIGE VERÖFFENTLICHUNGEN

Handbuch der Geschichte der böhmischen Länder. 4 Bände, pro Lieferung (80 Seiten) kart. DM 25.—   ISBN 3-7772-6602-7
Bereits erschienen: Bd. I — 1966/67 — XXIV + 638 Seiten — Ln. DM 218.—
Bd. III — 1967/68 — XI + 503 Seiten — Ln. DM 166.—
Bd. IV — 1969/70 — XV + 393 Seiten — Ln. DM 142.—
Bd. II — 1971/72 — 4 Lieferungen

Heinrich *Kuhn:* Handbuch der Tschechoslowakei.
1966 — 1021 Seiten — Plastikeinband DM 142.—   ISBN 3-87478-042-2

Heinrich *Kuhn:* Biographisches Handbuch der Tschechoslowakei. Loseblatt-Ausgabe in Lieferungen, pro Seite DM —.10. Bereits erschienen: 3 Lieferungen

Zwischen Frankfurt und Prag (Vorträge).
1963 — 155 Seiten mit 1 Karte — Ln. DM 20.—   ISBN 3-87478-039-2

Detlef *Brandes:* Die Tschechen unter deutschem Protektorat.
Teil 1: Besatzungspolitik, Kollaboration und Widerstand im Protektorat Böhmen und Mähren bis Heydrichs Tod (1939—1942).
1969 — 372 Seiten — Ln. DM 45.—   ISBN 3-486-43041-6

Aktuelle Forschungsprobleme um die Erste Tschechoslowakische Republik (Vorträge).
1969 — 209 Seiten — Ln. DM 28.—   ISBN 3-486-43021-1

Versailles- St. Germain-Trianon. Umbruch in Europa vor fünfzig Jahren (Vorträge).
1971 — 198 Seiten — Ln. DM 28.—   ISBN 3-486-47321-2

Das Jahr 1945 in der Tschechoslowakei. Internationale, nationale und wirtschaftlich-soziale Probleme (Vorträge)
1971 — 316 Seiten — Ln. DM 38.—   ISBN 3-486-43451-9

Weiters sind erschienen:

12 Bände in der Reihe: Wissenschaftliche Materialien und Beiträge zur Geschichte und Landeskunde der böhmischen Länder.

5 Bände in der Reihe: Forschungen zur Geschichte und Landeskunde der Sudetenländer.

Ausführliche Veröffentlichungsverzeichnisse können bei jeder Fachbuchhandlung angefordert werden.